# On Food and Cooking
## The Science and Lore of the Kitchen

Harold McGee [著]

# マギー
# キッチンサイエンス
### 食材から食卓まで

Milk and Dairy Products
Eggs
Meat
Fish and Shellfish
Edible Plants: An Introduction to Fruits
and Vegetables, Herbs and Spices
A Survey of Common Vegetables
A Survey of Common Fruits
Flavorings from Plants: Herbs
and Spices, Tea and Coffee
Seeds: Grains, Legumes, and Nuts
Cereal Doughs and Batters:
Bread, Cakes, Pastry, Pasta
Sauces
Sugars, Chocolate, and Confectionery
Wine, Beer, and Distilled Spirits
Cooking Methods and Utensil Materials
The Four Basic Food Molecules

香西みどり [監訳]

北山　薫 [訳]
北山雅彦

共立出版

## On Food and Cooking : The Science and Lore of the Kitchen
## by Harold McGee

Copyright © 1984, 2004 by Harold McGee
Illustrations copyright © 2004 by Patricia Dorfman
Illustrations copyright © 2004 by Justin Greene
Line drawings by Ann B. McGee

All rights reserved, including the right of reproduction in whole or in part in any form.
First Scribner revised edition 2004

Japanese language edition published by KYORITSU SHUPPAN CO., LTD.
Japanese edition published by arrangement through The Sakai Agency.

家族へ

# 謝辞

 食に関する文筆家の多くがそうであるように，私もまた Alan Davidson に非常な恩義を感じています．彼は食の分野に新しい題材と思考，そして楽しさをもたらしました．そのうえ，*On Food and Cooking*（原題） 初版の最初の一冊を私が手にするよりも早く，改訂の必要があることを教えてくれたのも彼でした．我々が初めて会ったのは 1984 年のこと，昼食の席で彼は初版について，魚に関してはどんな内容なのかを尋ねました．私は，動物の筋肉，つまり食肉の一つの形態として魚も解説していると答えたのです．彼は魚に非常に熱心で，海の生きものに関する専門家としても有名です．そのとき彼は，魚は非常に多様性のある動物で，魚の肉はいわゆる食肉とは全然違うのだから，特別に枠を多くもうけて説明する必要があるということを親切に指摘してくれたのでした．なるほど，まったくその通りです．この改訂にこれほど長い時間がかからなかったらと，いろいろな理由から思うのですが，新たに加えた魚の章を Alan に見てもらえないというのが最大の理由です．Alan と Jane から受けた励ましとアドバイス，あの昼食からずっと続いている友情に，心から感謝しています．

 また，これからするだろう議論の支えになってくださる Nicholas Kurti にも，この本を贈りたいと思います．初版の出版にあたり，彼は *Nature*（ネイチャー）で心あたたまる好意的な書評を書いてくださいました．そして，ある日曜の午後に訪ねてこられ，書評を書くときに書きためてあった疑問の数々について問われるのに，長い時間を割いてくださいました．よい食べもの，そして"ちょっとした実験"について話すときの彼のエネルギー，好奇心，情熱は感染力があり，かつてのエリーチェのワークショップを大いに活気づけました．あのワークショップも彼も，とても懐かしく思い返されます．

 もっと身近なところでは，愛情とがまん強い楽観とで私を日々支えてくれた家族に感謝します．その人生の半分以上をこの本，そして食卓での実験とともに過ごした息子の John と娘の Florence は，喜びと強い意見をもって元気づけてくれました．父の Chuck McGee と母の Louise Hammersmith，兄弟の Michael，姉妹の Ann と Joan，Chuck Hammersmith，Werner Kurz，Richard Thomas，そして Florence Jean と Harold Long に感謝します．妻の Sharon Long は，終盤の大変な数年間にずっと思いやりをかかさず支えになってくれました．彼女に深く感謝します．

 かつての発行者であり，長く代理人を務め，今ではすばらしい友人でもある Milly Marmur は，私たちが予想さえしなかったこの長いマラソンのような道のりで，常に推進力となってくれました．彼女の温かさ，忍耐，良識，そしてうるさくない程度に催促する技術は，非常にありがたいものです．

 Scribner 社および Simon & Schuster 社の皆様にも感謝します．Maria Guarnaschelli は，すばらしい熱意でこの改訂版の委託にあたってくれました．Scribner 社の発行者である Susan Moldow，そして S & S 社社長の Carolyn Reidy からは熱心な支持をいただきました．Beth Wareham は編集，印刷製本，出版のすべての面で休まず指導してくださいました．Rica Buxbaum Allannic は，原稿を慎

重に校正してくれました．Mia Crowley-Hald と彼女のチームは限られた時間のなかで細部に至るまで正確な印刷製本を行ってくれました．Erich Hobbing はレイアウトに関する私の意見をとり入れ，流れのよい分かりやすいページを作ってくれました．Jeffrey Wilson は契約その他の法的事項を円滑かつ穏やかに取りしきってくれました．Lucy Kenyon は早い段階でのすばらしい宣伝を行ってくれました．この本を世に出すことができたのも，優れたチームワークのおかげです．

　Patricia Dorfman と Justin Greene は，忍耐と技術と迅速さをもってイラストを作成してくれました．Ann Hirsch は，小麦穀粒の顕微鏡写真をこの本のために撮影してくれました．私の姉妹の Ann が初版のために書いた線画のいくつかを，この改訂版にも使うことができたのは幸いです．病気のため今回は協力を得ることはできませんでしたが，彼女はすばらしい共同制作者であり，その確かな視点と快活さが得られなかったのはとても残念です．何人もの食物学者から，食品の構造と微細構造に関する写真を提供していただきました．H. Douglas Goff, R. Carl Hoseney, Donald D. Kasarda, William D. Powrie, そして Alastair T. Pringle の各位に感謝いたします．Alexandra Nickerson はこの本のなかでも特に重要な部分，索引を専門的に編集していただきました．

　私を厨房，つまり彼らの実験室に入れてくださったシェフの皆様のおかげで，非常に意欲的に料理を経験し語り合うことができました．Fritz Blank, Heston Blumenthal, そして特に The French Laundry の Thomas Keller と彼の同僚，Eric Ziebold, Devin Knell, Ryan Fancher, Donald Gonzalez に感謝しています．彼らからは多くのことを学びましたし，これからさらに多く学べることを楽しみにしています．

　本書のなかのいくつかの章については，Anju Bhaya と Hiten Bhaya, Devaki Bhaya と Arthur Grossman, Poornima Kumar と Arun Kumar, Sharon Long, Mark Pastore, Soyoung Scanlan, Robert Steinberg, そして Kathleen Weber, Ed Weber, Aaron Weber から論評をいただきました．彼らのご助力には非常に感謝しております．しかしながら，本書の内容に関するすべての責任は著者にあります．

　執筆および食の世界における友人や同僚からは，刺激となるさまざまな疑問，回答，アイディア，そして激励を長きにわたっていただき，感謝しています．Shirley Corriher と Arch Corriher は，旅行や講演やそして電話などでも話をするとてもよい仲間です．Lubert Stryer は，最先端ならびに応用に直結した科学の楽しみを知る機会を与えてくれました．Kurt Alder と Adrienne Alder, Peter Barham, Gary Beauchamp, Ed Behr, Paul Bertolli, Tony Blake, Glynn Christian, Jon Eldan, Anya Fernald, Len Fisher, Alain Harrus, Randolph Hodgson, Philip Hyman と Mary Hyman, John Paul Khoury, Kurt Koessel, Aglaia Kremezi, Anna Tasca Lanza, David Lockwood, Jean Matricon, Fritz Maytag, Jack McInerney, Alice Medrich, Marion Nestle, Ugo Palma と Beatrice Palma, Alan Parker, Daniel Patterson, Thorvald Pedersen, Charles Perry, Maricel Presilla, P.N. Ravindran, Judy Rodgers, Nick Ruello, Helen Saberi, Mary Taylor Simeti, Melpo Skoula, Anna Spudich と Jim Spudich, Jeffrey Steingarten, Jim Tavares, Hervé This, Bob Togasaki, Rick Vargas, Despina Vokou, Ari Weinzweig, Jonathan White, Paula Wolfert, Richard Zare の各位に感謝します．

# 監訳者まえがき

　本書は1984年にアメリカで出版され，食品や調理の科学的説明が豊富であることからベストセラーになった本の，20年のときを経て，さらに内容を充実させた2004年改訂版の翻訳書である．同書の原本および北山氏の翻訳のコピーを紹介された際に印象的だったのが，アメリカでこのような類の本としては稀なほど多くの一般人に読まれているという事実だった．英語の題目が *On Food and Cooking—The Science and Lore of the Kitchen—* とあり，CookingとScienceがぱっと目に飛び込むと同時に，一般向けとして広く読まれている理由がそこにある気がした．日本には「調理科学（Cookery Science）」という学問分野があり，「日本調理科学会」という学会も2007年に創立40周年を迎え，この間の研究蓄積はさまざまな形で一般に向けて発信されている．しかし，日本で多く出版されている「調理科学（Cookery Science）」という名の教科書は北米をはじめ海外ではほとんど見当たらない．調理科学的な内容のものは"Food Chemistry"などの専門書に含まれることもあるが，むしろ"Cooking"に関する一般向け書物の中に見受けられる．この事実は，実際に調理に係り，食材から食卓までの広範な食物の知識を得たい，その食材がどのような変化を経ておいしい食物となり，またなぜそうなるのか，などなどその食材に関するさまざまな情報を広く，時には深く知りたい人たちにとっては少々不便である．一つの疑問を解決するのにいくつかの書物を調べなければならず，時にはそういう書物を探して見つけることからはじめなければならないからである．本書はそのような人たちの知的欲求を満たすために書かれたと言っても過言ではなく，実際，マギー氏が本書を著すことになった動機はまさにそこにあったと述べられている．

　本書の構成は第1章：乳および乳製品，第2章：卵，第3章：肉類，第4章：魚介類，第5章：食用植物，第6章：野菜各論，第7章：果実各論，第8章：植物由来の風味食材，第9章：種子，第10章：穀物で作る生地，第11章：ソース，第12章：砂糖，チョコレート，菓子，第13章：ワイン，ビール，蒸留酒，第14章：調理法および調理器具素材，第15章：基本となる四つの食物分子群からなり，総ページ数は800ページを越える．この膨大なページ数は，食材が食卓に上がるまでの食品と調理に関するさまざまな分野（すなわち食品化学，調理科学，食品加工貯蔵学，食品微生物学，栄養化学，食文化，食生活史など）に関するエピソード的なものから専門的な知識までを一冊にまとめたためである．換言すると，何冊分もの情報がこの分厚い一冊に網羅されている．

　監訳者の専門分野は調理科学である．翻訳書を日本で出版するにあたって，主として調理科学的色合いが濃いということで監訳させていただいたが，本書で扱われている膨大な情報をあますところなく伝えるという点においてさらなる改良の余地が残されていると思う．これは本書が食物に関する書物としてその内容がいかに多様な分野にまたがっているかを示すものであり，複数の専門家で作り上げていく類の書物であるということである．今後，多くの方々のご指摘，ご叱正をいただいて，さらなる訂正を加えていくことで本書の価値がより高まっていくことを念願している．食品や調理に関する豊富な情報を包含した本書を一冊の本として身近に置いていただくことで，調理科学という分野に興味・関心をもっていただき，かつ食物学研究の奥深さに思いを寄せていただけれ

ば幸いである．

　出版にあたって，まず翻訳者の北山薫氏および北山雅彦氏の両氏に対して，このような膨大なページ数の本書をわかりやすく，時に文学的表現を織り込みながら食物を愛する人たちへ送る一冊の本として翻訳し，日本への紹介を果たしてくださったことにお礼を申し上げる．監訳にあたっては，共立出版㈱取締役編集担当　信沢孝一氏，編集部　酒井美幸氏に大変お世話になった．特に酒井氏には，原書とのつきあわせ，指摘事項の取りまとめや確認など煩雑な作業を実に丁寧にしていただいた．心から感謝の意を表する．

　2008年6月

香西みどり

# 訳者まえがき

　まずはじめに，まるで辞書のようなこの分厚い本を手に取ってくださった方々，ありがとうございます．気軽に読んでみようと思うには圧倒されるページ数ですが，十分に楽しんでいただける本だと思います．適当にパッと開いたそのページから，読みはじめてみてください．あるいは，索引をながめて少しでも興味を引いたものがあれば，そのページを探して見てください．そこには，さらなる興味をかき立てる何かがきっと見つかるはずです．好奇心を刺激されることは楽しい．知識を蓄えることは楽しい．その知識を料理の実践に生かすことができればさらに楽しい．そんな食の話題にも花を咲かせながら親しい人とともにテーブルを囲むひとときは，きっと人生を数倍楽しくしてくれるものと思います．

　この本の日本語訳を行っている間は，ほんとうに充実した楽しい日々でした．身近な食材でも知らないことばかりで，それを吸収した自分がどんどん博識になってゆくようでした．訳し終わった今，結局それぞれの詳細はあまり覚えてはいないのですが，でも大丈夫．この本の中に答えがあることを私は知っているからです．食べもののことで何かを知りたい時には，まずこの本を手に取ってみてください．一人でも多くの人が，そんな身近な一冊としてこの本をそばに置いてくださることを願っています．

　この本を訳してゆく過程で，いろいろな食べものが食べたくなりました．たとえば，作り方の違うさまざまなチーズについて読むと，どうしてもチーズを食べたくなりました．そしてこの本は，チーズの買い方や食べ方も丁寧に教えてくれます．また，聞いたこともない野菜や，珍しい果物が出てくれば，それをぜひ食べてみたいと思いました．そしてこの本には，野菜や果物をおいしく食べる方法が書かれています．その他にもパンや，お菓子や，ワインやビール，どれもおいしそうに書かれているのです．今まで何気なく食べていたものでも，その作られ方や由来，おいしさの理由，おいしく食べる方法などを知れば，もっともっと楽しみが広がるはずです．

　食と科学が織りなす素晴らしい世界，そこを探索する楽しさを教えてくるこの本．その日本語訳には，まず何よりも科学的な正確さを心がけました．その上でできるだけ多くの人たちに読んでいただけるために読みやすさも保たねばならない点が最も難しかったところです．今は，多くの人たちに楽しんでいただける，とてもよい本になったと自信をもってお薦めできます．

　最後に，本書の日本語版出版に快くご承諾くださった Harold McGee 先生，出版にご尽力くださった出版社の皆様，そして内容の科学的な正確さを実現してくださった香西みどり先生に，心から感謝します．

2008 年 6 月

　　　　　　　　　　　　　　　　　　　　　　　　　　　　　　　　　　　北山　薫，北山雅彦

# 目次

謝辞 ............................................................. iii
監訳者まえがき ............................................ v
訳者まえがき ................................................ vii
序章：料理と化学─1984年と2004年─ ................... 1

第1章　乳および乳製品 ............................................. 7
第2章　卵 ............................................................... 67
第3章　肉類 ........................................................... 116
第4章　魚介類 ....................................................... 175
第5章　食用植物─果実，野菜，ハーブおよびスパイス─ ... 236
第6章　野菜各論 ................................................... 289
第7章　果実各論 ................................................... 339
第8章　植物由来の風味食材─ハーブとスパイス，茶とコーヒー─ ... 374
第9章　種子─穀類，豆類，ナッツ類─ ....................... 438
第10章　穀物で作る生地─パン，ケーキ，パイ（ペストリー），パスタ─ ... 500
第11章　ソース ..................................................... 563
第12章　砂糖，チョコレート，菓子 ........................... 624
第13章　ワイン，ビール，蒸留酒 ............................. 689
第14章　調理法および調理器具素材 ........................... 751
第15章　基本となる四つの食物分子群 ....................... 765

付録：化学入門─原子，分子，エネルギー─ ................ 782
参考文献 ............................................................. 789
索引 ................................................................... 805

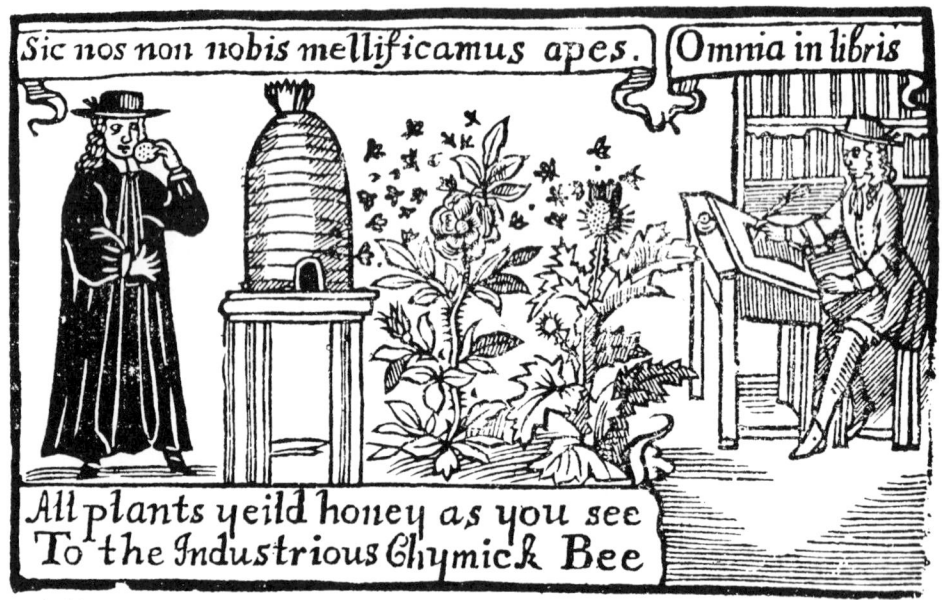

身体と心の糧を作り出すための日々の錬金術．ミツバチと学者の錬金術（Chymick）を比較した17世紀の木版画．自然の原料をもとに，前者は蜂蜜を，後者は知識を創り出す．料理をすることは，何世代にもわたり積み上げられてきた知識を利用し，地球の賜物をさらに喜びと栄養が濃縮された形へと変えることであり，それは日常的な錬金術にほかならない．（一行目のラテン語は，「こうしてミツバチは蜂蜜を作るが，我々のためにではない」，そして「本の中のすべてのもの」という意味．学者の書斎をミツバチの巣に見たてている．国際ミツバチ研究協会所蔵）

# 序章

# 料理と科学

## ——1984 年と 2004 年——

　本書の初版は今から 20 年前の 1984 年に出版され，それに修正を加えさらに内容を充実させたのが今回の改訂版である．1984 年と言えば，カノーラ油もコンピューターのマウスもコンパクト・ディスクもまだ珍しかった時代である．料理という観点から食物を生物学的および化学的に探求するという考え方もやはり目新しいものだった．したがって，本書のような書物には，特に序章が必要だった．

　20 年前には，科学の世界と料理の世界の区分けがきちんとなされていた．物理学や化学や生物学といった基礎科学分野では物質と生命の性質について深く掘り下げて研究を行い，応用科学分野である食物学は主に工業生産における材料や工程についての理解を深めることを目的としていた．また，家庭やレストランなどの小規模の料理に代表される伝統的な調理技術は，科学的な興味の対象ではなかった．そもそも，その必要がなかったのである．何千年もの歴史のなかで培われてきた実践的な知識があり，確実なレシピが豊富にあったのだから．

　若い頃の私は化学と物理に強い関心があり，電気メッキやテスラ・コイルや望遠鏡で実験したり，カリフォルニア工科大学で天文学を学んだりした．食物学というものを知ったのは，そのあと英文学に方向転換し，そして自分で料理をするようにもなってからである．1976 年か 1977 年のある日，夕食をとっていたときのこと，ニューオリンズから来ていた友人がある疑問を口にしたのである．乾燥豆はどうしてこんなに困った食べものなんだろうか，レッド・ビーンズ・アンド・ライス（赤インゲン豆と米の煮込み料理）を食べると何時間もお腹が張って困るのはなぜなんだろうかと．確かに不思議だと思った．その 2, 3 日後，19 世紀の詩について図書館で調べものをしていたときのことである．ちょっと息抜きをしようとして思い出したのが，先日の豆に関する疑問と，生物学者の友人が教えてくれた答え（難消化性糖質）だった．食品関係の本をいくつか見てみようと食品学の書棚を覗いてみた．すると,「Journal of Food Science」とか「Poultry Science」とか「Cereal Chemistry」とか，変わったタイトルの本がずらりと並んでいたのである．いくつか手にとってページをめくってみると，よくわからない内容も多かったが，そのなかにいろいろな疑問に対する答えのヒントが載っていた．今まで考えてもみなかった疑問ばかりである．卵を加熱調理すると固まるのはなぜか？　果物の切り口が褐変するのはなぜか？　パン生地を押すともとに戻るのはなぜか？　その弾力性がおいしいパンになるのはなぜか？　こうした小さな発見をするのも，それをほかの人に教えるのも非常におもしろく，食物に興味のある人にとってもやはりおもしろいことかもしれないと思いはじめた．その後，食物の科学と歴史について深く関わるところとなり，*On Food and Cooking—The Science and Lore of the Kitchen*（原題）を執筆することになる．

執筆を終えて，私や友人たちよりももっと真剣に料理にたずさわっている人々は，細胞や分子と料理との関係を疑わしく思うかもしれないと気がついた．そこで序章のほとんどを，自分の正当性を主張するために割いた．はじめに，プラトン，サミュエル・ジョンソン，ジャン・アンテルム・ブリア-サヴァランというありそうもない組合わせの3人の大家を引用して，料理は詳細かつ本格的な研究に値することを説いた．そして，肉の料理法について，19世紀ドイツ人化学者の考えが依然として多くの人に影響を及ぼしていることや，20世紀へと移り変わる時代に書かれたファニー・ファーマーの料理本が"食材についての濃縮された知識"と著者自身が称する内容ではじまっていることを指摘した．現代では，化学を真剣に取り入れようとした先駆者であるマデレーン・カマンやジュリア・チャイルドの料理本のなかに間違いがあることを指摘した．そうして，科学によって料理と自然界の基本的な仕組みを結びつけることにより，料理はもっとおもしろいものになることを主張した．

それから20年が経ち，状況は大きく変わっている．結局，*On Food and Cooking* という本は食物に対し一般的な興味が高まりゆく時代の潮流にのっていたわけである．特にこの10年は，その流れがどんどん大きくなり，科学と料理の境界は打ち砕かれてしまった．科学は台所へ，料理は研究室や工場へと入り込んでいる．

2004年の今，食を愛する人はいたるところで料理の科学に出会うことができる．雑誌や新聞には食と科学に関する定期的な記事も見られ，この分野での本の出版も多い．たとえば，1997年に出版されたシャーリー・コリアーの *Cookwise*（クックワイズ）は，その調理方法に関する詳細な解説と素晴らしいレシピの数々に匹敵するものがほかにはない．現在では料理に関する本の多くで，技術的な詳細に踏み込んだ解説がなされており，ペストリー，チョコレート，コーヒー，ビール，ワインなどで特にこの傾向が強い．合衆国，カナダ，イギリス，フランスなどでは，台所の科学を取り上げたテレビ番組シリーズが放映されている．食物分子や微生物の名前には，良きにつけ悪しきにつけよくニュースなどで耳にするものも多い．健康と栄養について最新の情報を知る人ならば，抗酸化物質や植物エストロゲンの利点や，トランス脂肪酸，アクリルアミド，大腸菌，狂牛病の問題について知っているだろう．

プロの料理人もまた，料理に対する科学的なアプローチを評価するようになってきている．*On Food and Cooking* の初版が出版されて数年の間に，若い料理人たちからよく聞いたのは，「どうしてこうしなければならないのか？」「なぜこうなるのか？」というような料理に関する疑問に答えを見つけるのが難しいという不満であった．昔ながらの訓練を受けてきた先輩料理人や先生などにとっては，確立された技術を習得することが大切であって，食物についての理解はあまり重要でなかった．今では，興味と理解とが料理技術を高めるのに役立つことが明らかになってきた．料理学校でも，料理に関する疑問を調べて批判的思考法を促すための「実験コース」を設けていることころは多い．有名な料理人のなかにも，たとえばスペイン人のフェラン・アドリアやイギリス人のヘストン・ブルメンタールなど，新しい料理の形を実験的に試みる動きがある．そのためには，海藻や細菌から得られるゲル化剤，甘くない糖，香料エキス，加圧ガス，液体窒素など，産業や研究分野の道具が使用されている．

科学者が料理の世界へと徐々に浸透してゆくにつれ，料理は学術科学および産業科学の舞台に引き上げられた．この動きの強力かつ魅力的な支えとなったのが，オックスフォード大学の物理学者で料理愛好家でもあったニコラス・クルティである．1969年に彼はこう言っている．「我々は金星の温度さえ測れるのに，スフレの中で何が起こっているのかも知らないというのは，文明として反省すべきだろう．」1992年，当時84歳だった彼は，*Molecular and Physical Gastronomy*（分子・物理美食学）の国際ワークショップをシチリア島エリーチェで開催し，文明の後押しをした．そこでは，プロの料

理人と，大学の基礎科学研究者と，工場の食物学者が初めて一緒になり，調理法の発展すなわち最高級の食物を作り評価することについて論じた．

　エリーチェでの会議は，創始者の名を冠して"International Workshop on Molecular Gastronomy 'N. Kurti'"と呼ばれ，現在も続いている．この10年間で，会議の焦点は料理の卓越性に関する理解ということだけでなく，新しい経済的重要性という性格を帯びるようになった．効率を高めコストを抑えるという現代の工業化の流れは，全体として食品の品質を下げ，特徴を薄める結果をまねいた．工業製品はどれも同じような味で，あまり良質とは言えない．今では品質の向上がすなわち競争力を高めることである．料理人は常に，おいしさという応用科学の達人であった．フランスの国立農学研究所は現在，コレージュ・ド・フランスの分子美食学を支援している（そこの指導者であるエルヴィ・ティスは，エリーチェでのワークショップを指導している）．デンマーク王立獣医農業大学に分子美食学が創立された際，化学者のトルヴァルド・ペデルセンが教授に就任している．合衆国では，料理人の技術と規範を食品産業界に導入することを目的としたResearch Chefs Association（研究料理人協会）の会員数が急増している．

　以上のようなわけで，今あらためて本書の前提を説明する必要はない．その代わり，取り上げるべき本の内容そのものが多くなった．20年前には説明の必要もなかった，エクストラ・バージン・オリーブ油やバルサミコ酢，養殖のサケや牧草で育った牛の肉，カプチーノや白茶，山椒やメキシコのモレ・ソース，日本酒やテンパリングしたチョコレートなど，そしてさらに多くのことに対する関心が高まっている．したがって，この改訂版は初版に比べるとかなり厚くなった．食材や調理法をより広く取り上げ，より深く掘り下げるために，本文が6割以上多くなっている．新しい情報を取り上げるために，初版に含まれていた人間の生理学，栄養，そして添加物に関する三つの章を省いた．初版に近い形で残した章についても修正を加え，最新の情報そして私自身の最新の理解を反映した．

　この改訂版では，食材の多様性および調理法の多様性という二つのことを特に重視している．近年は物資の輸送が容易になったことから，世界中の食品を味わうことができる．また，過去の料理本を通して古い時代を見直してみると，忘れ去られていた興味深い考えも掘り起こすことができる．本書全編を通し，食品自体のもつ可能性，そして国ごとの伝統のもつ可能性についての簡単な説明もできるかぎり加えたつもりである．

　さらに，食物の風味，そして時には風味を生み出す分子についても特に強調している．風味とは化学物質の奏でる和音のようなもので，いろいろな分子で生じる複数の感覚が重なり合っている．そうした分子のひとつひとつは多数の食品に共通するものだったりする．風味の関連性や類似性を理解しやすくするため，時に風味分子として特定の化学名を挙げている．はじめは化学名がなじみにくく，取りつきにくく感じるかもしれないが，ただの呼び名にすぎず，じきに慣れるだろう．人間は何千年もの間，分子のことを知らなくてもおいしい料理を作り楽しんできたのは確かである．だが，風味の化学を少し知っていれば，味覚や嗅覚をいっそう働かせ，経験することができる．それはきっと，料理を作り，料理を食べる楽しみを広げるだろう．

　ここで，食物と料理に対する科学的アプローチについて，そして本書の構成について述べたい．地球上のすべてのものと同じく，食物もまたさまざまな化学物質が集まったもので，味，香り，食感，色，栄養などはすべて化学的性質の現れである．200年近く前，ジャン・アンテルム・ブリアーサヴァランはその著書，*The Physiology of Taste*（味覚の生理学）のなかで，この点についてやや皮肉をこめて以下のように述べている．

あなたは少し頑固なようで、あなたの実験室で起きている現象が不変の自然法則の具現化にほかならないこと、他人が行っているのを見たというだけで、あなたが考えもせずに行っていることさえも、最高の科学原理により導かれるということを理解してもらうのには少し苦労した．

長年かけて実証されたレシピに従えば、食事を作るときに推測したり、実験したり、分析したりしなくてすむという大きな利点がある．一方で、考え分析することは、いちいちレシピに従わなくてもよいということで、何か新しいことを試すときなど予期せぬ事態に対処しやすい．考える料理とは、料理中に五感で感じられることが何を意味するのかについて気を配ることである．その感覚を以前の経験と結びつけ、食物の内にある物質に何が起きているかを理解し、そこから臨機応変に対処することである．

料理をしながら食物の内側で何が起きているかを理解するには、目に見えない小さな分子と分子同士の反応について知っておかなくてはならない．これは難しいことのように聞こえる．100種類以上の元素が存在し、それらがさまざまに組み合わされた分子はさらに多数存在し、分子の挙動をつかさどる力も複数ある．だが、科学者は現実を理解するために常に単純化を行うもので、我々も同じことすればよい．食物を構成するのは主に4種類の分子、すなわち水、タンパク質、炭水化物、脂肪である．そしてその挙動を説明するためには、2, 3の簡単な原理だけで十分である．熱は分子の動きの現れであること、そしてある程度の力をもって衝突すると分子構造が破壊されることを知ってさえいれば、熱で卵が固まる理由も熱で食物がおいしくなる理由もほとんど理解できる．

読者の多くは、タンパク質や脂肪、分子やエネルギーについて漠然とした知識をもっていると思うが、それで13章まではほぼ理解することができると思う．ここまでが一般的な食物およびその調理法についての説明である．14章と15章では、料理に関連する分子および基本的な化学現象についてやや詳細に解説している．基本的な科学用語をおさらいするには付録を参照して欲しい．チーズ、肉、パン、と読み進めていくうえで、pHやタンパク質の凝固などの意味を確認したいときなど役立つだろう．

最後に、読者の方々にお願いがある．本書の執筆にあたっては、大量の情報をより分けながら組み立て、事実とそれに関する私の理解とを何度も確認したつもりである．多数の科学者、歴史家、言語学者、料理の専門家、そして食を愛する多くの人々の学識をお借りした．それでももし本書の内容に間違いを見つけたなら、ぜひ修正したいのでご一報下されば幸いである．

この改訂を完了するにあたり、完全を目指し修正するという果てしない作業を顧みるとき、エリーチェでの最初のワークショップを思い出す．ベルサイユに近いLes Mesnulsから来たシェフ、ジャン-ピエール・フィリップと交わした言葉についてである．そのときの話題は卵の泡についてだった．彼はずっとメレンゲに関しては何でも知っているつもりだったが、ある日、ミキサーで卵を泡立てているときに電話が入って、30分間攪拌し続けたままにしたのだそうだ．戻ってきてそのありさまに、こう言ったらしい．「わかっているのは、自分が決してわかっていないということだ.」それまでにもあった数々の驚きから出た言葉である．食物というのは無限に豊かなテーマであり、もっとよく理解すべき何か、新しく発見される何かが常にある．興味と発想と喜びが尽きることはない．

## 計量単位および分子図について

　本書では全編を通し，温度は摂氏（℃）*で記載した．容量と重量は合衆国の標準調理器具単位[†]（大さじ，小さじ，クォート，ポンド）およびメトリック単位（ミリリットル（mL），リットル（L），グラム（g），キログラム（kg））を使用した．長さは一般にミリメートル（mm），微小単位はマイクロメートル（$\mu$m）で表した．

　1個の分子は1$\mu$mよりもずっと小さく，概念的で想像するのが難しいかもしれない．だが分子は確実に実在するものであり，特定の構造をもつ．その構造によって分子の挙動，そして分子の集まりである食物の挙動が決まる．分子とその動きを目に見える形で想像することができれば，料理中に起きることが理解しやすい．料理に大きく関係するのは，主に分子の全体的な形であって，個々の原子の正確な配置ではない．本書に含まれる分子構造図のほとんどは，分子の全体的な形だけがわかるようになっている．長く細い線，長く太い線，蜂の巣状の環に原子をアルファベットで示したものなど，説明すべき内容に合わせて表示の仕方も変えてある．食物分子の多くは，炭素原子が繋がった骨格からなり，そこに他の原子（主に水素と酸素）がついている．全体の構造を作り出すのは炭素骨格であり，原子は特に表示せず原子間の結合を線だけで示したものも多い．

　＊　訳者注：原文に記載されていた華氏温度については，日本語訳にあたり省略した．
　†　訳者注：日本語訳にあたり，メトリック単位を併記した箇所もある．

# 第1章
# 乳および乳製品

| | | | |
|---|---|---|---|
| **哺乳類と乳** | **8** | 生クリーム | 27 |
| 乳の進化 | 8 | バターとマーガリン | 32 |
| 反芻動物の台頭 | 9 | アイスクリーム | 38 |
| 世界の乳用家畜 | 9 | **生の発酵乳製品と発酵クリーム** | **43** |
| 酪農の起源 | 10 | 乳酸菌 | 43 |
| さまざまな伝統 | 10 | 生の発酵乳製品の仲間 | 45 |
| **乳と健康** | **13** | ヨーグルト | 45 |
| 乳の栄養 | 13 | クレーム・フレーシュを含む | |
| 乳幼児期における乳：栄養と | | サワークリームとバターミルク | 47 |
| アレルギー | 14 | 発酵乳製品を使った料理 | 50 |
| 乳児期以降の乳：乳糖の分解 | 14 | **チーズ** | **50** |
| 乳に関する新しい問題 | 15 | チーズの進化 | 51 |
| **乳の生物学・化学** | **16** | チーズの材料 | 54 |
| 牛はどのように乳を作るのか | 16 | チーズ作り | 58 |
| 乳糖（ラクトース） | 17 | チーズの多様性の源 | 61 |
| 乳脂肪 | 18 | チーズの選び方，保存，食べ方 | 62 |
| 乳タンパク質：酸や酵素による凝固 | 18 | チーズを使った料理 | 63 |
| 乳の風味 | 20 | プロセス・チーズと低脂肪チーズ | 65 |
| **未発酵乳製品** | **21** | チーズと健康 | 65 |
| 乳 | 21 | | |

　人生のはじまりに誰もが口にする食品——乳——この本の最初を飾る題材としてこれほどふさわしいものはないだろう．人間は哺乳類，すなわち「母乳で育つ動物」であり，すべての哺乳動物が一番初めに知るのが乳の味である．乳は，食べはじめたばかりの子供のために，母親がおのれの多彩かつ複雑な食べものからそのエッセンスを凝縮して作り出す飲みものである．我々の祖先が酪農をはじめたときから，雌牛，雌羊，雌ヤギが代理母となった．これらの動物は，牧草や麦わらを人間の栄養に変えるという驚くべき仕事を成し遂げる．そして動物の乳は，有用微生物によるちょっとした過程を経るだけで，贅沢な生クリーム，芳醇な黄金色のバ

ター，その他さまざまなおいしい食べものになるという，可能性にあふれた根源的な液体でもある．

多くの文化において，乳が想像力をかきたてたのも当然である．古代インド・ヨーロッパ語族は牧畜を行っており，紀元前3000年頃にはコーカシアの大草原からユーラシアの広大な地域へと移動していった．インドからスカンジナビアに広がる彼らの子孫たちの創世神話のなかでは，乳とバターが重要な要素となっている．地中海や中東地域では，バターよりもオリーブ油に頼っていたが，旧約聖書ではやはり乳とチーズが富と創造のシンボルである．

現代では，乳のもつイメージはかなり違ったものになっている．貴重で素晴しい資源であった乳や乳製品は，大量生産の結果，ごくありふれた生活必需品となり，医学的には脂肪含有量が多いという否定的なイメージが定着してしまった．幸い，よりバランスのとれた食物脂肪の見方が普及しつつあり，伝統的な食品も生き残っている．何千年もの人間の知恵が生み出した素晴しい乳食品を，今でもまだ味わうことができる．一口の乳や一匙のアイスクリームが，若き日々の純真さや活力や可能性を，プルースト流に一気に想い出させることもあれば，一片のチーズから，成熟や可能性の成就や「生きとし生けるものの道」と言ったことを深く瞑想する場合もある．

## 哺乳類と乳

### ■ 乳の進化

乳というものがなぜ，どのように出現したのか？ それは哺乳類と爬虫類の違いでもある温血化，毛髪，皮膚腺の発達とともに進化した．乳のはじまりは約3億年前，その原型は母親の抱いた卵から孵化する子供の保護と栄養供給のための皮膚分泌であったとみられる．現在でもカモノハシはこの形態をとる．乳の進化によって哺乳類は繁栄した．生まれたばかりの動物が，出生後も母親から完全栄養食を与えられるという強み，したがって母親の腹から出てからも身体発育を続ける機会を獲得した．この機会を最大限に利用したのが人間である．人間の赤ん坊は生後何ヶ月も自力で生活することができないが，その間に脳は胎内や産道の大きさ以上

---

### 乳とバター：原始の液体

神々が最初の人間で生贄の儀を行ったとき，春は溶けたバター，夏は燃料，秋は捧げものであった．初めに生まれたその人間を油で清め，麦わらの上の生贄とした……この生贄からバターの粒を集め，それで空，森，村の生きものを作った……それから牛が生まれ，羊と山羊が生まれた．

———The *Rg Veda*（リグ・ヴェーダ），第10巻，紀元前1200年頃

……わたしは下って，彼らをエジプトびとの手から救い出し，これをかの地から導き上って，良い広い地，乳と蜜の流れる地に至らせようとしている……

———ホレブ山でのモーセの召命（出エジプト記，3章8節）

あなたは私を乳のように注ぎ，チーズのように凝り固まらせたではないか？

———ヨブが神に対して（ヨブ記，10章10節）

のものに発達を遂げる．この意味において，我々人間が大きな脳を獲得し，並外れた動物へと進化することができたのは乳のおかげであると言える．

## ■ 反芻動物の台頭

哺乳動物はすべて子のために乳を作るが，人間が利用してきたのはごく小数の類縁関係の近い動物だけである．牛，水牛，羊，山羊，ラクダ，ヤクなどが繁栄したのは食料不足のおかげと言える．およそ3000万年前に，温暖湿潤だった地球の気候は季節的に乾燥するようになった．これにより，成長が早く種子を残して乾期を生き抜く植物が優位となり，草原地帯は急激に拡大したが，こうした地帯は乾期になると干からびた繊維質の茎と葉だけになった．馬は徐々に減少し，乾燥草地でも生き延びられるように進化した鹿の仲間，すなわち「反芻動物」が増えていった．牛，羊，山羊，その類縁はすべて反芻動物である．

反芻動物が台頭できたのは，高度に特殊化し複室化した胃によるものである．体重の5分の1を占める胃の中には，反芻胃（第一胃）を中心に，繊維を消化する微生物が数兆個も含まれる．この特殊な消化管構造に加え，消化途中の食物を常に反芻・再咀嚼することで，質の低い高繊維質の植物から栄養を取り出すことができる．反芻動物は人間の利用できない食物を食べて大量の乳を生産するうえ，草は藁やサイレージとして貯蔵することができる．反芻動物なくして酪農は成り立たないのである．

## ■ 世界の乳用家畜

世界中で利用されている乳のほとんどは，ごく少数の動物種のものである．

**牛（ヨーロッパ種とインド種）** 一般的な家畜乳牛（*Bos taurus*）の直結の祖先は，角の長い野生牛（*Bos primigenius*）である．この大きな動物は地面から肩までが180 cm，角の直径は17 cm，アジア，ヨーロッパ，北アフリカを放浪していた．こぶの無いヨーロッパ-アフリカ系と，こぶのある中央アジア系（ゼブ）とが存在し，両者は一部重複していた．紀元前8000年頃に中東でヨーロッパ種が家畜化され，ほぼ同時期に中南アジアでは高温と寄生虫に強いゼブ種が家畜化された．サハラ地域でヨーロッパ種のアフリカ変種が家畜化されたのは，やや後の時代とみられる．

ゼブ種の本来の生息地である中央・南インドでは，乳牛としてだけでなく労働力としても利用されてきたため，今でも足長で角がある．ヨーロッパ種の乳牛は，少なくとも紀元前3000年頃から乳生産性の高いものが厳選されてきた．メソポタミア都市部では畜舎で飼われていたことと，冬場の飼料が粗末だったことから，体と角は小さくなっていった．ジャージー種，ガーンジー種，ブラウンスイス種，ホルスタイン種といった，現在の主要な乳牛種はいずれも角が短く，筋肉や骨ではなくて乳生産に多くのエネルギーを費やすようになっている．現代ゼブ種はヨーロッパの乳牛種ほど乳生産量は多くないが，乳脂肪率が25％ほど高い．

**水牛（バッファロー）** 水牛は西洋諸国ではあまり馴染みがないが，熱帯アジアでは最も重要な牛である．紀元前3000年頃にメソポタミアで *Bubalus bubalis* が役畜として家畜化され，現在のパキスタンであるインダス文明に伝わり，その後インドと中国に広まった．この熱帯動物は高温に弱く（水に浸って体を冷やす），より温和な気候に適応した．紀元700年頃にはアラブから中東へと伝わり，中世にはヨーロッパ全域に導入された．その名残が今も強く残っているのはローマの南に位置するカンパーニャ地方である．この地方には10万頭もの水牛がおり，本物のモッツァレラ・チーズ（*mozzarella di bufala*）の原料を供給している．水牛乳は牛乳よりも濃厚なので，伝統的な水牛乳の代わりに牛乳を使ったモッツァレラやインドの乳を用いた料理では味がかなり違ってくる．

**ヤク** 三番目に重要な乳用家畜はヤク（*Bos grunniens*）である．いわゆる普通の畜牛の類縁種で，毛足が長くて尾がふさふさしている．空気が薄く冷涼乾燥，植生の貧弱なチベット高原や中央アジアの高地山岳地帯にうまく適応した．家畜化されたのは，低地の畜牛とほぼ同時期である．ヤクの乳は牛乳に比べて脂肪とタンパク質がずっと多い．特にチベット人はヤクの乳で作ったバターや発酵品をさまざまな形で利用している．

**山羊** 山羊と羊は反芻亜目の「ヒツジ・ヤギ（ovicaprid）」枝に属する小型動物で，特に山岳地帯で家畜にされることが多い．山羊（*Capra hircus*）は中央アジアの山岳地帯および半砂漠地帯に住んでいた動物を祖先とする．人が家畜化した動物としては犬に次いで二番目，紀元前8000～9000年頃に現在のイラン・イラク地方で家畜化されたと考えられる．ユーラシアの乳用家畜のなかで最も頑丈で，どんな植物も低木さえも餌にすることができる．雑食性で小型，その独特な風味の乳を多量に産することから（体重当たりの乳産量は乳用家畜中で最も高い），周縁農業地帯では乳用家畜および肉用家畜として多目的利用されるようになった．

**羊** 羊（*Ovis aries*）は，近縁の山羊と同じ地域で同じ時代に家畜化された．肉，乳，羊毛，および脂肪用として品種改良されてきた．本来は丘陵地帯の草地に住み，餌の選り好みは山羊よりは強いが牛よりは弱い．羊乳は水牛乳と同じくらい脂肪分が多く，タンパク質はさらに多く含まれる．東地中海地方では，ヨーグルトやフェタ・チーズの原料として利用されており，ヨーロッパのほかの地域ではロックフォートやペッコリーノなどのチーズ原料となっている．

**ラクダ** ラクダ科はウシ科およびヒツジ・ヤギ科からはかなり遠く，北米大陸における進化初期にその反芻機能を別個に獲得したと思われる．ラクダは乾燥気候によく適応し，紀元前2500年頃に中央アジアで主に荷物を運ぶ動物として家畜化された．ラクダの乳は牛乳に近く，多くの地域で利用されており，北西アフリカでは主要な食物である．

## ■ 酪農の起源

人間が生物学的な意味で（哺乳動物として）乳を飲むだけでなく，文化的行為としてほかの動物の乳を飲むようになったのはいつ頃からだろう．そしてその理由は何だろうか？　考古学的資料によれば，羊と山羊は紀元前8000～9000年頃に現在のイラン・イラク地方の草原や疎林で家畜化された．より大型で獰猛な牛が家畜化される1000年も前のことである．肉や皮を利用するために飼われるようになったと考えられるが，乳を利用できることがわかったのは大きな進展であった．乳用家畜からは，肉用家畜を食肉にするのと同じかそれ以上の栄養を数年間にわたって毎年，しかも毎日少しずつ得られる．酪農は未開墾地において栄養を得る最も効果的な方法であり，南西アジアから外に広がる農村では特に重要であったろう．

小型反芻動物や牛から搾った乳は，最初は動物の皮や胃で作った袋に入れられたに違いない．酪農に関する考古学的資料のなかでも確実かつ最古の証拠は，紀元前5000年頃の北ヨーロッパの初期農耕地跡から発見された粘土製のふるいである．その1000年ほど後にはサハラ地域で搾乳風景が壁画に描かれ，紀元前2300年頃のエジプトの墓からはチーズの残存物と思われるものが発見されている．

## ■ さまざまな伝統

羊飼いは袋の中の乳が変化していくのを発見したに違いない．乳を静置しておくと脂肪分に富んだ生クリームが表面に浮いてくる．これを撹拌するとバターになる．残りの乳は自然に酸っぱくなり，凝固して濃いヨーグルトになるので，これを絞ると固体の凝乳（カード）と液体の乳清（ホエー）とに分かれる．新鮮なカードに塩を加えれば，長期保存できる簡単なチーズ

になる．酪農技術が発達して乳産量も多くなってくると，栄養分を濃縮・保存する新しい方法が見出され，旧大陸では気候の違いに応じて各地に独自の乳製品が生まれた．

乾燥した南西アジアでは，山羊と羊の乳を軽く発酵させてヨーグルトにしたものを，そのまま数日間保存するか，天日干しにしたり上に油を重ねたりして保存した．あるいはカードでチーズを作り，そのまま食べたり，乾燥や塩水漬けにして保存した．定住生活を行わないため，穀物からビールを作ったりブドウからワインを作ったりしないかわりに，遊牧タタール民族はロバの乳を発酵させて低アルコールの乳酒（クミス，koumiss）を作ることもした．これはマルコ・ポーロが「白ワインに近い味と風味」と記述している．モンゴルやチベットの高地では，牛，ラクダ，ヤクの乳から作ったバターを高カロリーの主食とした．

亜熱帯インドでは，主にゼブと水牛の乳を一晩置いてヨーグルトとし，攪拌してバターミルクやバターを作った．バターをさらに精製したギー（p.36）は何ヶ月も保存できる．乳が酸っぱくならないように繰り返し煮沸し，塩ではなく砂糖を加えてから長く煮込んで水分を飛ばし保存することもあった（p.25，囲み内参照）．

地中海地域のギリシャ・ローマ人はバターよりも経済的なオリーブ油を使った．ローマの歴史学者プリニウスは，現在のフランスやスイスにあたる遠い地方から持ち込まれるチーズを称讃した．実際に，チーズ作りの技術は大陸ヨーロッパや北欧でその頂点を極めるが，それは牛に適した広い放牧地と，ゆっくりと長期発酵させるのに適した温暖な気候のおかげである．

旧大陸のなかでも中国では酪農が取り入れられなかった．理由はおそらく，中国の農業がはじまった地域では，反芻動物の食べる牧草よりも，毒性のニガヨモギやアリタソウ（エパソーテ）が多く自生していたためと考えられる．それでも，中央アジアの遊牧民が頻繁に出入りし，さまざまな乳製品がもたらされた．中国の上流階級はヨーグルト，クミス（乳酒），バター，酸で固めたカードなどを味わうことができ，1300年頃にはモンゴル人のおかげでお茶に乳を入れたりもしていた．

新大陸では酪農は知られていなかった．コロンブスの二度目の航海（1493年）で羊や山羊，そしてのちにメキシコやテキサスで繁殖することとなるスペイン・ロングホーン（長角牛）が初めて持ち込まれた．

## ヨーロッパおよびアメリカにおける乳：農家から工場へ

<u>産業革命前のヨーロッパ</u>　ヨーロッパでは，小麦などの穀物栽培にはあまり適さない広大な牧草地で酪農が栄えた．オランダの低湿地帯，フランス西部や中央高山岩地帯の粘土土壌，冷涼湿潤なイギリス諸島やスカンジナビア，スイスやオーストリアの高山渓谷などである．やがて，各地域で気候と需要に応じて家畜が選別されてゆき，何百という地方品種が生まれた（山岳地帯ではチーズ用に頑丈なブラウン・スイス種，チャネル諸島ではバター用に小型のジャージー種やガーンジー種）．夏場の乳を貯蔵するために，各地に特徴のあるチーズが生まれた．フランスのロックフォートやブリー，スイスのアッペンツェラー，イタリアのパルメザンなどが，中世にはすでに有名だった．ルネッサンス期には低地帯で作られるバターが有名になり，乳産量の多いフリージアン種がヨーロッパ各地に広まった．

産業時代を迎えるまでは酪農は農場で行われており，多くの地域では主に女性の手によるものであった．女性たちが早朝と午後に乳を搾り，その後に何時間もかけてバターやチーズを作った．田舎の人たちはおいしい搾りたての牛乳を飲むことができたが，都市部では牛は醸造廃棄物を餌に畜舎内で飼われており，ほとんどの人は，水で薄め混ぜ物をした牛乳，ふたのない容器で市中を運ばれ汚染された牛乳しか知らなかった．ビクトリア時代初期には，子供の死因として多かったのが腐った牛乳によるものだった．

**産業および科学革新**　1830年頃からの産業化の波が，ヨーロッパとアメリカの酪農を変えた．鉄道の普及によって新鮮な牛乳が産地から都市へと運ばれるようになり，都市人口と所得の増加が牛乳の需要に拍車をかけ，牛乳の品質に関する法的規制もはじまった．蒸気駆動の農耕具が普及するにつれて，牛は牽引力としてはもはや必要でなくなり，乳用家畜としてのみ改良・飼育されるようになった．こうして牛乳生産は急成長し，牛乳がかつてないほど新鮮な状態で飲まれるようになった．搾乳，クリーミング，攪拌のための機械が発明され，酪農業は徐々に乳搾りの女性の手と農場を離れていった．農場は工場に牛乳を供給するようになり，工場で生クリーム，バター，チーズの大量生産が行われるようになる．

19世紀末からの化学・生物学的な技術革新によって，より衛生的かつ計画的で均質な乳製品生産が可能となった．フランスの偉大な化学者ルイ・パスツールのおかげで，酪農技術に二つの根本的変化がもたらされた．一つは加熱殺菌（低温殺菌），英語ではパスツールの名前をとって「パスツリゼーション（pasteurization）」という．もう一つは，チーズその他の発酵乳製品を製造する際に純粋培養した標準の種菌を使用することである．伝統的な牛品種のほとんどがもはや顧みられず，乳生産量の高い白黒模様のフリージアン（ホルスタイン）種が飼育されるようになった．現在，全乳牛に占めるフリージアン種の割合はアメリカで90％，イギリスで85％である．牛はかつてないほど大きな集団で飼育され，新鮮な牧草をほとんど含まない調製飼料を与えられる．そのため，現在手に入る牛乳の多くは，産業革命以前の牛乳がもっていた色，風味，そしてその季節変化もないのである．

**今日の乳製品**　現在の酪農業はいくつかの大企業の手によるもので，乳搾りの女性の姿はない．かつて乳の滋養を凝縮したごちそうとして珍重されたバターとチーズは，安価な大量生産品，あたりまえの日常食と化し，政府の保管倉庫に山積みとなっている．乳，チーズ，アイスクリーム，バターの本来もっている独特のおいしさは，ほとんどが製造過程でなくなってしまう．すなわち，乳脂肪が取り除かれてしまう．乳中の飽和脂肪が血中コレステロールを上げ心臓疾患につながるということが医学的に明らかにされると，乳脂肪は突如として悪者扱いされるようになったためである．幸い，この数年間で飽和脂肪に対する考えは見直されてきており，巨大企業による大量生産への反発もあって，昔ながらの風味豊かな乳製品への関心が復活している．昔ながらの牛品種を育て，季節がくれば緑の牧草を食む環境で，小規模生産される乳製品である．

---

### 食物用語：milk（乳）とdairy（酪農）

　両者とも語源をたどれば，乳を得て（搾乳）それを手作業で別のものに変えるという，肉体労働が思い起こされる．milkの語源となったインド・ヨーロッパ語は，"乳"と"擦り取る"の両方を意味する．おそらくは乳頭から乳を搾る際の摩擦運動からの関連であろう．中世時代には，dairyはdey-ery，すなわち女性の使用人deyが乳を使ってバターやチーズを作った部屋eryを意味した．deyの語源は"パンをこねる"（ladyも同じ語源）で，これはおそらくパン作りだけに限らず，バター作りでバターミルクを搾ったり（p.33）チーズ作りで乳清を搾ったりするなど，全般的なこね作業が含まれていたと思われる．

# 乳と健康

昔から，乳と言えば完全栄養食品と同義であったが，これには十分な理由がある．ほかの食品とは異なり，乳は本質的に食物として造られたものである．子牛が生まれて初めて口にするもの，それだけで十分な栄養が取れる食べもの，タンパク質，糖，脂肪，ビタミンA，ビタミンB群，カルシウムなど体を作るために必須なさまざまな栄養を含む．

しかしこの数十年で，この理想的な食品としての乳のイメージは変わってきている．牛乳の栄養バランスは人間の乳児に適したものではないことや，成人の多くは乳糖（ラクトース）を消化できないこと，牛乳を大量に飲むことがカルシウムをとるために必ずしも一番よいわけではないことが明らかになってきた．牛乳は子牛の成長のためのものであって人間のために作られているわけではないということである．

## ■ 乳の栄養

どんな動物の乳も含まれる栄養成分の種類はほぼ同じだが，各成分の含有比は動物種ごとに大きく異なる．一般に，成長の早い動物の乳にはタンパク質とミネラルが多く含まれる．体重が出生体重の2倍になるまで，子牛は50日，人間は100日かかる．当然，牛乳には（人間の）母乳の2倍以上のタンパク質とミネラルが含まれる．反芻動物の乳に含まれる主栄養素のなかで，含有量が極端に少ないのは鉄分とビタミンCだけである．反芻胃内の微生物が草や穀類の不飽和脂肪酸を飽和脂肪酸に変えるため，反芻動物の乳脂肪は一般的な食品のなかで最も飽和度が高い．これを上回るのはヤシ油だけである．飽和脂肪は血中コレステロール濃度を上げ，心疾患のリスクを高める．しかし，バランスのよい食事をしていればほかの食品によってこれは補われる（p.247）．

種々の動物の乳について，栄養含有量を下の囲み内にまとめた．牛品種ごとの違いをみても

### 動物種ごとの乳中栄養成分

各成分の含有量を重量パーセントで示した．

| 動物種 | 脂肪 | タンパク質 | 乳糖 | ミネラル | 水分 |
| --- | --- | --- | --- | --- | --- |
| 人 | 4.0 | 1.1 | 6.8 | 0.2 | 88 |
| 牛 | 3.7 | 3.4 | 4.8 | 0.7 | 87 |
| 　ホルスタイン/フリージアン | 3.6 | 3.4 | 4.9 | 0.7 | 87 |
| 　ブラウンスイス | 4.0 | 3.6 | 4.7 | 0.7 | 87 |
| 　ジャージー | 5.2 | 3.9 | 4.9 | 0.7 | 85 |
| 　ゼブ | 4.7 | 3.3 | 4.9 | 0.7 | 86 |
| 水牛 | 6.9 | 3.8 | 5.1 | 0.8 | 83 |
| ヤク | 6.5 | 5.8 | 4.6 | 0.8 | 82 |
| 山羊 | 4.0 | 3.4 | 4.5 | 0.8 | 88 |
| 羊 | 7.5 | 6.0 | 4.8 | 1.0 | 80 |
| ラクダ | 2.9 | 3.9 | 5.4 | 0.8 | 87 |
| トナカイ | 17 | 11 | 2.8 | 1.5 | 68 |
| 馬 | 1.2 | 2.0 | 6.3 | 0.3 | 90 |
| ナガスクジラ | 42 | 12 | 1.3 | 1.4 | 43 |

明らかなように，各数字はおおまかな指標にすぎない．個体間の違いが大きく，また同じ個体でも授乳期間による違いが大きい．

## ■ 乳幼児期における乳：栄養とアレルギー

栄養とはタンパク質，カロリー，ビタミン，ミネラルのことだと単純に考えられていた20世紀半ばには，牛乳が十分に母乳の代わりになると思われていた．アメリカ国内では6ヶ月児の半数以上が牛乳を飲んでいたが，今は10%未満に減っている．今は，1歳未満の乳幼児には牛乳をそのまま与えないよう医者の指導がある．その理由の一つは，乳児に必要とされる鉄分と高度不飽和脂肪酸が十分でなく，タンパク質が多すぎることである．（正しく調製された乳児用ミルクの方が母乳に近い．）乳児期に牛乳を飲ませることが問題となるのは，アレルギーを引き起こす可能性があるためでもある．乳児の消化系はまだ完全でなく，食物に含まれるタンパク質やその分解物の一部が血液中に直接移行することがある．これらの分子は異物として免疫系の防御反応を誘発し，同じものを口にするたびに反応は強まる．米国の乳児のうち乳タンパク質にアレルギーを示す割合は1～10%とも言われ，その症状は軽い不快感や消化管障害からショックに至るまで個人差がある．多くの場合，乳アレルギーは成長とともに消失する．

## ■ 乳児期以降の乳：乳糖の分解

固形食を食べるようになってからも乳を飲むという点で，動物のなかでも人間は例外である．そして乳児期以降に乳を飲める人たちは人間のなかでも例外的である．問題となるのは乳糖である．乳糖はそのままの形では体が吸収・利用できないので，小腸内の消化酵素によって構成成分（単糖）にまず分解されなければならない．乳糖分解酵素「ラクターゼ」の腸内分泌量は生後まもなく最高となり，その後は2～5歳までに徐々に減少し，この一定の低いレベルが生涯維持される．

この変化は理屈に適っていて，必要のなくなった酵素を作り続けるのは身体にとって無駄だからである．かつてはほとんどの動物が，離乳後に乳糖を含む食物に出会うことはまずなかった．ラクターゼ活性をほとんどもたない成体が乳を大量に飲めば，乳糖は小腸を通過して大腸に移行し，そこで微生物によって二酸化炭素，水素，メタンに分解されるが，これらはいずれも不快症状をもたらす．また，糖は腸壁から水分を引き寄せるので，膨満感や下痢の原因にもなる．

ラクターゼ活性の低下とこれに伴う諸症状は，「乳糖不耐症」と呼ばれる．成人の乳糖不耐症は例外というよりは定めであり，乳糖耐性の成人（成体）は地球上で明らかに少数派である．数千年前に，ヨーロッパ北部およびその他一部の地域では，おそらく乳が寒冷地において特に重要な栄養源であったことから，ラクターゼを生涯作り続けるような遺伝的変化が起こったのだろう．スカンジナビア人の約98%，フランス人とドイツ人は約90%が乳糖耐性であるが，ヨーロッパ南部および北アメリカでは40%，アフリカ系アメリカ人では30%である．

**乳糖不耐症への対処法** 幸い，乳糖不耐症でもまったく乳を飲めないというわけではない．ラクターゼをもたない成人が1日にコップ1杯（250 mL）程度の乳を飲んでも強い症状は現れず，その他の乳製品ならもう少し多くても大丈夫である．チーズにはほとんど乳糖が含まれていない（多くは乳清とともに搾り取られ，カードに残った少量の乳糖も細菌やカビによって分解されてしまう）．ヨーグルト中の細菌は乳糖分解酵素を作るが，これらの酵素はヒト小腸内でも活性を維持し機能する．乳糖不耐症でも乳が飲みたければ，液体状の乳糖分解酵素（アスペルギルス属のカビから製造）が市販されているので，乳製品を食べる前にこれを数滴混ぜればよい．

## ■ 乳に関する新しい問題

　乳が特に有用とされる理由は，カルシウムが豊富であること，そして良質のタンパク質が多く含まれることの2点である．それぞれに関して，近年の研究結果から非常に興味深い問題が浮かび上がってきている．

**カルシウムと骨粗しょう症に関する難問**　骨を構成する主成分は二つ，いわゆる足場となるタンパク質と，硬く石灰化してこれを強化する充填剤としてのリン酸カルシウムである．成人の骨組織は常に分解と再構築を続けており，健康な骨を保つには食事からタンパク質とカルシウムを十分摂取しなればならない．先進国では多くの女性において閉経後の骨量低下が著しく，重症骨折のリスクが高い．この非常に危険な骨量減少，つまり「骨粗しょう症」を防ぐには，食事からカルシウムを摂取することが明らかに有効である．乳および乳製品は酪農国における主要なカルシウム源であり，合衆国政府の委員会では，骨粗しょう症予防のために成人1日当たり牛乳1L相当量を摂取するよう推奨している．

　これは単一食品の摂取量として考えると極端に多く不自然なものであり，成人の乳糖消化能力を考えれば，北ヨーロッパ系民族だけに限定される例外的な行為である．牛乳1Lには，推奨1日摂取量の3分の2に当たるタンパク質が含まれ，野菜，果物，穀物，肉，魚といった独自の重要な栄養価をもつほかの食品の摂取量を抑えることになる．したがって，骨の健康を維持するためには明らかに別の方法をとる必要がある．中国や日本などでは牛乳をほとんど摂取

---

### 骨の健康に影響する多くの因子

　健康な骨とは，骨の分解および再構築という二つの継続的過程のバランスがとれているということである．この二つの過程は体内カルシウム濃度だけでなく，骨形成を促す運動，ホルモンなどの調節シグナル，微量栄養素（ビタミンC，マグネシウム，カリウム，亜鉛など），およびこれ以外のまだ解明されていない物質に依存している．お茶，タマネギ，パセリには，骨の分解を著しく抑制する因子が含まれていると考えられる．ビタミンDは，食品中のカルシウムを効率よく吸収するために必要であり，また骨形成にも影響している．ビタミンDは牛乳に添加されており，卵や魚介類にも含まれている．また我々の皮膚に存在する前駆体分子が日光の紫外線で活性化されてビタミンDとなる．

　骨形成に利用できるカルシウムの量は，尿中に排出されるカルシウムの量に大きく左右される．排泄で失う量が多いほど，食事から摂取する量を多くしなければならない．現代の食生活のさまざまな側面がカルシウム排出量，すなわちカルシウム要求量を高めている．一つは塩分摂取量が高いこと，そしてもう一つが動物性タンパク質の摂取量が高いことである．動物性タンパク質中の含硫アミノ酸が代謝されると尿が酸性に傾き，これを中和するために骨からカルシウム塩が溶出する．

　骨粗しょう症を予防するための最善の方法は，強化すべき骨の運動を頻繁に行うことと，ビタミンやミネラルを多く摂り，塩分と肉類を適量に抑え，さまざまなカルシウム含有食品を取り入れたバランスのよい食事をすることである．牛乳は確かに優れているが，これ以外にも優れたカルシウム源として乾燥豆，ナッツ，コーン・トーティーヤや豆腐（両者とも製造工程でカルシウム塩が使われる），およびケール，コラード，カラシ菜などの緑黄色野菜がある．

しないにもかかわらず，合衆国や牛乳消費量の多いスカンジナビアよりも骨折発生率がかなり低い．よって，骨の強さに影響するほかのさまざまな因子，特に骨の分解過程を抑える因子を慎重に検討すべきである（p.15，囲み内参照）．牛乳（および乳製品）だけを多量に摂取するのでなく，身近な食品をバランスよくとって習慣的に運動を行うことが，結局は一番よいようである．

**乳タンパク質の重要性**　牛乳中の主要タンパク質であるカゼイン（p.19）は，主に乳幼児の身体を作るためのアミノ酸源であると考えられている．しかし，カゼインは乳児の代謝において，複雑かつ繊細な調節因子として機能することがわかってきた．消化段階では，長いアミノ酸鎖がまず短い断片，すなわちペプチドへと分解される．ホルモンや薬剤もペプチドである場合が多いが，カゼインペプチドにもホルモン様の作用を示すものが多く存在することが明らかになってきた．呼吸や心拍数を低下させるもの，血中へのインシュリン放出を誘発するもの，白血球細胞の捕捉活性を促進するものなどがある．牛乳に含まれるペプチドが人間の子供や成人の代謝に強い影響を及ぼすかどうかについては，まだわかっていない．

## 乳の生物学・化学

### ■ 牛はどのように乳を作るのか

乳は新生児のための栄養物であるから，乳用家畜が乳を多く出すにはまず，出産する必要がある．妊娠後期では出産が近づくにつれホルモンバランスの変化が乳腺を活性化し，定期的に乳腺から乳を除去することにより乳分泌は継続する．最も効率のよい乳生産では，分娩後90日に再び交配し，10ヶ月間搾乳し続け，次の分娩までの2月間は搾乳を休止する．集中飼育による乳生産では，変動の多い放牧でエネルギーを浪費させることはせず，干し草やサイレージ（全粒トウモロコシ，その他の植物を部分乾燥し，密閉サイロ内で発酵・貯蔵したもの）を餌に，牛舎内に閉じこめて飼育し，搾乳を行うのは乳生産量が最も高い2～3年間だけである．交配と調製飼料のおかげで，1頭当たりの乳生産量は1日58Lにも達する．ただし米国内の平均はこの半分程度である．羊および山羊の乳用品種では1日4L程度である．

乳腺から最初に分泌されるのが初乳と言われるクリーム状の黄色い液体で，脂肪，ビタミン，タンパク質，特に免疫グロブリンおよび抗体が凝縮されている．数日後に初乳の分泌が止まると乳は売り物となり，子牛は調製乳や豆乳で育てられ，母牛は分泌細胞の機能が最大に保たれるよう毎日2～3回搾乳される．

**乳工場**　乳腺は驚くべき生物工場である．さまざまな細胞と構造の共同作業によって乳が作られ，貯蔵され，分泌される．乳成分のなかには牛の血液から直接乳房に集められるものもある．しかし，脂肪，糖，タンパク質といった主要栄養素は乳腺の分泌細胞によって作られ乳房に蓄えられる．

**生きた液体**　乳はその単純な見かけによらず，非常に複雑で生命力に溢れている．乳房から出たばかりの乳は，生きた白血球細胞，乳腺細胞，そしてさまざまな細菌を含むという点で，文字通り生きた液体である．遊離した状態あるいは脂肪球膜に埋め込まれた状態の活性をもった酵素が豊富に含まれる．低温殺菌（p.22）することによりこの活力は大きく損なわれる．実際に，酵素活性が残存していると加熱処理が不十分とみなされる．殺菌乳には生きた細胞や活性をもった酵素分子がほとんど含まれず，食中毒の原因となる細菌も当然含まれず，より安定である．生乳に比べて風味が悪くなるのも遅い．しかし，生乳の活力は伝統的なチーズ作りに重要であり，熟成に関わって風味を深める．

乳特有の乳白色の輝きは微細な脂肪球とタンパク質集合体によるもので，液中を通過する光線をちょうど屈折させるような大きさである．

乳のほとんどは水分であり，その中に溶けた塩，糖，ビタミン，タンパク質，その他さまざまな微量成分が含まれている．なかでも特に重要な構成成分である糖，脂肪，およびタンパク質について，詳しくみていくこととする．

その前に，ほかの構成成分について少し言及しておく．乳は pH 6.5〜6.7 とやや酸性で，以下に述べるとおりタンパク質の性質は酸度と塩濃度によって大きく変化する．脂肪球内にはビタミンA（無色）とその前駆体であるカロテン（黄橙色）が含まれるが，カロテンは青草飼料に含まれ，乳や無着色バターの色をだしている．カロテンがビタミンAへと変換される量は牛品種ごとに異なる．ガーンジー種とジャージー種ではほとんど変換されないので乳は特に黄金色がかっている．これとは対極にあるのが，羊，山羊，水牛で，ほとんどのカロテンがビタミンAに変換されるためその乳やバターは栄養価が高いけれども白色である．リボフラビン（ビタミン $B_2$）は緑がかった色をしていて，脱脂乳や，ヨーグルトから分離する半透明の水っぽい乳清など緑がかって見えることもある．

## ■ 乳糖（ラクトース）

乳中に含まれる唯一の炭水化物である「乳糖（ラクトース）」は，乳特有のものである（一部の植物にも含まれる）．（lactose（ラクトース）の lac はギリシャ語の"乳"からきた接頭語で，後述するように乳タンパク質，乳酸，細菌名にも含まれる．）乳糖は二つの単糖，ブドウ糖とガラクトースが結合したもので，哺乳類の身体の中でも乳腺の分泌細胞内でのみ作られる．乳の甘みは乳糖によるもので，人間の母乳のカロリーの約半分，牛乳では40％が乳糖からくる．

乳糖の特異性が実際面に大きく影響するのは，次の二つの場合である．一つは，乳糖を消化するために特別な酵素が必要であるため，この酵素をもたないほとんどの成人が乳製品の摂取に気をつけなければならないことである（p. 14）．もう一つは，ほとんどの微生物は乳糖分解酵素を自ら作り出し，乳中で増殖できるようになるまである程度の時間が必要なのに対し，特定の細菌群は酵素を常に用意していて，ほかの微生物に先がけて乳中で増殖することである．乳酸菌（*Lactobacillus* 属と *Lactococcus* 属）として知られるこの細菌群は，乳糖を直ちに利用して増殖するだけでなく，これを乳酸（lactic acid）に変換する．その結果，乳の酸度が強まり，腐敗菌や病原菌といったほかの微生物が増殖しにくくなる．乳糖と乳酸菌は乳に酸味を与え，腐敗を防ぐのである．

乳糖の甘みは砂糖の5分の1，水溶性はわずか10分の1（水1Lに溶解する量は乳糖が200

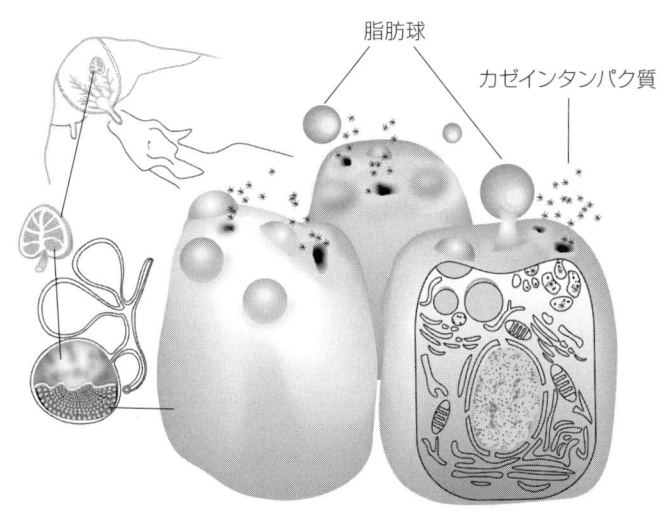

乳が作られる様子．牛の乳腺細胞で合成されるタンパク質や乳脂肪球などの乳成分は，何千という小さな区画内に放出され，そこから乳首へと分泌される．脂肪球は細胞外膜を通過する際に，細胞膜の一部を自身の皮膜として切り出す．

g，ショ糖が 2000 g）なので，練乳やアイスクリーム中では乳糖が結晶化しやすく，ザラついた舌ざわりになる．

## ■ 乳脂肪

　乳のコク，栄養価，および経済価値に大きく関わるのが乳脂肪である．乳脂肪球にはビタミン類（A, D, E, K）が含まれ，そのカロリーは全乳の約半分を占める．乳脂肪含量が高いほど，生クリームやバターが多くできるので，値段も高くなる．牛は一般的には冬場に多く脂肪を分泌するが，これは主に冬場は濃縮飼料を与えるのと，この時期に授乳末期を迎えるためである．牛の品種によっては，特に英仏間のチャネル諸島からのガーンジー種とジャージー種は，大きな脂肪球を含んだ非常に濃い乳を産する．羊と水牛の乳には，牛乳（全乳）の 2 倍もの乳脂肪が含まれる（p. 13）．

　脂肪が脂肪球内でどんな状態で存在するかによって，料理における乳の性質は違ってくる．個々の脂肪球を包んでいる膜はリン脂質（乳化剤，p. 774）とタンパク質からなり，主な役割として以下の二つがある．一つは，脂肪の小滴が一つずつ分離した状態を維持し，互いに寄り集まって大きな脂肪滴を作るのを防ぐこと．そしてもう一つは，乳中の脂肪分解酵素によって脂肪分子が分解され，酸敗臭や苦味のもととなる脂肪酸が生成するのを防ぐことである．

**クリーミング**　搾乳したての生乳を数時間静置して冷ますと，脂肪球の多くが表面に浮いて脂肪に富んだ層を形成する．この現象は「クリーミング」と呼ばれ，数千年もの間，脂肪に富んだ生クリームとバターを乳から得る，自然工程の第一段階であった．19 世紀には，より迅速かつ完全に脂肪球を濃縮するために遠心分離器が開発され，全乳がクリーミングを起こさないよう均質化処理（ホモジナイズ法，p. 22）が考案された．脂肪球が浮き上がってくるのは脂肪が水よりも軽いためだが，その速度は浮力のみによるもの以上に速い．脂肪球にはさまざまな微量乳タンパク質がゆるく付着しており，これらが結合しあって膨大な数の脂肪球からなる塊を形成し，単一の脂肪球よりも強い浮力を得るのが原因である．熱処理するとタンパク質が変性して脂肪球の凝集が抑えられるため，均質化処理はしていなくても加熱殺菌乳では脂肪球の浮上が遅く，形成する層は薄くはっきりわからない．山羊，羊，水牛の乳は脂肪球が小さくて凝集しにくいため，クリーミングが非常に遅い．

**乳脂肪球は加熱に強い……**　脂肪球に乳タンパク質が結合していることで，乳および生クリームは非常に熱に強い．乳や生クリームを何時間も煮て，ほとんど水分がなくなるまでに濃縮しても，脂肪球膜が破れて中の脂肪が流れ出すことはほとんどない．脂肪球膜はもともと頑丈であるうえ，加熱により多くの乳タンパク質の高次構造がほぐれて脂肪球表面やほかのタンパク質分子に付着しやすくなる．つまり，加熱すればするほど，脂肪球を包む鎧は厚くなっていくことになる．生クリームを加えて濃厚なソースを作ったり，乳を煮詰めてソースやお菓子を作ったりできるのも，この熱安定性があればこそである．

**……けれども冷却には弱い**　凍結となると話は別で，脂肪球膜には致命的である．冷たい乳脂肪と凍結水はいずれも，大きくて硬いギザギザの結晶を形成し，わずか数分子分の厚さで脂肪球を取り巻くリン脂質とタンパク質の網目をずたずたに切り裂く．乳や生クリームを一度凍らせて解凍すると，膜成分の多くは液中に浮遊した状態となり，脂肪球は互いに癒着してバター粒を形成する．解凍した乳やバターを加熱したりすれば，バター粒が融けて油が分離する．

## ■ 乳タンパク質：酸や酵素による凝固

**2 種類のタンパク質：凝乳（カード）と乳清（ホエー）**　乳中には何十種類ものタンパク質が浮遊している．調理における性質から，大き

く二つに分類される．マザーグースのなかでマフェットちゃんが食べていたと歌われる，カードと乳清である．この二つは，酸に対する反応性によって分類される．酸性では，「カゼイン」と呼ばれる数種類のタンパク質（凝乳タンパク質）が互いに凝集して固形物または凝固物を形成する．その他のタンパク質（乳清タンパク質）はすべて液中に浮遊したまま残る．ヨーグルトからチーズまで多くの乳製品ができるのも，カゼインが凝集するおかげである．乳清タンパク質の役割はさほど重要ではなく，カゼインカードの舌ざわりに影響したり，カプチーノの上にのせる泡立てた牛乳を安定化したりする．一般にカゼイン含量は乳清タンパク質よりも多く，牛乳では4対1の割合である．

カゼインも乳清タンパク質も概して熱に強いという点において，食品タンパク質のなかでは特異である．調理においては，卵や肉のタンパク質が固形状に凝固するのに対して，乳や生クリームに含まれるタンパク質は酸性にならない限り凝固しない．生乳や生クリームを煮詰めても凝固しない．

**カゼイン**　カゼインには4種類のタンパク質があり，互いに集まって「ミセル」と呼ばれる微小構造単位を作り上げている．個々のカゼインミセルは数千のタンパク質分子からなり，直径は1mmの約1万分の1，脂肪球の約50分の1の大きさである．カゼインミセルが乳体積の約10分の1を占めている．乳中カルシウムのほとんどはミセル内に含まれ，タンパク質分子間の結合を維持する糊のような機能を果たしている．カルシウムの一部は，個々のタンパク質分子を互いに結合して15～25分子の小塊を形成している．残りのカルシウムは，この小塊を数百個集めてミセルを形成している（ミセル形成にはタンパク質の疎水性部分同士の結合も関与している）．

**ミセルの分離状態を維持……**　カゼインタンパク質のなかでもミセル形成に特に大きく影響しているのが$\kappa$カゼインで，ミセルがある程度の大きさに達すると，ふた（キャップ）をする形でそれ以上大きくなるのを防ぎ，ミセルの分散と分離を維持する．このキャップ形成カゼイン分子の一方の端はミセルから外側の液中へと突き出し，「毛状の層」を形成している．負の電荷を帯びているためほかのミセルをはね返す．

**……そしてミセルを凝集してカードに**　カゼインミセルの複雑な構造を壊す方法はいくつかあり，それによりミセルが凝集し乳が凝固する．一つは酸性化である．乳のpHは通常約6.5，わずかに酸性である．酸を加えてpHを5.5にすると，キャップ形成カゼインの負の電荷は中和され，ミセル間の反発がなくなるためミセル同士が凝集して軟らかい塊となる．この酸性度では，ミセル同士を糊づけしていたカルシウムが溶解するためミセルが解離して個々のタンパク質は液中に分散する．pH4.7付近よりさらに酸性になると，分散しているカゼインタンパク質が負の電荷を失い，再び互いに結合して連

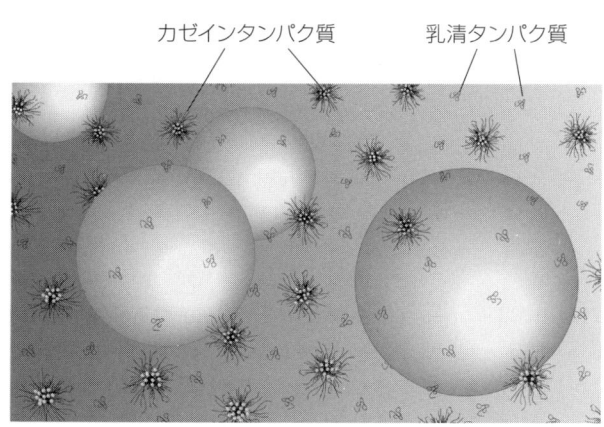

乳の微細構造．水，乳清タンパク質分子，カゼインタンパク質分子の塊，溶解した糖やミネラルからなる溶液中に，脂肪球が分散している．

続した微細ネットワークを形成する．これが乳の凝固である．古くなって酸っぱくなった乳が凝固したり，あるいは酸生産菌を意図的に添加してヨーグルトやサワークリームを作ったりするときには，この現象が起きている．

カゼインを凝固させるもう一つの方法は，チーズ作りの基礎でもある．授乳中の子牛の胃から得られるキモシンという消化酵素は，カゼイン分子を"散髪"する特殊な酵素である（p. 55）．キモシンは，カゼイン間の反発力となっているキャップ形成カゼインのミセル外突出部だけを刈り取る．毛状層を刈り込まれたミセルは互いに凝集し，乳が特に酸っぱくなることもない．

**乳清タンパク質**　乳タンパク質から4種類のカゼインを除いたものが乳清タンパク質で，数十種類のタンパク質を含む．カゼインが子牛の主な栄養源としてアミノ酸とカルシウムを供給するのに対し，乳清タンパク質には防御タンパク質，ほかの栄養成分を結合し輸送する分子，酵素などが含まれる．なかでも特に多いのはラクトグロブリンで，その生物学的機能は未解明である．複雑な高次構造を有し，加熱調理により変性しやすい．78℃で高次構造がほぐれ，硫黄原子が溶液中に露出して水素イオンと反応し，硫化水素ガスを発生する．その強いにおいが加熱乳（およびほかの動物性食品の多く）の独特な風味となっている．

沸騰させた乳では，高次構造のほどけたラクトグロブリンは互いに結合する代わりにカゼインミセル上のキャップ形成カゼインに結合し，ミセルの分離状態を保つ．よって変性したラクトグロブリンは凝固しない．チーズ乳清にみられるように，カゼインの比較的少ない状態で酸変性させると，ラクトグロブリン分子が互いに結合して小さい凝塊をつくる．これをチーズにしたものが本来のリコッタ・チーズである．熱変性させた乳清タンパク質は未変性型に比べて，泡立てた牛乳の気泡やアイスクリームの結晶を安定させる力が強い．牛乳を泡立てたりアイスクリームを作ったりするときに加熱するのはこのためである．

## ■ 乳の風味

新鮮な乳の風味はバランスよく繊細である．乳糖の甘みがはっきりしていて，ミネラル分のわずかな塩味と，かすかな酸味もある．まろやかで心地よい香りは主に短鎖脂肪酸（酪酸，カプリン酸など）によるもので，これらは飽和度の高い乳脂肪が体温で固まらないようにしている．分子が小さいので空気中に蒸発し，においを感じる．一般に，遊離脂肪酸は食品に不快な石鹸臭をつけることが多い．しかし少量では，反芻胃内で生成する炭素数4～12の脂肪酸，これらの分岐型，およびエステルと呼ばれる酸アルコール結合体が，動物臭と果実臭の混じっ

乳タンパク質カゼインのモデル．カゼインは分子の束，すなわちミセルとして存在し，各ミセルは脂肪球の約50分の1の大きさである．多数のカゼイン分子（図ではひも状）がリン酸カルシウム（図では小球）の粒子によってまとめられ，ミセルを形成している．

た乳特有のにおいを出している．山羊や羊の乳の独特なにおいは，炭素数8の特殊な分岐脂肪酸2種（4-エチルオクタン酸，4-メチルオクタン酸）によるもので，これらは牛乳には含まれていない．伝統的なモッツァレラ・チーズ作りでは水牛乳を使用するが，水牛乳にはマッシュルームや刈草の香りのする修飾脂肪酸類と，家畜臭のする窒素化合物（インドール）が含まれる．

新鮮乳の基本的な風味は，動物の飼料によって左右される．乾燥干し草やサイレージには脂肪とタンパク質が比較的少ないため，得られる乳はより単純で弱いチーズ臭がある．一方，青々とした牧草には甘いラズベリーの香りを生み出す成分（不飽和長鎖脂肪酸の誘導体）や，家畜臭のインドールが含まれる．

**調理による風味**　低温殺菌（p.22）を行うと，繊細な香りの成分が一部飛んで乳の風味はわずかに変化するが，酵素や細菌が不活性化されて安定になり，わずかな硫黄臭と青葉の香り（硫化ジメチル，ヘキサナール）が加わる．高温殺菌または短時間の加熱調理（76℃以上）では，バニラ臭，アーモンド臭，発酵バター臭など，多くの芳香物質が少しずつ生成すると同時に，卵臭のもとである硫化水素も生成される．長く沸騰させると，乳糖と乳タンパク質の間で褐変反応（メイラード反応）が進行し，バタースコッチの香りがでる．

**異臭の発生**　良質な新鮮乳の風味は，いろいろな状況で損なわれる．酸素に触れたり強い光にさらされたりすれば，脂肪球膜のリン脂質が酸化され，連鎖反応によってダンボール臭，金属臭，魚臭，塗料臭などが次第に生成される．また酸味がでるまで長く置いておけば，果実臭，酢臭，麦芽臭，その他の不快臭が発生する．

日光や蛍光灯の下では，リボフラビン（ビタミン $B_2$）とメチオニン（含硫アミノ酸）の反応によると思われる，キャベツのような独特の焦げ臭さが生じる．透明なガラスやプラスチックの容器やスーパーの照明はよくない．光を通さない紙容器であれば問題ない．

# 未発酵乳製品

ヨーロッパやアメリカでは，昔ほどではないにせよ，新鮮な乳，生クリーム，バターは依然として必要不可欠な食材である．1980～90年代にコーヒーが大流行したのに伴い，乳には新たな価値が認められるようになった．

## ■乳

基本的な食品のなかでも最も規格化されているのが牛乳である．その昔は，牧場の近くに住んでいた人々だけが搾りたての牛乳に牧草のにおいと季節を感じることができた．都市生活，大量生産，衛生観念の高まりによって，今ではもう得がたい経験となってしまった．現在手に入る牛乳のほとんどは，牛小屋で育ち1年中同じ餌を食べている白黒模様のホルスタイン種の乳である．大規模な酪農場では，何百頭，何千頭もの牛から搾乳した乳をまとめて，殺菌処理と均質化処理を行っている．こうして得られる牛乳には個体，農場，季節による違いなどなく，画一的なものである．小規模な酪農場のなかには，別の品種を放牧して，軽い殺菌処理だけで均質化処理をせずに生産しているところもある．独特な風味をもつこのような牛乳だけが，昔の牛乳の味を思い出させてくれる．

**生乳**　健康な牛から丁寧に搾乳した生乳は品質がよく，独特の新鮮な風味と物理的性質をもっている．しかし，病気の牛の乳が混じっていたり，乳房が尻尾に近すぎるなど取扱いが不適切だったりすれば，この栄養豊富な液体にはすぐに病原菌などが繁殖してしまう．酪乳には厳重な衛生管理が必要なことは，少なくとも中世期には知られていたが，牧場から遠く離れた生活がはじまった18～19世紀の都市では，雑菌混入や混ぜものさえもごく普通のことになって，腐った牛乳を飲んで結核，ブルセラ病，単なる

食中毒で死亡する子供が多かった．微生物が発見されるはるか以前の1820年代に，家事に関する本のなかには，乳を必ず煮沸するよう推奨するものもあった．20世紀初期に，国および地方行政が酪乳業の規制を行うようになり，乳の加熱殺菌が義務づけられた．

現在，米国内で生乳を販売する業者はごくわずかである．州の認証を得て定期的な視察検査を受ける必要があり，製品には警告文の表示が義務づけられている．ヨーロッパでも生乳の販売は少ない．

**低温殺菌（パスツリゼーション）およびUHT処理**　1860年代に，フランスの化学者ルイ・パスツールはワインおよびビールの腐敗について研究を行い，風味の劣化を最小限に抑えた保存法として，穏やかな加熱処理法を確立した．酪農業で低温殺菌が取り入れられるまでにはさらに数十年を要する．今日では，工業規模の生産に必要不可欠な工程である．多くの牧場から生乳を集めるので，あるバッチに雑菌が混入する確率も高く，生産工程で使われるさまざまな配管や機械類から雑菌が混入する可能性も高くなる．低温殺菌は，病原菌や腐敗菌を殺し，徐々に脂肪を分解し味を劣化させる脂肪分解酵素などの酵素を失活させることにより，賞味期間を延長する．低温殺菌乳は5℃未満で10～18日間保存できる．

乳の殺菌法には三つの方法がある．最も簡単なのはバッチ方式によるLTLT殺菌（低温長時間殺菌）で，一定量の乳（数百ガロン）を容器にいれ，62℃以上で30～35分間，ゆっくり攪拌を行う．工業規模の生産工程では，HTST殺菌（高温短時間殺菌）が用いられる．熱交換器内を連続的に通過させることにより，72℃以上で15秒の処理を行う．バッチ法では風味の変化が比較的少ないのに対して，HTST法の処理温度では乳清タンパク質の約10％が変性し，特異臭のする硫化水素ガスが生じる（p.85）．以前はこの「加熱臭」は欠点とみなされていたが，米国内の消費者は今ではむしろこの風味を望むようになった．酪乳業者はこれを強めるために最低加熱温度よりもずっと高い77℃を一般的に用いるようになっている．

三つ目の殺菌法は，UHT殺菌（超高温殺菌）で，130～150℃で瞬時もしくは1～3秒間処理する．完全な無菌状態で容器充填を行えば，冷蔵せずに何ヶ月も保存できる．UHTの処理時間が長いと加熱臭がつき，わずかに茶色がかる．生クリームは乳糖とタンパク質が少ないので，味と色は変化しにくい．

アメリカでは，110～121℃で8～30分間処理したものは特に滅菌乳と呼ばれ，色もにおいも強く，室温で長期保存できる．

**均質化処理**　新鮮な全乳をそのまま放置すると自然に2層に分離する．脂肪球は凝集して表面にクリーム層を形成し，脂肪以外の成分が下層を形成する（p.18）．1900年頃のフランスで，クリーミングを抑えて脂肪を均一に分散させる

---

## 13世紀のアジアにおける乳粉末

（タタールの軍隊は）濃縮または硬いペースト状に乾燥させた乳も配給しており，それは次のようにして作られる．まず乳を煮沸し，表面に浮いてくるクリーム層をすくい取って別の容器に移してバターとする．生クリームが含まれている限り，乳が固まらないからである．生クリームを除いた乳を天日干しして乾燥させる．（食べるときには）必要量の水とともに瓶に入れる．馬に乗って揺さぶられるうちに，薄めの粥状になるので，これを食する．

——マルコ・ポーロ，東方見聞録

ための「均質化処理」が開発された．乳を高温高圧で細いノズルから噴射させ，脂肪球の平均径を1～4μmにまで細かくする．脂肪球の数が激増するのに比例して表面積の割合も増加し，未処理時の脂肪膜だけでは表面を覆うのに不十分になる．裸の脂肪球表面にはカゼイン粒子が引きつけられて付着し，人工的な皮膜を形成する（乳中カゼインのほぼ3分の1が脂肪球に付着）．カゼイン粒子は脂肪球を重くして沈ませるとともに，脂肪球間の凝集を阻害する．こうして，脂肪は液中に均一に分散することになる．均質化処理で一時的に露出した脂肪球が酵素によって酸敗臭を生じるのを防ぐため，均質化処理の直前もしくは同時に殺菌処理を行なう．

均質化処理によって風味と外観が変化する．芳香分子が新しい脂肪球表面に付着することなどから風味は弱まるものの，異臭が生じにくくなる．均質化乳にはもとの60倍もの数の脂肪球が含まれるおかげで舌ざわりがなめらかで，脂肪中のカロテノイド色素が多数の小さな脂肪球に分散するため，色が白っぽい．

**栄養的な改変；低脂肪乳**　酪農の歴史そのものと同じくらいに古くから行われている栄養的な改変，それはクリーム層をすくい取って脂肪分を大幅に減らすことである．今日では，均質化処理の前に遠心分離を行って脂肪球を除くことにより，効率的に低脂肪乳が製造される．全乳の脂肪分は約3.5％，低脂肪乳は一般に2％または1％，脱脂乳は0.1～0.5％である．

新しいところでは，さまざまな化合物の添加がある．ほぼすべての乳に脂溶性のビタミンAとDが添加されている．低脂肪乳は味にコクがなく見た目にも水っぽいので，乾燥乳タンパク質を加えることが多く，そのせいで少し古びたにおいがする．「アシドフィルス・ミルク（乳酸菌牛乳）」にはアシドフィルス菌（*Lactobacillus acidophilus*）が含まれ，これは腸内にとどまって乳糖を乳酸に代謝する（p.46）．乳糖を消化できない人にもっとよいのは，精製ラクターゼ（乳糖を吸収可能な単糖に分解する消化酵素）で処理した牛乳である．

**保存**　乳は腐りやすい食品である．グレードA（米国の飲用規格乳）の低温殺菌乳でさえも，コップ1杯に何百万個もの細菌が含まれているので，冷蔵しないとすぐに腐敗してしまう．冷凍すると乳脂肪球と乳タンパク質粒子が破壊され，解凍したときに凝集・分離するので勧められない．

**濃縮乳**　長期保存し輸送しやすくするために，乳を煮詰めることが，多くの文明で古くから行われてきた．言い伝わるところでは，アメリカ人のゲール・ボーデンが1853年頃，大西洋を

## 濃縮乳製品の組成

主な成分の含有量を重量％で示した．

| | タンパク質 | 脂肪分 | 糖分 | ミネラル | 水分 |
|---|---|---|---|---|---|
| 無糖練乳（エバミルク） | 7 | 8 | 10 | 1.4 | 73 |
| 脱脂無糖練乳 | 8 | 0.3 | 11 | 1.5 | 79 |
| 加糖練乳（コンデンスミルク） | 8 | 9 | 55 | 2 | 27 |
| 粉乳（全脂） | 26 | 27 | 38 | 6 | 2.5 |
| 粉乳（脱脂） | 36 | 1 | 52 | 8 | 3 |
| 牛乳（全乳） | 3.4 | 3.7 | 4.8 | 1 | 87 |

横断した際に牛乳が濃縮されたのを見て練乳を再発明したとされる．ボーデンはこの濃縮牛乳が腐らないよう多量の砂糖を加えた．1884年にはジョン・メインバーグが缶入りの無糖練乳を殺菌する方法を考案した．スイスの彼の会社は20世紀初頭にネスレ社と合併した．粉乳が作られるようになったのもこの頃である．現在は，濃縮乳製品は何ヶ月も保存できるということで重宝され，焼き菓子の材料としても使われている．乳独特の質感や風味を与えるが牛乳ほど水分が多くないという利点がある．

「無糖練乳（エバミルク）」は，生乳を減圧下に43〜60℃で加熱し，水分が約半分になるまで濃縮する．クリーム状のにおいの少ない液体が得られるので，これを均質化して缶詰・滅菌する．調理・濃縮過程で乳糖とタンパク質がいくぶん褐変反応を起こすので，練乳独特の薄茶色とカラメル臭がつく．保存期間中にも徐々に褐変が進行するため，古い缶詰では色も濃く，酸味のある古臭い味がする．

「加糖練乳（コンデンスミルク）」は，水分を蒸発させ濃縮した後で，糖分が約55％となるよう砂糖を加えたものである．浸透圧が高くて微生物は増殖できないため，殺菌する必要がない．砂糖の濃度が高いと乳糖が結晶化するので，乳糖結晶をあらかじめ添加して結晶の大きさを最小限に抑え舌ざわりが変わらないようにしている（ザラザラした乳糖の大きな結晶が入っている欠陥品がときどきある）．加糖練乳は"加熱"臭が少なくて色も薄く，濃いシロップ状である．

「粉乳（ドライミルク）」は，水分を完全に蒸発させたものである．乳を高温殺菌した後，水分が約10％になるまで減圧濃縮し，さらに噴霧乾燥器で残りの水分を除く（濃縮乳を高温チャンバー内に噴霧して，細かい粒子状に急速乾燥する）．凍結乾燥することもある．水分がほぼ完全に除かれるので，微生物が繁殖しない．低脂肪乳を原料とする場合が多いが，これは濃縮された塩分や空気中の酸素によって乳脂肪が酸化してしまうことと，乳脂肪が乳タンパク質の皮膜となり水に溶けにくくなることが理由である．粉乳は低温・低湿で数ヶ月間保存できる．

**乳を使った料理** 料理に牛乳を使う場合は，衣用生地，パン生地，カスタード，プディングなどの材料の一部として目に見えない形で使われることがほとんどで，料理の基本的な性質にはほかの材料のほうが大きく関わっている．乳は主に水分として加えられるが，風味とコク，褐変を促す糖分，タンパク質凝固を助ける塩分なども加える．

クリームスープ，ソース，ポテトのホワイト

---

### わざと凝固させた牛乳

料理では多くの場合，牛乳が固まってしまうと料理のなめらかな食感が損なわれて失敗である．ところが，乳タンパク質をわざと固まらせて独自の食感を出すものもいろいろある．イギリスの「シラバブ」という飲みものは，酸味のあるワインや果汁などに，乳牛から直接牛乳を搾り込んで作られることもあった．17世紀には，フランスのピエール・ドゥ・リュンヌという作家が，煮詰めた牛乳にカラント（スグリ）の果汁を加えて「マーブル模様」にした料理について書いている．現代的な料理には，牛乳で蒸し煮にした豚肉（牛乳は煮詰まって茶色の塊になる），牛乳を煮詰めて炒めた挽肉のような感じにするカシミール地方の料理，東ヨーロッパの夏の冷製牛乳スープなどがある．たとえば，ポーランドの「フォドニク」というビート入りスープは，「サワー・ソルト（結晶クエン酸）」でトロミをつける．

ソース焼き，あるいはココア，コーヒー，紅茶に加える場合など，牛乳自体が主材料となる場合は，タンパク質凝固が問題になる．煮立てた牛乳，スープ，ソースの表面にはる膜は，カゼイン，カルシウム，乳清タンパク質，脂肪球などの複合体で，表面での水分蒸発とタンパク質の濃縮とにより膜になる．鍋にふたをしたり，少し泡立てたりすることで，蒸発を抑え膜がはるのを防ぐことができる．鍋底はコンロの熱で高温状態になり，やはりタンパク質が濃縮されて，これが金属面に付着して焦げついてしまう．牛乳を入れる前に鍋を水で濡らすと，タンパク質の付着を抑えることができる．熱伝導が均一な厚底の鍋に入れて中火で加熱すれば焦げつきは少なく，湯煎すればまったく焦げつかない（湯煎は面倒だが）．

鍋底と表面の間でも，ほかの材料の粒子の表面にタンパク質が付着・凝集して凝固することがある．果汁や野菜の汁，コーヒーに含まれる酸，ジャガイモやコーヒーやお茶に含まれる収れん性のタンニンなどは，特に乳タンパク質を凝固させやすい．細菌は乳をゆっくりと酸性にするので，古くて酸っぱくなった乳を熱いコーヒーや紅茶に入れるとすぐに凝固することもある．凝固させないためには，新鮮な乳を使うこととコンロの火加減が大切である．

**加糖練乳の調理** 加糖練乳にはタンパク質と糖分が濃縮されているので，水の沸点程度の低温でも「カラメル化」（実際はメイラード褐変反応，p. 752）が起こる．そこで缶詰の加糖練乳を利用して，クリーミーなカラメルソースを簡単に作ることができる．沸騰したお湯の中または温めたオーブンの中に加糖練乳を缶のまま入れて，缶の中でカラメル化させる人も多い．確かにカラメルソースはできるが，缶内に空気が入っていた場合にはこれが加熱され膨張して缶が破裂する危険性がある．缶の中身を別の容器に移しかえてから，コンロ，オーブン，電子レンジなどで加熱するのが安全である．

**泡立てた牛乳** 泡というのは気泡の集まった液体の一部をさし，しっとりと軽い塊はその形を保つことができる．メレンゲは卵白の泡，ホイップクリームは生クリームの泡である．牛乳の泡は卵の泡やホイップクリームよりもつぶれやすく，一般には泡立てたらすぐに使用する．コーヒーの上にのせることが多い．泡立てた牛

---

### 乳を使ったインド料理の世界

乳を主材料に使った料理の創意工夫という点で，インドの右に出るものはないだろう．乳を煮詰める方法だけでも何十種類とある．その多くは温暖な国の暮らしゆえに生まれたものであり，1000年の歴史をもつ．乳が酸っぱくなるのを防ぐ一番簡単な方法は，煮沸を繰り返すことである．最終的には，水分10%，乳糖25%，タンパク質20%，乳脂肪20%の褐色の固形ペーストになる．この「コア」は砂糖を加えていないのにキャンディーのように甘く，最もよく作られるインドの乳菓子の基本となったのも納得できる．ドーナツに似た揚げ菓子の「グラブジャムーン」やファッジのような「ブルフィ」は，乳糖，カルシウム，タンパク質が豊富であり，コップ1杯の乳が一口大に凝縮されている．

別の種類のインドの乳菓子に，熱またはライムジュースや酸っぱい乳清で乳固形分を凝固させたものがある．水分を漉して得られる軟らかくて水分の多いものが「チャーナ」で，これがさまざまな菓子の原料となる．多孔性で弾力のあるケーキを加糖乳やシロップに漬けたものなどが多い（ラスマライ，ラサゴーラ）．

乳は飲みものの表面に膜がはるのを防ぎ，断熱効果と蒸発防止（気化熱が奪われるのを防ぐ）によって飲みものを冷めにくくする．

牛乳が泡立つのはタンパク質によるもので，空気のまわりに薄層を形成して気泡を分離し，水の強い凝集力によって泡がつぶれるのを防ぐ．卵の泡を安定にするのもタンパク質だが（p.99），一方ホイップクリームを安定化するのは脂肪である（p.28の囲み内，p.30）．牛乳の泡が卵の泡よりもつぶれやすく短時間で消えてしまうのは，タンパク質濃度が薄いためと（牛乳では3％，卵白では10％），卵タンパク質は高次構造がほぐれて強いネットワークに凝集しやすいのに対し，乳タンパク質の3分の2はそうでないためである．しかし，70℃前後で加熱すれば乳清タンパク質（牛乳重量のわずか1％）の高次構造がほぐれる．これが気泡膜の境界面で起きれば，力の不均衡からタンパク質同士が結合し，一時的に泡を安定化する．

**牛乳と泡** 泡立てに適した牛乳とそうでないものとがある．泡の安定化には乳清タンパク質が必要なので，タンパク質を添加したもの（通常は低脂肪乳や脱脂乳）が泡立ちやすい．ただし全乳の泡はなめらかで風味がよい．酸っぱくなりかけたものは熱でカード化するので，できるだけ新鮮な乳を使用する．

**エスプレッソ・スチーマー：泡立てと加熱を同時に** 牛乳を泡立てるときは，エスプレッソコーヒーメーカーに付属するスチームノズルを使うのが一般的である．牛乳に蒸気を吹き込むことで二つの基本的な操作を同時に行う．すなわち，牛乳に気泡を作ることと，これを加熱し乳清タンパク質を変性・凝固させ安定化することである．蒸気自体が気泡を作るのではない．水蒸気は冷たい牛乳の中で凝結し，水になるだけである．蒸気は牛乳と空気を一緒に攪拌することで気泡を作るのであり，これが最も効果的に行われるのはノズルを液面のすぐ下にもってきたときである．

難しい点は，牛乳が高温だと泡がすぐ消えてしまうことである．気泡膜の水分が重力で下に落ちると気泡がつぶれる．そして液温が高いほど流動性も高い．そこで，温度がすぐに上がって泡ができる前に流動性が高まるのを防ぐた

---

## 牛乳の泡立て方

エスプレッソマシーンに付属したスチームノズルを使って牛乳をうまく泡立てるには，以下の点に注意する．

- 冷蔵庫から出したばかりの新鮮な牛乳を使う．冷凍庫で数分間冷やすとなおよい．
- 少なくとも150 mL以上の牛乳を，その倍以上の容量がある容器に入れる．
- ノズルを液面かそのわずか下に固定し，中位のスチーム量で途切れることなく泡立て続ける．

蒸気を使わずに少量の牛乳を泡立てるには，泡立てと加熱を別に行う．

- 新鮮で冷たい牛乳を瓶に入れてふたを閉め，牛乳の体積が2倍になるまで20秒以上激しく振る．（またはフレンチ・プレス式のコーヒーメーカーを使えば，キメ細かい網のおかげで特にクリーミーな泡になる．）
- 泡を安定化するには，ふたを取って瓶を電子レンジに入れ，高出力で30秒程度，泡が瓶の縁に達するまで加熱する．

め，牛乳の量を多め（150 mL 以上）にしなければならない．

## ■ 生クリーム

牛乳の中で乳脂肪が大幅に濃縮された部分が生クリームである．重力のおかげで乳脂肪は自然に濃縮される．脂肪球よりも密度の高い水分が重力に引かれて下に沈むからである．搾りたての新鮮な牛乳を容器に入れ，そのまま静置すると脂肪球がゆっくりと表面に浮かび上がってきて層を作る．濃縮された脂肪層をすくい取ると，その下には脂肪が除かれた「脱脂乳（スキムミルク）」が残る．乳脂肪分3.5%の牛乳から自然に分離する生クリームは，脂肪分が約20%である．

生クリームは特にそのテクスチャーが好まれる．「クリーミーさ」というのは，固体性と流動性，持続と消失との間で完璧なバランスがとれた，著しい粘稠性をもっている状態をさす．しっかりと存在感があり，しかもなめらかである．口の中に余韻が残るけれども，歯や舌に引っかからず，脂っこいというのでもない．五感では感じとれないほど微細な脂肪球がわずかな水分にたくさん詰まっているため，脂肪球の動きが妨げられ遅くなり，こうした高級な舌ざわりが生まれる．

素晴しい舌ざわりだけではない．生クリームにはココナッツや桃にも含まれる成分（ラクトン）が含まれているため，独特の「脂肪」のにおいがある．また，生クリームは調理に強く扱いやすい食材でもある．牛乳にはタンパク質と脂肪がほぼ同量ずつ含まれるのに対して，生クリームにはタンパク質の10倍の脂肪が含まれる．タンパク質の割合が低いおかげで，生クリームは凝固しにくい．そして脂肪球の濃度が高いためよく泡立ち，牛乳だけで作るよりもはるかに安定な泡ができる．

酪農がはじまったときから生クリームは好まれていたに違いないが，生クリームから作るバターに比べると腐敗しやすいので，かなり最近まで農家以外ではあまり使われることはなかった．17世紀までには，フランスやイギリスでは泡立てたクリームを雪に見立てたり，イギリスでは生クリームの膜をキャベツのように重層にしたり，長時間ゆっくりと加熱して固形状にしたナッツ風味の「クロテッド・クリーム」が作られるようになった．18世紀には全盛期を迎え，ケーキやプディング，あるいはフリカッセ，シチュー，ゆで野菜などさまざまな料理に使われるようになり，生クリームを凍らせたアイスクリームが人気を博した．20世紀に入ると飽和脂肪を多く含むことから生クリームの人気は落ち，現在のアメリカでは長期保存できる超高温殺菌製品しか手に入らないところが多い．

**生クリーム作り**　重力で自然に生クリームが分離するには12〜24時間かかるため，19世紀後半になると回転力を利用したフランス式遠心分離器がこれに取って変わった．分離後には殺菌を行う．アメリカでは，生クリームを低温殺菌するための最低温度は牛乳よりも高い（脂肪分20%以下が68℃，その他は74℃で30分間）．

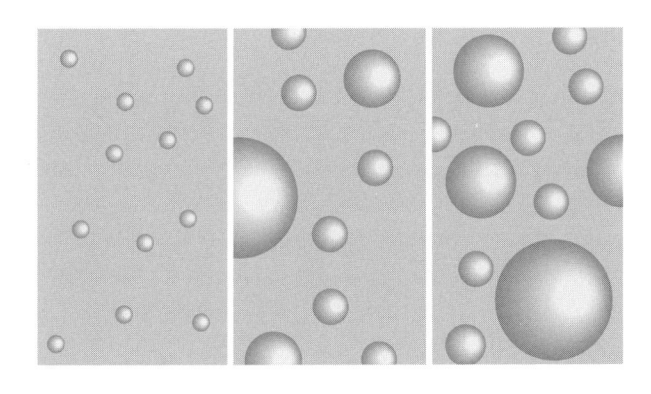

牛乳および生クリーム中の脂肪球．左：均質化牛乳（脂肪分3.5%），中央：均質化処理していないライト・クリーム（脂肪分20%），右：ヘビー・クリーム（脂肪分40%）．生クリームには脂肪球がより多く含まれているため，周囲の液の流動を妨げてとろりとした質感が生まれる．

"超高温殺菌"生クリームは140℃で2秒間加熱する（牛乳のUHT処理と同じ，p.22；ただし生クリームの容器充填は完全な無菌状態で行われるのではないため冷蔵保存が必要）．通常の殺菌生クリームは冷蔵で15日ほどもつが，その後は細菌の活動により苦味と酸味がでる．超高温殺菌生クリームは数週間保存できるが，加熱臭が強い．生クリームは泡立ちにくくなるのを避けるため通常は均質化処理されない．しかし長期保存用の超高温殺菌生クリーム，およびハーフ・アンド・ハーフという比較的濃度の低い製品は，容器内での分離を防ぐために均質化処理されるのが普通である．

**乳脂肪の重要性**　乳脂肪分および濃度の異なるさまざまな生クリーム製品が作られており，それぞれに用途が異なる．ライト（低脂肪）クリームはコーヒーに入れたり果物にかけたりする．ヘビー（高脂肪）クリームはホイップしたりソースの材料に使ったりする．クロテッド・クリーム（可塑性クリーム）はパン，ペストリー，果物に塗って食べる．脂肪含量によってクリームの濃度と用途の広さが決まる．ヘビー・クリームは牛乳で薄めればライト・クリームの代わりになり，泡立てて半固形状にすれば塗って食べられる．ライト・クリームとハーフ・アンド・ハーフは脂肪球の数が少なくて，泡立てても泡が安定でなく（p.31），ソー

| 生クリームの種類 | | | |
|---|---|---|---|
| 合衆国 | ヨーロッパ | 脂肪分(%) | 用途 |
| ハーフ・アンド・ハーフ | | 12(10.5〜18) | コーヒー，料理にかける |
| | クレーム・レジェール* | 12〜30 | コーヒー，料理にかける，ソースやスープにコクをつける，ホイップ用 |
| | シングル・クリーム | 18+ | コーヒー，料理にかける |
| ライト・クリーム | | 20（18〜30） | コーヒー，料理にかける（あまり市販されていない） |
| | コーヒー・クリーム | 25 | コーヒー，料理にかける |
| ライト・ホイップ・クリーム | | 30〜36 | 料理にかける，コクづけ，ホイップ用 |
| | クレーム・フレーシュ†（フルーレットとエペッスがある）* | 30〜40 | 料理にかける，コクづけ，ホイップ用（濃厚なものはパンなどに塗る） |
| ホイップ・クリーム | | 35+ | 料理にかける，コクづけ，ホイップ用 |
| ヘビー・ホイップ・クリーム | | 38（36+） | 料理にかける，コクづけ，ホイップ用 |
| | ダブル・クリーム | 48+ | パンなどに塗る |
| | クロテッド・クリーム | 55+ | パンなどに塗る |
| 可塑性クリーム | | 65〜85 | パンなどに塗る |

\*　レジェール＝"ライト"，フルーレット＝"液状"，エペッス＝"濃厚"乳酸菌発酵による．
†　フレーシュ＝"新鮮，冷たい，新しい"，フランスでクレーム・フレーシュと言えば，発酵していない"スイート"と乳酸菌発酵したものとがある．合衆国では発酵させた酸味・トロミのあるものをさす（p.48）．

スに入れると凝固しやすい．脂肪分30～40%のホイップ・クリームは，用途が最も広い．

**調理における安定性**　鍋底についた肉汁の焦げを溶かしたりソースを濃くしたりする場合に，塩分や酸性成分とヘビー・クリームを加熱調理しても凝固が起こらないのは，脂肪含量の高さとどう関係しているのか？　それは加熱に伴い脂肪球の表面膜が主要乳タンパク質カゼインを吸着するためと考えられる．脂肪球が生クリームの重さの25%以上含まれれば，脂肪球表面にほとんどのカゼインが吸着され，カゼインの凝固は起こらない．これより脂肪球が少ないと，脂肪球の表面積が小さいだけでなく，カゼインを含む水層の割合も多くなる．そうすると脂肪球の表面に吸着できるカゼインは少なくなり，加熱すると吸着されなかったカゼイン同士が結合して凝固する．（酸凝固型チーズのマスカルポーネの原料としてライト・クリームは使えるがヘビー・クリームは使えない．酸で凝固できる遊離カゼインが少ないからである）．

**クリームの問題点：分離**　均質化処理していないクリームによくある問題は，容器中で分離が進むことである．脂肪球がゆっくりと浮いてさらに濃縮され，表面に半固形層を形成する．冷蔵庫内の温度では脂肪球中の脂肪が結晶化し，その尖った角で脂肪球膜を傷つけ外部に露出し，露出した結晶の角が互いにくっつき合って微細なバター粒子を形成する．

**クロテッド・クリーム**　生クリームが分離し固まるのは，現代では調理上望ましくないものと一般には考えられている．昔は，そしてイギリ

---

### 食物用語：cream（クリーム），crème（クレーム），panna（パンナ）

　牛乳の脂肪分に富んだ部分を英語でcream（クリーム）と呼ぶが，これはフランス語のcrème（クレーム）から来ている．理想の質感をもつという生クリームの性質と驚くべきかつ適切な関連性をもつ．

　ノルマン征服以前の時代，そして北方の一部では今でも，生クリームのことを英語でreamと言う．インド・ヨーロッパ言語から直接派生し，現代ドイツ語のRahmにもなった．しかしフランスとの交流の結果，珍しい混成語が生じた．6世紀のガリア地域では（昔の西ヨーロッパの地域，フランス，オランダ，ベルギー，ドイツの一部，イタリア），脂肪分の多い牛乳をcramaと呼んでおり，その語源は"熱でトロミづけした乳成分"という意味のラテン語cremor lactisだった．その後，数世紀の間に，宗教用語chreme"聖油"と混成することになる．このchremeはギリシャ語のchriein"聖油を塗る"から生じたもので，chrieinからはキリスト（Christ）"精油で清められた者"も派生した．フランスではcramaがcrèmeとなり，イギリスではreamの代わりにcreamが使われるようになった．

　古代の宗教儀式と食物がなぜ混同されたのか？　おそらくは偶発的な間違いのようなものだったと思われる．一方，清めの聖油と乳脂肪は基本的には同じ成分であることから，ひらめいたのかもしれない．ノルマン地方の修道院や農家の台所では，料理に生クリームを加えることは単にコクをつけたりするだけのものではなく，神への祈りのようなものだったのかもしれない．

　イタリア語では生クリームをpanna（パンナ）と言うが，その語源はラテン語のpannus"布"である．生クリームが牛乳表面の薄い覆いのように見えるところからきたと思われる．

スと中東では今でも，凝固したクリームはそれ自体がずっと好まれてきた．17世紀のイギリスでは料理人が，浅い皿に入れた生クリームから根気よく膜をすくっては重ね，キャベツに似せた盛りつけを行った．このキャベツ・クリームは今では珍しいだけである．しかし16世紀のイギリスで考案されたクロテッド・クリーム（これに似たものにトルコやアフガニスタンの「カイマク」がある）は今も重要な伝統食として残っている．

クロテッド・クリームの昔ながらの作り方では，生クリームを浅鍋に入れて沸騰寸前で数時間加熱し，冷まして1日ほど置いた後，厚くできあがった固形層を取る．加熱することにより脂肪球が早く浮かび，水分が一部蒸発し，凝集した脂肪球の一部が溶けて乳脂肪が溜まり，加熱臭が加わる．こうしてできあがるのは，粒状脂肪の濃い部分とクリーム状の薄い部分とが混じりあった，芳醇なナッツ臭のするもので，表面は薄茶色である．クロテッド・クリームは脂肪分が60%前後で，スコーンやビスケットに塗ったり果物に添えて食べる．

**ホイップ・クリーム**　ホイップ・クリームは不思議である．おいしいけれど扱いにくい液体が，攪拌という単純な物理操作だけで，おいしく，しかも成形可能な「固体」に変わる．泡立てた牛乳と同様，ホイップ・クリームもまた液体と空気が密に混ざったもので，空気は小さな気泡になり，これをクリーム層が取り囲んでその微細な気泡膜を安定化している．その贅沢でビロードのような泡は，今でこそ特別なものでないが，1900年頃までは泡立て作業は非常に根気の要るものだった．かつて料理人は，自然に分離して得られたクリームを1時間以上も泡立てながら，泡をすくっては水分を除くことを繰返した．ホイップ・クリームの泡が安定するには，液体と空気をまとめるのに十分な脂肪球がなくてはならないが，自然分離したクリームの脂肪分はせいぜい30%と十分ではない．ホイップ・クリームが楽に泡立てられるようになったのは，遠心分離器が発明されてからである．

**脂肪が生クリームの泡を安定化する仕組み**　卵白，卵黄，牛乳などのタンパク質の泡とは違い，生クリームの泡は脂肪によって安定化する．生クリームを泡立てはじめてすぐにできる気泡は長持ちしない．30秒ほど経つと，脂肪球の不安定化に伴い気泡膜が安定化しはじめる．泡立てにより脂肪球が叩きつけられるうちに，泡立て器の剪断作用と気泡膜内の力の不均

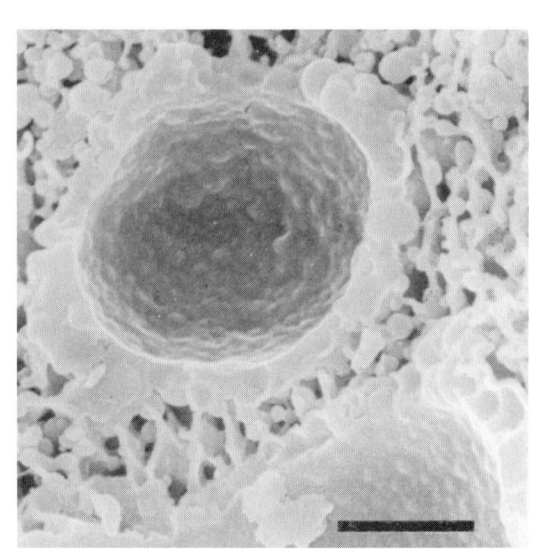

ホイップ・クリームの走査型電子顕微鏡写真．左：大きな空洞は気泡，小さな球が脂肪球（黒線は0.03 mm）．右：気泡の拡大写真．気泡を安定化している脂肪が部分的に融合しているのがわかる（黒線は0.005 mm）．

衡により膜の一部がはがれる．膜がはがれて脂肪が露出した部分は，水に反発する性質があるため，気泡膜中で内側を向くか，もしくは別の脂肪球の脂肪が露出した部分に付着する．こうして脂肪球が集まって気泡の周りに壁をつくり，隣接する壁同士を結合することにより，連続したネットワークが形成される．脂肪球が連なってできる強いネットワークは，気泡をその場に保持するだけでなく，介在する液滴が速く動けないようにする．したがって泡全体は一定の形を維持することができる．

　脂肪球がネットワークを形成してからもさらに泡立て続けると，脂肪球は凝集し続けるが，この過程で今度は泡の不安定化がはじまる．細かい脂肪球の塊が集まって，より大きな乳脂肪の塊となり，そのうえ気泡と液滴もキメが粗くなる．泡のカサが減って水っぽくなり，うまく泡立てたホイップ・クリームのビロードのようななめらかさは失われ，ざらつく．泡立てすぎたクリームはバター粒子の脂っぽさが口中に残る．

<u>低温の重要性</u>　少し温度が高いだけでもクリームの泡の乳脂肪骨格は軟化し，液化した脂肪によって気泡がつぶれてしまうので，クリームの泡立ては必ず冷しながら行う．5〜10℃の温度範囲で低温からはじめ，ボールと泡立て器もよく冷やしておく．というのは空気と泡立て作業によってすぐに温まってしまうからである．理想的には，泡立てる12時間以上前からクリームを冷蔵庫で"熟成"させるとよい．長く冷すと乳脂肪の一部が針状結晶を形成し，これが膜の剥離を促して冷たいクリーム中にも少しだけ存在する液状脂肪を吸着する．室温に置いていたクリームを泡立てる直前に冷した場合，泡立てはじめた途端に気泡をつぶす液状脂肪が流れ出して，十分に泡立つこともないし，キメが粗く水っぽくなりやすい．

<u>泡立てたクリームはどのように性質が違うか</u>
ホイップ用のクリームは連続した脂肪球骨格を形成するために十分な脂肪分を含まなければならない．最低でも30％は必要で，これは「シングル・クリーム」または「ライト・ホイップ・クリーム」に相当する．「ヘビー・クリーム」の脂肪分は38〜40％で，ライト・クリームよりも早く泡立ち，より硬くて密なしっかりした泡を形成する．液体が流れ出ることも少ないので，生菓子や焼き菓子，デコレーション用に適している．ヘビー・クリームをほかの用途に使う場合は，1/4量の乳を加えて脂肪分を30％に薄め，軽くて軟らかい泡にするのが普通である．

　均質化した生クリームの脂肪球は小さく，乳タンパク質で厚く覆われている．したがって泡はよりキメ細かく，泡立てには2倍以上の時間

---

### 昔のホイップ・クリーム

#### セント・オールバンズの領主のクレーム・フエッテ

甘く濃い生クリームを好みの量だけ皿にとり，白くて硬いイグサを束ねたもので，かなりトロミがついてバターに近くなるまで泡立てる．泡立てすぎるとバターになってしまう．冬であれば1時間ほどかかる．夏には1時間半ほどかかる．食卓に出す直前に，料理を盛りつける皿に移し替える．その皿の底に細かい粉糖をまき，幅広のへらを使って泡立てたクリームをのせる．半分ほどのせたら，粉糖をふりかけ，残りのクリームをのせ（底に溜まった乳清は残す），さらに上から粉糖をふる．

——ケネルム・ディグビー卿，*The Closet Opened*（開いたクローゼット），1669年

がかかる（泡立てすぎることもめったにない）．どんな生クリームでも，泡立て時間を短くするには，わずかに酸性にするとよい（250 mLに対してレモン汁小さじ1杯を加える）．そうすると脂肪球膜のタンパク質がはがれやすくなる．

<u>方法：手立て，機械，加圧ガス</u>　生クリームの泡立て方にはいくつかある．手で泡立てる方法は電動泡立て器を使うのに比べて時間と労力がかかるが，より多くの空気が含まれてカサ高になる．加圧ガス（一般には酸化窒素，$N_2O$）を使う方法だと，最も軽くてふんわりとしたホイップ・クリームができる．よく知られているのが，超高温殺菌クリームと可溶性ガスを混合して加圧充填したエアゾール缶である．ノズルが開いて中身が噴出する際，ガスが急激に膨張してクリームは非常に軽い泡となって吹き出す．交換式の酸化窒素ボンベを使って普通の生クリームを泡立てる器具もあり，これはガスがノズルを通るときにクリームが混ざって激しく攪拌される．

## ■ バターとマーガリン

今日では，厨房でバターを作るのは，生クリームの料理が失敗して脂肪が分離してしまったような場合だけだろう．これは残念なことだ．料理人は時にリラックスしてわざとクリームを泡立てすぎるのもよいかもしれない．できあがるバターは日常生活のなかの奇跡，嬉しい驚きの瞬間に違いない．アイルランドの詩人シェイマス・ヒーニーが「凝縮した太陽の光」，「ボールの中に金の小石のようにうず高く積まれ」と書いているように．乳脂肪は確かに太陽のエネルギーである．草原の牧草に捉えられたエネルギーが，牛の体内で微細に散らばる脂肪球の中に詰め直されたものだ．牛乳や生クリームを攪拌すると，壊れた脂肪球から出た脂肪が互いにくっつきあって次第に大きくなり，その水分を搾れば金色の塊ができる．それは，心温まる芳醇な甘さを料理に加える．

**古くからあり，かつては素朴な食物**　牛乳から脂肪を分離するには30秒もかき混ぜればよいわけで，バターは酪農のはじまった当初にすでに発見されていたに違いない．スカンジナビアからインドにわたる地域では，長い間それは貴重であり，牛乳のほぼ半分は料理や儀式のためのバターにされていた．ヨーロッパ北部における最盛期はこれよりずっと後で，中世期を通して主に農民の食べものであった．ローマで肉食が禁止されていた時代には唯一の動物性脂肪であったため，バターは次第に貴族の食卓に浸透していった．16世紀初めには，四旬節に許された食べものでもあったため，増加しつつあった中流階級ではパンとバターの素朴な組合わせが取り入れられた．まもなく，イギリス人は肉と野菜を溶かしバターにどっぷりと浸けた料理を出すという悪評が広まるほどになり，ヨーロッパ中の料理人がソースからペストリーにいたるまでさまざまな食べものにバターを使うようになった．

フランス北西部のノルマンディやブルターニュ，オランダ，アイルランドは特に良質のバターを産することで有名になった．その多くは小さな牧場で何回かの搾乳により集めた生クリームで作られていたため1〜2日経っており，乳酸菌によりやや酸っぱくなったものだった．19世紀には，氷の使用，冷蔵庫の発明，生クリームの機械分離によって，「スイート・クリーム・バター」が一般的になったが，大陸ヨーロッパでは軽く発酵させた「発酵バター」が今でも好まれる．

1870年前後にフランスでバターが不足したことがきっかけで模造品として発明されたのがマーガリンで，これは安価な動物性脂肪や植物性油脂から作られる．アメリカおよびヨーロッパの一部では現在，バターよりもマーガリンの消費量のほうが多い．

**バター作り**　バター作りは基本的に単純だが手間がかかる．生クリームを容器に入れて攪拌する．脂肪球が傷ついて中の脂肪がしみ出し，それが寄り集まってある程度の大きさの塊になっ

たところを集める．

生クリームの準備　バター作りではまず，生クリームを脂肪分36〜44％に濃縮する．次いで殺菌を行うが，アメリカでは一般に85℃の高温で行うためカスタードのような独特の加熱臭がつく．冷却後，発酵バター用のクリームはここで乳酸菌を植菌する．スイート・クリーム，発酵クリームともこの後5℃に冷却し，脂肪球中の乳脂肪のおよそ半分が結晶化するように少なくとも8時間の熟成を行う．結晶の数と大きさが，乳脂肪の分離速度やバターのキメを決定する．熟成が終わったクリームは2〜3℃ほど温めて攪拌する．

チャーニング（攪拌）　チャーニングに使用する機械はさまざまで，脂肪球が壊れてバター粒子ができはじめるまで15分かかるものもあれば数秒で済むものもある．熟成過程で形成した脂肪の結晶が脂肪球膜を弱め，破れやすくする．傷ついた脂肪球同士がぶつかると，液状の脂肪が一緒になって連続した塊となり，攪拌し続けると次第に大きくなる．

練り　チャーニングによってバター粒子がある程度の大きさ（米粒大）になったら，水分を漉す．ここで得られる液体が本来のバターミルクであり，遊離した脂肪球膜成分を多く含み脂肪分は0.5％ほどである（p.49）．固形のバター粒子表面のバターミルクを冷水で洗い流すこともある．バター粒子は練り合わされ，半固形の脂肪を固めるのと同時に，内部のバターミルクの液滴を$10\mu m$（大きめの脂肪球と同じ）ほどに細かくする．新鮮な牧草に含まれる橙色のカロテン色素がバターを黄色くするが，新鮮な牧草をあまり食べない牛の乳脂肪は白いので，練り段階でアンナット（p.412）や純粋カロテンを添加する場合もある．有塩バターを作る場合にもこの練り段階で細かい食塩か濃い塩水を添加する．この後は保存，ブレンド，またはすぐに成形・包装される．

バターの種類　バターの種類にはいくつかあり，それぞれに特徴がある．容器の表記をよく読んで，その商品の原料が普通のクリームか，発酵クリームか，発酵クリームのように風味づけしたクリームかを確認する必要がある．

「生クリーム・バター」（スイートまたは発酵）はアメリカでは今はほとんど見られず，ヨーロッパでもまれである．純粋な生クリームの風味をもち，殺菌による加熱臭がない．風味が変わりやすく，冷凍保存しなければ10日程度で劣化する．

「スイート・クリーム・バター」は米国および北アメリカでは最も基本となる一般的なバターである．原料は殺菌した生クリームで，アメリカでは脂肪分80％以上，水分16％以下となっている．残りの4％はバターミルクに含まれるタンパク質，乳糖，塩分である．

「有塩スイート・クリーム・バター」には1〜2％の食塩（一箱中に食塩小さじ1〜2杯）が添加されている．従来は保存のために食塩を2％添加していたが，これは水相中で12％に相当し，十分な抗菌作用がある．

「発酵クリーム・バター」はヨーロッパの標準である．かつてはチャーニングの前に分離を行う間に乳酸菌の働きで生クリームがわずかに酸っぱくなった．前工業時代には最も一般的だったバターが，今は現代的管理により生産されている．発酵バターの味は独特である．細菌の生産する酸と芳香成分によって，明らかに風味豊かである．特に，ジアセチルという芳香化合物がいわゆるバター風味を強めている．

発酵バターおよびその類似品の製造方法はいくつかある．一番簡単なのはチャーニングの前に，殺菌処理したクリームに細菌を入れ，低めの室温で12〜18時間発酵させる方法である（p.48）．1970年代にオランダで考案されフランスでも用いられている方法では，スイート・クリームをチャーニングして得たバターに，すでに乳酸が作られている細菌培養液を入れるというもので，冷蔵期間中に風味がでる．さらには，精製した乳酸と芳香化合物を原料のスイート・クリームに入れるだけのものもある．これ

は人工的に風味づけしたバターであって，発酵バターではない．

「ヨーロッパ式バター」とは，フランス・バターのアメリカ版で，脂肪分が通常の80％よりも高いものである．フランスではバターの脂肪分は82％以上と決められているが，アメリカでは85％近いものもある．こういったバターは水分が10～20％少なく，サクサクしたペストリーを作るのに適している（p.546）．

「ホイップ・バター」は，塗りやすさを高めた製品である．通常のスイート・バターを軟らかくしてから体積の約3分の1の窒素ガスを吹き込んでいる（空気だと酸化して酸敗臭がでる）．物理的な圧力とガスの気泡によってバターの構造が弱まるため，塗りやすく，冷蔵温度でも切りやすい．

「特殊バター」は，フランスの菓子職人やペストリー職人によって考案された．「ブール・キュイジニエ」，「ブール・パティシエ」，「ブール・コンサントレ」はほぼ純粋な乳脂肪であり，通常のバターを低温で溶かし，遠心分離して水分と乳固形分を除いたものである．これをそのまま再冷却するか，ゆっくりと結晶化させて，27～40℃の範囲内で特定の融点をもつ分画を得る．

**バターの硬さと構造** 上手く作られたバターの硬さは明らかに違う．たとえばフランスでは，ノルマンディ産バターは比較的軟らかく，塗ったりソース作りに用いられたりすることが多い．エリザベス・デイビットは，「ノルマンディでマスと一緒に出される溶けたバターは，まるでクリームのようだ」と書いている．これに対してシャラント産バターは硬く，ペストリー作りに使われる．一般に，夏場に作られるバターは冬場のものよりも軟らかい．バターの硬さは微細構造に関係しており，次の二つの要因に大きく影響される．一つは牛の餌，もう一つは生乳の取扱い方である．多価不飽和脂肪に富む飼料，特に新鮮な牧草だと軟らかいバターができ，干し草や穀物では硬くなる．バターの製造法によっても硬さは違ってくる．原料のクリームを熟成させるときの冷却条件や，練りの程度などである．これらの条件は，硬さをだす結晶化脂肪と軟らかさのもとである脂肪球や遊離脂肪との比率に関係している．

**バターの保存** わずかな水分が細かい粒状に分散しているので，適切に作られたバターには微生物が繁殖しにくく，室温でも何日かは保存できる．しかし，バターの繊細な風味は空気にふれたり強い光に曝されたりしただけでも劣化してしまう．脂肪分子が分解して古臭さや酸敗臭が生じるからである．バターはまわりの強いにおいも吸収してしまう．よって基本的には冷凍保存し，毎日使う分だけ冷暗所に保存するのが望ましい．残った分はもとの銀色の包装紙で空気にふれないように包みなおし，アルミホイルは使わないこと．特に有塩バターでは，金属に直に触れると脂肪の酸化が進んでしまう．バ

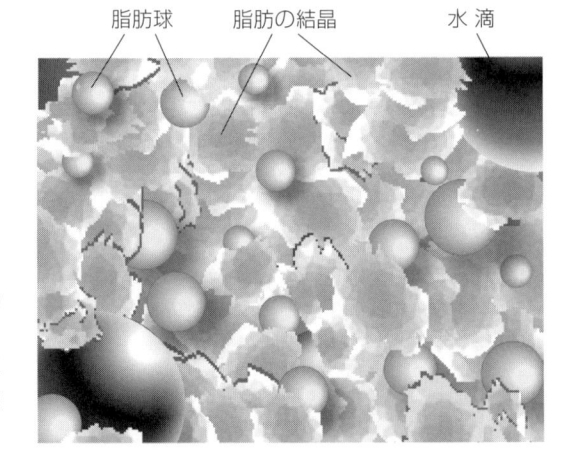

バターの構造．バターは乳脂肪が約80％，水分が約15％である．半固形の"遊離"脂肪の塊の中に，脂肪球，固形結晶，水滴が埋まっている．冷えたバターには規則正しい結晶が多く含まれるため硬く，温まるにつれて遊離脂肪が軟らかさをだし，脂肪が液状に滲むようになる．

ターの表面に見られる半透明な濃黄色の部分は，空気にさらされて乾燥したところである．いやなにおいがするのでそぎ取る．

**バターを使った調理** ケーキやスフレの型に塗ったり，バタースコッチ・キャンディーの風味づけに使ったりと，バターの用途は多彩である．ここでは，バターの役目のなかでも重要なものについていくつか説明する．パンや菓子作りにおけるバターの役割については10章で述べる．

**つけ合せとしてのバター：スプレッド，ホイップ・バター** おいしいパンに良質のバターを塗って食べるというのは，とても簡単な楽しみ方である．バターは15℃付近で塗りやすい軟らかさになるが，30℃までは溶けない．この独特な性質は，乳脂肪の珍しい融解特性によるものである．

こうした扱いやすい硬さのおかげで，ほかの材料を混ぜ込むのも簡単である．風味づけや色づけしたバターは，別の食品に均一に塗ることができる．ハーブ，香辛料，スープストック，煮詰めたワイン，チーズ，刻んだ魚介類など，さまざまな味や色を室温のバターに混ぜ込んだ混合バターがある．別の食品に塗るか，または冷してスライスしたものを熱い肉や野菜にのせてバターソースとして食べる．料理人の作るホイップ・バターは，空気を含ませて軽くしたバターに，味つけとして半量ほどのスープストック，ピューレなどの液体を加えて，細かい液滴として乳脂肪中に分散させたものである．

**ソースとしてのバター：溶かしバター，ブール・ノワゼット，ブール・ノワール** 一番簡単なのは，バターの塊を温かい野菜にのせ，米や麺に混ぜ込む，あるいはオムレツやステーキの上に塗ってツヤをだすというものである．溶かしバターをレモン汁で香りづけしたり，乳固形分を除いて"精製"バターにしたりすることもある（後述参照）．「ブール・ノワゼット」は"ヘーゼルナッツ色の"バター，「ブール・ノワール」は"黒い"バターという意味である．フランスで中世時代から使われている溶かしバターソースで，魚，肉，野菜の味つけに用いられる．いずれも，バターを120℃前後に加熱して水分を飛ばし，白い沈殿物中の乳糖とタンパク質を反応させて褐色色素と新たな香りをつけたものである（褐変反応，p.751）．ブール・ノワゼットはきつね色，ブール・ノワールは濃褐色になるまで加熱する（真っ黒になると焦げ臭い）．酢やレモン汁を加えることもあるが，これはバターが水の沸点以下に冷めてから加える．そうしないと，冷たい液体がはじけ散るうえ，レモン汁が変色することもある．焼き菓子に入れるとナッツのような豊かな香りがでる．

「ブール・ブラン」やオランデーズなどの乳化バターソースについては11章で述べる．

**精製バター** 水分と乳固形分を除き，純粋な乳脂肪だけにしたものが精製バターで，溶かすと完全な透明になり揚げものに適している（乳固形分は揚げ温度が低めでも焦げる）．バターを100℃まで徐々に加熱していくと，水分は蒸気となって浮上し，表面に乳清タンパク質の泡ができる．水分が全部蒸発すると泡立ちはおさまり，表面の泡は脱水する．こうして表面には乾燥した乳清タンパク質の膜が浮き，底には固形のカゼイン粒子が沈む．表面の乳清膜を除き，カゼイン粒子が入らないように上澄みを別の容器に静かに注ぎ取れば，精製バターの完成である．

**バターを使った揚げもの** バターは揚げものや炒めものにも使われる．主に飽和脂肪からなるので加熱しても分解しにくく，不飽和脂肪のように粘りがでないという利点がある．欠点は150℃付近で乳固形分が焦げること，これは多くの植物性油脂の発煙点よりも低い．バターに油を加えても耐熱性は改善しないが，精製すれば耐熱性が向上する．乳固形分を含まないバターは200℃まで熱しても焦げない．

## マーガリンおよびその他の乳製品スプレッド

マーガリンは「政治的直感と科学的探究の創造物」と言われる．フランス人化学者イポリット・メージュ－ムーリエによって1869年に発明された．当時，都市の人口増加に食料供給が追いつかず，バターは供給不足であった．ナポレオン3世が資金提供して安価な代用品を公募した3年後にマーガリンは開発された．これ以前にも固形の動物性脂肪に手を加えたものはあったが，牛脂に牛乳の風味をつけて，バターのような形にするという彼のアイデアは斬新だった．

オランダ，デンマーク，ドイツなど，ヨーロッパの多くのバター製造業者および輸出業者がすぐにマーガリンを採用した．バター製造の副産物として脱脂乳が余っており，これをマーガリンの風味つけに利用できるということもあった．アメリカでは1880年までに大規模生産がはじまっていた．酪農業界と政界内の支持勢力は差別的課税の形でこれに強く対抗し，1970年代まで続いた．今日では，普通のマーガリンはバターより安く，アメリカのマーガリン消費量はバターの2倍以上となっている．スカンジナビアや北ヨーロッパでもマーガリンが好まれるが，フランスやイギリスでは依然としてバターのほうがずっと消費量が多い．

**植物性マーガリンの台頭**　現代のマーガリンは固形の動物性脂肪からではなく，普通は液状の植物性油脂から作られている．動物性から植物性への移行を可能にしたのは，1900年頃にドイツとフランスの化学者が水素添加法を開発したことによる．この方法は，脂肪酸の構造を変えて液状油脂を硬化するもので，これによりバターならば硬くなってしまう冷蔵庫温度でも塗りやすいバター代用品が製造できるようになった．植物性油脂への移行によって，予期せぬ成果もあった．肉類や乳製品に多い飽和脂肪が血中コレステロール値と心臓病リスクを高めるという，第二次世界大戦後の医学的発見である．スティック・マーガリン中の飽和脂肪と不飽和脂肪の比率は1：3で，これに対しバターは2：1である．しかし近年になって，水素添加反応で生成するトランス脂肪酸が実は血中コレステロール値を上げることが明らかとなった（次頁囲み内参照）．トランス脂肪酸を作らずに植物性油脂を硬化する方法もいくつかあり，「トランス・フリー」のマーガリンやショート

---

### インドの精製バター：ギー

インドでは，あらゆる食品のなかで最も多く使われているのが精製バターである．料理の材料や揚げ油として用いられるだけでなく，清らかさの象徴であり，古代より神への供物，聖灯や火葬のための燃料でもある．ギー（サンスクリット語の"輝く"が語源）は必要に迫られて生まれた．インドの多くの地域では，普通のバターは10日ほどで腐敗してしまうが，精製脂肪だと6～8ヶ月は保存できる．伝統的なギー作りでは，牛か水牛の全乳を乳酸菌発酵させて作ったヨーグルトに似た「ダヒ」を用い，これをチャーニングしてバターを得ていた．現在は，工業生産では一般に生クリームが原料として使われている．最初に生クリームを発酵させることで，バターの品質および風味は向上する．発酵させていない生クリームから作ったギーは味に深みがないと言われる．バターを90℃に加熱して水分を蒸発させ，さらに120℃まで加熱して乳固形分を焦がすことで，ギーの風味が増し，酸敗臭の発生を抑える抗酸化物質が生成する．褐色の残渣をろ過して除き（さらに甘みづけに砂糖を加え），得られる透明な液がギーである．

ニングがすでに商品化されている．

**マーガリンの製造法** マーガリンの成分はバターとほぼ同じで，脂肪が80%以上，水分が16%以下である．水相は新鮮もしくは発酵させた脱脂乳，あるいは脱脂粉乳を水に溶かしたものである．味つけ，調理時の油はね防止，そして微生物の繁殖防止のために塩分を加える．アメリカでは脂肪相は大豆油，トウモロコシ油，綿実油，ヒマワリ油，カノーラ油，その他の植物油の混合である．ヨーロッパでは，ラードや精製魚油も用いられる．水滴の安定化と油はね防止のために乳化剤のレシチンを添加する(0.2%)．色素，香料，ビタミンA，Dなども添加される．窒素ガスを注入して軟らかいホイップ・スプレッドにすることもある．

**マーガリンおよび類似スプレッドの種類** マーガリンには「スティック・マーガリン」と「容器入りマーガリン」がある．いずれも室温ではバターと同じ塗りやすさ，口の中でとろけるように作られている．スティック・マーガリンは冷蔵庫内でバターよりわずかに軟らかく，バターと同じように砂糖を混ぜてクリーム状のアイシングにもなる．容器入りマーガリンは脂肪の飽和度がかなり低いので，5℃でも塗りやすいが，クリーム状にしたり折り込みパイを作ったりするには軟らかすぎる．

「低脂肪スプレッド」は通常のマーガリンよりも脂肪分は少なくて水分が多く，安定剤として炭水化物とタンパク質を添加してある．安定剤がフライパンに焦げついてしまうので，調理用には向かない．焼き菓子のバターやマーガリンの代わりに使用すると，水分が多いスプレッドは液体と固体のバランスを大きく変えてしまう．超低脂肪および無脂肪スプレッドにはデンプンや増粘剤，タンパク質などが多量に含まれているので，加熱しても溶けず，パサパサになり結局は焦げてしまう．

「特殊マーガリン」は一般に，業務用に限られる．フランスの元祖オレオマーガリンなど，牛脂を含むものもある．バターよりも広い温度

---

## 水素添加の副産物：トランス脂肪酸

トランス脂肪酸は，飽和脂肪酸のような性質を示す不飽和脂肪酸である (p.773)．水素添加工程で生成する．マーガリンにはバターの半分ほどしか飽和脂肪が含まれないのにもかかわらず，トランス脂肪酸が含まれるために硬さはほぼ同じである．トランス不飽和脂肪はマーガリンの硬さに大きく関係しているだけでなく，酸化されにくくて熱に強いため，調理用油はより安定になる．

トランス脂肪酸は心臓疾患のリスクを高める可能性があるとして，問題視されるようになった．トランス脂肪酸は飽和脂肪と同じように血中LDL（悪玉）コレステロール値を上げるだけでなく，HDL（善玉）コレステロール値も下げることが，研究の結果明らかとなった．アメリカのマーガリン・調理用油の製造業者は，製品中のトランス脂肪酸量を減らすように製造方法を改善している．今までの固形マーガリンでは，全脂肪酸の20～50%がトランス脂肪酸であった（ソフト・マーガリンではこれより少ない）．

トランス脂肪酸を作り出しているのはマーガリン製造工程だけではない．なんと反芻胃内の微生物もトランス脂肪酸を作っている．こうした微生物の働きにより，乳・バター・チーズ中の脂肪には平均5%，牛肉やラム肉など反芻動物の肉の脂肪には1～5%のトランス脂肪酸が含まれる．

範囲で，硬くてしかも伸びがよい（p.545）．

## ■アイスクリーム

　生クリームの素晴しい特性をさらに高めたのがアイスクリーム，生クリームを凍らすことにより，口中でゆっくりととろけるクリーミーな感触が味わえる．しかし生クリームをただ凍らせればよいというわけではない．

**アイスクリームの発明と進化**　生クリームを単純に凍らせると岩のように硬くなる．砂糖を入れると軟らかくなるが，同時に氷点も下がってしまう（水分子が結晶構造に配列するのを溶解した砂糖分子が妨げる）．したがって砂糖を加えた生クリームは純水の氷点よりもずっと低い温度で凍り，温かいものを雪や氷の中に埋めたときのようには凍らない．アイスクリーム作りには，ちょっとした化学の知識が必要である．氷に塩を加えると，塩が溶けて氷点が下がり，砂糖入りの生クリームでも凍るほどに温度が下がる．

　凍結に及ぼす塩の影響は13世紀のアラブ世界で知られており，これがイタリアに伝わって，17世紀初期には果汁から氷が作られようになった．"ice cream"という英語は，1672年のチャールズ2世の宮廷文書に初めて出てくる．水と生クリームを凍らせるレシピが初めて出版されたのは，フランスとナポリで1680年代と1690年代のことであった．フランスではアメリカ独立戦争時代までに，凍ったものを頻繁にかき混ぜると，キメ細かく不透明になることが発見されていた．生クリーム500 ccに卵黄20個を入れた超豪華版（グラス・オ・ブーレ，"氷バター"！），さらにはナッツや香辛料，オレンジの花，カラメル，チョコレート，紅茶，コーヒーなどで風味づけしたアイスクリームもすでに作られており，なかにはライ麦パン味などというものもあった．

**アメリカでは大衆向け食品**　この繊細な食べものを大衆向けにしたのはアメリカ人である．それまでは少量ずつ大変な思いをして作っていたアイスクリームだが，1843年にフィラデルフ

---

### 最初のアイスクリームのレシピ

#### ネージュ・ド・フルール・ド・オランジュ（オレンジの花の雪）

スイート・クリームを用意し，ここに粉砂糖を二握り加え，オレンジの花びらを細かく刻んだものを加える……これをぜんぶ器に入れ，ワインクーラーに入れる．ワインクーラーの底にはよく砕いた氷に一握りの塩を加えたものを敷いておく……クリームの容器が隠れるようクーラーいっぱいに氷の層と一握りの塩を入れ，これをできるだけ涼しい場所に置き，凍って氷の塊ができないようにときどき振り混ぜる．2時間ほどでできあがる．

——*Nouveau confiturier*（新しい菓子），1682年

#### フロマージュ・ア・ラ・アングロワーズ（イギリスのチーズ）

1チョピン（フランスの古い液量単位；約480 mL）のスイート・クリームと同量の牛乳，半ポンド（約230 g）の粉砂糖，卵黄3個を混ぜ合わせ，薄めの粥状になるまで煮る．火から下ろし製氷型に注ぎ込み，氷中で3時間冷やす．硬くなったら製氷型を取り出し，少し温めるか，熱水に一瞬だけ浸して，型からはずし，大皿にのせて食卓に出す．

——フランソワ・マサロ，*La Nouvelle instruction pour les confitures*（新しい菓子の作り方），1692年

ィアのナンシー・ジョンソンが，塩水を入れる大きなバケツとアイスクリーム液を入れる密閉シリンダー，および攪拌用の羽根のついた冷凍機で特許を取った．羽根のシャフトが上部に突き出ていて連続的に回転させることができる．5年後に，ボルチモアのウィリアム・G・ヤングがデザインを改良して，アイスクリーム液の容器が塩水中で回転するようにして冷却効率を高めた．この単純で安定した機械的動作を可能にしたジョンソン-ヤング冷凍機のおかげで，キメの細かいアイスクリームが大量に作られるようになった．

1850年代，大量生産を可能にした二つ目の決定的な展開があった．ヤコブ・フッセルというボルチモアの牛乳販売業者が，季節的に過剰となる生クリームでアイスクリームを作り，専門店の半額で売りだした．彼は最初の大量生産業者として大成功をおさめた．これが広まり，1900年にはイギリスからのある旅行者が，アメリカでは"膨大な量"のアイスクリームが消費されている，と驚くほどであった．今日ではアメリカ人のアイスクリーム消費量はヨーロッパ人よりずっと多く，1人当たり1年に20L近く食べている．

**アイスクリームの工業生産** アイスクリームが工場生産されるようになると，アイスクリームの定義は変わった．工場製品は家庭で作るものよりも速くより低温で冷凍されるので，氷の結晶が非常に細かい．舌ざわりのなめらかさが工場製品の特徴となり，従来の原料をゼラチンや濃縮乳固形分に置き換えることでさらになめらかさを追求した．第二次世界大戦後には，新たに登場した性能の不安定な家庭用冷凍庫内でもアイスクリームのなめらかさが保たれるように安定剤が添加されるようになった．価格競争の結果，添加剤，余剰牛乳から作った粉乳，香料，人工色素などが多く入れられるようになった．こうしてアイスクリームにも品質等級が生まれた．最も高級なのは従来式の比較的高価なアイスクリーム，一番下は低品質だが安定で安価なアイスクリームである．

## アイスクリームの構造と硬さ

**氷の結晶，濃縮されたクリーム，空気** アイスクリームは，純水の氷の結晶，結晶以外の濃縮された生クリーム成分，そして凍結時の攪拌によって生じる小さな気泡という三つの基本成分からなる．

- 氷の結晶はアイスクリーム液を凍結する過程で水分子が形成するもので，アイスクリームに硬さを与える骨格構造である．アイスクリームのなめらかさは結晶の大きさによるが，体積当たりに占める割合は小さい．

- 濃縮された生クリームは氷が結晶化した後に残るアイスクリーム液の成分である．砂糖が溶け込んでいるので，水分の約5分の1は－18℃でも凍らない．その結果，液体状の水分と乳脂肪，乳タンパク質，砂糖がほぼ等量ずつ混ざった非常に濃い溶液が残る．この溶液が氷の結晶ひとつひとつの皮膜となり，結晶同士をくっつけている．ただしその結合力はさほど強くない．

- 気泡は，アイスクリーム液を凍結しながら攪拌するときに入り込む．氷の結晶と生クリームからなる構造を弱め，アイスクリームを軽くし，すくいやすく食べやすくする．気泡が入ることにより，もとの液よりも体積が増す．空気による体積増加率を「オーバーラン」という．最大では100％ほど，すなわちアイスクリームの体積の半分が空気ということになる．オーバーランが低いほどアイスクリームは硬くなる．

**バランス** よいアイスクリームを作るためには，氷の結晶，濃縮された生クリーム，空気のバランスがよくとれた構造ができるように，アイスクリーム液を調製しなければならない．バランスよく上手に作られたアイスクリームは，クリーミーでなめらか，しっかりとして歯ごたえもある．アイスクリーム液中の水分が少ない

## アイスクリームの各成分比

オーバーランとカロリー以外はすべて、重量パーセントとして表してある。

| 種類 | 乳脂肪分 | その他の乳固形分 | 糖分 | 卵黄固形分(安定化剤) | 水分 | オーバーラン(もとの液に対する体積比) | 1/2カップ(125 mL) 当たりのカロリー |
|---|---|---|---|---|---|---|---|
| 高級(普通タイプ) | 16〜20 | 7〜8 | 13〜16 | (0.3) | 64〜56 | 20〜40 | 240〜360 |
| 有名ブランド(普通タイプ) | 12〜14 | 8〜11 | 13〜15 | (0.3) | 67〜60 | 60〜90 | 130〜250 |
| 廉価品(普通タイプ) | 10 | 11 | 15 | (0.3) | 64 | 90〜100 | 120〜150 |
| フランス式(市販品) | 10〜14 | 8〜11 | 13〜15 | 2 | 67〜58 | 60〜90 | 130〜250 |
| フランス式(手作り) | 3〜10 | 7〜8 | 15〜20 | 6〜8 | 69〜54 | 0〜20 | 150〜270 |
| ジェラート | 8〜12 | 6〜10 | 16〜18 | 4〜8 | 65〜60 | 0〜10 | 250〜300 |
| ソフトクリーム | 3〜10 | 11〜14 | 13〜16 | (0.4) | 73〜60 | 30〜60 | 175〜190 |
| 低脂肪 | 2〜4 | 12〜14 | 18〜21 | (0.8) | 68〜61 | 75〜90 | 80〜135 |
| シャーベット | 1〜3 | 1〜3 | 26〜35 | (0.5) | 72〜59 | 25〜50 | 95〜140 |
| クルフィ | 7 | 18 | 5〜15 | — | 70〜60 | 0〜20 | 170〜230 |

ほど小さな結晶ができやすく，したがってなめらかになる．しかし，砂糖と乳固形分が多すぎると，重くねっとりとべたついてしまい，脂肪分が多すぎると攪拌する間にバター化してしまう．最適な成分比は，水分約60％，砂糖約15％，乳脂肪率10％（アメリカの最低基準）〜20％である．

**アイスクリームの形式**　味つけは別として，アイスクリームには主な形式が二つ，ほかにもいくつかある．

- "フィラデルフィア式"いわゆる標準的なアイスクリームは，生クリームと牛乳，砂糖，その他の添加成分から作られる．生クリーム本来の濃厚で繊細な風味が特徴で，バニラや果物，ナッツなどが入れられる．
- "フランス式"または"カスタード"アイスクリームは，上記原料以外に卵黄を含み，最大で1L当たり12個も入る．卵黄中のタンパク質と乳化成分のおかげで，乳脂肪が比較的少なく水分が多めでも，氷の結晶が小さくなめらかになる．昔ながらのフランス式アイスクリーム液には，生クリームの代わりに，牛乳から作ったクレーム・アングレーズを使うものもある．卵黄入りアイスクリーム液は加熱調理してタンパク質と乳化剤を分散させる必要があり（生の卵黄に混入する細菌を殺す目的もある），加熱してトロミのついたカスタード状の液から作るアイスクリームは，独特な卵の風味がする．

　カスタード・アイスクリームのなかでも特徴的なのがイタリアのジェラートで，これは乳脂肪と卵黄が多く，オーバーランの低い，濃厚で硬いアイスクリームである．（ジェラートとは"凍った"という意味で，イタリアではさまざまな冷凍品に用いられる．）

- "低脂肪"，"無脂肪"アイスクリームは，この順番に脂肪分が低く，いずれもアメリカのアイスクリームの乳脂肪基準である10％に満たない．氷の結晶の大きさを小さく保つため，コーンシロップ，粉乳，植物性増粘剤といったさまざまな添加物を含む．ソフトクリームは低脂肪アイスクリームで，搾り出し温度を比較的高めにして軟らかさをだしている（−6℃）．
- クルフィはインド流アイスクリームで，その歴史は16世紀にさかのぼる．煮詰めた牛乳から攪拌せずに作られ，乳タンパク質と糖分が濃縮されているためになめらかである．牛乳の加熱臭，バタースコッチの風味が強い．

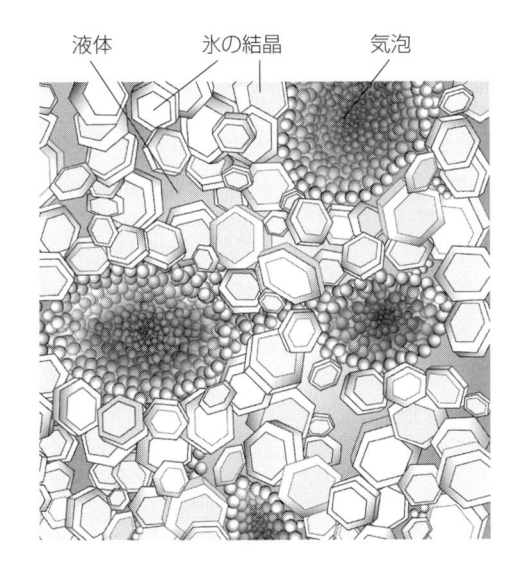

アイスクリームは半固形の泡．アイスクリーム液を凍結すると氷の結晶（純水の固体）が形成し，その他の成分は濃縮されて砂糖と乳タンパク質の濃い液体となる．攪拌により気泡が入り込み，脂肪球の塊が層を作って，これを安定化する．

一般に，上等なアイスクリームほどクリームと卵黄が多く使われており，空気の混入量も少ない．容器を持ってみれば，アイスクリームの品質が大体わかる．生クリームと砂糖の量が同じだとしても，安い製品は体積の半分が空気である．

**アイスクリーム作り**　アイスクリーム作りには，アイスクリーム液の調製，冷凍，硬化という三つの基本工程がある．

**アイスクリーム液の調製**　はじめに，材料を選んで混合する．基本となる材料は，新鮮な生クリームと牛乳，砂糖である．乳脂肪分が17％以下（全乳とヘビー・クリームを等量ずつ混合），砂糖15％（1Lに3/4カップ）の液は，家庭用アイスクリーム・メーカーで急速冷凍してもなめらかに仕上がる．脂肪分を抑えてなめらかなアイスクリームを作るには，卵黄を加えたカスタード式にするか，生クリームの一部を高タンパク質の練乳や粉乳にかえるか，あるいは砂糖の一部をコーンシロップにかえる．

商業生産では，ほぼすべての材料を混合してから殺菌することで，材料を溶かしたり水になじませたりすることも同時に行う．乳清タンパク質を変性させるのに十分な温度（76℃以上）に加熱すれば，氷の結晶の大きさが小さくなるので，アイスクリームのコクとなめらかさも増す．卵黄を含む液は必ずトロミがでるまで加熱する．生クリームと砂糖だけを使って，加熱せずに凍らせれば，材料の持ち味が生きる．

**冷凍**　短時間で冷凍できるように，調製したアイスクリーム液はあらかじめ冷やしておく．これを，冷凍庫で内蔵保冷剤を冷やしておいたアイスクリーム・メーカーの容器に入れて，できるだけ急速に凍結させる．アイスクリーム液を撹拌して，容器の壁にまんべんなく接触させ，空気を含ませ，なめらかな状態にする．撹拌せずにゆっくりと凍結，すなわち「静止冷却」すると，比較的少数の大きな氷の結晶が固まって成長するので，粗くてガリガリしたものになる．撹拌しながら急速冷却するとすぐに多数の結晶核が形成されるが，結晶の成長に必要な水分子の数が限られているので大きな結晶はできないのである．撹拌することにより，複数の結晶が成長して一つの塊になり，舌で感じられるほど大きくなるのも防げる．小さな結晶がたくさんできれば，なめらかでビロードのような舌ざわりとなる．

---

**空飛ぶ要塞（フライング・フォートレス，ボーイング　B-17 爆撃機の愛称）と液体窒素によるアイスクリーム作り**

　1943年3月13日のニューヨーク・タイムズ紙で，イギリスに駐屯するアメリカ軍飛行士らが，職務中にアイスクリームを作る独創的な方法を発見したと報じられた．「空飛ぶ要塞はアイスクリーム・メーカーにもなる！」と題した記事によれば，飛行士らは「アイスクリーム液を大きな缶に入れて爆撃機の後部射撃手席に吊す．敵地上空を高度飛行する間によく撹拌されてちょうどよい具合に固まる」とのことである．

　学校の化学実験としても人気があり，見栄えもするのが，液体窒素（沸点－196℃）を使ってアイスクリームを作るというものである．アイスクリーム液を入れたボールに，液体窒素を注ぎ込んでかき混ぜると，ブクブクと沸騰して泡が立ち，アイスクリーム液はほぼ瞬間的に冷却される．そうすると非常になめらかで，ものすごく冷たいアイスクリームが完成する．

硬化　アイスクリーム作りの最終工程は硬化である．アイスクリーム液が重くなり攪拌しにくくなった時点では，水分の半分ほどしか結晶化していない．ここで攪拌を止め，静かに冷凍する間に，残りの水分の約40％がすでに存在する結晶表面に移動し，残ったさまざまな固形成分はより動きにくくなる．ゆっくりと硬化させると，結晶のなかにはほかよりも多く水分を引きつけるものも出てくるのでキメが粗くなる．硬化前に小さな容器に分ければ，表面積が大きくなり熱の放出がより効率的になるので，硬化時間は短縮される．

アイスクリームの保存と食べ方　なめらかさを保つために，アイスクリームは－18℃以下のできるだけ低温で保存する．保存中にも部分的に解凍と凍結を繰り返すので，ごく小さい氷の結晶が溶けてはより大きい結晶に成長するので，キメが粗くなるのは避けられない．保存温度が低いほど，この過程は遅くなる．

アイスクリームの表面には次の二つの変化がある．一つは冷凍庫内のにおいが脂肪に吸着すること，もう一つは冷たい風にあたって乾燥し，脂肪が分解し酸敗臭を生じることである．いずれも，空気が入らないよう表面を直接ラップで覆うことで防げる．

理想的には，食べる前に－18℃よりも高い温度にする．－13℃だと舌と味蕾（みらい）があまり麻痺せず，また液状水分も多くなるので軟らかい．－6℃（ソフトクリームの温度）では水分の半分が液体である．

# 生の発酵乳製品と発酵クリーム

乳の素晴しい性質の一つは，自然に保存可能な状態を作り出すことである．糖を酸に変える特殊な微生物を偶発的に増やし，腐敗菌や病原菌の増殖をある程度抑えることができる．この特殊な微生物の働きによって，乳のテクスチャーや風味もよくなる．この好ましい変化，すなわち「発酵」は常に起こるわけではないが，かなり頻繁にみられたことから，発酵乳製品は酪農に関わる人々すべてにとって重要なものとなった．なかでもヨーグルトとサワークリームは今も広く用いられている．

発酵という幸運な現象はなぜ起こるのか？それは乳独特の化学的性質と特別な微生物との組合わせによる．人間と乳が地球上に出現するはるか以前から，この化学的性質を利用する準備を整えていたのが，乳酸菌である．さまざまな発酵乳製品があるのも乳酸菌のおかげである．

## ■ 乳酸菌

乳には栄養成分が豊富に含まれるが，なかでも最も効率的なエネルギー源である乳糖は，自然界ではほとんどほかにはみられない糖である．これはすなわち，乳糖分解酵素がすぐに使える状態にある微生物はあまりいないということでもある．これらの細菌が乳中でうまく増殖できるのは，乳糖の消化に特化し，乳酸に分解する過程でエネルギーを取り出すという，すっきりと単純な方法による．乳酸は乳中に放出されて蓄積し，病原菌などほかの微生物の増殖を抑える．ある種の抗菌物質も作り出されるが，乳酸菌の抗菌作用は主に，ほどよい酸味によるものである．この酸味によってカゼインタンパク質が凝集し，半固形のカード（p.19）になり，トロミがでる．

乳酸菌は大きく二つに分類される．ラクトコッカス属（*Lactococcus*，ラテン語のlacto "乳" ＋coccus "球状"）は主に植物で増殖する（主に動物で増殖し，人間にさまざまな病気を起こすストレプトコッカス（*Streptococcus*）属とも近い関係にある）．50の珍しい種からなるラクトバチルス属（*Lactobacillus*，lacto "乳" ＋bacillus "桿状"）は，自然界に広く分布する．植物にも動物にもみられ，授乳中の子牛の胃内や，人間の口の中，消化管，膣などにいる．通常は有益とされる菌である（p.46の囲み内参照）．

主な発酵食品の生産に関わる細菌は1900種

伝統的な発酵乳製品と発酵クリーム

| 食品名 | 地域 | 微生物 | 発酵温度・時間 | 酸度 | 特徴 |
|---|---|---|---|---|---|
| ヨーグルト | 中東からインド | *Lactobacillus delbrueckii*, *Streptococcus salivarius* (地方によって各種ラクトコッカス菌、ラクトバチルス菌) | 41～45℃で2～5時間、または30℃で6～12時間 | 1～4% | 酸味<br>半固形<br>なめらか<br>青臭さ |
| バターミルク | ユーラシア | *Lactococcus lactis*, *Leuconostoc mesenteroides* | 22℃で14～16時間 | 0.8～1.1% | 酸味<br>トロミのある液体<br>バター臭 |
| クレーム・フレーシュ | ヨーロッパ | *Lactococcus lactis*, *Leuconostoc mesenteroides* | 20℃で15～20時間 | 0.2～0.8% | おだやかな酸味<br>トロミ<br>バター臭 |
| サワークリーム | ヨーロッパ | *Lactococcus lactis*, *Leuconostoc mesenteroides* | 22℃で16時間 | 0.8% | おだやかな酸味<br>半固形<br>バター臭 |
| 粘質酸乳 | スカンジナビア | *Lactococcus lactis*, *Leuconostoc mesenteroides* (*Geotrichum* カビ) | 20℃で18時間 | 0.8% | おだやかな酸味<br>ぬるりとしている<br>半固形<br>バター臭 |
| クミス | 中央アジア | ラクトバチルス菌各種、酵母各種 | 27℃で2～5時間、さらに低温熟成 | 0.5～1% | おだやかな酸味<br>トロミのある液体<br>発泡性<br>アルコール度 0.7～2.5% |
| ケフィア | 中央アジア | ラクトコッカス菌各種、ラクトバチルス菌各種、*Acetobacter* 酵母各種 | 20℃で24時間 | 1% | 酸味<br>トロミのある液体<br>発泡性<br>アルコール度 0.1% |

類ほど同定されており，それぞれの菌株の純粋培養が入手可能である．今日の発酵食品生産で，成り行きまかせに発酵を行っているところはほとんどない．昔ながらの自然発酵で作られる食品には何十種類もの異なる微生物が含まれるが，工業生産では一般に2～3種類の菌に限られる．生物学的多様性が限定されることは，風味や食感，健康上の有益性などに影響する可能性もある．

## ■ 生の発酵乳製品の仲間

いくつもの製造工程と数週間～数ヶ月もの熟成期間を経て作られる大方のチーズとは違って（p.50），生の発酵乳食品は一般に数時間から数日で食べられるようになる．ある百科事典には何と数百種類もが載っている．西アジア，東ヨーロッパ，スカンジナビアに起源をもつものが多く，数え切れないほど多くの移民たちによって世界中に広まっていった．家伝の発酵液に布切れを浸して乾かし，これを移住先で乳に浸すということがよく行われた．

ヨーグルト，サワークリーム，バターミルクなどは，西欧諸国ではごく一般的な発酵乳製品だが，二つのまったく異なる気候帯で育まれた発酵法に分けられる．

ヨーグルトなどは本来，中央アジア，南西アジア，中東に広がる温暖地域で作られていたものである．最初に酪農が行われたのもこの地域と考えられ，いまだに動物の胃や皮でできた袋に乳を入れていたりする．ヨーグルト作りに関わるラクトバチルス菌およびストレプトコッカス菌は「好熱性」で，牛自体に由来するものと思われる．温度45℃以下で急速かつ相乗的に増殖し，保存効果のある乳酸を高濃度に生産する．ほんの2～3時間で乳は酸味の強いゲル状になる．

サワークリーム，クレーム・フレーシュ，バターミルクは，西ヨーロッパや北ヨーロッパなど比較的冷涼な地域のもので，乳の腐敗が遅いことから，バター作り用のクリームを分離するのに一晩静置しておくことも多かった．その発酵に関わるラクトコッカス菌とロイコノストック菌は「中温性」で，最初は牛の乳房に付着していた牧草の切れ端から紛れ込んだものと思われる．生育適温は30℃前後だが，これよりかなり低い温度でも増殖可能で，12～24時間続くゆっくりとした発酵過程で中濃度の乳酸が蓄積する．

## ■ ヨーグルト

「ヨーグルト」というのは，トルコ語で乳を発酵させた酸味のある半固形状のものをさし，"濃い"が語源である．東ヨーロッパ・北アフリカから中央アジアにかけた地域でも，基本的

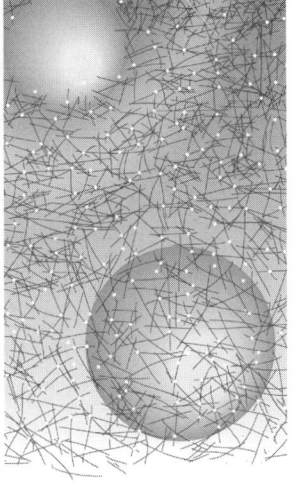

乳酸菌によるカード化．乳酸菌が乳糖を利用して乳酸を作り続けると，酸性度が次第に高まり，カゼインタンパク質が束になったミセル（左）はバラバラになって，個々のカゼイン分子は再結合する（右）．そうすると連続した網目構造ができあがり，そのすきまに液体と脂肪球が捕らえられ，液状だった乳は軟らかい固体状に変化する．

には同じ発酵食品があり，数千年もの歴史がある．さまざまな名前で呼ばれ，用途も多様である．そのまま食べたり，薄めて飲んだり，デザートに混ぜたり，スープや焼き菓子作りなどに使われてきた．

20世紀初期のヨーロッパでは，ヨーグルトはまだ珍しい異国の食べもので，ノーベル賞を受賞した免疫学者のイリヤ・メチニコフが，ブルガリア，ロシア，フランス，アメリカ合衆国の長寿の人々のなかに，発酵乳食品を食べる習慣が共通してみられることを発見し，乳酸菌は消化管内を酸性にして病原菌の増殖を抑えるという学説を立てた（下の囲み内参照）．1920年代には，工場規模の生産がはじまり，フルーツ味のよりマイルドな風味のヨーグルトが開発された．1960年代になると，スイスでは味つけやフルーツ添加が進み，フランスでは攪拌して安定性とクリーミーさを高めたソフト・ヨーグルトが開発され，ヨーグルトはより一般的な食品として受け入れられていった．

## 発酵乳製品の健康効果

乳製品中に含まれる細菌は，乳糖をあらかじめ分解し風味をつけるという以上の効用があると考えられる．ヨーグルトをはじめとする発酵乳製品は健康によいと昔から広く信じられているが，それを支持するような研究結果が得られている．20世紀初期には，ロシアのノーベル賞受賞者イリヤ・メチニコフが（細菌感染に対する白血球の防御作用を発見した），発酵乳の健康効果の化学的根拠として，発酵乳製品中の乳酸菌が消化管内の毒素菌を排除するという考えを提唱した．1926年に出版されたジェームズ・エンプリンガム博士の著書には *Intestinal Gardening for the Prolongation of Youth*（若さを保つための腸内の庭造り）というしゃれた表題がつけられた．

メチニコフは先見性があった．過去20年間の研究結果から明らかになったのは，特定の乳酸菌（ビフィズス菌）が，母乳によりその増殖が促進されること，乳児の腸内に生息すること，そして腸内を酸性に傾けるとともにさまざまな抗菌物質を産生することで腸内の健康を維持することである．離乳していろいろな食物を口にするようになると，腸内ビフィズス菌は激減し，かわって連鎖球菌，ブドウ球菌，大腸菌，酵母などが混在するようになる．工業生産された普通のヨーグルトやバターミルクに含まれる乳酸菌は乳中でよく増殖するように特化されているため，人間の体内では生存できない．だが，自然発酵させた伝統的な発酵乳製品に含まれるほかの菌（ファーメンタム菌，カゼイ菌，ブレビス菌など），そして野菜の漬物に含まれるプランタラム菌，腸内常在菌のアシドフィルス菌などは，体内で生きられる．これらの菌は菌株によってさまざまな活性を発揮する．腸内壁に付着・保護したり，抗菌化合物を分泌したり，特定病原菌に対する免疫応答を高めたり，コレステロールやコレステロール代謝物である胆汁酸を分解したり，潜在的発癌物質の生成を抑えたりなどである．

こうした活性は若さを保つことはできないかもしれないが，少なくとも好ましいことではある．ラクトバチルス菌やビフィズス菌などの「プロバイオティック（体によい細菌）」を添加した発酵乳製品は増える一方であり，ラベルにもはっきりと記載されるようになっている．昔の発酵乳製品にはさらに多種多様な細菌相が含まれていたが，それに近づけた製品を食べることで，現在知られるなかで最もつき合いやすい微生物を腸内の庭に植えつけることができる．

**ヨーグルトの共生関係**　昔ながらのヨーグルトには複雑で多様な細菌叢がみられるのに対して，工場生産品には必要最低限の菌しか含まれていない．標準的なヨーグルトにはブルガリア菌（*Lactobacillus delbrueckii* ssp. *bulgaricus*）とサーモフィラス菌（*Streptococcus salivarius* ssp. *thermophilus*）の2種類が含まれる．この二つの菌はお互いの増殖を助けあい，単独の場合よりも短時間で乳の酸性化を行う．はじめは，サーモフィラス菌の増殖が盛んである．酸度が0.5％を超えると，酸に弱いサーモフィラス菌の増殖が弱まり，かわって酸に強いブルガリア菌の増殖が活発になり，最終的に酸度1％以上となる．細菌が生産する香気成分のなかで最も多いのがアセトアルデヒドで，青リンゴのようなさわやかな香りをもつ．

**ヨーグルト作り**　ヨーグルト作りには二つの基本工程がある．まず乳を加熱してある程度冷まし，次にこの温かい乳を発酵させる．

**乳**　あらゆる種類の乳からヨーグルトを作ることができるが，羊と山羊が最も古くから用いられていたと思われる．低脂肪乳を原料に使ったヨーグルトは特に硬めだが，これは脂肪分の低さを補うために乳タンパク質を多く加えるので，酸凝固によるタンパク質のネットワークがさらに密度を増すからである．（工場生産では，製品の運搬・配送中の物理的ショックによって乳清とカードが分離するのを防ぐために，ゼラチン，デンプン，その他の安定化剤も添加される．）

**乳の加熱**　昔ながらの方法では，乳を長時間加熱してタンパク質を濃縮し，硬めのヨーグルトを作っていた．現在の工業生産では，タンパク質濃度を高めるために粉乳を添加するが，それでもなお85℃で30分間，もしくは90℃で10分間の加熱処理を行う．これは乳清タンパク質のラクトグロブリンを変性させてヨーグルトを均質にするためで，変性させないとカゼイン粒子表面に凝集して沈殿してしまう（p. 19）．ラクトグロブリンを熱変性させれば，カゼイン粒子はお互いに少し結合するだけなので，塊にはならず細かい鎖状の組織となり，その小さなすきまには液体が保持されやすい．

**発酵**　乳を加熱した後は，発酵温度まで冷まし，乳酸菌を入れ（前回生産バッチの一部を使うことが多い），凝固するまで保温する．発酵温度はヨーグルトの硬さに強く影響する．乳酸菌の許容温度上限（40〜45℃）では，菌の増殖と乳酸の蓄積が速いため2〜3時間で乳タンパク質がゲル化する．30℃では菌の活動がゆっくりなので，凝固には18時間近くかかる．短時間でゲル化するとタンパク質のネットワークが粗くなり，太く粗い網目は強固だが乳清が分離しやすい．ゆっくりとゲル化した場合には，細かくて複雑に分岐したネットワークができ，網目は細くて弱いけれども乳清の保持がよい．

**フローズンヨーグルト**　フローズンヨーグルトは1970年代から80年代にかけて一般的となり，アイスクリームに代わる低脂肪で"健康的"な食品として人気が高まった．実際には，フローズンヨーグルトは凍らせた牛乳に少量のヨーグルトを加えたもので，混合比は4：1程度である．混合方法の違いによって，生きた乳酸菌が多く含まれるものもあれば，ほとんど含まれていないものもある．

## ■ クレーム・フレーシュを含むサワークリームとバターミルク

遠心分離機が開発される前の西ヨーロッパにおけるバター作りでは，生乳を一晩以上静置し，表面に浮いた生クリームをすくい取り，この生クリームをチャーニング（攪乳）していた．重力で生クリームが分離する間に自然に細菌が混入して増殖することも多く，生クリームおよびこれから作られるバターは独特なにおいと酸味をもつようになった．

通常行われているのはより簡単な「クリーム発酵」で，これは自然発酵と同じラクトコッカ

ス（*Lactococcus*）属およびロイコノストック（*Leuconostoc*）属に属するさまざまな菌を人工的に添加する．これらの菌に共通する重要な特性が三つある．一つ目は，増殖適温が低いことで，通常のヨーグルト発酵で用いられる温度よるもかなり低温でよく増殖する．二つ目は，酸の生産量があまり多くないことで，乳や生クリームが極端に酸っぱくなることはない．三つ目は，ある種の菌株が乳中の微量成分であるクエン酸塩をジアセチルと呼ばれる化合物に変えることである．ジアセチルのもつやわらかい香りは，奇跡的とも言えるほど乳脂肪の風味とよく合う．このたった一つの乳酸菌産物が，それだけでバターのにおいに非常に近いというのは非常に興味深いことである．シャルドネ（白ワイン）にバターの香りを加えているのもジアセチルである．バター臭をさらに強めるため，発酵前に乳や生クリームにクエン酸を加え，ジアセチル産生により適した低温で発酵させる場合もある．

**クレーム・フレーシュ**　クレーム・フレーシュは用途が広い．その濃厚な酸味と，繊細なナッツやバターのにおいは，新鮮なフルーツ，キャビア，ペストリーなどにとてもよく合う．脂肪分が多くタンパク質が少ないので，ソースに入れたり煮詰めたりしても凝固しない．

現在のフランスでは，脂肪分30％，低温殺菌されたものをクレーム・フレーシュという（UHT殺菌や滅菌処理はされない，p.22）．（フレーシュとは"冷たい"または"新鮮"という意味である．）液状タイプ（リキード，フルーレット）と濃厚タイプ（エペッス）がある．液状タイプのものは発酵させておらず，賞味期間は15日と規定されている．濃厚タイプのものは通常のクリーム発酵を15〜20時間行ったもので，賞味期間は30日である．ほかの発酵乳製品と同様，ある程度の酸度（0.8％，pH 4.6）に達して凝固したもので，独特の酸味がある．アメリカで市販されているクレーム・フレーシュは，フランスの濃厚タイプと基本的に同じ製法であるが，レンネットを少量加えて凝固を強めたものもある．ジャージー種およびガーンジー種の（クエン酸が多い）乳から作られたものはバター風味が強く，ジアセチル産生菌も多く含まれる．

<u>自家製クレーム・フレーシュの作り方</u>　ヘビー・クリームに，クリーム発酵菌を含む発酵バターミルクまたはサワークリームを少量加え（250 mLに対して大さじ1杯15 mL），涼しい場所に12〜18時間，または凝固するまで置く．

**サワークリーム**　クレーム・フレーシュよりも脂肪分が低く，硬めで，用途がやや狭い．乳脂

---

### スカンジナビアの粘質酸乳（ropy milk）

発酵クリームのなかでも変わっているのがスカンジナビアの「粘質酸乳（ropy milk）」である．糸を引くというよりはひも状の粘りをもつことからこの呼び名がある．フィンランドの「ビーリ」，スウェーデンの「ラングフィル」，ノルウェーの「テッテメルク」などがあり，スプーンですくおうとすると容器の中身ごとついてくる．あまりにも粘度が高くてナイフで切れるものさえある．この粘度の高さは特別なクリーム発酵菌によるもので，デンプンのような長い鎖状の炭水化物を産生する．伸縮性の炭水化物が水分を吸収してカゼイン粒子に付着することから，ヨーグルトなどの発酵製品の工業生産においては，粘質酸乳の発酵菌である *Streptococcus salivarius* が天然の安定剤として使われている．

肪分は20％前後，タンパク質が多めなので加熱調理によって凝固する．食べる直前に加えないと，見た目も舌ざわりも少しざらついてしまう．中央および東ヨーロッパではサワークリームが特に重要で，昔からスープやシチュー（グーラッシュ，ボルシチ）に入れられる．19世紀に移民の手でアメリカ各地に広まり，20世紀半ばにはディップ（ポテトチップなどにつけるソース），サラダドレッシング，ベークト・ポテトのトッピングを作るベースとして完全に市民権を獲得した．アメリカのサワークリームはヨーロッパのものより濃厚で，これは発酵前に均質化処理を2回行うためである．菌添加時に少量のレンネットを加えることもあり，この酵素がカゼインタンパク質を凝固させてより硬くなる．

「酸凝固型サワークリーム」は未発酵の模造品で，クリームに純粋な酸を加えて凝固させたものである．"低脂肪"および"無脂肪"の「サワークリーム」は，乳脂肪の代わりにデンプン，植物性増粘剤，乳タンパク質粉末を加えている．

**バターミルク**　合衆国で「バターミルク」として販売されているものの多くが，実はバターミルクではない．本物のバターミルクは，牛乳や生クリームをチャーニングしてバターを取り出した後に残った脂肪分の低い液体である．昔は牛乳や生クリームがチャーニング前に発酵をはじめ，バターを取った後も凝固が進んで風味が増した．19世紀に遠心分離機が導入されると，バター作りの副産物として"スイート"（未発酵）バターミルクが得られるようになった．そのまま商品とすることもあれば，乳酸菌を加えて発酵させ昔ながらの味と形状をもった商品にされることもある．合衆国では，第二次世界大戦直後に本物のバターミルクが不足したことから，脱脂乳を発酵させて酸味をつけ凝固させた模造品の「発酵バターミルク」が広まった．

本物と模造品の違いは何か？　本物のバターミルクは酸味が弱く，繊細で複雑な風味をもち，味が落ちたり傷んだりしやすい．脂肪球の膜片にはレシチンなどの乳化剤が多く含まれ，アイスクリームや焼き菓子などに使えば，なめらかでキメ細かい仕上がりになる．（その優れ

---

### 珍しい発酵乳製品：クミスとケフィア

乳には乳糖がかなり含まれているため，ブドウの果汁やその他の糖分を含む液と同様に発酵させてアルコール飲料を作ることができる．そのためには特殊な乳糖発酵酵母が必要である（サッカロミセス属，トルラ属，カンジダ属，クルイベロミセス属など）．数千年の間，中央アジアの遊牧民は，乳糖を特に多く含む馬乳からクミスを作ってきた．酸味があって発泡性のクミスは，アルコール度1～2％，酸度0.5～1％で，中央アジアおよびロシアでよく飲まれている．このほかのヨーロッパやスカンジナビアでは，ほかの動物の乳からアルコール飲料が作られており，乳清からは発泡性「ワイン」も作られている．

このほかに，西欧ではあまり知られていない発酵乳製品としてケフィアがある．コーカサス地方に最も多く，このあたりに起源があると考えられる．ほかの発酵乳製品とは違って，発酵を行う微生物を均一に分散させるのではなく，ケフィア粒と呼ばれる複雑で大きめの顆粒を用いる．ケフィア粒には，ラクトバチルス菌，ラクトコッカス菌，酵母，酢酸菌など数十種類の微生物が含まれている．これらが共生して低めの室温で増殖することにより，酸味があり低アルコール度で発泡性のクリーミーな飲料が作られる．

た乳化作用から，ペンシルバニア州のオランダ人たちは家畜小屋の赤いペンキのベースにしていた！）発酵バターミルクも有効で，パンケーキやさまざまな焼き菓子に独特の強い風味を加え軟らかさをだす．

アメリカの「発酵バターミルク」は，より細かいタンパク質ゲルを作るために，脱脂乳または低脂肪乳をヨーグルト作りと同様に加熱する．それを冷ましてクリーム発酵菌を入れ，ゲル化するまで発酵させる．この後，冷却して発酵を止め，ゆっくりと攪拌してカードを壊し，とろりとなめらかな液体にする．発酵バターミルクの一種である「ブルガリア・バターミルク」は，クリーム発酵菌とヨーグルト菌，あるいはヨーグルト菌だけを使って，高温で発酵を行い，酸度を高めたものである．酸味が強くてゼラチン状，ヨーグルトによくあるリンゴのようなシャープな味がする．

### ■ 発酵乳製品を使った料理

多くの発酵乳製品はソースにしたり熱い料理に入れたりすれば凝固する．生乳や生クリームは比較的安定だが，加熱処理とこれら発酵食品の特徴でもある高い酸度によってタンパク質の一部がすでに凝固してしまっている．凝固を促すような調理では，すでにあるタンパク質のネットワークが縮んで乳清が外に出てしまい，薄まった液体に白い粒（タンパク質カード）が浮いた状態になる．熱，塩，酸，激しい攪拌などはいずれも凝乳を促す．なめらかな状態を保つためには，低温で徐々に加熱する，ゆっくりと攪拌する，というように穏やかに扱うことが大切である．

クレーム・フレーシュだけが特別に凝固しにくいと思われがちだが，これは誤解である．確かに，ヨーグルト，サワークリーム，バターミルクが沸点近くですべて凝固するのに対し，クレーム・フレーシュは加熱しても固まらない．しかし，これは発酵とは無関係で，単に脂肪分が高いことによる．ヘビー・クリームは脂肪分が38〜40％であり，タンパク質含量が低いので目に見えるような凝固は起こらない．

## チーズ

チーズは人間の成し遂げた最高の偉業の一つである．どれか特定のチーズを言っているのではない．驚くほど多種多様なチーズが今も毎日，世界中の酪農場で作られ続けていることが，である．最初のチーズは，限られた季節の乳の恵みを濃縮し保存するための簡単な方法だった．その後は，チーズ作りに関わる熱心で創意工夫に満ちた人々の手で，単なる栄養源以上のもの，牧草と動物，微生物と時間が極度に濃縮された創造物へと，次第に変貌していった．

---

### 芸術品としてのチーズ

どんなチーズにも，その後ろには異なる空の下に育った異なる牧草がある．宵ごと吹きつける波に洗われ塩に覆われたノルマンディの草地，風と陽光のなかで香りに包まれたプロバンスの草地，田舎には違った場所でさまざまに過ごす家畜の群れ，何世紀にもわたって受け継がれた秘伝の数々．この店は博物館である．パロマー氏はここを訪れ，まるでルーブル美術館にいるように感じた．棚に並んだすべてのものの後ろには，それを創り出しそれから生まれた文化がある．

——イタロ・カルヴィーノ，*palomar*（パロマー），1983年

## ■ チーズの進化

　乳に手を加え，さらに濃縮し，さらに保存性を高め，さらにおいしくしたものがチーズである．乳を凝固させて水分をほとんど除くことにより，濃縮される．栄養豊富なタンパク質と脂肪のカードに，腐敗菌の増殖を抑える酸と塩分を加えることにより，保存性が高まる．乳および微生物由来の酵素の働きをコントロールして，タンパク質や脂肪を風味成分へと分解することにより，おいしくなる．

　長きにわたるチーズの進化は5000年前頃にはじまったと思われる．中央アジアや中東の温暖な地域で，自然に酸っぱくなり凝固した乳から乳清水分を搾り取り，濃縮したカードに塩を加えると，保存できるようになることがわかってきた．またいつしか，動物の胃で作った袋の中で凝乳したり，凝乳用の容器に動物の胃のかけらを入れたりすることで，カードが軟らかく粘質性になることも発見された．こうして生まれた初期のチーズは，現在の塩漬けフェタ・チーズに似たものであったと思われ，この種類のチーズは東地中海やバルカン地方では今も重要な位置づけにある．チーズ作りに関する既知の考古学的証拠のなかで最古のものは，エジプトで出土した紀元前2300年頃の壺の中に残っていたチーズのかけらである．

**チーズに欠かせないもの：時間**　胃の成分（現在ではレンネットと呼ばれる）の働きを利用して凝乳を行い，カードの水分を除いて塩漬けする，という簡単な方法は，西と北に伝播しヨーロッパへと広がっていった．これらの冷涼地域では，より穏やかな処理（酸度と塩分を抑える）だけで十分保存に耐えうることがわかっていった．こうしてチーズの多様性が開花することとなる．乳，細菌，レンネット，塩に続く5番目の要素として，時間がチーズ作りに取り入れられるようになった．酸度と塩分がさほど高くないため，チーズの中でさまざまな微生物と酵素が増殖・活性し続けることができる．この意味で，チーズが生きものとなったわけである．著しい発展と変化が可能となり，チーズも誕生・熟成・衰退という変化をたどることとなった．

　現代のようなチーズが誕生したのはいつ頃だろうか？　真実は誰も知りえないが，少なくともローマ時代よりも前であったと思われる．コルメラの著書，*Rei rusticae*（農事について，紀元後65年頃）のなかに，チーズ作りに関する詳細な記述がある．凝乳にはレンネットやさまざまな植物の液が使用されていた．乳清を搾り取り，カードに塩をふり，できあがったチーズは硬くなるまで日陰に置いた．塩をふって日陰干しすることを繰り返し，熟成したチーズは洗って乾燥し，保存と輸送のために包装していた．やはり紀元後1世紀にプリニウスが書いた本では，ローマ人が最も珍重したチーズは，地方の辺境地帯，特に南フランスのニームやフランス・ダルマチアのアルプス地方からのものだったとある．

**多様性の広がり**　ローマ帝国の強力な支配が終わって10〜12世紀の間，森林地域や山岳の草地に定住し，牧草地を広げていった封土や修道院などにおいて，チーズ作りの技術は進歩を遂げていった．広大な土地に散在する集落は，それぞれの気候，材料，市場に合うよう，独自のチーズ作り技術を確立していった．小さく腐りやすいソフト・チーズは，少数の家畜から得た乳から作られることが多く，地元ですぐ消費されるか近隣の町に送られるだけだった．大きなハード・チーズは多くの家畜の乳を必要とし，共同体で作られることが多かった（グリエール・フルーテリーと呼ばれるチーズ製造所は1200年頃にはじまった）．賞味期間がかなり長いので遠方の市場に輸送された．その結果，国ごとに20〜50種類，フランスに至ってはその国土の大きさと多様な気候のおかげで，何百種類という伝統的なチーズが生まれたのである．

**評判のチーズ**　チーズ作りの技術は中世後期までに十分な発展を遂げ，チーズ鑑定もはじまった．フランス宮廷にはブリー，ロックフォー

ト，コンテ，マロワール，ジェロメ（マンステール）からのチーズが送られてきた．イタリアのパルマ近郊やスイスのアッペンツェル近郊で作られたチーズはヨーロッパ中に名声を博していた．英国では，エリザベス時代までにはチェシャー・チーズが，18世紀までにはチェダー・チーズやスティルトン・チーズが有名になっていた．チーズの果たした役割は二つあっ

---

### カビの生えたチーズを食べたシャルルマーニュ

中世時代には，チーズは職人が丹精込めて作る食品へと進化を遂げ，フランス皇帝ですら知らないチーズの食べ方があった．814年にシャルルマーニュ大帝（カール大帝）が没してから50年ほど後，ザンクト・ガレン（サン・ガール）修道院の名もない修道僧が書いたシャルルマーニュの伝記のなかに，おもしろい逸話がある（*Early Lives of Charlemagne*（若き日のシャルルマーニュ）A. J. グラント訳，1922年からの抜粋を一部修正）．シャルルマーニュは旅先で，ある司教の家に招かれ夕食をとった．

そしてその日は，週の6番目の日であることから，獣や鳥の肉を口にしないことになっていた．司教は近在から魚を調達することができず，脂がのって白い上等なチーズを注文し，皇帝に饗した．チャールズは……何も言わずナイフを手に取ると，汚らしいチーズのカビを切り捨て，白い部分だけを食した．召使いのようにすぐそばに立っていた司教は，皇帝に近づくとこう尋ねた．「皇帝閣下，なぜそのようになさるのですか？　一番おいしいところをお捨てになるとは．」司教に勧められるまま，チャールズは……カビの一片を口に入れ，ゆっくりと咀嚼し，バターのように飲み下した．そして，司教の言葉に賛同し，こう言った．「まったくその通り，りっぱなもてなしである．」そしてこう続けた．「宮廷にこのチーズを荷車2台分，毎年届けるのを忘れぬように．」

ここで「カビ」と訳したのはラテン語のaerugoで，文字通りの意味は"銅のサビ"である．チーズの名前は記されておらず，ブリー・チーズであると考える者もいる．ブリー・チーズはかつて緑灰色のカビで覆われており，その色はさびた銅の色によく似ていた．しかし，記述のチーズはロックフォートに近いのではないかと私（本書著者）は考えている．ロックフォートは羊乳のチーズで，緑灰色のカビをチーズ内部に脈状に生やしたものである．逸話のこの後の記述（下）も，薄くて軟らかなブリー・チーズよりも，大きく硬く内部熟成させたチーズに合っている．最初の宮廷御用達のチーズが何であったかということである．

司教は，この実行不可能な命令に驚き……こう答えた．「お言葉ですが，私はチーズを作ることはできますが，これほど出来のよいものだけを選り分けることはできません……」するとチャールズは司教に向かって言った．「二つに割れ，そして出来のよいものだけをもとのように合わせて串で止め，地下蔵に入れておき，時期が来たなら私のところに送ればよい．残りはおまえとここの僧侶，その家族たちのために授けよう．」

た．貧困階級では，フレッシュタイプまたは熟成期間の短いチーズが必需品であり，時に「白い肉」と呼ばれた．富裕階級では，コースメニューの一品としてさまざまな熟成チーズが楽しまれた．19世紀初めにフランスの美食家ブリアーサヴァランは，チーズが美的に不可欠であるとの考えから，「チーズのないデザートは片目のない美女である」と書いている．チーズの黄金時代はおそらく19世紀終わりから20世紀初めにかけてで，この時代にチーズ作りの技術は完成の域に達し，各地に独自の様式が確立し，鉄道のおかげで地方の製品はおいしいうちに都市へ運ばれた．

**近代における衰退** 近代におけるチーズ作りの衰退は，この黄金時代に端を発している．チーズ作りの歴史をもたないアメリカでは，アメリカ革命からちょうど70年後に，チーズ・バター工場が生まれた．1851年，ニューヨーク北部の酪農家ジェシー・ウィリアムズは近隣農家のためにチーズ作りをすることになった．南北戦争が終わる頃にはこのような酪農「組合」が何百と存在していた．組合組織は経済的に有利だったため，工業化時代に成功を収めることとなる．1860年代から70年代にかけて，薬局とこれに次ぐ製薬会社がレンネットの大量生産を開始した．かつては，各地方に特有の複雑な微生物相を使って行われていた凝乳や熟成だが，20世紀に入る頃には，デンマーク，アメリカ合衆国，フランスの化学者たちにより純粋培養が進み，チーズ作りは次第に規格化されていった．

チーズの多様性と品質に対する最大の痛手は，第二次世界大戦である．大陸ヨーロッパでは，農地が戦場と化し，酪農業は壊滅状態にあった．回復が長引くうちに，品質は二の次となり，大量生産の経済性と管理のしやすさから工場生産が主流となっていった．戦前のよい暮らしに少しでも近づけば消費者は満足し，安価で規格化されたチーズが一般化した．それ以来，ヨーロッパとアメリカのチーズは主に工場で作られている．フランスでは，チーズが伝統地域で伝統製法を用いて作られたことを保証する認定制度（チーズ原産地呼称統制法，AOC）が1973年に制定されたが，このAOC認定を得られるのは国内生産品の20％に満たない．アメリカ合衆国では，プロセス・チーズ（熟成チーズと未熟成チーズを乳化剤とともに混合し再殺菌処理を行ったもの）の市場が，"ナチュラル"チーズ（ほとんどは工場生産品）の市場よりも大きい．

21世紀初めには，ほとんどのチーズが工場生産されるようになっている．規格化・効率化された大量生産という単一的・強制的なものの表れであり，自然と人間の多様性からはほど遠い．工場生産のチーズにも創意工夫は必要であり，経済的な利点もあり，最初の用途目的でもあるファスト・フードのサンドイッチ，スナック，調理済み食品の材料としては適している（1975～2001年でアメリカのチーズ消費量が2倍になった背景でもある）．しかしこれでは，原始的なチーズ（どこにでもある，どこででも作れる，特徴のない簡素な食べもの）への後戻りと言える．

**伝統と品質の復興** 現代の乳製品製造では，丹精込めて作られるチーズが主流を占めることはこれからもないだろうが，近年になって希望が芽生えつつある．戦後の時代と経済的な制約は過去のものとなった．ヨーロッパでは，伝統的なチーズを求める風潮が強まっているところもあり，おいしいものを求めるたくさんの人たちに伝統的なチーズが空輸できるようになった．かつては田舎の貧しい人々の「白い肉」だったものが，今では都市中流階級の高価なご馳走である．アメリカでは一部の小規模生産者が，伝統に対する敬意と21世紀の英知を融和させて，それぞれに素晴しいチーズを作っている．探すことをいとわなければ，昔ながらの職人技を見事に表現したチーズが今でも手に入るのである．

## ■ チーズの材料

チーズ作りの基本材料は三つある．乳，乳を凝固させるレンネット酵素，そして乳に酸味と風味をつける微生物である．それぞれが，最終的なチーズの特徴と品質に大きく関わっている．

**乳** 乳から水分を除いて5〜10倍に濃縮したものがチーズである．よって，乳の基本的特徴がチーズの基本的特徴となる．乳の特徴を決めるのは，動物の種類，動物が食べる餌，乳中に生息する微生物，そして生乳か殺菌乳かということである．

**動物種** 牛，羊，山羊の乳の味はそれぞれに違うので（p. 21），作られるチーズの味も違ってくる．牛乳は羊乳や山羊乳に比べると味が平坦である．羊乳と水牛乳は脂肪分とタンパク質分が比較的多いので濃厚なチーズができる．山羊乳は凝固するカゼインの割合が比較的少ないので，カードはほかの動物の乳と比べると一般にもろく粘着性が低い．

**品種（血統）** チーズ作りが広まっていった中世時代に，各地方の牧草を最大限に生かせるように品種改良が行われ，何百という乳用品種が生まれた．ブラウンスイス種が生まれたのは数千年もさかのぼると言われる．これら地域ごとに適応した品種のほとんどは，どこにでもいる白黒模様のホルスタイン／フリージアンに今は取ってかわられた．規格飼料で最大の乳産量を得るよう改良された品種である．伝統品種は乳産量こそ少ないが，その乳にはタンパク質，脂肪，その他の重要なチーズ成分が豊富に含まれている．

**飼料：季節変化** 今日ではほとんどの乳用家畜が，数種類の家畜用農作物（アルファルファ，トウモロコシ）で作ったサイレージと干し草を一年中食べている．この規格化された飼育法で得られる，規格化され特徴のない乳からも，非常によいチーズができる．しかし，放牧で青草や草花を食べている乳用家畜からは複雑な芳香に富んだ乳が得られるので，それで作るチーズはまた格別なものとなる．チーズ通の間では何世紀も前から知られていたことだが，乳用家畜の餌が乳とチーズの味に影響を与えるということが，最新の高感度分析機器により科学的に解明されている．高山地帯のグリエールに関するフランスの研究によれば，保存飼料で飼育する冬場よりも新鮮な牧草を食べる夏場のほうが，チーズに含まれる風味成分の種類が多いことがわかっている．また，草や花のテルペン成分やその他の芳香成分（p. 265）は，平地よりも高原地帯，高原地帯よりも山岳地帯のチーズに多く含まれることも明らかになった（高原の草地では低地よりも植生が多様である）．

果実と同じように，放牧された家畜の乳から作られるチーズには季節（旬）がある．季節はその土地の気候によるもので，アルプス地方では夏，カリフォルニアでは冬に青草が茂る．また，チーズの熟成期間によっても違ってくる．放牧乳から作られたチーズは一般に黄色が濃いことから見分けがつく．青草にはカロテノイド色素が多く含まれるためである（p. 260）．（鮮やかな橙色は着色による．）

**殺菌乳と生乳** 現代のチーズ製造工程では，病原菌や腐敗菌を除くためにほぼ必ず乳は殺菌される．多数の牧場の何千という乳牛から集めた乳を保存して使用している工場生産の場では，実際に必要不可欠である．一頭でも病気の牛が混じっていたり，乳房が不潔だったりするだけで雑菌は混入するので，危険性が非常に高い．1940年代後半からは，米国食品医薬品局（FDA）の規制により，無殺菌の生乳から作られたチーズは2℃以上の温度で少なくとも60日間の熟成を行わなければならない．この熟成によって乳中に混入する病原菌はすべて死滅するとされる．1950年代初めからはさらに，熟成期間が60日に満たない生乳チーズの輸入も禁じられている．世界保健機構（WHO）では，生乳チーズ生産の完全禁止を推奨すること

を検討している．

　もちろんほんの100年前までは，ほとんどのチーズが，健康管理の行き届きやすい小数の群れから搾ったばかりの生乳を使って，少量ずつ作られていた．フランス，スイス，イタリアの規制では逆に，伝統製法のチーズには殺菌乳の使用を禁じている．これにはブリー，カマンベール，コンテ，エメンタール，グリエール，パルメザンなど世界的に有名なチーズの数々が含まれる．その理由は，殺菌処理によって乳中の有用菌までも死滅し，酵素が失活してしまうからである．熟成中に風味を醸し出す四または五つの要素のうちの二つ（細菌と酵素）を失ってしまえば，伝統的なチーズ本来の品質は得られなくなる．

　殺菌処理をすれば安全ということではなく，その後の工程でも乳やチーズに雑菌が混入する可能性がある．過去数十年間に発生した乳やチーズを原因とする食中毒のほとんどが，殺菌製品によるものであった．公衆衛生当局は，危険性がさほど減少するわけでもない規制を設けて消費者の選択の幅を狭めるのでなく，意欲的なチーズ製造者に生乳チーズの安全な製造を徹底させることこそが，真の前進と言えるだろう．

**重要な触媒：レンネット**　人間の歴史における最初のバイオテクノロジーと言えるのが，レンネット作りとその利用である．羊飼いがチーズ作りで乳を凝固させるために，若い子牛・子羊・山羊の胃の切れ端を使いはじめたのは，少なくとも2500年前にさかのぼる．その後しばらくして，胃の塩水抽出物を作るようになった．これが人類史上初の部分精製酵素である．現在のバイオテクノロジーでは遺伝子工学を応用して，これと同じ子牛の酵素「キモシン」の純品を細菌やカビ，酵母などを使って生産している．今日アメリカで生産されるチーズのほとんどは，この人工「植物性レンネット」を使用しており，昔ながらに子牛の胃からとったレンネットを使ったものは4分の1に満たない（ヨーロッパの伝統的なチーズには必要とされる場合が多い）．

**カード化の専門家**　キモシンにかわる別のタンパク質消化酵素が使われるようになるまで，従来のレンネットは生後30日未満の授乳中の子牛の第四胃から作られていた．チーズ作りにおけるレンネットの重要な役割は，キモシンの特異的な活性による．ほかの酵素は，多くのタンパク質のさまざまな箇所に作用して細かく断片化するのに対して，キモシンはたった一種類の乳タンパク質の一箇所だけを切断する．キモシンの標的となるのは負に荷電した$\kappa$カゼイン（p.19）で，これがカゼイン粒子同士の反発力として作用する．キモシンによってこれが切り

レンネット酵素キモシンによる乳の凝固．乳中ではカゼインが束になってミセルを形成し，電荷を帯びたミセル成分（$\kappa$カゼイン）の反発によってミセルはバラバラに分散している（左図）．キモシンは$\kappa$カゼインを選択的に切り落とすので，電荷を失ったミセルは互いに結合して連続した網目構造を形成する（右図）．液体だった乳が，水分の多い固体に変わる．

取られると，カゼイン粒子は互いに凝集しあって連続した固形状のゲル，すなわちカードを形成する．

単に酸を加えただけでも凝固してカードが得られるのに，なぜチーズ作りにはレンネットが必要か？　その理由は二つある．一つ目は，酸はタンパク質同士が凝集する前に，カゼインミセルタンパク質とカルシウムを分散させてしまうので，一部のカゼインとほとんどのカルシウムは乳清中に残ってしまい，弱く壊れやすいカードしかできない．これに対して，レンネットはミセルにはほとんど作用しないので，ミセル同士が結合しあって，硬くて伸縮性のあるカードができる．二つ目は，カゼインを凝固させるには多量の酸が必要なため，チーズ中で風味を醸し出す酵素の働きを鈍らせたり，完全に阻害してしまったりすることである．

**チーズの微生物**　チーズの中では，多彩な微生物による分解と再合成が進行する．純粋培養菌を使って作られる現在のチーズの多くは，ほんの数種類の微生物しか含まないのに対し，前回のバッチのスターターの一部を使って作られる伝統的なチーズには数十種類もの微生物が含まれる．

**スターター菌**　まず乳酸菌である．乳の酸度を最初に上げはじめ，脱水したカード中で生き続け，チェダー，ゴーダ，パルメザンといった多くのセミハード・ハードチーズでは熟成期間中に風味を醸し出す．カード中の生きたスターター菌の数は，製造過程で激減することも多いが，菌の酵素は残って何ヶ月間も機能し続ける．タンパク質を分解して旨味をだすアミノ酸を作り，芳香性の副産物を生成する（p.59，囲み内参照）．スターター菌は大きく二つに分けられる．一つは，発酵クリーム作りにも用いられる中温性のラクトコッカス菌である．もう一つは，ヨーグルト作りにも用いられる好熱性のラクトバチルス菌とストレプトコッカス菌である（p.45）．多くのチーズでは中温性菌を使って酸性化を行うが，加熱工程を含むチーズ作り（モッツァレラ，アルペンやイタリアのハードチーズなど）では，加熱で死滅せずに風味熟成に関わることのできる好熱性菌を使用する．スイスおよびイタリアではいまだに多くの場合，菌の一部しか同定されていない好熱性乳酸菌の混合物をスターターに使っており，これは前のバッチの乳清をもとに昔ながらの方法で作られている．

**プロピオン酸菌**　スイスのチーズ作りでは，チーズに穴を作るプロピオン酸菌（*Propionibac-*

---

### アザミの花から作られる正真正銘の「植物性レンネット」

　ある種の植物に凝乳作用があることは，少なくともローマ時代には知られていた．個性的なチーズ作りに何世紀にもわたって用いられてきた植物が2種ある．ポルトガルとスペインで利用されている，カルドンという野生のアザミ（*Cynara cardunculus* ならびに *C. humilis*）である．昔から，夏に花を採取して乾燥しておき，冬になるとこれを温水に浸して羊や山羊のチーズ作りに使っていた（ポルトガルのセーラ，セルパ，アゼイタオ；スペインのセレナ，トルタ・デス・カザール，ペドロチェス）．カルドン・レンネットを牛乳に使うと，凝乳はするが苦味がでるので適さない．イベリアの羊飼いが発見したアザミの酵素は，実際に子牛のキモシンと生化学的に非常によく似たものであることが，近年の研究によって明らかとなった．アザミの花の柱頭（めしべの先端）にたまたま濃縮されていたというわけである．

*ter shermanii*）がスターターとして重要である．プロピオン酸菌は熟成中にチーズの乳酸を消費し，これをプロピオン酸と二酸化炭素ガスに変える．プロピオン酸のシャープなにおいにジアセチルのバター臭が融和して，エメンタールのあの独特の風味が生まれる．二酸化炭素ガスは気泡となり，あの特徴的なチーズの穴を作り出す．プロピオン酸菌は増殖が遅いため，チーズの熟成を通常よりも高めの温度（24℃前後）で数週間行うことにより菌の活動を助長する．この高めの温度は，プロピオン酸菌の本来の生息環境を反映したもので，おそらくは動物の皮膚に生息していたのではないかと思われる．（ヒトの皮膚の湿り気や皮脂の多い部分に，これ以外の少なくとも3種のプロピオン酸菌が存在し，*P. acnes* は詰まった皮脂腺内に生息する．）

**リネンス菌** ウォッシュタイプと呼ばれるマンステール，エポワス，リンバーガーなどにその独特の強いにおいをつけ，その他のチーズの繊細な味わいにも関係しているのがリネンス菌（*Brevibacterium linens*）である．ブレビバクテリウム属細菌が生息するのは，海岸または人間の皮膚という二つの高塩環境のいずれかのようで，ほかの多くの微生物は増殖できない15％の高塩濃度でも増殖する（海水は3％）．スターター菌とは異なり，ブレビバクテリウムは酸に弱く酸素を必要とするため，チーズ内部ではなく表面だけに増殖する．ウォッシュ・チーズの製造工程では，定期的に塩水などでチーズを洗ってブレビバクテリウムの増殖を促す．これにより表面はブレビバクテリウム特有の粘りのある橙赤色になる．（カロテン関連色素によるもので，一般に光に当たると色が濃くなる．）熟成期間の一時期だけ表面を拭く場合（グリエール）や高湿度で熟成を行う場合（カマンベール）もあり，このようなチーズはより繊細で複雑な風味となる．ウォッシュ・チーズは人間の隠れた部分の皮膚を強く連想する．これは *B. linens* もその近縁種で人間に生息する *B. epidermidis* も，タンパク質を活発に分解し

---

### チーズのにおいが我慢できない人もいるのはなぜか？

　チーズのにおいにうっとりする人もいれば，同じにおいに気分が悪くなる人もいる．17世紀には"チーズへの嫌悪に関する"学術論文がヨーロッパで少なくとも2報出版されている．18世紀の *Encyclopédie*（百科事典）のチーズの項では，「チーズは，人によっては本能的に嫌悪を感じる食品だが，その理由は特定しがたい」とある．今はその理由も明らかである．乳の発酵は，穀物やブドウと同じで，基本的には管理・制限された腐敗過程と言える．特定の微生物やその酵素を利用して食物を分解するが，食べられなくなるほどにはしない．チーズは，動物性の脂肪やタンパク質が分解されて強いにおいの分子が生じる．これらのうちの多くが普通の腐敗過程でも作られ，また消化管内や人間の皮膚の湿って温かい部分に棲む微生物などによっても作られるものである．

　腐敗臭に対する嫌悪は，食中毒の危険を避けるという意味で明らかに有効である．靴や土や馬小屋のにおいがする動物性の食品には，ある程度の慣れが必要であるというのもうなずける．だが，一度その味を知れば，部分的に腐敗したものには強烈な魅力があり，そこには食物の最高の味が逆説的に表われている．フランス語で「プリチュール・ノーブル（貴腐）」と呼ばれる特定のカビは，ある種のワインに独特な特徴を与えることからその名がついた．超現実主義の詩人レオン-ポール・ファルグはカマンベール・チーズを"神の足"に讃えたと言われる．

て魚臭，汗臭，ニンニク臭（アミン類，イソ吉草酸，硫黄化合物）などのにおい分子を作り出すからである．これらの低分子化合物がチーズの奥深くまでしみ込み，チーズの味と質感に影響するのである．

**カビ，特にペニシリウム**　カビは増殖に酸素を必要とし，細菌よりも乾燥に強く，強力なタンパク質分解酵素および脂肪分解酵素を産生して，ある種のチーズの風味と質感をよくする．どんなチーズでも，定期的に拭いたりしなければ表面にすぐカビが生える．フランスのサン・ネクテールの表面は，地衣類に覆われた岩のようにまだらで，複雑な渋い色の基調に鮮黄色や橙色の斑点がある．チーズのなかには多彩なカビを自然に生やしたものもあれば，特定のカビを植えつけるものもある．自然発生するカビは一般にペニシリウム（*Penicillium*）属のものである．ペニシリウム属は多種多様であり，抗生物質ペニシリンの産生菌も含まれる．

**青カビ類**　*Penicillium roqueforti* はその名が示すとおり，羊乳から作るロックフォート・チーズに青い筋をつけるカビである．また，*P. roqueforti* とその近縁種 *P. glaucum* は子実体で複雑な色素化合物を作り，スティルトンやゴルゴンゾーラの内側を着色したり，熟成した山羊乳チーズの表面を着色したりする．ペニシリウム属青カビの特徴は，チーズ内部の小さな亀裂や空洞といった低酸素条件（5％，空気中の濃度は21％）でも生育できる点である．これは，最初にロックフォートにカビを生やすこととなった生育環境，ラルザック地方の亀裂のある鍾乳洞の環境を反映している．ブルー・チーズの独特な風味は，カビが乳脂肪を代謝することによる（*P. roqueforti* は乳脂肪の10～25％を分解する）．分解により生じる短鎖脂肪酸は羊乳や山羊乳のブルー・チーズにピリッとした感じを与え，さらに短い分解物（メチルケトン，アルコール）がブルー・チーズ独特のにおいを与える．

**白カビ類**　ペニシリウム属には青カビのほかに白カビも含まれる．カマンベールやブリーやヌーシャテルといった，北フランス産の牛乳から作る小さくてマイルドな味の表面熟成ソフト・チーズに使われる *P. camemberti* 株はすべて白カビである．ペニシリウム属白カビは主にタンパク質を分解することにより，クリーミーな質感を与えるとともに，マッシュルーム臭，ニンニク臭，アンモニア臭を生じる．

## ■ チーズ作り

チーズ作りには三つの工程がある．初めに，乳酸菌を使って乳糖を乳酸に変える．次に，乳酸菌の活動が続くうちにレンネットを加えてカゼインタンパク質を凝固させ，乳清を脱水してカードを濃縮する．最後に熟成，たくさんの酵素の働きを借りてそれぞれのチーズに独特の質感と風味をだす．熟成に関わる酵素は主にタンパク質分解酵素と脂肪分解酵素であり，乳自体に含まれていたものもあれば，乳中に初めから存在していた微生物，乳酸菌，レンネット，熟成過程で加わった細菌やカビなどに由来するものもある．

チーズは，その主な材料である乳，酵素，および微生物の性質が表れたものである．しかし同時に，あるいはそれ以上に，材料を選び，さまざまな化学変化や物理変化を操るチーズ職人の技とこだわりの表れでもある．ここでは，チーズ作り職人の仕事を簡単にまとめた．

**凝乳**　一部のフレッシュタイプのチーズを除けば，ほとんどすべてのチーズ作りでスターター乳酸菌とレンネットを使った凝乳を行う．酸とレンネットが作り出すカード構造はそれぞれ大きく異なり，酸では細かくてもろいゲル構造，レンネットでは粗いが強固なゴムのような構造が得られる．両者の比率と，それぞれの作用の速さが，チーズの最終的な質感を知るのに役立つ．主に酸凝固が中心となる何時間もかかる凝乳の場合は，比較的軟らかで弱いカードが得られるので，水分が外に出ないよう取扱いに注意

する．フレッシュタイプのチーズや小さめの表面熟成型山羊乳チーズでは，この方法が用いられる．主にレンネット凝固が中心となる1時間未満の凝乳では，かなり硬いカードが得られ，それを米粒大に切り刻んで多くの乳清を搾り出す．チェダー，ゴーダ，エメンタール，パルメザンなど，大きめのセミハードおよびハードタイプはこうして作られる．大きさと水分含量が中くらいのチーズを作るには，レンネットの量を少なめにする．

**カードの脱水，成形，塩漬け**　カードから乳清を搾り取る方法にはいくつかあり，どれくらい水分を除きたいかによって違ってくる．ソフトタイプのチーズのなかには，カード全体を慎重にすくって型に入れ，重力だけを利用して何時間もかけて脱水するものもある．より硬めのチーズでは，カードをあらかじめ切り分けて乳清がしみ出す表面積を大きくするか，圧力をかけて脱水する．大きなハード・チーズでは，カードを切ってから乳清中で55℃に加熱する場合もあり，この温度では乳清がカード粒子からしみ出すだけでなく，細菌や酵素にも影響を与え，乳成分の化学反応を促進して風味をだす．チーズの最終的な形を決める型に，切ったカードを入れた後は，加圧してさらに脱水する場合もある．

チーズ作りでは必ず塩を加えるが，切ったカードに乾燥塩を混ぜ込むこともあれば，成形後のチーズを乾燥塩や塩水で処理することもある．これは塩味をつけるだけでなく，腐敗菌の繁殖を防ぎ，チーズの構造や熟成過程を調節するという重要な役割がある．塩はカードから水分を出し，タンパク質構造を固くし，熟成に関する微生物の増殖を遅くし，熟成酵素の活性を調節する．多くのチーズは重量当たり1.5〜2％の塩分を含む．伝統的なチーズのなかではエメンタールが最も少なくて約0.7％，フェタ，ロックフォート，ペッコリーノは5％に近い．

**熟成（アフィネ）**　塩辛くてゴム状やポロポロのカードが，微生物や乳の酵素によっておいしいチーズに変わっていく過程が熟成である．フランス語ではアフィネ（affinage），ラテン語で"終わり"または"究極点"を意味するfinusからきており，中世の錬金術では不純物の精錬を表す言葉として用いられた．少なくとも200年間は，チーズの味と質を最高にするという意味ももっていた．チーズには一生がある．はじめは若くて味気ないが，熟成するにつれて特徴が際立ち最高のものとなり，やがては朽ちてきつ

---

### チーズの結晶

　チーズは一般に，とろりとなめらかなテクスチャーをもつ．これは口に入れてすぐに感じるものもあれば，ハード・チーズのように口の中で溶けるものもある．けれども，たまに歯に当たるものがあったりしてちょっと驚くことがある．実際に多くのチーズでは，さまざまな種類の塩のような硬い結晶が生じる．ロックフォートの青カビ部分やカマンベールの皮に見られる白い結晶はリン酸カルシウムで，これはペニシリウム（*Penicillium*）属のカビがチーズの酸度を弱めた結果，カルシウム塩が溶けにくくなって析出したものである．熟成チェダーでは乳酸カルシウムの結晶がときどき見られるが，これは熟成細菌が乳酸をより溶けにくい鏡像異性体（D体）に変換するために生じる．パルメザン，グリエール，熟成ゴーダに見られる結晶は，乳酸カルシウムやチロシンである．チロシンはタンパク質が分解して生じるアミノ酸で，水分の少ないチーズ中では溶解しにくい．

## 代表的なチーズの製造工程

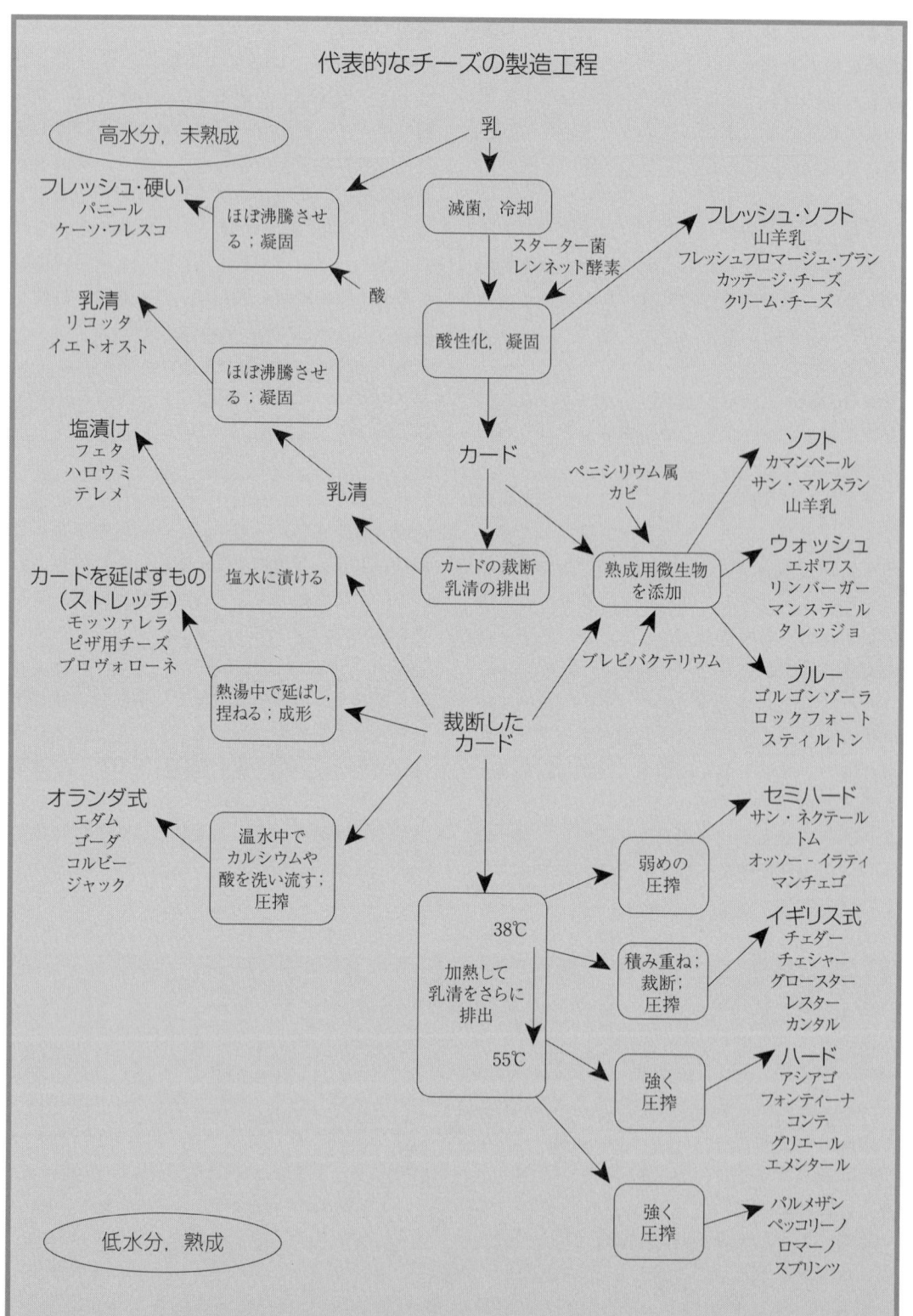

**高水分, 未熟成**

- フレッシュ・硬い
  - パニール
  - ケーソ・フレスコ
  ← ほぼ沸騰させる；凝固 ← 酸

- 乳 → 滅菌, 冷却 → (スターター菌, レンネット酵素) → 酸性化, 凝固

- フレッシュ・ソフト
  - 山羊乳
  - フレッシュフロマージュ・ブラン
  - カッテージ・チーズ
  - クリーム・チーズ

- 乳清
  - リコッタ
  - イエトオスト
  ← ほぼ沸騰させる；凝固 ← 乳清

- 酸性化, 凝固 → カード → カードの裁断 乳清の排出 → 裁断したカード

- 塩漬け
  - フェタ
  - ハロウミ
  - テレメ
  ← 塩水に漬ける

- カードを延ばすもの（ストレッチ）
  - モッツァレラ
  - ピザ用チーズ
  - プロヴォローネ
  ← 熱湯中で延ばし, 捏ねる；成形

- オランダ式
  - エダム
  - ゴーダ
  - コルビー
  - ジャック
  ← 温水中でカルシウムや酸を洗い流す；圧搾

- 熟成用微生物を添加
  - ペニシリウム属カビ
  - ブレビバクテリウム

- ソフト
  - カマンベール
  - サン・マルスラン
  - 山羊乳

- ウォッシュ
  - エポワス
  - リンバーガー
  - マンステール
  - タレッジョ

- ブルー
  - ゴルゴンゾーラ
  - ロックフォート
  - スティルトン

- 裁断したカード → 加熱して乳清をさらに排出 (38℃〜55℃)

  - 弱めの圧搾 → セミハード
    - サン・ネクテール
    - トム
    - オッソー・イラティ
    - マンチェゴ

  - 積み重ね；裁断；圧搾 → イギリス式
    - チェダー
    - チェシャー
    - グロースター
    - レスター
    - カンタル

  - 強く圧搾 → ハード
    - アシアゴ
    - フォンティーナ
    - コンテ
    - グリエール
    - エメンタール

  - 強く圧搾 → パルメザン
    - ペッコリーノ
    - ロマーノ
    - スプリンツ

**低水分, 熟成**

基本的なチーズの種類, 特徴的な工程のみを表記してある. これ以外にもほとんどの場合は, 塩分添加, 型詰め成形, 熟成期間が含まれる. 乳を凝固し, カードを裁断し, 裁断したカードを加熱し, 圧搾するのは, 段階的に水分を除去するためである. これにより熟成は遅くなり, 賞味期間が延長する.

く粗い味になる．カマンベールのように水分の多いチーズではこの変化が速く，数週間のうちにピークは過ぎてしまう．一方，多くのチーズではピーク期間が数ヵ月，ドライタイプのコンテやパルメザンは1年以上かけて味わいが深まる．

チーズ作り職人は，貯蔵庫の温度と湿度をコントロールすることによって熟成過程を開始したり調節したりする．温度と湿度がすなわち，チーズの水分，微生物の増殖，酵素活性を左右し，そして風味と質感を高める条件である．チーズ専門の購売業者をフランスなどでは「アフィヌーア」とも呼ぶ．完熟前のチーズを購入して自店で熟成を完了させ，最高の熟成状態でチーズを販売するのである．

工場生産においては通常，チーズを完全には熟成させずに，輸送配達前に熟成してしまわないよう冷蔵する．こうすると，安定性や賞味期間を最大にすることができるが，品質は低下する．

### ■ チーズの多様性の源

伝統的なチーズの大いなる多様性を生み出した要因を挙げるなら……低木地の草から高山の花にいたる何百種もの植物，その植物を食べて乳に変えた何十種もの動物，若い動物やアザミからのタンパク質分解酵素，草地や洞窟，海，動物の体内や皮膚からやってきた微生物，そして何代にもわたるチーズ作り職人やチーズを愛する人々の細かな観察と工夫と良識がある．この素晴らしい遺産は，簡素化された現代の工業生産製品の根底にもある．

多様なチーズをわかりやすく整理するには通常，水分量と熟成用微生物をもとに分類する．カードの脱水率が高いほど，チーズの仕上がりは硬く，寿命も長くなる．水分80％のフレッシュ・チーズは2, 3日しかもたないのに対し

---

### タンパク質と脂肪によるチーズの風味

よいチーズの風味が口中に広がる感じがするのは，濃縮されたタンパク質と脂肪が乳とレンネットと微生物の酵素によって分解され，多様な風味化合物が作られるためである．

長い鎖のようなカゼインタンパク質はまず，ペプチドと呼ばれる中ぐらいの大きさの鎖に分解されるが，それは依然として味のないものもあれば苦味をもつものもある．通常はこれらのペプチドも微生物酵素によって最終的には20種類のアミノ酸単位にまで分解され，アミノ酸のなかには甘味や旨味をもつものも多い．その後アミノ酸はさまざまなアミン類（魚臭のトリメチルアミンや腐敗肉臭のプトレシンなど），強いにおいの硫黄化合物（特にリネンス菌），単純なアンモニア（熟成しすぎたチーズのツンとするにおい）などに分解される．

脂肪は，ブルー・チーズの青カビ（*Penicillium roqueforti*），ペッコリーノやプロヴォローネ・チーズに入れられる特殊な酵素などによって，脂肪酸へと分解される．脂肪酸のなかには（短鎖脂肪酸）舌にピリっとした刺激を与えるものや，強いヒツジ臭やヤギ臭をもつものがある．青カビはさらに脂肪酸の一部を分解してブルー・チーズ独特のにおいをもつ分子（メチルケトン類）を作る．スイス・チーズやパルメザン・チーズは銅製の釜を使って作られるが，そうすると乳脂肪が直接分解されて脂肪酸が遊離し，それがさらに修飾されてパイナップルやココナッツのにおいが生じる（エステル類，ラクトン類）．

熟成に関わる酵素が多彩であるほど，タンパク質や脂肪の分解産物も多彩で複雑なものになるので，チーズの風味も芳醇になる．

て，ソフト・チーズ（45〜55％）は数週間，セミハード・チーズ（40〜45％）は数ヶ月でピークを迎え，ハード・チーズ（30〜40％）では一年以上かかる．熟成用微生物はそれぞれのチーズに特有の風味を醸し出す．p.60の囲み内に，同じ原料からどのようにしてこれほど多様なチーズが作られるのかをまとめた．

## ■ チーズの選び方，保存，食べ方

シャルルマーニュにチーズの食べ方を教えた司教が言っていたように（p.52）よいチーズを選ぶのは常に難しい．中世後期に出版された *Le Menagier de Paris*（パリの家政）という中流階級のための家事・料理に関する概論に，「よいチーズの見分け方」が載っている．

> ヘレンのように白くなく
> マグダラのように涙しておらず
> アルゴスと違って，完全に盲目で
> バッファローのように重い
> 親指で押すと反発し
> 虫食った古い外套をまとう
> 目もなく，涙もなく，白くもない
> 虫食いで，反発し，ずっしりと重い

しかしこの方法は，若い山羊乳チーズ（白くて表皮がない），ロックフォート（乳清の溜まった溝がある），エメンタール（穴だらけで軽い），カマンベール（弾力性がない）などには当てはまらない．結局は味見するのが一番確かである．

現在，スーパーマーケットで売られている大量生産品のチーズは，独特な風味をもつ本物のチーズを真似しただけの色の薄い（または着色した）模倣品である，ということを知っておくのが一番大事である．よいチーズが欲しいならば，チーズを愛し，チーズに詳しく，最高のものを選び，取扱いも丁寧で，試食もさせてくれるような専門家のいる店で購入することである．

<u>注文に応じた切売り</u>　できる限り，目の前で切り分けたチーズを購入する．あらかじめ切り分けてあるものは何日も何週間もたっている可能性があり，切り口が空気に曝されたりラップに接触したりして味が落ちてしまうのは避けられない．商品ケースの中で光にさらされることも脂肪分解の原因となり，場合によっては2日程度で味が落ちてしまう．また，橙色チーズに添加されているアンナット色素が色あせてピンク色になる．おろしてあるチーズは表面積が非常に大きいので，包装に気を使ってあることも多いが，においと二酸化炭素はほとんど飛んでしまっているので古臭いような味がする．

<u>適度の低温</u>　チーズを数日間以上保存しなければならない場合，普通は冷蔵するのが一番簡単である．チーズの理想的な保存条件は高湿度で12〜15℃，結局は熟成条件を継続することである．ただしこれは，一般的な冷蔵庫内よりは高温で，多くは室内よりも低温・高湿度である．冷蔵するということはチーズの生命活動を一時停止するようなもので，もし熟成の足りないソフト・チーズをさらに熟成したいのであれば，これより温度を上げる必要がある．

冷蔵庫から出したばかりのチーズは食べない．冷蔵庫内の低温では，乳脂肪が冷蔵バターと同じ硬さに固まっており，タンパク質のネットワークは非常に硬く，風味成分が外に出られず，チーズはゴムのように味がない．暑すぎない限りは室温が最適である．26℃以上になると乳脂肪が溶けてチーズの外にしみ出してしまう．

<u>ふんわりと包む</u>　プラスチック・ラップできっちりと包むのは勧められない．その理由は三つあって，一つは水分を閉じ込め酸素を遮ることにより細菌やカビの増殖が促されること，これはチーズ自体の細菌やカビだけとは限らない．二つ目は，アンモニアなどの強い揮発成分の揮発が遮られ，チーズ内部に浸透してしまうこと．そして三つ目は，微量の揮発成分やプラスチック中の化学物質がチーズ内部に浸透するこ

とである．丸のままの熟成途中のチーズは，包まないかごく緩く包むだけにし，その他のチーズはワックス・ペーパー（パラフィン紙）で緩めに包む．金網にのせておくか，または頻繁に上下を返して底が湿らないようにする．アフィヌーアになったつもりで，よいカマンベールやロックフォートから取った白カビや青カビを，山羊乳のフレッシュ・チーズの表面や普通のチェダー・チーズの内部に生やしてみるのもおもしろいかもしれない．ただし，ほかの微生物が混入する危険もある．もし表面のカビが普通とは違ったり，ぬめりがでたり，変なにおいがしたりした場合には，捨ててしまうのが安全である．表面をそぎ取るだけではチーズ内部に入り込んだカビの菌糸を取り除くことができず，毒素が含まれることもある（p. 66）．

**皮**　チーズの皮は食べるべきか？　これはチーズの種類と食べる人の好みによる．長期熟成チーズの皮は一般に硬くてやや臭みがあるので，避けたほうがよい．軟らかいチーズの場合は，好みによるところが大きい．チーズの皮は，中身とは対照的な風味・質感がおもしろいことも多い．しかし，安全面で心配ならば，皮は中身を保護するものと考えてそぎ取ったほうがよいだろう．

## ■ チーズを使った料理

　チーズを食材として使えば，料理の風味と質感が増す．場合によっては，味がまろやかになることもあれば，メリハリがでることもある．多くの場合，チーズを溶かし，ほかの材料と均一に混ぜるか表面に拡げる．溶けたチーズのとろりとした舌ざわりが喜ばれる．糸を引くチーズはピザにのせるとよく合うが，正式な料理には向かないかもしれない．チーズ料理を知るには，チーズの溶ける化学を理解しなければならない．

**チーズが溶ける**　チーズが溶けるときには何が起きるのだろうか？　基本的には次の二つのことが起きている．まず，32℃付近では乳脂肪が溶ける．チーズは軟らかくなって，溶けた脂肪が表面にしみ出し小さな油滴を作ることも多い．さらに高い温度，ソフト・チーズでは55℃，チェダーやスイスタイプでは65℃，パルメザンやペッコリーノでは82℃ほどになると，カゼインタンパク質を凝集させていた力が弱まってタンパク質は濃い液状になって流れ出る．チーズの溶け方は主に水分量によって決まってくる．水分の少ないハード・チーズを溶かすにはより高い温度にする必要があるが，これはタンパク質分子がかなり濃縮されていて互いにより強く結合しているからである．溶けた状態での流動性は比較的小さい．水分の多いモッツァレラをおろしたものを溶かすと一つにまとまるが，パルメザンの粉はひとつひとつの粒が分離したままである．長く高温にしておくと，液化したチーズからは水分が蒸発し，次第に硬くなって最後にはまた固化する．ほとんどのチーズでは融けた脂肪がしみ出し，脂肪分の多いチーズではタンパク質ネットワーク構造が分解してさらに脂肪分がしみ出す．タンパク質に対する脂肪の割合は，部分脱脂パルメザンではわずか0.7，モッツァレラや高山産チーズでは約1である．しかし，ロックフォートやチェダーでは1.3で，溶かしたときに脂肪がしみ出しやすい．

**溶けないチーズ**　加熱しても溶けずに，単に乾燥して硬くなるチーズがいくつかある．インドのパニールや中南米のケーソ・ブランコ，イタリアのリコッタ，そして山羊乳のフレッシュ・チーズの多くがそうである．いずれも凝乳にはレンネットではなく酸のみ，または主に酸を使っている．レンネットは，比較的少ないカルシウム原子と疎水結合を介して，大きなカゼインミセルが凝集した広がりやすい構造を作るが，この構造は加熱するとすぐに弱まる．これに対して酸は，ミセル内でカゼインタンパク質同士を凝集させているカルシウムの結合力（p. 19）をなくし，個々のタンパク質の負の電荷を消して，タンパク質間の反発力を弱める．この結

果，タンパク質が寄り集まって結合し，微細な塊となる．よって酸凝固カードを加熱したとき，最初に流れ出るのはタンパク質ではなく水分である．水分は蒸発して乾燥し，タンパク質はさらに濃縮される．以上の理由から，硬いパニールやケーソ・ブランコは肉と同じように煮たり焼いたりできるし，ヤギのチーズやリコッタをピザのトッピングにしたりパスタの中に詰めたりしても形が崩れないのである．

**チーズの伸び**　溶けたチーズが伸びるのは，ほぼ完全なままのカゼイン分子がカルシウムを介して架橋しあい，長いひも状の繊維になるからで，繊維は伸縮するが互いに付着したままである．もし熟成酵素によってカゼインが大幅に分解されると，繊維を形成するには短すぎるため，よく熟成させたおろしチーズ（パルメザンなど）は伸びないのである．架橋の程度も重要である．架橋度が高いとカゼイン分子同士の結合が強すぎて伸縮性が弱くちぎれてしまうし，架橋度が低いとすぐに離れてしまう．チーズの作り方によって架橋度が決まる．酸度が高いとカードからカルシウムが除かれてしまうし，高水分，高脂肪，高塩ではカゼイン分子の分散性が高まる．したがって，酸度，水分，塩分，熟成度ともに低めのチーズが最も伸びる．なかでもよく知られているのは，意図的に繊維状にしたモッツァレラ，弾力性のあるエメンタール，チェダーである．チェシャーやレスターなどの砕けやすいチーズや，ケアフィリー，コルビー，ジャックなどの水分の多いチーズは，ウェルシュ・ラビット，煮込みチーズ，グリル・チーズ・サンドイッチといった，チーズを溶かす料理によく使われる．同様に，エメンタールの高山版であるグリエールは，水分，脂肪分，塩分が高いのでフォンデュに用いられる．パルメザン，グラナ・パダノ，ペッコリーノといったイタリアのおろしチーズは，タンパク質のネットワーク構造がすでに十分に壊されているため，ソース，スープ，リゾット，ポレンタ，パスタ料理などに混ぜやすい．

チーズは融点付近で最も伸びがよく，かき混ぜたり引き伸ばしたりするとさらに伸びがよくなる．融点は一般に，熱々の料理が冷めて食べられるようになる温度に近い．アリゴと呼ばれるフランスのオーベルニュ地方の郷土料理は，未熟成のカンタル・チーズをスライスして，ゆでたてのジャガイモと合わせ，大きく攪拌し続けるのだが，最後には2〜3 mも伸びるようになる！

**チーズのソースとスープ**　ソース（フランスのモルネー・ソースにはグリエールやパルメザン，イタリアのフォンドゥータにはフォンティーナ）やスープに味とコクをだすためにチーズを使う場合は，液体中にチーズを均一に混合する．チーズタンパク質が凝固すると伸びたりダマができたり脂肪が分離したりするが，これを防ぐ方法がいくつかある．

- 伸びやすいチーズははじめから使わない．水分の多いチーズやよく熟成したチーズが混ざりやすい．
- 料理に入れたらすぐ分散するように，チーズを細かくおろす．
- チーズを加えた後の加熱は最小限にする．ほかの材料をあらかじめ煮込んでおき，鍋を少し冷ましてからチーズを加える．チーズの融点より高い温度ではタンパク質が硬い塊になって脂肪がしみ出すということを忘れない．逆に，食べる前に冷ましすぎないこと．チーズが冷えて固まるとさらに硬くなる．
- 攪拌は最小限にする．攪拌すると分散していたチーズタンパク質の粒が集まって粘り気のある大きな塊になってしまう．
- 小麦粉，コーンスターチ，葛粉など，デンプン質の材料を加える．タンパク質の粒や脂肪滴に皮膜を作り，分散した状態を保つ．
- 料理の味に合うなら，ワインやレモン汁を加える．究極のチーズ・ソース，"フォンデュ"好きの人なら知っている，予防法もしくは応急法である．

**チーズ・フォンデュ**　スイスのアルプス地方では，テーブルの上に共用の鍋を置いて火で温め，その中で溶かしたチーズにパンをつけるということが何世紀も行われてきた．ワインを入れると溶けたチーズが伸びたり固まったりすることはよく知られている．実際に昔ながらのフォンデュの材料は，高山産チーズ（一般にはグリエール），酸味のある白ワイン，少量のキルシュ，そして時にデンプン（念のため）だけである．チーズとワインの組合わせはおいしいだけでなく常識でもある．ワインを入れるとソースがなめらかになるのは二つの成分による．まず水分，これはカゼインタンパク質の濃縮を防ぐ．そして酒石酸，これはカゼインタンパク質と架橋していたカルシウムを遊離し，酒石酸が遊離したカルシウムと強固に結合するので，カゼインタンパク質はソース中に分散する．（アルコールはフォンデュの安定性には無関係である．）レモン汁のクエン酸にも同じ作用がある．チーズ・ソースが硬くなりかけても早い段階ならば，レモン汁を搾るか白ワインを少量加えることで軟らかくなる．

**トッピング，グラタン**　グラタン，ピザ，ブルスケッタなどの上にチーズを薄くのせてオーブンで焼く場合，強火だと急速に脱水してカゼイン構造が硬くなり，脂肪が分離する．そうならないためには，ときどきオーブン内を確かめて，チーズが溶けたらすぐに取り出す．一方，焦がしてパリパリになったチーズはとてもおいしい．フォンデュ鍋の底にできる「おこげ」は「ルリジューズ」と呼ばれ，食事の最後を飾るものである．チーズのトッピングに焦げ目をつけたいならば，脂肪が分離しにくく伸びにくいチーズを選ぶとよい．おろしチーズは特に用途が広い．パルメザンは，薄い切片をフライパンやオーブンで軽く焦がし，カップなどに入れて成形することができる．

## ■ プロセス・チーズと低脂肪チーズ

残りものやくず，未熟成のチーズを再利用して作られる工場生産品が「プロセス・チーズ」である．本物のチーズのうち部分的な欠陥や損傷のために販売できないものを溶かして固めた，長期保存できる一種のフォンデュとしてはじまった．細かく刻んだチーズを混ぜ合わせて溶かすという工業的な試みは，19世紀末が最初である．ここで重要な点は，フォンデュのワインやレモン汁に含まれる酒石酸やクエン酸に相当する「溶かすための塩類」が必要であることで，これは1912年にスイスで考案された．5年後にはアメリカの企業，クラフト社がクエン酸とリン酸の組合せで特許を取り，その10年後にチェダー類似品であるかの有名なヴェルヴィータ（Velveeta）が生まれた．

現在の工場生産では，クエン酸ナトリウム，リン酸ナトリウム，ポリリン酸ナトリウムの混合，ならびに新しいチーズ，部分熟成チーズ，完熟チーズのブレンドが使用されている．ポリリン酸塩（リンと酸素がつながった負の電荷をもつ鎖，水分子の集団を引きつける）はカゼインの凝集構造からカルシウムを除くだけでなく，水分子を引き連れたままカゼイン自体に結合するため，タンパク質の凝集構造がさらに弱まる．塩類はブレンドしたチーズを均一に溶かすが，塩類のおかげでできあがったブレンド・チーズも熱でよく溶ける．この溶けやすい特性とコストの低さゆえに，プロセス・チーズはファスト・フードのサンドイッチ（バーガー）によく使われるようになった．

低脂肪および無脂肪「チーズ製品」は，脂肪分の代わりにさまざまな炭水化物やタンパク質を加えている．加熱しても溶けず，軟らかくなった後は乾燥してしまう．

## ■ チーズと健康

**チーズと心機能**　基本的には濃縮した乳であり，乳の栄養的利点と欠点の多くはチーズにも当てはまる．高タンパク質，高カルシウム，高カロリー源である．豊富に含まれる脂肪は飽和度が高いため，血中コレステロール値を上げる傾向がある．しかし，フランスとギリシャでは

1人当たりのチーズ消費量が世界でも有数で，アメリカの約2倍に当たる1日60gを越えるが，西欧諸国のなかでも心疾患の割合が比較的低いのは注目に値する．これはおそらく，心臓保護作用のある野菜，果実，ワイン（p.249）の摂取量が多いことと関係している．バランスのよい食事の一部としてチーズを食べることは，十分に健康的と言える．

## 食中毒

**生乳および殺菌乳から作られたチーズ**　乳中で増殖する種々の病原菌に関する危惧から，熟成期間が60日未満のすべてのチーズは殺菌乳を原料としなければならないという規制が米国政府によって設けられた（1944年に開始，1949年に再確認，1951年には輸入品に拡大）．1948年以降，米国内で発生したチーズを原因とする食中毒はほんの一握りで，そのほとんどすべては殺菌後に乳やチーズに雑菌が混入したものである．ヨーロッパのいくつかの国では，若い生乳チーズが今も合法であり，食中毒のほとんどはやはり殺菌乳チーズによるものである．チーズは一般に食中毒の危険性が比較的少ない．ソフト・チーズはすべて，さまざまな病原菌が生き延びるのに十分な水分を含んでいるので，原料が殺菌乳か未殺菌乳かにかかわらず，特に感染しやすい人（妊婦，高齢者，慢性疾患患者）はソフト・チーズを避けるのが無難だろう．ハード・チーズは病原菌が増殖しにくいので食中毒の原因となることは非常にまれである．

**保存中に生じるカビ**　一般的な病原菌に加えて，チーズに生えるカビも問題がある．チーズをある程度の期間保存すると，毒素を産生する外来性のカビ（*Aspergillus versicolor, Penicillium viridicatum, P. cyclopium*）が皮につくこともあって，内部2cm程度にまで入り込む．これは非常にまれな問題だが，見慣れないカビが生えたチーズは捨ててしまうことである．

**アミン類**　微生物が普通に産生するもののなかで，一部の人たちにだけ不快症状を引き起こすものがある．強く熟成させたチーズでは，カゼインタンパク質がアミノ酸に分解され，アミノ酸がアミン類に分解されることもある．アミンは小さな分子で，人間の体内では化学信号としても働く．チェダー，ブルー，スイス，およびオランダ式チーズにはヒスタミンとチラミンが多量に含まれており，アミン類に特に敏感な人は血圧上昇，頭痛，発疹を起こすことがある．

**虫歯**　チーズを食べると虫歯になりにくいことは数十年前からわかっていた．虫歯の原因は，歯に付着したヨーグルト菌に近い菌（特にミュータンス菌，*Streptococcus mutans*）が分泌する酸である．チーズが虫歯を防ぐ機構についてはまだ完全には解明されていないが，ストレプトコッカス菌による酸分泌が高まる食事の最後にチーズを食べると，チーズに含まれるカルシウムやリン酸が細菌コロニーに入り込んで酸分泌を鈍らせると思われる．

# 第2章

# 卵

| | |
|---|---|
| ニワトリと卵 | 68 |
| 　卵の進化 | 69 |
| 　ニワトリ，ジャングルから家畜小屋へ | 69 |
| 　工業生産の卵 | 71 |
| 卵の生物学と化学 | 72 |
| 　雌卵はどのように作られるか | 72 |
| 　卵黄 | 74 |
| 　卵白 | 76 |
| 　卵の栄養価 | 77 |
| 卵の品質，取扱い，および安全性 | 79 |
| 　卵の等級 | 79 |
| 　卵の品質の劣化 | 80 |
| 　卵の取扱いと保存 | 81 |
| 　卵の安全性：サルモネラ菌の問題 | 82 |
| 卵料理の化学：卵が固まるのはなぜ？ | |
| カスタードにトロミがつくのはなぜ？ | 82 |
| 　タンパク質の凝固 | 82 |
| 　卵の風味の化学 | 85 |
| 基本の卵料理 | 86 |
| 　殻ごと調理する | 86 |
| 　殻から出して調理する | 88 |
| 卵と液体の混合：カスタードとクリーム | 90 |
| 　定義 | 90 |
| 　希釈するときは慎重に | 91 |
| 　カスタードの理論と実際の手順 | 92 |
| 　クリームの理論と実際の手順 | 96 |
| 卵の泡立て：手首を利かせて | 98 |
| 　卵タンパク質が泡を安定化する仕組み | 99 |
| 　タンパク質が泡を不安定にする仕組み | 100 |
| 　卵の泡に大敵なもの | 101 |
| 　ほかの材料の影響 | 102 |
| 　卵の泡立て方の基本 | 103 |
| 　メレンゲ：甘い泡をそのままで | 104 |
| 　スフレ：熱い息吹 | 107 |
| 　卵黄の泡立て：ザバイオーネとサバヨン | 111 |
| 卵のピクルスおよび貯蔵卵 | 113 |
| 　卵のピクルス | 113 |
| 　中国の貯蔵卵 | 114 |

　卵は台所の驚異であり，自然の驚異である．単純で穏やかな姿の内にあるのは，日常の奇跡である．ただの栄養の塊が，呼吸し動き回る生きものに変わるのだから．動物の，人間の，神の，地球の，そして宇宙全体の謎めいた起源を象徴するものとして，卵は大きな位置を占めてきた．古代エジプトの死者の書，インドのリグ・ヴェーダ，ギリシャのオルフェウス教の秘儀，そして世界中の創世神話が，生命のないつるりとした殻の内側から生命が生まれ出ることに発想を得ている．

　ハンプティ・ダンプティが落っこちた！（マザーグースより）今では，卵から連想できることと言えば，食べ飽きたとか割れやすいといっ

たことだけである．鶏卵は今では工場生産品であり，あまりにも身近すぎてほとんど目にも留まらない．1970〜1980年代にコレステロールに対する恐怖から悪者扱いされた以外は．

どんなに見慣れようが嫌われようが，卵のすばらしい万能性は変わることがない．卵の中身は根源的で，まだ形にならない生命そのものである．卵は変幻自在，ふんわり軽いメレンゲから，とろりと濃厚なカスタードにいたるまで，さまざまな形へと調理できる理由である．卵は，なめらかなソースの中で油と水をなじませる．キャンディーやアイスクリームに上品な食感をだす．スープ，飲みもの，パン，パスタ，ケーキなどに風味や食感，栄養を与える．ペストリーの表面にツヤをだす．スープ・ストックやワインを透明にする．卵そのものを，ゆでたり，焼いたり，揚げたり，オーブンで焼いたり，ローストしたり，ピクルスにしたり，発酵させたりできる．

一方，卵を生命の象徴と考えるのが適切であることは，現代科学によって裏づけられている．太陽の放射エネルギーは植物によって種子や葉に蓄えられ，さらにそれを食べた雌鶏によって卵黄に蓄えられる．卵黄の名の由来でもある黄色色素は植物から直接きていて，植物ではこの色素が光合成の化学装置を強い太陽光から守っている．卵は生命連鎖を体現している．卵の中には発生途中のひよこ，それは雌鶏の体の中で，雌鶏が食べた植物から命を受け継いでいる．さらにその植物の生命の源は，金色に輝く天空の球体である．太陽の光が生命の姿をとったもの，それが卵である．

多くの動物が卵を産み，人間はその多くを食してきた．ハトや七面鳥の卵から，野鳥，ペンギン，カメ，ワニの卵にいたるまで．なかでも突出してよく食べられているのは鶏卵であり，したがって本章では鶏卵を中心に話を進めてゆく．アヒルの卵についても折に触れて言及する．

## ニワトリと卵

ニワトリと卵はどちらが先か？　この難問に対するうまい答えが，過去にいくつか出されている．教会の神父らはニワトリが先だと考える．創世記によれば，神が初めに創りたもうたものは動物であり，生殖器官ではないからである．ビクトリア朝時代の作家サミュエル・バトラーは，ニワトリは卵が次の卵を作るための手段にすぎないとして，卵が先とした．しかし，卵はニワトリよりもはるか昔から存在していたことに関しては議論の余地がない．結局，雌雄が創り出されたからこそスフレも目玉焼きも食

---

### 世界の卵

この世界は，初めは存在しなかった．そして世界が存在を初め，発達した．それは一つの卵になった．1年間はそのままだった．そして卵が割れた．ある部分は銀になり，別の部分は金になった．

銀であったものがこの大地である．金であったものが空である．卵の殻が山である．その内膜が雲と霧である．血管が川である．中の液体が海である．

卵から生まれたものが太陽である．太陽が生まれるとき，叫び声と声援とすべての生命とすべての欲求がそれに向けて沸き上がった．それゆえ，太陽が昇るたびに，叫び声と声援とすべての生命とすべての欲求がそれに向けて沸き上がるのである．

——*Chandogya Upanishad*（チャーンドーギヤ・ウパニシャッド），紀元前800年頃

べられるということである．

## ■ 卵の進化

**DNA の共有**　広義には，両親からの遺伝子が合わされて新しい個体が生まれる有性生殖過程に特化した細胞の一種が卵である．最初の生命は単細胞で，単独で増殖を行っていた．個々の細胞は自身の DNA のコピーを作って二つの細胞に分裂する．最初の有性生物はおそらく単細胞藻類で，二つの細胞は分裂前に対になって DNA を交換したと思われる．この DNA の混合が遺伝子変化を大きく促進した．今からおよそ 10 億年前に，多細胞生物が出現して単純な DNA 交換が成り立たなくなったとき，特化した卵細胞と精子細胞が必要となった．

　何をもって卵とするか？　二つの生殖細胞のうち，大きくて動きの少ない方である．精子細胞を受け入れ，2 組の遺伝子が結びつく場を与え，分裂し分化して胚性生命体となる．卵はまた，胚性生命体の少なくとも初期の成長段階に必要な栄養を与える．卵が栄養豊富なのはこのためである．乳や植物種子と同じく卵もまた，新しい生命が自活できるようになるまでの食べものとしてデザインされている．

**卵はしっかりと包まれた**　最初のうちは，動物の卵は温和な海水中に放たれていたため，その外膜は単純で栄養も最小限であった．3 億年ほど前に，完全陸上生活を行う初期の動物として爬虫類が出現した．水分喪失は致命的であり，これを防ぐために卵は硬い皮に包まれるようになった．胚が完全な動物になるまで長期間かかるため，十分な栄養を蓄えるようになった．鳥が出現したのは 1 億年ほど前で，その卵は原始的な両生類の卵をさらに進化させたものであった．石灰化した硬い殻は水を通さず，極度に乾燥した場所での胚発生を可能にした．数々の抗菌防御も備えていた．こうした発達のおかげで，鳥の卵は人間の理想的な食べものとなったのである．動物の栄養をバランスよく豊富に含み，しかもきちんと包まれているので特に気をつけなくても数週間は保存できる．

## ■ ニワトリ，ジャングルから家畜小屋へ

　というわけで，卵は最古の鳥類よりも 100 億年近く古い．ニワトリが属する *Gallus* 属はほんの 800 万年，*Gallus gallus* 種（ニワトリ）はわずか 300～400 万年の歴史しかない．

　家畜小屋の常連のなかでも，ニワトリは一風変わった経歴をもつ．すぐ前の先祖は，東南アジアやインドの熱帯および亜熱帯地域に生息する野鶏であった．我々が知っているようなニワトリは，おそらく紀元前 7500 年よりも古い時代に東南アジアで家畜化されたと考えられる．紀元前 7500 年頃の中国の発掘物の中から，野鶏よりも大きい鳥の骨が見つかり，発掘場所も現在の野鶏生息域よりはるか北に位置する．紀元前 1500 年までに，ニワトリはシュメールやエジプトまで広がり，紀元前 800 年頃にはギリシャに伝わった．それまではウズラの卵が一般

---

### 食物用語：egg（卵）と yolk（卵黄）

　egg の語源は，インド・ヨーロッパ語で"鳥"という意味である．

　yolk という語はその短いなかに，光と生命の意味が込められている．その語源は古英語で"黄色"を意味し，関連するギリシャ語は"黄緑色"，すなわち新緑の色を意味する．古英語もギリシャ語も，"輝く，光る"という意味のインド・ヨーロッパ語からきている．glow（輝き）と gold（金色）も同じ語源をもつ．

的だったギリシャでは,「ペルシャ鳥」として知られるようになった.

**養鶏の卵**　なぜニワトリが家畜化されたのか本当のところはわからないが,食肉としてよりも卵を多く生むことの利用価値が大きかったと思われる.鳥のなかには,卵がどうなろうと,一度に決まった数しか生まないものもいる.これと違ってニワトリなどは,巣の中に一定数の卵を蓄えるまで生み続ける.卵がほかの動物に捕られた場合,雌鶏はその代わりに新しい卵を生む.そしてこの繰返しには限りがない.こうした"無限産卵"種は,"限定産卵"種に比べてずっと多くの卵を一生涯に産むことができる.野生のインド野鶏は1年に数回産卵し,光沢のある褐色の卵を約12個ずつ産む.工業的生産では,ニワトリは1年以上にわたって1日1個ずつ卵を産み続ける.生態的にみれば,無限の食糧源を容赦なく捕食し続けているのと同じである.

**調理した卵**　人間は火を道具として使いはじめたときからずっと,鳥の卵を焼いて食べていたに違いない.シェイクスピアの『お気に召すまま』のなかにでてくるタッチストーンは,コリンに向かって「こいつ,片側しか焼けてない出来損ないのローストエッグみたいだな」と言っている.昔から,春にたくさん手に入る卵を保存して1年中食べられるようにするため,卵は塩漬けや酢漬け(ピクルス)にされた.アピキウスの料理書には,ローマ時代の卵料理として,「オーヴァ・フリクサ」(玉子焼き),「エリクサ」(ゆで卵),「エト・ハパラ」("軟らかい"卵),「パティーナ」(塩味のキッシュ,または甘いカスタードのようなものか)が紹介されている.中世時代までには,フランスでは洗練されたオムレツ,イギリスではクレーム・アングレーズ(カスタードソース)をかけたポーチド・エッグが食べられていた.その後3世紀の間に,黄身を使った塩味のソースや泡立てた卵白が考案された.近代フランス料理の基礎を作ったエスコフィエは,1900年頃までに卵料理を300種類以上も創作し,その著書,*Gastronomie Pratique*(ガストロノミー・プラティーク;料理実践)のなかで,アリ・ババが「卵のシンフォニー」という遊び心のある料理法を紹介している.卵4個で作ったオムレツに,刻んだ固ゆで卵2個分とポーチド・エッグまるごと6個が入っている.

---

### ローマ時代のカスタード

#### シタビラメのパティーナ

たたいてさばいたシタビラメをパティーナ(浅鍋)に入れる.油,リクァーメン(魚醬),ワインを加える.煮ている間に,こしょう,ロベージ,オレガノを叩いて揉み,適量の調理液を注ぎ入れ,生卵を加え,一つにまとめる.これをシタビラメの上から流し込み弱火にかける.料理がまとまったら,こしょうをふって食卓に出す.

#### "チーズ"パティーナ

鍋に合わせて牛乳を量り,ほかの牛乳料理と同じように蜂蜜を混ぜ,[約500 mL]なら5個,[約250 mL]なら3個の卵を加える.均一になるまでかき混ぜ,クーマ(ギリシャの古代都市)の皿に漉し入れ,弱火にかける.火が通ったら,こしょうをふって食卓に出す.

——アピキウスより,紀元後数世紀

## ■ 工業生産の卵

**雌鶏ブーム**　ニワトリが，種としての進化の歴史のなかでも最も激しい変化をみたのが1850〜1900年．ヨーロッパやアメリカの人々が東洋的な異国情緒に魅せられたこの時代に，非常に大きな淘汰がかかった．イギリスと中国の間で外交がはじまり，それまでに知られていなかった中国品種，大きく派手なコーチン種が西洋諸国にもたらされた．この華やかな鳥は家禽とあまりにもかけ離れていたため，ニワトリ育種熱が一気に高まった．それは，17世紀オランダのチューリップ・マニアに匹敵するほどであった．「ヘン・フィーバー（雌鶏ブーム）」と呼ばれたアメリカでのこの狂騒期には，家禽展示会が大変な人気で，何百もの新品種が作り出された．

普通の家禽も改良が進んだ．トスカーナから初めてアメリカ合衆国にやってきたのが1830年頃，そのわずか数十年後には，このホワイト・レッグホーン種の子孫が優れた卵用種として頭角を現した．コーニッシュ種はアジアの闘鶏種から派生したものだが，その変種は最高の肉用種とされた．茶色の卵を産むプリマスロック種とロードアイランドレッド種は，両用種（卵用種と肉用種）として改良された．展覧会用の鳥ブームが去ると，卵用種と肉用種がますます優勢になっていった．現在の卵用種および肉用種は一般に，四つの純血種を先祖とする．1800年代に作り出されたさまざまな品種は，ほぼすべて消えてしまっている．現在では一握りの多国籍企業が，先進工業諸国の鶏卵業界に卵鶏を供給しているが，そのなかでフランスとオーストラリアだけは独立した立場を維持している．

---

### 中世のオムレツとイギリスのクリーム

#### Arboulastre（オムレツ）

(まず，ハーブミックスを用意する．ルー（ヘンルーダ），タンジー（ヨモギ），ミント，セージ，マジョラム，フェンネル，パセリ，スミレの葉，ホウレン草，レタス，クラリーセージ，ショウガなどを混ぜ合わせておく．) 次に，卵7個の黄身と白身を一緒によく混ぜ，ハーブも入れて混ぜる．これを2回に分けて二つのオムレツを作るが，その方法は以下のとおり．初めにフライパンに油かバター（または好みの油）をひいてよく熱する．フライパンの取っ手側まで十分熱くなったところで，卵液をかき混ぜながら流し入れ，へらで上下をよく返す．そしてよいおろしチーズを上にかける．こうするのは，もし卵液にチーズを混ぜると，オムレツを焼くときにチーズがフライパンにくっついてしまうからである．ハーブに火が通ったらオムレツの形を四角や丸に整え，熱すぎず冷たすぎないところを食する．

—— *Le Menagier de Paris*（パリの家政），1390年頃

#### Poche to Potage（ポーチド・エッグのカスタードソースがけ）

沸騰している湯の中に卵を割り入れ，再び沸騰させ，火が通ったところで取り出す．牛乳と卵の黄身をよく混ぜ合わせ，鍋に入れる．砂糖か蜂蜜を加え，サフランで色づけし，火にかける．沸騰しはじめたら火から下ろし，そこに生姜の粉を入れ，ポーチド・エッグを皿に盛って，上記のポタージュをかけ，食卓に出す．

—— *Antiquitates Culinariae*（古典料理）の中の手稿（1400年頃）より，1791年

**大量生産** 20世紀になると，一般農家の飼育場や放牧場からはニワトリ小屋がなくなるかわりに養鶏場が増え，そしてさらに孵化場と養鶏場（鶏肉用と鶏卵用）に分かれていった．生産規模の利益性に従えば，生産単位はできるだけ大きいほうがよい．飼育者1人で10万羽の群れを管理することができ，今では多くの鶏卵農家が100万羽以上の産卵鶏を飼育している．現在，ほとんどの産卵鶏は孵卵器の中で生まれ，主に実験室で考えられた餌を食べ，人工照明のもと金網の上で約1年間過ごし，この間に250～290個の卵を産む．ページ・スミスとチャールズ・ダニエルは，その共著 Chiken Book（ニワトリの本）のなかでこう書いている．ニワトリは，「もはや生きものではなく，卵を製品とする産業工程の部品の一つにすぎない」．

**利益と損失** ニワトリの工業生産化により利益がもたらされたことは軽視すべきではない．現在，1 kg のブロイラーが 2 kg 以下の餌から，1 kg の卵が 3 kg 以下の餌から生産されるので，鶏肉も鶏卵も動物性食品のなかでは格段に安い．鶏卵の品質も向上した．都市の住人も地方の住人も同様に，以前よりも新鮮で均質な卵が手に入るようになった．かつては，小さな農家でニワトリは自由に走り回り，いろいろな場所に卵を生み，春に採れた卵は石灰水や水ガラスに入れて冬まで蓄えられていた（p.113）．冷蔵だけをとってもその影響は非常に大きい．1年を通じた産卵（照明と温度制御により可能となった），産卵直後の採卵・冷却，迅速な冷蔵輸送による連日出荷．おかげで，のんびりと人間的だった昔と比べれば，雌鶏が産んだよい卵はかなりの品質を保ったまま台所へと運ばれるようになった．

工業生産される卵にはいくつかの欠点がある．平均的な品質は向上したが，卵に気を遣う人たちは風味が落ちたと言う．穀物，葉っぱ，虫など自然で多彩な餌を食べているニワトリの卵は，大豆粉と魚粉で作られた人工飼料を食べているニワトリの卵にはないコクがあるという．（この違いは味覚試験の結果には表れにくいことがわかっている，p.85 参照．）さらに，大規模養鶏はサルモネラ汚染の発生率増加にも一役買っている．「用済み」の雌鶏は産卵鶏のための餌として再利用されることも多く，加工時の注意が十分でないと，サルモネラ感染はすぐに拡がってしまう．最後に，さらに難しい問題がある．活発な野鶏の子孫は現在，太陽も見ずに埃の中でもがき，わずか数センチしか動けないような，そんな生物機械にされてしまっている．もっと人道的な方法で，安くて良質の卵を食べることはできないものだろうか？

**放し飼い？** 極端な工業生産化を快く思わない人たちが，高級な卵に喜んでお金を払うようになってきたため，アメリカやヨーロッパではより小規模な「放し飼い」や「有機飼育」のニワトリの卵が復活している．スイスの現行法では，国内のすべての雌鶏が屋外に出られるようにすることを義務づけている．「放し飼い」という表記は誤解を生じやすい．通常よりもわずかに広いケージで飼育されるだけの場合もあれば，短時間だけ屋外に出す場合もある．それでも，一般家庭での卵の消費量は減少しつつあり，卵に費やす金額も微々たるものである．食べものに気を配るようになってきているため，上述したような卵のささやかな脱工業化は今後も続くと思われる．

## 卵の生物学と化学

### ■ 雌卵はどのように作られるか

卵はあまりにも身近なため，その作られる過程に驚きを感じることもほとんどない．すべての動物は生殖という仕事に熱心だが，雌鶏はとりわけ熱心である．「生殖活動」を，動物が潜在的子孫のために1日に産みつける卵の重量の，体重に対する割合と定義するなら，雌鶏は人間の100倍である．卵1個は雌鶏の体重の約3％だから，産卵を1年間続けるとすれば，体重の約8倍の卵を作ることになる．1日の消費

エネルギーの4分の1が卵作りに費やされる．ちなみにアヒルはこの半分である．

ニワトリの卵は，卵黄の真ん中にある針の頭ほどの小さな白い円盤からはじまる．ここが卵作りで一番大切な部分で，雌鶏の染色体をもった生きた胚細胞である．雌鶏には卵巣が一つしかないが，その中には生まれた時点で数千個の微小な胚細胞が含まれている．

**卵黄の形成** 雌鶏が成長するとともに，胚細胞は次第に大きくなり直径数ミリに達し，2～3ヶ月後には胚細胞を囲む薄膜の内側に始原的な白色卵黄（ラテブラ）が蓄積する．（白色卵黄は固ゆで卵の中に見られる，下の囲み内参照．）4～6ヶ月で雌鶏が産卵齢に達すると，卵細胞が成熟しはじめ，異なる発生段階にある異なる細胞が常に共存する状態となる．1個の卵細胞が完全に成熟するには約10週間かかる．10週目には黄色卵黄が急激に蓄積されてゆく．この黄色卵黄は主に脂肪とタンパク質からなり，それは雌鶏の肝臓で合成される．卵黄の色は雌鶏の餌に含まれる色素によるもので，トウモロコシやアルファルファの多い餌では黄色が濃くなる．1日に1，2回しか餌を与えないと，濃色部と薄色部がはっきりと層をなす．最終的に胚細胞を圧倒する大きさになった卵黄には，ひよこが孵化するまでの21日間に必要な栄養が含まれている．

**卵白の形成** 卵黄以外の部分は，栄養および保護用の覆いになる．卵白の形成は約25時間を要し，完成した卵黄が卵巣から放出されたときからはじまる．卵巣から出た卵黄はロート状の卵管口に捕らえられる（卵管は長さ0.6～0.9 m）．もし，雌鶏が数日以内に交尾していれば，卵管の上部末端にある「巣」に精子が蓄えられており，その中の1個が卵細胞と融合する．受精の有無にかかわらず（ほとんどの場合は未受精），卵黄は2～3時間かけてゆっくりと卵管の上部末端を通過する．卵管内壁にあるタンパク質分泌細胞が，卵黄膜のまわりに粘性の層を形成し，最終的な卵白量の約半分ができあがる（卵白は英語でalubumen，ラテン語で"白"を意味するalbusからきている）．ここで形成される卵白は濃い層（濃厚卵白）と薄い層（水様卵白）が交互に重なった4層構造である．

最初の濃厚卵白層は，卵管内壁のらせん状の溝によってねじられ，カラザ（"小さな塊""雹"（ひょう）を意味するギリシャ語が語源）を形成する．カラザは卵黄を殻の両端に固定している2本のやや伸縮性のあるひもで，卵黄を卵の中心に浮かせて回転できるようにしている．クッションの役目をする卵白が胚と殻の間にうまく分布するようになっていて，胚と殻が早期に接触して胚の異常発生が起こるのを防いでいる．

---

### 胚は上に：白色卵黄

生卵を割ると，胚細胞（雌鶏のDNAが含まれる針の頭ほどの白い円盤）はいつも黄身の上側にくることにお気づきだろうか？　その理由は，胚の下側から卵黄中心へとつながる白色卵黄の導管が，周囲の黄色卵黄よりも密度が低いからである．卵黄は卵細胞側が軽いのでこちらが上にくる．丸のままの卵では，雌鶏が卵を動かしたとしても，カラザのおかげで胚細胞は常に上になる．

固ゆで卵の黄身の真ん中にある凝固しない小さな点が白色卵黄（ラテブラ）で，特に鉄分を多く含む．卵の直径がまだ5mmほどのときに蓄積する．

**膜，水，殻**　卵黄が卵白タンパク質で覆われた後は，卵管の次の部分を1時間ほどかけて通過し，その間に二枚の硬い抗菌性タンパク質膜（卵殻膜）でゆるやかに覆われる．後に気室ができる部分を除いて，二枚の膜は互いに密着している．気室には孵化するひよこが最初に呼吸するための空気が入っている．この後19〜20時間かけて，長さ5cmの子宮部（または卵殻腺部）を通過する．最初の5時間は子宮壁内の細胞によって水分と塩分が膜を通して卵白へと送り込まれ，卵は最終的な大きさにまで膨らむ．卵殻膜がピンと張りつめたら，子宮内皮からは炭酸カルシウムとタンパク質が分泌され殻が形成される．この過程は14時間ほどかかる．胚は空気を必要とするので殻にはたくさんの孔がある（特に平らな方の端に多い）．その数は約1万個，全部を合わせると直径2mm分の孔に相当する．

**クチクラと色**　最後の仕上げは，薄いタンパク質性のクチクラである．初めのうちは殻の孔を塞いで水分の損失と細菌の侵入を抑えているが，次第に割目が生じてヒヨコは酸素を十分に得られるようになる．クチクラの形成と同時に，ヘモグロビン様化合物によって殻が着色する．卵の色は雌鶏の遺伝的背景によるもので，卵の味や栄養価とは何の関係もない．レッグホーン種は色素をほとんど含まない"白い"卵を産む．茶色の卵を産むのは，本来は卵用と肉用の両用種だったロードアイランド種やプリマスロック種である．ニューハンプシャー種とオーストラロープ種は濃い茶色の卵を産む品種として改良された．中国のコーチン種の卵には細かい黄色の斑点がある．ほかの野鳥や家禽種にはない優性形質のおかげで，チリのアロウカナ種は珍しい青い卵を産む．アロウカナ種と茶色の卵を産む品種との交雑種は，青色と茶色の色素を両方作るので殻は緑色となる．

卵巣を出てから約25時間後，完成した卵は平らな方を頭にして産み落とされる．雌鶏の体温（41℃）と同じだった卵が徐々に冷えるにつれ，中身がやや収縮する．この収縮によって殻の内側の2層の膜が互いに引き離され，平らな方の端に気室が生じる．気室の大きさは新鮮さの指標となる（p.80）．

## ■ 卵黄

卵黄は全卵の重さの1/3強を占めるにすぎないが，その生物学的目的は栄養面にほぼ限定される．全卵の4分の3のカロリーと，鉄分，チアミン，ビタミンAのほとんどが含まれる．卵黄の黄色は，ビタミンA前駆体のβカロテン（ニンジンをはじめとする野菜や果実の橙色）ではなく，キサントフィルと呼ばれる植物性色素である（p.260）．これは主に，雌鶏が餌としたアルファルファやトウモロコシからくる．黄身の色を濃くするために，マリーゴールドの花びらやその他の添加物が餌に混合される場合もある．アヒルの卵の濃い橙色はβカロテンと赤系色素カンタキサンチンの両方によるものである．野生のアヒルが餌とする小さな水生昆虫や甲殻類に含まれ，卵用アヒルの餌には添加物として混合されている．卵黄に微量に含ま

鶏卵の構造．卵白は生きた胚細胞を物理的・化学的に保護するとともに，卵白中のタンパク質や水が胚発生の栄養となる．卵黄は脂肪，タンパク質，ビタミン，ミネラルを豊富に含む．卵黄内に見られる濃淡の層構造は，脂溶性色素を含む穀物（トウモロコシやアルファルファ）を周期的に食べていたことによる．

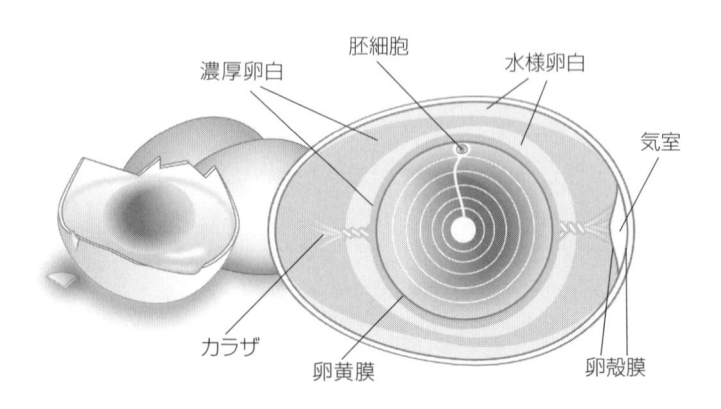

濃厚卵白　胚細胞　水様卵白　気室　卵殻膜　卵黄膜　カラザ

れるデンプン分解酵素アミラーゼは，調理の際に問題となりやすい．一見ふつうに見えるパイのフィリングが，アミラーゼのせいで液化してしまうことも多い（p.97参照）．

**球の中に球：入れ子構造**　以上が卵黄の栄養成分であるが，太陽の光を濃縮した卵黄にはそれ以外のものも多く含まれる．卵黄の構造は非常に複雑で，まるで入れ子のようである．入れ子構造の第一の層は，固ゆで卵を半分に切ったときに見られる．熱すると卵白はゲル化してなめらかで均質な塊になるが，卵黄は細かい粒子の集まったポロポロの塊になる．一つの卵黄は，直径約0.1mmの球体の集合であり，それぞれの球体は柔軟な膜に包まれ，すし詰め状態なので球面は変形して平らになっている（マヨネーズ中で卵黄により安定化される油滴に似ている，p.607参照）．卵黄をまるごと調理すると，これらの球体はそれぞれ独立した粒子として固まるので，卵黄はポロポロと崩れやすい．しかし，卵黄をほぐしてから調理すると，球体は自由に動けるので粒状でなくなる．

それぞれの球体の中身は何だろうか？　卵黄は濃厚で脂肪が多いように思われるが，その中身はほとんど水である．その水の中に，球体の約100分の1の大きさの小さな球体が浮かんでいる．この小球体はあまりにも小さすぎて肉眼では見えず，泡立て器で攪拌しても壊れない．しかし，間接的に観察することはできるし，科学的な方法で壊すこともできる．卵黄が透明でないのは，小球体が光を反射して光の透過を妨げるからである．塩をひとつまみ加えると（マヨネーズを作る場合と同じ），すぐに卵黄は透明になってトロミがでる．光を反射していた小球体が塩でバラバラになり，光を反射しないほど小さくなったのである．

では，この小球体の中には何が入っているのだろう？　小球体の周りにある液体と似た混合物である．まず水分，そして水にはタンパク質が溶けている．小球体の外側には雌鶏の血液タンパク質，内側にはリンを多く含むタンパク質があり，後者は卵中の鉄分をほとんど結合している．さらに"小"小球体（微小球体）が水中に浮いていて，これは小球体の約40分の1の大きさである．微小球体のなかには人間の体内にも存在するものがある．微小球体は四つの異なる分子種の集合で，中心となる脂肪，これを包むタンパク質の保護殻，コレステロール，そしてリン脂質である．リン脂質は脂肪と水の仲介をする混合型分子で，卵に含まれるのは主にレシチンである．微小球体の多くは「低密度リポタンパク質」またはLDLと呼ばれるもので，血中コレステロール値として測定されるものと基本的には同じである．

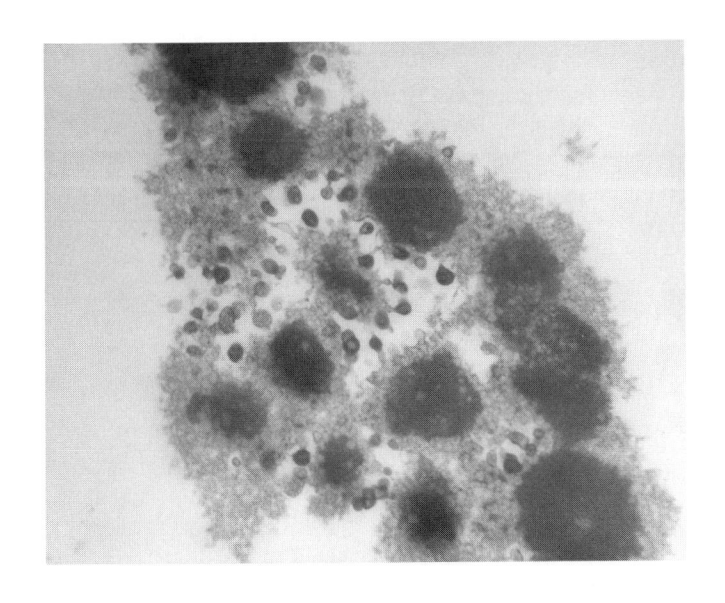

卵黄粒子の電子顕微鏡写真．食塩水溶液に浸けて粒子がバラバラになった状態．タンパク質，脂肪，リンタンパク質，コレステロールの複雑な集合体であることがうかがえる．

以上のような入れ子構造も，巨視的に見れば目がくらむほどでもないだろう．卵黄は水の入った袋，水の中にはタンパク質と，タンパク質－脂肪－コレステロール－レシチンの集合体が浮かんでいる．卵黄が乳化剤やコクづけの材料として優れているのは，このリポタンパク質凝集体のおかげである．

## ■ 卵白

卵黄の濃厚さに比べれば，卵白は色も味気もないようにみえる．卵白は全卵の重さの3分の2ほどを占めるが，その90％が水である．残りはタンパク質と，微量のミネラル分，脂質成分，ビタミン類（生の卵白がわずかに黄緑色を帯びているのはリボフラビンによる），ブドウ糖である．1/4gのブドウ糖，これが胚の初期成長を支えている．卵白に甘みを感じるほどの量ではないが，長時間加熱した卵（p.87）や1000年も保存された卵（p.114）の卵白が驚くほど茶色になるには十分な量である．卵白の構造的な特徴は，濃厚卵白と水様卵白があることと，濃厚卵白がねじれてカラザになっているということぐらいである．

**保護タンパク質**　卵白はその淡い色合いによらず，驚くほどの深みをもつ．発生過程にある胚に水分とタンパク質を供給するのはもちろんだが，卵白タンパク質は単に赤ちゃんの食べものだけにとどまらないことが生化学的に判明している．消化酵素の働きを阻害するタンパク質が，少なくとも4種類は含まれている．ほかの生物が利用できないようビタミンを強く結合しているタンパク質が少なくとも3種類あり，同様に鉄を結合しているタンパク質が1種類ある（細菌や動物にとって鉄は必須ミネラル）．ウィルスの増殖を阻害するタンパク質も見つかっている．要するに，卵白は感染や捕食に対する化学防御の最前線であり，栄養豊富な卵とこれを狙う微生物や動物たちとの何百万年もの長い戦いの歴史のなかで作り上げられたものなのである．

何十種類もある卵白タンパク質のうちのいくつかは，調理の際に特に重要であり，その名前を覚えておくとよいだろう．

- 「オボムチン」は全卵白タンパク質の2％

| 卵白中のタンパク質 | | | |
|---|---|---|---|
| タンパク質 | 全卵白タンパク質に占める割合（％） | 本来の機能 | 調理特性 |
| オボアルブミン | 54 | 栄養；消化酵素の阻害？ | 80℃で凝固 |
| オボトランスフェリン | 12 | 鉄と結合 | 60℃で凝固　泡立てると凝固 |
| オボムコイド | 11 | 消化酵素の阻害 | ？ |
| グロブリン類 | 8 | 膜（殻？）の欠陥を埋める | 泡立ちやすさ |
| リゾチーム | 3.5 | 細菌の細胞壁を消化する酵素 | 75℃で凝固；泡の安定化 |
| オボムチン | 1.5 | 卵白を濃厚にする；ウイルス阻害 | 泡の安定化 |
| アビジン | 0.06 | ビタミン（ビオチン）と結合 | ？ |
| その他 | 10 | ビタミンと結合（2種類以上）消化酵素の阻害（3種類以上） | ？ |

未満にすぎないが，新鮮な卵の商品価値および調理上の価値に非常に強く影響する．濃厚卵白を濃厚（水様卵白の40倍）にしているのがオボムチンであり，このため目玉焼きやポーチド・エッグはきれいな形にまとまるのである．オボムチンは液状のタンパク質溶液の構造をある程度まとめる．固ゆでの卵白をそっと引っぱってみると，ちぎれた端が層状構造になっているのがわかる．この構造が卵黄のクッションとなり，微生物が卵白を通って侵入するのを遅らせるとみられる．時間が経つとともに生卵中のこの構造は次第に崩れてゆき，発生過程にあるヒヨコが消化しやすくなるが，食材としての価値は確実に低下する．

- 「オボアルブミン」は卵中に最も多く存在するタンパク質で，結晶化実験に初めて成功したタンパク質だが（1980年），その本来の機能は未解明である．タンパク質消化酵素を阻害する一連のタンパク質との類似性がみられ，かつて存在した微生物との戦いに必要だったものが主に栄養源として残ったとも考えられる．卵タンパク質のなかでは唯一反応性のある含硫基をもっており，卵の風味と食感と調理後の色に決定的な影響を与える．おもしろいことに，産卵直後から数日間はオボアルブミンの耐熱性が上昇する．したがって，何日か経った卵よりも産みたての卵のほうが調理時間は短くてすむ．
- 「オボトランスフェリン」は鉄原子と強く結合し，細菌が鉄を利用できなくするとともに，発生過程にあるヒヨコの体内に鉄を輸送する役割をもつ．卵を加熱したときに最初に凝固するのがオボトランスフェリンで，卵が固まる温度を決定する．卵白だけのときと比べて全卵は固まる温度が高いが，これは卵黄中に多く含まれる鉄とオボトランスフェリンが結合して，より安定で凝固しにくくなるからである．オボトランスフェリンは金属に結合すると変色するので，銅製のボールで卵白を泡立てると黄金色になる．卵白に粉にした鉄分補強剤をひとつまみ加えれば，ピンク色のメレンゲも作れる．

## ■ 卵の栄養価

卵には，ヒヨコを作り上げるのに必要な構成成分，化学装置，エネルギーがすべて含まれている．これが食品としての強みでもある．調理することで栄養阻害防御タンパク質が中和された卵は，特に栄養価の高い食品である．（生卵の場合は，動物実験で体重低下がみられる．）動物に必要なアミノ酸をバランスよく含むという点で，ほかに並ぶものはない．人間に必須な多価不飽和脂肪酸であるリノール酸を豊富に含み，さらに複数のミネラル，ほとんどのビタミン，そして抗酸化作用の特に高い二つの植物色素，ルテインとゼアキサンチンを含む（p. 250）．卵は栄養の塊である．

**卵のコレステロール**　アメリカでは1950年頃から卵の消費量が激減したが，それは卵が血中コレステロールを高めると信じられていたためである．一般的な食品のなかで，コレステロールを一番多く含むのは卵である．ラージサイズ（Lサイズ）の卵1個に含まれるコレステロールは約215 mg，これに対して同じ重さの肉では約50 mgである．

卵にはなぜ，これほど多くのコレステロールが含まれているのか？　それは，コレステロールが動物の細胞膜成分として欠かせないからである．そして，胚がヒヨコになるには，何百万個という細胞を作り上げなければならない．コレステロール含量は，品種ごとにある程度の違いがあり，餌にも影響される．シトステロール（コレステロールに似た植物ステロール）を多く含む餌を与えると，卵のコレステロールは3分の2に減るが，それでもほかの食品と比べれば突出して多い．

血中コレステロール値が高いと心疾患リスクが高まることから，多くの医師団体が卵黄摂取

量を1週間に2～3個までとするよう推奨してきた．しかし近年の研究では，適度の摂取量であれば，卵の消費量は血中コレステロールにほとんど影響しないことが明らかになっている．これは，食品中に含まれる飽和脂肪のほうがコレステロールよりもはるかに強い血中コレステロール上昇作用を示すこと，卵黄に含まれる脂肪の多くは不飽和脂肪であることとも関係している．したがって，1週間に食べる卵黄の数を数える必要もなくなったようである．もちろん，心臓保護作用の高い果物や野菜を食べずに卵を食べるのはよくない．重大な心疾患や肥満における食事制限では，卵黄ならびに脂肪分の多い動物性食品を避けるのは理に適っている．全卵のエネルギーの60％以上が脂肪，その3分の1が飽和脂肪である．

**卵の代替品**　コレステロールを含まない卵を望む消費者の声に応え，溶き卵（全卵）に似た加工製品が生まれた．スクランブルエッグやオムレツ，焼き菓子の材料として使用できる．これらの製品は，本物の卵白に模造卵黄を混ぜたものである．模造卵黄は一般に，植物性油脂，乳固形分，トロミをだす増粘剤，色素，調味料，ビタミン，ミネラルなどから作られている．

**受精卵**　昔からよく聞くような，未受精卵と受精卵の栄養的な違いはみられない．受精卵は，産み落とされる時点で胚細胞が何万個にまで分裂しているが，その直径はわずか3.5～4.5 mmしかなく，生化学的な変化は無視できる程度である．冷蔵保存されていれば，これ以上の成長や発生は起こらない．米国の卵の等級システムでは，わずかな血管（孵卵2～3日後に出現）から肉眼で認められる胚の形成にいたるまで，卵に何らかの胚発生が認められる場合は重大な欠陥とみなされ，すべて「不可食」に分類される．もちろん，この評価については文化的な違いがある．たとえば，中国やフィリピンでは精力をつけるためと称して，発生2～3週間後の胚を含むアヒルの卵をゆで卵にして食べる．胚は殻からも栄養を得ているので，発生途中のアヒルの胚には発生前よりもカルシウムが多く含まれている．

## 鶏卵の成分（ラージサイズ，U.S.規格）

U.S.規格のLサイズは55 gである．全卵総カロリーの約60％が脂肪によるもので，飽和脂肪率は約20％．

|  | 全卵 | 卵白 | 卵黄 |
|---|---|---|---|
| 重量 | 55 g | 38 g | 17 g |
| タンパク質 | 6.6 g | 3.9 g | 2.7 g |
| 炭水化物 | 0.6 g | 0.3 g | 0.3 g |
| 脂肪 | 6 g | 0 | 6 g |
| 　一価不飽和脂肪 | 2.5 g | 0 | 2.5 g |
| 　多価不飽和脂肪 | 0.7 g | 0 | 0.7 g |
| 　飽和脂肪 | 2 g | 0 | 2 g |
| コレステロール | 213 mg | 0 | 213 mg |
| ナトリウム | 71 mg | 62 mg | 9 mg |
| 熱量 | 84 kcal | 20 kcal | 64 kcal |

**卵アレルギー**　卵はよくある食物アレルギーの原因の一つである．卵白の主要タンパク質，オボアルブミンの一部分が原因であることが多い．敏感な人では，免疫系がオボアルブミンの一部を敵とみなし，自己破壊的な防御機構が激しく働き，時に命にもかかわるショックを引き起こす．卵白アレルギーは幼少期に発症することが多いので，1歳未満の子供には卵白を与えないよう小児科医が指導するのが普通である．卵黄はアレルギー原性がずっと低いので，ほぼすべての乳幼児が安全に食べられる．

## 卵の品質，取扱い，および安全性

　よい卵とは何か？　殻が硬くて，傷がなく，汚染されていないもの．卵黄と卵黄膜がしっかりしていて，つぶれて卵白と混じったりしないもの．水っぽい水様卵白よりもプルプルしたゼリー状の濃厚卵白が多いものである．

　よい卵ができる条件は何か？　まず，よい雌鶏．優れた卵用品種で，健康で産卵末期に近づいていないもの．産卵末期には殻と卵白の劣化がみられるからである（給餌制限することによりこの期間を短縮できる．換羽を促して生体時計がリセットされるため．）．そして，栄養豊富で，汚染されておらず，味の低下につながるもの（魚粉，生の大豆粉）が入っていない餌．さらに，採卵後の十分な検査と適切な取扱いである．

　卵を割らずに品質を見極めるために，「透光検卵」つまり中身が透けて見えるような強い照明に卵をかざす方法が用いられる．（かつてはロウソクによる目視が行われていたが，現在では電灯とスキャナーによる自動選別が行われている．）殻のひび割れ，無害だが商品価値の下がる卵黄の血痕（卵巣内または卵黄の毛細血管破裂による），卵白中の「肉斑（ミートスポット）」（褐色の血斑または卵管壁からはがれた小さな組織片），大きな気室など，等級づけに関するすべての特徴が透光検卵で簡単に検出できる．卵黄と卵白の状態を確認するためには，卵を速く回転させる．卵黄膜がしっかりしていて，卵白が濃厚ならば，卵黄が殻に近づくこともなく，卵黄影は変化しない．卵黄がくっきりと見え，簡単に変形したり動いたりするようであれば，卵の品質は低い．

### ■ 卵の等級

　市販される卵は通常（義務づけられてはいないが），米国農務省（USDA）等級によって分類されている．卵の等級は新鮮さや大きさとは無関係で，家庭で使用する際の品質を保証するものではない．等級は，養鶏場で採卵された時点での卵の品質を大まかに示すものである．透光検卵は確実なものではなく，USDA の基準では，包装時において1ケース当たり数個の下等級を認めている．卵の品質は時間とともに自然に劣化するうえ，輸送中の振動により卵白が薄くなることから，小売店に配送されたときには下等級卵の割合は2倍になっている．

　店頭に並んでいるのは一般に，上から二つの等級，AA と A だけである．購入後すぐに使用し，スクランブル・エッグやカスタード，パンケーキなどに使う場合は，高価な高級卵を買う必要はない．ただし，すぐに使い切らない場合

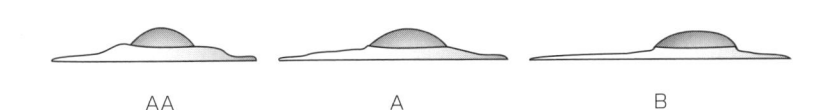

AA　　　　　　　　A　　　　　　　　B

等級による違い．AA 等級の卵は濃厚卵白の割合が多く，卵黄が硬く盛り上がっている．A 等級の卵はこれより濃厚卵白の割合が少なく，卵黄膜も弱いので，割ったときに大きく広がる．B 等級の卵はさらに大きく広がり，卵黄膜が破れやすい．

や，固ゆで卵の黄身がかたよらないようにしたい場合，ポーチド・エッグや目玉焼きをきれいに仕上げたい場合，あるいはメレンゲやスフレ，卵の泡で膨らませるケーキを作る場合には，卵白が濃厚で卵黄膜が破れにくい最高級の卵を使うほうがよい．

いずれにしても，ケース入りの卵の品質は主に新しさ（古さ）で決まる．AA等級の卵でさえ，いずれは卵黄が平たくなり卵白が薄くなる．したがって，ケースに記載されている賞味期限（通常は包装日より4週間，包装日が1～365までの数字で表示されている場合もある）を必ず確認すること，そして一番新しい日づけのものを選ぶことが大切である．古いAA等級よりも，新しいA等級のほうが買い得と言える．

## ■ 卵の品質の劣化

卵は，ヒヨコが孵化するまで保護するようにできており，割らずに冷所保存すれば何週間も食べられるという，生の動物性食品としては特殊なものである．それでも，産卵直後からある重要な品質の劣化がはじまる．それは，卵黄と卵白の両方が時間とともにアルカリ性になっていく（酸性が弱まる），という基本的な化学変化である．卵に含まれる二酸化炭素が，初めは炭酸の形で卵白および卵黄に溶け込んでいるが，次第にガスとして殻の孔から失われてしまうからである．酸性・アルカリ性の指標として使われるのがpHである（p.768）．卵黄のpHは6.0（弱酸性）から6.6（ほぼ中性）まで上昇し，卵白のpHは7.7（弱アルカリ性）から9.2（強アルカリ性）まで上昇，時にこれを超えることもある．

このような卵白のアルカリ化によって外見も明らかに変化する．新鮮卵のpHでは卵白タンパク質は凝集し，塊となって光を散乱するので，新鮮卵の卵白は白濁している．アルカリ性に傾くと卵白タンパク質が反発しあって凝集しなくなるので，古い卵白は透明である．そして，卵白は時間とともに流動性を増し，最初は卵白の60％ほどあった濃厚卵白が半分以下になる．

卵黄のpH変化は比較的少ないので，単純な物理的変化のほうが重要となる．卵黄は初めから卵白より多くの分子が溶けこんだ状態にあるので，浸透圧の違いによって，卵白の水分子が卵黄膜を通って卵黄内に自然に移行する．冷蔵庫内の温度では，毎日約5mgの水が卵黄内に移行する．これにより卵黄は膨らみ，卵黄膜に伸張力がかかって弱くなる．卵黄は水分が増えて大幅に薄まってしまう．

**新鮮さを家庭で調べる**　卵の殻を割らなくても，殻の孔から水分が失われるので，卵の中身は縮み，卵の鈍端の気室は大きくなる．表面に油を塗って湿度を保った冷蔵庫に入れておいても，毎日4mgの水が蒸発で失われる．この水分損失を利用して，卵の新鮮さを推測することができる．気室が3mm未満の新しい卵は水よりも重いので，水を張ったボールに入れると底に沈む．卵が古くなるにつれ気室は大きくなり，次第に密度が小さくなって，卵の鈍端側がだんだん浮いてくる．水に浮いてしまう卵は非常に古いので捨ててしまうこと．1750年頃にハンナ・グラスが書いたイギリスの料理本には，卵の新鮮さを見分ける二つの方法が載っている．その時代には，庭に産み落とされた卵を拾うまでにかなりの時間が経っていることもあったので，新鮮さを見分けるのは大事だった．一つは，手に持ったときの温かさをみるものである（あまり信頼できる方法とは言えない）．もう一つは，気室を間接的に調べる方法であった．「よい卵を知るため（のもう一つの方法は），冷たい水の入った鍋に卵を入れる．新鮮な卵はすぐに底に沈むが，腐った卵は水面に浮かぶ．」

卵がこのように変化してゆくのはおそらく，正常な発生の一部であろう．アルカリ性が強まれば，卵白に細菌やカビが繁殖しにくくなる．卵白が薄まれば，卵黄が浮き上がって胚が殻に近づき，酸素を得やすくなるだろうし，殻からカルシウムを吸収しやすくなるだろう．卵黄膜

が弱まれば，卵殻膜に付着しやすくなる．そして気室が大きくなれば，ヒヨコが最初に呼吸をするときにより多くの酸素が得られる．

これらの変化はヒヨコにはよくても，食材としてはあまり好ましくない．卵白が薄いとフライパンの中で広がってしまうし，卵黄膜が弱いと卵を割るときに壊れやすい．気室が大きいと固ゆで卵にしたときに形が悪い．古い卵の唯一の利点は，ゆで卵の殻がむきやすいということである．

## ■ 卵の取扱いと保存

卵の生産者は，品質がなるべく落ちないように卵を取り扱っている．産卵後できるだけすぐに採卵し，ただちに冷却する．アメリカ合衆国ではこの後，温水と洗剤で洗い，雌鶏の排出腔を通るときに殻についた細菌をとり除く．以前は，二酸化炭素と水分の蒸発を遅らせるため，洗浄後に鉱物油を塗っていた．現在ではほとんどの場合，産卵2日後には店頭に並ぶうえ，輸送・貯蔵中は冷蔵されるので，油を塗るのは長距離輸送用に限られる．

**家庭での卵の保存：冷蔵，静置，密閉** 卵を室温で1日おくと，冷蔵で4日おいたのと同じくらい品質は低下する．サルモネラ菌（p.82）の増殖も室温のほうが速い．したがって，冷蔵されている卵を（普通の商品棚ではなく冷蔵棚から）購入し，家庭でも冷蔵保存するのがよい．振動を与えると卵白が薄くなるので，冷蔵庫の扉側ではなく内側の棚に入れる．通常の卵ケースではなく密閉容器を使うと，水分の蒸発も少なくほかの食品からのにおい移りも少ないが，卵の中に徐々に蓄積してゆく古臭さが際立つことにもなる．新鮮なものを購入して適切に取り扱えば，そのままで数週間はもつ．割ったものは腐りやすいので，すぐに使用するか冷凍する．

**卵の冷凍** 卵を密閉容器に入れて冷凍すれば数ヶ月間保存できる．殻のまま冷凍すると中身が膨張して割れてしまうので，中身だけを冷凍する．膨張する余裕をとって容器に入れ，冷凍焼け（p.143）を防ぐためプラスチックラップで表面を覆ってから，ふたをする．卵白は冷凍しやすく，泡立ちがやや弱まるだけである．一方，卵黄および溶き卵を冷凍保存する際には注意が必要である．そのまま冷凍した場合，解凍するとペースト状になってほかの材料と混ざりにくい．卵黄に塩，砂糖，酸などをよく混ぜてから冷凍すれば，卵黄タンパク質が凝固しないので，解凍しても液状になり混ざりやすい．卵黄500 mLにつき塩小さじ1（5 g），砂糖大さじ1（15 g），またはレモン汁大さじ4（60 mL），全卵はこの半量を加える．米国規格でラージサイズの卵は，全卵が大さじ3，卵白は大さじ2，卵黄は大さじ1に相当する．

---

### 保存時の卵の向き

保存する際の卵の置き方によって違いがでるのか？ 1950年代の研究で，卵の鈍端を上にして保存すると卵白の品質劣化が遅くなることが判明したため，合衆国内の多くの州では，平らな方を上にしてケースに包装するという公的な取り決めがある．1960年代〜1970年代の研究では，店頭で上側のラベルが見えるように卵ケースを横にして並べられるようになっても，卵白の品質に影響はないことが明らかになった．横にして保存していた卵の方が，固ゆで卵にしたときに卵黄が真ん中にくる．これは，両端のカラザに均等に重力がかかるためと考えられる．

## ■ 卵の安全性：サルモネラ菌の問題

1985年頃から，大陸ヨーロッパ，スカンジナビア，英国，および北米における食中毒原因菌として，それまでは少なかったサルモネラ菌（*Salmonella enteritidis*）が同定されることが多くなっていった．サルモネラ菌は下痢だけでなく，ほかの臓器でより重篤な慢性感染を引き起こすこともある．これらの食中毒発生の多くが，生卵や軽く加熱しただけの卵が原因であった．調査が進むにつれ，無傷で衛生的なA等級の卵でさえも多量のサルモネラ菌に感染している場合があることが明らかになった．1990年代初めの米国保健機関の概算では，1万個に1個が特に強毒性のサルモネラ菌に感染しているとされた．さまざまな予防措置のおかげで卵の感染率は大きく低下したが，皆無とまではいかない．

**予防策**　サルモネラ菌無感染卵の品質保証が実現するまでは，調理に関わるすべての人が，自身および周囲の人々，特に子供や高齢者，免疫系の衰弱している人々への感染の危険性を減らす手段を心得なければならない．ひどく感染した卵を使用する確率はすでに低いが，さらにその確率を減らすために，冷蔵されている卵を購入してなるべくすぐに家庭の冷蔵庫に入れることである．卵料理はすべてよく調理すること．通常，60℃以上で5分，あるいは70℃以上で1分の加熱を行えば十分殺菌できる．卵黄は60℃では固まらないが70℃では固まる．たとえば，半熟卵やポーチド・エッグ，卵黄ベースのソースなど，軽く加熱するだけの料理では，従来の調理法に少し手を加え，サルモネラ菌を殺すことが可能である（p.89囲み内）．

**殺菌卵**　生卵の代わりに使える，より安全な製品もある．殻ごと殺菌した卵，殺菌した卵液，殺菌した乾燥卵白，どれもスーパーマーケットで売られている．殻つき卵，全卵溶き卵液，卵黄，卵白，いずれも卵タンパク質が凝固する直前の温度（55〜60℃）で慎重に加熱すれば殺菌できる．乾燥卵白の殺菌は乾燥前でも乾燥後でもよく，水を加えると軽く加熱したメレンゲになる．これらの製品は多くの料理で生卵の代わりに使用できるが，泡立ちや乳化作用がいくぶん低く，加熱した場合の安定性も低い．加熱処理や乾燥処理によって卵の風味は変化する．

## 卵料理の化学：卵が固まるのはなぜ？　カスタードにトロミがつくのはなぜ？

卵を使ったごく普通の料理は，驚くべきキッチン・マジックでもある．ぬるりとした液体に熱を加えるだけで，あら不思議！　液体はあっという間に固体になり，ナイフで切れるようになる．これほど簡単に，しかも劇的に変化する食材はほかにない．卵をそのまま使う場合でも，材料の一つとして構造を作り上げる場合でも，その幅広い用途で凝固特性が鍵を握っている．

卵がしっかりとした形を作り上げるのは何によるものか？　答えは簡単，タンパク質およびその本質的な性質である互いに結合しあう力である．

## ■ タンパク質の凝固

**タンパク質を互いに近づける**……　生の卵は液体としてはじまる．卵黄も卵白も基本的には袋に入った水の中にタンパク質分子が分散しているもので，水分子の数はタンパク質分子の1000倍もあるからである．分子単位でみるならば，タンパク質分子は巨大である．タンパク質分子は数千もの原子が鎖状に結合したもので，この鎖は折りたたまれてコンパクトな塊となり，折りたたまれて隣り合った鎖同士が結合して形を維持している．卵白内の化学的環境では，多くのタンパク質分子が負の電荷を蓄積しており互いに反発しあう．一方，卵黄中では，反発しあうタンパク質もあれば，脂肪とタンパク質の塊として存在するものもある．このように，生卵

中のタンパク質の多くは，コンパクトな形で水中を漂いながら互いに反発しあっているのである．

卵に熱を加えると，すべての分子運動が次第に速まり，互いに衝突しあう力もどんどん強まってゆき，ついにはタンパク質の長い鎖をコンパクトな形に折りたたんでいた結合が壊れはじめる．タンパク質の鎖がほどかれ，伸びた鎖が絡み合い，結合しあって三次元的なネットワークを形成する．水は依然としてタンパク質よりもずっと多いが，連続したタンパク質ネットワーク内にある無数の小さなすきまに分割されてしまい，一つになって流れることはもうできない．こうして，液状の卵は水分の多い固体になるのである．大きなタンパク質分子が塊になり光線を散乱するようになるので，はじめは透明だった卵白が不透明になる．

酸や塩に浸ける，泡立てるなどの卵を固めるほかの方法も基本的には同じで，反発しあうタンパク質を互いに結合させるような働きがある．たとえば酸と熱を同時に加えるなど，複数の方法を併用することにより，さまざまな硬さや外見となる．タンパク質のほどけ具合や結合状態によって，硬いものから軟らかいもの，乾燥したものから水っぽいもの，塊状からゼリー状，透明なものから不透明なものまで，自由自在である．

**……ただし近づけすぎは禁物**　ほぼすべての卵料理は，液体（卵のみ，またはほかの液体材料との混合）を水分の多い軟らかな固体にする．加熱しすぎるとゴムのようになるか，または硬い塊と液体とが混ざった状態になる．それはなぜか？　タンパク質同士の結合が強固になりすぎ，タンパク質ネットワークから水分がしぼり出されてしまうからである．ゆで卵や目玉焼きの水分が飛んでゴムのようになるのも，卵をほかの液体材料と混合したときに水の層とタンパク質の塊とに分離するのも，同じ理由である．

したがって卵料理は，加熱しすぎと凝固しすぎに気をつけること．温度調節が特に重要である．軟らかくジューシーな仕上がりには，タンパク質がちょうど凝固する温度で調理する．これは常に水の沸点（100℃）よりかなり低い温度である．ほかの混合材料にもよるが，一般には十分な殺菌が行える温度よりも高い．（温かくても液状を保った卵黄は別である，p. 89囲み内参照）．一般に，希釈せず何も加えていない卵はより低温で固まる．卵白は63℃で凝固しはじめ，65℃で軟らかい固体となる．このときの固化は主にオボトランスフェリンによるもので，全タンパク質の12%にすぎないが，最も熱に敏感なタンパク質である．卵白の主要タンパク質であるオボアルブミンは約80℃でようやく凝固しはじめ，ここでぐっと硬さが増す．（最後に凝固するのが熱に強いオボムチン

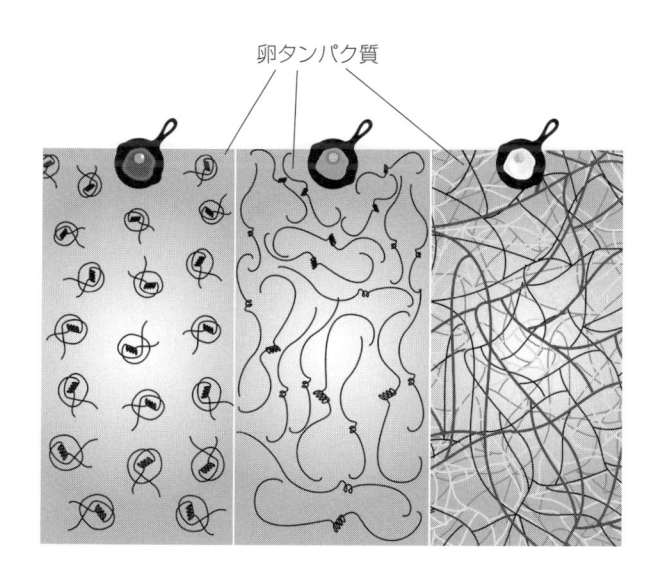

卵タンパク質

液状の卵が加熱により凝固する過程．加熱前の卵タンパク質はアミノ酸鎖が折りたたまれた状態にある（左）．加熱すると運動性が高まり，部分的に結合が切れ，折りたたまれた鎖がほどけてゆく（中）．ほどけたタンパク質は互いに結合し合って，長い分子が連続した網状構造を形成し（右），水分は多いが固まった状態になる．

であり，オボムチンが多く含まれるカラザは，スクランブルエッグでほかの部分が固まってからもかなり後まで液状である．）卵黄タンパク質は65℃でトロミがつきはじめ，70℃で固まる．全卵の溶き卵（卵黄と卵白を混ぜたもの）は73℃前後で固まる．

**加える材料の影響**　ほんの少しの塩やレモン汁から，スプーン1杯の砂糖やクリーム，あるいは何カップもの牛乳やブランデーまで，卵にほかの材料を混ぜることは多い．このようにほかの材料を加えることで，卵とタンパク質の凝固の仕方が変化し，料理の食感も変わってくる．

<u>牛乳，クリーム，砂糖は希釈し，凝固を遅らせ，軟らかくする</u>　卵をほかの液体で希釈すると凝固温度は上昇する．希釈するとタンパク質分子のまわりを取り囲む水分子がさらに多くなり，ある程度の確率でタンパク質が衝突し結合しあうためには，より高温にして分子運動を速めなくてはならない．砂糖も凝固温度を上昇させるが，その理由も同じである．すなわち砂糖分子がタンパク質を希釈する．卵1個に砂糖大さじ1杯を加えた場合，ひとつひとつのタンパク質分子が数千個のショ糖分子に囲まれる．水，砂糖，そして乳脂肪の希釈効果を組み合わせたのがカスタードである．卵1個に対して牛乳カップ1杯と砂糖大さじ1杯を混ぜ合わせたカスタード液は，70℃ではなく78〜80℃でトロミがつきはじめる．タンパク質ネットワークは引っ張られた状態となり（卵1個をカスタードにすると，大さじ3杯ほどだった液量が大さじ18〜20杯分にまで増加することになる），凝固した塊はかなり軟らかくて加熱しすぎると簡単に壊れてしまう．エッグ・ノックやオランダのアドヴォカートというブランディーの卵酒などはこの極端な例で，卵タンパク質が希釈されすぎているためにネットワーク内に水分を全部保持することはできず，わずかにトロミがつくだけである．

<u>酸と塩は軟らかくする</u>　酸度と塩は卵タンパク質を"硬く"するとよく言われるが，これは正しくない．酸と塩は卵タンパク質に対する作用がよく似ている．タンパク質の集合を早めはするが，タンパク質同士をより近づけるわけではない．つまり酸や塩を入れると，卵はより低温でトロミがつき固まるが，仕上がりはより軟らかなものとなる．

　矛盾するようなこの現象は，ほとんどの卵タンパク質が負に荷電していて，それが分子間の距離をある程度保つことと関係している．酸（酒石英，レモン汁，その他の果汁・野菜汁）は卵のpHを下げるので，タンパク質同士の反発力である負の電荷が弱まる．同様に，塩が溶解すると正イオンと負イオンに解離するので，これらがタンパク質の荷電領域に集まり中和す

カスタード中の卵タンパク質の希釈．左：卵にはタンパク質が豊富に含まれる．加熱によりタンパク質がほどけてしっかりした固体のネットワークを形成するには十分な数がある．中：牛乳やクリームなど，タンパク質が熱で凝固しないものを混ぜると，卵タンパク質は大幅に希釈される．右：カスタード液を加熱すると，卵タンパク質はほどけて固体の網目構造を形成するものの，その構造は粗くて壊れやすいので，カスタードは軟らかい．

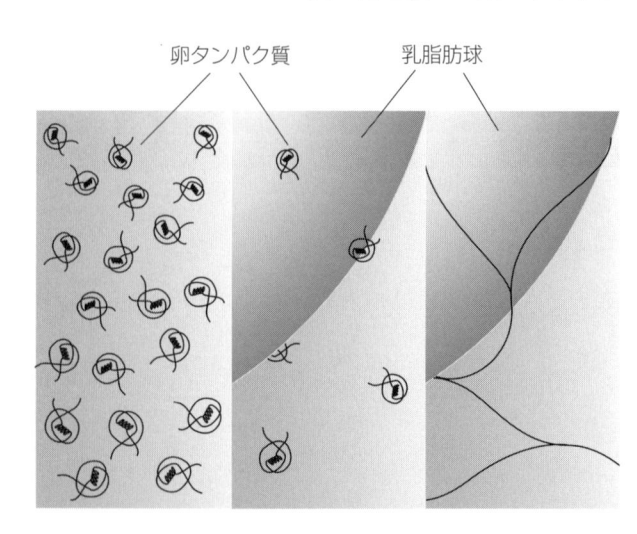

るのである．いずれの場合も，タンパク質が互いに強く反発することがなくなり，タンパク質の鎖がほどける前に，調理・変性の早い段階で互いに近づくので，強く絡み合って結合することができない．さらに，卵黄タンパク質および一部の卵白タンパク質の凝固には硫黄原子が関係しているが，これは酸性条件で阻害される（卵の泡立ちに関する項を参照，p. 101）．したがって塩を加えた場合や，特に酸を加えた場合には，料理の仕上がりが軟らかくなる．

この現象は料理の知識として古くから知られていた．料理研究家のポーラ・ウルファートは，モロッコでは卵を長く加熱しても硬くならないよう，卵にレモン汁を加えることが多いのに気がついている．クラウディア・ローデンは，アラブ料理で酢を使った非常にクリーミーなスクランブルエッグを紹介している（卵がアルカリ性なので遊離酢酸が減り，意外にも酢のにおいが少ない）．17世紀のフランスでは酸味のある果汁を混ぜたスクランブル・エッグが人気で，ここからレモン・カードが生まれたとも考えられる．

## ■ 卵の風味の化学

新鮮な卵は風味が弱くて分析が難しい．卵白は主な硫黄臭を与え，卵黄は甘くてバターのような風味をもつ．個々の卵のにおいは産卵直後が最も弱く，保存期間が長いほど強くなる．一般には，雌鶏の餌や放し飼いかどうかよりも，産卵後の経過時間ならびに保存条件のほうが味に大きく影響する．しかし，ニワトリの餌と品種による影響も無視できない．褐色卵品種はナタネや大豆粉の無臭成分（コリン）を代謝できず，腸内細菌によってこれが魚臭をもつ分子（トリメチルアミン）に変換され，卵に蓄積する．魚粉飼料やある種の飼料用農薬も異臭が生じる．本当の放し飼いではさまざまなものが餌となるので，卵の風味も多種多様である．

加熱調理した卵では，100〜200種類もの芳香成分が同定されている．最も特徴的なのが硫化水素（$H_2S$）である．腐敗卵や産業汚染などのように，多量の $H_2S$ はかなり不快である．加熱した卵に独特の卵臭を与えるもので，主に卵白中で発生する．60℃以上になると卵白タンパク質がほどけはじめ，遊離した硫黄元素がほかの分子と反応して $H_2S$ が生じる．卵白が60℃以上に保たれる時間が長いほど，硫黄臭は強くなる．卵が古くなってpHが上昇すると $H_2S$ がより多く発生する（強アルカリ性になる中国の卵の保存法でも $H_2S$ が多量に生成する，p. 115）．レモン汁や酢を加えると $H_2S$ の発生が少なくなり，硫黄臭も抑えられる．硫化水素は揮発性なので，調理済みの卵を保存しておく間に外に出てゆき，時間が経つと硫黄臭は弱まる．加熱すると少量のアンモニアも発生し，卵の風味に潜在的な影響を与える（ただし中国の保存卵は強力なにおいになる）．

---

### 酸で軟らかさをだした昔の卵料理

マーマレードまたは「バターを使わないヴェルジュ入りスクランブル・エッグ」

卵4個を割って混ぜあわせ，塩とスプーン4杯のヴェルジュ（酸味の強いブドウ汁）で味つけし，火にかける．銀のスプーンでゆっくりかき混ぜながら，卵にトロミがつきはじめたら火からおろし，さらにかき混ぜてトロミをだす．レモン汁やオレンジジュースでも同じようにしてスクランブル・エッグができる．

——*Le Patissier françois*（フランスの菓子職人），1690年頃

# 基本の卵料理

## ■ 殻ごと調理する

"卵をゆでる"ことができれば，最低限の料理ができると言われることも多い．卵を殻ごと使用し，湯の温度とゆで時間にさえ気をつければよいのだから．固ゆで卵や半熟卵はごく当たり前の料理のようだが，卵をゆでるというのはあまり優れた料理法ではない．沸き立つ湯の中で卵が動き回って殻が割れ，卵白がはみだして加熱しすぎる．固ゆで卵の調理温度はタンパク質の凝固温度よりもかなり高いので，卵黄に火が通る間に卵白の外側はゴムのようになる．半熟卵は加熱時間が短いのでこうはならず，沸騰する直前のほとんど沸き立っていないお湯の中で調理するものである．固ゆで卵は，沸き立っていない80～85℃の湯でゆでること．卵を殻ごと蒸すこともできる．使用する水の量が少ないので，湯を沸かすエネルギーと時間も少なくてすむ．穏やかに沸騰している蒸し器のふたを少しずらせば，実際の調理温度は沸点よりいくぶん低くなるので，卵白が軟らかく仕上がる．

**調理時間と硬さ**　卵を殻ごと料理する際の調理時間は，仕上がりの硬さによって決まる（卵の大きさ，調理前の卵の温度，調理温度なども関係するが，ここでは平均的な時間として話を進める）．殻ごと調理する場合，調理時間が異なれば卵の硬さも少しずつ変化してゆく．フランス料理で「ウフ・ア・ラ・コック（殻からの卵）」と言えば，ほんの2, 3分加熱して全体がまだ半液体状のものである．英語の「カドルド・エッグ（半熟卵）」は3～5分加熱したもの，卵白の外側は固まりかけているが内側は乳状，卵黄が温まり，殻のままスプーンですくって食べる．あまり馴染みはないが「モレ・エッグ」（フランス語のmolle"軟らかい"から）は5～6分加熱したもので，卵黄は半液体状だが殻がむける程度に卵白の外側は固まっている．

10～15分加熱すれば固ゆで卵になり，全体が固まっている．10分後には卵黄はまだ濃黄色で水分が多くややペースト状である．15分後には卵黄が淡黄色になりパサついてポロポロしている．色と風味を強めるため何時間も加熱することがある（p.87）．たとえば中国の紅茶卵は，固まる程度に煮た後でそっと殻を叩いてひびを入れ，茶・塩・砂糖・香辛料を混ぜた中でさらに1～2時間煮込み，固い卵白にマーブル模様と香りづけをしたものである．

**固ゆで卵**　上手にできた固ゆで卵は，固まっているが軟らかくてゴムのようではない．殻にはひびがなくむきやすい．卵黄が真ん中にあり変色していない．硫黄臭くなくて繊細な風味をもつ．固さも風味もよいゆで卵を作るには，加熱しすぎないように注意する．さもないとタンパク質が凝固しすぎ，硫化水素が多く発生する．そのためには，加熱温度を沸点よりかなり低めに保ち，調理後すぐに氷水につけるとよい．穏やかに調理すれば，殻と卵黄も完全ではないにせよほぼ理想的に仕上がる．

**割れやすくてむきにくい殻**　下手に調理して殻が割れてしまうと見た目も悪く，硫黄臭くな

---

### ゆで卵と生卵の見分け方

殻のままの卵が生卵なのかゆで卵なのかを見分けるのは簡単である．横にして回転させればよい．速くスムーズに回転するのがゆで卵．不安定ですぐに止まってしまうのは生卵．生卵は中身の液体が動き回り，固体である殻の動きに逆らうからである．

る．殻がきれいにむけないと表面がでこぼこになってしまう．昔ながらの方法としては，殻の鈍端に針で穴を開けるというのがあるが，実際にはほとんど効果がないという実験結果が出ている．殻が割れるのを防ぐ最もよい方法は，新鮮な卵を穏やかに加熱し，激しく沸騰させないことである．一方，殻をむきやすくする最もよい方法は，意外にも古い卵を使うことである．殻がむきにくいのは新鮮な卵の特徴で，これは卵白のpHが比較的低いために卵白が殻の内膜と強く結合してしまうためである．数日間冷蔵したものはpHが9.2程度になっており，殻がむきやすい．かなり新鮮な卵が1ケースあってすぐに調理しなければならない場合は，1Lの水に小さじ半分の重曹を加えてアルカリ性にするとよい（ただし硫黄臭が強まる）．新鮮な卵は，調理時間をやや長めにして卵白を固め，冷蔵庫で冷せば，殻がむきやすくなる．

**端に寄った卵黄と底の平らな卵白**　輪切りにしたときにきれいに見えるように卵黄を真ん中にもってくるには，気室が小さくて濃厚卵白の多い，新鮮で等級の高い卵を使用する．卵が古くなるにつれ卵白は水分を失って濃縮され，卵黄が浮いてくる．鶏卵業界の調査では，卵を横向きで保存すると卵黄が真ん中に来やすいとのことである．ゆではじめて数分間は卵の長軸を中心に回転させるとか，卵を立てた状態でゆでるとか，さまざまな調理法が提案されているが，どれも確実とは言えない．

**緑色の卵黄**　固ゆで卵の卵黄の表面が緑っぽく変色することがあるが，これは鉄と硫黄の化合物，硫化第一鉄によるもので無害である．卵黄と卵白の境界で，卵白中の反応性の高い硫黄と卵黄中の鉄が接触して生成する．卵白がアルカリ性だと卵白タンパク質が熱変性する際に硫黄原子が遊離しやすく，卵黄表面の鉄と反応して硫化第一鉄を生じる．卵が古いほど卵白はアルカリ性が強いので，この反応は急速に進む．高温で長く調理するほど硫化第一鉄の生成量は多くなる．

新鮮な卵をなるべく短時間で調理し，調理後すぐに冷却すれば，卵黄が緑色になるのを抑えられる．

**長時間加熱した卵**　中東には「ハミナドス」（ヘブライ語）または「ベイド・ハミン」（アラビア語）と呼ばれるちょっと変わった卵料理があり，6～18時間かけて調理する．セファルディ（スペイン系ユダヤ人）の安息日のためのシチュー（ヘブライ語で"熱い"という意味のhaminと呼ばれる）からきており，これは金曜日に仕込んでオーブンで一晩ゆっくりと調理し，安息日の昼食として饗される．シチューの中に卵を殻のまま入れるか，または水で長時間

---

## 卵と火

### ちょっと変わった卵料理（ロースト）

新鮮な卵を火に近い灰の中に埋めて，全体にむらなく火が通るようにころがす．中身がしみ出してくればできあがりなので，客に供する．とてもおいしく楽しい料理である．

### 串刺し卵

よく熱した串で卵を縦方向に刺し，肉と同じように火であぶる．熱々のところを食べる．冗談で考え出されたくだらない方法で，卵料理には適さない．

——プラチナ，*De honesta voluptate et valetudine*（よい楽しみと健康），1475年

煮込む場合もあり，卵の風味は濃厚で卵白の色は目を見張るような褐色になる．アルカリ性で長く加熱する間に，卵白に含まれる1/4gのブドウ糖と卵白タンパク質が反応して，こんがり焼いたような風味と色が出る（メイラード反応に関する説明を参照，p.752）．加熱温度を71～74℃の狭い範囲に保てば，卵白は非常に軟かく卵黄はクリーミーになる．

## ■ 殻から出して調理する

**オーブン焼き，ココット**　皿または果物や野菜のくぼみに卵を割り入れて，軟らかく調理する方法がいくつかある．殻つきの卵を軟らかく調理するのと同じで，卵白および卵黄タンパク質が凝固しすぎないためには調理時間が肝心で，それは熱源の種類および距離によって変わってくる．オーブン焼きの場合は，皿をオーブンの中段に入れ，中まで火が通る間に上面や底面に火が通りすぎないようにする．卵のココット（キャセロール）は，卵を入れた皿を微沸騰状態の湯につけて調理するもので，コンロでもオーブンでもできる．こうすると卵にあたる熱が十分和らげられる．しかし，水は空気よりも熱伝達がよいのでオーブン焼きと同じくらいの速さで調理できる．

**ポーチド・エッグ**　容器を使わずに卵を軟らかく調理したのがポーチド・エッグで，調理を初めてすぐに外側のタンパク質が凝固し皮膜となる．微沸騰状態の水（またはクリーム，牛乳，ワイン，ストック，スープ，ソース，バターなど）に，生卵を落とし入れて3～5分経てば，卵黄が固まる前に卵白だけが固まった状態になる．

**卵白がまとまらない**　ポーチド・エッグを，丸く小さくまとめるのは難しい．普通は，水様卵白の外側が固まる前にあちこちに広がってしまう．濃厚卵白の割合が高く，広がりにくい新鮮なAA等級の卵を使用し，調理直前に殻を割るのがよい．沸騰直前の湯で調理すれば，卵白の外側がかなり早く固まり，沸き立っていないので水様卵白が鍋中に広がることはない．これ以外で言われているような調理のコツはあまり効果がない．たとえば，湯に塩や酢を加えれば早く凝固するが，同時に卵の表面に切れ端のようなものや不規則な膜が生じる．少し変わっているが，調理前に水様卵白を取り除いてしまえば，きれいな形のポーチド・エッグになる．容器に卵を割り入れ，これを大きめの穴あきスプーンに移して数秒間おき，水様卵白を流し落としてから鍋に入れる．

**浮き上がらせてポーチド・エッグ**　プロの調理法で，素人にもとてもおもしろいポーチド・エッグの作り方がある．これはレストランの調理技術で，胴長のスープ鍋で沸かした湯の中に卵を割り入れる．卵は最初，底に沈んで見えなくなるが，火が通るとまるで手品のように表面に浮かび上がってくるのである．実際に，一度にたくさんの卵を調理する場合にひとつひとつのできあがりを確認するにはよい方法である．この手品の仕掛けは，酢と塩（1Lの水に対して酢8g，塩15g）を入れ，湯を常に沸騰させておくことである．酢が水様卵白中の重炭酸ナト

---

### ポーチド・スレッド

　フランスやイギリスでは17世紀に，中国やポルトガルでは今も食べられている料理で，ポーチド・エッグの一種である．熱いシロップの中に卵黄を糸状に流し入れ，細い糸状になったものをすくい上げる．

リウムと反応して二酸化炭素の小さい泡を生じ，卵白タンパク質が凝固する際に卵の表面に閉じ込められて浮力がつく．塩を溶かした湯は密度が高くなっているので，3分間に生成する二酸化炭素の泡がちょうどよい具合に卵を浮き上がらせるというわけである．

**目玉焼き**　容器を使わない目玉焼きは，下から加熱するだけなので卵白の凝固速度が遅く，ポーチド・エッグよりもさらに広がりやすい．新鮮で等級の高い卵が最も小さい形にまとまり，また水様卵白を取り除くのも効果的である．焦げずに軟らかい目玉焼きを作るためのフライパンの温度は，バターの泡立ちがおさまり色づく手前，または油に水を1滴垂らしたときに飛びはねなくなる120℃前後が理想的である．これより高い温度では固くなるが，香ばしく焦げ目がついて表面がカリッと仕上がる．卵の上側を加熱するには，1分後ぐらいに上下を返すか，フライパンに小さじ1杯の水を入れてふたをして蒸し焼きにするか，または中国の「煎荷包蛋」（荷包はきんちゃくのこと）のように，固まりかけた頃に卵を二つ折りにし，両面をカリッと中の黄身はクリーミーに仕上げる．

**スクランブル・エッグ**　スクランブル・エッグやオムレツは黄身と白身を混ぜ合わせてから調理するので，割れやすく水っぽい低品質の卵がよく用いられる．卵以外の材料が使われることも多い．クリーム，バター，牛乳，水，油（中華料理）などで卵タンパク質を希釈して，上手く調理すれば軟らかく仕上がる．ただし加熱しすぎると，加えた水分が分離してしまう．マッシュルームなど水分の多い野菜はあらかじめ加熱し，卵が水っぽくならないようにする．刻んだハーブ，野菜，肉は温めておき（熱すぎても冷たすぎてもよくない），卵タンパク質の加熱が不均一にならないようにする．

*スクランブル・エッグのコツ：ゆっくり加熱*
無造作にサッと作られることも多いが，固くなってしまうのでやめたほうがよい．しっとりとしたスクランブル・エッグを作るコツは，低温と忍耐，何分かかけて火を通す．バターが泡立ちはじめるか，油に入れた水のはねが静まればすぐ卵を入れる．いつどのように卵を混ぜるかで仕上がりの硬さが違ってくる．下側がある程度固まってから混ぜはじめて熱を分散させると，大きくて不均一な塊になる．へらで返しながら混ぜ続けると，底側だけが層状に固まって分離することもなく，卵黄と水様卵白のクリーミーで均一な塊の中に濃厚卵白の細かい塊が混じった状態になる．スクランブル・エッグは余熱でさらに火が通るので，仕上がる少し前にフライパンから出す．

**オムレツ**　上手なスクランブル・エッグに忍耐が必要とすれば，上手なオムレツには思いきりが大切である．卵を2個か3個使ったオムレツは1分内に仕上げる．エスコフィエはその著書のなかで，オムレツとは凝固した袋の中に入ったスクランブル・エッグであると述べている．

---

## 安全なポーチド・エッグ

　普通のポーチド・エッグは黄身がまだ液状で，サルモネラ菌が死滅するのに十分な加熱はされていない．卵黄の軟らかさを保ったまま細菌を殺すには，別の大きめの鍋に65℃のお湯を入れておき，ここにできあがったポーチド・エッグを入れてふたをして15分間おく．数分おきに温度計で計り，63℃より低くなったら加温する．食卓に出すしばらく前に調理するならば，一度冷やしてまた温めるのでなく，湯煎で温めておくのもよい．

その袋は，しっとり軟らかい状態を通り越して硬く乾燥した状態にまで加熱した卵の皮で，中身を包み込んで形を保つのに十分な強度をもつ．均一で軟らかいスクランブル・エッグを作るときよりも，フライパンを高温にする．しかし，高温で加熱しすぎないように短時間で調理する必要がある．

中世時代よりこの料理の名前はさまざまに変わってきている．alemette, homelaicte, omelette（標準的なフランス語），そして最終的にラテン語の lamella（薄層）となった．この名前にこそ，オムレツを上手に作るために重要な要素が含まれている．「薄層」が形成されるように，卵の量とフライパンの大きさをちょうどよく合わせなければならない．さもないと調理に時間がかかりすぎてまとまりにくくなる．一般には，卵を3個使うときは中くらいの大きさのフライパン，油のよく馴染んだものかテフロン加工のものを使用するとよい．

オムレツの皮を作るのは，最初でも最後でもよい．一番早いのは，熱したフライパンの中に入れた卵をスプーンかフォークでよくかき混ぜ，固まりはじめたら円形に広げ，数秒間底側を焼いて固め，フライパンをゆすって卵を動かし折りたたむ方法である．よりしっかりと均一な皮にするには，卵を入れてからすぐにかき混ぜずに底側を固める．その後はフライパンをときどきゆすって底をはがしつつ，液状の部分だけをクリーム状になるまでかき混ぜ，最後に折りたたんで皿に移す．さらに別の方法として，底が固まった後にフォークで端を持ち上げ，フライパンを傾けて卵液を下に流し入れるというものもある．上側が液状でなくなるまでこれを繰り返し，折りたたむ．

軽い口当たりのスフレ・オムレツを作るには，卵を泡立てて十分に泡を含ませるか，卵白だけを泡立てから卵黄を混ぜて味つけする．これを熱したフライパンに入れて中温のオーブンで調理する．

## 卵と液体の混合：カスタードとクリーム

■ 定義

卵にはほかの液体を混合することも多く，さまざまな比率で混合される．スクランブル・エッグにコクをだすために，大さじ1杯の生クリームを入れる．エッグ・ノックにトロミをだすため，牛乳 500 mL に卵1個を加える．カスタードとクリームは，卵タンパク質を使って液体に十分な濃度をつける料理で，卵と液体の混合比はちょうど中間である（液体4に対し卵1，または液体1カップに卵1〜2個）．カスタードとクリームは同じ意味で使われることも

---

### 昔風のなめらかスクランブル・エッグ

オー・ブルイエ・オー・ジュ（肉のデミグラス添えスクランブルド・エッグ）

卵1ダースを器に割り入れてよく混ぜ合わせ，漉し器を通してキャセロール皿に入れ，イズニー・バター6オンス（170 g）を小さく切って加え，塩，白コショウ，おろしたナツメッグで味つけする．中火のコンロにかけ，小さめの泡立て器で静かにかき混ぜる．固まりかけたらすぐに火からおろし，軽くなめらかなクリーム状になるまで卵をかき混ぜ続ける．次に鶏デミグラ・ソースを少々，バター1片を細かく切って入れ，火にもどして調理する．銀のキャセロールに入れ，焦がしバターにつけたクルトンを散らす．

——アントナン・カレーム，*L'Art de la cuisine Française au 19 ième siècle*（19世紀のフランス料理技術），1835年

ここでは，オーブンで焼くなどして混ぜずに固形のゲル状に固め，調理容器のまま食卓に出すものを「カスタード」と呼ぶことにする．これには，塩味のキッシュやタンバル（広口の型に詰めて焼いた料理），甘いフラン，クレーム・カラメル，ポ・ド・クレーム，クレーム・ブリュレ，チーズケーキなどが含まれる．これに対して「クリーム」は料理としては補助的な役割をもつ．基本的にはカスタードと同じ混合液を用いるが，コンロの火にかけながら攪拌し続けることで，とろりとして軟らかい状態，流動性のある状態に仕上げる．特にペストリー作りでは，クレーム・アングレーズ（いわゆるカスタード・クリーム）やペストリー・クリーム（クレーム・パティシエ），そしてこれらを基本としたさまざまなクリームを使用する．コーティングにしたり，フィリングにしたり，または下に敷いたりして，多彩な焼き菓子を作り出す．

■ 希釈するときは慎重に

カスタードおよびクリーム作りにおける問題のほとんどは，卵タンパク質がほかの材料と混ざりにくいことからきている．基本的な甘いミルク・カスタードとクレーム・アングレーズの材料はほぼ同じ，全卵1個，牛乳250 mL，砂糖大さじ2杯である．牛乳を加えることでかなり体積が増え，卵タンパク質はもとの卵の6倍量の体積に広がってネットワークを作らなくてはならない．そして砂糖大さじ1杯を加えることで，ひとつひとつの卵タンパク質分子は数千個のショ糖分子で包まれる．卵タンパク質に対して水分子と砂糖分子が圧倒的に多いので，凝固温度は希釈しない卵に比べて5〜11℃高まり，カスタード中では79〜83℃である．形成されるタンパク質ネットワークは軟らかく，弱く，壊れやすい．凝固温度をほんの3〜5℃超えただけでネットワークは崩壊し，カスタードには所々水の溜まり場ができ，クリームはダマになる．

**弱火で加熱** オーブンに入れて1時間経ってもカスタードが固まらず，あるいはいくらかき混ぜてもクリームにトロミがでないときは，つい火を強めたくもなる．しかしここは我慢すべきで，それにはちゃんとした理由がある．カスタードやクリームは穏やかに加熱するほど，安全な温度範囲が広がる．火力を強めるのは，初めての道を探しながら雨のなかを加速するようなものである．目的地には速く到着できるだろうが，ブレーキが間に合わずに行きすぎてしまうかもしれない．凝固などの化学反応には弾みがつき，火を止めてもすぐには停止しない．トロミづけが急速に進行すれば，気づいて火を止めたときには行きすぎてしまう．凝固してしまったクリームは塊をろ過すれば使えることも多いが，加熱しすぎたカスタードはどうしようもない．

## 料理を保温しておくと卵が緑色になる

保温用容器（チェーフィング・ディッシュやスチーム・テーブル）でスクランブル・エッグやオムレツを保温し続けると，部分的に緑色になる．これは固ゆで卵の黄身が緑色になるのと同じ反応が起きるためで（p.87），高温が維持されるのと，卵を料理するとアルカリ性が高まる（約0.5のpH上昇）のとが原因である．料理に酸性の材料を入れれば変色は防げる．卵1個に対して小さじ1/2（2 g）程度のレモン汁や酢を入れれば変色は防げるが，あまり味を変えずに変色を遅らせるならばこの半量にすればよい．

**常に熱い材料を冷たい材料に加える**　材料を混ぜ合わせる際には慎重に温めることも大切である．カスタード液やクリーム液を混合する場合は普通，牛乳や生クリームをさっと熱して沸騰したらすぐに，卵と砂糖を混ぜたものに加える．これにより卵は，凝固温度より少し低い60～65℃まで穏やかに，しかも素早く加熱される．逆に冷たい卵を熱い牛乳に加えた場合は，卵の最初の数滴はすぐに沸点近くまで加熱されるのでそこだけ速く凝固してしまう．

牛乳を沸かすことは，牛乳の品質が定まらなかった時代に安全のため行われたものだが，今は牛乳にバニラやコーヒー豆，柑橘類の皮，その他の固形物の風味づけをする必要がなければ，カスタード作りでは省略することができる．温めずに混合したカスタード液はあらかじめ沸騰させた液とほぼ同じように均一に仕上がり，調理時間も変わらない．クリームを作るときには，牛乳をあらかじめ沸かしておけば，牛乳（クリーム）がすぐ沸騰するので，それまでずっと見ている必要もない．牛乳と卵の混合液を室温から熱する場合には，鍋底で凝固してしまわないように常に攪拌しながら弱火で行う必要がある．

**固まりを防ぐ：カスタードおよびクリームにデンプンを入れる**　カスタードやクリームに小麦粉かコーンスターチを入れると，直火で急速加熱して沸騰してしまっても固まりができるのを防げる．（オランデーズなど卵ベースのソースでも同様，p.608参照．）これは混合液中における固体デンプン粒子の糊化が関係している．77℃以上に加熱すると（ちょうど卵タンパク質同士が結合する温度に近い），デンプン粒子は水分を吸収して膨らみ，長いデンプン分子が液中に溶出する．膨張する粒子は熱エネルギーを吸収し，また溶解したデンプン分子はタンパク質分子同士が接近する妨げとなるので，タンパク質の結合が遅くなる．チョコレートとココアもデンプンを含むので，カスタードやクリームを安定化する．

固まりができるのを防ぐためには，液体250mLに対して小麦粉を大さじ1杯（またはコーンスターチや葛粉などの精製デンプンを小さじ2杯）加える．ただし，デンプンがこれだけ入ると，なめらかでクリーミーな舌ざわりというよりザラついた重い感じになり，風味もやや落ちる．

## ■ カスタードの理論と実際の手順

西欧ではほとんどの場合，カスタードには牛乳か生クリームを使うが，ミネラルを少し含む液体ならばほぼ何でもよい．卵1個と水1カップでカスタードを作ろうとしても，卵の塊が水に浮いた状態になってしまう．ところが水に塩をひとつまみ加えると，ゲル状にまとまるのである．ミネラルが存在しない場合，タンパク質

---

**食物用語：custard（カスタード），cream（クリーム），flan（フラン）**

卵と牛乳を混ぜた料理の名前はあいまいである．英語の「カスタード」は中世時代の「クルースタード（croustade）」からきており，皮（crust）に入れて食卓に出す料理をさしていた．つまり，一般には攪拌しないでオーブン焼きした固形の料理である．英語のクリーム（cream），そしてフランス語のクレーム（crèmes）も，かつては液体と固体の両方をさしていた．クリーミーな状態を通り越して固まったものは，クレーム・プリーズ（crèmes prises）「固まったクリーム」と呼ばれるようになっていった．

フランス語のフラン（flan）は，ラテン語の「平たいケーキ」からきている．

分子が熱変性して構造がほどけると負の電荷同士が反発しあうので，少数のタンパク質同士がわずかな結合をするだけである．だがミネラルが存在すると，負に荷電したタンパク質のまわりに正イオンが集まって中和されるので，ほどけたタンパク質同士が接近して強く結合しあい，細かなネットワークを形成する．日本料理の茶碗蒸し（軟らかめ）や卵豆腐（硬め）など，塩味の"カスタード"料理は，かつお出し汁や鶏出し汁を使って作られるが，肉に含まれるミネラル分がゲル化を助けている．野菜スープを使ってもうまくいく．

**混合比**　卵の混合比を変えることで，カスタードは硬くも軟らかくも，サラサラにもクリーミーにもなる．全卵または卵白の割合が高いほど，硬くてツヤのあるカスタードとなる．卵黄を多くするか卵黄だけを使うと，軟らかさとクリーミーさがでる．カスタードは容器のまま出されるので，どんなに軟らかくてもかまわない．容器から出す場合には形が崩れない程度の硬さが必要となり，卵白を使うかまたは 250 mL の液に卵黄3個以上（卵黄タンパク質は LDL に結合しており，遊離型の卵白タンパク質よりもネットワークを形成しにくいため，硬いゲルを作るにはより多く必要となる）．牛乳の一部または全部を生クリームにかえれば，同じ硬さを出すために必要な卵の量は少なくなる．生クリームに含まれる水分は牛乳に比べて 20〜40%少なく，卵タンパク質の希釈率もこれに比例して小さくなるからである．バターを塗ったラムカン（カスタード・カップ）を使うと型抜きが簡単である．調理後に十分に冷ましてタンパク質のゲルを硬くしてから型抜きする．

果実や野菜の入ったカスタードは，液体とゲル化したものが混じった不均一なものになりやすい．（これは一般的には望ましくないが，日本料理の茶碗蒸しは汁物に近く，水分がしみ出るように作られる．）原因となるのは，植物組織からしみ出す汁や繊維質の粒子で，これらは卵タンパク質を局部的に強く凝固させる．果実や野菜はあらかじめ火を通しておけば汁があまり出ず，小麦粉を加えて過剰な水分を吸収することで強い凝固も抑えられる．調理はごく弱火で行い，固まったらすぐに止める．

**調理**　1000 年も前から知られていたことだが，カスタード作りでは加熱温度が低いほうが安全域は広い，つまりちょうどよく仕上がったと思ってから，硬くなってスが入ったりする前に，時間的な余裕があるということである．カスタードは普通天板や鍋に水を張った（湯煎）中に入れて中温のオーブンで調理するが，これにより調理温度は沸点より低く保たれる．実際の加熱温度は鍋の素材やふたの状態によって違ってくる（p. 94 囲み内参照）．湯煎容器にふたをしてはいけない．水が沸騰してしまって，加熱しすぎることが多いからである．金属製の浅

---

### 卵黄に砂糖を加え"帯状に落ちるまで"泡立てる

　卵黄と砂糖を泡立てるときには，色が白っぽくなり，へらですくって帯状に落ちるようになるまで硬く泡立てること，とよく料理の本に書かれている．この状態では卵黄成分に大きな変化があるわけでない．卵黄に含まれる少ない水分（卵黄の体積の約半分）に砂糖が十分に溶け，粘度が増してトロミがつき，空気の泡がたくさん含まれている（色が白っぽくなる原因）だけである．砂糖粒子があると，卵黄とわずかに残った卵白とがよく混ざりやすい．ただし，卵黄と砂糖が十分に混ざりさえすれば，帯状に落ちるほど泡立たなくても，クリームやカスタードの仕上がりは変わらない．

い鍋に熱湯をはってラックを入れ，その上にそれぞれふたをしたカスタード型をのせるのが，最も穏やかな方法である．

カスタードのでき具合をみるには容器を叩いてみて，中身があまり動かなければできあがっている．あるいは中心付近を爪楊枝やナイフで刺してみて何もついてこなければ，タンパク質が十分に凝固している証拠なのでできあがりである．カスタードを型から外す必要がなければ，中心がまだ軟らかい状態でオーブンから出すのがよい．卵タンパク質が余熱でさらに固まるし，いずれにしても食べ頃まで冷めれば硬さは増す．

**甘くないカスタード：キッシュ**　キッシュ（フランス語；ドイツ語のクーヘン"小さなケーキ"が語源）は甘くないカスタードとも言えるし，オムレツに近い料理とも言える．卵に生クリームか牛乳を混ぜ，小さく切った野菜，肉，チーズなどを入れたもので，パイの形に焼き上げる．一般には液体 250 mL に対して全卵 2 個を使用し，そのまま，またはあらかじめ焼いておいたパイ皮に入れて，湯煎せずにオーブンで焼く．硬いのでくし型に切り分けられる．イタリア料理のフリッタータやエジプト料理のエガーは，キッシュに似ているが牛乳や生クリームを加えない．

**クレーム・カラメルとクレーム・ブリュレ**　クレーム・カラメルは型から抜いた甘いカスタードの上にカラメル・ソースがのったものである（いわゆるカスタード・プリン）．型の底にカラメル化した砂糖（p. 635 参照）を敷いてから，カスタード液を注いで調理する．カラメルは固まって型にくっつくが，カスタード液の水分によって軟らかくなり，カラメルとカスタードが部分的に混ざり合う．まだ少し温かくカラメルが軟らかいうちに，カスタードを型から外す．冷やすときは型に入れたまま冷蔵し，食べる前にお湯に 1, 2 分浸ければ，カラメルがまた軟

---

### 驚くべき湯煎の科学

オーブンで焼くときに水を張っておくと，加熱を穏やかにすることができる．たとえばオーブンの庫内温度が 180℃ だったとしても，水は 100℃ になると蒸発するだけでそれ以上の温度には上がらない．あまり知られていないが，水を入れる容器とふたのあるなしによって温度は 20℃ 近くも変わってくる．水はオーブンの熱で温まると同時に，表面からの蒸発によって冷却される．したがって，容器を通して水が加熱されるのと水面で失われる気化熱とのバランスによって実際の水温が決まる．薄いステンレス製に比べて厚手の鋳鉄製は熱を多く蓄積し，またガラス製は赤外線が通過する際に中の水が温まる．中温のオーブンの場合，鋳鉄製の容器に張った水は 90℃ ほどになるのに対し，ガラス製の容器では 85℃ 前後，ステンレス製は 80℃ 前後である．水を張った容器にアルミホイルなどでふたをすると，蒸発が妨げられて気化熱が奪われなくなるので水は沸騰する．

カスタードは穏やかに加熱するほど軟らかく仕上がるので，水を張った中にカスタード・カップを浸けてオーブンに入れるのがよい．ただし水温は 85℃ 以上になるようにしないと，完全には固まらない．底から直接熱が伝わらないよう，カスタード・カップの下にペーパータオルを敷くこともよくあるが，これは逆効果である．ペーパータオルが水の対流を妨げ，カップの下に溜まった水が沸騰してカップを揺らすことになる．ペーパータオルではなく金網を使うほうがよい．

らかくなって型から抜ける．

　クレーム・ブリュレ（焦がしたクリーム）もカラメルがのったカスタードだが，カラメルはスプーンで叩けば割れるほどの硬さである．カスタードに火を通しすぎないように上の砂糖を固めて色づけする．現在一般的な方法では，オーブンで焼いたカスタードを数時間冷やしておき，カラメル化するときに卵タンパク質が熱くなりすぎないようにする．次にカスタードの表面にグラニュー糖をまぶし，プロパンバーナーであぶるかオーブンで上面加熱し，砂糖を溶かして焦げ目をつける．このとき，カスタード部分が加熱されないように，容器ごと氷水に浸けることもある．17世紀に考案されてから20世紀初めまでは，クレーム・ブリュレはクリーム状だった．生クリームをコンロの火にかけてかき混ぜ，クレーム・アングレーズを作り，それを容器に入れて砂糖を振りかけ，熱した焼きゴテか「サラマンダー（上火焼きグリル）」でカラメル化していた．

---

### クレーム・ブリュレ，クレーム・アングレーズ，クレーム・カラメルの最初のレシピ

　クレーム・ブリュレのレシピについてはマサロのものが最初ではないかとみられる．まったく同じレシピが，彼の著書の1731年版では「クレーム・ア・ラ・アングレーズ」として載っている．これが，かき混ぜて作るクリームの基本になったと思われる．「イングリッシュ・クリーム」のもとになったものはまだ見つかっていない．

#### クレーム・ブリュレ

　皿の大きさに合わせて，卵黄を4個または5個用意する．キャセロールに入れ，小麦粉少々を加えてよく混ぜ合わせる．牛乳（約750 mL）を少しずつ加えてゆく．小さめのシナモン・スティックを入れ，緑色のシトロンの皮を刻んで入れる……コンロの火にかけて，底に焦げつかないよう注意してかき混ぜ続ける．十分に火が通ったら，コンロの上に皿をのせ，クリームを注ぎ入れ，再び加熱する．クリームが器の縁にくっつくようになったら火から下ろし，真っ赤に熱した焼きゴテできれいな焼き色をつける．

——F. マサロ，*Cuisinier roial et bourgeois*（王室とブルジョアの料理人），1692年

　この数十年後に，ヴィンセント・ラ・シャペルがマサロのレシピを盗用し，自分の「クレーム・ブリュレ」として出版した．これは現在のクレーム・カラメルに近いものである．コンロの火にかけて調理するところまでは，マサロの文章がそのまま使われている．その後は以下のように続く．

　クリームに十分火が通ったら，銀の皿を熱いコンロの上にのせ，粉糖とこれを溶かす少量の水を入れる．そして砂糖が冷めたら，クリームを注ぎ入れる．皿の縁にそった砂糖をクリームの上にのせ，直ちに食卓へ出す．

——ヴィンセント．ラ・シャペル，*Le Cuisinier moderne*（現代の料理人），1742年

**チーズケーキ**　チーズケーキはカスタードではないように思われる．リコッタ・チーズ，クリーム・チーズ，サワー・クリーム，ヘビー・クリーム，バターなどを使った濃厚なフィリングが，卵の存在を隠してしまっているからである．チーズケーキの材料比はほかのカスタード料理と同様で，フィリング 250 mL に対して卵 1 個程度を使用する．ただし，フィリングが濃厚で酸味もあるので，味のバランスをとるために砂糖を多く入れる（250 mL に対して砂糖大さじ 4 杯，これはカスタードの 2 倍）．小麦粉やコーンスターチを加えることもあるが，これはゲルを安定化するためであり，フレッシュチーズのリコッタ・チーズを使う場合は，その水分を吸収するためである．

チーズケーキのフィリングは重くて脂肪分も多いので，通常のカスタードよりもさらに慎重に調理する必要がある．初めからコンロの火は使わず，クリーム材料に砂糖を混ぜてから卵や香味料を加える．これを温めずに型に流し入れ（砕いたクラッカーなどを底に敷くこともある），低温のオーブン（160℃）で焼く．水を張った天板に入れて焼くこともある．最後にオーブンの火を止めドアを少し開けた状態で余熱で調理することにより，徐々に冷ましながら焼き上げることもある．

一番多い失敗は表面がへこんだり割れたりすることで，これは加熱時に膨らんだ生地が冷めてしぼんでしまうために起こる．スフレやスポンジケーキでは膨らむことが必要だが，重く濃厚なチーズケーキは逆である．へこみや割れを防ぐ方法は基本的に四つある．一つ目は，材料をゆっくりと静かに混ぜ合わせ，均一に混ざったらすぐ止めること．勢いよく長く攪拌すると空気の泡が多く含まれ，加熱すると蒸気で膨らむのでよくない．二つ目は，低温のオーブンでゆっくりと加熱すること．これにより気泡とその中の蒸気が徐々に均一に分散される．三つ目は，焼きすぎないこと．フィリングが乾燥し，水分損失によってしぼんでしまうからである．最後に，焼き上がったらドアを開けたオーブン内でゆっくりと冷やすこと．冷えると中の気泡や蒸気がしぼむが，この過程がゆっくりであるほど，チーズケーキの表面が引っぱられる力も弱くなる．

## ■ クリームの理論と実際の手順

クリーム作りはカスタード作りよりも簡単だが，それは次の二つの点による．コンロの火で加熱するので，オーブン内での加熱の偏りを気にする必要がない．また，調理容器に入ったまま食卓に出すわけではないので，少しダマができた程度なら漉せば大丈夫である．

**軟らかいクリームと硬いクリーム**　クリームは大きく二つに分けられ，その調理法は互いにまったく異なる．たとえばクレーム・アングレーズなどのとろりと軟らかいクリームは，食卓に出す温度でヘビー・クリームに近い硬さになるように作られる．卵，牛乳，砂糖（塩味のクリームには砂糖を加えない）の基本的な材料を用い，沸騰するだいぶ前のトロミがついた時点で調理を終える．クレーム・パティシエやバナ

---

### 中世のチーズケーキ

タール・ド・ブライ

生の卵黄と脂の多い上質なチーズをあえ，よく混ぜ合わせる．ジンジャー・パウダー，シナモン，砂糖，サフランを加え，パイ皮に入れて焼き，食卓に出す．

——*Antiquitates culinariae*（古典料理）の中の手稿（1400 年頃）より，1791 年

ナ・クリームなどのクリーム・フィリングは，器の中でしっかりと形を保つように作られる．小麦粉やコーンスターチをかなり入れて硬さをだす．よって沸騰するまで加熱することができる，というよりも沸騰させなけなければならない．卵黄に含まれるデンプン分解酵素，アミラーゼは熱に非常に強い．デンプンと卵を混ぜたものは完全に沸騰させないと，卵黄のアミラーゼ活性が残ってデンプンを分解するので，固まったクリームが溶けてしまう．

調理後に保存する場合は，膜が張らないよう注意する．これは水分が蒸発して，表面のタンパク質とデンプンが濃縮されて固まるために起こる．温かいうちにバターのかけらを所々に乗せると，溶けた乳脂肪が表面に保護膜を形成する．砂糖を振りかけると濃いシロップ層ができるので，水分蒸発が抑えられる．一番簡単なのは，パラフィン紙やバターを塗ったパーチメント紙をクリームの表面に直接貼りつけることである．プラスチック・ラップは，可塑剤が油の多い食品に溶け出しやすいので使うべきでない．

**クレーム・アングレーズおよびその他の軟らかいクリーム**　かき混ぜながら作るクリームは，オーブンで焼くカスタードとほぼ同じ材料比である．特に濃厚なクリームは卵黄だけを使うこともあり，牛乳250 mLに対して4～5個分の卵黄を入れる．沸かした牛乳か生クリームに卵と砂糖を加え，コンロの火にかけ，へらにくっつくほどのトロミがでるまでかき混ぜ続ける．これは80℃ぐらいである．湯煎を使って穏やかに加熱するとダマになりにくいが，直火よりも時間がかかる．トロミのついたクリームは漉し器を通し，卵の塊などを除き，タンパク質がゲル状に固まらないようにときどきかき混ぜながら冷やす．氷水につければ早く冷めるが，均一になるよう頻繁にかき混ぜなければならない．一般に，果実ピューレは冷ました後に加えるが，これは酸味と繊維によってダマができやすいからである．

**ペストリー・クリーム，ブイイ，クリームパイ・フィリング**　ペストリー・クリームは，クレーム・アングレーズと並んで，デザート作りにおいて最も用途の広い常備品である．主に

---

### ペストリー・クリームの最初のレシピ

3世紀以上にわたり，ペストリー・クリームは菓子作りの基本である．

#### クレスム・ド・パティシエの作り方

1チョピン(750 mL)の良質な牛乳を用意し……鍋に入れ火にかける．卵を4個用意しておく．牛乳が温まる間に卵2個を割って，1/2リトロン(185 g)の小麦粉と混ぜ合わせ，粥を作るような感じで牛乳少々を加える．小麦粉がよく薄まってダマがなくなれば，残りの卵2個を割り入れてよく混ぜる．

牛乳が沸いてきたら，少しずつ牛乳を加えてゆき，煙の出ていないきれいな弱火で煮る．粥を作るときのようにスプーンでかき混ぜる．適宜塩を加え，カルテロン(125 mL)の上質で新鮮なバターを加える．

20～25分ほど煮たら，ボールに移しておく．ペストリー作りではこれをクリームと呼んで，さまざまなパンや菓子に用いる．

———*Le Pâtissier françois*（フランスの菓子職人），1690年頃

ケーキやペストリーのフィリングやデコレーションとして使われ，甘いスフレのベースにも加えられる．イタリアやフランスでは，ペストリー・クリームを小さく切って揚げることさえある．したがって，室温で形が崩れない程度の硬さが必要で，250 mL に対して大さじ 1～2 杯（10～20 g）の小麦粉を加えて硬さをだす．

　ペストリー・クリームを作る場合には，砂糖，卵，小麦粉を混ぜ合わせたところに沸かした牛乳を加える．小麦粉が保護の役目を果たし，直火で沸騰させてもダマになることはない．1 分程度（かき混ぜながら）沸騰させて，卵黄のアミラーゼを完全に失活させ，デンプン粒からデンプンを溶出させ，風味を高める．トロミのでたクリームをボールに移して，かき混ぜないで冷ます（できあがりつつあるデンプンのネットワークがかき混ぜることで壊れてしまう）．いったん冷めたペストリー・クリームは，生クリームやバターを加えてコクをだしたり，泡立てた卵白を加えて軽くしたり，あるいはホイップ・クリームを加えてコクと軽さを同時にだしたりする．

　伝統的なフランス流ペストリー・クリームに「ブイイ」があり（"ボイルド"のこと，簡単な粥状の穀物ペーストをさす），直前に作られ，主にスフレを補強するのに使う．ブイイの作り方は，牛乳，砂糖，小麦粉を混ぜて火にかけ，沸騰したら火から下ろし，卵を加えて混ぜながら冷ます．ペストリー・クリームと比べると卵タンパク質の加熱と凝固が十分ではないので，ブイイは軽くなめらかである．ブイイには卵黄アミラーゼの活性が残っているが，作ってすぐ食卓に出すならば問題ない．見た目にもわかるほどデンプンが分解されるには何時間もかかる．

　しかし，アメリカ式のクリーム・パイのフィリングでは，卵黄アミラーゼの活性が残っていると大変なことになる．ペストリー・クリームの作り方ではなくブイイと同じ方法で作られることもあり，食べるまで数時間から数日も置いておいたりすると，初めは完璧な形だったクリーム・パイもビチャビチャの塊になってしまう．レシピに何と書いてあろうとも，デンプンでトロミをつけたパイ・フィリングは沸騰するまで卵黄を加熱することが大切である．

**フルーツ・カード**　フルーツ・カード（よく知られているのはレモン・カード）も一種のクリームと考えることができる．牛乳の代わりに果汁を使い，バターでコクをつけることが多い（果汁を加えたクリーミーなスクランブル・エッグを甘くしたのがはじまりと思われる，p. 85 参照）．フルーツ・カードは小さめのペストリーのフィリングや朝食用スプレッドとして使うため，スプーンですくえる程度の硬さに作られ，また果汁の酸味とバランスがとれた甘さにする．よって小麦粉は使わず，ミルク・クリームに比べると砂糖と卵の割合が多い．通常は，バターと果汁を各カップ 1/2 杯に対して，卵 4 個（または卵黄 8 個）と砂糖カップ 1 杯以上を加える（バターと果汁各 125 mL に対して砂糖 375 g）．

## 卵の泡立て：手首を利かせて

　熱による卵の変化には驚くべきものであるが，卵の泡立ても奥が深い．普通，物理的な撹拌は構造を破壊するものである．しかし卵の泡立ては構造を作り上げる．どろりとした卵白 1 個が，泡立て器で撹拌すると数分で，カップ 1 杯もの雪のように白い泡となる．一つにまとまったその塊は，逆さまにしてもボールから離れることはなく，かき混ぜたり調理したりしても形が保たれる．空気を取り込んだメレンゲやムース，ジン・フィズやスフレやサバヨンなどができるのも，卵白のおかげである．

　卵白の泡が十分に利用されるようになったのは 17 世紀初期と思われる．卵が泡立ちやすいことはずっと以前から知られており，ルネッサンス時代以前には少し変わった料理が二つある．人工の雪，そして菓子のミニチュア・ローフとビスケットである．その時代にはフォークはまだ珍しく，小枝，細切りにした乾燥フルー

ツ，スポンジなどを使って作られていたため，キメが粗かった（下の囲み内参照）．1650年頃になると，束にした麦わらを使うようになり，より効率よく泡立てられるようになったため，料理本にスフレが登場する．

ビールやカプチーノの泡と同様，卵の泡も液体（卵白）に気体（空気）が含まれたもので，液体と気体が混合してその形を維持し，あたかも固体のようにふるまう．ひとつひとつに空気の詰まった泡の塊で，卵白の薄い膜が気泡膜を形成している．そして，この液体壁の性質が，泡がつぶれるまでの時間を決定する．純粋な水は表面張力が大きい（水分子同士を強く引き寄せる）ので，すぐに水滴となる．流動性が高いため，これはあっという間に起こる．卵白には水以外の分子が多く含まれるので，周りの水分子の表面張力が低下して，しかも流れにくくなる．したがって気泡が長持ちして大きな塊になるのである．料理に利用できるほど長く泡が保たれるのは，卵白に含まれる一連のタンパク質のおかげである．

## ■ 卵タンパク質が泡を安定化する仕組み

**ストレスがタンパク質を強化する**　卵やカスタードが熱で固まるのと同じく，物理的ストレスによってタンパク質の構造がほどけ互いに結合しやすくなることにより，卵の泡は安定になる．これが瞬間接着剤のように働いて，泡の気泡膜が補強される．泡立てによってタンパク質には二つの物理的ストレスが加わる．一つは，卵白の中で泡立て器のワイヤーと一緒に液体の

---

### 昔の卵白の泡：「雪」とビスケット

#### 卵白を早くつぶす方法

イチジク1，2個を細切りにして卵白に加え撹拌すると，すぐに混ざって油状になる．撹拌には短い棒を使ったり，スポンジで何度も絞ったりする．

　　　　　——ヒュー・プラット卿, *Delightes for Ladies*（淑女の楽しみ），1605年

#### 卵の雪

卵を割り，卵白と卵黄を分け，バター少しを入れた皿に卵を入れて塩で味つけし，熱い炭の上にのせる．卵白をよく泡立て，食卓に出す直前に卵黄の上にのせてローズウォーターを一滴ふり，皿を熱い鉄板の上にのせる．砂糖をふって食卓に出す．

　別の方法：泡立てた卵白で作った雪の真ん中に卵黄を入れ，皿にのせて火の前にかざし調理する．

　　　　　——フランソワーズ・ピエール・デ・ラ・ヴァレンヌ, *Le Cuisinier françois*（フランスの料理人），1651年

#### イタリアン・ビスケットの作り方

ふるいにかけた砂糖1/4ポンド（約110g）を石膏のすり鉢に入れ，卵白，およびトラガカント・ゴム（樹脂から作る糊剤）をローズ・ウォーターで煮て完全なペーストにしたもの少々を混ぜ，アニシード（アニス）少々とじゃ香一粒を入れてまとめる．オランダのパンのように成形して，パイ・プレートにのせて温めたオーブンに入れ，少し膨らんで白くなるまで焼く．オーブンから取り出し，完全に乾燥し冷めるまでそのまま置いておく．

　　　　　——*Queen's Closet Open'd*（女王のクローゼットを開けて），1655年

一部も移動し，折りたたまれたタンパク質分子の構造をほどく張力となる．もう一つは，水と空気というのは大きく異なる二つの物理的環境であるため，卵白の中に単に空気を混ぜ込むことで力の不均衡が生じ，タンパク質の本来の構造が崩れる．構造のほどけたタンパク質（主にグロブリンとオボトランスフェリン）はすべて，空気と水の境界面に集まる傾向があり，親水性部分は液体中に，疎水性部分は空気中に突き出した状態になる．構造が崩れ濃縮されたタンパク質は，互いに結合しあう．タンパク質からなる連続した固体ネットワークが気泡膜全体に広がり，水と空気を固定する．

**永久に泡を強化**　生の卵白の泡はいずれキメが粗くなり，カサが減り，分離する．よって最終的な料理とするには泡を強化する必要がある．小麦粉，コーンスターチ，チョコレート，ゼラチンなど粘度を高めるような材料を加えてもよい．しかしメレンゲや小麦粉なしのスフレなど，あまりほかの材料を使わない料理の場合は，卵タンパク質自体が泡を強化しなければならない．そのためには加熱すればよい．

　卵白の主要タンパク質であるオボアルブミンは攪拌の影響をあまり受けず，生の状態では卵の泡立ちにはあまり関係しない．しかし熱の影響を受けやすく，構造がほどけて凝固しやすい．生の卵の泡を加熱すると，気泡膜を強化する固体タンパク質はオボアルブミンが加わって2倍以上になる．これと同時に，泡の中の自由水がほとんど蒸発する．つまり加熱することによって，一過性で半液体状だった泡が，ずっと固体のままになる．

## ■ タンパク質が泡を不安定にする仕組み

　卵の泡を作る力はまた，卵の泡を壊す力にもなる．卵を泡立てていて，最高の状態になったと思ったらすぐにキメが粗くなってカサが減り，ボソボソした泡と液体とに分離してしまうことがよくある．タンパク質同士が結合して泡を支えていたのが，その結合力が強まりすぎてタンパク質間に存在していた水を搾り出してしまったのである．構造がほどけた卵タンパク質が互いに結合して泡を強化するネットワークを形成しているが，その結合力にはいくつかの種類がある．分子の中の正に荷電した部分と負に荷電した部分との結合，親水性部分同士の結合，疎水性部分同士の結合，そして含硫基同士の結合がある．このような結合があまりに多く生じるとタンパク質同士の結合力が強くなりすぎ，タンパク質ネットワークは壊れはじめる．タンパク質間の結合が強まりすぎないよう，すなわち，卵白の泡がつぶれないようにする簡単な方法がある．

泡立てた卵白．卵白中では折りたたまれているタンパク質（左図）が，ふんわりと長持ちする泡の中では，構造がほどけて液体と空気の境界面（気泡膜）に存在する（右図）．構造がほどけたタンパク質は互いに結合し，気泡の周りを強化する固体状の網目構造を形成している．

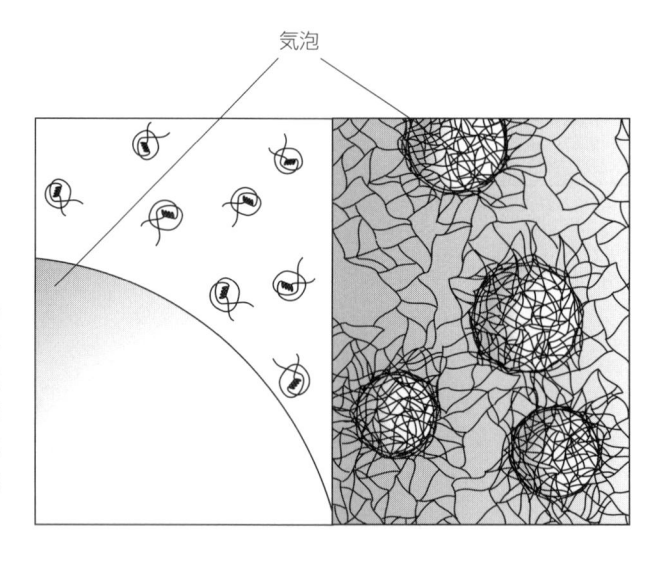

**銅製のボールを使って硫黄結合を防ぐ……**　卵タンパク質やその化学結合に関する知識がなかったずっと昔から，これらをコントロールする方法は知られていた．フランスでは昔から，卵の泡立てには銅製の調理器具が使われていた．1771年出版のフランスの *Encyclopédie*（百科事典）には，ペストリー作りの厨房の様子を描いた絵が載っていて，そこで働く少年が手にしているのは麦わらの泡立て器と「卵白を泡立てるための銅製のボール」であることが説明文からわかる．銅は反応性含硫基と非常に強く結合するというありがたい性質をもつことが判明し，これはほかの金属素材ではあまりみられない．銅と含硫基との結合はとても強いので，含硫基がほかのものと反応するのが基本的に妨げられる．泡立てる卵白の中に銅が存在すれば，タンパク質間の結合の中では最も強い結合が実質的に阻害されるので，タンパク質間の結合が強まりすぎることはない．実際に銅製のボールで卵を泡立ててみるか，あるいは健康食品の銅のサプリメント粉末を少々加えてガラス製のボールで卵を泡立ててみればよい．卵の泡はツヤツヤしたままで，ボソボソになることはないだろう．銀メッキのボールでも同じようにうまく泡立てることができる．

**……そして酸**　銅製のボールを使うという昔ながらの方法には短所がある．銅製のボールは高価で，磨き上げる手間がかかる．（卵の泡1カップに含まれる銅の量は正常人の1日摂取量の10分の1にあたり，銅の過剰摂取が問題になることはない．）幸い，金属以外の素材でも反応性含硫基をコントロールできるものがある．二つの異なるタンパク質分子上にある硫黄–水素（S–H）基から水素原子が離れ，その二つが硫黄–硫黄（S–S）結合を形成することで硫黄結合が生じる．酸を加えると卵白中に遊離している水素（H）イオンの数が多くなり，S–H基からHが離れにくくなる．よって硫黄結合の形成速度が遅くなる．適量は，卵白1個分に対して酒石英を小さじ1/8またはレモン汁を小さじ1/2を，泡立ての最初に入れる．

## ■ 卵の泡に大敵なもの

山盛りの卵の泡をうまく作るため，ボールの中に入ってはいけないものが三つある．卵黄，油脂，そして洗剤である．いずれも化学的特性

18世紀の銅製ボールと卵．1771年初版の *Encyclopédie*（百科事典）から "Pâtissier"（ペストリー職人）の詳細．右端の少年が使用しているのは「卵白を泡立ててこれをビスケット生地と混ぜ合わせるための銅製のボール」と説明文にある．

が類似しており，同じように卵の泡立てを妨げる．空気と水の境界面に集まってタンパク質を追い出すが，タンパク質と違って構造を強化しないのである．そしてタンパク質分子間の結合も阻害する．わずかに混入しただけで卵がまったく泡立たなくなるわけではないが，泡立てるのにより多くの労力と時間が必要となり，泡の軽さと安定性も落ちる．一度泡立ててからであれば，卵黄や脂肪を混ぜても大丈夫である．スフレや卵で膨らませる生地など多くの料理でこの方法がとられる．

## ■ ほかの材料の影響

卵白の泡には必ずと言ってよいほどほかの材料も入るが，これらは泡立ての過程やできあがりの硬さに影響する．

**塩** 塩が入ると泡立てに時間がかかり泡の安定性も低くなる．塩の結晶が溶けて正電荷のナトリウムイオンと負電荷の塩素イオンが生じる．構造のほどけたタンパク質分子上の結合部位に対してこれらが競合するとみられ，タンパク質間の結合数が少なくなり，全体的な構造が弱まる．したがって，塩を卵の泡に直接加えるのではなく，たとえばスフレのベースなど，ほかの材料に加えるのが一番望ましい．

**砂糖** 砂糖は卵の泡立てを妨げもするし，助けもする．泡立てはじめに砂糖を加えると，泡立ちに時間がかかり，できあがりのカサが減って重くなる．タンパク質の構造がほどけて結合するのを砂糖が邪魔するので，泡立てに時間がかかるのである．また，砂糖と卵の混合液はシロップ状で，薄くなりにくいので，カサが減り重たくなるのである．特に手で泡立てる際は，泡立ちに時間がかかるのは不利で，普通の軟らかめのメレンゲを作るのに倍の時間がかかる．ただし，卓上ミキサーを使えばそれほどでもない．

砂糖を入れる利点は泡の安定性が増すことである．砂糖が入ると液体に粘り気がでるので，気泡膜から水分が流れ落ちてキメが粗くなってしまうのもかなり遅らすことができる．オーブンの中では，溶けた砂糖が水分子をしっかり捕まえて高温での蒸発を遅らせるため，オボアルブミンが凝固して生の泡を強化するのに十分な時間がある．最後には砂糖自体も乾燥して，綿あめのような細い糸状の固体になり，泡の構造がさらに強まる．

普通は，卵白が泡立ちはじめてから，つまりタンパク質の構造がすでにほどけた状態で砂糖

---

### 銅の理論に関する確証

銅製のボールを使うと卵が安定して泡立つのはなぜか？ 長いこと不思議に思っていた．1984年，私はスタンフォード大学の生物学者たちと一緒にある実験を行い，それから導き出された理論はイギリスの科学雑誌 *Nature*（ネイチャー），そして本書の初版でも発表している．その実験結果からは，卵白タンパク質の一つであるオボトランスフェリンがボールの表面から銅を吸着し，タンパク質構造がほどけにくくなる，すなわち泡全体が凝固しすぎないようになると考えられた．この理論はその後10年間変わらなかったが，あるときふと思い立って銀メッキのボールで卵白を泡立ててみた．オボトランスフェリンは銀と結合しないので，泡はボソボソになるはずである．ところがそうはならず，泡はツヤがあり軽い状態のままだった．そこで泡の理論に関する研究を再開し，銅も銀もタンパク質間での含硫基の反応を阻害することがわかった．こうして銅の理論は修正されたわけである．

を加える．非常にキメ細かくしっかりとした泡を作るために，初めから卵白に砂糖を加えて泡立てる場合もある．

**水** 水を加えることはめったにないが，少量なら泡のカサが増して軽くなる．水は卵白を希釈するが，液体が泡から流れ落ちやすくなる．水の割合が卵白の体積の40％以上になると安定した泡はできない．

### ■ 卵の泡立て方の基本

卵白の泡立てに関しては，いろいろとこだわりのある人が多く，料理本にも事細かな指示が載っている．実際はそれほど細かいことに気をつける必要はない．どんな卵やボールや泡立て器を使ったとしても，大体は上手く泡立てられる．

**卵の選び方** 卵を泡立てるにはまず卵が必要である．よく，室温にもどした古い卵を使うとよいと言われるのは，卵白がさらりとしていてより短い時間で泡立つからである．これは本当で，非常に新鮮な卵は手で泡立てることがほとんど不可能だと言われる．しかし，新鮮な卵はアルカリ性が低いので，より安定した泡ができる．古くて水っぽくなった卵白は泡から水分が流れ落ちやすく，また卵白に卵黄が混じりやすい．卵が冷たいと卵白と卵黄を分けるときに卵黄が壊れにくく，冷たい卵白も泡立てればすぐ温まる．冷蔵庫から出したばかりの新鮮な卵でも，電動ミキサーを使うならば，特に問題はない．乾燥卵白粉末を使っても泡立てられる．乾燥卵白粉末というのは卵白だけを殺菌，凍結乾燥させた製品である．「メレンゲ・パウダー」には砂糖が添加されており，泡を安定化するための増粘剤も入っている．

**ボールと泡立て器** 卵白の泡立てに使用するボールは卵の8倍の大きさが必要である．プラスチック製のボールは使わないほうがよいとよく言われるが，これはプラスチックが脂肪と似た炭化水素素材であるため，脂肪や洗剤などが残りやすいからである．これは確かに本当だが，ボールについた脂肪や洗剤が卵白に移りやすいとも考えにくい．普通に洗ったプラスチック製のボールであれば，卵の泡立てに使ってもさしつかえない．

手で泡立てる場合には，大きめの「バルーン・ウィスク」を使うとより速く泡立てることができる．電動ミキサーはできれば卓上型がよい．卓上ミキサーは回転羽がシャフト回転すると同時にボールの中央から外側へ渦巻き状の軌跡を描くので（「ハイポサイクロイド」または遊星運動），泡立てがより均一で，泡にならずに残る卵白も少ない．回転羽の効率がよくないと重い泡立ちとなる．

**泡の見た目から判断** 泡立ちの状態を判定する方法はいくつかある．コインや卵をのせても沈まないかを見たり，軟らかくこんもりしているとか硬い角が立つなどの泡の状態を見たり，あるいはボールにくっついているか表面を滑り落ちるか，泡の表面がツヤツヤかパサパサか，などさまざまである．いずれの方法も，気泡の密度や，気泡間の潤滑液として液状の卵白がどれだけ残っているのかがわかる．料理によって最適な泡の状態は異なる．卵の泡で料理がふんわりと仕上がるかどうかは，泡のカサ高さだけではなくて，ほかの材料との混ざりやすさ，およびオーブン内での気泡の膨らみやすさにも関係する．スフレやケーキでは，潤滑性と泡の膨張力が必要とされるので泡立てはいくぶん抑えめとし，一方メレンゲなどのペストリーでは，カサ高さよりも形崩れしない硬さが重要である．

**ツヤツヤで軟らかい角と硬い角** 「軟らかい角」の段階とは，ツヤツヤした角がある程度の形を保ちつつも垂れ下がる状態で，泡はまだボール表面にくっつかず，いくぶんキメの粗い気泡が十分な液体を残して潤滑性を保ち，液体がすぐにボールの底に溜まる状態である．「硬い角」の段階とは，泡はまだツヤツヤしているがしっかりと角が立ってボールにくっついた状態．泡

には90％近く空気が含まれ，液体は非常に薄い層に広がっているため，隣り合った気泡膜のタンパク質の網目が互いにくっつきあい，さらにボール表面にもくっつくようになった状態である．泡はクリーミーでほかの材料と混ざるのに最小限必要な潤滑性を保っている．この段階かその直前が，ムースやスフレ，スポンジケーキなど，ほかの材料と混合してオーブンで膨らます料理に適している．

**パサパサの角とその後** 硬い角の状態を過ぎるとすぐに，角はさらに硬くなり，見た目にツヤがなくパサパサで，キメは粗くなり，液体が分離してボール表面をすべるようになる．"スリップ・アンド・ストリーク（つるりと滑り落ちる）"と，ペストリー職人のブルース・ヒーリーが表現したこの段階では，隣り合った気泡膜のタンパク質のネットワークが互いに強く結合し，それまで間にあった液体を押し出して一体化してしまう．メレンゲやクッキー生地にはかなり硬い泡が必要とされるため，ペストリー職人がめざすのはこの段階である．ここで直ちに砂糖を加えれば，砂糖はタンパク質同士を分離して水分を吸収するので，固まりすぎて水っぽくなることはない．また，泡立てる前に入れる酒石英をケーキやスフレ作りで使用する量の半分ほどにすれば，このいくぶん泡立てすぎた状態にすることができる．スリップ・アンド・ストリークの段階を過ぎると，カサは減りはじめキメが粗くなる．

泡立てた卵はそれだけで使われることもあれば，複雑な混合物の一材料として気泡を含ませるために使われることもある．

### ■ メレンゲ：甘い泡をそのままで

メレンゲ（甘味をつけた卵の泡）は，ケーキ生地やクッキー生地，フィリングなどに混ぜ込まれることもあるが，普通はそのままの形で料理の一部として使用される．たとえば，泡のトッピング，クリーミーなアイシング（糖衣），食べられる硬い器，口の中で溶けるデコレーションなどである．したがってメレンゲの泡はしっかり形が保たれるように硬くて安定でなければならない．砂糖か熱，または両方を加えることによって硬さと安定性が得られる．メレンゲを低温のオーブン（95℃）で非常にゆっくりと焼き上げて乾燥させれば，純白でサクサクの一口菓子や器にもなる．（電気オーブンの場合は扉をわずかに開けて蒸気を逃す：ガスオーブンは通風式なのでその必要はない．）パイの上にのせて高温のオーブンやブロイラー（上火のオーブン）で短時間に焼き目をつければ，表面はカリッと中はしっとりとした仕上がりになる．牛乳の中にメレンゲを落として煮るフローティング・アイランドと呼ばれるデザートでは，硬めで全体にしっとりとした塊になる．

**メレンゲに入れる砂糖** つぶれやすい卵白の泡は，砂糖を入れることによって安定でツヤのあるメレンゲになる．砂糖を多く入れるほどメレンゲは硬くなり，焼いたときにカリカリになる．卵白に対する砂糖の割合は（体積比でも重量比でも），1対1～2対1程度，砂糖濃度でいうと50～67％に相当する．濃いものはジャムやゼリーの濃度に近く，室温の水における溶解限界でもある．普通のグラニュー糖だと"硬い"メレンゲに完全には溶けず，ザラザラした舌ざわりが残りシロップがしみ出てくる．スーパーファイン（超微粒グラニュー糖）や粉糖，またはあらかじめ作っておいたシロップを使用するのがよい．（粉糖はカップ当たりの重量がほかの砂糖の半分である．固まらないようにコーンスターチを10％ほど含むため，これを嫌う人もいれば，吸水になるとして好む人もいる．）

**メレンゲの種類** 昔から使われているメレンゲ用語（フランス，イタリア，スイス，その他）は，あいまいで使い方にも一貫性がない．泡立て方と泡の状態によって分類するのが一番よい．メレンゲは未加熱のものと加熱したものとに分けられる．卵白だけを泡立ててから砂糖を加えると，軽いメレンゲになる．泡立てはじめ

てから砂糖を入れると，重いメレンゲになる．

**加熱しないメレンゲ**　加熱しないメレンゲは一番簡単でよく使われる．泡状，クリーム状，重くて硬いものと，さまざまな硬さがある．特に軽いメレンゲを作るには，まず卵白を硬く泡立ててから砂糖を加え，へらで静かに混ぜ合わせる．すでにできあがった気泡膜に砂糖が溶け込み，カサ高くまとまる．カサが増すことによって気泡同士の滑りがよくなり，軟らかな泡状になる．これはパイの上にのせたり，ムースやシフォン生地に混ぜ込んだりするのに適するが，成形には軟らかすぎる．よりクリーミーで硬いメレンゲを作るには，砂糖をへらで混ぜ込むのではなくて泡立てながら混ぜる．泡立てることで気泡はさらに分割され，砂糖で増えたカサは分散する．また砂糖と水が混じることで粘着性が高まり，泡はかなり硬くなる．砂糖を加えてから長く泡立てるほど硬くなり，細かい成形が可能となる．

こうした標準的な方法は，ほんの数分だが目を離すことはできない．特にフランスなどでは，ペストリーのパイピング用に使う硬いメレンゲを作るのに，自動操縦的な技を使う職人もいる．卓上ミキサーのボールに砂糖を全量入れ，卵白の一部とキメが粗くならないようにレモン汁少々を加え，数分間攪拌する（時間は厳密でなくてよい）．次いで卵白をさらに加え，しばらく攪拌し，とこれを繰り返す．キメ細かく，硬く，しなやかなメレンゲができあがる．砂糖を卵白に加えるのとは逆に，卵白を少しずつ砂糖に加えることで泡立ちは遅くなるが，常に監視している必要がない．こうして"自動的"に作ったメレンゲは重く，乾燥させても砕けにくい．

泡を作ってから砂糖を全部加える方法と，初めに砂糖を全部加える方法が両極とすれば，その中間には砂糖の量やタイミングの違う方法が

---

### 食物用語：meringue（メレンゲ）

*Larousse Gastronomique* という本のために，メレンゲはスイスのメリンゲンという町の菓子職人が1729年頃に発明し，そのおよそ20年後にルイ15世の義父にあたるポーランド王によってフランス伝えられたものと，広く信じられている．いかにも華やかで聞こえのよい話だが，実は1691年にはすでに，フランス人作家のマサロが「メレンゲ」のレシピを書いている．

言語学者オットー・イェニッケによれば，meringueはラテン語で"軽い夕食"を意味するmerendaが，現在のベルギーに近いアルトワやピカルディでmeringaに変形したという．merendaからは，"夕食のパン"，"羊飼いのローフ"，"野山に持参する食べもの"，"旅人の軽食"などさまざまな意味をもつ多くの語が派生したとのことである．

パンや旅先の食事が，泡立てた卵とどんな関係があるのだろうか？　昔，砂糖と卵をペースト状にして，ビスケットやパンやローフなどに似せた小さな形に焼いたものを，やはり"ビスケット"，"パン"，"ローフ"などと呼んでいた（完全に乾燥させてあるビスケットは軽くて日持ちがよいことから，旅人の携帯食だった）．おそらく，こうした砂糖菓子がフランス北東部ではmeringaと呼ばれていたのだろう．この地の料理人はその後，砂糖を入れる前に束ねた麦わらで卵をよく泡立てておくとよいことを発見した．その繊細な泡菓子は地方の言葉とともに広まり，フランスのその他の地方ではこれをmeringaと呼んで，原型となった重い菓子と区別したのだろう．

たくさんある．メレンゲ作りは自由度が高いのである．一つ覚えておきたいのは，砂糖を早く入れるほどメレンゲが硬くキメ細かくなるということである．泡立て終えてから砂糖を混ぜるとメレンゲは軟らかくなる．

**加熱メレンゲ**　加熱を必要とするメレンゲはそうでないメレンゲよりも作るのが難しく，熱でアルブミンタンパク質が凝固して空気が膨らみきらないので，一般に重くなりがちである．しかし，加熱にはいくつかの利点もある．砂糖は冷たい液よりも熱い液に溶けやすいので，より多くの砂糖が吸収される．自動的に作った重いメレンゲ（前述）と同じように，乾燥させても砕けにくい．卵タンパク質を一部凝固させれば泡が安定化し，数日間は分離せずに形を保つ．生卵の安全性に不安がある場合は，サルモネラ菌を十分死滅させる加熱を行うこともできる．

加熱メレンゲは，基本的に2種類ある．一つは「イタリア式」，シロップを使ったメレンゲである．砂糖に水を加え115～120℃に加熱し（ファッジやフォンダンを作るときのような，糖分90％前後の軟らかい球状），卵白を硬い角が立つまで泡立てたところに，シロップを糸状に流し込みながら泡立てる．ふわりとしてキメが細かく硬い泡になる．ペストリーのデコレーションとして十分な硬さがあり，1日以上たっても使用できるうえ，生地やクリームに混ぜ込むのにも十分な軽さがある．シロップの熱はほとんどボールや泡立て器や空気中に放散するので，泡の温度は普通55～58℃以上にはならず，サルモネラを死滅させるのには十分でない．

もう一つは「スイス式」，加熱メレンゲという表現がそのまま当てはまる作り方である（フランスでは「メレンゲ・キュイット」）．卵，酸（酒石英），砂糖を熱い湯煎にかけて温めながら，硬く角が立つまで泡立てる．次にボールを湯煎からはずし，冷めるまでさらに泡立て続ける．この方法だと卵白が殺菌される．砂糖と酒石英，そして攪拌し続けるおかげで，75～78℃にまで加熱できて，しかも安定で密度の高い泡が得られる．このメレンゲは冷蔵で数日間はもち，一般にはデコレーションのパイピングに用いられる．

**メレンゲの失敗：水っぽさ，ザラつき，粘り**

メレンゲ作りではいろいろな失敗がある．泡立て不足もしくは泡立てすぎにより，シロップがしみ出して見た目が悪くなる．砂糖が完全に溶けなかったときも，残った結晶が周りの水を引き寄せて濃いシロップとなり水滴ができる．砂糖が溶け残ると（シロップの加熱が足りずに溶け残った目に見えない粒子が，室温で徐々に大きくなることもある）メレンゲはザラついてしまう．オーブン温度が高すぎると，凝固するタンパク質からしみ出る水分のほうが蒸発する水分よりも多く，シロップの水滴ができる．泡が膨張してひびが入ることも，表面が黄色っぽくなってしまうこともある．

メレンゲ・パイを焼くと，水がしみ出してパイ皮の上に溜まり，メレンゲがうまくくっつかないことがよくある．冷たいパイ皮と高温のオーブンでメレンゲの下側が加熱不足になる，

---

### ロイヤル・アイシング

　卵白には，重さの約2倍以上の砂糖は溶けない．ところが，ペストリーのデコレーション用に使われるロイヤル・アイシングは，粉砂糖4に対して卵白1を合わせ10～15分間泡立てて作る．ロイヤル・アイシングはただの泡ではなく，非常に重たい泡とペーストとが混ざったものである．砂糖の多くは溶け残っているが，あまりにも細かいので舌に感じられない．

または熱すぎるパイ皮と中温のオーブンでメレンゲの下側が加熱不足になるのが原因である．こうした失敗を防ぐには，シロップを吸収するクラム（砕いたクラッカーなど）をパイ皮の上に敷いてからメレンゲをのせるか，デンプンまたはゼラチンをメレンゲに加えて吸水させるとよい．

湿気の多い時期はメレンゲ作りに向かない．表面の糖分が多いため，空気中の水分を吸って軟らかくなり粘りがでる．メレンゲが湿気を吸う前にただちに密封容器に入れ，容器から出したらすぐに食べるようにする．

**冷たいムースとスフレ：脂肪とゼラチンによる強化**　砂糖と熱で安定にしたメレンゲをそのままの形で食べる以外に，卵の泡をほかの材料と混ぜて，泡を隠れた骨組みのように使うこともある．冷たいムースや冷たいスフレ（器から上に盛り上がった熱いスフレのように見せかけて成形したムースのこと）は数時間から時に何日も形を保つのに，最小限の加熱しかしない．卵タンパク質を熱で凝固させて安定化する代わりに，脂肪やゼラチンを冷やし固めて安定化する．

代表的なものにチョコレートムースがある．最も簡単なのは，チョコレート（カカオ・バター，デンプン質のカカオ粒子，微細な砂糖の混合）を38℃前後で溶かし，生の卵黄を混ぜ，体積で3～4倍の硬く泡立てた卵白を混ぜる（p.110参照）．水分の多い気泡膜は，濃厚な卵黄とチョコレートに補強され，卵の水分のほとんどはカカオ固形分と砂糖によって吸収され，それにより気泡膜がさらに厚くなる．まだ温かいうちにムースを容器に詰め，数時間冷蔵する．ムースが冷えるとカカオバターが固まり，気泡膜が硬くなって泡はもうつぶれなくなる．このようにチョコレートは卵の泡を強くし，こってりしたチョコレートの塊も泡のおかげで薄く広がり，口の中でとろけるのである．

### ■ スフレ：熱い息吹

スフレは，卵白の泡で軽さをだしオーブンで焼き上げた，塩味または甘味の料理である．器から大きく盛り上がったスフレを作るのは難しいとよく言われる．スフレはフランス語で"膨らんだ"，"息を吸い込んだ"，"ささやいた"という意味をもつことからもわかるように，確かに最も繊細な料理と言える．実際には，スフレは確実に作ることができるし，弾力もある．多くの場合は，数時間から数日前に作って焼かずに冷蔵や冷凍しておくことができる．少しでも空気を含ませることができれば，オーブンに入ると，変わらぬ自然の法則に従って空気は膨らみ，何秒かオーブンの扉を開けたとしても何の問題もない．材料の選び方と作り方によって，オーブンから出した後の縮みを少なくできるし，逆に膨らませることさえできる．

スフレ，そして卵の力で膨らませるケーキが基本的に考え出されたのは，少なくとも17世紀にさかのぼる．その時代の菓子職人が，卵白と砂糖を臼の中で混ぜた"ビスケット"ペース

---

### 食べられる断熱材

卵の泡で包み込んだ料理も多い．なかでもおもしろいのは「ベークド・アラスカ」と呼ばれるデザートで，焦げた熱いメレンゲの中に冷たいアイスクリームが入っている．フランス料理の「オムレット・シュルプリーズ（びっくりオムレツ）」が原型となった．外側を焼いても中のアイスクリームが溶けないのは，泡の優れた断熱効果による．泡立てた牛乳をのせたカプチーノが冷めにくいのも同じ理由からである．

トをオーブンで焼くとパンのように膨らむことを知った．1700年頃にフランスでは，泡立てた卵白に卵黄を混ぜてふんわりとした「オムレット・スフレ」を作るようになった．18世紀半ばには，ヴィンセント・ラ・シャペルは5種類のオムレット・スフレに加えて，「タンバル」や「トルテ」という名前で今あるようなスフレのレシピを残している．これがスフレの最も古い記録であり，ペストリー・クリームで泡を補強したものであった．レストランでは，オムレット・スフレに代わって，こうした料理が出されるようになっていった．19世紀の偉大なる料理人アントナン・カレームは，泡を補強したスフレを「熱いペストリーの王様」と呼んだが，一方で彼は，オムレット・スフレの繊細さと風味よりも，スフレの簡便さと安定性が勝った結果とも考えていた．「オムレット・スフレには，米粉やデンプンなどスフレに入れる混ぜものは使うべきでない．最高のオムレット・スフレを食べたいのならば，辛抱強く待たねばならない」とカレームは記している．

確かに，スフレが料理として人気を得た要因の一つは便利さである．大体は前もって準備しておくことができるし，調理済みのものを再加熱することさえできる．別の要因としては，用途の幅広さが挙げられる．果実や野菜や魚のピューレ，チーズ，チョコレート，リキュールなど，あらゆる食品でスフレを作ることができるし，プディングのようなものから繊細な口どけのスフレ・ア・ラ・ミニュート（カレームのデンプンを入れないオムレット・スフレとほぼ同じ）までさまざまな食感がだせる．

---

### オムレット・スフレとスフレの古いレシピ

18世紀のオムレット・スフレは，材料の組合わせがおもしろい．タンバルはペストリー・クリームを使ったスフレである．

#### 子牛の腎臓入りオムレット・スフレ

焼いた子牛の腎臓を脂肪ごと刻み，キャセロールに入れてさっと火にかけパラパラにする．火から下ろし，スイート・クリーム大さじ1杯と卵黄12個を加える（卵白は後に泡立てる）．塩，刻んだパセリ，刻んだ砂糖漬けレモン・ピールで味をつける．卵白を雪のように泡立てて加え，よくかき混ぜる．鍋にバターを一片入れて溶かしたら，卵液を注ぎ入れて弱火で焼く．真っ赤に熱した焼きゴテを上にかざす．皿に移して小さなコンロにのせ，膨らませる．きれいに膨らんだら砂糖を振りかけ，焼きゴテを直接つけずに砂糖を溶かす．熱いうちにアントルメ（デザート）として出す．

#### クリームのタンバル

上質のペストリー・クリーム，ビター・アーモンド・ビスケット，砂糖漬けレモン・ピール，オレンジの花を用意する．ここに，雪のように泡立てた卵白を加える．小さなタンバル皿に上質で新鮮なバターを塗り，パン粉をまぶす．さきほどのクリームを注ぎ入れ，オーブンで焼く．焼き上がったら逆さにして型から出し，小さな温かいアントルメとして出す．

——ヴィンセント・ラ・シャペル，*Le Cuisinier moderne*（現代の料理人），1742年

**スフレ原則のよい面：必ず膨む**　スフレが膨らんだり縮んだりする物理法則が発見されたのは，スフレが発明されてから数十年後のこと，化学者にして気球乗りのフランス人 J. A. C. チャールズによる．チャールズの法則とは，ほかのすべての条件が等しいとき，一定の重さの気体が占める体積は温度に比例する，というものである．膨らませた風船を加熱すると，空気が膨張し，風船はより膨らむ．同様に，スフレをオーブンに入れると，気泡が加熱されて膨張し，スフレ生地は唯一開放された上側へ向かって膨らむ．

チャールズの法則はスフレの膨らむ要因の一つにすぎず，一般的なスフレでは膨張力の4分の1程度である．残りは，気泡膜から気泡内へと蒸発し続ける水分による．部分的に沸点に近づくと，より多くの水が水蒸気になるので，気泡内の気体分子「量」が増える．気泡膜に加わる圧力が増加し，膜が伸びて気泡が膨張する．

**悪い面：必ず縮む**　チャールズの法則はまた，オーブン内で膨れたものは食卓でしぼむことも意味する．風船は温度が上がると膨らむが，温度が下がると再び縮む．スフレを食卓に出すときには当然オーブンから出すので，その瞬間から熱を失いはじめる．スフレの気泡が冷めるにつれて，中の空気は体積が縮み，液体の水から生じた水蒸気は再び液体に戻る．

**経験則**　スフレが膨らむ自然の力を考えれば，いくつかの基本的事実が導き出される．一つは，加熱温度が高いほど，スフレは高く膨らむということ．空気の熱膨張度が大きくなり，水蒸気も多く発生する．同時に，加熱温度が高ければ圧力が過剰にかかってすぐにしぼんでしまう．したがってスフレの硬さにも影響してくる．濃いスフレ生地は薄い生地に比べて膨らみにくいが，それは縮みにくいということでもある．硬い泡は過度の圧力にも耐える．

したがって，加熱温度とスフレ・ベースの濃さ，この二つがスフレの膨らみ具合を左右する重要な因子である．薄いスフレ生地を高温のオーブンで調理すると，濃いスフレ生地を中温のオーブンで（または水を張った中に入れて）調理するのに比べて膨らみが激しい．ただし，食卓に出した際のしぼみ方も激しい．

最後に，スフレが膨らんで縮んだ後にはもう一つの事実がある．しぼんだスフレをオーブンに入れると再び膨らむということである．スフレ内には気泡もあるし水分も多く残っているので，温度が上昇すれば再び膨張する．二度目，三度目と再加熱するとスフレ生地が固くなって水分も少なくなるので，最初ほどは膨らまない．それでも，残りものをまた膨らませることができるし，さもなければ一度加熱して固まらせてから型をはずしてもよい．

**スフレ・ベース**　泡立てた卵白を混ぜ込むスフレ・ベースには，二つの重要な役目がある．一

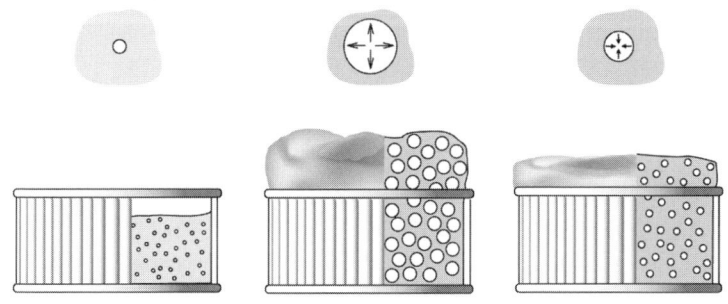

スフレの膨らみとしぼみ．左図：初めは小さな気泡が詰まっている．中図：熱をかけると気体は膨張して水は水蒸気になるので，気泡が膨らみスフレ生地も膨らむ．右図：焼いた後，冷めると気体は収縮し水蒸気は水になるので，気泡が縮みスフレもしぼむ．

つは，スフレの味を決めること（味つけしない卵白と空気を混ぜ込むことを考慮して，ベースは濃いめに味つけする）．もう一つは，スフレが膨らむのと，デンプンやタンパク質が気泡膜に粘り気をだすのに必要な水分を供給することである．一般に，ベースはあらかじめ加熱してあるので，実際にスフレが膨らむ段階でさらに硬くなることはない．気泡膜を固めるのは卵白タンパク質なので，これをベースで希釈しすぎるとうまくいかない．一般的な目安は，ベース1/2カップに対して卵白を少なくとも1個，または泡立てた卵白を1カップ使用する．

　ベースの硬さはスフレの仕上がりに大きく影響する．あまり水っぽいと卵タンパク質が凝固する前にスフレが膨らんであふれ出してしまう．硬すぎると泡立てた卵白とよく混ざらなかったり，あまり膨らまなかったりする．一般的なベースの硬さは，もったりとしているが，スプーンから自然に落ちる程度とする．

**さまざまな配合**　スフレ・ベースにはさまざまな材料が用いられる．卵黄，砂糖，香料だけで作るものは非常に軽くて繊細，オムレット・スフレ（準備していなくてもすぐ作れることから，「スフレ・ア・ラ・ミニュート」とも呼ばれる）と基本的に同じものができる．野菜や果物のピューレや，調理した肉や魚のピューレには，濃い砂糖シロップやその他の炭水化物（セルロース，ペクチン，デンプン）を加えると，気泡膜に粘りがでて安定化する．生肉のピューレを使えば，熱で卵白が凝固すると同時にピューレに含まれるタンパク質も凝固し，泡はさらに強くなる．ココアやチョコレートに含まれるデンプン性の茶色の粒子は，水分を吸収し粘りがでて膨らむので，気泡膜を硬くする．

　最も用途の広いスフレ・ベースは，デンプンを加熱してトロミをつけたものである．ペストリー・クリーム，ベシャメル・ソース，パナード（ペストリー・クリームに似ているが，砂糖は使わずにバターを加えたもの），ブイイ（p. 97）など，すでにデンプンが加熱されてトロミのついた常備品を使って，スフレ・ベースを作ることもできる．デンプンでトロミづけしたベースは一般に，ソースとしては中程度のトロミにあたり，しっとりとごく軽いスフレができる．入れる小麦粉の量を2倍にすると，水分量が少なめの重いスフレになる．型から出して皿に盛り，温かいソースを添え，オーブンやブロイラーでまた膨らませることもできる（エスコフィエの「スフレ・ア・ラ・スイッセス」）．小麦粉の量を3倍にするといわゆる「プディング・スフレ」になる．名前からわかるようにパンのようなテクスチャーで，形が崩れることはない．（小麦粉の量を15倍にすればスポンジ・ケーキになる．）

**卵白の泡立てと混合**　スフレに最適な卵白の状態は，硬いがしっとりしていて，ツヤがあり角が立つ状態である．硬くてパサついた泡はベースと均一に混ざりにくい．一方，軟らかい泡はキメが粗く（したがってスフレの硬さもキメが粗くなり），水っぽくて固まる前にあふれ出してしまう．

　二つの材料をできるだけ均一に，空気を逃さずに混ぜ合わせるのがコツである．普通，泡の体積の4分の1から半分はこの段階で失われる．ベースと泡立てた卵を混ぜ合わせる方法で昔からあるのは，泡の4分の1をベースに加えてよく混ぜ，これをへらですくって泡に戻し入れては"切り混ぜる"というものである．へらを縦に動かしながら，断面にベースを広げてゆく．

　一度に混ぜないで，こんな面倒なことをするのはなぜか？　それは，ベースに含まれるデンプンや脂肪やほかの材料の塊が気泡をつぶすので，擦り合わせるほどに気泡が多く壊れてしまうからである．単純に攪拌し続けると，デンプンなどの塊と気泡との摩擦が多くなり，泡はかなりつぶれてしまう．切り混ぜる場合は，ベースと接触する断面だけ，それもへらが一度通過するときにだけ摩擦を生じる．したがって，摩擦は最小限に抑えられ，気泡が多く残る．

　料理本にはよく，卵白とベースを手早く混ぜるように書かれているが，ゆっくりと混合する

ほうがよい．気泡が受ける剪断力は圧力の加わる速度に比例する．へらをゆっくりと動かすほど，泡に与えるダメージは少ない．

例外的に上のような混ぜ方をしないものがある．それは果物のピューレや果汁に砂糖を加えて濃く煮つめたシロップを使う場合で，卵白を泡立てているときに上からシロップ状のベースを注ぎ込む（イタリア式メレンゲのスフレ版）．こうするとかえってカサが増す．

**スフレ型の準備と生地の入れ方** ラ・シャペルがクリームのタンバルを作って以来，スフレ型の準備は二つの手順からなる．初めに型の内側にバターを塗り，次いで甘いスフレは砂糖，塩味のスフレはパン粉や粉チーズなどをまぶす．バターはスフレ生地が膨らむにつれ側面をすべり上がりやすくし，粉の粒子は膨らむときに側面にくっつきやすくすると言われる．この二つは矛盾しており，実は間違っている．型にバターや粒子をつけてもつけなくても，同じように膨らむ．バターはスフレを型から抜きやすくするだけであり，砂糖やパン粉，チーズは外側にカリッと焦げ目をつけるので，中身の軟らかさと食感のコントラストがでる．

いったん型に入れてしまえば，適度な硬さのスフレ生地なら数時間冷蔵庫に入れておいても泡はつぶれない．冷凍すればいつまででももつ．

**スフレを焼く** スフレを焼くのは危険な冒険でもなんでもない．室温のスフレ生地を高温のオーブンに入れれば膨らむ．オーブンの扉を開けても問題がない．生地の温度が下がらなければしぼまないし，もししぼんだとしても温度が再び上がればまた膨らむ．

多くの場合，オーブン内のラックか天板にスフレを直接のせるが，一人用の小さめのスフレは軽いので，オーブンで熱くなった型底から生じる水蒸気によって中身が半分外に飛び出し，下半分が空洞になってしまうことがある．天板に水を張ったり，水を張ったホイル容器に一つずつスフレ型を入れたりすれば，型底の温度がやや下がって中身が外に飛び出すのを防げる．

スフレの外見と軟らかさは，オーブン温度に大きく左右される．200℃よりも高温だと，生地がかなり早く膨らみ，表面に焦げ目がついても中はしっとりとクリーミーである．160〜180℃では，膨らみは少し遅くて，表面に焦げ目がつくのと一緒に内部が固まる．温度があまり低いと表面が固まるのが遅すぎて，生地が上に膨らんでいくのではなく型からあふれ出てしまう．焼き上がりをみるには，真ん中に爪楊枝を刺してみる．抜いた爪楊枝に生地がついているようなクリーミーさが好きな人もいれば，もう少し火を通して爪楊枝に生地がつかないような硬さを好む人もいる．

## ■ 卵黄の泡立て：ザバイオーネとサバヨン

**卵黄はそれだけでは泡立たない** 卵白を2分間泡立てると8倍に膨らんで半固形の泡になる．卵黄を10分撹拌しても体積が2倍になればよいほうである．卵黄は卵白よりもタンパク質が多く，脂肪球を上手くコーティングする乳化剤としてのリン脂質も含まれている．それなのになぜ，気泡を安定化してまともな泡を作ることができないのか？

一つには，卵黄のついたボールを洗うときに何が起こるかを思い出してみるとよい．水を入れた瞬間に泡立つはずである．卵黄にはタンパク質と乳化剤は多いけれど，水分が足りないということである．卵白の半分ほどしか水分を含まないばかりか，その水のほとんどが何らかの成分と強く結合した状態にある．大さじ1杯の卵黄（15 mL，Lサイズの卵黄1個の標準）には，泡立てられる自由水が小さじ1/3杯（2 mL）程度しか含まれない．卵白と同じになるよう小さじ2杯の水を加えれば，とてもよく泡立つ．

卵黄はよく泡立つがそれはとてもはかない．耳を近づけると，泡の弾ける音が聞こえる．卵黄が泡立たないもう一つの原因は，タンパク質が安定すぎることなのである．どんなに激しく

攪拌して気泡を含ませても，タンパク質の構造がほどけて結合しあい，強いマトリックスを形成することはない．もちろん加熱すれば，固ゆで卵やカスタードのようにタンパク質は変性する．したがって，卵黄に液体を加えて泡立てからうまく加熱すれば，もとの体積の4倍以上に膨らませることができる．まさにこの方法が，ザバイオーネやサバヨン・ソースの原理である．

**ザバイオーネからサバヨンへ**　泡立てた卵黄の料理についての歴史的な軌跡は，断片的にしかわかっていない．ザバイオーネ（"混ざった""混乱した"という意味が語源）は，15世紀イタリアの卵黄でトロミをつけスパイスを効かせたワインで，1800年までは泡立てたものも泡立てないものもあった．（現在のザバイオーネのなかにも泡立てずに混合しただけのものがあり，ワイン風味のクレーム・アングレーズに近い．）ザバイオーネがフランスに伝わったのは1800年頃，1850年までにはデザート・クリームとしてソースの一つに加わり，「サバヨン」というより洗練された響きの名前で呼ばれた．20世紀には，その原理は塩味の料理用煮出し汁やストックに応用されるようになり，オランデーズやマヨネーズなどの伝統的な卵黄

---

### ザバイオーネやサバヨンのもとになった中世の料理

　現在のイタリアやフランスにみられる泡立てた卵黄の料理は，中世時代の料理からはじまった．それはワインを卵黄でトロミづけしたもので，フランスやイタリアでは簡単な味つけ，イギリスではスパイスが多く使われた．

　　　　ショド・フラマン（病人のための「フランダースの熱い飲みもの」）

少量の水を沸騰させる．卵白を除いた卵黄だけを泡立て白ワインと混ぜ，これを沸騰水に少しずつ注ぎ入れる．このとき，固まらないようによくかき混ぜる．火から下ろして塩を加える．ヴェルジュース（未熟なブドウの果汁）をごく少量加えてもよい．

　　　　　　　　　　　　　　　　　　　——タイユヴァン，*Le Viandier*（食物譜），1375年頃

　　　　　　　　　　　　　　カウデル・フェリー

生卵の卵黄を卵白から分ける．上質のワインを用意し，鍋に入れて強火で温め，よくかき混ぜ，沸騰させずに，煮詰める．砂糖，サフラン，そして塩，メース，ナデシコと細かく挽いたガジュツ（ショウガの仲間），そしてシナモンの粉を加える．ショウガ，シナモン，ナツメッグの粉末をふって食卓に出す．

　　　　　　　　　　　　　　　　　　　　——大英博物館，ハーレー279手稿，1425年頃

　　　　　　　　　　　　　　　ザバイオーネ

4杯のザバイオーネを作るには，新鮮な卵黄12個，砂糖3オンス（85g），上質のシナモン1/2オンス（14g），上質のスイート・ワインをビーカー1杯用意する．これを煮出し汁のようなトロミがつくまで煮詰め，火から下ろして食卓の皿にのせる．好みでフレッシュ・バターを少々加える．

　　　　　　　　　　　　　　　　　——*Cuoco Napoletano*（ナポリのコック），1475年頃，テレンス・スカリー訳より

ベースのバター・ソースやオイル・ソースを軽くするのに使われた．（ソースについては p.619 参照．）

**ザバイオーネの調理法**　ザバイオーネを作る通常の方法は，等量の砂糖と卵黄を混ぜ合わせ，ワイン（普通はマルサラを使い，卵黄と同じか4倍までの体積）を加え，沸騰する湯の入った鍋にボールをのせ，泡立ってトロミがでるまで数分間泡立てる．材料を混ぜ合わせ泡立ちはじめた時点で，精巧な入れ子になっていた卵黄タンパク質の球体が壊れて自由になる．希釈，ワインの酸とアルコール，そして気泡が，卵黄粒子とリポタンパク質複合体を構成分子へと分解するので，これらの分子が気泡をコーティングして安定化する．温度が50℃に達すると，一部の卵黄タンパク質の構造がほどけて，生地にはトロミがつき，気泡をより効果的に取り込み，膨らみはじめる．タンパク質がどんどんほどけて結合しあうにつれ，泡はふんわりと盛り上がる．なるべく軽いザバイオーネにするには，泡が液体と固体の間で行き来する状態ですぐに火から下ろすことが大事である．それ以上加熱すると硬くて重くなり，最後はタンパク質が凝固しすぎて硬いスポンジになってしまう．

　ザバイオーネは昔から，湯煎にかけた銅製のボールで作られてきた．かなり低い温度で生地にトロミがでるので，直火だとすぐに調理しすぎてしまう．プロは経験もあり時間も限られるため，ザバイオーネやサバヨンを直火で調理することもある．銅製のボールが卵黄の泡立てによいというのは，化学的特性ではなく物理的特性によるもので，熱伝導性に優れているため素早い温度調節ができる．しかし，銅の独特な金属臭が泡に移ってしまうことから，ステンレス製のボールを好む人もいる．

　理想的なザバイオーネや甘いサバヨンは，軟らかくてさっと溶け，しかも冷して食卓に出せるほど安定である．塩味のサバヨンは膨らみきる少し手前で火を止め，流動性の残る状態にすることもあるが，気泡膜の液体はいずれ流れ落ちて分離してしまう．ただし，分離してもまたかき混ぜればもとの状態に戻る．

## 卵のピクルスおよび貯蔵卵

　品種改良と人工照明が進む前は，家禽は一定の時期しか卵を産まなかった．産卵は春にはじまって夏中続き，秋に終わっていた．したがって，牛乳や果物，野菜などと同じく，卵も1年を通して食べられるように保存法が考え出された．多くの場合は，単に空気を遮断して，できるだけもとの状態を保つ方法である．石灰または水酸化カルシウムの飽和水はアルカリ性が強いので細菌が繁殖しにくく，殻が炭酸カルシウムの薄い層で覆われ細孔がある程度塞がれる．亜麻仁油を塗る方法は1800年頃にオランダの農場ではじまったと思われる．20世紀初期には水ガラス（ケイ酸ナトリウム溶液）が使われるようになり，これも殻の細孔を塞ぐのと同時に抗菌作用を有する．冷蔵技術が発達し，年間を通して鶏卵生産が行われるようになり，こうした保存法はもう過去のものとなった．

　中国の貯蔵法は，その最古の記録から500年たった現在も欠かせない方法で，卵の栄養価はそのままに，味や硬さや見た目がまるっきり違ったものになる．乳をまったく違った食べものに変える西洋のチーズ作りに近いものがある．普通の卵のピクルスから中国の貯蔵卵を想像するのは，ヨーグルトからスティルトン（青カビチーズの一種）を想像するのと同じくらい難しい．

### ■ 卵のピクルス

　普通の卵のピクルスの作り方は，まず卵をゆでてから，酢と塩とスパイス（時にビート汁などの色素）の合わせ液に1～3週間漬ける．この間に酢に含まれる酢酸によって殻の炭酸カルシウムがほとんど溶け，卵の中にしみ込んでpHが下がり，腐食菌の繁殖が抑えられる．（イースター・エッグの染色液に含まれる酢は殻の表面を腐食して色素がしみやすくする．）卵のピ

クルスは冷蔵せずに1年以上もつ.

卵のピクルスは殻（またはその名残）ごと食べる．酸っぱいだけでなく，ゆでたての卵に比べて硬く，白身はゴムのようだとも言われる．軟らかくするには漬け汁に塩をたっぷり加え，煮立ったところにゆで卵を入れる．室温でも腐らないが，冷蔵保存すれば卵黄が膨れて卵白が割れることも少ない（ピクルス液の吸収が速すぎると起こる）．

## ■ 中国の貯蔵卵

平均的な中国人が消費する卵の量は，平均的なアメリカ人のおよそ3分の1にすぎず，アメリカではほとんど鶏卵であるが，中国ではアヒルの卵を貯蔵したもの（「千年卵」を含む）が有名である．こういった貯蔵卵や簡単な塩漬け卵は，アヒルの多い南部の省が発祥で，遠方市場に輸送したりオフシーズンに何ヶ月も保存したりするのが目的だった．鶏卵のタンパク質や膜は，こうした貯蔵加工にあまり適していない．

**塩漬け卵**　卵の貯蔵法で最も簡単なのは塩を使うことで，塩は細菌やカビを脱水して増殖を阻害する．35％の塩水に卵を漬けるか，塩と水と泥をペースト状に混ぜ合わせたものを表面に塗りつける．20～30日経つとそれ以上は卵に塩がしみ込まない化学平衡に達する．不思議なことに卵白は液状のままで，卵黄の中心が固化する．高濃度に存在する正電荷のナトリウムと負電荷の塩素は，卵白タンパク質が互いに近づくのを防ぐ一方で，卵黄粒子を塊にする．塩漬け卵は，咸蛋（シェンタン）と呼ばれ，ゆでて食べる．

**発酵させた卵**　貯蔵卵のもう一つの種類は，西洋にはほとんどみられないものである．炊いた米やその他の穀物に塩を混ぜて発酵させたもの（基本的には酒やビールを濃縮して塩を加えたもの）を，殻にそっと割れ目を入れた卵の表面に塗りつける．この糟蛋（ザオタン）は4～6ヶ月の熟成期間を経て，芳ばしく甘いアルコール性の風味がつく．卵白も卵黄も固まって，軟らかくなった殻がはがれる．そのまま食べてもいいし，調理してもよい．

**ピータン：アルカリ漬けの「千年卵」**　貯蔵卵のなかで最も有名なのが，いわゆるアヒルの「千年卵」と呼ばれるものだが，実際には500年程度の歴史しかなく，熟成期間は1～6ヶ月，保存期間は1年程度である．千年卵という名前は，その驚くべき外見——泥に覆われた殻，卵白は褐色透明のゼリー状，卵黄は濃緑褐色の半固形——からきており，中国語では皮蛋（皮卵；ピータン）と呼ばれる．土臭い大自然の風味，極端な卵臭さと塩味，石のようなアルカリ臭，強い硫黄臭とアンモニア臭がある．食べる前に泥を洗い流し，しばらく置いて"呼吸"させると，ピータン臭さは弱まる．中国ではご馳走であり，一般には前菜として出される．

ピータンを作るには，卵のほかに二つの基本材料があればよい．それは塩と強アルカリで，アルカリは木炭，石灰，炭酸ナトリウム，苛性アルカリ（水酸化ナトリウム），またはこれらを組み合わせて用いる．香りづけに茶を入れることも多く，泥を混ぜてペースト状にし，乾燥させて硬い保護外皮とすることも多い．漬け汁の材料を水に溶かして卵を漬ける場合もある（熟成期間は短縮されるが，粗いアルカリ臭になる）．酸化鉛を少量入れて，マイルドな風味で卵黄の軟らかいピータンを作ることもある．鉛が卵白中の硫黄と反応して硫化鉛の細かい黒粉が生じ，これが殻の細孔を塞ぐので塩とアルカリが卵の中にしみ込むのがさらに遅くなる．（鉛は強い神経毒なので，酸化鉛を使用したピータンは避けること．「酸化鉛を含まない」と包装に明記されたものを選ぶ．鉛の代わりに亜鉛を使っても同じ効果が得られる．）

**透明度，色合い，風味**　アルカリ材料こそがピータンの性質を変えるものである．卵のpHは9前後とすでにアルカリ性であるが，これを12以上まで徐々に上げてゆく．この化学的な

ストレスが無機的な発酵過程とも言うべき現象を生み出す．すなわち，卵タンパク質が変性し，複合体の一部が分解し，味のないタンパク質や脂肪はより単純な構造の風味成分へと変わるのである．強アルカリ条件で卵タンパク質の構造がほどけるのと同時に，負に荷電して強い反発力が生じる．溶解した塩の正イオンと負イオンがこの反発力を和らげるため，広く分散していた卵白タンパク質の細い鎖が結合しあって半透明固形のゲルを形成する．卵黄内では，同じ強アルカリ条件によって球体の秩序構造が破壊され，本来のポロポロした状態ではなくなり，卵黄タンパク質が凝固してクリーミーな塊になる．タンパク質と微量に存在するブドウ糖との反応（p.88参照）が強アルカリ性によって加速され，卵白も褐色を帯びる．卵黄が緑色になるのは，硫化第一鉄の生成が表面だけでなく卵黄全体で促進されるからである（固ゆで卵，p.87参照）．最後に，強アルカリ性によってタンパク質とリン脂質が分解され，硫化水素，独特の動物臭をもつ脂肪酸，刺激臭をもつアンモニアが生成するため，強い卵臭を発するようになる（むいたばかりのピータンから発するガスでリトマス試験紙が青くなる）．

**新式（ヌーボー）ピータン**　近年，台湾の食品科学者2人が，マイルドなピータンを作るおもしろい方法を考案した．5％塩，4.2％苛性アルカリ水溶液中で8日間のアルカリ処理を行うことにより，化学的ストレスを必要最小限に，色と味をマイルドにしたのである．これだけでは卵は固化しないが，70℃で10分間の弱い加熱処理を行って，タンパク質の変性と結合を促す．すると卵黄は黄金色，卵白は無色透明のピータンができあがる．

**松花蛋（松花卵）**　特に高級品とされるのが，煮こごり色の卵白全体が淡く小さな雪の結晶のような模様に覆われたピータンである．松の花に見えることから「松花蛋」と呼ばれる．この花模様は修飾されたアミノ酸の結晶で，強アルカリで卵白タンパク質が分解され生じたものである．つまりタンパク質が分解し風味が増している印である．動物の白い球体に刻まれた無機世界の刻印，荒々しい作り方から生まれる思いがけない美しさである．

# 第3章

# 肉類

| | |
|---|---|
| 動物を食べるということ | 119 |
|  動物の本質：筋肉による運動 | 119 |
|  肉食動物としての人間 | 120 |
|  肉食の歴史 | 120 |
|  人間はなぜ肉が好きか | 121 |
| 食肉と健康 | 122 |
|  食肉の古典的かつ直接的な栄養効果…… | 122 |
|  ……そして現代的かつ長期的な悪影響 | 122 |
|  食肉および食品による感染症 | 123 |
|  狂牛病 | 124 |
| 現代の食肉生産に関する論争 | 125 |
|  ホルモン | 125 |
|  抗生物質 | 126 |
|  人道的な食肉生産 | 126 |
| 肉の構造と品質 | 126 |
|  筋肉組織と肉のテクスチャー | 126 |
|  筋線維の種類：肉の色 | 129 |
|  筋線維，筋肉組織，そして肉の風味 | 131 |
|  生産方法と肉の品質 | 132 |
| 食肉用動物と特徴 | 134 |
|  肉畜動物 | 134 |
|  家禽 | 136 |
|  狩猟鳥獣 | 138 |
| 筋肉を食肉に換える | 139 |
|  と畜・解体 | 139 |
|  死後硬直 | 140 |
|  熟成 | 140 |
|  カットと包装 | 141 |
| 食肉の腐敗と保存 | 142 |
|  食肉の腐敗 | 142 |
|  冷蔵 | 143 |
|  放射線照射 | 144 |
| 生肉の調理：原理 | 144 |
|  加熱と肉の風味 | 144 |
|  加熱と肉の色 | 145 |
|  加熱と肉のテクスチャー | 145 |
|  肉料理の難しさ：ほどよいテクスチャー | 147 |
|  肉の焼き加減と安全性 | 150 |
| 生肉の調理：調理法 | 151 |
|  加熱前後でテクスチャーを調節 | 151 |
|  直火，炭火，電熱 | 152 |
|  熱した空気と壁：オーブン"ロースト" | 154 |
|  熱した金属：フライパン焼き，またはソテー | 156 |
|  熱した油：揚げものと揚げ焼き | 158 |
|  熱湯：蒸し煮，煮込み，ポーチ，とろ火煮 | 158 |
|  水蒸気：蒸す | 160 |
|  電子レンジ調理 | 161 |
|  調理後：休ませる，切り分ける，食卓に出す | 161 |
|  残りもの | 161 |
| 臓物，または内臓肉 | 162 |
|  レバー（肝臓） | 162 |
|  フォアグラ | 163 |

|  |  |  |  |
|---|---|---|---|
| 皮，軟骨，骨 | 164 | 塩漬け肉：ハム，ベーコン， | |
| 脂肪 | 164 | コーンビーフ | 169 |
| **肉加工品** | **165** | 燻製肉 | 171 |
| ソーセージ | 165 | 発酵肉：塩漬けソーセージ | 172 |
| パテとテリーヌ | 167 | コンフィ（脂漬け） | 173 |
| **貯蔵肉** | **168** | 缶詰肉 | 174 |
| 乾燥肉：ジャーキー | 168 | | |

　動植物から得られる食物のなかで，常に最も高く評価されてきたのが肉類である．その理由は人間の本質に深く通じている．我々の祖先である霊長類は，200万年前まではほぼ植物だけを食べて生きていたが，アフリカの気候変化に伴って植生が減少したことから，動物の死骸をあさるようになった．動物の肉と脂肪に富んだ骨髄は，エネルギー源かつ身体を構成するタンパク質源として，どんな植物よりも濃縮された食べものと言える．この食変化は，原人が人間へと進化する過程において脳組織が物理的に大きくなるのを助けた．のちに人間がアフリカから移動し，ヨーロッパやアジアの寒い地域で生きてゆけたのは肉のおかげである．というのもこれらの地域では季節によって植物が入手困難だったからである．人間が狩猟活動を行うようになったのは10万年ほど前で，これは洞窟の壁画に野生の牛や馬が描かれていることからも明白であり，野生動物の捕獲が強さと生命力の象徴とみなされていた．肉そのものも同じく強さと生命力の源と考えられるようになり，狩猟の成功を誇り，感謝し，祝宴を開くという習慣が長く続いてきた．現在では食肉の確保を狩猟に頼ることはないし，生きるために肉が必要というわけでもないが，世界の多くの地域では依然として，動物の肉は食事の中心的存在である．

　皮肉なことに，主要食品群のなかで避けられ

---

### 人間と神々に適した肉，適さない肉

　トロイの外では，ギリシャの祭司たちはアポロに牛をささげている．まず，生贄の頭を後ろ側に持ち上げ，喉をかき切り，皮をはぎ，大腿骨から肉を切り取って脂肪で包んだ．二つ折りをきれいに切り分け細切り肉をのせた．長老がこれを乾いた薪の上で焼き，きらきら輝くワインを四隅に注いだ．長老の横には若者たちが五叉フォークを持っていた．骨が焼けきり内臓を食べてしまうと，残りを小さく切り分け，串刺しにし，程よく焼いて火からはずした．

——ホメロス, *Iliad*（イリアッド），紀元前700年頃

　神々の祭壇を殺生で汚すことも，このような食べものを人間の手で触ることもいけない．人間が人間を食べることもいけない．

——ポーフィリー, *On Abstinence*（禁制について），300年頃

筋肉組織および肉の構造．肉片は多数の筋線維（筋細胞）からなる．そして筋線維には運動タンパク質のアクチンとミオシンの集合体である筋原線維がたくさん詰まっている．筋肉が収縮するときには，アクチン線維とミオシン線維が互いに滑り込み，複合体としての全長が短くなる．

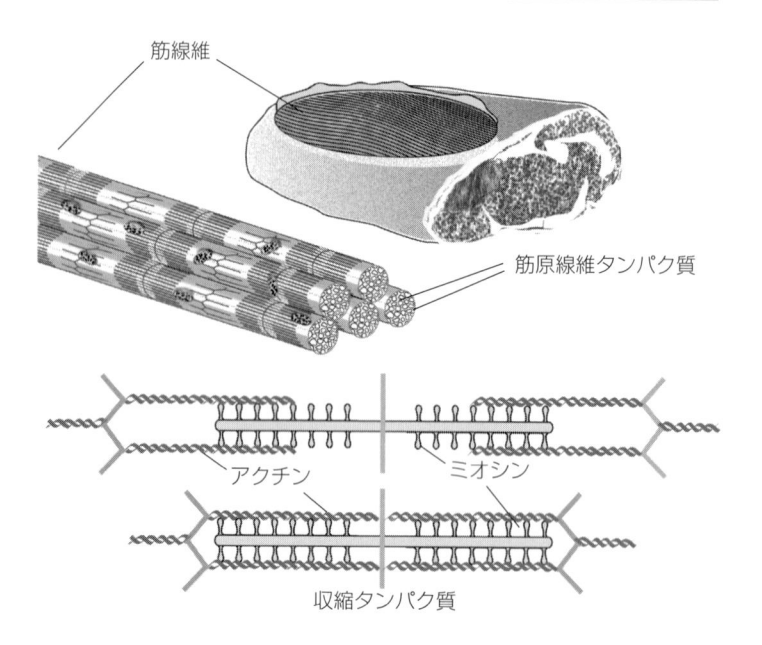

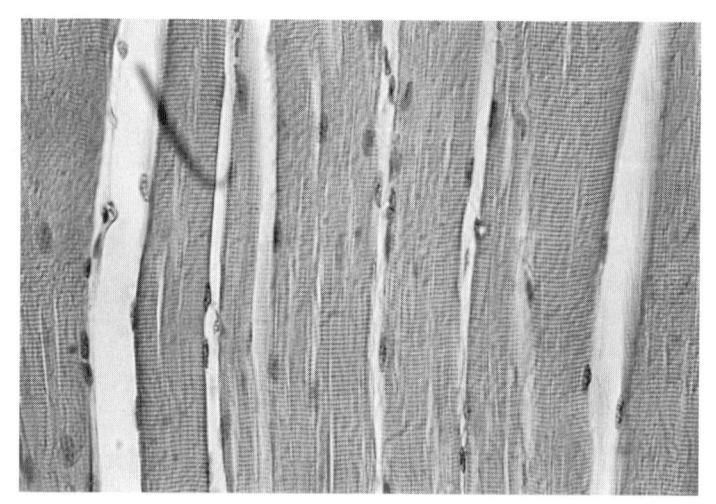

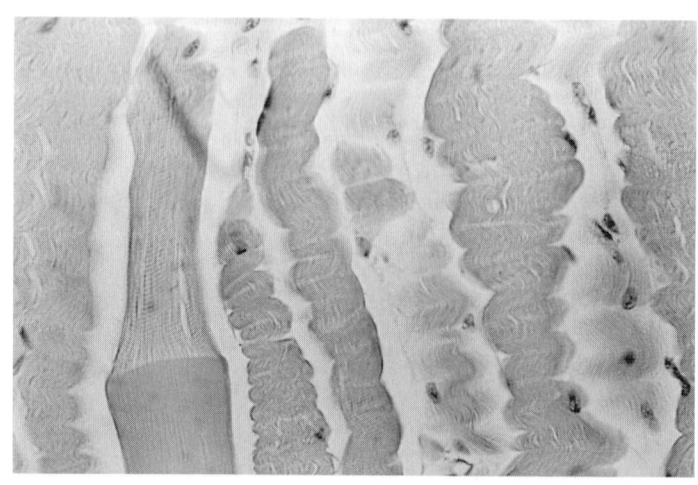

筋肉の収縮．ウサギ筋線維の光学顕微鏡写真．弛緩時（上）および収縮時（下）．

ることが一番多いのも肉である．食肉には恐怖や苦痛を感じる動物の死が必ず伴い，その肉は我々の肉とよく似ている．これを我々自身の栄養や楽しみの代価とするのは道徳的に受け入れがたいと，歴史を通じて多くの人間が感じてきた．肉食に対する倫理的議論が示すところは，現代人間の生物学的進化の糧となった食物そのものが，今度は人間が人間らしくあろうとするのを妨げるということである．しかし，我々の食習慣に対する生物学的影響と歴史的影響は互いに独立した力として作用している．文化的には高度に発達したかもしれないが，人間は依然雑食動物であり，肉は栄養があって満足できる食物，多くの食の伝統に欠くことのできないものである．

哲学からは離れるが，料理するうえではより切実な問題が，この20年間の肉の品質変化に関連して浮上してきている．生産効率の向上を目指した結果と，また消費者も動物性脂肪の取りすぎを気にする結果，肉畜は若齢化し赤身の多いものになってきている．したがって，料理するとパサついて風味に乏しいものになりやすい．昔ながらの料理法が必ずしも現代の食肉に適しているとは言えず，料理法を少し変える必要がある．

人間は，動くものなら昆虫やカタツムリから馬やクジラまで，ほとんど何でも食べる．この章では，先進国でよく食べられている食肉だけを取り上げているが，原則としてはすべての動物に当てはまる．魚貝類も鳥獣肉と同じ「肉」と言えるが，いくつかの点で違いがある．これは第4章にて述べる．

## 動物を食べるということ

食肉（meat）とは，食用となる動物の体組織をさし，カエルの足から牛の脳まで食べられるものならば何でも含まれる．一般には，動物の体の部分を動かす筋肉組織を食肉，肝臓，腎臓，小腸などの臓物を内臓肉（organ meat）というように区別している．

### ■ 動物の本質：筋肉による運動

生きものは何をもって動物とするか？ animal（動物）の語源は，"呼吸する"，すなわち体に空気を出し入れするという意味のインド・ヨーロッパ語である．動物の決定的な特徴は，体および身近にある自然界の一部を動かす力をもつことである．食肉とされるものはほとんどが筋肉，すなわち動物が森の中を移動し，空や海を渡るための推進機構である．

動物の筋肉は，神経系からの信号を受けて縮む（筋収縮）．筋肉は細長い細胞（筋線維）からなり，それぞれの細胞は互いに絡み合う2種類の特化した収縮タンパク質線維で満たされている．このようにタンパク質線維が詰まっているから，肉はタンパク質に富む優れた栄養源なのである．筋肉に関連する神経からの電気刺激があると，タンパク質線維が互いに滑り込み，そして「架橋」を形成して連結する．線維の相対位置が変化するために筋肉は全体として短くなり，架橋によって線維が固定される．

**携帯用エネルギー：脂肪** どんな機械もそうであるように，筋肉というタンパク質の機械が動くためにはエネルギーが必要である．動物にとって推進機構としての筋肉が重要なのと同じくらい，その動きを妨げない軽くコンパクトなエネルギー供給源が重要である．脂肪は同じ重さの炭水化物と比べて2倍のエネルギーを含むことがわかっている．だからこそ，動かない植物とは違って動き回る動物はほぼすべてのエネルギーを脂肪として蓄える，つまり動物はデンプンよりも脂肪を多く含むのである．

脂肪は動物が生きるために不可欠のものであり，ほとんどの動物は食物が豊富なときに大量の脂肪を蓄えることができる．昆虫や魚から鳥類や哺乳類に至るまで，多くの動物種は，移動や繁殖，季節的な食糧不足を生き抜くために，満腹になるまで食べる．渡り鳥のなかには，痩せているときの体重の5割に当たる脂肪を数週間のうちに蓄えて，米国北東部から南米まで3000～4000 kmを何も食べずに飛ぶものもい

る．寒い季節がある地域では，秋になると太るのは自然の摂理の一部であって，野生の狩猟鳥獣は丸々と太っておいしい時期である．同じ時期，人間は太る代わりに，穀物を収穫・保存して冬の食料不足に備えるという文化的活動を行う．人間は昔から肉畜の太る能力を利用してきており，と畜前に餌を多く食べさせて肉をおいしくする（p. 132）．

### ■ 肉食動物としての人間

およそ9000年前の中東で，犬にはじまって山羊，羊，そして豚，牛，馬と，野生動物を身近に飼いならしだした頃から，肉は食卓によく登場するようになった．家畜とは，人間の食べない草や残飯を栄養のある肉へと変換するだけでなく，必要なときにいつでも手に入る濃縮された栄養の蓄え，すなわち動く食品庫であった．適応性があって人間の管理に従うことから肉畜は繁栄し，今では数十億頭にもなっている．その一方で，都市や農村の広がりとともに野生動物の多くがその生息域を狭めつつあり，生息数は減少している．

### ■ 肉食の歴史

**農業社会における肉不足** 我々の祖先が動物を家畜として飼いだしたのと同じ頃，大きく育ったり栄養豊富な種子を多く実らせたりするさまざまな草を栽培するようになった．農業のはじまりである．栽培用の大麦や小麦，米やトウモロコシが手に入るようになると，遊牧民は定住して農地を耕作し，食物を生産するようになり，人口は急増した．この頃は肉を食べることもほとんどなかった．穀類は，同じ土地に動物を放牧するよりもずっと効率的な栄養源であることから，肉は相対的に高価で，統治者だけが食べられるご馳走であった．有史以前の農業のはじまりから産業革命に至るまで，地球上のほとんどの人々は穀物粥とパンを常食としていた．19世紀にヨーロッパと南北アメリカにはじまった産業化により，肉が一般的に安価になり広く手に入るようになったが，これは牧畜管理と人口飼料の発達，積極的な交配による肉生産効率の向上，農場から都市への輸送の改善による．ただし，産業化があまり進んでいないほかの地域では，肉は依然として少数の裕福層のためのご馳走である．

---

### 食物用語：meat（肉，食肉）

英語の meat は常に動物の肉を意味していたわけでなく，その変遷をたどると英語圏の人々の食習慣の変化がわかる．*Oxford English Dictionary*（オックスフォード英語辞典）に初めて meat が記載されたのは900年，飲みものに対して固形食品一般を意味していた．今でも "meat of nuts"（ナッツの中身）のように使われるのは，この語意の名残である．meat が動物の肉という意味で使われるようになったのは1300年以降である．この定義が当初のものにとってかわったのはさらに後のことで，イギリスの食事で動物の肉が（量的にではなく嗜好的に）卓越するようになってからである．（フランス語の viande にも同様の変遷がみられる．）1732年に出版されたチャールズ・カーターの *Compleat City and Country Cook*（都会料理と地方料理）では，肉料理が50ページ，鶏肉料理が25ページ，魚料理が40ページあるが，野菜料理は25ページ，パンとペストリーは数ページしかない．肉料理が好まれていたことがよくわかる．

**北米における肉の豊富さ**　当初より，アメリカはその大陸の大きさと豊かさゆえに肉が豊富にあり，アメリカに住む人々は肉を食べてきた．19世紀になると都市化が進み，人々は農村から離れて暮らすようになり，肉を輸送・販売できるように樽で塩漬け保存された．ソルト・ポーク（塩漬けの豚肉）はパンと同じように主食だった（"樽の底をあさる"とか"ポーク・バレル的な政治"という表現はここからきている）．1870年代には鮮肉，特に牛肉が広く手に入るようになったが，これは西部における畜牛産業の成長，鉄道の家畜貨車の導入，ガスタバス・スイフトとフィリップ・アーマーによる冷蔵貨車の開発などが関わっている．

現在，アメリカ合衆国の人口は世界の15分の1を占めるのに対し，食肉消費量は世界の3分の1に達する．動物の肉は植物タンパク質に比べてかなり効率の低い栄養源であるのに変わりなく，これだけ多くの食肉を消費することができるのは，合衆国のような裕福な国だけである．穀物を直接食べる場合と，穀物を餌に育てた牛や鶏を食べる場合とでは，人間一人が生きてゆくために必要な穀物の量は前者の方がずっと少なくて済む．生産技術の発展した現在でさえも，1 kgの肉を生産するのに必要な穀物は鶏肉で2 kg，豚肉で4 kg，牛肉では8 kgである．動物を主な食料とすることができるのは，種子タンパク質が過剰にあるおかげである．

## ■ 人間はなぜ肉が好きか

人類が生存し，地球全域に繁栄できたのが肉食のおかげだとすれば，なぜ多くの人が肉食を習慣とするようになったかも納得できるし，なぜ肉が人類の文化と伝統に大きな意味をもつのかも理解できる．しかし，肉を食べて深い満足を得られるのはおそらく本能的で生物学的なものと思われる．人間が文化的動物になる前は，栄養に関する知恵は味覚や嗅覚，脳などの感覚系に組み込まれていた．特に味覚は，重要な栄養を見分けて探し出すのを助けるように作られている．我々のもつ受容体には，必要不可欠な塩，エネルギー源の糖類，タンパク質を作り上げるアミノ酸，エネルギーをもつヌクレオチドなどに対するものがある．生肉はこれらの味覚すべてを刺激する．生肉の筋細胞は比較的壊れやすく，生化学的活性が非常に高いためである．これに対して植物の葉や種子の細胞は，硬い細胞壁に守られているので，かんでも中身が出にくく，しかもタンパク質やデンプンは不活性な貯蔵粒子の形で閉じ込められている．したがって植物では味わえないようなおいしさが肉

---

### 食物用語：動物とその肉

小説家のウォルター・スコットなどがすでに指摘しているように，1066年にノルマン人がイギリスを征服したのを機に，一般的な肉に関する英語の語彙が分割された．サクソン人は各動物に対して独自のゲルマン語呼称を用いた——ox（雄牛），steer（去勢牛），cow（雌牛），heifer（未経産牛），calf（子牛）；sheep（羊），ram（雄羊），wether（去勢羊），ewe（雌羊），lamb（子羊）；swine（豚），hog（去勢豚），gilt（未成熟の雌豚），sow（大人の雌豚），pig（家畜豚）．そして肉のことは，動物呼称に"meat of"（～の肉）をつけて呼んだ．ノルマン征服後の数世紀でフランス語がイギリス貴族の言葉となったとき，地方では動物呼称がそのまま残ったが，調理した肉は宮廷料理人の流儀で再命名された．英語で書かれた最初の料理本には，beef（牛肉；フランス語のboeufから），veal（子牛肉；フランス語のveauから），mutton（マトン；フランス語のmoutonから），pork（豚肉；フランス語のporcから）が使われている．

にはある．調理したときの豊かな香りも，同じ生化学的な複雑さによるものである．

# 食肉と健康

## ■ 食肉の古典的かつ直接的な栄養効果……

　人間の祖先が食べていたもののなかでも野生動物の肉は，濃縮されたタンパク質源および鉄源としてずば抜けていた．エネルギー源としても，油の多いナッツ類とともに最も濃縮された食物だった．（ビタミンB群の含量も特出している．）肉，カルシウムの多い葉物，そして活動的な生活のおかげで，かつての狩猟採集民は強靭であり，強い骨格とあごと歯をもっていた．中東で農耕と定住生活がはじまった1万年前から，人間の食べものと活動性は極端に狭まった．農耕生活では肉や野菜に代わって，簡単に栽培できるがカルシウムや鉄やタンパク質の少ないデンプン質の穀類が食べられるようになった．農業がはじまったことによるこの変化と，人口増加と密集に伴う伝染病の蔓延とによって，人間の体躯，骨の強さ，歯の健康は全体に衰えていった．

　19世紀後半になると，産業の発達した地域では狩猟採集民の強靭さにも似たものが戻ってきた．この全体的な体躯の改善と平均寿命の延びは，医学的発展と特に公衆衛生の向上（水質，廃棄物処理）によるところが大きいが，肉や乳を食べる量が多くなったことも重要な要素であった．

## ■ ……そして現代的かつ長期的な悪影響

　20世紀半ばまでには，日々の健康に必要な栄養に関する十分な理解が得られるようになった．西欧では多くの人が食べものを十分に得ることができ，平均寿命は70～80年にまで達した．その後の医学研究は，主に心疾患や癌などの寿命短縮につながる疾病における栄養の役割に重きをおくようになった．ここに至って，肉の多い食事は心疾患や癌の高リスクにつながるという，肉とその大きな魅力が著しく不利なことが明らかになった．工業化以後の運動量の少ない生活と，いくらでも好きなだけ肉を食べられる状況のなか，本来なら貴重なエネルギー源であるところの肉が肥満につながるものとなり，さまざまな病気のリスクを高める結果となっている．肉に多く含まれる飽和脂肪は血中コレステロール値を上げ，心疾患へとつながる．さらに，心疾患や癌と戦うための助けとなる野菜や果物（p.249）の摂取量が，肉を多く食べる分だけ減ってしまい，心疾患や癌のリスクが高まる．

　したがって，人間の本能的な肉への傾倒を抑えるのは賢明なことである．肉は今の人間を創り上げる助けになったが，今度は人間本来の姿を変えようとしている．肉を食べるのはほどほどにして，肉の栄養的な長所と限界を補うような野菜や果物を一緒に食べるべきである．

**加熱肉に含まれる毒性副産物を最小限にする**
肉の調理にも注意を払う必要がある．科学的研究の結果，肉の加熱過程で発生する毒性化合物群が三つ同定されている．これらは実験動物においてDNAを傷つけ癌を引き起こすことがわかっており，人間では大腸癌のリスクを高める可能性がある．

<u>複素環式アミン</u>　肉に含まれる微量成分（クレアチンおよびクレアチニン）が高温でアミノ酸と反応することによって複素環式アミン（HCA）は発生する．HCAの発生は一般に，温度が最も高くなり肉汁も集まる肉表面に多く，直火焼き（グリル，ブロイル）や鉄板焼きでウェルダンにすると多い．オーブン焼きではHCAの発生が比較的少ないが，下に落ちた肉汁には多く含まれる．HCAの発生を抑えるには，酸でマリネするか，穏やかに加熱してレアやミディアムにするのがよい．野菜，果物，アシドフィルス菌（p.46, 囲み内）は消化管内でHCAと結合しDNAの損傷を防ぐと考えられる．

多環芳香族炭化水素　木材や脂肪をはじめ，ほぼすべての有機物を燃焼点（p. 436）まで熱したときに多環芳香族炭化水素（PAH）は発生する．よって煙の出る木材の火で調理すると，木材から発生したPAHが肉につく．炭火は一般に煙が出ないものの，肉から滴った脂肪が炭で燃えたり，肉の表面の脂肪が燃えたりすればPAHが発生する．高温の鉄板焼きでも少量のPAHが発生する．PAHによる害を最小限にするためには，木が炭になるまで燃やしてから肉を焼く，煤煙と蒸気を逃すようにふたをせずに焼く，脂肪が燃えないように注意する，または薫製肉をあまり食べないようにする．

ニトロソアミン　アミノ酸の窒素含有基や関連化合物が亜硝酸塩と結合するとニトロソアミンが発生する．亜硝酸塩はボツリヌス中毒を引き起こす細菌の増殖を防ぐことから（p. 170），何千年も前から塩漬け肉に使用されてきた．このアミノ酸と亜硝酸塩の反応は消化管内および高温のフライパンで起こる．ニトロソアミンは強力なDNA損傷化合物であるものの，現時点では塩漬け肉に含まれる亜硝酸塩が癌発生のリスクを高めるという確証は得られていない．それでも，塩漬け肉を食べるのはほどほどにし，加熱は穏やかにするのが賢明である．

## ■ 食肉および食品による感染症

肉は心疾患や癌に関わって寿命を縮める可能性だけでなく，病原菌感染というもっと直接的な危険がある．これは依然としてよくある問題である．

細菌感染　肉は栄養豊富な食物だからこそ，主に細菌などの微生物が非常に繁殖しやすい．そして動物の皮膚や消化管には細菌が多数存在するため，と畜，皮や羽や内臓の除去作業中に，はじめは衛生的だった肉の表面が汚染されてしまうのは避けられない．標準的な機械化工程では，枝肉の取扱いに熟練した肉屋に比べて雑なことと，感染した枝肉が一つでも混じっていると他に感染しやすいため，細菌感染の危険性はより大きい．ほとんどの細菌は無害であり肉を腐らせるだけで，栄養が奪われ最後には不快臭や表面のぬめりがでる．しかし，人間の消化管系細胞に入り込んで，細胞や防御機構を破壊し早く体外に逃げようと毒素を産生するものも多い．肉による重篤な食中毒を起こす菌のなかではサルモネラ菌と大腸菌の二つが突出している．

サルモネラ属には2000種類以上の細菌型が存在する．ヨーロッパおよび北アメリカでは食中毒のなかでサルモネラ菌によるものが最も重篤であり，その発生件数は増加傾向にある．増殖力の旺盛な菌で，広範な温度，酸，湿度に適応し，魚を含むほとんどすべての動物にみられる．合衆国では特に鶏肉や卵で感染が多く，これは工業規模の養鶏方法が原因である．動物廃棄物（羽，内臓）を次世代の飼料としてリサイクルしたり，密閉された過密な状態で飼育したりといったことが，細菌感染の拡大につながりやすい．動物にサルモネラ菌が感染しても目に見える影響がないことも多いが，人間では下痢や他器官での慢性感染を引き起こす．

大腸菌は，人間を含む温血動物の腸内に常在する多くの近縁細菌株の総称である．体外から侵入する菌もいくつかあって，口から入ると消化管細胞に入り込んで病気を引き起こす．最も有名で，最も危険な大腸菌はO157：H7という特別な菌株である．特に子供において，出血性の下痢と時に腎不全を引き起こす．合衆国では，大腸菌O157：H7と診断された患者の約3分の1が入院を必要とし，死亡率は約5％である．大腸菌O157：H7は牛，特に子牛や，その他の動物にみられるが，これらの動物にはほとんど影響を及ぼさない．O157：H7の感染源として一番多いのが牛挽き肉で，突出している．感染部位がわずかに混入していただけでも，挽き肉にすれば肉全体に混ざってしまう．

予防　細菌感染を防ぐにはまず，すべての食肉が何らかの病原菌に汚染されているものと考えるのが妥当である．汚染菌がほかの食品に広がらないように取り扱うことと，肉を加熱して殺

菌することが必要である．肉を調理した後は手，包丁，まな板，作業台を洗剤と水できれいに洗ってからほかの食品を調理する．大腸菌は68℃で死滅するので，挽き肉を調理する場合には中心が68℃以上に達するようにすれば安全である．サルモネラ菌やその他の細菌は5〜60℃の温度で急激に増殖するので，2時間以上この温度範囲に肉を置いておかないこと．立食式の料理は高温に保ち，残りものはすぐに冷蔵して食べる前には70℃以上に再加熱すること．

**トリヒナ症（旋毛虫症）**　トリヒナ（*Trichina spiralis*）という微小な寄生虫の被嚢幼虫（シスト）が原因で発症する．合衆国では長い間，感染したネズミなどの動物が混じった残飯を餌にしていた豚肉を，十分加熱せずに食べることでトリヒナ症が発症していた．未加熱の残飯を養豚飼料に使用することが1980年に禁止されてから，合衆国内におけるトリヒナ症の発生は年間10件未満に減少した．これらの原因のほとんどは豚肉ではなくて，クマ，イノシシ，セイウチなどの猟獣肉である．

長い間，豚肉はトリヒナを死滅させるために十分（ウェルダン以上に）焼くことが推奨されてきた．温度58℃，ミディアムの焼き加減で豚肉中のトリヒナは死滅することが今ではわかっている．65℃になるようにすれば十分に安全と言える．−15℃以下で20日間以上冷凍保存してもトリヒナは死滅する．

## ■ 狂牛病

狂牛病とは牛海綿状脳症（BSE）の通称で，牛の脳が徐々に破壊されてゆく病気である．病原体は非生命体であるタンパク質粒子，加熱調理しても失活せず，感染した牛を食べた人間にも類似の致死性疾患を引き起こすと考えられることから，特に懸念される病気である．まだわからないことも多い．

BSEが初めて報告されたのは1980年代初めで，この頃，スクレイピーという脳の病気にかかった羊の廃棄物を牛の餌にしていた．スクレイピーの病原体は，プリオンと呼ばれる化学的に安定なタンパク質凝集体である．羊のプリオンが何らかのかたちで新しい宿主に適応し，牛にも脳の病気を起こすようになった．

人間は羊のスクレイピーに感染しない．しかし主に遺伝性の疾患で，類似プリオンが原因となる，スクレイピーによく似た人間の病気がある．クロイツフェルト・ヤコブ病（CJD）と呼ばれるこの病気は，高齢者に発症することが多く，筋肉運動失調にはじまって認知症，最後には死に至る．1995年と1996年に，比較的若齢のイギリス人10名が新規変異型CJDで死亡しており，体内に検出された病原性プリオンはBSEプリオンと非常に類似していた．このことから，BSEに感染した牛の肉を食べて人間が発病することが強く示唆される．牛の体組織のなかでも脳，脊髄，網膜にプリオンが濃縮されていると考えられるが，筋肉，いわゆる牛カット肉にもプリオンが存在しうることが2004年に報告されている．

感染個体を含む牛群の一斉処分，飼料の変更，監視体制のおかげで，BSEはイギリス国内からは駆逐されたとみられる．しかしヨーロッパのほかの地域や合衆国，カナダ，日本などでBSEが発生している．多くの国では予防措置として，従来の慣行を少なくとも一時的に禁止している．旨さの増した加齢牛の肉（BSE感染の可能性が高い）や，脳，胸腺や脾臓（免疫系器官），腸（免疫系組織を含む）を食用としないことなどである．頭部および脊柱からの「機械回収肉」（機械を使って骨格から回収した細かい肉片を挽き肉に混ぜたもの）の使用を禁止している国もいくつかある．今後BSEの迅速検査が開発・導入され，また人間への感染機構が解明されれば，これらの規制は変更されると思われる．

現在知られている限り，BSE感染牛による死亡者数は数百名ほどで，牛肉でプリオン病に感染する確率はかなり低いとみられる．

# 現代の食肉生産に関する論争

食肉生産は大きな産業である．合衆国ではほんの数十年前まで，自動車製造業に次ぐ第二の規模であった．業界と政府の合意のもと，食肉生産およびコストの管理に関する革新的な研究が行われてきた．その結果，比較的安価で安定した食肉供給が可能となったが，家族経営の牧場，豚舎，鶏舎で行われていた従来の方法とはかけ離れた生産システムができあがり，さまざまな問題が出てきた．技術革新では動物の代謝をコントロールするために化学物質が使われることも多く，人間の健康にも影響があるのではないかと懸念されている．その他には，動物の生育環境がより人工的で過密になっていることや，さまざまな農業分野の廃棄物を再加工して飼料にすることなどがある．後者は狂牛病の発生源であり，養鶏におけるサルモネラ菌の蔓延にもつながった．単一施設に数十万匹もの動物が入れられるという現代食肉生産の規模および密度は，水，土壌，大気の著しい汚染をもたらした．ヨーロッパでは消費者と生産者がこういった開発に不安を感じるようになり，食肉産業の一部では，昔ながらの小規模生産で動物の暮らしや食肉の質に気を配るような努力がみられる．

## ■ ホルモン

動物のホルモンをコントロールすることは昔から行われてきた．雄をおとなしくさせるために去勢することは数千年も前から行われていた．睾丸を除去すると攻撃的な行動を促す性ホルモンの分泌が抑えられるだけでなく，筋肉よりも脂肪組織が多く作られるようになる．これが，雄牛や雄鶏よりも去勢牛や去勢鶏が昔から好んで食べられる理由である．現代では脂肪の少ない食肉が好まれる傾向にあるため，去勢しない肉畜を育てたり，去勢動物にある種のホルモンを与えたりする生産者もでてきた．エストロゲンやテストステロンなどの天然または人工ホルモンを与えると，少ない飼料で短期間に脂肪の少ない筋肉質の牛を育てることができる．食肉用の牛やその他の動物で，さまざまな成長因子やその他の薬物を使って，動物の生育や脂

---

### 見えない動物

歴史家のウィリアム・クロノンは，19世紀における食肉生産システムの変貌に伴い，食用動物が消えてしまったと雄弁に語っている．

> 複雑に入り組んだ動物と人間との共生関係から豚肉や牛肉が生まれるということを，かつては忘れることがなかった．自分の家の放牧地で草を食む豚や牛を見ており，いつも小屋に行っていたし，牛や豚が人間の食事として仕えるために殺される肉屋にも行ったのだから，人間に食べられるために死んだ動物たちを忘れることはなかった……．時は流れ，肉を食べる者のうちで，口に入る肉が動物として生きていたときの姿を見たことがあると言える者は少ない．動物を自らの手で実際に殺したと言える者はさらに少ない……．きれいに包装された肉をスーパーマーケットで買ったのだから，自然などはほとんど関係ない．

——ウィリアム・クロノン，*Nature's Metropolis : Chicago and the Great West*（自然のメトロポリス：シカゴと大西部），1991年

肪と赤身の比率を微調整する研究が続いている．

現在，合衆国，カナダ，オーストラリア，およびニュージーランドでは肉牛生産に6種類のホルモンの使用が許可されているが，ヨーロッパでは認められていない．欧州経済共同体（ECC）では1989年にホルモン処理が非合法化されたが，これは広く知られたイタリアでの不正使用に端を発している．一部の生産者が子牛に禁止ステロイドのDESを大量投与していたもので，瓶詰ベビーフードに混入し，一部の乳幼児に生殖器の変化が認められた．実験により，許可範囲量以下のホルモン処理をした動物の肉には微量の残留が認められたが，この残留量は人間が摂取しても無害であることが示されている．

### ■ 抗生物質

産業規模の効率的な食肉生産では，閉鎖環境で多数の動物を生育する必要がある．動物の病原菌を抑制するために，飼料への定期的な抗生物質添加を行っているところが多い．これにより生育速度が上がり飼料効率が高まるという別の利点もあることがわかった．

食肉中の残留抗生物質は微量であり重大ではないと思われる．しかし，家畜に抗生物質を使用すると抗生物質耐性のカンピロバクターやサルモネラ菌が出現しやすいという確かな証拠があり，合衆国内の消費者にこういった抗生物質耐性菌を原因とする発病もみられる．耐性菌は抑制が難しいため，ヨーロッパと日本では家畜への抗生物質の使用を制限している．

### ■ 人道的な食肉生産

多くの人にとって，家畜の大量生産自体が望ましくないものである．スイスでは1978年以降の一連の法的措置や大統領令によって，生活空間，屋外への出入り，自然光，家畜群数の制限など，動物に必要とされる環境を提供することが生産者に義務づけられた．欧州連合でも食肉生産について動物の福祉に関するガイドラインを採択しており，多くの国の生産者が結集して独自のガイドラインを制定し，これを監視している．

大量生産によって食肉がより身近な食品になったことは確かだが，食べるために動物を育てるのだからこそ，動物の短い生涯をできる限り満足できるものにするのが正当と思われる．食肉用の動物を経済的に飼育しつつ，動物の性質と本能を考慮して放牧や巣作りや子育てをさせるというのは簡単ではない．それでも，生産コストをさらに1％上げるための努力と同じくらいには価値のあることである．

## 肉の構造と品質

赤身の肉は三つの基本成分から構成されている．約75％の水分，20％のタンパク質，3％の脂肪である．これらの成分が3種類の組織を作り上げている．主要組織である筋細胞は，収縮と弛緩によって動きを生み出す長い線維である．筋線維を取り囲んでいるのが結合組織で，動きのある線維同士および線維と骨をつなぎとめる生きた接着剤とも言える．線維と結合線維の中に散らばる脂肪細胞は，筋線維のエネルギー源として脂肪を蓄えている．硬さ，色，風味といった肉の品質は，筋線維，結合組織，および脂肪組織の割合と配置によるところが大きい．

### ■ 筋肉組織と肉のテクスチャー

**筋線維**　肉の塊は，目に見えるものはほとんどが筋細胞の束で，これが動きを引き起こす線維である．一つの線維は非常に細くて，人間の髪の毛1本ほどの太さ（1mmの10分の1から100分の1の直径）だが，筋肉全体と同じくらいの強さをもつ．筋線維は束状構造をとり，よく焼いた肉を裂いたときに見られる太い線維である．

硬くしまった肉の基本的なテクスチャーは筋

線維によるもので，加熱するとさらに乾燥して硬くしまる．細長く並んでいるので，肉には「筋目」がある．線維の束と平行に切ると，ログハウスの丸太のように並んでいるのを横から見ることができる．線維の束と直角に切ると断面だけが見える．線維の束を断ち切るよりも線維の束を1本ずつにはがすほうが簡単なので，線維方向に沿ったほうがかみ砕きやすい．したがって普通は，筋目に沿ってかみ砕きやすいように，肉の筋目と直角に切る．

　動物が若くて筋肉をあまり使わないうちは筋線維の直径は小さい．大きくなり運動量が増えるにつれ筋肉は太く強くなるが，これは線維の数が増えるのでなくて，個々の線維に含まれる収縮性筋原線維タンパク質（フィブリル）の数が増えるからである．つまり，筋細胞の数は変わらないが，ひとつひとつが太くなる．細胞に筋原線維タンパク質がたくさん詰まっているほど，かみ切りにくくなる．したがって，年をとってよく運動する動物の肉は若い動物の肉よりも硬い．

**結合組織**　筋肉をはじめ身体中のその他すべての組織において物理的な結合力となっているのが結合組織である．個々の細胞や組織を互いに結びつけ，その動きを組織化・協調化している．肉眼では見えない薄い結合組織層がひとつひとつの筋線維を取り囲み，隣接する線維同士を束ねている．その束は互いに融合して銀白色の大きなシートになり，線維の束を筋肉にまとめ，さらに半透明な腱となって筋肉を骨に結合している．線維が収縮するとこの結合組織も一緒に引っ張られて，骨も引っ張られるというわけである．筋肉の引く力が強いほど，それを補強する結合組織も多く必要で，組織はより強くなければならない．したがって，動物が年をとり運動量が増え筋線維が太くなるにつれ，結合組織も太く強くなってゆく．

　結合組織には生きた細胞も含まれる．そのなかで料理に最も重要なのはタンパク質線維と呼ばれる分子群で，組織全体に張りめぐらされ補強の役割を果たしている．そのなかの一つで伸びることから「エラスチン」と呼ばれるタンパク質は，血管壁および靭帯の主要成分であり，とても強靭である．その架橋結合は加熱調理しても壊れない．幸い，筋肉組織にはあまり多く含まれていない．

　結合組織の主要線維は「コラーゲン」と呼ばれるタンパク質で，動物の身体に含まれる全タンパク質のおよそ3分の1を占める．皮膚，腱，骨に濃縮されている．コラーゲンという名前は"接着剤を作り出す"という意味のギリシャ語からきているが，これは水の中で加熱すると，固体の硬いコラーゲンの一部が溶け出して粘りのある「ゼラチン」になるからである（p. 580）．よって，調理すると硬くなる筋線維とは違い，結合組織は軟らかくなる．生まれたばかりの動物には，簡単に溶けてゼラチン化するコ

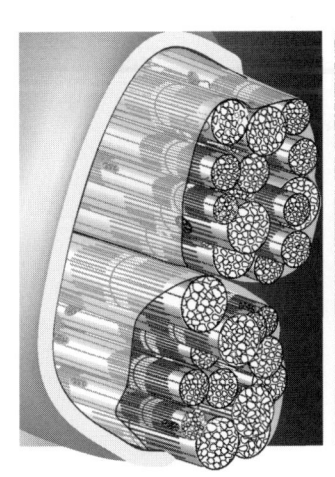

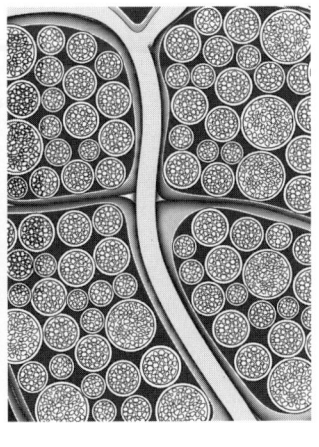

結合組織．結合組織の薄膜によって筋線維は束になり，固定され，補強されている．結合組織が多いほど肉は硬い．

ラーゲンが大量に含まれる．成長して筋肉を使うようになるにつれ，コラーゲンは少なくなり，その代わりに残った線維は架橋度が増して熱湯中でも溶けにくい．加熱調理した子牛の肉はゼラチンが多く軟らかいが，成熟した牛の肉はゼラチンが少なく硬いのはこのためである．

**脂肪組織**　結合組織の特殊なもので，細胞の一部がエネルギーを蓄える役割を担っている．脂肪組織は動物の身体の中の三つの部分に形成される．エネルギー供給のほか，断熱作用も担う皮膚直下，腎臓・腸・心臓周囲によくみられる体腔内の明確な脂肪蓄積，そして筋肉の間または筋肉内の線維束の間にある結合組織内である．筋肉の赤身中に白い斑状模様がみられるものを「霜降り」という．

**組織とテクスチャー**　軟らかい肉というのは風味と同じくらいに独特の満足感が得られるものである．"肉のような"食べものと言えば，がぶりとかんだときにしっかりとした歯ごたえを感じ，はじめは硬くてもすぐに軟らかくなって味がでるものを想像する．硬い肉はいつまでもかみ切れず不快である．肉の硬さは筋繊維，それを取り巻く結合組織，そして脂肪の霜降りの少なさからくる．

　一般に，カット肉の硬さは肉の部位，および動物個体の年齢と活動量によって決まる．四つん這いになって"草を食べる"まねをしてみるといい．首，肩，胸，前足には力が入っているが，背中のほうは弛緩しているのがわかる．肩と足は歩いたり立ったりして常に使っており，さまざまな種類の筋肉とこれらを覆う結合組織が含まれている．したがって肩と足は比較的硬い．テンダーロインというのは，背中に沿って走るあまり動かない単一筋肉であり，内部結合組織が少ない．その呼び名のとおり軟らかい．これと同じ理由で，鳥の足は胸よりも硬い．鶏もも肉ではタンパク質の5〜8％がコラーゲンなのに対して，胸肉では2％である．若い動物は（子牛肉，ラム肉，豚肉，鶏肉はすべて牛肉よりも若い），小さくて運動量も少ないため筋線維が軟らかい．また若い結合組織中のコラーゲンは，年をとって架橋度の高いコラーゲンよりも早く完全にゼラチン化する．

　脂肪は肉の軟らかさに関係するが，それは次の三つによる．一つ目は，脂肪細胞が結合組織の薄膜や筋線維の塊に入り込んでこれを弱める．二つ目は，加熱すると線維のように乾燥して硬くなるのではなく，脂肪は溶ける．三つ目は，組織の潤滑油の働きをして線維同士が離れやすい．脂肪があまり含まれないと，軟らかいはずの肉もパサついて硬く小さくなる．牛肩の筋肉には足の筋肉よりも結合組織が多いが，同時に脂肪も多く含まれるのでジューシーな料理ができる．

去勢牛の解剖図と牛肉の部位．体を支えるのは主に肩と四肢である．したがって補強のための結合組織が多く含まれていて硬い．1時間以上かけて十分に加熱調理し，結合組織コラーゲンをゼラチン化するとよい．リブ（あばら肉），ショートロイン（肋骨後ろの腰肉），サーロイン（ショートロインの後ろ側の腰肉）はあまり負荷がかからず，一般に最も軟らかい部位である．短時間で調理したミディアムでも軟らかい．

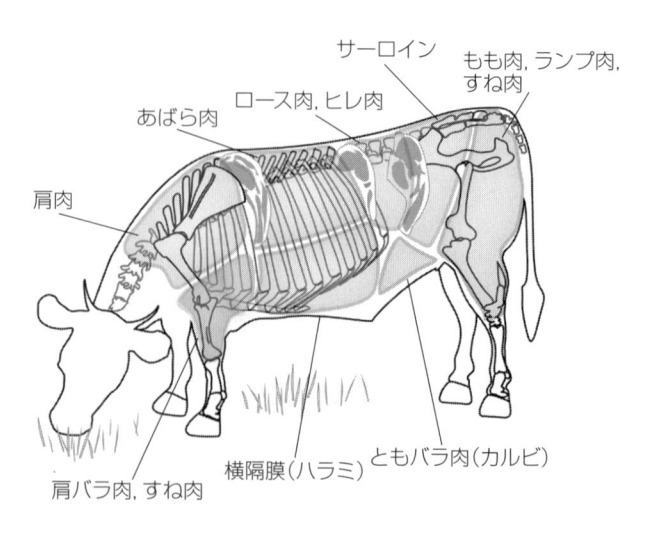

## ■ 筋線維の種類：肉の色

なぜ鶏肉には白身の肉と赤身の肉があって，それぞれ味が違うのか？ なぜ子牛肉は白っぽく繊細な味で，牛肉は赤くしっかりした味なのか？ それは筋線維の違いによる．筋線維にはいくつかの種類があり，それぞれの働きに応じて作られ，色と風味が異なる．

**白い線維と赤い線維** 動物の動きには 2 種類ある．一つは突然で急激かつ短時間の動き．たとえば，驚いたキジが急に空に飛び立ち数百メートル先に着地するような場合である．もう一つは，意図的な持続した動き．たとえば，キジが両足で体重を支えて立ったり歩いたりする場合，あるいは去勢牛がおとなしく立って反芻している場合である．これらの動きを担う筋線維には，基本的に 2 種類のものがある．キジや鶏の胸にみられる白い線維，そして鳥の足や去勢牛の足にみられる赤い線維である．この二つの線維は生化学的特性がさまざまに異なるが，なかでも一番大きな違いはエネルギー供給源である．

**白筋線維** 白筋線維は素早く瞬間的な力を発揮する．線維中にあらかじめ蓄えられているグリコーゲンと呼ばれる少量の炭水化物をエネルギー源にする．グリコーゲンは細胞液中の酵素によって迅速にエネルギーへと変換される．白筋細胞はグリコーゲンを燃やすのに酸素を使うが，必要とあれば血液が供給する酸素量を超えてエネルギーを発生することができる．この場合には，十分な酸素が供給されるまで廃棄物としての乳酸が蓄積する．細胞の持久力はこの乳酸蓄積と，エネルギー供給量によって制限される．以上の理由から，白筋細胞が最も効率的に働くためには，短く一時的な瞬発力の合間に，乳酸を取り除きグリコーゲンを補給するための長い休憩期間が必要なのである．

**赤筋線維** 赤筋細胞は持続的な力を発揮する．主なエネルギー源は脂肪で，脂肪の代謝には酸素が必ず必要であり，脂肪（脂肪酸の形で）と酸素の両方を血液から得ている．赤筋線維は比較的細いので，血液から脂肪酸と酸素が浸透しやすい．赤筋線維自体にも脂肪滴とこれを代謝してエネルギーを得るための生化学装置が存在する．この装置に含まれる 2 種類のタンパク質が，赤筋細胞を赤くしている．一つは「ミオグロビン」で，血液を赤くし酸素を運ぶヘモグロビンに類似しており，血液から酸素を受け取って一時的に貯蔵し，これを脂肪酸化タンパク質に渡す．脂肪酸化タンパク質のなかには一連の「チトクローム」が含まれ，これらはヘモグロビンやミオグロビンと同じように鉄を有し，濃い色をしている．線維が必要とする酸素量が多いほど，そして運動量が多いほど，より多くのミオグロビンとチトクロームが含まれる．若い牛や羊では一般に，重量当たり 0.3%のミオグロビンが含まれ色が比較的薄い．常に動き続けているクジラの筋肉では，長時間の潜水に備えて大量の酸素を蓄えなければならず，細胞内のミオグロビン含量は若い牛や羊の 25 倍にも達し，黒色に近い．

**線維の比率：白身と赤身** 動物の筋肉のほとんどが，素早い動きとゆっくりした動きの両方を行うために，白筋線維と赤筋線維の両方と，さらに両者の特徴を合わせもつ混合型の線維を含む．特定の筋肉に含まれる各線維の比率は，親

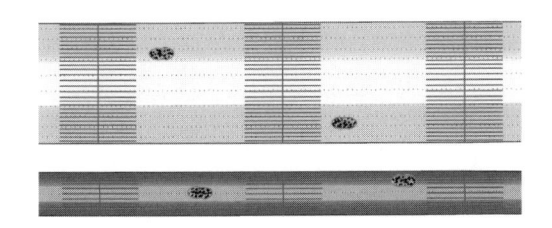

白筋線維と赤筋線維．速筋細胞は遅筋細胞に比べて太く，酸素を結合するミオグロビン色素および脂肪を燃焼するミトコンドリアが少ない．遅筋の赤筋線維は細いので，外の血液から供給される酸素が線維内部に速く浸透する．

から受け継いだ遺伝的な特徴と実際の運動パターンによって違ってくる．カエルやウサギは，ときどき素早い動きをするが，持続的な動きをする骨格筋はほとんどないので，その筋肉は色がかなり白くて主に白筋（速筋）からなる．一方，常に反芻を行って口を動かし続けている去勢牛の頬肉は，赤筋（遅筋）だけである．鶏や七面鳥は驚いたときしか飛ばず，走るのはときどきで，多くの場合は立っているか歩いている．よってその胸の筋肉は白筋が大半を占め，足の筋肉は一般に赤筋と白筋が半々である．鴨や鳩などの渡り鳥の胸の筋肉は，一度に数百キロも飛び続けられるように，赤筋が大半を占める．

**筋肉の色素**　肉に含まれる主要色素は酸素を貯蔵するミオグロビンで，化学的環境に応じていくつかの型と色合いをもつ．ミオグロビンは二つの構造が結合したもので，鉄原子を中心に捕らえる分子のカゴのような構造と，これに結合したタンパク質からなる．鉄を介して酸素が分子に結合した状態では，ミオグロビンは鮮赤色を呈する．酸素が必要になって筋細胞中の酵素によって酸素が引きはがされると，ミオグロビンは暗紫色になる．（同様に，ヘモグロビンは肺から出てきたばかりの動脈内では赤く，すでに細胞に酸素を受け渡した後の静脈内では青い．）酸素が鉄原子から電子を奪い去ってしまった場合には，鉄原子はもはや酸素を結合することができず，代わりに水分子を結合して褐色になる．

赤身肉には赤色，紫色，褐色，いずれのミオグロビン分子も存在する．これらの相対比，したがって肉の見た目の色を決める要素はいくつかある．酸素供給量，筋細胞内で酸素を消費する酵素活性，そして褐色ミオグロビンに電子を再供給して紫色に戻す酵素活性である．酸度，温度，塩濃度も関係する．いずれかが高くて結合タンパク質が不安定になれば，ミオグロビンは電子を失って褐色になりやすい．一般に，新鮮な赤身肉は酵素活性を保持しており，酸素の多い表面は赤いが，外から拡散してくるわずかな酸素は酵素によって消費されてしまうので内側は紫色をしている．生肉やレアステーキを切ると，はじめは紫色の内側が直接空気に接したためにパッと赤くなる．同様に，真空包装された肉は酸素がないために紫色をしているが，袋から出すと赤くなる．

塩漬け肉がピンク色をしているのは，さらに別の変化がミオグロビン分子に起きているからである（p. 145）．

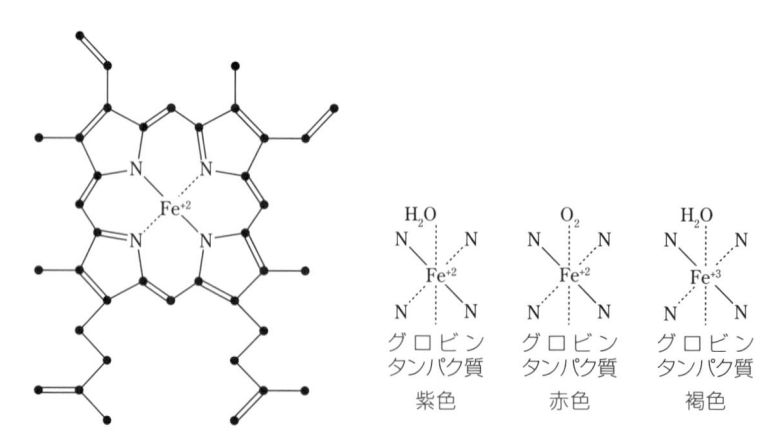

肉の色素．左図：ヘモグロビン分子およびミオグロビン分子の中央に位置する炭素環構造であるヘム基．動物の体細胞が使うための酸素を結合する．両分子のタンパク質部分であるグロビンは長いアミノ酸鎖が折りたたまれたもので，図には示していない．右図：未加熱の肉にみられるヘム基の三つの状態．酸素がないとミオグロビンは紫色である．酸素分子を結合するとミオグロビンは赤色を呈する．酸素量が少ない場合には，ヘム基の鉄原子が容易に酸化され（電子を失い）褐色になる（右）．

## ■ 筋線維，筋肉組織，そして肉の風味

肉が好まれる大きな理由はやはりその風味にある．肉の風味には，一般的な肉の味と，動物ごとに異なる独特の香りとがある．一般的な肉の味は主に筋線維によるもので，独特の香りは脂肪組織による．

**筋線維：運動の風味**　口の中に広がる味の感動と，独特で芳醇な香りが組み合わされて肉の味となる．いずれも，筋線維中のタンパク質とエネルギー産生装置が，筋肉内の酵素および調理の熱によって小さな粒子に分解されたときに生まれる．単一アミノ酸分子，アミノ酸が連結した短い鎖，糖，脂肪酸，ヌクレオチド，塩などの小さな粒子は，舌を刺激して甘味，酸味，塩味，旨味の味覚を生じさせるのである．加熱するとこれらが互いに反応しあって何百種類もの芳香化合物が生じる．一般に，よく運動して赤筋線維の割合が多い筋肉（鶏もも肉，牛肉）は，あまり運動せず白筋線維ばかりの筋肉（鶏胸肉，子牛）よりも風味が豊かである．赤筋線維には風味のもととなる材料が多く含まれていて，これは特に脂肪滴や，チトクロームを収納する膜の脂肪様成分などである．赤筋線維には風味のもとの分解を助ける物質も多く，これにはミオグロビンやチトクロームの鉄原子，これに結合している酸素，脂肪をエネルギーに変換したり細胞タンパク質を再利用したりする酵素が含まれる．

運動と風味との関係は古くから知られていた．200年近く前，ブリア-サヴァランは「眠っているキジの体を支えている足が格別においしいなどと知ったようなことを言う美食家」と揶揄している．

**脂肪：種ごとの風味**　赤筋線維も白筋線維も，動きを生み出すという特別な役割を担っているのだから，それに含まれる運動装置はどんな動物でもほぼ同じである．これに対して，脂肪細胞は基本的に貯蔵組織であり，脂溶性のものであれば何でも取り込まれる．したがって，脂肪組織の中身は動物種ごとに異なり，餌や胃腸内微生物による影響も受ける．牛肉，ラム肉，豚肉，鶏肉にそれぞれ固有の味があるのは，主に脂肪組織の中身によるものであり，多種多様の芳香分子が混ざり合っている．脂肪分子自体は熱や酸素によって，果実臭，花の臭い，ナッツ臭，あるいは「青臭さ」をもつ分子へと変換される．これらの割合は脂肪の性質による．草本植物に含まれる成分は牛肉に「牛臭さ」をだす．ラム肉や羊肉には珍しい分子が多く含まれている．反芻胃微生物が作り出す化合物が肝臓で代謝されて生じる分岐鎖脂肪酸，タイムの臭いのチモールなどである．豚肉の「豚臭さ」やアヒルの獣臭さは腸内微生物およびそのアミノ酸代謝で生じる脂溶性産物によるものと考えられる．一方，豚肉の"甘い"香りはココナッツやピーチに特有の香りを与える分子（ラクトン）と同じ種類のものである．

---

### 肉の色は優れた鉄源である

野菜に含まれる鉄よりも肉に含まれる鉄のほうが体内に吸収されやすいというのが，肉の栄養的な長所の一つである．その理由は明らかでないが，色素タンパク質に鉄が結合して，難消化性の植物性成分に鉄が結合しにくいのかもしれない．肉の色は鉄の濃度をよく表わしている．赤い牛肉とラム肉は，色の薄い豚肉に比べて平均2～3倍の鉄を含む．比較的色の濃い豚肩肉に含まれる鉄分は豚ロース肉の2倍ほどになる．

牧草と穀物　一般に，牧草や飼い葉を餌にすると穀物や濃縮飼料に比べて肉の味が強くなる．これは植物にはさまざまな臭気成分，反応性多価不飽和脂肪酸，クロロフィルなどが多く含まれているせいである．クロロフィルは反芻胃微生物によって変換され，ハーブやスパイスに多く含まれる芳香化合物と類似したテルペンという化合物になる（p. 265）．牧草からくる風味に強く関わるもう一つの化合物はスカトールというもので，それだけでは何と肥やしの臭いがする．ただし，深みのある「牛臭さ」は穀物を餌にしていた動物のほうが強い．動物が年をとるほど，より多くの風味成分が蓄積されるので，脂肪の風味は強まる．成熟した羊肉（マトン）よりも子羊肉（ラム）の方が一般に好まれる理由である．

## ■ 生産方法と肉の品質

　成熟した動物の肉は濃厚な味わいをもつ．しかし，運動や年齢によって筋線維は太くなり結合組織の架橋度も高くなるので，成熟した動物の肉は硬いということでもある．過去数世紀に渡り，多くは成熟して硬く味の強い肉を食べてきたので，肉を軟らかくするために長く調理するような料理法ができあがった．今日では，若くて軟らかく淡白な味の肉を食べることが多い．このような肉は短時間で調理するほうがおいしく，長く調理すると乾燥しがちになる．このように肉の品質が変化したのは，肉畜の飼育法が変わってきたからである．

**田舎風の肉と都会風の肉**　動物から肉を得る方法には，昔から変わらぬ二つの伝統的な方法があり，それぞれに肉の質が違う．

　一つは，動物を主に生きた仲間として飼う方法である．雄牛や馬を野良仕事に使い，雌鶏に卵を産ませ，雌牛や羊や山羊からは乳や羊毛をとる．こうした仕事ができなくなったときにだけ，肉として食べるのである．この場合は，肉を食べるために殺すというのは，生きていたほうが価値の高い資産を使い切ってしまうことである．成熟した動物の肉なので，よく運動していて比較的硬く，脂肪は少ないが風味は濃い．有史以前から19世紀までは，この方法が明らかに最も一般的だった．

　動物から肉を得るもう一つの方法は，動物をはじめから食肉用として飼うことである．これはすなわち，餌を十分に与え，不必要な運動はさせず，若いうちに殺して，軟らかく淡白で脂肪の多い肉を得るということである．この方法も有史以前にさかのぼるもので，豚とか，雌鶏や乳用家畜から生まれたほかには役に立たない雄の子どもで行われていた．都市が生まれると，贅沢のできる都市の上流階級のためだけに，肉畜を狭い場所に閉じこめて太らせるようになった．これはエジプトの壁画に描かれており，ローマ時代の著述にも出てくる．

　何世紀もの間，田舎風の肉と都会風の肉が共存してきたので，軟らかくて脂肪の多い裕福層用の肉はローストにし，硬くて脂肪の少ない農民用の肉は煮込むという，二つの異なる肉料理法が生まれた．

**田舎風は消えゆく**　産業革命とともに役畜（牽引用の動物）は次第に機械に取って代わられる．都市人口および中流階級層の増加に伴い肉の需要も高まり，食肉専門の大規模生産が行われるようになった．1927年に米国農務省（USDA）は，都会風の脂肪の多さを正式な肉の品質として認め，筋肉中に分散する脂肪の"霜降り"量に基づいた牛肉の等級制度を確立した（p. 133囲み内参照）．北米では成熟した動物の肉は次第に消えてゆき，効率を追求し続ける産業生産のなかで，さらに極端な都会風になっていった．

**大量生産は未成熟を好む**　現在の食肉はほとんどが食肉専用に飼育された動物のものである．大量生産法の目指すところは，最小のコストで（一般にはできる限り短期間で）食肉を生産するという，単純な経済課題である．不必要な運動による飼料コストを抑えるため，動物は狭い空間に閉じ込められ，成体になる前の筋肉の成

長が遅くなった時点で殺される．閉じ込めて急速に成長させると白筋線維が多く作られるので，現代の食肉は色が比較的白い．そして軟らかい．その理由は，あまり運動しないこと，急速に成長することより結合組織内のコラーゲンが絶えず分解・再生を繰り返しており，強い架橋が生じにくいこと，そして熟成中（p.140）に肉を軟らかくするタンパク質分解酵素が多く含まれるためである．肉の好きな人は，この数十年で食肉は味気なくなってしまったと感じている人も多い．長く生きるほどおいしくなるが，現代の肉畜の一生はどんどん縮まっている．

**脂肪への嗜好が変わってきた：現代風**　1960年代初期，アメリカの消費者の嗜好は霜降りの牛肉や豚肉から，より脂肪の少ない部位や家禽肉へと変わっていった．肉が霜降りになるのは，急速な筋肉の成長が遅くなってからなので，食肉業界にとっては脂肪をあまりつけず生産効率が向上することはありがたかった．消費者と生産者が脂肪の少ない牛肉を好むようになったことに対応して，1965年と1975年にUSDAは最高級の牛肉の霜降り量を引き下げた．

現代風の食肉はこうして，都会風の肉のように若く，田舎風の肉のように脂肪が少ないという，従来の二つの様式を組み合わせたものとなっている．よって味は淡白で調理するとパサつきやすい．このように扱いづらい肉を料理するには，田舎の伝統的な料理法をうまくアレンジして使ってゆく必要がある．

**品質生産：フランスの例**　食肉をできるだけ安く生産しようというこの一般的な風潮に逆らった，ささやかだが意義深い例外がある．フランスの鶏肉業界は1960年代，一般的な鶏肉の淡白さと調理すると縮んで骨が外れてしまうのを不満に思っている消費者が多いことに気づいた．そこで効率だけでなく品質も考慮した生産

## 牛肉のUSDA等級：脂身が赤身に勝つ

経済学者のV. ジェームズ・ローズによれば，牛肉のUSDA等級制度は肉の品質に関する客観的分析によるものでなはく，1920年代初期の農業不況時に，中西部および東部の牧畜業者が考案し推し進めたものである．脂肪の少ない乳用種や「雑種」に代えて，彼らがトウモロコシを与えて飼育する脂肪の多い純血種の需要を促進するためである．宣伝の先頭に立ったのは *Breeder's Gazette*（畜産家広報）の編集者，アルビン・サンダースである．安価なカット肉を長時間かけて調理することを「何本かの骨と少量の"猫の肉"だけで宴会を催すという大陸ヨーロッパによくある話」と派手にけなした．

サンダースと同僚たちは，「動物の筋肉組織は脂肪を多く含むことによってのみ，軟らかく風味豊かなものになる」という考えを全国に広めていった．1926年夏，オークリー・ソーンという社会的地位の高い畜産家であるニューヨークの資本家が農務長官の指導にあたると間もなく，政府の衛生管理下にあるすべての包装工場において（目視できる霜降り度に基づく）品質等級格づけを無料で行うことになった．1927年にはU.S. "プライム"ビーフが生まれた．その数年後に，霜降りが強くても肉が軟らかくおいしいとは限らないことが，政府資金による研究で明らかになった．しかし，霜降りの強いプライム・ビーフは相変わらず高級とみなされ，合衆国は脂肪含量を肉品質の最大の基準とする3ヶ国の一つに残っている（ほかは日本と韓国）．

体制をとる生産者がでてきた．この結果生まれたのが，有名な「ラベル・ルージュ」（赤ラベル）で，特別な基準に従って生産された鶏肉を認証する制度である．その基準は，生育の遅い品種を，人口濃縮飼料ではなく穀物を主に与えて育て，群れはあまり大きくせず，屋外にも出し，通常は 40～50 日齢のところを 80 日齢以上でと畜するというものである．ラベル・ルージュの鶏肉は，工業生産品に比べて脂肪が少なく筋肉質で，調理で失われる水分は 3 分の 1 少なく，歯ごたえがしっかりして，味わいが深い．現在では多くの国に，同様の品質に基づいた食肉生産体制がある．

経済原則に基づき，淡白で軟らかい肉が現代の標準とされつつある．しかし小規模生産者が，時に珍しい"在来"品種を使って，より成熟し味わい深い肉を生産することにより，高くても品質のよいものを望む消費者のなかに独自の高収益市場を開拓したのである．

## 食肉用動物と特徴

食料として育てる動物はそれぞれ独自の生物学的特徴を有し，人間の需要や嗜好の移り変わりとともにその特徴も人間の手によって形作られてきたという歴史がある．ここでは，一般的な食肉の特徴的な品質，および現在の主な生産様式について述べる．

### ■ 肉畜動物

**畜牛** 畜牛の先祖は野生牛または原牛（オーロックス）の *Bos primigenius* で，ユーラシア温帯全域の森林や平原で草を食べていた．畜牛は肉畜のなかでも最も大型で，成体になるまでの期間も約 2 年と一番長いため，その肉は比較的色が濃くて味も強い．肉牛に特化した品種改良がはじまったのは 18 世紀である．イギリスでは小型で脂肪の多いイングリッシュ・ヘレフォード種，短角（ショートホーン）種，スコッツ・アンガス種が作られ，これに対してヨーロッパ大陸の肉牛種は四肢が長くて脂肪の少ないより原牛に近いものだった．これにはフランスのシャロレー種やリムジン種，世界最大品種と言われるイタリアのキアニーナ種（雄牛は体重 2 トンでイギリス品種の 2 倍）などがある．

**アメリカの牛肉** 合衆国では 1927 年に連邦等級基準（p.133，囲み内参照）が導入され，全

---

### 今日のアメリカ牛肉の品質と等級

高級とされるプライム・ビーフではあるが，肉の総合的な軟らかさ，ジューシーさ，そして調理したときの風味に及ぼす霜降りの影響度はせいぜい 3 分の 1 ほどであるというのが，肉に詳しい科学者の一致した意見となっている．ほかの要因としては品種，運動量と飼料，年齢，と畜時の条件，と畜後の熟成期間（p.140），市販前の保存条件などが挙げられる．これらの多くは消費者が評価できないものであるが，生産に関する情報を伝え，生産の一貫性を維持するためのストア・ブランドおよび生産者ブランドを確立する流れがある．年をとった個体からのより風味豊かな肉を見分けるには，肉色が濃くて筋線維が粗いものを選ぶようにする．

現在スーパーマーケットで売られている等級づけされた牛肉の多くは，脂肪分 4～10％の「チョイス」または脂肪分 2～4％の「セレクト」である．プライム・ビーフは脂肪分 10～13％前後となっている．牛挽き肉は赤身だけのものも赤身と脂身が混ざったものもあって，脂肪含量は 5～30％である．

国一律の様式が確立された．最高級の「プライム」は，若くてキメ細かく霜降りの多い肉である．純血のアンガス種とヘレフォード種の牛肉が30年の間，規範となってきた．消費者の嗜好が脂肪の少ない肉へと移ったため，USDA等級制度は改定されて脂肪の少ない肉もプライムとチョイスに認証されるようになった（p. 134，囲み内参照）．今日では，アメリカの牛肉は主に15〜24ヶ月齢の去勢牛（子牛のときに去勢した雄牛）と未経産牛（まだ子を産んでいない雌牛）で，と畜前の4〜8ヶ月間は穀物飼料を与えられる．最近は，普通の牛肉よりも脂肪が少なく風味が強い（p. 131），牧草だけで育てた牛肉への関心が高まっている．

**ヨーロッパの牛肉**　アメリカ以外の肉を多く食べる国々では畜牛の育て方も違っていて，特徴的な牛肉が生産されている．イタリアでは16〜18ヶ月齢でと畜した若い肉が好まれる．BSEが出現する前は，フランスとイギリスの牛肉の多くが生後2〜3年経った乳牛のものだった．*Technologie Culinaire*（調理技術，1995年）というフランスの標準教本では，2歳未満の動物の肉は「まったく味気ない」もので，3〜4歳の去勢牛の肉は「品質が頂点を極める」と述べている．しかしながら，動物が年をとるにつれてBSE感染リスクが上昇するので，今は多くの国において肉牛は年齢3歳未満でと畜するように定められている．2004年にはフランスおよびイギリスの牛肉のほとんどが30ヶ月齢以下であった．

**日本の牛肉**　日本では特に霜降りの多いものが喜ばれ，なかでも有名なのが神戸牛である．国産の和牛原種の去勢牛を24〜30ヶ月齢でと畜する．高品質の未経産牛（および一部の去勢牛）を認定し，1年以上穀物飼料で肥育する．（全頭検査2001.10〜21ヶ月齢以上2005.8〜．）この方法で生産される牛肉は，成熟して旨味が濃く，軟らかで非常に濃厚，霜降りの脂肪が40％にも達する．最高級品は一般に，1.5〜2 mmの薄切りにして出し汁の中で数秒間煮る，つまり「すき焼き」か「しゃぶしゃぶ」にされる．

**子牛肉**　乳用牛の若い雄子牛の肉である．なるべく牛肉と違ったものが昔から高く評価されてきた．色が薄く，味が繊細で，脂肪が軟らかい．加熱すると可溶性コラーゲンが容易に溶けてゼラチン化するおかげで，ジューシーな軟らかさとなる．子牛の肉は普通の生活を送っていると日ごとに普通の牛肉に近づくので，多くの場合は普通の生活が許されない．運動で筋肉の色が濃くなり，味が深まり，硬くなるのを防ぐために，狭い場所に閉じ込める．ミオグロビン色素の生成を抑えて反芻胃の発達を防ぐため，牧草はまったく与えずに鉄分の少ない飼料で飼育する（p. 13）．反芻胃では脂肪が飽和して硬くなるからである．合衆国では一般に，密閉施設内で大豆か人口乳で飼育し，体重70〜230 kgに達した5〜16週齢でと畜して子牛肉とする．ヌレ子牛肉というのは閉じ込めずに生乳で育てた3週齢以下のものである．より人道的な「放し飼い」や「穀物飼育」の子牛肉が一般的になりつつあるが，その色と味は牛肉に近いものである．

**羊**　羊は山羊とともに，人間が犬に次いで最初に家畜化した動物と考えられる．牛の10分の1ほどの小型だったことに加え，群れを作る本能があったためである．ヨーロッパの羊品種の多くは乳用か羊毛用に特化されている．

**ラム肉とマトン肉**　ラム（子羊）肉や羊肉は牛肉よりもキメ細かく軟らかいが，赤色ミオグロビンが多く，独特の臭い（p. 131）の強い風味がある．この傾向は年をとるほど強くなる．牧草，特にアルファルファやクローバーを餌にするとスカトールという化合物が多くなるが，この化合物は豚肉の家畜臭にもなるものである．と畜前1ヶ月を穀物で育てた子羊の肉はよりマイルドになる．合衆国で販売されているラム肉は，1〜12ヶ月齢，体重9〜45 kgと幅広く，呼び名もさまざまである．若いものは"ミルク"

ラムとか"ホットハウス"ラム，それ以上になると"スプリング"ラムとか"イースター"ラム（今では生産は季節的とは言えないが）と呼ばれる．ニュージーランド・ラムは牧草を飼料にしているが4月齢でと畜され，アメリカの大方のラム肉よりも若いため味はマイルドである．フランスではもっと年をとったもの（ムートン）や若い雌（ブレビ）をと畜後1週間以上熟成させて，非常に濃厚な味にする．

**豚** 豚はユーラシア大陸の野生イノシシ，*Sus scrofa* が祖先である．牛肉がヨーロッパやアメリカで最も重んじられてきた肉だとするなら，豚肉はヨーロッパやアメリカ，さらに世界中の国々で最も多く食べられてきた肉である．中国語で「豚肉」をさす語は「食肉」一般をも意味する．豚は比較的小型なこと，大食い雑食で早く育つこと，一度に多くの子を産むことなどが長所である．何でも食べるということは，残飯など役に立たないものも肉に換えるということだが，感染動物や死骸からの寄生虫が豚肉に入り込み感染源となる可能性もある（p.124のトリヒナ症の項を参照）．おそらくはこのことも関係しているだろうし，また豚は群れを作りにくいうえに，作物を食い荒らすことから，豚肉が禁じられているところも多い．よく知られるのは中東のユダヤ教徒とイスラム教徒である．

豚の品種には，ラード用，ベーコン用，食肉用など，用途の特化したものがいくつかある．骨太の大型種もあれば，脂が少なめで生育が遅く赤身の小型種（イベリコハムやバスクハム用）など，祖先に当たる南ヨーロッパ野生種に近いものもある．現在ではこうした特殊な品種は少なくなり，ヨーロッパのベーコン用や食肉用を祖先とする生育の早い品種が大半を占めている．

**豚肉** 現代の牛肉と同様に，現代の豚肉も1世紀前に比べれば若くて脂肪の少ない動物のものである．食肉用の豚は通常，繁殖6月齢，体重100 kgでと畜されるが，これはちょうど性的に成熟する時期で，結合組織はまだ比較的可溶性で肉は軟らかい．アメリカやヨーロッパでは一般的に，豚カット肉に含まれる脂肪が1980年の半分から5分の1になっている．豚肉の色が薄いのは，牛や羊よりも筋肉を使うことが少ないためで，赤筋線維の割合が低い（約15%）．中国やヨーロッパの小型品種のなかには，色がより濃くて旨味の強いものもある．

## ■ 家禽

**鶏** 鶏の祖先は，インド北部および中国南部に生息する攻撃的・好戦的な赤色野鶏である．*Gallus gallus* はキジ科（Phasianidae）に属するユーラシア起源の大型鳥類で，疎林または森の周縁部に群れを作ることが多かった．鶏が家畜化されたのは紀元前7500年より前のタイ周辺と思われ，紀元前500年頃に地中海地方に伝わった．西欧ではもっぱら，世話もあまりされずに農場の庭でごみなどをあさっていたが，19世紀に大型の中国種が輸入されるとヨーロッパや北米では本物の品種改良ブームが訪れた．20世紀に大量生産がはじまると，胸広のコーニッシュ種（アジア闘鶏がイギリスで改良されたもの）と米国の白色プリマス・ロック種の交配で生まれた生育の早い品種が好まれるようになり，肉用鶏種の遺伝的多様性は薄れてしまった．

**鶏肉の種類** 現代の鶏肉は，成長の早い交配種を，できる限り短期間に少ない飼料で飼育しようとした結果である．5 kgの飼料から6週間で2.5 kgの鶏を生産するというのは，農業工学の驚くべき快挙とも言える．このように早く成長し短期間しか生きていない鶏の肉はとても味気なく，さらに若い「ゲーム・ヘン（小ぶりの鶏）」や「プーサン（ひな鶏）」はもっと味気ない．

工業生産された鶏肉というイメージに対抗するものとして，米国では現在いわゆる「放し飼い」の鶏肉も市販されているが，これは檻で囲われた屋外に出られるというだけである．"ロースト用"鶏肉や肥育鶏（去勢した雄鶏）

では，通常のブロイラーよりも飼育期間を2倍以上かけて大きくするので，足の筋肉の運動量が多くなる．肥育鶏はさらに脂肪が霜降りに入ってよりジューシーである．

**七面鳥**　七面鳥もあまり動かないキジ科の仲間である．*Meleagris gallopavo* の祖先は，かつては北アメリカやアジアに広く分布していた．現代の巨大な七面鳥が生まれたのは 1927〜1930 年で，ブリティッシュ・コロンビア（カナダの州）の育種家が作り出した飛行筋（胸筋）と腿筋の発達した 18 kg の七面鳥をもとに，アメリカ北西部の育種家たちが胸広ブロンズ種を完成させた．あまり使わない胸筋は軟らかく淡白で脂肪が少ない．胸筋を支える腿筋はよく動かすので色が濃く旨味もある．

今は1年を通じて，工場施設では 6〜9 kg の七面鳥が 12〜18 週間かけて生産されている．アメリカの小さな生産者のなかには，飼育期間を 24 週間に延ばしているところもあり，また原産地名規制呼称のフランスブレス産の七面鳥は飼育期間が 32 週間以上，最後の数週間は密閉施設でトウモロコシと牛乳を与えて肥育している．

**アヒルとハト**　アヒルとハトは1日のうちに数回休むだけで何百マイルも飛ぶことができ，そのおかげで胸肉はミオグロビンに富んだ赤筋線維が多く，特に色が濃くて旨味も強い．中国，ヨーロッパの多くの地域，そして合衆国で一番よくみられるアヒルの品種はいずれも緑頭のマガモ（*Anas platyrhynchos*）を祖先とする．水生の渡り鳥で，エネルギー源および皮下の断熱剤として体重の3分の1ほどもの脂肪を蓄えることができる．アヒルは，胚発生 15〜20 日目の孵化前の卵を食べるか（フィリピンのバロットというゆで卵料理），または生後 6〜16 週目のものを食べる．マスコビー・ダック（タイワンアヒル，バリケン）はほかの品種とはまったく異なる．学名は *Cairina moschata*，南米の中央以北の西海岸に自生していたもので，マガモ品種との大きな違いは，体脂肪が約3分の1少ない，かなり大きく成長する，より風味が強い，という3点である．

ヨーロッパのイワバト（*Columba livia*）はさまざまな呼び名があり（squab, dove, pigeon），市街でよくみられるハトも同じ種に含まれる．"squab" というのは飛ぶ前の幼いハトをさす．飛行筋が腿筋の5倍ほどの重さである．今日，家禽の squab は4週間飼育され，飛べるようになる直前の 450 g 前後でと畜される．

---

### 食物用語：turkey（ターキー，七面鳥）

七面鳥がヨーロッパに伝わったのは遅く，鳥類学的および地理学的な混同によってターキーという一般名がつけられたようである．1518 年前後にスペイン人がメキシコで初めて七面鳥を発見し，pavo（クジャク）の変形語で呼んだ．ヨーロッパのほかの言語では，フランス語の dinde, dindon（d'Inde は "インドの"），ドイツ語の Kalikutische Hahn（"カルカッタの雌鳥"，カルカッタはインドの港），イタリア語の pollo d'India（インドの家禽）など，当初はインドに由来した命名が多くみられた．1615 年までには確かに七面鳥はインドに伝わっていたので，アジアを経てヨーロッパに渡ったと考えられる．英語の turkey はこれよりずっと早い 1540 年頃にさかのぼり，語源などははっきりしない．オスマン帝国の開拓地のどこかからやってきた鳥という漠然とした印象から，オスマン帝国の中心であるトルコを同一にみなした命名のようである．

## ■ 狩猟鳥獣

野生動物は，来たるべき冬に備えて脂ののった秋が旬である．ヨーロッパのレストランでは今も，秋の狩猟シーズンに野カモや野ウサギ，キジ，山ウズラ，鹿，イノシシの料理が出されるところが多い．しかし合衆国内では野生動物の肉は商取引が禁じられている（法的に許可されているのは検査済みの肉だけであり，狩猟の獲物の肉は検査されない）．現在，合衆国内で消費者の手に入る「野生動物」の肉のほとんどは，農場や牧場で飼育されたものである．こういった肉は"半家畜"肉と呼んだほうがよいかもしれない．上記の野生動物のなかには，捕らえて飼育されるものもローマ時代からあったが，現在家畜化されている動物ほどは品種改良が行われておらず，よって野生のものとあまり変わらなかった．

現在アメリカでは，独特の風味と脂肪の少なさから，さまざまな鹿やアンテロープ，バッファロー，その他の狩猟獣の肉の販売量が増加している．狩猟獣の肉は脂肪が非常に少ないので，熱伝導性が良い．そのため一般の食肉よりも早く加熱され，かつ水分が飛びやすい．肉を脂肪の膜やベーコンで包んで直火にあたらないようにオーブン焼きしたり，調理中にたれをつけてその蒸発で肉の表面を冷やし内部への熱伝導を遅くしたりする（p. 155）．

---

### 食肉用鳥類の特徴

一般に年をとって大きくなるほど，そして赤筋線維が多いほど風味が強い．

| | 週齢 | 体重（kg） | 胸筋の赤筋線維率（％） |
|---|---|---|---|
| 鶏 | | | 10 |
| 　ブロイラー，フライ用若鶏 | 6〜8 | 0.7〜1.6 | |
| 　ロースト用 | 12〜20 | 1.6〜2.3 | |
| 　フランス「ラベル・ルージュ」 | 11.5 | 1〜1.6 | |
| 　フランス「原産地名規制呼称」 | 16 | 1〜1.6 | |
| 　ゲーム・ヘン | 5〜6 | 0.5〜1 | |
| 　肥育鶏 | <32 | 2.3〜3.6 | |
| 　煮込み用 | >40 | 1.6〜2.7 | |
| 七面鳥 | | 3.6〜14 | 10 |
| 　工場生産品 | 12〜18 | | |
| 　フランス「フェルミエール（特上品）」， U.S. プレミアム・ブランド | 24 | | |
| 　フランス「原産地名規制呼称」 | 32 | | |
| アヒル | 6〜16 | 1.6〜3.2 | 80 |
| ガチョウ | 24〜28 | 3.2〜9 | 85 |
| ウズラ（野生） | 6〜10 | 0.1〜0.15 | 75 |
| ハト | 4〜5 | 0.3〜0.6 | 85 |
| ホロホロチョウ | 10〜15 | 1〜1.6 | 25 |
| キジ | 13〜24 | 1〜1.4 | 35 |

**野生の風味** 本物の野生動物は成熟しており，自由に動き回り，いろいろなものを餌にしているので，その肉は旨味が深く，風味もさまざまである．極端になるとこの味わい深い野生の風味も獣臭くなる．ブリア–サヴァランの時代には，獲物は普通，数日から数週間吊るしておいて腐りかけるのを待った．これはモルティフィカシオン（熟成）とかフザンダージュ（キジを意味するフランス語が語源）と呼ばれ，肉を軟らかくするのと，"野生"味をさらに増すのと，二つの目的があった．現代の飼育された動物はあまり動かず，同じ餌を食べ，性的に成熟する前にと畜されることが多いので，野生動物と比べると風味が淡白で軟らかい．独特な肉の味は脂肪からくるので，丁寧に脂身を切り落とせばかなり弱まる．

## 筋肉を食肉に換える

　食肉生産の第一段階は，動物を健康に育てることである．第二段階が生きた動物を食肉の塊へと変換することである．この変換の仕方によって食肉の品質は左右されるので，同じ店で同じカット肉を買っても，ある週にはしっとりと軟らかいが，次の週には乾燥していて硬いということもありうる．したがって，食肉処理場および包装工場で何が行われるのか知っておくとよい．

### ■ と畜・解体

**ストレスを避けることが大切**　幸いにも，食肉の品質をよくするためのと畜・解体法は非常に人道的とも言える．と畜直前のストレス（体を動かすこと，飢え，輸送中の拘束，闘い，あるいは単純な恐怖感など）が食肉の品質に悪影響を及ぼすことは，何世紀も前から知られている．動物が殺されても，その後しばらくは筋細胞が生き続けて蓄えられたエネルギー（グリコーゲン，植物でのデンプンに相当する）を消費する．乳酸が蓄積する過程で酵素活性が低下し，微生物による腐敗が遅くなり，水分がある程度失われ，肉はしっとりとして見える．ストレスが加わると，筋肉中に蓄えられたエネルギーがと畜前に減ってしまうので，と畜後に蓄積する乳酸が少なくなり，腐りやすく"黒ずんで硬く乾いた"肉，あるいは"ダーク・カッティング"肉となる．この状態が最初に記録されたのは18世紀にさかのぼる．したがって動物は丁寧に扱うのがよい．1979年11月のニューヨークタイムズに，あるフィンランドの食肉処理場が，近くの建物で音楽の練習を行っていた若者たちを立ち退かせたという記事が掲載された．ダーク・カッティング肉の原因となっていたためという．

---

### 食物用語：game（狩猟動物）と venison（鹿肉）

　gameはドイツ語が起源である．古典英語では本来"娯楽""スポーツ"を意味するが，数世紀後には，猟を娯楽にできるような裕福な人々の間で狩猟動物をgameと呼ぶようになった．(huntの本来の意味は"捕らえる") venisonはラテン語の動詞venari（狩猟する）からきているが，語源をさかのぼればインド・ヨーロッパ語の"望む，努力する"で，ここからはwin（勝つ），wish（望む），venerate（尊敬する），Venus（ビーナス），venom（毒，もとは恋薬）なども派生している．かつてはすべての狩猟動物を意味していたが，現在では主に鹿とアンテロープをさす．鹿もアンテロープも牛や羊と同じ反芻動物で，雑草や低木を食べるので，家畜化した近縁動物よりもやせた土地に生息する．

**工程** 肉畜は通常，できる限り苦痛の少ない方法でと畜される．一般に頭部への打撃や電気ショックで一頭ずつ失神させ，次に足から逆さまに吊るす．頸部の太い血管を1, 2本切断して，意識を失った状態で失血死させる．できる限り多く放血させて（およそ半分），腐敗する確率を低くする．（フランスのルーアン種のアヒルのように，まれに放血せずに肉の味と色を強めることもある．）放血後，牛や子羊の場合には頭部を切断し，皮をはぎ，と体を割って内臓を摘出する．豚の場合はと体を割る前に熱湯消毒と脱毛を行い，その後に頭部切断と内臓除去を行うが皮ははがない．

鶏，七面鳥，その他の家禽は脱羽しなければならない．と畜後に湯漬けして羽を抜けやすくし，機械で脱羽し，冷水または冷風で冷却する．冷水に長く漬けると水が多量に吸収されるが，米国規制では鶏肉の重さの5～12%，2 kgの鶏なら100～240 gまでは吸水が許されている．対する冷風処理は，ヨーロッパやスカンジナビアで一般的な方法で，肉が水っぽくならないが皮は黒ずみやすい．

コーシャー（ユダヤ教の清浄な食肉）およびハラール（イスラム教の清浄な食肉）はそれぞれの宗教上の戒律に従って食肉処理を行ったもので，短時間の塩漬け工程も含まれる．いずれの場合も，家禽を脱羽前に湯漬することは許されず，よって皮が破れることが多い．脱羽後は30～60分の塩漬け，冷水洗浄を行う．冷風と同じくほとんど水分は吸収されない．塩漬けすると脂肪が酸化されやすくなり，風味が落ちるので，通常処理を行った食肉ほど保存が利かない．

## ■ 死後硬直

**タイミング，状態，温度が大切** 動物が死んでまもなくは筋肉が弛緩しているので，と畜後すぐに切り分けて調理すれば非常に軟らかく食べられる．しかし，死後硬直といって，筋肉はすぐに硬くなる．この状態で調理すると，非常に硬い肉となる．硬直とは，筋線維がエネルギーを使い果たし，制御機構が働かなくなってタンパク質線維が収縮し，線維が収縮した状態で固定することである（去勢牛では死後およそ2.5時間，子羊，豚，鶏では1時間以内）．と体を逆さまに吊るして，ほとんどの筋肉を重力で伸びたままにすれば，タンパク質線維はあまり収縮しない．そうしないと，線維が集まってとても強く結合するので，肉は非常に硬くなる．いずれは，筋線維内のタンパク質消化酵素が働いてアクチン線維とミオシン線維を固定していた枠組みが分解される．線維同士は結合したままで筋肉は伸びないが，筋肉の構造は全体的に弱まるので，肉は軟らかくなる．これが熟成過程のはじまりである．牛ではと畜約1日，豚や鶏では数時間後にみられる．

死後硬直によって肉が硬くなるのは避けられないが，温度管理が悪いとさらに硬さは増す．小売店の肉が特に硬かったりするのは温度管理が原因のこともある．

## ■ 熟成

チーズやワインと同じく，肉もある程度の熟成期間を置くのがよい．熟成とは，化学変化によって徐々に風味が増すことであり，肉の場合は軟らかくもなる．19世紀には，牛や羊の肉の塊は室温で数日から数週間置いて，表面が見るからに腐るのを待った．フランスではこれを「モルティフィカシオン」と呼び，偉大な料理人，アントナン・カレームは「できるだけ長く」置いておくべきだと言った．現代の味覚には，これよりやや軽めに腐らせた肉が合うようだ．実際，アメリカの食肉のほとんどは，包装工場から市場に輸送される数日間，ついでに熟成されるだけである．1, 2日で熟成する鶏肉や，1週間で熟成する豚肉やラム肉の場合には，これでも十分である．（豚肉や鶏肉では不飽和脂肪の酸敗が比較的早い．）しかし，牛肉の風味と肉の軟らかさは1ヶ月以上向上し続ける．なかでも，包装していない丸のままのサイド（サーロインやヒレを含む部位）を温度1～3℃，相対湿度70～80%で熟成させたものは

「ドライエイジド・ビーフ」と呼ばれる．低温で微生物の繁殖は抑えられ，適度な湿度で肉から水分が徐々に失われることで，肉の旨味が濃くなる．

**筋肉の酵素が味を引き出し……**　肉の熟成は主に筋肉中の酵素によるものである．と畜されて細胞内の制御機構が機能しなくなると，酵素はほかの細胞内分子を無差別に攻撃しはじめ，味のない高分子をより小さくて味のある分子へと変える．タンパク質は旨味のあるアミノ酸へ，グリコーゲンは甘いブドウ糖へ，エネルギー分子のATPは旨味成分のIMP（イノシン一リン酸）へ，脂肪と脂肪に似た膜分子は芳香性の脂肪酸へと分解される．これらの分解産物すべてが，熟成肉に独特な強い肉臭さとナッツ臭に関係している．加熱調理でもこれらの分解産物が互いに反応して，香りはさらに強まる．

**……そして肉を軟らかくする**　制御の効かなくなった酵素活性は，肉を軟らかくもする．「カルパイン」と呼ばれる酵素群は，収縮性線維をその場に固定している支持タンパク質を弱める働きがある．「カテプシン」と呼ばれる別の酵素群は，収縮性線維や支持タンパク質を含めさまざまなタンパク質を分解する．カテプシンは成熟コラーゲン線維間の強い架橋結合を切断することにより，結合組織中のコラーゲンも弱める．これにより二つの大きな影響がみられる．調理中により多くのコラーゲンが溶けてゼラチン化するので，肉がより軟らかくジューシーになる．そして加熱による結合組織の収縮力が弱まるので（p.146），調理中に失われる水分が少なくなる．

酵素活性は温度に依存する．カルパインは40℃付近，カテプシンは50℃付近で変性し失活する．しかしこの失活点以下であれば，温度が高いほど酵素活性は高い．加速された形の「熟成促進」が調理中にも起こりうる．さっと表面を焼きつけるか熱湯で湯通しして表面を殺菌し，次にゆっくりと加熱（たとえば蒸し煮したり，低温のオーブンでローストしたり）すれば，肉の中の熟成酵素が数時間は変性せずに高い活性を保つ．"スチームシップ"ラウンド・ビーフという料理は，20kgを超える大きな牛モモ肉を10時間以上もかけて50～55℃まで加熱していくもので，同じ部位を小さくカットして短時間で調理するよりも軟らかく仕上がる．

**肉をビニールに包んで台所で熟成**　熟成によって肉の品質が高まるにもかかわらず，現代の食肉産業界では一般に行われていない．というのも熟成するということは，資産を冷蔵保管しておくことであり，その間には水分が蒸発し，その後に乾燥・酸敗しカビが生えたりした表面を手間をかけて切り取り，もとの重さの20%を失うことになるからである．食肉のほとんどは現在，と畜後すぐに包装工場で小売用にカットされ，ビニール包装され，すぐに市場に配送される．と畜から販売までは，平均すると4日から10日である．こうした食肉は時に「ウエット・エイジド」，つまりビニール包装されて数日から数週間置いておくこともある．酸素を遮断し水分を保持したまま酵素を働かせるのである．ウエット・エイジドでも，ドライ・エイジド程ではないものの，ある程度風味が増し軟らかくなる．

家庭でも肉を熟成させることができる．食べる数日前に肉を購入するだけで，冷蔵庫の中で略式の熟成を行うことになる．きっちりと包装したままでもいいし，または包装をはずしてある程度蒸発させ濃縮してもいい．（包装をゆるめたり完全に外したりした場合，表面が所々乾燥したり，冷蔵庫内のにおいが移ったりして，部分的に切り取らなければならないこともある．したがって，ステーキやチョップでなく大きなロースト用肉で行うとよい．）上述したように，ゆっくりと調理することで熟成酵素を上手く働かせ，本来は数週間もかかる熟成過程を数時間で行うことも可能である．

## ■ カットと包装

今はあまりみられなくなったが，20世紀後

半まで広く行われていた昔ながらの食肉処理法では、と体は食肉処理場で大きな塊（半分または4分の1）に分けられ、小売肉店に配送され、そこでローストやステーキ、チョップ、その他のカット肉に切り分けられた。ここまで肉が包装されることはなく、販売時にも「包肉用紙」で簡単に包むだけである。このように常に空気にさらされている肉は、完全に酸化されて赤く、次第に乾燥して味が濃くなると同時に、表面の部分的に変色して味が落ちたところは切り取る必要がある。

現在では、肉は包装工場で小売用カットに切り分けられ、空気にさらさないようビニールできちんと真空包装されて、スーパーマーケットに配送される。真空包装は、流れ作業で効率化が図れるという利点があり、何週間も（牛肉では12週間、豚肉とラム肉では6～8週間ほど）保存できて、乾燥や切取りで軽くなることもない。包装し直した後、陳列棚に並べられるのは2，3日間である。

丁寧に取り扱われ適切に包装された肉は、触ると硬くしまっており、見た目にしっとりして色が均一で、匂いが穏やかで新鮮である。

## 食肉の腐敗と保存

新鮮な肉は食品としては長持ちしない。生きた筋肉が食肉の塊へと変換されたときから、化学的にも生物学的にも変化がはじまる。熟成に関連する変化（酵素の働きで肉全体に風味と軟らかさがでること）は好ましいものである。しかし肉の表面で起こる変化はあまり好ましくないものが多い。空気中の酸素とエネルギーをもつ光線によって風味が損なわれ色もあせる。肉は人間だけでなく微生物にとっても栄養源である。もし肉の表面に細菌が付着すれば栄養を吸収して増殖する。そうすると肉が不味くなるだけでなく危険でもある。というのは死んだ肉を消化する微生物のなかには毒を出したり生きものに侵入したりするものがいるからである。

### ■ 食肉の腐敗

**脂肪の酸化と酸敗**　食肉に起きる化学的損傷のなかでも一番大きいのは、酸素と光による脂肪の分解であり、「酸敗臭」のもとになる低分子の臭気物質が生成する。酸敗した脂肪が必ずしも体に悪いわけではないが、不快であり、熟成期間や保存期間も脂肪の酸敗によって制限される。不飽和脂肪が最も酸敗しやすいので、魚や家禽、野禽はすぐに悪くなる。牛肉に含まれる脂肪は食肉のなかでも一番飽和度が高く安定なため、最も日持ちする。

食肉中の脂肪が酸化するのは避けられないが、取扱いに注意すればこれを遅らせることができる。生肉は酸素を通さないラップ（ポリ塩化ビニリデン製、すなわちサラン樹脂のもの；ポリエチレン製は酸素を通す）できっちりと包み、さらにその上からアルミホイルや紙で包んで遮光し、冷蔵庫内で最も低温のところか冷凍庫に保存し、できるだけ早めに使用する。挽き肉を調理する際は、使う直前に肉を挽くのがよい。肉を細かくすると空気に接する面積が非常に広くなるからである。調理済みの肉を酸敗しにくくするには、脂肪の酸化を助ける塩分を少なくすることと、抗酸化活性をもつ材料を使用するのがよい。たとえば地中海地方のハーブ、特にローズマリー（p. 384）などである。熱した鍋で肉の表面に焼き目をつけるのも、抗酸化物質の生成を促し脂肪の酸化を遅らせることになる。

**細菌やカビによる腐敗**　通常は、健康な家畜の筋肉には微生物が存在しない。肉を腐敗させる細菌やカビは食肉処理工程で混入するもので、動物の皮や包装工場の機械などが汚染源となる。家禽や魚は皮がついたままで販売されるため、洗浄しても細菌が残るので特に腐敗しやすい。これらの細菌の多くは無害だが不快である。細菌やカビは肉の表面の細胞を壊し、タンパク質やアミノ酸を消化し、魚臭さ、スカンク臭、腐卵臭をもつ分子を生成する。ほかの食品が腐ったときのにおいよりも肉の腐ったにおい

のほうがひどいのは，肉に含まれるタンパク質がこうしたスカンク臭の成分を発生するからにほかならない．

## ■ 冷蔵

先進諸国では，最も一般的な家庭での肉の保存法は冷やすことである．冷蔵の最大の利点は，準備にほとんど時間がかからないことと，肉の新鮮な状態を比較的そのままに保てることの二つである．細菌および肉の酵素の活性は温度が下がるほど低くなるので，肉を冷やすと賞味期間が長くなる．ただしそれでも腐敗は進む．肉は，氷点（0℃）近くまたはこれ以下の温度で保存するのが最もよい．

**冷凍** 食肉およびその他の食品は冷凍することでその賞味期間がかなり長くなるが，それは冷凍によってすべての生物学的過程の進行が低温のため著しく遅くなるからである．生命には液体水が必要であるが，冷凍すると食品中の水は固形の氷の結晶になり，動かなくなる．北シベリアの氷の中から発見された1万5000年も前の凍結したマンモスの肉が証明しているように，うまく冷凍した肉は1000年以上ももつ．肉はできるだけ低温で保存するのがよい．一般には家庭用の冷凍庫の温度は−18℃が理想的とされる（実際には−12から−9℃の場合が多い）．

冷凍は肉の生物学的腐敗が起こらないようにすることはできるだろう．ただし冷凍は強烈な物理的処理であり，筋肉組織が損傷するのは避けられず，よって肉の品質はいくつかの面で低下する．

**細胞損傷と液体損失** 生肉を冷凍すると，氷の結晶が大きくなるにつれて軟らかい細胞膜に突き刺さる．肉を解凍すると，氷の結晶が溶けて筋細胞に開いた穴の栓が抜けた状態となり，塩分，ビタミン類，タンパク質，色素を含んだ液体が組織全体からしみ出す．この後で肉を調理すると，普通よりもさらに多くの水分が失われ（p. 146），すぐにパサパサに縮んで硬くなる．加熱済みの肉は，すでに熱で組織が傷ついて水分が失われているため，冷凍による損傷は少ない．

細胞損傷と液体損失をできるだけ少なくするには，急速冷凍と低温保存が望ましい．肉の水分が急速に凍るほど，形成する結晶は小さくなり，細胞膜にあく穴も少なくなる．また保存温度が低いほど，できてしまった結晶が大きくなることも少ないのである．冷凍時間を短縮するには冷凍庫の温度設定を最低にし，肉を小さく切り分け，凍るまではラップで包まないようにする（ラップは断熱作用があるので冷凍時間が倍になる）．

**脂肪の酸化と酸敗** 冷凍すると，物理的な損傷に加えて化学的変化も起こり，冷凍肉の保存期間が限られてしまう．氷の結晶が形成して筋肉液に含まれる液体水がなくなると，塩分および微量金属の濃度が高まって不飽和脂肪の酸化が加速され，酸敗臭が強まる．この過程は容赦なく進行し，新鮮な魚や鶏肉は冷凍庫で数ヶ月，豚肉は約6ヶ月，ラム肉や子牛肉は約9ヶ月，牛肉は約1年で，品質が明らかに低下する．挽き肉，塩漬け肉，加熱済み肉は，味が落ちるのがさらに早い．

**冷凍焼け** 冷凍の欠点として最後に挙げるのは「冷凍焼け」である．数週間から数ヶ月冷凍保存すると，肉の表面が白っぽく変色してしまう現象である．これは水の「昇華」つまり氷点より低い温度で起こる蒸発現象で，肉表面の氷の結晶が直接気化するために起こる．水が気化した後には肉の表面に小さな孔が開き，それが光を散乱して白っぽく見えるのである．肉の表面は事実上，凍結乾燥した薄い肉の層になってしまい，脂肪と色素の酸化が加速され，肉の硬さも味も色も落ちる．

冷凍焼けをできるだけ少なくするには，水を通さないラップで肉をできるだけきっちりと包むことである．

**肉の解凍**　冷凍した肉は普通，調理する前に解凍する．調理台の上に肉を出しておくというのが一番簡単な方法だが，これは安全性に欠け効率も悪い．中心部が溶けるずっと前に肉の表面温度が上がって微生物が増殖しやすくなることもあり，また熱が空気から肉へと伝わる速度は非常に遅くて，水と比べると約20分の1である．肉を解凍する速くて安全な方法は，ラップしたままの肉を氷水に浸すことで，表面が冷たいままで肉の内部に効果的に熱が伝わる．水に浸すには肉の塊が大きすぎる場合や，すぐに使わないときには，冷蔵庫の中で解凍するのも安全である．ただし冷気からは特に熱が伝わりにくいので，大きなロースト肉だと解凍に数日かかることもある．

**凍ったままの肉の調理**　冷凍した肉を解凍せずに調理することもできる．特にオーブンを使ってローストする場合など，比較的ゆっくりした調理法に適している．熱が中心部に達するまでに外側だけが焼けすぎることもあまりない．生の肉に比べて調理時間は一般に30～50％長くなる．

### ■ 放射線照射

　イオン化作用のある電磁波（p. 756）はDNAやタンパク質といったデリケートな生物装置に損傷を与えるので，食品中の腐敗菌や病原菌を殺菌し，これにより肉の賞味期限を延ばし，より安全に食べられるようにする．実験の結果，ほとんどの微生物が低い照射量で殺菌でき，きちんと包装し冷蔵すれば肉の賞味期限が2倍以上になることが示されている．金属臭，硫黄臭，山羊臭などに例えられる独特の照射臭がつくが，これはほとんど気がつかない程度か，不快なほど強くない．

　1985年以降，はじめは豚肉のトリヒナ症，次いで鶏肉のサルモネラ菌，そして牛肉の大腸菌と，病原菌殺菌のための食肉への放射線照射がUSDAによって認可されてきた．放射線照射などの処理法は，挽き肉の大量生産など，と体が一頭でも汚染していると何千kgもの肉に汚染が広がって，何千人もの消費者に被害が及ぶ可能性がある場合に，特に有効な方法である．しかし，消費者の放射線照射に対する懸念からその応用は限られている．何十年にも及ぶ検査結果からは，放射線照射した食肉は食べても安全だということが示されている．だがもう一つ非常に納得できる反論がある．もし食肉が大腸菌感染を引き起こすほどの糞便で汚染されていたとしても，放射線照射で殺菌すれば3ヶ月間は肉が食べられることになる．それでもやはり汚染された肉であることに変わりはない．日々の栄養源であり楽しみでもある食品に対して消費者の求める基準は，生きた病原菌が含まれず何ヶ月も日持ちする，という以上のものである．食品の品質にこだわる人々は，地元で丁寧に生産された新鮮な食肉を求め，それが最もおいしい2，3日のうちに食べることを選ぶだろう．

## 生肉の調理：原理

　肉を調理する主な目的は，安全に食べられるようにする，かみ砕きやすくする，消化しやすくする（変性したタンパク質は消化酵素で分解されやすい），そして味をよくする，の四つである．安全性の問題はすでにp. 122以降で述べた．ここでは，加熱調理によって肉が物理的・化学的にどう変わってゆくか，風味や硬さにはどんな影響があるか，そして肉をうまく調理する方法について述べる．熱の影響については，p. 148の表にまとめてある．

### ■ 加熱と肉の風味

　生肉は風味豊かというよりは旨いという表現がぴったりする．塩分や旨味成分のアミノ酸を含み，舌にほんのりとした酸味を残すが，香りはあまりない．調理すると肉の味が強まり，においも生じる．筋線維が壊れるだけで，中からは液体と一緒に味覚を刺激する物質がしみ出

す．液体が最も多く出るのは，軽く加熱しただけの「レア」である．温度が上がるにつれ肉は乾燥し，物理的変化だけでなく化学的変化が起こるようになる．細胞中の分子が分解し，互いに反応しあい，芳香をもつ新しい分子が生まれる．肉のにおいだけでなく，フルーティーで花のようなにおい，ナッツや草のにおいも含まれる（エステル類，ケトン類，アルデヒド類）．

**高温で表面に焼き目をつける**　生肉を加熱しても水の沸点より高温にならなければ，その風味は主にタンパク質と脂肪の分解産物によるものである．しかし，直火で焼いたり（ロースト，ブロイル），フライパンで焼いたりすると，肉の外側にはもっと呈味性の強い層ができる．肉の表面が乾燥して高温となり，メイラード反応または褐変反応（p.752）が起きるからである．褐変反応で生じる肉の芳香成分は，一般に炭素に窒素，酸素，硫黄が付加した小さな環状化合物である．その多くはいわゆる"焦げた"においをもつが，なかには草のにおい，花のにおい，タマネギや香辛料のにおい，土のにおいがするものもある．ロースト肉からは数百種類もの芳香化合物が見つかっている．

## ■ 加熱と肉の色

調理中に起きる肉の見た目の変化には二つある．初めは少し透明感があるが，これは細胞内に詰まっているタンパク質の比較的ゆるい網目構造が，水に浮かんだ状態にあるからである．

約50℃まで加熱すると，熱に弱いミオシンが変性・凝集して光を散乱するため，白く不透明になる．これにより，赤色色素自体が変化するかなり前に，肉の赤い色は薄まりピンク色になる．次いで，60℃付近になると赤色ミオグロビンが変性しはじめ，ヘミクロームという褐色分子になる．この変化が進むにつれ，肉の色はピンク色から灰褐色へと変わってゆく．

肉の焼け具合が色で判断できるのは，ミオグロビンの変性と平行して線維タンパク質の変性が起こるためである．あまり焼かない肉は肉汁が赤く，よく焼いた肉は灰褐色で肉汁が無色透明になる．（分解・変性していない赤色ミオグロビンは肉汁に流れ出るが，変性した褐色ミオグロビンは細胞内のほかの凝集タンパク質に結合して流れ出ない．）しかし，ミオグロビンには変わったことがいろいろと起きるので，よく焼いた肉でも赤かったりピンク色だったりする（p.146，囲み内参照）．また，光や凍結温度に長時間さらされてミオグロビンがすでに変性している場合，逆に生焼けの肉が褐色やウェルダンに見えることもある．微生物が死滅する温度まで肉を加熱することが大切なので，正確な温度計を使って70℃以上に達したことを確認する必要がある．肉の色だけでは間違うこともある．

## ■ 加熱と肉のテクスチャー

食品のテクスチャー，つまり口ざわりの感じ，固形成分と液体成分の割合，そして歯でか

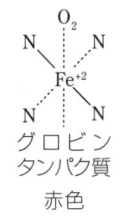

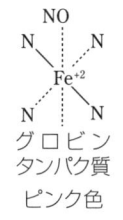

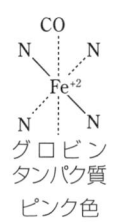

| $O_2$ | $H_2O$ | $NO$ | $CO$ |
|---|---|---|---|
| N\|N<br>Fe$^{+2}$<br>N\|N | N\|N<br>Fe$^{+3}$<br>N\|N | N\|N<br>Fe$^{+2}$<br>N\|N | N\|N<br>Fe$^{+2}$<br>N\|N |
| グロビン<br>タンパク質 | グロビン<br>タンパク質 | グロビン<br>タンパク質 | グロビン<br>タンパク質 |
| 赤色 | 褐色 | ピンク色 | ピンク色 |

加熱肉および塩漬け肉の色素．左から：生肉ではミオグロビンに酸素が結合しており赤い；加熱した肉では，ミオグロビンが酸化・変性しており褐色である；亜硝酸で塩漬けした肉（コーン・ビーフやハム）ではミオグロビンは安定なピンク色である（亜硝酸は一酸化窒素 NO になる）；塩漬けせず炭火焼きやガスオーブンで焼いた肉では微量の一酸化炭素（CO）が蓄積し，ミオグロビンは別の形となるがやはり安定なピンク色をしている．

み切りやすいかどうか，というようなことは物理的構造による．肉のテクスチャーに大きく関わっているのは水分（総重量の75％前後），そして水分を保持したり搾り出したりする線維タンパク質や結合組織である．

**生肉の硬さと調理肉のテクスチャー**　生肉はなめらかな感じで弾力のある軟らかさがある．歯ごたえはあるが軟らかく，かむと切れずにへこむだけである．水分が多いためつるりとしているが，かんでも肉汁はあまり出ない．

　加熱すると肉のテクスチャーは大きく変化する．加熱するにつれて肉は硬くなって弾力を増し，かみ切りやすくなる．汁が出はじめてジューシーになる．さらに加熱すると肉汁が飛んでしまい，弾力はなくなりパサついて硬くなる．何時間も加熱すると，線維の束が互いに擦り切れて，硬い肉もホロホロと崩れる．この一連の変化はすべて，線維および結合組織タンパク質の変性が進んでゆく段階なのである．

**初めのジューシーさ：線維の凝固**　二つの主要収縮性線維のうちの一つであるミオシンタンパク質は，約50℃で凝固しはじめる．これにより細胞ひとつひとつがやや硬くなり肉にしまりがでてくる．ミオシン分子が互いに結合するにつれ，分子間に存在していた水分子が搾り出される．この水は凝固しつつあるタンパク質コアの周囲に溜まり，細胞を取り巻いている薄くて弾力のある結合組織の鞘によってどんどん細胞

---

## 調理肉にみられる持続的な色

　十分に火の通った肉は普通，ミオグロビンとチトクローム色素が変性してくすんだ灰褐色に見える．しかし，下の二つの調理法では，ウェルダンに焼いても肉はおいしそうな赤色やピンク色のままである．

- バーベキュー，シチュー，ポット・ロースト，またはコンフィ（脂漬け）にした肉では，時間をかけて加熱した場合，内部が驚くようなピンク色や赤色になる．ミオグロビンとチトクロームはほかの筋肉タンパク質よりもやや高温にならないと変性しない．肉を一気に加熱すると温度上昇が速いので，筋肉タンパク質の一部がまだ変性途中で構造がほどけきる前に色素が変性をはじめる．したがって，ほかのタンパク質が接触して色素を褐色に変えることができる．しかし，ミオグロビンとチトクロームの変性温度に達するまで1, 2時間かけてゆっくりと加熱する場合は，最初にほかのタンパク質がすべて変性して互いに反応しあう．色素が変性をはじめる頃には，これらと反応できるほかのタンパク質はほとんど残っておらず，色素はそのまま赤色を維持する．アヒル肉のコンフィでは，最初に塩をふるので（p.173）この効果が際立つ．
- たとえば豚肉や牛肉のバーベキューなど，薪，炭，ガスなどの炎で調理した肉，時にはガスオーブンで調理した鶏肉でさえも，表面から8〜10 mmの層に「ピンク・リング」ができることがある．これは，上記のような有機燃料を燃やした際に微量（ppmレベル）に発生する二酸化窒素（$NO_2$）ガスが原因である．$NO_2$が肉表面で溶解して亜硝酸（$HNO_2$）となり，これが筋肉組織に浸透して一酸化窒素（NO）に変わると考えられる．NOはミオグロビンと反応して安定なピンク色の分子を形成する．亜硝酸を加えて塩漬けした肉（p.170）に含まれるものと同じである．

外へ押し出される．無傷の筋肉では，線維鞘の弱い部分を破って肉汁が出る．チョップやステーキなどは筋肉の薄切りなので，線維の切り口からも肉汁が出る．レアに相当するこの段階の肉は，しまりがありジューシーである．

**最後のジューシーさ：コラーゲンの収縮**　肉の温度が60℃まで上昇すると，さらに多くの細胞内タンパク質が凝固し，細胞は固体状の凝固タンパク質コアと，これを取り巻く液体とにはっきりと分離する．したがって，肉は次第に硬くなり水分も多くなる．60～65℃になると急に肉汁がたくさん出て，肉は見るからに縮み，歯ごたえが強くなる．これらの変化は細胞を取り巻く結合組織鞘の変性によるもので，変性して縮む際に内側の細胞にさらに圧力が加わる．細胞内を満たしていた液体が大量に流れ出て，肉の体積は6分の1以上少なくなり，タンパク質線維はより密に集まって硬く切りにくくなる．この温度範囲はミディアムレアに相当し，ジューシーな肉からパサついた肉へと変わる段階である．

**ホロホロの軟らかさ：コラーゲンのゼラチン化**
さらに加熱し続けると，肉はどんどん乾燥し，さらに縮んで硬くなる．70℃付近になると結合組織のコラーゲンが溶けてゼラチン化しはじめる．長く加熱すると結合組織はゼリー状に軟らかくなって，それまで結合組織によってギュッとまとまっていた筋線維は簡単に崩れるようになる．線維自体は硬くてパサパサしているが，一体化した塊ではなくなるので，肉は軟らかくなったように感じる．ゼラチンがジューシーさを加える．この状態が，じっくり煮込んだ肉，長く蒸し煮した肉，シチューやバーベキューの肉の軟らかさである．

## ■ 肉料理の難しさ；ほどよいテクスチャー

一般に，硬くてパサついた肉よりも軟らかくてジューシーな肉が好まれる．したがって肉の理想的な調理法とは，水分損失と肉線維の縮みを最小限に抑えつつ，硬い結合組織コラーゲンを可溶化したゼラチンにできるだけ変えることである．残念ながら，この二つは相容れない．線維が硬くなり水分を失うのを抑えようとすれば，加熱時間を短くして温度は55～60℃以下にする必要がある．だがコラーゲンをゼラチン化するには70℃以上で長時間調理しなければならない．つまり，すべての食肉に通用するような理想の調理法は存在しない．それぞれの肉の硬さに応じて調理法を変えなければならない．軟らかいカット肉は素早く調理するのが一

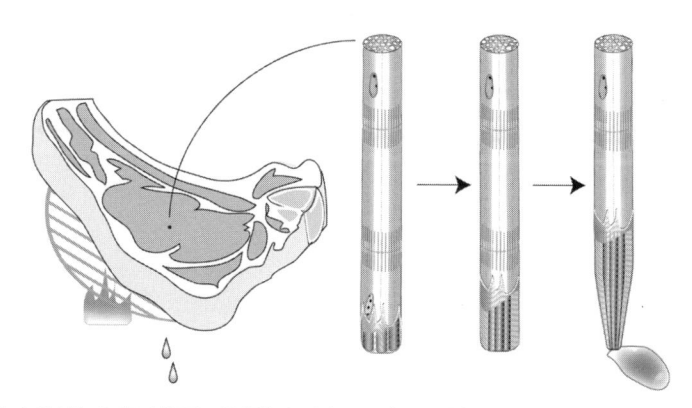

肉を加熱調理すると水分がしみ出す様子．筋細胞のひとつひとつに詰まっている筋原線維タンパク質には水分子が結合している．肉を加熱するにつれてタンパク質が凝固し，筋原線維が縮んで内部の水を一部押し出し，肉は縮む．その後，各筋細胞を取り巻いている薄くて弾力のある結合組織の鞘が縮み，遊離した水が細胞断面から搾り出される．

## 肉のタンパク質、色、テクスチャーに及ぼす熱の影響

| 肉の温度 | 焼き加減 | 肉の品質 | 線維を弱める酵素 | 線維タンパク質 | 結合組織コラーゲン | タンパク質に結合する水 | ミオグロビン色素 |
|---|---|---|---|---|---|---|---|
| 40℃ | 生 | ・触ると軟らかい<br>・つるりとなめらか<br>・透明感、濃赤色 | 活性あり | 構造がほどけはじめる | 変化なし | タンパク質から遊離しはじめ、細胞内に蓄積 | 通常どおり |
| 45℃ | ブル<br>(bleu, 仏) | ・硬さが出てくる<br>・不透明になってくる | | | | | |
| 50℃ | レア<br>120〜130℃ | ・触ると弾力がある<br>・つるりとした感じが弱く線維質になる<br>・切ると肉汁が出る<br>・不透明、薄赤色 | 活性が非常に高い | ミオシンが変性・凝固しはじめる | | さらに遊離・蓄積する | |
| 55℃ | ミディアムレア<br>130〜135℃ | | 変性して失活・凝集する | ミオシンが凝固する | コラーゲン鞘が弱まりはじめる | | |
| 60℃ | ミディアム<br>135〜145℃<br>(USDA「レア」) | ・縮みはじめる<br>・弾力を失う<br>・肉汁がしみ出す<br>・赤からピンクへ | | ほかの線維タンパク質が変性・凝固する | コラーゲン鞘が縮み、細胞を圧迫 | コラーゲンによる圧力で細胞外に流れ出る | 変性しはじめる |
| 65℃ | ミディアムウェル<br>145〜155℃<br>(USDA「ミディアムレア」) | ・さらに縮む<br>・弾性はほとんどない<br>・肉汁が少ない<br>・ピンクから灰褐色へ | | | | | |
| 70℃ | ウェルダン<br>155℃以上<br>(USDA「ミディアム」) | ・さらに縮む<br>・硬い<br>・肉汁はほとんどない<br>・灰褐色 | | | 溶けはじめる | 流れ出なくなる | ほとんどが変性・凝固 |
| 75℃ | (USDA「ウェルダン」) | ・硬い<br>・乾燥<br>・灰褐色 | | | | | |
| 80℃ | | | | アクチンが変性、凝固する。細胞内成分が密に詰まっている。 | | | |
| 85℃ | | | | | | | |
| 90℃ | | ・線維同士が簡単に離れる | | | 急速に溶解 | | |

番で，肉汁がたくさん出はじめたときが仕上がりである．グリル焼きやフライパン焼き，ローストなどは一般に短時間の調理である．硬いカット肉は沸点近い温度で長時間加熱するのがよく，普通は煮込みや蒸し煮にしたり，長くローストしたりする．

**軟らかい肉は調理しすぎやすい**　軟らかい肉を完璧に料理する，すなわち内部温度を最適にすることは非常に難しい．厚いステーキをミディアムレア（中心温度60℃）に焼き上げるとする．表面温度は沸点以上なって乾燥し，中心部と表面の間は60℃（ミディアムレア）から100℃（乾燥）までの勾配がある．実際に，肉の大部分は加熱しすぎになる．そして，肉に火が通ってしかもジューシーさを保つ温度範囲はわずか15℃なので，ほんの1，2分で中心部はミディアムを通り越し全体がパサパサになってしまう．1インチ（約2.5 cm）厚さのステーキやチョップをグリルやフライパンで焼く場合，中心温度の上昇速度は1分間に5℃以上となる．

**対処法：二段階加熱，保温，先を読む**　加熱を止める時間枠を広くし，肉により均一に火を通すための方法がいくつかある．

一番よく行われるのが，初めに高温で表面を焼いてから，温度を下げて中まで火を通すというように，加熱を二段階に分けて行う方法である．加熱温度が低いということは，中心部と表面の温度差が少ないことであり，中心部温度から数℃しか違わない部分が多い．また，肉にゆっくりと火が通るということでもあるので，内部の焼け具合がちょうどよい状態にある時間も長い．

もう一つの方法は，脂肪の切れ端やベーコン，衣，パン粉，ペストリー生地，パン生地など，ほかの食材で肉の表面を包むというものである．これらの食材は肉表面を直火から守る断熱材となり，熱の浸透を遅くする．

また，焼きすぎないようにするには，望みの焼き加減になる前に肉をオーブンやフライパンから取り出して，余熱でゆっくり仕上げるのもよい．表面温度が下がって肉の中心から熱が外に出るのを待つ．肉の重さ，形，中心温度，加熱温度によって余熱の程度は異なり，薄い肉では2，3℃と無視できる程度だが，大きなロースト肉だと10℃にもなる．

**加熱を止めるタイミングを知る**　肉を上手に料理するには，いつ火を止めるべきかを知らなければならない．料理の本には焼き加減ごとにさまざまな計算法（1 kg当たり何分，厚さ1 cm当たり何分など）が載っているが，せいぜい大まかな目安にしかならない．予測できない大きな要因が数多く存在するので，そこまで配慮することはできない．初めの肉の温度，フライパンやオーブンの実際の温度，肉を返したりオーブン扉を開けたりする回数によって，加熱時間

---

### ジューシーさとは

ジューシーさというのは主観的な知覚だが，研究したことのある食品科学者ならばその二つの段階より成ることを知っている．食べものを口にした瞬間に感じる水分，そしてかむほどにあふれ出る水分である．初めの一口で感じるジューシーさは，肉自体に含まれる自由水そのものからくる．これに対してその後のジューシーさは，肉の脂肪と風味が唾液の分泌を刺激することによるものである．焼くと肉汁が流れ出てしまうのに，よく焼いた肉のほうがジューシーだと言われることが多いのは，おそらくこのせいである．何よりも，肉を焼くと褐変反応により風味が増し，強い旨味が唾液の分泌を促進するのである．

は変わってくる．脂肪は筋線維よりも熱伝導性が低いので，肉の脂肪分の多さによっても違ってくる．脂身の肉は赤身肉よりも調理に時間がかかる．骨も影響する．骨に含まれるセラミックのような無機物は肉の熱伝導性を倍にするが，蜂の巣状の中空構造をとることが多く，一般には熱の伝達が遅くなり，骨は断熱材の働きをする．肉は「骨の周りが軟らかい」とよく言われるが，骨の周りは火の通りが悪いのでジューシーなのである．最後に，肉表面の処理の仕方によって加熱時間が変わってくる．何もしないか，たれを塗った場合は，表面から水分が蒸発して肉の温度が下がるため，加熱に時間がかかる．しかし脂肪や油脂の層があるとこれがバリアになって水分の蒸発を防ぐため，加熱時間は5分の1程度短くなる．

　加熱時間に影響する要因が非常に多いため，加熱時間を正確に割り出せる計算法や調理法はない．調理しながら肉の状態を見て，火を止めるタイミングを決めるしかない．

**焼き加減の判断**　肉の焼き加減を確かめる一番よい方法は今でも，料理人の目と指を使うことである．温度計で内部温度を測る方法はローストでは有効だが，小さな肉では役に立たない．（普通の台所用温度計は，太い金属の軸で2.5 cm範囲の温度を測定するので，先端だけ差し込めばよいというわけでない．ダイアル目盛式では精度を保つため目盛修正を頻繁に行う必要もある．）一番簡単で確実な方法は，肉を切って中の色を見ることである（肉汁が流れ出てしまうがこれは部分的で少量である）．

　プロの料理人は，肉の「触った感じ」と肉汁の出具合で判断することが多い．

- ブル（Bleu）　表面だけ焼いたもの．中が温まっただけで生肉とあまり変わらない．触った感触は，完全に弛緩した親指と人差し指の間の筋肉のような軟らかさで，色のついた肉汁はほとんど出ない（無色の脂肪が溶け出すこともある）．
- レア　タンパク質の一部が凝固し，指でつつくと少し弾力を感じる．親指と人差し指を伸ばしたときの指の間の筋肉のような硬さで，赤い肉汁がわずかに表面にしみ出る．この状態が一番ジューシーだと言う人もいるし，まだ生で血なま臭く（肉汁は血なま臭くはないが）食べるには危険，とする人もいる．
- ミディアム　結合組織のコラーゲンが縮んで硬くなっている．親指と人差し指を互いに押し合ったときの指間の筋肉のような硬さで，ステーキやチョップの表面に赤い肉汁が水滴となって溜まり，中の色は薄くなってピンク色である．完全とは言えないが微生物の多くが死滅する．
- ウェルダン　ほぼすべてタンパク質が変性し，触ると明らかに硬い．肉汁はあまり見られず，肉汁も中の肉もくすんだ褐色か灰色に近い．微生物は死滅しているが，肉好きの人は肉も死んでいると言う．ただし，弱火で長く調理すれば結合組織が緩んで軟らかさがいくぶん戻る．

## ■ 肉の焼き加減と安全性

　食肉には微生物の混入が避けられないことは

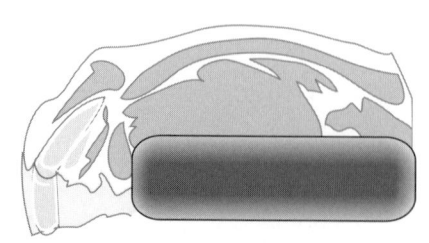

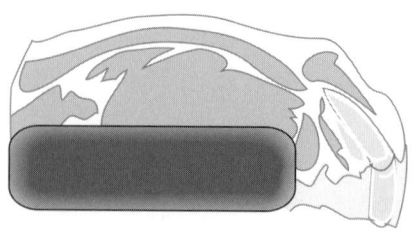

加熱温度と調理の均一性．左：高温で調理した肉は，中心が望みの温度に達する間に外側に火が通りすぎてしまう．右：低温で調理した肉は，外側に火が通りすぎることが少なく，より均一に焼き上がる．

すでに述べたが，人間に病気を起こす細菌を素早く破壊するには，温度70℃以上とする必要があり，これは水分をほとんど失ったウェルダンの状態である．では，ジューシーで赤身がかったピンク色の肉を食べるのは危険か？　肉が健康な筋肉組織そのもの（ステーキやチョップ）で，表面に火が十分に通っていれば大丈夫である．微生物は食肉の表面に付着しているだけで内部には存在しないからである．ただし挽き肉は，汚染された表面部分が細かくなって全体に混ざってしまうので危険性が高い．通常，生のハンバーグの内側には細菌が混入しているので，よく焼くのが安全である．生肉料理（タルタル・ステーキやカルパッチョ）は，表面を丁寧に切り取った肉を使って，食べる直前に調理するべきである．

**安全な生のハンバーグを作る**　生のハンバーグを安全に食べたいなら，肉の表面をさっと殺菌してから自分で肉を挽くとよい．大きな鍋に湯をグラグラと沸かし，ここに肉の塊を30〜60秒間浸けて取り出す．水気を拭き取ってから，隅々まで清潔にした肉挽き器を使って挽く．こうして肉をゆでると，表面の細菌は殺せるが，火が通るのは表面の1〜2 mmなので，挽いてしまえば全体に混ざってわからなくなる．

熱の基本的な特性と，肉にどのように火が通っていくかを理解できたところで，今度は肉の一般的調理法とそれぞれを最大限に活用する方法についてみていくこととする．

## 生肉の調理：調理法

伝統的な肉の調理法は，成熟して脂肪の多い動物の肉を食べていた時代に確立されたものが多く，少々加熱しすぎても問題がなかった．調理中には脂肪が肉の線維を覆う潤滑油となり，肉の線維自体がどんなに硬くなろうが，唾液の分泌を促してジューシーさを感じる．何時間も蒸し煮したり煮込んだりする料理には，コラーゲンの架橋度が高くてゼラチン化に時間がかかる成熟した動物の肉が適している．しかし，現代の工業生産された食肉は比較的若い動物の肉なので，可溶性コラーゲンが多く脂肪がかなり少ない．加熱時間が短く，火が通りすぎてしまうことが多い．焼いたチョップやステーキは中心がちょうどよくてもほかの部分はパサパサになりやすいし，長く煮込んだポット・ロースト（鍋で蒸し煮したロースト）やシチューは全体的にパサつくことも多い．

肉を料理する際に許される加熱時間の幅は昔よりも狭まっている．よって，さまざまな調理法の原理を理解すること，そして21世紀の食肉にうまく適用することがますます重要となっている．

### ■ 加熱前後でテクスチャーを調節

硬い肉を軟らかくするために加熱前に行う下ごしらえの方法は昔からたくさんある．それにより加熱時間を最小限にし，筋線維の乾燥を少なくするのである．なかでも最も単純明快なのは，肉の構造を物理的に破壊すること，叩いたり，切ったり，挽いたりして筋線維や結合組織層を細かくすることである．子牛肉の切り身を叩いて薄いシート状にしたもの（エスカロープ，スカロピーニ）は軟らかく，とても薄いので1，2分で火が通り水分が逃げない．肉を細かく挽くと，これとはまったく違った軟らかさになる．牛挽き肉をふわりとまとめたよいハンバーグは軟らかいステーキとはまた違った繊細な舌ざわりである．

フランス料理に「ラーディング」という手間のかかる伝統的な方法があるが，これは中空の針を使って豚のラードを注入するというものである．肉の脂肪分を増やすだけでなく，線維や結合組織層を部分的に壊すことで，硬い肉を軟らかくする．

**マリネ**　マリネ液は酸性の液体，もとは酢が使われていたが，今はワインや果汁，バターミルク，ヨーグルトなども使われる．ここに肉を数

時間から数日漬けておいてから加熱する．ルネッサンス時代から用いられている方法で，初めは腐敗を遅らせ風味をつけるためのものだった．現在では主に風味づけ，そしてしっとりと軟らかくするために肉をマリネする．マリネ料理のなかで一番多いのは，ワインやハーブを混ぜた中に肉を漬けて加熱する煮込み料理であろう．

マリネ液に含まれる酸が筋肉組織を弱め，水分を保持しやすくする．しかしマリネ液はゆっくりしみ込むため，その間に肉表面が酸っぱくなりすぎることがある．漬け時間を短くするには，肉を薄く切ったり，料理用の注射器を使って大きな肉にマリネ液を注入したりする．

**ミート・テンダライザー（食肉軟化剤）**　パパイヤ，パイナップル，イチジク，キウィ，ショウガなど，さまざまな植物から抽出したタンパク質分解酵素が使われている．果実や葉がそのままで売られているほか，精製粉末ならびにこれを塩や砂糖に混ぜた製品もある．（ワインのコルク栓でタコや硬い肉が軟らかくなると言われるが，コルク栓には活性のある酵素が含まれていないので効果はない．）酵素は冷蔵庫内または室温ではゆっくりと作用するが，60～70℃ではこれが5倍にも速まる．したがって，酵素作用はそのほとんどが調理中に起こる．テンダライザーの難点は，肉への浸透が1日数mmと酸よりも遅いこと，内側はあまり軟らかくならないのに，肉の表面にテンダライザーが蓄積して粉っぽくなりがちである．肉にテンダライザーを注入すれば浸透を速めることができる．

**塩水漬け**　現代の食肉は乾燥しやすいことから，軽く塩水に漬けるというスカンジナビア地方などで知られる昔ながらの方法が改めて見直されている．主に鶏肉や豚肉などの肉を塩分3～6％（重量パーセント）の塩水に数時間から2日程度漬けておき（肉の厚さによる），その後で普通に調理する．とてもジューシーな仕上がりとなる．

塩水に漬けると初めに二つの作用がみられる．一つは，塩が筋肉線維の構造を破壊すること．3％塩溶液（1Lに30g）では収縮性線維を支えているタンパク質構造の一部が溶解し，5.5％塩溶液（1Lに60g）では線維自体が部分的に溶解する．もう一つは，塩とタンパク質が作用しあって筋細胞に水分が多く保持されるようになることで，塩水から水分が吸収される．（塩および水が細胞内に移行する動きと，肉の筋肉線維が破壊されることで，塩水に入れたハーブやスパイスの芳香成分も吸収されやすくなる．）肉の重さは10％以上増加する．調理すればやはり重量の約20％が水分として失われるが，吸収した塩水によって相殺されるので，水分損失は通常の半分になる．さらに，溶解したタンパク質線維は凝固しても密な凝集体にならないので，調理した肉は軟らかくなる．塩水は外から中にしみ込むので，最も調理しすぎになりがちな肉の外側に一番よく作用する．したがって，漬け時間が短く不十分であったとしても仕上がりは違ってくる．

塩水漬けの明らかな短所は，肉も肉汁もかなり塩辛くなることである．砂糖や果汁，バターミルクなどを入れて甘さと酸味を加え，塩辛さを抑える料理もある．

**細裂き**　硬いローストを軟らかくなるまで調理してパサパサになってしまっても，肉を細く裂いて，とっておいた肉汁やソースをかければ，ある程度ジューシーさが戻る．裂いた肉片の表面に液体が薄くからまり，したがって水分を失った筋線維も液体で覆われることになる．細く裂くほど液体のからみつく表面積は大きくなり，肉はしっとりとして見える．裂いた肉やソースが熱すぎると，ソースがさらりとして肉にからまりにくい．温度が低ければソースにトロミがでて肉にしっかりとからまる．

## ■ 直火，炭火，電熱

火と真っ赤な炭火，おそらくこの二つが肉の調理に使われた最初の熱源であろう．褐変反応でにおいがつくのに十分な温度に達するおかげ

で，とてもおいしく料理できる．しかし，この"原始的"な方法で香ばしい皮の内側をジューシーに仕上げるためには，いくつか気をつける点がある．

**グリルとブロイル**　一般に"グリル"焼きというのは金網の上に肉をのせて下からの直火で焼くことをさし，一方"ブロイル"焼きというのは天板にのせた肉を上からの熱源で焼くことを意味する．熱源には炭火，ガスの炎，ガスの炎で熱したセラミックブロック，電熱線などが使用される．熱は主に赤外線放射によって伝わり，エネルギーは光として直接放出される．だから炭火や炎や電熱線は赤々と輝いているのである（p.756）．肉の表面は熱源から数センチしか離れていないので非常に高温になる．ガスの燃焼温度は約1650℃，炭火や電熱線は1100℃に達する．このような高温では食材の中まで火が通る前に表面が焦げてしまうので，グリル焼きにできるのはチョップ，ステーキ，鶏肉カット，魚など比較的薄くて軟らかいものに限られる．

最も使いやすいグリルは，表面を焦がすための強火の部分（厚い炭火床もしくは強いガス火）と，中まで火を通すための弱火の部分（薄い炭火床もしくは弱いガス火）を，両方用意できるものである．肉と火の間は 2.5〜5 cm とする．まず強火で肉の両面をできるだけ短時間（2〜3分）でよく焼き，弱火に移してゆっくりと均一に火を通す．

**串焼き**　金属や木の串に肉を刺して，放射熱源の近くで回しながら焼くもので，ローストや丸焼きなど，大きく分厚い肉に向いている．肉の表面は焦げる温度になるが，それは均一で断続的である．それぞれの面が強い赤外線放射を受けて焦がされるのはほんの数秒間だけである．熱源から遠ざかっている長い時間に，熱くなった表面から空気中に熱が逃げてゆくので，熱源から受ける放射熱のごく一部しか肉の内側には浸透せず，よって比較的ゆっくりと火が通る．また，肉を常に回しているので表面全体に肉汁がからみつき，つまりタンパク質と糖分がまんべんなくついて褐変反応が進む．

---

### グリル焼きとフライパン焼きをうまく仕上げるには：肉を温め，よく返しながら焼く

　グリル焼きもフライパン焼きも高温で行うため，中まで十分火を通す間に肉の外側に火が通りすぎてしまうということになりやすい．これを最小限にするには，肉をあらかじめ温めておき，頻繁に肉を返すとよい．

- 肉があらかじめ温かいほど短時間で火が通り，したがって外側が高温にさらされる時間も短い．ステーキ肉やチョップ肉をラップに包んで，ぬるま湯に30〜60分間浸けて体温（40℃）近くまで温め，この後すぐに加熱調理すると（温めた肉では細菌の増殖が速いので注意），調理時間が3分の2以下に短縮される．
- ステーキやハンバーグをグリル焼きやフライパン焼きにする場合，どのくらい頻繁に肉を返すとよいか？　きれいな焼き目をつけたいのであれば，1回か2回返すだけにする．軟らかさとジューシーさを優先するならば，1分ごとに返す．頻繁に返せば，両面とも熱を吸収したり放出したりする時間がない．肉は早く焼けるし，外側に火が通りすぎることも少ない．

野外で行うかまたはオーブンの扉を少し開けたままで行えば，串焼きがうまくできる．扉を閉めたオーブンではすぐに温度が上がってしまい，肉にゆっくりと火が通せない．

### バーベキュー（アメリカン・バーベキュー）

アメリカ特有の料理法で，今の形ができあがったのは約1世紀前である．アメリカン・バーベキューというのは，密閉容器内で炎を出さずに燃える木炭の熱気によって，低温でゆっくりと肉を加熱する．オーブンでじっくりと焼き上げるオーブン・ローストの野外版と言えるもので，ホロホロと崩れるように軟らかいスモーキーな仕上がりになる．

現代のバーベキュー器具は熱や煙の量を調節できるようになっており，さまざまなバーベキューソースをつけながら焼き上げる．バーベキュー・ソースは，多くがスパイスと酢を合わせたものである．風味をつけ，肉の表面に湿り気を与え，火の通りをさらに遅くする．バーベキュー器具は，炭を燃やす部分と肉を入れる部分が仕切られているものがよい．炭の放射熱が直接肉に当たらず，比較的低温（90℃前後）の煙が熱を伝えるので熱効率が低く，したがってゆっくりと調理できる．厚いあばら肉，豚肩肉やもも肉，牛肩バラ肉などの大きな肉の塊だと，内部温度が75℃になるまで数時間はかかり，豚の丸焼きなら18時間以上かかる．硬くて安い部分の肉を軟らかく調理するのには最適である．

「スモーク・リング」といって表面のすぐ下の層がピンクまたは赤色になることが多い（p.146囲み内）．

## ■ 熱した空気と壁：オーブン"ロースト"

グリルとは違って，オーブン焼きは間接的でより均一な加熱調理法である．炎，電熱線，炭などを一次熱源に使ってオーブンを熱し，オーブン内の熱気の対流とオーブン壁からの赤外線放射によって食品を全面加熱する（p.757）．オーブンは比較的ゆっくりとした加熱法で，火の通りが遅い大きなカット肉に適している．調理温度（95〜260℃，またはさらに高温）によって効率が大きく違ってくる．調理時間は肉500gにつき60〜10分である（さらに短いこともある）．

**低温のオーブン** 125℃より低いオーブン温度では，肉の表面が乾燥するまでに長い時間がかかる．水分が蒸発する際には表面温度が下がるので，肉の表面温度はオーブン温度よりも低く70℃前後になることもある．つまり，表面の焦げ方が比較的少なくて調理に時間がかかることになるが，内部の加熱が非常にゆっくりで，水分損失も少なく，肉全体に比較的均一に火が通り，ちょうどよい具合の仕上がりとなる時間枠

---

### 食物用語：barbecue（バーベキュー）

barbecueの語源は，西インド諸島の先住民，タイノ族の言葉で，支柱に若木の枝を吊るして作った枠組みを意味する．これがスペイン語のbarbacoaを経たものである．この木の枠組みの上に肉，魚，その他の食物をのせて火や炭の上にかざし，野外で調理した．枠組みの高さと火加減を調節することで，短時間でグリルすることも，ゆっくりと燻製・乾燥することもできた．アメリカ植民地時代には，お祝いなどで大勢集まって野外で肉を料理するときにバーベキューをしていた．20世紀初頭までには，肉をゆっくりと焼いて風味づけするという，おなじみの形になっていた．

が広い．さらに，内部温度がゆっくりと上昇して60℃に達する（大きなロースト肉では数時間かかる）ので，肉に含まれるタンパク質分解酵素がある程度働いて肉が軟らかくなる（p. 141）．中の空気を対流させるファンつきのオーブン（強制対流式）では低温でも表面に焼き目がつきやすい．低温ローストは，軟らかいカット肉をしっとりと焼き上げるのに向いている．また，硬い肉を長時間加熱してコラーゲンをゼラチン化するのにもよい．

**高温のオーブン**　200℃以上の高いオーブン温度では，肉の表面がすぐに焦げて独特なローストの風味がつき，加熱時間が短い．一方，水分を多量に失うので，肉の外側が中心よりもかなり高温となり，内部温度の上昇も速く数分で火が通りすぎてしまうことになる．

　高温ローストは，火の通りやすい軟らかくて小さめのカット肉，高温でなければ表面に焼き目をつける時間がないような肉に適している．

**中温のオーブン**　175℃前後の中程度のオーブン温度では，さまざまなカット肉でほどよい仕上がりになる．2段階に分けて調理を行ってもよい．たとえば，初めに高温のオーブンで焼き目をつけ（またはコンロで熱したフライパンで焼き目をつけ），次にオーブン温度を下げてゆっくりと火を通すとよい．

**遮へい効果とたれづけ効果**　中温から高温のオーブンでは，側面，天井，および底面からかなりの量の熱エネルギーが放射される．したがって，もし食材とオーブン内壁の間に何かあれば，その方向から受ける熱が少なくなって食材はよりゆっくりと加熱されることになる．この遮へい効果は厄介でもあるが役にも立つ．肉をのせたロースト用の天板は下からの加熱を遮るので，ときどき肉を返して上下が均一に熱を受けるようにする．しかし，アルミホイルを肉の上にかぶせれば熱エネルギーをかなり反射するので，全体に火の通りを遅らせることができる．水分を含むたれをつけながら焼いても，蒸発で肉の表面が冷やされ，ゆっくりと火を通すことができる．

**鳥の丸焼きの難しさ**　鶏，七面鳥，その他の鳥をまるごとローストするのは難しい．2種類の肉があってこれらは別々に料理するほうがよいからである．軟らかい胸の肉は68℃より高温で調理すると乾燥し硬くなってしまう．足の肉には結合組織が多く含まれるので73℃より低温で調理するとかみ切りにくい．したがって普通は，足の肉に十分火が通ってむね肉がパサパサになってしまうか，胸の肉はジューシーだが

---

### ロースト時間の予測

　肉をローストするのにかかる時間を決めるために，さまざまな指標が提案されている．よくあるのは，肉1インチ（約2.5 cm）当たり何分とか，1ポンド（約450 g）当たり何分とかで概算する方法である．しかし，熱伝導の計算式からみれば，実際には加熱時間は厚さの2乗，あるいは重さの2/3乗に比例する．その上，ほかの多くの要因も調理時間に影響する．それぞれの家庭で違った肉を調理するために必要な時間を，簡単かつ正確に割り出せる計算式などないのである．結局は，調理を実際に行いながら，肉の中心温度の上がり具合を見つつ，火を止めるタイミングを決めるしかない．

足の肉は筋っぽいか，どちらかである．

これを解決しようとさまざまな方法がとられる．位置をいろいろ変えて，鳥の腿の関節によく熱が当たるようにする．胸の部分をアルミホイルや濡れたガーゼ，豚の脂身（ベーコン）などで包んだり，たれをつけたりして，火の通りを遅くする．胸の部分に氷嚢（ひょうのう）をのせて室温に1時間ほど置き，調理をはじめる時点で胸より足が温まっているようにする．塩水に漬けて胸の肉に水分を多くしみ込ませる．完璧を求めるならば，切り分けて足と胸を別々にローストする．

### ■ 熱した金属：フライパン焼き，またはソテー

単純にフライパンで焼いたり炒めたりする際には，熱い金属から肉へ直接伝わる熱エネルギーで調理する．通常は油を薄く敷いて，肉がくっつかないようにするとともに，肉と金属のわずかなすきまで熱が均一に伝わるようにする．金属は熱伝導性が最も高いので，フライパンで焼くと肉の表面が素早く加熱される．フライパン焼きの特徴は，ほんの数秒で表面に焼き目がつくことである．表面を焼きつけるには，肉汁がしみ出て蒸発する間も高温を保てるような熱源とフライパンの組合わせが必要である．たとえば肉を入れる前にフライパンを十分熱しておかなかったり，冷たく濡れた肉を多く入れすぎたりすると，フライパンの温度が下がって水分が溜まり，水分が蒸発するまで肉汁の中で肉を煮込む形になってしまい，うまく焼き目がつかない．（フライパンにふたをした場合も，水蒸気が逃げずフライパンに水分が溜まって同様になる．）肉の焼けるおいしそうな音は，肉から出た水分がフライパンに接して蒸発するときの音で，この音でフライパンの温度がわかる．ジュージューと強い音が続いていれば，水分がすぐに蒸気に変わり，表面にうまく焼き目がついている．パチパチと弱くはじける音が不規則に聞こえるときは，温度が低すぎて水分が蒸発せず，水滴になって溜まってしまっている．

フライパン焼きは短時間で行う調理法なので，グリルやブロイルに適するのと同じ，薄くて軟らかい肉が主に使われる．グリル焼きと同じく，室温以上に温まった肉を使って頻繁に返しながら焼くと，より早く穏やかに調理できる（p.153の囲み内を参照）．焼くときに，フライ

---

### 皮をカリッとさせる

上手く料理された鳥は特に，皮がカリッと香ばしい．鳥やその他の動物の皮は主に水分（約50％），脂肪（40％），そして結合組織コラーゲン（約3％）からなる．皮をカリッとさせるには，硬いコラーゲンを皮に含まれる水分に溶かして軟らかいゼラチンにし，さらに水分を蒸発させてしまう必要がある．これを行うには熱したオーブンやフライパンの高温が一番よい．低温のオーブンでは，コラーゲンがそのままの状態で皮が乾燥してしまい，軟らかくならない．水を使わずに食肉加工したもの（たとえばコーシャーやハラール，p.140）は，皮に余分な水分が吸収されておらず，皮がカリッとしやすい．丸のままの鳥を包まずに冷蔵庫に入れて1〜2日乾かし，ロースト前に皮に油を塗るのもよい．（油を塗るとオーブン内の熱気から湿った肉に熱が伝わりやすくなる．）焼き上がったらすぐに食卓に出す．皿に乗せてから時間が経つと，内側の熱い肉から水分がすぐに吸収されて，カリッと焼けた皮もブヨブヨになってしまう．

返しや重い鍋などを使って肉を上から押さえつけるようにすると，フライパンから肉への熱の伝わり方がよくなる．厚めの肉は火の通りが遅いので，外側だけ焼きすぎないように，表面に焼き色をつけた後は熱伝達を遅くする．それにはコンロの火を弱めるか，またはフライパンごとオーブンに入れれば全面から加熱されるので肉を返す必要もない．レストランでは，片面に焼き色をつけて肉を返したらすぐにオーブンに移し"仕上げる"ことが多い．

## 焼きつけの意味

調理法の説明でよく使われる表現に，「肉汁が逃げないように肉を焼きつける」というものがある．1850年頃，ドイツの高名な化学者ユストゥス・フォン・リービッヒによって考え出されたものである．その数十年後には誤りであることが証明されたにもかかわらず，今もプロの料理人でさえこれを信じる人が多い．

リービッヒ以前のヨーロッパでは，肉はある程度火から離してローストするか，油を塗った紙で包んでローストすることがほとんどで，最後にさっと表面に焼き色をつけていた．肉汁が流れ出てしまうかどうかは気にしなかった．しかしリービッヒは，肉に含まれる水溶性成分が栄養として重要だとし，これをできるだけ失わないほうがよいと考えた．その著書 Research on the Chemistry of Food（食物の化学に関する研究）のなかで，肉汁を直ちに中に閉じ込めるよう肉を素早く加熱すればよいと述べている．肉片を沸騰水に入れると何が起きるか，次に温度を下げてとろ火で煮込むとどうなるかを説明している．

> 沸騰する水の中に入れると，表面から内側に向けてタンパクが直ちに凝固し，この状態で皮もしくは殻が形成され，外側の水が肉の塊の内部へしみ込むことはもはやない……肉はそのジューシーさを保ち，ロースト肉としてはかなり味のよいものとなる．こうすることで，料理人としてはできる限りの風味成分を肉にとどめることになるからである．

そしてこの殻が，煮込み中に外から水がしみ込むのを防ぐのであれば，ロースト中に肉汁が流れ出るのを防ぐこともできる．したがって，ロースト肉は初めに外側を焼きつけてから，低温で中に火を通すのが最もよいことになる．

リービッヒの考えは，あっという間に料理人や料理本の著作者の間で人気を博し，そのなかにはフランスの高名な料理人オーギュスト・エスコフィエもいた．しかし，1930年代に行われた簡単な実験によって，リービッヒは間違っていたことが証明された．肉の表面に形成する皮が水を弾かないことは，多くの人が経験から知っている．鍋やオーブンの中，あるいはグリルの上で肉がジュージューと音を立て続けるのは，水分がしみ出して蒸発し続ける音である．実際には水分損失は肉の温度と比例するので，高温で焼きつければ低温の場合よりも肉の表面は乾燥してしまう．ただし，焼きつけることによって肉の表面で褐変反応産物が生じて風味は増し（p.751），この風味が唾液の分泌を促進する．リービッヒやその後継者たちは，肉汁を閉じ込めるという考え方は間違っていたものの，焼きつけることで肉をおいしくするという点では正しかった．

## ■ 熱した油：揚げものと揚げ焼き

油脂は，加熱媒体として優れている．水の沸点よりもかなり高温になるので，食材表面をカリッときつね色に焼くことができる．肉の底面と側面がつかるくらいの少なめの油で揚げることを揚げ焼きという．通常の揚げものは，肉が完全に沈む深さの油を使用する．脂肪や油の対流によって鍋から肉へ熱が伝わる．油は，金属や水に比べれば熱伝導効率が低いが，オーブンの2倍*の効率である．この中程度の熱伝導性に加えて，肉にすきまなく均一に接触する性質のおかげで，油で揚げることは特に応用範囲の広い調理法なのである．鶏肉や魚で多く使われ，切り身や鶏むね肉から7kgもある七面鳥まで揚げものにされる．丸のままの七面鳥を揚げるには1時間以上かかる（オーブンでは2～3時間）．一般に加熱温度は150～175℃の間である．175℃前後の油に肉を入れると油の温度が下がり，水分が沸騰して気泡となって蒸発する．水分の出が少なくなりコンロの火で熱せられて，油の温度は再び上昇する．温度が十分上がると表面の水が飛んでカリッときつね色の焼き色がつき，その間に熱が徐々に内部に伝わって火が通るので，中がしっとりとしている状態で調理を止めることができる．

---

\* 監訳者注：油は空気の数倍の熱伝導率である．

場合によっては，やや低めの温度であらかじめ肉を揚げておき，食卓に出す前に高温の油で完全に火を通し，焼き色をつけることもある．ファスト・フードのフライド・チキンは，特殊な加圧調理器（p.758）を使って調理される．油の温度は通常通りだが，水の沸点が高まるので，調理中に蒸発する水分が少ない．これにより調理時間は短縮され（水の蒸発による冷却が少ない），しかもジューシーに仕上がる．

**パン粉と衣** 揚げものはほとんどの場合，乾いたパン粉や小麦粉ベースの衣をつけて揚げる．パン粉や衣は水分を"閉じ込める"わけではなく，薄くとも決定的な断熱効果を発揮し，肉の表面が油と直接触れないようにする．肉の代わりにパン粉や衣がすぐに脱水してカリッとした表層をつくる．この乾燥したデンプン層には，蒸気や油が閉じ込められた気泡が分散しており，熱伝導性が低い．肉が生のままだと肉汁がしみ出してカラッと揚がった衣もしんなりしてしまうので，肉を揚げる場合は肉汁が出なくなるまで，つまり油の泡立ちが静まるまで火を通すのが普通である．

## ■ 熱湯：蒸し煮，煮込み，ポーチ，とろ火煮

水は肉の加熱媒体として優れている点がいく

---

### 食物用語：poach（ポーチ），simmer（とろ火煮），braise（蒸し煮），stew（煮込み）

これらの用語は同じ基本操作に関するものだが，起源は大きく異なる．poachは中世の言葉で，卵を穏やかに加熱したときに黄身のまわりにできる白身"pouch（小袋）"をさすフランス語からきている．simmerは16世紀当初の形はsimper（気取ってうぬぼれた表情）だったが，泡が表面に上がってきて遠慮がちにはじける様子と関連しているのかもしれない．braiseとstewはいずれも18世紀にフランス語を借用したもので，braiseは"炭"を意味するフランス語からきており，調理鍋の下と上に炭を置いたことを指している．stewは，ストーブまたは温かくした部屋など，囲われた熱い空間を意味するêtuveからきている．

つかある．熱の伝達が速くて均一，必要に応じて温度調節がしやすい，そして味つけができてソースにもなる．油と違って，肉の表面に香ばしい味がつくほど高温にはならないが，あらかじめ肉に焼き目をつけてから水ベースの液体で調理を行えばよい．

肉や野菜のスープストック，牛乳，ワイン，ビールなどの液体で肉を加熱調理するのは，簡単で応用の利く方法である．使用する液体の種類，肉の大きさ，肉と液体の比率，下ごしらえの違いなどによって，バリエーションがたくさんある．(蒸し煮やポット・ローストは，シチューに比べて大きな肉を少量の液体で調理する．)しかしいずれの場合も，一番大きな違いは温度である．外側だけに火が通りすぎないように，沸点よりも大分低い80℃前後に保つ必要がある．長時間の蒸し煮や煮込みには低温のオーブンを用いることが多いが，一般に使われる温度（165〜175℃）ではふたをした鍋の中身が沸騰してしまう．ふたをしなければ蒸発によって冷やされる（濃縮されて液の表面に風味もでる）が，ふたをする場合はオーブンの温度を95℃以下とすべきである．（フランスではかつて，ふたをした鍋の下と上に熱い炭を数個ずつ置いた"braisier"（蒸し煮鍋）を使っていた．）

液体中で肉を調理したら，液ごとそのまま冷やし，調理温度よりもかなり低い50℃前後にして食卓に出す．肉の組織は冷めるとより多くの水分を含むようになるので，調理中に失った水分が再び吸収される．

**軟らかい肉：あっという間の調理** 熱湯は熱の伝達が非常によいので，軟らかくて平らな肉はあっという間に火が通る．チョップ，鶏むね肉，魚の切り身などはほんの数分で火が通る．あらかじめフライパンで焼き目をつけておけば，わずか1, 2分で十分である．軟らかい肉をうまく調理するには，まず液体を沸騰させ

---

### 蒸し煮および煮込みをジューシーに仕上げるポイント

いくつかの細かい点に注意しながら調理すれば，しっとりと軟らかい蒸し煮または煮込みができる．一番大切なことは，肉の中心部が沸点近くにならないようにすることである．

- 肉を切らずになるべくそのまま使って，液が流れ出る断面を最小限とする．
- 肉を切らなければならない場合には，少なくとも一辺2.5 cm以上の比較的大きな塊とする．
- 熱した鍋でごく短時間，中が温まる程度に表面を焼く．これにより表面の微生物は死滅するし，香ばしさもでる．
- 鍋に肉と調理液を入れ，冷たいオーブンに入れる．水分が蒸発するように鍋のふたのすきまをわずかに開け，オーブン温度を95℃に設定する．鍋の中身はゆっくりと温まり，2時間ほどで約50℃になる．
- オーブン温度を120℃に上げ，中身が50℃から80℃にゆっくりと温まるようにする．
- 1時間経ったら，30分ごとに肉をチェックし，フォークの歯がすっと通るようになればオーブンから出す．
- そのままで肉を冷まし，液をある程度再吸収させる．
- 風味を濃くしたりトロミをつけるために煮詰める場合は，まず肉を取り出してから行う．

て，そこに肉を入れて表面を殺菌し，数秒後に冷たい液体を少し加えて鍋の温度を80℃前後に下げる．こうすれば表面に火が通りすぎず，肉の中心にちょうどよく火が通った状態にある時間が長くなる．液を煮詰めて風味を濃くしたりソースにトロミをつけたりするのは，肉を取り出してからにする．

**硬くて大きな肉：ゆっくり煮るほどしっとりする**　硬い結合組織が多く含まれる肉は，コラーゲンをゼラチン化するために70〜80℃以上で調理する必要がある．しかしこの温度範囲は，筋繊維から肉汁が流れ出てしまう温度（60〜65℃）よりもかなり高い．したがって，硬い肉をジューシーに調理するのは難しい．繊維が脱水しないように，コラーゲンの溶解する最低温度かそれよりわずかに高い温度でゆっくりと調理するのが大切である．肉をときどきチェックして，繊維がほぐれやすく軟らかくなったら（「フォーク・テンダー」）すぐに火から下ろす．結合組織が溶けてゼラチン化すれば，筋繊維から出る肉汁の一部がゼラチンにとどまるので，肉のジューシーさがでる．若い動物のすね肉，肩肉，頬肉にはコラーゲンが豊富に含まれるので，蒸し煮にすればゼラチンたっぷりでとてもおいしい．

　長時間の蒸し煮や煮込みでは，火加減に気をつけながら1〜2時間かけて肉の温度を徐々に上げてゆき，コトコト煮込むとよい．50℃より低温では熟成が促進されることになるので，この温度での時間が長いほど結合組織が弱まり，繊維が脱水してしまうような高温での調理が短くて済む．蒸し煮や煮込みの肉が十分火が通ってしかも全体にはっきりと赤みを帯びているのは，非常に穏やかにゆっくりと調理された証拠である．肉の酵素が働いて肉が軟らかく味もよくなる温度では，ミオグロビン色素が変色しにくいのである（p.146，囲み内参照）．

## ■ 水蒸気：蒸す

　蒸し料理は，食材に最も早く熱を通す方法である．水蒸気が食材の表面で凝結し水滴となる際に大量のエネルギーを放出するからである．ただし，食材表面の温度が沸点より低い場合にのみ効果的である．水蒸気が表面に熱を与えるよりも内部への熱の浸透が遅いため，熱は表面に蓄積する．するとすぐに沸点に達し，熱伝達速度は遅くなって表面を沸点温度に保つだけになる．水分を介して肉を加熱するといっても，必ずしも肉がジューシーに仕上がるわけではない．筋線維を沸点まで加熱すると縮んで水分の多くが搾り出されてしまい，水蒸気がそれを補うことはできない．

　水蒸気によって肉の表面はすぐに沸点温度に達するので，蒸し料理は軟らかい薄切り肉に最適である．数分ですぐに火が通るため，外側に火が通りすぎて乾いてしまうこともない．レタスやキャベツの葉など食べられるものや，あるいはバナナの葉やトウモロコシの皮など食べられないが香りのよいもの，または硫酸紙（クッキングペーパー）やアルミホイルで肉を包むことも多い．これによって表面を水蒸気の過酷な熱から守り，より穏やかに調理することができる．蒸気を通すラックの上に肉を重ならないように並べるか，段状のラックなどに並べる．蒸し器内の空気に直接当たらない面は当たる面と比べて火の通りがかなり遅くなるからである．ふたのすきまから水蒸気が逃げても空焚きにならないよう，蒸し器には水を十分に入れる．水にハーブやスパイスを入れて肉の香りづけをすることもある．

**低温の水蒸気**　蒸し料理では，きっちりとふたをして強火で加熱し，蒸し器内に水蒸気が充満した状態を保つように気をつけるのが普通である．しかし，低温でより穏やかに調理するような蒸し方もある．ふたをした鍋の中で水を80℃に保つと，内部の空気温度も80℃付近に保たれるので，肉の外側に火が通りすぎることも少ない．中国料理ではふたをせずに蒸すこともあり，この場合には水蒸気と空気が混ざって加熱温度は沸点よりもかなり低くなる．市販のコンベクション・スチーマー（対流型の蒸し器）

は，人肌から沸点までの温度範囲で水蒸気を飽和させることができる．レストランなどであまり人手をかけずにジューシーな肉料理や魚料理を作ることができ，配膳温度を保つこともできる．

**高圧および低圧調理**　通常の調理法では，調理温度は水の沸点が最大であるが（p.758），圧力鍋を使えば120℃まで可能である．鍋の中に肉と調理水を入れて密閉し，蒸発する水の圧力によって鍋の内圧が大気圧（海面での気圧）のおよそ2倍になる．圧力が上がると沸点も上昇し，高圧と高温が相まって肉への熱伝達速度は2～3倍となり，コラーゲンが効率よくゼラチン化する．ポット・ローストは普通2～3時間かかるが，圧力鍋を使えば1時間もかからない．もちろん，タンパク質がかなり高温になって水分がほとんど搾り出されてしまうので，パサパサにならないよう脂肪やコラーゲンに富んだ肉を使う必要がある．

高圧とは対極にあるのが，海面よりも気圧がずっと低い高地での調理である．水の沸点も低く（中高地のデンバーでは95℃，標高3000 mでは90℃），肉の火の通りが穏やかで，時間がかかる．

## ■ 電子レンジ調理

電子レンジ調理は乾式でも湿式でもなく，電磁波を利用する（p.759）．電子レンジは高周波数の電磁波を発生させ，これが電気的に非対照な水分子を振動させることで，まわりの組織を加熱する．電磁波は有機物に浸透するので，肉の2～3 cm内側が直接加熱される．したがって，電子レンジ調理は非常に早いが，普通の調理法と比べて水分損失も多い．一般に，大きな塊肉を電子レンジで"ロースト"しようとすると，中まで火が通る間に外側2～3 cmの部分に火が通りすぎて，通常のローストより乾燥して硬くなってしまう．レンジ内の空気は加熱されないので，特別な直火焼き機能やブロイル用加熱エレメントがついていなければ，肉の表面に焦げ目をつけることはできない．（ベーコンなどの塩漬け肉は例外で，調理中にかなり乾燥するために焼き色がつく．）

液体に浸した肉を電子レンジにかければ上手く調理できる．軽くふたをした容器に入れ，火の通り具合がちょうどよくなるように気をつける．電子レンジはコラーゲンをかなり効果的にゼラチン化するという実験結果もある．

## ■ 調理後：休ませる，切り分ける，食卓に出す

肉料理がうまく調理できても，食卓に出すまでの取扱いが不適切であればおいしく食べられない．オーブンで調理した大きなローストは，切り分ける前に少なくとも30分は調理台の上で休ませる．「余熱」で中まで火を通すというだけでなく（p.149），理想的には50℃前後まで肉を冷ます必要がある．（1時間以上かかることもあり，ロースト時間と同じだけ休ませる場合もある．）温度が下がるにつれ，肉の構造は硬さを増して変形しにくくなり，水分保持力も増加する．したがって，肉を冷ますと切り分けやすくなるうえ，切ったときに流れ出る肉汁も少なくなる．

できるだけ筋線維の筋目の方向と垂直になるように肉を切ると，筋っぽい感じも少なくかみ切りやすい．肉切りナイフは研いでおくこと．鈍ったナイフをのこぎりのように前後に動かして切ると組織がつぶれておいしい肉汁が逃げてしまう．

最後に，牛肉，ラム肉，および豚肉の飽和脂肪は室温で固化するので，皿の上ですぐに固まってしまう．また，ゼラチン化したコラーゲンも体温近くで固まりはじめるので，肉は明らかに硬くなる．温かい肉料理では，盛り皿と取り皿を温めておくほうがおいしく食べられる．

## ■ 残りもの

**温め直したにおい**　加熱調理すると，肉独特の風味がでるだけでなく，古臭さやダンボール臭

に近い独特の「温め直しのにおい」が生じやすくなる．（複雑な味つけや強い味つけの料理では，時間をおいて温め直すとかえって風味がよくなることもあるが，これは肉の中で温め直しのにおいが強まることによる．）異臭の主な原因は，不飽和脂肪酸がミオグロビンの酸素と鉄によって変化することである．この反応は冷蔵庫内ではゆっくりだが，温め直すと促進される．鶏肉や豚肉などの脂肪組織内に不飽和脂肪が多く含まれる肉は，牛肉やラム肉に比べて温め直しのにおいが出やすい．塩漬け肉は亜硝酸塩が抗酸化剤として働くため，味が落ちにくい．

残りものになるべく異臭がつかないようにするための方法はいくつかある．抗酸化化合物を含むハーブやスパイス（第8章）を風味づけに使うこと．肉を包む際には透過性の低いラップ（サラン樹脂やポリ塩化ビニルがよい；ポリエチレンは酸素透過性が非常に高い）を用い，空気が入らないようにすること．そして，残りものはできるだけ早く食べ，再加熱は安全な範囲で最低限とすることなどである．たとえばローストチキンの残りは冷たいままで食べるほうが古臭さを感じない．

**水分の保持**　肉を料理するときに穏やかに加熱したのであれば，再加熱のときにも同じようにするべきである．おいしい煮込みもちょっと沸騰させただけで水分が飛んでしまう．肉を取り出して液だけを沸騰させ，そこに肉を戻し入れれば，肉表面が沸点温度になるのはごく短時間である．そこで火を弱めてかき混ぜれば液温はすぐに65℃にまで下がるので，この温度で肉の中まで温めるとよい．

**安全性**　一般的に，肉料理の残りは調理後2時間以内に冷蔵または冷凍するのが安全であり，再び食卓に出す前に65℃以上に手早く再加熱する．冷たくして食べる料理は，最初に肉に十分火を通すこと，すぐに冷蔵すること，1〜2日内に冷蔵庫から出してすぐ食べることが大切である．心配であれば肉を十分加熱し，細裂きにしてから味のついた液に浸すと，味が落ちたり硬くなったりしても気にならない．

## 臓物，または内臓肉

動物が筋肉をもつのは，ほかの生き物を捕らえて自らの栄養とするために動き回らなくてはならないからである．そしてこれらの複雑な食物を分解し，有益な構成単位と廃棄物とを分け，栄養分を体のすみずみまで行き渡らせ，体の働きを調整するために内臓（肝臓，腎臓，腸，その他の器官）がある．

「肉」という言葉は，動物の手足を動かす"骨格"筋の意味で用いられるのが普通である．しかし骨格筋は動物の体の約半分を占めるにすぎない．その他さまざまな器官や組織もまた栄養があって，それぞれに特徴的な風味やテクスチャーをもっている．非骨格筋（胃，腸，心臓，舌）は一般に，結合組織の含有率が普通の肉に比べてかなり高く（3倍にもなることがある），水分とともにゆっくりと調理することでコラーゲンが溶解しやすい．肝臓にはコラーゲンが比較的少なく，特殊化した細胞が結合組織のネットワークによってまとまっている．物理的なストレスがほとんど加わらないので，非常になめらかで繊細である．したがって肝臓は，最小限の加熱では軟らかいが，加熱しすぎるとポロポロにパサついてしまう．

普通のカット肉がほぼ無菌状態の骨格筋を個別に切り分けたものであるのに対し，内臓肉の多くは異物を含む．調理前に不要部分を切り取って洗浄し，「湯通し」または水に浸けてゆっくりと沸騰直前まで加熱することが多い．ゆっくりと加熱することで，まず表面のタンパク質や微生物が洗い除かれ，ついでこれらが凝固して水面に浮かんだところをすくい取る．湯通しすれば表面のきついにおいも弱まる．

### ■ レバー（肝臓）

肝臓は，動物の体における生化学発電所であ

る．食物から吸収した栄養の多くがまず肝臓に送られて，ここで貯蔵されるか，またはほかの器官に送るための加工がなされる．いずれの作業も大量のエネルギーを必要とすることから，脂肪を燃やすミトコンドリアおよびそのチトクローム色素によって肝臓は濃赤色をしている．肝細胞は血液と直接やり取りをする必要もあるので，細胞が作り上げる微細な六角柱のすきまには結合組織がほとんどみられない．繊細な臓器なので，短時間で調理するのが一番よい．長時間加熱すると乾燥してしまう．レバー独特の風味についての研究は多くないが，硫黄化合物（チアゾールやチアゾリン）によるところが大きいと考えられ，長く加熱することでこの独特な風味は強くなる．一般に，風味もテクスチャーも動物が年をとるにつれて粗くなる．鶏レバーで乳白色に見えるものがときどきあるが，これは脂肪が非常に多く蓄積しているせいで無害である．脂肪含量は普通の赤いレバーで4％なのに対し，乳白色のレバーでは約2倍の8％ほどである．

## ■ フォアグラ

料理に使われるさまざまな動物の内臓のなかでも，特筆すべきものがある．ある意味で究極の肉，動物の肉およびその本質的な魅力の縮図と言える．フォアグラは，強制給餌（無理やり食べさせること）したガチョウやアヒルの「脂肪肝」である．ローマ時代，おそらくはそれよりずっと以前からフォアグラが作られ食されてきた．紀元前2500年のエジプト絵画にガチョウの強制給餌がはっきりと描かれている．鳥が成長する間に体内で作り上げられる，生きたパテのようなものである．常に栄養過剰の状態におかれるため，普通なら小さく痩せた赤い臓器

### 内臓肉の成分

内臓肉の化学成分は骨格筋と大体似ているが，特殊な機能をもつため鉄やビタミン類が非常に豊富なものも多い．（鶏の心臓やレバー，子牛のレバーは特に葉酸が豊富である．葉酸は心疾患リスクを顕著に低下させるビタミンである．）内臓はコレステロール含量が高いが，これは内臓細胞が筋細胞よりかなり小さくて，コレステロールを主成分とする細胞膜の割合が高いことを反映している．下の表はさまざまな動物の内臓の栄養成分含量を大まかな範囲で示している．コレステロールと鉄の濃度は100g当たりのmg数，葉酸は100g当たりのμg数で示した．

| 部位 | タンパク質 % | 脂肪 % | コレステロール mg | 鉄 mg | 葉酸 μg |
|---|---|---|---|---|---|
| 普通のカット肉 | 24～36 | 5～20 | 70～160 | 1～4 | 5～20 |
| 心臓 | 24～30 | 5～8 | 180～250 | 4～9 | 3～80 |
| 舌 | 21～26 | 10～21 | 110～190 | 2～5 | 3～8 |
| 砂肝 | 25～30 | 3～4 | 190～230 | 4～6 | 50～55 |
| 胃袋（第二胃），牛 | 15 | 4 | 95 | 2 | 2 |
| レバー（肝臓） | 21～31 | 5～9 | 360～630 | 3～18 | 70～770 |
| 膵臓 | 12～33 | 3～23 | 220～500 | 1～2 | 3 |
| 腎臓 | 16～26 | 3～6 | 340～800 | 3～12 | 20～100 |
| 脳 | 12～13 | 10～16 | 2,000～3,100 | 2～3 | 4～6 |

が正常時の10倍の大きさにまで肥大し、脂肪含量は50〜65％に達する。脂肪はわからないぐらい細かな油滴となって肝細胞内に分散し、なめらかさとコクと風味の類いまれな融和を醸し出す。

**フォアグラの調理** 良質のフォアグラは、傷や汚れがなく、微細な脂肪滴のせいで白っぽく、硬さがある。肝組織自体は硬いがしなやかで（鶏レバーのように）、脂肪は涼しい室温では半固形状である。冷たいフォアグラを指で押してみると、よいものは指跡がつき、触った感じがしなやかでなめらかである。脂肪の少ないものはゴムのように硬く湿っている。脂肪がつきすぎて弱った肝臓は軟らかく、油っぽい感じである。

フォアグラは鳥の体内から取り出した直後が一番おいしい。パテに使われるほかは、一般には二つの調理法がある。一つは、厚めにスライスして熱したフライパンでさっと焼き、表面に焼き色がついて中が全体に温まったところをすぐに食べる。温かく硬く風味豊かなフォアグラが舌の上でとろけてなくなる食感はほかにない。この料理法ではフォアグラの質が特に重要である。フライパンが高温なので、脂肪がつきすぎ弱った肝臓からは脂肪が流れ出してしまい、ブヨブヨした嫌な食感になる。

二つ目の調理法は、フォアグラをまるごと冷やし、スライスして冷たいまま食卓に出す。二級品のフォアグラも使え、それなりのおいしさが味わえる。テリーヌを作るには、フォアグラを容器に詰めて湯煎で調理する。トーション仕立てのフォアグラは、布巾で包んだフォアグラをスープ・ストック、またはアヒルやガチョウの脂肪でポーチする（ゆでる）。脂肪がなるべく失われないようにするため、好みの加減まで弱火でゆっくりと加熱してゆき（45〜70℃、温度が低いほどクリーミーになる）、液温は目的温度より数℃だけ高めに保つ。冷えると脂肪が部分的に固まるので、テリーヌやトーションもきれいに切れ、食べたときに口の中でとろける。

## ■ 皮，軟骨，骨

硬い結合組織を大量に含んだ肉は、一般には好まれないものである。しかし、動物の皮、軟骨、骨が珍重されるのもまさに、これらがほとんど結合組織からできていてコラーゲンが豊富であるという理由からである（皮には風味豊かな脂肪も含まれる）。結合組織には二つの使い道がある。一つ目は、スープやストック、シチューなどで長時間煮込むことにより、骨や皮から溶け出した結合組織が大量のゼラチンと濃厚さを与える。二つ目は、結合組織そのものを、ジューシーなゼラチンの食感またはカリッとした食感のおいしい料理にするもので、部位の切り方や調理法によって違ってくる。長く煮込んだ子牛の頭（テット・ド・ヴォー）は、耳、頬、鼻まで軟らかい。中国料理には、牛の腱や脂ののった豚の皮を煮込んだ料理がある。軟骨の多い豚の耳、鼻、尻尾を短時間で調理すれば、カリッとした食感または歯ごたえのある食感になる。豚の皮をさっと油で揚げればカリッと仕上がる。

## ■ 脂肪

固形状の脂肪組織をそのままで料理に使うことはほとんどない。その代わり、脂肪貯蔵細胞から脂肪を抽出し、加熱媒体や材料の一部として用いるのが普通である。ただし例外として、よく知られたものが二つある。一つは網脂（結合組織の薄い膜で小さな脂肪塊がレース状に散らばっている）、腹腔内の臓器を包んでいる大網膜または腹膜と呼ばれる膜で、一般には豚や羊から得られる。少なくともローマ時代から使われており、食材を包んでまとめ、調理中に表面を保護し乾燥しないようにしていた。調理するうちにほとんどの脂肪は膜から流れ出し、膜は軟らかくなり食材と一体化して見えなくなる。

脂肪組織がそのまま食材としてよく用いられるもう一つの例は、マイルドで軟らかな豚の脂肪、特に腹や背の皮のすぐ下に蓄積した厚い脂

肪である．ベーコンは主に腹側の脂肪組織であり，背側の脂肪はソーセージ作りによく使われる（p. 166）．イタリアのラルドというのは豚の脂肪（ラード）を塩，調味料，ワインに漬けたもので，そのまま食べることもあれば料理の風味づけにも使われる．フランスの古典料理では，脂の少ない肉に風味をつけジューシーさをだすために豚の脂肪が用いられる．薄いシート状の脂肪をロースト肉の周りに巻いて表面を保護したり，細かく切ったものを専用の注射針（ラーディング・ニードル）で肉に注入したりする．

**精製脂肪**　純粋な脂肪を分離（レンダリング）するには，脂肪組織を小さく切ってゆっくりと加熱する．組織から溶け出してくるものもあるが，加圧してさらに搾り出す．精製した牛の脂肪はタロー（牛脂），豚の脂肪はラード（豚脂）と呼ばれる．動物によって脂肪の風味や硬さが異なる．反芻動物の牛や羊では脂肪の飽和度が高く，よって豚やトリの脂肪よりも硬い（反芻胃微生物の影響，p. 13 参照）．皮膚のすぐ下にある脂肪は飽和度が低く，体の中心部にある脂肪よりも軟らかいが，これは皮膚環境がより低温だからである．スエット（牛の腎臓周りの脂肪）は料理用の脂肪のなかで最も硬く，その次が牛の皮下脂肪，そして豚の腎臓周りから得たリーフ・ラード，背や腹から得たラードの順に軟らかくなっていく．鶏，アヒル，ガチョウの脂肪はさらに飽和度が低く，室温では半液体状である．

## 肉加工品

去勢牛や豚を普通のローストやステーキ，チョップに加工する際に，さまざまなくず肉と副産物が大量に出る．こうしたものも昔からすべて利用されてきた．変装したオデッセウスがペネロペの求婚者たちと戦う前に前哨戦で勝ち取ったという「脂と血が入った山羊のソーセージ」にはじまり，羊のレバー・心臓・肺を胃袋に詰めたスコットランドの伝統料理ハギス，豚肩肉と調味料を混ぜたハムの缶詰「スパム」にいたるまで，さまざまな形に加工されてきた．刻んだり挽いたり，ほかの材料と混ぜ合わせて圧縮することにより，くず肉は心のこもった食べものとなり，贅沢な料理にさえなる．

### ■ ソーセージ

"sausage"（ソーセージ）は "salt" を意味するラテン語から派生したもので，刻んだ肉と塩を混ぜ，食べられる袋に詰めたものである．ソーセージに入れる塩には，二つの重要な役割がある．微生物の増殖を抑えること，そして筋線維中の筋原線維タンパク質の一つ（ミオシン）を肉表面に溶かし出して肉片同士の接着剤とすることである．伝統的には動物の胃や腸を詰め袋として用い，脂肪含量が全体の3分の1以上あった．現在では詰め袋に人工ケーシングを使った低脂肪のものが多い．

ソーセージといっても無限のバリエーションがあるが，大まかに分類できる．調理して食べる生ソーセージ，発酵ソーセージ，乾燥（エア・ドライ）ソーセージ，調理済みソーセージ，そしてスモーク・ソーセージ（燻製度合いによって数日しかもたないものから半永久的に保存できるものまで）などがある．肉と脂肪はさまざまな大きさの細片に刻むか，形がなくなるまでつぶし，混ぜ合わせ，加熱して均一な塊とする．ほとんど肉と脂肪だけのものもあれば，その他の材料がかなり多く入っているものもある．

発酵ソーセージは貯蔵肉の一つであり，p. 172 に記載した．

**生ソーセージと調理済みソーセージ**　生ソーセージというのは，作りたてで発酵も加熱調理もされていないソーセージのことである．したがってとても腐敗しやすい．作ってから，または購入してから1〜2日内に調理すること．

調理済みソーセージは生産工程で加熱されており，購入してから数日内，半乾燥またはス

モーク品ではそれ以上の期間そのまま食べることができる．食べる前に加熱することも多い．普通に肉と脂肪を混ぜ合わせたもの，あるいは加熱中に固まるようなほかの材料がいろいろ加えられたものもある．「ブーダン・ブラン」というフランスの白ソーセージはさまざまな白身肉につなぎとして牛乳，卵，パン粉，または小麦粉を加えて作られる．一方，「ブーダン・ノア」という赤黒いソーセージは肉をまったく使わない．豚の脂肪，タマネギやリンゴや栗，豚の血を約3分の1ずつ混ぜ合わせたもので，ゆでると凝固して固形状になる．レバー・ソーセージは細挽きのレバーと脂肪を混ぜ合わせて加熱したものである．工業製品には，硬さ調節と保水のために大豆タンパク質や無脂乳固形分を添加しているものも多い．

**乳化型のソーセージ**　特殊な調理済みソーセージの一つで，お馴染みのフランクフルトソーセージやウィンナーソーセージがこれにあたる．ドイツ（フランクフルト）またはオーストリア（ウィーン）が発祥と考えられることから命名された．イタリアのモルタデーラ（「ボローニャ」）も同様である．これらは非常にキメ細かく，均一で，中が軟らかく，風味が比較的マイルドである．豚肉，牛肉，または鶏肉に脂肪，塩，亜硝酸塩，調味料，そして多くは水を混合し，大きなミキサーで撹拌してねっとりとした生地にする．マヨネーズのような乳化ソースと同じである（p.605）．脂肪が細かい油滴になって均一に分散し，筋細胞の断片や塩で溶けた筋肉タンパク質がこれを取り巻き安定化する．撹拌中の温度が重要で，豚肉では16℃，牛肉では21℃より高温になると乳化が不安定となり脂肪が流れ出してしまう．このあと生地をケーシングに詰め，約70℃まで加熱する．加熱によって肉のタンパク質が凝固し，生地は粘着性のある固形になるので，ケーシングをはずすことができる．水分量が約50～55%と比較的高いため腐敗しやすく，冷蔵保存する必要がある．

**ソーセージの材料：脂肪とケーシング**　ソーセージ用の脂肪には豚の背の皮下脂肪が使われることが多い．豚の脂肪は風味が中性的なのが利点で，特に背中の脂肪がちょうどよい硬さな

---

### 昔のソーセージの作り方

#### ルカニアのソーセージ

コショウ，クミン，セイボリー，ルー（ヘンルーダ），パセリ，調味料，月桂樹の実，リクァーメン（魚醬）を叩いて粉にし，よく叩いた肉を混ぜ，すりつぶしながら混ぜ合わせる．リクァーメン，粒コショウ，大量の脂肪，松の実を混ぜ，薄くのばした腸に詰め，煙の中に吊るす．

——アピキウス，紀元後数世紀

#### レバー・ソーセージ

豚その他の動物のレバーを少しゆでてから挽く．レバーと等量の豚バラ肉を刻み，卵2個，十分量の熟成チーズ，マジョラム，パセリ，レーズン，粉のスパイスを混ぜ合わせる．まとまったら木の実ぐらいの大きさに丸め，網脂で包み，フライパンにラードを敷いて焼く．弱火でゆっくりと焼くこと．

——プラチナ，*De honesta voluptate et valetudine*（よい楽しみと健康），1475年

のである．室温で肉を挽いたり保存したりしても溶けて分離することはなく，しかも冷たいまま食べてもザラザラしたりねっとりしたりしない硬さである．乳化型でない普通のソーセージは脂肪分が30％強もあり，脂肪が肉片を隔てているため軟らかくしっとりしている．肉片が粗いほど脂肪に接する表面積は少ないので，食感をよくするのに必要な脂肪の量は少なくてすむ（15％ほどまで少なくすることも可）．

ソーセージのケーシングには昔から動物の消化管のさまざまな部分が使われてきた．今日，"天然"ケーシングとして使われているものの多くは豚や羊の腸の薄い結合組織層で，加熱または加圧により剥離した内層や筋肉外層を部分乾燥し，使用するまで塩漬けにしておく．（牛のケーシングには筋肉が一部含まれる．）このほかに，動物性コラーゲンや植物性セルロース，紙などで作られたケーシングもある．

**生ソーセージの調理**　中身が細かい肉片でできているため，ある程度の軟らかさが保たれるということで，ソーセージの調理にはあまり気を配ることがない．しかし，ほかの生肉と同じように丁寧に調理すればよりおいしく食べられる．レバー・ソーセージは穏やかに加熱すべきだということ（p.166の囲み内参照），そしてモルタデーラというソーセージは「少し生のほうが火を通しすぎるよりもおいしいから」その名で呼ばれるということを，500年前にプラチナが書いている．生ソーセージは十分加熱して微生物を殺す必要があるが，ウェルダンの肉（70℃）よりも高温にならないようにする．穏やかに加熱して中身が沸点に達しないようにする．沸点に達すると皮が破れて水分と旨味が出てしまうし，硬くなってしまう．わざと皮に穴を開けると調理中に水分が失われるが，皮が裂けて形が崩れるのは防げる．

## ■ パテとテリーヌ

中世ヨーロッパのほとんどの料理本には，ミート・パイの作り方がいくつか載っている．刻んだ肉と脂肪をペストリー生地もしくは油を十分に塗った陶器の鍋に詰めて調理するというものである．数世紀をかけて，フランスではこの料理法が洗練されてゆき，ほかの国では素朴

---

### パテとテリーヌ：初期の調理法

以下の中世の調理法にみられるとおり，パテは初めから鍋や皿に入れて作られ，パテという名前の起源となったペストリーは使わなかった．

**Pastez de beuf**（牛のパテ）

良質の若い牛肉を用意し，脂肪をすべて取り除く．赤身を細かく切ってゆで，その後でペストリー職人の所へ持っていき，刻んで牛の骨髄を混ぜてもらう．

——*Le Ménagier de Paris*（パリの家政），1390年

**Pastilli di carne**（肉のパテ）

赤身肉を適量用意し小さなナイフで刻む．この肉に子牛の脂肪とスパイスを混ぜる．皮に包んでオーブンで焼く……皮を使わずに油を十分塗った皿に入れて作ることもできる．

——マエストロ・マルチーノ，1450年頃

な形を残してきた．というわけで，イギリスではパスティ（コーニッシュ・パスティが有名）とパティ，フランスではパテとテリーヌがある．パテとテリーヌはほぼ同義であるが，今日では一般に「パテ」はレバーを主材料としたかなり均一でなめらかなもの，「テリーヌ」はよりキメが粗くて時に模様の入ったものをさす．したがってパテとテリーヌは，パテ・ド・カンパーニュという豚の内臓と頭を使ったフランス田舎風の素朴なものから，ブランディーで香りづけしてフォアグラとトリュフを重ねた贅沢なものまで，非常に多彩である．

　現代では，パテとテリーヌは脂肪が少なめのものが多いが，伝統的なものは肉と脂肪の割合が2：1ほどで，コクがあり口中でとろけるような食感をもつ．一般に用いられる主原料は豚と子牛，硬い結合組織が比較的少なくゼラチン質の豊富な未成熟の肉である．これらを脂肪（硬さの点で豚の脂肪がよい）と一緒に挽き，タンパク質と脂肪をよく混ぜ合わせる．包丁で刻むと熱が発生しないため脂肪が変性しにくく，調理中に脂肪が液体となって分離することも少ない．ほかの料理よりも濃い味つけだが，これは風味成分を結合してしまうタンパク質や脂肪が多いことと，一般に冷たくして食べるので香りが弱まることによる．混ぜ合わせた材料を型に詰め，ふたをする．湯の中につけて穏やかに加熱し，肉汁が透明になり内部温度が70℃に達するまで調理する．（フォアグラのテリーヌ，特に肝葉をそのまま重ねる場合には，これよりずっと低温の55℃程度で調理されることが多い．仕上がりは明るいピンク色となる．）タンパク質が凝固して固まり，脂肪のほとんどが中に閉じ込められる．この後は重しをのせて圧縮し，数日間冷蔵して固めるとともに味をなじませる．調理済みのものは約1週間もつ．

## 貯蔵肉

　生物学的な腐敗を抑えて肉を貯蔵するということは，人間の歴史のなかで常に大きな問題であった．最も古い方法は，少なくとも4000年はさかのぼるもので，物理的および化学的処理によって肉に微生物が増殖できないようにするものだった．肉を日干ししたり火を使ったりして乾燥させれば，細菌の増殖に必要な水分を除くことができる．煙に含まれる細胞殺傷性の化学物質が肉の表面に付着する．強い塩漬け（水分をある程度蒸発させた海水，岩塩，塩を蓄積する植物の灰など）も，細菌の増殖に必要な水分を細胞から除く．中程度の塩漬けでは，塩に強くて無害な微生物が増殖し，有害な微生物を排除する．腐敗を防ぐためのこうした初期的な方法のなかから，乾燥塩漬けハムや発酵ソーセージといった非常に複雑でおもしろい食品が生まれている．

　産業革命によって新しい方法が生まれた．肉そのものに変化を与えるのではなく，環境を制御することによって肉を保存するものである．調理した肉を無菌容器に詰め，微生物が入らないように密閉するのが缶詰である．機械的な冷蔵および冷凍によって，微生物の増殖を遅くしたり完全に止めてしまったりする．包装済みの肉に放射線を照射することで，肉にあまり影響を与えずに包装内の微生物を完全殺菌する．

### ■ 乾燥肉：ジャーキー

　微生物の生存と増殖には水が必要なわけだから，単純で古くからある保存法の一つは肉を乾燥すること．もともとは風と日光にさらしていた．今日では，短期間の塩漬けで表面の微生物を抑え，低温の対流式オーブンに入れて重量の3分の2以上，水分の75％を減らす（水分が10％以上あると *Penicillium* 属や *Aspergillus* 属のカビが増殖する）．濃縮された風味と独特の食感ゆえに，乾燥肉は今でも人気がある．現代の例としては，アメリカのジャーキー，ラテンアメリカの「カルネ・セカ」，ノルウェーの「フェナラー」，南アフリカの「ビルトン」などがあり，かみごたえのあるものからホロホロとかみ砕きやすいものまでさまざまな食感がある．イタリアの「ブレサオラ」とスイスの「ビュン

ドナーフライシュ」はより洗練された乾燥肉で，これらは牛肉を塩漬けにした後，時にワインやハーブで風味づけをし，数ヶ月もかけてゆっくりと低温乾燥される．紙のように薄くスライスして食べる．

**凍結乾燥** 凍結乾燥はアンデス山脈の人々が「チャルキ」という干し肉を作るのに使ったのがはじまりである．高地の乾燥した薄い空気を利用して，晴れた日には肉の水分を蒸発させ，氷点下の夜には氷の結晶を昇華させた．加熱せずに蜂の巣状になった組織は，調理するときに水分を吸収しやすい．工場生産では，肉を減圧下に急速冷凍した後，穏やかに加熱して水分を昇華させる．このような乾燥法は加熱しないので組織が圧縮されず，比較的厚い肉でも乾燥して水で戻すことができる．

## ■ 塩漬け肉：ハム，ベーコン，コーンビーフ

乾燥と同じく，塩漬けも細菌やカビから水分を奪うことにより肉を貯蔵する．塩（塩化ナトリウム）を肉に加えると，溶解したナトリウムイオンと塩素イオンが微生物の外側で高濃度に存在するため，微生物細胞内の水分が外へ出ると同時に塩が外から入ってきて，細胞内機構が破壊される．微生物は死滅するか増殖が極端に遅くなる．筋細胞もまたある程度脱水して塩分を吸収する．昔ながらの塩漬け肉は，大きな肉の塊を乾燥塩や塩水に数日間漬けて作られ，重量当たりの水分は約60％，塩分は約5〜7％である．このようにして作られたハム（豚のもも），ベーコン（豚の脇腹），コーン・ビーフ（「コーン」は英語で粒子を意味し，塩粒もコーンと呼ばれることからきている），および類似食品は，加熱調理せずに何ヶ月も保存できる．

**有益な不純物：硝酸塩と亜硝酸塩** 塩漬けに重要な役目をする塩は塩化ナトリウムだけでない．塩漬けに当初使われた岩塩，海水塩，植物性の灰塩に含まれているさまざまな無機不純物である．このうちの一つ，硝酸カリウム（$KNO_3$）は中世期に発見され，岩の上に成長す

---

### 伝統的な塩漬け豚肉

塩漬けハムについて：これは瓶や桶でハムを塩漬けする方法である……瓶や桶の底に塩を敷き詰め，ハムの皮を下にして入れる．全体を塩で覆い，その上に別のハムをのせ，同様に塩で覆う．肉同士が触れ合わないように注意する．これを繰り返して，すべてのハムを詰め終えたら，肉が見えないように上部を塩で覆い，平らにならす．ハムを塩に漬けて5日たったら，塩ごとすべて取り出し，上にあったハムを底に入れるようにして詰め直す……

12日たったらハムを取り出し，はけで塩を払い，風に当たるところに2日間吊るし，3日目に酢と油を混ぜたものを擦りつける．

肉蔵に吊るし，コウモリや虫が触らないようにする．

——カトー，*On Agriculture*（農業について），紀元前50年

ベーコンの乾燥法：少し腰肉をつけて足肉を切り取り（若い豚のもの），ソルトピーターの粉をブラウン・シュガーに混ぜたものを，毎日よく擦りつけること2，3日，その後に十分塩漬けし，赤くなるまで行う．6〜8週間置いておき，（乾燥場に）吊るして乾燥する．

——ウィリアム・サーモン，*The Family Dictionary : Or, Household Companion*（家庭事典），1710年

る塩に似た結晶ということで「ソルトピーター」と呼ばれた．16世紀から17世紀にかけて，このソルトピーターが肉の色を鮮やかにし，風味をよくし，安全性を増して保存期間を長くするということが知られるようになった．1900年頃，塩漬け過程で特定の耐塩性細菌によって微量の硝酸が亜硝酸（$NO_2$）に変換され，この亜硝酸こそが活性の本体であることが，ドイツの化学者たちによって発見された．このことがわかると，塩漬け肉作りにソルトピーターを用いることはなくなり，ごく微量の純粋な亜硝酸塩が用いられるようになった．現在では，伝統的なハムやベーコン作りを除いて，亜硝酸塩が用いられている．伝統製法では長期熟成を行うので細菌が亜硝酸塩を生産し続ける．

塩漬け肉作りにおいて亜硝酸塩がいくつかの重要な働きをすることはわかったと思う．まず，亜硝酸塩自体のシャープでピリッとした辛味が加わる．次に，亜硝酸塩が肉の中で反応して一酸化窒素（NO）を生成し，これが脂肪よりも先にミオグロビンの鉄原子と結合し，鉄が脂肪を酸化するのを防ぐことで酸敗臭の発生を抑える．鉄に結合することで，塩漬け肉独特の鮮やかな赤ピンク色もでる．最後に，亜硝酸塩はさまざまな細菌の増殖を抑える．そのなかでも特に重要なのが，命にもかかわるボツリヌス菌（*Clostridium botulinum*）の胞子である．ボツリヌス菌は酸素不耐性細菌で，塩漬けが不十分もしくは不均一なソーセージの中で増殖することがある．ドイツの化学者たちが最初に，ソーセージ中毒（ヴルスト・フェアギフトゥング）をボツリヌス中毒と命名した（ソーセージのことをラテン語でbotulusと言う）．亜硝酸塩は重要な細菌酵素を阻害することによりエネルギー産生を妨げるとみられる．

硝酸塩と亜硝酸塩はほかの食品成分と反応してニトロソアミンという発癌性の疑われる化合物を生成する．ただし今では危険性は少ないと考えられている（p.123）．それでもなお，塩漬け肉に残存する硝酸塩および亜硝酸塩は200 ppm（0.02％）以下と合衆国では規制されていて，実際にはこれよりもずっと低いことが多い．

**最高級の乾燥ハム**　塩漬け肉を何ヶ月も保存しておくと，豚の肉がとても素晴らしい食べものに変わる．そのうちの一つが乾燥塩漬けハムで，少なくとも古代ギリシャ・ローマ時代にさかのぼる．現代にはイタリアのプロシュート・デ・パルマ，スペインのセラノ，フランスのバイヨンヌ，アメリカのカントリー・ハムなどが

## 亜硝酸塩を使わない塩漬けハムの謎

伝統的な長期塩漬けハムはほとんどが，亜硝酸塩を持続的に供給するためにソルトピーターを使用するが，例外もいくつかある．かの有名なパルマやサン・ダニエルのプロシュートは海水塩だけで塩漬けされるが，それでもなぜか，亜硝酸で安定化されたミオグロビンのあの独特なバラ色になる．近年，これらの生ハムの安定な赤色色素はニトロソミオグロビンではないことが，日本の科学者によって明らかとなった．赤色色素の生成はある熟成細菌（*Staphylococcus carnosus* および *caseolyticus*）の存在と関係しているようである．亜硝酸塩を含まないことが，その並外れた品質の重要な要素の一つなのかもしれない．亜硝酸塩は肉の脂肪が酸化されて風味が劣化するのを防ぐ．しかし，脂肪分解はハムのよい風味にもつながり，亜硝酸塩を含まないパルマ・ハムは亜硝酸塩で塩漬けしたスペインやフランスのハムに比べて，果実臭エステルが多く含まれていることがわかっている．

あり，1年以上熟成させることもある．調理してもいいが，紙のように薄くスライスしてそのまま食べるのが一番おいしい．色鮮やかなバラ色で半透明，絹のような舌ざわり，肉の風味と同時に果実の風味もする．生の豚肉からこのようなハムが作られるのは，生乳から長期熟成チーズができるのにも似ている．塩と酵素と時間によって生み出される変化，その最高峰である．

**塩の効果** ハムの熟成期間中に腐敗を防ぐだけでなく，塩は外見やテクスチャーにも影響する．塩の濃度が高いと，通常は互いにしっかりとまとまっている筋細胞内のタンパク質線維がバラバラになる．1本ずつの線維はとても小さくて光を散乱しないため，普通は不透明な筋肉組織が半透明になる．線維の束がバラバラになると筋線維も弱まり，同時に脱水によって組織が密になり濃縮される．結果として，目は詰んでいるが軟らかい食感となる．

**乾燥塩漬けによる風味の熟成** 筋肉の生化学的機能のいくつか（特に，味のないタンパク質を風味のあるペプチドやアミノ酸へと分解する酵素など）はそのまま残っていて，何ヶ月もかけて肉タンパク質の3分の1以上を風味成分に変えてゆく．肉の旨味成分であるグルタミン酸の濃度は10～12倍に上昇し，チーズと同じように，チロシン（アミノ酸の一つ）が多く生成しすぎると小さな白い結晶ができることもある．また，豚の筋肉の不飽和脂肪が分解・反応して何百種類もの揮発性化合物が生じる．そのなかにはメロン臭（昔から生ハムにメロンはつきものだが，化学的にも相性がよいわけである），リンゴ臭，柑橘臭，花のにおい，刈草のにおい，バター臭などが含まれている．タンパク質分解産物とその他の化合物が反応し，普通は加熱した肉にしかないナッツ臭やキャラメル臭が生じる（塩の濃縮効果が温度の低さを補う）．乾燥塩漬けハムは驚くほど複雑で感動的である．

**現代の塩水漬け肉** 冷蔵が普及し，塩漬けする必要がなくなった現代でも，塩漬け肉は相変わらず人気がある．しかし，保存のためではなく風味づけのために塩漬けされることから，工場生産品は塩漬けの度合いが弱く，したがって一般には冷蔵または加熱調理する必要がある．短期間で製造されるため，乾燥塩漬けハムのように複雑な風味はない．ベーコンの工場生産では，ずらりと並んだ細い針を使って豚の脇腹肉に塩水を注入するか，肉をスライスして塩水に10～15分間漬けるなどする．いずれの場合も，「熟成」は数時間に短縮され，その日のうちに包装される．ハムの工場生産では，まず塩水を注入し，次いで大きな回転ドラムの中で1日転がし，マッサージ効果により塩水を肉に均一に浸透させて軟らかくし，最後に圧縮成型，半加熱または加熱，冷却して，熟成期間をおかずに販売される．「ボンレス・ハム」のなかには，豚肉片を塩といっしょに回転させて作られるものもある．こうすると筋肉タンパク質のミオシンが外にしみ出して粘着性の層ができ，肉片同士がくっつくのである．コーン・ビーフも今では多くが塩水注入によって作られている．本物の塩粒（コーン）が使われることはない．

現代のハムやベーコンは乾燥塩漬けのものよりも水分量が多い（はじめの肉の重さより多いことさえある）．塩分は3～4％と乾燥塩漬けハム（5～7％）の約半分である．伝統的なハムやベーコンはスライスして焼いてもよく，重さは初めの75％ほどになる．一方，水分の多い現代のハムは焼くと水が飛び散り，小さく縮れてしまい，重さは焼く前の3分の1になる．

## ■ 燻製肉

植物性素材（普通は木）を焼いたときに出る煙は，人間が初めて火を使いはじめたときから食物の保存に役立ってきた．煙が有効なのは，その化学的複雑性による（p.436）．何百種類もの化合物が含まれ，そのなかには微生物を殺したり増殖を阻害したりするもの，脂肪の酸化を遅らせて酸敗臭を生じにくくするもの，独特の

香ばしい風味をつけるものなどが含まれる．煙は食品の表面だけに作用することから，塩漬けや乾燥と併用されてきた．塩漬け肉は特に酸敗臭がでやすいので，これはうまい組合わせと言える．アメリカのカントリー・ハムやベーコンは，塩漬け燻製食品である．今では肉の保存法がほかにもいろいろある．煙成分のなかには健康によくないものも含まれることから（p. 437），今は保存目的で強い燻製を行うことは少なく，風味づけのために軽く燻製にされる．

**高温燻製と低温燻製**　肉の燻製法には2通りある．「高温燻製」では肉を直接木の上にかざすか，木と同じ密閉空間に入れる．つまり燻製しながら加熱を行う．この方法だと，温度（一般に55〜80℃）と時間にもよるが，肉がやや硬くパサついたものになる．肉の表面だけでなく中まで完全に殺菌することができる．（バーベキューは高温燻製の一種である；p. 154参照．）「低温燻製」では，独立した釜で木を燃やし，発生する煙を加熱していないチャンバーに導いてその中に肉を入れる．肉の硬さや内部の微生物にはあまり影響しない．低温燻製チャンバーは0℃にすることもできるが，通常は15〜25℃の範囲である．煙の蒸気が肉の表面に早く付着し，高温燻製に比べて7倍にもなる．しかし，低温燻製肉には甘くスパイシーなフェノール化合物が高濃度に蓄積しやすいので，繊細な風味となる．（発癌性が疑われる物質も蓄積しやすい．）空気中の湿度にも左右される．煙の蒸気は水分のある表面に付着しやすいので，"湿式"燻製は短時間で強い効果がある．

## ■ 発酵肉：塩漬けソーセージ

乳から水分をある程度除き，塩をして，無害な微生物の増殖を促して酸度を高めると，長期保存のできる風味豊かなチーズになる．ほぼ同じような方法で肉を加工すれば同様の効果が得られる．ソーセージ（もしくは細かくして塩漬けした肉を再形成したもの，p. 165）は多種多様である．発酵ソーセージは非常に風味豊かだが，これは味のないタンパク質や脂肪が細菌により分解されて，風味の強い芳香性の低分子ができるからである．

発酵ソーセージはおそらく有史以前に，くず肉を塩漬け乾燥して保存するという習慣からはじまったと思われる．塩漬けしたくず肉を一つにまとめておくと，微生物の多く付着した表面が湿った塊の内側にくるので，酸素なしでも増殖できる耐塩性細菌が生き続ける．こうした細菌の多くは，塩気が強く空気の少ないチーズ中で増殖する細菌と同じものだということがわかっている．すなわち，*Lactobacillus* 属と *Leuconostoc* 属（および類縁の *Micrococcus* 属，*Pediococcus* 属，*Carnobacterium* 属）などである．これらの菌は乳酸や酢酸を産生し，pHは6から4.5〜5へと低下し，さらに腐敗菌の増殖しにくい環境になる．時間とともにソーセージは徐々に乾燥し，塩と酸はさらに濃縮され，ますます腐敗しにくくなってゆく．

**南部風ソーセージと北部風ソーセージ**　発酵ソーセージには大きく分けて二つある．一つは，温暖で乾燥した地中海地方にみられる乾燥して塩辛くスパイスの効いたソーセージである．イタリアのサラミや，スペインやポルトガルのチョリソーは水分25〜35％，塩分4％以上，室温で保存できる．もう一つは水分が多く塩分が少なめで，一般に燻製や加熱調理されたソーセージである．冷涼・高湿で乾燥の難しいヨーロッパ北部地方に典型的なものである．これらの"サマー"ソーセージやドイツのセルベラートは水分40〜50％，塩分3.5％前後，冷蔵する必要がある．いずれも調理せずにそのまま食べられる．

**発酵ソーセージ作り**　肉・脂肪・培養細菌・塩・香辛料を混ぜ合わせたものに，今日ではボツリヌス菌を抑えるための硝酸塩（ヨーロッパ）や亜硝酸塩（合衆国）を添加する．砂糖もいくらか加えるが，少なくともその一部は細菌によって乳酸に変わる．酸度1％，pH 4.5〜5に達するまで発酵させるが，温度（15〜38℃，

ドライ・ソーセージが最も低い）やソーセージの大きさによって18時間から3日間ほどかかる．高温発酵では揮発性の酸（酢酸，酪酸）を生じやすく，ツンとした香りになる．低温発酵ではアルデヒド類のナッツ臭やエステル類の果実臭などがより複雑に混ざりあったものとなる（伝統製法のサラミの風味）．この後で加熱調理したり燻製にしたりすることもあり，最後に2，3週間乾燥させて最終水分量を調節する．乾燥する間に，無害なカビや酵母（*Penicillium*，*Candida*，*Debaromyces* など）の白い粉でケーシングを覆うこともある．これらの微生物は風味を加え，腐敗菌の増殖も防ぐ．

発酵ソーセージは歯ごたえのある目の詰んだ食感であるが，これは塩で抽出された肉のタンパク質が細菌の酸で変性することと，肉が乾燥することによる．ピリッとした芳香性の風味は，細菌の作り出す酸や揮発性化合物，そして微生物や肉自体の酵素によるタンパク質や脂肪の分解産物からくる．

## ■ コンフィ（脂漬け）

古代の中央アジアから西ヨーロッパにかけた地域で，空気を通さない厚い脂肪の下に調理済み肉を埋めて貯蔵するようになった．現在有名なのは，フランス南西部のガチョウやアヒルの足の「コンフィ」で，これは19世紀のフォアグラ人気に便乗して流行した．やぽったい田舎料理のコンフィに使う脂肪を得るため，ダチョウに無理やり食べさせたことの偶然の副産物が，フォアグラだったのかもしれない．フランスのコンフィは，秋にと畜した豚肉を次の年まで保存するため家庭でラードに漬け込んだことがはじまりだったと思われる．ガチョウやアヒルのコンフィは，18世紀にバイヨンヌ近辺の塩漬け肉製造者が考案したとみられる．この頃は，家禽を強制給餌して脂肪を得ることも，地元で生産されるトウモロコシを使って安上がりにできた．缶詰と冷蔵が普及した今の時代でも，コンフィは長期保存できる便利な食材であり，サラダやシチュー，スープなどに独特の風味をつけるために用いられている．

伝統的なフランスのコンフィの作り方は，肉の切り身を時にハーブやスパイスとともに1日塩に漬け，乾燥し，脂肪に漬け込み，ごくゆっくりと穏やかに数時間加熱する．肉の内部はまだピンクか赤色のことが多い（p. 146，囲み内

---

### 食物用語：confit（コンフィ）

今は，コンフィという言葉は広義に用いられ，コクとジューシーさをだすためゆっくりと穏やかに加熱調理したものすべてをさす．たとえば，タマネギのオリーブ炒め，澄ましバターで調理・保存したエビなども含まれる．実際にかなり包括的な言葉である．ラテン語で"する，生み出す，作る，用意する"を意味する conficere が，フランス語の動詞 confire を経て，confit（コンフィ）になった．初めて使われたのは中世時代，果物を砂糖シロップや蜂蜜（フランス語でジャムを意味する confiture，英語で砂糖菓子を意味する confection もここからきている），またはアルコールで調理・保存したものを confit と呼んだ．後に酢漬けの野菜，オリーブのオリーブ油漬け，さまざまな食品の塩漬け，そして肉の脂漬けも含まれるようになる．風味づけにもなり保存効果もある液体に食品を漬けてしみ込ませる，というのが大まかな語意である．現代における confit の使い方には，浸漬，含浸，調味，ゆっくりとした慎重な調理という意味合いは残っているが，保存という概念（そして何週間，何ヶ月間もかけて生み出される独特の風味）は消えてしまっている．

参照).次に殺菌消毒した容器の底に塩をふり,脂をきった肉を入れる.脂は腐敗しやすい肉汁を避けて上澄みをすくい,再加熱し,肉の上から容器に注ぎ込む.密封し涼しい場所に保存すれば数ヶ月間はもち,定期的に再加熱すればさらに長く保存できる.

この低酸素状態でもボツリヌス菌が増殖する危険は少ないながらある.二度目の塩の量を多めにする,保存温度を4℃未満にする,塩に硝酸か亜硝酸を加えるなどすれば,危険性は低下する.現代のコンフィは多くが缶詰か,または安全を考えて冷蔵保存され,食べる数日前に作られるので,塩加減は弱く保存のためというより風味づけのためである.

伝統的なコンフィは,数ヶ月かけて風味が増すと言われる.加熱で殺菌され,肉の酵素もすべて失活すると考えられるものの,時間とともに肉には生化学的変化が確かに起こるだろうし,脂肪は酸化する.かすかな酸敗臭も伝統的なコンフィの風味の一部である.

## ■ 缶詰肉

1800年頃,食品をガラス容器に密封して沸騰水に入れ加熱すると,食品は腐敗することなく半永久的に保存できることを,フランスの醸造業者兼菓子業者ニコラス・アペールが発見した.缶詰のはじまりである.まず食品が空気に触れず外から微生物が混入しないように密閉し,次に加熱して食品中の微生物を完全に殺すという保存方法である.(これはパスツールが微生物の存在を証明する以前のことである.アペールが見つけたのは,この方法ですべての「発酵」が破壊されるということだけである.)正しく行えば缶詰はきわめて有効である.1世紀前の缶詰肉を食べた人が実際にいて,あまりおいしくはなかったかもしれないが,悪影響はなかった.缶詰にすることで風味やテクスチャーがよくなることはほとんどないので,肉の缶詰は工業製品にほぼ限られる.

# 第4章

# 魚介類

| | |
|---|---|
| 漁業と養殖業 | 177 |
| 　養殖業の利点および欠点 | 177 |
| 海産物と健康 | 179 |
| 　健康上の効用 | 179 |
| 　健康上の有害性 | 180 |
| 水中生活と魚の特性 | 183 |
| 　魚肉は色が薄くて軟らかい | 183 |
| 　魚介類の風味 | 184 |
| 　魚油は健康によい | 184 |
| 　魚介類の腐りやすさ | 184 |
| 　魚は熱に弱く崩れやすい | 185 |
| 　魚の品質は予測できない | 185 |
| 魚の生体構造と品質 | 185 |
| 　魚の生体構造 | 185 |
| 　魚の筋肉とその繊細なテクスチャー | 186 |
| 　魚の風味 | 187 |
| 　魚の色 | 189 |
| 食用魚 | 189 |
| 　ニシン科：アンチョビ，イワシ，スプラット，シャッド | 192 |
| 　コイとナマズ | 192 |
| 　サケ，マス，および類縁 | 193 |
| 　タラ科 | 194 |
| 　ナイル・パーチとティラピア | 194 |
| 　バス | 195 |
| 　ノトセニア | 195 |
| 　マグロとサバ | 196 |
| 　メカジキ | 196 |
| 　カレイ目：ソール（シタビラメ），ターボット，ハリバット（オヒョウ），フラウンダー | 197 |
| 水中から台所へ | 198 |
| 　捕獲 | 198 |
| 　死後硬直と時間の影響 | 199 |
| 　新鮮な魚の見分け方 | 199 |
| 　新鮮な魚介類の保存：冷蔵と冷凍 | 200 |
| 　放射線照射 | 201 |
| 加熱しない魚介類料理 | 201 |
| 　すしと刺身 | 202 |
| 　酸締めのセビチェとキニラウ | 202 |
| 　塩味のポケとロミ | 202 |
| 魚介類の調理 | 203 |
| 　生の魚ではどのように熱が伝わるか | 203 |
| 　調理の下処理 | 206 |
| 　魚介類の調理技術 | 207 |
| 　魚の混ぜもの | 211 |
| 貝類・甲殻類とその特質 | 212 |
| 　甲殻類：エビ，ロブスター，カニ，および類縁 | 212 |
| 　軟体動物：アサリ・ハマグリ類（クラム），イガイ，カキ，ホタテ，イカ，および類縁 | 217 |
| 　その他の無脊椎動物：ウニ | 224 |
| 魚介類の保存食品 | 224 |
| 　乾燥魚（干物） | 224 |
| 　塩漬け魚 | 225 |
| 　発酵魚 | 227 |

| | | | |
|---|---|---|---|
| 燻製魚 | 229 | 魚卵 | 232 |
| 4種類の保存法を合わせる：日本の鰹節 | 231 | 塩が魚卵の風味とテクスチャーを変える | 233 |
| 魚のマリネ | 231 | キャビア | 233 |
| 魚の缶詰 | 232 | | |

　魚介類は，我々の住む世界とは別の世界，広大な水面下の世界からやってくる食べものである．陸上は地球表面の3分の1にも満たず，深いところは10 kmもある海と比べれば紙のように薄っぺらな場所で我々は生きている．海は膨大で太古の歴史をもつ「原始のスープ」，すべての生命の起源である．我々の想像力を刺激し，さまざまな崩壊と創造，変容と再生の神話を生み出してきたひらめきの源である．この暗く，冷たく，空気のない世界に住む生きものは，我々が食料とする動物のなかで比類なき多様性と不思議さをもっている．

　人類は長い間，魚介類を糧としてきたし，魚介類の上に国家を築いてきた．世界の海岸線に積み重なった膨大な量のカキやイガイの貝殻は，30万年前の宴をしのばせる．今から4万年前には，有史以前のヨーロッパで狩猟民がサケの姿を彫刻し，川魚を捕る釣針が初めて作られた．それから間もなく，彼らは舟で海へ乗り出すようになった．ヨーロッパや北欧の海洋国民は，中世の終わり頃から大西洋で豊富に捕れるタラやニシンを乾燥や塩漬けにして日常食としたが，それは彼らが現在の繁栄を築く礎となった．

　それから500年経ち，21世紀に入った現在，海の食料生産性は衰えつつある．人類人口が10倍にも増加したこと，そして絶え間ない漁業技術の発展と効率性の向上によって，枯渇してしまった．より高速で大きな船，海の底深く探るソナー，何キロにもおよぶ長い漁網や釣糸，そして捕獲作業全般にわたる機械化により，多くの貴重な食用動物種が商業的には絶滅寸前である．タラやニシン，タイセイヨウサケ，メカジキやシタビラメ，チョウザメやサメなど，かつてはありふれていた魚がどんどん珍しいものになっている．オレンジ・ラフィー（ヒウチダイ科）やメロ，アンコウなどは，漁獲量が大きく変動する．今は豊富であってもいずれ乱獲されてしまうのだろう．

　野生の魚の数が少なくなると，養殖の復興と近代化が広く進んだ．我々が今食べている淡水魚，タイセイヨウサケ，イガイ（ムール貝）は，ほとんどが養殖物である．養殖することで多くの場合，野生集団の捕獲量を減らすことになるが，なかにはかえって野生数を減少させ環境を損なうことになる場合もある．環境への責任を考え，環境の持続性を考えて生産された魚介類を手に入れるのは，近頃では簡単ではなくなっている．

　それでも，魚介類を食べるにはよい時代であ

---

### 魚料理とブリア-サヴァラン

魚は果てしない瞑想と驚嘆の源である．さまざまな形をした不思議な生きものたち，生きる方法もさまざまに異なり，それには魚が暮らし，呼吸し，動き回っている世界が影響している……

——*Physiology of Taste*（味覚の生理），1825年

る.かつてないほど多くの良質の魚が,広い地域で手に入るようになっている.世界中から魚が集まるので,新しい食材や楽しみを発見できる.同時に,種類も品質も多彩になっていることから,魚を選び調理するのが難しくなっている.魚介類は,食肉よりも繊細であり予測もしにくい.この章では,魚介類の特性を詳しくみていくとともに,適切な取扱い方ならびに調理法について述べる.

## 漁業と養殖業

食品のなかでも魚介類だけは,今も野生のものをかなり大量に捕獲している.世界の漁業の歴史は,人類の知恵と勇気と飢え,そして今では海の膨大な生産性をほぼ飲み込もうとする胃袋へと進化した浪費の物語である.1883年に著名な生物学者 T. H. ハクスリーがその信念をこう表現している.「タラ漁,ニシン漁,マイワシ漁,サバ漁,そしておそらくすべての海洋漁は無尽蔵である.つまり,我々人間のすることなど魚の数に大きな影響を及ぼすことはない.」それから1世紀後の現在,タラとニシンの資源量は北大西洋の両側で激減し,その他の多くの魚も数が減っている.国連食糧農業機関の推定では,流通している主な魚の3分の2は,集団数を維持できる以上のレベルで捕獲されているという.

現代の漁業は,魚集団を危機的なまでに減少させつつあるのに加えて,捕獲目的以外の動物種に巻き添えの被害を及ぼす.網や釣糸を使った無差別捕獲により,「対象外の魚」は捨ててしまううえ,海底生態系を破壊することにもなる.天候の不確実性や,海の上で重い道具を使うという危険な作業を伴うことから,漁は予測のできない危険な仕事でもある.このように多くの問題をはらむ生産システムに代わる方法が養殖であり,世界各地で数千年も前から行われている.現在合衆国で売られているニジマスは完全に,そしてナマズのほとんどすべてが池や水槽で養殖されたものである.1960年代にノルウェーでは,沖合に作った大きな囲いの中でタイセイヨウサケの養殖をはじめた.現在,世界中で消費されるサケの3分の1以上がヨーロッパおよび南北アメリカで養殖されている.温水性エビの世界漁獲量の約3分の1が,主にアジアで養殖されたものである.合計すると70種ほどが,現在世界中で養殖されている.

### ■ 養殖業の利点および欠点

養殖にはいくつかの明確な利点がある.なかでも漁の条件や捕獲環境をしっかりと管理できることは大きく,これにより市場での品質が向上する.養殖には,成長が早いなどの優れた特

---

### 銀の流れる海

魚……貧しく素朴な日常食にみえるかもしれない.しかし,苦痛を覚悟し結果を考えるならば,手間をかけるに値すると思われる……貧しかったオランダ人が,あれほど強力,無敵,裕福になりえたのは主に,どんな天候でも大海原へと果敢に出て行き労力を惜しまず漁を行うことによってである.その盛況ぶりは他の追随を許さず,ベニスの2倍ほどもあろうかというほど設備が整い,たくさんの美しい都市,よい街,立派な要塞がある……海こそがそのすべての力,銀の流れの源であり,この産業という奇跡を唯一の完璧な形で実現させた……

——キャプテン・ジョン・スミス,*The Generall Historie of Virginia, New England, and the Summer Isles*
(バージニア,ニューイングランド,およびサマー諸島総史),ロンドン,1624年

性をもつ魚が選ばれ，食用に最適な大きさまで均一に育てられる．水温や流速，光度を調節することにより，野生に比べて格段に早く成長させることができ，エネルギー消費と筋肉調整運動のバランスをうまくとることができる．養殖魚は脂が多く，したがってよりジューシーであることが多い．釣られたり，網にかかったり，船揚げされたりするときのストレスや物理的ダメージがない状態で絞められ，すぐに衛生的に加工・冷蔵される．したがって，品質も長持ちする．

しかし，養殖が海洋漁業の問題点をすべて解決できるというわけではなく，それ自体が深刻な問題を多く生み出した．沖合養殖では，周囲の海水が廃棄物，抗生物質，食べ残しの飼料などによって汚染される．また，遺伝的に均一な魚群が逃げ出して，すでに絶滅の危機にある野生集団の多様性を薄めてしまう．肉食種や雑食種（サケ，エビ）の飼料は主にタンパク質に富んだ魚粉なので，養殖のなかには野生の魚を保護するのではなく，かえって消費しているものもある．ごく最近の研究によると，ある種の環境毒（PCB, p.180）が魚粉に濃縮され，それが養殖サケに蓄積されることがわかった．

さほど深刻ではないが料理する際に感じる違いとしては，養殖魚は水流と運動が制限され人口飼料を与えられているため，天然物とはテクスチャーや風味が違うということである．味覚試験では，養殖のマス，サケ，ナマズは野生のものに比べて風味が乏しく軟らかく感じられる．

現代の養殖業はまだ歴史が浅く，これらの問題の一部は継続的な研究と規制整備によって確実に解決できる．一方，最も環境にやさしい養殖品は，陸地で養殖されている淡水魚や2, 3の海水魚（チョウザメ，ターボット），そして海岸で養殖されている軟体動物である．カリフォルニアのモンテレー湾水族館をはじめとする多くの公共機関が，漁業および養殖業の健全性に関する最新情報を提供している．

## 養殖が行われている魚介類

21世紀初頭において，商業規模の養殖が行われている一般的な魚介類の例．

| 淡水魚 | 海水魚 | 軟体動物 | 甲殻類 |
|---|---|---|---|
| コイ | サケ | アワビ | エビ |
| ティラピア | スズキ | イガイ | ザリガニ |
| ナマズ | チョウザメ | カキ | |
| マス（ニジマス） | マス（スチールヘッド， | アサリ・ハマグリ類 | |
| ナイル・パーチ | サーモントラウトとも） | ホタテ | |
| ウナギ | イワナ | | |
| シマスズキ（交雑種） | ターボット | | |
| | シイラ | | |
| | サバヒー | | |
| | ヒラマサ | | |
| | ブリ | | |
| | タイ | | |
| | フグ | | |
| | マグロ | | |

# 海産物と健康

魚は健康によいと信じられていることが，先進諸国で海産物の消費量が増加している大きな理由である．実際に，魚油が長期的な健康に大きく関わっていることを示す証拠が十分にある．一方魚介類は，細菌やウイルス，寄生虫，汚染物質，珍しい毒素などといった，当面の健康被害が食物のなかで最も多い．これらの危険性を認識した上で，被害を最小限にくいとめる方法を知っておくことが大切である．一番簡単なのは，魚介類に詳しく商品の回転が速い専門店で購入し，直ちに十分な調理を行うことである．生やあまり火を通さないで食べるのは，おいしくても食中毒などの危険性がある．良質の魚を仕入れることができる，経験豊富なきちんとしたレストランで食べるほうがよい．

## ■ 健康上の効用

肉と同じように，魚介類にはタンパク質，ビタミンB群，各種ミネラルが豊富に含まれる．特にヨウ素とカルシウムが多い．脂肪がかなり少ないものも多く，あまりカロリーを摂らずにこれらの栄養を摂ることができる．ただし，海洋魚の脂肪はそれ自体が非常に有益である．室温で液体のほかの脂肪と同じように，魚の脂肪は一般に「油」と呼ばれる．

**魚油の効用** 後にみていくが（p. 184），冷たい水中で生活していることから，海の生きものには，ω（オメガ）-3脂肪酸という特殊な高度不飽和脂肪酸が多く含まれる．（ω-3という名前は，炭素の長い鎖の端から三番目の炭素原子に最初の二重結合があることを意味する；p. 773参照．）ω-3脂肪酸は，人間の体内ではほかの脂肪酸からは合成されにくく，そのほとん

| 一般的な魚の脂肪含量 | | |
|---|---|---|
| 少ない（0.5〜3％） | 中程度（3〜7％） | 高い（8〜20％） |
| タラ | アンチョビ | ホッキョクイワナ |
| カレイ・ヒラメ | オオスズキ | コイ |
| オヒョウ類 | ナマズ | メロ（マジェランアイナメ） |
| アンコウ | カラフトマス，ギンザケ | |
| メバル，カサゴ | サメ | ウナギ |
| ガンギエイ | キュウリウオ（アユ，ワカサギ） | ニシン |
| タイ | ドーバー・ソール（シタビラメ） | サバ |
| メバチマグロ・キハダマグロ，カツオ | シマスズキ | アジ（ポンパーノ） |
| | チョウザメ | ギンダラ |
| ターボット | メカジキ | サケ（タイセイヨウサケ，キングサーモン，ベニザケ） |
| | ティラピア | |
| アブラソコムツ* | マス | シャッド（ニシンの一種） |
| オレンジ・ラフィー* | クロマグロ，ビンナガマグロ | |
| バラムツ* | コレゴヌス | |

\* これらの魚に含まれる油に似たワックスエステル（p. 182）は消化されないため，脂肪が多いようにみえても実際には少ない．

どを食物から摂取している．ω-3脂肪酸が代謝に及ぼすさまざまな効用が明らかになってきている．

効用にはかなり直接的なものも，間接的なものもある．ω-3脂肪酸は脳と網膜の発達および機能に必須で，幼児期ならびに生涯を通じて，ω-3脂肪酸を多く摂ることは中枢神経系の健康維持に役立つとみられる．また，ω-3脂肪酸は体内で特殊な鎮静性の免疫信号分子（エイコサノイド）に変換される．免疫系はさまざまな外傷に対し反応して，炎症を引き起こす．これにより外傷周辺の細胞は死んで，組織の修復に向けた準備を行う．しかし炎症のなかには自己永続的になってしまい，かえって害になるものもある．特に大事なのは，炎症が続くと動脈が損傷して心臓疾患の原因となったり，特定の癌の発生の一因となったりする．ω-3脂肪酸に富んだ食事をすれば，炎症反応を抑えることにもなり，よって心臓疾患や癌の確率も減る．また，体内でいつでも血栓形成の準備ができているような状態をなくし，脳梗塞の危険性も少なくなる．さらに動脈損傷型の血中コレステロールも減る．

つまり，脂肪のある海洋魚を日頃から適度に食べることは，いくつかの点で身体によいとみられる．魚はω-3脂肪酸を，植物プランクトンと呼ばれる小さな海洋植物から直接得ている．一般に，養殖魚の身にも同程度のω-3脂肪酸が含まれている．淡水魚は植物プランクトンを食べないため，ω-3脂肪酸がほとんど含まれていない．しかし，魚はすべてコレステロール値を上げる飽和脂肪の量が少ないことから，肉の代わりに魚を食べれば，動脈損傷型コレステロール値はその分だけ下がり，心臓疾患のリスクも低下する．

## ■ 健康上の有害性

魚介類を汚染する有害物質は，工業毒，生物毒，病原性微生物・寄生虫の三つに分かれる．

**毒性金属と汚染物質** 大気中の化学汚染物質は雨に溶けて土壌にしみ込み，これが雨や散水によって洗い流される．地球上で発生するほぼすべての化学物質が最終的には川や海に流れ込み，魚介類に蓄積する．魚に蓄積される有害物質のなかで，最も有害性が高いのは重金属と有機（炭素含有）汚染物質，特にダイオキシンとポリ塩化ビニル（PCB）である．水銀，鉛，カドミウム，銅などの重金属は，酸素の吸収および神経系の信号伝達を阻害し，人間の脳に損傷を与えることが知られている．有機汚染物質は実験動物に肝障害，癌，ホルモン攪乱を引き起こし，体脂肪中に蓄積する．五大湖に生息する脂肪の多いギンザケやマスには高濃度の汚染物質が含まれることから，政府機関はこれらを食べないよう勧告している．

調理しても化学毒を取り除くことはできず，また魚にどれくらいの化学毒が含まれているかを我々が直接知るすべはない．一般に，大量の水から浮遊粒子をろ過するカキなどの，ろ過摂食性の貝に蓄積し，そして毒を蓄積したほかの生きものを食べ長生きする食物連鎖最上位の捕食魚に蓄積する．近年では，一般的な海洋魚に高濃度の水銀が含まれることが明らかとなり，米国農務省は子供や妊娠中の婦人に対しては，メカジキ，サメ，アマダイ，サワラを食べないよう，ほかの魚も1週間に340g以下とするように勧告している．合衆国内での消費量が現在エビに次ぐ二番目であるマグロでさえも，頻繁には食べないほうがよい魚の一つである．水銀やその他の毒を最も蓄積しにくいのは，外洋もしくは供給水をコントロールしている養殖場で育った小型で短命な魚である．タイヘイヨウサケやシタビラメ，マサバ，イワシ，養殖マス，シマスズキ，ナマズ，ティラピアなどである．淡水や沿岸の大都市近辺で行うスポーツ・フィッシングで釣れる魚は，流出水や工場排水で汚染さていることが多い．

**感染性および毒素産生性微生物** 海産物による細菌感染および食中毒のリスクは，ほかの食肉と同程度である（p.123）．最も危険なのは生や

調理不十分の貝類，特に二枚貝である．二枚貝は水をろ過して餌を得る際に細菌やウイルスを吸着し，我々はその消化管も含めたすべてを，時に生のままで食べる．19世紀にはすでに，公衆衛生機関では，コレラや腸チフスの発生が汚染水から捕った貝類と関連することが知られていた．多くの国では政府による水質監視と貝類の採捕・販売の規制により，こうした問題はかなり減少している．良心的なレストランでは，夏場に生食する貝はきちんと管理された場所か，危険性の低い冷水地からのものを購入する．しかし，魚介類を生や半生で食べる機会が多い人は，常に感染の危険性があることを念頭に置くべきである．

一般的には，魚介類を60℃以上で加熱すれば細菌や寄生虫による感染は防げる．ある種のウイルスは82℃以上にする必要がある．微生物が産生する化学毒のなかには，加熱しても無毒化しないものもあって，微生物自体は死滅していても食中毒を起こす可能性がある．

魚介類に関係する微生物のなかで特に重要なものを以下に挙げる．

- **ビブリオ菌** 温暖な夏の間，河口水域に自然生息する．ビブリオ属の細菌には，コレラの原因となるコレラ菌，軽い下痢症状を引き起こす菌，そして生ガキなどから感染するビブリオ・バルニフィカス（*Vibrio vulnificus*）がある．*V. vulnificus*は魚介類に関わる病気のなかでは最も致死率が高く，高熱，血圧低下，皮膚や組織の損傷を生じ，感染患者の半分以上が死亡する．
- **ボツリヌス菌** 冷蔵されていない魚の消化管内で増殖し，致死性の神経毒を産生する．魚によるボツリヌス中毒の多くは，不適切に処理された低温燻製品，塩漬け製品，発酵製品が原因である．
- **腸内ウイルス** ノロウイルス（以前は「ノーウォーク・ウイルス」と呼ばれていた）は，小腸内膜を攻撃することにより嘔吐や下痢を生じる．
- **A型およびE型肝炎ウイルス** 長期的な肝臓障害を生じる．

<u>サバ中毒</u> サバ属（*Scomber*）や，同様に泳ぎの速いマグロ，シイラ（マヒマヒ），オオスズキ，ニシン，イワシ，アンチョビなどの魚が冷蔵不十分な場合に，通常は害のないさまざまな微生物が原因となって生じるのがサバ中毒である．これらの汚染した魚は十分加熱したとしても，食べて30分以内に，頭痛，発疹，かゆみ，吐き気，下痢などの症状が一時的にみられる．ヒスタミンをはじめとするさまざまな毒素が，これらの症状を引き起こすとみられる．ヒスタミンは，体内の損傷に応じて細胞から放出される化学伝達物質である．抗ヒスタミン薬により症状はある程度緩和する．

**貝中毒およびシガテラ中毒** 魚介類は，何千もの動物種や植物種と一緒に水の中で暮らしており，なかにはとんでもない化学戦争を行っているものもある．単細胞生物の渦鞭毛藻類（うずべんもうそうるい）に属する少なくとも60種が防御毒素を産生し，これらは人間の消化系や神経系にも毒性を示す．なかには致死性のものもある．

我々は渦鞭毛藻類を直接食べはしないが，渦鞭毛藻類を餌にする動物を食べる．アサリ・ハマグリ類（クラム），イガイ，ホタテ，カキなどのろ過摂食性の二枚貝は，藻類の毒素をえらや消化器官に濃縮し，カニやバイ貝などのほかの貝類・甲殻類，そして人間にも毒を移す．というわけで，渦鞭毛藻類による食中毒の多くは「貝中毒」と呼ばれている．今は多くの国で，藻類や貝類の毒に関して水質監視を行っているので，最も危険性が高いのは個人で採取した貝類である．

貝中毒にはいくつかの型があって，それぞれ原因となる毒素が異なり，症状も若干異なるが（p.182の囲み内参照），一つを除いては食べて数分後から数時間後にヒリヒリ感，しびれ，脱力感がみられる．渦鞭毛藻類の毒素は通常の調理では不活性化せず，なかには加熱するとかえって毒性が強まるものもある．したがって，汚

染が疑われる貝類はいっさい口にしないようにする．

一般に，魚類には藻類の毒素は蓄積されない．例外として，熱帯サンゴ礁に生息しているカマス，ハタ，アジ，サワラ，シイラ，ボラ，タイ，カマスサワラなど，藻を食べる巻貝（シガ）を捕食する魚はシガテラ中毒の原因となる．

**寄生虫** 寄生虫は細菌でもウイルスでもなく，動物である．原虫と呼ばれる単細胞動物から大きな虫にいたるまでさまざまな形のものがあり，生活環の一時期に保護と栄養を得るために1種類以上の動物"宿主"内に生息する．生やあまり調理しない魚を食べることで人間に感染する寄生虫は50種類以上あるが，そのうちのいくつかは比較的よくみられるもので，手術して体内から取り除かなければならないこともある．寄生虫の生体構造はより複雑なので，冷凍すれば死滅する（細菌は一般に冷凍しても死なない）．よって，魚介類の寄生虫を不活性化するには，60℃以上で加熱調理，または冷凍する．米国農務省が推奨する処理条件は，−35℃で15時間，または−23℃で7日間の冷凍であるが，家庭用冷凍庫（−18〜20℃）ではここまでの低温にはならない．

### 藻類の毒素による中毒

| 中毒の種類 | 主な発生地域 | 原因となる魚介類 | 毒素 |
| --- | --- | --- | --- |
| 下痢性貝中毒 | 日本，ヨーロッパ，カナダ | イガイ，ホタテ | オカダ酸 |
| 記憶喪失性貝中毒 | 合衆国の太平洋沿岸，ニューイングランド | イガイ，アサリ・ハマグリ類，ダンジネスクラブ | ドウモイ酸 |
| 神経性貝中毒 | メキシコ湾，フロリダ湾 | アサリ・ハマグリ類，カキ | ブレベトキシン |
| 麻痺性貝中毒 | 合衆国の太平洋沿岸，ニューイングランド | アサリ・ハマグリ類，イガイ，カキ，ホタテ，ザルガイ | サキシトキシン |
| シガテラ中毒 | カリブ海，ハワイ，南太平洋 | カマス，ハタ，タイその他のサンゴ礁魚類 | シガトキシン |

### 健康上の不都合：ワックスをもつ魚

アブラソコムツやバラムツなどと呼ばれる魚（*Lepidocybium flavobrunneum*, *Ruvettus pretiotus*）を食べると，ちょっと変わった消化障害が起こる．これらの魚や，程度は軽いがオレンジ・ラフィーには，「ワックス・エステル」という長鎖脂肪酸と長鎖アルコールからなる油状の物質が含まれている．人間の身体には，これを分解して消化吸収するための酵素がない．したがって，ワックス・エステルはそのまま油状の分子として小腸を通過して大腸に至り，量が多いと下痢を生じる．カロリーのない「油」を20%も含むこうしたおいしい魚は，レストランで食べるほうがよい．レストランでは，下痢を生じない程度の量しか出されないからである．

アニサキスおよびタラの寄生虫　アニサキス属（*Anisakis*）およびシュードテラノバ属（*Pseudoterranova*）に属し，体長は 2.5 cm 以上，直径は毛髪数本分である．いずれも，多くの場合は喉がヒリヒリする程度で無害だが，時に胃や小腸の内膜に侵入すると腹痛や嘔吐，下痢を生じる．ニシン，サバ，タラ，オヒョウ，サケ，メバルやカサゴ，イカなどによく寄生しており，すし，軽いマリネや塩漬け，低温燻製品などから感染することがある．養殖のサケにアニサキスが寄生している可能性は野生のサケに比べるとずっと低い．

条虫と吸虫　淡水魚に寄生する *Diphyllobothrium latum* という条虫（いわゆるサナダ虫）の幼虫は世界中の温暖地域でみられ，人間の腸内で 9 m ほどにも成長する．特に多いのがコレゴヌス（英；ホワイトフィッシュ）で，ユダヤ伝統料理のゲフィルタフィッシュを家庭で作る場合に，生のものを味見したりして感染することがよくある．

さらに危険なのがさまざまな吸虫すなわち扁虫で，淡水性および汽水性（淡海水）のザリガニやカニ，魚に寄生している．「ジャンピング・サラダ」（フィリピン料理，生きた小エビのサラダ）や「ドランケン・クラブ」（中国料理，生のカニの紹興酒漬け）といったエビやカニを生で食べるアジア料理などで感染しやすく，人間の肝臓や肺に障害を起こす．

魚の調理中に生じる発癌物質　ある種の調理法では，肉や魚に含まれるタンパク質や関連物質に変化が起きる結果，DNA を傷つけ癌の引き金となるような非常に反応性の高い産物を生じる（p. 122）．よって，肉の調理で注意すべき点は魚の調理にもあてはまる．発癌の可能性がある物質の生成をなるべく少なくするは，魚を直火焼き（グリルやブロイル）やフライパン焼きにするよりも，蒸したり，蒸し煮にしたり，ゆでたりするのがよい．水を使わずに高温で調理するなら，マリネしてから焼けば，水分や酸その他の化学特性によって発癌物質の生成が抑えられる．

## 水中生活と魚の特性

生きものの生活場所としては，水中は別世界である．牛や豚や鶏の暮らしとは様相がまったく異なる．魚や貝は水中生活に適応してきたがゆえ，食品として独特の性質をもつわけである．

### ■ 魚肉は色が薄くて軟らかい

水は空気よりもずっと密度が高いので，魚の骨は小さくて軽く，結合組織は繊細で，筋肉塊は大きくて色が薄い．魚は，水よりも軽い油や気体を体内に蓄えることによって，ほとんど無重力に近い浮力を得ることができる．すなわち，重力に抗して身体を支えるために陸上動物が獲得した強固な骨格や強い結合組織といったものは，魚には必要ないのである．

魚肉の色が薄いのは，水の浮力と抵抗によ

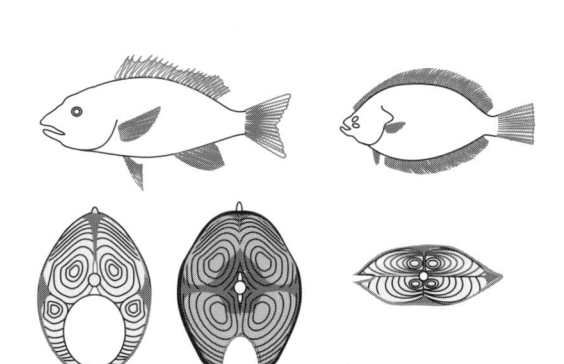

魚の筋肉組織の断面図．左下：多くの魚は断続的に泳ぐので，筋肉は主に速筋（白筋）からなり，所々に遅筋（赤筋）が混じる．下中央：マグロはより連続して泳ぐため赤筋の割合が多く，白筋にもある程度のミオグロビンが含まれる．下右：シタビラメやオヒョウなど，海底に棲む平たい魚は横になったまま泳ぐ．

る．常に泳ぎ続けるには長時間の体力が必要であり，すなわち，酸素を保持するミオグロビン色素とエネルギー源の脂肪を蓄えた遅筋（赤筋）を使う（p.129）．浮力のある水の中で動き回るのは比較的楽なので，この仕事に対して使われる魚の筋肉は全体の10分の1から3分の1ほど，普通は皮のすぐ下にある濃色の薄い層だけである．しかし，魚の泳ぐ速度が増すと，水の抵抗は急激に増加する．つまり，魚が加速する際には，高出力を急速に発揮しなければならないのである．よって魚の筋肉の大半は緊急用パワーパックとしての速筋（白筋）であり，たまに必要となる素早い動きのためにだけ使われる．

赤筋と白筋に加えて，マグロの仲間やその他の一部の魚は，その中間の「ピンク筋」をもっている．これは，酸素保持色素が通常より多く持久力が高い白筋である．

## ■ 魚介類の風味

海の生物と淡水の生物は，風味がかなり違う．海の魚は塩水を吸うので，体液中に溶解する物質濃度を維持する必要がある．外洋の海水は塩濃度が約3%（重量パーセント）で，これに対して動物細胞内の溶解物質（塩化ナトリウム，ほか）の適正濃度は1%未満である．海の生物の多くは，細胞内にアミノ酸および関連物質のアミン類を溜め込むことによって，海水濃度とのバランスをとっている．アミノ酸のグリシンは甘味があり，グルタミン酸はグルタミン酸ナトリウムの形で旨味がある．特に貝類には，このような旨味の素となるアミノ酸が多く含まれる．魚にも旨味アミノ酸がある程度含まれるが，TMAO（トリメチルアミンオキシド）と呼ばれるほとんど味のないアミンも濃度バランスを保つために使われている．サメ，ガンギエイ，アカエイなどでは別の物質，わずかな塩味と苦味のある尿素が使われている．一般に，動物の体内で必要でなくなったタンパク質は，尿素に変換してから排泄される．TMAOと尿素が問題となるのは，魚が死んだ後に細菌および魚自身の酵素が作用して，TMAOはTMA（トリメチルアミン，魚の腐ったにおい），尿素はアンモニアに変換されることである．いずれも，古い魚の強い悪臭のもとになっている．

淡水魚では話しが違ってくる．まわりの水は体細胞よりも塩分が低いので，アミノ酸，アミン，尿素などを細胞内に蓄える必要がない．したがって，淡水魚の身は新鮮でも古くても味は比較的淡白である．

## ■ 魚油は健康によい

健康によいとされる高度不飽和脂肪が，魚には多くてアンガス牛に少ないのはなぜか？　海の水は牧草地や牛舎よりも冷たく，魚のほとんどが変温動物だからである．牛のステーキ肉を海に放り込めば固まってしまうし，細胞は牛の体温（40℃前後）で働くように作られている．魚やその餌のプランクトンは，細胞膜や貯蔵エネルギーが機能するように0℃近くでも液状を保たなければならない．したがって，脂肪酸は非常に長く構造が不規則で（p.771），温度が極端に低くならない限り，規則正しく整列して結晶化することはない．

## ■ 魚介類の腐りやすさ

魚介類が肉よりも腐りやすいことは誰もがよく知っているが，これも冷たい水中環境と関係している．低温の影響は二つあって，一つは，低温でも液状の高度不飽和脂肪酸が必要とされることである．高度不飽和脂肪酸はすぐに酸化分解されて，腐敗臭やダンボール臭を発生する．さらに重要なことは，冷たい水の中で生きる魚は，低温で機能する酵素をもっていて，魚の体内や表面に増殖する細菌もまた低温で生きられるということである．食肉用の恒温動物の酵素や細菌は，一般に40℃で機能するので，冷蔵庫内（5℃）では活動が遅くなる．ところが，同じ冷蔵庫内の温度が，深海魚の酵素や腐敗菌には非常に快適なのである．魚のなかでも冷水種，特に脂肪の多いものは，熱帯魚に比べ

て腐敗が早い．牛肉を冷蔵すれば1週間はもち，かえって風味がよくなったりするが，サバやニシンは氷温でもよい状態を保てるのは5日，タラやサケは8日，コイやティラピア（アフリカの淡水魚）は20日が限度である．

### ■ 魚は熱に弱く崩れやすい

多くの場合，魚料理は二重に難しい．普通の食肉に比べると，加熱しすぎてパサパサになりやすい．また，上手く調理したとしても，魚の身はとてももろいので，皿に盛るときに崩れやすい．魚肉が熱に弱いのは腐りやすいことと関係している．筋線維は低温でよく機能するように作られているので，低温で腐りやすいだけでなく，低温で火が通りやすい．海の魚の筋肉タンパク質は，室温でさえ構造がほどけて凝固しはじめてしまう．

魚に火を通しすぎるとパサパサになるが，決して硬くなることはない．調理した魚が崩れやすいのは，結合組織コラーゲンの量が比較的少ないことと，コラーゲンがゼラチン化する温度が低いことが原因である．

### ■ 魚の品質は予測できない

魚介類の多くは，その品質が季節によって大きく異なる．これはそのライフサイクルが，エネルギーを蓄え食材としての旬を迎える成長・成熟の期間と，その後にエネルギーを消費して移動し卵や精子を大量に作り出す生殖期間とに分かれるからである．魚は多くの場合，エネルギーを陸上動物のように脂肪層として蓄えるのではなく，筋肉のタンパク質として蓄える．移動と産卵の時期には，タンパク質消化酵素を筋肉内に蓄え，文字通り我が身を削って次世代を残すのである．その後の筋肉は貧弱で疲弊しており，スポンジのような煮崩れた料理になってしまう．

魚によってライフサイクルは違い，また捕獲される地域によってもサイクルが違ってくるため，市場に出回っている天然物が旬のものかどうかわからない場合も多い．

## 魚の生体構造と品質

魚と貝類・甲殻類では共通した点も多いが，体の構造は違っている．魚類は背骨をもつ脊椎動物，貝類・甲殻類などは骨のない無脊椎動物である．筋肉および器官の構造が異なり，よってテクスチャーもかなり違う．貝類・甲殻類の生体構造と品質についての各論は，p.212以降に述べる．

### ■ 魚の生体構造

両生類や鳥類や哺乳類が出現するはるか以前から，およそ40億年の間，魚類の体の構造は基本的に同じである．動きに対する水の抵抗を少なくするために，弾丸のような流線型をしている．例外はあるものの，ほとんどの魚は，シート状の筋肉組織が，結合組織と背骨によって推進用の尻尾に固定された形と考えてよい．全身のうねりと尾の屈曲力で推進力を生み，水を後方へと押し出す．

**皮と鱗** 魚の皮は，外側の薄い表皮とその下にある厚い真皮からなる．表皮にはさまざまな分泌腺細胞があって，保護用の化学物質を分泌している．一番はっきりわかるのは粘液で，これは卵白によく似たタンパク質性の物質である．皮は身よりも脂質含量が高いことが多く，平均で5～10％である．厚い真皮層は特に結合組織の割合が多い．一般には重量の3分の1がコラーゲンであり，よって身（コラーゲン含量が0.3～3％程度）や骨よりも，スープ・ストックやシチューにトロミをつけるゼラチン質が多い．皮は，水を使って加熱調理をすればとろりとしたゼラチン質になり，揚げたり焼いたりすればカリッとする．

魚の皮膚を保護するための，もう一つのはっきりした形が鱗である．歯と同じ硬くて丈夫な石灰質の無機物からできており，包丁の刃でこ

そげ落とす.

**骨** 小型もしくは中型の魚の中骨は，背骨とこれについた胸郭（あばら骨）からなり，魚の身からひとかたまりにそっくり切り取ることもできる．しかし，普通はひれの方にも骨が突き出ていて，ニシン，サケ，その他の魚には主骨格に接続していない小さな「浮遊骨」または「小骨」がある．これらは結合組織の層を強固にして，それに沿って筋力を伝える補助をしている．陸上動物に比べて魚の骨は小さくて軽く，カルシウム石灰化の度合いが低いことと，コラーゲンの強度が低いことから，沸点近くでも比較的短時間で骨が軟らかくなり，溶けてしまうことさえある（したがって，サケの缶詰にはカルシウムが多く含まれる）．カタロニア（スペイン北東部）や日本，インドでは，魚の骨をカリッと揚げて食べる.

**魚の内臓** 魚介類の内臓には独特なおいしさがある．魚の卵については後に述べる（p.232）．ヒメジ，アンコウ，サバ，アカエイ，タラなどの多くの魚の肝臓，ならびに甲殻類で肝臓に相当する肝膵臓（かんすいぞう）が珍重される（p.213）．タラやコイの「舌」は，実際には咽頭筋およびこれに付随する結合組織であり，長時間加熱すると軟らかくなる．魚の頭は20%近くが脂質で，身も詰まっており，骨が軟らかくなるまで長く煮込んだりもする．浮き袋は結合組織の袋であり，タラ，コイ，ナマズ，チョウザメなどは空気を溜めて浮力を調節している．アジアでは，浮き袋を乾燥したものを油で揚げて膨らませ，塩味のソースに入れてゆっくりと煮込んだ料理がある.

## ■ 魚の筋肉とその繊細なテクスチャー

陸上動物の肉に比べると，魚のテクスチャーはより繊細である．魚の筋肉が層状構造になっていること，そして魚の結合組織がまばらで弱いことがその理由である．

**筋肉構造** 陸上動物では，ひとつひとつの筋肉および筋線維は非常に長く数センチにも達する．両端が細くなって頑丈な腱になり骨に結合している．これに対して，魚の筋線維はわずか2〜3cm厚さの層状構造（筋節）になっており，短い線維のひとつひとつが非常に薄い結合組織層（筋隔）につながっている．筋隔はコラーゲン線維の粗い網目構造で，背骨と皮の間に走っている．筋線維が最も効率よく背骨に力を伝えられるように，筋肉の層は複雑なW字構造に折りたたまれている．タラでは体長に沿っておよそ50枚の筋肉層（フレーク）がある.

**結合組織** 結合組織が弱いのは，コラーゲンの構造を強化するようなアミノ酸が牛肉のコラー

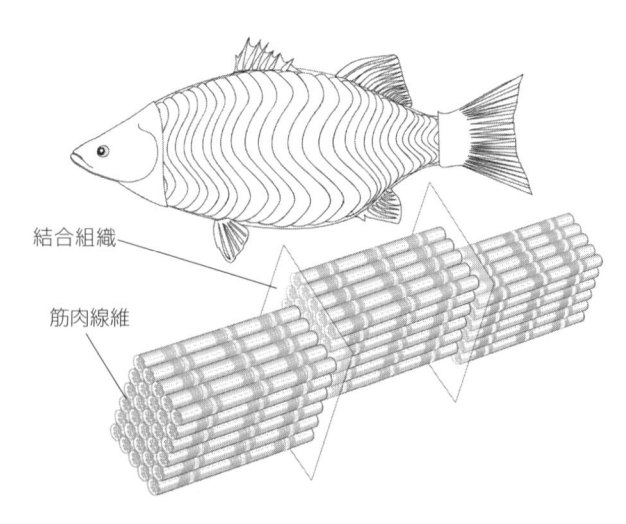

魚の生体構造．陸上動物とは異なり（p.118），魚の筋肉は短い線維が集合したもので，薄くて弱い結合組織のシートによってまとめられ，分離されている.

ゲンよりも少ないためと，さらに筋肉組織がエネルギーの蓄えにもなっていて，構築と分解を繰り返すためである．一方，陸上動物の筋肉は年をとるにつれて強さが増してゆく．肉のコラーゲンは硬いので，ゼラチン化するには沸点近くである程度の時間をかけて加熱しなければならないが，ほとんどの魚では筋肉層がフレーク状にはがれる50～55℃でコラーゲンが溶解する．

**ゼラチンと脂肪のジューシーさ**　魚の身のしっとり感にはゼラチンと脂肪の両方が関係している．コラーゲンをあまり含まないマスやスズキなどの魚は，コラーゲンの多いオヒョウやサメなどの魚と比べると，調理したときにパサつきやすい．安定した泳ぎは主に魚の後端の動きによるので，頭よりも尾に近い方に結合組織が多くてよりジューシーである．赤筋線維は白筋線維よりも細いため，線維間の結合にはより多くの結合組織を必要とする．したがって色の濃い魚肉のほうが明らかにゼラチン質である．

　魚の筋肉に含まれる脂肪量には大きな幅があり，タラをはじめとする白身魚では0.5%，脂ののったニシンなどでは20%になる（p.179）．脂肪貯蔵細胞は主に皮下の特殊な層，および筋節を隔てる結合組織の層に分布する．一匹の魚を見ると，普通は腹側に最も脂肪が多く，背や尾に近づくほど脂肪は少なくなる．サケの中心部からとったステーキの切り身は，尾からとった切り身に比べて脂肪量が2倍にもなる．

**軟らかさ**　ある種の条件下では魚の身が異常に軟らかくなることがある．移動や産卵で疲弊しているときは，まばらな筋肉タンパク質が互いに非常に緩く結合しているだけで，全体に軟らかくしまりがない．極端な場合，"ベチャベチャした"タラや"ゼリー状の"シタビラメのように，筋肉タンパク質同士の結合があまりにも弱くて筋肉がほとんど液化してしまった状態になる．冷凍しておいたものを解凍すると，魚によってはドロドロに崩れるが，これは冷凍によって細胞の仕切りが壊れ，流れ出した酵素が筋線維を分解するためである．調理時に酵素が働いて，はじめは硬かった魚が鍋の中で崩れてしまうこともある（p.206参照）．

## ■ 魚の風味

　基本的な食材のなかでも魚は，その風味が最も変化に富んでいて変わりやすい．魚の種類，生息水の塩分，餌，そして捕獲・取扱いの方法によって，魚の風味はさまざまに変わってくる．

**魚の味**　一般的に，肉や淡水魚に比べて海産物は味が強い．これは，海水の塩分とバランスをとるために海の生物がアミノ酸を蓄積するからである（p.184）．海水魚の身には一般に，牛肉やマスと同程度のナトリウムが含まれるが，甘味のグリシンや旨味のグルタミン酸などの遊離アミノ酸は3～10倍含まれる．貝類，サメやアカエイ，ニシン科やサバ科の魚は特に遊離アミノ酸に富んでいる．海水中の塩分濃度は大きく異なるため（外洋では高く，河口付近では低い），魚が捕れる場所によってアミノ酸含量は違ってくるし，したがって魚の味も違う．

　魚の味に間接的に関わる別の要素として，エネルギー担体のATP（アデノシン三リン酸）がある．細胞がATPからエネルギーを取り出す際に，ATPは一連の低分子へと変換される．そのうちの一つがIMP（イノシン一リン酸）で，これがグルタミン酸と似たような旨味をもつ．しかし，IMPは一過性の物質であり，死後の一定期間はIMP濃度の上昇とともに魚の旨味も増加するが，その後IMPが消失するにつれて旨味はまた弱まる．

### 魚のにおい

**植物のような新鮮なにおい**　経験できる人は少ないが，非常に新鮮な魚のにおいはつぶした植物の葉に驚くほど似ている．植物も魚も，含まれる脂質物質は高度に不飽和化されたものである．植物の葉にも魚の皮にも，無臭の大きな脂

肪分子を芳香性の低分子に分解する酵素（リポキシゲナーゼ）が含まれている．ほぼすべての魚で，ゼラニウムの葉のような強い草のにおいとわずかに金属製のにおいのする分子（炭素数8の鎖）が生成する．淡水魚でも，刈りたての草のにおい（炭素数6）や，きのこにも含まれる土のにおい（炭素数8）が生じる．特にキュウリウオ（アユやワカサギ）など，淡水種および移動種のなかには，メロンやキュウリに特有の芳香分子（炭素数9）を生じるものがある．

**海岸のにおい**　海の魚は，海岸に独特なにおいをもつこともある．この磯の香りは，藻類およびある種の原始動物によって，海水中に多く含まれる臭素から作られる，ブロモフェノールと呼ばれる化合物群によるものと考えられる．ブロモフェノールは波の動きによって海岸の空気に流れ込み，海岸に立つと直接嗅ぐことができる．藻類や，藻類を食べる動物を食べた魚にもブロモフェノールが蓄積するため，魚は磯の香りがするというわけである．養殖の海水魚は，ブロモフェノールを添加した人口餌を与えない限り，海のにおいはしない．

**泥臭さ**　淡水魚は時に不快な泥臭さがある．特にナマズやコイなど，水底で餌を漁る魚を，直接地面を掘って作った池で育てた場合に多い．原因となる化学物質は二つ，特に暖かい気候のときに藍藻類（らんそうるい）によって産生される（ジオスミンおよびメチルイソボルネオール）．これらの化合物は皮と濃色の筋肉組織に濃縮されるようで，これらの部位を切り取れば魚は食べやすくなる．ジオスミンは酸性条件で分解するので，酢やその他の酸性材料を使う古くからの料理法は化学的に理に適ったものである．

**魚臭さ**　魚が捕らえられ殺された瞬間から，別のにおいも出はじめる．"魚臭い"とすぐわかる強いにおいは，主に海水バランス化合物のTMAO（p.184）によるものである．魚の表面についた細菌がこれを徐々に分解して，においのするTMAができる．淡水魚は一般にTMAOを蓄積せず，甲殻類でも比較的少ないので，海水魚ほど魚臭くはならない．さらに，不飽和脂肪やその分解物で新鮮なにおいの低分子（アルデヒド）が徐々に反応して，古臭いチーズのようなにおいをもつほかの分子を生じる．このなかにはTMAの魚臭さを強めるものもある．冷

## 生の魚介類に含まれる風味化合物

味覚成分および芳香成分のさまざまな組合わせにより，魚介類の基本的な風味が決まる．

| 食材 | アミノ酸：甘味，旨味 | 塩：塩辛さ | IMP：旨味 | TMA：魚臭さ | ブロモフェノール：磯の香り | アンモニア（尿素から） | ジオスミン，ボルネオール：泥臭さ |
|---|---|---|---|---|---|---|---|
| 陸上動物の肉 | + | + | + | − | − | − | − |
| 淡水魚 | + | + | + | − | − | − | + |
| 海水魚 | +++ | + | +++ | +++ | + | − | − |
| サメ，アカエイ | +++ | ++ | ++ | +++ | + | +++ | − |
| 軟体動物 | +++ | +++ | | ++ | | | |
| 甲殻類 | ++++ | +++ | + | + | + | − | − |

凍保存中に，魚自身の酵素も働いてTMAの一部をDMA（ジメチルアミン）に変え，弱いアンモニア臭を生じる．

鮮度の落ちた魚の魚臭さを消すよい方法が二つある．一つは，表面のTMAを水道水で洗い流すこと．もう一つはレモン汁，酢，トマトなどの酸性材料を使うこと，これは二つの点から有効である．におい分子が水と反応しやすくなり，揮発性が弱まる．また，TMAおよびDMAに水素イオンを供給して正に荷電させ，これらの分子が水やその他の近隣分子と結合して魚の表面から離れないようにし，においを抑える．

調理した魚のにおいについてはp.203で述べる．

## ■ 魚の色

**淡色で半透明** 多くの生魚では筋肉のほとんどが白色または黄色っぽい白色で，生の牛肉や豚肉に比べると繊細な半透明をしている．牛肉や豚肉では，細胞の周りを取り巻く結合組織や脂肪細胞が光を散乱するので透明度は低い．魚肉でもサケやマグロの腹身など，特に脂肪の多い部分は，そこから数センチ離れた部分と比べても明らかに違った乳白色をしている．調理すると，魚の筋肉は半透明から不透明へと変わるが，これは筋肉タンパク質の構造がほどけて互いに結合してできる大きな塊が光を散乱するからである．加熱しても酸でマリネしても，タンパク質構造がほどけて魚肉は不透明になる．

**マグロの赤身** マグロには赤い色をしているものがあるが，これは酸素結合色素ミオグロビン（p.130）によるものである．マグロは休むことなく高速で泳ぎ続けるためにミオグロビンを必要とする（p.196）．魚のミオグロビンは特に，酸化されて褐色のメトミオグロビンになりやすく，－30℃までの温度で冷凍したときに酸化されやすい．よって，マグロの色を鮮やかに保つためには，－30℃よりかなり低温で冷凍する必要がある．牛肉のミオグロビンと同じく，60〜70℃で加熱すると魚のミオグロビンは変性し灰褐色になる．ミオグロビンが少ししか含まれていないことも多いので，それ以外のすべての細胞タンパク質が変性し，互いに結合して全体的に乳白色になることで，ミオグロビンの変色は隠されてしまう．こうした理由から，生では明らかにピンク色をした魚（ビンナガマグロ，シイラ）でも，調理するとほかの白身魚と同じように白くなる．

**橙桃色のサケとマス** サケの独特な色は，ニンジンの色であるカロテン色素と化学的によく似た物質による．アスタキサンチンと呼ばれるこの化合物は，サケが餌にする小さな甲殻類に含まれるもので，藻類から得る$\beta$カロテンをもとに甲殻類の体内で合成される．多くの魚が皮や卵巣にアスタキサンチンを蓄えるが，筋肉に蓄えるのはサケ科の魚だけである．養殖のサケやマスは野生の甲殻類を食べられないので，餌にアスタキサンチンが添加されない限り（通常添加されるのは，食品加工の廃棄物として出る甲殻類の殻や工業的に合成されたカンタキサンチンというカロテノイド），身の色は薄い．

## 食用魚

世界中の魚の種類は膨大である．背骨をもつすべての動物のうち魚が半分以上を占め，2万9000種ほどに達する．人間が日頃から食用にしている魚は，そのうちの数百種である．米国内のスーパーマーケットで一般に販売されている魚は20種を超え，高級レストランやエスニックレストランでは，それ以外に数十種以上の魚がいろいろな名前で出されている．p.190からの表には，よく食べられている魚の分類学的な関係をまとめた．そのなかでも重要な科について，この後の項でいくつかの詳細を加える．

貝類・甲殻類にもさまざまな動物が含まれる．これらは背骨をもたず，いくつかの点で魚とは大きく異なることから，魚とは別にp.212以降で述べる．

## 一般的な食用魚の名前と分類科

近縁の科ごとにまとめてある．表中での位置が近いほど，より近縁である．海水魚の科には特に表示がない．「f」は淡水魚の科，「f & s」は淡水種と海水種の両方を含む科である．

| 科 | 種の数 | 例 |
|---|---|---|
| サメ（複数科） | 350 | ヨシキリザメ（*Prionace*），オナガザメ（*Alopias*），シュモクザメ（*Sphyrna*），ツマグロザメ（*Carcharinchus*），ツノザメ（*Squalus*），ネズミザメ（*Lamna*），ホシザメ（*Mustelus*） |
| ガンギエイ科 | 200 | ガンギエイ（*Raja*） |
| アカエイ科 | 50 | アカエイ（*Dasyatis*），トビエイ（*Myliobatis*） |
| チョウザメ科 | 24 | オオチョウザメ，ダウリアチョウザメ（*Huso*）；オシェトラ，セブルーガ，タイセイヨウチョウザメ，イケチョウザメ，ミドリチョウザメ，シロチョウザメ（以上 *Acipenser*） |
| ヘラチョウザメ科（f） | 2 | ヘラチョウザメ（*Polyodon*），ハシナガチョウザメ（*Psephurus*） |
| ガー科 | 7 | ガー（*Lepisosteus*） |
| イセゴイ科 | 2 | イセゴイ（*Tarpon*） |
| ソトイワシ科 | 2 | ソトイワシ（*Albula*） |
| ウナギ科（f & S） | 15 | ヨーロッパウナギ，アメリカウナギ，ニホンウナギ（すべて *Anguilla*） |
| ウツボ科 | 200 | ウツボ（*Muraena*） |
| アナゴ科 | 150 | アナゴ（*Conger*），ハモ（*Muraenesox*） |
| アンチョビ科 | 140 | アンチョビ（*Engraulis, Anchoa, Anchovia, Stolephorus*） |
| ニシン科 | 180 | ニシン（*Clupea*），イワシ，ヨーロッパマイワシ（*Sardina pilchardus*）；スプラットイワシ（*Sprattus*），シャッド（*Alosa*），ヒルサ（*Hilsa*） |
| サバヒー科 | 1 | サバヒー（*Chanos*） |
| コイ科（f） | 2000 | コイ（*Cyprinus, Carqassius, Hypophthalmichthys*，その他），ヒメハヤ（*Notropis, Barbus*），テンチ（*Tinca*） |
| アメリカナマズ科（f） | 50 | アメリカナマズ（*Ictalurus*），ブルヘッドナマズ（*Ameirus*） |
| ナマズ科（f） | 70 | オオナマズ（*Silurus*），ヨーロッパナマズ |
| ハマギギ科 | 120 | ハマギギ（*Arius, Ariopsis*） |
| カワカマス科（f） | 5 | カワカマス，ピッケレル（*Esox*） |
| キュウリウオ科 | 13 | キュウリウオ（*Osmerus, Thaleichthys*），カラフトシシャモ（*Mallotus*），アユ（*Plecoglossus*） |
| サケ科（s & f） | 65 | サケ（*Salmo, Oncorhynchus*），マス（*Salmo, Oncorhynchus, Salvelinus*），イワナ（*Salvelinus*），シロマスやコクチマス（*Coregonus*），カワヒメマス（*Thymallus*），イトウ（*Hucho*） |
| エソ科 | 55 | エソ（*Synodus*），ミズテング（*Harpadon*） |
| アカマンボウ科 | 2 | アカマンボウ，マンダイ（*Lampris*） |
| タラ科 | 60 | マダラ（*Gadus*），ハドック（*Melanogrammus*），セイスやポロック（*Pollachius*），ポラック（*Pollachius, Theragra*），リング（*Molva*），ホワイティング（*Merlangus, Merluccius*），カワメンタイ（*Lota*）（f） |

| 科 | 種の数 | 例 |
|---|---|---|
| メルルーサ科 | 20 | メルルーサ（Merluccius, Urophycis） |
| マクルロヌス科 | 7 | ホキ（Macruronus） |
| ソコダラ科 | 300 | ソコダラ（Coelorhynchus, Coryphaenoides） |
| アンコウ科 | 25 | アンコウ（Lophius） |
| ボラ科 | 80 | ボラ（Mugil） |
| トウゴロイワシ科 | 160 | シルバーサイド，グラニオン（Leuresthes） |
| ダツ科 | 30 | ダツ，ベローネ（Belone） |
| サンマ科 | 4 | サンマ（Scomberesox） |
| トビウオ | 50 | トビウオ（Cypselurus, Hirundichthys, Exocoetus） |
| ヒウチダイ科 | 30 | オレンジ・ラフィー（Hoplostethus） |
| キンメダイ科 | 10 | キンメダイ（Beryx, Centroberyx） |
| マトウダイ科 | 10 | ジョン・ドーリー，サン・ピエール（Zeus） |
| オオメマトウダイ科 | 10 | オオメマトウダイ（Allocyttus, Neocyttus） |
| メバル科 | 300 | メバル，"オーシャン・パーチ"，北米沿岸"スナッパー"（Sebastes）；フサカサゴ（Scorpaena） |
| ホウボウ科 | 90 | ホウボウ（Trigla） |
| ギンダラ科 | 2 | "ブラック・コッド（黒タラ）"（Anoplopoma） |
| アイナメ科 | 10 | アイナメ（Hexagrammos），"リング・コッド"（Ophiodon） |
| カジカ科 | 300 | カジカ（Cottus, Myoxocephalus），カベゾン（Scorpaenichthys） |
| ダンゴウオ科 | 30 | ダンゴウオ（Cyclopterus） |
| アカメ科（f & s） | 40 | ナイル・パーチ，オーストラリア・バラマンディ（Lates）；アカメ（Centropomus） |
| モロネ科 (温帯性シーバス類) (f & s) | 6 | ヨーロピアン・シーバス（Dicentrarchus），アメリカのストライプド・バス，ホワイト・バス，イエロー・バス（すべて Morone） |
| ハタ科 (シーバス類) | 450 | ブラック・シーバス（Centropristis），ハタ（Epinephelus, Mycteroperca） |
| サンフィッシュ科（f） | 30 | サンフィッシュ，ブルーギル（Lepomis），コクチバス及びオオクチバス（Micropterus），クラッピー（Pomoxis） |
| ペルカ科（f） | 160 | パーチ（Perca），ウォールアイ（Stizostedion） |
| アマダイ科 | 35 | アマダイ（Lopholatilus） |
| オキスズキ科 | 3 | オキスズキ（Pomatomus） |
| シイラ科 | 2 | シイラ，マヒマヒ（Coryphaena） |
| アジ科 | 150 | ギンガメアジ（Caranx），ブリおよびヒラマサ（Seriola），マアジ（Trachurus），ムロアジ（Decapterus），コバンアジ（Trachinotus） |
| シマガツオ科 | 20 | シマガツオ（Pampus, Peprilus, Stromateus） |
| フエダイ科 | 200 | フエダイ（Lutjanus, Ocyurus, Rhomboplites），ハマダイ（Etelis），アオチビキ（Aprion），ヒメダイ（Pristipomoides） |
| タイ科 | 100 | タイ（Calamus, Stenotomus, Pagrus），マダイ（Pagrosomus），ヘダイ（Sparus），キダイ（Dentex），シープスヘッド（Archosargus） |
| ニベ科 | 200 | レッドフィッシュ（Sciaenops），アトランティッククローカー（Micropogonias） |

| 科 | 種の数 | 例 |
|---|---|---|
| ヒメジ科 | 60 | レッド・マレット, ルージェ（*Mullus*） |
| シクリッド科（カワスズメ科） | 700 | ティラピア（*Oreochromis*＝*Tilapia*） |
| ノトセニア科 | 50 | マジェランアイナメ"チリアン・シーバス"（*Dissostichus*） |
| カマス科 | 20 | カマス（*Sphyraena*） |
| クロタチカマス科 | 25 | アブラソコムツ（*Lepidocybium*）, バラムツ（*Ruvettus*） |
| タチウオ科 | 20 | タチウオ（*Trichiurus*） |
| サバ科（マグロ含む） | 50 | マグロ（*Thunnus*, *Euthynnus*, *Katsuwonus*, *Auxis*）, マサバ, タイセイヨウマサバ（*Scomber*）, サワラ, シエラ, シィロー（*Scomberomorus*）, カマスサワラ/オノ（ハワイ語）（*Acanthocybium*）, ハガツオ（*Sarda*） |
| メカジキ科（マカジキ科） | 10 | バショウカジキ（*Istophorus*）, マカジキ（*Tetrapturus*）, クロカジキ（*Makaira*）, メカジキ（*Xiphias*） |
| ヒラメ科（スコプタルムス科含む） | 115 | イシビラメ（*Psetta*）, ブリル（*Scophthalmus*） |
| カレイ科 | 90 | オヒョウ（*Hippoglossus*, *Reinhardtius*）, ツノガレイ（*Pleuronectes*）, イシガレイ（*Platichthys*）, クロガレイ（*Pseudopleuronectes*） |
| ササウシノシタ科 | 120 | ソール（いわゆるシタビラメ, 目はカレイと同じ右側）（*Solea*, *Pegusa*） |
| フグ科 | 120 | トラフグやマフグ（*Fugu*）, ヨリトフグなど（*Sphoeroides*, *Tetraodon*） |
| マンボウ科 | 3 | マンボウ（*Mola*） |

J. S. ネルソン著, *Fishes of the World*, 3d ed., (世界の魚類, 第3版), ニューヨーク：Wiley社, 1994年より

## ■ ニシン科：アンチョビ, イワシ, スプラット, シャッド

　ニシン科は歴史が古く, 非常に多産で繁栄してきた. 北ヨーロッパでは何世紀にもわたって常食されている動物性食品である. 世界中の海で, 多様な種が, 網で捕獲しやすい大きな群れをなしている. 比較的小型で, 体長数cmというものが多いが, なかには体長40 cm, 重さ750 gに達するものもある.

　ニシン科に属する魚は, 常に泳ぎまわって, 海水から小さな動物プランクトンを漉しとって餌にしている. 非常に活動的な筋肉と消化酵素をもっているので, 捕獲されるとすぐに身が軟らかくなりにおいが強くなる. また, 脂肪含量が高く, 産卵間際には20％以上になるので, 多価不飽和脂肪が酸化されやすく, 風味が劣化しやすい. このようにニシン科の魚は鮮度が落ちやすいので, 燻製や塩漬け, 缶詰などにされることが多い.

## ■ コイとナマズ

　コイ科の淡水魚は東ヨーロッパおよび西アジアを起源とし, 現在魚類としては地上最大の科を構成する. 淀んだ水, 低酸素濃度, 氷点付近から38℃までの広い温度範囲に適応できるという特性が, 今の繁栄をもたらすことになったわけであるが, これは養殖魚として適しているということでもあり, 3000年前の中国ですでに養殖がはじまっていた. コイは30 kgほどに成長するが, 一般の養殖期間は1〜3年, 1〜

2 kg程度で食用にされる．比較的骨の多い魚で，肉質はキメが粗く，脂肪含量は少なめから中程度である．

ナマズ科の魚は多くが淡水性で，やはり淀んだ水に適応できる雑食性であるため，養殖に向いている．最もよく知られているのは北米のアメリカナマズ（*Ictalurus*）で，食用にされるのは体長30 cm，体重450 g程度のものであるが，野生では1.2 mほどに成長する．ナマズはコイよりも骨格が単純なので，骨のない切り身にしやすいのが利点である．真空包装して氷冷すれば，3週間はもつ．特に晩夏から秋にかけての暑い季節には，コイもナマズも泥臭くなりやすい（p. 188）．

## ■ サケ，マス，および類縁

食用にされることが一番多く，また最も注目に値するのがサケとマスである．魚類のなかでも最古の科の一つであり，1億年以上もさかのぼる．サケは肉食性で，淡水で産まれた後，海に出て成熟し，また産まれた川に戻って産卵する．淡水性のマスは，タイセイヨウサケやタイヘイヨウサケの陸封型グループのいくつかが進化したものである．

**サケ** サケは，産卵と上流への不休の移動のために筋肉と脂肪を蓄えるので，産卵・移動を終えると体重が半分近くまで減り，身は軟らかくて崩れやすく色も薄くなる．したがって，サケは産卵のために河口に辿り着いたときが最もおいしく，商業用の漁はここで行われる．タイセイヨウサケは何世紀にもわたる乱獲ならびに母川の環境破壊によってその数が減少しており，現在流通するものの多くが北欧や南北米の養殖物である．アラスカでは野生のサケ漁が依然として健全である．養殖物と天然物とでの品質の違いに関しては意見が分かれる．プロの料理人のなかには，品質が安定し脂ののった養殖物を好む人もいれば，味が濃厚で身もしまっていると旬の天然物を好む人もいる．

大西洋および太平洋のキングサーモン（マスノスケ）は脂がのってジューシーではあるが，同じように脂の多いニシンやサバのような強い風味はない．サケのあの独特のにおいは，餌にしている海の甲殻類から体内に蓄積されるピンク色の色素，アスタキサンチン（p. 189）が一部関係していると思われる．加熱すると，果実

## サケ類の特徴

| | 脂肪含量（%） | 大きさ（kg） | 主な用途 |
|---|---|---|---|
| 大西洋 | | | |
| タイセイヨウサケ：*Salmo salar* | 14 | 45（天然物）；3〜5（養殖） | 鮮魚，スモーク |
| 太平洋 | | | |
| キングサーモン，マスノスケ：*Oncorhynchus tshawytscha* | 12 | 14 | 鮮魚，スモーク |
| ベニザケ：*O. nerka* | 10 | 4 | 鮮魚，缶詰 |
| ギンザケ：*O. kisutch* | 7 | 14 | 鮮魚，缶詰 |
| シロザケ：*O. keta* | 4 | 4〜5 | 魚卵，ペットフード |
| カラフトマス：*O. gorbuscha* | 4 | 2〜4 | 缶詰 |
| サクラマス，サツキマス，ヤマメ，アマゴ：*O. masou* | 7 | 2〜3 | 鮮魚 |

や花のにおいを感じさせる揮発性分子に変わる．

**マスとイワナ**　多くは淡水性で，サケから派生したものである．スポーツ・フィッシングに格好のターゲットとして，世界中の湖や川に移植放流された．海の甲殻類を餌にしないため，サケ独特の身の色にはならない．今日，合衆国の小売店やレストランでお目にかかるマスは，ほとんどが養殖ニジマスである．ビタミンを添加した魚粉や肉粉を餌に養殖され，孵化してからほんの1年で1食分程度の大きさ（200～400 g）になると出荷される．ノルウェーや日本では，まったく同じものを海水で育て，体重20 kgを超える養殖スチールヘッドを生産（サーモントラウトとして販売）している．小さめのタイセイヨウサケのような赤ピンクの色と風味をもつ．ホッキョクイワナは移動性で15 kgにもなる魚だが，アイスランドやカナダなどでは2 kg前後に養殖され，サケのように脂ののったものもある．

### ■ タラ科

ニシン科やマグロ科の魚とともに，タラ科の魚は漁業史上最も重要な魚の一つである．モンツキダラ，メルルーサ，ホワイティング，ポラック（スケトウダラ）はいずれも，大陸棚に沿った海底付近に生息する中型の肉食魚で，比較的動きが少ないので酵素系の活性も比較的低く，味やテクスチャーが安定している．ヨーロッパでは白身魚の代表であり，マイルドな味と鮮やかな白色，身は硬く，大きなフレーク，赤身や脂肪はほとんどない．

タラ科の魚は成熟に2～6年を要し，かつては漁獲量がニシンの約3分の1であった．乱獲のために集団数は激減したが，北太平洋のポラック漁は今も高い漁獲量を示す（主にすり身などの加工製品や，パン粉や衣をまぶした冷凍製品にされる）．ノルウェーではタラの沖合養殖も行われている．

### ■ ナイル・パーチとティラピア

本当のパーチ（ペルカ科）は主に淡水性で，ヨーロッパや北米ではほとんど食用にされない．現在，数種類の類縁種を養殖したものが，漁獲量の減ったタラやヒラメ・カレイの代わりとして，出回っている．ナイル・パーチ（ビクトリア湖のパーチ）は，ほかの魚を餌にして重さ150 kgほどに成長する魚で，世界各地で養殖されている．草食性のティラピアもアフリカ

---

### マス，イワナなどの類縁

マスの仲間は類縁関係が複雑である．代表的な例を以下に挙げる．

| 一般名 | 学名 | 本来の生息地 |
|---|---|---|
| ブラウントラウト | *Salmo trutta* | ヨーロッパ |
| ニジマス；スチールヘッド（降海型） | *Oncorhynchus mykiss* | 北米西部，アジア |
| カワマス | *Salvelinus fontinalis* | 北米東部 |
| レイクトラウト | *Salvelinus namaycush* | 北米北部 |
| ホッキョクイワナ | *Salvelinus alpinus* | ヨーロッパ北部およびアジア，北米北部 |
| コレゴヌス，ホワイトフィッシュ | *Coregonus* 種 | ヨーロッパ北部，北米 |

原産の魚で，各地で養殖されている．20～35℃の温度で，淡水でも汽水でも丈夫に育つ．多くの種や交配種がティラピアの名前で市場に出回っており，品質もさまざまである．*Oreochromis nilotica*（ナイル・ティラピア）が最も古くから養殖され，食用魚としての品質も一番よいと言われる．ナイル・パーチとティラピアは，淡水魚のなかでは数少ない TMAO（分解されて魚臭い TMA を生じる，p.188）を合成する魚である．

## ■ バス

北米では，淡水性のバスやサンフィッシュは主にスポーツ・フィッシング用だが，養殖魚として重要な位置を占めるようになったものが一つある．それは交配種のストライプド・バス（シマスズキ）で，合衆国東部の淡水性ホワイト・バスと降海性ストライプド・バスとの交配によって生まれた．この交配種は親種よりも成長が早く，丈夫で，可食部の収量が高く，可食期間も2週間と長い．野生のストライプド・バスに比べると，交配種の身は崩れやすく味も淡白である．泥臭さが気になる場合は，皮を除くとよい．

アメリカのストライプド・バスやヨーロピアン・シーバス（フランス語でルゥ・ド・メール，イタリア語でブランジーノ）など海洋性のバスは，身がしまっていて味は繊細であり，骨格が単純なことから好まれている．現在は，地中海および北欧でシーバスの養殖が行われている．

## ■ ノトセニア

"ノトセニア"科は南極大陸周辺の冷たい海域に生息する大型深海魚で，あまり動かずにプランクトンを餌にしている．一番よく知られているのは「マジェランアイナメ」，正式英名は「パタゴニアン・トゥースフィッシュ」（*Dissostichus eleginoides*），日本では「メロ」の通称で流通しており，70 kg にも達する魚である．脂肪は皮下層，骨の内腔，そして筋線維の間に分散しており，身の脂肪率は15％にも達する．脂がのって身の塊りが大きく，加熱しすぎて失敗することもあまりない．この魚のおいしさが世に知られるようになったのは，1980年代半ばのことである．オレンジ・ラフィーやほかの深海魚と同じく，マジェランアイナメは繁殖に時間がかかるため，乱獲によって個体数が危険なほど激減している兆候がすでにみられる．

---

### バスの仲間

シーバス
| | |
|---|---|
| ヨーロピアン・シーバス | *Dicentrarchus labrax* |
| ブラック・シーバス | *Centropristis striatus* |
| ストライプド・バス | *Morone saxtalis* |

北米の淡水性バス
| | |
|---|---|
| ホワイト・バス | *Morone chrysops* |
| イエロー・バス | *Morone mississippiensis* |
| ホワイト・パーチ | *Morone Americana* |
| 交配種ストライプド・バス | *Morone saxtalis* x *Morone chrysops* |

## ■ マグロとサバ

　安いツナ缶の原料でもあるマグロだが、この世で最も驚異的な魚の一つである。マグロは外洋の大型肉食魚で、体重は700 kgにも達し、時速70 kmで常に泳ぎ続けている。通常は白くて淡白な速筋線維ですら、休まずに泳ぎ続けるために活躍しているので、酸素使用量が高く、酸素を保持するミオグロビン色素を多く含み、脂肪とタンパク質をエネルギーに変えるための酵素活性をもっている。それゆえに、マグロの身は牛肉のように濃赤色で、また味も濃厚なのである。加熱調理したマグロや缶詰のマグロが肉のようなにおいがするのは、リブロースという糖と、おそらくミオグロビン色素由来の含硫アミノ酸システインが反応することと関係している。この反応で生じる芳香化合物は、加熱した牛肉にも典型的なものである。

　マグロが美食の対象とされるようになったのは、少なくとも古代ローマ時代にさかのぼる。プリニウス（ローマの歴史学者）によれば、ローマ人が特に好んだのは脂ののった腹身（現代イタリアでは「ベントレスカ」と呼ばれる）と首の部分とされ、まさに現代の日本人の嗜好と同じである。マグロの腹身、すなわち大トロは、同じ魚の背の筋肉と比べて脂肪の割合が10倍にもなり、ビロードのようなとろりとした舌ざわりは、最高級食材に値する。クロマグロとメバチマグロが最も長寿で大型、冷たい深海を好む。ほかの種に比べて、エネルギー源および断熱材としての脂肪をより多く蓄え、キロ当たり何万円もの値段で取引される。

　今日では、マグロのほとんどが太平洋とインド洋で捕獲されている。漁獲量が特に多いのがカツオとキハダマグロである。これらは小型または中型で脂が少なく、繁殖が早くて、海面近くで群れをなして泳ぐところを網で捕獲する。世界中のツナ缶の大半はこれらを原料にしており、唯一「ホワイトツナ」の缶詰はビンナガマグロ（通称トンボ、ハワイでもトンボと呼ばれる）が原料である。（イタリアのツナ缶には、身の色が濃くて風味の強いクロマグロや、カツオの赤身がよく使われる。）

**サバ**　サバはマグロの小型類縁種である。アトランティック・マッカレル（*Scomber scomber*）は北大西洋および地中海に生息し、体長45 cm、体重0.5〜1 kgほどである。マグロと同じように活動的な肉食魚で、赤筋線維に富み、酵素活性も高く、風味には癖がある。大群を網で捕獲してそのままの形で売られるが、鮮度を保つためには直ちに十分氷冷する必要がある。

## ■ メカジキ

　メカジキ科の魚は大型で（体長4 m、体重〜

---

### マグロの仲間

以下に主要な外洋性マグロを挙げる。いずれも世界各地に分布する。

| 一般名 | 学名 | 資源量 | 大きさ | 脂肪含量% |
|---|---|---|---|---|
| クロマグロ（ホンマグロ） | *Thunnus thynnus* | 稀少 | 〜700 kg | 15 |
| ミナミマグロ（インドマグロ） | *T. maccoyii* | 稀少 | 〜150 kg | 15 |
| メバチマグロ | *T. obesus* | 少ない | 9〜90 kg | 8 |
| キハダマグロ | *T. albacares* | 豊富 | 1〜90 kg | 2 |
| ビンナガマグロ | *T. alalunga* | 豊富 | 10〜20 kg | 7 |
| カツオ | *Katsuwonus pelamis* | 豊富 | 2〜20 kg | 2.5 |

900 kg），外洋の活動的な肉食魚，くちばしが槍のように突き出ており，骨が少なく身の詰まった肉質で，何千年も前から捕獲されてきた．メカジキ（英名；ソードフィッシュ）は，大西洋におけるその個体数が10分の1に減少してしまっており，保護の必要があると考えられる．肉質は密で歯ごたえがしっかりしており，氷冷すれば3週間程度はもつ．

## ■ カレイ目：ソール（シタビラメ），ターボット，ハリバット（オヒョウ），フラウンダー

カレイ目の魚は海底に生息し，海底を這うような平らな体形につぶれている．多くはあまり動かず，したがってエネルギーを生成する酵素系の活性も低く，味も淡白である．一般には，捕獲後数日で鮮度が落ちる．

カレイ目の魚の代表でもあり，なかでも特に

---

### カレイやヒラメの仲間

カレイ目に属する魚は多く，複数の名前で呼ばれるものもある．ここでは代表的なものをいくつか挙げる．名前は紛らわしいことも多く，たとえば，アメリカ大陸周辺には本当のソールは生息しないし，ハリバットやターボットと呼ばれていても実際には違うものもある．

ヨーロッパ産のソール
- ドーバー・ソール，イングリッシュ・ソール　　　*Solea solea*
- フレンチ・ソール　　　*Pegusa lascaris*

ヨーロッパ産のその他のカレイ目
- ターボット　　　*Psetta maxima*
- アトランティック・ハリバット　　　*Hippoglossus hippoglossus*
- プレイス　　　*Pleuronectes platessa*
- フラウンダー　　　*Platichthys flesus*

西大西洋のカレイ目
- ハリバット　　　*Hippoglossus hippoglossus*
- ウィンター・フラウンダー，コモン・フラウンダー，レモン・ソール　　　*Pseudopleuronectes americanus*
- サマー・フラウンダー　　　*Paralichthys dentatus*
- グリーンランド・ハリバット，グリーンランド・ターボット（和名：カラスガレイ）　　　*Reinhardtius hippoglossoides*

東太平洋のカレイ目
- ペトレール・ソール　　　*Eopsetta jordani*
- レックス・ソール　　　*Glyptocephalus zachirus*
- パシフィック・サンド・ダブ　　　*Citharichthys sordidus*
- パシフィック・ハリバット　　　*Hippoglossus stenolepis*
- カリフォルニア・ハリバット　　　*Paralichthys californicus*

珍重されるシタビラメ（ドーバー・ソールやイングリッシュ・ソール）は，主にヨーロッパの海で捕れる（より小型のアメリカのカレイ目の魚にも，ソールと紛らわしい名前で呼ばれるものがある）．身は繊細でジューシー，捕獲後2, 3日たったものがおいしいと言われ，遠方市場への空輸に適している．このほかによく知られているのがターボットで，ソールよりも活動的な捕食魚である．大きさはソールの2倍ほどで，身は硬く，活け締めの魚では最も甘味が強いと言われる．皮膚からもある程度酸素を吸収できるので，ヨーロッパで養殖された小型のターボットは生きたままで世界各地に冷蔵輸送されている．

ハリバット（オヒョウ）はカレイ目のなかで最も大きく，貪食な肉食魚である．タイセイヨウオヒョウおよびタイヘイヨウオヒョウ（いずれも *Hippoglossus*）は体長3 m，体重300 kgにもなり，身はしまって脂が少なく，1週間以上は鮮度を保つと言われる．遠縁にあたる「グリーンランド・ハリバット（カラスガレイ）」は身が軟らかく脂も多めで，小型の「カリフォルニア・ハリバット」は実際にはフラウンダーである．

## 水中から台所へ

食材となる魚の品質は捕獲法，そして卸しや小売までを含めたその後の取扱いによって大きく左右される．

### ■ 捕獲

今までみてきたように，魚介類は食肉に比べてより繊細である．熟した果実のように，それ相応の取扱いが必要であるが，現実はその反対である．食肉処理場では，動物のと畜は個体ごとに管理が行き届くようになっており，食肉品質の低下につながる心身のストレスを避け，と畜後は品質が落ちる前に直ちに加工される．実際の漁の現場では，一般にこれほどの気配りはされない（養殖場での取扱いはある程度管理される）．

**海での捕獲** 野生の魚を捕る一般的な方法はいくつかあるが，どれも理想的とは言えない．数人の猟師で漁を行い，捕れた魚をすぐに氷冷し，数時間後には浜揚げするというのは，魚の取扱い面では最適だが，非常に効率の悪い方法である．あまり暴れさせずにすぐ捕獲し，適切に絞めて処理し，すぐに十分な氷冷を行い，直ちに市場へ配送すれば，非常に新鮮で品質の優れた魚が得られる．しかし，魚が疲れきって，捕獲後の処理や冷蔵保存が適切でない場合は，品質も落ちる．より一般的な方法は，何千人もの作業員を使って漁を行い，数日おきまたは数週間おきに港へ輸送するというものである．大量の魚を一度に扱うため物理的ダメージを受けやすく，処理するまでに時間がかかったり，保存状態もよくなかったりして，品質が損なわれることも多い．工場規模のトロール漁船や延縄漁船でも大量水揚げを行うが，船上で加工作業を行い，さばいて真空パックされることもあり，数時間内には冷凍される．この場合は，地元で捕れたての魚でも取扱いが雑なものと比べれば，品質に優れている．

**養殖場での捕獲** 漁船で捕った魚は運搬の問題があるが，これに対して管理の行き届いた養殖場でのサケの取扱いをみてみよう．まず，水揚げ前の7～10日間は餌を与えず，消化管内の細菌や消化酵素を減らして腐敗しにくくする．この後，二酸化炭素を飽和させた冷水中で魚を麻痺させてから，頭部を殴打するか，えらや尾の動脈を切って失血死させる．血液中にはさまざまな酵素や高反応性のヘモグロビン鉄が含まれているので，血抜きすることで魚の風味，テクスチャー，色，保存期間が向上する．絞めた魚は冷たいうちにさばかれ，氷や空気に直接触れないようにプラスチック包装される場合もある．

## ■ 死後硬直と時間の影響

死後数分から数時間しか経っておらず，死後硬直の化学的・物理的変化（p.140）が完了していない非常に新鮮な魚介類を食べることもある．捕獲時に暴れて疲弊した魚などは，死後直ちに筋肉硬直が起こることもあるし，脂ののった養殖のサケなどは死後数時間してから硬直を開始する．死後硬直は数時間から数日続き，この後は筋線維同士が分離し，結合組織膜からも離れる．死後硬直が起きる前の魚介類を食べると，硬直後のものと比べて歯ごたえがいくぶん強めである．日本料理の「活き造り」と言えば，生きた魚をその場でさばいて刺身にし，まだピクピク動いているものを食べる．ノルウェーでは，料理直前に市場に行き，水槽で泳いでいるタラをその場で絞めてもらう．中国料理レストランでは，料理に使う魚を水槽の中で生かしておいたりする．フランスでは，絞めたばかりのマスを使った「トリュイット・オ・ブルー（青いマス）」と呼ばれる料理があるし，貝類を生きたまま料理することも多い．

一般に，死後硬直を引き伸ばすことで，結果として風味やテクスチャーの劣化を遅らせることができる．多くの場合は，捕った魚を硬直がはじまらないうちにすぐに氷で冷やせばよい．しかし，イワシ，サバ，そしてティラピアなど暖水性の魚は，すぐに冷やすと収縮調節機能が壊れて，かえって身が硬くなってしまう．一般には，死後8～24時間の，死後硬直が終わったときが一番おいしく，その後は急速に味が落ちていく．

## ■ 新鮮な魚の見分け方

今日では，店で売られている魚がいつどこでどのように捕られたのか，運搬にどれくらいの時間がかかったのか，どのように取り扱われたのか，消費者にはわからない．よって，魚の品質を見極めることが重要である．しかし，見た目とにおいだけでは十分でない．完璧に新鮮な魚でも，産卵後の疲弊したものであれば最高の品質とは言えない．したがって一番確実なのは，旬の時期など魚のことをよく知っていて信頼できる小売店を見つけ，意見を聞いて買うことである．そのような小売店では卸し先も吟味しているだろうし，質の落ちた魚を売っていることも少ない．

切り身やステーキ用の魚を買う場合は，丸のままの魚をその場でおろしてもらうほうがよい．魚に包丁を入れるとすぐに切り口に微生物がついて空気にもさらされるので，時間のたった切り口は異臭がする．

まるごとの魚を選ぶ場合は以下の点に注意する．

- 皮にツヤと張りがあるものを選ぶ．鮮度が悪いものはツヤも張りもない．魚は死ぬとすぐに皮が変色することも多いので，色はあまり関係ない．
- 自然のタンパク性粘液で皮が覆われてい

---

### 絞めたての魚の扱い

スポーツ・フィッシングでは，ある程度時間が経って硬くなった魚をさばくことも多いが，死後硬直しても魚は牛や豚ほど硬くならない．ただし，絞めたばかりで死後硬直前の魚を切り身にして，すぐに調理または冷凍しないのはよくない．切り身にしてから死後硬直がはじまると，切れた筋線維が自由に収縮できるので，場合によっては半分ほどに縮んで，波打ったゴムのような塊となる．すぐに冷凍した後にゆっくりと解凍すれば，氷の結晶により形が保たれながら筋肉の貯蔵エネルギーが徐々に消費されるので，身が縮まない．

る場合には，それが半透明でツヤがあるものがよい．時間が経つと乾いてツヤがなくなり，タンパク質が固まって濁り，白っぽい色から黄色，そして褐色へと変色する．粘膜は洗い流されてしまっている場合もある．

- 目が鮮やかな黒色で丸いもの．時間が経つと半透明の表面は灰色に濁り，球状の形は扁平になる．
- 丸のままの魚は腹がしまっていてきれいなものを選ぶ．消化酵素や細菌が内臓を消化して腹腔や筋肉にまで及ぶと，腹が膨らんだり，軟らかくなったり，破れたりする．下ごしらえされた魚は，背骨に沿った長く赤い腎臓も含め内臓がきれいに除かれていること．

魚の切り身を選ぶ場合は，以下の点に注意する．

- 色が鮮明でツヤがあるものを選ぶ．時間が経つと表面が乾き，タンパク質が固まってツヤのない膜になる．縁が茶色がかったものは，乾燥し，油が酸化して，風味が落ちている．
- 切り身でもまるごとの魚でも，新鮮な海のにおい，あるいは緑の葉をつぶしたようなにおいで，魚臭さがあまりしないものがよい．魚臭さが強いのは，長く細菌にさらされていた証拠である．かび臭さ，古臭さ，果実臭，硫黄臭，腐敗臭が感じられれば，さらに時間が経って腐りかけている証拠である．

## ■ 新鮮な魚介類の保存：冷蔵と冷凍

よい魚を手に入れたら，料理に使うまでよい状態で保存しなければならない．魚自身の酵素と酸素による初期の分解は避けられない．この分解過程で色はくすみ，風味は落ち，身も軟らかくなるが，魚が食べられなくなるわけではない．食べられなくなるのは微生物，特に緑膿菌（*Pseudomonas*）やその仲間の好冷細菌によるもので，特にえらに多く付着しており，ぬめりがでる原因となる．遊離の旨味アミノ酸，そしてタンパク質を分解し，不快な窒素含有成分（アンモニア，トリメチルアミン，インドール，スカトール，プトレシン，カダベリン）や硫黄化合物（硫化水素，スカンク臭のメタンチオール）を生成するので，魚は牛肉や豚肉よりも短い間に食べられなくなる．

腐敗がはじまるのを抑えるには，まず魚を洗うことである．細菌は魚の表面に棲みついて活動するので，表面をよく洗えばほとんどの細菌や細菌が作る臭み成分を除くことができる．洗った後は紙やタオルで水を拭き取り，ワックスペーパーかラップでぴっちりと包んで酸素にさらさないようにする．

腐敗を防ぐためには，何と言っても温度調節が一番重要である．温度が低いほど酵素や細菌の活性は落ちる．

---

### 暗闇で光る甲殻類

海洋細菌のなかには（*Photobacterium* 属，*Vibrio* 属），特殊な化学反応で光子を出して光るものがあり，それが原因でエビやカニが暗闇で光ることもある．こうした発光細菌は，一部は甲殻類の病原菌となるものの，人間に対しては少なくとも今のところ無害である．暗闇で光るということは，その甲殻類には細菌がたくさんついているということであり，捕れたての新鮮なものではない．

**冷蔵：氷の重要性**　食品を何日間か新鮮なままで保存したい場合，多くは冷蔵庫に入れるだけで十分である．鮮魚は例外で，それは魚の酵素および微生物は冷水に適応しているからである（p. 184）．鮮魚の品質を保つためには氷を使う必要がある．魚を0℃（氷の温度）で保存すると，冷蔵庫（一般に5～7℃）で保存するよりも2倍ほど長持ちする．店頭の陳列ケースから買いものかご，冷蔵庫と移す間，常にできるだけ氷冷しておくのがよい．氷は大きいものよりも細かく砕いたもののほうが，魚と均一に接するのでよい．魚をラップに包んでから氷に入れれば，水で味が薄まることもない．

　一般に，よく氷冷すれば，脂の多い海水魚（サケ，ニシン，サバ，イワシ）なら約1週間，脂の少ない冷水性の魚（タラ，ソール，マグロ，マス）なら約2週間，脂の少ない暖水性の魚（タイ，ナマズ，コイ，ティラピア，ボラ）なら約3週間は食べられる状態を保つ．ただし，これらの魚が店頭に並んだときはすでに，氷冷状態でかなり時間が経っていることも考えられる．

**冷凍**　数日以上魚を保存するには，0℃より低温にする必要がある．氷点下では細菌による腐敗は抑えられるが，魚の組織内で化学変化が起こり古臭さがでるのは避けられない．また，魚（特にタラやその類縁）の筋肉に含まれるタンパク質は，非常に"凍結変性"しやすいことがわかっている．通常環境である液体水がなくなることで，タンパク質の複雑に折りたたまれた構造を保っている結合の一部が壊れるのである．構造のほどけたタンパク質は互いに自由に結合する．その結果，スポンジ状のネットワーク構造ができるが，加熱調理した際に水分を保持できないので，パサついて筋っぽいタンパク質の塊といった感じになる．

　よって，冷凍の魚を手に入れたら，できるだけ早く食べるのがよい．普通の冷凍庫内での魚の一般的な保存期間は，きっちりとラップに包むか表面を氷層で覆ったもの（魚を冷凍した後，水に浸して再冷凍，これを繰り返して氷の保護層を作ったもの）は，サケなどの脂の多い魚で約4ヶ月，脂の少ない白身魚やエビの多くが約6ヶ月である．冷凍の肉と同じく，冷凍の魚は冷蔵庫内もしくは氷水中で解凍する（p. 144）．

■ **放射線照射**

　放射線照射は，高エネルギー粒子によって腐敗菌のDNAやタンパク質を破壊し，食品を保存する（p. 756）．試験的な研究では，放射線照射によって生魚の冷蔵保存期間は2週間ほど延長することがわかっている．しかし，魚の酵素や酸素の作用による初期段階での品質低下は，放射線照射後にも進行する．また，放射線照射自体も風味を損ねる．放射線照射が魚の保存法として今後重要となるかどうかは不明である．

## 加熱しない魚介類料理

　世界の多くの地域で，海の魚介類が生で食べられている．肉と違って，魚の筋肉は比較的軟らかいうえ自然の旨味をもつので，生食がしやすく独特のおいしさもある．生の魚には，原始的な新鮮さといったようなものが感じられる．風味や食感を引き立てる食材をいくつか合わせるだけのこともあれば，軽い酢漬け（セビチェ）や塩漬け（ポケ），または酢と塩漬けを両方使ったりして（塩とレモン汁にさっと漬けたアンチョビ），身を締めることもある．島や海岸地帯では加熱用の燃料が手に入りにくいことも多いが，その点で生食は燃料もいらない．

　加熱していない魚はすべて，さまざまな微生物や寄生虫がついている危険がある（p. 180）．生食用の魚は，非常に新鮮で最高級のものを使い，調理場でもほかの食材から雑菌などが移らないように十分注意する．最高級の魚でも寄生虫をもっていることはあるので，合衆国の食品基準では，生食用に販売する魚には−35℃で15時間以上，または−20℃で7日間以上の完全冷

凍を義務づけている．日本料理のすしや刺身にされるマグロ種（クロマグロ，キハダマグロ，メバチマグロ，ビンナガマグロ）は，寄生虫に感染していることはめったにないので，例外として認められている．しかし，マグロ漁船は一度出港すると数日間は寄港しないので，捕れたマグロは多くが海で瞬間冷凍される．すし通に言わせれば，上手く冷凍したマグロは食感は悪くないが，風味はやはり落ちるという．

## ■ すしと刺身

魚の生食で一番よく知られるのはやはりすしである．その人気は，20世紀後半になって発祥地の日本から世界中に広がった．すしの起源は，魚を発酵させた「熟ずし（なれずし）」だったと考えられる（p.229）．すしとは本来，"酸し（す）"の意味であるが，今では魚よりも味つけした米に対して使われることが多い．すしと言えばやはり，塩と酢で味をつけた米を一口大に握り，生魚をのせた「握りずし」である．スーパーマーケットで売られている大量生産品は，すしロボットを使って握っている．

すし職人は，魚に雑菌がつかないように気を配っている．料理の合間にはカウンターなどを塩素水で消毒し，洗浄液や布巾も頻繁に取り替える．

## ■ 酸締めのセビチェとキニラウ

「セビチェ」とは南米の北海岸に伝わる古代料理で，生の魚を小さな角切りまたは薄切りにして柑橘果汁などの酸性液に漬けたものである．タマネギや唐辛子などの香辛料を入れることが多い．漬け時間によって魚の見た目や食感が違ってくる．15〜45分では表面の薄い層だけ，数時間漬けておくと中まで全部漬かる．酸度が強いと筋肉組織内のタンパク質が変性・凝固し，半透明ゲル状の組織が硬く不透明になる．加熱による変性・凝固に比べると穏やかで，高温によって生ずるような味の変化がない．

「キニラウ」とは生魚を酢で締めたフィリピン料理である．ココナッツ，ニッパヤシ，サトウキビなどから作った酢に薬味を入れ，ここに一口大の魚や貝をほんの数秒間浸す．「ジャンピング・サラダ」というのは，小エビや小ガニに塩をふり，ライム汁をかけ，踊り食いにする．

## ■ 塩味のポケとロミ

生の魚料理として，ハワイには「ポケ」（"薄切り"，"ぶつ切り"の意）と「ロミ」（"揉む"，"押す"，"搾る"の意）がある．いずれも，小さく切ったマグロやカジキなどに塩をしてある程度の時間（しばらく保存するときは身が硬くなるまで）置いておき，香辛料や薬味な

---

### 古代ローマ時代の魚料理

夏になると，低層階の部屋では，床下の開水路に澄んだ淡水が流れ込むことが多く，そこには生きた魚がたくさん泳いでいて，お客は好きな魚を選んで手でつかみ捕り，好きなように料理してもらっていた．魚は常に，今の時代でも，このように特別な扱いを受けており，偉い人は魚の料理法を知っているふりをする．実際，魚の味は肉の味よりもずっと洗練されている．少なくとも私はそう思う．

——ミシェル・ド・モンテーニュ，「古代の習慣について」，随想録（第1巻，第49章），1580年頃

どの材料を合わせる．伝統的には海藻や炒ったククイの実を使う．ロミは，塩で味つけする前に魚の切り身を指で揉んで，筋肉の膜や線維をほぐし身を軟らかくするところがちょっと変わっている．

## 魚介類の調理

牛肉や豚肉と同じように，魚介類の筋肉組織も加熱すると硬く不透明になり，風味が増す．しかし，魚介類にはいくつかの相違点があり，なかでもタンパク質の繊細さと活性が異なる．したがって，魚介類を軟らかくジューシーに調理するためには，特別な注意が必要となる．貝類・甲殻類は独特の性質をもつので，その調理法については p.212 で別に述べる．

おいしさよりも安全性を優先するのであれば，話しは簡単である．どんな魚介類も，内部温度が 83〜100℃になるまで加熱すれば，細菌やウイルスは死滅する．

### ■ 生の魚ではどのように熱が伝わるか

**熱と魚の風味** 生魚の風味は淡白だが，温度が上昇するにつれて風味は強まり複雑になってゆく．はじめは，低温で筋肉の酵素活性が高まるので，アミノ酸ができて甘味・旨味が強まり，もとからあった揮発性の芳香化合物が揮発して芳香が強まる．完全に火が通ると，アミノ酸やIMPがほかの分子と結合するために風味はやや弱まる．しかし，脂肪酸分解物，酸素，アミノ酸，その他の分子が互いに反応して新しい揮発性分子が多数発生するので芳香は強まり複雑になる．グリル焼きやフライパン焼きのように，表面温度が100℃を超えると，メイラード反応が起きて独特の焦げた香ばしいにおいがでる（p.752）．

貝類・甲殻類は加熱調理すると独特の風味がでる（p.214, p.219）．魚を加熱したときの風味は，以下の四つに大きく分けられる．

- 海水性の白身魚は，風味が最も淡白である．
- 淡水性の白身魚は，脂肪酸分解物の種類が多く，池や水槽の泥臭さも混じるので，風味は強めである．淡水性のマスは，独特な甘いにおいやキノコ臭がある．
- サケや降海型のマスは，海洋甲殻類のカロテノイド色素を濃縮しているので，果実や花のにおい，それにサケ・マスに独特の風味（酸素含有複素環）が加わる．
- マグロ，サバ，およびその類縁は，牛肉に似た濃厚なにおいがする．

**魚臭さとこれを抑える方法** 魚料理をすると部屋中に充満する「魚臭さ」には，脂肪酸分解物と TMAO（p.188）が反応して生じる一連の揮発性分子が関係していると思われる．脂肪酸の酸化を抑える成分や，脂肪酸分解物よりも先に TMAO と反応する成分は魚臭さを消すことを，日本の科学者が発見した．緑茶や，タマネギ，月桂樹，セージ，クローブ，ショウガ，シナモンなどの芳香成分である．これらの芳香自体が魚臭さを覆い隠すということもあろう．魚の煮汁に酸を入れたり，魚をバターミルク（酸味がある）に浸けて揚げたりするが，酸もまた魚臭さのもとであるアミンやアルデヒドの揮発を抑え，養殖の淡水魚（ナマズ，コイ）に濃縮されている藍藻由来のジオスミンを分解し，泥臭さを抑える．

簡単な物理的処理によっても魚臭さを減らすことができる．とても新鮮な魚を使い，よく表面を洗って酸化した脂肪や細菌由来のアミンを除く．ふたつきの鍋で調理するか，またはパイ生地，クッキングシート，アルミホイルなどで魚を包んで調理することにより，表面をなるべく空気にさらさない（揚げもの，網焼き，オーブン焼きなどはいずれも，魚臭い蒸気が外に広がる）．そして，ある程度冷ましてから，ふたを取ったり包みを開けたりする（蒸気が外に逃げるのを抑える）．

**熱と魚のテクスチャー**　魚でも肉でも，調理する際に一番難しいのは，ほどよい硬さに仕上げることである．魚でも肉でも筋肉タンパク質の変化（p.146）が硬さに大きく関係してくる．凝固が早すぎないよう，筋線維が硬くなって汁が出きってしまうことのないよう，火加減が難しい．

**目標温度**　肉を調理するときの目標温度は60℃，筋肉細胞を包み込んでいる結合組織のコラーゲン膜がつぶれて縮み，中の液体を搾り出し，肉汁が外にしみ出す温度である．一方，魚のコラーゲンは圧縮力が比較的弱く，凝固して汁が出る前につぶれてしまうので，肉のコラーゲンほどは重要でない．かわりにテクスチャーに関係しているのは，筋原線維タンパク質ミオシンとその凝固である．魚のミオシンならびに関連する筋原線維タンパク質は，陸上動物のものよりも熱に弱い．肉は60℃で収縮・凝固がはじまり肉汁がたくさん出て，70℃ではパサパサになる．多くの魚は50℃で収縮しはじめ，60℃前後で乾燥しはじめる．（肉と魚のタンパク質の挙動については，p.148とp.205を参照）．

　一般に，魚介類を55～60℃に熱すると，身は硬くなるがまだしっとりとしている．マグロやサケなど身の詰まった魚は，50℃前後のまだ少し半透明でゼリー状のときが一番ジューシーである．軟骨性のサメやエイなど，結合組織コラーゲンを多く含む生物は，高温で長く加熱すればゼラチン化するが，60℃以上に加熱しないと強い歯ごたえが残る．軟体動物にもコラーゲンの豊富なものがあり，これらは長く加熱すると軟らかくなる（p.219）．

**穏やかな加熱と細心の注意**　実際に魚を調理するときは，すぐに適温範囲を超えてしまう．薄い切り身はほんの数秒で火が通りすぎてしまったりする．調理をさらに難しくしている魚の特性が二つある．一つは，丸のままや切り身の魚は真ん中が厚く，端にいくほど薄くなっているので，厚い部分に火が通る頃には，薄い部分に火が通りすぎてしまう．もう一つは，化学的および物理的条件が魚によってかなり違うので，熱に対する反応も大きく違ってくる．タラ，オオスズキ（ブルーフィッシュ）などの切り身は，身が割れてしまうことがよくあるが，これは熱の通りやすい筋肉層の間が分離してしまうからである．マグロ，メカジキ，そしてサメはかなり身が詰まっていて，タンパク質もたくさ

---

### 魚のなかでも特にパサつきやすいものがあるのはなぜか

　魚料理で不思議なことの一つに，タンパク質や脂肪の量が同じくらいでも，魚によって加熱しすぎても大丈夫なものとそうでないものとがあることである．たとえば，メバル，タイ，シイラなどは加熱してもパサつきにくいのに対して，マグロやメカジキはすぐに硬くパサついてしまうようである．日本の研究者は，顕微鏡観察によりその原因らしきものを突き止めた．それは，筋肉細胞中で収縮線維に結合していない酵素やその他のタンパク質，筋収縮以外の機能を担う遊離の酵素・タンパク質である．これらのタンパク質は，一般に主要収縮タンパク質のミオシンよりも高温で凝固する．よってミオシンが凝固して細胞液が搾り出されるとき，これらのタンパク質も一緒に細胞の外へ出てゆく．その一部は筋肉細胞間のすきまで凝固し，細胞同士をくっつける接着剤となり，かんでもほぐれにくくなる．マグロやメカジキなど活動性の高い回遊魚は，タイやタラのような動きの少ない海底魚に比べて多くの酵素を必要とするため，55℃以上に加熱すると線維同士がくっつきやすく，硬くなってしまうというわけである．

ん含まれ（25％前後），これらが熱を吸収するので温度上昇が遅い．活動性の低いタラ科の魚は筋肉中に含まれるタンパク質が少なく（15〜16％），火の通りが早い．タンパク質に比べて脂肪は熱の伝導が遅いので，脂ののった魚は同じ大きさで脂の少ない魚に比べ，調理に時間がかかる．まったく同じ種の魚でも，ある時期はタンパク質が多かったり脂肪が多かったりするのが，その1ヶ月後には身が痩せて火の通りが早いこともある．

こうした魚特有の難しさに対する方法がいくつかある．

- 魚を調理するときは，できるだけ弱火にし，外側にひどく火が通りすぎないようにする．初めの短い間だけ高温にして焼き目をつけ表面を殺菌し，そのあと沸点

## 魚のタンパク質およびテクスチャーに及ぼす熱の影響

| 温度 | 魚の状態 | 線維を弱める酵素 | 線維タンパク質 | 結合組織コラーゲン | タンパク質に結合している水 |
|---|---|---|---|---|---|
| 20℃ | ・軟らかい手触り<br>・つるりとなめらか<br>・半透明 | 活性 | 構造が解けはじめる | 弱まりはじめる | 離れはじめる |
| … | | | | | |
| 40℃ | ・軟らかい手触り<br>・つるりとなめらか<br>・半透明<br>・表面は濡れている | 活性 | ミオシンが変性・凝固しはじめる | コラーゲン鞘が縮んでつぶれる | 離れる速度が増し，細胞からしみ出す |
| 45℃ | ・縮みはじめる<br>・硬くなりはじめる<br>・不透明になりはじめる<br>・汁がしみ出す | | | | |
| 50℃ | ・さらに縮み続ける<br>・弾力性がでる<br>・なめらかさが減り，より線維質になる<br>・不透明<br>・切ったりかんだりすると汁が出る | 非常に活性 | ミオシンが凝固 | 厚い筋節中隔の層が縮みはじめ破ける | 最も多くしみ出す |
| 55℃ | ・筋肉の層が分離しはじめる<br>・フレーク状になる | ほとんどが変性・失活 | ほかの細胞タンパク質が変性・凝固 | | |
| 60℃ | ・さらに縮み続ける<br>・硬い<br>・線維質<br>・崩れやすい<br>・汁は少ない | 一部は非常に高活性で，筋線維がかなり分断されることもある | | コラーゲン鞘が溶けてゼラチン化 | しみ出さなくなる |
| 65℃ | ・さらに硬くなり，パサつき，フレーク状で崩れやすくなる | | 耐熱性酵素が変性・凝固 | 厚い筋節中隔の層が溶けてゼラチン化 | |
| 70℃ | ・非常に硬い<br>・パサパサに乾燥 | | アクチンが変性・凝固 | | |
| 75℃ | | すべて変性・凝固している | | | |
| 80℃ | ・最も硬い | | | | |
| 85℃ | | | | | |
| 90℃ | ・線維がバラバラになる | | | | |

よりかなり低温でオーブン加熱するか煮るとよい．

- 厚みが均一でない場合は，厚い部分に 1～2 cm 間隔で切り目を入れる．こうすると厚い部分が細かく分かれて，熱が伝わりやすくなる．比較的大きいものは，薄い部分をアルミホイルでふわりと包むと，放射熱がさえぎられ火の通りが遅くなる．
- 早めに，そして頻繁に火の通り具合を確かめる．身の厚さ 1 インチ（約 2.5 cm）につき 10 分というのはよく知られる簡単な目安だが，これに経験的な要素を加えれば，ある程度は使えるかもしれない．しかし結局は，実際に魚をチェックするしかない．正確な料理用温度計を使って中の温度を測る，小さく切り目を入れて中がまだ半透明か不透明かを目で確かめる，小骨を引っ張るとはがれるくらい結合組織が溶けているか調べる，または竹串や爪楊枝を刺してみて凝固した筋線維の感触があるか調べるなどである．

**慎重に調理しても魚の身が崩れることがあるのはなぜか**　肉料理では弱火でゆっくり加熱することが大切である．魚でも，たとえばタイセイヨウサケなどは，ゆっくりと 50℃まで加熱するとカスタードにも似た軟らかさになる．しかし，魚によっては，ゆっくり加熱するとドロっとした嫌な食感になってしまうことがある．これは活動性の高い魚介類の筋肉細胞内にあるタンパク質分解酵素による．これらの酵素は本来，筋肉をエネルギーに変える際に活躍するのだが（p.184），なかには調理中の温度上昇とともに活性が強まり 55～60℃になるまで失活しないものもある．身が崩れやすい魚（下の囲み内参照）は，ある程度パサついても酵素が失活する温度の 70℃まで素早く加熱するか，低温で調理して直ちに食卓に出す．

■ 調理の下処理

**魚を下ろす（洗って切る）**　合衆国で販売される魚の多くは，あらかじめ洗って切り分けられている．これは大変便利だが，鱗を取り，切り分けられた表面が，何時間も何日も空気や細菌にさらされ，乾燥して風味が落ちてしまっているということでもある．調理直前に魚を下ろせば，それだけ鮮度も高い．丸のままでも切り身でも冷水でよく洗って，内臓，魚臭さのもとである TMA，その他の細菌産物，そして細菌自体を十分取り除くことが必要である．

**塩をふる**　日本料理では，魚やエビに塩をふってしばらく置くことで，表面の水分とにおいを取り，外側の身を締める．魚の皮を短時間でカリッと香ばしく焼き上げるときなど特に効果的である．肉の場合もそうだが，魚介類を 3～5% の塩水に浸けておくと，水と塩が吸収されてしっとりと軟らかく仕上がる（p.152）．

---

### 身崩れしやすい魚介類

　以下の魚介類は筋肉に含まれるタンパク質分解酵素の活性が特に高いことが，日本の研究で明らかになった．ゆっくりと加熱したり，55～60℃付近に温度が保たれると身崩れしやすい．

| | | |
|---|---|---|
| イワシ | シロザケ | エビ |
| ニシン | ホワイティング | ロブスター |
| サバ | スケトウダラ | |
| マグロ | ティラピア | |

## ■ 魚介類の調理技術

肉および魚のさまざまな加熱法については，前章のp.152〜161で詳細に述べている．要約すると，グリル焼き，フライパン焼き，オーブン焼きなどの"乾式"加熱法は，表面温度が高くなるので褐変反応による色と風味がでる．一方，蒸す，ゆでるなどの"湿式"加熱法は褐変反応が起こらないかわり，素早く火を通すことができて，ほかの材料の風味を移すこともできる．（中国料理では，魚を焼いてから調味ソースをさっとからめるという方法で，乾式と湿式のよいところを組み合わせることが多い．）魚は，結合組織を溶かし軟らかくするのに，長時間調理する必要はない．どんな調理法でも，短時間で中まで適温にし，しかも外側に火を通しすぎないことが狙いである．

**繊細な魚の扱い方**　魚の結合組織は繊細で密度が低いので，加熱調理した魚はほとんどが厄介なほどもろくて扱いにくい．調理中も調理後も，魚にはなるべく触らないようにし，動かすときは，小さなものの場合はへらを使い，大きなものの場合は網かアルミホイル・布巾の上にのせて全体を支えるようにする．調理前の組織がまとまっている状態で，一人前ずつきれいに切り分けておく．調理後はよく切れるナイフを使ったとしても，組織が弱くなっているので身が欠けやすい．

**グリルとブロイル**　いずれも主に放射熱を利用した高温調理法で，比較的薄いまるごとの魚や切り身に適している．上手く調理するには，魚の厚みと熱源からの距離との釣り合いをとり，中まで十分火が通ったうえで，外側にひどく火が通りすぎて乾燥しないようにする．型崩れしないほど身が硬くなる魚は（マグロ，メカジキ，オヒョウ）へらで返し，それ以外は両面を挟む形の焼き網を使って網ごと返す．シタビラメをはじめとするヒラメやカレイの薄い切り身は，バターを塗って温めておいた皿や，香りのよいスギ板にのせて身を返さずにブロイルすることもある．

**オーブン焼き**　魚料理には用途の広い調理法である．主に熱い空気を介して熱が伝わるが，これは効率の低い方法なので（p.757），比較的ゆっくりと穏やかに加熱することになり，魚に火が通りすぎることも少ない．魚を入れた容器が密閉されていない限り，水分の蒸発で表面が冷やされ，オーブン温度よりだいぶ低くなるので大丈夫である．ただし容器が密閉されていると，蒸気が容器内にこもって魚はすぐに蒸されてしまう．乾燥したオーブン内の空気は，魚の汁をはじめ，ワインや下に敷いた香草野菜などの風味も濃縮するし，褐変反応を促して香ばしさをだすこともできる．

**低温のオーブン焼き**　極端な場合は，オーブンを95〜110℃の低温に設定することがあり，これだと確かに穏やかな加熱ができる．魚の表面はオーブン内の空気で温められるのと同時に水分蒸発によって冷やされるので，実際の表面温度は50〜55℃程度，内部温度はさらに低い．魚はかろうじて火が通った程度のカスタード状になる．このようにして調理した魚は，細胞液が乳白色に固まったものが所々に見られたりする．細胞液中に溶けたタンパク質が凝固温度に達する前に組織外へしみ出したものである（全タンパク質の25％ほどを占めるこれらのタンパク質は，通常は筋肉内で凝固する）．

**高温のオーブン焼き**　逆に高温のオーブンを使う方法は，レストランの厨房でよく用いられる．熱したフライパンで魚の皮面に焼き目をつけた後，フライパンごと高温のオーブンに入れ，全面からの熱を使って魚を返すことなく数分で中まで火を通す．衣をつけた魚をオーブン天板にのせ，油をかけて260℃のオーブンに入れれば，「オーブン・フライ」もできる．

**包んで調理：パイ包みや紙包みなど**　古代の魚料理は，泥や粗塩，葉などで魚を包んで直火があたらないようにし，包みごと加熱するという

ものであった（下の囲み内参照）．火が通りすぎないよう温度調節はやはり必要だが，中の魚はより均一で穏やかに加熱される．ペストリー生地やブリオッシュ生地で包んだ見栄えのする料理（フランス語で「アン・クルート」，パイ包み）はオーブンで焼き上げる．応用しやすいのは，パーチメント・ペーパーやアルミホイル，葉（風味の弱いものとしてレタス，風味の強いものとしてキャベツやイチジクの葉，バナナの葉，ハスの葉，「ホヤ・サンタ」＝スペイン語で聖なる葉）などで包む方法である．直火から蒸し器まで，ほぼどんな熱源でも使える．ただし，中身がいったん熱くなれば，後はほとんど魚や野菜の汁の蒸気による加熱となる．包みのまま食卓に出し，食べるときに開けば，香りも楽しめる．

**油で焼く**　熱した金属の鍋やフライパンで魚を調理する方法は二つある．鍋底に接する面だけに油が回るように薄く油をひく方法と，魚がほとんど油に浸るくらい多めの油を使う方法である．いずれも，魚の表面が乾燥し焦げ目がつくほどの高温になり，外側がカリッとして独特の強いにおいがでる．脂の少ない魚は，高温だと繊維質でかみ切りにくくなるので，デンプン質またはタンパク質の素材で表面を覆うことも多い．そうすると中の身はしっとりとしたまま，表面がカリッと焼き上がる．よく使われるのは，小麦粉または小麦粉ベースの衣，コーンミール（トウモロコシ粉）やパン粉，スパイスやナッツやココナッツを細かく刻んだもの，ジャガイモなどのデンプン質の塊根を細切りや薄切りにしたもの（魚のうろこに似せて形作ったりもする），ライスペーパーなどである．あらかじめ魚に塩をふっておけば，タンパク質に富んだ粘りのある液が表面にしみ出てくるので，衣が魚にくっつきやすい．

油で焼くと魚の皮がパリッと仕上がる．あらかじめ塩をふって水分を出しておけば，皮はすぐにパリッとする．

焼いた面が空気にさらされていればパリッとした状態が長持ちするが，皿に接していると魚の身の水分を吸収して軟らかくなってしまう．パリッと焼いた皮目は上に向けるか，皿との間にすきまを空けて盛るようにする．

**炒める**　少量の油を使って焼くときは，フライパンを十分熱してから油をひくか（油が分解して粘性のポリマーになるのを防ぐ），あるいは魚の表面に薄く油を塗る．皮や衣を特にパリッと仕上げたいなら，その面から焼きはじめ，フライパンとよく接するように上からそっと押し，高温でほどよく焼いてから，魚を返して弱火で中まで火を通すとよい．薄い切り身は片面数分ずつで火が通るので，さっと焼き目をつけるにはフライパンの温度を高めにする必要がある．

**揚げる**　魚を揚げる場合は，衣やパン粉をまぶすのが普通である．油は熱伝導性が比較的悪いので，水の沸点（100℃）よりもかなり高温の175℃前後にして，魚がほぼ全体に浸かるよう

---

### ローマ時代の魚の包み蒸し

#### 詰めものをしたカツオ

カツオの骨を取る．ペニーロイヤル，クミン，胡椒，ミント，ナッツ，蜂蜜を合わせて叩きつぶす．それを魚に詰めて縫い合わせる．魚を紙で包み，蒸し鍋に入れてふたをする．油，煮つめたワイン，発酵させた魚ペーストで味つけする．

———アピキウス，紀元後数世紀

にする．表面が脱水し，高温になって焦げ目と独特の香ばしいにおいがつき，パリッと揚がった皮が断熱材の働きをして熱の伝わりを遅くする．したがって，魚は全面から均一に熱せられるものの，加熱は非常に穏やかなので，揚げ時間が多少違っても中身がしっとりと仕上がる．

<u>天ぷら</u>　日本の伝統的な揚げ料理で，16世紀後半にポルトガルおよびスペインの宣教師が断食期間に魚を揚げて食べたのがはじまりとされる（temporaはポルトガル語で"期間"という意味）．天ぷらと言えば今は，衣をつけて揚げた料理全般をさす．揚げる直前に，卵黄1個に小麦粉と氷水を約1カップずつ加えて箸で軽く混ぜ，やや小さめに切った食材にからめて，ほんの数分で揚げるものである．ほかの衣にも言えることだが，冷水を使うと衣のつきがよくなる．使う直前に衣を混ぜるのは，小麦粉の粒子が水分を吸収する時間を短くして，揚げるときに表面の水分をすぐ飛ばし，パリッと仕上げるためである．衣をあまりかき混ぜないのは衣を不均一にするためで*，こうすると厚ぼったい衣ではなく，不均一なレース状の衣になる．

<u>とろ火煮，ポーチ，煮込み</u>　熱い液体に魚を入れる方法は，簡単で応用範囲も広く，火加減の調節が自在にできる．身が薄ければ，高温の液に入れてほんの数秒，厚みのある魚は温度を低めにし，丸のままの魚なら冷たい液に入れてゆっくりと加熱していく．多彩な味つけもでき，ソースにすることもできる．フランスでは，たっぷりの煮汁に魚介類とその他の食材を入れて出される料理を「ア・ラ・ナージュ」（泳がせる）と呼ぶ．

<u>煮汁</u>　魚料理は長く煮込む必要がないので，魚と煮汁の風味が十分になじむ時間がない．したがって，塩水や牛乳と水などあまり味のないもので魚を煮た後，煮汁を捨ててしまうか，煮てからしばらく時間をおいて味をなじませる．フランスの伝統料理で魚をゆでるのに使われるのは，野菜・ハーブでとった酸味のあるあっさりとしたスープ，または魚・野菜でとった濃厚なスープ・ストックである．

「クール・ブイヨン」（クールはフランス語で"短い"の意味）とは，水，塩，ワインや酢，そして香味野菜を合わせて30～60分間煮出したもので，魚に下味をつけるために用いられる．酸味のある材料は後のほうに加えると野菜が軟らかくなって風味がでやすい．白コショウや黒コショウを入れるときは，苦味成分が出にくいように最後の10分ほどにする．魚をまるごとクール・ブイヨンで煮る場合，魚の風味とゼラチンが煮汁に出るので，煮詰めてソースにするとおいしいし，さもなければスープ・ストックとしてとっておくとよい．

魚でとったスープ・ストックは「フュメ」（フランス語で"香り"の意味）と呼ばれ，こ

---

＊　監訳者注：衣をあまりかき混ぜないのは小麦粉のグルテン形成をなるべくおさえるため（グルテンが形成されると水と油の交替がうまくいかない）．

---

## 魚のアスピック

　魚のコンソメは普通，ゼラチンが硬く安定に固まってアスピック（p.589）ができるほど濃縮されない．冷たい魚料理の表面にアスピックのようなツヤをだすには，市販のゼラチンを少量加えるか，コンソメに再び魚を入れて煮込む必要がある．豚や牛のゼラチンは30℃前後で溶けるが，魚のゼラチンはこれより低い25℃前後で溶ける．したがって，魚のゼラチンだけで固めたアスピックは，口の中ですぐに溶け，繊細で，風味がすぐに広がる．

れも作るのに普通1時間もかからない．魚の骨はもろいので長く煮込むとカルシウム塩が溶け出してしまい，液が濁って味も粉っぽくなるからである．特にゼラチンと風味に富んだ魚の骨や皮，頭などのアラを使う．（えらは味が落ちやすいので使わない．）魚の量が多いほど風味は強くなるが，水と魚を同量使うと（たとえば，水1Lに魚1kg）上手くいく．沸騰して濁りがでないように，そしてゆっくりと蒸発して煮詰まるように，鍋のふたはしない．澄んだコンソメにするには，煮汁を漉した後に，泡立てた卵白と生魚のピューレを合わせて入れる．タンパク質の塊が濁りのもとであるタンパク質微粒子（p.583）を包み込み，この塊は簡単に取り除くことができる．

魚をゆでるにはほかにも，油，バター，ブール・ブランやブール・モンテなどの乳化ソース（p.612）など，いろいろなものが使われる．これらは熱伝導が穏やかで，気化熱による冷却も少ないので温度が安定する．

**ポーチ温度** 魚をポーチする大きな利点は，火加減を調節しやすいので，しっとりとジューシーに仕上がることである．あまり大きくない切り身は，沸騰直前の煮汁に入れ，表面をまず殺菌する．このあと鍋を火から下ろし，冷たい液を加えて65～70℃前後まですぐに温度を下げ，ゆっくりと中まで火を通す．調理後には魚を煮汁に入れたままで冷ませば，さらにしっとりと仕上がる．熱いうちに魚を空気にさらすと，表面から水分が蒸発してしまうからである．

**卓上でポーチ** 魚介類は火の通りが早いので，卓上で調理するような料理もある．生のホタテや小さく切った魚を容器に入れ，沸騰したコンソメを上から注ぐと，見る間に身が白く硬くなっていくのを楽しめる．

**スープと煮込み；ブイヤベース** 魚のスープや煮込みは，小さく切った魚を煮汁ごと食べる料理で，時には何種類かの魚を使い，野菜を入れることもある．魚を煮るときの基本的な注意点は同じである．スープまたは煮込みのベースはあらかじめ作っておき，最後に魚を入れて火が通ったらすぐ調理を終える．厚く身のしまったものを先に入れ，薄く身の粗いものは最後のほうに入れる．魚介類をいろいろ組み合わせて豊かな海の幸を楽しめる．

一般には，グツグツと沸騰させるよりも弱火でコトコト煮るほうが煮崩れしないのでよい．ただし，南フランスのブイヤベースはちょっと変わっている．名前にも"沸騰させる"という意味合いがあって，沸騰させ激しく攪拌することにより独特な料理となる．ブイヤベースはまず，魚のアラや骨の多い小魚でとったゼラチンと風味に富んだスープ・ストックを用意し，これにトマト，味や色づけのための香味野菜やスパイス，そしてオリーブ油をかなり多めに，1Lにつき75mLほども入れる．10分くらいグツグツと沸騰させると，油は小滴となってスープ全体に分散（乳化）する．スープに溶けた魚のゼラチンや分散したタンパク質が油滴表面を覆い，油滴は合一しにくくなる（p.609）．最後に残りの魚を入れて火が通ったら，油が分離しないうちにすぐに食卓に出す．

**蒸す** 魚の蒸し料理は短時間でできあがり，火の通りが早い薄い切り身に最適である（身の厚いものは，中まで火が通る前に表面に火が通りすぎてしまう）．ハーブやスパイス，野菜，海藻などを，蒸し器の水に入れたり魚の下に敷いたりすれば，香りづけにもなる．

均一に火を通すには，魚の厚さをそろえ，蒸気が全面にあたるようにする．切り身の端が薄くなっている場合は，折り返すか，隣り合った切り身の端を重ねる．量が多いときは，1層に並べられる量ずつ別々に蒸すか，または仕切り（重ねられる竹製の中華セイロなど）を使う．比較的厚めの切り身やまるごとの魚は，沸点より低温，実際の加熱温度を80℃にして，表面に火が通りすぎないようにする．火を弱めたり，ふたのすきまを開けたりして調節する．同じような穏やかな加熱の効果が，中国料理で魚

を蒸すとき，ふたをしない場合に得られる．このとき蒸気と室内の空気とが混じるので，実際の加熱温度は 65〜70℃になる．

**電子レンジ** 電子レンジを使って魚を煮たり蒸したりする方法は，切り身が比較的薄ければ，電磁波が完全に浸透してすばやく加熱されるので非常に上手くいく．特に薄い部分はアルミホイル片を被せて電磁波を遮断するか（p. 760），切り身を重ねて厚さを均等にするなどして，部分的に火が通りすぎないようにする．電子レンジ調理全般に言えることだが，表面が乾いて硬くならないように食材を覆う．パーチメント・ペーパーで包んだり，皿にのせてラップをかけたり，別の皿を逆さにしてふたにしたりする．少し時間をおいて，やや冷ましてから覆いをとれば，蒸気焼けも少なく，香りもあまり逃げず，表面の乾きも少ない．

**コンロで燻製** 魚をまるごと燻製にするのは時間も手間もかかり，冷式燻製には独立チャンバー型の調理器具が必要である（p. 230）．しかし，少量の魚に燻製の風味づけをすることは，庭のバーベキュー器具で簡単にできるし，屋内でも可能である．普通の小鍋とふたの内側をアルミホイルで覆い，小さな木片やおがくず，砂糖，茶葉，スパイスなど，煙の出る材料を底に敷く．塩をふった魚を網にのせて入れ，強火で加熱する．煙が出はじめたら中火におとし，ふたをきっちりと閉めて，200〜250℃で「オーブン焼き」のような状態にする．ちょうど火が通ったくらいができあがりである．

## ■ 魚の混ぜもの

肉と同じように，魚も刻んだりつぶしたり挽いたりして，ほかの材料を混ぜて，団子，フィッシュケーキ，ソーセージ，パテ，テリーヌなどにされる．小さな切れ端や料理の残り，骨が多いなど，大きな切り身で食べるのに適さない魚にはよい料理法である．肉の場合には脂を加えて軟らかさやコクをだしたり，結合組織をゼラチン化して固めたりするが，魚には結合組織が少ないし，油も室温では固化しない．その代わり，魚では独特の軽さをだすために混ぜものをすることが多い．この方法が何世紀も前から行われていたことは，アンティムスによる古典的フランス料理「クネル・デ・ブロシェ」（下の囲み内参照）を見ても明らかである．

**ムースリーヌ，クネル** 洗練された魚の混ぜもの料理の多くは，「ムースリーヌ」を基本としている．ムースリーヌという名はフランス語のムース「泡」からきたもので，ふんわりとキメ細かな仕上がりを表している．冷やした生魚をごく細かく刻むかピューレにし（高速のミキサーを使う場合は加熱しないよう注意），つなぎの役割とコクをだすための材料を1種類以上混ぜて泡立てる．泡立てることによって空気も含まれ軽くなる．魚が非常に新鮮な場合は，生クリームでコクと軟らかさをだし，塩だけでつなぐ．塩が筋線維からミオシンタンパク質を引き出すので，一つにまとまる．鮮度が低い魚，たとえば何週間も冷凍してあったものは，途中でタンパク質が凝固してしまってピューレが水

---

### 昔のクネル

カワカマスもよい．スプメウム（spumeum；ラテン語）というカワカマスを使った料理には卵白を混ぜ込むので，硬くはなくてむしろ非常に軟らかくなり，魚と卵を一緒にするので身体にもよい．

——アンティムス，*On the Observance of Foods*（食べものの慣習について），紀元後600年頃

っぽくポロポロになる．卵白は魚の筋肉粒子同士をくっつきやすくする．その他，パン粉，小麦粉ベースのベシャメル・ソースやヴルーテ・ソース，パイ生地，つぶした米やジャガイモなど，さまざまなデンプン質の材料が使われる．ムースリーヌ生地を冷蔵庫で固め，団子（ダンプリング）状の「クネル」にしたり，魚の薄い切り身に包んだりして（ポーピエット），静かにポーチする．あるいは，ラムカン型などに詰めて湯煎すれば，パテやテリーヌになる．中心部の温度が60～65℃になればできあがり，これ以上では硬くて重い仕上がりになってしまう．

**魚肉団子とフィッシュケーキ**　クネルは基本的には洗練された魚肉団子であり，地域によっていろいろな魚肉団子がある．中国の魚肉団子はつなぎに卵とコーンスターチを使い，水を加えて軽さをだす．ノルウェーではバターや生クリームを加えてコクをだし，ジャガイモ粉でつなぐ．ユダヤの「ゲフィルテ・フィッシュ」（フランスのクネルが東ヨーロッパを経て伝わったとみられる）は，卵とマッツァ粉（マッツァは酵母を入れないユダヤのパン）をつなぎに使い，切り刻むことで空気を含ませる．さほど繊細ではないが手の込んだものとして，卵とパン粉などのデンプン質粒子をつなぎにしたキメの粗いフィッシュケーキやクロケット，火を通した魚を使ってデンプン質のソースやゼラチンでまとめたムースなどがある．

**フィッシュフィンガー，フィッシュバーガー，すり身**　魚の「ミンチ（すり身）」を使った市販製品には，小さすぎたり骨が多かったりなど捨てるしかないような，さまざまな海の白身魚が使われている．キメの粗いフィッシュフィンガーやフィッシュバーガーから，キメの細かいパテ，ペースト状のスプレッドまである．切り身魚やカニなどの模造品は，魚のペーストに，海藻から抽出したアルギン酸塩や加工した植物性タンパク質など硬さを調節する材料を混ぜ合わせて高度に加工した練りものを，押し出し成型して作られる．

　最も広く消費されている魚加工品は"surimi"（日本語の「すり身」が今では英語やフランス語にもなっている）である．その歴史はほぼ1000年をさかのぼり，現在ではさまざまな模造の魚加工品の原料として使われている．すり身は魚のくず（スケトウダラが多い）を細かく挽き，洗浄後に圧力をかけて水分を搾り，塩と調味料で味つけし，成型して加熱し固まらせる．洗浄により，筋肉からは筋線維膜と収縮タンパク質以外のほとんどすべてが除かれる．塩を加えることでミオシンタンパク質が筋線維の外に溶かし出され，これが加熱されると凝固して連続した固形状の伸縮性ゲルになり，ほかの線維成分はその中に埋め込まれる．得られるのは風味も色もない均一の塊で，これに風味や色をつけ成型すれば，どんな魚介類の模造品でも作れるというわけである．

## 貝類・甲殻類とその特質

　貝類・甲殻類は魚類と共通するところが多く，料理法も共通するものが多いが，独自の性質ももっている．英語でshellfishと呼ばれる海産物のほとんどが，甲殻類または軟体動物のいずれかに属する．魚類とは違って無脊椎動物である．背骨や体内骨格をもたず，あまり泳がないものが多い．よって体の組織構成も異なれば，季節変化の形態も違うので，調理には特別な処理技術を必要とする．

### ■ 甲殻類：エビ，ロブスター，カニ，および類縁

　甲殻類は足があり，時に爪（はさみ）をもつ生物で，大小のエビ，ロブスター，ザリガニ，カニなどを含む．軟体動物と同じように，甲殻類の歴史は非常に古く，繁栄している動物群である．2億年前には原始的なエビが存在しており，甲殻類は現在3万8000種ほど，最大のものは爪を広げると4mにもなる．節足動物門

と呼ばれる大きな動物群に属し，昆虫の類縁である．昆虫と同様に，体はいくつかの体節と，筋肉と内臓を保護・支持する外側の硬い角皮（外骨格），そして泳ぐ，這う，餌を捕るといったさまざまな目的に適応した，たくさんの硬い付属肢をもつ．最も多く食用にされるのは，「十脚類」と呼ばれる5対の脚をもつもので，そのうち1対は巨大化して爪になっていることもある．甲殻類の肉は主に，魚や陸上の家畜と同じように骨格筋である．（固着生活をするフジツボ類は例外で，スペインや南米で珍重される．）

動き回り，肉食性で，時に共食い性の甲殻類は，軟体動物のようには養殖が簡単でない．エビは植物性飼料とごく少量の動物性飼料で早く成長するおかげで，養殖が非常に成功している．

**甲殻類の生体構造**　すべての甲殻類は，基本的な体の構造が同じで，大きく二つの部分に分かれる．前方の「頭胸部」（エビでいうと「頭」の部分）は，人間の頭と体幹を合わせたものに相当する．この部分には口，触角と目，物を操ったり這い回ったりするための5対の付属肢，そして消化器系，循環器系，呼吸器系，生殖器系の主要臓器がある．後方の「腹部」は（普通「尾」と呼ばれる）は大きな肉の塊が大半を占めており，これは後部のヒレ状の板を動かして泳ぐための筋肉である．ほとんど泳がないカニは，例外的にこのような体の構造をしていない．巨大化した頭胸部の下に折りたたまれた薄い板が腹部である．

甲殻類の体で最も重要な器官は，生物学では「中腸腺」とか「肝膵臓」と呼ばれるもの，一般には「肝」と呼ばれている．ここで作られる酵素が消化管内へ送り込まれて餌を分解する．脱皮（次の項を参照）中のエネルギー源になる脂質成分を吸収・貯蔵する器官でもある．したがって，体の中でも最も栄養豊富で風味の濃い部分であり，ロブスターやカニでは特に珍重される．しかし，甲殻類が腐りやすい原因でもある．中腸腺は細くて破れやすい管でできており，死んでしまうと中の酵素が働いて管が損傷する．酵素は筋肉組織に広がり，これを分解して身が崩れるのである．この腐敗を防ぐ方法がいくつかある．ロブスターやカニは生きたまま消化器系が損傷しない状態か，または十分に加熱して酵素を失活させた状態で販売される．エビの肝は比較的小さく，肝が入った「頭」を除いた尾の部分だけが売られていることも多い．"頭つき"の生エビは取扱いに十分気をつけなくてはならず（すぐに氷，常に氷），あまり長持ちしない．

**甲殻類の角皮，脱皮，そして季節ごとの品質**
甲殻類のもう一つの特徴は，「キチン」ででき

甲殻類の生体構造．体の前方は「頭胸部」つまり「頭」で，消化器官や生殖器官が含まれる．後方は「腹部」つまり「尾」で，エビ（上）やロブスター（中央）では後ろヒレを動かして瞬間的な運動を起こす速筋組織が主である．カニ（下）の腹部は，巨大な頭部の下に折りたたまれて痕跡として残っているだけである．

た「殻」もしくは角皮をもつことで，キチンは炭水化物とタンパク質の複合体と言える分子が網状構造になったものである．エビの殻は薄く半透明である．より大きな甲殻類の殻は厚く不透明で，キチン繊維のすきまに無機カルシウムが詰まっていて岩のように硬い塊になっている．

　甲殻類は成長するにつれて定期的に古い角皮を脱ぎ，一回り大きなものを新しく作る．この過程を「脱皮」という．体内のタンパク質とエネルギーの蓄えを使って，古い角皮の下に新しく軟らかい角皮が作られる．弱くなった古い殻の節の間から，縮こまった体が絞り出されると，もとの重さの50～100%の水を吸収して，新しい角皮が最大限に伸張する．この後，新しい角皮は架橋と石灰化により硬くなり，体内の水分は次第に筋肉その他の組織へと変わってゆく．

　脱皮があるので，甲殻類の質は変動が大きい．このため，野生の甲殻類には捕獲シーズンがあり，動物種と場所によって違っている．成長過程にあるものは身が詰まって肉量も多いが，脱皮前のものは筋肉と肝の量が減っており，脱皮したてのものは筋肉と同じくらい水分を含んでいる．

**甲殻類の色**　甲殻類の殻や卵は，食卓に上がるもののなかでも特に鮮明な色をしている．一般に，海底では目立たないような濃い緑～青～赤～茶色だが，加熱すると鮮やかな橙赤色に変わる．餌のプランクトンに由来する鮮やかなカロテノイド色素（アスタキサンチン，カンタキサンチン，$\beta$カロテンなど）がタンパク質分子に結合して，発色が抑えられたり変化したりして，保護色が生まれる．加熱するとタンパク質が変性してカロテノイドが遊離するので，本来の鮮やかな色に戻る．

　ソース（フランス料理のナンチュア・ソース），スープ，アスピック（肉や魚のブイヨンをゼリーにしたもの）などの料理では，ロブスター，ザリガニ，そしてある種のカニの殻を使って風味や色をだすこともある．カロテノイド色素は水よりも油に溶けやすいので，油脂（バターなど）を使うと色がよく抽出される．

**甲殻類のテクスチャー**　魚肉と同じように，甲殻類の肉もほとんどは白筋線維からなる（p. 129）．魚に比べると結合組織コラーゲンは量が多く加熱しても溶けにくいので，魚ほどは身が崩れにくくパサつきにくい．しかし，筋肉中のタンパク質分解酵素はとても活性が高く，加熱調理によって酵素をすぐに失活させないと肉が崩れてしまう．これらの酵素は55～60℃で最もよく働くので，調理するときにはできるだけ早くこの温度範囲より高温にしてしまうか，またはこの温度範囲に達したところで（身が最もしっとりしている）直ちに食卓に出す．エビ，ロブスター，カニは，ゆでたり蒸したりすることが多いが，これは一番早い加熱法でもある．

　甲殻類のテクスチャーは，ほとんどの魚よりも冷凍に耐えうる．特にエビは冷凍してもかなりおいしい．しかし，家庭用冷凍庫は業務用冷凍庫よりも温度が高いので，よくない化学変化が起こって硬くなる（p. 201）．よって，冷凍のエビやカニはできるだけ早く使うほうがよい．

**甲殻類の風味**　ゆでたエビ，ロブスター，ザリガニ，カニは，軟体動物や魚とは明らかに異なる，ナッツやポップコーンのような独特のにおいがする．普通の肉も，ローストせずにゆでただけではこのようなにおいはしない．通常はアミノ酸と糖が高温で反応（メイラード反応，p. 752）した場合に発生する分子（ピラジン，チアゾール）が，甲殻類には多く含まれるせいである．甲殻類ではメイラード反応がより低温で起こるようで，おそらくこれは筋肉組織中の遊離アミノ酸および糖の濃度が極端に高いためと考えられる．海洋甲殻類が海水との塩濃度バランスを保つために細胞内に蓄積するアミノ酸はグリシンが多く，グリシンは甘味をもつので甲殻類の肉は甘くなる．

　湾で捕れるブラウンシュリンプ（クルマエビ

の一種）に多く，時にはほかの甲殻類にもみられる独特のヨウ素臭は，藻類などの餌から体内に蓄積される臭素化合物が，腸内で変換されてできるにおいの強い珍しい化合物（ブロモフェノール）によるものである．

甲殻類は殻つきのままでゆでたほうが風味がよいことが多い．角皮によって身の風味成分が流れ出てしまうのを抑えられるし，角皮自体にもタンパク質，糖，色素分子が凝縮されているので中の身に風味が移る．

**甲殻類の選び方と取扱い**　甲殻類は死んでしまうと自分自身のもつ酵素によってすぐに肉が痛んでしまうため，一般には冷凍か，加熱済みか，生きたままで市販されている．"新鮮な"生エビのほとんどは，小売店が冷凍品を購入し解凍して売っている．店頭ではできればにおいを嗅いで，もしアンモニア臭やほかの変なにおいがすれば買わないようにする．その日のうちに調理すること．

ロブスターやカニなど，大型の甲殻類は，一般には加熱済みか生きたままで売られている．生きたものを買うときは，水槽が清潔であること，よく動き回っていることを確かめる．水分を含ませて包装すれば，生きたまま冷蔵庫で1〜2日は保存できる．小さめのロブスターやカニは筋線維が細いので肉のキメが細かい．

昔ながらの料理法では，ロブスターやザリガニやカニは痛みを感じないかのように扱われ，生きたままで切ったりゆでたりする．これらの生物はちゃんとした中枢神経系をもたない．頭部の「脳」で受け取る信号は触角と目からだけで，体節ごとに独自の神経叢があるので，果たして痛みを少なくすることが可能なのかどうか，またその方法もわからない．最も理に適っていると思われるのは海洋生物学者によるアドバイスで，氷冷した塩水に30分間浸けて麻酔したらすぐに切るかゆでる，というものである．

**エビ**　エビは世界中で最も普通に手に入る甲殻類である．その理由として考えられるのは，おいしさ，手頃な大きさ，野生でも養殖でも増殖が速いこと，そして冷凍できることである．まったく同じ生物に対して，shrimpとprawnの二つの呼び名がある．合衆国では普通，大きめのエビを"prawn"という．世界中で食用にされるエビとその類縁は300種ほどあるが，一般的なものはすべて，亜熱帯性および熱帯性の*Penaeus*属に属する．*Penaeus*属に含まれる種

---

### 食物用語：shrimp（小エビ），prawn（大エビ），crab（カニ），crayfish（ザリガニ），lobster（ロブスター），crustacean（甲殻類）

甲殻類に関する用語はほとんどが前史時代にさかのぼる．shrimpの語源はインド・ヨーロッパ語のskerbh，"曲がる""たわむ""縮む"などの意味がある．おそらくは甲殻類の体の形を反映したものだろう．shrimpとほぼ同義のprawnは中世時代に使われはじめたが，その由来は不明である．crabとcrayfishの語源はいずれもインド・ヨーロッパ語のgerbh，"引っかく""刻む"という意味がある．カニやザリガニの爪で皮膚を引っかかれることがあるからだろう．lobsterの語源はlocust（バッタ）とも同じで，インド・ヨーロッパ語のlek，"飛び跳ねる""飛ぶ"という意味がある．甲殻類と昆虫類の分類学的な類似性は，早い時期から認識されていたというわけである．

crustaceanの語源は，"（動きを）凍らせる""殻を作る"という意味のインド・ヨーロッパ語で，甲殻類の硬い外骨格をさしている．crystal（結晶）の語源も同じである．

は成熟期間が1年以下で、24 cm程度まで成長する．温帯性のエビは成長が遅く，一般に小さめである（最大15 cm）．今日では世界漁獲量の約3分の1が，主にアジア地域で養殖されたものである．

**エビの品質** エビは氷に保存していても，アミノ酸やその他の風味低分子が次第に減ってゆくため，2，3日すると味が落ちる．しかし角皮で保護されているおかげで，2週間ほどは食べられる状態を保つ．市販品は，変色を防ぐため亜硫酸水素塩の脱色溶液で処理したり，ホタテ貝と同じく，水分を保つためにポリリン酸ナトリウム溶液で処理したりすることも多い．こうした処理を行うと風味は落ちる．

主に筋肉からなるエビの「尾」は体重の3分の2ほどを占めるので，腐敗を早める中腸酵素とともに風味のよい「頭」を取り除いて出荷される場合が多い．腹部の外側に沿ってある濃色の「背わた」は消化管の末端部で，細菌やごみの混じった砂を含みザラつくこともあるが，これは簡単に抜き取ることができる．殻をむいた加熱済みのエビも広く出回っていて便利だが，本当にエビが好きならば，新鮮な丸のままのエビを買ってきて殻つきをさっとゆでるのがよい．

**ロブスターとザリガニ** 海水性のロブスター（*Homarus*属，*Nephrops*属）および淡水性のザリガニ（*Astacus*属，*Procambarus*属，その他）は一般に，それぞれの生息環境内では最も大きい甲殻類である．アメリカン・ロブスターはかつて20 kgほどになったものだが，今では0.5〜1.5 kgが普通である．ザリガニは，特に北米やオーストラリアを中心とした各地の川や渓流で独自の進化をとげ，500種以上も存在する．比較的小型のものが多いが，オーストラリアのマロンや「マレー・ロブスター（マレー・リバー・クレイフィッシュ）」は4.5 kgを超える．ザリガニは甲殻類のなかでも養殖が最も簡単で，ルイジアナ州のアチャファラヤ流域の自然池では2世紀以上にわたり養殖が行われている．スウェーデンでもザリガニが好まれる．

ロブスターやザリガニは，その「尾」の白い肉を主に食べる．ロブスターのうち，ヨーロッパ・アメリカ種3種と，それらに近いザリガニ種は大きな爪をもち，アメリカン・ロブスターでは爪が体重の半分を占めるほどである．イセエビ（*Palinurus*属，*Panulirus*属，*Jasus*属，その他）はより遠縁にあたる大きな一群で，爪が大きくないので「爪なし」と呼ばれている．爪のあるロブスターよりも冷凍しやすいため，冷凍ロブスターの多くはイセエビである．爪の肉は本体や尾の肉とは明らかに異なる．爪は持久力を要するので，その筋肉にはかなりの割合で赤筋（遅筋）が含まれており（p.129），独特の濃厚な風味をもつ．

ロブスターとザリガニは生きたままで売られることも多い．ルイジアナのザリガニは一般に現地の冬から春が最盛期で，身の締まったこの時期に収穫される．ロブスターの体には，肝臓またはみそ（英語で tomalley）とも呼ばれる風味豊かな消化腺が含まれており，加熱すると淡色から緑色に変わる．雌は，1〜2 mmの卵が数千個も詰まった卵巣をもっていることもあり，加熱すると赤桃色に変わることから，「コーラル（珊瑚）」の呼び名がある．ロブスターの肝臓と卵巣は調理前に取り出すこともあ

甲殻類の内蔵．頭胸部には大きく風味豊かな消化腺（肝膵臓）があり，その中にある酵素が周囲の筋肉に損傷を与える．尾の筋肉に沿った濃色の「背わた」は消化管の末端で，ザラつくこともある．

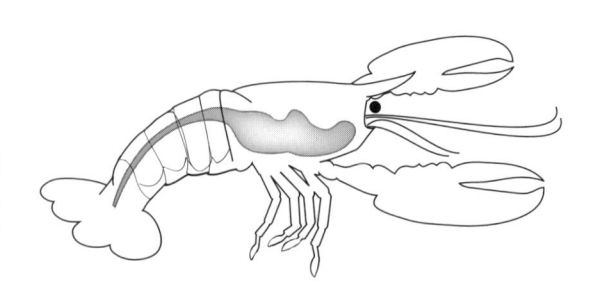

り，それをつぶしてペースト状にし，熱いソースへ最後に加えて色と風味をつける．

**カニ** 尾がない代わりに，頭胸部が大きく，その筋肉を使って深海に生息したり，陸地に穴を掘ったり，木に登ったりする．ほとんどのカニは一つまたは二つの強力な爪（はさみ）をもち，獲物を捕らえたり，切ったり，つぶしたりする．カニの爪の肉は風味があるものの，体の肉に比べてキメが粗く，しかも食べにくいので，一般にはあまり珍重されない．例外として，フロリダのストーン・クラブ，およびヨーロッパのフィドラー・クラブ（シオマネキ）は，その巨大で風味豊かな爪が好まれる．北太平洋のタラバガニの脚は，1.2～1.8 m の長さで，筒状の大きな肉が詰まっており，冷凍で売られることも多い．

市販のカニの多くは（*Callinectes* 属，*Carcinus* 属，*Cancer* 属，その他），今でも餌を入れたわなや，底引き網を使って生け捕りにされている．生きたままで売られることもあれば，加熱済みをまるごと，または殻をはずして肉だけで売られる．肉はそのままか，殺菌処理済み，長期保存用には冷凍して販売される．筋肉組織に加えて，大きな消化腺（カニみそ，英語では mustard とか butter と呼ばれる）も，コクと強い風味ととろりとした食感が珍重され，ソースやペーストにされる．カニの肝臓には，貝中毒の原因となる藻類毒（p.181）が濃縮されることがあるため，合衆国の州政府機関は毒素レベルを監視しており，危険と判断すればカニ漁が制限される．

**ソフトシェル・クラブ** 脱皮したばかりの甲殻類はタンパク質と脂肪の蓄えを使い果たしており，新しい殻は水分で膨れているので，一般には好んで食べられることはない．例外は，ベニスのソフトシェル・ショア・クラブ（ハマガニ）と，米国大西洋沿岸のソフトシェル・ブルー・クラブ（ワタリガニ）で，まるごと揚げて食べる．脱皮寸前のカニを観察し，古い殻を脱いだらすぐに海水から引き上げる．そうしないと，新しい殻は数時間で皮のようになり，数日後には石灰化して硬くなってしまう．

## ■ 軟体動物：アサリ・ハマグリ類（クラム），イガイ，カキ，ホタテ，イカ，および類縁

我々が食材とするもののなかでも，軟体動物は特に変わっている．丸のままのアワビやカキやイカなど，見れば見るほど奇妙である．しかし外見はどうあれ，軟体動物は量も豊富なうえおいしい．世界中の海岸地域に散らばった有史以前の貝塚（カキやアサリ・ハマグリ類やイガイなどの殻の山）からも知られるとおり，人間はかなり前からこのうまい具合に動きの遅い生物を食糧にしていた．動物界のなかでも非常な繁栄をみせ，多種性に富んだ軟体動物門は，約5億年前にはじまり，現生種は魚類や脊椎動物種の倍にあたる10万種，1 mm のカタツムリから巨大な貝やイカまで含まれる．

軟体動物の繁栄，そしてその奇妙な姿の理由は，環境に適応できる体の作りにある．軟体動物の体は，動くための筋肉質の「足」，循環・消化・生殖器官からなる複雑な集合体，そしてこの集合体を包んでいる多目的の「外套膜」の三つの部分からなる．外套は，殻を作る成分を分泌し，餌や危険を察知するための目や小さな触角を支持し，体内への水の取り込みを調節するために収縮・弛緩する．食用にされる貝類でも，体の構成はさまざまに違う．

- アワビは貝類のなかでも最も原始的で，保護用のカップ状の殻が1枚と，動き回り海藻を這い上がるための巨大で硬い筋肉の足からなる．口を擦りあわせ海藻を餌にしている．
- アサリ・ハマグリ類（クラム）は二枚の殻をもち，足を使って砂に潜り込む．外套膜が変形してできた，殻を閉じるための二つの貝柱（閉殻筋），ならびに砂の表面に伸ばして餌を吸い込むのに使う筋肉質の水管がある．クラム，イガイ，カキなどの二枚貝はすべて，外套腔に取り

込んだ水から餌の粒子をろ過するためのくし状のえらがある．
- イガイもまた，ろ過摂食性の二枚貝であるが，潮間帯や潮下帯の岩場に足を固定している．水管は必要なく，閉殻筋のうち一方はかなり小さくなっている．
- カキは自分の体を潮間帯や潮下帯の岩場に接着している．二枚の重い殻は，中央にある単一の大きな筋肉で閉じられ，その周りに外套膜やその他の器官が配置されている．軟らかな外套膜と餌を捕るためのえらが，体の大半を占める．
- ホタテは岩にくっつきもせず，砂にもぐることもしない．海底に沈んでいて，敵がきたら泳いで逃げる．中央の巨大な筋肉によって二枚の殻を閉じる際に，水をピュッと噴出して逆向きの推進力を得る．
- イカとタコは，体の構造が逆さまになった形態で，大きな目と腕をもち，非常に動きのよい流線型の肉食性軟体動物である．殻の名残が内側から体を支持し，外套膜は特化した筋肉層となっている．これを伸縮させ，足の筋肉からできた細管より水をジェット噴射して推進力を得る．

あまり動かない軟体動物は養殖に向いている．網やロープに固定して，水中で三次元的に大量養殖することができるし，酸素や栄養の循環がよいために成長も速い．

**二枚貝の閉殻筋** 二枚貝は水と餌を取り込むために殻を開き，軟らかな内臓を敵から守るため，または潮間帯にいるイガイやカキの場合には空気に触れて乾燥してしまわないように，殻を閉じる．この動きのために発達した特殊な筋肉系は，料理する際には多少問題となることもあるが，濡れタオルに包んで冷蔵庫に入れれば数日間は生きたまま保存できるという利点のほうが大きい．

二枚貝の殻は通常，ばねのような靭帯によって機械的に開いたままの状態が保たれる．靭帯はちょうつがいの端で殻同士を引き寄せており，その引く力によって反対側が開くのである．殻を閉じるには，「閉殻筋」（英語で adductor muscle，これはラテン語の adducere "引き寄せる"からきている）と呼ばれる筋肉を使わねばならない．閉殻筋は殻の広い方の端に沿ってあり，靭帯のばねの力に逆らって収縮する．

**軟らかい速筋，硬いキャッチ筋** 閉殻筋はまったく違った二つの仕事をする．一つは，殻を素早く閉じることであり，これにより沈降物や溜まった老廃物，卵などを吐き出したり，敵の侵入を防いだりする．もう一つは，殻をしっかり閉じたままにすることであり，危険が去るまで何時間も，時には何日間にも及ぶ．この二つの仕事は，閉殻筋中の隣り合った二つの部分によって行われる．素早く収縮する"速筋"部分は，魚や甲殻類の速筋とよく似ていて，白色で半透明，比較的軟らかい．一方，収縮が遅くて張力を維持する"キャッチ筋"部分は，既知の筋肉のなかでも最強のものの一つであり，エネルギーをほとんど消費することなく収縮を続けることができる．これは，筋線維が収縮した状態で固定されるという生化学的なトリックと，大量の結合組織コラーゲンによる補強によるものである．キャッチ筋は，鶏の腿や子羊の脚にある硬い腱によく似た乳白色をしており，長く煮込まないかぎり硬い．ホタテでは，大きな速筋部分の軟らかさを損ねないように，小さなキャッチ筋部分は切り落とされるのが普通である．

**軟体動物のテクスチャー** 特にホタテなど，主に閉殻筋がテクスチャーに影響するような二枚貝は，大きくて軟らかい"泳動用"の筋肉だけを食べることが多い．その他の二枚貝は身をまるごと全部食べる．それには1本または2本の閉殻筋のほかに，雑多な内臓，筋肉や結合線維などの細管や薄膜，卵や精子や餌の粒子などの軟らかい塊，餌の粒子をまとめているタンパク性粘液などが含まれている．よって，アサリ・

ハマグリ類，イガイ，カキなどは，生ではつるりとしてしかも軟らかくプリプリだが，加熱すると歯ごたえがでる．筋肉組織が多いほど，歯ごたえが強まる．

軟体動物のテクスチャーは，生殖のどの段階にあるかによっても大きく違ってくる．産卵期が近づき卵や精子をもつようになると，二枚貝は軟らかくクリーミーになり，加熱するとカスタード状になる．産卵直後は疲弊していて，身は薄くしまりがない．

アワビ，タコ，イカの身は主に筋肉組織からなり，結合組織コラーゲンを多く含み，線維構造も複雑である．軽く火を入れるとかみごたえが出て，コラーゲンが変性する温度（50〜55℃前後）まで加熱すると硬くなり，長く調理すると軟らかくなる．

**軟体動物の風味**　カキ，アサリ・ハマグリ類，そしてイガイは，特に生食すると濃厚で旨味が強い．エネルギー源として，また環境水の塩濃度とバランスをとるために，身の中に旨味成分が濃縮されているからである．浸透圧バランスをとるために，海水魚（そしてイカやタコ）は味のないTMAO，および比較的少量のアミノ酸を使うが，多くの軟体動物はほぼアミノ酸だけに依存する．二枚貝では特に旨味成分として知られるグルタミン酸が蓄積される．軟体動物はエネルギーを脂肪の形で蓄えるのでなく，アミノ酸（プロリン，アルギニン，アラニン，これらの複合体）そしてグリコーゲン（植物でのデンプンに当たる）を蓄える．粘りやトロミは感じるかもしれないが，グリコーゲン自体に味はなく，徐々に甘味成分（糖リン酸）に変わってゆく．

貝類は塩濃度バランスをとるためにアミノ酸を用いるので，周囲の塩濃度が高いほど旨味は強い．生息場所によって貝の風味が違ってくるのは，塩濃度の違いも一部関係していると思われ，カキの出荷前に数週間から数ヶ月間，特定の場所で「仕上げ」を行う理論的根拠にもなっている．貝類は産卵に向けてエネルギーの蓄えを使い果たすので，産卵前は明らかに風味が落ちる．

軟体動物を加熱調理すると旨味がやや薄れるのは，加熱によって凝固したタンパク質中にアミノ酸の一部が吸着され，舌で感じなくなるからである．しかし，加熱することでにおいは変化し強まる．その原因として一般に多いのは硫

---

**食物用語：mollusc（軟体動物），abalone（アワビ），clam（クラム），oyster（カキ），scallop（ホタテ），squid（イカ）**

これらの硬い殻をもつ生きものの総称がmolluscであり，語源は"軟らかい"という意味のインド・ヨーロッパ語mel，殻の中身の軟らかさからきている．abaloneは，モンテレー・インディアンがこの流線型の貝をaulunと呼び，それがスペイン語を経たものである．clamは，インド・ヨーロッパ語でコンパクトな塊をgelと呼んだのがはじまりである．関連語にcloud（雲），cling（しがみつく），clamp（締めつける）などがある．musselの語源はインド・ヨーロッパ語のmus（口，筋肉），皮膚の下で口のように素早く動くところからきた．mussel（イガイ）はほとんど動かないが，濃色で楕円形をしているという類似点からきているとみられる．oysterの語源はインド・ヨーロッパ語で"骨"を意味するost，骨の色をした重い殻をもつところからきている．scallopは左右対称の形をした貝で，ゲルマン語で"殻"を意味する語が中世フランス語のescalopeを経てscallopとなった．squidは17世紀に突如として現れたようで，その由来については不明である．

化ジメチル（DMS）で，これは軟体動物が餌の藻類から蓄積する珍しい含硫成分（ジメチル-β-プロピオテチン）から生成する．DMSは缶詰のトウモロコシや加熱した牛乳に特有のにおいでもある．カキやアサリ・ハマグリ類を使ったスープやシチューには缶詰のトウモロコシや牛乳がよく合うのも理に適っている．

**軟体動物の選び方と取扱い方**　むき身で売られている場合を除けば，新鮮な二枚貝は生きた元気なものを選ぶ．それ以外は腐りはじめていると考えたほうがよい．元気な二枚貝は殻が割れておらず，特に強く叩いたときには閉殻筋が働いて殻がしっかりと閉じる．軟体動物は氷の上に保存し濡れた布で覆うのがよい．塩分を含まない水は海の生物には致命的なので，氷の解けた水に浸からないようにする．アサリ・ハマグリ類やその類縁は，冷たい塩水（水1Lに塩20g）に数時間浸けて，砂出しするとよい．

生のカキやアサリ・ハマグリ類の殻をはずすときは，ちょうつがいの靭帯と閉殻筋を切る．一般的な方法は，小刀の刃をちょうつがいに近い殻の間に割り込ませて，弾力のある靭帯を切る．そして一方の殻の内面に沿って刃をすべらせ，閉殻筋（アサリ・ハマグリ類やイガイは2本，カキやホタテは1本）を切断する．口の開いた殻をはずし，閉殻筋の逆の端を切り，身を取り出す．

加熱すると閉殻筋が弱まって，殻が開く．加熱しても開かないものは死んでいるので捨てる．

**アワビ**　アワビの属する*Haliotis*属には100種ほどが含まれる．高さのない殻を一枚もち，大きいものは30 cm，4 kgにもなる．合衆国では現在，アカネアワビ（*Heliotis rufescens*）が沖合の籠や陸地の水槽で養殖されており，約3年で体長9 cmに成長し，身の重さは100 gほどになる．アワビの身がとても硬いのは，エネルギーの蓄えとして結合組織コラーゲンを蓄積することと関係している．ごく弱火で調理するか，または長い時間煮込む必要がある．50℃を超えると，コラーゲンが収縮して組織が縮み，とても硬くなってしまう．硬くなってしまったら，弱火で煮込めば最後にはコラーゲンが溶けてゼラチン化し，絹のようになめらかでキメ細かな食感になる．日本では，アワビを何時間も煮込んで旨味を引き出す料理がある（遊離アミノ酸が反応して，呈味性ペプチドが生成するとみられる）．

**アサリ・ハマグリ類（クラム）**　クラムは砂に潜る二枚貝である．海底や川底の堆積物に潜るときは，まず足の筋肉を伸ばし，その先端を広げてアンカーにする．そして水を噴出し，殻をゆらしながら足を縮める．砂に潜ったままで呼吸し餌を取るために，「水管」と呼ばれる筋肉でできた1対の管を水中に突き出す．水管は一方が吸水用，もう一方が排水用で，2本が分離しているものもあれば，一緒になって単一の「首」となっているものもある．

米国で"hard shell"と言えば，殻を完全に閉じる頑丈なクラム（首のほとんどないホンビノスガイ）をさし，"soft shell"と言えば水管が殻よりもずっと長くて細く，常に殻が開いているもの（オオノガイ）をさす．世界各国で大規模養殖が行われているのはアサリ（*Ruditapes philippinarum*）だけで，丈夫なことと砂の中に

クラムとイガイの生体構造．（左）クラムの体の大きな部分を占めるのは筋肉質の足である．（右）一方，イガイの体は非筋肉質の外套膜および消化・生殖器官が大半を占める．閉殻筋の割合は比較的小さい．イガイの「ヒゲ」は硬いタンパク質性の線維の束で，これにより岩などの表面に体を固定する．

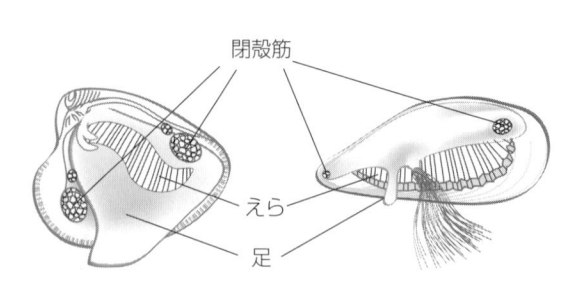

浅く潜ることがその理由である．その他に10種強の一般的なクラム種が，地域的に出回っている．大型のホッキガイ（*Mactromeris* 種）はプランクトンの色素を吸収して，いくつかの筋肉に目立った赤い層がみられる．流通している温帯性クラムのなかで最も大型でグロテスクなのは，太平洋北西部の潮下帯砂泥底に深く潜伏しているナミガイ（*Panope generosa*）で，その首は小さい象の鼻のようである．1.5 kg 程度のものが多いが，大きいものは重さ 8 kg，首の長さは 1 m にも達する．

砂に潜るための筋肉と，取水・排水のための筋肉が発達しているので，クラムはかなり歯ごたえが強い．大きなクラムならば，軟らかい部分（外套膜，速筋）を切り分けて別に調理することもある．大きなナミガイの首はふつう湯通しして外側の硬い皮をむいた後，薄切りにするか叩いて薄く伸ばして生食するか，弱火で長く煮込んで食べる．

### イガイ（ムール貝）

食用にされる何種類かのイガイは，波にのって運ばれたり，あるいは人の手で世界中のさまざまな地域に持ち込まれたりした結果，今ではすっかり国際化している．自然繁殖または養殖により，2年未満で 5〜6 cm に育ったものが出荷される．地中海および大西洋に生息する *Mytilus* 種は，互いに補完的な生息形態を示す．大西洋種は春に旬を迎え夏に産卵するのに対し，地中海種は夏が旬で冬に産卵する．

イガイは，「足糸」または「ヒゲ」と呼ばれる硬いタンパク質性の線維を使って，潮間帯に固着している．殻を閉じるための閉殻筋は，クラムでは同じくらいの大きさのものが2本あるのに対し，イガイでは殻の幅の広いほうに大きいものが1本，幅の狭いほうに小さいものが1本ある．その他の部分は呼吸・消化系および外套膜からなる．生殖組織は呼吸・消化系全体に発達する．雌雄，餌，種などによって色が違ってくる．藻類や甲殻類に由来する橙色色素は，雌および大西洋種に多い．

イガイは調理が簡単である．少し火を通しすぎても大丈夫なうえ，殻からはずれやすい．これは筋肉組織が比較的少ないためである．ヒゲは殻の中の身に付着しているので，これを引っ張ると貝を傷つけてしまう．よってヒゲは調理直前に取るようにする．身が硬くならないように，浅く大きめの鍋に貝を重ねずに並べて調理する．口が開いたものから取り出してゆけば，火を通しすぎることもない．

### カキ

二枚貝でも特に珍重されるのがカキである．海の幸のなかでも特に身が軟らかく，畜舎に閉じ込めた子牛や丸々と肥えた鶏のように，ただ動かずに食べて育った動物の肉にも匹敵する．閉殻筋は身の重さの10分の1ほどしかなく，全体を包み込んでいる薄く繊細な外套膜とえらが半分以上，内臓が3分の1を占める．殻からはずした身を生で食べるのが特においしい．一口で食べるのにちょうどよい大きさ，芳醇で複雑な風味と，とろりとした舌ざわりが特に素晴らしい．ゴツゴツした殻と中の身の繊細さのコントラストもおもしろい．

#### カキの種類

カキが少なくなったのは17世紀にもさかのぼり，現在では主に養殖されている．20種以上あるカキのうち，市場に出回っているのはほんの数種である．それぞれに形が違い，味も大きく異なる．ヨーロッパの平たいカキ（*Ostrea edulis*）は，比較的マイルドな風味で金属味がする．アジアのお椀型のカキ（*Crassostrea gigas*）はメロンやキュウリのにおいがする．バージニアのお椀型のカキ（*Crassostrea virginica*）は，青草のにおいがする．例外はあるものの，ヨーロッパでは地元の平たい「ポルトガル種」とアジア種，北米の東海岸およびメキシコ湾岸ではバージニア種，西海岸ではアジア種と太平洋種（*Ostrea lurida*）が養殖されている．「ポルトガル種」のカキはアジア種の系統とみてほぼ間違いない．4〜5世紀前の航海船に付着して，中国や台湾からイベリア半島へと渡ってきたと思われる．

カキの水　カキの風味は生息場所の水にも影響されるので，カキの生産地を表示することには意味がある．塩濃度が高いほど，塩分バランスを保つために細胞内により多くの呈味性アミノ酸が蓄積されるはずなので，風味も濃くなる．海域ごとにプランクトンや溶存無機質も異なることから独特な風味の違いがでる．さらに，捕食動物，海流，潮間帯で露出したりすれば，動くことにより閉殻筋が発達する．水温によって成長の速さ，さらには雌雄さえも決定される．暖かくて餌がたくさんあれば成長が速く，卵をもってクリーミーに身の肥えた雌になる．水温が低いと成長は遅く，性的成熟は無期限に延期され，身のやせたコリっとした食感のものになる．

カキの取扱い方と調理法　生きたカキは，湿った布などに包み，カップ状の殻を下にして冷蔵庫に入れれば1週間以上もつ．こうして保存することにより，風味はある程度増す．無酸素下の代謝により，組織中に旨味成分のコハク酸が蓄積するためである．むき身のカキは，冷水で洗浄し，その後に出る分泌液（ほぼ透明）とともに瓶詰めされる．濁りが目立つときは，カキの身の組織が壊れてしまっている．瓶詰めのカキのむき身は，生カキの風味やテクスチャーを残したまま腐りにくくするため，低温殺菌（約50℃に加温）されることも多い．

ホタテ　ホタテはイタヤガイ科に属し，この仲間には数mmから1mまでの大きさの約400種が含まれる．食用にするホタテは，今でもほとんどが海底から捕られている．大型の「シー・スキャロップ」（*Pecten* 属と *Placopecten* 属）は，冷たい深海の底引き漁で1年中捕られており，一度の漁に数週間もかけることがある．一方，小型の「ベイ・スキャロップ（ホンアメリカイタヤ）」や「カリコ・スキャロップ（タイセイヨウヒヨク）」（*Argopecten* 属）は，限定された季節に海岸近くで底引き網またはダイバーの手で捕られる．

ほかの軟体動物と違い，ホタテはそのほとんどが甘く軟らかい筋肉である．これは，ホタテが唯一泳ぐことのできる二枚貝だからである．敵から身を守るため，縦横2cmほどにもなる中央の横紋筋を使って，殻をパタパタと開閉して水の推進力を得る．この閉殻筋が体に占める割合は非常に大きいので，タンパク質およびエネルギーを貯蔵する役目も果たしている．アミノ酸のグリシンやグリコーゲンが多く含まれているために，甘味がある．ホタテが死んでしまうと，これらは酵素によって徐々にグルコースや関連分子（グルコース-6-リン酸）に変換される．

ホタテの殻はきっちりと閉まらないので，水揚げ後はすぐに殻をはずすことが多い．米国市場には閉殻筋だけが出荷され，ヨーロッパへは

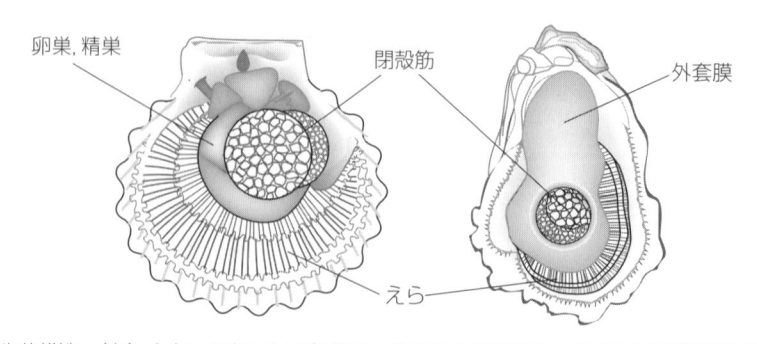

ホタテとカキの生体構造．（左）ホタテのおいしい部分は，大きな主閉殻筋と，軟らかい速筋線維の束である．後者は，危険を察知して逃げる際に殻を閉じて推進力をつけるためのものである．その横にある三日月型の「キャッチ筋」は，殻を閉じたままにするための筋肉である．結合組織が多くて硬いので，一般には切り取って捨てられる．（右）カキの体は，主に肉厚の外套膜に包まれた消化器官と生殖器官からなる．普通は全部まるごと食べる．閉殻筋とキャッチ筋はコリッとした歯ごたえがある．

閉殻筋と生殖器官（黄色やピンク色）が出荷される．むき身にするということはすなわち，市場に出回るずっと前から品質が低下しはじめることを意味する．したがって日帰り漁でない場合は，水揚げ後にすぐ冷凍したり，ポリリン酸溶液に浸けて閉殻筋にしみ込ませ，ふっくらとツヤのある白色を出したりする．しかしこのようなホタテは風味が薄く，加熱すると水分が大量に出てしまう．未処理のホタテはくすんだ灰白色でややピンクや橙色がかっている．

調理する前には，大きく軟らかな泳動筋から，殻を閉じたままにする小さくて硬いキャッチ筋を切り落とす．炒めるとすぐに表面に焼き目がつくのは，遊離アミノ酸と糖がメイラード反応を起こすからである．

**イカ，コウイカ，タコ**　「頭足類」は軟体動物のなかで最も進化したもので，外套膜は筋肉質の体壁に変化し，その内側には殻の名残がある（足の筋肉が頭付近にあることから「頭足類」と呼ばれる）．タコ（*Octopus* 属および *Cistopus* 属）は口の周囲に8本の足を有し，海底を這い回って餌をとる．沿岸の海底にいるコウイカ（*Sepia* 種）や外洋のイカ（*Loligo* 属，*Todarodes* 属，*Iliex* 属）は足が短く2本の触手をもつ．

<u>頭足類のテクスチャー</u>　イカやタコの筋線維は非常に細く，魚や去勢牛（0.05〜0.1 mm）の10分の1ほど（0.004 mm）で，肉質は詰まってキメが細かい．筋線維は複層構造をとり，魚の筋肉の3〜5倍もある結合組織コラーゲンによって強固に補強されている．魚のコラーゲンがもろいのに比べ，イカやタコのコラーゲンは架橋度が非常に高く，食肉動物のコラーゲンと似ている．

アワビやアサリ・ハマグリ類と同様，イカやタコを調理する場合には，筋線維が硬くならないよう，さっと軽く火を入れるだけにするか，もしくは長く煮込んでコラーゲンを壊してしまう．55〜57℃でさっと加熱すると，身はみずみずしくコリッとした感じになる．60℃になると，コラーゲン層が収縮して筋線維の水分が出てしまうので，身は反り返って縮む．弱火で1時間以上煮込むと硬く縮んだコラーゲンが溶けてゼラチン化し，ジューシーで絹のようななめらかさとなる．身を叩くと組織構造が壊れるので，外套膜や足も軟らかくなる．

<u>頭足類の風味と墨</u>　浸透圧バランスを保つために，イカやタコも一般の魚と同じく，遊離アミノ酸ではなくて味のない TMAO を主に蓄積する（p.184）．したがって，ほかの軟体動物と比べると身に甘さは少なく，細菌の働きで TMAO が TMA に変換されると魚臭くなる．

頭足類の墨は，危険にさらされたときに水中に吐き出すための色素が袋に入ったものである．熱に安定なフェノール化合物（果物や野菜で切り口の変色原因となるフェノール複合体の

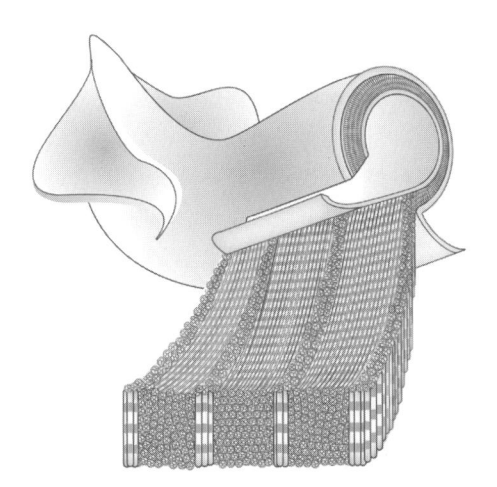

イカの外套膜の構造．イカの体の主要部分を占める外套膜は，筋肉の外皮からなり，収縮して細い口から水を押し出すことにより推進力を得る．外套膜筋は硬い結合組織と交互に並ぶ筋線維の輪から成り立っており，これらは外套壁に垂直なものと平行なものとがある．

関連化合物；p. 261）の混合物で，煮込みやパスタの色づけに使われる．

■ その他の無脊椎動物：ウニ

棘に覆われたウニは棘皮動物の一員で，この仲間が深海底バイオマスの90％を占めると思われる．一般に流通する食用ウニは6種ほどあり，平均的な大きさは直径6〜12 cmである．防護用の棘に覆われた石灰質の板からなる球体の中に，ほぼ完全におさまっている．内部組織の3分の2ほどを占めるのが，黄金色でとろりと濃厚な風味をもつ生殖組織で，主にこの部分が食用にされる．精巣も卵巣もおいしく，両者は見分けがつきにくい．ウニの生殖腺は，平均すると脂肪が15〜25％，旨味成分のアミノ酸やペプチドやIMPが2〜3％含まれる．日本では生ウニのすしや練りウニ，フランスではスクランブル・エッグやスフレ，魚のスープ，ソースなどに入れたり，まるごとポーチしたりして食べる．

# 魚介類の保存食品

魚ほど腐りやすいものもあまりない．ごく最近まで，新鮮な魚を食べることのできる地域は世界中でもごく限られていた．冷蔵技術ならびに貨物輸送が普及する以前は，大量に水揚げされた魚はすぐに腐ってしまうため，多くは干物，塩漬け，燻製，発酵，またはこれらの抗菌処理を組み合わせて保存していた．魚介類の保存食品は今でも重要な位置を占め，特にヨーロッパやアジアなど，世界中のあらゆる地域で食べられている．実際に，これらの保存食品の風味は，今の米国で一般的に食べられている風味の弱い鮮魚と比べると非常に個性的である．しかし，これら魚の保存食品は，産業革命以前の必要性から生じた粗悪な食品の名残などでは決してなく，鮮魚とはまた違ったおいしさ，歴史の味を感じさせる．

■ 乾燥魚（干物）

食品を天日干しにすることは，古くからの保存法である．新鮮な魚は約80％が水分だが，25％以下になると細菌は増殖せず，15％以下ではカビも増殖しない．うれしいことに，脱水によって風味も強まり変化する．これは細胞構造が破壊されて酵素の働きが促されることと，風味成分が濃縮されて互いに反応し，新たな風味が加わることによる．天日干しによる脂肪の酸化は免れず，酸敗臭が生じるので，干物には脂の少ない魚や貝類が向いている．脂ののった魚は，酸敗臭が出ないように密封して燻製または塩漬けにするのが普通である．はじめに塩漬けや加熱調理をしてから乾燥することも多い．塩や熱で魚の水分が引き出され，乾燥する際に表面に腐敗菌が繁殖しにくくなる．

魚介類の干物は，中国や東南アジアで最も多く生産され消費されている．干しエビは，丸のままや砕いたものがさまざまな料理の味つけに使われる．干しホタテは，蒸してから裂いてスープに入れたりする．干したアワビ，タコ，イカ，クラゲ，ナマコは水で戻してから，軟らかくなるまで煮込む．サメのヒレ（フカヒレ）も同様に水で戻したものを煮込むと，ゼラチン質に富んだ濃厚なスープになる．

**ストックフィッシュ（干しダラ）** 西欧で一番よく知られた干し魚と言えば，北欧のストックフィッシュであろう．伝統的にはタラ，リング（クロジマナガダラ），またはこれらの類縁が使われ，ノルウェー，アイスランド，スウェーデンの冷たい風が吹きぬける海岸の岩場で，数週間かけて凍結乾燥を繰り返したものである．こうしてできあがった硬くて軽い板状のものは，ほぼすべてタンパク質からなり，調理して食べると，まるで腐っているかのような強い風味がする．現代の製法では，5〜10℃で2〜3ヶ月かけて機械的に風乾される．北欧や地中海地方での食べ方は，木のように硬いものを水につけ，細菌が繁殖しないように頻繁に水を替えながら，1日から数日かけて戻す．このあと皮を

除き，身を弱火で煮込んで，小さく切ったり，骨を取ってフレークにしたり，または叩いてペースト状にしたりして，さまざまな調味料やつけ合せを添えて食卓に出す．北の地方ではバターやマスタード，地中海地方ではオリーブ油やニンニクがよく使われる．

## ■ 塩漬け魚

自然乾燥による食品の保存は，寒い地方や暑い地方では効果的である．温帯ヨーロッパでは，魚が十分に乾燥する前に腐ってしまうので，乾燥前に塩漬けする方法，または乾燥する代わりに塩漬けする方法が発達した．普通の魚は，1日塩に漬ければその後何日間かは保存できるので，内陸部に輸送する間の保存法としては十分である．一方，25%前後の塩で飽和させれば，1年は保存が利く．脂の少ないタラやその類縁は，塩漬けしてから乾燥された．脂の多いニシンの仲間は，空気に触れて酸敗臭がでないように，樽に入れた塩水に漬けるか，さらにその後で燻製にされた．なかでも一番よい方法は，塩漬けハムと同じような方法を魚に応用したものである．肉でも魚でも，塩漬けすることによって質的変化が促される．保存期間を延ばし，しかも魚や無害な耐塩性菌の酵素を殺さないような塩加減にすることで，タンパク質や脂肪は風味成分へと酵素分解され，さらに反応しあってより複雑な風味を醸しだすのである．

塩漬け魚と発酵魚との間にはっきりとした線引きをするのは難しい．辛塩に漬けた魚であっても，細菌の働きは多少あるし，魚を発酵させる場合も多くは，初めに塩漬けにして細菌数と活性を調節する．一般には発酵製品とされない塩漬けのタラ，ニシン，アンチョビについて，以下に述べることとする．

**塩ダラ**　ヨーロッパ人が新世界を目指したのは，タラが豊富に捕れたことも原因の一つである．新世界では，タラの身を開いて塩をふり，岩の上や網にのせて数週間乾燥させるというのが一般的な保存法であった．現在は，強塩に15日間ほど漬けて身に塩を飽和させ（25%，辛塩），乾燥せずに数ヶ月間置いておく．この熟成期間中，ミクロコッカス菌の働きにより遊離アミノ酸とTMAができて風味が増す．微量に含まれる脂肪成分の半分ほどは，酸素の働きで遊離脂肪酸へ，さらにさまざまな低分子へと変換され，芳香が生まれる．最終段階では人工的に乾燥させるが，これには3日もかからない．

塩ダラは地中海，ならびに奴隷貿易によって塩ダラが持ち込まれたカリブ海やアフリカでは，今も好まれている．塩ダラの最大の生産地は，依然として北欧とカナダである．黄色味や

---

### アルカリ漬けの魚：ルーテフィスク

アルカリ性の強い食品は珍しく，石鹸のようにヌルっとした感じは慣れるまでに時間がかかる．卵白はアルカリ性であり，ノルウェーやスウェーデンの「ルーテフィスク」という料理もそうである．中世後期にはじまったと思われるルーテフィスクは，ストックフィッシュを使った料理で，プルプルとしたゼリーのような食感がある．干しダラをある程度水で戻してから，強アルカリ液に1日以上漬けておく．かつては草木灰（炭酸塩とミネラルが豊富）や石灰（炭酸カルシウム）が用いられていたが，後に苛性ソーダ（純粋な水酸化ナトリウム，1Lに5g程度）が使われるようになった．こうした強アルカリ物質は，筋線維中のタンパク質を負に帯電させるのでタンパク質同士が反発する．強アルカリ液に漬けた魚を（数日間水洗いしてから）普通に煮ると，線維タンパク質同士は弱くしか結合しない．

赤味がかったものよりも白いものがよい．色がついているものは，酸化や微生物によって風味が劣化している．調理する際は，まず水に浸けて水を何度か替えつつ数時間から数日，塩抜きして戻す．塩ダラ料理としては，「ブランダード」というプロバンス料理が有名である．ゆでた塩ダラをほぐし，オリーブ油，牛乳，ニンニク，時にジャガイモなどと一緒に叩いてペーストにしたものである．

**塩漬けニシン**　ニシンの仲間は，体重の20%ほども脂肪が含まれるので，空気にさらされると酸敗する．中世の漁師は，塩水をはった樽にニシンを漬け，酸敗せずに1年ぐらい保存した．1300年頃のオランダや北ドイツで，消化酵素がたくさん含まれた腸の部分（幽門盲嚢）をそのままにして，その他の内臓を除く方法が生み出された．中程度の塩水（16〜20%）に1〜4ヶ月漬けておく間，腸の消化酵素が筋肉や皮にしみ込み，筋肉や皮にはじめから含まれていた酵素とともにタンパク質を分解する．その結果，とろりと軟らかいテクスチャーと，魚と肉とチーズが混じり合ったような複雑で素晴らしい風味が生まれる．塩抜きも調理もせずにそのまま食べる．

　塩漬けニシンでも特に珍重されるのがオランダの甘塩漬けニシンで，「グローエン（緑色）」および「マーチェス（未産卵）」と呼ばれる二つである．かつては，辛塩漬けの牛肉と魚だけを食べて過ごす長い冬が終わり，初めて口にする春の風物詩とも言えるものであった．現在では，軽く塩漬けしただけの魚はすべて，寄生虫を除くため必ず冷凍されるので（p. 182），昔は季節限定のご馳走であったものが，今では1年中食べられる．

**塩漬けアンチョビ**　アンチョビはニシンよりも小型で南方に生息する類縁である．地中海地方およびその周辺では，アンチョビを塩漬けにし，各地方独特の調味用のフィッシュ・ソースを作る（p. 228の囲み内参照）．アンチョビは頭と内臓を除き，組織内に十分飽和するくらいの塩とともに層状に重ねる．上に重石をのせて，比較的高温の15〜30℃で6〜10ヶ月おく．できあがったものは，そのままの形で売られることもあれば，缶詰や瓶詰，細かくしてオリーブ油やバターを混ぜたペーストでも売られている．筋肉，皮，血液細胞の酵素ならびに細菌の働きによって多くの風味成分が作られ，これらの濃度が高いことと漬け温度が高めなのが相まって，早い段階で褐変反応が進み，さらに違った芳香分子が作られる．この結果，果物，脂，焦げ，キュウリ，花，甘味，バター，肉，ポップコーン，マッシュルーム，麦芽など，さまざまなにおいの混じった非常に深みのある風味になる．このように濃縮された複雑な風味に加え，魚の身がほぐれやすいこともあって，塩漬けアンチョビは16世紀からずっと，ソースをはじめとするさまざまな料理の風味づけに使われている．

**グラヴラックスとロックス**　グラヴラックスのはじまりは，中世の北欧でサケを軽く塩漬けして重石をのせ発酵保存したことで（p. 228），においのきついものであった．18世紀までには，軽く塩漬けして重石をするが発酵させないものに変わっていった．この新しいグラヴラックスはほのかな風味で，絹のように身が詰まってかなり薄く切ることができ，光輝く半透明なスライスになる．この洗練された形のグラヴラックスは，多くの国で好まれている．

　グラヴラックスの作り方は，現代では塩，砂糖，漬け時間ともさまざまである．今は生のディルを入れるのが普通だが，昔は松葉を使っていたと思われる（良い香りがする）．サーモンの身の全面にまんべんなく塩，砂糖，香味料をふり，重石をのせ，容器ごと冷蔵庫に入れて1〜4日おく．重石をのせることで魚の身に調味料がしっかりとつき，魚から余分な水分が出て，身は小さくなる．筋線維中の主要収縮タンパク質であるミオシンが塩で溶かされ，身は詰まって軟らかくなる．

　ロックスは，デリカテッセン（惣菜屋）でベーグルのつけ合せにされることで有名だが，

サケを濃い塩水に漬けたものである．一般に，水に浸けてある程度塩抜きしてからスライスして売られる．

## ■ 発酵魚

微生物を繁殖させて魚のテクスチャーと風味を変えるということは，北極から熱帯まで多くの地方で行われてきた．しかし，魚の発酵は東アジアが中心であり，そこには二つの大きな役割がある．一つは，海岸や河川で大量に捕れる小型の魚を保存・利用すること，もう一つは，あまり味のない米を主食とする食生活において，食欲をそそる風味（特にグルタミン酸ナトリウムなどの旨味アミノ酸）を濃縮したものを作ることである．

魚の発酵技術は数千年をさかのぼり，中国西南部およびメコン川地域の淡水流域にはじまったと思われる．その後，海岸のデルタ地帯に広まって海の魚に応用された．魚を発酵させる方法は大きく分けて二つある．一つは，小魚や切った魚を一緒にして塩漬けし，発酵させる簡単な方法．もう一つは，大きめの魚を軽く塩漬けしてから，米などの穀物，野菜，果物などで作った発酵床に漬け込む方法である．前者の簡単な発酵法では，一般に魚の腐敗を防ぐのに十分な量の塩を使い，細菌は主に風味づけとして重要である．後者の複雑な発酵法では，塩の量が

### アジアの魚の発酵食品

アジアで作られているさまざまな魚の発酵調味料のうち代表的なものを以下に挙げる．

| 国 | 固形物・ペースト | 魚醤<br>（フィッシュ・ソース） | 発酵して酸味をだすもの<br>（炭水化物源） |
|---|---|---|---|
| タイ | カピ（一般にはエビ） | ナンプラー | プラーソム（炊いた米） |
| | | | プラーラー（炒った米） |
| | | | プラーチャオ（発酵させた米） |
| | | | プラーマム（パパイヤ，ガランガル） |
| | | | ケームバクナド（パイナップル） |
| ベトナム | マム | ニョクマム | |
| 韓国 | チョッカル | チョックク | シッケ（アワ・ヒエ，麦芽，唐辛子，ニンニク） |
| 日本 | 塩辛（イカ，魚の内臓） | しょっつる | 熟ずし（炊いた米） |
| | | | 粕漬け（炊いた米，酒粕） |
| | | いか醤油（イカの内臓） | |
| フィリピン | バグーン | パティス | ブロン・イスダ（炊いた米） |
| インドネシア | ペダー | | ベカサム（炒った米） |
| | トラッシ（エビ） | | マカサー（赤色酵母で発酵させた米） |
| マレーシア | ブラチャン（エビ） | ブードゥー（アンチョビ） | プカサム（炒った米，タマリンド） |
| | | ケチャップ・イカン（その他の魚） | シンカルーク（エビ，炊いた米） |

少なめで腐敗防止の効果は数週間しかなく，その間に植物を主体とした材料が餌となって，牛乳を酸っぱくしたりブドウ汁をワインにしたりするのと同じ微生物群が増殖する．微生物が作り出す酸やアルコールが保存の役目を果たし，微生物の増殖で生じるさまざまな副産物が風味を醸しだす．

この簡単な原理を応用して，アジアでは何十種，ヨーロッパでも数種の発酵食品が生まれた．そのなかには，すしの原型となったものも含まれる．すしのはじまりは新鮮な魚の刺身を酢飯にのせたものではなかった．代表的なものを以下に説明していく．

**アジアの魚のペーストと魚醤**　発酵させた魚のペーストやソース（魚醤）はアジアの食生活において重要な位置を占める．ヨーロッパでは今はほとんど消えてしまったが，かつてはなじみ深いものだった（ローマ時代の魚醤「ガルム」や「リクァーメン」，下の囲み内参照）．（甘酸っぱいトマト調味料ケチャップ（ketchup）の名前の由来は，インドネシアの塩辛い魚調味料ケチャップ（kecap）である．）魚醤は，大豆が育たない地方で醤油と同じように用いられており，醤油の原型は魚醤と考えられる．

魚のペーストもソースも作り方は同じ簡単なもので，発酵段階が違うだけである．魚介類の塊に塩を 10〜30% となるように加え，密封して 1ヶ月（ペースト）から 24ヶ月（ソース）おく．魚のペーストは魚やチーズのにおいが比較的強いのに対して，魚醤は発酵が十分に進んでいるため，より芳醇で旨味がある．魚のソースのうちで最も高級とされるのは，煮沸・調味・熟成（熟成しない場合もある）した後のいわゆる一番搾りで，主に料理につけて食べる．一番搾りをとった搾り滓を再抽出した二番搾りは，カラメル，糖蜜，炒った米などが加えられることもあり，調理用として味に深みをだすのに使われる．

**酸っぱい魚：すしやグラヴラックスの原型**　アジアと北欧には，驚くほど類似した伝統的な魚の保存法がある．炭水化物に富む食材に魚を貯蔵し，その炭水化物を細菌発酵させて酸を作り，酸の働きで魚を保存するものである．こうした保存法がもとになって，未発酵食品の「すし」と「グラヴラックス」が生まれた．

## ガルム：アンチョビ・ペーストの原型

古代の独特な味覚の一つに発酵した魚醤があり，「ガロス」（ギリシャ），「ガルム」，「リクァーメン」（ローマ）などさまざまな名称がある．ローマの自然歴史家プリニウスは，「ガルムは内臓などの魚のアラから作られるもので，腐敗液そのものである」と言っている．原料やその強烈なにおいにもかかわらず，「香料を別にすれば，ガルムほど珍重される液体はほかにない」と彼は述べている．サバだけを使った最高級ガルムはローマにはじまり，スペインに広まった．ガルムの作り方は，まず魚の内臓を塩漬けにし，日光にさらして数ヶ月，内臓の形がほぼなくなるまで発酵させ，褐色の液体を漉しとる．料理に使ったり，食卓においてソースとして使ったり，時にはワイン（オエノガルム）や酢（オキシガルム）と合わせることもあった．アピキウスによるローマ後期の料理集では，ほとんどすべての料理に何らかの形でガルムが使われている．

地中海では16世紀までガルムのような食品が残っていたが，その後は現在あるような固形のガルム（内臓を除いたアンチョビの塩漬け）が現れ，本来のガルムは消えていった．

米と魚を混ぜたアジアの発酵食品　魚と穀物を混ぜ合わせた発酵食品がアジアには数多くあるが，なかでも後世に大きな影響を及ぼしたのが日本の熟ずしで，現代のすしの原型となった (p.202)．琵琶湖で捕れるフナ (Carassius auratus) と米から作られる鮒ずしは特に有名である．さまざまな細菌が米の炭水化物を消費し，多様な有機酸を作り出す．有機酸は腐敗を防ぎ，魚の頭や骨を軟らかくし，酢，バター，チーズのにおいが混じったようなあの独特な酸味と臭気を醸しだす．現在の握りずしは，非常に新鮮な生魚を使うが，熟ずしの酸味の名残が酢飯に残っている．

魚を埋めた北欧の発酵食品：グラヴラックス
食民俗学者のアストリ・リダーボルドによれば，北欧の発酵魚（昔のグラヴラックス，スウェーデンのシュールラックスやシュールシル，ノルウェーのラークフィスクやラークルート）は，中世の漁師が，十分な塩や樽がない人里離れた川や湖や海岸でたくさんの魚が捕れて困ったときにとった方策だったようだ．内蔵を取って洗った魚に軽く塩をふり，おそらくは樺の樹皮で包み，その場で土に穴を掘って埋めたのだろう．グラヴラックスは"埋めたサケ"を意味する．北欧では夏場の気温が低く，埋めることで空気に触れず，最小限の塩，炭水化物（樹皮，あるいは乳清，大麦麦芽，小麦粉など），これらがすべて合わされて乳酸発酵が促され，魚の表面が酸性になった．そして魚の筋肉および細菌由来の酵素が，魚のタンパク質と脂を分解し，バターのような質感とツンとする強いチーズ臭が生まれる．シュールシルおよびシュールラックスの「シュール (sur)」は，"酸っぱい (sour)"という意味である．

現代の未発酵のグラヴラックスは，サケの切り身を塩漬けにして数日間冷蔵したものである (p.226)．

■ 燻製魚

日光や風や塩が十分でないような場合，漁師が捕った魚を火で乾燥させたのが，魚を燻製にしたはじまりだったかもしれない．ドイツ，オランダ，イギリスではニシン，イギリスではタラやハドック（モンツキダラ），ロシアではチョウザメ，ノルウェーやスコットランドやノヴァスコシア（カナダの一州，"ノヴァ"サーモンの名前の由来）ではサケ，そして日本ではカツオの燻製（鰹節）などがある．こうしたものの多くが冷涼な北の地方のものである．燻製することによって，煙のにおいが魚の腐敗臭を隠し，魚を保存するとともに煙のにおいをつけるのである．木が燃えるときに発生する多様な化

---

### 薄塩漬けの臭い魚：シュールストレミング

　魚のペーストおよびソースは，微生物の繁殖と働きを抑制するために十分な塩を加える．魚の発酵食品のなかには，塩の量を少なくして細菌を生かし，より強烈な風味をつけたものもある．スウェーデンの「シュールストレミング」が有名である．ニシンを桶の中で1〜2ヶ月発酵させてから缶詰にし，さらに1年ほど発酵を続ける．缶はパンパンに膨らみ，通常ならばボツリヌス菌が増殖していることを示す危険な兆候だが，シュールストレミングの場合には風味が増して食べごろになったしるしである．缶の中で熟成を進めるのは *Haloanaerobium* と呼ばれる特殊な細菌で，水素ガス，二酸化炭素ガス，硫化水素，酪酸，プロピオン酸，酢酸を作り出す．この結果，本来の魚臭さに加えて，腐った卵と腐ったスイスチーズと酢の混じったようなにおいになるのである．

合物は，抗菌活性や抗酸化活性をもっている（p.437）．伝統的な燻製処理は強烈なものだった．中世のヤーマス（ノヴァスコシア州の都市）の燻製ニシンは，内臓を取らずに塩を飽和させ数週間燻煙したもので，1年近く保存できたが，においが強かったため臭跡をつける（または隠す）ことの代名詞ともなった．19世紀には鉄道が発達して市場への輸送時間が短縮されたため，塩漬けも燻煙もかなり穏やかになった．今日では，塩濃度は3％（海水の塩濃度）前後かこれよりも低め，燻煙時間は数時間である．これは主に風味づけのためで，冷蔵保存期間がほんの数日から数週間延長されるだけである．今では燻製魚介類の多くが缶詰にして保存される．

**塩漬けと乾燥による下ごしらえ**　今は，燻煙器に入れる前に，魚を濃い塩水に2～3時間から1昼夜漬けて，ある程度（2～3％，微生物による腐敗を防ぐことはできない）の塩を含ませるだけである．この過程では筋線維のタンパク質の一部，特にミオシンが表面に移行する．魚を吊るして自然乾燥させる間に，表面に溶けたミオシンがツヤのあるゲル状の薄膜となり，おいしそうな黄金色の輝きがでる．（煙のアルデヒドと薄膜のアミノ酸が褐変反応を起こすのと，煙に含まれる濃色樹脂が濃縮されるのとで黄金色になる.)

**冷式および温式燻製**　燻製は30℃前後の比較的低温からはじめ（木材よりも低温で煙を発生しやすいおがくずを使うことが多い），表面が硬くなって内部からの水分移動を妨げてしまわないようにする．また，加熱せずに魚の身の水分がある程度失われ濃縮されるため，結合組織コラーゲンが変性して身が崩れることもない．この後，冷式または温式のいずれかの温度範囲で数時間燻煙する．冷式燻製は32℃より低温，生魚の繊細なテクスチャーが残る．温式燻製は沸点まで徐々に温度を上げてゆき，熱気で加熱することになる．内部温度はかなり急速に65～75℃まで達し，まとまってはいるが身は乾燥してフレーク状に崩れやすくなる．冷式燻製でも長時間行えば，冷蔵庫で2ヶ月近くもつ．軽く燻製しただけのものは（冷式でも温式でも），数日から数週間しか保存できない．

　高級なスモーク・サーモンは，塩（砂糖を加えることもある）で数時間から数日間処理した後，水洗いして空気乾燥し，5～36時間の冷式燻製を行う．最後に30～40℃まで温度を上げて表面に油のツヤをだす．

## いろいろな燻製魚

| | |
|---|---|
| キッパー・ヘリング | ニシンの内臓を取って開き，冷式燻製 |
| ブローター，ボッキング | ニシンをまるごと冷式燻製 |
| バックリング | ニシンをまるごと温式燻製 |
| シルド | 未成熟のニシンをまるごと温式燻製 |
| レッド・ヘリング | ニシンの内臓を取って，開かずに冷式燻製 |
| ブリスリング | 未成熟のスプラット（小型イワシ）をまるごと温式燻製 |
| フィナン・ハディ | ハドック（モンツキダラ）の内臓を取って開き，冷式燻製（泥炭） |
| ノルウェー/スコッチ・スモーク・サーモン；"ノヴァ" | サーモンの切り身を冷式燻製 |

## ◼ 4種類の保存法を合わせる：日本の鰹節

日本料理の要とも言える鰹節は，非常にすぐれた魚の保存食品である．その歴史は1700年頃にさかのぼり，多くの場合はカツオ（*Katuwonus pelamis*）だけを原料に作られる．筋肉組織をいくつかに切り分け，塩水で約1時間，穏やかに煮てから皮を取り除く．次に，硬木を使った温式燻煙を毎日行うこと10～20日，完全に硬くなるまで続ける．この後，一種または数種のカビ（*Aspergillus*属，*Eurotium*属，*Penicillium*属）を植菌し，箱に密封し，約2週間表面発酵を行う．1，2日間天日干しして，表面のカビをこすり落とす．このカビつけは3回から4回繰り返される．3～4ヶ月の全工程を終了すれば，最終的に淡褐色で高密度になり，叩くと木材のようによく響く音がする．

これほど複雑な工程をとるのはなぜか？　それは，最高級のハムやチーズにしかみられないような，多彩な風味成分を蓄積させるためである．魚の筋肉とそれに含まれる酵素からは，乳酸ならびに旨味アミノ酸，ペプチド，核酸ができる．燻煙によって刺激臭のあるフェノール化合物が加わる．煮沸，燻煙，天日干しによって，焦げた肉のにおいのする窒素・含硫炭素環化合物が生じる．さらに，カビが魚の油を分解して花や果実や草などの，さまざまな匂い成分が生じる．

日本の伝統料理における鰹節は，フランス料理における濃縮された子牛のストック（フォン・ド・ボー）のようなもので，さまざまなスープやソースの風味のもととなる便利な食材である．薄く削ることにより，何ヶ月もかけて熟成された風味は瞬時に引き出される．日本料理の基本である「出し汁」を作るには，水に昆布を入れて加熱し，沸騰寸前で昆布を引き上げた後，削った鰹節を加えて再び沸騰させ，鰹節が底に沈んだらすぐに布巾などで漉す．鰹節を入れたままで時間をおきすぎたり，布巾の上の鰹節を搾ったりすると，出し汁の繊細な風味が損なわれる．

## ◼ 魚のマリネ

化学用語としての酸は，遊離プロトン（高反応性で小さな水素原子核）を放出しやすい物質のことである．水は弱酸であり，生きた細胞は水中で機能するように作られている．強酸中では生きた細胞に過剰なプロトンが流入するため，細胞の化学機構は機能できない．これがすなわち，酸が食品を保存する仕組みであり，酸は微生物を活動不能にする．魚を酢漬けにすると，新鮮にも感じられる独特なにおいがつくという，うれしい効果もある．酸性条件では，においの強いアルデヒド（TMAの魚臭さを強める）が水分子と反応して不揮発性となる．そのためより軽いアルコールがにおいの主成分となる．ニシンやほかの魚の酢漬けは，驚くほど繊細なにおいである．

アピキウスの料理集にみられるように（下の囲み参照），地中海地方では何千年にもわたって魚のマリネが食べられてきた．現在一般的に使われる「エスカベーシュ，escabeche」という語およびその関連語は，アラビア語のsikbajからきており，13世紀には料理の仕上げに酢

---

### 昔のエスカベーシュ

焼き魚を長持ちさせる方法．魚を焼いたら，フライパンから取り出してすぐに熱した酢をかける．

——アピキウス，紀元後数世紀

（酢酸，p.747）を加えた肉・魚料理をsikbajと呼んでいた．ワインやヴェルジュース（未成熟ブドウの果汁）など，酢以外のものも使われた．

　魚介類をマリネする場合は，生のままでもよいし，塩漬けや加熱調理をしてからでもよい．たとえばヨーロッパ北部では，生のニシンをマリネ液（魚3に対して，塩10％，酢酸6％の液を2）に浸し，10℃前後で1週間ほど漬け込む．日本のシメサバは，まずサバの切り身に塩をふって数時間おき，そのあと酢に1時間前後漬け込む．あらかじめ加熱する場合は，魚は滅菌されて身が硬くなっているので，弱めにマリネすることになり，テクスチャーや風味はあまり変わらない．

## ■ 魚の缶詰

　缶詰の魚は冷蔵しなくてもほぼ永久に保存できるうえ扱いやすいため，魚の保存食品としては最も多く利用されている．合衆国で消費される魚製品のなかで一番多いのは缶詰であり，ツナ缶の年間消費量は10億個を超える．缶詰の製造原理はニコラス・アペールによって1810年頃に発明されたもので，当初は魚介類を容器に密封した後に加熱を行っていた．それから10年ほど後，同じフランス人のジョセフ・コリンがイワシの缶詰を作りはじめた．アメリカでは，1840年頃にデラウェアのカキが，1865年頃にタイヘイヨウサケが缶詰にされた．1903年にはサンディエゴ周辺に，イタリア移民によってツナ缶詰工場が設立された．現在，世界中で最も多く生産される魚介類の缶詰は，サケ，マグロ（ツナ），そしてイワシである．

　魚の缶詰は多くの場合，加熱処理を二度行う．缶に密封する前に加熱処理を行うことで，必然的に水分（および風味成分や体によい魚油）が失われ，缶の中身は水っぽくなくなる．密封後に再び加熱処理を行い（通常は加圧蒸気中で約115℃），缶詰内を滅菌する．二度目の加熱処理によって骨は十分に軟らかくなるため，骨ごと缶詰にした魚は優れたカルシウム源である（100g当たりのカルシウム含量は，生魚が約5mg，サケ缶が200〜250mg）．魚の缶詰（特にサケ缶）には，グルタミン酸ナトリウムやタンパク質加水分解物（タンパク質を分解してグルタミン酸などの旨味アミノ酸にしたもの）など，風味や外見をよくするさまざまな食品添加物が許可されている．高級な缶詰は加熱処理を一度しかしておらず（密閉後），魚の旨味がそのまま閉じ込められているために，食品添加物を添加する必要はない．

# 魚卵

　海や川で捕れる食物のなかでも，特に高価で贅沢なのが魚卵である．チョウザメの卵を塩漬

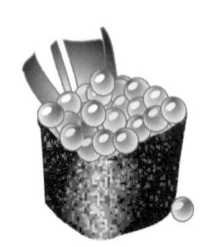

サケの卵．鶏卵と同じく，内側の卵黄には脂肪（脂溶性カロテノイド色素など）および生きた卵細胞が含まれる．その周りをタンパク質に富む溶液が囲んでいる．

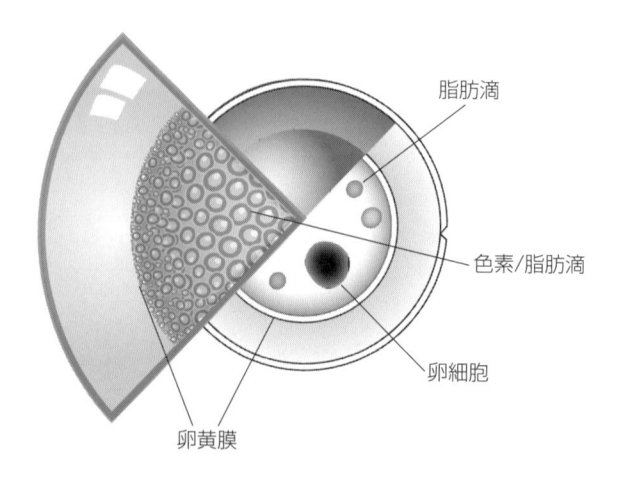

脂肪滴
色素/脂肪滴
卵細胞
卵黄膜

けにしたキャビアは，動物界におけるトリュフとも言えるもので，人類文明が自然界を侵害するにつれますます稀少になっている．幸い，今ではチョウザメの養殖により良質のキャビアが生産されており，キャビアの代替品としてチョウザメ以外の魚卵も安価に入手できる．

産卵が近づくにつれて魚の卵巣には膨大な数の卵が蓄積されてゆき，サケでは1匹当たり2万個，チョウザメ，コイ，シャッド（ニシンの一種）では1匹当たり数百万個にもなる．魚卵には，1個の細胞が孵化魚へと成長するのに必要な栄養がすべて含まれているため，魚よりも栄養が濃縮されていると言える．脂肪分が多く（チョウザメやサケの卵では10〜20％），旨味成分のアミノ酸や核酸も多い．鮮やかなピンクや黄色のカロテノイド色素，カモフラージュ用の黒褐色のメラニン色素などを含み，おいしそうな色であることも多い．

未熟すぎず完熟すぎない魚卵が，加熱調理にも塩漬けにも最適である．未熟な卵は小さくて硬く，風味に欠ける．一方，産卵直前の卵は軟らかくてつぶれやすく，すぐに臭みがでる．魚卵は，薄いタンパク質溶液中にひとつひとつの卵がつかず離れず状態で浮かんでいて，それが薄く破れやすい膜に包まれている．はじめにさっと湯通しすれば，タンパク質溶液が凝固してやや硬くなるので，扱いやすい．

雄の魚は精子を蓄え，雌が産卵すると同時に水中に精子を放出する．精子の塊は「白子」と呼ばれ，クリーミーな食感である（顕微鏡で見ると，タンパク質性の液に精子細胞が浮遊している）．日本ではタイやタラの白子が珍重され，さっと加熱してとろりとカスタード状にして食べる．

## ■ 塩が魚卵の風味とテクスチャーを変える

**強い塩漬け：ボッタルガ（からすみ）**　魚卵は生よりも塩漬けにして食べることが多い．もともとは，魚卵を保存するために塩が用いられていた．地中海では何千年にもわたって，ボラやマグロの卵巣をまるごと塩漬けにしてプレスし乾燥させた「ボッタルガ」が食べられている（からすみもほぼ同じ）．塩漬けと乾燥によってアミノ酸，脂質，糖が濃縮され，これらが互いに反応して複雑な褐変反応が起こる．その結果，濃い赤褐色の色合いと，パルメザンチーズやトロピカルフルーツにも似た素晴らしく濃厚な風味が生まれるのである．ボッタルガは今では珍味であり，薄くスライスして前菜にしたり，削ったものを温かいパスタにかけたりする．

**軽い塩漬け：キャビア**　ほぐれて水分の多い魚卵は，軽く塩をふることでさらに風味が増す．少量の塩が魚卵中のタンパク質消化酵素の働きを促進し，旨味のもととなる遊離アミノ酸が増える．別の酵素（トランスグルタミナーゼ）も塩で活性化され，すると卵の外膜のタンパク質が架橋されて硬くなり，食感が増す．塩が溶けて外膜と卵黄膜のすきまにしみ込み，卵は丸く硬く膨らむ．また，タンパク質の電荷分布が変化するため，タンパク質同士が結合し，さらさらしていた卵中の水分は蜂蜜のようにとろりとする．

こうして，軽い塩漬けを行うことで単なる魚卵がキャビアに変わるのである．すべての生命が誕生する根原的な塩水と旨味分子の，つかの間の味がする．

## ■ キャビア

キャビアは1200年頃のロシアで誕生したと思われる．それ以前にもチョウザメの卵巣は保存して食べられていたが，より口当たりをよくしたのがキャビアである．今ではキャビアと言えば，ほぐした魚卵を軽く塩漬けしたもの全般をさすが，かつてはチョウザメの卵だけがキャビアと呼ばれた．人気があるのはやはり，ロシアやイランで捕れる数種類のチョウザメのキャビアで，カスピ海に注ぐ河口付近に遡上してくる魚が捕獲される．

ほんの150年前まで，チョウザメは北半球の大きな川の周辺ではごく普通に生息していた．

ロシアではキャビアが大量に生産され，料理家エレーナ・モロコベッツはその料理本のなかで，ブイヨンを澄ますためにキャビアを使ったり，"けしの実を散らしたように"ザワークラウトを飾ったりしている．しかし，その後の乱獲，ダムや水力発電所の建設，産業汚染のせいで，多くのチョウザメ種が今や絶滅の危機に瀕している．1900年頃には，チョウザメの卵は稀少で高価なものとなり，贅沢品としての需要からさらに価格は上昇した．この風潮が続くなか，カスピ海のチョウザメの数は急減し，国連ではカスピ海産キャビアの輸出禁止も検討している．過去数十年間におけるキャビア生産は，ロシアおよび中国のアムール川沿いに東側へと広がり，合衆国その他で養殖も行われている．

**キャビアの作り方** 伝統的な方法では，網で生け捕りにしたチョウザメを気絶させ，魚を絞める前に卵巣を取り出す．網で漉して卵をほぐすとともに卵巣膜を除き，卵を選別し，最終的な塩濃度が3〜10%となるよう塩をふってから2〜4分間手でかき混ぜる．（1870年代からは，塩味をひかえ保存期間を長くするため，少量のアルカリホウ酸（ホウ酸ナトリウム）を加えて塩分を少なめにしている．ただし，合衆国およびほかのいくつかの国ではホウ酸を含むキャビアの輸入を禁止している．）この後，5〜15分間自然に水をきってから，大きな缶に詰め，−3℃に冷却する（塩が入っているので凍らない）．

ロシア語でマロッソル（"薄塩"という意味）

| 食用にされる魚卵 | |
|---|---|
| 魚の種類 | 特徴および名称 |
| コイ | 極小粒で薄いピンク色；塩漬けもある<br>ギリシャ：タラモ |
| タラ，スケトウダラ | 極小粒でピンク色，塩漬け，ペースト，乾燥，燻製など<br>日本：たらこ，もみじこ，明太子 |
| トビウオ | 小粒で黄色，橙色や黒色に着色されることが多い，プチプチした食感<br>日本：とびこ |
| ボラ | 小粒；塩漬けが多い；プレスして乾燥したものがボッタルガ<br>イタリア：ボッタルガ，ギリシャ：タラモ，日本：からすみ |
| ニシン | 中粒，黄金色，塩蔵されることもある；子持ち昆布は特に珍重される<br>日本：数の子 |
| ダンゴウオ | 小粒，北大西洋やバルト海に多い；緑がかった色，赤色や黒色に着色されることが多い，強塩に漬け，低温殺菌し，瓶詰めにされる |
| サケ | 大粒（4〜5 mm），赤橙色，主にシロザケ（*Oncorhynchus keta*）の卵，普通は軽く塩水に漬けて生のまま売られる<br>日本：すじこ（卵巣膜に入ったもの），いくら（粒をほぐしたもの） |
| シャッド | 小粒，ニシンの一種 |
| チョウザメ | 中粒；薄塩に漬けてキャビア |
| マス | 大粒で黄色，五大湖のマス |
| マグロ | 小粒；塩漬けが多い；プレスして乾燥したものがボッタルガ<br>イタリア：ボッタルガ |
| コレゴヌス（ホワイトフィッシュ） | 小粒で金色，プチプチした食感，サケ類縁の北半球の淡水魚；味つけや燻製が多い |

と呼ばれる最高級品は，塩分が2.5～3.5%で特に傷みやすい．典型的なカスピ海産キャビアは，大きさ，色，風味ともに特徴がある．キャビア・ベルーガは最も稀少で，大きく，一番高価である．キャビア・オシェトラは，天然のキャビアのなかで一番多く，主な産地は黒海とアゾフ海である．わずかに褐色がかっていて，カキのような風味がする．キャビア・セブルーガは色が濃く，風味は複雑さに欠ける．「プレスキャビア」は比較的安く，塩分は高め（7%程度），産卵直前の成熟卵をペースト状にしたもので風味が強く，冷凍保存できる．

**サケおよびその他のキャビア**　サケの卵を使ったキャビア（いくら）は，安くておいしい代用品として，1830年代のロシアで生産がはじまった．粒が大きく，半透明で鮮やかな赤橙色をしている．シロザケおよびカラフトマスの卵をほぐし，飽和食塩水に2～20分間漬け，最終的な塩濃度を3.5～4%とする．この後，水をきって半日ほど乾燥させる．1930年代からは，それまであまり食用にされていなかったダンゴウオの卵（大きさはキャビア・セブルーガに近い）を塩漬けし，キャビアに似せて着色したものが製造されるようになった．コレゴヌス（ホワイトフィッシュ）の卵も同じくらいの大きさで，着色しないで黄金色のまま市場に出される．近年では，ニシン，アンチョビ，そしてロブスターの卵までキャビアとして売られている．キャビアの保存期間を長くするために，低温殺菌（50～70℃で1～2時間）されることもあるが，ゴムのようなにおいがでて硬くなってしまう．

# 第5章

# 食用植物

## ——果実, 野菜, ハーブおよびスパイス——

| | |
|---|---|
| **食物としての植物** 238 | 生鮮果実・野菜の取扱い 268 |
| 　植物の性質 238 | 　保存場所の空気 268 |
| 　定義 240 | 　温度管理：冷蔵 268 |
| 　歴史的にみた植物性食品 241 | 　温度管理：冷凍 269 |
| **植物性食物と健康** 247 | **生鮮果実・野菜の調理** 269 |
| 　果実・野菜に含まれる必須栄養素： | 　熱が果実・野菜の品質に及ぼす影響 270 |
| 　　ビタミン 247 | 　熱湯：ゆでる, 蒸す, 圧力調理 276 |
| 　フィトケミカル 249 | 　熱い空気, 油, 放射熱：オーブン焼 |
| 　食物繊維 251 | 　　き, 炒める, 揚げる, グリル焼き 277 |
| 　ある種の果実・野菜に含まれる毒素 251 | 　電子レンジ調理 278 |
| 　生鮮果実・野菜と食中毒 253 | 　粉砕と抽出 278 |
| **果実・野菜の構造と品質** 254 | **果実・野菜の保存** 281 |
| 　植物の構造：細胞, 組織, 器官 254 | 　乾燥と凍結乾燥 281 |
| 　テクスチャー 257 | 　発酵と漬物：ザワークラウトと |
| 　色 259 | 　　キムチ, キュウリのピクルス, |
| 　風味 262 | 　　オリーブ 282 |
| **果実・野菜の取扱いと保存** 267 | 　砂糖を使ったプリザーブ 286 |
| 　収穫後の鮮度低下 267 | 　缶詰（瓶詰） 288 |

　前章までは，動きのあるタンパク質とエネルギーに満ちた脂肪が中心となる乳，卵，肉，魚についてみてきたが，ここからはまったく異なる植物の世界へと入ってゆく．植物だけでなく動物の生命をも根本から支える世界である．植物界には，土のにおいがする根，ピリット苦くて新鮮な葉，香りのよい花，芳醇な果実，風味豊かな種子，甘味と酸味と渋味と心地よい刺激，そして何千種もの芳香が含まれる．このあふれんばかりの多彩な世界は，実は単純かつ過酷な必要性から生まれたのである．植物は動物のように動くことができない．動かずに露出したままの状態で生き残るため，化学合成の名手となったのである．水と岩と空気と光——地球上で最も簡単な材料から，植物は自分自身の体を作り上げる．すなわち地球という素材を，動物が生きるために必要な食物に変える．植物が敵を遠ざけ仲間を呼び寄せるために発明した色

や味やにおい——これらの化学物質こそが，人間の美意識と味覚を形作ったと言える．日常的な化学ストレスから身を守るために作り出す化学物質は，我々人間の体内でも防御機能を発揮する．我々が野菜・果実・穀物・スパイスを食べるのは生きるためであり，しかもそれは感覚と喜びに満ちた万華鏡のような世界を知ることでもある．

人間はいつの時代も植物を食べてきた．我々の祖先は雑食性であり，100万年以上も前からさまざまな野生の果実や葉や種子を食べてきた．1万年ほど前には，穀物，種子，マメ，塊根を栽培するようになった．これらは植物のなかでも特に，エネルギーとタンパク質を豊富に含み，大量に栽培して保存することができる．食物供給をコントロールすることができるようになると，比較的狭い土地から，多くの人々を養うのに十分な食糧を得られるようになったのである．畑の耕作は定住につながり，都市が生まれ，人間の心も養われていった．一方，農業の発達によって，人間の食べる植物の種類は劇的に少なくなった．数千年後には，産業化によってさらに種類は減った．現代の西洋的な食生活のなかで，果実と野菜の位置づけは補助的であり，摂取量は少ない．果実や野菜，ハーブやスパイスを多く取り入れた多彩な食事が，長期的な健康のために必要であることが認識されるようになったのは，ごく最近のことである．幸いなことに，技術革新の進んだ現代では，世界中から多種多様な食用植物を手に入れることができるようになっている．こうした自然と人間の創意工夫の賜物，その魅力的で広がりつつある食材を，今こそ十分に楽しむべきである．

この章では，植物から得られる食物についての概説を述べる．種類が非常に多いため，個々の果実・野菜，ハーブ・スパイスについては，第6，7，8章で各論を述べる．種子を利用する食物（穀物，マメ，ナッツ）は特殊な性質をもつので，第9章で別に取り上げる．

---

### 根源的な食物

植物は根源的な食物であり，植物だけが食物として適正であるという考えは，深く文化に根ざしたものである．ギリシャ・ローマ神話に記されている黄金時代には，人間が耕作しなくとも自然界からいくらでも食物が手に入り，人はナッツと果実だけを食べていた．創世記に描かれているアダムとイブは，罪を犯すまでの短い期間に農作業を行っていた．

> 神はエデンの東に園を設け，作りし人をそこに置かれた．神は見て美しく，食べるによいすべての樹を地から生えさせた……神はその人を取って，エデンの園におき，これを耕させ，これを守らせた．

聖書に食べものとしての肉がでてくるのは，カインが弟のアベルを殺した，最初の殺人の後である．ピタゴラスの時代から現代に至るまで，多くの人々（および団体）が痛みを感じるほかの生物を殺すことをよしとせずに，植物だけを食べる生活を貫いた．また肉を産するのは穀物や塊根を作るよりもずっと高くつくため，歴史的にみても多くの人々は，植物を食べる以外の選択肢がなかった．

# 食物としての植物

## ■ 植物の性質

　植物と動物はまったく異なる生物である．成長と生殖に必要なエネルギーや物質をどのように得るか？　この基本的な問題に対し異なる方法をとって進化をとげた結果である．植物は基本的に自給自足と言える．水とミネラルと空気から自己組織を作り上げ，太陽の光からエネルギーを得て生きている．一方，動物はこのような単純な材料から，エネルギーを取り出したり，複雑な分子を作り上げたりすることができない．ほかの生物を摂取することで，エネルギーや分子をすでにできあがった状態で得るしかない．植物は「独立栄養生物」，動物は他に寄生する「従属栄養生物」である．（寄生と言うと聞こえがよくないが，寄生するからこそ，食べたり料理したりという楽しみもある．）

　独立栄養性の形態はさまざまである．古細菌（単細胞の微生物）のなかには，硫黄化合物，窒素化合物，鉄化合物などからエネルギーを得るものがいる．30億年以上前，太陽光から得たエネルギーを炭水化物分子（炭素・水素・酸素でできた分子）として蓄積することのできる細菌が出現したことで，"食べる"行為が大きく影響されることになる．身の周りの至る所で見られる植物の緑は，クロロフィルの色である．この色素が太陽光を捉え，「光合成」という過程が開始され，そこで単糖のブドウ糖が作られる．

$$6CO_2 + 6H_2O + 光エネルギー \rightarrow C_6H_{12}O_6 + 6O_2$$

$$二酸化炭素 + 水 + 光エネルギー \rightarrow ブドウ糖 + 酸素$$

　クロロフィルを"発明"した細菌は，やがて藻類やその他すべての緑色の陸上植物へと進化していった．そして間接的には陸上動物の進化にも関わったのである．光合成の出現以前は，地球上の大気にはほとんど酸素が含まれず，太陽光の有害な紫外線がすべて地上に到達し，海面下数メートルにも達していた．つまり生物は深海にしか生きられなかった．光合成細菌や初期の藻類が急増すると，大量の酸素（$O_2$）が放出され，大気上方では放射線によってオゾン

植物の厳しい生活．一つの場所に根を張って生きる植物は，土壌から水やミネラルを，大気からは二酸化炭素と酸素を，太陽からは光を得ている．これらの無機化合物を植物組織に変換し，そしてそれが昆虫その他の動物の栄養になる．植物は捕食動物から身を守るために，さまざまな化学兵器（化学物質）を用意している．植物をおいしくしたり，栄養豊富にしたりしているのは，これらの化学物質である．自らの子孫を遠くまで広げるために，おいしく栄養豊富な果実で種子のまわりを包んだりする．動物が果実を持ち帰って食べることにより，種子は遠くに運ばれる．

($O_3$) に変換された．オゾンは紫外線を吸収するため，地上に到達する紫外線はかなり減少した．こうして，陸上生物が生まれたのである．

我々が酸素を吸って陸上で生活できるのも，道端の緑の植物のおかげであり，畑に育つ植物，毎日食べる植物のおかげである．

**植物が肉質でないのはなぜか？** 陸上植物が生きてゆくには，土壌からミネラルと水を，大気から二酸化炭素と酸素を，太陽からエネルギーを得る必要がある．これらの素材はすべて確実なもので，その確実性を利用するために植物は効率的な構造となっている．土壌中に張りめぐらされた根が，水とミネラルを安定供給する．最大限に広がった葉が，太陽光を捉えて大気とのガス交換を行う．茎が葉を支え，葉と根をつないでいる．植物は，本質的には固定された化学工場であり，炭水化物の合成室と炭水化物の貯蔵室，化学物質の移動管，そして物理的な強度と硬度を加える補強構造（これも主に炭水化物）から成り立つ．これに対して寄生性の動物は，ほかの生物を探し出して食べる必要があり，ゆえにその構造は化学エネルギーを物理的運動に換える筋肉タンパク質が中心となる（p. 119）．

**植物が強い風味や作用をもつのはなぜか？** 動物は動けるので，ほかの生物の餌食にならないよう逃げたり闘ったりできる．植物は動くことができない代わり，そのすぐれた化学合成能力を駆使する．植物は，細菌，カビ，昆虫，そして我々人間が嫌うような強い味のする，時に毒性の警告サインともなる多種多様な物質を合成する．ほんの一例を挙げるなら，カラシ油やトウガラシカプサイシンといった刺激成分，タマネギに含まれる催涙成分，コーヒー中のカフェインやトマトのソラニンといった苦味や毒性をもつアルカロイド，ライマメや果実種子の多くに含まれる青酸化合物，収れん性のタンニンや消化酵素阻害物質などの消化を妨げる物質などである．

植物が天然の天敵駆除剤を十分にもちあわせているならば，その犠牲となった動物の死体で埋め尽くされていないのはなぜか？ それは，動物が有害植物を見分け，近づかないよう学んだからである．嗅覚と味覚を使うことにより，微量の化学物質でも感知することができる．動物は，強力な味に対して適切に反応する能力を生まれながらにもっている．アルカロイドや青酸に特徴的な苦味を避け，大切な栄養素である糖の甘味を好む．また動物のなかには，有毒植物を食べても大丈夫なように特定の解毒酵素をもつものもある．たとえば，コアラはユーカリの葉を食べるし，オオカバマダラチョウの幼虫はトウワタを食べることができる．人間が植物を選別し，品種改良し，調理するというのも，まさに巧妙な解毒方法である．キャベツ，ライマメ，ジャガイモ，レタスといった野菜の栽培品種は，原種と比べて毒性が少ない．また毒性物質の多くは，加熱することで分解し，ゆでることで洗い流すことができる．

ところがここで，人間はある種の植物毒をむしろ好んで食べたがるという，少し不思議でおもしろい話がある．刺激性の警告サインのなかにはさほど有害ではないものがあるということを学んだ人間は，敵を遠ざけるという本来の目的に相反して，刺激的な感覚を楽しむようになった．こういった理由で，我々はカラシやトウガラシやタマネギを好んで食べるのである．第8章に取り上げるが，ハーブやスパイスのもつ基本的な魅力はこの刺激的な感覚にほかならない．

**熟した果実がおいしいのはなぜか？** 高等植物および高等動物は，雄の生殖器と雌の生殖器から（ふつうは別々の個体から）の遺伝材料を融合させることで子孫を作る．動物は動けるという利点があり，雄と雌が互いにその存在を感知して近づく．植物は動けないので，何らかの仲介者が必要となる．陸上植物の多くは，風や動物を介して，雄の花粉が雌の胚珠（卵）へと運ばれる．動物の手助けを受けやすいように，進化した植物は花をつけるようになった．花の形，色，香りは，特定の動物（多くは昆虫）を

誘い寄せるようにデザインされている．昆虫が飛び回り，餌となる花蜜や花粉を集める際に，花粉は植物から植物へと移ってゆく．

　雄細胞と雌細胞が合わされて子孫が誕生した後は，上手く成長することが大事である．動物の母親は格好の場所を探し出して子供を産む．しかし植物にはやはり手助けが必要である．種子が単に地面に落ちるだけなら，種子同士，さらには親植物とも日光や土やミネラルをめぐって競合することになる．種子を遠くまで広める方法を獲得した植物種が，繁栄をものにした．たとえば，殻がはじけて種子が四方に飛び散るような構造，風に運ばれやすい構造，動物の毛にくっつきやすいような構造，さらには動物の体内にもぐり込み移動するような構造などである．果実というのは，動物に食べられるように発達した植物器官であり，動物の食べた果実（とその中にある種子）は動物とともに移動し，消化系を通りぬけた種子は栄養豊富な動物の糞とともに体外に排出されるというわけである．（種子が大きくて外皮が硬かったり，あるいは小さくて吐き出しやすかったりすれば，消化を免れることができる．）

　つまり，果実はほかの植物器官とは異なって，食べられるためにある．果実の味や香りや硬さが，動物に好まれるようにできているというわけである．ただし，動物に食べられるのは種子が十分に成熟した後でなければならない．果実が熟する，すなわち色や硬さや味が変化するのはそのためである．葉，根，茎はいつでも食べることができて，一般には若いほど軟らかい．しかし果実に関しては，食べごろサインがでるまで待つ必要がある．熟成については第7章で述べる（p.339）．

**進化のパートナー**　我々人間と同じく，食用植物が地球上に出現したのも比較的新しい．地球上に生命が誕生したのは約40億年前，これに対して顕花植物が出現したのはわずか2億年ほど前で，それが優勢となったのは過去5000万年間である．"草本"植物が発達したのはさらに最近のことである．食用植物の多くは，寿命の長い樹木ではなく，1回の生育シーズンに種子を残し死んでゆく，比較的小型で弱い植物である．この草本性の生態が，環境の変化に適応しやすい柔軟性につながり，これは我々にとっても好都合であった．作物は数ヶ月間で収穫できるし，1年ごとに作物の種類を変えることもできる．短期間で新品種を開発することができ，何年も成長したとすれば硬くて食べられなくなるものも食べられる．草本植物が広まったのは，ちょうど人間が出現したのと同じ数百万年前からである．草本植物のおかげで人間文明は急速に発達し，その代わりに人間は，選別と品種改良によって草本植物の生物学的発達を方向づけた．人間とその食用植物は，互いの進化のパートナーであった．

## ■ 定義

　植物由来の食物は，いくつかに大きく分類される．

**果実と野菜**　小麦や米などの植物種子を別にすれば（これらは第9章で扱う），我々の食生活に重要な植物性食物のほとんどは，果実と野菜である．野菜が現在のような意味合いをもつようになったのはほんの数世紀前からで，基本的には果実と種子以外の植物性食物はすべて野菜である．ならば果実とは何か？　これには専門的な定義と一般的な定義がある．17世紀以降の植物学的な定義では，果実とは花の子房（卵巣）が発達した器官のことで，種子をとりまく部分のみをさす．ところが一般的には，植物学的に果実であるところのサヤインゲン，ナス，キュウリ，トウモロコシなどは野菜と呼ばれる．合衆国最高裁判所でさえ，植物学的な定義より料理上の定義を用いる．1890年代に，ニューヨークの食品輸入業者が，トマトを輸入する際の免税措置に関する申し立てを行った．トマトは果実であるから，当時の規制に従うならば輸入税の対象にはならないはずだというのである．税関ではトマトを野菜とみなし，課税していた．最高裁が多数決で下した判決は，トマ

トは「一般に，食事の主要な部分を構成するスープ，魚料理，肉料理の中に入れたり，これらに添えたり，またはこれらの後に供されるもので，果実一般のようにデザートとして供されるのではない」というものであった．よってトマトは野菜であり，輸入業者は関税を払うこととなった．

**重要な違い：風味**　慣習的に，野菜がメインコースのつけ合せとされ，そして果実が食事の最後を飾るのはなぜか？　料理用語で言うところの果実は，次の重要な特性によって野菜とは区別される．果実は，食べられることを目的とする数少ない食物の一つである．多くの植物は，動物の嗜好に合うよう果実を作り出したわけで，動物が果実を食べることで果実中の種子が遠くへ広まるのが目的である．果実は天然の清涼飲料であり菓子である．鮮やかな色に包装され，何百万年もの自然淘汰という市場試験をくぐり抜けてきている．すべての動物は生まれながらに甘味を好み，果実は糖分が高いことが多い．果実は複雑で強い芳香をもち，それには何百種類という化学成分が関わっている．ほかのどんな天然食材もこれほど多くの成分を含むものはない．果実は熟するほどに軟らかくなり，完熟すれば軟らかくジューシーになる．一方，野菜とみなされる植物は硬いままで，風味はサヤインゲンやジャガイモのように非常に淡泊か，もしくはタマネギやキャベツのように極端に強い．後者の場合，食べやすいように料理する必要がある．

「果実（fruit）」と「野菜（vegetable）」という単語そのものが，両者の違いを表している．vegetable の語源は，"元気づける"とか"活性化する"という意味のラテン語の動詞 vegera である．一方，fruit の語源はラテン語の fructus で，"喜び"，"快楽"，"満足"，"楽しみ"といったことを意味する．これは味がよいという果実の性質であり，我々の根本的な生物学的興味に訴えるためのものである．一方，果実よりも繊細かつ多彩な楽しみを見つけだし創り上げる喜びを与えてくれるのが野菜である．

**ハーブとスパイス**　「ハーブ（herb）」および「スパイス（spice）」という語はより直接的である．いずれも主に風味づけとして使われる食材で，使用する量も比較的少ない．ハーブは植物の緑色部分，多くは葉である（パセリ，タイム，バジル）．スパイスは一般に種子（黒コショウ），樹皮（シナモン），地下茎（ショウガ），そしてかつての国際貿易にも耐えることのできた頑丈な食材である．spice の語源は中世ラテン語の species，これは"商品種"という意味であった．

## ■ 歴史的にみた植物性食物

西欧諸国では，現在食用にされる植物性食物は，どれくらい前から食べられているのだろう？　馴染みのある野菜のうちで，有史以前に食べられていなかった野菜はごく少数である（比較的歴史の浅いものにはブロッコリ，カリフラワー，芽キャベツなどがある）．だが現在，我々の知っているさまざまな食材が世界中どこででも入手できるようになったのは，16世紀の探検時代以降である．西欧諸国では，少

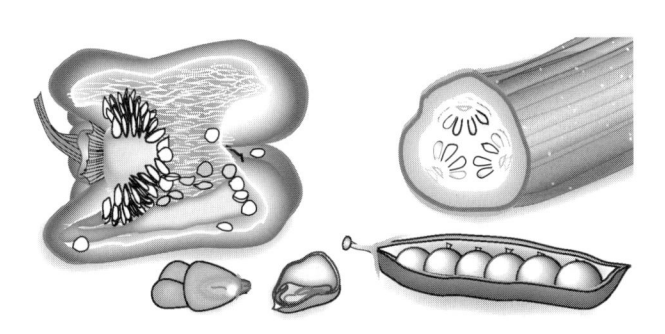

一般には野菜とみなされるピーマン，サヤマメ，キュウリ，トウモロコシなどは実際には果実，つまり花の子房から発生し種子のまわりを取り囲んでいる器官である．

なくともギリシャ時代以降，果実はデザートとして食べられてきた．現在知られるようなサラダは少なくとも中世時代にさかのぼり，ゆで野菜に繊細な味のソースをからめたものは，17世紀のフランスではじまった．

**有史以前および古代文明** かつては，有益な植物を採取してきて，その種子のいくつかが肥沃なごみの山に捨てられていた．この単純でゆっくりだが効果的な方法によって，多くの植物が人間文明に組み込まれていった．考古学的証拠から判断するなら，初期のヨーロッパ文明ではコムギ，ソラマメ，エンドウマメ，カブ，タマネギ，ラディッシュ，キャベツなどを食べていた．紀元前3500年頃の中央アメリカでは，トウモロコシ，マメ類，スクワッシュ類，トマト，アボカドなどを常食にしていた．ペルーに定住した人々の食生活は，特にジャガイモが中心であった．北アジアではキビやアワなどの雑穀，キャベツ類，ダイズ，リンゴやモモなどの果樹果実，そして南アジアではコメ，バナナ，ココナッツ，ヤムイモ，キャベツ類，柑橘類が食べられた．アフリカの在来作物としては，いくつかの異なる雑穀，サトウモロコシ，コメ，バナナ，そしてヤムイモ，ササゲなどがあった．ヨーロッパやアジアでは，マスタード種子が風味づけに使われており，ショウガも用いられていたと思われる．アメリカではトウガラシがスパイスとして使われていた．

シュメールとエジプトで文明が栄えた約5000年前には，その土地に自生していた多くの植物が利用されており，これらは現在でも食べられている（p.244囲み内参照）．古代には中東とアジアの間の貿易もすでに行われていた．紀元前1200年頃のエジプトで，スリランカ産のシナモンが大量に献上されたという記録が残っている．

**ギリシャ，ローマ，そして中世時代** ギリシャ・ローマ時代には，現代の西洋料理の形ができはじめる．ギリシャ時代にはレタスが好まれ，食事の最後に果実を食べる習慣ができていた．極東からのトウガラシがすでに使われており，古代世界では最もよく使われるスパイスになっていた．ローマ時代には，食事のはじめにも終わりにもレタスが出され，デザートとして果実を食べていた．樹木の枝を接木できたおかげで，リンゴは25品種，ナシは35品種ほど知られていた．果実は軸つきでまるごと蜂蜜に漬けて保存されたようで，美食家アピキウスはモモのピクルスの作り方を残している．今に伝えられるローマ時代の料理法をみると，ほとんどの料理は強めの風味づけがされていたようである．

ローマ帝国がヨーロッパを支配すると，果樹果実，ブドウ，キャベツの栽培種，そしてスパイスを多用する習慣が伝わった．14世紀の料理ソースはアピキウスのものと類似しており，レタスを使わないイギリスのサラダも香りの強いものであった（p.243囲み内参照）．中世の料理集には，野菜料理が比較的少ない．

**新大陸，新しい食物** 過去5世紀にわたり，世界の歴史を形作るうえで重要な役割を担ってきたのが植物，特にスパイスである．古代ヨーロッパ人はアジアにスパイスを求め，これが原動力となって，ルネッサンス時代にはイタリア，ポルトガル，スペイン，オランダ，イギリスが世界の制海権を掌握したのである．シナモン，クローブ，ナツメッグ，黒コショウの貿易はベネチアと南アラビアの独占状態であったが，これを打ち破るためコロンブス，ヴァスコ・ダ・ガマ，ジョン・カボット，マゼランなどが，インドへの新しい航路を探して航海に出た．インドには到達できなかったものの，ヨーロッパ諸国による西インド諸島の植民地化の端緒となった．新大陸には当初期待していたようなスパイスはなかったが，その代わりにバニラ，トウガラシなどがすぐに人気となった．新しい野菜の多くはヨーロッパの気候にも適応し，インゲンマメ，トウモロコシ，スクワッシュ，トマト，ジャガイモ，甘いトウガラシなどが旧大陸の新しい料理の材料として伝わった．

17世紀から18世紀にかけて，新しい食物は文化に溶け込んでゆき，その調理法も発達し

た．栽培と品種改良に新たな注目が集まった．ベルサイユにあったルイ14世の果樹園と栽植は有名である．料理では野菜が多く用いられるようになり，その料理法も洗練されていった．おかげで，カトリックの四旬節やその他の断食で出された，肉を使わない料理も多彩になっていく．最も古くて偉大なフランスの料理作家ピエール・フランソワ・デ・ラ・ヴァレンヌ（さまざまな貴族に料理人として仕えた）の料理本には，肉を使わない料理としてエンドウマメ，カブ，レタス，ホウレンソウ，キュウリ，キャベツ（5品），チコリ，セロリ，ニンジン，カ

---

## ローマ時代および中世ヨーロッパにおける植物性食材

### ローマの貝用ソース

貝に添えるクミン・ソース：コショウ，ラビジ，パセリ，ミント，ローリエなどの葉，マラバスラム（タラマニッケイの葉），多量のクミン，蜂蜜，酢，リクァーメン（アンチョビ・ペーストに似た発酵魚ペースト）．

——アピキウスより，紀元後数百年

### 中世のソース，フランス（タイユヴァン，1375年頃）およびイギリス（*The Forme of Cury*（料理の方法），1390年頃）

肉に添えるキャメリン・ソース：
   フランス：ショウガ，メイス，シナモン，クローブ，パラダイスグレイン，コショウ，酢，パン（トロミづけ）．
   イギリス：ショウガ，クローブ，シナモン，カラント，ナッツ，酢，パン粉．

ヴェルデ・ソース：
   フランス：パセリ，ショウガ，酢，パン．
   イギリス：パセリ，ショウガ，酢，パン，ミント，ニンニク，タイム，セージ，シナモン，コショウ，サフラン，塩，ワイン．

### サラダおよび野菜コンポート（*The Forme of Cury*（料理の方法），1390年頃）

サラダ：パセリ，セージ，ニンニク，ネギ，タマネギ，リーク，ボリジ，ミント，若いリーク，フェンネル，クレソン，ローズマリーの若葉，パースレイン（スベリヒユ）を用意し，きれいに洗う．手でちぎり，オイルをよくまぶす．酢と塩の上にのせ，食卓に出す．

コンポート：パセリの根とパースニップを用意し，こすってきれいに洗う．カブとキャベツの皮をむき切る．陶製の鍋に水を入れ，火にかける．用意した材料をすべて入れる．沸騰したら，ナシを入れ，十分にゆでる．すべて湯から出してきれいな布の上で冷ます．冷めたら容器に移し塩を加える．酢と粉（クローブやシナモンを加えた砂糖）とサフランを加える．一昼夜そのまま置いておく．ギリシャ・ワインと蜂蜜を混ぜて澄ましたもの，ロンバーディー・マスタード（マスタードにワイン，蜂蜜，酢を加えたもの），レーズンと丸のままのカラント，粉，丸のままのアニス，フェンネルの種子を用意する．これらをすべて陶器の鍋に入れ，必要なときに取り出して，食卓に出す．

| 野菜 | | 果実 | ハーブ, スパイス | |
|---|---|---|---|---|
| \multicolumn{5}{c}{西洋で使われている野菜, 果実, スパイス} | | | | |

| 野菜 | | 果実 | ハーブ, スパイス | |
|---|---|---|---|---|
| **地中海地方に自生, 紀元前** | | | | |
| マッシュルーム<br>ビート<br>ラディッシュ<br>カブ<br>ニンジン<br>パースニップ<br>アスパラガス<br>リーク | タマネギ<br>キャベツ<br>レタス<br>アーティチョーク<br>キュウリ<br>ソラマメ<br>エンドウマメ<br>オリーブ | リンゴ<br>ナシ<br>チェリー<br>ブドウ<br>イチジク<br>ナツメヤシ<br>イチゴ | バジル<br>マジョラム<br>フェンネル<br>ミント<br>ローズマリー<br>セージ<br>サボリー<br>タイム<br>アニス<br>キャラウェイ<br>コリアンダー | ディル<br>パセリ<br>オレガノ<br>ローリエ<br>ケイパー<br>フェヌグリーフ<br>ニンニク<br>マスタード<br>ケシ<br>ゴマ<br>サフラン<br>クミン |
| **後に加わったもの** | | | | |
| ホウレンソウ<br>セロリ<br>ルバーブ<br>カリフラワー<br>ブロッコリ<br>芽キャベツ | | | | |
| **アジアに自生, 紀元前に西洋に伝わったもの** | | | | |
| インゲンマメ | | シトロン<br>アンズ<br>モモ | カルダモン<br>ショウガ<br>シナモン<br>ターメリック<br>黒コショウ | |
| **後に輸入されたもの** | | | | |
| ヤムイモ<br>ウォーターチェストナッツ<br>タケ<br>ナス | | レモン<br>ライム<br>オレンジ<br>メロン | タラゴン<br>メース | クローブ<br>ナツメッグ |
| **新大陸に自生, 15～16世紀に輸入されたもの** | | | | |
| ジャガイモ<br>サツマイモ<br>カボチャ<br>スクワッシュ<br>トマト | インゲンマメ<br>アオイマメ<br>ピーマン<br>アボカド | パイナップル | オールスパイス<br>トウガラシ<br>バニラ | |

ルドン（チョウセンアザミ），ビートの料理が紹介されており，このほかにもアーティチョーク，アスパラガス，マッシュルーム，カリフラワーを使った普通の料理が載っている．これらの料理は，主に野菜そのものの風味を楽しむものとなっている．同様に，イギリス人のジョン・エベリンはサラダだけに全編を費やした本を書いているが，そこでもまたレタスが中心となっていて，バランスの大切さが強調されている．

19世紀になると，イギリスでは野菜料理がさらに簡素化され，家庭でもレストランでもほとんどがゆでてバターをつけるという，簡単で手早いものになっていった．一方，フランスでは手の込んだプロの料理が頂点に達した．大きな影響を与えた料理人アントナン・カレームは，その著書，*Art of French Cooking in the 19th Century*（19世紀のフランス料理技術，1835年）のなかで次のように述べている．「四旬節の料理を作るときこそ，料理人の技術は新たな輝きを放つ．」カレームの膨大な料理のなかには，ブロッコリ，トリュフ，ナス，サツマイモ，ジャガイモが使われており，特にジャガイモ料理では「イギリス風マッシュド・ポテト」が載っている．もちろん，料理の"輝き"なるものは四旬節の本来の意味を損なうことになりがちである．バロン・ブリスはその著書，*366 Menus*（366のメニュー，1872年）のなかでこのような疑問を呈している．「四旬節に熱心な人々が作る肉を使わない料理が，本当に禁欲的なのか？」

**現代技術の影響**　探検の時代と洗練された料理の発展によって，ヨーロッパでは果実と野菜が重要な位置を占めるようになった．その後の産業革命時代における社会・技術革新によって，果実や野菜は手に入りにくくなり，あまり望まれなくもなった．19世紀初めになると，産業化によって人々は農地を離れて都市に集まるようになり，ヨーロッパや北アメリカでは果実や野菜を食べることはますます少なくなった．1820年代には鉄道輸送が発達し，19世紀

---

## 17世紀の洗練された野菜料理

大きなアスパラガスを用意し，根元のほうをこすり，水洗いする．塩水でよくゆでるが，ゆですぎないこと．火が通ったら水をきる．良質の新鮮なバター，少量の酢，塩，ナツメッグでソースを作り，卵黄でトロミをつける（ダマにならないように注意する）．ゆでたアスパラガスに好みのつけ合せを添えて供する．

——ラ・ヴァレンヌ，*Le Cuisinier françois*（フランスの料理人），1655年

……レタスはその味ゆえに，サラダ（Sallet）料理の主要材料であり続けるだろう．サラダは冷たくてさわやかで，さらにほかの性質（"品性，自制，高潔"に良い影響）もある．大切なことは，すべての植物がサラダの材料として使われるべきであり，味の強いある種のハーブだけが突出し，ほかの材料の本来の味と効用を損なうことのないようにする．音楽におけるひとつひとつの音符のように，それぞれの持ち味をだしつつ，強すぎたり不快に感じたりすることがあってはならない．不協和音は（ほかの材料を際立たせ），時にしゃれたアクセントとなり，やわらかな音につつまれてすべてが調和され，溶け合って，満足のいくメロディーを奏でる．

——ジョン・エベリン，*Acetaria: A Discourse of Sallets*（サラダ図鑑），1699年

## 遺伝子工学と食物

　20世紀の農業に最も大きな影響を与えた技術革新は，1980年代における遺伝子工学である．遺伝子を作り上げているDNAを正確に物理操作することにより，我々が食べている植物や動物の改変を可能にした技術である．この技術を使えば，生物種間の垣根を飛び越えることができ，理論上はいかなる生物（植物，動物，微生物）の遺伝子も互いにやり取りすることが可能である．

　遺伝子工学はまだ未成熟な段階にあり，我々が食べている食物への影響は今のところ限られている．合衆国では，全加工食品の75％に何らかの遺伝子組換え成分が含まれていると推定される．大きな数字に聞こえるが，これはたった3種類の農作物（ダイズ，カノーラ，トウモロコシ）によるもので，いずれも遺伝子操作により耐病性や耐害虫性を高めたものである．これを書いている2004年の時点で，上記3種以外に目立った遺伝子組換え作物は，合衆国ではハワイのパパイヤのみである．パパイヤはかつてウイルス病で壊滅的な被害を受けたが，遺伝子操作によりこのウイルスに対する耐性が付与された．その他に，遺伝子組換え微生物で産生した酵素を使っているものもいくつかある．たとえば多くのチーズは，ウシの遺伝子を組み込んだ微生物で作られたレンネットを使って製造されている．しかしながら，未加工食品では遺伝子工学の影響はまださほど大きくない．

　近い将来，遺伝子操作をとりまく状況はかわってゆくだろう．これは西欧に限らず，中国でも農業バイオテクノロジー分野での研究活動が盛んである．遺伝子工学は現代農業の果実であり，生物は人間の望むように形作られるべきとする古くからの考えの延長線上にある．人間が農耕をはじめ，より大きく，おいしく，美しく育つ植物や動物を選んだときから，生物は人間の手で形作られてきたと言える．観察と選別という単純な作業は，それだけで強力な生物学的技術になりえた．個々の生物種がもつさまざまな潜在能力が次第に明らかとなり，小麦，牛，柑橘果実，トウガラシなどでそれまで自然界には存在しなかった何百という品種が作られていった．遺伝子工学が目指しているのは，特定の食用植物や動物について潜在能力を引き出すことである．それも同じ生物種内に限らず，すべての種を対象にしている．生物界にあふれる膨大なDNAと，それを改変したものを使って．

　遺伝子工学が，食品の生産性および品質を大きく改善することは間違いない．しかし，このような強力な新技術すべてに言えることだが，遺伝子工学は思いもよらない大きな影響を及ぼす可能性がある．また工業的農業の一環として，従来型の分散的な小規模生産，そして古くから受け継がれてきた生物学的・文化的多様性の消滅をますます加速させることになる．こうした環境的・社会的・経済的問題は，バイオテクノロジー界，農産業界，規制当局，生産者，そして生産システムを根底で支えている消費者を含む，すべての人々によって十分検討されなければならない．長い目で見たときに，この新しい農業革命ができるだけ広く公益に貢献するように．

半ばには缶詰技術，その数十年後には冷蔵技術が確立したおかげで，都市への供給は改善されていった．20世紀に入る頃，ビタミンが発見されてその栄養的な重要性が明らかになり，果実や野菜は毎食必ず摂らなければならない四つの食品群の一つとして正式に認められるに至った．生鮮果実・野菜の消費量は20世紀に入っても減り続けたが，これは品質の低下と種類の少なさにも一因がある．現代の食品生産システムでは，農作物は大量生産され，何千キロも離れた場所に輸送される．農作物に特に必要とされる特性は，生産性，均一性，そして耐久性である．品種改良や収穫は味を求めるのではない．果実も野菜も，機械化された収穫・輸送・貯蔵中の厳しい条件に耐えられるような品種改良がなされ，まだ硬いうちに収穫され，何週間も何ヶ月も後に販売されて食べられることも珍しくない．可もなく不可もないような2,3の品種が市場の大半を占め，何世紀にもわたる品種改良によって生まれた，数えきれないほかの品種は消滅してしまったか，裏庭の畑でほそぼそと生きながらえているにすぎない．

20世紀も終わりになると，先進工業国における発展のおかげで，植物性食物の多様性と品質に新たな注目が集まった．癌や心臓病に効果があるとみられる「フィトケミカル」が発見されたことによって（p.249），健康に対する重要性が再認識されるようになった．また，異国の珍しい料理と食材に対する興味が高まってきたこと，これらが海外市場でも手に入りやすくなったこともある．さらにまったく逆の流れとしては，伝統的な生産システムやその楽しみ方が再発見されたことがある．すなわち，収穫してすぐに生産者市場で売られる地元生産品（忘れられた「在来作物」やその他の珍しい品種であることも多い）を食べようということである．これに似た風潮として，化学合成農薬や除草剤を使わずに生産された"有機"食品に対する関心の高まりがある．有機農業といっても，その意味合いはさまざまであり，必ずしもより安全で栄養が高いとは限らない．農業はもっと複雑なものである．しかし有機農業は，工業的農業にかわるものとしてなくてはならない優れた方法であり，農作物の品質や農業の持続性に対する関心を高めるものである．

食べものへの好奇心と冒険心に満ちた人にとっては，よい時代である．ありふれた果実や野菜の，忘れさられていた品種が数多く復活し，新しい食材がいくらでも手に入る．地球上には食べられる植物が30万種あると言われ，そのうち2000種ほどは何らかの形で栽培されているとみられる．我々の目の前には，未知の世界が大きく広がっている．

## 植物性食物と健康

植物性食物には，我々が生きて活動するために必要な栄養がすべて含まれている．人間の祖先であった霊長類はほとんど植物だけを食べていたし，今も植物だけを食べている文化は多い．しかし，濃縮されたエネルギーとタンパク質がおそらくは人間の進化を助けたと考えられ（p.117），人間が出現した時点で肉などの動物性食物は重要であった．肉は人間にとって生物学的に非常に魅力あるもので，主要穀物や根菜を家畜の餌にできたところでは，肉が最高のご馳走となった．先進工業国では，肉が高く評価され入手も可能であったことから，穀物や野菜や果実は食事の脇役やデザートとなっていった．その補足的な立場は，何十年にもわたり栄養科学的に支持されてきた．特に，果実と野菜から摂るべき栄養素はほんの数種類であり，量も少ししか必要でないと考えられ，あとは食物繊維源としてのみ考えられていた．しかし近年になって，植物性食物には健康によい有用成分がいかに多く含まれているかがわかってきた．我々の知らないことはまだたくさんある．

### ■ 果実・野菜に含まれる必須栄養素：ビタミン

多くの果実や野菜は，タンパク質やカロリーはさほど多くないものの，いくつかのビタミン

## 果実・野菜・ハーブ・スパイスに含まれる有益な化学物質

　この分野は非常に範囲が広く，複雑で奥が深い．ここでは，植物に含まれる多くの化学物質が，我々の健康のあらゆる面に，さまざまな形で影響を与える，という大まかなイメージをつかんでほしい．たとえばある種のフェノール化合物は，健康な細胞内でのDNAの酸化的損傷を防ぎ，体内でのDNA損傷物質の発生を防ぎ，癌性細胞の増殖を阻害することにより，抗癌作用を発揮するとみられる．

重要な生体内分子の酸化的損傷を防ぐ：抗酸化物質
　目：白内障および黄斑変性の進行を遅くする
　　　ケール，多くの濃緑色野菜（カロテノイド：ルテイン）
　　　柑橘果実，トウモロコシ（カロテノイド：ゼアキサンチン）
　血中脂質：心臓病を防ぐ
　　　ブドウ，その他のベリー類（フェノール化合物：アントシアニジン）
　　　茶（フェノール化合物）
　全般：DNA損傷や癌の発生を抑える
　　　トマト（カロテノイド：リコピン）
　　　ニンジン，その他の緑黄色野菜（カロテノイド）
　　　茶（フェノール化合物）
　　　緑色野菜（クロロフィル）
　　　ブロッコリ，ダイコン，キャベツ類（グルコシノレート，チオシアネート）
免疫反応を和らげる
　全般：心臓病や癌の発生を抑える
　　　レーズン，ナツメヤシの実，トウガラシ，トマト（サリチル酸）
体内でのDNA損傷物質の発生を抑える
　　　多くの果実，野菜（フェノール化合物：フラボノイド）
　　　ブロッコリ，ダイコン，キャベツ類（グルコシノレート，チオシアネート）
　　　柑橘果実（テルペン）
癌細胞および腫瘍の増殖を阻害する
　　　多くの果実，野菜（フェノール化合物：フラボノイド）
　　　ダイズ（フェノール化合物：イソフラボン）
　　　ブドウ，ベリー類（フェノール化合物：エラグ酸）
　　　ライ麦，アマ種子（フェノール化合物：リグナン）
　　　柑橘果実（テルペン）
　　　キノコ類（炭水化物）
骨からカルシウムが溶け出すのを抑える
　　　タマネギ，パセリ（有効成分は不明）
腸内有用菌の増殖を助ける
　　　タマネギ類，キクイモ（イヌリン）
感染性細菌が尿路内壁に付着するのを防ぐ
　　　クランベリー，ブドウ（フェノール化合物：プロアントシアニジン）

の主要供給源である．ビタミンCのほとんど，葉酸の大半，そしてビタミンAの半分が，果実・野菜から摂られる．いずれも，細胞代謝に関わる多様な役割を担っている．たとえばビタミンCは，さまざまな酵素に含まれる金属成分の化学状態を再生し，結合組織コラーゲンの合成を助ける．ビタミンAは，前駆体のβカロテンとして植物に含まれており（p. 260），これが生体内でビタミンAにかわる．ビタミンAは複数種の細胞の増殖を調節しており，目で光を感知するために必要である．葉酸は（英語の folic acid も"葉"を意味するラテン語に由来），細胞代謝の副産物であるホモシステインをメチオニンというアミノ酸に変換する．ホモシステイン濃度が上昇すると血管が損傷し，心臓病や心臓発作の原因ともなるので，葉酸はこれを予防する．

　ビタミンA，C，Eには抗酸化作用もある（後述参照）．

## ■ フィトケミカル

　この本の初版は，1980年頃の栄養学的情報に基づいたものであった．ビタミンやミネラルが不足しないように，そして消化系の働きを活発に保つために，野菜や果実をたくさん食べましょう．ただそれだけだった．

　20年経った今，状況はすっかり変わった．栄養科学の分野において大きな変革が生じたのである．20世紀のほとんどは，"適正な"食事を定義するのに費やされてきた．体を構成する化学成分（タンパク質，ミネラル，脂肪酸），体が正常に機能するために必要な歯車（ビタミン），そして日々の活動と維持に必要とされるエネルギー，これらの最小必要量を決めたのが20世紀の栄養科学であった．20世紀の終わりには，実験室での研究ならびに各国の健康状態の比較研究によって，栄養状態のよい先進国においては主要疾患（癌や心臓病）の発生率が食事内容によって影響されることが明らかとなった．その後の栄養科学は，"最適な"食事内容を決めることに向かってゆく．こうして明らかになったのは，長期的な健康には微量の非必須栄養成分が累積的な影響を及ぼすということである．地球上における化学合成の名手，植物には我々の代謝機能を調節する「フィトケミカル」が豊富に含まれることがわかってきた．「フィト」はギリシャ語で"葉"を意味している．

### 抗酸化物質

**酸化的損傷：生きることの代償**　現代栄養学の大きなテーマの一つは，生きること自体についてまわる化学的損傷にどう対処するかということである．人間は生きるために呼吸しなければならない．酸素を糖や脂肪と反応させることで，細胞が機能し続けるために必要な化学エネルギーを作っているからである．困ったことに，エネルギー生産やその他の酸素を必要とする重要な過程では，「フリーラジカル」と呼ばれる化学副産物が発生する．フリーラジカルは非常に不安定で，生体内の複雑かつ繊細な化学機構と反応してこれを損傷する．これは一般に酸素の関係した反応によることから，"酸化的"損傷と呼ばれる．細胞内のさまざまな部分，体内のさまざまな器官に影響がある．たとえば，細胞内のDNAが酸化的損傷を受けると，細胞が無制限に増殖をはじめて癌になる．コレステロールを運ぶ血中成分が酸化的損傷を受けると，血管内壁が刺激されて，心臓発作や脳卒中につながる損傷がはじまる．太陽光に含まれる高エネルギーの紫外線によって，眼組織中にフリーラジカルが生じ，水晶体や網膜のタンパク質が損傷して，白内障や黄斑変性，さらには失明にもつながる．

　体内では，細胞の化学機構が障害を受ける前に，"抗酸化"分子がフリーラジカルと安全に反応して，劇的な悪影響を避けているのである．したがって，健康を保つには，抗酸化分子を常に大量に用意しておく必要がある．体内で独自に作り出される抗酸化分子（強力な酵素など）もいくつかあるが，絶え間のないフリーラジカルの攻撃から身を守るには，より多くの助

けが必要になる．そして植物こそが抗酸化物質の宝庫なのである．

**植物中の抗酸化物質**　地球上の生物体のなかで酸化的ストレスが最も大きいのが，光合成を行っている緑色植物の葉である．太陽の光エネルギーを捉え，これを使って水分子を水素原子と酸素原子に分解し，糖を作っている．植物の葉やその他日光にさらされている部分には，抗酸化分子がぎっしり詰まっていて，高エネルギー反応によりDNAやタンパク質が損傷を受けないように守っている．植物の抗酸化物質としては，$\beta$カロテン，黄色のルテインやゼアキサンチン，赤色のリコピン（トマトの色）などのカロテノイド色素などがある．緑色のクロロフィル自体，そしてビタミンCやEも抗酸化物質である．このほかに，炭素原子6個からなる環状構造を含む「フェノール化合物」が何千種類とある．フェノール化合物は，発色，抗菌，動物を誘き寄せたり遠ざけたりと，その植物体内で担う役割はさまざまである．どんな果実や植物や穀物にも，少なくとも数種類はフェノール化合物が含まれる．色が濃かったり渋みが強かったりするものにはさらに多くの抗酸化フェノール化合物が含まれていると考えてよい．

植物に含まれる抗酸化物質の種類は，組織や植物ごとに特徴がある．そして抗酸化物質は一般に，それぞれ特定の分子損傷に対して保護効果をもつか，あるいは別の特定の保護分子を再生するだけである．あらゆる損傷をすべて防ぐことのできる分子は存在しない．1種類の抗酸化物質だけが異常に高濃度に存在すれば，かえってバランスが崩れて分子損傷を引き起こすことにもなりかねない．したがって，植物抗酸化力の恩恵を最大限に受けるためには，2～3種類の主要化学成分を含む栄養剤を飲むのではなく，多種多様な果実・野菜を食べるのが一番よい．

**その他の有用なフィトケミカル**　抗酸化物質は長期的な健康を保つために特に重要な成分であるが，このほかにも健康に有益な成分がある．ハーブやスパイスなどの植物に微量に含まれる化学物質は，健康のバランスに関係したさまざまな生体機構に有益なことがわかってきた．たとえばある物質は，アスピリン（もともとは植物由来である）のような働きをして，わずかな損傷に対する生体の過剰な免疫反応を抑え，心臓病や癌を予防する．ある物質は，弱毒性の化合物がより強毒性でDNA損傷性の物質に変換されるのを防ぎ，癌を予防する．またある物質は，すでに癌性変異した細胞の増殖を阻害する．ほかに，骨からカルシウムが溶け出すのを抑えるもの，体内での有用菌の増殖を助けるもの，病原菌の増殖を抑えるものなどがある．

植物に含まれる有益な化学物質ならびにその効用について p.248 の表にまとめた．この分野についてはまだ十分な知識が得られていないが，今わかっていることから言えるのは，どれか一つだけではなくさまざまな果実・野菜を取り入れた食事をしてこそ，多彩な保護作用を期待できるということである．

現時点の栄養学的知見からとりあえず言えるのは，果実・野菜・ハーブ・スパイスには多種多様な有益物質が含まれる，ということである．バランスのよい食事の一環として，できるだけ多くの種類を，できるだけ多く食べるのがよい．

**健康によいかどうかを眼で見て判断する**　野菜や果実がどの程度健康によいかを判断する基準として，一般には色が濃いほどよいと言える．葉にあたる光が多いほど，扱うエネルギー量が多いので，必要とされる色素や抗酸化物質も多い．よって葉の色も濃くなるのである．たとえば，レタスやキャベツなど結球するものは内葉の色が薄く，そこに含まれるカロテン量は，色の濃い外葉や結球しないものに比べるとかなり少ない．同様に，結球しないロメイン・レタスは葉の色が濃く，結球性で色の薄いアイスバーグ・レタスと比べると，眼を保護するルテインやゼアキサンチンが約10倍量含まれる．その他の色の濃い果実・野菜にも，カロテノイドやフェノール化合物などの有益物質が多く含まれ

ている．皮には抗酸化物質が特に多く含まれる．なかでも抗酸化物質が多いのは，果実ではサクランボ，赤ブドウ，ブルーベリー，イチゴなど，野菜ではニンニク，赤タマネギや黄タマネギ，アスパラガス，サヤインゲン，ビートなどである．

## ■ 食物繊維

食物繊維とは，植物中に含まれる成分のうち消化酵素で分解されないもの，栄養として吸収されないもののことである．小腸内で吸収されないので，そのままの形で大腸に移行し，そこで一部は腸内細菌によって分解され，残りはそのまま排泄される．食物繊維の主要成分は四つ，いずれも植物細胞壁に由来する（p.258）．セルロースとリグニンからなる固形繊維は水を主体とした消化液に溶けないのに対して，ペクチンとヘミセルロースは可溶性である．食物繊維中の微量成分としては，未加熱のデンプンや種々のゴム質，粘質成分，その他の特殊な炭水化物（キノコに含まれるキチン，海藻に含まれる寒天やカラギーナン，タマネギやアーティチョークやキクイモに含まれるイヌリンなど）がある．含まれる繊維の種類も食品ごとに異なる．オート麦ふすま（乾燥した穀粒の外皮）には可溶性グルカン（炭水化物の一種）が豊富に含まれ，果汁の多い完熟果実には可溶性ペクチンがある程度含まれている．

繊維成分の種類によって，健康に対する効果も違う．不溶性のセルロースやリグニンは主に腸内容物を膨らませる働きがあり，大腸を通過しやすくする．排泄が早いほど，食物中に含まれるDNA損傷物質やその他の毒素にさらされる時間が短くなると考えられ，また繊維質が毒素の一部と結合してその体内吸収を抑える．可溶性繊維成分は腸内容物の粘度を高めるので攪拌効果が低くなり，栄養成分や毒素の動きが遅くなる．可溶性繊維もまた，特定の化学物質と結合してその吸収を妨げる．可溶性繊維は血中コレステロールを下げ，食後の血糖上昇も緩やかにすることが判明している．特にイヌリンは有用菌の増殖を助けると同時に，有害菌を減少させる．詳細は複雑であるが，総体的にみると可溶性繊維は心臓病や糖尿病を予防する働きがある．

以上のように，果実・野菜に含まれる不消化成分は体によい．したがって，オレンジやニンジンの果汁を飲んだからといって，丸のまま食べるのと同じ効果を期待するのは間違いである．

## ■ ある種の果実・野菜に含まれる毒素

多くの植物，おそらくはすべての植物に，動物に食べられるのを避けるなんらかの化学物質が含まれている．我々が食用にしている果実や野菜も例外ではない．栽培化と品種改良によって，含まれる毒素は食べても害のない程度には少なくなっただろうが，変わった調理法を用いたり，尋常でないほど多く食べたりすれば，やはり問題になるだろう．以下に述べる植物毒素には注意するべきである．

**アルカロイド** アルカロイドは苦味のある毒素で，植物が合成するようになったのは人類の出現と同じ頃とみられる．その味と後味は，人間を遠ざけるのに特に有効である．既知のアルカロイドはほぼすべて，高用量では毒性を示し，低用量では動物の代謝に影響を及ぼす（カフェインやニコチンへの嗜好はその一例）．よく知られた食品のなかで，毒性が問題となるほどにアルカロイドを蓄積するのはジャガイモだけである．緑色のジャガイモや芽の出たジャガイモが苦いのは，アルカロイドが含まれるためである（p.291）．

**シアノゲン** シアノゲンは苦味のある青酸ガス（シアン化水素；HCN）を出して，動物に警告を発するとともに毒性を示す．動物体内でエネルギーを生産するための酵素に致死的な毒性をもつ．かみ砕くなどして植物組織が破壊されると，シアノゲンが植物酵素に触れてシアン化水素が発生する．シアノゲンが多く含まれる食品

としては，キャッサバ（タピオカの原料），タケノコ，アオイマメの熱帯品種などがある．ふたをせずにゆでたり，水中に溶かし出したり，発酵させたりすれば，食べられるようになる．柑橘類や石果・梨状果の種子はシアンを発生する．石果の種子（仁）は，アーモンドエキスのにおいであるベンズアルデヒドも発生することから珍重される（p.491）．

**ヒドラジン**　ヒドラジンは窒素含有物質で，ホワイト・マッシュルームやその他のキノコ類に比較的多く含まれており（500 ppm），調理しても残る．キノコのヒドラジンをマウスに食べさせると，肝障害や癌を引き起こすという実験結果があるが，ラットでは影響がみられなかった．人間に対しても毒性を示すかどうかは不明である．はっきりと答えが出るまでは，キノコは大量に食べないようにすべきであろう．

**プロテアーゼ阻害剤およびレクチン**　いずれも消化機能に影響を及ぼすタンパク質である．プロテアーゼ阻害剤はタンパク質消化酵素の働きを妨げ，レクチンは腸細胞に結合して吸収を妨げる．レクチンはまた，血液中に移行して赤血球細胞同士をくっつける．主にダイズ，インゲンマメ，アオイマメに含まれている．プロテアーゼ阻害剤もレクチンも，長く加熱することで失活する．しかし，生で食べたり加熱が十分でなかったりすると，食中毒に似た症状を引き起こす．

**風味化合物**　風味化合物は一般に摂取量としてはごく少量だが，食べすぎると問題を起こす場合がある．ササフラス油に含まれる主要芳香成分で，昔ながらのルート・ビールのにおいであるサフロールは，DNA損傷を引き起こすということで，1960年に添加物としての使用が禁止された（現在ルート・ビールに使われているのは，サルサパリラという安全な植物，もしくは人口香料である）．ナツメッグを大量に摂取すると陶酔や幻覚などを生じるのは，ミリスチシンという主要芳香成分が原因と考えられる．

甘草の根に含まれる独特の甘味成分，グリチルリチンは血圧を高める．メリロート（セイヨウエビラハギ），ラベンダー，バニラに似たトンカマメ（*Dipteryx odorata*）に含まれている甘い香りの成分，クマリンは血液の凝固を妨げる．

**毒性アミノ酸**　タンパク質の構成単位であるアミノ酸だが，特殊な構造をもつアミノ酸はタンパク質の正常な機能を妨げる．カナバニンはいくつかの細胞機能を阻害し，狼瘡に関連すると考えられている．アルファルファ・スプラウト（若芽）やナタマメに多量に含まれる．ソラマメに含まれるビシンとコンビシンは，遺伝的に感受性をもつ人に溶血性貧血（ソラマメ中毒）を引き起こす（p.476）．

**シュウ酸塩**　シュウ酸は植物の代謝過程で出る廃棄物であり，そのさまざまな塩が多くの植物に含まれている．ホウレンソウ，チャード（フダンソウ），ビート，アマランス，ルバーブなどに特に多く含まれている．シュウ酸のナトリウム塩およびカリウム塩は可溶性だが，カルシウム塩は不溶性で結晶化し，口の中や消化管内で刺激性である．可溶性のシュウ酸塩は腎臓内でカルシウムと結合し，痛みを伴う腎結石を形成する．非常に大量（数グラム単位）のシュウ酸は腐食性で時に致死性を示す．

**ワラビ毒**　ワラビ（*Pteridium*）を食べる動物では，ある種の血液疾患ならびに癌を引き起こす．渦巻き状の若芽を採取して食用されることもある．コゴミ（*Matteuccia*種）は比較的安全とされるが，シダを食用にする際の安全性に関しては，確実な情報が少ない．よってシダの若芽はあまり大量には食べず，購入時に表示を確かめる，販売者に聞くなどして，安全なものを選ぶ．

**ソラレン**　DNAに損傷を与える化合物で，皮膚に水疱性の炎症を引き起こす．セロリや根セロリ，パセリ，パースニップなどで取扱いが悪かった場合，たとえば半凍りの状態，強い光，

カビの感染などストレスにさらされたものに含まれることがある．このような野菜を触ると皮膚からソラレンが吸収されるし，ソラレンを含む野菜を（生でも加熱しても同じ）食べると消化管から吸収される．細胞に入ったソラレンは，日光の紫外線にあたると活性化されてDNAやタンパク質を傷つける．ソラレンを生じる可能性のある野菜は，新鮮なものを購入し，なるべくすぐに使い切るのがよい．

果実・野菜には自己の生産する化学防御物質のほかにも，カビ毒（リンゴ果汁に検出されるパツリンは，傷ついた果実に寄生する青カビが原因），農薬（殺虫剤，除草剤，防カビ剤），土壌・大気汚染物質（ダイオキシン，多環芳香族炭化水素）などが含まれることがある．一般にこれらの汚染物質は，通常含有量では差し迫った健康被害につながらない．それでもこれらの物質は毒性を有するので，摂取しないにこしたことはない．生鮮果実・野菜はよく洗って皮をむいてから食べること，比較的きれいな土壌で農薬などを使わずに育てた有機栽培認証のものを購入することが望ましい．

## ■ 生鮮果実・野菜と食中毒

食中毒と言えば一般には動物性食品によるものと考えられがちだが，果実・野菜が原因となる食中毒も多い．主な病原菌（下の囲み内参照）はほぼすべて，果実・野菜でも食中毒を引き起こす．これにはいくつかの理由がある．果実・野菜は，ありとあらゆる微生物の温床となる土壌で栽培される．収穫を行う人々が利用する屋外施設（トイレ，洗浄水）や，収穫物の加工・包装に使用する施設は，必ずしも衛生的とは限らないので，取り扱う人，容器，機械などから微生物が混入しやすい．また，生鮮果実・野菜は生で食べることが多い．レストランや食堂のサラダ・バーでは，何時間も外に出したままの野菜に微生物がついて増殖することもあって，食中毒の原因になりやすい．果汁は丸のままの果実を搾ることが多いので，菌に汚染され

---

### 生の果実・野菜を原因とする食中毒

この表は，生鮮果実・野菜がさまざまな食中毒の原因となりうることを示す．ここに挙げたものが，特に発生率が高いわけでも，危険性が高いわけでもない．生鮮果実・野菜は取扱いに十分注意し，免疫力の特に弱い人（乳児や老齢者，疾病を有する人）が食べる場合にはできるだけ加熱することが望ましい．

| 微生物 | 食品 |
|---|---|
| ボツリヌス菌 | 油漬けのニンニク |
| 大腸菌 | サラダ・バー，アルファルファやカイワレ大根，メロン，リンゴ果汁 |
| リステリア菌 | キャベツ（長期冷蔵保存） |
| サルモネラ菌 | サラダ・バー，アルファルファ，オレンジ果汁，メロン，トマト |
| 赤痢菌 | パセリ，レタス |
| ブドウ球菌 | 調理済みのサラダ |
| コレラ菌 | コレラ菌に汚染された水のついた果実・野菜 |
| エルシニア菌 | エルシニア菌に汚染された水のついたスプラウト類 |
| シクロスポラ（原虫） | ベリー類，レタス |
| 肝炎ウイルス | イチゴ，ワケギ類 |

た果実が少しでも混じっていると全体が汚染されてしまう．新鮮なリンゴ果汁はほとんど販売されていないのが実情である．合衆国では果汁生産のほぼすべてにおいて低温殺菌が行われている．

皮を食べない果実も含め（外側についている菌がナイフや手を介して中身にもつくことがある），生鮮品はすべて十分に洗うのが望ましい．洗剤を入れた水や，市販の果実・野菜用洗浄剤を使うとより効果的である．洗うことによって表面に付着した微生物は激減するが，菌を完全に除くのは加熱しない限り不可能である．塩素を加えた水で洗ったとしても，植物組織の微細な孔や溝に入った微生物は生き残る．感染の危険性が特に高い人は，生サラダを食べるべきではない．切った果実・野菜は冷蔵保存し，なるべく早く使いきるようにする．

## 果実・野菜の構造と品質

野菜が硬かったり軟らかかったりするのはなぜか．葉物野菜を加熱調理するとしんなりするのはなぜか．リンゴやアボカドを切ると茶色くなるのはなぜか．緑色のジャガイモを食べると危険なのはなぜか．果実を置いておくと甘くなるものと古くなるだけのものがあるのはなぜか．こうしたさまざまな疑問を解決するには，植物組織の構造および化学構成をよく理解する必要がある．

### ■ 植物の構造：細胞，組織，器官

**植物細胞** 動物と同じく植物も，細胞と呼ばれる無数の小さな部屋の集まりである．それぞれの細胞は薄い風船のような「細胞膜」に包まれており，細胞膜はある種の脂肪様分子とタンパク質からできている．細胞膜のすぐ内側には「細胞質」と呼ばれる液体があり，細胞が増殖し機能しつづけるために必要とされる複雑な化学機構の多くが詰まっている．細胞質には，膜に包まれたさまざまな袋状構造が浮かんでいて，それぞれが固有の化学的性質をもつ．ほぼすべての植物細胞に「液胞」という大きな袋状構造がみられ，その中には酵素，糖，酸，タンパク質，水溶性色素，老廃物，防御物質などが満ちている．一つの液胞が細胞の90％を占めることもあり，細胞質や「核」（細胞DNAの大部分が含まれる構造物）は細胞膜近くに押し込められている．葉の細胞には数十から数百の「葉緑体」（緑色のクロロフィルをはじめ，光合成に関係する分子が詰まった袋）が含まれる．果実細胞には「有色体」（黄色，橙色，赤色などの脂溶性色素に富む）が含まれることも多い．そして貯蔵細胞には「デンプン体」（デンプンと呼ばれる長い糖鎖の粒子を多数含む）が詰まっていることが多い．

**細胞壁** 植物細胞の構成成分のなかでも特に重要なのが細胞壁であり，これは動物細胞にはまったく存在しない．細胞壁は植物細胞膜の外側

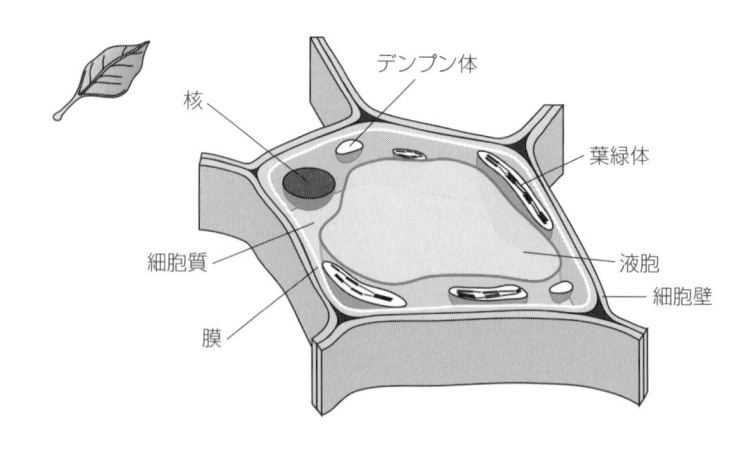

典型的な植物細胞の断面．

を取り囲む強固な構造である．細胞および細胞が構成する組織を，構造的に支えている．細胞壁の最外層が糊のような働きをして，隣りあう細胞同士を結合している．構造強化に特化した細胞は，ほとんどが細胞壁でできており，細胞が死んでからも構造強化の役割を担い続ける．ナシの実のザラザラした硬い粒，セロリの筋，モモの種の硬い殻，マメの鞘などは，ほとんどが構造強化細胞の細胞壁成分からなる．

　大まかに言うと，植物性食物のテクスチャーは，液胞の大きさ，細胞壁の強さ，そしてデンプン粒の有無によって決まる．色は葉緑体および有色体，時に液胞中の水溶性色素によって左右される．風味は貯蔵液胞内の成分によるものである．

**植物組織**　組織とは，ある共通の機能を果たすために組織化された細胞の集まりである．植物には基本となる組織が四つある．

　「基本組織」とは，基礎となる細胞の集まりで，その役割は場所によって異なる．葉では基本組織が光合成を行っているが，その他の部分では基本組織に栄養と水を蓄えている．一般に，基本組織を構成する細胞の細胞壁は薄く，よって基本組織も軟らかい．果実・野菜はその大部分が基本組織からなっている．

　「維管束組織」は，基本組織の中を貫通しており，人体でいう動脈や静脈に相当する．植物体での栄養の移動のためにある微細な管構造系である．木部と篩部からなり，それぞれが独自の機能を担う．根から吸収した水とミネラルは木部を通って植物体全体に運ばれ，葉で作られた糖は篩部を通ってその他の組織に送られる．維管束組織もまた，物理的な支えとなっており，周囲組織に比べて硬く繊維質である場合が多い．

　「表皮組織」は，植物体の表面を覆う組織で，保護と水分保持の役目がある．「表皮」または「周皮」の形をとる．一般に表皮は1層の細胞からなり，脂肪質のクチンやワックス（脂肪酸がアルコール分子を介して結合した長い分子）など，いくつかの表面コーティング成分を分泌する．これにより果実に自然なツヤがでる．地下組織や古い組織では，表皮の代わりに周皮がみられる．台所で見かける周皮と言えば，ジャガイモやビートなどの根野菜の皮がそうである．

　「分泌組織」は，植物の表面または内部にみられる孤立した細胞である．人間の皮膚にある皮脂腺や汗腺に相当し，さまざまな芳香化合物を産生・貯蔵して，動物を誘引したり回避したりする．ミントの仲間（タイムやバジルなどのハーブも含まれる）では，茎や葉に腺毛があって，ここに芳香精油成分が含まれる．ニンジンの仲間では，内部の分泌細胞に芳香成分が含まれている．

**植物の器官**　植物の主要器官には，根，茎，葉，花，果実，種子の六つがある．種子については第9章で詳しくみていく．

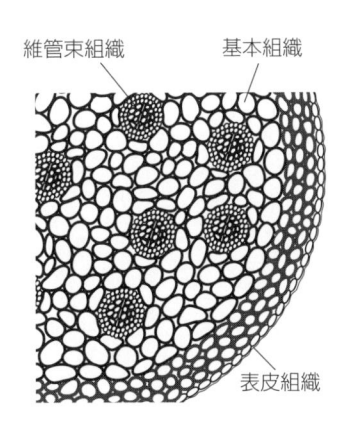

茎に見られる3種類の植物組織．野菜が硬いのは，主に繊維質の維管束組織と厚い表皮層による．

**根** 植物を土壌中に固定し，水分と栄養分を吸収・伝達して，植物体のほかの部分へと送り出す．硬く繊維質なため食べられないものが多い．例外としては，温帯地域で冬越して翌年花を咲かせる植物（ニンジン，パースニップ，ラディッシュ）や，熱帯で乾季に耐える植物（サツマイモ，キャッサバ）は，根に非繊維質の貯蔵細胞が詰まっていて軟らかい．根野菜はそれぞれにこの貯蔵部分の発生様式が異なり，したがって構造も違ってくる．ニンジンは，真ん中にある維管束組織を貯蔵組織が取り囲んでいて，中心部は味が薄い．ビートでは，貯蔵組織と維管束組織が同心円状の層をなし，品種によって異なる色素を蓄積するので，断面には縞模様が見られる．

**茎，塊茎，根茎** 茎は，主に根と葉の間で栄養を伝達する役割をもち，地上部器官を物理的に支えている．したがって繊維質のものが多く，アスパラガスやブロッコリの茎は調理前に皮をむいたり，セロリやカルドンの茎は筋をとったりする．茎と根の間は「胚軸」と呼ばれ，ここが膨らんで貯蔵器官となるものもある．カブ，根セロリ，ビートなどは茎の部分と根の部分が合わさったものである．ジャガイモ，ヤムイモ，キクイモ，ショウガなどは，無性生殖のための特別な地下茎構造が発達したものである．これらの植物が作る貯蔵器官は，それ自体に根と茎が発生して独立した個体となる．遺伝的には同一な植物，つまり「クローン」を生み出すのである．ジャガイモやヤムイモは「塊茎」と呼ばれる膨らんだ地下茎，キクイモやショウガの根は「根茎」と呼ばれる水平に伸びた地下茎である．

**葉** 光合成を専門に行う器官であり，高エネルギーな糖の分子を作っている．光合成を行うには，太陽光と二酸化炭素を十分に受け取る必要がある．したがって，光や空気を遮るような貯蔵組織や構造強化組織はほとんどみられず，植物体のなかでは最ももろく短命な器官である．光を最大限に受容するために，葉は薄いシート状に広がって表面積を大きくし，光合成細胞には葉緑体がぎっしり詰まっている．ガス交換を効率的に行うため，葉の内部には何千もの微細な気泡が存在していて，細胞が空気と接する面積をさらに大きくしている．なかには体積の70％が空気で占められている葉もある．このような構造ゆえに，葉物野菜を加熱するとスポンジ状の構造がつぶれ，調理すると体積がかなり減ってしまうというわけである．（葉がしおれてしまうのもスポンジ構造がぎゅっと詰まるからである．

例外的に葉にも貯蔵組織があるのはタマネギの仲間である（チューリップなどの園芸用球根も含まれる）．中心の小さな茎を取り巻いているタマネギの多層構造（ニンニクでは単層）は葉の基部が肥大したもので，葉の先は枯れてとれてしまっている．このような植物では，1年目の成長期に葉の基部に水と炭水化物を蓄え，2年目ではこれらを使って開花し種子を実らせる．

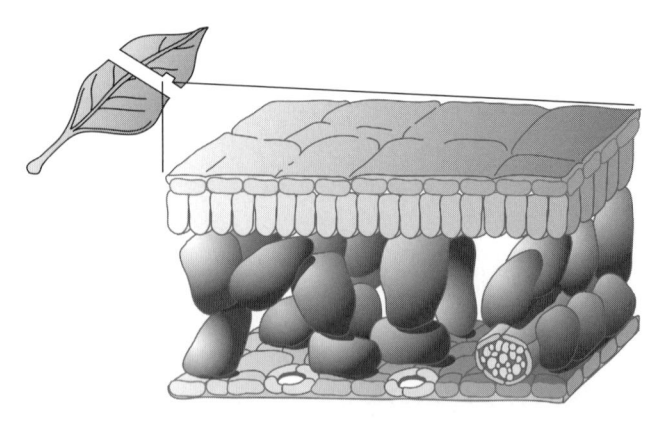

葉の断面．光合成を続けるには二酸化炭素が常に供給される必要があるため，多くの細胞が空気と接触できるよう葉組織がスポンジ構造になっていることが多い．

## 果実・野菜の構造と品質

**花**　植物の生殖器官である．ここで雄の花粉と雌の胚珠が形成され，胚珠が入っている子房というふくらみの中で花粉と胚珠が出合ったのち，胚から種子へと発生する．花は鮮やかな色や匂いをもつことが多く，これにより昆虫を誘引して受精の助けとする．食用になる花もあるが，なかには動物の捕食から身を守るために毒素を含んだものもあるので，食べられるかどうかは事前に必ず確かめる必要がある（p. 315）．ブロッコリ，カリフラワー，アーティチョークなど，成熟前の花やその支持組織を食べるものもある．

**果実**　花の子房（およびこれに隣接した茎組織）が発達して果実になる．種子を含み，親植物から遠く離れた場所に運ばれやすくなっている．なかには食べられないもの（風に乗ったり動物の毛に付着したりするようなもの）もあるが，我々が食用にする果実は食べられるために作られたもので，果実と種子が動物の体内に入って動物とともに移動するのである．果実はほかの器官に対して物理的支持，栄養供給，輸送などを行うことはない．動物にとっておいしく有益な成分に満たされた貯蔵組織だけからできているようなものである．一般に，完熟した果実は最もおいしくて軟らかい．

### ■ テクスチャー

生の果実や野菜のテクスチャーは，シャキッとしてジューシーなもの，とろけるように軟らかいもの，肉質で水気の少ないもの，グニャっとしたものなどさまざまである．このような性質は，かんだときの植物組織の壊れ方によるもので，壊れ方には主に二つの要因が関係している．細胞壁の構成，そして水分量である．

果実や野菜の細胞壁は二つの構成成分からなる．硬く繊維質のセルロースがある種の枠組み構造を与え，水・炭水化物＊・ミネラル・タンパク質の混じった半固形で弾力性の混合物がセルロース繊維を架橋してすきまを埋めている．半固形の混合物は接着剤またはセメントのようなもので，その硬さは各成分の混合比によって変わってくる．セメントの中の鉄筋のような役目をしているのがセルロース繊維である．隣接する細胞の細胞壁同士が，このセメント†で固定されている．

**シャキッとジューシー：水圧と温度の役目**　細胞壁は硬くて弾力のある容器である．細胞壁に包まれた細胞はほとんどが水分である．水分が十分にあって貯蔵物が限界まで蓄えられているとき，液胞は膨らんで周囲の細胞質を細胞膜側に押しつけ，細胞膜は細胞壁に圧力をかける（p. 254）．膨れ上がった細胞のおかげで，弾力性のある細胞壁は外側に湾曲する．膨れ上がった多数の細胞同士が圧力をかけあい（まわりの空気圧の50倍に達することもある），結果とし

---

＊　監訳者注：ここでは主にペクチン，ヘミセルロースのこと．

†　監訳者注：この場合は主にペクチンのこと．

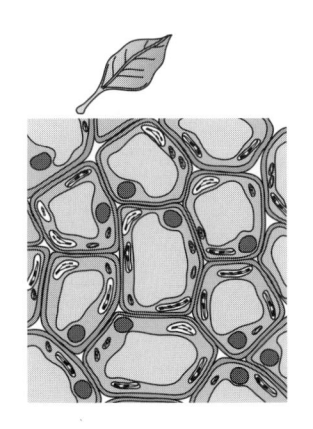

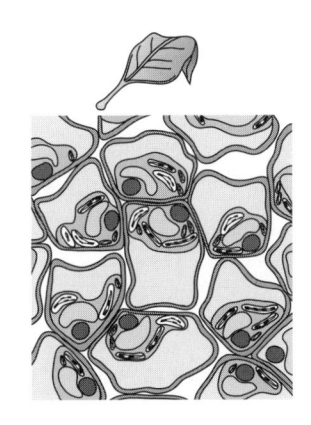

野菜がしおれる様子．水分を十分に含んだ植物組織は，細胞も液体で満たされ物理的に強固である（左）．水分が少なくなると細胞内の液胞がしぼむ．細胞には部分的に空隙ができ，細胞壁が凹んで組織構造は弱まる（右）．

て果実・野菜はパリッと硬く張りがでる．とこ
ろが水分が十分にないときは，互いに支えあっ
ていた圧力がなくなり，弾力性の細胞壁は凹ん
で，組織は軟らかくしなびたようになる．

　テクスチャーは水分と細胞壁によって決ま
る．たっぷり水を含んで硬い野菜は，同じ野菜
でも水分を失ってしなびたものと比べると，シ
ャキッとしてかみ切りやすい．水分で膨らんだ
野菜をかじると，すでに圧力のかかっている細
胞壁は簡単に壊れ，細胞が破れる．しなびた野
菜をかむと，細胞壁同士がくっついてしまうの
で，かみ切るためにはさらに力が要る．みずみ
ずしい野菜はシャキッとジューシー，しなびた
野菜はグニャっとしてジューシーでない．ただ
し，しなびた野菜もたいていはもとに戻すこと
ができる．水に数時間浸けておけば細胞が水を
吸収して再び膨らみシャキッとする．氷冷すれ
ばさらに効果的である．細胞壁の接着成分が硬
くなって，力を加えると壊れやすくなるのであ
る．

**パサつき感としっとり感：細胞壁の役目**　果実
や野菜は，時に粉っぽくザラザラとパサついた
感じのものがある．これは隣接する細胞間の接
着成分が弱く，かんだときに細胞自体が壊れる
のでなく細胞同士が離れてしまい，分離したた

くさんの細胞が口中に広がるためである．これ
とは別に，熟したモモやメロンは軟らかくとろ
りとしている．これも細胞壁が弱くなっている
せいだが，この場合は細胞壁があまりにも弱ま
ってほとんど分解してしまっている．少し押し
ただけでも細胞から汁がしみ出てくる．細胞の
中身によっても違ってくる．熟した果実の液胞
いっぱいに詰まった糖の液は，口の中でとろけ
るようなジューシーな感じを与え，ジャガイモ
のデンプン粒子は硬く粉っぽい感じをだす．デ
ンプンは加熱すると水分を吸収するため，調理
したデンプン質の組織は水分があってもパサつ
くか粘ついた感じになり，ジューシーさはな
い．

　成熟および調理によるテクスチャーの変化
は，細胞壁の構成成分，特に接着成分として働
く炭水化物が変化することによる．そのうちの
一つはヘミセルロースという，セルロース間を
架橋して構造強化する一群の分子である．ブド
ウ糖とキシロースがつながったもので，加熱調
理すると部分的に溶解し細胞壁から溶け出す
(p. 273)．もう一つの重要な成分はペクチン成
分で，これは糖の一種であるガラクツロン酸と
いう分子を主成分とする分岐鎖高分子である．
ペクチン分子が互いに結合してゲル状構造をと
り，セルロース繊維のすきまを埋めている．ペ
クチンは加熱されると溶解するか，または固化

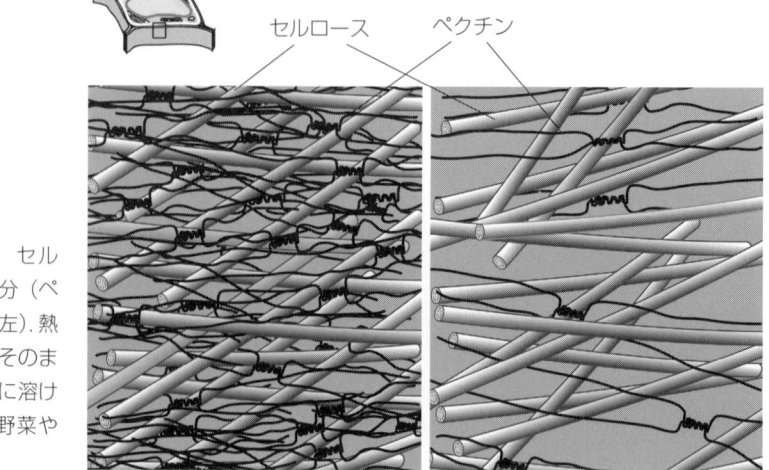

植物細胞壁の軟化．細胞壁は，セルロース繊維の枠組みが不定形成分（ペクチンなど）にうもれている（左）．熱湯でゆでるとセルロース繊維はそのまま残るが，不定形成分が部分的に溶け出して細胞壁が弱まり（右），野菜や果実は軟らかくなる．

し，そのゲル状の硬さはジャム作りに利用される（p.286）．果実が熟して軟らかくなる過程では，ペクチンが酵素作用を受けて細胞壁が弱まる．

**硬いセルロースとリグニン** もう一つの主要な細胞壁成分がセルロースである．その構造はほとんど変化せず，したがって地上に存在する植物由来成分のなかで最も多いのがセルロースである．セルロースもデンプンと同じくブドウ糖分子からなる．ただしブドウ糖分子間の結合の仕方が違い，隣接する鎖が強固に結合して形成する繊維は，人間の消化酵素が分解できず，強い加熱や化学処理によってのみ分解される．冬場の干し草，刈田，あるいは細々とした雑草の残骸などは，セルロースが目に見える形と言える．セルロースはこれほどまでに安定なので，寿命の長い樹木や人間にとっても貴重な素材となる．木は3分の1がセルロースで，綿や麻の繊維はほぼ純粋なセルロースと言える．しかし，セルロースは料理するうえでは問題が多く，通常の調理法では軟らかくならない．ナシ，マルメロ，グァバなどのザラザラした「石細胞」はセルロースが主体であるが，これはあまり問題にならない．しかし，茎などの構造補強材としてセルロースが多く含まれる場合（たとえばセロリやカルドン），筋っぽさをなくすには繊維を取り除くほか方法がない．

最後の細胞壁成分はリグニンであるが，これは食品中ではほとんど目立たない存在である．リグニンも構造補強材であり，非常に分解されにくい．木材の主要成分である．ほとんどの野菜はリグニンが生成されはじめるかなり前に収穫されるが，アスパラガスやブロッコリの茎が木のように硬くなっていることもある．こんなときは，木化した部分をむきとるしかない．

## ■色

植物の色は生命の喜びである．森や野原のさまざまな緑，果実や花の紫・黄・赤は，活力と再生と知覚の喜びを語りかけてくる．植物に含まれる色素には，我々の目にとまるように作られたもの，動物の目の一部となったもの，我々および我々の目の存在自体を可能にしたもの（p.263 囲み内）などいろいろある．植物色素の多くは，人間の健康によいことがわかっている．野菜や果実を色鮮やかで見栄えよく調理するのは難しい．

植物色素は大きく四つに分けられ，それぞれ植物体内で担う機能や調理による変化の仕方が違う．いずれも大きな分子であり，特定波長の光を吸収するので吸収されずに残った光が我々の目に入り，特定の色として認識されるのである．たとえば，クロロフィルは赤と青の波長域を吸収するので緑色に見える．

**緑色のクロロフィル** 地球上はクロロフィルの緑に覆われている．クロロフィル分子によって太陽エネルギーが捉えられ，光合成系に送り込まれ，そこでエネルギーが糖分子に変換される．クロロフィル$a$は鮮やかな青緑色，クロロフィル$b$はやや落ち着いたオリーブ色である．多くの葉ではクロロフィル$a$が多く，クロロフィル$b$の3倍ほどある．しかし，日陰で育つ植物や加齢した組織では$a$がより速く分解されるため，$a$と$b$の量はほぼ同じである．クロロフィルは葉緑体という細胞内器官に含まれ，ほかの光合成系分子とともに多層構造の膜に埋め込まれている．クロロフィル分子は二つの部分からなる．一つは，炭素と窒素がつながった環状構造の中心にマグネシウム原子が入り込んだ部分，これは肉に含まれるミオグロビン色素のヘム環ととてもよく似ている（p.130）．この環構造は水溶性で，光を吸収するのはこの部分である．もう一つは炭素原子が16個つながった脂溶性の尾状構造，クロロフィル分子を葉緑体膜に固定している．この部分は無色である．

以上のような複雑な分子は，加熱によって膜構造が破壊されるとすぐに構造変化が起こる．新鮮な野菜の鮮やかな緑色が失われやすい理由である．皮肉なことに，強い光に長時間さらされてもクロロフィルは壊れてしまう．野菜を色

鮮やかに調理するためには，加熱時間，温度，酸度などに注意しなければならない（p.270）．

**黄色，橙色，赤色のカロテノイド**　多数あるカロテノイド化合物のうちの最初の一つがニンジン（carrot）から単離されたことから，「カロテノイド（carotenoid）」という名前がついた．カロテノイド色素はいずれも青色や緑色の波長を吸収し，果実・野菜の黄色や橙色のほとんど（βカロテン，キサントフィル，ゼアキサンチン），そしてトマトやスイカやトウガラシの赤色（リコピン，カプサンチン，カプソルビン；ただし植物の赤色の多くはアントシアニンによる）に関係している．カロテノイドは40個ほどの炭素原子がつながったジグザグの鎖構造をもち，脂肪分子に似ている（p.770）．一般には脂溶性で比較的安定なため，水中で加熱しても鮮やかな色がそのまま残ることが多い．植物細胞中でカロテノイドが含まれる場所は2ヶ所ある．一つは有色体と呼ばれる特殊な色素体で，動物に「花が咲いていますよ．果実が食べごろですよ．」といった合図を送るためにある．もう一つは葉緑体の光合成膜で，クロロフィル分子5個につきカロテノイド分子1個ほどが存在する．その主な役割はクロロフィルやほかの光合成機構を保護することである．カロテノイドは太陽光の有害波長領域を吸収し，また光合成の副産物として生成する多くの高エネルギー分子を消去する抗酸化物質として働く．人間の体内，特に目でも同様の働きをする（p.248）．葉緑体内のカロテノイドは，クロロフィルの緑色に隠れて普通は見てもわからない．大体の目安としては，緑色の濃い野菜ほど葉緑体とクロロフィルが多く，したがってカロテノイドも多く含まれている．

栄養面ならびに美容面で効用のあるカロテノイドは10種類程度あり，これらは腸壁でビタミンAに変換される．なかでも最も多く含まれ活性も高いのがβカロテンである．厳密に言えば，ビタミンAそのものを含むのは動物および動物性食品だけで，果実や野菜にはビタミンAの前駆体のみが含まれている．けれども，ビタミンA前駆体がなければ動物性のビタミンAも存在しないのである．目で光を捉えて物を見るための受容体には，ビタミンAが部品として使われている．身体のほかの部分でも，これ以外の重要な役割をさまざまに担っている．

3種類の主な植物色素．簡素化のため水素原子は表示していない．黒点は炭素原子．上：βカロテン．代表的なカロテノイド色素で，ニンジンの橙色のもと．脂肪に似た長い炭素鎖をもつため，水よりも油脂に溶けやすい．左下：クロロフィル a．野菜や果実の緑色の主体．ヘム環（p.130）に類似した構造に，長い炭素鎖が結合し，これがクロロフィル分子をより脂溶性にしている．右下：シアニジン．アントシアニン類の青色色素．複数の水酸基（−OH）が結合しているためアントシアニンは水溶性が高く，よってゆで野菜は色が抜けやすい．

**赤色および紫色のアントシアニン，淡黄色のアントキサンチン**　ベリー類，リンゴ，キャベツ，ラディッシュ，ジャガイモなど，植物の赤色，紫色，青色のほとんどはアントシアニン（"青い花"を意味するギリシャ語が語源）によるものである．ジャガイモ，タマネギ，カリフラワーなどの淡黄色は，アントシアニンに類似した構造をもつアントキサンチン（黄色い花）による．この第三の植物色素群，アントシアニンおよびアントキサンチンはフェノール化合物で，6個の炭素原子からなる環状構造をもち，炭素原子のいくつかには水分子の3分の2に相当する水酸基（-OH）が結合し，水溶性を示す．アントシアニンは三つの環をもち，既知化合物は約300種，一つの野菜や果実には通常10種類以上のアントシアニンが含まれる．ほかのフェノール化合物と同じく，アントシアニンも抗酸化作用を有する（p.250）．

アントシアニンやアントキサンチンは植物細胞内の貯蔵液胞に含まれ，調理により細胞構造が破壊されると周囲組織にしみ出す．そのため，アスパラガスやマメ，その他の美しい紫色の野菜を調理すると色が抜けてしまうことも多い．これらの色素は外側の細胞層に蓄えられていて，調理で細胞が壊れると目に見えないくらい薄まってしまう．アントシアニンは，はじめこそ若葉での光合成系の光吸収保護を担っていたかもしれないが，主な役割は花や果実を着色して目立たせることである（p.263, 囲み内）．アントシアニンは食品中の酸やアルカリにとても敏感で（アルカリでは青色になる），微量の金属にも影響される．食品を調理すると変わった色になったりするのは，アントシアニンが関係していることが多い（p.271）．

**赤色と黄色のベタイン**　第四の植物色素群，ベタインは類縁性の低いいくつかの植物種にのみ存在する．ビートやチャード（同種），アマランス，そしてウチワサボテンの実といった鮮やかな色の野菜がそうである．ベタイン（ベタラインと呼ばれることもある）は窒素を含む複雑な分子で，その性質はアントシアニンに似ている．水溶性で，熱や光に弱く，アルカリ条件で青色に近づく．赤色ベタインが約50種類，黄色ベタキサンチンが約20種類知られている．まるで蛍光色のような茎や葉脈をもつ目新しいチャード品種は，こうした色素の組合せで生まれた．人間の身体はこのような色素分子をあまり代謝できないので，真っ赤なビートやウチワサボテンの実を大量に食べると尿が赤くなってびっくりすることもあるが，害はない．赤色のベタインはフェノール基を含むので抗酸化作用がある．黄色のベタキサンチンはフェノール基をもたず抗酸化作用はない．

**変色：酵素による褐変**　リンゴ，バナナ，キノコ，ジャガイモなど果実や野菜の多くは，切ったりぶつけたりするとすぐに，褐色または赤色や灰色に変色する．これには三つの化学成分が関係している．単環式および二環式フェノール化合物，ある種の植物酵素，そして酸素である．無傷の果実・野菜ではフェノール化合物が

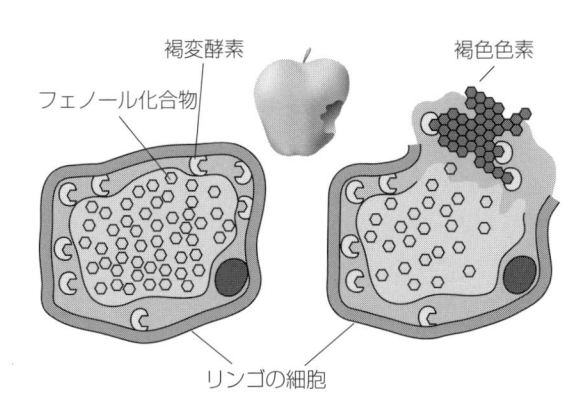

褐色に変色するのは植物酵素が原因である．ある種の果実・野菜では，切ったりぶつかったりかんだりして細胞が壊れると，細胞質中の褐変酵素が液胞中にあった無色のフェノール化合物と接触する．このとき酸素が存在すると，酵素の働きでフェノール化合物同士が結合して有色の大きな集合体になり，傷ついた部分が褐色になる．

貯蔵液胞に入っていて，外側の細胞質に酵素が存在する．細胞構造が壊れるとフェノール化合物は酵素と酸素に触れ，酵素がフェノール化合物を酸化し，酸化された分子が反応し結合しあってできる分子の塊が光を吸収することになる．この反応系は植物の化学防御機構の一つであって，昆虫や微生物により細胞が傷つけられた場合，植物は反応性フェノール化合物を放出して敵の酵素や膜を攻撃するのである．褐色に見える色素は，使い終わった武器の残骸と言える．（皮膚の「日焼け」も同様の酵素が同様の化合物に作用する結果である．この場合は生成した色素自体が防御物質として働く．）

<u>変色を抑える方法</u>　酵素による変色を抑える方法はいくつかある．一番簡単なのは切り口にレモン汁を塗ること．酸性では酵素の働きが非常に遅くなる．4℃より低い温度でも酵素活性がある程度抑えられ，切った果実・野菜を冷水に漬けると酸素に触れないのでさらに効果的である．サラダ用に市販されているカット・レタスの場合は，酵素活性および変色を抑えるため，切ってすぐに47℃の温水に3分間浸してから，冷却・袋詰めされる．沸点では酵素が失活するので，加熱調理すれば変色しない．しかし，高温では酵素がなくてもフェノール化合物の酸化が進むので，野菜のゆで汁を置いておくと茶色っぽくなることもある．硫黄化合物はフェノール化合物と結合して酵素反応を阻害するので，市販の乾燥果実によく使われている．硫黄処理したリンゴやアンズは自然な色と風味が保たれるが，硫黄処理していないものは茶色っぽくなり風味も変わってしまう．

アスコルビン酸（ビタミンC）もまた，抗酸化作用によって変色を抑える．ビタミンCは1925年，ハンガリーの生化学者アルバート・ゼント-ギオルギによって発見された．変色しない植物（パプリカ）の汁が，茶色くなりやすい植物の変色を抑えることを見出し，その有効成分を単離したのである．

## ■ 風味

果実・野菜の全体的な風味は，いくつかの異なる感覚が合わされたものである．舌の味蕾によって感じる，塩味，糖の甘味，酢の酸味，アミノ酸の旨味，アルカロイドの苦味．口中の刺激に敏感な細胞によって感じるタンニンの渋味．そして口やその周りのさまざまな細胞を刺激する，トウガラシ，マスタード，タマネギ類に含まれる刺激成分．さらには鼻腔内の嗅覚受容体で感知する何百もの揮発成分．これらの揮発成分は小さくて化学的に水と反発するので，口の中で食品から放散して口中を漂う．我々は

---

### 褐変酵素，口臭消臭剤，そして食事の順番

　褐変酵素は食品を調理する際に変色を引き起こすので，普通はありがたくない存在である．近年，その酸化活性の有効利用法が日本の科学者によって考案された．それは，ニンニクやタマネギ，その他の硫黄臭からくる口臭を消すというものである．酵素反応で生じる高反応性フェノール化合物は，スルフヒドリル基に結合して別の無臭分子を生成する．（緑茶に含まれるフェノール化合物のカテキンも同様の働きがある．）多くの生果実・生野菜にも同じ効果があり，特に梨状果や石果，ブドウ，ブルーベリー，キノコ類，レタス，ゴボウ，バジル，ペパーミントなどが効果的である．食事の最後に果実を食べることで，口臭防止の効果も期待できるし，地域によってはサラダが前菜としてではなく食事の最後に出されるというのも納得できる．

口の中の感覚によって食品の基本構成や品質を知り,においによってさらに細かな識別を行う.

**味：塩味,甘味,酸味,旨味,苦味** 基本となる五つの味のうち,果実・野菜で特に目立つのは三つである.糖は光合成の主産物であり,果実は主に糖の甘味によって動物を誘い,種子の分散をはかっている.成熟果実中の糖含有量は平均して10～15重量％である.未成熟果実では,味のないデンプンとして糖が蓄えられていることが多く,成熟過程でデンプンが糖に変わり,甘くおいしくなる.これと同時に酸含有量も低くなっていくのが普通で,果実はさらに甘くなる.果実や野菜(どれもいくらか酸味がある)の酸味は有機酸によるもので,有機酸にはクエン酸,リンゴ酸,酒石酸,シュウ酸など何種類かある.これらは液胞内に蓄えられ,代替エネルギー源や化学防御物質,代謝排泄物などとして機能している.果実は,甘味と酸味のバランスが特に重要である.

多くの野菜では糖および酸の含有量があまり高くなく,収穫後には糖や酸が植物細胞によってすぐに消費されてしまう.だから採りたての野菜は,店で買った野菜(収穫してから数日から数週間経っていることが多い)よりも風味が強い.

一般に苦味があるのは野菜と種子(コーヒー豆,カカオ豆など)だけで,動物に食べられないようにアルカロイドやほかの化学防御物質を含むものに限られる.農業や品種改良にたずさわる人々が何千年もかけて,レタス,キュウリ,ナス,キャベツなどの農作物の苦味を少なくする努力を続けてきた.ただし,チコリやラディッキオ,さまざまなキャベツの近種,アジアのニガウリなど,その苦味が好まれる野菜もある.多くの国々で苦味は薬効の表れ,すなわち健康によいと考えられており,あながち間違いとは言えないところもある(p.324).

アミノ酸の旨味はどちらかと言えばタンパク質に富んだ動物性食品の特徴であるが,ある種の果実や野菜にはグルタミン酸(化学調味料,グルタミン酸ナトリウムの旨味部分)が多く含まれる.トマト,オレンジ,そして海藻などがそうである.肉料理にも肉を使わない料理にも,トマトほど上手く使われている野菜はほかにない.トマトに含まれるグルタミン酸が,バ

## 葉と果実によって人間の視覚は形作られた

アントシアニンやカロテノイドが多く含まれた植物の多彩な色合い(そしてこれと同じような絵画や衣類,化粧や警告信号の多彩な色合い)を識別し,楽しむことができるのも,我々の目が黄色～橙色～赤色の色調を見分けられるようにできているからである.これは葉や果実のおかげだとみられる.我々人間は,赤と緑を識別できる数少ない動物の一つである.人間の先祖と似た熱帯林に生息する霊長類も赤と緑を識別できるが,これらの種に共通するのは葉の茂った森林上層の緑のなかで食物を見分ける必要があるということである.多くの熱帯植物の若葉はアントシアニンの赤色をしていて,それはほとんど日陰の場所で,ときおり差し込む直射日光からエネルギーを最大限に吸収するためであるとみられる.緑色で繊維質の古葉に比べると,若葉は軟らかくて消化しやすく栄養もあり,サルに食べられやすい.赤色がよく見えなければ,赤い若葉やカロテノイドで色のついた果実を,緑の葉のなかから見つけだすことができない.つまり,葉や果実の色が,人間の視覚に影響を及ぼしたのである.植物の色を見て楽しむことができるのも,我々の祖先が飢えていたおかげ,赤い葉や黄橙色の果実に栄養が含まれていたおかげである.

ランスよい甘味や酸味とあいまって料理の味を引き立てると思われる．

**舌ざわり：渋味（収れん味）** 渋味は実は味でもにおいでもなく，触感である．濃いお茶やワインを飲んだ後とか，熟していないバナナやモモを食べた後に，舌が乾燥して皺っぽくザラつく感じがする．3～5個の炭素環をもつフェノール化合物「タンニン」によるもので，二つ以上の別のタンパク質に同時に結合してタンパク質同士をくっつけるのにちょうどよい大きさをしている．古代より動物の皮をなめす（tan）のに使われていたことから，タンニン（tannin）という名前がついた．タンニンが皮のタンパク質と結合して丈夫な皮革を作るのである．普通は唾液が潤滑剤の働きをして食物粒子が口内をなめらかに動き回るが，唾液中のタンパク質にタンニンが結合すると，タンパク質が塊になってあちこちにくっつき，食物粒子と口の内面との間で摩擦が大きくなり，これが渋味として感じられるのである．タンニンもまた，植物界の化学防御物質の一つである．細菌やカビに対しては表面タンパク質の働きを妨げ，また草食動物に対しては渋味をだしたり消化酵素を阻害したりする．タンニンが多く含まれるのは，未成熟の果実（種子が十分発達するまで食べられないようにしている），ナッツ類の皮，アントシアニン（タンパク質を架橋するのにちょうどよい大きさのフェノール化合物）の濃い色をした部分である．たとえば，赤葉のレタスは緑のものより渋味が強い．

料理や飲みものにある程度の渋味はあってもよいが（コクがでる），度を過ぎると嫌味である．タンニンの量が増えるほど渋味は強まり（ほかの味は量が増えるほど慣れて感じなくなる），いつまでも続き，しかも量が増えるほど長く残るからである．よって，渋味を調節することが大切になってくる（p.275）．

**刺激：辛味** "辛い"スパイスや野菜（トウガラシ，黒コショウ，ショウガ，マスタード，ホースラディッシュ，タマネギ，ニンニクなど）による感覚は，ほぼ間違いなく刺激・痛みとして表現できる（なぜこのような感覚を楽しめるのかについてはp.381を参照）．これらすべての辛さの活性成分は化学防御物質で，動物を遠ざけるためのものである．マスタードやタマネギの仲間に含まれている非常に反応性の高い硫黄化合物は，我々の口や鼻の中に露出した細胞膜を軽く傷つけるので痛みを感じる．これとは違って，トウガラシやショウガの主な辛味成分，そしてマスタード成分の一部は，細胞膜上の特別な受容体に結合する．活性化された受容体は細胞内反応の引き金を引き，痛みの信号が脳へと送られる．マスタードやタマネギの防御反応は，組織が傷ついて酵素とその標的物質が混ざり合ったときに初めて起きる．加熱調理によって酵素が失活するので，マスタードやタマネギの辛味は弱まる．これに対して，トウガラシやショウガでは防御物質があらかじめ蓄えられているので，加熱しても辛味はさほど変わらない．

辛味成分の性質および使い方については，この後の数章で植物ごとに詳しく述べる．

**におい：多様性と複雑性** においというテーマは非常に難しいけれども，魅力に溢れている．難しいというのは，何百種類もの異なる化学物質と，言葉ではうまく表現できない感覚が関係しているからである．魅力的というのは，ありふれた食品をより深く理解し，より多くの楽しみを発見することになるからである．食物のにおいについて考える場合，心に留めておくべき基本事項が二つある．一つは，ある食物に固有のにおいは，その食物に特徴的で特異的な揮発物質によって生じるということ．そしてもう一つは，ほとんどすべての食品のにおいは，多種多様な揮発性分子の複合的な作用であるということ．野菜，ハーブ，スパイスの場合は数十種類程度だが，果実の場合は数百種類の揮発成分を出しているのが普通である．においの主成分は一般に10種類前後で，ほかの成分は背景的・補助的な役割を担う．ある食物に別の食物のにおいが感じられたり，二つの食物の相性が

よかったりというのは，このような特異性と複雑性によって説明できる．たとえば，同じ芳香成分を含む食物同士は相性がよかったりする．

　植物の豊かな風味を経験するには，いろいろな味をほかの人と一緒に味わうことである．いつもの味をいつもどおりに味わうだけでなく，風味をいくつかの成分に分けて考えるようにする．音楽で言うなら，和音がひとつひとつの構成音に分けられるのと一緒である．若草のにおい，果実のにおい，スパイスのにおい，ナッツのにおい，土のにおい，といったように考えられるにおいをリストアップしてみるのもよい．第6～8章では，特定の果実，野菜，ハーブ，スパイスのにおいについて，興味深い事実を取り上げている．

**においの種類**　植物性食物でみられる主なにおいについて，p.266～267の表にまとめた．ここでは食物の種類ごとに分類してみた．緑葉のにおいがする果実もあれば，果実やスパイスに特徴的な化学物質を含む野菜もある．スパイス・ハーブと果実とで共通した芳香成分も多い．たとえば，サクランボとバナナにはクローブの主要なにおい成分が含まれるし，コリアンダーには柑橘類の花や果実に多い芳香成分が含まれる．ニンジンと地中海ハーブでは松葉のようなにおいが共通している．それぞれの植物は通常，特定の芳香成分だけを作っているが，一般に生化学的に優れた能力をもつので，多くの芳香成分を同時に作ることもできる．以下に，代表的なにおいを挙げる．

- 「緑」のにおい　キュウリやメロン，キノコ類のにおい．細胞膜中の不飽和脂肪酸から作られる．組織が傷ついて酸化酵素（リポキシゲナーゼ）が膜中の不飽和脂肪酸と接することで生じる．リポキシゲナーゼが長鎖脂肪酸を分解して揮発性の低分子を生成し，この低分子はさらにほかの酵素の作用を受ける．
- 「フルーティー」なにおい　無傷の果実中に存在する酵素の働きで，酸分子とアルコール分子から作られるエステルのにおい．
- 「テルペン」のにおい　一連の酵素の働きで，カロテノイド色素やその他の重要な分子の合成にも共通する，小さな構成単位から作られる．花のようなにおい，柑橘類のにおい，ミントのにおい，草のにおい，松葉のにおいなどがする（p.379）．
- 「フェノール」のにおい　一連の酵素の働きで，6員炭素環をもつアミノ酸から作られる．木質リグニン（p.259）の合成経路から派生したもので，スパイスのにおい，温かみのあるにおい，ツンとしたにおいなど多様な分子がある（p.380）．
- 「硫黄」のにおい　一般には組織が傷ついて酵素と非芳香族前駆体が接触したときに作られる．その多くは刺激性の化学防御物質だが，一部はいろいろな果実・野菜のにおいに深みを与えている．

　植物の風味を分析することはおもしろく，役にも立つが，一番の楽しみはやはり風味そのものを味わうことである．これこそが，自然界からの最高の贈りものである．ヘンリー・ディビット・ソローは次のように記している．

> 道端で拾った不恰好なリンゴのにおいは，ポモナ（ローマ神話にでてくる果実の女神）の富のすべてを思い起こさせる．自然界のすべての産物は，何らかの揮発性またはエーテル性の性質をもっていて，これこそが最高の価値あるものである……地球上のあらゆる果実のなかでも，我々の粗野な味覚で味わうことができないのは，ネクタルとアンブロシア（ギリシャ神話にでてくる，神々が食す美味なるもの）だけであり，──我々は知らぬ間に神々の楽園を占領しつつある．

## 植物性食物のにおい

植物性食物に感じられるにおいの主な種類，関連する化合物，においの発生する仕組み，調理による変化などをまとめた．

| におい | 例 | 化合物 | 発生の仕組み | 特徴 |
|---|---|---|---|---|
| 野菜 | | | | |
| 「青葉」：刈草 | 緑色野菜の多く；トマト，リンゴ，その他の果実にも | アルコール類 アルデヒド類 （炭素数6） | 切る，つぶす；酵素が細胞膜不飽和脂肪に作用 | 繊細，調理すると弱まる（酵素の失活，化合部の変化） |
| キュウリ | キュウリ メロン | アルコール類 アルデヒド類 （炭素数9） | 切る，つぶす；酵素が細胞膜不飽和脂肪に作用 | 繊細，調理によって弱まる（酵素の失活，化合部の変化） |
| 「緑色野菜」 | ピーマン 新鮮なマメ類 | ピラジン類 | 事前に合成 | 強い，持続性 |
| 土 | ジャガイモ ビート | ピラジン類 ジェオスミン | 事前に合成 | 強い，持続性 |
| 新鮮なキノコ | キノコ類 | アルコール類 アルデヒド類 （炭素数8） | 切る，つぶす；酵素が細胞膜不飽和脂肪に作用 | 繊細，調理によって弱まる（酵素の失活，化合部の変化） |
| キャベツ | キャベツの仲間 | 硫黄化合物 | 切る，つぶす；酵素が前駆体硫黄化合物に作用 | 強い，持続性 調理によって変化し，強まる |
| タマネギ，マスタード | タマネギの仲間 | 硫黄化合物 | 切る，つぶす；酵素が前駆体硫黄化合物に作用 | 強い，持続性 調理によって変化し，強まる |
| 花 | 食用花 | アルコール類 テルペン類 エステル類 | 事前に合成 | 繊細，調理によって変化 |
| 果実 | | | | |
| 「フルーティー」 | リンゴ，ナシ，バナナ，パイナップル，イチゴ | エステル類 （酸＋アルコール） | 事前に合成 | 繊細，調理によって変化 |
| 柑橘類 | 柑橘類 | テルペン類 | 事前に合成 | 持続性 |
| 「脂っこい」「クリーミー」 | モモ，ココナッツ | ラクトン類 | 事前に合成 | 持続性 |
| キャラメル，ナッツ | イチゴ，パイナップル | フラノン類 | 事前に合成 | 持続性 |

| におい | 例 | 化合物 | 発生の仕組み | 特徴 |
|---|---|---|---|---|
| トロピカルフルーツ，「エキゾチック」，麝香 | グレープフルーツ，パッションフルーツ，マンゴー，パイナップル；メロン；トマト | 硫黄化合物，複合体 | 事前に合成 | 持続性 |
| ハーブ，スパイス | | | | |
| 松葉 ミント，草 | セージ，タイム，ローズマリー，ミント，ナツメッグ | テルペン類 | 事前に合成 | 強い，持続性 |
| スパイシー 温かみ | シナモン，クローブ，アニス，バジル，バニラ | フェノール化合物 | 事前に合成 | 強い，持続性 |

# 果実・野菜の取扱いと保存

## ■ 収穫後の鮮度低下

収穫してすぐに調理した野菜の味は最高である．いったん収穫してしまうと野菜はどんどん変化していき，普通は悪い方向へと変化が起こる．（タマネギやジャガイモなど，冬越しするようにできているものは例外である．）植物細胞は動物細胞よりも硬く，数週間から数ヶ月間も生きながらえるものも多い．しかし，復元のための栄養源から切り離されると，自己を消費して老廃物を蓄積し，風味やテクスチャーが悪くなる．トウモロコシやマメ類の多くは，室温に置いておくと数時間で糖の半分を失ってしまう（デンプンに変わることもあれば，エネルギーとして使ってしまうこともある）．豆の鞘，アスパラガス，ブロッコリなどでは，糖を使って硬い木質繊維が作られる．パリッとしたレタスやセロリも，水分が消費されるにつれ細胞は膨圧を失い，しなびてしまう（p.258）．

果実は野菜とはまた違う．果実のなかには，収穫後時間が経つほど成熟しておいしくなるものがある．しかし，成熟は早く進むので，その後はやはり品質が低下する．果実も野菜も，結局は細胞がエネルギーを使い果たして死んでしまい，複雑な生化学的構造・機構が壊れて，酵素が無差別に働き，組織が自己分解する．

果実・野菜の表面や空気中には常に微生物が存在しているので，これらの微生物によって腐敗が進む．細菌，カビ，酵母などはいずれも植物組織を弱めたり傷つけたりして細胞壁を分解し，細胞成分を消費し，独特の不快な廃棄物を残す．細菌は他の微生物より増殖が速いことから，野菜の腐敗の主な原因となる．よくある軟腐病は，*Erwinia*属や*Pseudomonas*属の細菌による．果実は野菜よりも酸性が強いことから多くの細菌は増殖しにくいが，酵母やカビ（*Penicillium*属，*Botrytis*属）は繁殖しやすい．

切って売られている果実や野菜は便利だが，特に腐りやすい．切ると腐りやすくなる理由は二つある．まず，組織が壊れると近くの細胞が防御活性を増し，残っている栄養を消費するのと同時に，硬くなったり褐色に変色したり，苦味や渋味がでたりする．そして，通常は保護されている栄養豊富な内部組織が露出し，そこに微生物が感染しやすい．したがって，切って売

られている生野菜や果実は，特に取扱いに注意すること．

■ **生鮮果実・野菜の取扱い**

果実や野菜を保存する際は，避けられない鮮度低下を少しでも遅くすることが大切である．まずはじめに，果実・野菜をよく選び適切に扱う．キノコ類や熟した果実（ベリー，アンズ，イチジク，アボカド，パパイヤなど）はもともと代謝が高いので，リンゴ，ナシ，キウィ，キャベツ，ニンジンなど長持ちするものに比べると鮮度の落ちが速い．「たった1個の腐ったリンゴが樽全体をだめにする」と言われるように，カビの生えた果実・野菜は捨て，冷蔵庫の引き出しや果実用の入れものは頻繁に掃除して除菌する．リンゴを床に落とす，トマトを密封状態にする，といった物理的なストレスをかけないようにする．ベリー類は軟らかいので，水洗いするだけでも土などで表面の保護層がこすれ，細菌に感染しやすくなる．逆に，土には微生物が多く含まれているので，硬い果実・野菜は保存前に土を洗い流すほうがよい．

■ **保存場所の空気**

生野菜・果実の保存期間はまわりの空気によってかなり変わってくる．植物組織はほとんど水分なので，乾燥してしぼみ内側が傷つかないように，湿度を高く保つ必要がある．これはつまり，ビニール袋や冷蔵庫の引き出しなど密閉した場所に入れて，水分が失われないようにするということである．ところが生野菜・果実は生きているので，二酸化炭素と水を放出する．この水分が表面に凝縮するとかえって微生物が繁殖しやすくなる．ペーパータオルや紙袋など水を吸収するものを容器の内側に敷いておけば，水の凝縮を抑えられる．

酸素を少なくしても細胞の代謝活性を抑えることができる．包装された野菜は，窒素，二酸化炭素，必要最小限の酸素（8％以下）を正確に混合したガスが充填されており，細胞の正常な機能が保たれる．包装用素材も，植物の呼吸速度に合ったガス透過性のものを使っている．（酸素が少なすぎると嫌気的代謝に切り替わり，アルコールなどの発酵性の臭気成分が発生し，内部組織が損傷して変色する．）

家庭でもレストランでも，理想的な空気状態に近づけるためには，密閉できるビニール袋に入れて，できるだけ空気を抜くのがよい．植物細胞は酸素を消費して二酸化炭素を放出するので，酸素濃度は徐々に低くなってゆく．しかし，ビニール袋に密閉するとエチレンガス（果実では成熟を促し，ほかの組織では防御活性を誘導したり老化を促したりする植物ホルモン）も袋内に溜まってしまうのが難点である．つまり袋に密封した果実はすぐに熟れすぎた状態になるし，レタスなどは少しでも傷ついた葉があると全体がすぐにだめになってしまう．最近では，保存期間を長くする野菜・果物用保存袋（容器）が市販されており，中にはエチレンガス吸着分解剤（過マンガン酸を含む）が入っている．

果実や果実野菜（リンゴ，オレンジ，キュウリ，トマト）の水分損失と酸素吸収を抑える方法でよく用いられているのは，梱包時に食用ワックスや油を表面に塗ることである．蜜蝋，カルナバ，キャンデリラ，米ぬかなどの天然ワックスや食用油，そしてパラフィンワックスやポリエチレンワックス，ミネラルオイルといった石油化学工業の副産物など，さまざまなものが使用されている．この方法は無害だが，表面が変にツヤが強かったり硬くなったりすることがある．

■ **温度管理：冷蔵**

生野菜・果実を長く保存するために一番効果的な方法は，温度管理である．一般に低温では化学反応が遅くなるので，植物細胞の代謝も遅くなるし，微生物の増殖も抑えられる．温度を5℃下げるだけで保存期間は倍になる．しかし，野菜・果実の種類ごとに最適な保存温度は異なる．温帯地域で生育するものは氷点付近で

保存するのがよく，リンゴなどはガス管理も行えば1年近くもつ．ところが，より温かい地域に育つ果実・野菜は，これほど低温にすると傷んでしまう．細胞が正常に機能しなくなり，制御の効かなくなった酵素作用によって細胞壁が損傷し，異臭や変色を生じる．保存している間に低温障害が現れることもあれば，室温に戻して初めて異常が認められることもある．バナナを冷蔵庫に入れると皮が黒くなる．アボカドは黒ずんでいつまでも硬い．柑橘類は皮に斑点がでる．熱帯および亜熱帯地域が原産の果実や野菜は，比較的高温の10℃前後で保存するのが一番よく，冷蔵庫に入れるよりは室温で置いておくほうがいい場合も多い．メロン，ナス，カボチャ，トマト，キュウリ，ピーマン，豆類などがこれにあたる．

■ **温度管理：冷凍**

徹底した温度管理とも言えるのが冷凍であり，果実・野菜の代謝や微生物による腐敗をすべて止めてしまう．細胞内の水分のほとんどを結晶化し，ほかの分子の動きを止め，化学的活動もほぼ停止する．微生物は低温にも強いので温度が上がればまた生き返るが，凍結した植物細胞は死んでしまう．組織の受ける損傷には2種類ある．一つは化学的なもので，水が結晶化すると酵素やその他の反応性分子は著しく濃縮され，異常な反応が起きる．もう一つは氷の結晶による物理的破壊であり，鋭い結晶の先によって細胞壁や細胞膜に穴が開く．解凍すると細胞液がもれ出して，食品はしんなりと水っぽくなる．冷凍食品の製造工程では，できるだけ速く低い温度（−40℃ほど）まで冷凍することにより氷の結晶を小さくし，食品の損傷が最小限になるようにしている．このような条件下では，小さな結晶が多数形成する．冷凍温度が高いと数は少ないが大きな結晶が形成するので，食品の損傷が大きいのである．家庭やレストランで使用される冷凍庫は，工業用冷凍庫に比べると庫内温度が高く変動も大きい．したがって，冷凍保存している間も一部は解凍し，それ

が再凍結するとさらに大きな結晶になるので，食感が悪くなる．

冷凍温度では一般に，酵素活性ならびその他の化学的活性は抑えられるが，ビタミンや色素の酵素的分解などは，濃縮効果によりかえって促進される．このような問題は湯通しすれば防ぐことができる．湯通しするということは，沸騰した水に1〜2分だけ浸して酵素を失活させ，すぐに冷水にとって調理を止め，細胞壁がそれ以上軟らかくならないようにすることである．野菜を2〜3日以上冷凍保存する場合には，あらかじめ湯通ししておくべきである．果実は加熱すると風味や食感が損なわれるので，湯通しすることはあまりない．果実を冷凍保存する場合，アスコルビン酸を加えたシロップ（1Lにつきアスコルビン酸750〜2250 mg，変色しやすさによって違う）に漬けることで酵素による変色を防ぐことができる．砂糖シロップ（通常は約40％，水1Lにつき砂糖680 g）も，細胞壁の細胞間隙接着成分に吸収され硬くなるので，食感がよくなる．冷凍する際には空気や水が入らないようにできるだけきっちり密封する．冷凍庫内の空気は乾燥ぎみなので，表面がさらされると冷凍焼けを起こす．冷凍焼けとは，冷凍した水分子が直接気化すること（昇華）によって起こる局部的な乾燥である．冷凍焼けした部分は硬くなり風味も落ちる．

## 生鮮果実・野菜の調理

肉，卵，乳製品などに比べると野菜や果実は調理が簡単である．動物の組織や分泌物は主にタンパク質からできている．タンパク質は敏感な分子であり，中温（60℃）でも分子同士が凝集し水分がしみ出し，すぐに硬く乾燥してしまう．野菜・果実は主に炭水化物からなる．炭水化物は頑丈な分子であり，沸点でも組織内の水分に炭水化物分子が均一に分散するだけなので，より軟らかくジューシーになる次頁*．ただし，野菜や果実を調理するときにも細かい注意点がある．植物に含まれる色素，風味成分，栄

養は熱や化学的条件に弱く，炭水化物でも変わった挙動を示すことがある．したがって，野菜や果実を調理する場合には，色や風味や栄養を損なわずに食感をよくすることが大切である．

## ■ 熱が果実・野菜の品質に及ぼす影響

**色** 植物色素の多くは調理によって変化することから，野菜料理の良し悪しは色で判断されることが多い．例外として，黄橙色をしたカロテノイド色素は，水よりも油に溶けやすいので色が抜けにくく，かなり安定である．ニンジンを加熱すると，$\beta$カロテンの構造が変化して，赤橙色だったものが黄色味を帯びる．アンズやトマトペーストを日干しにする場合，抗酸化剤として二酸化硫黄を使わない限り，カロテノイド本来の色はほとんどなくなる（p.281）．それでもクロロフィルの緑色やアントシアニンの多様な色に比べれば，カロテノイドの色は変わりにくい．

**緑色クロロフィル** 緑色野菜を調理するとさまざまな変色が見られるが，なかに一つだけ色素がまったく関係していないものがある．沸騰水に入れると数秒で緑色が鮮やかになるが，これは細胞間隙にあったガスが急に膨張して外に出てしまうことが原因である．普段はクロロフィルの色を濁らせているこれらの微細な気泡が無くなると，色素が直接見えるようになる．

*緑色を変色させるもの：酸* 調理の際に緑色クロロフィルに起きやすい化学変化は二つある．一つは，炭素と水素からなる長い尾状構造が切れることで，これにより色素分子は水溶性となり調理水に溶け出して，さらに変化しやすくなる．酸性でもアルカリ性でも，またクロロフィラーゼと呼ばれる酵素（66〜77℃で活性が高く，沸点近くにならないと失活しない）によっても尾が切れる．もう一つのさらに目立つ化学反応は，熱または酵素によってクロロフィル分子の中心にあるマグネシウム原子が失われることで，これにより緑色がくすむ．野菜を料理するときの変色原因で圧倒的に多いのが，マグネシウムが水素と入れ替わることである．クロロフィル$a$が灰緑色のフェオフィチン$a$に，クロロフィル$b$は黄色っぽいフェオフィチン$b$になる．水を使わない野菜料理（炒めものなど）でも色が変わる．植物組織の温度が50℃より高くなると，葉緑体およびその周囲にある膜構造が破壊され，クロロフィルが細胞内に含まれている酸にさらされるためである．冷凍，漬物，脱水，そして単なる老化だけでも葉緑体とクロロフィルが損傷する．この結果，くすんだオリーブ色になってしまうことはよくある．

*変色を防ぐ昔ながらの方法：アルカリと金属* 野菜の緑色を鮮やかに保つための化学的方法が二つある．いずれも何百年，何千年の昔から知られていた方法である．一つは，アルカリ性の水で調理すること．アルカリ性では水素イオンが非常に少なく，クロロフィルのマグネシウム

---

＊ 監訳者注：野菜・果実の水以外の主な成分は細胞壁多糖類などの炭水化物である．細胞壁は沸点でも容易に分解しないが細胞間隙にあるペクチンは加熱で分解し，水中に一部分散するため軟らかくなる．

---

### 変化したカロテノイド色素のにおい

カロテノイドを多く含む果実や野菜を乾燥したり加熱したりすると，色素分子の一部が分解されて，特徴的なにおいをもつ揮発性の低分子ができる．これらは紅茶，干草，蜂蜜，スミレのにおいなどがする．

が置換されにくい．19世紀フランスの偉大な料理人アントナン・カレームは，木灰を使って水の酸度を下げた．今は重曹（重炭酸ナトリウム）を使うのが簡単である．もう一つの方法は，調理水に銅や亜鉛などのほかの金属を入れること．これらの金属がクロロフィルのマグネシウムと入れ替わり，水素で置換されにくくなる．ただしどちらの方法にも欠点がある．銅と亜鉛は必須の微量栄養素であるが，摂取量が数ミリグラムを超えると毒性がある．重炭酸ナトリウムには毒性はないが，アルカリ性が強すぎると野菜が軟らかく，そして崩れやすくなり（p.273），ビタミンの分解も早まり，石鹸のような味になる．

**ゆで水，調理時間，ソース** 野菜の緑色をなるべくそのままにするには，調理時間を短くし（5〜7分），酸性にしないようにする．フライパンで炒めるか電子レンジを使えば短時間で調理できるが，クロロフィルが細胞内の酸にさらされてしまう．ごく普通に多めの水でゆでる方法は，細胞内の酸が薄まるのでよい．一般に，水道管の腐食を抑えるため水道水は微アルカリ性なので，クロロフィルの色を保つのには適している．自宅で水道水のpHを測ってみて，もしpHが7より低ければ（酸性）重曹を少量くわえ（4Lにほんの一つまみ程度からはじめる），中性〜微アルカリ性にすればよい．調理した野菜はすぐに食卓に出すか，氷水にさっとくぐらせて冷やすと色が悪くならない．レモン汁など酸性の材料を使ったソースは，食べる直前にかける．ソースをかける場合には，あらかじめ野菜を油（ドレッシング）やバターで和えて保護膜をつくるとよい．

**赤紫色のアントシアニンと淡色のアントキサンチン** 通常は赤味がかった色のアントシアニンと，その類似化合物で淡黄色をしたアントキサンチンは，クロロフィルとは正反対の性質をもつ．アントシアニンとアントキサンチンは水溶性なので必ず調理水に溶け出す．やはりpHや金属イオンに影響されるが，酸は色をよくし，金属は色を悪くする．pHや金属によってクロロフィルの色はくすむか鮮やかになるだけだが，アントシアニンは完全に色が変わってしまう．赤キャベツをゆでると青くなったり，ブルーベリー入りのパンケーキやマフィンが緑色になったり，ピクルスに入れたニンニクが緑や青になったりするのはそのせいである．（ビートやチャードに含まれるベタシアニンとベタキサンチンは別の種類の化合物で，いくぶん安定である．）

クロロフィル*a*
鮮やかな緑色

くすんだ緑色

調理によるクロロフィルの変化．左：通常のクロロフィル分子は鮮やかな緑色で，脂肪に似た尾状構造をもつため油脂に溶けやすい．中央：植物細胞中の酵素によって尾状構造が切り取られると，水溶性が増して調理水に溶け出してしまう．右：酸性条件では，分子中央のマグネシウム原子が水素に置換され，くすんだオリーブ色になる．

***変色させるもの：希釈，アルカリ性，金属***
アントシアニンおよびアントキサンチンは細胞液胞に濃縮されており，表面の細胞層だけに含まれる場合もある（紫色の豆，アスパラガスなど）．したがって，調理で液胞が破壊されると色素がしみ出して希釈され，色は薄くなるか完全に脱色してしまう．鍋いっぱいの湯でゆでる場合などは特に色が抜けやすい．調理によって組織内の化学状態が変化しているので，残った色素にも影響がある．アントシアニンが蓄えられている液胞は一般に酸性だが，液胞以外の細胞液は酸性度が弱い．調理水はややアルカリ性のことが多く，パンケーキやマフィンにはアルカリ性の重曹が使われる．酸性ではアントシアニンは赤色に近く，中性付近では無色または明るい紫色，アルカリ性では青色が強い．淡黄色のアントキサンチンはアルカリ性が強いほど黄色が濃くなる．したがって，赤い果実や野菜を調理すると色が薄くなったり青っぽくなったりすることが多く，淡黄色の野菜・果実は色が濃くなる．調理液中に微量の金属が含まれていると，かなり珍しい色になることがある．アントシアニンやアントキサンチンのなかには，鉄やアルミニウム，スズなどと複合体を作って，灰，緑，青，赤，茶などに変色するものがある．

***変色を防ぐもの：酸***　アントシアニンの自然な色を保つには，果実や野菜を十分酸性にしておくことと，微量金属が入らないようにすることである．レモン汁を調理液に加えたり料理にかけたりするのもよい．レモン汁に含まれているクエン酸が酸性を保ち，さらに金属イオンにも結合する．赤キャベツを調理するときは酸味のあるリンゴや酢を使うと青っぽくならない．ケーキやマフィン生地は，弱酸性を保つように，なるべく少量の重曹を均一に混ぜ込むようにすれば，ブルーベリーも緑色にならない．

***タンニンの色をだす***　あまり一般的ではないが，調理によって実際にアントシアニンを作り出すこともできる．そして色合いも変えることができる．マルメロの実は無色だが，薄切りにして砂糖シロップで煮ると渋味が消え，半透明のルビー色になる．マルメロはナシの一品種でフェノール化合物が多く，その中にはアントシ

---

### 緑色野菜を色よく調理する昔の方法

　クロロフィルが命名されるずっと前から，台所ではクロロフィルの化学が知られていた．ローマ時代のアピキウスの料理集に "omne holus smaragdimum fit, si cum nitro coquatur" という一文がある．訳すと，「すべての野菜は，硝石を使って調理すればエメラルド色になる」．硝石とは天然のアルカリ鉱物で，重曹のアルカリと同じようなものと考えてよい．ハンナ・グラスの料理本（イギリス，1751年）には，「緑の野菜は，銅製の鍋に良質の水を入れ，ほかの材料とは別にしてゆでる．鉄鍋などは適さず，銅製か真ちゅう（銅と亜鉛の合金）または銀製にすること」と書かれている．19世紀初期の料理本には，野菜の調理やキュウリのピクルス作りに銅製の半ペニー硬貨を入れると色が鮮やかになるとある．これらの方法は，20世紀初めまでは何らかの形で残っていた．しかし銅を摂り続けると毒性が問題になるとして，スウェーデンでは18世紀に，軍隊における銅製鍋の使用を禁止している．またタバサ・ティックルトゥースの *The Dinner Question*（1860年）には次のように書かれている．「まったく味のしないパルプにしたくなければ，エンドウ豆をゆでるときは，どんなときも決してアルカリを入れてはならない．」

アニンに似たサブユニット（構成単位）2～20個が凝集したポリフェノール（プロアントシアニジン類）も含まれる．これらのポリフェノールはタンパク質同士を架橋して固めるのにちょうどよい大きさなので，口の中では渋味として感じられるわけである．ポリフェノールを含む果実を長時間加熱すると，熱と酸の作用によってひとつひとつのサブユニットに分解され，サブユニットは空気中の酸素と反応してアントシアニンになる．その結果，渋味が強い果実を煮込むと渋味が少なくなり，淡色だったものはピンク色～濃赤色に着色するのである．（白桃の缶詰でも同様の反応が起きてピンク色になるが，おもしろいことにこの場合は望ましくない変色とみなされる．エナメル加工されていない缶からスズが溶け出して着色が強まる．）

**テクスチャー**　すでに述べたように，野菜や果実のテクスチャーを決める要素は二つある．組織細胞中の内圧，そして細胞壁の構造である（p.258）．加熱すると細胞内の内圧が下がって細胞壁が分解するので，植物の組織は軟らかくなる\*．50℃に達すると細胞膜が傷つき，水がもれ出て細胞がしぼみ，硬くシャキッとしていた組織は軟らかくしなびたようになる．（熱湯中で調理しても水分が失われることは，調理前後で重さを比べると明らかである．）この段階では，歯の間できしむような感じがすることもある．膨圧が下がってパリパリではなくなっても，細胞壁はまだ硬くかみ切りにくいのである．この後，組織の温度が沸点に近づくと細胞壁が弱まる．セルロースの枠組み構造はほとんど変化しないが，ペクチンとヘミセルロースの"接着成分"が軟らかくなって，次第に分解して短くなり，溶け出す．かむと簡単に細胞がバラバラになるので，軟らかく感じる．長く沸騰させると細胞壁の接着成分がほぼすべて溶け出してしまい，組織が崩れてピューレ状になる．

**酸と硬水で硬さが保たれ，塩とアルカリで早く軟らかくなる**　細胞壁構成成分の溶出や，組織が軟らかくなる加熱過程は，化学環境に強く影響される．ヘミセルロースは酸性ではあまり溶解しないが，アルカリ性では溶解性が高まる．すなわち，果実・野菜を酸性の液で調理すると（たとえばトマトソースや，その他の果汁やピューレなどを使った場合），何時間加熱しても硬さが保たれる．一方，中性の熱湯（酸性でもアルカリ性でもない）で煮た場合は，同じ野菜でも10～15分で軟らかくなる．アルカリ性の液で調理するとすぐに煮崩れる．中性水に食塩

---

\*　監訳者注：植物の組織が軟らかくなるのは細胞間隙にあるペクチンが分解するから．

---

## 赤ワインを白くする

アントシアニン色素はpHによる影響を受けやすいことを応用したおもしろい料理が，ローマ後期のアピキウスの料理集に載っている．

> 赤ワインから白ワインを作る方法．豆粉または卵白3個分をフラスコに入れ，長い間混ぜ続ける．次の日にはワインは白くなっている．白ぶどうの蔓を燃やした灰でも同じ効果がある．

ぶどうの蔓の灰も卵白もアルカリ性なので，ワインが脱色するわけである．ただし，卵白を使って実際にやってみたところ，白ワインというよりは灰色に近いものになった．

を加えて野菜を調理すると早く軟らかくなるが，これは細胞壁中で接着成分の分子同士を架橋・固定しているカルシウムイオンがナトリウムイオンで置換され，架橋が切れて，ペクチンが溶け出しやすくなるためとみられる．蒸す，焼く，オーブンで焼く，といったように水に浸けない調理法では，細胞壁が弱酸性の細胞液にさらされるだけなので（蒸気自体はpH6でやや酸性），同じ時間煮るのと比べて硬い仕上がりになる．

軟らかくなるのが早すぎたり遅すぎたりする場合は，以上のような影響を考慮して調理法を変えてみるとよい．たとえば，野菜を水で煮てからトマトソースを加えるとか，硬水には重曹を少し加えてアルカリ性にするなどである．緑色野菜の場合，早く軟らかくするために塩や少なめの重曹を加えることで，クロロフィルの緑色を鮮やかに保つこともできる（p. 270）．

**デンプン質の野菜** ジャガイモ，サツマイモ，冬カボチャ，その他デンプン質を多く含んだ野菜は加熱調理すると独特のテクスチャーになるが，これはデンプン粒子によるものである．生の野菜の中のデンプン粒子は，デンプン分子が硬く密に詰まった微細な塊であり，かむと細胞からはみ出して粉っぽい感じがする．膜タンパク質の変性温度とほぼ同じ温度でデンプンも軟らかくなりはじめ，この「糊化温度」はジャガイモでは58〜66℃である（植物によって異なる）．この温度範囲ではデンプン粒子が水分子を吸収しはじめ，微結晶構造が崩れ，デンプン粒子はもとの大きさの何倍にも膨れ上がり，軟らかいゲル状，または長い鎖が絡み合った網目のすきまに水が溜まったスポンジ状構造をとる．組織中の水分がデンプン粒子に吸いとられた形になるので，軟らかいがややパサついた感じになる．（デンプンの多いジャガイモとデンプンの少ないニンジンを調理したときの食感の違いを思い出すとよい．）デンプン質の野菜で細胞壁の比較的弱いものは，ゲルの詰まった細胞同士がくっつきあって小さな粒子になり，それがバラバラになるので粉っぽい感じになる．水が吸収されてしまい，細胞がバラバラになって表面積が大きくなるので，マッシュ・ポテトやその他のデンプン質の野菜ピューレには，油脂を多量に混ぜ込むことができる．

**ある種の野菜や果実は低温処理で硬さを保つ**
野菜・果実のなかには（ジャガイモ，サツマイモ，ビート，ニンジン，マメ類，カリフラワー，トマト，チェリー，リンゴなど），低温で下ごしらえすることで，調理中に軟らかくなりすぎるのをある程度抑えられるものがある．55〜60℃で20〜30分間加熱した場合，その後に長時間加熱しても硬さが保たれる．長く加熱する必要のある肉料理に野菜を加えるときや，ポテトサラダのジャガイモ，または瓶詰め保存などで，野菜の形崩れを防ぐことができる．ジャガイモやビートをまるごとゆでるときも，中まで火が通る間に外側が軟らかくなりすぎるのを防ぐことができる．根野菜は水から火にかけるのが普通だが，温度がゆっくりと上昇

デンプン質の野菜を調理する．左：調理前は植物細胞が無傷であり，デンプン粒は小さく硬い．右：加熱調理するとデンプン粒が細胞液中の水分を吸収し，膨張して軟らかくなる．

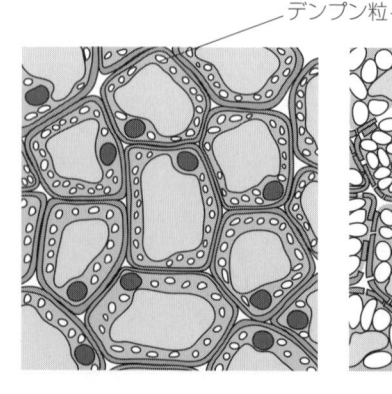

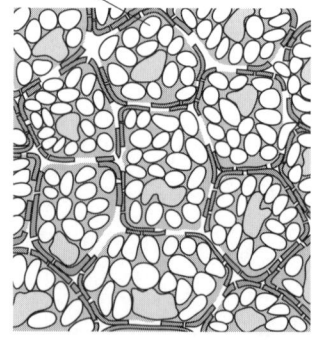

デンプン粒

する間に外側がしっかりと硬くなる．このような野菜・果実の細胞壁には，ペクチンをカルシウムイオンで架橋されやすい形に変換する酵素が含まれ，これは50℃前後で活性化される（80℃前後で失活する）．同時に，傷ついた細胞膜から細胞の中身がしみ出すときにカルシウムイオンも放出され，ペクチンの架橋が進んで，沸騰させてもペクチンが溶出・分解しにくくなるのである．

**シャキッとしたままの野菜**　地下茎を食べる野菜のなかには，長く加熱したり瓶詰め（缶詰）にしたりしてもシャキっとした食感を失わないものがある．中国野菜のウォーターチェストナッツ，レンコン，タケノコ，ビートなどがそうである．これは細胞壁中に含まれるある種のフェノール化合物（フェルラ酸）によるもので，細胞壁の炭水化物にフェルラ酸が結合し，調理中に溶け出さないようにする．

**風味**　野菜や果実の多くは，風味が比較的穏やかだが，調理すると強まる．加熱すると細胞膜と細胞壁が壊れ，砂糖や酸などの呈味分子が細胞の外に出て，味蕾に触れやすくなるからである．たとえばニンジンは，調理するとかなり甘くなる．熱をかけると芳香成分の揮発性も増してにおいが強まるし，また酵素活性が高くなったり細胞成分が混じり合ったり，一般的な化学反応が促進されたりすることで新しい分子が作られる．長く強く加熱するほど，本来含まれていた芳香分子は修飾されて，より複雑で独特の"加熱"臭がでる．調理温度が沸点を超えると（フライパン焼き，オーブン焼きなど），炭水化物の多い野菜・果実では褐変反応が起こり，キャラメルのような香ばしい独特のにおいがでる．同じ野菜やハーブでも，調理法が異なれば風味も違ってくるので，これらを組み合わせて料理に奥行きのある風味をだすことができる．

植物に特徴的な感覚と言えば渋味である（p. 264）．アーティチョーク，未熟な果実，ナッツなどは渋味があるとおいしくないが，こうしたタンニンによる渋味を和らげる方法がいくつかある．酸や塩は渋味を増すが，砂糖は渋味を抑える．ミルク，ゼラチン，その他のタンパク質性のものを加えると，タンニンがタンパク質と結合して舌を刺激しなくなるので，渋味が少なくなる．ペクチンやゴム質を多く含んだ材料もタンニンの動きを抑え，油脂もタンニンとタンパク質の結合を遅くする．

**栄養価**　食物中の栄養は料理によって壊れるものもあるが，吸収されやすくなるものも多い．野菜や果実は，生のものと調理したものを両方食べるのがよい．

**栄養価が下がるもの……**　果実・野菜を調理すると，一般には栄養価は下がる．なかには例外もあるが，高温，酵素活性，酸素や光にさらされることによって，ほとんどのビタミン，抗酸化物質，その他の有効成分が壊れる．これらの栄養素やミネラルが調理水に溶け出してしまうということもある．栄養損失を最小限に抑えるには，できるだけ素早く調理するのがよい．たとえば，ジャガイモをオーブンで焼く場合はゆでるのに比べて温度がゆっくりと上昇するので，酵素作用によるビタミンCの損失が大きい．しかし調理時間を短くする工夫でも，野菜を小さく切る，大量の湯でゆでるなどの方法は，かえって水溶性の栄養素（ミネラル，ビタミンB，ビタミンCなど）の損失が多くなる．ビタミンやミネラルの損失を最小限にとどめるには，少量ずつ電子レンジで加熱し，使用する水の量を少なくするとよい．

**……そして栄養価が高まるもの**　調理による栄養効果として，一般に言えることがいくつかある．まず有害微生物を取り除くこと．そして食品を軟らかく濃縮するので，一度にたくさん食べられるようになること．さらに，栄養によっては吸収されやすくなるものがあるということ．代表的なのがデンプンとカロテノイド色素である．デンプンは糖が長い鎖状に連なったも

ので，これがぎっしり詰まってデンプン粒子と呼ばれる塊を作っている．生のデンプン粒子は中まで消化酵素が働かないが，加熱調理するとデンプン粒子の構造が崩れて，個々の鎖が露出し酵素分解されやすくなる．次に，βカロテン（ビタミンA前駆体）やこれと化学構造の似たリコピン（抗酸化物質），その他の重要なカロテノイド色素．これらは水に溶けにくいため，かんで飲み込んだだけではあまり吸収されない．調理すると植物組織が十分に破壊されるので，吸収がよくなるのである．（カロテノイドは脂溶性なので，脂肪分があるとさらに吸収が高まる．）

野菜や果実の調理法は多い．なかでもごく一般的な調理法について，それぞれの一般的な効果を以下にまとめた．水を介して熱を伝達する方法，水以外の空気・油または赤外線を使う方法，その他の方法（液状にしたり風味や色を抽出したりといった食物の形を変えてしまう方法），の三つに大きく分けられる．

## ■ 熱湯：ゆでる，蒸す，圧力調理

野菜の調理法で一番簡単なのは，ゆでるか蒸すかである．いずれも加熱温度を測る必要がなく，強火でも弱火でも水の沸点は100℃と決まっている（ただし標高が高いほど沸点は下がる）．熱湯も蒸気も熱伝導性に優れているので加熱効率が良く，緑色野菜を色良くさっと調理するのに適している（p.271）．大きな違いとして，熱湯には細胞壁のペクチンやカルシウムが溶け出すが，蒸気ではこのようなことがない．また，蒸すよりもゆでる方が野菜は早く中まで軟らかくなる．

**ゆでる**　緑色野菜をゆでる場合には，調理用水のpHと溶解ミネラル含量を知っておくとよい．理想的には，中性またはわずかにアルカリ性（pH 7〜8），硬度（ミネラル含量）は高すぎないほうがよい．酸性ではクロロフィルの色がくすみ，また酸とカルシウムがあると野菜が軟らかくなりにくく，調理に時間がかかるからである．勢いよく沸騰している大量の湯を使えば，野菜を入れても急に温度が下がることはない．また，5分ほどで火が通るように野菜は小さく切っておく．海水濃度と同じくらいに塩を入れれば（3％，水1Lに塩30 g）早く軟らかくなるし（p.273），また細胞の中身が水に溶け出すのも防げる（真水は植物細胞から塩や砂糖を引き寄せる）．ちょうどよい硬さになったら，すぐに食卓に出すか，または氷水にさっとくぐらせ色止めをする．

デンプン質の野菜をうまく調理するには，別の方法を用いる．特に丸のままや大きめに切ったジャガイモは，中まで火が通る間に外側が軟らかくなりすぎて崩れやすい．弱酸性の硬水を使えば表面の硬さが保たれ，水から火にかけて徐々に温度を上げていけば細胞壁が強まる（p.274）．塩は野菜を早く軟らかくするので入れないほうがよい．また，温度は必ずしも沸点にする必要はない．80〜85℃でデンプンや細胞壁は十分軟らかくなり，外側にもあまり火が通りすぎない．ただし調理時間は長くなる．

肉の蒸し煮や煮込み料理に野菜を入れる場合，肉も野菜も軟らかく仕上げるためには手間をかける必要がある．肉を軟らかくするためにかなり低い温度で調理すると，野菜は硬いままだったりする．結合組織の多い硬い肉を軟らかくするのに長く煮込んだりすると，野菜が崩れてしまったりする．肉とは別に野菜に火を通しておけば，軟らかくしてから低温の蒸し煮に入れたり，外側を硬く崩れないようにしてから煮込みに入れたりすることができる．煮込み料理では，軟らかくなった野菜をいったん取り出しておき，肉が軟らかくなってから戻し入れてもよい．

**蒸す**　沸点での調理にはよい方法である．鍋いっぱいに水を沸かす必要もなく，沸騰する水の中で野菜がおどることもなく，風味や色や栄養が溶け出すこともない．ただし，塩分やカルシウム濃度や酸度を調節することはできない（蒸気自体はわずかに酸性のpH 6，植物細胞および

液胞内も酸性で，クロロフィルが変色しやすい）．火の通りを均一にするには，野菜を重ねないか，なるべくふわりと重ねて，蒸気がまんべんなく行き渡るようにする．ハーブやスパイスで香りづけすることもできるが，基本的には野菜の持ち味をそのまま生かす調理法である．

**圧力調理** 酸味の少ない野菜を瓶詰めする場合などに用いられる．基本的にはゆでるのと蒸すのとを合わせた調理法だが，温度は100℃ではなく120℃前後となる．（密閉した容器に水を入れて加熱すると蒸気がたまり，圧力が上がって沸点が上昇する．）圧力調理は調理時間が短くてすむが，これは過熱しやすいということでもある．圧力調理用のレシピにきちんと従うことが大切である．

## ■ 熱い空気，油，放射熱：オーブン焼き，炒める，揚げる，グリル焼き

水を使わない調理法では食物の表面が乾燥し，風味が濃縮されて強まる．沸点より高い温度になるので，褐変反応による風味と色がでる（p.751）．

**オーブン焼き** オーブン内の熱気で野菜や果実を加熱する場合は，火の通りが比較的遅い．その理由はいくつかある．一つ目は，熱媒体としての空気は水や油よりも薄く，空気分子が食物にぶつかる頻度が少ないので，エネルギー伝達に時間がかかるということ．二つ目は，温めたオーブン内に冷たいものを入れると，空気分子と水蒸気が停滞した「境界層」ができ，空気分子が食物表面にぶつかるのをさらに妨げるということ．（コンベクションオーブンは，強制対流を起こし境界層を乱すことによって調理時間を短縮する．）三つ目は，周囲が乾燥しているため食物表面から水分が蒸発し，蒸発によって多くの熱エネルギーが吸収されるので，中まで浸透する熱エネルギーが少なくなるということ．このような理由から，オーブン調理はゆでたり焼いたりするよりも熱効率が悪い．

もちろん，熱媒体が希薄だからこそ，オーブンは食品を乾燥するのによい方法である．たとえば水っぽいトマトの風味を濃縮するなど，部分的に乾燥させる場合もあれば，完全に乾燥させてしっかりした歯ごたえやサクサク感をだすこともできる．食材の表面が乾燥してしまいオーブンの庫内温度に近づくと，炭水化物やタンパク質の褐変反応がはじまり，何百種類もの新たな風味分子が生まれて，風味が非常に深まる．

オーブンに入れる前に油を塗ることも多いが，この簡単な方法には二つの効果がある．一つ目は，表面の薄い油の層は蒸発しないので，油が吸収する熱エネルギーがすべて油と食材の温度を上げるということ．油を塗らない場合に比べて表面温度が高くなるので，すぐに焦げ目がつき中まで火が通る．二つ目は，油の分子の一部が褐変反応に関わり，生成する反応産物のバランスが変わってくるということ．これにより独特の豊かな風味が生まれる．

**揚げる，ソテー** 油を塗った野菜をオーブンで焼くことを「オーブン・フライ」と言うこともあるが，普通に油で揚げる場合にも食物表面が脱水し，焦げ目がつき，油の独特な風味がでる．揚げもの，揚げ焼き，ソテー（表面に油がまわる程度）と，使う油の量は料理によっていろいろだが，油の温度は一般に160～190℃である．油で揚げる方法はオーブンよりも調理時間が短い．油は空気よりも密度が濃く，動きの速い油分子がより激しく食物にぶつかるためである．上手に揚げるには，表面がよく色づいたときにちょうど中まで火が通るように，食材の大きさと油の温度を調節する．揚げものにする野菜はデンプン質のものが多い．ジャガイモの揚げ料理については第6章に述べる（p.293）．野菜や果実は多くの場合，表面を保護するための衣やパン粉をつけて揚げる．衣やパン粉がカリッときつね色に揚がり，高温の油が食材に直接接しないよう断熱材の働きもする．

**油炒め，ソフリット**　この二つも油を使う調理という点では同じだが，加熱温度がまったく違う．油炒めは高温で行う．煙が出るほど高温に熱した金属面に油をひいて，1分程度で火が通るように小さめに切った野菜を入れ，絶えずかき混ぜながら均一に熱が回り焦げないようにする．あらかじめ鍋を十分に熱しておくことが大切で，油をひいたらすぐに野菜を入れるようにする．そうしないと，高温で油が変質して味が悪くなり，粘ついたようになる．炒める時間は短くてすむので，色素や栄養素があまり失われない．もう一つの「ソフリット」と言われる調理法は（イタリア語で soffrito，またはカタロニア語で soffregit，いずれも"弱火で揚げる"という意味），油炒めとは対照的に低温で行う．細かく刻んだ野菜に油を加え，弱火でじっくりと加熱するもので，ほかの料理の隠し味として風味づけに加える．焦げないように注意しながら，低温の油で野菜を軟らかくし，風味を引き出して濃縮し，なじませてゆく．野菜を油に浸けてゆっくりと加熱しながら軟らかくし，油の風味とコクをしみ込ませるというのは，「コンフィ」（p.173）と同じような調理法である．

**グリル焼き**　グリルやブロイルでは，炭火，直火，電熱線からの強い赤外線を用いる．赤外線を使うとあっという間に脱水し，焼き色がつき，焦げてしまうので，表面が真っ黒になる前に中まで火が通るように熱源からの距離を調節しなければならない．オーブン焼きと同じように，油を塗ると速く火が通り風味も増す．何かで包んだ状態でグリルすれば（皮つきのトウモロコシやバナナ，アルミホイルで包んだジャガイモなど），表面が保護されて食品に含まれる水分で蒸し焼きになり，熱源や焦げた皮のスモーク臭もつく．また，焦がしたほうがおいしくなるものもある．大きめのパプリカピーマンやトウガラシは，外皮が硬くて厚く，むくのが面倒である．内側の部分に比べると外皮には水分が少ないうえ燃えやすいワックスも含まれているので，内側が軟らかくなるまえにカリカリに焦げる．焦げた皮は簡単にこすり落としたり洗い流したりできるようになる．同じように，ナスも丸のまま焼いて皮を焦がし中身を軟らかくすると，スモーク臭がついて皮もむきやすくなる．

## ■ 電子レンジ調理

電子レンジの電磁波は，果実や野菜に含まれている水分子を選択的に動かし，活発に動く水分子が細胞壁，デンプン，その他の分子を温める（p.759）．電磁波は食品の表面から 2 cm 程度まで浸透するので，すばやく加熱できてビタミンやミネラルも失わない．しかし，いくつかの変わった性質があるので，電子レンジで調理を行う際には注意が必要である．電磁波が浸透する距離は限られている．そこで均一に火を通すためには，食材を薄く切りそろえ，1層に並べるか，すきまを空けて重ねる．活発に動く水分子は水蒸気となって飛んでしまうので，電子レンジで調理すると乾燥しやすい．そこで野菜は蒸気が逃げないような容器に入れ，できれば中に少量の水を加えて表面の乾燥を防ぐ．また，密封すると揮発成分が容器内にこもるので，風味が変に強くなる．何らかの香味材料を入れれば，風味がある程度和らぐ．

乾燥しやすい性質を利用して，薄切りの果実や野菜をカリッとさせることもできる．この場合は出力を低く設定し，ゆっくりと均一に加熱し，すぐに焦げてしまわないようにする．水分が少ない部分があると，より多くのエネルギーが集まって局部的に沸点が高くなり，炭水化物やタンパク質が壊れて焦げたり黒くなったりする．

## ■ 粉砕と抽出

果実・野菜の形をあまり変えず，組織構造を壊さずに調理する方法をみてきたが，これとは違って完全に形が無くなるような調理法もある．植物細胞の中身とその周りの細胞壁とを混ぜ合わせる調理法もあれば，味も色もない細胞壁繊維や水分から風味と色を抽出して，エキス

を濃縮する調理法もある.

**ピューレ** 果実や野菜を単純につぶしただけのもので,トマトソースやアップルソース,マッシュド・ポテト,キャロット・スープ,グァカモーレ(メキシコのアボカド料理)などがある.物理的な力を加えて組織をつぶし,細胞を壊すことにより,細胞の中身と細かくなった細胞壁を混ぜ合わせる.細胞には水が多く含まれているので,液状になることが多い.細胞壁の炭水化物が水分子と結合して絡まり合いトロミをだすので,非常になめらかな食感になる.煮込んで水分を飛ばしても,炭水化物が濃縮されトロミがでる.(ジャガイモなどデンプン質の野菜は例外である.細胞中のデンプン粒子が水分をすべて吸収して糊状になる.これを避けるにはできるだけ細胞を壊さないようにする.マッシュド・ポテトについてはp.292を参照.)ピューレはソースやスープ作りに使われたり,冷凍して氷菓にしたり,乾かして「皮」にしたりする.(ピューレを使ったソースについてはp.601を参照.)

　熟した果実は細胞壁が十分軟らかくなっていることが多く,生のままでも簡単にピューレになるが,野菜は加熱して細胞壁を軟らかくしてからピューレにするのが普通である.あらかじめ加熱すれば細胞内の酵素が失活するので,細胞が壊れたときにビタミンや色素が分解されたり,風味が変わったり,茶色っぽく変色してしまう(p.261)こともない.熟成や加熱による細胞壁の壊れ具合と,つぶし方によって,ピューレ中の固形粒子の大きさ,つまりなめらかさが違ってくる.手でつぶしただけだと細胞が大きな塊のまま残り,フードミルや漉し網を使えばより細かくなる.電動のフードプロセッサーを使えばさらに細かく砕くことができ,さらに効果的な電動ミキサーを使えば非常に細かくなる.セルロースが多く硬い繊維を除くには,ピューレを裏漉しする.

**ジュース(搾り汁)** ピューレを搾った液.生の果実や野菜をつぶして固形の細胞壁成分をほとんど取り除いたもので,細胞に含まれる液体成分を主体とする.細胞壁成分の一部が混入するのは避けられず(オレンジ果汁に含まれる果肉など),濁りやトロミの原因となる(これが好まれる場合もある).汁を搾るときに,生きた細胞成分(活性のある酵素,さまざまな反応性物質や酸素感受性物質など)が混ざり合うので,新鮮な搾り汁は不安定で変質が速い.たとえばリンゴ果汁やナシ果汁は,褐変酵素と酸素のせいで茶色くなる(p.261).すぐに使わない場合は冷蔵または冷凍すると長持ちする.その前にできれば沸騰しない程度に加熱して,酵素を失活させ殺菌するとよい.今のジューサーは強い圧力がかけられるので,どんな果実や野菜からもジュースが得られる.

**泡と乳化液** ピューレやジュースに含まれる細胞壁の炭水化物成分は,空気の泡や油滴の乳化液といったすぐに消えてしまう物理的構造を安定化させる(p.618, 605).今の電気ミキサーを使えばとても簡単である.ピューレやジュースを泡立てて空気を含ませた場合,細胞壁炭水化物が気泡膜の水の動きを遅くするので,泡がつぶれにくいのである.これを利用して作る泡やムースの料理があり,特にジュースを泡立てたものは非常に繊細である.同様に,ピューレやジュースに油を加えて攪拌すると,炭水化物成分が油滴を一つずつ包み込むので,油と水が分離しにくい.これを利用すれば,ピューレやジュースと油を使って一時的な乳化液を作ることもでき,風味や食感に深みがでる.ピューレが濃いほど泡や乳化液は安定だが,キメが粗くなる.このような場合には水分(水,ジュース,スープなど)を加えて薄めれば軽さがでる.

**凍らせたピューレやジュース:アイス,ソルベ,シャーベット** ピューレやジュースを凍らせれば,半凍りのさわやかな食べものになる.アイス,ソルベ,グラニタ,シャーベットなどいろいろな名前で呼ばれる.17世紀にイタリアでこのような形ができあがりソルベと呼ばれ

るようになった（アラビア語で"シロップ"を意味する sharab が sorbetto，そして sorbet になった）．基本的には果実そのものの味だが（ハーブ，スパイス，花，コーヒー，茶などを加えることもある），砂糖（25～35％）と酸（0.5％）を加えて最終的な糖と酸の比をメロンと同じくらいにする（30～60：1，p.372参照）．ピューレやジュースを水で薄めることもよくあるが，これは酸度を低くしたり（レモンやライム），材料があまり多く手に入らないときに量を増したり，味をよくしたりするためである．食べる温度が非常に低いと風味におもしろい影響がでる．たとえば，メロンを薄めずに使うとまるでキュウリのような味になってしまうし，ナシのピューレを薄めれば冷凍果実というよりも繊細で香りの強いものになる．合衆国で「シャーベット」と言えば，風味をつけ軟らかくするために乳固形分（3～5％）を加えて凍らせた果汁をさす．

伝統的には果実が使われるが，野菜のシャーベットもちょっと変わっていてさわやかである．

### 凍らせたピューレやジュースのテクスチャー

シャーベットはガリガリしたものからクリーミーなものまでさまざまあり，材料の割合，冷凍の仕方，食べるときの温度などによって変わってくる．凍る過程では，混合液中の水が凍って無数の小さな氷の結晶が形成され，その周りにほかのすべての成分が存在している．大部分は糖が溶けたシロップとしての水分（果実に含まれていた水と後から加えた水の両方）で，植物細胞および細胞壁の成分も含まれている．シロップや植物の小片が多いほど，それらが潤滑剤となって氷の結晶が動きやすいので，スプーンですくったり舌にのせたりしたときに軟らかく感じる．シャーベットにはアイスクリームの倍ぐらいの糖分（25～35％）が含まれている（アイスクリームは脂肪分とタンパク質が多いので軟らかい，p.39）．糖分の多い果実を使うときは砂糖を入れる量を少なくし，ペクチンなどの植物の小片を多く含むピューレ（パイナップル，ラズベリーなど）を使うときはあまり砂糖を入れなくても軟らかくなる．使用する砂糖（ショ糖）の4分の1から3分の1をコーンシロップかブドウ糖で置きかえると，甘味を抑えつつ軟らかさがでる．氷の結晶の大きさ，つまりシャーベットのキメの粗さは，糖分および植物固形分の量，ならびに冷凍する際の攪拌によって決まる．糖と固形分が多いほど小さな結晶がたくさんできやすく，または攪拌しながら冷凍しても結晶は小さくなる（p.42）．冷凍庫から出したばかりだと硬くて結晶質なので，少し置いておけば部分的に融けて軟らかくなめらかになる．

**野菜ストック**　何種類かの野菜やハーブを水で抽出したものが野菜ストックであり，スープやソース，その他の料理の出し汁として使える．野菜が軟らかくなるまでコトコト煮ると，細胞壁が壊れて中身がしみ出してくる．この中には塩分，糖分，酸，旨味アミノ酸，そして芳香成分なども含まれている．香味野菜としてほぼ必ず用いられるのはニンジン，セロリ，タマネギ，さらに旨味アミノ酸の多いキノコやトマトもよく用いられる．抽出される表面積が大きくなるように，野菜は細かく切る．野菜の一部または全部を少量の油脂で炒めれば，新しい風味が加わり，そして芳香成分の多くが水よりも油に溶けやすいという二つの利点がある．抽出した風味が水で薄まりすぎないことが大切で，野菜と水の重さの割合が（体積は野菜の大きさなどで変わってくる），野菜1に対して水1.5～2となるようにする．野菜と水を鍋に入れ，ふたをせずに（蒸発して濃縮される）1時間程度煮る．1時間以上煮込んでも，それ以上は風味がよくならないばかりか，かえって風味が落ちるということが多い．野菜を漉し取った後で，さらに煮詰めてもよい．

**風味油・酢・シロップ・アルコール**　果実や野菜，ハーブ，スパイスなどの芳香成分を抽出した液を作りおきしておいて，ソースやドレッシング，その他の料理に使うと便利である．一般

にもっとも新鮮な風味を抽出するには，果実やハーブを丸のまま漬けて，室温または冷蔵庫でゆっくりと数日〜数週間おくとよい．乾燥ハーブ・スパイスの風味は熱による変化が少ないので，加熱して短時間で抽出することもできる．

酢の酸，シロップの濃い砂糖，ウォッカのアルコール（アルコール自体に風味がないので抽出液として適している）などは腐敗菌や病原菌の増殖を抑えるので，風味づけした酢，シロップ，アルコールは比較的安全である．ただし油を使うときには注意が必要である．油の中は嫌気的なのでボツリヌス菌が増殖しやすいからである．ボツリヌス菌は土壌中に生息しているので，畑で育てたもののほとんどに付着しており，しかも通常の加熱温度では胞子が死滅しない．低温ではボツリヌス菌の増殖が得られるので，ニンニクやハーブを漬けた風味油を加熱しないで作る場合には，冷蔵庫に入れておくのが安全である．できあがった風味油も，加熱の有無にかかわらず冷蔵庫で保存すること．

**"クロロフィル"** ちょっと不思議で興味をそそられるのが野菜を抽出して作られる料理用クロロフィル，濃い緑色の食用色素である．生化学的なクロロフィルと同一ではないが，その濃縮液と言える．作り方はまず，濃緑色の野菜の葉を細かくすりつぶして細胞を破壊する．これを水に浸してクロロフィル分解酵素や酸を薄め，固形の繊維や細胞壁残渣を分離する．ゆっくり弱火で煮て酵素を失活させるとともに，細胞や遊離葉緑体を表面に浮かび上がらせる．この緑色のものを漉し取って水をきると，料理用クロロフィルのできあがりである．料理用クロロフィルに含まれるクロロフィル分子は，酸性食品とともに加熱するとやはりくすんだ茶色になるが，ソースの仕上げに加えれば，酸味のあるものでも鮮やかな緑色が映える．

## 果実・野菜の保存

生きた組織を殺して酵素を失活させ，微生物が増殖できないような環境を作れば，果実・野菜を半永久的に保存することができる．古代から受け継がれている方法もあれば，工業化時代に生まれた技術もある．

### ■ 乾燥と凍結乾燥

**乾燥** 植物組織の水分は通常90%前後だが，これを生物のほとんど生きられない5〜35%まで減らすことによって，食品を保存することができる．乾燥は最も古い保存技術の一つであり，有史以前より日光，火，高温の砂などが使われてきた．果実・野菜は一般に，ビタミンや色素を破壊する酵素を失活させる処理を加えるとよい．市販の乾燥野菜は一般に湯通しされ，乾燥果実は酸化防止剤としてのさまざまな硫黄化合物に浸けたり噴霧したりして，酵素による褐変，フェノール性抗酸化物質やビタミンの損失，風味の劣化を防止している．プルーン，レーズン，アンズ，イチジクなどはかつてよく天日干しにされていたが，今はより確実な熱風強制乾燥が広く用いられるようになっている．家庭やレストランでは，温度調節のしやすいオーブンや小型の電気乾燥機を使ってもよい．果実や野菜を乾燥するときは比較的低温（55〜70℃）で行うが，これは風味や色をなるべく保つのと，外側が速く乾燥しすぎて中が乾燥しにくくなるのを防ぐためである．ピューレにした果実を薄いシート状にして乾燥すると，「フルーツ・レザー（果実の皮）」と呼ばれるものになる．比較的水分の多い乾燥果実・野菜は軟らかくて食べやすいが，酵母やカビがつくこともあるので冷蔵庫で保存するのがよい．

**凍結乾燥** 凍結乾燥というのは，冷凍焼けをわざと起こすようなものである．水分を蒸発させるのではなく昇華（氷を水蒸気に直接変えること）させて乾燥する．凍結乾燥はごく最近の工業技術のように考えられがちだが，アンデス地方に暮らすペルーの原住民は，何千年も前からジャガイモの凍結乾燥を行っていた．踏みつぶしたジャガイモを，乾燥した冷涼な山の空気に

ずっとさらしておくと,「チューニョ」と呼ばれる乾燥ジャガイモとなり, これは半永久的に保存できる. 夜間は凍って水分が昇華し, 日中は融けて水分がさらに蒸発するのである. 組織が破壊されて空気と日光に長期間さらされるため, 風味が強まり, 水で戻して煮込んで食べる.

現代の工業的な凍結乾燥では, $-57°C$近くまで急速冷凍した後に少し温度を上げ減圧することにより, 水分子を蒸発させる. 加熱せず酸素にも触れないので, 材料の風味と色が比較的そのまま残る. 今日ではさまざまな果実・野菜が凍結乾燥されていて, そのまま食べるものもあれば, インスタントスープの具, 非常食, キャンプ用食材など, 水で戻して食べるものもある.

## ■ 発酵と漬物：ザワークラウトとキムチ, キュウリのピクルス, オリーブ

食品の保存法のうちで最も古くて簡単な方法が発酵である. 気候も限定されないし, 加熱調理する必要もない（よって燃料を使わずにすむ）. 食品を入れる容器（土に掘った穴でもよい）と, いくらかの塩や海水があればよい. よく知られているものにオリーブとザワークラウト（発酵させたキャベツ）がある. 重複するカテゴリーとして「漬物（ピクルス）」があり, これは塩水または酢などの強酸に食材を漬け込んで保存したものである. 塩水が発酵を促し, 発酵によって生じた酸が保存の役目を果たすことも多い. したがって, キュウリなどの食材を発酵させたものも発酵させないものも「漬物」と呼ばれる. あまり馴染みはないがザワークラウトやオリーブに似ているもので, おもしろいものがいろいろある. 北アフリカではレモンの漬物（プリザーブド・レモン）, 日本では梅干や, 大根など野菜の漬物, インドではスパイスを多く使ったさまざまな果実や野菜の漬物がある.

**発酵の性質**　果実・野菜には, ある種のよい微生物が自然に生息していることが, 発酵保存のもとになっている. これらの微生物は適切な条件（多くは嫌気的）が整えば増殖し, 腐敗菌や病原菌の生育を抑える. 植物成分のなかでもすぐに代謝できる糖類を最初に消費し, 乳酸をはじめとする酸類, 二酸化炭素, アルコールなど, 多様な抗菌物質を生産する. このとき, ビタミンC（産生される二酸化炭素によって酸化が抑制される）などの多くの植物成分はそのままの形で残るうえ, ビタミンB類がかなり増えることも多く, 新しい揮発物質が作られて風味が深まる. これらのよい「乳酸菌」はその昔, 腐りかけた植物の山の中, 酸素が乏しい環境で進化したとみられ, 今では地球上のいたるところで, 人間が丁寧に集めた作物をさまざまな食べものに変えるために活躍している（p. 283の囲み内参照）. 牛乳をヨーグルトやチーズにしたり, 刻んだ肉をピリッとしたソーセージにしたりするのも乳酸菌である（p. 43, p. 172参照）.

**発酵条件と仕上がり**　密封した穴や容器に果実や野菜だけを入れて発酵させる場合もあるが, 多くは塩を振ったり塩水に漬けたりする. 水や糖やその他の栄養素が組織からしみ出しやすくするためと, しみ出した水分で食物を覆って酸素に触れないようにするためである. 塩濃度と発酵温度によって優勢となる微生物およびその産物が違ってくるので, それによって漬物の特徴が決まる. 低塩低温では*Leuconostoc mesenteroides*が優勢となり, 酸, アルコール, 芳香物質の複雑に入り混じったマイルドな味になる. 高温では*Lactobacillus plantarum*が優勢で, ほとんど乳酸だけが産生される. 多くの漬物では微生物群の遷移が起こり, はじめは*Leuconostoc*が優勢だが, 酸度の上昇とともに*Lactobacillus*の増殖が盛んになる. アジアの漬物のなかには, 自然発生的な乳酸発酵によらず, 発酵スターターとして別の材料（酒や味噌・醤油の副産物など）を加えるものもある. 日本のぬか漬けは米ぬかを使うのが独特で, 米ぬかに豊富に

含まれるビタミンBが漬けた野菜にしみ込む.

<u>問題点</u>　塩分や温度が低すぎたり高すぎたり, 空気に触れるなど, 望ましくない微生物の増殖しやすい条件は, 野菜を発酵させるときに問題となる. 特に, 重しをせずに野菜が塩水に十分浸っていなかったり, 塩水の表面がきちんと覆われていなかったりすると, 酵母やカビや好気性細菌が膜を形成し, 乳酸が消費されて酸度が落ち (アルカリ性に傾き), 腐敗菌が増殖してしまう. その結果, 脂肪やタンパク質が分解されて, 変色したり軟らかくなったり腐敗臭がでたりする. 通常は有用菌である *Lactobacillus plantarum* でさえも, 発酵がよすぎたり長すぎたりすれば, 鼻につくような強い酸味がでる.

**酸を直接加える未発酵の漬物（ピクルス）**　発酵は行わず, ワインや酢などの酸を直接加えて腐敗菌の増殖を抑えるものも多い. この古くからの方法は発酵よりかなり短時間でできるうえ, テクスチャーや塩分を調節しやすいが, 風味が単純になりがちである. 現在一般的なのは, 豆, ニンジン, オクラ, カボチャ, キノコ, スイカの皮, ナシ, モモなどに熱い酢をかけ, 最終的な酢酸濃度を2.5%前後とするものである. 未発酵のピクルスは腐敗防止のため加熱するのが普通である (85℃, 30分). 風味をより複雑にするため, スパイスや糖を入れることも多い.

## 発酵させた野菜・果実

| 方法 | 素材 | 微生物 | 地域 | 例 |
| --- | --- | --- | --- | --- |
| 葉を敷き詰めた穴の中に埋める | バナナ パンノキ, 根野菜 | 乳酸菌 | アフリカ 南太平洋 | コチョ ポイ (タロ) |
| 瓶詰め | カラシ菜や類縁の青菜 | 乳酸菌 | ネパール | グンドゥルック |
|  | 大根 |  | ネパールやインド | シンキ |
| 塩, 1～2% | キャベツ | 乳酸菌 | ヨーロッパ | ザワークラウト |
| 塩, 2～3% | ニンジン (紫) を水中でつぶしたもの | 乳酸菌 | パキスタン, 北インド | カーンジー |
| 塩, 3～4% | 白菜, 大根, 細菌 | 乳酸菌 | アジア | キムチ |
| 塩, 4～10% (米ぬかを使うこともある) | 大根, 白菜, ナス, キュウリ | 乳酸菌, 酵母 | アジア | 漬物 (ぬか漬け) |
| 塩, 5～8% | キュウリ | 乳酸菌 | ヨーロッパ, アジア | ピクルス |
| 塩, 5～10% | レモン | 酵母 | 西アジア, 北アフリカ | プリザーブド・レモン |
| 塩, 6～10% | オリーブ | 乳酸菌, 酵母 | ヨーロッパ | オリーブ |
| 塩, 20% | レモン, ライム, 未熟なマンゴー | 細菌, 酵母 | インド | アチャール, ピクルス |

G. Campbell Platt, *Fermented Foods of the World — A Dictionary and Guide* (世界の発酵食品——事典・ガイド), (London : Butterworth, 1978年) より引用.

**漬物のテクスチャー**　漬物は薬味として生で食べることが多いので、カリッとした食感が好まれる。未精製の海水塩を使うとカリッとするのは、不純物として含まれるカルシウムやマグネシウムなどのおかげである。これらはペクチンの架橋を助け細胞壁を強固にする。キュウリやスイカの皮の漬物はミョウバン（硫酸アルミニウムカリウム）を入れると特に歯ごたえがよくなるが、これはアルミニウムイオンが細胞壁のペクチンを架橋するからである。また、生野菜をあらかじめ「消石灰」（水酸化カルシウム）の水溶液に漬けても、カルシウムイオンが同じ働きをするので歯ごたえよく仕上がる。（消石灰は強アルカリ性なので、本漬けの前には表面の消石灰を洗い流し、漬け床の酸度が中和されないようにする。）酸で細胞壁が安定化するので、できあがった漬物を加熱しても軟らかくはならない（p. 273）。軟らかい漬物を作るには、漬ける前に加熱して軟らかくする。

**発酵キャベツ：ザワークラウトとキムチ**　キャベツ（および白菜）の漬物のなかでも有名なこの二つだが、発酵過程の違いがこれほどまでの味の違いを生む。ヨーロッパのザワークラウトは、こってりした肉料理のつけ合せとしてさわやかな味をもつ。韓国のキムチは味が強烈で、白いご飯によく合う。ドイツ語で"酸っぱいキャベツ"という意味のザワークラウトは、細切りにしたキャベツに少量の塩を加えて涼しい室温で発酵させる。酸味がかなり強くなるまで発酵させ、酵母の働きで花のような香りも生まれる。キムチは白菜をまるごと使い、トウガラシやニンニク、時にほかの野菜や果実（リンゴ、ナシ、メロン）、そして魚醤を混ぜて発酵させる。ザワークラウトに比べると塩分が多く、発酵温度はかなり低い。もともと、晩秋から冬の寒い時期に、土に半分埋めた瓶の中でキムチを漬けていたからである。その結果、ザワークラウトより酸味は少ないが塩分が多く、歯ごたえと刺激の強い漬物になる。約14℃以下ではガスを発生する細菌が活発になるので発泡性のこともある。

**キュウリのピクルス**　合衆国では現在、3種類のピクルスがある。なかでもごく一般的な二つは、実は味つけキュウリのようなもので冷蔵に保存する必要がある。本当に発酵させたピクルスはあまり見かけなくなってしまった。

　ピクルス用のキュウリには、皮の薄い品種を未成熟段階で収穫したものが使われる。種子のまわりがまだ液化しておらず、微生物がつきやすい花殻は取り除く。微生物の酵素がピクルス

## 2種類の発酵キャベツ

　ドイツと韓国では、キャベツ（白菜）を違った方法で発酵させ、それぞれに独特な漬物が作られる。

| | ザワークラウト | キムチ |
|---|---|---|
| 材料の大きさ | 1 mm の細切り | 小さめの葉と茎 |
| キャベツと塩以外の材料 | なし | トウガラシ、ニンニク、魚醤 |
| 発酵温度 | 18〜24℃ | 5〜14℃ |
| 発酵時間 | 1〜5週間 | 1〜3週間 |
| 最終塩分 | 1〜2％ | 3％ |
| 最終酸度 | 1〜1.5％ | 0.4〜0.8％ |
| 特徴 | 酸味、芳香 | 強い風味、歯ごたえ、刺激 |

を軟らかくしてしまうからである．発酵させるピクルスの場合は，5～8％の塩水に18～20℃で2～3週間漬け込み，塩分2～3％，乳酸1～1.5％程度とする．これはかなり濃いめの味である．瓶詰めする前に水に漬けて塩と乳酸をある程度抜き，酢酸を加えることもある．一番多く見かけるカリッとしたマイルドな味のピクルスは，キュウリを酢と塩に短時間漬けて（最終的に酢酸0.5％，塩分0～3％とする），低温殺菌して瓶詰めされる．これは開封後に冷蔵保存する必要がある．もう一つ，風味はとても新鮮だがすぐ腐りやすいピクルス，これは酢と塩に漬けただけで低温殺菌をしない．包装したらすぐに冷蔵保存される．

家庭で手作りしたピクルスにありがちなのが，チーズのような酸敗臭が生じることである．これは塩や酸が足りなくて，望ましくない細菌が増殖したためである．「ブローター」といって中が空洞になることもあるが，この場合は塩が多すぎて酵母（または *Lactobacillus brevis*, *L. mesentericus* など）が増殖し，これらの微生物が作る二酸化炭素でキュウリが膨らんでしまうのである．

**オリーブ**　生のオリーブは，オレウロペインというフェノール化合物が多く含まれているため苦くて食べられない．オリーブの木が最初に栽培されたのは5000年前の地中海東部，おそらくは油を採るためであった．苦味を除くために水に漬け，水を替えながら置いておく間にオリーブが発酵したのかもしれない．ローマ時代には，漬け水にアルカリ性の木灰を入れ，数週間かかっていた苦味抜きも数時間に短縮されるようになった．（現在の工業生産では1～3％の水酸化ナトリウム溶液が使用される．）アルカリ条件では苦味成分のオレウロペインが分解され，ワックス状の外皮が破れて細胞壁成分が溶解する．これにより次の段階で全体に塩分がしみ込みやすくなり（洗浄・酸処理をしてアルカリを中和する），発酵が速まるのである．発酵を行うのは主に乳酸菌だが，ある種の酵母も増殖して芳香を加える．緑色のうちに苦味抜きをして発酵するものと（"スペイン"式，市販品に多い），外皮がアントシアニンの濃い紫色になり苦味が少なくなってから漬けられるものがある．

苦味抜きやアルカリ処理をせずに発酵させる場合もあるが，そうすると発酵の種類が違ってくる．実がワックス状の外皮で覆われているため，微生物の栄養となる成分が塩水中にしみ出すのが遅く，未分解のフェノール化合物によって微生物の繁殖が抑えられる．温度を低め（13～18℃）に保つことで乳酸菌よりも酵母が優勢となり，ゆっくりと1年ほどかけてアルコール発酵が進む．この方法は，一般に完熟した黒オリーブに用いられる（ギリシャ，イタリアのガエタ産，フランスのニース産）．アルカリ処理をしたものと比べると，苦味が強くて酸味が少なく（酸度は0.3～0.5％，アルカリ処理したものは1％），ワインやフルーツのような独特なにおいがする．

発酵させない「完熟黒オリーブ」はカリフォルニアの缶詰工場で開発されたものである．未熟な緑オリーブを使用するが，加工前に塩水に漬けて保存しておく間に，偶発的かつ部分的な発酵が起きることもある．短時間のアルカリ処理を繰り返しながらオレウロペインを抜いてこれを分解し，その後に添加する鉄溶液と溶解酸素がフェノール化合物と反応して，皮は特徴的な黒色になる．これを3％塩水とともに缶詰し，滅菌処理を行う．風味が弱く，加熱臭がするうえ，時にアルカリが残ってぬるりとすることもある．

**珍しい発酵食品：ポイ，シトロン，プリザーブド・レモン**　ポイというのはタロイモの根を使ったハワイ料理である（p.295）．デンプン質のタロイモを加熱調理してつぶしたものを水でのばし，1～3日間おいておく．乳酸菌が増えて酸味がでるのと同時に，ある種の揮発性の酸が作られる（酢のにおいの酢酸，チーズ臭のプロピオン酸）．長く発酵させると酵母や *Geotrichum* のカビなども増殖し，果実臭やキノコ臭が加わる．

レモンの近縁であるシトロンの皮を砂糖漬けにしたものがあり，その伝統的に複雑な風味は発酵による．初めは，シトロン果実をアジアから中東やヨーロッパに輸送する際に，海水もしくは5～10％塩水に漬けて数週間保存していた．今は風味をだすために塩水に漬ける．酵母が皮に増殖してアルコールを作り，これが酢酸菌の増殖につながる．結果として揮発性のエステルが産生されて，皮の風味が深まるのである．モロッコやその他の北アフリカの国々のプリザーブド・レモンも同じようなものである．これらは切ったレモンを塩漬けにして数日～数週間発酵させて作る．

## ■ 砂糖を使ったプリザーブ

果実の保存法として昔から行われてきたのが，糖分を高める方法である．塩と同じで糖も微生物が増殖しにくい状態を作る．砂糖が溶けて水分子に結合し，生きた細胞から水分を引き出すことにより，微生物に致命的な作用を及ぼす．塩を構成するナトリウムイオンや塩素イオンに比べると糖分子はかなり重いので，塩と同等の保存効果を得るためには大量の砂糖が必要となる．一般には果実の重さの45～55％の砂糖を加えるので，最終的には全体の3分の2が砂糖ということになる．当然，砂糖のプリザーブは甘味が非常に強く，これこそがプリザーブの魅力である．甘さとは別に，硬いけれどしっとりと水気の多い固体という不思議な食感も生まれ，かなり硬いものからプルプルした軟らかいものまでさまざまである．そして結晶のように透明で美しい．16世紀にノストラダムスが，マルメロ・ゼリーの色を「あまりにも透き通って，まるで東洋のルビーのようだ」と表現している．こうした素晴らしい特徴は，植物の細胞壁成分の一つであるペクチンによるものであり，果実に含まれる酸と作り手が加える砂糖との，幸運なめぐり合わせの結果である．

**砂糖を使ったプリザーブの歴史** 切った果実を蜂蜜シロップに漬けたもの（ギリシャ語で蜂蜜漬けのマルメロを「melimelon，メリメロン」と言い，これが「marmalade，マーマレード」の語源となった），もしくは煮詰めたワイン用ブドウ汁に漬けたものが，おそらく最初ではないかと思われる．砂糖と果実を合わせて加熱してみるとおもしろい食感になったところから，ジャムやゼリーの形になっていった．紀元後4世紀にパラディウスが記した料理法には，細切りにしたマルメロを蜂蜜に漬けて半量ほどに煮詰めるとあるが，これは今で言う「フルーツ・チーズ」に似た，硬く不透明なペーストだったと思われる（塗り広げられる「フルーツ・バター」はあまり煮詰めない）．7世紀には，マルメロ果汁と蜂蜜を合わせて煮るという，おそらくは透明で繊細なゼリーの作り方があった．第二の大きな技術的転機は，サトウキビ糖がアジアから伝わったことである．蜂蜜と違ってほぼ純粋な砂糖であり，水分を含まないので煮詰める必要もなく，強い風味もないので果実の風味を損なうことがない．中世にはアラブ世界でサトウキビ糖が使われており，13世紀にヨーロッパに伝わると，すぐに果実プリザーブ作りに好んで用いられるようになった．しかし，ジャムやゼリーが普通に食べられるようになったのは，砂糖が安くなり大量に使うことができるようになった19世紀である．

**ペクチンゲル** 果実プリザーブは「ゲル」と呼ばれる物理的構造の一種である．ゲルは水およびその他の分子からなる固形状混合物で，水以外の分子が互いに結合して連続したスポンジ様のネットワークを形成し，その多数の小さな隙に水分子が入っている．果実のゲルを作り出すのがペクチンで，これは糖に似たサブユニットが数百個つながった長い鎖状の分子である．植物の細胞壁中では高濃度の規則正しいゲルを形成する一助となっている（p.258）．果実を切って沸騰間際まで加熱すると，ペクチン鎖がほどけて細胞壁および細胞間隙からしみ出し，細胞から出た水分や後から加えた水に溶ける．ただしこれだけでは，ペクチンが再びもとのゲル構造に戻ることはない．なぜなら，水中のペクチ

ン分子は負に荷電していて互いに反発しあうし,すでに水で希釈されてしまっているので互いに結合したとしても連続したネットワークを形成しないからである.ペクチン分子同士がうまく結合するには,何らかの助けが必要である.

ペクチン分子が結合して連続したゲル構造をとれるようにするには,三つの方法がある.一つ目は,大量の砂糖を加えることである.ペクチン鎖のまわりにある水分子が砂糖分子に引きつけられ,ペクチン同士が結合しやすくなる.二つ目は,果実と砂糖の混合液を煮詰めて水を飛ばすことである.これによりペクチン鎖同士はさらに近づく.三つ目は,酸度を上げることである.負の電荷を中和して反発力を弱められ,ペクチン鎖同士が結合しやすくなる.ペクチンがゲル化するための至適条件は,pH 2.8〜3.5(オレンジ果汁と同等,酸濃度は0.5%),ペクチン濃度が0.5〜1.0%,糖濃度が60〜65%である.

**プリザーブの作り方**　まず果実を加熱してペクチンを抽出する.マルメロ,リンゴ,柑橘類にはペクチンが特に多く含まれており,ペクチンの少ないほかの果実(ベリー類)に補助的に加えられることもある.熱と酸の両方があるとペクチンが分解されてネットワークが作れなくなってしまうので,この段階での加熱はなるべく短く穏やかなものとする.(透明度の高いゼリーを作るには,果実を煮てから漉して固形物を取り除く.)次に砂糖を加え,必要であればペクチンも追加し,さっと沸騰させて水分をとばし濃縮する.温度が103〜105℃に達すれば(標高が高いほどこの温度は低くなる;165 mにつき1℃),糖濃度が65%に達したということである(糖濃度と沸点の関係についてはp. 658参照).蒸発しやすいように表面積の大きい幅の広い鍋を使って弱火で煮込めば,風味はより新鮮になる.(工業生産では減圧下に38〜60℃で加熱することで,新鮮な風味と色が保たれる.)最後に酸を追加し(ペクチンの分解を防ぐために後から加える),冷たいスプーンや皿に1滴たらしてみてゲル化すればできあがりである.滅菌したビンに詰める.80℃より低くなると固まるが,一番早く固まるのは30℃,さらに数日〜数週間かけて固さは増す.

温度や糖濃度は正しいはずなのに固まらないことがよくある.これには三つの原因が考えられる.酸の量が適当でない場合,良質のペクチンが十分ない場合,加熱時間が長すぎてペクチンが分解してしまった場合である.このようなときは,市販のペクチン液,酒石英,レモン汁などを入れてさっと再加熱するとうまく固まることもある.酸が多すぎるとゲルが硬くなりすぎて水分がしみ出してくる.

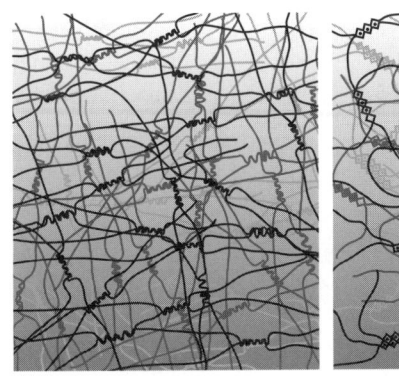

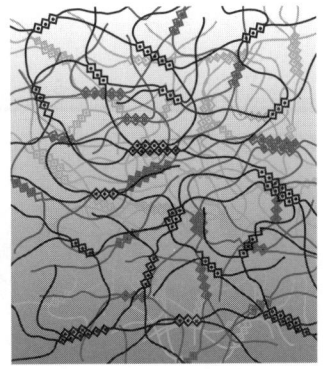

2種類のペクチンゲル.　左:通常の果実プリザーブでは,酸度と糖濃度をうまく調節することにより,ペクチン分子同士が直接結合し,連続した網目構造ができる.右:修飾型ペクチン(低メトキシペクチン)はカルシウムイオン(黒い点で示してある)を加えることによって均一な網目構造を形成する.糖濃度は関係ないので,低糖のプリザーブを作ることができる.

**未加熱のプリザーブ，甘くないプリザーブ**　今では柑橘類やリンゴ廃棄物から抽出・精製された濃縮ペクチンが手に入ることから，プリザーブ作りも変わってきている．どんな果実でも，加熱してもしなくても，濃縮ペクチンを加えればゲル化する．「フリーザー・ジャム」というのがあるが，これはつぶした生の果実にペクチンと砂糖を混ぜて1日おくと，ペクチン分子が徐々にネットワークを形成してゲル化するので，冷蔵庫か冷凍庫に入れて「保存（プリザーブ）」するというものである（加熱していないため，糖に強いカビや酵母で腐敗する）．透明なゼリー菓子やその他のお菓子作りにもペクチンが使われている．

特殊な工業的用途を考慮したペクチン製品がいくつか開発されている．たとえば，砂糖を加えなくても固まるペクチンがある．ペクチン鎖から水分子を引き離すという砂糖の働きがなくても，カルシウムの架橋によってペクチン鎖同士を強く結合させるものである．果実とペクチンを混ぜて加熱した後に，カルシウムを加える．これにより，人口甘味料を使った低カロリーの「プリザーブ」ができるようになった．

**砂糖漬け果実**　小さめの果実または切った果実に飽和砂糖液をしみ込ませ，水分をきって乾燥させ，一つずつ室温で保存したものである．砂糖シロップで果実を煮ると，比較的硬いまま形が残るが，これは糖分子と細胞壁中のヘミセルロースおよびペクチンが反応することによる．果実中にまんべんなく砂糖をしみ込ませるのには時間がかかるので，砂糖漬けを作るのは面倒である．一般的には，組織に砂糖がしみ込みやすくなるように果実をゆっくり煮込んで軟らかくし，15～20％の砂糖シロップに漬けて室温で数日おく．その後は日ごとに糖濃度を高くして最終的に70～74％とする．

## ■ 缶詰（瓶詰）

ニコラス・アペールによって缶詰の製造原理が考案されたのは1810年頃で，当時は驚くべきことであった．その時代の人々は，果実や野菜を缶詰にすることでほぼ新鮮なまま保存できると考えた．事実，乾燥品のように干乾びてはいないし，発酵品のように塩辛くも酸っぱくもないし，砂糖煮のように甘くもない．けれど缶詰が加熱されていることは間違いない．缶詰とは基本的に，食品を密閉容器に入れて加熱したものである．熱によって植物酵素を失活させ微生物を死滅させた後は，密閉されているので外から微生物が入り込まず，したがって室温で保存しても食品が腐らないのである．

ボツリヌス菌（$Clostridium\ botulinum$）は，酸が少なく空気のない環境で生きながらえ（ボツリヌス菌にとって酸素は有毒），致死性の神経毒を産生するため，缶詰には大敵である．ボツリヌス毒は煮沸すれば無毒化するが，休眠状態の胞子は非常に熱に強く長時間煮沸しても破壊されない．沸点よりも高い温度にするなど（圧力釜が必要となる），過酷な条件で滅菌しない限り，缶詰が冷えた後で胞子が発芽し，菌が増殖して毒素を蓄積する．予防策としては，どんな缶詰も開封してから一度加熱すれば，毒素が含まれていても分解されるので安全である．ただし，特にガスで膨張した缶詰など，細菌増殖が疑わしい缶詰は食べるべきでない．

トマトや果実の多くはpHが低い（酸度が高い）ので，ボツリヌス菌の増殖は阻害される．したがって，こうした食物を缶詰にするときの処理は緩やかで，一般には沸騰したお湯の中で30分ほど煮て，中身の温度を85～90℃とする．しかし多くの野菜は酸が少なく（pH 5～6）細菌やカビが繁殖しやすい．こうしたものは圧力釜を使い，116℃で30～90分加熱するのが普通である．

# 第6章

# 野菜各論

根および塊茎　　　　　　　　　　290
　ジャガイモ　　　　　　　　　　291
　サツマイモ　　　　　　　　　　293
　熱帯植物の根および塊茎　　　　294
　ニンジンの仲間（セリ科）：
　　ニンジン，パースニップ，その他　295
　レタスの仲間（キク科）：
　　キクイモ，サルシファイ，
　　スコルツォネラ，ゴボウ　　　　296
　その他の一般的な根・塊茎　　　297
下茎および鱗茎：ビート，カブ，
ラディッシュ，タマネギ，その他　　298
　ビート　　　　　　　　　　　　298
　根セロリ　　　　　　　　　　　298
　キャベツの仲間（アブラナ科）：
　　カブ，ラディッシュ　　　　　299
　タマネギの仲間（ユリ科）：
　　タマネギ，ニンニク，
　　リーキ（ネギ）　　　　　　　299
茎および葉柄：アスパラガス，セロリ，
その他　　　　　　　　　　　　　303
　アスパラガス　　　　　　　　　303
　ニンジンの仲間（セリ科）：セロリ
　　とフェンネル　　　　　　　　304
　キャベツの仲間（アブラナ科）：
　　コールラビとルタバガ　　　　305
　熱帯植物の茎：タケノコとヤシの
　　新芽　　　　　　　　　　　　305
　茎・葉柄を食べるその他の野菜　306

葉：レタス，キャベツ，その他　　307
　レタスの仲間（キク科）：レタス，
　　チコリ，タンポポの葉　　　　308
　キャベツの仲間（アブラナ科）：
　　キャベツ，ケール，芽キャベツ，
　　その他　　　　　　　　　　　309
　ホウレンソウとチャード　　　　313
　その他の葉物野菜　　　　　　　314
花：アーティチョーク，ブロッコリ，
カリフラワー，その他　　　　　　315
　食材としての花　　　　　　　　315
　アーティチョーク　　　　　　　316
　キャベツの仲間（アブラナ科）：
　　ブロッコリ，カリフラワー，
　　ロマネスコ　　　　　　　　　317
野菜として使われる果実　　　　　318
　ナスの仲間（ナス科）：トマト，
　　ピーマン，ナス，その他　　　318
　カボチャやキュウリの仲間（ウリ科）322
　マメの仲間（マメ科）：生のマメや
　　エンドウマメ　　　　　　　　324
　野菜として使われるその他の果実　326
海藻　　　　　　　　　　　　　　330
　緑藻，紅藻，褐藻　　　　　　　331
　海藻の風味　　　　　　　　　　333
キノコ，トリュフ，およびその類縁　333
　共生と分解の生物　　　　　　　333
　キノコの構造と品質　　　　　　334
　キノコ特有の風味　　　　　　　334

| | | | |
|---|---|---|---|
| キノコの保存と取扱い | 335 | ウイトラコーチェ（トウモロコシ黒穂菌） | 337 |
| キノコの調理 | 335 | | |
| トリュフ | 337 | マイコプロテイン（クォーン） | 338 |

　第5章では植物性食品の一般的な性質ならびに調理上の特性について述べた．ここからの第6〜8章では，身近な野菜，果実，そして香味料について個々にみていくことにする．我々が食用にしている植物は何百種類もあるうえに，品種となれば無数に存在するので，ここで取り上げるのはごく一部に限られる．それぞれに特徴的な性質を明確にし，食べる人がそれぞれの魅力を十分に引き出し，より楽しむことができるようにするのが目的である．

　以後の章で特に留意しているのは以下の2点である．一つは「類縁関係」である．どの植物とどの植物が類縁なのか，逆に言えば一つの植物種でもいかに多様性に富んでいるか，ということがわかるようになっている．類縁関係を知れば，食材間の類似性と相違性が理解できるようになり，材料の組合わせや構成におもしろいアイディアが浮かぶかもしれない．

　もう一つの留意点は，「風味の化学」である．果実や野菜，そしてハーブやスパイスは，食べもののなかでも特に複雑である．風味を作りあげる成分を少しでも知れば，風味の作られ方についてより敏感になり，違う材料同士での味の影響や調和などを感じることができるようになるだろう．そうすれば食の経験もより豊かになり，料理の腕も上がる．においはすべて特定の揮発性物質によるものであり，個々の食品の特性を述べるなかで，これらの物質名をできるだけ具体的に挙げていくことにする．聞いたこともない難しい物質名が出てくるかもしれないが，それはただの名称にすぎないし，時には食品名よりもわかりやすいことさえあるだろう．

　まずは，地下に隠れた野菜からみていくことにする．植物の地下部こそが，地球上の生命の大半を支えている重要な部分である．その後は，茎，葉，花および果実と順に上がってゆき，最後に水生植物，そして植物ではないがおいしいキノコについて取り上げる．

## 根および塊茎（かいけい）

　ジャガイモ，サツマイモ，ヤムイモ，キャッサバといった根や塊茎は，何十億もの人々が主食にしている．植物がデンプン（光合成で作られる糖が集ってできる高分子）を蓄える地下器官が根や塊茎である．したがって，我々にとっても長持ちする栄養の塊である．人類学者のなかには，200万年前にアフリカのサバンナの気

---

**食物用語：root（根），radish（ラディッシュ），tuber（塊茎），truffle（トリュフ）**

　root（根）の語源は，"根"と"枝"の両方を意味するインド・ヨーロッパ語である．radish（ラディッシュ）はlicorice（甘草）と同じ語源をもつ．tuber（塊茎）は"膨らむ"という意味のインド・ヨーロッパ語が語源で，これは多くの植物の貯蔵器官が膨らむところから来ている．同じ語源から派生したものに，膨らんだ地下菌類のtruffle（トリュフ），ほかにthigh（腿），thumb（親指），tumor（腫瘍），そして数字のthousand（1000）がある．

候が冷涼になって果実が少なくなったとき，根および塊茎が人類の進化を助けたとの学説を支持する人もいる．塊茎は手に入りやすく，加熱すると栄養価が格段に高まったので（生のデンプン粒子は消化されないが，糊化したデンプンは消化される），その昔に土を掘って塊茎を見つけ，たき火の残り火で焼いて食べるようになった人間は，大きな強みをもったと考えられる．

地下の野菜のなかには重さの3分の1以上がデンプンで占められるものもあるが，ニンジン，カブ，ビートなどにはデンプンがほとんど含まれない．加熱するとデンプン粒子は細胞中の水分を吸収するので，デンプン質の野菜はパサついて粉っぽいテクスチャーになる．一方，デンプンの少ない野菜は加熱してもしっとりとして歯ごたえが残る．

## ■ ジャガイモ

ジャガイモは200種以上あり，トマト，トウガラシ，タバコなどの類縁である．これらの植物はいずれも，中央アメリカおよび南アメリカの雨が多く冷涼な地域が原産である．なかには8000年前に栽培されていたものもある．1570年頃，スペインの探検家がペルーまたはコロンビアからヨーロッパに持ち帰ったのが，*Solanum tuberosum* である．厳しい気候にも耐え栽培しやすかったため安く，ジャガイモは主に貧しい人々の食べものであった．（アイルランドで病害が発生した1845年当時，農民1人が1日に3～5kgのジャガイモを食べていた.）現在，ジャガイモが全世界の農産物生産高の第1位を占めている．合衆国内で消費される野菜のうち一番多いのがジャガイモで，国民1人当たり1日に150gを食べている計算である．

ジャガイモは塊茎で，地下茎の先端にデンプンと水が蓄積されて肥大したものである．芽の始原細胞，いわゆるジャガイモの"目"があって，ここから新しい植物となる茎と根が発生する．少し甘味があることもあり，わずかだが独特の苦味を感じる．軽い土のにおいは，土壌細菌が産生する化合物（ピラジン）によるものだが，塊茎の内部にも明らかにそのにおいがする．

**収穫と保存** 本当の「新ジャガ」は未熟な塊茎で，晩春から夏にかけて蔓が緑色のうちに収穫される．水分が多くて甘味があり，デンプンは比較的少なく，腐りやすい．完熟したジャガイモは秋に収穫される．蔓を切り取るかまたは乾燥させ，枯れてからも数週間はそのまま土の中に寝かせておいて，ジャガイモを"完熟"させるとともに皮を硬くする．ジャガイモは暗所で数ヶ月間は保存できるが，その間に風味が強まる．細胞膜の脂肪に酵素がゆっくりと働いて，脂のにおい，果実臭，花のにおいが生じる．理想的な保存温度は7～10℃である．温度が高すぎると発芽や分解がはじまり，温度が低すぎると代謝が複雑に変化してデンプンや糖が分解する．ポテトチップの製造工程では，冷所保存されていたジャガイモを室温に数週間おいて"回復"させる．こうすることでブドウ糖や果糖の濃度が下がり，チップがすぐに焦げて苦味がでることもない．内側の黒い部分はぶつかった跡である．輸送などの間に衝撃が加わり，細胞が損傷して褐変酵素が働き，アミノ酸のチロシンの複合体ができて濃色になったのである（アルカロイドが形成されるので苦味がでることも多い）．

**栄養性** ジャガイモは優れたエネルギー源およびビタミンC源である．中身の色は品種によって異なり，黄色は脂溶性カロテノイド（ルテイン，ゼアキサンチン）の色，紫色や青色は水溶性の抗酸化物質アントシアニンの色である．ジャガイモには毒性アルカロイドのソラニンおよびチャコニンが含まれることはよく知られている．これらは独特の苦味をもつ．市販されているジャガイモ品種の多くは，100g当たり2～15mgのソラニンおよびチャコニンを含む．含有量が多くなるほど，独特の苦味や喉の焼けるような感じが強く，消化障害や神経障害，死に至ることさえある．生育時にストレスが多か

ったり光にさらされたりすると，通常の2〜3倍の量が蓄積する．光によってクロロフィル合成も促されるので，皮が緑色がかっているものはアルカロイド含有量が異常に多いと考えられる．緑色のジャガイモは皮を厚くむくか食べずに捨ててしまうこと．苦味の強いものも食べてはならない．

**ジャガイモの種類と調理特性**　ジャガイモは，調理後のテクスチャーが"ホクホク"しているか"ねっとり"しているかで，大きく二つに分けられる．ホクホクしたものは（ラセット種，青紫皮系品種，ロシア・バナナフィンガーリング種など）細胞内にデンプンが多く含まれ，ねっとりしたものより密度がある．調理すると細胞が膨れて崩れやすくなり，キメ細かで水分が少なくふっくらとしたテクスチャーになる．フライド・ポテト，ベークド・ポテト，マッシュド・ポテトに向いており，バターや生クリームなどを加えることもある．ねっとりしたものは（本当の新ジャガ，合衆国内で一般に売られている赤皮・白皮系品種），調理しても細胞同士がくっついたままなので，崩れず水分が多くしっかりしたテクスチャーになる．ジャガイモの形を残すようなグラタン，ポテトケーキ，サラダに向いている．いずれの種類も，低温で下ゆでして細胞壁を強化しておけば，その後の調理で煮崩れるのを防ぐことができる（p.274）．

ジャガイモを加熱調理すると，中のほうが大きく青灰色に変色してしまうことがある．この「調理後の変色」は，鉄イオン，フェノール化合物（クロロゲン酸），そして酸素が反応して色素ができるせいである．ジャガイモをゆでる際には，火が半分ほど通ったところで酒石英かレモン汁を加えて水のpHを酸性にすれば，調理後の黒ずみが少ない．

ジャガイモをゆでると，生のジャガイモのもっている土のにおい，脂のにおい，果実臭，花のにおいが強まる．ベークドポテトでは褐変反応が起こるので，麦芽のような"甘い"香り（メチルブタナール，メチオナール）など，新しい風味が加わる（p.751）．ジャガイモ料理の残りを2〜3日冷蔵庫に入れておくと，段ボールのような古臭さが強まる．料理後に温めて置いておけば数時間で同じようなにおいになる．その理由は，においをもつ膜脂質分解物は抗酸化作用をもつビタミンCによって一時的に安定化されているが，時間とともに組織中のビタミンCが使い尽くされ，脂質分解物が酸化されて不快臭を伴うアルデヒドに変わるからである．

ジャガイモはさまざまな方法で調理され，多くの料理で材料として使われる．ここからは代表的なジャガイモ料理をいくつかみていくことにする．

**マッシュド・ポテトとピューレ**　マッシュド・ポテトにもいろいろあるが，いずれも，まるごとまたは切ったジャガイモを加熱調理して小さくつぶし，水や油脂を加えてなめらかにする（バター，牛乳，生クリームなどが使われる）．ジャガイモと同量ほどもバターを使ったり，卵や卵黄を加えたりする贅沢なものもある．ホクホクしたジャガイモは細胞がバラバラになり細かい塊となるので，後から加える材料で覆われる表面積も広く，なめらかでクリーミーになりやすい．ねっとりしたジャガイモは，よくつぶして糊化したデンプンを押し出さないとなめらかにならず，バターや牛乳などをあまり吸収しない．伝統的なフランス料理「ポム・ピュレ」（ジャガイモのピューレ）はねっとりしたジャガイモを使う．切ったジャガイモを目の細かい網で裏漉しするかフードミルでつぶした後，まずは何も加えずによくかき混ぜ，そしてバターを加えてさらに空気を含ませるようにかき混ぜ続け，ホイップ・クリームのような軽さを出す．フランスの有名な料理記者マダム・サントアンジュが「デッド・アーム（死んだ腕）」の状態になるまでと表現しているように，これは大変な作業である．アメリカの料理法はもっと簡単で，ホクホクのジャガイモを裏ごしし，水分と脂肪分を加えて混ぜる．このとき，細胞が壊れすぎてデンプンが外に出て粘りがでないようにする．

**フライド・ポテト** 世界中で愛されている料理の一つである．ジャガイモを細い棒状やスライスに切って油で揚げること，そして二度揚げの技術も19世紀中期のヨーロッパではすでによく知られていた．英国ではこの料理が主にフランスのものだとして「フレンチ・フライ」と呼んだわけだが，フランスでは単にフライド・ポテト（ポム・フリット）と呼ぶ．うれしいことに，フライドポテトは大量生産しても味が落ちない数少ない食品の一つである．もちろん，カロリーは高い．全面が揚げ油で覆われ，表面が乾燥する際にできる小さな穴からも油がしみ込む．油の割合は表面積によって違ってくる．ポテトチップはほとんどが表面といえるので油の含有量は平均35％，棒状のフライは10〜15％程度である．

**フレンチ・フライ** 「フレンチ・フライ」が大量に作られるようになったのは19世紀初期，パリの屋台ではじまったと考えられる．5〜10mm幅の拍子切りにしたジャガイモを油で揚げたもので，外はカリッときつね色，中はしっとりとしている．デンプンの多いラセット種を使えばふんわり，それ以外はクリーミーに仕上がる．さっと油で揚げただけではあまり上手くできない．表面のきつね色の部分が薄いので，内側からの水分ですぐしんなりしてしまう．外側をカリッとさせるには，初めに低温で揚げる必要がある．表面の細胞ではデンプン粒子からデンプンが溶け出し，外の細胞壁をくっつけて補強し，厚くて丈夫な皮を作るのである．

フレンチ・フライを上手に揚げるには，初めは低めの120〜165℃で8〜10分，次いで175〜190℃に上げて3〜4分，外がカリッときつね色になるまで揚げる．効率がよいのは，あらかじめ低温で揚げたものを室温に置いておき，食べる直前に高温でさっと揚げるという方法である．

**ポテトチップ** フレンチ・フライの中身を除いて皮だけにしたものがポテトチップと言える．ジャガイモを1.5mm程度（細胞10〜12個分の厚さ）の薄切りにして，カリッと揚げたものである．揚げ方には2通りあって，それぞれに食感の違うポテトチップになる．一定した高温（175℃前後）で揚げると，熱の伝わりが速いためにデンプン粒子などが水分を吸収する間もなく脱水し，3〜4分で仕上がる．キメが細かくシャリっと軽い仕上がりとなる．一方，低温からはじめて徐々に温度を上げていく（120℃前後からはじめて8〜10分かけて175℃にする）揚げ方では，デンプン粒子に水分が吸収されて可溶性デンプンがしみ出し，それが細胞壁をくっつけて強化する時間がある．したがって，硬くてパリッとしたポテトチップになる．これが「ケトル・フライ」と呼ばれる方法で，普通の鍋と同じような釜で1回分ずつ揚げる．冷たいままのジャガイモを一度に入れると，あらかじめ熱しておいた油の温度はすぐに下がるが，ジャガイモの水分が抜けて加熱され続ける間に，温度は徐々に上がっていくというわけである．

**スフレ・ポテト** フレンチ・フライとポテトチップを合わせたような料理で，薄切りにしたジャガイモがきつね色の風船のように膨らんだものである．約3mmの厚さにスライスしたジャガイモを，中温（約175℃）の油で揚げ，表面が皮のように色づきはじめたら取り出す．いったん冷ましてから高温（約195℃）で二度揚げする．内側の水分が加熱されて気化する一方，硬くなった外側は圧力に抵抗するので，中が空洞になるのである．

## ■ サツマイモ

朝顔の仲間である *Ipomoea batatas* の貯蔵根である．南米北部が原産で，有史以前にポリネシア地域に伝わったと思われる．サツマイモはコロンブスによってヨーロッパに伝わり，15世紀の終わりには中国やフィリピンでも栽培されていた．現在のサツマイモ生産量および消費量はアメリカ大陸よりも中国がはるかに多く，全世界の野菜生産量の第2位を占めている．多数の品種があり，熱帯地方にみられる水分が少

なくデンプン質のものから，淡色のものやアントシアニンの多い赤色や紫色のもの，水分が多く甘いもの，βカロテンの多い濃橙色のものまである．合衆国で多く出回っているのは橙色のサツマイモだが，1930年代の販売促進キャンペーンの際に「ヤム」という紛らわしい通称が使われるようになった（本当のヤムイモとは違う，p.295参照）．合衆国では主に南東部で栽培されており，30℃で数日間保存して，皮についた傷を回復させるとともに糖分を高めてから出荷される．亜熱帯原産なので，サツマイモは13〜16℃で保存するのがよい．低温障害を受けると，調理しても芯が硬いまま残る"ハードコア"状態になることがある．

サツマイモ品種の多くは加熱調理すると甘くなる．これはデンプンが酵素分解され，ブドウ糖分子が2個つながった麦芽糖という糖が生成されるためで，麦芽糖は料理に使う砂糖（ショ糖）の3分の1ほどの甘さをもつ．水分が多い"ベチャベチャした"品種では，デンプンの75％までが麦芽糖に分解されるので，まるでシロップに漬けたようになる．温度が57℃前後になると，ぎゅっと固まったデンプン粒子が水分を吸収して膨潤し，すると酵素が働いて麦芽糖ができはじめる．さらに温度が上がり75℃前後になると酵素が変性するので，それ以上麦芽糖はできない．したがって，低温のオーブンでゆっくり焼きあげると酵素の働く時間が長いので，蒸したりゆでたり電子レンジで調理するよりも甘くなる．秋には収穫したばかりの"緑色"のサツマイモも出回るが，酵素活性が低いので甘くしっとりしたものにはならない．

淡色系および赤・紫色系のサツマイモは微かにナッツ臭がする．一方，橙色系の品種はカロテノイド色素の分解物からくるカボチャのようなにおいが強い．品種によっては（赤皮系のガーネット種など）フェノール化合物が多く含まれ，調理すると黒ずみやすいものもある（p.292）．

### ■ 熱帯植物の根および塊茎

熱帯地方で採れる根・塊茎野菜は，普通のジャガイモに比べると一般に水分が少なく，デンプン量は2倍ほどもある（炭水化物含量はジャガイモ18％，キャッサバ36％）．よって，オーブン調理すると粉っぽくなり，ゆでたり蒸したりするとずっしりと粘り気がでる．スープやシチューに入れるとトロミがでる．保存できる期間は比較的短く，冷蔵庫に入れると低温障害を生じるが，皮をむいて小さく切れば冷凍保存が可能である．

**キャッサバ，マニオク，ユカ** すべて，トウダイグサ科の熱帯植物 *Manihot esculenta* の細長い根の呼び名である．土の中では3年ほど生き続けるという非常に便利な習性をもつ．南米北部で栽培がはじまり，20世紀になるとアフリカやアジアの熱帯低地に広まっていった．そのまま調理して食べるほか，フラット・ブレッド（生地を発酵せずに薄くのばして焼くパン）や発酵パンにすることも多い．キャッサバは毒性のある"苦味"品種と，より安全な"甘味"品種の二つに大きく分けられる．苦味品種は生産

---

### 食物用語：potato（ジャガイモ）と yam（ヤムイモ）

カリブ先住民であるタイノ人はサツマイモを batata と呼んでいたが，これがスペイン語の patata になり，それが英語の potato になった．アンデス地方の本当のジャガイモをペルーのケチュア語では papa と呼ぶ．yam の語源は西アフリカ語の"食べる"，それがポルトガル語を経て yam となった．

国内で消費されるが，甘味品種は主に輸出用であり合衆国内のエスニック店などで売られている．苦味品種は非常に生産性の高い作物だが，苦味のある青酸化合物を作り出す防御細胞が根全体に存在するので，安全に食べるためには十分な処理が必要である（たとえば，細く切って搾ってから洗う）．苦味品種は主に生産国内で加工され，粉やタピオカ（キャッサバの乾燥デンプン粉末をビーズ状に丸くしたもの，水に戻してデザートや飲みものに入れるとゼリー状）になる．甘味品種は生産性が低いが，青酸化合物が含まれるのは表面に近い部分だけである．皮をむいて普通に調理すれば安全に食べられる．樹皮に似た皮の部分と繊維質の芯部分を除き，真っ白で密度のある部分だけを調理する．キャッサバは，初めに水で調理してデンプンを膨らませてから，揚げたり焼いたりするとよい．

**タロとダシーン**　東アジアや太平洋諸島に自生する，湿地を好むサトイモ科の植物 *Colocasia esculenta* の塊茎は，さまざまな呼び名があり，そのうちの二つがタロとダシーンである（ちなみにユリやフィロデンドロンもサトイモ科に属する）．サトイモ科の他の植物と同じく，タロにも防御用のシュウ酸カルシウムの針状結晶（100 g 当たり 40〜160 mg）が含まれ，タンパク質消化酵素の貯蔵部位近くに沈着している．それはまるで，先端に毒を塗った矢がたくさん詰まった兵器倉庫のようなものである．塊茎を生で食べると皮膚に結晶が突き刺さり，その傷口が酵素にやられて，強い刺激を感じる．加熱調理すると酵素が失活し結晶も溶解するので，この作用はなくなる．

　一般にタロには2種類の大きさがある．1 kg以上もあるような主塊茎と，数十グラム程度の小さめで水分の多い側塊茎である．中はフェノール化合物の紫色がかった筋がまだらになっていて，調理するとフェノール化合物と色素が拡散して全体にクリーム色になる．タロは煮ても崩れず，冷めると粘り気がでる．栗や卵黄などに似た強いにおいがある．ハワイではタロをゆでてつぶし，発酵させてポイを作る（p. 285）．ポイはルーアウ（ハワイ式宴会）に欠かせない食材の一つである．

　タロはマランガ，ヤウティア，ココヤムなどと間違われやすい．これらは新大陸の熱帯地域に育つ *Xanthosoma* 属の植物の塊茎で，やはりシュウ酸の結晶を含むサトイモ科である．マランガはタロよりも乾燥した土地に育ち，塊茎は細長く，土のにおいがし，スープや煮込みに入れると崩れやすい．

**ヤム**　本当のヤムは，芝やユリなどに近い熱帯植物のデンプン質の塊茎で，アフリカ，南米，太平洋諸国などを原産とする *Dioscorea* 属の栽培種である．10種以上存在し，大きさ，テクスチャー，色，風味なども多様である．アメリカの一般市場では，本当のヤムはほとんど見かけられず，「ヤム」と言えば橙色の甘いサツマイモのことである (p. 293)．本当のヤムは 50 kg 以上にもなり，太平洋諸島では小さな家々と大きなヤムが好まれてきた．アジアにおける栽培の歴史は紀元前 8000 年頃にさかのぼるとみられる．ヤムの多くは，皮のすぐ下にシュウ酸の結晶が含まれ，石鹸に似た性質のサポニンも含まれるため果汁はぬるりとして泡立ちやすい．ジオスコリンという毒性アルカロイドを含む品種もあり，その場合はすりおろして水に浸し毒を抜かなければならない．ヤムの塊茎は干ばつを生き抜くためのもので，キャッサバやタロよりも長く貯蔵できる．

## ■ニンジンの仲間（セリ科）：ニンジン，パースニップ，その他

　ニンジン科の根野菜には独特の芳香分子が含まれ，ストック，煮込み，スープ，その他の料理に複雑な風味を加えるためによく用いられる．ニンジンとパースニップはジャガイモに比べてデンプンが少なく，甘味が強い．ショ糖，ブドウ糖，果糖などを合わせた糖分が5％にもなる．西洋ではケーキや砂糖プリザーブなどにもニンジンが使われ，イランではすりおろして

甘味づけしたニンジンを米料理に入れる．インドでは牛乳で煮詰めてハルワという野菜のお菓子を作る．

**ニンジン**　栽培されているニンジンは *Daucus carota* という植物種の太くなった主根で，この植物は地中海地方が原産である．栽培種は大きく二つに分けられる．一つは中央アジアで作り上げられたアントシアニンを含む東洋系品種で，外側は赤紫〜紫黒色，中心の導管組織は黄色をしている．従来の生産地のほか，スペインでも見かける．カロテンを含む西洋系品種は三つのグループが交配して生まれたとみられる．ヨーロッパ・地中海で中世から栽培されていた黄色のニンジン，古代から栽培されていた白色のニンジン，そして野生のニンジンである．ビタミンA前駆体の $\beta$ カロテンを最も多く含む野菜，お馴染みの橙色のニンジンは17世紀にオランダで生まれたとみられる．このほかに，リコピン（トマトのカロテノイド）を含む赤色のアジア系品種もある．カロテンを含む品種は水を使った料理でもその脂溶性の色素が溶け出さないという利点があるのに対し，アントシアニンを含む品種はスープや煮込み料理に入れると色が抜けてしまう．

　ニンジンのあの独特なにおいは主にテルペン（p.265）によるもので，テルペンは松葉，木材，油，柑橘類，テレビン油の芳香成分でもある．加熱すると，カロテンが分解してすみれのようなにおいが加わる．白色品種は特ににおいが強い傾向にある．日光，高温，物理的損傷などによって，アルコールが発生して溶剤のようなにおいが加わるとともに，苦味のある防御成分も発生する．外側の薄い皮をむけば苦味はほとんどなくなるうえ，変色の原因となるフェノール化合物も除くことができる．加熱すると甘味が強まるが，これは強靭な細胞壁が壊れて糖が外に出てくるためである．ニンジンの芯には根から葉に水を運ぶ働きがあるので，これより外側の貯蔵組織に比べると風味が少ない．

　皮をむいた状態で売られている「ベビー・キャロット」は，実は成熟したニンジンを加工したものである．表面に白い毛羽立ちが見られることもあるがこれは無害であり，外側の細胞層が破損しているために加工後数時間で乾燥してしまうことが原因である．

**パースニップ**　*Pastinaca sativa* はユーラシア原産で，その芳香の強い直根がギリシャ・ローマ時代にはすでに知られていた．ジャガイモが伝わる前は，カブと同じように重要な主要食物でもあった．現在我々の知っている品種が作り出されたのは中世期である．パースニップにはニンジンよりも多くデンプンが含まれるが，低温にさらされると糖に変換されるので，冬場のパースニップは秋に収穫したものよりも甘い．砂糖が安く手に入るようになる前は，イギリスではケーキやジャム作りに使われていた．淡色でやや乾燥した組織は，加熱調理するとジャガイモやニンジンよりも早く軟らかくなる．

**パセリの根**　パセリのなかでも特別な品種，*Petroselinum crispum* var. *tuberosum* の根である．やはり複数のテルペノイドによる芳香があり，パセリの葉よりも複雑で強いにおいがする．パセリはヨーロッパが原産である（p.396）．

**アラカチャ**　南米のニンジン科の植物，*Arracacia xanthorhiza* の根である．表面はなめらかで，さまざまな色と強い風味をもつ．有名な植物探検家デービッド・フェアチャイルドは，ニンジンよりもずっと優れていると評した．

■ **レタスの仲間（キク科）：キクイモ，サルシファイ，スコルツォネラ，ゴボウ**

　北方に生育するレタスの仲間の根や塊茎には，三つの共通した特徴がある．果糖を基本とした炭水化物を多く含むこと，デンプンが少ないこと，そして本物のアーティチョーク（レタスの類縁）に似た柔らかな風味をもつことである．果糖系炭水化物（短鎖フルクトサンおよびデンプンに似たイヌリン）は，植物が越冬するためのエネルギー源ならびに不凍化機構であ

る．人間は果糖の鎖を分解する酵素をもっていないので，かわりに腸内の有用菌がこれを分解して二酸化炭素その他のガスを産生する．このため，大量に食べると腹部不快感を生じることがある．

キクイモは，北米原産のヒマワリ（*Helianthus tuberosus*）の丸々とした非繊維質の根である．古くから「エルサレム・アーティチョーク」というあいまいな名称で呼ばれてきた．生で食べるとしっとりサクッとして甘く，さっと加熱すれば軟らかくて甘い．低温（約93℃）で12〜24時間加熱すると，炭水化物の多くは消化可能な果糖に分解されて，甘くて半透明の褐色になり，野菜のアスピックのようである．

サルシファイ（*Tragopogon porrifolius*）は，その味がカキに似ていることから「オイスター・プラント」とも呼ばれる．黒サルシファイまたはスコルツォネラ（*Scorzonera hispanica*）は地中海原産である．日本で特に好まれるゴボウ（*Arctium lappa*）は，これらに近いユーラシア大陸種である．いずれも細長い直根を食用にするものだが，成長して大きくなるほど繊維質で食べにくくなる．フェノール化合物（ゴボウに含まれるものは抗酸化作用が強い）が多いので，すぐに灰褐色に変色する．切ったり皮をむいたりしたところは変色し，加熱すれば全体的に黒ずむ．

## ■ その他の一般的な根・塊茎

**ウォーター・チェストナッツとタイガー・ナッツ** チャイニーズ・ウォーター・チェストナッツおよびタイガー・ナッツ（チュファ）はカヤツリグサ科に属し，パピルスなどの水草の仲間である．ウォーター・チェストナッツは *Eleocharis dulcis* の膨らんだ水中茎頂で，極東に自生するこの植物は主に中国や日本で栽培されている．ちなみにホーンド（棘の生えた）・ウォーター・チェストナッツとも呼ばれるオニビシは，アフリカ，中央ヨーロッパ，アジアに自生するヒシ科（*Trapa*）の水生植物の種子である．タイガー・ナッツは北アフリカおよび地中海地方に自生する *Cyperus esculentus* の小塊茎で，古代エジプトでも栽培されていた．いずれもわずかな甘味とナッツ臭があり，シャキッとした食感は調理しても缶詰にしても失われない．フェノール化合物が細胞壁を架橋して強くしているからである．スペインにはオルチャタ・デ・チュファという甘い飲みものがあって，これは乾燥したタイガー・ナッツを水に浸けてつぶし，さらに水に浸けておいてから漉し，砂糖を加えたものである．

アジアでは，ウォーター・チェストナッツもオニビシも栽培する水が汚染されていた場合，腸管寄生吸虫の囊子（のうし）がついていることがある．歯で殻をむいて食べたりすると感染する可能性がある．生で食べるときはよくこすり洗いしてから外の硬い殻をむき，もう一度洗うのがよい．熱湯にさっとくぐらせば確実に安全である．

**オカ（アンデスカタバミ）** 南米に自生するカタバミの近縁種，*Oxalis tuberosa* の小さな塊茎である．デンプン質なものもあればジューシーなものもあり，皮の色はアントシアニン系の黄色から赤色，紫色まで多彩である．オキザリス科の植物に共通して含まれるシュウ酸が，独特の酸味を加えている．ペルーやボリビアでは，煮込みやスープに入れる．

**クズイモ** 南米に育つマメ科植物 *Pachyrhizus erosus* の膨らんだ貯蔵根である．しっかりした歯ごたえが特長で，長く貯蔵ができて変色しにくく，調理してもシャキッとした食感がある程度残る．クズイモはサラダに入れたり，たれをつけたりして生で食べることも多く，ウォーター・チェストナッツの代わりに使われたりもする（ナッツのような味も甘さもないが）．

**チョロギ，またはチャイニーズ・アーティチョーク** カッコウソウ属（*Stachys*，アジアに自生するミントの仲間）の複数の種から採れる小さな塊茎である．19世紀後期に中国からフランスに伝わった（フランス語でチョロギをク

ローヌと言う）．シャキッとしてナッツのような甘い味，キクイモに似た味がする．ガラクトース2個とショ糖1個が結合した珍しい炭水化物，スタキオースを含む．スタキオースは消化されないので，大量に食べると腹部膨満感を生じる．デンプン含量は低く，少しでも加熱しすぎると煮崩れてしまう．

**レンコン** アジアに自生するスイレン科の植物，Nelumbo nucifera の根茎で，泥の中に育つ．北アメリカおよびエジプトにも類縁種が存在する．沼の水面に浮かぶ葉の間から茎がのびて美しい花が咲いている，という風景は仏教的な思想において重要なものである．したがって，レンコンは単なる食材という以上の含蓄がある．根茎内には大きな空洞があり，輪切りにした断面は円状に穴が並んだ独特の模様となる．シャキッとした食感は調理してもそのままで，これはウォーター・チェストナッツと同じ理由による．においは弱く，わずかな渋味がある．フェノール化合物が含まれているので，切るとすぐに黒ずんでしまう．レンコンの調理法はいろいろあるが，皮をむいてから（サラダ用はさっと湯通しする），炒めたり，蒸し煮にしたり，きんぴらにしたりする．デンプンもほどほどに含まれ，料理すると組織の外に出てくる．

## 下茎および鱗茎：ビート，カブ，ラディッシュ，タマネギ，その他

この雑多なカテゴリーには，地面またはそのすぐ下にある植物の部位を食べる野菜が含まれる．共通する特徴は，根や根茎に比べてデンプン含量が少ないという点である．したがって，一般にはあまり密ではなく，調理時間が短くてすむので，しっとりとみずみずしさを残す．

## ■ビート

地中海および西ヨーロッパに自生する植物，Beta vulgaris の下茎を主に食用とする．この植物は有史以前から食べられており，初めは葉（チャード，p.314），そして特定品種（亜種 vulgaris）の地下部を食べていた．ギリシャ時代にはビートの根は長く，白色または赤色で，甘味があった．紀元前300年頃に哲学者テオフラスタスは，ビートは生で食べてもおいしいと書いている．丸々として赤いビートの記述が初めて見られるのは16世紀である．食用ビートは糖含量が約3％で，動物飼料用の品種では8％になるものもある．18世紀には糖含量の高い品種が選別された結果，ショ糖が20％も含まれるビートができた．

赤色，橙色，黄色はベタイン色素によるもので（p.261），水溶性であるためほかの材料にも色が移る．赤色の師部組織と無色の木部組織が層になった縞模様の品種もある（p.255）．加熱すると細胞が壊れて色がしみ出すので，生のまま輪切りにするのが一番きれいである．胃で強酸にさらされるのと，大腸内で鉄と反応するのとで，ビートの赤い色は脱色されるが，時に色素がそのまま排泄されることもあって驚く．ただしこれは無害である．ビートは加熱しても硬いままだが，これはタケノコやウォーター・チェストナッツと同じように，フェノール化合物によって細胞壁が強化されているからである（p.275）．

ビートのにおいは主にジオスミンという土のにおいのする分子による．ジオスミンは土壌中の微生物によって産生されるものと長い間考えられてきたが，ビートの根でもジオスミンが合成されるようである．ビートはとても甘いので，チョコレートケーキ，シロップ，その他の菓子にも使われることがある．

## ■根セロリ

セロリアックとも呼ばれ，特定のセロリ品種，Apium graveolens var. rapaceum の主茎の下

部が肥大したものである．節くれだった表面から根が伸びており，皮を厚くむく必要がある．根セロリはセロリと共通した酸素含有環式芳香化合物を含むため，セロリに似た味がする．デンプンの含有量は中程度（5〜6％）である．普通はほかの根野菜と同じように調理されるが，生のまま細切りにしてサラダに入れることもある．

## ■ キャベツの仲間（アブラナ科）：カブ，ラディッシュ

カブ，*Brassica rapa* はユーラシア大陸では生育の早い主要食物として 4000 年以上も栽培されてきた．食用とされるのは下茎および直根部分で，さまざまな色や形があり，アブラナ科に特有の硫黄臭をもつ（p. 311）．小型で風味の軟らかな品種は，生で食べるとダイコンのようにカリカリした食感がある．大型品種は軟らかく調理して食べるが，加熱しすぎると独特のにおいが強まって歯ごたえがなくなってしまう．カブは漬物にもされる．

シャキッとした食感で，品種によっては辛味の強いラディッシュ，*Raphanus sativus* は，カブとは別種である．西アジアの原産で，古代エジプト・ギリシャ時代には地中海地方に伝わっていた．カブと同様に，肥大した下茎部が主に食用とされる．長年の品種改良により，さまざまな形や色がある（たとえば，皮が緑色で内側が赤いものもある）．合衆国でよく見かけるのは春作向けの小型早生品種で，皮は鮮やかな赤色をしている（ハツカダイコン）．生育期間は数週間と短く，夏場の暑い時期には辛味が強まり繊維質になる．生でサラダに入れたりして食べるのが普通である．その他に，大型のスペイン系およびドイツ系品種もある．皮が黒いものも白いものもあり，直径は 10 cm ほどになる．成熟には数ヶ月かかり秋に収穫される．肉質は硬く水分は少なめで，煮たり焼いたりすることが多い．日本の「ダイコン」に代表される大型で長いアジア系品種は，長さ 30 cm 以上，3 kg を超えることもある．味は比較的マイルドなものが多く，生でも調理しても食べられる．ナシのようにシャリッとした食感のものもある．ラディッシュのピリッとした辛味は，酵素反応によって生じる揮発性のカラシ油成分によるものである（p. 311）．この酵素の多くは皮に含まれているため，皮をむくと辛味が少なくなる．生や漬物で食べることが多いが，カブと同じように加熱すれば酵素が失活して辛味が抑えられ，甘味が引き立つ．

珍しいものとしては "ラットテール・ラディッシュ" として知られる *R. caudatus* があり，可食部でもある長いさやが尻尾のように見えることからその名がついた．

## ■ タマネギの仲間（ユリ科）：タマネギ，ニンニク，リーキ（ネギ）

ユリ科ネギ属（*Allium*）には 500 種以上が存在し，温暖地帯北部が原産である．このうち食用とされる主なものは 20 種ほどあり，その半分は何千年もの間重要な位置を占めてきた．国を追われた古代イスラエル人の悲嘆をつづった，旧約聖書の有名な一節にこうある．「エジプトでは魚をいくらでも食べられたし，キュウリやメロン，ネギやタマネギやニンニクが忘れられない．」タマネギ，ニンニク，そしてこれ

タマネギとニンニクの鱗茎．ネギ科植物の鱗茎は，中心の茎芽とこれを取り巻く肥大した葉基部からなる．葉基部には栄養分が蓄えられていて，次の季節に芽が成長するための栄養となる．

らの類縁の多くは，主に地下の鱗茎を食べるために栽培される．鱗茎とは肥大した葉基部（鱗片）が集ったもので，次の成長開始に必要となるエネルギーを蓄えている．必然的に何ヶ月も貯蔵することができる．キクイモやその類縁と同様に，タマネギの仲間もエネルギーをデンプンの形ではなくて果糖の鎖として蓄積する（p.777）．時間をかけてゆっくりと加熱すれば果糖に分解し，とても甘くなる．もちろん，鱗茎をもつネギ属は新鮮な緑葉も食用とされるし，ネギやチャイブなど，鱗茎を形成せず葉だけが食用にされるものもある．

タマネギの仲間は，時にピリッとした刺激のある，硫黄化合物の独特の強いにおいに特徴がある．その本来の役割は動物に食べられないようにすることだが，加熱すると肉を彷彿させるようなおいしさに変わり，さまざまな料理の味に深みを加える．

### 生のネギ類の風味と刺激

タマネギの仲間に共通する独特の風味は，硫黄を使った防御機構によるものである．成長する植物は土壌から硫黄を吸収し，4種類の化学兵器を作りだす．活性化酵素が液胞（p.254）に納まっている間は，これらの分子兵器は細胞液中に漂っている．切ったりかんだりして細胞が傷つくと，液胞から出た酵素が分子兵器を二つに切り裂いて，刺激性の強いにおいをもつ硫黄化合物を生じる．そのうち特に反応性が高くて不安定なものは，さらに反応を続けてほかの化合物になってゆく．こうして生じるさまざまな化合物が生の風味となるわけで，細胞に含まれている化学兵器，組織の損傷程度，反応に関係する酸素量，反応の長さなどによって生の風味は変わってくる．タマネギは，リンゴのようなにおい，燃えるようなにおい，ゴム臭，苦いにおいが典型的である．ネギは，キャベツのようなクリーミーなにおいに，肉のようなにおいもある．ニンニクのにおいが特に強いのは，初めの反応産物がほかのネギ科植物に比べて100倍多く生成されるからである．切り刻んだり，つぶしたり，フードプロセッサーでピューレにしたりすると，独特なにおいがでる．料理の上にふりかけたり加熱しないソースに混ぜたりなど，ネギ類を生で刻んで食べる場合には，空気にさらされて時間が経ってもにおいがきつくならないよう，水洗いして硫黄化合物を除くとよい．

硫黄化合物のなかでも一つ，タマネギ，エシャロット，ネギ，チャイブ，ラッキョウだけに特に大量に発生するものがある．「催涙成分」である．タマネギが傷つくとこの揮発性物質が空気中に放散されて目や鼻に入り，神経末端を直接刺激するとみられ，その後は硫化水素，二酸化硫黄，硫酸に分解される．とても威力のある分子爆弾である．催涙性を抑えるには，タマネギを切る前に氷水に30〜60分つけて冷やし

---

### 食物用語：onion（タマネギ），garlic（ニンニク），shallot（エシャロット），scallion（スキャリオン）

ネギ科野菜の名前にはさまざまな由来がある．onion は"一（いち）""一体性""統一"などの意味をもつラテン語からきている．ローマ時代の農民が，ニンニクやエシャロットのように複数の鱗茎を作らない，単一鱗茎種（*Allium cepa*）を onion と呼んだ．garlilc はアングロ・サクソン語で"槍のようなリーキ"という意味であり，リーキの葉が幅広なのに対し，ニンニクの葉は細く先端がとがっていることからきた．また，古代ギリシャ・ローマ時代に南西パレスチナにあった市をヘブライ語で ashqelon（アシュケロン）と呼んでいたが，これがラテン語を経て，shallot と scallion になった．

ておくとよい．こうすることで酵素の働きがかなり遅くなり，揮発性分子も空気中に飛散しにくくなる．水につけると外の薄い皮もしんなりしてむきやすくなる．

**加熱したネギ類の風味**　タマネギなどを加熱すると，さまざまな硫黄化合物が互いに反応しあったりほかの物質と反応したりして，独特の風味分子が生成する．調理法，温度，そして熱媒体が風味のバランスに大きく影響する．オーブン調理，乾燥，電子レンジ調理では三硫化物が生じやすく，これが煮すぎたキャベツのにおいになる．油脂を使って高温で加熱すると揮発性成分が多く発生し，より強い風味になる．ニンニクはバターで炒めると比較的マイルドな風味だが，より反応性の高い不飽和植物油を使うと，ゴムのようなツンとしたにおいになる．ニンニクをまるごとゆでると，風味を作り出す酵素が失活し反応が抑えられるので，ツンとしたにおいはあまりせず，甘いナッツのようなにおいが感じられるようになる．同様に，ピクルス漬けにしたニンニクやタマネギも風味が比較的マイルドである．

タマネギやニンニクを炒めると焦げやすいのは，主に糖や糖鎖成分によるもので，これがキャラメルのようなにおいになる．

**タマネギとエシャロット**　タマネギ，*Allium cepa* は中央アジアを起源として世界中に広まり，何百という品種がある．合衆国内で出回っているタマネギは，品種ではなく栽培時期と収穫法によって大きく二つに分けられる．一つは春物（短日性）のタマネギ，晩秋に苗を定植し，春から初夏にかけて成熟前のものを収穫する．味は比較的マイルドで水分が多く，腐りやすいので冷蔵庫に保存するのがよい．春物のうちで特殊なのが「スイート・オニオン」（正確には"辛味の少ない"タマネギ）と呼ばれるもので，これは硫黄分の少ない土壌で栽培した春物の黄タマネギで，防御用の硫黄化合物が通常の半分以下である．もう一つは貯蔵タマネギ，夏を越して秋に成熟したものを収穫する．硫黄化合物を多く含み，水分が少なく，低温で数ヶ月は貯蔵できる．

白系品種は水分が比較的多く，黄系品種（黄色はフェノール化合物のフラボノイドによる）

## タマネギの仲間（ネギ属）

| | |
|---|---|
| タマネギ，スキャリオン | *Allium cepa* |
| エシャロット | *Allium cepa* var. *ascalonicum* |
| ニンニク | *Allium sativum* |
| リーキ（野生） | *Allium ampeloprasum* |
| リーキ（栽培種） | *Allium ampeloprasum* var. *porrum* |
| エレファント・ガーリック | *Allium ampeloprasum* var. *gigante* |
| リーキ（エジプト） | *Allium kurrat* |
| ランプス，ラムソン（広葉リーキ） | *Allium tricoccum* |
| チャイブ | *Allium schoenoprasum* |
| ニラ | *Allium tuberosum* |
| ニラ（両性生殖性） | *Allium ramosum* |
| 長ネギ | *Allium fistulosum* |
| ラッキョウ | *Allium chinense* |

に比べると日持ちしない．赤系タマネギは，それぞれの鱗片葉の表面層だけが水溶性のアントシアニンで赤色になっているので，調理すると色がくすんで薄くなる．

合衆国でグリーン・オニオンまたはスキャリオンと呼ばれる緑色の細ネギは，鱗茎を作るタマネギ品種を早採りしたもの，または鱗茎を作らない特別な品種である．エシャロットは，小さな鱗茎が集塊を作る別の品種である．味は繊細で辛味が少なく甘味があり，紫がかっていることもある．特にフランスや東南アジアで好まれる．

**ニンニク** 中央アジア原産の *Allium sativum* 種で，10個前後の小鱗茎が集った玉を作る．合衆国でよく見かける「エレファント・ガーリック」という風味がマイルドで大きなニンニクは，実際には鱗茎を作るリーキ品種である．「ワイルド・ガーリック」は *A. ursinum* という別種である．鱗片が幾重にも重なっているタマネギの鱗茎とは違って，ニンニクの小鱗茎は単一の肥大した貯蔵葉が若芽を取り囲んでいる．タマネギと比べて水分含量が少なく（タマネギは90%，ニンニクは60%未満），果糖および果糖の鎖が多く含まれるので，炒めたり焼いたりするとタマネギより焦げやすい．

ニンニクには多くの品種があり，それぞれに硫黄化合物の割合が違うので風味や辛味も違う．市場に多く出回っているのは，生産性と貯蔵性に優れた品種であり，必ずしも風味が優れているとは言えない．冷涼な気候で栽培するとニンニク臭の強いものになる．晩夏から晩秋にかけて収穫された直後は水分が多く，貯蔵する間に徐々に乾燥し風味が濃くなる．冷蔵庫で保存するとあの独特のニンニク臭が弱まって，普通のタマネギに近い風味になる．

小さなニンニク片の皮をむいたり刻んだりするのは面倒なので，一度に作業して油に保存しておくこともある．この保存法は嫌気的なので，有害なボツリヌス菌が繁殖しやすい．ニンニクを酢やレモン汁に数時間浸してから油に入れ，冷蔵庫で保存すれば，ボツリヌス菌の繁殖を防ぐことができる．酸を使ってピクルス漬けにしたニンニクが，変わった青緑色になることがあるが，これは硫黄化合物の一つが関係しているとみられる．漬ける前にニンニクを湯通しすれば，変色が少ない．

**リーキ** タマネギやニンニクとは違って，リーキは貯蔵鱗茎を作らず，スキャリオンのように緑色の葉を食用にする．（唯一の例外が「エレファント・ガーリック」という紛らわしい名前のリーキ品種で，ニンニクに似た鱗茎の塊を作る．その大きさは500g近くになる．）リーキは寒さに非常に強く，多くの地域で冬中収穫できる．かなり大きく成長し（長さ3m，直径

---

### ニンニクと口臭

ニンニクのにおいを化学的に解明すれば，ニンニクを食べた後の口臭を解決することができるだろうか？　ニンニク口臭のもとになる主成分は，スカンクの臭液（メタンチオールなど）に類似した種々の化学物質で，これらは口の中に残存する．別の成分（アリルメチルスルフィド）は，ニンニクが消化系を通る際に発生するとみられ，食べてから6～18時間後に口臭として感じられる．口中に残存するチオール類は，生の果実や野菜に含まれる褐変酵素（p.261）の作用により無臭分子に変換される．したがって，サラダやリンゴを食べるとよい．強い酸化剤（クロラミンなど）を含むマウスウォッシュも効果的である．消化系から生じるスルフィドはどうしようもないのかもしれない．

7.5 cm ほどにもなる），根元に土寄せして日光を遮ることにより根元の白い部分を多くする．土寄せすると葉と葉の間に泥が入ってしまうので，丁寧に洗い落とす必要がある．内側の葉（およびほとんど使われない根）が最も風味が強い．上のほうの緑色の部分も食べられるが，白い部分よりも硬くて，ネギの風味よりもキャベツのような風味がする．長鎖炭水化物が多く含まれているので調理するとぬめりがでて，それが冷えるとゲル化する．よってスープや煮込み料理に入れるとトロミがつく．

## 茎および葉柄（ようへい）：アスパラガス，セロリ，その他

植物の茎や葉柄を食用にする野菜は，調理が難しいことが多い．茎や葉柄は植物体のほかの部分を支えるとともに，栄養分が行き来する通路になっている．したがって，繊維質の維管束組織と特殊な補強繊維（セロリやカルドンの外側の筋，維管束繊維よりも 2～10 倍硬い）が大半を占める．これらの繊維質な成分は，茎や葉柄が成熟するにつれて不溶性のセルロースで強化されていく．硬くなった繊維は取り除くか，繊維を切断するように薄切りにするか，ピューレにしてから漉す以外にない．セロリやカルドンやルバーブの軟らかさは生産者側の問題であり，よい品種を選び，膨圧で茎を支えるように（p. 257）水を十分に与え，土寄せや支柱などで物理的に支えることにより，ストレスで繊維が増えないようにする必要がある．

エンドウマメ，メロン，カボチャ，ブドウの蔓，ホップなどの蔓先は食用にもされ，茎野菜のなかでは本質的に軟らかいものである．これらの植物の蔓は春にぐんぐん成長するので，春一番の生野菜として楽しまれてきた．

## ■ アスパラガス

ユーラシア大陸原産のユリ科植物，*Asparagus officinalis* の主茎である．ギリシャ・ローマ時代には珍味であった．主茎の表面についている小さな突起は普通の葉ではなく，葉に似た包葉である．その下には未熟な光合成器官が隠されていて，後に羽毛のような枝が伸びてくる．地中には長年に渡って生き続ける地下茎があり，それから地上に向かって伸びる主茎は，春の訪れを知らせる食べものとして世界中で好まれている．若いリーキ，ブラックベリーの芽，ホップの芽などは，「貧者のアスパラガス」などと呼ばれたりする．アスパラガスは今でも依然として高価である．というのも，茎が伸びる速さがまちまちなので，手摘みしなければならないからである．ヨーロッパでは 18 世紀よりホワイト・アスパラガスの人気が高い．主茎全体を土で覆って緑化しないようにして，土の中から掘り出すという非常に手間のかかるものである．グリーン・アスパラガス（ジメチルスルフィドなどの揮発性硫黄化合物を含む）よりも繊細な風味で，茎の端にわずかな苦味がある．収穫後に光に当てるとホワイト・アスパラガスは黄色や赤色になる．紫系品種はアントシアニン色素を含むので，一般には調理中に色が薄れてクロロフィルの緑色だけが残る．

若採りした新鮮なアスパラガスはとてもジューシーで甘い（糖分 4 % ほど）．収穫時期が遅れるほど，地下茎に蓄えられていたエネルギーが消費されてなくなり，茎に含まれる糖も少なくなる．アスパラガスは収穫後も成長を続

アスパラガス．未熟な茎の先端付近には，葉状茎と呼ばれる松の葉に似た細かい分岐が見られる．

けて糖を消費するが，それはほかのどんな野菜よりも速い．風味が薄れて，ジューシーさもなくなり，根元の方から次第に繊維質になってゆく．この変化は収穫後24時間が特に速く，温かさや光にさらされることで加速する．料理前に砂糖水（5〜10％，水100 mLに砂糖小さじ1〜2杯）に浸しておけば，水分と糖分を補うことができる．ホワイト・アスパラガスはグリーン・アスパラガスよりも繊維が多く，貯蔵中にも早く硬くなる．特に硬い部分は皮をむくとある程度除けるが，木質リグニンの形成は内部にまで及ぶ．芯が硬くなったときの対処法は，500年前から変わらない．茎を曲げて物理的ストレスをかけるとポキッと折れるところが，軟らかい部分と硬い部分の境目である．

　アスパラガスを食べると尿のにおいが強くなるが，この変わった現象は古くから知られている．アスパラガス酸という硫黄化合物が体内で代謝され，スカンク臭液成分でもあり構造の類似したメタンチオールへと変換されるのが原因である．尿が臭わない人もいるらしいということで，この現象に関して詳細な生化学的研究も行われ，遺伝的な相違が明らかになった．多くの人はアスパラガスを食べた後にメタンチオールを生じるが，なかにはそうでない人もいる．また多くの人はメタンチオールのにおいを感じるが，なかには感じない人もいるということがわかっている．

## ■ ニンジンの仲間（セリ科）：セロリとフェンネル

　ニンジンの仲間には二つの香味茎野菜がある．

**セロリ**　ワイルド・セロリ（*Apium graveolens*）と呼ばれるユーラシア大陸のハーブは苦味があって茎細だが，その風味をマイルドにし，茎も太くしたのがセロリである．中国セロリ（var. *secalinum*）は形と風味がワイルド・セロリに近く，アジアのセリはより遠縁の植物（*Oenanthe javanica*）で独特の風味がある．お馴染みのセロリは15世紀にイタリアで品種改良されたとみられ，19世紀に入っても珍味として扱われていた．著しく肥大した歯ごたえのよい葉茎（または葉柄）からなり，かすかに独特な芳香をもつ．そのにおいは，クルミにも含まれるフタリド類という珍しい化合物（セロリ，クルミ，リンゴを使ったウォルドルフ・サラダは香りの組合わせがよい），そして軽い松のにおいや柑橘臭のするテルペン類による．セロリはニンジンやタマネギと一緒にゆっくり炒めて，ほ

---

### アスパラガスのにおい

　体内で代謝されたアスパラガス成分を嗅ぎ分ける能力が人によって違うだけでなく，嗅ぎ分けられる人のなかでもその感じ方はさまざまである．

　　　誰もが知っているように，（アスパラガスは）尿のにおいを汚らしく不快にする．
　　　　　　　　——ルイ・レムリー，*Treatise of All Sorts of Foods*（食物論），1702年

　　　……（アスパラガスの）parkatenを夕食に食べた後は，それが夜中ずっと（シェークスピアの夢にでてくる妖精のように叙情的にザワザワとふざけながら）遊び回り，私の尿瓶は芳しい香水瓶に変わる．
　　　　　　　　——マルセル・プルースト，*In Search of Lost Time*（失われた時を求めて），1913年

かの料理の香味ベースとして用いられることが多い（フランス料理のミルポワ，イタリア料理のソフリット，スペイン料理のソフレジなど；ルイジアナのケイジャン料理で「トリニティ（三位一体）」と呼ばれる香味野菜はニンジンのかわりにピーマンを使う）．ヨーロッパの一部では，風味が弱く白いものが好まれている．昔はセロリに土をかけて育てていたが，今では淡緑色の"白系"品種が栽培されている．セロリは生で食べることも多く，冷水に浸けておくとシャキッとした歯ごたえが増す（p. 257）．セロリも根セロリも防御化合物を含み，過敏な人では皮膚反応などを生じる（p. 252）．

**フェンネル** 鱗茎を食用にするフローレンス（イタリアではフィノッキオ）フェンネルは，フェンネル・シード（p. 404）を作る *Foeniculum vulgare* の野菜品種（var. *azoricum*）である．肥大した株元（葉茎基部）がしまった鱗茎のようになる．（葉茎のほかの部分はセロリの茎に相当し，硬くて繊維質である．）フェンネルは，アニスシードや八角と同じ芳香成分（アネソール）を含むため，強いアニス臭がする．においの主張が強いので，セロリやニンジンのように何にでも使えるというわけではない．また，独特の柑橘臭（リモネンというテルペン化合物）もあって，特に葉にはこのにおいが強くなる．フェンネルは薄切りにしてシャキッとした生の食感を楽しむこともあれば，蒸し煮やグラタンに入れて加熱することもある．

## ■ キャベツの仲間（アブラナ科）：コールラビとルタバガ

**コールラビ** 普通のキャベツの変種（*Brassica oleracea* var. *gongylodes*）で，主茎が肥大して直径が 10 cm 近くになる．水分が多く風味はマイルドなブロッコリの茎といった感じである．コールラビという名前は"キャベツのカブ"を意味するドイツ語からきていて，その丸い形は確かにカブに似ている．若いコールラビは軟らかいので，生でシャキッとした食感を楽しんで

も，さっと加熱してもよい．生育しすぎたものは木のように硬い．

**ルタバガ** カブとキャベツの交配種で，スウィード（スウェーデン・カブ）とも呼ばれる．1600年以前の東ヨーロッパで，おそらくはケールとカブを隣り合わせに栽培していて交雑が起きたとみられる．コールラビと同じく肥大した主茎が食用にされ，カブと同じような白色または黄色である．炭水化物含量はジャガイモの半分しかないが，カブやコールラビよりも甘くてデンプン質である．ゆでてつぶすことが多い．

## ■ 熱帯植物の茎：タケノコとヤシの新芽

**タケノコ** アジアでは数種のタケ（*Phyllostachys* 種など，木質性の単子葉植物）の，ごく若い茎が食用にされる．茎の先端が土から顔を出しはじめたら，その上に土を盛って光を遮り，苦味のある青酸の前駆物質が蓄積しないようにする（p. 251）．調理や加工の前には，苦味がなくなるまでゆでて青酸化合物をぜんぶ取り除く．タケノコは調理しても缶詰にしてもそのシャキシャキとした肉質の食感が残るので（p. 275），ウォーター・チェストナッツやレンコンと同じように珍重されている．クレゾールによる薬臭さや家畜臭のような珍しいにおいに加え，簡単な硫黄化合物（メチオナール，硫化ジメチル）による一般的なパンや肉汁のにおいがする．

**ヤシの新芽** さまざまなヤシの木の，成長しつつある茎頂が食用にされる．特に南米のモモヤシ（*Bactris gasipaes*）は，茎頂を切ってもすぐにまた芽が出てくる．組織のキメが細かくシャキッとしていて，甘くほのかなナッツ臭がする．生で食べることも加熱することもある．これ以外のヤシの木の新芽は端が苦いこともあり，茶色に変色しやすいうえ，茎頂を切り取ると木全体が死んでしまうことも多い．

## ■ 茎・葉柄を食べるその他の野菜

**アッケシソウ** 海岸に育つアッケシソウ（*Salicornia*）属の塩生植物で，小さな肉厚の茎や枝を食用にする．ビートの仲間である．サンファイア（ニンジンの仲間の海岸植物にも同名のものがある），グラスワート，ピックルウィード，プースピエールなど，各地にさまざまな名称がある．若いものはサクサクと軟らかく生でも食べられるし，さっと湯通しして新鮮な海の香りを楽しむのもよい．若くないものは加熱調理して食べたり，魚介類と一緒に蒸して磯の香りを引き立てたりする．

**ウチワサボテン（ノパール）** メキシコや合衆国南西部の乾燥地域に自生するウチワサボテン，*Opuntia ficus-indica*（p. 359）の平たい茎の部分が食用にされる．生でサラダやサルサに入れることもあれば，オーブンで焼いたり，揚げたり，ピクルスにしたり，煮込み料理に入れたりする．ウチワサボテンの大きな特徴は，水分を保持しやすくする粘液成分が含まれるので，ややぬるりとした食感があること（水を使わずに調理するとぬめりは弱くなる），そしてリンゴ酸を含むので驚くほど酸味があることである．サボテンやスベリヒユなど，暑くて乾燥した所に生育する植物は，特殊な光合成を行っている．日中は水分が逃げないように気孔を閉じているが，夜にはこれが開いて二酸化炭素を取り込みリンゴ酸として蓄えておく．昼に日光のエネルギーを使ってリンゴ酸をブドウ糖にかえるのである．よって，早朝に収穫したサボテンは，午後に収穫したものより10倍も多くリンゴ酸を含む．酸は収穫後少しずつ減っていくので，2〜3日すれば違いがわからなくなる．

**カルドン** 地中海地方の *Cynara cardunculus* という植物の葉柄を食用にする（アーティチョーク，*C. scolymus* はこの植物から派生したとみられる）．収穫前の数週間は葉柄に覆いをして日光を遮り，軟白にすることも多い．カルドンはアーティチョークと非常によく似た風味で，渋味と苦味のあるフェノール化合物を多く含んでいるため，組織が傷つくとすぐに褐色になる．牛乳で煮ることも多く，タンパク質がフェノール化合物に結合して渋味が弱まる（紅茶に牛乳を入れるのと同じ，p. 428）．フェノール化合物は細胞壁を硬くする作用もあるので，カルドンの繊維は軟らかくなりにくい．静かに沸騰させながら水を何度か替えると，フェノール化合物が抜けて軟らかくなるが，風味も抜けてしまう．葉柄の筋をむき取ったり，薄い輪切りにして硬さがあまり気にならないように繊維を短くしたりすることも時に必要となる．

**シダの若芽** ゼンマイ，ワラビ，コゴミなど，シダ類の未熟な葉柄および葉状体が食用にされる．そのくるりと巻いた先端がバイオリンの頭の渦巻きに似ていることから，英語ではフィドルヘッド（フィドル＝バイオリン）と呼ばれる．春の珍味として古くから珍重されており，シダの葉状体が伸びて開きかけた，まだ硬くなる前のものを採取する．シダの若芽を食用にするときは注意が必要で，特に日本や韓国で食用にされるワラビ（*Pteridium aequilinum*）には強力な DNA 損傷物質が含まれているので（p. 252），あまり食べないほうがよい．*Matteuccia* 属の植物，たとえばクサソテツの葉柄（コゴミ）は食べても安全と考えられる．

**スプラウト（モヤシ）** 発芽して間もない，数 cm に成長した実生（幼植物体）で，大部分が茎である．最初の葉を地面から持ち上げて日光にあてるという役目を担っている．もちろん，未熟な茎なので軟らかく繊維も少ない．生またはさっと加熱して食べることが多い．さまざまな植物のスプラウトがあるが，そのほとんどは，マメ科（リョクトウ，ダイズ，アルファルファ），穀類（コムギ，トウモロコシ），キャベツの仲間（クレソン，ブロッコリ，マスタード，ラディッシュ），タマネギの仲間（タマネギ，チャイブ）などいくつかに分類される．実生は非常に傷つきやすいので，強力な化学防御機構を備えていることも多い．アルファルフ

ァ・スプラウトには毒性アミノ酸のカナバリン（p. 252），ブロッコリ・スプラウトにはイソチオシアネートの一種であるスルフォラファン類（p. 311）が含まれる．イソチオシアネートは癌の増殖を抑えるとみられる．スプラウトの生産環境は湿って温かいので，微生物も繁殖しやすい．このことから，生のスプラウトが原因の食中毒が頻繁に発生する．なるべく新鮮なものを購入し，冷蔵庫に保存するべきだが，一番安全なのは十分加熱することである．

**ルバーブ** 大型の多年生ハーブの葉柄で，シュウ酸を高濃度に含む点が珍しい．西洋では主に果実に代わる酸味づけとして用いられる．ルバーブについては次章で述べる（p. 355）．

## 葉：レタス，キャベツ，その他

葉物はまさに野菜のなかの野菜である．一般に，植物体のなかで最も目立って大きな部分を占めるのが葉であり，栄養豊富なので人間の祖先にあたる霊長類はほとんど葉だけを食べていた．生のグリーン・サラダは，まさに原始的と言える．また，雑草から根野菜や果実植物の葉まで，さまざまな植物の葉が加熱調理して食べられている．温暖地域では，春の軟らかい葉ならほとんど何でも食べることができる．それは昔から，野菜の少ない冬が終わって新しい作物が採れはじめることの嬉しい兆しであった．たとえば，北東イタリアでは，50種類以上もの春の野草を集め，湯がいて炒めた「ピスティック」と呼ばれる料理がある．

葉は細長いものも幅広いものもあり，食べられる葉（レタス，キャベツ，ブドウ）も食べられない葉（バナナ，イチジク，タケ）も，包む素材として用いられる．肉，魚，穀物，その他の食べものを包んで持ち運んだり，保存したり，葉の香りを移したりする．包みやすいようにあらかじめ湯通しして軟らかくしておくこともある．

葉野菜の多くは独特の風味をもつが，"青臭い"とか"草のにおい"などと表現される新鮮なにおいほとんどに共通している．その成分は炭素6個からなる「青葉アルコール」（ヘキサノール）および「青葉アルデヒド」（ヘキサナール）という特殊な分子で，葉を切ったりつぶしたりしたときに産生される．細胞が傷つく

---

### サラダ作り

　生野菜のサラダは加熱調理をしないが，作るときに注意すべき点がいくつかある．まず，よい材料を用意すること．新鮮な若葉は繊維が少なく風味も繊細だが育ちすぎた古葉はまるでゴムのようである．葉を小さくする場合は，なるべく物理的な圧力を加えないようにする．細胞がつぶれると風味が落ちるし，色も悪くなってしまうからである．一般には，よく切れるナイフで切るのが簡単である．手でちぎると余計な力が加わって，軟らかい葉は傷つきやすい．葉物野菜は何度か水を替えながら洗い，泥や砂など表面の汚れを落とす．氷水にしばらく浸しておくと細胞が水を吸ってパリッと硬くなる．ドレッシングが薄まらないように十分に水気をきる．トロミのあるドレッシングは水っぽいものよりよく絡まる．簡単なビネグレット・ドレッシング（p. 617）でも冷凍庫に入れて冷やすとトロミがでる．

　油をベースにしたドレッシングは食べる直前にかける．ワックスを含んだ葉の表面は油馴染みがよいため油が中にしみ込みやすく，葉の色が黒ずんでしんなりしてしまうからである．和えてしばらく置いておく場合には，水をベースにしたクリームドレッシングがよい．

と酵素が放出され，これが葉緑体（p.254）膜中の長い脂肪酸炭素鎖を分解する．加熱すると酵素が失活し，脂肪酸分解物がほかの分子と反応するので，新鮮な青臭さは消えて別のにおいが強まる．

### ■ レタスの仲間（キク科）：レタス，チコリ，タンポポの葉

レタスなどのキク科植物は顕花植物のなかで二番目に大きな分類群だが，そのなかで食用にされるものは意外に少ない．代表的なのはレタスとその類縁で，生サラダの素材として欠かせない．

**レタス：苦味のない緑色野菜** 現在の市場に多く出回っているマイルドな風味のレタスは *Lactuca sativa* の品種で，その祖先である *Lactuca serriola* はアジア・地中海地方に自生する苦味のある野草である．5000 年にわたって栽培と改良が行われてきた．古代エジプトの絵画にもレタスが描かれており，ギリシャ・ローマ時代には確実に食用にされていた．当時すでに複数の品種があって，生または加熱したレタスのサラダを食事の最初や最後に食べていた．*Lactuca* の最初の音節 lac はラテン語で"ミルク"という意味があり，切り口からにじみ出る白い乳液（防御機構の一つ）からきている．西洋では，今は生で食べることがほとんどだが，アジアでは細切りにして加熱調理することも多い．スーパーでもときどき見かける硬い古葉

---

### レタスの仲間（キク科）

*Lactuca sativa*：苦味のないレタス
    リーフ・レタス：非結球性
    バター・レタス：非結球性，葉は軟らかく主脈が細い
    バタビア・レタス：半結球性，葉はパリッとしていて密集性
    コス・レタス，ロメイン・レタス：結球が緩い，葉は長く大きく主脈が太い
    クリスプヘッド・レタス：大型で結球性，パリッとした葉

*Cichorium intybus*：苦味のあるチコリ*
    チコリ：非結球性，茎と葉が顕著
    ベルギー・エンダイブ，ウィットルーフ：細長く結球，パリッとした軟白葉
    ラディッキオ：丸または細長く結球，葉は赤い
    プンタレッレ：非結球性，細長い茎と葉が顕著

*Cichorium endivia*：苦味のあるエンダイブ
    カーリーエンダイブ：非結球性，縮れた葉
    フリゼ：非結球性，細く切れ込んで縮れた葉
    エスカロール：非結球性，やや幅広の葉

\* 訳者注：国によって呼び方が異なり，チコリとエンダイブが逆転することもある．日本では軟白の結球をチコリ，縮れた緑の葉物をエンダイブと呼ぶ．

は，こうした調理法に向いている．

　レタス品種は，生育形態やテクスチャーによっていくつかのグループに分かれる（前頁囲み内参照）．多くは似たような味だが，赤色系リーフ・レタスのなかにはアントシアニン色素の渋味をもつものもある．一般に，内側の葉に日光が当たらない結球型レタスは，ビタミンや抗酸化物質が少ない．合衆国で一番多く出回っているのは，アイスバーグ・レタスとして知られる淡色のクリスプヘッド型である．配送や貯蔵の際に傷つきにくいこと（1920年代にはアメリカでは年中食卓に上るようになった），そしてシャキッとしたさわやかな歯ごたえが市場での優位性につながった．ヘッド・レタスは呼吸速度が低いので，リーフ・レタスよりも日持ちするが，いずれも4℃で保存するより0℃で保存したほうがさらに長持ちする．ステム・レタスまたはセルタスと呼ばれる，茎が太くて歯ごたえがあるものは，特にアジアで人気がある．葉を取って皮をむき，薄切りにして調理する．ステム・レタスやリーフ・レタスの芯は砂糖漬けにされることもある．

### チコリとエンダイブ：ほどよい苦味　レタス本
来の強い苦味は，ラクツシンというテルペン，およびその関連化合物によるもので，品種改良によりこの苦味成分の少ないものが作られてきた．しかし，レタスの近縁種の多くが，特にその上品な苦味を楽しむために栽培されている．サラダに入れることもあれば，単独で加熱調理することもある．エンダイブ，エスカロール，チコリ，ラディッキオなど，*Cichorium* 属の植物である．苦味をちょうどよい具合にするために，いろいろと手間をかけて生産されている．エスカロールやエンダイブなどの非結球性のものは，広がった葉をわざわざ縛って結球状にすることもある．内葉に日が当たらないようにし，苦味を抑えるためである．お馴染みの「ベルギー・エンダイブ」（日本ではチコリ）は「ウィットルーフ」（"白い頭"の意味）とも呼ばれ，二度の栽培を行って本来の苦味を弱めたものである．春に種まきし，秋に葉を切り落として掘り上げる．この栄養を蓄えた直根は低温保存しておく．その後，屋内に植えなおして土を被せて栽培するか，暗所で水耕栽培する．1ヶ月ほどすると，握りこぶし程の大きさまで成長する．白～淡緑色の葉が結球し，繊細な風味と軟らかでサクッとしたテクスチャーがある．ただしこの繊細な風味は失われやすい．店頭で光の当たるところに置いておくと，外葉が緑化して苦味が強まり風味がきつくなる．

　苦味のある葉物野菜のサラダには，塩気の強いドレッシングや材料を合わせることが多い．塩味は苦味とのバランスをとるだけでなく，実際に苦味を感じにくくする効果がある．

### タンポポの葉　タンポポ（*Taraxicum officinale*）
は，どの大陸にも自生しているようだが，栽培品種の多くはユーラシア原産である．時として小規模な栽培が行われるが，有史以前から野生のタンポポを採って食べていた．タンポポは多年草なので，根が傷つかない限り何度も繰り返して葉が成長する．苦味のある葉は，食べやすいようにゆでることが多い．

## ■ キャベツの仲間（アブラナ科）：キャベツ，ケール，芽キャベツ，その他

　タマネギの仲間と同じく，キャベツの仲間も化学防御のためのかなり強い風味をもった植物である．それと同時に，変幻自在のおもしろい植物でもある．地中海および中央アジアの雑草2種を祖先として，姿形のまったく異なる10種類以上の作物種が生み出されてきた．葉野菜もあれば，花野菜や茎野菜，あるいは種子を利用するものもある．このほかに，ラディッシュやマスタード（スパイスとしての利用は第8章を参照）など，10種を超える類縁種があって，さらにこれらの交配種も生まれている．自然と人間の豊かな創意工夫の合作であり，それは今も続いている．キャベツの仲間には入らない遠縁種のなかには（ケイパーやパパイヤなど，p. 398, p. 370），キャベツ類とよく似た生化学特性，すなわち風味をもつものがいくつか

## キャベツの仲間（アブラナ科）：類縁関係とツンとする辛味について

キャベツの仲間のように複雑な分類群では，特に学名の変更が多い．ここで示した特定名称は変更される可能性もあるが，大まかな相関関係は変わらないと思われる．

### 地中海原産

*Brassica oleracea*
- キャベツ（var. *capitata*）
- ケール，コラード（var. *acephala*）
- カリフラワー（var. *botrytis*）
- コールラビ（var. *gongylodes*）
- ポルトガル・キャベツ（var. *tronchuda*）
- ブロッコリ（var. *italica*）
- 芽キャベツ（var. *gemmifera*）

ブラック・マスタード，クロガラシ：*Brassica nigra*
ホワイト・マスタード，シロガラシ：*Brassica alba*
ロケット，アルグラ：*Eruca sativa, Diplotaxis* 属
ウォータークレス，オランダガラシ：*Nasturtium* 属
ガーデンクレス，コショウソウ：*Lepidium* 属
ウィンタークレス，バルバレア：*Barbarea* 属
ガーリック・マスタード，カキネガラシ：*Alliaria* 属

### 中央アジア原産

*Brassica rapa*
- カブ（var. *rapifera*）
- パクチョイ（var. *chinensis*）
- タアサイ（var. *narinosa*）
- ブロッコリ・ラビ（var. *rapifera*）
- ハクサイ（var. *pekinensis*）
- ミズナ，ミブナ（var. *nipposinica*）

中国ケール，中国ブロッコリ，カイラン：*Brassica oleracea* var. *alboglabra*
ダイコン：*Raphanus sativus*
ホースラディッシュ，セイヨウワサビ：*Armoracia rusticana*

### 近代交雑種

偶発的（自然交雑）
- ルタバガ，カノーラ：*Brassica napus*（*rapa* x *oleracea*）
- ブラウン・マスタード，マスタード・グリーン：*Brassica juncea*（*rapa* x *nigra*）
- エチオピアン・マスタード：*Brassica carinata*（*oleracea* x *nigra*）

人為的（品種改良）
- ブロッコリーニ：*Brassica oleracea* x *alboglabra*

### 辛味を生じる硫黄化合物前駆体の総体比

| | | | | | |
|---|---|---|---|---|---|
| 芽キャベツ | 35 | 白キャベツ | 15 | ダイコン | 7 |
| 緑キャベツ | 26 | ホースラディッシュ | 11 | 中国キャベツ | 3 |
| ブロッコリ | 17 | 赤キャベツ | 10 | カリフラワー | 2 |

**キャベツの仲間の風味の化学**　タマネギと同じように，キャベツとその類縁は2種類の化学防御機構を備えている．その一つは，風味前駆体とこれに作用して風味成分を放出する酵素である．植物細胞が傷つくと前駆体と酵素が混じり合い，酵素反応が引き金となって一連の反応が起こり，苦味と辛味と強いにおいをもつ化学物質が生成する．このキャベツ類に特有の防御機構は非常に有効で，第一次世界大戦で使われたあの悪名高いマスタード・ガスのヒントにもなった．キャベツの仲間はタマネギの防御機構（p.300）の一部も持ち合わせており，これにより発生する硫黄化合物がキャベツ類全般の風味に関係している．

　キャベツ類が蓄えている防御成分前駆体はグルコシノレート類と呼ばれる．タマネギの中の前駆体と違って，硫黄だけでなく窒素も含まれているので，グルコシノレート類とそのすぐ後にできる風味産物（主にイソチオシアネート類）は独特の性質を有する．これらの風味前駆体および産物のなかにはとても苦いものもあれば，人間の代謝系に対して強い作用をもつものもある．特定のイソチオシアネート化合物は甲状腺の正常な機能を阻害するので，ヨウ素の摂取量が少ないと甲状腺肥大を招く．しかし，なかには体内に入ってきた外来化合物の処理機構を微調節して癌の発生を抑えるものもある．ブロッコリとブロッコリ・スプラウトにはこのような作用を示す物質が含まれている．

　一つの野菜には多種多様なグルコシノレート化合物が含まれ，その組合わせは野菜ごとに特有のものである．ゆえにキャベツ，芽キャベツ，ブロッコリ，マスタード・グリーン（カラシナ）の風味は似ているけれど，それぞれに特徴がある．化学防御機構の活性，すなわち風味が最も強いのは，若くて成長の速い組織である．たとえば芽キャベツの中心やキャベツの芯の部分は，外葉に比べて2倍の活性がある．生育条件によって，植物中に蓄えられる風味前駆体の量も違ってくる．夏場の高温や乾燥ストレスによって前駆体量は増加し，秋冬の低温や湿気，日照の弱さによって前駆体量は減少する．秋や冬の野菜は一般に風味が穏やかである．

**切ることによる影響**　キャベツ類は調理法によって風味のバランスが違ってくる．たとえば，コールスローを作るときのように葉を切り刻むだけで，前駆体から産生される風味化合物が増えるだけでなく，前駆体そのものの合成も増える．刻んだキャベツに酸味のあるソースをかけると，辛味成分が6倍になる．（刻んだキャベツを冷水に浸しておくと，切ったときに発生した風味化合物が洗い流されると同時に，水分を吸ってパリッとする．）ザワークラウトや漬物（ピクルス）など，キャベツ類を発酵させると風味前駆体とその産物のほとんどが苦味・辛味の少ない物質に変換される．

**熱による影響**　キャベツ類に熱を加えると二つの影響がみられる．初めに，組織の温度上昇に伴い酵素活性が高まって風味がでる（60℃付近で活性は最大）．沸点近くになると酵素はまっ

---

食物用語：cabbage（キャベツ），kale（ケール），collards（コラード），cauliflower（カリフラワー）

　キャベツの仲間の kale, collards, cauliflower は，ラテン語で"茎"や"葉柄"（可食部がついている植物部位）を意味する caulis を語源とする．cabbage はラテン語で"頭"という意味の caput からきている．茎が太短くなって葉がその周りに結球した形である．

たく働かなくなる．大量の沸騰水に野菜を入れると酵素が一瞬にして失活するので，風味前駆体はほとんどそのまま残る．この方法が必ずしもよいわけではない．たとえばマスタード・グリーン（カラシナ）をこのように調理すると，辛味は抑えられるが，前駆体の苦味が強く残る．大量のお湯でゆでると風味分子がかなり溶け出すので，炒めたり蒸したりするよりも風味は弱まる．加熱時間が長いと熱によって風味分子が徐々に変化し，最終的には硫黄化合物がトリスルフィドになってしまう．これが蓄積すると，煮すぎたキャベツのあの鼻につくにおいになる．長く調理することでタマネギの仲間は甘味とまろやかさがでるが，キャベツの仲間はきつくて嫌なにおいになる．

酵素系が共通しているので，タマネギの仲間とキャベツの仲間を合わせると驚くようなことが起きる．煮て辛味がなくなったマスタード・グリーン（カラシナ）に生のスキャリオン（細ネギ）を少し加えると，スキャリオンに含まれる酵素が熱安定性の前駆体に作用して辛味成分ができる．こうして，ごくわずかのスキャリオンでよりマスタード・グリーンらしい風味がでる．

**キャベツ，ケール，コラード，芽キャベツ** もともとの野生キャベツは地中海沿岸地域が原産である．塩分が多くて日照の強い環境で耐えぬくため，厚くワックス質の多肉な葉と葉柄をもっている．およそ2500年前に栽培化され，冷涼な気候にも適応できたことから，東ヨーロッパでは重要な主要作物となっていった．キャベツのピクルス漬けは中国から伝わったとみられる．

コラード，ケール，ポルトガル・キャベツ（トロンチュダ）は，やや短めの主軸に葉が互いに離れてついている点が野生キャベツに似ている．ポルトガル・キャベツは特に主脈が太い．キャベツの栽培品種は主軸の先端の周りに葉がぎっしりと重なり合って大きな玉を作る．濃い緑色のもの，白に近いもの，アントシアニンによる赤色のもの，葉脈が盛り上がっているもの，ほとんど平らなものなど，さまざまな品種がある．一般に，結球して内葉に日光が当たらないものより，非結球性のもののほうがビタミンC・Aおよび抗酸化物質が多く含まれる．結球性のキャベツは糖含量が高いことが多く，収穫後数ヶ月はもつ．

芽キャベツはキャベツの変種で，非常に長い主軸に小さな玉がたくさんできる．15世紀に北ヨーロッパで改良されたと思われるが，芽キ

姿形のまったく異なるキャベツの仲間．中央：ケールの葉．右から時計回りに：コールラビの肥大した茎，結球性キャベツの頂芽，芽キャベツの側芽，ブロッコリの花茎，カリフラワーの未熟な花芽の塊．

ャベツの存在を確実に示す証拠は18世紀のものである．グルコシノレート類を大量に含む芽キャベツは，苦味に敏感な人には苦すぎる．主要なグルコシノレートの一つ（シニグリン，マスタードの主要前駆体でもある）はそれ自体に苦味があるが，苦味のないチオシアネートに変わる．別のグルコシノレート（プロゴイトリン）は苦味がないが，苦味のあるチオシアネートになる．したがって，短時間加熱してチオシアネートの発生を抑えようが，時間をかけて加熱してグルコシノレートを全部チオシアネートに変えてしまおうが，結局は苦い．これらの風味成分は芽キャベツの中心部に集中しているので，半分に切ってから大きな鍋でゆでれば，風味成分の前駆体も産物も溶け出して苦味が少なくなる．

**ロケット，クレソン，マスタード・グリーン（カラシナ），エチオピアン・マスタード**　ロケット（イタリアではアルグラ，いずれも"きつい，粗い"を意味するラテン語のrocが語源）という名前で呼ばれる植物はいくつかあり，どれも地中海に自生するキャベツに近い雑草である．特に辛味が強くて肉のような濃い風味は，アーモンド・エキスのベンズアルデヒドをはじめとする種々のアルデヒド類によって生じる．生野菜サラダのアクセントとしてよく使われるが，ピューレにして鮮やかな緑色のソースにしたり，ピザの上にのせたりすることもある．どんなに短時間でも加熱すると，酵素が失活して色もあせてしまう．大葉系品種には風味の穏やかなものがある．ロケットと同じくいろいろな品種のあるクレソン（ウォーター・クレス，ガーデン・クレス，ウィンター・クレス）は，葉が小さくて辛味があり，普通は料理のつけ合わせとか，肉料理を引き立てるものとして使われる．クレソンに近い南米種に，鉢植えなどで楽しまれるナスタチウム（キンレンカ）がある．花にはほのかな辛味があり，料理のつけ合わせに使われることがある．辛味の強い花の蕾も食用にされる．

マスタード・グリーンはブラウン・マスタード（*B. juncea*）の品種で，種子よりも葉を食べるために改良されたものである．テクスチャーはキャベツよりも繊細である．マスタード・シードに似た強い辛味をもつこともあるが，普通は加熱調理され，品種によってはキャベツのようにマイルドになったり，苦味が強まったりする．エチオピアン・マスタードは，キャベツの仲間とマスタードとの自然交配によるもので，おそらく北東アフリカで生まれたと思われる．成長の速い若葉を，生または軽く調理して食べる．合衆国で開発されたテキセル・グリーンと呼ばれる改良品種もある．

**アジアのキャベツとその類縁**　中国キャベツには，パクチョイ，ハクサイ，タアサイなど，かなり形の違うものが含まれる．すべて同じ*Brassica*種から派生したもので，カブもこの仲間である．*B. rapa*は栽培の歴史が最も長い植物の一つで，おそらくはじめは種子を利用するために交配が行われ，今ではアジアで非常に重要な野菜となっている．現代の大型品種は細長い形で重さは5kgにも達する．西洋キャベツと違って，主脈は白くて太く，葉は淡緑色で小さめ，味はマイルドである．より小型のミズナやミブナは，細長い葉が広がった形の低い株を作る．ミズナは細かく枝分かれした羽のような葉をもつ．タアサイは丸い葉がロゼットを形成し，その小さめの葉は西洋風のサラダにもよく合う．レタスよりも保存がきき，ドレッシングをかけてもしなりにくい．

## ■ ホウレンソウとチャード

**ホウレンソウ**　ホウレンソウ（*Spinacia oleracea*）は，中央アジアで栽培化されたビートの仲間である．涼しい気候で生産性が高い（高温と長日ではとう立ちし，種子を作り葉が少なくなる）．中世後期に，アラブ人の手でヨーロッパに伝わると，間もなくオーリチ（ヤマホウレンソウ）やシロザといった葉の小さい類縁種，そしてアマランスやソレル（スイバ）などに代わって使われるようになった．ほかの野菜の多

くは味の主張が強いのに比べて，ホウレンソウはどんな料理にも馴染みやすいことから，古典的なフランス料理ではシレ・ヴェルジュ（未使用の蜜蝋）と呼ばれた．今日では，葉物野菜のなかでもレタスは別として，ホウレンソウが特に重要な位置を占めている．生育の早さ，マイルドな風味，軽く調理したときの軟らかなテクスチャーが好まれる理由である．（生でも軟らかい品種がある一方，葉の厚い品種は歯ごたえがあるのでサラダには向かない．）調理するとカサが4分の1ほどに減ってしまう．厄介なシュウ酸（p.252）が多く含まれるものの，ビタミンAが豊富なうえ，抗酸化活性のあるフェノール化合物や癌発生の引き金となるDNA損傷を抑える化合物も含まれている．重要なビタミンである葉酸（p.249）を豊富に含み，実際に葉酸が初めて精製されたときに使われたのがホウレンソウだった．

　類縁関係がないのにスピニッチ（ホウレンソウ）と呼ばれる植物が多くある．マラバール・スピニッチと呼ばれるツルムラサキはアジアの蔓植物（*Basella alba*）であり，暑さに強く，緑色または紫色の葉には独特の粘りがある．ニュージーランド・スピニッチと呼ばれるツルナは，多肉植物のアイスプラント（*Tetragonia tetragonioides*，これも食用になる）の類縁で，暑いところでよく育つ．葉が厚いので加熱調理するほうがよい．ウォーター・スピニッチというのはクウシンサイのことで，アジアに生育するサツマイモの仲間である（*Ipomoea aquatica*）．葉が細長く，シャキッとした中空の茎に味がしみやすい．

**チャード**　ビート（*Beta vulgaris*）のなかでも根を食用にするのでなく，太くて肉質の葉軸を食べるために改良された品種（亜種 *cicla*）がチャードと呼ばれる．ビートはホウレンソウの遠縁にあたり，葉にはやはりシュウ酸が含まれる（普通のビートの葉も同じ）．チャードの軸と葉は，鮮やかな黄色，橙色，深紅色などをしている．ビートの根と同じベタイン色素によるもので，水溶性のため調理液やソースに色が移

る．最近人気が復活している有色品種のなかには，歴史が16世紀にさかのぼるような在来種（エアルーム種）もある．

## ■ その他の葉物野菜

　食卓に登場する葉物野菜はほかにもたくさんあるが，ここではそのいくつかを紹介する．

**アマランス**　*Amaranthus* 属の植物で，チャイニーズ・スピニッチとかその他の名前で呼ばれることもある．ヨーロッパとアジアの両地域で古代より食用にされてきた．葉は軟らかくて土のにおいがし，ビタミンAを豊富に含むが，シュウ酸も多い（ホウレンソウの2～3倍）．大量の湯でゆでればシュウ酸もある程度は除ける．

**イラクサ**　ユーラシアによく見られる雑草（*Urtica dioica*）で，今は北半球全体に広まっている．刺毛をもつことで知られ，もろいガラス質（ケイ酸塩）の先端とヒスタミンなどの刺激成分を分泌する腺からなる．刺毛の先が皮膚に刺さると，刺激成分が注入される仕組みである．沸騰した湯でさっと湯がけば，刺毛から刺激成分が溶け出して薄まるので食べても大丈夫である．ただし摘み取ったり水洗いしたりするときには手袋をする必要がある．イラクサはスープや煮込み，またはチーズを混ぜてパスタの詰めものにする．

**スベリヒユ**　地面を低く這う雑草（*Portulaca oleracea*）で，太い茎と小さく厚い葉をもち，放っておいても真夏の暑さに耐える．ヨーロッパ原産で，世界中に広がった．スベリヒユにはピッグウィードというあだ名がある．この植物は豚とフランス人しか食べない，と19世紀のイギリス人ウィリアム・コベットは言っている．しかし，その酸味と心地よいぬめりは多くの地域で好まれている．生でサラダに入れたり，肉・野菜料理の最後に加えてさっと火を通したりして食べられる．今は，黄色やピンク色がか

った大きめの葉をもつ栽培品種もある．ウチワサボテンと似たような特徴をもつ．スベリヒユもサボテンも，同じような方法で暑くて乾燥した土地に適応した植物だからである（p. 306）．スベリヒユはカルシウム，いくつかのビタミン，そしてω-3脂肪酸であるリノレン酸（p. 773）を多く含むことで知られる．

**ブドウの葉**　漬けたブドウの葉で包んだギリシャのドルマデス（ドルマ）という料理が有名である．生の葉を湯がいたものはさらに繊細でおいしい．ブドウの葉にはリンゴ酸と酒石酸が多く含まれるため，酸味が強い．

**マーシュ**　ラムズ・レタスとかコーン・サラダとも呼ばれ（*Valerianella locusta* および *V. eriocarpa*），小さく軟らかな葉にはわずかなぬめりがあり，果実と花のにおいが混じったような複雑で独特のにおいがする（多様なエステル類，リナロール，キノコ臭のオクテノール，レモン臭のシトロネロール）．そのにおいが好まれ，ヨーロッパではよくレタスと一緒，またはレタスの代わりにサラダに入れられる．

## 花：アーティチョーク，ブロッコリ，カリフラワー，その他

### ■ 食材としての花

花はその強いにおいや鮮やかな色で花粉媒介動物を誘うものであるから，我々の食べものにも香りと見た目の美しさを加える．しかし，西洋で最も重要な位置を占める食用花は，色鮮やかでもなければ花らしくもない．ブロッコリとカリフラワーは未熟もしくは発生の止まった花であり，アーティチョークは開花する前に食べるものである．香りのよい花が大きな役割を担ってきたのは中東やアジアにおいてである．中東では料理の風味を飾るために，在来種のバラの蒸留成分，そして後には中国の橙（ダイダイ）の花の蒸留成分が使われてきた．たとえば，バクラヴァなどのトルコ菓子にはローズウォーターが，モロッコのサラダや煮込み料理，トルココーヒーにはオレンジウォーターが使われる．食物歴史家のチャールズ・ペリーは，これらのエキスを「中東のバニラ」と呼んだ．西洋でも19世紀にバニラが取って代わるまで，花の蒸留成分は普通に使われていた．

多くの花は食べることができ，実際にも料理の飾り，フリッターの香りづけ，お茶やシャーベットの香りづけなどとして使われている．揮発性成分が含まれるのは主に花びらで，表面細胞または特殊な精油腺に蓄えられている．花びらも香りもとても繊細なので，ごく短時間だけ加熱するか，食卓に出す直前に加える．花びらを砂糖漬けにするには，濃い砂糖シロップで煮るか，または卵白やアラビアゴム溶液をハケで塗って砂糖をまぶし乾燥させる．後者の方法では，卵白に抗菌タンパク質（p. 76）が含まれているのと，粘性の卵白液に砂糖が溶け込んで高濃度になって生き残った微生物を脱水するのとで，二重の抗菌作用がある．花を料理に使う場合には，次の2点に留意する．まず，植物毒素を含むことが知られている花は使わないこと．また，殺虫剤や防カビ剤で処理された可能性のある花も使わないことである．

**カボチャの花**　ズッキーニやその類縁（p. 322）の大きな花は，詰めものをしたり，揚げたり，切ってスープや卵料理に加えたりする．じゃ香のようなにおいに，緑葉，アーモンド，スパイス，スミレ，家畜などのにおいも混じった複雑なにおいがする．

**バナナの花**　熱帯性のバナナの木に咲く花のうち，大きな雄花とそれを包む部分を食用にする．タンニンを含むのでやや渋味があり，野菜として料理される．

**ローゼル，ハイビスカス，ハマイカ**　ある種のハイビスカス（*Hibiscus sabdariffa*）の萼（がく；たとえばイチゴの上についている葉に似た部分）は鮮赤色で肉厚，酸味があり香りが高

い．ローゼル，ハイビスカス，ハマイカなど複数の呼び名がある．アフリカ原産でオクラの類縁である．メキシコやカリブ海地域でよく利用されており，生で食べることもあれば，乾燥してお茶にすることもあり，水で戻してほかの材料と一緒に料理することもある．合衆国では，お馴染みのハワイアン・パンチや赤いハーブ・ティーの多くに材料として使われている（赤色色素はアントシアニン）．ビタミンC，フェノール性抗酸化物質，ゲル化するペクチンが豊富に含まれている．

**ワスレグサ（カンゾウ）の蕾**　英語でデイリリーと呼ばれる *Hemerocallis* 属の植物の花の蕾を，アジアでは生もしくは乾燥させて食用にする．乾燥品は「ゴールデン・ニードル（金の針）」と呼ばれることもある．カロテノイドおよびフェノール性抗酸化物質を多く含む．

## ■ アーティチョーク

　地中海地域原産のアザミの一種，*Cynara scolymus* の大きな花の蕾である．カルドン（*C. cardunculus*）から派生したと思われるが，カルドンの蕾は小さく貧弱で，古代ギリシャ時代には花のつけ根と茎を食べていた．ローマ時代にはアーティチョークがご馳走だったが，プリニウスはこれを恥じて「こうして我々は，動物でさえも本能的に避けて通る世にも奇怪なものを食べるまでに堕落した」（博物誌，第19巻）と述

---

### 食べられる花と食べられない花

| 食べられる花 | 食べられない花 |
|---|---|
| ハーブ類（チャイブ，ローズマリー，ラベンダー） | スズラン |
| バラ | アジサイ |
| スミレ，パンジー | スイセン |
| ワスレグサ（カンゾウ） | セイヨウキョウチクトウ |
| ベゴニア | ポインセチア |
| ジャスミン | ツツジ，シャクナゲ |
| ゼラニウム（多彩なハーブや果実の香り） | スイートピー |
| ライラック | フジ |
| ラン | |
| キク，マリーゴールド | |
| ハス | |
| ナスタチウム（キンレンカ） | |
| エルダーフラワー（セイヨウニワトコ） | |
| 柑橘類 | |
| リンゴ，ナシ | |
| チューリップ | |
| クチナシ | |
| ボタン | |
| ボダイジュ | |
| ハナズオウ | |

べている．名前は，アラブ語で"小さなカルドン"を意味するal'qarshufが，イタリア語を経て変化したものである．食物歴史家のチャールズ・ペリーによれば，現在のような直径10 cm以上もある大きな花の蕾が生まれたのは中世後期，ムーア人統治のスペインであった．

アザミはレタスの仲間（キク科），したがってサルシファイやキクイモの類縁で，これらは共通した風味をもつ．食べられるのは，苞葉（花を保護する葉）のつけ根の肉厚な部分と花の芯（実際には花の基部，茎の上部にあたる）である．「チョーク」と呼ばれる中心近くの細毛が実際の小さな花の集りで，開花すると深い青紫色になる．小さなアーティチョークが店頭に並んでいたり，瓶詰めで売られていたりするが，あれは主茎でなく植物体の下のほうにできる花茎から採ったものである．成長が非常に遅いので，チョークがほとんどできていない未熟な段階で収穫される．

アーティチョークにはフェノール化合物が豊富に含まれ，これによって主な性質が決まる．果肉を切ったり生で食べたりすればすぐわかる．フェノール化合物が酸素と反応して有色複合体を形成するため，切り口はあっという間に茶色に変色するし，フェノール化合物が唾液中のタンパク質と反応するため，生で食べるとかなり渋い．加熱調理すると細胞が壊れ，フェノール化合物がお互いにまたは，ほかの分子と反応し，果肉は均一な褐色になり，渋味につながるフェノール化合物はほとんど残らない．よって変色も渋味も加熱によって抑えられる．

アーティチョークに含まれるフェノール化合物のなかには，抗酸化作用やコレステロール低下作用をもつものがある．そのなかでも特にシナリンと呼ばれる化合物は，アーティチョークの後に食べたものを甘くするという不思議な作用がある．シナリンは味蕾上の甘味受容体を阻害するとみられ，次に別のものを食べてシナリンが舌から外れると，受容体が再び働くようになり，対比効果が感じられるのである．ほかの食べものの味を変えてしまうことから，アーティチョークは上質なワインに合わないとされる．

## ■ キャベツの仲間（アブラナ科）：ブロッコリ，カリフラワー，ロマネスコ

これらの野菜はいずれもキャベツの変種で，花茎および花の発生が止まって，未熟な花組織が増殖し大きな塊になったものである．近年の遺伝的・地理的研究によれば，ブロッコリはイタリアで生まれ，のちにカリフラワーになったとみられる．カリフラワーは16世紀にはヨーロッパで知られていた．

ブロッコリの場合は，過剰に発生した花茎組織が融合して「小房」になり，さらに成長すると小さな緑色の花蕾の塊となる．カリフラワーとその変種で緑色の小房がとがった形がおもしろいロマネスコは，茎の発生段階がいつまでも続き，未熟な花茎の枝が密集した塊（英語でカード"curd"と呼ばれる）になる．カードは発生学的に未熟なため，比較的繊維が少なく細胞壁ペクチンとヘミセルロースが多めである

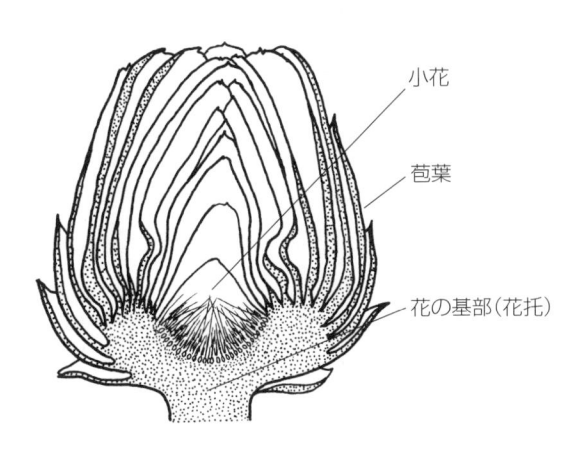

アーティチョーク．可食部の「芯」は花の基部であり，イチゴやイチジクの果肉部にあたる．

（小花／苞葉／花の基部（花托））

(p. 258)．したがって，非常に細かくなめらかなピューレになる（丸のままでゆですぎても崩れやすい）．カリフラワーに日光が当たると黄色っぽい色素が作られるので，できるだけ白くするために，まわりを包んでひもで束ねて栽培されるのが普通である．

ブロッコリ・ラビというのは，細長い茎の上に小さな花芽の塊がついたもので，本物のブロッコリとはまったく違う品種である．その名前は"broccoletti di rape（カブの小さな芽）"が変形して"broccoli rabe"になったもので，主茎からやや太めの花茎が出るカブの1品種である．本物のブロッコリより明らかに苦味が強い．ブロッコリーニはブロッコリ・ラビに似ているが苦味が少なく，ヨーロッパのアブラナ品種とアジアのアブラナ品種の交配で生まれた，最近の品種である．

## 野菜として使われる果実

植物学的には果実だが野菜として料理されるものは，一般に調理によって味を変えたり軟らかくしたりする必要がある．トマトとキュウリは例外で，サラダに入れて生で食べることが多い．

### ■ ナスの仲間（ナス科）：トマト，ピーマン，ナス，その他

ナス科植物には，世界中で最もよく知られたいくつかの野菜，そしてタバコやベラドンナ（英語で deadly nightshade，"猛毒のイヌホオズキ"と呼ばれる）が含まれる．実際に，トマトはイヌホオズキに似ているということから，ヨーロッパではなかなか普及しなかった．ナス科の植物に共通するのは，苦いアルカロイドなどの化学防御物質を蓄えることである．何代にも及ぶ品種の選択・交配が行われた結果，化学防御物質の含有量が少ないナス科果実が食用されるようになったが，葉には毒性が残っていることも多い．植物の化学防御物質のなかで一つだけ，人間が愛してやまないものがある．トウガラシに含まれる辛味のもと，カプサイシンである．トウガラシは世界中で最も多く使われているスパイスで，その辛味については第8章で

### ナス科の野菜

| | |
|---|---|
| ジャガイモ | *Solanum tuberosum* |
| ナス | *Solanum melongena* ; |
| | *S. aethiopicum*, *S. macrocarpon* |
| トマト | *Lycopersicon esculentum* |
| ピーマン，トウガラシ | *Capsicum* 属 |
| 　ピーマン，ピメント，パプリカ，ハラペニョ，<br>　　セラノ，ポブラノ…… | *C. annuum* |
| 　タバスコ | *C. frutescens* |
| 　スコッチ・ボンネット，ハバネロ | *C. chinense* |
| 　アヒ・アマリージョ | *C. baccatum* |
| 　ロコト（マンザノ） | *C. pubescens* |
| トマティーヨ（ホオズキトマト） | *Physalis ixocarpa*, *P. philadelphica* |
| 木立ちトマト（トマトの木） | *Cyphomandra betacea* |

述べる．この章では，トウガラシの仲間でも辛味が少なく，野菜として食べられるものについて言及する．

**トマト**　トマトの原種は，南米西海岸の砂漠に生えていた低木で，その実は小さく苦かった．メキシコで栽培がはじまり（トマトの語源は，アステカ語で"丸々した果実"という意味のtomatl），19世紀まではその毒性が疑われたためにヨーロッパで食用とされることはなかったが，今日では大きさ・形・色合い（カロテノイド色素）の異なる多種多様な品種が世界中で食べられている．合衆国では，デンプン質の主食であるジャガイモに次いで，二番目に多く食べられている野菜である．

トマトの魅力は何だろうか？　甘酸っぱい果実であるトマトが野菜として扱われるのはなぜだろう？　その答えはトマトのあの独特な風味に隠されているはずである．糖含有量が3％程度と比較的少ないことに加えて，完熟トマトにはキャベツや芽キャベツと同様に旨味成分のグルタミン酸がかなり多く含まれ（重さの0.3％ほど），においをもつ硫黄化合物も含まれている．グルタミン酸と硫黄化合物は果実よりも肉に多く含まれるもので，したがって肉の風味に合いやすく，肉の代用にさえなりうる．ソースなどの味に深みと複雑さを与えることができる．（果実が腐ると発酵したようなよい匂いになるものも多いなか，腐ったトマトが嫌なにおいになるのは，肉に似ているからかもしれない）．いずれにせよ，トマト好きなのはよいことである．トマトはビタミンCが豊富で，普通の赤いトマトには抗酸化作用をもつカルテノイドのリコピンが多く含まれている．トマト・ペーストやケチャップにはリコピンが濃縮されている．

**トマトの構造と風味**　比較的水分の少ないトマト・ペースト用品種を別にすれば，トマトには四つの異なる組織がみられる．薄くて硬い外皮（いわゆるトマトの皮，むいて料理することもある），外側の果肉壁，中央の芯，種子のまわりの半液体のゼリー質と果汁である．外側の果肉には糖とアミノ酸のほとんどが含まれる一方，ゼリー質と果汁に含まれる酸濃度は外側の果肉の2倍である．芳香成分の多くは外皮と外側の果肉に含まれる．したがって，生のトマトの風味は，これらの組織の比率によって変わってくる．トマト料理では皮や種子（とゼリー質），果汁をはじめに除いてしまうことも多い．こうするとトマトの果肉はより上品な味で水分も少なくなるが，風味バランスが変わって甘めになり，トマトのにおいも薄くなる．トマトに含まれるクエン酸やリンゴ酸は揮発性でないため，調理しても飛んでしまうことはない．したがって，皮，ゼリー質，果汁を一緒に煮詰めてから漉して，これをトマトの果肉に加えれば，酸味とある程度のにおいはつけることができる．砂糖と酸を加えるとトマトの風味が全体的に強まるということは昔から知られていたし，風味の化学的分析によって実証もされている．

蔓についたままで完熟させたトマトには糖，酸，芳香成分が十分に蓄えられていて風味が濃

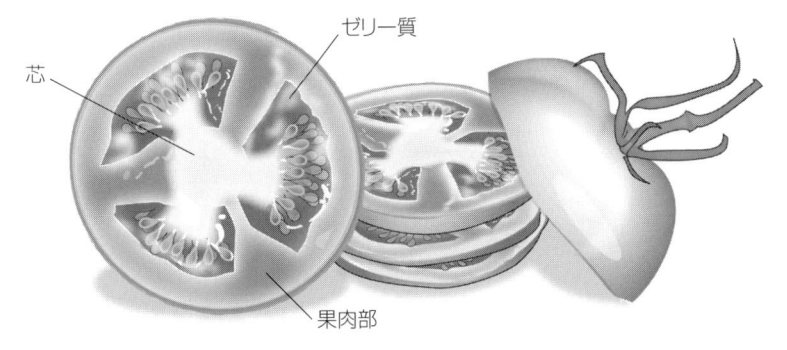

トマトの構造．果肉には糖，アミノ酸，芳香成分が特に多く含まれ，ゼリー質には糖とのバランスがよい酸が含まれる．

厚である．完熟トマトの風味に強く関係しているのがフラネオールという化合物で，甘いキャラメルのにおいに似ている（完熟イチゴやパイナップルのにおいでもある）．店頭に並んでいるトマトの多くは，緑色のうちに収穫したものを，エチレン処理（p.341）して人工的に赤くしたもので，完熟トマトの風味はほとんどしない．実際，トマトは味気ない野菜の代名詞にさえなってしまっている．しかし，ヨーロッパやラテンアメリカの一部では，果実味が少なく野菜らしい成熟したグリーン・トマトがサラダに好まれる．またグリーン・トマトを料理（ピクルス漬け）にして，その独特のおいしさを楽しむところも多い．ペルーの田舎では，かなり苦いトマトやトマティーヨが好まれる．

**加熱調理したトマト**　生のトマトを煮詰めて作った濃厚なソースは，カロテノイド色素が分解してバラやスミレのにおいになるが，不安定な脂肪酸分解物およびある種の硫黄化合物（チアゾール）による新鮮な「青臭さ」はない．トマトの葉は新鮮なトマト臭が強いが，これは葉に含まれる酵素（p.265）と精油腺によるものである．トマト・ソース作りでは，終わり近くに葉を何枚か入れて，新鮮なトマト臭をつけることもある．トマトの葉には防御アルカロイドのトマチンが含まれることから，毒になる可能性があると長い間考えられてきた．しかし近年の研究によって，トマチンは消化管の中でコレステロール分子と強く結合すること，したがってトマチンもトマチンと結合したコレステロールも体内に吸収されないことが明らかになった．つまり，トマトの葉はコレステロールの吸収量を減らすのである．（グリーン・トマトもトマチンを含むので同じ効果がある．）トマトソースの風味づけにトマトの葉を使うのはなんら問題がないことになる．

新鮮なトマトをなめらかなピューレにするのは簡単だが，缶詰のトマトは難しい．というのは，缶詰製造の段階では，カルシウム塩を使って細胞壁を硬くし，そのままの形を保つことが多いからである．よって缶詰トマトを料理しても崩れにくい．缶詰トマトを使った料理でキメ細かく仕上げたいときは，缶詰の原材料表示を確かめて，カルシウムが使われていないものを購入すること．

**保存**　トマトはもともと温かい気候に育つ植物なので，室温で保存すべきである．冷蔵保存すると新鮮な風味が損なわれやすい．成熟した緑のトマトは特に13℃以下で冷蔵すると膜が損傷し，室温に戻した後にもほとんど風味がよくならず，所々変色して軟らかくパサついたテクスチャーになる．完熟トマトは冷蔵にもある程度は耐えるが，風味を生み出す酵素が失活して風味が落ちる．酵素活性はある程度回復するので，冷蔵されていたトマトは室温に戻して1～2日置いてから食べるとよい．

「木立ちトマト」は，ナス科の木本性植物の，どことなくトマトに似た果実である．赤色系と黄色系があり，皮が硬くて風味は薄い．

**トマティーヨ**　トマトの類縁，*Physalis ixocarpa*の果実である．この植物はメキシコおよびグァテマラでは，冷涼な高地の気候によく適合し，トマトより古くから栽培されていた．トマティーヨの果実は普通のトマトよりも小さいが構造は似ていて，紙のように薄い外皮に包まれている．厚くて硬い皮と，水溶性分泌物による粘り（学名の*ixocarpa*は"粘りのある植物"の意）があり，このおかげで数週間は保存ができる．トマティーヨは完熟しても緑色のままで，酸味があるがマイルドな青臭い風味と，硬くて水分の少ないテクスチャーをもつ．普通は加熱調理するかピューレにして，風味をつけ深みを出すためにほかの材料も加え，ソースにする．ミルトマテと呼ばれる近縁種の*P. philadelphica*は，紫色の果実が珍重される．

**ピーマンまたはトウガラシ**　トマトと同様に，旧大陸を制した新大陸の果実の一つである．南米で栽培化され，現在ではメキシコ，スペイン，ハンガリー，その他アジアの多くの国の料理に特徴的な食材となっている（国民1人当た

りの消費量が最も多いのはメキシコと韓国である）．これほど重要な位置を占めるようになったのは，防御物質として含まれるカプサイシンによるところが大きい．カプサイシンは口の中の痛みおよび熱の受容体を活性化するが，これが皮肉にも多くの文化で好まれるようになった．トウガラシを英語ではチリ・ペッパーと呼ぶが，トウガラシは黒コショウ（ブラック・ペッパー）とまったく関係がないにもかかわらず，そのスパイシーさが共通するというのでコロンブスはトウガラシをペッパーと呼んだのである．（チリというのはアステカ語）．スパイスとしてのトウガラシについては第8章で述べる．

　トウガラシ（*Capsicum*）属は基本的に中空の液果（ベリー）である．貯蔵細胞からなる比較的薄くてパリッとした壁をもつ（スパイス用は外側の壁がとても薄く乾燥しやすいように選択された品種，ピメントなど野菜用は肉厚に改良された品種）．トウガラシ属には五つの栽培種があって，野菜系はほとんど *C. annuum* である．つけ合わせではなく野菜として食べられるような辛味の少ない品種が数多く作られており，色，形，甘さ，香りも多種多様である．トウガラシ属の果実は成熟するにつれて黄色，茶色，紫色または赤色へと変化するが，これは色素の混ざり具合による（紫色はアントシアニン，茶色はカロテノイドの赤とクロロフィルの緑の組合わせ）．どの品種も緑色のうちに収穫して食用にすることができる．お馴染みの緑のピーマンは独特の強いにおいをもつが，これは細胞内の油滴に含まれるある種の化合物（イソブチルメトキシピラジン）による．時として，まったく同じ化合物がワインのカベルネ・ソーヴィニョンやソーヴィニョン・ブランに生じることもあるが，この場合は緑色野菜のにおいとして通常は好ましくないとされる．緑色のものや黄色系品種には，目の酸化的障害を防ぐカロテノイドのルテインも多く含まれる（p.248）．赤系品種は，成熟するにつれてクロロフィルとともにルテインや青臭さも無くなり，ほかのカロテノイド色素が蓄積していく．その主なものはカプサイシン，カプソルビン，$\beta$カロテン（ビタミンA前駆体）である．完熟した赤いトウガラシにはカロテノイドが非常に多く含まれ，パプリカ粉末は重さの1％以上が色素成分である．またビタミンCも豊富である．生を使っても乾燥粉末を使っても，スープやソースにトロミがつくのは，細胞壁ペクチンが多いためである．

**ナス**　ナス科の主な野菜のなかで唯一，旧大陸を原産とする．古くは，アフリカからインド，または東南アジアへと渡ったものがそこで栽培化されたと思われる．インドや東南アジアでは今でも小型で苦味のある品種が薬味として使われている．中世になるとアラブ商人によってスペインおよび北アフリカに持ち込まれ，15世紀にはイタリアで，18世紀にはフランスでも食べられるようになった．（ナスはフランス語で「オーベルジーヌ」というが，これはサンスクリット語の名前がスペイン語とアラブ語を経たものである．）熱帯原産なので冷蔵庫ではうまく保存できない．低温で内部が損傷すると数日で茶色くなり，風味も損なわれる．

　皮の色は白皮，橙皮，紫皮，大きさは小型，中型，大型，そして苦味が弱いものから非常に強いものまで，ナスには多数の品種がある．一番よく出回っている紫色のナスの色はアントシアニンによるものだが，別の種（*S. aethiopicum*）ではカロテノイド系の橙色もある．ナスの中身はスポンジのようになっていて，細胞間に空洞が多い．調理すると空洞がつぶれ，果肉が詰まってキメ細かくなる．品種，成熟度，調理法によって，クリーミーになるものもあれば（アジア品種の多く），肉のような歯ごたえになるものもある（ヨーロッパ系品種の多く）．キャセロールに入れてオーブンで焼く料理（ギリシャ料理のムサカ，イタリア料理のナスのパルミジャーナ）では，薄切りにしたナスの形がある程度残る．中東料理のナスのディップ（ババ・ガナーシュ）は，グリルで焼いてピューレにしたナスがとろけるようななめらかさをだし，そこに風味づけとしてゴマペースト，

レモン汁，ニンニクを混ぜる．

　ナスはスポンジ状の構造をしているため，料理する上で二つの特長がある．一つは，ナスを調理するとかなりかさが減ること．もう一つは，炒めたり揚げたりすると油をかなり吸って非常にコクがでることである．有名なトルコ料理「イマム・バユルドゥ」はトルコ語で"牧師が気を失った"という意味らしいが，半分に切ったナスに詰めものをして大量のオリーブ油でオーブン焼きにしたものである．このようにナスと油で十分にコクをだした料理は多い．油をあまりしみ込ませたくなければ，調理前にスポンジ構造をつぶすとよい．あらかじめ火を通しておくか（電子レンジが便利），または塩を振って細胞から水分を出して空洞を埋める．水の不足した状態で大きくなりすぎたナスは苦いことがある．このような場合は苦味をとるために塩を振るとよいとされるが，細胞液の多くは細胞内に残ったままなので，塩は単にアルカロイドの苦味を感じにくくするだけだろう（p. 619）．

## ■ カボチャやキュウリの仲間（ウリ科）

　ウリ科（Cucurbitaceae）の野菜は，味覚や栄養の面から大きく三つに分けられる．次章で述べる甘くて水分の多いメロン，甘くて栄養のあるデンプン質の「冬カボチャ（ウィンター・スクワッシュ）」，そしてあまり甘くなくて水分の多いキュウリや「夏カボチャ（サマー・スクワッシュ）」である．冬カボチャは完熟の硬い状態で収穫され何ヶ月も貯蔵できるのに対し，夏カボチャは未熟で軟らかいうちに収穫され，保存できるのは数週間である．（「スクワッシュ」はナラガンセット・インディアンの言葉で"生で食べる緑色のもの"という意味.）冬カボチャを調理すると，サツマイモのようなテクスチャーと風味になる．一方，夏カボチャや未熟な

### ウリ科の仲間

#### アジア・アフリカ種

| | |
|---|---|
| キュウリ | *Cucumis sativus* |
| ガーキン（ピクルス用の小型種） | *Cucumis anguria* |
| メロン：カンタループ，ハニーデューなど | *Cucumis melo* |
| スイカ | *Citrullus lanatus* |
| トウガン，ウィンター・メロン | *Benincasa hispida* |
| ヘチマ，トカドヘチマ | *Luffa acutangula* |
| ヒョウタン，ククッツァ，カラバッシュ | *Lagenaria siceraria* |
| ニガウリ，ゴーヤ | *Momordica charantia* |

#### 南北アメリカ種

| | |
|---|---|
| 夏カボチャやエーコン・スクワッシュ，ズッキーニ，パンプキン，キンシウリ | *Cucurbita pepo* |
| 冬カボチャ：バターナット，チーズ，カボチャ | *Cucurbita moschata* |
| 冬カボチャ：ハバード，ターバン，バナナ，カボチャ | *Cucurbita maxima* |
| ミクスタカボチャ（クーシャウ） | *Cucurbita mixta* |
| ハヤトウリ | *Sechium edule* |

アジア系ウリを調理すると，ほのかで独特な香りと半透明でつるりとしたゼラチンのようなテクスチャーとなる．*Cucurbita maxima*（西洋種の冬カボチャ，ハバードなど）の果実は100 kg以上にも達し，植物のなかで最も大きな果実である．ウリ科植物の多くは，ウリ状果と呼ばれる特殊な形の液果を産し，保護外皮と種子がたくさん含まれる貯蔵組織がある．いずれも温暖地域が原産で，普通の冷蔵庫の温度では低温障害が起きる．ウリ科植物は果肉だけでなく，蔓，花，種子なども食用になる．

**冬カボチャ**　紀元前5000年頃，南北アメリカで栽培がはじまった．多くは $\beta$ カロテンなどのカロテノイドやデンプンを豊富に含んでいて栄養価が高く，しかも用途が広い．多くの品種は果肉が硬いので炒めたりぶつ切りにして煮込んだりできるが（繊維質のキンシウリは例外），加熱した後はキメ細かいピューレにもなる．甘味もほどよく，スープやつけ合わせなどの塩辛い料理にも，パイやカスタードなどの甘い料理にも合う．外皮が硬く乾いていて中に空洞があるので，食べられる器としても利用される．さまざまに味つけした液体を入れてオーブンで焼けば，器ごと全部食べられる．冬カボチャは何ヶ月も貯蔵することができ，一年中手に入るものが多いが，やはり一番おいしいのは晩秋に収穫したすぐ後である．15℃前後の比較的乾燥した場所（湿度50～70%）で保存するのがよい．

**夏カボチャ**　品種改良によって，見た目も楽しいさまざまな形の品種が生まれている．平べったくて縁が波打った形のスカロップまたはパティパン・スクワッシュ，へた先が細くなったストレート・ネックやクルックネック，細長いベジタブル・マローやズッキーニ，エーコン・スクワッシュ，さらに独特な中東系やアジア系などもある．皮が緑色のものもあれば，カロテノイド色素による鮮黄色のもの，斑入りのものもある．いずれも中は淡色で，スポンジのような繊細な果肉は加熱するとすぐ軟らかくなる．若採りすると甘味が強く，7～10℃で数週間はもつ．

**キュウリ**　紀元前1500年頃にインドで栽培がはじまった．その1000年ほど後に地中海地方へ渡り，現在世界中で消費されるウリ科植物のなかでもスイカに次いで二番目に重要なものとなっている．スイカと同様に，キュウリはシャキッとみずみずしく，マイルドでさわやかである．生またはピクルスにして食べることが多いが，搾った果汁に軽く味つけし，サラダドレッシングや煮魚などの料理に使うこともある．キュウリを切ったりかじったりするとメロンにも似た独特なにおいがするが，これは酵素の働きによって膜の長鎖脂肪酸が分解されてできる炭素9個からなる鎖状化合物による．メロンのにおいはアルコール，キュウリのにおいはアルデヒドである．キュウリは大きくなるほど酸度が低く糖含量が高くなる（1～2%）．

**キュウリの種類**　キュウリの品種は大きく五つに分かれる．中東およびアジア系品種は比較的小さくて細い．アメリカのピクルス用品種は"サラダ用"キュウリに比べて小型もしくは成長が遅く，皮が薄くて漬かりやすい．アメリカの普通のサラダ用キュウリは，野外栽培および長距離輸送に耐えるよう品種改良が行われてきた．太くて短め，皮は比較的硬く，果肉の水分は少なめ，種子が大きく，キュウリのにおいが強く，成り口近くと皮のすぐ下にやや苦味がある．この苦味成分はククルビタシンと呼ばれ，害虫を寄せつけないようにする防御化合物である．ヨーロッパ系品種は主に温室などで栽培され，細長い形，皮は薄くて軟らかく，水分が多く，受粉昆虫がいない環境で育つために種子は未形成，キュウリのにおいは弱く，苦味がない（品種改良されてククルビタシンを含まない）．アメリカのキュウリは乾燥を防ぐために表面にワックスが塗られていることが多く，ほぼ必ず皮をむいて食べる．ヨーロッパ系品種は皮も食べるのでワックスは塗らず，ビニール包装されている．

いわゆる「アルメニア・キュウリ」は，実際にはアフリカのメロンが長くなったものである．本当のガーキンは長さ2mほどの丸くイボの多い果実で，これとは別のアフリカ品種である．

**ニガウリ**　キュウリでは欠点とされる苦味成分のククルビタシンがニガウリには含まれ，これがアジアで昔から好まれている理由である．近年の研究によれば，ククルビタシンは癌の増殖を抑えるということなので，ククルビタシンを含むニガウリの味に慣れるのは理に適ってもいる．ニガウリは淡緑色で表面には不規則ないぼ状突起がある．一般には未熟なものを食用とし，水にさらして水溶性のククルビタシンをある程度抜いてから食べることもある．詰めものをしたりほかの材料と合わせたりすることで，苦味が和らぐ．成熟すると種子のまわりが赤く粘りのある甘い成分で覆われ，これを食用にすることもある．

**ヒョウタン**　カラバッシュとも呼ばれ，多くの場合は成熟させてから乾燥し，容器や装飾品として用いる．イタリアでは未熟果実を「ククッツァ」と呼び，皮をむいて調理し，ややさっぱりした夏カボチャとして食べる．

**ヘチマ，トカドヘチマ**　チャイニーズ・オクラと呼ばれることもあり，表皮にはっきりと筋が入った細長い果実である．未熟な果実は淡白な味と繊細なテクスチャーをもつ．（「たわし」を作るヘチマはトカドヘチマとは別の種．）

**トウガン，ウィンター・メロン**　外皮には保護用のワックスが十分に蓄積しているので，削り取って蝋燭を作ることができる．若い果実にはワックス自体よりもワックスを作る腺が目立つことから中国では毛瓜（マオクワ）と呼ばれる．夏カボチャと同じように調理され，果肉はほぼ半透明になる．トウガンは保存が利き，中国ではお祝いのスープ料理の器にもされる．

**ハヤトウリ**　最も瓜らしくない瓜である．中央アメリカの蔓植物になる果実で，10～20 cmほどの大きめの洋梨のようで，中央に大きな種子が一つだけある．果肉は夏カボチャよりもキメ細かくて調理に時間がかかる以外は，夏カボチャと同じようにほのかな香りとしっとりとしたテクスチャーをもつ．

## ■ マメの仲間（マメ科）：生のマメやエンドウマメ

食用になる果実の多くとは異なり，マメ科植物の果実は動物に好んで食べられるようにはできていない．マメ科植物は英語で"legume"とも呼ばれるが，"legume"は豆果という特殊な果実をさす単語でもある．豆果は薄いさやの中に複数の種子が入ったもので，成熟するとさやは乾燥してもろくなり，触れるとはじけて中の種子が飛び散る．作物としての豆類は，多くが乾燥した状態で収穫される．半永久的に保存できて，栄養が濃縮されているからである（第9章）．サヤインゲンやエンドウマメは未熟なさやもしくは種子で，乾燥する前に収穫される．古くもあり新しくもある食物と言える．乾燥した豆は調理しなければならないので，古い時代には緑のさやや種子を食べていたと思われる．しかし，乾燥豆のほうがずっと便利であったことから，緑のうちに食用にする特別な品種（内側の硬い「殻」がなく，全体的に繊維が少ないもの）が作られるようになったのはほんの数百年前のことである．

マメ科植物の緑の種子は，糖，アミノ酸，その他の栄養成分を植物体全体から集めて蓄えているが，味の無いデンプンやタンパク質に変わる前なので，風味豊かで栄養もある．緑のさやは，種子に供給する栄養を一時的に蓄える場所なので，やはり風味豊かで栄養がある．種子が成長する過程で放出される二酸化炭素を利用して，さや自体も独自に光合成をして糖を作っている．収穫後も緑のさやから種子へと糖が供給され続けるので，甘味は減ってゆく．アオイマメ，ソラマメ，ダイズなど，緑の種子を食用に

するマメ科植物はたくさんあるが（第9章），緑のさやを食べるものは，インゲンマメ，ナガササゲ，エンドウマメなど，ごく少数である．

**サヤインゲン**　中央アフリカ，および南米北部のアンデス地方が原産の蔓性植物からきている．栽培がはじまった頃には，おそらく未熟なさやもある程度は常に食べていたと思われるが，さやを食用にする特別な品種が作られたのは200年ほど前である．今は，クロロフィルを含まない黄色の"ワックス"品種，アントシアニン色素がクロロフィルの色を隠してしまう紫系品種（調理すると緑色になる，p.271）などもある．2枚のさやをくっつけている繊維質の「筋」は調理時に取り除かれるが，19世紀後期にニューヨークの品種改良業者によって筋のない品種が作られた．現在では筋があるのは在来種だけといってよい．サヤインゲンの形は，丸くて細いものと，平たく幅広のものとの，大きく二つに分けられる．扁平な品種のほうが風味は強い．サヤインゲンを調理すると，風味がおもしろいほど複雑になる．多様な硫黄化合物や"青臭い"化合物のほかに，新鮮なキノコのにおい（オクテノール）や花のにおいのテルペン（リナロール）が混じる．

サヤインゲンは非常に傷つきやすく，良質のものは入手しにくい．サヤインゲンの組織は活性が非常に高いので，低温保存しても糖がすぐに消費されて甘くなくなる．また，亜熱帯原産なので冷蔵庫内ではうまく保存できず，細胞が損傷してクロロフィルが抜けてしまう．ピクルス漬けにすると，繊維の少ない軟らかな品種は水分や糖分がしみ出してすぐにしぼんでしまう．流通している品種は，輸送・販売時に型崩れしにくいよう，繊維が多めである．

**ナガササゲ**　長さが1mに達することもあり，英語ではアスパラガス・ビーンとも呼ばれる．小さな種子の入った細いさやで，アフリカ原産で2000年以上前にアジアに持ち込まれた黒目豆の亜種である．アジア文化圏ではすでに多数の優れた豆（緑の種子を食用にする）があったが，温暖気候に適したものはなかった．インドもしくは中国で，黒目豆を改良してナガササゲが作られた．ナガササゲはインゲンマメよりも繊維質が多く含まれるので，加熱するとより乾燥して硬くなる．また低温にも弱い（低温で保存するのが一番だが，その後で室温に置いておくとすぐに悪くなる）．

**エンドウマメ**　地中海地方原産の蔓性植物からきたもので，未熟なものをさやごと，またはさやをはずして緑の種子を食べる（軟らかい茎や葉もアジアでは野菜としてよく食べられる）．エンドウマメの野菜品種が作られたのは17世紀，はじめはオランダそしてイギリスで，長い

## 豆野菜と起源

| | | |
|---|---|---|
| サヤインゲン | *Phaseolus vulgaris* | 中央アメリカ |
| アオイマメ | *Phaseolus lunatus* | 南アメリカ |
| グリーンピース，スナップエンドウ，サヤエンドウ，トウミョウ（豆苗） | *Pisum sativum* | 西アジア |
| ソラマメ | *Vicia faba* | 西アジア |
| ナガササゲ | *Vigna unguiculata* | アフリカ |
| ダイズ | *Glycine max* | 東アジア |
| シカクマメ | *Tetragonolobus purpureus* | アフリカ |

間贅沢な食べものとして扱われていた．さやを食べるエンドウマメにはいくつかの種類がある．伝統的なイギリスまたはヨーロッパ系品種（丸くてさやが薄い），ごく最近の"スナップエンドウ"品種（丸くてさやが厚くシャキッとした歯ざわり），サヤエンドウ（平たく幅広でさやが薄く種子が小さい）などである．エンドウマメにはピーマンと同じような非常に強力な"青臭い"成分（イソブチルメトキシピラジン）が含まれる．

## ■ 野菜として使われるその他の果実

**アボカド** アボカドの木，*Persea americana* は中米原産のクスノキ科の樹木で，月桂樹，カリフォルニア・ベイ，ササフラスの類縁である．これらの類縁と同じく，葉には芳香があり風味づけに用いられる（p.397）．アボカドの果実は糖分やデンプンをほとんど含まない点で珍しく，脂質含量は30％にも及び，霜降り肉にも匹敵する（ただしアボカドの脂質はオリーブ油と似ていて一価不飽和脂肪酸が多い）．カロリーを多く消費する大型動物に好まれるよう進化した結果とみられる．avocado という名前はナワトル語で"睾丸"を意味する ahuacatl からきたもので，梨のような形とデコボコした表面からの発想とみられる．

アボカドは地理的に三つのグループに分けられる．メキシコ系は比較的涼しい亜熱帯高地で進化したため，最も低温に耐える．果実は小さく果肉はなめらか，脂質含量が高く比較的低温（4℃前後）でも保存ができる．低地系はグァテマラ西海岸の半熱帯地域で進化したもので，最も低温に弱い．果実は大きめで果肉のキメが粗く，約12℃以下では低温障害を受ける．グァテマラ系は半熱帯高地に生育し，その特性の多くはメキシコ系と低地系の中間である．果肉は三つのなかで一番繊維が少なく，種子の割合も一番小さい．合衆国ではアボカド生産はほとんど南カリフォルニアで行われており，市販の品種は系統が混じったものである．一番多く出回っていて品質も優れているのが，表皮が黒色でぶつぶつしたハス種で，これは主にグァテマラ系である．皮が緑色でつるりとしたフェルテ種，ピンカートン種，リード種なども味が比較的濃厚である．一方，緑色のベーコン種，ズタノ種，そしてフロリダのブース種とルラ種は低地系の系統が強く，果肉が軟らかくなりにくくて脂質含量はハス種の半分以下である．

アボカドは収穫されるまでは熟成がはじまらないので，木に成った状態で貯蔵される．どの品種も，収穫してから1週間ほどで底の方から成り口に向かって熟成する．熟成温度は15～24℃が最適である．バナナと一緒に紙袋に入れておくと，バナナから出るエチレンガスのおかげで熟成が速く進む．アボカドは温暖性の植物なので，未熟なうちに冷蔵すると細胞が損傷し，その後はどうやっても熟成しない．ただし，完熟のアボカドは冷蔵すると数日間は品質が保たれる．アボカドのにおいの主体は，木のにおいのカリオフィレンを含むスパイス臭のテルペン類と，炭素10個および7個からなる珍しい脂肪酸分解物である．

脂肪分の多い品種は特に加熱しなくてもなめらかなピューレになりやすいが，脂肪分の少ない品種はある程度の歯ごたえが残り，薄切りにしてサラダに入れても形が崩れない．アボカドの果肉は切ったりつぶしたりするとすぐに変色する（p.261）．これを防ぐには酸性の材料（ライム果汁がよく使われる）を加えるか，ラップできっちり包んで酸素に触れないようにするとよい（ポリエチレンやポリ塩化ビニルよりもポリ塩化ビニリデン，つまりサラン樹脂の方がずっと効果的である）．つぶしたアボカドの場合は表面にラップを押しつけるようにして包む．アボカドを加熱調理することはあまりないが，加熱すると苦味成分が出て変に卵臭くなる．スープ，ソース，シチューの仕上げにアボカドをトロミづけとして加えることもある．

**オクラ** ハイビスカス科の一年生植物，*Hibiscus (Abelmoschus) esculentus* の果実で，ローゼル（p.315）やワタの仲間でもある．東南アジアまたは東アフリカを起源とし，奴隷貿易とともに

合衆国南部に伝わった．食用とされるのは未熟なさやで，断面は星型の独特な五角形をしており，ご存知のように糸を引く粘液をもつ．粘液は，長くもつれた炭水化物分子とタンパク質が複雑に混じりあったもので，植物体および種子に水分が保持されやすくする働きがある．（サボテンやスベリヒユも同じくぬめりがある．バジル，フェヌグリーク，亜麻の種子は水に浸けておくと水分保持のための粘液を出すので，飲みものにトロミをつけたりするのに使われる．）オクラの粘液はスープやシチューのトロミづけとして用いられ（ルイジアナ料理のガンボーには，ササフラスの葉の粉末の代わり，または一緒に入れる），水を使わずに料理すれば粘りが少なくなる（揚げもの，オーブン焼き）．アフリカでは，薄切りにして日干しにする．オクラは風味が弱い（ただし近縁種の A. moschatus は種子に芳香があり，じゃ香の香りのするアンブレットという香料が抽出される）．

オクラの果実は細毛や，時に棘で覆われており，内側にある繊維の束は成熟とともに太く硬くなっていく．結実後3〜5日の若い果実が最も軟らかい．オクラは亜熱帯原産なので約7℃より低温で保存すると痛んでしまう．

**オリーブ**　とても丈夫で乾燥に強い樹木，*Olea europaea* になる小さな果実である．東地中海地域が原産で，1000年近くも生きて実をつけ続ける．オリーブは食物として重要なだけでなく，日常的に使われる言葉のもとにもなった．

オリーブは古代ギリシャ語では elaia と呼ばれ，これが英語の oil（そしてイタリア語の olio，フランス語の huile）の語源となった．中心の大きな種子を取り巻く果肉層には30％近くもの油脂が含まれている．前史時代には，実をすりつぶして置いておくだけで油を抽出し，料理や灯火，美容などに使っていた．オリーブは非常に腐りにくいという点が，食用果実のなかでも特に珍しい．苦味のあるフェノール化合物が多く含まれ，微生物や哺乳動物に対してある程度の防御作用をもつ．（鳥が野生のオリーブを丸のまま食べて，種子は遠くに運ばれる．その種子を哺乳動物がかじって傷つけないようにする．）苦味を抑えるため，昔からさまざまな方法が用いられてきた（p. 285）．熟したオリーブの実の濃い紫は，外皮層に蓄積するアントシアニン色素による．

現在，世界中で生産されている大粒オリーブの約90％はオリーブ油圧搾用である．

**オリーブ油の製造法**　結実後6〜8ヶ月目の成熟果実が使用される．緑色から紫色に変わりはじめるこの頃，油脂含量は最大に近づく．完熟のものはオリーブ油に好まれる青臭さがあまりない．オリーブの実を洗浄し，種子ごとすべて粗くつぶし（葉が混じっていることもある），さらに粉砕してペースト状にすると，細胞は壊れて中から油がにじみでてくる．このペーストを20〜40分間攪拌し続けると，水っぽい果肉から油滴が分離し互いに融合する（この練り工程は「マラキセーション」と呼ばれる）．次に

---

### オリーブ油

オリーブ油は食用油のなかでは珍しく，乾燥穀物やナッツではなく，生の果実から搾られるもので，果実の風味が強い．収穫後すぐに未精製のまま，できるだけ新鮮な状態で売られるのが最高級のオリーブ油である．いわゆる調理用の加熱媒体としてではなく，そのままの繊細なおいしさを生かすよう，風味づけに使われる．イタリア，フランス，その他の地中海地方の国々がオリーブ油の生産・消費の中心である．

ペーストを圧搾して油と水分を搾り出す．圧搾を繰り返したり加熱したりすればそれだけ多くの油が採れるが，品質は落ちる．「低温一番搾り」は最も風味が繊細でかつ安定であり，"エクストラ・バージン"油となりやすい（後述参照）．最後に遠心分離などにより油と水を分離し，ろ過する．

**オリーブ油の色と風味**　オリーブ油の緑がかった黄金色は，クロロフィルとカロテノイド色素（$\beta$カロテン，ルテイン）によるものである．やや刺激臭がするのは，さまざまなフェノール化合物やある種の脂肪分解物（ヘキサノール），数十種類の揮発性芳香成分による．これには花のにおいや柑橘臭のテルペン，果実臭のエステル，そしてナッツ，土，アーモンド，干草などの臭気成分が含まれる．しかし何と言ってもオリーブ油の最大の特徴は，脂肪酸分解物からくる"青臭い"草のにおいである．葉や緑色野菜（アーティチョーク），ハーブ，リンゴなどにも共通する特徴的なにおいである．これらの芳香成分の多くは，粉砕・練り工程で生じる．細胞が壊れて，葉緑体中の分解しやすい多価不飽和脂肪酸が活性酵素と接触するからである．（葉緑体を多くするために原料に葉を混ぜ込むこともある．）オリーブ油自体は一価不飽和脂肪酸（オレイン酸）が大部分を占め，酸化されにくい．

**オリーブ油の品質**　オリーブ油の品質は総合的な風味と「遊離脂肪酸」含量とで評価される．遊離脂肪酸とは，未分解の脂肪分子に含まれるべきはずの炭素鎖が遊離状態にあるもので，油が劣化して不安定な証拠である．欧州経済共同体（EEC）の規制によれば，"エクストラ・バージン"オリーブ油は遊離脂肪酸が0.8％未満，"バージン"オリーブ油が2％未満となっている．（現時点では合衆国内のオリーブ油に関して品質表示規制はない．）遊離脂肪酸が多く含まれるオリーブ油は通常精製され，分解されていない脂肪分子以外の不純物はすべて除かれ，本来は望ましいはずの風味分子もなくなる．こうした精製油にはバージン油をある程度ブレンドして風味をつけることが多い．

**オリーブ油の保存**　バージンオリーブ油は精製されていないので，利点と欠点の両方がある．もちろん，美しい色と芳醇な風味は優れた特長である．オリーブ油にはフェノール化合物，カロテノイド，トコフェロール類（ビタミンEとその関連化合物）などの抗酸化物質も豊富に含まれていることから，ほかの食用油に比べると空気中の酸素で酸化されにくい．しかし，美しい色合いのもととなるクロロフィルが含まれるがゆえに，特に光で酸化されやすい．クロロフィルは光エネルギーを吸収するようにできているからである．「光酸化」による風味の劣化を防ぐには，遮光性の缶に入れるなどして，冷暗所で保存するのが一番である（低温ではすべての化学反応が遅くなる）．

**トウモロコシ**　野菜として食べるトウモロコシは，ポップコーンやコーンミールを作るための乾燥したデンプン質の穀物（第9章）と同じもので，生のものである．トウモロコシの穂についているひとつひとつの粒は，種子を主体とする果実のミニチュア版である．小さな植物胚と少し大きめの栄養源（タンパク質とデンプン）からなる．食用とされるのは受粉後3週間前後の生のトウモロコシで，果実は未熟で貯蔵組織はまだ甘くジューシーである．トウモロコシの黄色は，ゼアキサンチン（学名のZea maysから命名されたもので，眼保護作用をもつ二つの抗酸化物質のうちの一つ）などのカロテノイド色素による．カロテノイドの少ない白系品種や，アントシアニンを含む赤系，青系，緑系品種もある．

**生トウモロコシの炭水化物と特性**　生トウモロコシに含まれる炭水化物には3種類ある．それぞれ品質に及ぼす影響が異なり，品種ごとにこれらの含有比が違う．トウモロコシの植物体が生産する糖は種子に運ばれ，細胞がそれらをつないで大きな貯蔵分子にするまで一時的に糖の

ままで蓄えられるので甘味がでる．巨大な鎖状の糖が塊となってデンプン粒子になるが，これは味が無くて生のままだと粉っぽいテクスチャーである．中くらいの大きさの味のない糖集合体は"水溶性"多糖類と呼ばれ，これには短い糖鎖分岐が多くみられる．多分岐構造の水溶性多糖類は，細胞液に溶けて漂うことができる程度に小さく，しかも水分子をたくさん結合して互いの動きをじゃまする程度には大きい．したがってクリーミーでなめらかなトロミがでる．

従来のスイートコーンは，コロンブス以前の南米で栽培されていた時代に生じた遺伝形質を受け継いでいるが，成熟果実中のデンプン量が少なく，糖および可溶性多糖類の量が多くなるように改良されたものである．よって生のトウモロコシ粒は以前のものより甘くクリーミーである．1960年代初期には，合衆国において"スーパースイート"品種が開発された．これは糖含量が非常に高くデンプンをほとんど含まないが，水溶性多糖類も少なめである．したがって粒はクリーミーでなく水っぽい（下の囲み内参照）．スーパースイート品種は輸送・貯蔵の間に糖が減少することはないが，従来品種は3日で糖の半分が甘味のない糖鎖に変わってしまう．ただし，スーパースイートは甘すぎて味が単調だと感じる人もいる．

<u>トウモロコシの調理</u>　普通は粒のままで料理したり食べたりするが，風味はほとんど内側の組織に含まれているので，生のトウモロコシ粒をすりつぶしたりミキサーにかけたり汁を搾ったりして種皮を除いてしまうこともある（成長とともに種皮は厚くなる）．搾り汁にはデンプンがある程度含まれているので，約65℃以上に加熱するとトロミがでる．加熱するとトウモロコシ独特のにおいも強まるが，これは主に硫化ジメチルと硫化水素，そしてその他の揮発性硫黄化合物（メタンチオールやエタンチオール）によるものである．チャウダーにトウモロコシがよく合うのは，ミルクや貝類を加熱したときのにおいにも硫化ジメチルが強く関係していることが一因である．スイートコーンは乾燥させることもあり，そうすると焦げたような軽いキャラメル臭がでる．トウモロコシの芯（穂軸）は硬くて食べられないが，野菜のスープストック作りに使うと風味がでる．オーブンで焼くとナッツ臭が強まる．

<u>ベビーコーン（ヤングコーン）</u>　普通のトウモロコシ品種の，受粉していない未熟な穂である．穂先から絹糸が出はじめてから2〜4日後

---

### 生トウモロコシに含まれる炭水化物と特性

トウモロコシの種類によって，含まれる炭水化物の割合が異なり，生トウモロコシを加熱調理したときの甘味やクリーミーさに違いがでる．下の数字は，受粉後18〜21日に収穫されたトウモロコシの生重量当たりのパーセントを示す．

|  | 糖分<br>（甘さ） | 水溶性多糖類<br>（クリーミーさ） | デンプン<br>（パサつき） |
|---|---|---|---|
| 従来のトウモロコシ | 6 | 3 | 66 |
| スイートコーン | 16 | 23 | 28 |
| スーパースイート・コーン | 40 | 5 | 20 |

出典：A. R. Hallauer 編著, *Specialty Corns* 2nd ed.（特殊トウモロコシ，第2版），2001年より

に収穫されるもので，芯がまだ軟らかくてサクッとして甘い．(収穫後の植物体は動物飼料にされる．) 穂の長さは5～10 cm程度，糖分は2～3％である．ヤングコーンの生産は台湾ではじまり，タイで発展した．近年では中米が生産の中心となっている．

**料理用バナナ（プランテイン）** 成熟してもデンプン質がほとんどそのまま残るバナナ品種で，ほかのデンプン質の野菜と同じように調理する．普通の甘いバナナとともに，p. 369で詳しく述べる．

# 海藻

「海藻」とは，海洋性植物を広く総称する言葉である．海洋性植物のほとんどすべてが「藻類」で，藻類は10億年近くも水中で優位を占めてきた．食用植物も含めたすべての陸上植物は藻類を祖先とする．藻類には2万種以上が存在し，そのうち数百種が食用とされる．アジアの海岸地域，イギリス諸島，そしてアイスランドやハワイなど，その土地に生育する食用植物がほとんどないようなさまざまな地域では，海藻は食物として非常に重要なものであった．日本では海苔巻きをはじめ，サラダや汁物などに使われる．中国では野菜として料理される．アイルランドではすりつぶしてお粥にしたり，デ

## 食用とされる主な海藻

| | 学名 | 用途 |
|---|---|---|
| 緑藻 | | |
| アオサ | *Ulva lactuca* | 生サラダ，スープ |
| クビレヅタ，海ブドウ | *Caulerpa racemosa* | プチプチした食感；生食または砂糖をまぶす（インドネシア） |
| アオノリ | *Enteromorpha*（アオノリ）属 *Monostrema* 属 | 粉末をふりかけにする（日本） |
| 紅藻 | | |
| ノリ，アマノリ | *Porphyra* 属 | オートミール粥（アイルランド）すし用，油で揚げる（日本） |
| テングサ | *Gracilaria*（オゴノリ）属 | 分岐茎；生，塩漬け，漬物，寒天として菓子などの材料にする（日本） |
| アイリッシュ・モス，ヤハズツノマタ | *Chondrus*（ツノマタ）属 | 菓子の増粘剤（カラギーナン） |
| ダルス | *Palmaria palmata* | ジャガイモ，牛乳，スープ，パンなどと一緒に（アイルランド） |
| 褐藻 | | |
| コンブ | *Laminaria*（コンブ）属 | 出し汁用，サラダ，油で揚げる（日本） |
| ワカメ | *Undaria*（ワカメ）属 | 味噌汁，サラダ（日本） |
| ヒジキ | *Hizikia fusiformis* | 野菜として，スープ，「ひじき茶」（日本，中国） |

ザートのトロミづけに使ったりする．海藻の多くは豊かな旨味と新鮮な磯の香りがする（実際に磯の香りには海藻が関係している）．ビタミンA，B，C，E，ヨウ素などのミネラル類を多く含み，乾燥重量の約3分の1がタンパク質である．海藻は最も豊富であり，繁殖も1～2年のサイクルと速く，乾燥保存しやすい．日本では17世紀から養殖が行われているが，すし海苔の養殖は魚介類を含む水産養殖品のなかで最も利益性が高い．

水中に生育することから生じる海藻特有の特性がいくつかあり，これらは調理にも関係してくる．

- 水に漂う浮遊性の海藻は，硬い支持構造が少なく光合成組織が多い．なかには基本的に全部が葉でできていて，細胞1～2層の厚さで非常に軟らかく繊細なものもある（ノリ，アオサなど）．
- 濃度の違う海水に適応するため，浸透圧バランスを保つさまざまな分子が細胞内に蓄えられている．そのなかには独特の風味をもつ成分もある．糖アルコールのマンニトールは甘味がある（マンニトールは消化吸収されにくいのでカロリーが低い，p.640）．グルタミン酸は旨味がある．ある種の複雑な複合硫黄化合物からは，磯の香りのする硫化ジメチルが発生する．
- 水は太陽の光の中でも赤色波長を選択的に吸収するので，クロロフィルを補うために赤色帯以外の波長を捕捉する特別な色素を有するものがある．褐色または赤紫色の藻類も多く，調理すると色が変わる．
- 海洋環境ではさまざまな物理的ストレスがあるので，組織の強度と柔軟性を保つため細胞壁に大量のゼリー状成分を蓄えているものがある．表面がはがれても大丈夫で，干潮で空気にさらされても水分が失われにくい．この特殊な炭水化物は寒天作りに利用され，また増粘剤としてさまざまな食品に用いられている（アルギン酸，カラギーナン）．（増粘剤については第11章でさらに述べる．）

## ■ 緑藻，紅藻，褐藻

食用にされる海藻はほぼすべて，緑藻，紅藻，褐藻のいずれかに分類される．

- 緑藻（アオサ，アオノリ）　陸上植物に最もよく似ている．主要な光合成色素はクロロフィルで，少量のカロテノイドを含み，エネルギーはデンプンとして貯蔵される．
- 紅藻（ノリ，ダルス）　熱帯および亜熱帯海域で最も多く見られる．紅色は特殊な色素-タンパク質複合体による．この複合体は水溶性で熱に弱いので，調理すると紅色から緑色に変化する．紅藻はエネルギーを特殊な形のデンプンとして貯蔵する．また，大量のガラクトースならびにガラクトースのつながった鎖状分子を作り出し，これが寒天やカラギーナンとなる．
- 褐藻（コンブ，ワカメ）　温暖帯海域に多く，クロロフィルのほかにカロテノイド色素，特に褐色のフコキサンチンを含む．エネルギーの一部は甘味のある糖アルコールのマンニトールとして貯蔵され，秋に収穫した昆布には乾燥重量の4分の1ものマンニトールが含まれる．主な粘着性成分はアルギン酸である．

川や池などからは淡水性藻類も採取される．たとえば，*Cladophora*（シオグサ属）に属する藻類種は，東南アジアでは海苔のようにシート状に成型して，海苔と同じように使われる（ラオスのカイペン）．藻類に似ているが実際には藍色細菌（藍藻）に分類される生物も二つ，食卓に登場することがある．栄養補助食品のスピルリナと，モンゴル砂漠の草原や渓流に生える中国では「髪菜」「地毛」と呼ばれる*Nostoc*属の藍藻である．

## 海藻とグルタミン酸ナトリウム（MSG）

　海藻は人間の味覚の解明に飛躍的な進歩をもたらし，賛否両論のある化学調味料のグルタミン酸ナトリウム（MSG）が世に出るきっかけにもなった．1000年以上もの長い間，日本では料理の出し汁をとるのに昆布（褐藻）が用いられてきた．1908年に日本人化学者の池田菊苗が，昆布にはグルタミン酸ナトリウムが豊富に含まれていることを発見した（乾燥昆布の表面に見られる白い粉は，マンニトールの結晶である）．さらに彼は，MSGには一般的な甘味，酸味，塩辛味，苦味とは違う独特のおいしさがあることを見出した．この味覚を「旨味」と名づけ，肉やチーズなどほかの食品にも含まれることを指摘した．その後数十年にわたり西洋の化学者たちは，旨味は味を全体的に増幅させるだけで独立した味覚ではないのではないかとの疑問を呈してきた．ところが2001年になって，カリフォルニア大学サンディエゴ校の生物学者チャールズ・ズーカーらのグループが，人間をはじめとする哺乳類にはMSGに対する味覚受容体が存在することを証明した．

　池田がMSGを発見した数年後には彼の共同研究者によって，やはり出し汁をとるのによく使われる鰹節（p.231）から，別の旨味成分（イノシン酸，IMP）が発見された．そして1960年には国中明によって，シイタケの旨味成分（グアニル酸，GMP）が発見された．彼はまた，これらの旨味成分は互いに相乗効果を示すことも明らかにした．旨味成分を単体で摂るより二つ以上同時に摂ることで強い旨味を感じるのである．味覚の研究分野では，この相乗効果の性質について今も研究が続けられている．

　池田がMSGを発見した1年後には，日本の食品企業「味の素（株）」が純粋なMSGを調味料として販売しはじめた．当初は小麦グルテンタンパク質から抽出していた（グルテンにはグルタミン酸が豊富に含まれており，実際にグルタミン酸の名前はグルテンからきている）．この商品はすぐに人気を博し，はじめは日本や中国で広まり，その後世界中の食品製造業界で使用されるようになった．味の素（株）は今では大きな多国籍企業に成長している．現在では，味の素や他の企業がMSGを大量に作り培地中に放出する細菌を使って，MSGをトン単位で生産している．

　1960年代終わり頃には，MSGを多量に使った中華料理を食べた人々が，突然のほてり，体の痺れ，胸痛などの症状を訴えた「中華料理店症候群」の原因として，MSGが非難されるようになった．多くの研究の結果，MSGは大量に摂取したとしてもほとんどの人に毒性はないとの結論に達している．MSGの歴史のなかで最も不運だったのは，本物の素晴らしい食材の代わりに，安価で画一的な調味料として乱用されたことである．フューシャ・ダンロップがその四川料理に関する著書，*Land of Plenty*（飽食の国）のなかで以下のように書いている．

　　何世紀にもわたり，最高に洗練された料理技術が発達した中国のいたるところで，大量生産の白い粉が「味精（ウェイジン）」と呼ばれているというのは，何とも皮肉なことである．

## ■ 海藻の風味

　風味に関しては緑藻・紅藻・褐藻とも，ミネラルとアミノ酸が濃縮された，基本的に塩辛い旨味をもつという点で共通している．アミノ酸のなかでも特に多く含まれるグルタミン酸は，海藻の植物体内で，エネルギー伝達物質として機能している．硫化ジメチルのにおいも海藻に共通したもので，これは加熱した牛乳，トウモロコシ，そして貝類や磯の香りにも含まれている．また，緑茶のにおいや魚臭さを感じさせる多価不飽和脂肪酸の分解物（主にアルデヒド類）も含まれる．これらの共通した風味の基調に加えて，緑藻・紅藻・褐藻それぞれに独特な特徴もある．乾燥した紅藻は，硫化水素やメタンチオールの硫黄臭が強く，カロテン色素の分解物による花や紅茶のにおいもする．ダルスは乾燥するとベーコンに似た独特のにおいがでる．ハワイのリム・コフ（*Asparagopsis*）など，紅藻のなかには臭素化合物やヨウ素化合物を蓄積するものもあり，強いヨウ素臭がすることがある．褐藻は総じて風味が弱いが，独特のヨウ素臭（ヨウ化オクタン）に加えて，干草のようなにおい（キュベノールというテルペン化合物）もする．ハワイで調味料として使われる*Dictyopteris*（ヤハズグサ属）など，一部の褐藻にはスパイス臭のする化合物が含まれる（生殖シグナルと思われる）．渋味が感じられる褐藻もあり，これはタンニンに似たフェノール化合物によるもので，乾燥品では黒褐色の複合体（フィコフェリン類）を形成する．

　液体中で長時間加熱すると魚臭さが強くなるので，加熱は短めにする．たとえば日本料理で出し汁をとる際には，はじめ乾燥昆布（褐藻）を水に入れて火にかけ，沸騰直前で昆布を引き上げる．こうすることで水溶性の呈味成分であるミネラルとアミノ酸だけがしみ出すのである．ミネラルやアミノ酸は乾燥昆布の表面や内側に存在するので，昆布は洗わずに，厚いものは切り目を入れると旨味がよく出る．

# キノコ，トリュフ，およびその類縁

　キノコやその類縁は本当の植物ではない．動物界とも植物界とも異なる「菌界」に分類され，カビや酵母の仲間である．

## ■ 共生と分解の生物

　植物と違って，菌類はクロロフィルをもたず，太陽の光を捕捉することはできない．したがって植物や植物の残骸など，ほかの生物の作ったものに頼って生きている．その方法はキノコの種類によってさまざまである．イグチやトリュフなどのように，生きた樹木と共生するものもある．共生とは両者が利益を得る関係で，キノコが土壌中のミネラルを吸収して樹木の根に供給し，樹木は自らが作った糖をキノコに分け与える．生きた植物に寄生して病気にしてしまう菌類もいる．トウモロコシに感染する植物病原菌（トウモロコシ黒穂菌，ウイトラコーチェ）は食用にされる．また，世界中でよく知られるキノコの多くは，朽ちた植物の死骸を養分として生きている．ホワイト・マッシュルームとブラウン・マッシュルームは，草食動物とともに進化をとげてきたとみられる（ある程度消化されて栄養豊富な，動物の糞を利用してきた）．現在は，堆肥を使った人工培地で栽培されている．

　腐敗する植物を栄養に生きるキノコは栽培が比較的簡単である．中国では13世紀から，コナラ（オーク）などの丸太を使ってシイタケ栽培が行われてきた．ホワイト・マッシュルームの栽培は17世紀にフランスではじまり，ナポレオン時代にはパリ近郊の採石洞で盛んに行われた．現在では湿度と温度を調節した暗い建物内で，堆肥・わら・土の混合培地を使用し，*Agaricus bisporus*（または*A. brunnescens*）が栽培されている．熱帯性のマッシュルームといえるのがフクロタケで，これは稲わら堆肥で育つ．一方，共生性のキノコは生きた樹木が必要

なため栽培が難しく，大量生産するには森林を維持しなければならない．したがって，イグチ，アンズタケ，トリュフなどは今でも野生のものを採取しており，比較的貴重で高価である．食用キノコは1000種とも推定されるが，このうち栽培に成功しているのは数十種である．

## ■ キノコの構造と品質

キノコと植物では重要な違いがいくつかある．食用にする部分は，キノコという生命体のごく一部にすぎず，その他のほとんどは地下の目に見えないところにある．綿毛のように細い繊維（菌糸）がネットワークを作り，土壌中を枝状に広がって栄養を集めている．1 cm$^3$の土の中に100 m以上の菌糸が含まれていることさえある．地下に広がる繊維が十分な材料とエネルギーを蓄えると，密に織り合わされた菌糸が新たに成長して子実体ができる．水分を吸い上げて土の表面から顔を出し，次世代となる胞子を空気中に振りまく．我々が食べるのはこの子実体である．（アミガサタケは珍しい中空の子実体を作り，頭部は独特の蜂の巣状である．くぼみのひとつひとつに胞子ができる．）

子実体はキノコの繁殖と生存に必須のものであるから，動物から身を守るために毒を含むことも多い．なかには致死性の猛毒もある．野生のキノコを採集するのは，キノコの種類を見分けられる専門家に限られる．ヨーロッパで昔から野生を採取して食べていたものの一つに，シャグマアミガサタケ（*Gyromitra* 属）というキノコがある．死に至ることさえあるヒドラジン中毒の危険性が，必ずではないが確かにあると現在では考えられている．

キノコは水で膨潤しているので，80～90%が水分である．外皮が薄いため水分の出入りが早い．細胞壁を強化しているのは植物性セルロースではなくキチンという炭水化物-アミン複合体で，これは昆虫や甲殻類の外骨格を作り上げているものでもある．キノコはタンパク質およびビタミン$B_{12}$がほかの野菜よりもかなり多く含まれている．民間薬として用いられてきたキノコもたくさんある．シイタケ，マツタケ，そしてコリコリした食感がおもしろいキクラゲなどの珍しい細胞壁炭水化物には，癌の増殖を阻害する物質が含まれているということが，科学的に証明されている．シイタケに含まれる別の成分は，消化管内での変異原性ニトロソアミンの発生を抑える効果があるとみられる．

## ■ キノコ特有の風味

キノコにはまるで肉のような豊かな風味があり，料理の味を引き立てる．グルタミン酸をはじめとする遊離アミノ酸が豊富に含まれていることが大きく関係していて，海藻と同じようにキノコも天然のグルタミン酸ナトリウムの塊といえる．グルタミン酸と相乗作用を示すGMP（グアノシン一リン酸）が最初に見つかったの

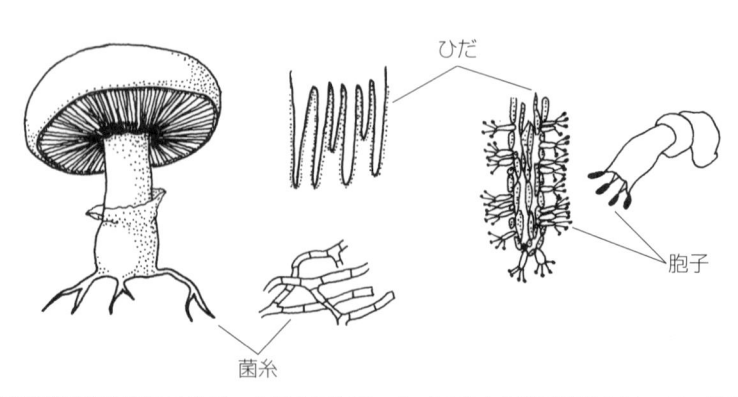

キノコの構造．菌糸は栄養を収集する糸で，土壌中にある．キノコの本体は子実体といって，菌糸が土の上に出たものである．ひだから胞子を散布する．

はシイタケからで，GMPもキノコの風味に関係している．

生キノコに特有のにおいは，主にオクテノール（炭素数8のアルコール）によるものである．組織が傷つくと酵素が多価不飽和脂肪に作用してオクタノールが生じ，カタツムリや昆虫に食い荒らされるのを避ける働きがある．オクタノールはひだの部分で一番多く作られるので，かさの開いていない未熟なキノコはひだの大きな成熟キノコより風味が弱い．ブラウン・マッシュルームや野生のキノコはホワイト・マッシュルームよりも風味が強く，ブラウン・マッシュルームの一種「ポータベロ」は5～6日長く成熟させて直径15 cmほどになったものが特に風味が強い．

ほかのキノコも多様なにおいをもっている．普通のマッシュルームに近いものに，アーモンド・エキス成分を含むものがあり，もっと変わった種類のキノコではシナモン，コショウ，ニンニク，松葉，バタースコッチ・キャンディー，貝などのにおいを持つものもある．シイタケの独特なにおいは，レンチオニンと呼ばれる珍しい化合物によるものである．レンチオニンは炭素と硫黄からなる環状化合物で，組織が損傷すると酵素反応により生成する．一度乾燥させてからぬるま湯で戻すと，レンチオニンが非常に多くなる（生シイタケや干しシイタケを短時間で調理すると，酵素が働く前に失活するのでレンチオニン量は少なくなる）．いくつかの例外（アンズタケ，ヒラタケ，マツタケ）はあるが，キノコを乾燥すると酵素活性が強まるのと，アミノ酸と糖の間で褐変反応が起こるのとで，風味が強まる．よく知られた例として，シイタケとイグチ（またはポルチーニ）がある．これらは肉のようなにおいを生じる硫黄化合物が含まれるので，特に風味がよい．マッシュルームを家庭で乾燥させると，生マッシュルームに含まれているオクテノールは飛んでしまうが，それでも生のものよりもずっと風味がよくなる．

## ■ キノコの保存と取扱い

ほかの野菜に比べると，キノコは収穫した後も非常に活発で，成長を続けるものも多い．室温で4日も置いておくと，細胞壁キチンを作るのに貯蔵エネルギーの約半分が使われてしまう．これと同時に生の風味を生み出す酵素は一部失活し，軸ではタンパク質消化酵素が活性化してタンパク質がアミノ酸に分解され，かさやひだに送られる．よってかさやひだはやや風味が増す．4～6℃で冷蔵すると代謝活性が鈍るが，キノコから出る水分で表面が濡れて腐らないように，吸湿性の素材で軽く包む必要がある．キノコを買って来たらなるべくすぐ使うことである．

料理の本には，キノコを水洗いするとベチャっとして味が薄くなるのでしないように書いてあるものが多い．しかし，キノコは初めからほぼ水分でできているので，さっとすすぐだけで風味が失われることはない．ただし水洗いすると表面の細胞が傷ついて変色するので，すぐに調理する必要がある．

## ■ キノコの調理

キノコの調理法はいろいろある．一般に，キノコは乾熱でゆっくりと調理すると風味が最も強まる．酵素が失活してしまう前にある程度働き，また水分もいくらか飛んでアミノ酸，糖，香りが濃縮されるからである．加熱すると空気のすきまがつぶれて歯ごたえもよくなる．（水分と空気が失われるということは，キノコを調理するとかなりカサが減るということである．）セルロースと同様に，キチンやほかの細胞壁成分の一部は水に溶けないので，長時間調理してもキノコは形が崩れない．アジア料理によく使われるキクラゲなどは，水溶性炭水化物が非常に多く含まれるので，ゼリー状になる．

多くのキノコは，特にひだの部分に褐変酵素が多く，切ったりつぶしたりするとすぐ黒ずんでしまう．この黒っぽい色素は水溶性なので料理のほかの材料にも色がつき，これは料理によ

## キノコの種類と特徴

キノコは広い系統関係によって分類される．食用キノコの多くはひだに胞子が含まれる．

| | | |
|---|---|---|
| ひだ有り | | |
| マッシュルーム<br>　ホワイト，ボタン，ブラウン<br>　クレミニ，ポータベロ<br>　シャンピニオン，フィールド<br>　アーモンド | 栽培種，葉や動物の糞を分解<br><br><br><br>アーモンド臭 | *Agaricus* 属<br>*A. bisporus* var. *alba*<br>*A. bisporus* var. *avellanea*<br>*Agaricus campestris*<br>*Agaricus subrufescens* |
| ヒラタケ，エリンギ | 栽培種，木材を分解 | *Pleurotus* 属 |
| シイタケ | 栽培種，コナラを分解 | *Lentinus edodes* |
| マツタケ | 野生種，アカマツを分解；<br>松やシナモン臭 | *Tricholoma* 属 |
| ナラタケ | 野生種，樹木を分解 | *Armillariella* 属 |
| ムスロン，シバフタケ | 野生種，葉を分解 | *Marasmius* 属 |
| エノキタケ | 栽培種，木材を分解；<br>0℃で生育 | *Flammulina velutipes* |
| ムラサキシメジ | 野生種，葉を分解；<br>紫色，青色 | *Clitocybe nuda* |
| フクロタケ | 稲わらを分解 | *Volvariella volvacea* |
| カラカサタケ | 野生種，栽培種，葉を分解 | *Lepiota* 属 |
| ヒトヨタケ | 野生種，堆肥を分解 | *Coprinus* 属 |
| ナメコ | 栽培種，木材を分解 | *Pholiota* 属 |
| イグチ，ポルチーニ，セップ | 野生種，樹木と共生 | *Boletus* 属 |
| キャンディーキャップ<br>（チチタケの一種） | 野生種，木材を分解 | *Lactarius rubidus* |
| ひだ無し | | |
| マイタケ | 野生種，コナラを分解 | *Grifola frondosa* |
| アイカワタケ | 野生種，樹木を分解 | *Laetiporus sulphureus* |
| カノシタ，ヤマブシタケ | 野生種，樹木と共生 | *Hydnum* 属 |
| ハナビラタケ | 野生種，樹木に寄生 | *Sparassis crispa* |
| アンズタケ | 野生種，樹木と共生；<br>黄金色，白色，赤色 | *Cantharellus* 属 |
| クロラッパタケ | 野生種，樹木と共生 | *Craterellus* 属 |
| キクラゲ | 栽培種，木材を分解；<br>ゼラチン質；プロテアーゼ | *Auricularia* 属 |
| シロキクラゲ | 栽培種，木材を分解；<br>ゼラチン質；デザートとして | *Tremella fuciformis* |
| ホコリタケ，ノウタケ | 野生種，堆肥を分解 | *Calvatia* 属，*Lycoperdon* 属 |
| アミガサタケ | 野生種，樹木を分解 | *Morchella* 属 |
| トリュフ | 野生種，樹木と共生 | *Tuber* 属 |
| ロブスターマッシュルーム<br>（タケリタケの一種） | 野生種，キノコを分解 | *Hypomyces lactifluorum* |

っては望ましいことも望ましくないこともある.

■ トリュフ

トリュフはTuber属に属する菌類の子実体で,市場に出回っているものは複数種ある.大体は密度の高いこぶ状の塊で,くるみ大からこぶし大である.キノコとは違って土の中に隠れたままである.甲虫,リス,ウサギ,シカなどの動物をにおいで誘い,トリュフを食べた動物に胞子が運ばれて,糞とともに排出され遠くまで広まる.いつまでも残るじゃ香のようなにおいは胞子を運ぶ動物を誘き寄せるためにあるわけで,今でもトリュフを採取するには訓練した犬や豚を使ったり,トリュフに集まるハエを目印にしたりする.ある種のハエはトリュフのにおいのする地面近くを飛び回り,そこに卵を産みつける.孵化した幼虫はトリュフの中にもぐりこんで養分を得るのである.

トリュフルはコナラ(オーク),ハシバミ,シナノキなどの樹木と共生しなければ生きられないため,栽培には適当な森林を見つけるか新たに作って植菌する必要があり,ある程度の量が収穫できるまで10年以上もかかる.フランスのペリゴール地方は冬の黒トリュフ(*Tuber melanosporum*),そして北部および中部イタリアの冬トリュフ(*Tuber magnatum Pico*)が昔から有名である.いずれも需要がかなり高く,供給量が限られているので非常に高価である.丸のままやペースト状の調理済みトリュフ,トリュフ風味のオイル,バター,小麦粉など(人工風味のものもあるが)はより手頃な価格である.ヨーロッパ,アジア,北米ではこのほかにも多数のトリュフ種が採れるが,どれも風味は落ちる.種にかかわらず成熟していないトリュフは風味が弱い.

黒トリュフと白トリュフでは風味がかなり違う.黒トリュフの芳香成分はアルコールやアルデヒドが十数種も混じり合ったうえに硫化ジメチルもいくぶん含まれ,比較的強い土臭さがある.(さらに少量のアンドロステロンも含まれる.アンドロステロンはステロイド化合物で,男性の腋臭にも含まれ,また雄ブタの唾液中に分泌されて雌ブタの交尾行動を誘発する.アンドロステロンのにおいがわからない人もいれば,においを感じて食欲を削がれる人もいる.)白トリュフには珍しい硫黄化合物が多数含まれており,より刺激の強いややニンニク臭の混じった芳香がする.一般に,黒トリュフは穏やかに加熱すると香りが強まるとされるが,白トリュフは香りが強いものの飛びやすいので,食べる直前に紙のように薄く削って料理にのせるのがよい.トリュフの断面を見ると,胞子を含む細胞が塊になった間を,細かい網目が走っている構造がわかる.

生のトリュフはとても腐りやすく,保存中に芳香が放散する.密閉容器に入れて冷蔵するとよい.表面が濡れないように吸湿性のもの(米など)を入れると,細菌による腐敗を抑えることができる.

■ ウイトラコーチェ(トウモロコシ黒穂菌)

ウイトラコーチェというのは,トウモロコシ

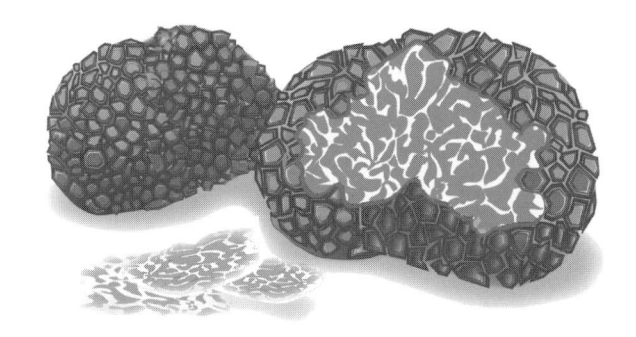

トリュフの構造.キノコと同じくトリュフも菌類の子実体であるが,地下に潜っている点がキノコと違う.網目状の折り目の間にある密な組織塊に胞子が含まれている.

につく寄生菌（*Ustilago maydis*）で，メキシコや中央アメリカではアステカ時代より食べられていた．成長過程にある穂軸の粒をはじめ，植物体のいろいろな部位に感染し，でこぼこしたスポンジ状の塊（瘤）ができる．この瘤は異常に肥大した植物細胞，養分を吸収する菌糸，そして青黒い胞子からなる．成熟しきった瘤は乾燥し，黒い胞子が詰まった袋である．感染後2～3週間目が収穫適期で，一つの穂軸にできた瘤が500gほどにもなり，その内側の4分の3は黒い．完熟前の瘤にはブドウ糖，ソトロン，バニリンなどが含まれ，加熱調理すると甘い旨味と木の香りがする．合衆国では1990年代までトウモロコシ黒穂菌はただの病原菌にすぎなかったが，メキシコ料理への関心が高まるとともに，意図的に栽培する農家も現れている．

これと似た黒穂菌（*U. esculenta*）が中国および日本で食用にされている．アジア原産のイネ科植物，マコモ（*Zizania latifolia*）の若芽に感染すると茎が菌糸で肥大し，これがマコモタケ（中国では交白タケノコ，チャオパイスン）と呼ばれる．野菜として加熱調理して食べるとタケノコに似た味がする．

## ■ マイコプロテイン（クォーン）

20世紀の発明品であるマイコプロテインは，通常は使われることもない糸状菌（*Fusarium venenatum*）の地下菌糸を食用に加工したものである．イギリスのバッキンガムシャー州の畑から単離された菌株を，工場規模の培養器内で液体培養し，回収した菌糸塊は洗浄・迅速加熱される．こうして得られるのがマイコプロテイン（「マイコ」というのは"菌類に関係した"という意味），直径0.003～0.005 mm，長さ0.5 mmほどのタンパク質に富んだ微小繊維（肉の筋肉繊維と似たような大きさ）である．基本的に味は無く，肉代替食品などさまざまな食品に加工される．

# 第7章
# 果実各論

| | | | |
|---|---|---|---|
| 果実ができるまで：熟成 | 339 | 液果，ブドウとキウィを含む | 349 |
| 　熟成前：成長と肥大 | 341 | 　その他の温暖性果実 | 355 |
| 　エチレンと酵素の働き | 341 | 暑い地方の果実：メロン，柑橘類， | |
| 　熟成の仕方は2通り，扱い方も2通り | 342 | トロピカル・フルーツ，その他 | 356 |
| 温暖地域の果実：リンゴやナシ， | | 　メロン | 356 |
| 核果（石果），液果 | 342 | 　乾燥地域の果実：イチジク， | |
| 　仁果（ナシ状果）：リンゴ，ナシ， | | 　　ナツメヤシ，その他 | 358 |
| 　　およびその類縁 | 342 | 　柑橘類：オレンジ，レモン，グレー | |
| 　核果（石果）：アンズ， | | 　　プフルーツ，およびその類縁 | 360 |
| 　　サクランボ，プラム，モモ | 347 | 　トロピカル・フルーツ | 367 |

第6章でみてきたように，野菜の風味はマイルドで偶然的なものか（根，葉，茎），強くて防御的なものか（タマネギやキャベツの仲間）のいずれかである．野菜は一般に加熱調理されるが，それは加熱によって風味がよくなり軟らかく食べやすくなるからである．本章で述べる果実は，動物に食べられ種子が運ばれるようにできている．よって果実は糖や酸を含んでいておいしいし，香りがよく色も鮮やか，軟らかくもなるのである．果実は生のままでもおいしくて美しい．p.372とp.373には，一般的な果実の本質的な風味成分，特に味の基本とも言える甘味と酸味のバランスについてまとめた．

## 果実ができるまで：熟成

果実は食べられない状態から徐々においしくなっていくという点が，食物のなかでも変わっている．未熟な野菜や若い動物の肉などは，特に軟らかでおいしいものである．しかし未熟な果実は一般に最もおいしくない．グリーン・トマト，グリーン・パパイヤ，グリーン・マンゴーなど食べられるものもあるが，これらは小さく切ってサラダに入れたり加熱したりピクルスにしたりと，野菜として扱われる．熟成と呼ばれる過程を経て独特の性質を備えたときに初めて，野菜としてではなく果実として扱われるようになる．

| 果実：収穫後の熟成，および至適貯蔵温度 ||||||
|---|---|---|---|---|
| 果実 | 収穫後に良くなる特性 | 0℃で貯蔵 | 7℃で貯蔵 | 13℃で貯蔵 |
| 仁果 | | | | |
| 　リンゴ | 甘さ，香り，軟らかさ | + | | |
| 　ナシ | 甘さ，香り，軟らかさ | + | | |
| 核果 | | | | |
| 　アンズ | 香り，軟らかさ | + | | |
| 　サクランボ | − | + | | |
| 　モモ | 香り，軟らかさ | + | | |
| 　プラム | 香り，軟らかさ | + | | |
| 柑橘類 | | | | |
| 　オレンジ | − | | + | |
| 　グレープフルーツ | − | | | + |
| 　レモン | − | | | + |
| 　ライム | − | | | + |
| 液果 | | | | |
| 　ブラックベリー | − | + | | |
| 　ブラック・カラント | − | + | | |
| 　ブルーベリー | 香り，軟らかさ | + | | |
| 　クランベリー | − | + | | |
| 　グースベリー | − | + | | |
| 　ブドウ | − | + | | |
| 　ラズベリー | 香り，軟らかさ | + | | |
| 　レッド・カラント | − | + | | |
| 　イチゴ | − | + | | |
| メロン | | | | |
| 　カンタロープ | 香り，軟らかさ | | + | |
| 　ハニーデュー | 香り，軟らかさ | | + | |
| 　スイカ | − | | | + |
| トロピカルフルーツ | | | | |
| 　バナナ | 甘さ，香り，軟らかさ | | | + |
| 　チェリモヤ | 香り，軟らかさ | | | + |
| 　グァバ | 香り，軟らかさ | | | + |
| 　ライチ | − | + | | |
| 　マンゴー | 甘さ，香り，軟らかさ | | | + |
| 　パパイヤ | 香り，軟らかさ | | | + |
| 　パッション・フルーツ | 香り，軟らかさ | | + | |
| 　パイナップル | − | | 完熟 | 未熟 |
| その他 | | | | |
| 　アボカド | 香り，軟らかさ | 完熟 | 未熟 | |
| 　ナツメヤシ | − | | | + |
| 　イチジク | − | + | | |
| 　キウィ | 甘さ，香り，軟らかさ | + | | |
| 　カキ | 香り，軟らかさ | + | | |
| 　ザクロ | − | + | | |
| 　トマト | 香り，軟らかさ | | | + |

## ■ 熟成前：成長と肥大

果実は花から発生する特殊な器官である．特に花の雌性器官（子房）が，成熟していく種子を取り囲む形となる．果実の多くは単に肥厚した子房壁，もしくは近隣組織をも取り込んだものである．たとえばリンゴとナシは，主に花の付着していた茎の先端からなる．果実は一般に，保護用の薄い外皮，中心の種子塊を取り囲む保護用の薄い内皮，そして外皮と内皮の間にあるジューシーで風味の濃い厚い層の3層からなる．

果実の発生段階は四段階に分かれる．第一段階ではふつう，雌の胚珠が雄の花粉によって受精し，成長促進ホルモンが作られ子房壁が肥厚しはじめる．バナナ，ネーブル・オレンジ，一部のブドウなど，都合よく種のない果実では，受精せずに果実が形成するものもある．第二段階では，比較的短期間のうちに子房壁の細胞が増殖する．トマトでは受精とほぼ同時にこの段階が終了している（開花時にはすでに花の基部に小さくとも完全な形の果実が見られる）．

果実の成長が最もよくわかるのが第三段階で，ここでは貯蔵細胞が大きくなる．メロンは一番盛んなときには1日に100 cc近くも体積が増える．この肥大は，水を主体とする液体が液胞内に蓄積することによる．成熟果実の貯蔵細胞は植物界のなかでも最も大きい細胞であり，スイカの貯蔵細胞は直径1 mmにもなる．この段階では糖はそのままの形，またはコンパクトなデンプン粒子として液胞内に蓄えられ，微生物感染や動物の摂食などに備えてさまざまな酵素系を準備している．種子が次世代を形成できる能力を備えた時点で，果実は動物を誘って食べられる用意ができたことになり，この段階で果実は成熟したと言える．

## ■ エチレンと酵素の働き

果実の発生における最終段階が熟成で，果実の死に至る劇的な変化が起こる．この段階ではいくつかの出来事が同時進行する．デンプンと酸の濃度が低くなり，糖の量が多くなる．組織は軟らかくなって，防御化合物は消失する．独特の芳香が生まれる．皮の色が変わる（一般には緑色だったのが黄色や赤色になる）．こうして果実は甘く，軟らかく，香り高く，そして見た目もおいしそうになる．熟成するとまもなく腐敗がはじまることから，熟成は果実の分解過程の初期にあたるものと長く考えられてきた．しかし今では，熟成は力強い生の最終段階であることが明らかとなっている．熟成に伴い，果実はその生の最後に向けて活発に準備を行う．目にも舌にもおいしいご馳走へと自らを変えてゆくのである．

熟成における変化のほとんどは，多くの酵素によって引き起こされる．複雑な分子をより簡単なものに分解し，このときだけのために新しい分子も作り出す．熟成酵素を活性化させる引き金は一つである．1910年頃にその最初の糸

---

### 食物用語：ripe（完熟）と climacteric（クライマクテリック）

ripeは，"収穫（reap）の準備が整った"という意味の古典英語からきている．reapはもとをたどればインド・ヨーロッパ語の"刈る"が語源である．関連語にはriver（川），rope（ロープ），row（列），rigatoni（リガトーニ，太短いパスタ）などがある．climactericの語源は"傾く（to lean）"で，これがギリシャ語で"はしご"という意味のclimax，そして"はしごの横木"という意味が派生し，ゆえに"危ない場所"，そして最終的にclimactericとなった．人生における臨界段階（人でも果実でも）という意味である．

口が見つかった．オレンジの近くに貯蔵してあったバナナだけがほかのバナナよりも早く熟成したという報告が，カリブ諸島からあった．ついでカリフォルニアの柑橘栽培農家たちは，緑色の果実を石油ストーブの近くに置いておくと色が早く変わることに気がついた．石油ストーブと果実に共通した秘密の熟成成分とは何か？

その答えが出たのは20年後である．植物および石油の燃焼の両方によって発生するのは単純な炭化水素ガス，エチレンであった．エチレンは完熟していない成熟果実の熟成を進めるのである．ずっと後になって，果実自体も熟成のかなり前からエチレンを産生することがわかった．したがってエチレンは熟成過程を組織的に進めるホルモンということになる．

## ■ 熟成の仕方は2通り，扱い方も2通り

果実の熟成様式には2種類ある．一つは劇的なもの．エチレンによって熟成がはじまると，果実はさらにエチレンを作り出し，呼吸は2～5倍に活性化する（酸素を消費して二酸化炭素を排出する）．風味，軟らかさ，色ともに急激に変化し，これらの品質もあっという間に落ちてしまうことが多い．これが"クライマクテリック"型果実と呼ばれるもので，成熟した緑色の状態で収穫され，後で自然に熟成する．特に人為的にエチレンを吹きかけてきっかけを与えれば熟成は進む．糖はデンプンの形で貯蔵されていることも多く，収穫後の熟成段階で糖へと酵素分解し甘さがでる．

もう一つの熟成様式は劇的ではない．"非クライマクテリック"型果実と呼ばれ，エチレンにさらされても自己のエチレン生産が増加しないものである．熟成はゆっくりと進み，糖をデンプンとして蓄えない．収穫されるまでは植物体から糖が供給され続けて，糖の量は増えてゆく．収穫した後に甘味が増すことはないが，酵素反応によって細胞壁が軟らかくなり芳香成分が作られることもある．

いずれの熟成様式をとるかによって，販売・流通段階ならびに家庭での果実の扱い方が違ってくる．バナナやアボカド，ナシやトマトのようなクライマクテリック型果実は，成熟してもまだ硬いうちに収穫すれば物理的な損傷が少なく，包装・輸送した後でエチレンを吹きかけて熟成させ，店頭に並べられる．家庭で早く熟成させたいときは，熟した果実と一緒に紙袋に入れておけばよい（ビニール袋だと水分がこもる）．熟した果実が盛んにエチレンを出し，周りの空気にエチレンガスが溜まるからである．パイナップル，柑橘類，ベリー類の多く，そしてメロン類などの非クライマクテリック型果実は，デンプンを蓄えておらず収穫後に風味が増すこともない．したがって，枝についたままでどれだけ熟成したかが，味の良し悪しに関係してくる．できるだけ熟してから収穫・輸送したものがおいしい．家庭で風味をよくすることはできないので，とにかく購入するときによいものを選ぶしかない．

いくつかの例外はあるものの（ナシ，アボカド，キウィ，バナナ），クライマクテリック型果実であっても，枝になったまま熟成させるほうがずっとおいしい．収穫するまでは風味のもとになる材料が植物体から供給され続けるからである．

## 温暖地域の果実：リンゴやナシ，核果（石果），液果

### ■ 仁果（ナシ状果）：リンゴ，ナシ，およびその類縁

リンゴ，ナシ，そしてマルメロはバラ科に属し，近縁関係にある．いずれもユーラシア大陸原産で，前史時代に栽培がはじまった．「仁果」（"果実"を意味するラテン語が語源）という種類の果実である．仁果の果肉部分は，花茎の先端が極端に肥大したものである．果実の底から突き出ているのは花の名残であり，硬い壁に守られた芯の中に小さい種子がいくつかある．リンゴとその類縁はクライマクテリック型果実で，未熟な果実ではデンプンを蓄えており，収

穫後に糖へと変換される．一般には低温保存で長く貯蔵できるが，収穫の遅かったものは芯が茶色くなりがちである．ふつう売られているリンゴは完熟したものなので，買ってきたらすぐに包んで冷蔵すると長持ちする．西洋ナシは熟していない状態で売られているので，やや低めの室温で完熟させた後はきっちりと包まずに冷蔵する．

　仁果の赤味がかった色（ふつうは皮の部分だけだが時に果肉部も着色）は主に水溶性アントシアニン色素によるもので，黄色や乳白色の着色は$\beta$カロテンやルテイン（p. 250，p. 260）など脂溶性カロテノイドによるものである．これらの果実はフェノール性抗酸化物質（p. 250）が豊富である．特にクロロゲン酸（コーヒー豆にも含まれる）などの単純な化合物が，皮を中心に含まれている．リンゴ1個にオレンジ30個分のビタミンCに相当する抗酸化活性が含まれる場合もある．

　リンゴやナシの風味は基本的に，エステル類によるものである（p. 344，囲み内）．品種によっても，また1本の樹でも場所によって風味が違う．1個の果実でもへたのほうと底のほう，皮の近くと芯の近くでは風味が違う．ナシはへたより底のほうがおいしいことが多い．リンゴもナシもソルビトールというわずかに甘くて消化されない糖アルコールを含むので（0.5%），リンゴ果汁を大量に飲むと腹部不快感を生じることがある（ゴボウなどイヌリンを含む野菜を食べた場合と同様，p. 296）．

**リンゴ**　リンゴの木は非常に丈夫であり，地球上で最も広い地域に生育する果樹であろう．リンゴ（*Malus*）属には35種が含まれる．ほとんどの食用リンゴ（*Malux* x *domestica*）はカザフスタンの山岳地帯が原産とみられ，アジア種（*Malus sieversii*）と近縁種との交雑により生まれた．リンゴ栽培はかなり早い時期に中東に広まった．地中海地域ではギリシャ時代に知られるようになり，ローマ帝国の拡大とともにヨーロッパ全域に広まった．現在のリンゴ栽培は国際規模で行われており，北半球のオフシーズンには貯蔵分の不足を南半球の国々が補っている．合衆国内では西洋品種だけでなくアジア品種（日本の「フジ」など）もよく見かける．リンゴの品種は数千を数えるが，これらは大きく四つに分けられる．

- リンゴ酒（シードル）用品種（主にヨーロッパ原産の *Malus sylvestris*）酸を多く含み，渋味のタンニンも豊富である．これらはアルコール発酵を助けるとともに，液を透明にする（タンパク質や細胞壁成分がタンニンにより架橋され沈殿する）．リンゴ酒作り専用である．
- デザート用または生食用品種　ジューシーでシャキッとした食感，酸味と甘味のバランスがよい（pH 3.4，糖分15%）．ただし調理用にはやや味が薄い．スーパーで売られているリンゴは多くがデザート用である．
- 調理用品種　生では酸味が強く（pH 3

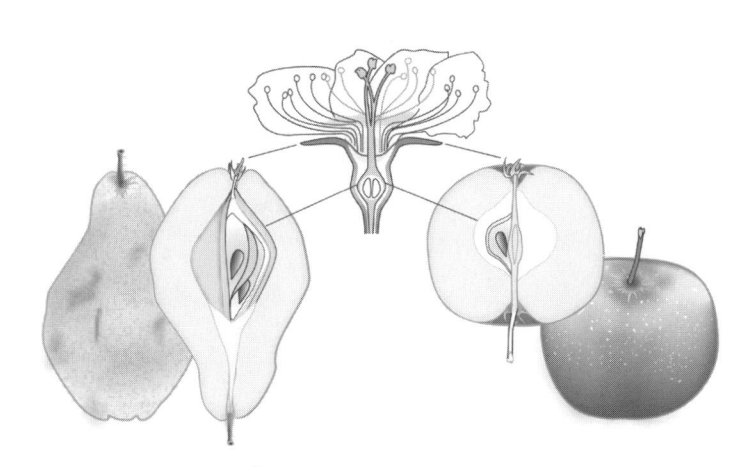

仁果と花．リンゴやナシの可食部は花の基部（花托）が発達したものである．子房は花のほとんどの部分より下側に位置しているので，果実の底部に花の痕跡が残る．

前後，糖分は約 12％），調理すると風味のバランスがよい．果肉が硬めで形が崩れにくいので，ピューレにしたり（イギリスの細長い青リンゴの古い品種などのように）泡立てたりして使うよりは，パイやタルトに向いている．多くの国では，昔からその土地ごとの調理用品種があったが（フランスではカルヴィル・ブラン・ディヴェール，イギリスではブラムリー，ドイツではシュトルーデルというパイ菓子に使うグロッケンアプフェル），現在は兼用品種がこれらに取って代わりつつある．

- **兼用品種** 生食にも調理にも適している（ゴールデン・デリシャス，グラニー・スミスなど）．若採りした酸っぱいものは調理用，熟して甘くなったものは生食用にするとよい．

調理に向いているかどうか確かめるには，リンゴの薄切りを何枚かアルミホイルに包んで高温のオーブンで 15 分間加熱するか，ラップに包んで電子レンジにかけ，蒸気でラップが膨らむまで調理してみるとよい．

**リンゴの風味** 品種によって風味がかなり違ううえ，収穫した後も味は変化する．1 世紀前のイギリス人がいかにリンゴ通だったか，エドワード・ブンヤードが次のように書いている．リンゴの好きな人は，リンゴを涼しい場所に適切に貯蔵してときどき味見し，「揮発性のエテル臭が一番よく出て，酸と糖のバランスが最高の時を待つ」と．リンゴに含まれるリンゴ酸がエネルギーとして消費されるので，時間が経つほど甘くなる．皮には揮発成分を作り出す酵素が多いので，香りはほとんど皮に集中している．リンゴの果肉を調理したときの独特なにおいは，カロテノイド色素が分解して生じる花のにおいの成分（ダマセノン）による．

**リンゴに含まれる空気とテクスチャー** ナシとは違ってリンゴには細胞間にすきまがあるため，体積の 4 分の 1 ほどが空気である（ナシに含まれる空気は 5％未満）．このすきまのせいで，熟しすぎるとボソボソになるのである．細胞壁が軟らかくなって細胞内の水分が減ると，リンゴをかじったときに細胞がバラバラになるだけで，細胞が壊れて中から果汁が出ることもない．リンゴをまるごと焼く場合にも細胞間隙

---

## 果実の芳香成分：エステル

多くの果実は，エステルと呼ばれる独特な芳香成分を含む．エステル分子は酸とアルコールが結合したものである．典型的な植物細胞には多種多様の酸と数種類のアルコールが含まれる．酸は細胞液や液胞中の酸味成分（酢酸，桂皮酸）または油脂成分や細胞膜成分の脂肪酸部分（ヘキサン酸，酪酸）である．アルコールは一般に細胞の代謝副産物である．果実には酸とアルコールを結合させて芳香性のエステルを作り出す酵素が含まれている．一つの果実でも何種類ものエステルが作られるが，そのうちの 1～2 種類が芳香の主成分となる．以下に例を挙げる．

エチルアルコール ＋ 酢酸 ＝ 酢酸エチル→リンゴのにおい
ヘキシルアルコール ＋ 酢酸 ＝ 酢酸ヘキシル→ナシのにおい
エチルアルコール ＋ 酪酸 ＝ 酪酸エチル→パイナップルのにおい
イソアミルアルコール ＋ 酢酸 ＝ 酢酸イソアミル→バナナのにおい

が影響してくる．焼いている間に蒸気が溜まって膨らむので，圧抜きに上部の皮を少しむいておかないと皮が裂けてしまうのである．

リンゴもクラブアップル（カイドウの実）も細胞壁ペクチン（p.258）が多いので，ジャム作りに適している．同じ理由から，リンゴをピューレにしてさっと加熱すれば，トロミがついてアップルソースになる．さらにゆっくりと煮詰めれば「アップル・バター」になる．

### リンゴ果汁とリンゴ酒（シードル）

リンゴ果汁は，ペクチンやタンパク質がそのままの形で残って光を屈折させる場合には乳白色，そうでなければ透明である．搾りたての淡い色合いと新鮮な風味が保たれるのは1時間ほどで，その後は酵素の酸化作用によって色が濃くなり，風味も変わってしまう．搾った後すぐに沸騰させて褐変酵素を失活させれば変色を防げるが，当然ながら加熱によって風味も変化する．低温殺菌したリンゴ果汁が1900年頃にスイスで初めて製造され，現在では合衆国で最も重要な果実加工製品の一つである．北西スペイン，西フランス，イギリスなどでは今もリンゴ酒が重要な製品である．冬の寒い時期にリンゴの果肉をゆっくりと発酵させてアルコール濃度を4％前後にするというのが，昔ながらの製法である．

### ナシ

ナシ（*Pyrus*）属の樹木の果実で，リンゴよりも栽培が難しく需要も少ないが，その繊細な風味・テクスチャー・形から"果実の女王"とも呼ばれる．リンゴよりも酸味が少なく，密度がある．細長い西洋ナシは果肉がなめらかで，西アジアの *Pyrus communis* の品種である．アジア系ナシには中国原産の2種（*P. pyrifolia* と *P. ussuriensis*）があり，日本で集中的に品種改良が行われた．ジューシーだがサクッとした果肉で，セルロースに富んだ「石細胞」を含むため多少のザラつきがあり，リンゴのような形もしくはやや細長いこともある．ナシ独特の芳香はいわゆる"ナシの"エステル（エチルデカジエノエート）など複数のエステルによる．

一般に，ナシはリンゴに比べて呼吸活性が高く，あまり長くは保存できない．温暖性の果実としては珍しく，まだ硬い成熟果実を収穫して後で完熟させる．熟しはじめてから収穫したものは，果肉が軟らかくなりすぎ芯が崩れてしまう．冷蔵保存の後であまり温度を高くすると，芯がパサパサになる．18～20℃でゆっくりと2～3日かけて熟させるのがよい．ナシは二酸化炭素に敏感なので，どんなときもビニール袋には入れない．アジア系ナシはぶつけたりすると特に痛みやすく，クッション材に包んで売られ

---

### リンゴ特有の風味と品種

| 風味 | 品種 |
|---|---|
| 単純でさわやか | グラベンスタイン，グラニー・スミス |
| イチゴ，ラズベリー | ノーザン・スパイ，スピッツェンブルグ |
| ワインのよう | マッキントッシュ（十分熟したもの） |
| 花のように香り高い | コックス・オレンジ・ピピン，リブストン・ピピン |
| 蜂蜜 | ゴールデン・デリシャス（十分熟したもの），フジ，ガラ |
| アニスまたはタラゴン | エリソンズ・オレンジ，フヌイエ |
| パイナップル | ニュータウン・ピピン，アナナス・レネット |
| バナナ | ドッズ |
| ナッツ | ブレナム・オレンジ |
| ナツメッグ | ダーシー・スパイス |

ていることも多い．

**ナシの品種**　すべてのナシは本来，石細胞を含むザラザラした「サンド・ペア」で果肉が硬い．石細胞のザラつきを少なくするために，何世紀にもわたり品種改良が行われてきた（ペリーという，西洋ナシを発酵させたお酒を作る品種は別で，石細胞が多いほうが発酵前に果肉をすりつぶしやすい）．多くの西洋ナシに特徴的な軟らかい「バター」のようなテクスチャーは，18世紀にベルギーおよびフランスで生まれた．収穫時期と従来の貯蔵期間（現在は空調管理が発達したおかげで貯蔵期間が長くなった）によって，西洋ナシは三つに分類される．バートレット（ウィリアム，ボンクレティアンとも呼ばれる）のような夏品種は7〜8月に収穫され，1〜3ヶ月の貯蔵が可能である．ボスクやコミスといった秋品種は9〜10月に収穫され，2〜4ヶ月貯蔵できる．アンジュやウィンター・ネリスのような冬品種は10〜11月に収穫され，6〜7ヶ月貯蔵できる．

**マルメロ**　中央アジア原産の樹木 *Cydonia oblonga* の果実で，リンゴやナシの原種はこんな感じだったのではというような味である．石細胞でザラザラした果肉には渋味があり，完熟でも硬い．独特の花のような香りがあり（ラクトン類やスミレのにおいのイオノン類，いずれもカロテノイドから生じる），特に綿毛に覆われた黄色の皮が強い香りをもつ．加熱調理することでおいしく食べられる．ペクチンの多い細胞壁が熱で軟らかくなり，渋味をもつタンニンが残渣に結合して味もまろやかになる．ナイフで切れるほどに硬いマルメロのペーストは，スペイン（メンブリーリョ）やイタリア（コトニャータ）では伝統的な料理である．ポルトガルではマルメロのプリザーブがマーマレードの原形（marmalada）となった．16世紀の錬金術師であり菓子職人でもあるノストラダムスは，マルメロ・プリザーブの作り方をいくつか紹介しており，「最初に皮をむいてしまう人は何も分からずにやっているのであり，皮が匂いをよくするのである」と書いている．（リンゴでも同じことが言える．）

マルメロにはもう一つ素晴らしい特徴がある．薄切りにしたものに砂糖を加えてゆっくりと数時間加熱すると，淡いクリーム色だったものがピンクから半透明の濃いルビー色へと変化する．これは果実中に蓄えられていた無色のフェノール化合物の一部が加熱されることで，アントシアニン色素（p. 271）に変化するからである．ナシにも同じ化合物が含まれるが少量のため（バートレット種は25分の1，パッカムス種は10分の1から半分），よくてもピンク色がかる程度である．

**西洋カリン**　中央アジア原産のリンゴの類縁（*Mespilus germanica*）の小さな実である．今では珍しくなったが，ヨーロッパではかつて冬の果実として多く栽培されていた．マルメロと同じように，完熟でも硬くて渋味があり，長く貯蔵できるうえ，早霜が降りるまで木につけたままにしておくとさらにおいしくなる．プリザーブにされていたほか，過熟（英語で bletted，"傷んだ"という意味のフランス語からきた19世紀の造語）させたり，収穫してから涼しく乾燥した場所に数週間置いておいたりすることも多かった．こうすると細胞内の酵素が中から消化をして，果実は軟らかく茶色になる．渋味がなくなり，リンゴ酸は使い果たされ，スパイス臭，焼きリンゴのにおい，ワイン臭，そして穏やかな腐敗臭の混じった強い香りになる．D. H. ローレンスはこれを「得も言われぬ別れの香り」と賞した．

**ビワ**　ほかの仁果とは類似点があまりない．中国原産の樹木，*Eriobotrya japonica* の細長くて小さな果実．日本でかなり品種改良が行われ，19世紀には特にシチリア島など多くの亜熱帯地方に広まった．シチリア島では「ネスポレ」と呼ばれる．完熟の時期は一般に早めで，サクランボより先である．風味は弱く繊細で，カロテノイドを含む白〜橙色の果肉層が，いくつかの大きな種子を取り囲んでいる．合衆国内で栽培さ

れている品種は主に観賞用で果実は小さいが，ヨーロッパやアジアの品種は果実が250 gほどにもなる．ビワは生で食べたり，ゼリーやジャムにしたり，"ピクルス"モモと同じようにスパイスを効かせたシロップで煮たりする．ビワはクライマクテリック型でもなければ低温にも弱くないので保存が利く．

## ■ 核果（石果）：アンズ，サクランボ，プラム，モモ

核果（石果）はすべて，バラ科のなかのサクラ（*Prunus*）属に属し，仁果とは類縁関係にある．中心にある単一の大きな種子が石のように硬い「殻」で覆われていることから，石果という名前がついた．北半球全域に15の*Prunus*種があるが，そのうち食用として重要なのは主にアジア地域のものである．デンプンを蓄えないので収穫後に甘味が増すことはないが，果肉は軟らかくなり香りも強まる．低温で長く保存すると内部組織が粉っぽくなったり崩れたりするので，リンゴやナシとは違って生の核果は出回る季節が限られる．仁果の一部にみられるように，核果も消化されない糖アルコールのソルビトール（シュガーフリーのガムやキャンディーによく使用される，p. 640）を蓄積する．フェノール性抗酸化物質も豊富である．仁果の種子は防御用の青酸を作る酵素を含み，これが独特のアーモンド臭をも生み出す（アーモンドは*Prunus amygdalus*の種子）．よって糖やアルコールを使ったプリザーブにするとアーモンドのにおいになるので，ヨーロッパではペストリーや菓子の材料として「ビター・アーモンド」の代用にされることもある（p. 491）．

**アンズ** 西洋で最も一般的なのは*Prunus armeniaca*で，これは中国原産でローマ時代に地中海地方に伝わった．現在では何千もの品種が存在し，橙色のほかに白や赤（リコピンの色）もあり，ほとんどが特定の気候に適応したものである．アンズの花と果実は季節が早く（apricotはラテン語で"早熟"という意味のpraecoxからきた），冬の気候が穏やかで予測しやすい地域に向いている．アジアではほかの種もいくつか栽培されており，日本で梅干にする梅，*P. mume*は実はアンズの仲間である．生のアンズの独特な芳香は，柑橘類，ハーブ，花のにおいなどの多様なテルペン類と，モモのにおいの成分（ラクトン類）とによる．ペクチンが多く含まれるため，完熟するととろりとしたテクスチャーになり，乾燥すると肉のような歯ごたえがでる．

アンズは傷みやすく輸送が難しいため，多くは加工される．特に乾燥用に適していて，熟しすぎたものも甘酸っぱい味がうまく濃縮される．合衆国内で売られている乾燥アンズは西部のいくつかの州，もしくはトルコ産である．トルコ産のアンズ品種はやや色が薄く風味も弱い．カリフォルニア産のブレナムやパターソンといった品種に比べて，カロテノイド色素および酸度は半分である．乾燥させる場合は初夏に1～2週間天日干しして，水分量を15～20%とする．豊富に含まれる$\beta$カロテンその他のカロテノイド，ビタミンC，そして新鮮な風味を残すために，通常は二酸化硫黄処理を行う．処理をしないものは茶色っぽく，単調で加熱した

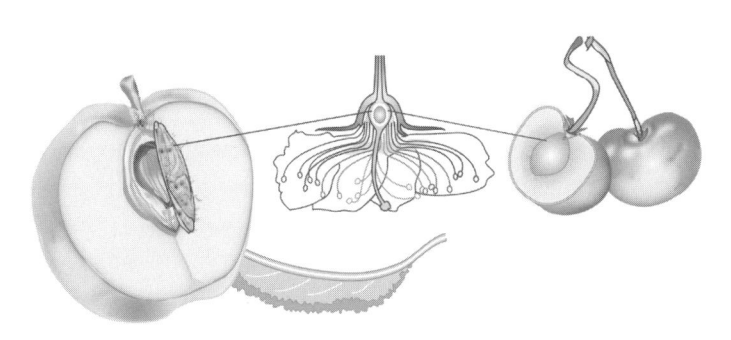

核果と花．モモやサクランボは花の基部の上に位置する子房が発達したものなので，果実には花の名残がついていない．

味がする.

**サクランボ**　基本的に二つの種類があり，西アジアから南東ヨーロッパに自生する二つの異なる種である．スイート・チェリーは *Prunus avium*，サワー・チェリーは *Prunus cerasus* の果実である．*P. avium* はおそらく *P. cerasus* の親種の一つとみられる．スイート・チェリーとサワー・チェリーでは最大糖含量に大きな違いがあり，スイート・チェリーのほうがかなり多く糖を蓄積する．収穫後に風味が増すことはないので，完熟した痛みやすい状態で収穫するしかない．合衆国内で生産されているスイート・チェリーの多くは生で販売されるが，サワー・チェリーのほうが生産量はずっと多く，主に加工用となる．サクランボは風味だけでなく見た目の美しさも大切で，その色は濃い赤色（アントシアニンを多く含むもの）から淡い黄色まである．赤色系品種にはフェノール性抗酸化物質が豊富に含まれる．

　サクランボの風味の主成分は，アーモンド臭のベンズアルデヒド，花のにおいのテルペン（リナロール），そしてクローブ成分（オイゲノール）である．加熱するとアーモンドと花のにおいが強まり，種子を取らないままの果実では特にこの傾向が強い．フランスでは，伝統的なサクランボのクラフティやカスタード・タルトには種子もそのまま入れるので，とてもよい香りがするが，食べるときには注意が必要である．

　お馴染みの"マラスキーノ"チェリーは数世紀前に北東イタリアおよび隣接するバルカン諸国で生まれた．地元で採れるマラスカ種チェリーを，マラスカ種チェリーで作ったお酒に漬けたもので，冬の間の食べものであった．現代の工業生産品は，薄色系品種を二酸化硫黄で脱色して塩漬け保存しておき，これを砂糖シロップに漬け，赤く着色し，アーモンドエキスで香りづけし，低温殺菌したものである．こうしてできあがったものには，もとのサクランボの骨格（細胞壁と皮）だけしか残っていない．

**プラムとその交雑品種**　プラムのほとんどはサクラ（*Prunus*）属の二つの種のいずれかである．一つはユーラシア種の *P. domestica*，これからフランスやイタリアのプルーン・プラム，グリーンゲイジやレンヌ・クロード，イエローエッグやインペラトリスなどのヨーロッパ系品種が生まれた．最もよく知られるプルーン・プラムは青紫色の卵形，果肉は歯ごたえがありいくぶん軟らかめで，やや種離れがよい．二つ目はアジア種の *P. salicina*，中国原産だが日本で改良され，1875年以降には合衆国のルーサー・バーバンクらによってさらに品種改良が進んだ．アジア系の品種（サンタローザ，エレファント・ハート，その他多数）は大型で丸く，黄〜赤〜紫色，種離れが悪く，軟らかいことが多い．一般にヨーロッパ系プラムは乾燥するかプリザーブに加工され，アジア系プラムは生食される．プラムはクライマクテリック型果実なので，完熟する前に収穫して0℃で10日間以内保存し，その後13℃でゆっくりと熟成させる．香りは種類によって違うが，一般にアーモンド臭のベンズアルデヒド，花のにおいのリナロール，スパイス臭の桂皮酸メチルが含まれる．

　プルオット（プラムの性質がより強い）やプラムコット（プラムとアンズの性質が半々）など，プラムとアンズの交雑種は，一般にプラムよりも甘味が強く香りが複雑である．生産量の少ない品種も数多くあり，その例としてイギリスのダムソンとスロー（*P. insititia* と *P. spinosa*）がある．スローは小さくて渋味があり，蒸留酒に漬け込んでスロー・ジンを作る．

**プルーン**　果肉の硬いプルーン・プラムは，天日干し，または80℃前後の乾燥機に18〜24時間入れて乾燥させる．糖と酸が濃縮されるのと（糖濃度は約50％，酸濃度は約5％），褐変反応によってキャラメル臭やロースト臭が加わるのとで風味が濃厚になる．褐変反応によって色も変化し，くすんだ茶色ではなくおいしそうな濃い黒褐色になる．味が濃厚なので，塩味の肉料理に入れるとよく合う．フェノール性抗酸化

物質が高濃度に濃縮されているため（100 g当たり150 mgになることもある），天然の優れた風味安定剤になる．挽き肉にほんの数パーセント（200 gに小さじ1杯程度）混ぜ込むだけで，温め直しのにおいがつかない．水分を保持する繊維やソルビトールも多く含まれるので，ハンバーグやさまざまなオーブン料理に，油脂の代わりとして使われる．（乾燥サクランボも性質が似ていて同じように使われる．）消化管に作用して便通をよくすることはよく知られているが，その作用機構ははっきりとわかっていない．プルーン果実もプルーンジュースも糖アルコールのソルビトールが重さの15%ほども含まれているので，おそらくはこれが関係していると思われる（p. 640）．ソルビトールが消化されずに腸管を通り，そこでさまざまな刺激効果を発揮するのかもしれない．

**モモとネクタリン**　いずれも *Prunus persica* 種の果実である．ネクタリンの皮はつるりとしていて，細毛に覆われたモモに比べると一般に小さめで硬く，芳香も強い．"peach（モモ）"も"persica（学名）"も"persia（ペルシャ）"からきていて，この果実が紀元前300年頃に中国からペルシャを経て地中海にもたらされたことと関係している．

現在のモモおよびネクタリン品種は，果肉の色が白色か黄色か，硬いか軟らかいか，中心の大きな種子にしっかりとついて種離れが悪いか種離れがよいかなど，いくつかの分類基準によって分けられる．白く軟らかで種離れのよい果肉が遺伝的に優性である．黄色系品種が作られたのは主に1850年以降で，種離れの悪い品種は主に乾燥用，缶詰用，そして輸送・販売に耐えるために交配されてきた．果肉の黄色はβカロテンなど複数のカロテノイド色素によるもので，数少ない赤色系品種はアントシアニンを含む（皮にはアントシアニンが含まれることが多い）．モモは成り口のほうから熟しはじめて溝（縫合線）に沿って進み，収穫後も風味がよくなっていく．モモとネクタリンの独特の香りは主にラクトンと呼ばれる化合物によるもので，ラクトンはココナッツ臭にも関係している．品種によってはクローブ臭のオイゲノールも含まれる．

モモは，果肉が粉っぽくなってしまうことがよくある．これは果実を低温（約8℃以下）で一時保存しておく間に，ペクチンの分解が進んでしまうのが原因とみられる．特にスーパーで売られているものに多い．

## ■ 液果，ブドウとキウィを含む

ベリーと言えば植物学的な定義としては液果をさすが，一般には樹木以外の低木や低植物になる小さな果実のことである．よく知られているベリー類は，北方の森林地帯原産のものが多い．

代表的なベリー類．ブルーベリー（左）は真の液果で，子房から発生した単一の果実である．キイチゴとイチゴは真の液果ではなく，一つの花托についた多数の子房が発達した集合果である．ラズベリーやブラックベリー（中央）はつぶ（小果実）のひとつひとつが核果である．イチゴ（右）は「偽果」である．肥大した花托の表面についている小さな「種」が乾いた果実で，キイチゴのつぶに相当する．

**キイチゴ：ブラックベリー，ラズベリー，およびその類縁**　北半球の温暖地域に広く分布する，棘のある長くて細い枝が特徴的なキイチゴ（*Rubus*）属の果実である．ヨーロッパおよびアメリカが原産のブラックベリーは何百種もあるが，ラズベリーはわずか数種のみである．キイチゴが本格的に栽培されだしたのは1500年頃で，ブラックベリーとラズベリーの交雑種が多数作り出された．アメリカ種からはボイセンベリー，ローガンベリー，ヤングベリー，タイベリーなど，ヨーロッパ種からはベッドフォード・ジャイアントが生まれた．キイチゴのなかでもあまり一般的でないものに，スカンジナビアのクラウドベリー（黄橙色）や北極地方のブランブルベリー（濃赤色で芳香が強い）などがある．

キイチゴは集合果である．一つの花に50〜150個の子房があり，それぞれの子房から小果実（石のような種子をもつプラムのミニチュア版）ができる．小果実は花の基部に結合して栄養を受け取り，小果実同士は表面の細毛を絡ませあって塊になっている（ベルクロという面ファスナーのアイディアのもとになった）．完熟したブラックベリーは花の基部の底からはずれ，果実には花の基部も一緒についてくる．ラズベリーは果実が花の基部から離れるので内側に窪みがある．キイチゴ類はクライマクテリック型果実で，ほかの果実と比べても呼吸活性がずば抜けて高い．皮が薄いこともあり非常に傷みが早い．

ラズベリーのもつ独特の風味はラズベリー・ケトンと呼ばれる化合物によるもので，スミレのにおい（イオノンと呼ばれるカロテノイド分解物）もする．野生のベリー類はずば抜けて風味が強い．ブラックベリーは風味がさまざまで，ヨーロッパ種は比較的マイルドで，アメリカ種はスパイス臭（テルペン）が混じって強めである．キイチゴ類の果実の色はほとんどがア

---

## キイチゴの類縁関係

キイチゴはすべて，実成りの多いバラ科キイチゴ（*Rubus*）属に属する．

| | |
|---|---|
| ラズベリー，ヨーロッパ種 | *Rubus idaeus vulgatus* |
| ラズベリー，アメリカ種 | *R. idaeus strigosus* |
| ブラック・ラズベリー（アメリカ種） | *R. occidentalis* |
| | |
| ブラックベリー，ヨーロッパ種 | *R. fruticosus* |
| ブラックベリー，アメリカ種 | *R. ursinus, R. laciniatus, R. vitifolius* など |
| | |
| デューベリー，ヨーロッパ種 | *R. caesius* |
| デューベリー，アメリカ種 | *R. flagellaris, R. trivialis* |
| | |
| ボイセンベリー，ローガンベリー，マリオンベリー，オラリーベリー，ヤングベリー | さまざまなブラックベリーとラズベリーの交雑種 |
| | |
| クラウドベリー | *R. chamaemorus* |
| サーモンベリー | *R. spectabilis* |
| 北極ブランブル | *R. arcticus* |

ントシアニン色素による．pHの影響を受けるので，ブラックベリーを凍らせると濃紫色が赤色に変わる（p.271）．キイチゴにはフェノール性抗酸化物質が豊富に含まれており，そのうちの少なくとも一つ（エラグ酸）は，ジャム作りの過程で増える．キイチゴにはたくさんの種子が含まれるので（100gに数千個），プリザーブにするとシロップを吸った種子が半透明になって，通常は濃い色のジャムが白濁することもある．

### ブルーベリー，クランベリー，およびその類縁

北ヨーロッパや北アメリカに生育する，スノキ（Vaccinium）属の複数種になる果実である．

ブルーベリー　北アメリカの熱帯地方から北極地方まで広く生息するスノキ（Vaccinium）属の低木になる，小さな果実である．V. angustifolium および V. corymbosum は，焼け野原に最初に生える雑草性の先駆植物である．ニュージャージーで「ハイブッシュ系」（V. corymbosum）が選抜・改良されたのが1920年代，それ以前は野生を採取していた．ビルベリー（V. myrtillus）はヨーロッパの近縁種，これと似ているが風味の弱いラビットアイ系ブルーベリー（V. ashei）は合衆国南部が原産である．ハックルベリー（スノキ属のさまざまな種）には硬い種子が2〜3個あるのに対して，ブルーベリーには小さな種子が多数含まれている．

ブルーベリー独特のスパイシーな香りは数種類のテルペン化合物によるものとみられ，フェノール性抗酸化物質およびアントシアニン色素が特に皮に多く含まれている．小さなベリー類は冷凍保存ができ，焼いても形や成分があまり変わらない．アルカリ性の材料とともに加熱調理すると（たとえばベーキングソーダ入りのマフィンなど），緑色に変色してしまう．

クランベリーとその類縁　ニューイングランドから中西部にかけた北部の州で低地の湿地帯に自生する北アメリカの多年生蔓植物，Vaccinium macrocarpon の果実である．19世紀に栽培と品種改良がはじまった．アメリカ料理でお馴染みのゼリー状のクランベリー・ソースは，20世紀初期に生まれた．大量に生産していた農家が，傷物のベリーをピューレの缶詰にしたことがきっかけである．

クランベリーの収穫法には，乾燥した状態でくし状の機械で収穫する方法（ドライ・ハーベスト）と，畑に水をはって水面に浮いたものを集める方法（ウェット・ハーベスト）がある．ドライ・ハーベストのクランベリーは貯蔵期間が数ヶ月と長い．クランベリーが長く貯蔵できる理由は二つある．一つは酸度がレモンやライムに次いで高いことである．クランベリーは酸っぱくて生食できない．もう一つはフェノール化合物を多く含むことである（100g当たり200mg）．なかには抗菌作用を示すものもあり，それゆえ湿地環境でも果実が腐りにくいと思われる．フェノール化合物の多くは，抗酸化作用や抗菌作用など，人間にも有用である．たとえば安息香酸は，保存剤としてよく加工食品に使われている．クランベリー（そしてブルーベリー）に含まれるある種の色素前駆体は，人間の体内のさまざまな組織に細菌が付着するのを阻害するので，尿路感染症の予防になる．

クランベリーのスパイシーな香りは，テルペン類およびスパイス臭をもつフェノール誘導体（桂皮酸，安息香酸，バニリン，アーモンド臭のベンズアルデヒド）が混じりあったものである．フェノール化合物のなかには渋味を感じるものもある．クランベリーはペクチンが多いので，ピューレにして煮るだけですぐにトロミがつきソースになる．クランベリーをアルコール漬けにすると，アルコールがゲル化するのもペクチンが原因である．

コケモモはクランベリーのヨーロッパ系近縁種（V. vitis-idaea）の果実で，独特で複雑な風味がある．ヨーロッパのクランベリー（V. oxycoccus）はアメリカ種よりも風味が強く，より強い草のようなにおいがする．

**カラント（フサスグリ）とグースベリー（スグリ）** いずれもスグリ（*Ribes*）属に属し，北ヨーロッパおよび北アメリカに生育している．実は小さく，1500年頃まで栽培は行われていなかったようである．（合衆国内ではストローブ松に病害をもたらす可能性から連邦政府および州政府により規制されていたため，栽培開始が遅れた．）ホワイト・カラント（*R. sativum*）とレッド・カラント（*R. rubrum*），およびこれらの交雑種がある．ブラック・カラント（*R. nigrum*）は酸が多く，スパイス臭のするさまざまなテルペン類，果実臭のエステル類，じゃ香のような"ネコの"においのする硫黄化合物（ワインのソーヴィニョン・ブランにも含まれている）などによる独特の強い香りをもつ．ブラック・カラントはまた，ビタミンCとフェノール性抗酸化物質が多いことでも知られている．抗酸化物質は重さの1％に達することもあり，その3分の1はアントシアニン色素である．カラントは主にプリザーブにされ，フランスではブラック・カラントからクレーム・ド・カシスというリキュールが作られる．

グースベリー（*R. grossularia*）はカラントより実が大きく，熟す前に収穫してタルトやソース作りに使われることが多い．ジョスタベリーはブラック・カラントとグースベリーの交雑種である．

**ブドウ** ブドウ（*Vitis*）属に属する木質の蔓植物の液果である．ユーラシア原産の *V. vinifera* が，主なワインの原料（p.701）および生食用となる．アジア温暖地域原産のものも10種ほどある．北アメリカ原産のものが25種，このなかにはコンコードやカトーバといった品種で知られる *V. labrusca* も含まれる．ブドウの世界生産量の約3分の2はワイン醸造用で，残りの3分の2が生食用，3分の1がレーズンになる．ブドウの品種は数千にものぼる．ワイン品種のほとんどはヨーロッパ系であるが，生食用やレーズン用の品種は交雑親をさかのぼると西アジア系であることも多い．ワイン用ブドウは房が小さめで，酵母の発酵をコントロールするために十分な酸度をもつ．生食用ブドウは房が大きく酸味が少ない．レーズン用品種は皮が薄く，糖度が高く，粒が密集していないので乾燥しやすい．合衆国内で最も多く出回っている生食・レーズン用ブドウのトンプソン・シードレス種またはサルタナ種は，古代中東の多用途品種キシュミシュ種を改良したものである．

生食用ブドウは多種多様である．種ありや種なし，アントシアニンの濃紫色や淡黄色，糖分は14～25％，酸度は0.4～1.2％の間でさまざまである．芳香も，かなり弱めの青臭さ（トンプソン・シードレス），テルペンによる花や柑橘系のにおい（マスカット），アントラニル酸その他のエステルによるじゃ香のにおい（コンコードなどのアメリカ系品種）などいろいろある．現在の商業用品種の多くは，種なしでサクッと甘酸っぱくて貯蔵期間の長いものに改良されている．トンプソン・シードレスは朝の涼しいうちに収穫し，二酸化硫黄で抗菌処理すれば，0℃で2ヶ月ほど貯蔵できる．

**レーズン** ブドウを天日干ししてレーズンにすると，長期保存できる．合衆国では一般に，ブドウ畑の列の間に敷いた紙の上にブドウを並べて，約3週間かけて乾燥させる．フェノール化合物が褐変酵素によって酸化され（p.261），また糖とアミノ酸が直接反応して褐変するので（p.752），レーズンは茶色になりキャラメル臭がつく．酸化反応も褐変反応も高温で促進されるので，日陰で乾燥させれば色は薄くなる．ゴールデン・レーズンの作り方はまず，抗酸化作用のある二酸化硫黄でブドウを処理し，温度と湿度を制御して機械乾燥させる．風味はよりフルーティーで軽いものとなる．小粒で黒いコリント種ブドウ（種なし）から作られるものはザンテ"カラント"と呼ばれ，皮の割合が多いために普通のレーズンよりも酸味がある．

**ヴェルジュとサーバ** 古くより，ブドウを原料に作られてきたヴェルジュとサーバは，多目的な調味料である．収穫前6～8週間に間引されるブドウをつぶしてろ過したものが「ヴェルジ

ュ」で，酸味に加えてわずかな甘みと青臭さがあり，酢やレモン汁の代わりに使われる．完熟ブドウを煮詰めた，とろりと甘酸っぱく香りのよいシロップが「サーバ」である（ローマでは「サーパ」，イタリアでは「サーバ」または「モスト・コット」，トルコでは「ペクメズ」，アラブでは「ディブス」）．ほかの果実シロップ（ザクロシロップなど）と同じく，砂糖が安価に入手できるようになる前は甘味源として重要だった．甘味だけでなく酸味づけや香りづけにもなる．ブドウシロップを長期間置いていて発酵したのが，バルサミコ酢のはじまりだったと考えられる（p.749）．

**キウィ** キウィは中国原産の蔓植物 *Actinidia deliciosa* の酸っぱい液果で，ニュージーランドで栽培されている．1970年代に国際的な市場化を図る際に，キウィ・フルーツという名がつけられた．果肉が黄〜赤色の *A. chinensis* など，マタタビ（*Actinidia*）属のほかの種もいくつか栽培されるようになっている．キウィ・フルーツは外見も熟成の仕方も変わっている．細毛に覆われた薄い果皮は，熟成しても色が変わらない．半透明の果肉はクロロフィルを含むために緑色で，真ん中の白い芯と1500個ほどの小さな黒い種子は，放射状に伸びる維管束組織によって結合している．（クロロフィルを含まない黄色，赤色，紫色の果肉の品種もある．）したがって，輪切りにしたキウィの断面はとても美しい．収穫したてのキウィにはデンプンが多く含まれている．0℃で数ヶ月間貯蔵する間に，デンプンは徐々に糖へと分解され甘味を増す．室温に戻すとクライマクテリック型の熟成が起こり，10日間で完熟する．果肉が軟らかくなって香りが強まり，弱い青臭みのするアルコールやアルデヒドよりも，フルーツ臭の強いエステル（安息香酸エステル，酪酸エステル）が多くなる．品種によってはビタミンCやカロテノイドが豊富である．

キウィ・フルーツを調理する際には，いくつか気をつける点がある．アクチニジンと呼ばれる強いタンパク質消化酵素を含むので，ほかの食材に作用したり，皮膚の敏感な人では刺激になったりする．加熱すれば酵素は失活するが，果肉の色や透明感も損なわれてしまう．キウィ・フルーツにはシュウ酸カルシウムの結晶も含まれ（p.252），ピューレやジュースにしたり乾燥したりすると口内や喉を刺激する．

**クワの実** クワ属（*Morus*）の樹木になる，非常に小さくてつぶれやすい集合果である．ブラックベリーに似ているが，短い花軸についた花のひとつひとつが小果実になる．カラヤマグワ（*Morus alba*）は中国原産で，その葉は昔から蚕の餌にされてきた．クワの実は白色〜紫色，味は比較的淡白である．乾燥させることも多く，そうすると風味が強くなる．クロミグワ（*Morus nigra*）は西アジア原産で，実は濃紫色，より強い風味をもつ．北アメリカのアカミグワ（*Morus rubra*）は主に酸味が強い．クワの実はプリザーブ，シロップ，シャーベットなどに使われる．

**イチゴ** イチゴ（*Fragaria*）属の小型の多年生植物の果実で，北半球に20種ほどが分布する．栽培しやすいため，亜寒帯のフィンランドから熱帯のエクアドルまで，広い地域で栽培されている．ほかの果実とは異なり，イチゴは実の内側ではなくて表面に"種"がついている．"種"は実際には微小な乾いた果実（痩果）で，そばやひまわりの"種"と同様のものである．果肉部は子房ではなくて花托が肥大したものである．成熟する過程で，実の内側の細胞が肥大して互いにバラバラになる．よってイチゴの果肉には微細な気泡がたくさん詰まっていて，細胞内容物の圧力によって隣り合った細胞同士が押し合い，全体の形を保っている．乾燥や凍結で細胞壁に穴があくなどして水分が逃げて圧力がなくなると，構造が弱まって実は軟らかく崩れる．収穫した後に風味が増すことはないので，完熟してから収穫する．果皮が薄くてつぶれやすいので，収穫後は冷蔵でも数日間しかもたない．

普通のイチゴはパイナップル臭がするが，こ

れはエチルエステルによる．さらに硫黄化合物や複雑なキャラメル臭のする酸素含有環状フラネオール（パイナップルにも含まれる）が加わって，イチゴ独特の香りになっている．小さめのウッドランド・ストロベリー（ヨーロッパクサイチゴ）は，アントラニル酸エステルによるコンコード種ブドウの風味と，クローブのようなスパイス臭（フェノール化合物のオイゲノール）がする．イチゴにはアスコルビン酸，ならびに赤色のアントシアニン色素などフェノール性抗酸化物質が豊富に含まれている．ペクチン成分が少ないので，イチゴのジャムを作る場合には市販のペクチン，またはペクチンの多い果実などを加えることが多い．

**イチゴの栽培化**　現在栽培されているイチゴはほとんどが，二つのアメリカ種がもとになっており，両者とも300年ほど前にアメリカ内ではなくヨーロッパに伝わって品種交雑が行われた．

　ヨーロッパ原産のイチゴは別にあって（*F. vesca* と *F. moschata*），これは栽培種であるにもかかわらず，今は"ワイルド"ストロベリーとか「フレーズ・ド・ボワ（"ウッドランド"ストロベリー）」などと呼ばれている．この種はローマ時代の文献に記載がみられ，その後に栽培されるようになった．15世紀には香りはよいものの，まだ小粒で髄があり，生産性が低かった．かつて北アメリカを訪れたヨーロッパ人が，アメリカ種のイチゴ（*F. virginiana*）は大粒でよく育つことに目をつけ，これをヨーロッパに持ち帰った．奇遇にもフレーズ（イチゴもフランス語でフレーズ）という名のフランス人が，くるみ大の実をつける別の新大陸種（*F. chiloensis*）をチリで発見し，フランスに持ち帰ったのは1712年のことである．1750年頃，ブルターニュのプルガステル近辺のイチゴ畑で，二つのアメリカ種の間の交雑種が偶然生まれた．海峡を挟んだイギリスでは，チリ種の自然変異種が生まれた．これは大粒でピンク色，パイナップルに似た形と香りをもっていた．以上のアメリカ原産のイチゴを祖先として，大粒で赤く風味のよい現代のイチゴ品種が作られたのである．*F.* x *ananassa* という学名がついているが，このうち x は自然種間交雑を表したもので，*ananassa* は独特のパイナップル臭からきている（パイナップルの学名が *Ananas*）．

**エルダーベリーとバーベリー**　あまり馴染みはないが，見なおされるべき果実である．エルダーベリーはニワトコ（*Sambucus*）属の樹木になる香りのよい果実で，北半球全域に分布する．生で食べるには酸味が強すぎるうえ，栄養阻害作用のあるレクチンを含むため（p. 252，熱で失活する），一般には加熱調理するかワインの原料にする．エルダーベリーはアントシアニン色素およびフェノール化合物が多い．同様にバーベリーも，北半球に自生する低木種メギ（*Berberis*）属の果実で，クランベリーを小さくしたような果実は乾燥に向いている．バーベ

---

**食物用語：berry（ベリー），strawberry（ストロベリー）**

　berry の語源は"輝く"という意味のインド・ヨーロッパ語で，おそらくは小さな実がたくさんついて輝くような色合いからきていると思われる．strawberry の straw は"広がる，撒き散らす"が語源となっている．straw は麦わら，すなわち穀物の収穫後に撒き散らされた乾燥茎のことだが，ストロベリーはランナー（ほふく茎）を伸ばして広がってゆくところから名づけられたものと思われる．関連した調理用語に streusel（シュトロイゼル）があり，これは焼き菓子のうえに撒き散らすトッピングのことである．

リーはペルシャ料理によく使われ,「ジュエルド・ライス(宝石を散りばめた米)」という米料理に酸味とルビー色の彩を加える.

## ■ その他の温暖性果実

**カキ** カキノキ(*Diospyros*)属の樹木になる果実で,アジアおよび北アメリカが原産である.実がプラム大のアメリカ原産種(*D. virginiana*)や,ブラック・サポテとして知られるメキシコ種(*D. digyna*)もあるが,世界的に特に重要なのは果実がリンゴ大の日本のカキ(*D. kaki*)で,中国原産の樹木が日本に伝わったものである.日本人にとってのカキは,アメリカ人にとってのリンゴのようなものかもしれない.日本のカキは甘くて酸味が低く,風味がマイルドである.$\beta$カロテンやリコピンなどさまざまなカロテノイド色素が含まれた鮮やかな橙色の果肉に,褐色の種子がいくつか入っている.冬かぼちゃにも似た非常に穏やかな香りは,おそらくカロテノイド分解物によるものと思われる.

日本のカキは渋柿と甘柿とに大別できる.先の細い蜂屋柿など,渋柿品種はタンニン含量が非常に高いため,生で食べられるのは果肉が半透明で液状に近くなった完熟のものだけである.扁平な形をした富有柿や次郎柿などの甘柿は,タンニンをほとんど含まないので,完熟前の硬いものも生で食べられる(甘柿は渋柿ほど軟らかくならない).何世紀も前に中国人は,完熟前の渋柿から渋を抜く方法を見つけ出した.これこそが最初のガス貯蔵例だったかもしれない.その方法とは,カキの実をただ土の中に埋めて数日間おくというものであった.無酸素状態では果実中の代謝が変化し,アルコールからアセトアルデヒドが生成して蓄積する.アセトアルデヒドが細胞内のタンニンと結合するので,舌に渋味として感じなくなるのである.現代では,気密性に優れたラップ(ポリ塩化ビニリデン,サラン樹脂)できっちりと包めば,同じように渋抜きすることができる.

カキは生で食べることが多いが,凍らせれば天然のシャーベットになるし,プディングにもなる.伝統的なアメリカ料理にパーシモン・プディングがあるが,その黒褐色の独特な色合いは,果肉に含まれるブドウ糖と果糖に,小麦粉,卵タンパク質,アルカリ性の重曹が合わされて,長時間加熱することにより褐変反応(p.752)が進むことで生じる(アルカリ性の重曹の代わりに中性のベーキングパウダーを使ったり,調理時間を短縮したりすれば,薄い橙色になる).カキの果肉を泡立てると泡が長持ちする.これは果肉に含まれるタンニンが細胞壁断片同士の結合を助け,気泡を安定化させるからである.日本では,蜂屋柿はほとんど干し柿にされる.皮をむいて乾燥させ,数日おきに揉んで,均一に乾燥させるとともに繊維質をほぐすことで,パン生地のような軟らかさに仕上げる.

**食用ホオズキ** トマティーヨ(p.320)の近縁にあたる丈の低いナス科植物の果実で,南アメリカ原産のシマホオズキ(ケープグースベリー,*Physalis peruviana*),そして南北アメリカ原産のセンナリホオズキ(*P. pubescens*)が食用になる.黄色トマトを小さくしたような皮の厚い果実が,紙のように薄い殻に包まれている.室温で長く保存できる.シマホオズキは一般的なフルーツ臭のエステルのほかに,花のにおいとキャラメル臭をもつ.食用ホオズキはプリザーブやパイの材料になる.

**ルバーブ** ルバーブは野菜であるが,果実として扱われることも多い.丈の高い草本性植物,*Rheum rhabarbarum* の葉茎で酸味がある.ユーラシア温暖地域が原産で,19世紀初めのイギリスで,初春に出回る果実のような農産物として人気となった.ルバーブの根は漢方では古くから下剤として利用されてきた.茎も野菜としてイランやアフガニスタン(ホウレンソウと一緒に煮込む)や,ポーランド(ジャガイモと料理する)などで利用されてきた.18世紀までのイギリスでは,甘いパイ菓子やタルト菓子に使われていた.19世紀になると品種改良が進

み，成熟した根を掘り起こして暗く温かい場所で茎の成長を促す技術が発達し，より甘味の強い軟らかな茎が生産されるようになった．こういった改良に加え，砂糖が安価に入手できるようになったこと，そして供給量が増えたことによって，ルバーブが流行となり，第一次世界大戦が終わってから第二次世界大戦がはじまる前の時期にピークを迎えた．

ルバーブの茎の色は品種ならびに生産方法によりさまざまで，アントシアニン色素の赤色，緑色，またはこれらの中間色である．各種有機酸が含まれるため酸味があり，なかでもシュウ酸は全酸度2～2.5%の約10分の1に当たる．（ホウレンソウやビートのシュウ酸含量の2～3倍．）ルバーブの葉に毒性があるとされるのは，シュウ酸含量が葉の重量の1%ほどとかなり高いことにも関係するが，シュウ酸以外の化学物質も関与していると思われる．今では温室栽培のおかげでルバーブはほぼ一年中出回っているが，晩春に出回る露地物は風味が濃く色も鮮やかで，特に好まれる．赤い茎の色をなるべく残すには，調理時間を短くするとともに調理に使う水分も少なめにし，色素が薄まらないようにする．

## 暑い地方の果実：メロン，柑橘類，トロピカル・フルーツ，その他

### ■ メロン

スイカ以外のメロン類は，*Cucumis melo* の果実である．キュウリ（*Cucumis sativus*）の近縁にあたり，アジアの半乾燥亜熱帯地域が原産である．メロン類の栽培は中央アジアもしくはインドではじまり，1世紀初頭に地中海地方に伝わった．果実が大きいことと成長が早いことから，繁栄，裕福，贅沢さの象徴とされた．品種は数多く，皮や果肉の色（橙色系は優れた $\beta$ カロテン源である），テクスチャー，香り，大きさ，貯蔵特性などがさまざまに異なる．

メロン類は一般に生のままでスライスかピューレにされる．タンパク質消化酵素ククミシンが含まれるので，ゼラチンが固まるのを阻害する．したがってあらかじめ加熱して酵素を失活させるか，ゼラチンの量を多くする必要がある．メロンの表面は土壌中の微生物が付着していることがあるので，切るときに果肉に微生物がついて食中毒の原因となりうる．切る前には洗剤を入れたお湯で表面をよく洗うことが推奨

---

**食物用語：rhubarb（ルバーブ）**

rhubarb は中世ラテン語の造語で，ギリシャ語でのこの植物の名 rha と，"外国の"という意味の barbarum とを組み合わせたものである．rha にはボルガ川という意味もあることから，この植物がボルガ川の西に位置する外国からやってきたことに命名の由来があると思われる．

---

**食物用語：melon（メロン）**

ギリシャでは melon は "リンゴ" を意味していたが，種子を含むその他の果実もさした．いわゆるメロンはギリシャ語で melopepon（リンゴカボチャ）と呼ばれ，これが短くなって melon になった．

されている．

**メロンの種類と品質** 西洋でよく出回っているメロンは以下の二つに大別できる．

- サマー・メロン 香りが強く腐りやすい．皮はでこぼこしていることが多い．カンタローペやマスクメロンなど．
- ウィンター・メロン 香りが弱めで腐敗は遅い．皮はつるりとしているか皺がある．ハニーデュー，カサバ，カナリアメロンなど．

上記の二つの種類は，生理学的に異なる．香りの強いサマー・メロンは一般にクライマクテリック型果実で（カンタローペを除く），完熟すると茎から離れる．前駆体アミノ酸から200種以上のエステル化合物を合成する酵素活性が高く，独特の芳醇な香りを生み出す．ウィンター・メロンは一般に，類縁のキュウリやスクワッシュ（カボチャ）と同じ非クライマクテリック型果実で，エステル合成酵素の活性が低いため風味は弱い．

蔓についた状態で完熟させることが大切である．というのもメロンはデンプンを蓄えないので収穫後に甘味が増すことはないからである．サマー・メロンで成り口に茎が残っているのは完熟前に収穫されたことを示しており，一方すべてのウィンター・メロン（およびカンタローペ）は完熟しても茎の一部が残っている．収穫後にもメロンの芳香は強まるが，蔓についたま

---

### 代表的なメロン品種

**サマー・メロン**：芳香が非常に強く，保存期間は1～2週間
　カンタローペ：皮はつるりとしているか軽い網目模様があり，果肉は橙色，風味が濃い
　　　　　　　（シャレンタイズ，カヴァイヨン）
　マスクメロン：皮には深い網目模様がある
　　　　　　　（ほとんどのアメリカ品種，時に"カンタローペ"として売られる）
　　ガリア，ハ・オーゲン，ロッキー・フォード：果肉は緑色，甘く香りが強い
　　アンブロシア，シエラ・ゴールド：果肉は橙色
　　ペルシャン：大玉，橙色，風味はマイルド
　　シャーリン/アナナス：果肉は半透明で淡色
　パンチャ（シャレンタイズとマスクメロンの交雑品種）：網目模様とうね模様，橙色，非常に香りが強い

**ウィンター・メロン**：香りは弱い，数週間～数ヶ月保存可能
　ハニーデュー：皮はつるりとしていて，果肉は緑色または橙色，甘く，香りは弱い
　カサバ，サンタ・クロース：皮は皺があるかつるりとしていて，果肉は白色，甘みと香りはハニーデューよりも弱い
　カナリア：皮はわずかに皺があり，果肉は白色，カリッとした硬さ，香りが強い

**交雑品種**
　クレンショー（ペルシャンとカサバの交雑）：皮は黄緑色で皺があり，果肉は橙色，ジューシーで芳香性

まで完熟したものほどではない．フルーツ臭のエステルに加え，キュウリ独特のにおいと同じ青臭さの成分，そして硫黄化合物が含まれており，これが風味を深め複雑にしている．

**珍しいメロン**　西洋のメロン以外ではアジア系のメロンが何種類かあって，日本のシロウリなどのカリッとした硬い果肉の漬物用の変種や，「アルメニアン・キュウリ」などの細長く蛇のように湾曲した flexuosus という変種群がある．また合衆国南部などで用いられる dudaim という変種群のメロンは，小型で特にじゃ香臭のする果実を，プリザーブにしたり部屋の芳香剤として使ったりする（ポケット・メロンやザクロ・メロンなどと呼ばれる）．dudaim というのはヘブライ語で"愛の植物"という意味である．ツノメロンはアフリカ原産の Cucumis metuliferus の果実で，ゼリーメロンやキワノとも呼ばれる．黄色い皮にはとげ状の突起があり，なかにはやや少なめの半透明エメラルドグリーンのゼリー質に1個ずつ包まれた種子が詰まっている．ゼリー質は甘いキュウリの風味があり，飲みものや生のソース，シャーベットに使われる．中身を取り除いた後の皮は飾り器になる．

**スイカ**　ほかのメロン類とは遠縁にあたるアフリカの蔓性植物 Citrullus lanatus の果実であり，近縁野生種は苦味が強い．エジプトでは5000年前から食用にされており，紀元前4世紀にはギリシャでも知られていた．現在のスイカの世界生産量は，スイカを除くメロンの総生産量の2倍である．スイカは果実自体も大きければ細胞のひとつひとつも大きい．肉眼でも簡単に細胞が確認できるし，果実は30 kg以上になることもある．ほかのメロンが種子を包む（したがって種子を含まない）子房壁からなるのと異なり，スイカは種子を含む胎座組織からできている．「種なしスイカ」は実際には未発達の小さな種子を含むもので，1930年代に日本で初めて作られた．昔ながらのスイカはカロテノイド色素のリコピンによって濃い赤色をしていて，実はトマトよりも抗酸化物質が多く含まれている．近年は黄色〜橙色の品種も出回るようになった．よいスイカはサクッと張りがあり，しかも軟らかい．ほどよい甘味と，かすかに青臭いような香りがする．大きさのわりにずっしりと重いもの，完熟してクロロフィルが失われたことを示す皮の黄色味があるもの，叩くと中身の詰まったような響きがするものを選ぶとよい．

生で食べるほか，漬物にしたり砂糖漬けにしたり（あらかじめ乾燥させることも多い），煮詰めてシロップや濃いピューレにしたりする．皮は酸味や甘味を加えたプリザーブにもされる．シトロンまたはプリザーブ用メロンとして知られる C. lanatus citroides もスイカの一種で，果肉は食べられないが皮をプリザーブにする．地域によってはメロンやスイカの種子を炒ったり，挽いて飲みものにしたりする．

## ■ 乾燥地域の果実：イチジク，ナツメヤシ，その他

**イチジク**　地中海および中東地方が原産で，クワの木の類縁にあたる Ficus carica の果実である．ナツメヤシと同様に簡単に天日干し乾燥できて長期保存が可能，濃縮された栄養源であることから，何千年もの間人間の重要な食糧であった．イチジクは聖書に最も多く出てくる果実で，エデンの園に生えていたとされる．スペインの探検家によってメキシコを経てアメリカに伝わり，現在は乾燥した亜熱帯地域の多くに生育する．品種が多く，皮が緑色のものもあれば紫色のものもある．中身が鮮やかな赤色のものもある．完熟した生のイチジクは80％が水分で，つぶれやすく腐りやすい．世界中で生産されるイチジクの大半は乾燥される．一般的には木に成った状態で乾燥がはじまり，さらに果樹園の地面の上に並べたり乾燥器を使ったりして乾燥を完了させる．

イチジクは果実というより花に近いという点で，ほかの果実と違っている．主要部分は身の厚い花の基部がつぶれたような形，茎と反対側には穴が開いており，内側の小さな雌花のひと

つひとつがそれぞれ乾燥した小さな果実になり，それはまるで種子のようにサクサクしている．穴から入った小さな蜂によって小花は受粉する．イチジク品種の多くは受粉しなくとも果実を形成し，胚を含まない種子を形成する．だが，受粉と種子発生が風味に影響すると考える専門家は多い．（蜂がイチジク果実の中に微生物を持ち込むため，受粉した果実では腐敗も早い．）スミルナ・イチジクおよびその子孫は（「カリミルナ」はその最初のカリフォルニア系品種）受粉しなければ果実を形成しない．したがって，カプリ種という別の食用ではないイチジクの木を近くに植える必要があり，蜂を介してその花粉が運ばれて受粉する．

イチジク果実の外皮にはタンパク質消化酵素フィシンを含む乳管，そして苦味をだすタンニン細胞がある．イチジクにはフェノール化合物が特に多く含まれ，その一部は抗酸化作用をもつ．さらに果実としてはカルシウムの含有量も多い．完熟イチジクの独特な香りは主に，スパイス臭のフェノール化合物および花のにおいのテルペン（リナロール）による．

### カクタス・ペア（ウチワサボテンの実）

カクタス・ペアという名前は市場化の際に考え出された商品名であり（スペイン語では「トゥナ」と呼ばれる），アメリカ原産のウチワサボテン（*Opuntia ficus-indica*）の果実である．種名は，かつてヨーロッパではウチワサボテンの乾燥果実を"インドのイチジク"と呼んでいたところからきている．旧大陸に持ち込まれたのは16世紀で，南地中海地域や中東地域に雑草のごとく広まっていった．南北アメリカでは茎の平らな部分も果実も食用にされるが，ヨーロッパでは主に果実が食べられる．果実は夏から秋に熟して，皮が厚く緑色から赤色または紫色となる．赤色から時に赤紫色の果肉には硬い種子がたくさん含まれている．主要色素成分はアントシアニンではなく，ビートと同じベタインである（p. 261）．芳香は弱く，メロンと同じアルコール類やアルデヒド類が含まれるので，メロンのようなにおいがする．パイナップルやキウィと同様に，タンパク質消化酵素が含まれているため，加熱してこれを失活させないとゼラチンが固まりにくい．取り出した果肉は，生のままジュースやサラダにして食べるほか，シロップ状やさらに濃いペースト状に煮詰めたりする．ペーストはキャンディーにしたり，小麦粉やナッツを使ってケーキにしたりする．

### ザクロ

地中海および西アジアの乾燥・半乾燥地帯が原産の低木，*Punica granatum* の果実である．イランに生育する品種が最も高級とされる．乾燥して光沢のない皮に包まれた2層の内室には，ルビー色の半透明な小果実が詰まっている（淡色系や黄色系の品種もある）．古代の神話や芸術にも登場する．先史時代のトロイではザクロの形をしたゴブレットが発見されおり，ギリシャ神話ではペルセポネを誘惑して冥界から出られなくしたのがザクロの実だった．ザクロは甘味が強く，酸味もかなりある．鮮やかな色の果汁にはアントシアニン色素や関連したフェノール性抗酸化物質が豊富に含まれているので，渋味を感じることも多い．果実をまるごとつぶして作られる果汁には，小果実自体よりもタンニンが多く含まれる．外皮にはタンニ

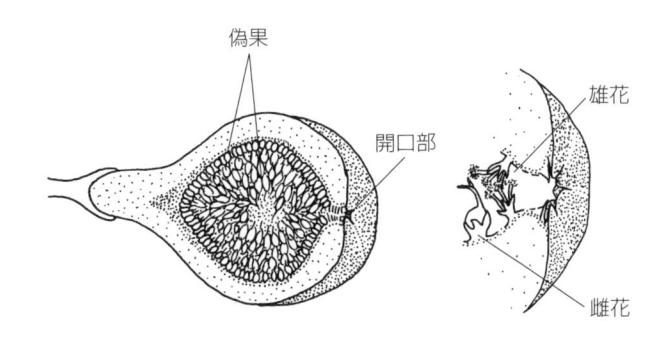

イチジク．肉厚の「果実」は実際には花托が肥大したもので，内側に小さな花がある．イチジクはイチゴの裏表が逆転したようなものである．イチゴは真の微小果実（偽果）が外側にあるのに対し，イチジクは内側にある．

ンが非常に多いので，皮をなめすのにも使われるほどである．小果実のひとつひとつに大きな種子が含まれているため，一般には果汁を搾って使うことが多い．そのまま飲んだり，煮詰めてシロップやモラセス（糖蜜）にしたり，発酵させてワインにしたりする．本物のグレナディン・シロップは，ザクロ果汁に熱い砂糖シロップを混ぜて作る．現在市販されているグレナディン・シロップの多くは合成品である．北インド地方では，乾燥させたザクロの小果実を挽いた粉を，酸味づけに使う．

**ナツメ（ジュジュベ）**　中央アジア原産の樹木 *Ziziphus jujuba* の果実で，チャイニーズ・デーツとしても知られる．デーツやインドナツメ（*Z. mauritiana*）とある程度似ている．ナツメやインドナツメの木は高温と乾燥に耐えることができ，今では世界中の乾燥地帯で栽培されている．ナツメの実は小さくてやや乾燥スポンジ状で，酸味よりも甘味が強い．ビタミンCが豊富で，重さ当たりではオレンジの2倍量が含まれている．生で食べることもあれば，乾燥させたり漬けたり餅などの米料理に使ったり，あるいは発酵させてアルコール飲料にもなる．

**ナツメヤシ（デーツ）**　砂漠に生えるヤシの木 *Phoenix dactylifera* の果実で，甘味があり乾燥させやすい．ある程度の低温にも耐え，水分があれば生きながらえる．本来は中東およびアフリカのオアシスに生育していたが，5000年以上前に人為的な灌水と授粉による栽培がはじまった．現在はアジアやカリフォルニアでも栽培されている．乾燥果実として出回っているのは2，3種類だけだが，実際には大きさ，形，色，風味，熟成過程の異なる何千もの品種が存在する．

栽培上，ナツメヤシの発生過程は四段階に分けられる．緑色の未熟果実，黄色～赤色でカリカリと硬くて渋い完熟前の成熟果実，黄金色～褐色で軟らかく繊細な完熟果実（アラビア語では「ルターブ」），そして褐色で皺があり甘みの強い乾燥果実である．普通は木に成ったままで乾燥させる．生のナツメヤシは水分が50～90％と多くジューシーだが，乾燥すると水分は20％以下となり歯ごたえと濃い風味がでる．乾燥ナツメヤシは糖分が60～80％もあり，その他にテクスチャーに関係するペクチンやほかの細胞壁成分，表面ワックスなどの脂肪成分が数パーセント含まれる．粗挽きにしたものは「デーツ・シュガー」と呼ばれる．

乾燥過程では，フェノール成分に褐変酵素が作用し，濃縮された糖とアミノ酸の間で褐変反応が起きて，色は褐色になり焦げたような風味が生まれる．なかでもデグレット・ノールなどのフェノール成分が多く含まれる品種は，加熱すると渋味が増し赤くなる．フェノール化合物やその他の化合物が含まれるため，ナツメヤシは抗酸化活性および抗変異原活性が特に高い．

## ■ 柑橘類：オレンジ，レモン，グレープフルーツ，およびその類縁

樹木果実のなかで最も重要な位置を占めるのが，柑橘果実である．中国南部，インド北部，南アジアが原産で，世界中の亜熱帯および温暖地域に広まっていった．紀元前500年より前の

---

**食物用語：date（デーツ），pomegranate（ザクロ）**

date はその形が指のように細長いことから，ギリシャ語で"指"を表す daktulos が語源になった．pomegranate は中世フランス語からきており，その語源はラテン語で"リンゴ"をさす語と，"粒状の"とか"種の多い"という意味の語が合わされたものである．

古代貿易ではシトロンが西アジアや中東へと運ばれ，中世の十字軍はサワー・オレンジをヨーロッパに持ち帰った．1500 年頃にはジェノバやポルトガルの貿易商によってスイート・オレンジが持ち込まれ，それはスペインの探検隊によってアメリカに伝わった．現在では，ブラジルと合衆国がオレンジの世界生産量のほとんどを占めている．わずか 1 世紀前にはオレンジは祝日などの特別な食べものであった．今では西欧諸国の多くで，オレンジジュースが朝食の定番となっている．

柑橘果実がこれほど多く消費されているのはなぜか．ほかの果実にはあまりみられない特長がいくつかある．まず何と言っても，皮に独特の強い芳香があること．人間が改良を重ねて甘い果汁の柑橘類が作り出されるずっと前には，その香りが一番の魅力だったと言えよう．改良品種では，新鮮な甘酸っぱい果汁をきれいに搾ることができる．皮にはゲル化に必要なペクチンが多く含まれている．柑橘果実はかなり頑丈でもある．非クライマクテリック型なので収穫後もその品質が比較的長く保たれ，皮が肉厚なため物理的に傷つきにくく腐敗菌も繁殖しにくい．

**柑橘類の構造**　柑橘果実の内袋（じょう嚢）はひとつひとつが子房の室であり，「砂嚢」と呼ばれる細長い袋がたくさん詰まっている．砂嚢内には微小な果汁細胞が多数存在し，細胞内は水と水溶性成分で満たされている．内袋を取り巻いている白いスポンジ状の厚い層は「アルベド」と呼ばれ，ここには一般に苦味成分やペクチンが多く含まれている．アルベドの外側にある着色した薄い層，すなわち皮には小球状の腺がみられ，ここで揮発性の精油成分が合成・貯蔵される．柑橘類の果皮を曲げると油腺が破裂して，芳香成分が霧になって飛び散るのが見えるが，これは可燃性でもある．

**柑橘類の色と風味**　柑橘果実の黄色〜オレンジ色（orange というのは果実を意味するサンスクリット語が語源である）は，カロテノイド化合物の複雑な組合わせによるもので，そのうちのごく一部がビタミン A 活性を有する．果皮ははじめ緑色で，熱帯では成熟しても緑色のままであることも多い．熱帯以外の地域では，低温でクロロフィルの分解が進み，カロテノイド色素が目に見えるようになる．市場に出回っているものの多くは，緑色のうちに収穫されてエチレン処理で色鮮やかにし，水分損失を抑えるために可食ワックスを塗ってある．ピンク色や赤色のグレープフルーツはリコピンによるもので，赤くて甘いオレンジはリコピンと β カロテン，そしてクリプトキサンチンによる．ブラッド・オレンジの赤紫色はアントシアニン色素による．

柑橘果実の味はクエン酸（英語の citric acid は柑橘類 citrus に多く含まれることから命名された），糖類，ある種の苦味フェノール化合物（一般にはアルベドと果皮に濃縮されている）

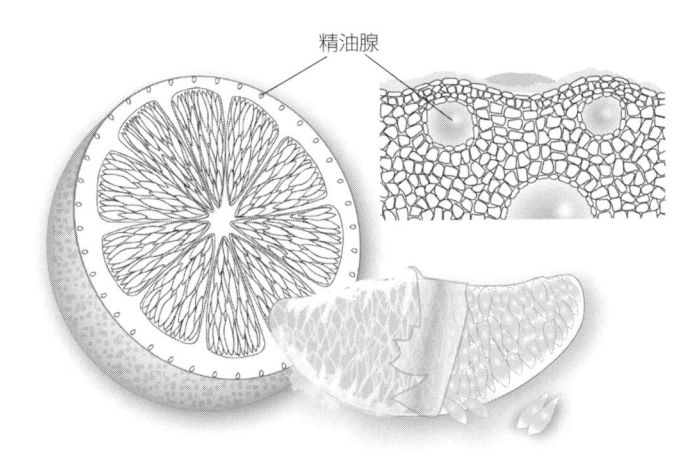

精油腺

柑橘類の構造．保護用の外皮には精油腺があり，苦くて白い髄（アルベド）に埋め込まれている．それぞれの内袋（心皮）は丈夫な膜に包まれ，壊れやすい果汁の袋（砂嚢）がたくさん詰まっている．

## 柑橘果実のにおい

リモネンからリナロールまでの五つの化学物質はテルペン化合物で、柑橘果実およびある種のハーブやスパイスに特徴的なものである（p. 379）.

| | 柑橘系（リモネン） | 松（ピネン） | 草（テルピネン） | レモン（ネラール/ゲラニアール） | 花（リナロールなど） | ワックスや皮（デカナール,オクタナール） | じゃ香（硫黄化合物） | タイム（チモール） | スパイス（その他のテルペノイド） | その他 |
|---|---|---|---|---|---|---|---|---|---|---|
| スイート・オレンジ | + | + | | | + | + | | | + | 加熱したマーマレード（バレンセン,シネンサール） |
| サワー・オレンジ | + | | | + | + | + | | | | |
| ブラッド・オレンジ | + | + | | | | | | | + | （バレンセン） |
| マンダリン（タンジェリン） | + | + | + | + | + | | | | | |
| レモン | + | + | + | | | | | + | | |
| メイヤー・レモン | + | + | | + | + | | | + | | |
| ライム | + | + | + | + | | | | | + | |
| シトロン | + | | + | | | | | | | |
| グレープフルーツ | + | + | | | + | + | + | | | （シネンサール） |
| ユズ | + | + | + | + | + | | + | | + | |
| コブミカンの葉（バイマックルー） | + | | | | + | | | | | |
| ベルガモット | + | + | + | | + | | | | + | |

など，幾種類かの成分の組合わせである．柑橘果実には旨味アミノ酸であるグルタミン酸が驚くほど多く含まれていて，時にトマトに匹敵するほどである（重さ100g当たりの含有量はオレンジが70mg，グレープフルーツが250mg）．デンプンはほとんど含まれず，収穫後に甘味が増すことはあまりない．ふつうは花落ち側に酸や糖分が多く，成り口側よりも風味が強い．隣り合った内袋同士でも味がかなり違う．

柑橘類の芳香は，皮の精油腺からも砂嚢内の油滴からも発生するが，両者の性質はかなり異なっている．一般に砂嚢内の油にはフルーツ臭のエステルが多く含まれ，皮の油には青臭いアルデヒドや柑橘/スパイス臭のテルペンが多い（p.266）．一般的な柑橘臭をもつリモネンや少量の卵臭い硫化水素など，いくつかの芳香成分は多くの柑橘果実に共通している．搾りたての果汁では，砂嚢の油滴が果肉成分とともに次第に凝集するので，特に果肉成分を濾したりすると，香りが弱まってしまう．

**柑橘類の果皮** 風味の強い柑橘類の果皮は，料理の香りづけとして昔から用いられており（四川料理では乾燥したオレンジの皮を使う），皮そのものを砂糖漬けにすることもある．外皮には芳香性の精油腺が含まれているのに対し，内側にあるスポンジ状の白いアルベドにはペクチンが多く，一般に防御用のフェノール性苦味成分が含まれている．テルペンを含む精油も苦味のあるフェノール性抗酸化物質も，重要なフィトケミカルである（p.248, p.250）．苦味成分は水溶性，精油は水に不溶性である．したがって皮を温水（短時間でよい）または冷水（時間がかかる）に浸けて何度か水を替えれば，苦味成分を除くことができる．アルベドを軟らかくする必要があればこの後に弱火で煮込み，最後に濃い砂糖シロップに漬け込む．以上の工程をとおして，水に不溶性の精油はほとんど皮に残る．マーマレードは砂糖を使った柑橘類の皮のプリザーブで，ポルトガルのマルメロ果実ペーストがそのはじまりである．18世紀になると，ペクチンに富みゲル化しやすいサワー・オレンジが，マルメロの代わりに使われるようになった．スイート・オレンジを使ったマーマレードは固まりにくく，糖分のバランスをとる苦味など独特の風味に欠ける．

多くの果実に言えることだが，熱湯にさっとくぐらせると柑橘果実の皮もむけやすくなる．皮が厚いものは何分間か浸けておく必要がある．外皮と中身とをくっつけている細胞壁の接着成分が熱で軟らかくなり，また接着成分を分解するような酵素が活性化することもあると考えられる．

**柑橘果実の種類** ミカン（*Citrus*）属の樹木は非常に多彩であるうえ，互いに交雑しやすいため，類縁関係を明らかにするのが難しい．現時点では，一般に栽培されている柑橘果実はすべて，シトロン（*Citrus medica*），マンダリン・オレンジ（*Citrus reticulata*），ブンタン（*Citrus grandis*）の3種のうちいずれかが交雑親であると考えられている．子孫のうち少なくとも一つ，グレープフルーツは比較的新しいものである．これは18世紀の西インド諸島で，ブンタンとスイート・オレンジの交雑により生まれたとみられる．

**シトロン** ヒマラヤ丘陵地帯が原産で，中東へは紀元前700年前後，地中海地方へは紀元前300年前後に伝わった，おそらく最初の柑橘果実と考えられる．属名にもなったcitron（シトロン）という名前は，地中海地方の常緑樹のヒマラヤスギ（ギリシャ語でkedros）の実に形が似ていることからきている．品種によっては果汁の少ないものもいくつかあるが，香りの強い皮は部屋の芳香剤にも使われ（アジアおよびユダヤ教の宗教儀式に使われる），古くから砂糖漬けにされていた（p.286）．中国の四川省では皮を使って温かい漬物を作る．

**マンダリン，またはタンジェリン** マンダリンオレンジは少なくとも3000年前には，古代イ

ンドおよび中国で栽培されていた．欧米で「サツマ」の名でよく知られる日本の温州みかんは16世紀に誕生し，地中海系のマンダリン（「タンジェリン」というのはモロッコのタンジールという都市の名前からきている）は19世紀に生まれた．マンダリンは比較的小さくて扁平な形で赤味がかった色，皮がむきやすくて，タイムやコンコード種ブドウの独特なにおいが強い（チモール，アントラニル酸メチル）．柑橘樹木のなかでは最も耐寒性に優れるものの，果実は傷みやすい．温州みかんは種なしで缶詰に加工されることが多い．

**ブンタン** 一般的な柑橘果実のなかでは最も温かい気候に成育し，原産地である熱帯アジアでは古代より栽培されていたものの，その他の地域に広まるのは遅かった．果実は大きくて直径が25 cm以上にもなり，アルベド層は比較的厚く，大きめの砂嚢は互いに離れやすく口の中ではじける．内袋の膜は厚くて硬い．ブンタンの子孫にあたるグレープフルーツは苦味が特徴ともいえるが，ブンタンは苦味がない．砂嚢が赤ピンク色の品種もある．

**オレンジ** 世界中で生産される柑橘果実のほぼ4分の3はオレンジである．ジューシーさ，適度な大きさ，甘味，そしてその酸味から，特に用途の広い果実である．おそらくは古代にマンダリンとブンタンの交雑により生まれたもので，後にかなり異なる果実がいくつか派生した．

「ネーブル・オレンジ」は中国が発祥と考えられるが，1870年にブラジル品種が合衆国に伝わってからは，世界的な主要農産物となった．花落ち部分がへそ（ネーブル）のような形になるのは，小さな内袋が二次発生するためである．ネーブル・オレンジは種なしで皮がむきやすいことから，生食に最適である．しかし，ネーブル・オレンジの木は栽培が難しく，果汁用の優良品種に比べると，果汁に含まれる果実

## 柑橘類の類縁関係

**親種**

| | |
|---|---|
| シトロン | *Citrus medica* |
| マンダリン，タンジェリン | *Citrus reticulata* |
| ブンタン | *Citrus grandis* |

**子孫種**

| | |
|---|---|
| サワー・オレンジ | *Citrus aurantium* |
| スイート・オレンジ | *Citrus sinensis*，ブンタン x マンダリン（？） |
| グレープフルーツ | *Citrus paradisi*，ブンタン x スイート・オレンジ |
| サワー・ライム | *Citrus aurantifolia* |
| ペルシャン／タヒチ・ライム | *Citrus latifolia*，サワーライム x ブンタン（？） |
| レモン | *Citrus limon*，シトロン x サワー・ライム x ブンタン（？） |
| メイヤー・レモン | *Citrus limon*，レモン x マンダリンまたはスイート・オレンジ？ |

**近代交雑種**

| | |
|---|---|
| タンジェロ | *Citrus* x *tangelo*，タンジェリン x グレープフルーツ |
| タンゴール | *Citrus* x *nobilis*，タンジェリン x スイート・オレンジ |

臭エステルが少ない．ネーブル・オレンジの果汁は30分も経つと苦くなる．これは，果汁細胞が壊れて内容物が混じりあい，酸と酵素の働きにより，味のない前駆体分子が苦味の強いテルペン化合物リモニンに変換されるためである．

「ジュース・オレンジ」つまり普通のオレンジは花落ち（尻）部分がなめらかで，一般に種子が含まれ，ネーブル・オレンジよりも皮はむきにくい．市販のオレンジジュースには，リモニンの苦味が生じることのない果汁用品種が使われている．その果汁は風味が弱いので，皮の精油成分が加えられるのが普通である．

「ブラッド・オレンジ」は地中海南部で少なくとも18世紀から栽培されており，地中海南部もしくは中国が原産とみられる．イタリアで現在栽培されているオレンジは，主にブラッド・オレンジである．ブラッド・オレンジの果汁が濃い海老茶色に近いのはアントシアニン色素によるもので，その合成は夜間の気温が低くなる時期，地中海地域では秋・冬に限られる．色素は花落ち側ならびに内袋に接した砂嚢内に蓄積する傾向があり，収穫後に冷蔵保存される間も合成が続く．アントシアニン色素およびその前駆体フェノール化合物が含まれるため，ブラッド・オレンジはほかのオレンジよりも抗酸化活性が高い．柑橘系のにおいと特殊なラズベリー様のにおいが合わされた独特な香りがする．

「アシッドレス・オレンジ」は北アフリカやヨーロッパ，南アメリカなどで少量生産されており，普通のオレンジやネーブル・オレンジに比べると酸度が約10分の1，オレンジの香りも弱い．

「サワー・オレンジ」は以上記載したオレンジとは異なる種からきており，酸味と苦味（リモニンではなく関連化合物のネオヘスペリジンによる），皮には独特の強い香りがある．12世紀にスペインとポルトガルに伝わり，すぐにマルメロの代わりにマーマレードの原料として使われるようになった．サワー・オレンジの花はオレンジ・フラワー・ウォーターを作るのに用いられる．

グレープフルーツ　18世紀にカリブ海で，スイート・オレンジとブンタンの交雑種として生まれ，今でも南北米が主要生産地である．赤色系はリコピンによるもので，20世紀にフロリダおよびテキサスで偶然の突然変異により生まれた（より新しくて人気のあるスタールビーやリオレッドといった品種は放射線照射を使った人為的な突然変異による）．ブラッド・オレンジのアントシアニン色素とは違って，グレープフルーツのリコピンが多く作られるためには生育環境が常に高温である必要がある．リコピンは果汁砂嚢全体に均一に分布し，熱に安定である．グレープフルーツの特徴である適度な苦味はナリンジンというフェノール化合物によるもので，果実が熟すにつれてその濃度は低くなってゆく．ネーブル・オレンジと同様，グレープフルーツにはリモニン前駆体も含まれ，搾った果汁を置いておくと苦味が強まる．グレープフルーツに含まれるフェノール化合物のなかには，ある種の薬剤の代謝を阻害するものがあることがわかっている．薬剤が体内に長く残って過剰摂取したのと同じ状態となるため，グレープフルーツまたはグレープフルーツジュースと一緒に服用しないようにとの注意書きがある薬もある．（これらのフェノール化合物については，薬効増強を目的とした薬剤成分としての利用が開発されている．）グレープフルーツは，肉のにおいやじゃ香臭などの混じった特に複雑な香りがある．

ライム　柑橘果実のなかでは酸度が最も高く，重さの8％ほどもクエン酸が含まれている．小さくて種の多いメキシカン・ライムまたはキー・ライム（*C. aurantifolia*）が，レモンの育ちにくい熱帯地域では酸味の強い柑橘類として一般的である．西アジアではまるごと天日干しにして挽いたものを，ややかび臭い香りと酸味づけに使う．より耐寒性で大きく，種のないペルシャ・ライム，またはタヒチ・ライム，またはベアース・ライム（*C. latifolia*）は本当の

ライムとシトロンの交雑種と思われ，合衆国やヨーロッパではより一般的である．ライムの色は独特の「ライムグリーン」という印象があるが，どちらも完熟すると淡黄色になる．ライム独特の香りは松のにおい，花のにおい，スパイス臭（いずれもテルペン）が混じりあったものである．

**レモン** レモンは2回の交雑を経て生まれたとみられる．最初（シトロンとライムの交雑）は北西インドおよびパキスタン地域，次は（[シトロンとライムの交雑]とブンタンの交雑）は中東であった．レモンが地中海に伝わったのは紀元100年前後で，400年頃までにはムーア系スペインの果樹園に植えられるようになり，現在は主に亜熱帯地域で栽培されている．レモンは酸度が高いのが特長で，時に果汁の5％にもなる．フレッシュで鮮やかな香りは，さまざまな飲みものに使われている．本当のレモンには多くの品種があり，さらに交雑品種も二つある．大きくてデコボコのポンデローサ品種はおそらくレモンとシトロンの交雑種である．20世紀初めにカリフォルニアへ持ち込まれた，皮が薄くて酸味の弱いメイヤー・レモンは，タイムのにおい（チモール）が混じった独特の香りをもち，おそらくレモンとオレンジ，またはマンダリンとの交雑種と考えられる．レモンは賞味期間を長くするため，一般に収穫後に一定の貯蔵期間を置く．緑色のうちに収穫して数週間を空調管理下に置いておくと，皮が黄色く薄くなって表面にワックスがでて，果汁砂嚢が大きくなる．

北アフリカの塩漬けレモン（プリザーブド・レモン）は，最近ではより広い地域で薬味として食べられるようになっている．レモンに切込みを入れて塩に漬け込み，数週間発酵させて作る．細菌や酵母の増殖によって皮が軟らかくなり，鮮やかでシャープだった香りは深くて丸みのあるものになる．時間を短縮した作り方（たとえばレモンを凍結・解凍して塩のしみ込みを早くし，数時間から数日漬け込む方法）では，精油腺が壊れて精油成分がしみ出し，ほかの成分と混ざり合うので，ある程度の化学変化は起こるが，発酵させたもののような芳醇な風味にはならない．

**その他の柑橘果実** その他のあまり一般的ではない柑橘果実を以下にいくつか挙げる．

- ベルガモット（*C. bergamia*）サワー・オレンジとスイート・ライム（*C. limettoides*）の交雑種と思われる．主にイタリアで栽培され，皮から花の香りのする油をとる．17世紀にドイツで作られた最初のオー・デ・コロンにも使われていた．主に香水，タバコ，アールグレイ紅茶に用いられる．
- キンカン（*Fortunella* 属の一種） 一口大の果実を，薄い皮も一緒にまるごと食べる．一般に酸味はあるが苦味はない．やはり小さい果実でカラモンディンまたはカラマンシと呼ばれるものは，キンカンの系統が入っていると思われる．
- フィンガー・ライム（*Microcitrus australasica*） 小さくて細長い果実で，オーストラリアが原産である．丈夫で美しい丸型の果汁砂嚢は，淡色またはピン

---

**食物用語：orange（オレンジ），lemon（レモン），lime（ライム）**

オレンジは，古代サンスクリット語ではnarangaと呼ばれており，その鮮やかな色（オレンジ色）の由来にもなった．レモンとライムの名前はいずれも，ペルシャ語からアラビア語を経たもので，これらアジア原産の果実が西洋に伝わった歴史を反映している．

ク〜赤色で，独特の香りがある．

- コブミカンまたはマックルー／カフィア・ライム（*Citrus hystrix*）　東南アジア全域でよく見られる．デコボコで緑色の皮は，一般的な柑橘系のにおい（リモネン）と松のにおい（ピネン）が混じったライムのような芳香がある．強いレモン臭のする葉（p.399）とともに，さまざまな料理の香りづけに使われる．

- タンジェロとタンゴール　いずれも近代交雑種で，それぞれタンジェリンとグレープフルーツ，タンジェリンとオレンジの交雑による．親種の風味を合わせたような風味で，主に生食にする．

- ユズ（*Citrus junos*）　マンダリンの交雑種とみられ，中国から日本に伝わり1000年ほど前から改良が加えられた．黄橙色の小さな果実の皮は，さまざまな料理の香りづけに用いられるほか，ゆず酢，ゆず茶，ゆずジャムなどにもされる．じゃ香臭の硫黄化合物，クローブやオレガノのにおい（フェノール化合物のオイゲノールとカルバクロール）などが含まれ，複雑な香りをもつ．

## ■ トロピカル・フルーツ

一世紀前にはヨーロッパや北米で手に入るトロピカル・フルーツは数えるほどしかなく，贅沢品であった．今では，バナナは朝食の定番であり，毎年次々と新しいトロピカル・フルーツが市場に出回るようになった．ここではごく一般的なものをいくつか挙げる．

**グァバとフェイジョア**　グァバはバンジロウ（*Psidium*）属の低木もしくは小木の大きな液果で，熱帯アメリカが原産である．フトモモ科の植物で，同科にはクローブ，シナモン，ナツメッグ，オールスパイスなどの樹木も含まれる．類縁種のスパイスがそうであるように，グァバも強いスパイス臭／じゃ香臭をもつ（桂皮酸エステル類およびいくつかの硫黄化合物による）．果肉には数百個もの小さな種子と多数の石細胞が含まれているため，グァバはピューレ，ジュース，シロップ，プリザーブなどにされることがほとんどである．スペインの植民地開拓者は，グァバのペクチン含量が高いことを利用して，マルメロ・ペーストの新大陸版を作った．グァバはビタミンCが特に豊富で，100g当たり1gに達することもある．その多くは，薄くて裂けやすい皮と，その周辺に濃縮されている．

パイナップル・グァバとも呼ばれるフェイジョアは，これも南アメリカ原産のフトモモ科の低木，*Feijoa sellowiana* の果実である．大きさや構造はグァバと似ており，風味成分もある程度共通している．しかしその強力なにおいは独特で，やや複雑さに欠け，特定のエステル群（安息香酸に由来する）が大半を占める．普通は果肉を取り出して漉し，液体状の料理に用いる．

---

### 食物用語：トロピカル・フルーツ

トロピカル・フルーツに関する言葉の多くは，西洋の旅行者がこれらの果実を初めて目にした場所の言語からきている．banana（バナナ）は西アフリカの複数の言語に由来し，mango（マンゴー）はインドのタミル語，papaya（パパイヤ）はカリブ語，durian（ドリアン）はマレー語（"棘"という意味）からきている．

**スター・フルーツ** カタバミ（*Oxalidaceae*）科に属する東南アジアの小木, *Averrhoa carambola* の果実であり,「カランボラ」の別名がある. 中程度の大きさの黄色の果実で, 横断面が星の形をしているので, サラダや料理の飾りに使うと美しい. コンコード種ブドウやマルメロのようなにおいがあり, 主に尖った背の部分にシュウ酸が含まれる. 完熟前の果実には特にシュウ酸が多いので, 同じくシュウ酸の多いソレル（p.399）と似たような酸味があり, 金属を磨くのに使われるほどである. スター・フルーツの黄色は, $\beta$ カロテンなどのカロテノイド色素による. ビリンビという近縁の果実は生で食べるには酸味が強すぎるので, 熱帯地域ではプリザーブや飲みものにされる.

**チェリモヤとアテモヤ** 南アメリカの熱帯および亜熱帯が原産のバンレイシ（*Annona*）属（トゲバンレイシやカスタード・アップルも同属）の樹木になる果実である. 中ぐらいの大きさで, 多くの子房が融合して種子とともに塊を作り, それが緑色もしくは黄褐色の皮に包まれている. 皮は食べられない. ナシと同じくザラついた石細胞を含む場合がある. チェリモヤとアテモヤはクライマクテリック型果実で, 蓄えたデンプンが熟成過程で糖に変わる. 完熟した果肉は軟らかで甘く, 酸味は少ない. カロリーは一般的な温暖性果実の2倍ほどある. どことなくバナナに似たエステルのにおいがあり, 多くのテルペン化合物が花や柑橘系のにおいを加えている. 完熟するまでは13℃以上の温度で貯蔵し, 完熟後2～3日は冷蔵できる. チェリモヤとアテモヤは, 冷やすか冷凍してスプーンですくって食べる. 果肉を取り出して飲みものやシャーベットにもされる.

**ドリアン** 東南アジア原産の樹木, *Durio zibethinus* の棘に覆われた大きな果実である. 主にタイやベトナム, マレーシアで栽培されている. 果実としては異質な, タマネギやチーズ, そして腐りかけの肉のような強烈なにおいをもつことで知られる. そのおいしさとカスタードのようなとろける食感ゆえに, ドリアンは多くの人に珍重される. 棘で保護された中身は子房が融合した塊で, ひとつひとつの子房には種子が含まれている. 6 kg 以上になることもあり, ゾウやトラやブタ, その他ジャングルの大型動物を惹きつけるように進化をとげたとみられる. 動物は, タマネギやニンニク, 熟成しすぎたチーズ, スカンクの臭液, 腐った卵などに含まれる, 強力な硫黄化合物の入り混じったにおいに引き寄せられる. これらの硫黄化合物は主に外皮に含まれており, 種子を包み込む果肉部分にはより一般的な果実臭成分や旨味成分が含まれている. 糖分その他の可溶性成分の含有量が特に高い（36％）. ドリアンはそのまま食べたり, 飲みものやキャンディーやケーキ作りに使ったり, 米料理や野菜料理に入れたりする. 発酵させてさらに濃厚な味の食品にもされる（マレーシアの「テンポヤ」）.

**パイナップル** パイナップル（*Bromeliaceae*）科の植物, *Ananas comosus* の, 松ぼっくりのような形をした大きな果実で（パイナップル科には観葉植物のブロメリアも含まれる）, 南アメリカの熱帯乾燥地域が原産である.（属名の *Ananas* は, グアラニー・インディアンの言葉でパイナップルをさす語からきている. 似たような複雑な構造をしている松ぼっくりはスペイン語で piña, これが pinapple の語源となった.）コロンブスがカリブ地方でパイナップルを見たのが1493年, そのときにはすでにカリブ諸国全域に広まっていた. それから間もなく, フランスやドイツの温室で近代的な品種改良がはじまった.

パイナップルは, 100～200個の種のない小果実がらせん状に折り重なって互いに融合し, 中央の芯に結合している. 融合過程で細菌や酵母が中に入り込み, 後に見えないところで腐敗がはじまることもある. デンプンは蓄えず, クライマクテリック型果実ではないので, 収穫後に甘味や香りが増すことはないが, 次第に軟らかくなる. 完熟のパイナップルは輸送に耐えないため, 輸出用のものは早めに収穫される. 糖

分は完熟時の半分ほど，香りも少ない．輸送・貯蔵時の低温障害により，中が部分的に褐色や黒色になっていることがある．半透明の部分は，生育環境により果実細胞壁に糖分が蓄積したものとみられる．亜熱帯産パイナップルは，季節および気候変化の少ない赤道付近で採れたものに比べて，品質にばらつきがある．

**パイナップルの風味**　パイナップルは風味が非常に強く，19世紀のイギリス人作家チャールズ・ラムは「その味わいの激しさと狂気からくる，超越的とも言うような……傷みにも似た喜び」と記述している．最高の状態では非常に甘く，酸味もかなりある（クエン酸）．果実臭のエステル類，ツンとする硫黄化合物，バニラやクローブの成分（バニリン，オイゲノール），そしてキャラメル臭やシェリー酒のにおいをもついくつかの酸素含有炭素環化合物などが複雑に混じりあった，芳醇な香りがする．1個のパイナップルでも場所によって風味が異なる．小果実は底のほうからできあがるので，底部が最も古くて甘い．芯から外側に向かって酸度は倍になる．風味の主張が強く，果肉も硬くてやや繊維質なため，切ったパイナップルを焼いたり炒めたりすることもできる．いろいろな形で生食されるほか（サラダ，飲みもの，シャーベット），バターやキャラメルの味によく合うので焼き菓子にも使われる．

**パイナップルの酵素**　パイナップルには複数のタンパク質消化酵素が含まれ，これらは食肉軟化剤にも使われるが，ほかの料理に入れる場合には問題となることもある．（火傷やその他の創傷面の清浄，動物の炎症性疾患の治療など，医薬分野にも応用されている．）主要酵素のブロメラインはゼラチンを分解するので，ゼラチンを使ったデザートにパイナップルを入れる場合は，あらかじめ加熱して酵素を失活させなければならない．牛乳や生クリームと混ぜると，ブロメラインがカゼインタンパク質を分解して苦味がでる．このような場合もパイナップルを加熱してから使うとよい．

**パッション・フルーツ，グラナディージャ**　南米の熱帯低地および亜熱帯高地が原産のトケイソウ（*Passiflora*）属の蔓性植物で，10種強の種が存在する．外殻がもろいものと（*Passiflora*亜属）軟らかいもの（*Tacsonia*亜属）があり，紫色を帯びた層（仮種皮）に包まれた硬い種子が塊を作っている．食べられるのは仮種皮だけで，果実の重さの3分の1ほどしかない．果肉は少ないものの味が濃く，実際には希釈したほうがよい．パッション・フルーツは酸濃度が比較的高いという点で珍しい．含まれるのは主にクエン酸で，皮が紫色のものは果肉の2％以上，黄色系の多くはその倍以上ある．刺すような強い芳香は，果実や花のにおい成分（エステル類，モモのにおいのラクトン類，スミレのにおいのイオノン），そして珍しいじゃ香臭（ブラック・カラントやワインのソーヴィニョン・ブランにみられる硫黄化合物）が複雑に混じりあっているようである．パッション・フルーツの果肉は主に飲みもの，氷菓，ソースなどに使われる．風味がやや弱い紫色系の *P. edulis* は一般に生で食べられ，風味の強い黄色系の *P. edulis* var. *flavicarpa* は加工される（初期の商業利用ではハワイアン・パンチの材料になった）．

**バナナとプランテイン（料理用バナナ）**　生産性が高くデンプンが豊富に含まれていることから，果実のなかでは世界第一の生産量・貿易量を誇る．全世界の1人当たりの年間消費量は15 kgにもなり，バナナを主食とする地域では1人当たり年間数百kgを消費する．バナナとプランテインは，東南アジアの熱帯地域が原産の樹木ほどの大きさになる草本性植物，*Musa sapientum* の種なし液果である．バナナ植物は単一の花構造を発生する．そこには1～20の"手"つまり房がついていて，300本もの"指"つまり個々の果実がなる．果実1本の重さは50 g～1 kgとさまざまである．長い果実があの独特な弓状の形になるのは，果実の先が重力に逆らって上に向かって伸びようとするからである．バナナとプランテインはクライマクテリック型果実であり，エネルギーをデンプンとして

蓄え，熟成過程でその一部もしくは大部分が糖に変換される．極端な例では，デンプンと糖の比率が完熟前には25：1だったものが，完熟すると1：20にもなる．

「バナナ」と「プランテイン」という名前は，一部重複する二つの大きな分類群に対して用いられ，これには多数の品種が含まれる．バナナは一般に甘いデザート品種，プランテインはデンプン質の料理用品種である．バナナは完熟すると非常に甘くなり，糖分が20％近くにも達する（これを超えるのはナツメヤシとナツメだけである）．一方のプランテインは完熟しても糖分は6％，デンプン含量は25％ほどである．いずれも緑色のうちに収穫し，貯蔵中に熟成させる．代謝活性が高いため，熟した後は非常に腐りやすい．完熟するとバナナはとろけるようななめらかさとなり，主に酢酸アミルなどのエステル成分と，青臭い成分，花のにおいの成分，クローブ臭の成分（オイゲノール）などによる独特の香りがでる．バナナの熟成過程では酸度も増し（時に2倍ほどになる），風味に奥行きがでる．プランテインは一般に完熟してもパサついたデンプン質のテクスチャーのまま，ジャガイモと同じように油で揚げたりつぶしたり，切って焼いたり煮たりする．

バナナおよびプランテインの果肉の色はカロテノイド色素によるもので，プランテイン品種は特に色が濃いことが多い．熟していないものはタンニンの渋味がある．バナナとプランテインは黒っぽく変色しやすいが，これは維管束系に防御用のラテックスを含む導管が走っていて，その中に褐変酵素やフェノール化合物が含まれるためである．熟する間にこれらのフェノール化合物は徐々に減って半分ほどになるので，熟した後は冷蔵しても果肉はあまり変色しない（皮はやはり黒くなる）．

国際貿易の大半を占めるのはごく少数のバナナ品種（グラン・ナイン，グロ・ミシェル，キャベンディッシュ）だが，エスニック店などではラテンアメリカやアジアのおもしろい品種を数多く見かける．一般に短めで，皮や果肉が色づき，風味も違う．

**パパイヤ** アメリカの熱帯地域が原産のパパイヤ（*Carica*）属の植物で，小さな木のように見えるが，実は大型の草本性植物である．普通のパパイヤ（*C. papaya*）は，肥厚した子房壁からなり，カロテノイド色素による橙色〜橙赤

---

## 肉を消化する果実：植物プロテアーゼの不思議

　肉やゼラチンを消化する酵素が植物に含まれるというのは，一見すると不思議である．ゼリー作りに生の果実を使う場合，これらの酵素が問題となる．もちろん，昆虫やほかの小動物を消化液に捕らえてしまう食肉植物もいくつか存在する．植物の部位の中には，昆虫やより大きな動物の攻撃から身を守るために同様の酵素を含み，動物を刺激したり傷害したりするということもある．しかし果実は動物に種子を運んでもらうため，動物に食べられるようにできているはずである．それなのになぜプロテアーゼが含まれるのか？

　パパイヤ，パイナップル，メロン，イチジク，そしてキウィの場合は，動物個体が食べる果実の数を制限するために酵素が含まれるのかもしれない．多く食べすぎると消化系がやられるというわけである．もう一つのおもしろい考えは，ほどほどの量の酵素は動物の腸内寄生虫を駆虫することにより有益に働くというものである．熱帯に住む人々は，イチジクやパパイヤの乳液を駆虫剤に使うこともある．植物プロテアーゼは実際に生きた条虫を溶かすことがわかっている．

色，中心の大きな空洞に黒っぽい種子が複数入っている．クライマクテリック型果実であるが，デンプンは含まない．中心から外側に向かって熟成が進み，カロテノイド色素および芳香成分は何倍にも増加し，軟らかくなる．実際に糖分は変化しないが，軟らかくなるために甘く感じられるようになる（組織が軟らかいと糖分が外に出やすい）．完熟パパイヤは酸味が少なく，テルペン類によるかすかな花のにおいと，果実には珍しくイソチオシアネート（p.311）によるツンとするキャベツ臭がわずかにする．これらの芳香成分は特に種子に濃縮されており，乾燥種子はマイルドなマスタードのような調味料として用いられる．

　未熟で硬いグリーン・パパイヤは，サラダやピクルスにされる．緑色の果実には乳管があり，その中にはタンパク質消化酵素パパインが多く含まれている．パパインは食肉軟化剤に含まれることがある．パパイン濃度は熟成とともに低くなるが，パイナップルのタンパク質消化酵素ブロメライン（p.369）と同じように味や硬さに影響することもある．

　このほかには二つのパパイヤ種が市場に出回っている．大きくて冷涼な気候に生育するマウンテン・パパイヤ（C. pubescens）は，低地性のパパイヤより甘味が弱いものの，パパインとカロテノイド色素（時にリコピンも含まれる）が多く，果肉は赤味を帯びる．ババコ種（C. pentagona）は自然交雑種とみられ，果肉はクリーム色で酸味があり種がない．

## ブレッドフルーツ（パンノキの実）とジャックフルーツ

アジアに生息するパンノキ（Artocarpus）属の2種の植物になる果実である．クワやイチジクの類縁で，互いに構造が似ている．子房と種子が融合した非常に大きな塊で，ブレッドフルーツは4kgほどにも達し，ジャックフルーツはその10倍の重さになる．ジャックフルーツはインド原産で，果実としては一般的な成分構成である（ほとんどが水分，糖分8％，デンプン含量4％）．じゃ香臭，ベリー臭，パイナップル臭，キャラメル臭などの混じった複雑で強いにおいがする．生で食べたりアイスクリームに入れたり，乾燥，プリザーブ，ピクルスなどにもされる．ブレッドフルーツは太平洋諸島が原産であると思われるが不明である．デンプン含量が非常に高いことから"ブレッド"フルーツと呼ばれるようになった．熟していない成熟果実では，デンプン含量は重さの65％にも達し（糖分は18％，水分はわずか10％），加熱調理すると乾燥した吸収性のある塊になる．南太平洋およびカリブ海諸国では主食であり，バウンティ号の反乱で有名なブライ艦長が西洋に持ち帰った．煮る，焼く，油で揚げるといった調理法のほか，発酵させて酸味のあるペーストにし，乾燥させて粉に挽いたりもする．完熟のブレッドフルーツは甘く半液体状で，デザートになる．

**マンゴー**　ピスタチオやカシューの木とは遠縁にあたるアジア原産の樹木，*Mangifera indica*の果実で，ジューシーで香り高い．何千年にもわたり栽培されてきた．何百もの品種が存在し，それぞれに風味，繊維の多さ，渋味といった特徴が大きく異なる．マンゴーの皮には，カシューと同じような皮膚刺激性でアレルギー誘発性のフェノール化合物が含まれている．果肉の濃橙色はカロテノイド色素，主に$\beta$カロテンによるものである．マンゴーはクライマクテリック型果実であり，デンプンを蓄えている．緑色の状態で収穫した後，熟成して種子から外に向かって甘く軟らかくなってゆく．風味は特に複雑で，モモやココナッツに特徴的な芳香成分（ラクトン類），一般的な果実臭エステル，薬臭いテレピン油のようなテルペン類，キャラメル臭などが混じりあう．緑のマンゴーは酸味が非常に強く，ピクルスにしたり，乾燥粉末にして（ヒンディー語で「アムチュール」）酸味づけに使ったりする．マンゴーのピクルスは18世紀のイギリスで非常に評判が高かったので，ピクルス料理やピクルスにする材料もマンゴーと呼ばれるようになった．ピーマンもピクルスにされることから「マンゴー・ペッパー」という別名がある．

## 果実に含まれる芳香成分

糖と酸の含量は果実によって異なり、熟成程度に大きく影響される．以下の数字は，市場に出回っているものの実際の値を反映したもので，果実の種類ごとに大まかな比較をするのが目的である．一般的には果実は甘いほどおいしいが，甘くてもそれとバランスのとれた酸度がなければ平坦な味に感じられる．ここに挙げたにおいの種類は，それぞれの果実で化学同定された揮発性化学物質だが，単純にその果実のにおいがするというわけではない．個々の性質が総合的な風味に寄与している．空白は情報が不足しているもので，においがないわけではない．

| 果実 | 糖含量 重量% | 酸含量 重量% | 糖/酸 の比率 | においの種類 |
|---|---|---|---|---|
| 仁果 | | | | |
| 　リンゴ | 10 | 0.8 | 13 | 多様；品種による (p.344) |
| 　ナシ | 10 | 0.2 | 50 | |
| 核果 | | | | |
| 　アンズ | 8 | 1.7 | 5 | 柑橘系，花，アーモンド |
| 　サクランボ | 12 | 0.5 | 24 | アーモンド，クローブ，花 |
| 　モモ | 10 | 0.4 | 25 | クリーム，アーモンド |
| 　プラム | 10 | 0.6 | 17 | アーモンド，スパイス，花 |
| 柑橘類 | | | | |
| 　オレンジ | 10 | 1.2 | 8 | 花，じゃ香（硫黄），スパイス |
| 　グレープフルーツ | 6 | 2 | 3 | じゃ香，青草，肉，金属 |
| 　レモン | 2 | 5 | 0.4 | 花，松 |
| 　ライム | 1 | 7 | 0.1 | 松，スパイス，花 |
| 液果 | | | | |
| 　ブラックベリー | 6 | 1.5 | 4 | スパイス |
| 　ブラック・カラント | 7 | 3 | 2 | スパイス，じゃ香 |
| 　ブルーベリー | 11 | 0.3 | 37 | スパイス |
| 　クランベリー | 4 | 3 | 1 | スパイス，アーモンド，バニラ |
| 　グースベリー | 9 | 1.8 | 5 | スパイス，じゃ香 |
| 　ブドウ | 16 | 0.2 | 80 | 多様；品種による (p.352) |
| 　ラズベリー | 6 | 1.6 | 4 | 花（スミレ） |
| 　レッド・カラント | 4 | 1.8 | 2 | |
| 　イチゴ | 6 | 1 | 6 | 青草，キャラメル，パイナップル；クローブ，ブドウ（野生） |
| メロン | | | | |
| 　カンタローペ | 8 | 0.2 | 40 | 青草，キュウリ，じゃ香 |
| 　ハニーデュー | 10 | 0.2 | 50 | 青草，じゃ香 |
| 　スイカ | 9 | 0.2 | 45 | 青草，キュウリ |
| トロピカル | | | | |
| 　バナナ | 18 | 0.3 | 60 | 青草，花，クローブ |
| 　チェリモヤ | 14 | 0.2 | 70 | バナナ，柑橘系，花 |
| 　グァバ | 7 | 1 | 7 | スパイス，じゃ香 |
| 　ライチ | 17 | 0.3 | 57 | 花 |
| 　マンゴー | 14 | 0.5 | 28 | ココナッツ，モモ，キャラメル，テルペン油 |

| 果実 | 糖含量 重量% | 酸含量 重量% | 糖/酸 の比率 | においの種類 |
|---|---|---|---|---|
| パパイヤ | 8 | 0.1 | 80 | 花 |
| パッション・フルーツ | 8 | 3 | 3 | 花，じゃ香 |
| パイナップル | 12 | 2 | 6 | キャラメル，肉，クローブ，バニラ，バジル，シェリー酒 |
| その他 | | | | |
| アボカド | 1 | 0.2 | 5 | スパイス，木材 |
| カクタス・ペア | 11 | 0.1 | 110 | メロン |
| ナツメヤシ（半乾燥） | 60 | | | キャラメル |
| イチジク | 15 | 0.4 | 38 | 花，スパイス |
| キウィ | 11 | 3 | 4 | 青草 |
| カキ | 14 | 0.2 | 70 | カボチャ |
| ザクロ | 12 | 1.2 | 10 | |
| トマト | 3 | 0.5 | 6 | 青草，じゃ香，キャラメル |

**マンゴスチン** アジアの樹木，*Garcinia mangostana* の果実で，中ぐらいの大きさ，皮革のような皮をもつ．白色の果肉は，複数の種子とそれを取り巻く仮種皮からなる．水分が多くて甘味と酸味のバランスがよく，ライチにも似たかすかな果実と花のにおいがする．一般に生食するか，プリザーブ，缶詰などにする．

**ライチ** アジア亜熱帯地域の樹木，*Litchi chinensis* の果実である．小さめのプラムのような大きさで，乾燥した皮ははがれやすく，大きい種子が一つ入っている．食べられる部分は種子を包んでいる肉厚の層（仮種皮）で，淡白色で甘く，多くのテルペン化合物（ローズオキシド，リナロール，ゲラニオールなど；ゲヴュルツトラミネール種のブドウとワインには共通したにおいが多い）により独特の花の香りがする．種子が未発生で小さなものは「チキン・タン（鶏の舌）」と呼ばれ，種子よりも果肉部の割合が多いので珍重される．ライチは木から採った後に味がよくなることはない．乾燥や低温障害によって果肉が茶色に変色してしまうことがよくあるが，密閉せずにビニール袋に入れて涼しい室温に置くのが一番である．加熱すると時にピンク色を帯びるが，これはフェノール化合物の凝集体が分解してアントシアニン色素に変わるためである（p.272）．生食するほかに，シロップ漬けの缶詰，飲みもの，ソース，プリザーブ，さっと火を通して肉や魚のつけ合わせ，冷凍してシャーベットやアイスクリームにする．「ライチ・ナッツ」というのは果実を乾燥させたもので，種子ではない．

ランブータン，ロンガン，プラサンはすべて，ライチと同じムクロジ（*Sapindaceae*）科に属するアジア系果実で，やはり仮種皮を食べる．テクスチャーや味はライチに似ている．

# 第8章

# 植物由来の風味食材

## ――ハーブとスパイス，茶とコーヒー――

| | | | |
|---|---|---|---|
| 風味の性質と風味食材 | 376 | トロミづけとしてのハーブ・スパイス | 390 |
| 　風味とは一部が味でほとんどはにおい | 376 | 一般的なハーブ | 390 |
| 　味とにおいの進化する世界 | 377 | 　ミントの仲間（シソ科） | 390 |
| 　風味食材は化学兵器である | 378 | 　ニンジンの仲間（セリ科） | 395 |
| 　化学兵器を楽しみに変える： | | 　月桂樹の仲間（クスノキ科） | 397 |
| 　　食材を加えるだけ | 378 | 　その他のハーブ | 398 |
| ハーブ・スパイスの化学と特性 | 379 | 温暖性のスパイス | 401 |
| 　風味成分の多くは油に似ている | 379 | 　ニンジンの仲間（セリ科） | 401 |
| 　ハーブやスパイスの風味は複数の | | 　キャベツの仲間（アブラナ科）： | |
| 　　風味成分の組合わせである | 379 | 　　マスタード，ホースラディッシュ， | |
| 　風味成分群：テルペン類 | 379 | 　　ワサビ | 404 |
| 　風味成分群：フェノール類 | 380 | 　マメの仲間（マメ科）：カンゾウと | |
| 　風味成分群：辛味化合物 | 381 | 　　フェヌグリーク | 407 |
| 　痛みが心地よいのはなぜか？ | 381 | 　トウガラシ | 407 |
| 　ハーブ，スパイス，そして健康 | 384 | 　その他の温暖性のスパイス | 410 |
| ハーブ・スパイスの取扱いと保存 | 385 | 熱帯性のスパイス | 412 |
| 　芳香成分を保つ | 385 | 茶とコーヒー | 422 |
| 　新鮮なハーブの保存 | 385 | 　カフェイン | 422 |
| 　新鮮なハーブの乾燥 | 385 | 　茶，コーヒー，そして健康 | 423 |
| ハーブ・スパイスを使った調理 | 386 | 　茶やコーヒーを入れる水 | 423 |
| 　風味の抽出 | 386 | 　茶 | 423 |
| 　マリネと揉み込み | 388 | 　コーヒー | 429 |
| 　ハーブ・スパイスで包む | 388 | 木材の燻煙および焦がした木材 | 436 |
| 　エキス（抽出物）：風味づけした | | 　木材燃焼の化学 | 436 |
| 　　油，酢，アルコール | 388 | 　燻煙液 | 437 |
| 　風味の進化 | 389 | | |

ハーブおよびスパイスは，食べものや飲みものの風味づけとして使う食材である．ハーブは植物の葉（生または乾燥），スパイスは乾燥させた種子，樹皮，根を細かくしたものである．使用する量はわずかで，実質的な栄養はない．それでもこれらの香辛料は古くから食材のなかでも最も珍重され，最も高価であった．古代には，単なる食品という以上のものであり，薬効や超自然的な効果さえもあると考えられていた．生贄の焚き火は芳香をのせて神のもとへと天をのぼり，それと同時に地上の民は天国の香りを嗅いだように感じた．スパイスはアラビアや伝説の東方の国々など，はるか彼方からもたらされた．この楽園の芳香に対する渇望の高まりが，ヨーロッパ人を世界探検へと駆り立てたわけで，それがアメリカ大陸の発見，現代世界を形作ることとなった生物学的・文化的交流へとつながった．

　現在では，ハーブやスパイスが楽園からの使者だとか，天国への使者だとか考える人はあまりいない．それでもかつてないほど使われるようになったのは，ハーブやスパイスが確かに別の世界を食卓へと運んでくる使者だからである．食物の風味づけはそれぞれの文化に独特のもので，ハーブやスパイスの使い方次第でモロッコの味にもタイの味にもなる．農業の発達によって，いつも同じような食品が手に入るようになったが，それ以前に生きていた我々の祖先は，多彩な感覚を駆使して食を楽しんでいた．ハーブやスパイスはそれを再認識させてくれる．においというのはごく身近な環境を体感する感覚の一つで，ハーブやスパイスを使えば食

## スパイスの歴史

　スパイスの物語は華やかであり，これまで幾度となく語られてきた．熱帯アジアには特にスパイス植物が豊富であった．スパイスもそれに関する情報もアラブの貿易商に頼っていた地中海・ヨーロッパ地方の人々にとって，シナモンやコショウやショウガは伝説の国からやってくる珍しい宝物だった．

　ローマ時代には東方のスパイスが数多く知られていたが，料理に使われたのは主にコショウだった．その1000年後の中世時代，アラブ文化の影響によってヨーロッパ全域の富裕層の食卓にほかのスパイスが使われるようになり，中流階級の拡大とともにその需要は高まっていった．中世時代のソースには，シナモン，ショウガ，パラダイス・グレインなどをはじめ，5〜6種類のスパイスが使われることも多かった．スパイスの供給路と価格はトルコの支配下にあったことから，ポルトガルやスペインはアジアへの新しい海路を探した．コロンブスがトウガラシやバニラの地であるアメリカ大陸に到達したのが1492年，ヴァスコ・ダ・ガマがインドに到達したのは1498年のことだった．スパイス諸島ならびにナツメッグやクローブの貿易はポルトガル，そして後にスペインによって支配された．1600年頃にはオランダが独占権を確立し，その後2世紀にわたって徹底した効率管理を行ったのである．

　スパイスがほかの熱帯諸国でも栽培されるようになると，価格は下がり入手しやすくなった．ヨーロッパ料理ではそれまでのように突出して使われることもなくなり，主に菓子作りに残るだけとなった．だが，20世紀の終わりになると，西欧におけるスパイス・ハーブの消費量は急増し，合衆国では1965年から2000年までに3倍に増加した（1人当たり1日約4g）．これは，アジア料理やラテン・アメリカ料理，特に「トウガラシ」の辛味に対する嗜好が普及したことによるものである．

べものに森や草地，花園，海岸などへの連想を与えることができる．自然界なじみの場所を，一口の食べもののなかに再現してみせる．

この章では，ハーブとスパイスのほかに，三つの重要な植物性の風味食材も取り上げている．茶とコーヒーはそれ自体が突出した食材であり，ハーブやスパイスの範疇には含まれないが，本質的にはハーブおよびスパイスそのものである．茶は乾燥した葉，コーヒーは煎った種子，そしていずれも水に風味（そしてカフェインという有用な薬剤）を加えるのに使われる．また，木の燻煙は，植物組織が高温で分解される際に生まれる風味食材であり，スパイスにも同じ芳香成分が一部含まれている．

## 風味の性質と風味食材

### ■ 風味とは一部が味でほとんどはにおい

ハーブ・スパイスの働きは，食べものに風味を加えることである．風味というのは複合的な性質で，腔口内の味蕾からくる感覚と，鼻腔の天蓋にある嗅覚受容体からくる感覚の組合わせである．これらの感覚は，実際には化学的なものである．食品中に含まれる特定の化学物質によって受容体が刺激されたとき，味やにおいを感じる．基本味には甘味，酸味，塩味，苦味，旨味（p.332）の五つしかないが，においには何千もの異なった種類がある．リンゴが，ナシでもラディッシュでもなく，リンゴの味がするのは，におい成分のせいである．風邪を引いて鼻が詰まっていたり，指で鼻をつまんだりすると，リンゴとナシの違いがよくわからない．つまり我々が風味として感じるもののほとんどは

---

### 神聖な香り，天国の香り

古代世界の宗教において，スパイスは精神的な充足感を象徴し，感覚的な喜びとして体験するものであった．

　囲われた園は私の妹，私の妻．閉ざされた湧き水，封じられた泉．
　そこにあるのは，美しい実を結ぶザクロの果樹園．ヘナ，そしてスパイクナード，スパイクナードとサフラン，菖蒲とシナモン，そしてあらゆる香木．ミルラとアロエ，そして主なスパイスのすべて．園の泉，命の水が湧き出るところ，そしてレバノンからの流れ．ああ，北風よ．来い，南風．私の園を吹き抜け，スパイスがあふれ出すように．

　　　　　　　　　　　　　　　　　　——ソロモンの雅歌（聖書，4章12〜15節）

　アッラーは人々をその日の災いから救い出し，人々の顔を喜びで輝かせる．人々の変わらぬ忠誠心を，絹の衣と天国の楽しみをもって報いる……人々の食卓には銀の食器，そしてゴブレットほどもある大きなビーカー．銀のゴブレットは自らがそれを満たす．カップにはセルサビルの泉から汲んだショウガ水がなみなみと注がれる．

　　　　　　　　　　　　　　　　　　——人（コーラン，76章11〜15節）

におい，芳香なのである．ハーブとスパイスは独特の芳香分子を含むために風味が強い．（辛味のあるハーブやスパイスは例外で，その風味は口腔中の神経が刺激されることによる；p. 384 参照．）

**においと揮発性の示唆**　ハーブやスパイスの芳香成分は揮発性，すなわち分子が小さく軽いので表面から蒸発し空気中に飛散する．口中の空気に混じって鼻へと入り込み，においとして感じられるのである．温度が高いと揮発性成分はさらに揮発性が高まるので，ハーブ・スパイスを加熱すると芳香成分がより多く放散してにおいが強まる．見る，触る，聴く，といった我々が身近に知覚する多くのものとは違って，芳香は目に見えず形もない．分子や嗅覚受容体といったことが知られるようになる前は，空気のように浸透するにおいというものは，目に見えない存在や力の世界を示唆するものだった．ゆえにハーブ・スパイスは生贄の焚き火に使われ，宗教的な儀式でお香として使われた．ハーブ・スパイスは神からの賜りもの，神の存在を呼び起こし，天国を連想させる手段であった．perfume（香水）という言葉はラテン語で"煙を通じて"という意味からきており，ハーブ・スパイスと同様に神秘的な魅惑を秘めたものであった．

## ■ 味とにおいの進化する世界

人間は動物であり，すべての動物にとって嗅覚は，食べものの情報を得るという以上のずっと大切な役割をもっている．空気中に漂う揮発性分子は，何であろうとにおいとして感じられる．したがって，空気，地面，そこに生育する植物，身近にいるほかの動物（敵かもしれない），仲間，餌など，動物の身の回りのことを知ることができる．においには，こういったより一般的な役割があるからこそ，木，石，土，空気，動物，鼻，干草，海岸，森などの自然界を思い起こさせるにおいを，食物のなかに敏感に感じとれるのかもしれない．動物が経験から学習する，すなわち特定の感覚をそれに付随する状況と結びつけるためにも，においは欠かせない．においが記憶やそれに関連した感情を喚起しやすいというのもよくわかる．

---

### スパイスは必ずしも食物とともに使われたわけでない

古代ギリシャ・ローマ時代には，スパイスは主に宗教儀式や香水に用いられており，誰もが食べものと思っていたわけではない．

> 疑問なのは，芳香成分やほかの香り高いものが，ワインにはよい味をだすのに，それ以外の食物では味をよくする効果がないということである．いかなる場合でも，食物が調理されるかどうかによらず，そのような香りの高いものは食物を台無しにする．
> ——テオフラスタス，*De causes plantarum*（植物成因論），紀元前3世紀

> 今日，我々は肉を"補うもの"を必要とする．油，ワイン，蜂蜜，魚のペースト，酢に，シリアやアラビアのスパイスを混ぜ合わせる．あたかも本当の死体を埋葬のため防腐処理するかのように．
> ——プルターク，*Moralia*（モラリア），紀元後2世紀

**採取食物の多様さ，農業の単調さ**　人間の祖先は雑食性であった．アフリカのサバンナで見つけられるものは，動物の死骸に残った肉片から木の実，果実，葉，塊茎まで，食べられるものは何でも食べていた．見た目とにおいによって，初めてのものが食べられるかどうかを判断し（甘さは栄養のある糖分，苦さは毒のあるアルカロイド，嫌なにおいは危険な腐敗），前に出会ったことのあるものを見分け，その作用を思い出した．そしてその食生活は，おそらく何百種類もの異なる食物を含む多彩なものであったろう．覚えておくべき風味の種類は非常に多かった．

1万年ほど前に農業が発達すると，多彩ではあるが危険をはらむ食生活から，より予測しやすく単調なものへと変わっていった．すなわち，小麦，大麦，米，トウモロコシといった，エネルギーやタンパク質が濃縮された，比較的淡白な風味のものが主食となった．覚えておくべき風味の種類は非常に少なくなったが，それでも味とにおいの感覚はもっていた．

**風味食材は刺激と遊びを与える**　身の回りの自然素材を探求し操作する意欲，これらの素材を自らの必要性と興味に合うように変えてゆこうとする意欲は，人間に独特のものである．こうした必要性と興味には，感覚の刺激，脳の関心を引く感覚パターンの構築が含まれる．農業が発達し，食生活が急激に単調化すると，人間は味覚や嗅覚に多彩な経験を再び与えるための方法を発見する．その一つが，植物体の中でも特に風味が濃縮された部分を使うことである．ハーブやスパイスは，淡白な食物の風味を強めるだけでない．より多彩な風味をもたらし，味わうために食物を飾り風味を引き立てるのである．

## ■ 風味食材は化学兵器である

植物体の中に特に強い風味をもつ部分があるのはなぜか．これらの風味のもとになっている化学物質は，植物が生きていくなかでどのような役割をもつのか．

風味が極端に強いこと，これが簡単なヒントである．オレガノの葉やクローブ，あるいはバニラ・ビーンズをかんでみるとよい．心地よいというのとはかなりかけ離れている．多くのハーブやスパイスは，そのまま食べると味が強すぎて刺激があり，痺れるような感じがする．これらの感覚を引き起こす化学物質は，実際に毒性をもつ．オレガノやタイムから精製した成分は化学薬品会社から購入できるが，これらの化学物質は皮膚および肺に損傷を与えるので，触ったり吸入したりしないよう，目立つ色の注意書きが添えてある．植物を不快なものにし，動物や微生物による攻撃から身を守ることこそが，これら化学物質のもつ本来の機能である．ハーブやスパイスの風味は，植物細胞がかじられたときに放出する防御用の化学兵器である．その揮発性ゆえに，直接接触するだけでなく空気を介しても反撃ができ，においだけである種の動物を寄せつけないようにする警戒信号となる．

## ■ 化学兵器を楽しみに変える：食材を加えるだけ

人間は，本来は動物を遠ざけるための植物化学兵器を珍重するようになった．ハーブ・スパイスが無毒で食べられるようになるだけでなくおいしいものになるのは，単純な調理の原理，すなわち希釈によるものである．オレガノの葉やコショウの粒をそのままかじれば，濃縮された防御化学物質があまりにも強く味覚や嗅覚を刺激する．しかし同じ化学物質でもほかの食材によって薄められれば（数百グラムに対して数ミリグラム程度），刺激も過剰ではなくなる．穀物や肉にはない風味が加わり，より複雑で魅力的な味わいとなる．

# ハーブ・スパイスの化学と特性

## ■ 風味成分の多くは油に似ている

ハーブ・スパイス中の風味豊かな成分は，昔から「精油」と呼ばれる．芳香化合物は水よりも油脂に似ていて，水よりも油に溶けやすいという実用面での重要な事実が（p. 769），精油という命名に反映している．ハーブやスパイスを水でなく油に浸して風味を抽出するのはこのためである．ハーブを水やアルコールを含む水性の液に浸け込むこともあるが，アルコールも酢酸も脂肪に類似した低分子なので，ただの水よりも芳香成分を溶かし出しやすくする．

防御用の芳香化合物は，動物だけでなく植物細胞自体にも破壊的な作用を及ぼすので，細胞内諸機能とは隔離されている．ハーブ・スパイスはその芳香化合物を，葉表面の腺もしくは細胞間に開いている溝の中の特別な油脂貯蔵細胞内に蓄えている．水分の少ない植物種では，重さの15％の精油が含まれるものさえあり，5～10％のものも多い．生および乾燥ハーブは一般にこれより少なく，1％前後である．生のハーブは水分含量が多いため，乾燥ハーブは乾燥段階で芳香成分の多くが失われるためである．

## ■ ハーブやスパイスの風味は複数の風味成分の組合わせである

今まで何度も，そしてさまざまな食物をとおして見てきたように，風味というのは複合的な特性である．熟した果実には何百種類もの芳香化合物が含まれる場合があるし，ローストにより生じる風味も同様である．ハーブやスパイスはそれぞれ独特の風味をもつと考えられがちだが，これもやはり複数の異なる芳香化合物が組み合わされたものである．芳香化合物のどれか一つが突出して大きな特徴となることもあるが（クローブ，シナモン，アニス，タイム），複数成分の組合わせに特徴があることも多く，ゆえにいくつかの違った食材を一つの味にまとめるのに適しているわけである．たとえば，コリアンダー・シードは花のにおいとレモンのにおいを併せもち，月桂樹の葉（ローレル）はユーカリ，クローブ，松，花のにおいがする．スパイスを分析しながら味わう，つまり個々の成分を感じとって風味の成り立ちを知ろうとするのはおもしろいし，有用である．その場合には調香用語が役に立つ．"トップ・ノート"というのは香水をつけてすぐに感じる匂いで，エーテルのようにすぐに消えてゆく．"ミッド・ノート（ミドル・ノート）"というのは主要な匂い，そして"ラスト・ノート"というのは時間が経ってから香りの立つ持続性の匂いである．代表的なハーブやスパイスに特徴的な芳香成分を，p. 382, p. 383の表にまとめた．ハーブ・スパイスの芳香成分の多くに関係した，二つの化学物質群がある．

## ■ 風味成分群：テルペン類

テルペン化合物は炭素原子5個のジグザグ構造が基本単位となっている．この基本単位は驚くほど万能で，さまざまに組み合わせられ，ね

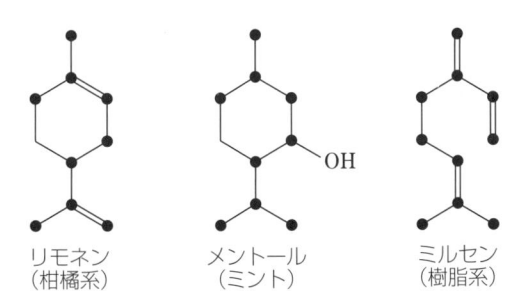

リモネン
（柑橘系）

メントール
（ミント）

ミルセン
（樹脂系）

テルペン芳香化合物の例．黒点は炭素原子骨格を示す．リモネンとメントールはそれぞれ独特の臭いをもつが，ミルセンは多くのスパイスやハーブでバックグラウンドとなる臭いを与える．

じれ，修飾されて，何万種類もの異なる分子ができあがる．植物は一般に，防御性テルペンをいくつも合成する．テルペンは針葉樹の葉や樹皮，柑橘果実（p.362），花などに典型的なもので，多くのハーブ・スパイスの総合的な風味に松，柑橘系，花，葉，そして"爽やかな"においを加える．テルペン類は揮発性および反応性が特に高い化合物である．すなわち，最初に鼻に入ってくる分子である場合が多く，軽やかでよりエーテルのような第一印象を与える．また，短時間加熱しただけで蒸発してしまったり変化しやすいということでもあり，テルペン類の軽く爽やかなにおいは消えやすい．このようなときは，食卓に出す前にハーブやスパイスを追加するとよい．

## ■ 風味成分群：フェノール類

フェノール化合物は，炭素原子6個の閉環構造と少なくとも1個の水分子の一部（酸素と水素の組合わせ）からなる．このフェノール環の一つ以上の炭素原子にほかの原子が付加したり，二つ以上のフェノール環が結合したりして，アントシアニン色素やリグニンなどのポリ

フェノール性芳香化合物の例．

オイゲノール（クローブ）

桂皮アルデヒド（シナモン）

バニリン（バニラ）

### 芳香成分群：重要なテルペン化合物およびフェノール化合物とそのにおい

| 化学物質 | におい |
|---|---|
| テルペン化合物 ||
| ピネン類 | 松の葉と樹皮 |
| リモネン，テルピネン，シトラール | 柑橘果実 |
| ゲラニオール | バラ |
| リナロール | スズラン |
| シネオール | ユーカリ |
| メントールとメントン | ペパーミント |
| L-カルボン | スペアミント |
| D-カルボン | キャラウェイ |
| フェノール類 ||
| オイゲノール | クローブ |
| 桂皮アルデヒド | シナモンとカシア |
| アネトール | アニス |
| バニリン | バニラ |
| チモール | タイム |
| カルバクロール | オレガノ |
| エストラゴール | タラゴン |

フェノール化合物が作られる．一般的な芳香特性を与えるテルペン芳香化合物とは違って，フェノール性芳香化合物は，クローブ，シナモン，アニス，バニラなどのスパイス，そしてタイムやオレガノなどのハーブに独特な風味を与える．トウガラシ，黒コショウ，ショウガの辛味成分もフェノールをもとに合成される．

炭素環に水分子の一部が結合しているおかげで，フェノール化合物はテルペン類よりもやや水溶性である．食物中や口中に残りやすい．

### ■ 風味成分群：辛味化合物

ハーブやスパイスが香りをだすという法則には，一つ大きな例外がある．トウガラシと黒コショウは，世界中で最も多く使われるスパイスである．この二つに加えて，ショウガ，マスタード，ホースラディッシュ，ワサビなどは，その「辛味」が特に好まれる．この感覚は味覚でも嗅覚でもなく，痛みに近い一般的な刺激感である．辛味を生じる化学物質は二つに大別できる．一つはチオシアネート類で，マスタード系植物やその類縁，ホースラディッシュ，ワサビなどが傷ついたときに生じる．多くは軽くて水をはじく低分子（原子数10～20個程度）で，食物から放出され口中から鼻腔に漂いやすい．口および鼻の神経末端が刺激され，痛みの信号が脳に伝わる．もう一つはアルキルアミド類で，トウガラシ，黒コショウ，ショウガ，サンショウなど，類縁関係のない多くの植物の中にあらかじめ合成されて含まれている．アルキルアミド類は大きな重い分子（原子数40～50個）であるため，食物の外に放出されて鼻に達することはあまりなく，主に口中を刺激する．その作用はかなり特殊である．ある種の感覚神経上に存在する特定の受容体に結合し，通常の刺激に対して神経を過敏にすることで，刺激や痛みの感覚を残す．マスタードのチオシアネート類は口と鼻とで同じように作用するとみられる．

### ■ 痛みが心地よいのはなぜか？

刺激の強いスパイスが好まれるのはなぜか？食心理学研究家のポール・ロージンは，二つの異なる解釈を提示している．おそらく，スパイシーな食物というのは，ジェットコースターに乗るとか，厳冬のミシガン湖に飛び込むようなもので，不快なシグナルを体内に起こさせる「限定的な危険性」の一例ではないか．本当に危険な状態ではないので，これらの感覚の通常の意味を無視することができ，めまいやショックや痛みそのものを味わうことができる．あるいは，痛みの感覚によって脳からは自然の痛み止め物質が放出され，灼熱感が消えたあとには心地よい満足感が得られるということも考えられる．

**興奮と感作**　スパイシーな食物を楽しむことができるのは，刺激が食べる行為に新しい側面を

カプサイシン
（トウガラシ）

ピペリン
（コショウ）

辛味化合物の例．

## ハーブの風味成分

　この表は，植物由来の風味食材がさまざまなにおいの混ざり合ったものであることを理解するのが目的である．個々のハーブ・スパイスに含まれる主要なにおい成分について，一般的なにおい特性およびそのにおいに関係する化合物名を記載した．ひとつひとつのハーブやスパイスの風味をより深く感じ取り，またほかの食材との相性を知るうえで参考にしてほしい．

　におい特性および化合物は一部の抜粋であり，分類の仕方も略式である．"軽い"においというのは主にテルペン化合物，"温かい""突き刺すような"においは主にフェノール化合物による．"独特の"化合物というのは，もっぱら一つのハーブかスパイスにのみ含まれ，その特徴的なにおいをだすものである．

| | 軽い | | | | 温かい，甘い | | | その他 | | |
|---|---|---|---|---|---|---|---|---|---|---|
| | 新鮮 | 松 | 柑橘 | 花 | 木 | 温かい"甘い" | アニス | 突き刺すような | 辛い | 独特の |
| アボカド・リーフ | | | | | | | エストラゴール，アネトール | | | |
| アンジェリカ | フェランドレン | ピネン | リモネン | | | アンジェリカラクトン | | | | |
| ウィンターグリーン | | | | | | | | | | サリチル酸メチル |
| エパソーテ | | ピネン | リモネン | | | | | | | アスカリドール |
| オハ・サンタ | | | | | | | | | | サフロール |
| オレガノ | | | | | | | | カルバクロール | | カルバクロール |
| カレー・リーフ | フェランドレン | ピネン | | テルピネオール | カリオフィレン | | | | | |
| 月桂樹，カリフォルニア | シネオール，サビネン | ピネン | | | サビネン | | | シネオール | | |
| 月桂樹，ベイ・ローレル | シネオール | ピネン | | リナロール | | メチルオイゲノール | | シネオール，オイゲノール | | |
| コブミカン | | | シトロネラール | | | | | | | |
| コリアンダー | | | デセナール | | | | | | | |
| ササフラス | フェランドレン | ピネン | リモネン | リナロール | | ミルセン | | | | |
| シソ | | | リモネン | | | | | | | ペリルアルデヒド |
| ジュニパー・ベリー | | ピネン | | | サビネン | ミルセン | | | | |
| スクリューパイン | | | | | | | | | | ピロリン |
| スペアミント | シネオール | ピネン | リモネン | | | ミルセン | | シネオール | | L-カルボン，ピリジン類 |
| セイボリー | | | | | | | | カルバクロール，チモール | | |
| セージ | シネオール | ピネン | | | | | | シネオール，カンファー | | ツヨン |
| セロリ | | | | | | | | | | フタライド類 |
| タイム | | ピネン | シメン | リナロール | | | | チモール | | チモール |
| タラゴン | フェランドレン | ピネン | リモネン | | | ミルセン | エストラゴール | | | |
| チャービル | | | | | | | エストラゴール | | | |
| ディル | フェランドレン | ピネン | リモネン | | ミリスチシン | | | | | ディルエーテル |
| バジル | シネオール | | | リナロール | | メチルオイゲノール | エストラゴール | シネオール，オイゲノール | | |
| パセリ | フェランドレン | | | | ミリスチシン | ミルセン | | | | メンタトリエン |
| ヒソップ | ピノカンフォン | ピネン | | | | | | カンファー | | |
| フェンネル | | | | | ミリスチシン | | アネトール | | | |
| ペパーミント | | ピネン | | | | | | | | メントール |
| ボリジ | | | | | | | | | | キュウリアルデヒド |
| マジョラム | サビネン | | テルピネン | リナロール | サビネン | | | | | |
| ラベンダー | 酢酸ラバンジュリル，シネオール | | | リナロール | テルピネオール | オシメン | | シネオール | | 酢酸リナリル |
| レモングラス | | | シトラール | ゲラニオール，リナロール | | | | | | |
| レモンバーベナ | | | シトラール | リナロール | | | | | | |
| ローズマリー | シネオール | ピネン | | テルピネオール | ボルネオール | ミルセン | | シネオール，カンファー | | |
| ロベージ | | | テルピネオール | | | | | カルバクロール | | フタライド類 |

## スパイスの風味成分

| | 軽い | | | | 温かい，甘い | | | その他 | | |
|---|---|---|---|---|---|---|---|---|---|---|
| | 新鮮 | 松 | 柑橘 | 花 | 木 | 温かい"甘い" | アニス | 突き刺すような | 辛い | 独特の |
| 赤コショウ | フェランドレン | ピネン | リモネン | | | カレン | | | カルダノール | |
| アサフェティダ | | | | | | | | | | ジ-, トリ-, テトラースルフィド類 |
| アジョワン | | ピネン | テルピネン | | | | | チモール | | チモール |
| アニス | | | | | | | アネトール | | | アネトール |
| アンナット | | ピネン | リモネン | | フムレン | ミルセン | | | | |
| オールスパイス | シネオール | | | | カリオフィレン | | | シネオール, オイゲノール | | |
| カシア | | | | | | 酢酸シンナミル | | メトキシ桂皮酸 | | 桂皮アルデヒド |
| 花椒 | フェランドレン | ピネン | シトロネロール | ゲラニオール, リナロール | | | | | サンショオール | |
| ガランガル | シネオール | ピネン | | 酢酸ゲラニル | | 桂皮酸メチル | | シネオール, カンファー, オイゲノール | | 酢酸ガランガル |
| カルダモン | サビネン, シネオール | ピネン | リモネン | テルピネオール, リナロール | サビネン | 酢酸テルペニル | | シネオール | | |
| 甘草 | | | | | ペオノール | | | | | アンブレットリド |
| キャラウェイ | | | リモネン | | | | | | | D-カルボン |
| クベバ・ペッパー | サビネン | | | テルピネオール | | | | シネオール | | |
| クミン | フェランドレン | ピネン | | | | | | | | クミンアルデヒド |
| 黒コショウ | サビネン | ピネン | リモネン | | カリオフィレン | | | | ピペリン | |
| クローブ | | | | | カリオフィレン | 酢酸オイゲニル | | オイゲノール | | オイゲノール |
| コリアンダー | | ピネン | シトラール | リナロール | | | | カンファー | | |
| サフラン | | | | | | | | | | サフラナール |
| 山椒 | | | シトロネラール | ゲラニオール, リナロール | | | | | サンショオール | |
| シナモン | シネオール | | | リナロール | カリオフィレン | | 酢酸シンナミル | シネオール, オイゲノール | | 桂皮アルデヒド |
| ショウガ | フェランドレン, シネオール | | シトラール | リナロール | ジンジベレン | | | シネオール | ジンゲロール, ショウガオール | |
| スマック | | ピネン | リモネン | | | | | | | |
| セロリシード | | | リモネン | | | | | | | フタリド, セダノリド |
| ターメリック | フェランドレン, シネオール | | | | ターメロン, クルクメン | | | シネオール | | |
| ディル・シード | フェランドレン | ピネン | リモネン | | | | | | | D-カルボン |
| トウガラシ | | | | | | | | | カプサイシン | |
| ナツメッグ | サビネン, シネオール | ピネン | リモネン | ゲラニオール | ミリスチシン | ミルセン, メチルオイゲノール | | シネオール | | サフロール |
| ニゲラ | | ピネン | | | | | | カルバクロール | | |
| 八角 | | | リモネン | リナロール | | | エストラゴール, アネトール | | | アネトール |
| バニラ | | | | リナロール | | バニリン | | オイゲノール, クレゾール, グアイヤコール | | バニリン |
| パラダイス・グレイン | | | | リナロール | フムレン, カリオフィレン | | | | ジンゲロール, ショウガオール | |
| フェヌグリーク | | | | | | ソトロン | | | | ソトロン |
| フェンネル・シード | | ピネン | リモネン | | | | アネトール | フェンコン | | アネトール |
| ホースラディッシュ | | | | | | | | チオシアネート類 | | |
| マスタード | | | | | | | | チオシアネート類 | | |
| マスチック | | ピネン | | | | ミルセン | | | | |
| メース | サビネン | ピネン | | | ミリスチシン | メチルオイゲノール | | | | |
| ラージカルダモン | シネオール | | | | | | | シネオール, カンファー | | |
| ロングペッパー | | | | | カリオフィレン | | | | ピペリン | |
| ワサビ | | | | | | | | チオシアネート類 | | |

与えるからかもしれない．近年の研究によれば，少なくともコショウやトウガラシの刺激物質の場合は，単なる灼熱感よりも辛味が大きく関係しているという．これらの化合物は口中に一時的な炎症を起こすので，口はより"敏感"になり，ほかの刺激に対する感受性が高まる．触る，温度，そして塩や酸や炭酸，そしてアルコールといったさまざまなほかの食材に対する感覚が高まるのである．中華料理の酸辣湯（サンラータン；辛味と酸味と塩味がある）の刺激はコショウである．二口か三口すすっただけで呼吸さえ意識するようになる．口中が敏感になるあまり，体温と同じ温度の呼気でさえ熱湯のように感じられ，室温の吸気は清々しい風のように感じられる．

強い辛味は，本当の味覚（甘味，酸味，塩味，苦味）そして芳香に対する感受性を弱めてしまう．それは，脳が普通これらのほかの感覚に向けるはずの注意が一部奪われることとも関係している．辛味にさらされる度合いが強いほど感受性もまた低くなってゆき，この脱感作状態は2〜4日間持続する．日頃からトウガラシをよく食べている人が，たまにしか辛いものを食べない人に比べて辛さに強い理由でもある．

## ■ ハーブ，スパイス，そして健康

**一般的な薬としてのハーブとスパイス**　ハーブやスパイスに薬効があるという考えは古くからあり，事実に基づいている．植物は生化学的発明に長けていて，多くの重要な薬剤（アスピリン，ジギタリス，キニン，タキソール，その他多数）も最初は植物から見つかった．植物性食物の一般的な健康効果はすでに述べた（p. 247）．ハーブ・スパイスには多彩なフェノール化合物とテルペン化合物が含まれ，大きく三つの有効性がある．フェノール化合物は抗酸化活性をもつことが多く，なかでもオレガノ，ローレル，ディル，ローズマリー，ターメリックは特に活性が高い．抗酸化物質は体内ではDNA，コレステロール粒子，その他の重要な生体成分の損傷を防ぐ効果があるが，食物中でも風味の劣化を防ぐ効果がある．テルペン類は酸化防止作用はないものの，体内で癌発生にもつながるDNA損傷分子の生成を抑え，腫瘍の増殖を抑制する．そして一部のフェノール化合物とテルペン類は，抗炎症作用も有する．身体が細胞損傷に対して過剰反応するのを抑え，心臓疾患や癌の発生を抑制する．

ハーブやスパイスを食べて特定の疾患リスク

---

### 黒コショウ，トウガラシ，ショウガに含まれる辛味化合物の強さの比較

以下の表では，黒コショウの活性成分であるピペリンの辛味を1とした．ショウガとパラダイス・グレインの成分は同等の強さで，トウガラシのカプサイシンはかなり強い．スパイスの実際の辛味は，含まれる活性成分の種類とその濃度によって決まる．

| 辛味化合物 | スパイス | 強さ |
|---|---|---|
| ピペリン | 黒コショウ | 1 |
| ジンゲロール | 生ショウガ | 0.8 |
| ショウガオール | 古ショウガ（ジンゲロール） | 1.5 |
| ジンゲロン | 加熱ショウガ（ジンゲロール） | 0.5 |
| パラドール | パラダイス・グレイン | 1 |
| カプサイシン | トウガラシ | 150〜300 |
| 修飾型カプサイシン | トウガラシ | 85〜90 |

が顕著に低くなるかどうかまだわからないが，その可能性は十分にある．

**ハーブ，スパイス，そして食中毒**　ハーブやスパイスが使われるようになったのは，特に熱帯地域において，防御性化学物質が食中毒菌の増殖を抑え，食物がより安全に食べられるようになるからだろう．このことは，以前から指摘されている．ニンニク，シナモン，クローブ，オレガノ，タイムなど，一部のハーブ・スパイスは病原菌に対する抗菌作用がかなり強いものの，多くの場合それほどでもない．特に黒コショウなど熱帯性気候で乾燥に何日もかかるものは，一つまみの量に何百万個という微生物が含まれ，時に大腸菌やサルモネラ（*Salmonella*）菌，バチルス（*Bacillus*）菌，アスペルギルス（*Aspergillus*）菌などの病原菌が含まれることもある．このため，スパイスはさまざまな化学物質（合衆国ではエチレンオキシドやプロピレンオキシド）や蒸気を使って燻蒸消毒されることが多い．輸入スパイスの10％程度は滅菌のため放射線照射される．

# ハーブ・スパイスの取扱いと保存

## ■ 芳香成分を保つ

　ハーブ・スパイスを取扱う際には，独特の芳香成分を逃さないように気をつける．芳香成分は揮発性で蒸発しやすいうえ，反応性が高いということは大気中の酸素や水分，または化学反応を促進する熱や光によって変化しやすいということでもある．ハーブ・スパイスを保存するには腐らないように植物体を殺して乾燥させる必要があるが，風味が飛んでしまわず水分だけを除くよう，できるだけ穏やかに処理する．乾燥した後は密閉容器に入れ，冷所に保存する．一般的に，ハーブ・スパイスは不透明なガラス容器に入れて，冷凍庫で保存するのが一番よい（使うときは容器を室温に戻してからふたを開けないと，空気中の水分が冷たい表面に凝縮してしまう）．実際には，室温で保存されることがほとんどである．常に強い光にさらされたりしない限り，挽いていないスパイスは1年，挽いたスパイスは数ヶ月ほど保存できる．細かく挽いたものは表面積が大きいので芳香分子が空気中に飛んでしまいやすいのに対し，そのままのスパイスは細胞が壊れていないので芳香が逃げない．

## ■ 新鮮なハーブの保存

　ハーブは若くて繊細な茎や葉を用いる場合が多いため，ほかの生鮮野菜よりも傷みやすい．茎が切られているため外傷応答性ホルモンのエチレンを放出していると考えられ，密閉した容器に入れておくとエチレンが蓄積して劣化が進む．多くの場合，口を開けたビニール袋に入れて冷蔵庫に保存するとよい．吸水性の布や紙でゆるく包んでおけば，濡れた葉に微生物が増殖するのを抑えることができる．暖かい気候に生育するバジルやシソなどは，冷蔵すると低温障害が起こるので，切ったばかりの茎を水に挿して室温で保存するのがよい．

　ハーブの多くは冷凍で風味が保たれるが，氷の結晶で組織が傷つくので解凍時に色が黒っぽくしなびてしまう．油に漬けると酸素に触れないので数週間はもつが，それ以上置いておくと風味はほとんど油の中に溶け出してしまう．酸素がないと風味は保たれるがボツリヌス菌が増殖しやすいので，油漬けのハーブは常に冷蔵保存する．冷蔵庫内の温度ではボツリヌス菌は増殖せず毒素も産生しない．

## ■ 新鮮なハーブの乾燥

　新鮮なハーブに含まれる水分は90％以上にもなり，乾燥工程ではそのほとんどが除かれる．芳香成分の多くは水よりも揮発性が高いので，水分をほとんど蒸発させようとすれば風味もほとんど飛んでしまうという，根本的なジレンマがある．乾燥ハーブの多くが，新鮮なもの

とは比較にならないほど味が落ち，ごく普通の乾燥葉の干草のようなにおいしかしない理由である．例外もいくつかあり，ミントの仲間で乾燥した暑い地域に育つ地中海性ハーブなどは，乾燥しても芳香が残りやすい（オレガノ，タイム，ローズマリー，月桂樹の仲間のローレルなど）．天日干しと言えば聞こえはいいが，高温と強い光（可視光および紫外線）にさらされて風味が無くなったり変質したりすることが多い．日陰で数日間かけて自然乾燥させるほうがずっとよい．ハーブは低温のオーブンや乾燥器を使えばほんの数時間で乾燥できるが，自然乾燥よりも高温なので風味は少なくなる．市販の乾燥ハーブは凍結乾燥されているものもあり，この場合は本来の風味が残っていることも多い．

少量のハーブを乾燥させるときは，電子レンジを使うとかなり上手くいく．電磁波の作用が選択的かつ迅速なためである．マイクロ波のエネルギーは水分子を励起するが，非極性の油分子にはあまり作用しない．しかも薄い葉や茎を瞬時に浸透する（p.759）．したがって，ハーブに含まれるすべての水分子が数秒内に沸点に達して蒸発しはじめる．一方，油様の風味成分が含まれる組織内構造（腺および管，p.391とp.396の図）は，水分子の熱を介して間接的にゆっくりと加熱される．ハーブは数分で乾燥するうえ，オーブン乾燥よりも風味が残る．

## ハーブ・スパイスを使った調理

ハーブ・スパイスはほかの食材と一緒に調理するのが普通で，使用する量も全体の1％未満と比較的少ない．この項では，こうした料理における風味の抽出と変化についてみていく．ただし，風味づけだけでなくそれ以外の作用のためにハーブやスパイスを利用する料理もある（p.390）．パセリ，セージ，バジルなどの多くのハーブは，それだけをさっと油で揚げても，カリッとしてまろやかな味がおいしい．

### ■ 風味の抽出

ハーブ・スパイスで風味づけするには，何らかの方法で風味化合物を植物組織から引き出して，味覚や嗅覚受容体に送らなくてはならない．軟らかいハーブなどは，料理の上に生のハーブを散らすだけ（ベトナム料理のスープなど）と簡単である．料理を食べるときに葉をかむと芳香が外に出るので，とても新鮮な風味が楽しめる．だが，もし料理に風味をつけたいときは，ハーブやスパイスから風味成分をある程度出してやらなければならない．ハーブやスパイスをそのままの形で液体に入れて加熱し，風味が徐々にしみ出すようにすることもあれば，小さく砕いて（新鮮な葉を刻む，乾燥葉を細かく砕く，スパイスを粉にする），料理に直接風味分子をつけることもできる．細かくするほど風味分子が出る表面積は大きくなり，料理に風味が移るのも速い．

短時間に抽出するのが好ましい場合と，そうでない場合とがある．加熱時間の短い料理では，短時間で風味を抽出することが不可欠である．しかし長く煮込む料理では，粗めの粒やそのままの葉・種子からゆっくりと風味成分がしみ出すほうが望ましい．ピクルスやプリザーブの場合は，スパイスを砕かずに使うほうが液が濁らず風味もでる．風味分子が料理中に抽出された後は，酸素やほかの食材成分と反応しはじめるので，本来の風味がいくらか変化する．大きな粒からは長い時間にわたって，本来の風味が出続ける．長く煮込む料理に新鮮な風味をつける別の方法は，仕上がり前や仕上がった後にハーブ・スパイスの全部，または一部を入れることである．

バニラ・エキスなどの抽出エキスは，風味分子がすでに液体に溶けていて，料理全体にすぐに風味がつけられるので便利である．加熱すると風味は変化するか蒸発するだけなので，抽出エキスは仕上がり間際に入れるのがよい．

**挽く，砕く，切る** ハーブやスパイスを細かくする方法はいくつかあり，風味に対する影響が

それぞれ違う．粉砕器，野菜刻み器，すり鉢などはいずれも熱を発生する．芳香分子は高温になるほど揮発性が高まって飛びやすく，また反応性も増して変化しやすい．本来の風味を保つには，スパイスと粉砕器の両方をあらかじめ冷しておいて，芳香成分をなるべく低温に保つとよい．フードプロセッサーでハーブを切り刻むと空気（したがって芳香を変化させる酸素）が多く入るが，すり鉢でハーブをつぶすと酸素があまり入らない．よく切れるナイフで慎重に切り刻めば組織構造はほとんどそのままで，細胞が損傷するのは切り口だけなので新鮮な風味となる．ところが切れ味の悪いナイフを使うと，切るというよりはつぶすような感じになり広い

## ハーブ・スパイスの古典的な調合例

### フランス

| | |
|---|---|
| ブーケ・ガルニ | ローレル，タイム，パセリ |
| フィーヌ・ゼルブ | タラゴン，チャービル，チャイブ |
| キャトル・エピス | 黒コショウ，ナツメッグ，クローブ，シナモン |
| エルブ・ド・プロヴァンス | タイム，マジョラム，フェンネル，バジル，ローズマリー，ラベンダー |

### モロッコ

| | |
|---|---|
| チャムーラ | タマネギ，ニンニク，コリアンダーの葉，トウガラシ，クミン，黒コショウ，サフラン |
| ラッス・ル・ハヌートゥ | カルダモン，カシア，メース，クローブ，クミン，トウガラシ，バラの花びらなど20種以上 |

### 中東

| | |
|---|---|
| ザータル | マジョラム，オレガノ，タイム，セサミ，スマック |
| ザグ | クミン，カルダモン，ニンニク，トウガラシ |

### インド

| | |
|---|---|
| ガラム・マサラ | クミン，コリアンダー，カルダモン，黒コショウ，クローブ，メース，シナモン |
| パンチ・フォーラン | クミン，フェンネル，ニゲラ，フェヌグリーク，マスタード |

### 中国

| | |
|---|---|
| 五香粉（ウーシャンフェン） | 八角，花椒，カシア，クローブ，フェンネル |

### 日本

| | |
|---|---|
| 七味 | サンショウ，トウガラシ，ケシの実，ゴマ，陳皮，麻の実，カラシ |

### メキシコ

| | |
|---|---|
| レカード・ロホ | アンナット，メキシカン・オレガノ，クミン，クローブ，シナモン，黒コショウ，オールスパイス，ニンニク，塩 |

面で細胞が傷ついて，すぐに黒褐色に変色してしまう．

細かく粉砕したスパイスに対して，酸素がよい影響を与える場合もある．複数のスパイスを調合して置いておくと，数日から数週間かけて味がなじみ，まろやかになると言われる．

**ほかの食材の影響**　芳香成分は一般に水よりも油，脂肪，アルコールに溶けやすいので，料理に使う材料も風味の抽出され方，そして食べるときの風味の立ち方に影響する．油脂は水よりも調理する際に芳香分子を多く溶かし込むが，食べる際にも芳香分子を保持しやすいので，風味がゆっくりと持続して感じられる．アルコールも風味をよく抽出するが，アルコール自体が揮発性なので，比較的早く風味が感じられる．

蒸すことと燻煙することは，芳香分子の揮発性を利用した風味抽出法である．蒸し料理をする際にハーブやスパイスを蒸し器の湯に入れるかまたは料理の下に敷くと，いずれも熱によって芳香成分が蒸気に移り，それがより温度の低い食材表面に凝結するので風味がつく．ハーブやスパイスをくすぶっている炭の上や熱した鍋にのせると，通常の芳香成分のみならず高熱で変化した芳香成分もでてくる．

## ■ マリネと揉み込み

肉や魚の大きな塊の場合には，ハーブやスパイスの風味を表面につけるのは簡単だが，中までしみ込ませるのは簡単でない．水や油をベースとするマリネ液は，風味づけした液で肉を覆うのに対し，ペーストや粉末調味料（ドライ・ラブ）は，固体の芳香成分を肉表面に直接接触させる．風味は主に脂溶性分子であり，肉は75％が水分であるため，風味分子はあまり中まで浸透しない．塩分の強いマリネ液や粉末調味料だと，肉の組織が壊れ（p.151），やや水溶性のある芳香成分はしみ込みやすくなる．もっと効果的なのは，料理用注射器を使って，風味液を少しずつ肉のあちこちに注入することである．

## ■ ハーブ・スパイスで包む

ハーブ・スパイスで作ったペーストもしくは粉末調味料で肉や魚を包みこむと，これが保護層となって（鶏肉の皮のように），オーブンやグリルの高熱が直接肉に当たらない，という利点がある．つまり，肉の外側に火が通りすぎることが少なくなり，よりジューシーに仕上がる．粗く砕いたスパイス（特にコリアンダー）はカリッとして，中身の軟らかさを際立たせる．少し油を加えると外側のスパイスの風味がよくなる．スパイスがただ乾くのではなくて，油で揚げたようになるからである．

## ■ エキス（抽出物）：風味づけした油，酢，アルコール

風味抽出の特別な例が，風味エキス（抽出物）そのものを作ることである．さまざまな料理に使うことのできるインスタント調味料である．抽出媒体として最もよく使われるのは油，酢，糖シロップ（特に花のエキスを作る場合），アルコール（柑橘類の果皮で風味づけしたウォッカなど）である．液体の浸透をよくして芳香がしみ出しやすくするため，普通はハーブやスパイスを叩いて細胞構造を壊す．油，酢，シロップはハーブやスパイスを加える前に加熱することが多いが，これは殺菌のためと最初に液体がしみ込みやすくするためである．その後は冷まして風味の変化を防ぐ．組織の軟らかな花などはシロップに1時間も漬ければ風味は移るが，葉や種子は一般に抽出用液に漬けたまま室温で数週間おく．抽出液が好みの風味になれば，ハーブ・スパイスを漉し取って冷暗所に保存する．

アルコール，酢酸，糖濃縮液はいずれも殺菌もしくは細菌増殖抑制作用があるので，これらに風味づけしたものは，安全面での問題は少ない．ただし油はボツリヌス菌の増殖をかえって促進し，短時間煮沸しただけではボツリヌス菌の胞子は死なず，空気が少ないところで発芽する．ハーブ・スパイスの多くはボツリヌス菌の

増殖に十分な栄養をもたないが,ニンニクは例外である.ハーブやスパイスを漬けた油は作った後すぐに冷蔵保存するのが一番よい.抽出は遅くなるが,細菌の増殖を抑え腐敗しにくい.

**市販のエキス(抽出物)** 自家製のものとは違って,市販の風味エキス(抽出物)はかなり濃縮されているので使用量はごく少量でよい(料理全体に数滴からさじに何分の1かでよい).よく使われるのはバニラ,アーモンド,ミント,アニスのエキスである.本物のハーブやスパイスを材料にしているものもあれば,風味主成分に近い単一もしくは数種類の合成化合物を原料とするものもある.後者は,風味の複雑さやまろやかさが本物とは比べものにならない(人工エキスはきつくて変なにおいがすることも多い).合成品は安価なのが取り柄である.

## ■ 風味の進化

ハーブ・スパイスの芳香分子が料理に移ってほかの材料や空気や熱にさらされると,一連の化学反応が起こりはじめる.最初の芳香化合物の一部は多様な化合物に変わってゆき,独特の香りは和らいでいろいろと混じりあった複雑で総合的なにおいが強まる.このような風味の熟成は,単にほかの材料と一緒に加熱して風味づけをするときの副次的な作用だったりもするが,独立した調理段階として行われることも多い.たとえば,クミンまたはコリアンダーをそれだけで煎ると,含まれる糖とアミノ酸が褐変反応を起こして,焼いた食品に典型的な旨味芳香分子(ピラジン類)が生じ,初めの生の芳香を補うような新しい風味が加わる.

**スパイスの風味の熟成:インド式** インドおよび東南アジアでは,特に古くから洗練された形でスパイスが用いられてきた.インド料理では,料理に入れる前にスパイスの風味を熟成させる方法がいくつかある.

- 特にマスタード,クミン,フェヌグリークなど,乾燥スパイスを砕かずにそのまま熱した鍋で乾煎りする.中の水分が蒸気になってパチパチとはじけ,色が変わりはじめるまで1,2分間続ける.こうして乾煎りしたスパイスは,味はまろやかだが個性的である.スパイス本来の風味は損なわれない.

- 粉末スパイスを調合して,油もしくはギーで炒める.ターメリック,クミン,コリアンダーがよく用いられる.こうすると異なる芳香化合物が互いに反応しあい風味が全体によくなじむ.その後でニンニク,ショウガ,タマネギ,その他の食材を加えてソース状にすることが多い.

- 粉末スパイスと生のスパイスを合わせ,常にかき混ぜながらじっくりと炒める.水分がほとんど飛んで,ペーストから油が分離し,色が濃くなるまで炒める.メキシコ料理では,ピューレにしたトウガラシをやはり同じように炒める.この方法では,乾燥スパイスと生のスパイス(およびこれに含まれる酵素活性)が初めから混じりあい,生のスパイスから水分が出るので,乾燥スパイスは乾煎りしたときほどは熱の影響を受けない.

- そのままのスパイスをギーでさっと炒め,出来上がった料理の上に飾りとして散らす.

インド料理には,「ドゥンガー」という燻製とスパイスを組み合わせた素晴らしい風味づけの技法もある.鍋に料理を入れ,くりぬいたタマネギもしくは小さいボールに火のついた炭を入れたものも鍋に入れる.ギー(時にはスパイスも)を炭にふりかけて,鍋のふたをきっちりと閉めて燻煙する.

つまり,ハーブ・スパイスはそれ自体が非常に多彩な食材であるうえ,料理に及ぼす影響も非常に多彩である.組合わせ,割合,挽き方(粒の大きさ),加熱の温度と時間,そのすべてが料理の風味に影響してくる.

## ■ トロミづけとしてのハーブ・スパイス

　ハーブやスパイスのなかには，料理に芳香成分のほかにも役割をもっているものがある．バジルを使ったイタリア料理のペスト・ソースなど，生のハーブをピューレにしたものは，ハーブ自体の水分がすでにさまざまな細胞成分に結合しているのでトロミがある．そしてこれらの細胞成分*（主に細胞壁と細胞膜）の中には，乳化液中の油滴を包み込み安定化するものが含まれるので，なめらかで安定な乳化液となりやすい（p.608）．果実である生のトウガラシは，ピューレにすると水っぽいが，細胞壁ペクチンが多いので煮詰めればなめらかさがでる．メキシコ料理のソースには乾燥トウガラシを使ったものが多い．乾燥トウガラシはすぐに水分を吸収してなめらかなピューレ状になる．ハンガリア料理のパプリカッシュはパプリカ（辛みのないトウガラシ）の粉末を使ってトロミをだす．

　インドや東南アジアの料理は，乾燥スパイスと生のスパイスを組み合わせてトロミづけするものが多い．コリアンダーは乾いた厚い殻をもつので，コリアンダー粉末は水分を多く吸収する．ショウガ，ターメリック，ガランガルはデンプンの多い根のような地下茎であり，煮込むうちにデンプンが溶け出し，長鎖分子が絡み合ってトロミがでる．ルイジアナのガンボーに使われるササフラスの乾燥葉粉末（フィレと呼ばれる）も同じようにトロミがつく．フェヌグリークにはガラクトマンナンと呼ばれる粘質性の炭水化物が多く含まれ，これは粉砕種子を水に浸けるだけで溶け出してくる．

## 一般的なハーブ

　伝統的なヨーロッパ料理に使われるハーブの多くは，ミントの仲間またはニンジンの仲間である．それぞれの仲間はある程度似ているので，この二つをグループごとにみてゆく．続いて，これ以外のハーブを主にあいうえお順に並べた．

　生のハーブは一般に成熟した植物体（時に花が咲きかけて精油含量が最大となる時期のもの）から採取される．地中海性ハーブは，太陽に向いた部分のほうが精油含量が高い．葉が2, 3枚しかついていない若い芽生えを収穫するものもあり，この時期の精油含量は大きく違ってくる．たとえばフェンネルの芽生えではアニス臭のアネトールが比較的少ないが，成熟した植物体ではアネトールが風味の主成分である．

## ■ ミントの仲間（シソ科）

　シソ科には約180属が含まれ，非常に大きなグループである．料理によく使うハーブはシソ科が一番多い．これほど種類が多いのは，いくつかの要因が幸運にも組み合わされた結果である．ミントの仲間は，ほかの植物があまり育たないような岩だらけの乾燥した地中海低木地に多く見られ，過酷な条件に適応するために強力な化学防御機構を備えている．これらの化学防御物質が含まれるのは主に，葉から突き出た小さな分泌腺内である．腺は外に向かって伸長可能な貯蔵庫であり，葉の重さの10%ほどにも達する．ミントの仲間は無差別に化学合成を行い，無差別に交配する．それぞれの種が広範な芳香化合物を合成し，容易に種間交雑が起こる．結果として，植物も芳香も非常に多彩になった．

**オレガノ**　*Origanum* 属の地中海性植物で，およそ40種が存在する．その多くは低木性で岩場に生育する．オレガノという名前は，"山の喜び（または飾り）"を意味するギリシャ語からきているが，ギリシャ時代にどのように利用されていたかは不明である．合衆国では第二次世界大戦後にピザが広まるまでは，ほとんど知

---

＊　細胞膜中には界面活性のある多くの脂質やタンパク質，細胞壁には安定化に寄与する炭水化物が含まれる（原著者からの補足）．

られていなかった．オレガノ種は互いに交雑しやすいため，種の同定が容易でない．料理に使ううえで重要なのは，オレガノといっても風味が弱いものから強いもの，突き刺すようなものまでさまざまな種類があるということである．突き刺すようなにおいはフェノール化合物のカルバクロールによる．グリーク・オレガノはカルバクロールが多く含まれるのが特徴である．これに対してイタリア，トルコ，スペインのオレガノは，タイム臭のチモールや，新鮮なにおい，青草臭，花のにおい，木のにおいなどの各種テルペン類を多く含む．

メキシカン・オレガノはまったく異なる植物で，クマツヅラ科に属するメキシコのイワダレソウ（*Lippia*）属のさまざまな種である．カルバクロールを多く含むもの，タイムのにおいに近いものも，木や松のにおいが強いものなど，さまざまな品種がある．いずれもオレガノよりも精油含量がかなり高く（乾燥葉の精油含量はメキシカン・オレガノが3〜4％，オレガノが1％），よって香りも強いようである．

キューバン・オレガノはキューバの名前がついているが，アジア原産のミント（*Plectranthus amboinicus*）である．毛に覆われた多肉質の葉をもち，カルバクロールを多く含む．今では熱帯全域で広く栽培されている．インドでは生の葉に衣をつけて揚げる．

**シソ** 中国・インド原産の植物でミントの類縁，*Perilla frutescens* の葉である．8世紀もしくは9世紀に日本に持ち込まれ，シソと呼ばれるようになった．西洋圏の人々は，すしレストランで初めて口にすることが多い．シソ特有の芳香はペリルアルデヒドと呼ばれるテルペンのもので，脂肪臭，草のにおい，スパイシーなにおいがする．品種は緑色系品種，赤〜紫色系（アントシアニン），ペリルアルデヒドを含まずディルやレモンのにおいがするものなど，複数存在する．日本では葉や花穂を，魚介類や焼いた肉に添えて食べ，梅干を漬けるのに赤ジソを使う．韓国ではシソの実から風味油や料理油を作る．

**セージ** アキギリ（*Salvia*）属に属する．シソ科最大の属で，珍しい化合物に富んだ1000種前後を含み，さまざまな民間療法薬に使われている．属名の語源は，"健康"を意味するラテン語である．セージ抽出物には抗菌成分および抗酸化成分が多く含まれている．しかし一般に使われるコモン・セージ（*Salvia officinalis*）に多く含まれる二つのテルペン誘導体（ツヨン，カンファー）は神経毒性があるため，たまに風味づけとして使う以外は薦められない．

コモン・セージは，ツヨンの突き刺すような温かみのあるにおいとカンファー臭，そしてシネオールによるユーカリ臭をもつ．グリーク・セージ（*S. fruticosa*）はシネオールが多い．クラリー・セージ（*S. sclarea*）はかなり違っていて，多数のテルペン類（リナロール，ゲラニオール，テルピネオールなど）による，紅茶の

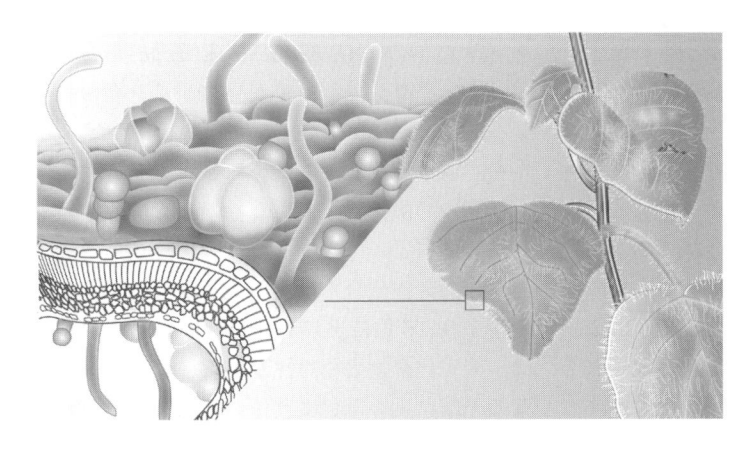

シソ科植物の構造．オレガノの葉の拡大図．シソ科植物の葉の表面は精油腺で覆われている．繊細な腺が外に向かって突き出ており，ツンとする臭いの精油が詰まっている．捕食動物に対する防御の最前線として機能する．

ようなにおいや甘い花のようなにおいがする．スパニッシュ・セージ（*S. lavandulaefolia*）は，ツヨンが少ないかわりに松，ユーカリ，柑橘系，その他のにおいがあって，新鮮だがより個性の少ない香りである．パイナップル・セージ（*S. elegans* あるいは *S. rutilans*）はメキシコ原産で，甘い果実臭がする．

　セージは特に北イタリア地方の料理に多く使われ，合衆国では鶏肉の詰めものや調味料，豚肉ソーセージに使われる．脂によく合うようである．以前は乾燥セージのほとんどがバルカン半島沿岸で採れたコモン・セージだったが，現在はアルバニアやその他の地中海諸国が生産の中心となっている．粗めに挽いて目の大きいふるいにかけた「粗挽きセージ」は，細かいものに比べてゆっくりと香りがでる．

**セイボリー**　北半球に生息するサツレヤ（*Satureja*）属の2種があり，サマー・セイボリー（*S. hortensis*）およびウィンター・セイボリー（*S. montana*）と呼ばれる．カルバクロールとチモールの両方を含み，オレガノとタイムが混ざったような味がする．サマー・セイボリーのほうがマイルドなことが多い．系統的にオレガノやマジョラムの親にあたるとみられる．北アメリカ西部が原産の *S. douglasii* はカリフォルニアでは「イエルバ・ブエナ」として知られ，穏やかなミントの風味がする．

**タイム**　ギリシャ時代には燃やした生贄の香料として使われ，"spirit（魂）" "smoke（煙）" と thyme（タイム）は語源が一緒である．タイムは種類が多く，主に地中海性の葉が小さい低木性のイブキジャコウソウ（*Thymus*）属が60〜70種，そしてこれと同じかそれ以上の数のコモン・タイム（*Thymus vulgaris*）が存在する．レモン，ミント，パイナップル，キャラウェイ，ナツメッグなど，タイムの風味も多様である．タイムの多くがオレガノと似たような味なのは，いずれもカルバクロールを含むことによる．一部のタイム種や品種はチモールと呼ばれるフェノール化合物に富む．チモールはカルバクロールよりも優しく穏やかな風味で，突き刺すようなスパイシーなにおいはするものの強烈ではない．チモールを含むタイムは，フランス料理に好んで用いられ，オレガノやセイボリーよりも用途が広い．ヨーロッパでは古くからさまざまな肉や野菜の料理に使われてきた．チモールはカルバクロールよりも芳香は穏やかだが，化学的には同等の作用を有し，タイム精油はマウスウォッシュやスキンクリームに抗菌剤として長く使われてきた．

**バジル**　種類も多く魅力的なハーブで，熱帯性のメボウキ（*Ocimum*）属に属する．おそらくはアフリカが原産と思われ，インドで栽培がはじまった．メボウキ属には約165種が含まれ，そのうち数種が食用となる．ギリシャ・ローマ時代にバジルは知られており，イタリアのリグーリア地方およびフランスのプロバンス地方に強く根づいた．これらの地方のバジルのピューレは有名で，それぞれペストおよびピストゥと呼ばれる．合衆国では1970年代に入るまでバジルはほとんど知られていなかった．ヨーロッパや北アメリカで一般的な"スイート・バジル"（*Ocimum basilicum*）は，バジルのなかでも多様性があり，これからレモン，ライム，シナモン，アニス，カンファーなど風味の異なる品種が生まれた．スイート・バジルの品種の多くは，花のにおいとタラゴン臭が強い．ジェノヴァの伝統的なペスト・ジェノヴェーゼ作りに使われる品種は，ややスパイシーなにおいのメチルオイゲノールとクローブ臭のオイゲノールが主成分で，タラゴン臭はまったくしない．タイ・バジル（*O. basilicum* と *tenuiflorum*）はアニス臭やカンファー臭が強い．インドのホーリー・バジル（*O. tenuiflorum*）はオイゲノールを主成分とする．

　バジルの風味は，品種だけでなく生育条件や収穫時期によっても違う．一般に，スイート・バジルの芳香化合物は古い葉よりも若い葉に多く含まれ，5倍ほどにもなる．成長過程の葉では，芳香化合物の相対比が場所によって違う．葉の先端に近いほどより古い組織なのでタラゴ

ンやクローブのにおいが強く，基部側の若い組織はユーカリや花のにおいが強い．

**ヒソップ** ヒソップというのは曖昧な名前である．主に中東では，聖書に出てくるある種の植物，本物のオレガノ（p. 390参照）の突き刺すようなにおいをもつ植物種群をさすことがある．正式なヒソップ（*Hyssopus officinalis*）は，よりマイルドなヨーロッパのハーブで，新鮮なスパイス臭とカンファー臭がある．古代ローマ時代に好まれていたが，今はタイやベトナムの料理によく使われる．ペルノ，リカール，シャルトリューズなど，いくつかのリキュールに風味づけとしてヒソップが用いられている．

**ベルガモット（タイマツバナ）** ビー・バームまたはオスウェゴ・ティーとしても知られるこのハーブは，北アメリカ原産のミントの仲間（*Monarda didyma*）である．ややレモンに似た香りがする．同じくベルガモットと呼ばれる柑橘果実があり，その精油には花のにおいの酢酸リナリルが多く含まれ，アールグレー紅茶の香りづけに使われている．（ヨーロッパのウォーターミントもベルガモットと呼ばれることがあって混同されやすい）．

**ホアハウンド（ニガハッカ）** 葉が白い毛（hoary, 白髪）に覆われていることから，ホアハウンド（horehound）の名がついた．ユーラシア種（*Marrubium vulgare*）で，じゃ香臭と苦味があり，料理よりもキャンディーなどに使われることが多い．

**マジョラム** かつてはオレガノの近縁種として分類されていたが，現在は正式にオレガノの一種（*Origanum majorana*）として分類されている．類縁関係がどうであろうと，マジョラムはオレガノよりも風味が穏やかで，新鮮な若葉や花のにおいがし，突き刺すようなにおいはほとんどない．したがって多くのハーブ・ブレンドや料理に使われる．

**ミント類** 本来ミントは，主にヨーロッパやアジアの湿地に自生する小型植物である．*Mentha*

## シソ科

| | |
|---|---|
| バジル | *Ocimum basilicum* |
| ベルガモット | *Monarda didyma* |
| ホアハウンド | *Marrubium vulgare* |
| ヒソップ | *Hyssopus officinalis* |
| ラベンダー | *Lavendula dentata, L. angustifolia* |
| レモン・バーム | *Melissa officinalis* |
| マジョラム | *Origanum majorana* |
| ミント | *Mentha* 種 |
| オレガノ | *Origanum* 種 |
| シソ | *Perilla frutescens* |
| ローズマリー | *Rosmarinus officinalis* |
| セージ | *Salvia officinalis* |
| セイボリー | *Satureja* 種 |
| タイム | *Thymus vulgaris* |

属には約25種，600品種ほどが含まれると思われるが，交雑しやすいうえ化学成分の変動もあって全体図がはっきりしない．料理によく使われるミントはスペアミント（*Mentha spicata*）とペパーミント（*M. piperata*）で，ペパーミントは古い時代にスペアミントとウォーターミント（*M. aquatica*）が交雑して生まれた．

スペアミントもペパーミントも爽やかなにおいだが，かなり違った特徴を有する．スペアミントはL-カルボンというテルペンの独特な芳香をもち，生よりも焼いた食材に多い窒素含有化合物のピリジン類のおかげで，複雑さと豊かさがある．スペアミントは東地中海ならびにインドや東南アジアで広く利用されている．甘い料理にも塩辛い料理にも，生でも調理しても，大量に使用される．より単純でクリアな味のするペパーミントにはカルボンやピリジンはほとんど含まれない．その代わりにメントールと呼ばれるテルペンが作られ，これがあの特徴的な清涼感を与えている．メントールは独自の芳香をもつだけでなく，口中の温度を感じる神経細胞上にある受容体に実際に結合し，信号が脳へと伝わって実際の温度よりも4〜7℃低く感じられる．メントールは反応性化合物で加熱するとすぐに分解されてしまうので，普通，ペパーミントを加熱調理することはない．葉が古くなるほどメントールの含有量は高くなるので，古い葉ほど冷たく感じられる．高温で乾燥した生育条件では，メントールは清涼感のないややきつい風味の副産物（プレゴン，ペニーロイヤルに含まれる揮発成分）に変化する．

ほかにいくつか知っておくとよいミント類がある．ペパーミントの交配親の一つでもあるウォーターミントは，ベルガモットとかオレンジ・ミントなどとも呼ばれ，強い芳香をもつ．かつてはヨーロッパで多く栽培されていたが，今は東南アジアに多く見られる．ペニーロイヤル（*M. pulegium*）は特にツンとするにおいのピリッとしたミントで，あまり一般的ではない．アップル・ミントやパイナップル・ミント（*M. suaveolens*）はリンゴのような甘いにおいがする．*Mentha* x *piperata* "citrata" はレモン・ミントやオー・デ・コロン・ミントなどと呼ばれ，香水のようなにおいがする．イタリアでネピテッラと呼ばれる *Calamintha nepeta* は南地中海原産のハーブで，時にミントのような，時にツンとするにおいをもつ．トスカーナ地方では豚肉，キノコ，アーティチョークなどの料理に使われる．「コリアン・ミント」はアジアに生息するミントの仲間（*Agastache rugosa*）で，アニス臭がする．

**ラベンダー** 地中海植物で，そのしっかりした花と木のにおい（花のにおいの酢酸リナリルとリナロール，ユーカリ臭のシネロール）が昔から利用されてきたが，食物よりは石鹸やろうそくの香りとして馴染み深い．ラベンダーという名前は，"洗う"を意味するラテン語からきている．*Lavandula dentata* の花を乾燥したものは，エルブ・ド・プロヴァンスというハーブミックスの伝統的な材料の一つである（ほかにバジル，ローズマリー，マジョラム，タイム，フェンネルが入る）．イングリッシュ・ラベンダー（*L. angustifolia*）の花とともに，料理の飾りとして控えめに使ったり，ソースや菓子類の香りづけに使ったりする．スパニッシュ・ラベンダー（*L. stoechas*）はインド料理のチャツネのような複雑なにおいがする．

**レモン・バーム** 旧大陸の植物種（*Melissa officinalis*）で，柑橘臭と花のにおいのテルペン類（シトロネラールとシトロネロール，シトラール，ゲラニオール）が特徴である．ビー・バームとも呼ばれる．フルーツ料理，その他の菓子類に使われることが多い．

**ローズマリー** 地中海の低木地に自生する特徴的な木本性低木植物（*Rosmarinus officinalis*）で，葉は幅が非常に狭く硬く丸まっているので松葉のように見える．木，松，花，ユーカリ，クローブなどのにおいが混じった強い香りがする．南フランスやイタリアでは昔から焼いた肉の風味づけに使われてきたが，甘い料理にも合う．ローズマリーの芳香は乾燥してもほとんど

変わらない.

## ■ ニンジンの仲間（セリ科）

ヨーロッパでハーブ・スパイスとして使われる植物のうち，セリ科はシソ科ほど多くないものの，ハーブやスパイスだけでなく野菜としても使われるものがあり注目に値する．地中海性のミント類に比べると，セリ科はより穏やかな環境に生育する．一般には低木性や木本性の多年草ではなくて，不耐寒性の二年草であり，風味は概して穏やかで甘いこともある．種子（実際には乾燥した小果実）はある程度の大きさがあるので昆虫や鳥に食べられやすく，化学防御成分を含むことがある（よってスパイスとなる）．ディル，パセリ，フェンネル，ニンジンなどに含まれているミリスチシンというテルペンは，一般的な木の温かなにおいをもつが，これには抗カビ作用があると考えられている．葉中の葉脈下に存在する油管に芳香成分が蓄えられており，葉の外面に精油を蓄えるミント類と比べると精油含量は少ない．

**アンジェリカ（アメリカサンショウ）** 北ヨーロッパに生息する茎の長い大型植物（*Angelica archangelica*）である．アンジェリカラクトンと呼ばれる甘い芳香成分が基調となり，ここに新鮮なにおい，松のにおい，柑橘臭が加わる．茎の砂糖漬けは中世時代から19世紀にかけて人気があったが，今ではほとんど見かけない．植物のさまざまな部位が，ジン，ベルモット，リキュール，砂糖菓子，香水，その他の加工製品に用いられている．

**コリアンダー** 香菜，パクチー，シラントロなどとも呼ばれ，生のハーブとしては世界中で最も消費量が多いと言われている．*Coriandrum sativum* は中東が原産である．コリアンダーの種子は青銅器時代の集落の遺跡やツタンカーメン王の墓からも見つかっている．まず中国，インド，東南アジアに伝わり，その後ラテンアメリカへと伝わった．これらの国々では，丸みを帯びたギザギザの軟らかな葉がよく使われる．中央アメリカと南アメリカではクラントロ（p.397，コリアンダーと非常によく似た風味をもつこの地域原産の植物だが，葉が大きく硬い）の代わりとして使われるようになっていった．地中海やヨーロッパでは，コリアンダーは"石鹸臭"がすると言われることもあり，あまり使われない．風味の主成分はデセナールという脂肪族アルデヒドで，オレンジの皮の"ワックス臭"にもなっている．デセナールは非常に

### セリ科

| | |
|---|---|
| アンジェリカ | *Angelica archangelica* |
| セロリ | *Apium graveolens* |
| チャービル | *Anthriscus cerefolium* |
| コリアンダーの葉 | *Coriandrum sativum* |
| ディル | *Anethum graveolens* |
| フェンネル | *Foeniculum vulgare* |
| ロベージ | *Levisticum officinale* |
| ミツバ | *Cryptotaenia japonica* |
| パセリ | *Petroselinum crispum* |
| メキシカン・コリアンダー | *Eryngium foetidum* |

反応性が高いため，コリアンダーの葉を加熱すると香りがすぐなくなる．したがって，料理の飾りや火を使わない料理に用いられることが多い．タイにはコリアンダーの根を使ったスパイス・ペーストがある．根にはデセナールは含まれず，パセリにも似た木や青葉のにおいがする．

**セロリ** 野生のセロリは茎細で，香りは強いが苦味があり，これが品種改良されて茎太でマイルドな風味の今の野菜になった．*Apium graveolens* はヨーロッパの海に近い湿地に自生する．葉や茎の独特な風味はフタライドと呼ばれる化合物によるもので，ロベージやクルミにも含まれている．柑橘臭および新鮮なにおいもする．セロリはタマネギやニンジンと一緒に炒めたりすることが多く，ソースや蒸し煮などさまざまな料理の香味ベースになる．

**チャービル** チャービル（*Anthriscus cerefolium*）の葉は淡緑色で細かい切れ込みがあり，繊細な風味はタラゴンの芳香成分であるエストラゴールが少量含まれていることによる．熱で風味が飛んでしまうので，生で使うかわずかに温めるだけにする．チャービルはフランス料理のフィーヌ・ゼルブに使われる材料の一つである．

**ディル** ディル（*Anethum graveolens*）は東南アジアおよびインドが原産で，茎は硬いが葉はとても軟らかく羽根のような形をしている．ディルはエジプト原産のキャラウェイとよく合うことからだろう，古代エジプト時代にも知られており，北ヨーロッパでよく使われるようになった．ディル・シードは種子独特の風味に，爽やかな青葉臭とディル独特のにおい（ディルエーテル）が融合している．西洋では魚料理に使われることが多い．ギリシャやアジアではほぼ野菜のように扱われ，時に米と一緒にするなど，大量に用いられる．インドには独自の品種（*A. graveolens* var. *sowa*）があって，種子を利用するほかに野菜としても使われる．

**パセリ** 東南ヨーロッパおよび西アジアが原産である．"岩のセロリ"という意味のギリシャ語がその名の語源である．パセリ（*Petroselinum crispum*）はヨーロッパの料理では特に重要なハーブである．独特の風味（メンタトリエン）に新鮮なにおい，青葉臭，木のにおいが混じったごく一般的な風味が，多くの食材に合う．パセリを刻むと独特のにおいは消え，強い青葉臭とわずかな果実臭がしてくる．カーリー・リーフ品種とフラット・リーフ品種があり，それぞれに特徴がある．フラット・リーフ品種は若いうちはパセリの風味が強く，後に木のようなにおいがでてくる．これに対してカーリー・リーフ品種は，若いうちは風味が弱く木のにおいがするが，成熟するにつれてパセリのにおいが強まる．カーリー・リーフは葉が小さめで切れ込みが強く，油で揚げればすぐにカリッとする．

セリ科植物の構造．パセリの葉．セリ科のハーブは，防御性の精油腺が葉の表面ではなく内部に存在する．精油の詰まった精油腺が長い管に沿って連なっている．

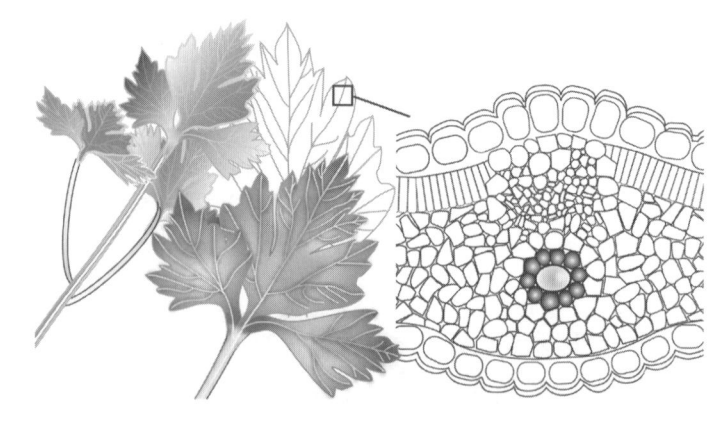

**フェンネル** フェンネルは地中海地域および西南アジアが原産である．ディルと同じように，繊維質の茎と羽根のように軟らかな葉をもつ．フェンネルは *Foeniculum vulgare* という種が唯一存在し，三つの形態がある．野生の亜種（*piperitum*）は南イタリアやシシリア地方の田舎で採取される．カロセラとして知られ，肉料理や魚料理にシャープな風味をつける．（カリフォルニア中部全域でもフェンネルが野生化している．）栽培亜種（*vulgare*）はスイート・フェンネルとして知られる．フェノール化合物のアネトール（砂糖の13倍の甘さ）がかなり多く含まれ，甘いアニス臭もする．スイート・フェンネルの特別な品種（*azoricum*）は葉と茎の基部が肥大し，これはフローレンス・フェンネルとも呼ばれ，香味野菜として用いられる．

**ミツバ** ジャパニーズ・パセリとも呼ばれる．*Cryptotaenia japonica*（または *C. canadensis*）はアジアおよび北米が原産で，風味のマイルドな大きめの葉は日本料理の吸い物やサラダに使われる．わずかに樹脂臭のするテルペン類（ゲルマクレン，セリネン，ファルネセン，エレメン）が混じって風味をだしている．

**メキシカン・コリアンダー** クラントロとも呼ばれるコリアンダーの新大陸版であり，カリブ海では今も使われているものの，最も多く使われるのはアジア料理である．エリンギウム（*Eryngium*）属には100種以上が存在し，ヨーロッパに生息するものもある．メキシカン・コリアンダー（*E. foetidum*）は南アメリカの亜熱帯地域が原産で，暑いところで育ちやすい．風味はコリアンダーの葉とほぼ同じで，芳香主成分（ドデカナール）はコリアンダーのもの（デセナール）よりわずかに長い脂肪族アルデヒドである．葉は大きくて細長く，端に切れ込みがあり，コリアンダーの葉より厚くて硬い．ベトナム料理によく用いられ，食べる直前に葉をちぎって料理にのせたりする．

**ロベージ** ロベージ（*Levisticum officinale*）は西アジアの大型植物で，セロリやオレガノと共通した芳香成分に加え，甘く花のようなにおいがある．古代ギリシャ・ローマ時代にも使われ，リグリア・セロリとして知られていた．現在その切れ込みの入った大きな葉を使うのは，中央ヨーロッパの牛肉料理，リグリア地方のトマトソースなどで，ほかの地域ではほとんど知られていない．

## ■ 月桂樹の仲間（クスノキ科）

歴史の古いクスノキ科植物は，その多くが熱帯樹木である．なかでも一番よく知られているのはシナモンであろう．ハーブとして馴染み深いものが一つ，あまり馴染みはないがおもしろいものが三つほどある．さまざまなシナモン種の葉もまたアジアではハーブとして使われるが，西洋ではほとんど見かけない．

**アボカド・リーフ** アボカドの木（*Persea americana*）のメキシコ品種は，葉にタラゴンやアニスの芳香成分（エストラゴール，アネトール）が含まれていて，タラゴン独特の香りがする．熱帯品種（p.326）の多くはこの香りがない．メキシコでは，乾燥したアボカドの葉を細かく砕き，鶏肉，魚，豆料理の風味づけに使う．

**カリフォルニア月桂樹** 下記のローレルとはまったく別の樹木（*Umbellularia californica*）で，カリフォルニア原産である．芳香はローレルに似ているがかなり強力で，ユーカリ臭が特徴的である（シネオールによる）．

**月桂樹（ローレル，ベイ・リーフ）** 地中海の暑い地方に自生する常緑樹または低木で（*Laurus nobilis*），葉はヨーロッパのハーブのなかで最も古い歴史をもつ．中程度の大きさの硬くて乾燥した葉の内部には球状の腺が存在し，その中に精油が蓄えられている．木，花，ユーカリ，クローブのにおいがうまく調和した香りが

する．一般に葉は日陰で乾燥させる．古代には月桂樹の枝で冠が作られていた．現在は月桂樹の葉が多くの料理に使われている．

**ササフラス（フィレ）**　北アメリカ原産の樹木（*Sassafras albidum*）の葉である．チョクトー・インディアンからルイジアナのフランス移民に伝わったもので，今では主にルイジアナ料理のガンボーに，香りづけおよびトロミづけとしてフィレ粉末が使われる．木，花，青葉のにおいがあり，サフロールはほとんど含まない．サフロールはササフラスの木の根や樹皮に多く，かつてはルート・ビールに独特の風味をつけるのに使われていたが，発癌性が疑われるようになってからは使われなくなった（オハ・サンタを参照）．

### ■ その他のハーブ

**ウィンターグリーン（ヒメコウジ）**　ブルーベリーやクランベリーの仲間で北アメリカ原産の低木（*Gaultheria procumbens* もしくは *G. fragrantissima*）の葉である．独特の爽やかな香りは主にサリチル酸メチルによる．

**エパソーテ**　アカザ属の大型植物（*Chenopodium ambrosioides*）で芳香がある．アカザ属にはほかにホウレンソウ，ビート，キノア（穀物）なども含まれる．エパソーテは中央アメリカ温暖地域が原産の雑草のような植物で，今では世界中に広まり，メキシコの豆料理，スープ，煮込み料理に独特の芳香をつけるのに用いられる．アスカリドールというテルペン化合物によるその芳香は，脂肪臭，草のにおい，突き刺すようなにおいなどとさまざまに形容される．アスカリドールは腸内寄生虫に毒性を示すことから，エパソーテは薬草としても利用される．

**オハ・サンタ**　スペイン語で"聖なる葉"を意味し，新大陸原産の黒コショウの近縁種（*Piper auritum* および *P. sanctum*）の大きな葉である．メキシコ南部から南アメリカ北部にかけて利用されており，食材を包んで調理して香りを移したり，風味づけとして直接料理に加えたりする．オハ・サンタの主用芳香成分はサフロール，ルート・ビールでお馴染みのササフラスの香りでもあり，発癌性の疑われる化合物である．

**オレンジ・フラワー**　ビター・オレンジまたはセヴィル・オレンジ（*Citrus aurantium*）の花で，中東では何千年も前からお菓子や料理の香りづけに用いられてきた．一般にはオレンジ・フラワー・ウォーターと呼ばれる抽出液が使われる．独特の香りは，バラやラベンダーにも含まれる複数のテルペン化合物が混じったもので，コンコード品種のブドウの風味成分と同じもの（アントラニル酸メチル）が重要な役割を担っている．

**カレー・プラント**　レタスと同じキク科に属する地中海原産の植物（*Helichrysum italicum*）で，インドのカレーに似ているとされる．テルペン化合物を多数含み，どことなくスパイシーなよい香りがする．卵料理，茶，菓子の風味づけに使われる．

**カレー・リーフ**　南アジア原産の小型の柑橘樹木（*Murraya koenigii*）の葉である．主に南インドとマレーシアで利用される．多くの家庭で庭に植えられ，さまざまな料理に使われている．名前から想像されるのとは異なり，インドのカレーの味はしない．軟らかでかすかな木のにおい，新鮮なにおいがする．煮込み料理などに入れるか，さっと炒めて調理用油に風味をつける．抗酸化作用と抗炎症作用を有する珍しいアルカロイド（カルバゾール類）を含む．

**ケイパー**　地中海に生育する低木（*Capparis spinosa*）の，開く前の花の蕾である．栽培されるようになったのはここ2世紀ほどであるが，何千年も前から野生を採取し，ピクルスにされてきた．ケイパーの木はキャベツなどのア

ブラナ科とは遠縁にあたり，ツンとするにおいの硫黄化合物が特に生の花の蕾に多く含まれている．塩水漬け，酢漬け，塩蔵（水を使わない）など，さまざまな方法で保存され，酸味と塩味のアクセントとしてソースや料理（特に魚料理）に使われる．ケイパーの蕾は塩蔵にすると驚くほど変化する．ラディッシュやタマネギのにおいが消えて，スミレやラズベリーの独特なにおいがでる（イオノンおよびラズベリーケトン）．

**コブミカン** カフィア・ライムとしても知られる樹木をタイ語でマックルーと呼ぶ（「カフィア」はアラビア語で"不信心者"という意味で軽蔑的な意味合いがある）．この東南アジアの柑橘果樹（Citrus hystrix）は葉と果皮に独特な香りがあり，タイやラオスの料理（特にスープ，煮込み，魚料理）に欠かせない．果皮は柑橘系，松，新鮮なにおいの混じったごく一般的なにおいだが，硬い葉にはシトロネラールが豊富に含まれ，これが新鮮で長続きする強いレモン臭と青葉臭を与えている．レモングラスの甘い柑橘臭とは異なる（レモングラスとマックルー・ライムを一緒に用いることも多い）．シトロネラールは，その主要供給源であり，レモングラスの姉妹種にあたるシトロネラ（Cymbopogon winterianus）からその名前がついた．

**シソクサ** アジアおよび太平洋諸島に自生するゴマノハグサ科の水生植物（Limnophila chinensis ssp. aromatica）で東南アジア，特にベトナムでは小さな葉を魚料理，スープ，カレーなどに入れる．シソの主成分でもある柑橘臭テルペン（ペリルアルデヒド）が少量含まれ，これがレモンに似た複雑な芳香をだしている．

**ジュニパー・ベリー** 葉ではないが，そのエキスは松葉の芳香成分と同じなので，ここに紹介しておく．松やその他の針葉樹の葉も風味づけに使われることが多い．中国料理では魚を松葉のうえにのせて蒸す．また塩漬けのサケ（グラヴラックス）はもともとディルではなく松葉を使って風味をつけていたとみられる．ハーブやスパイスの多くに松のにおいが含まれている（p. 382, p. 383 参照）．

マツ科の樹木とは遠縁のヒノキ科ビャクシン（Juniperus）属には10種程度が存在し，すべて北半球に自生する．直径1cm程度の小さな球果のような生殖構造を作り，果肉に相当する部分が集まって種子を包む"ベリー"となる．ジュニパー・ベリーの成熟には1～3年かかり，その間に緑色から紫がかった黒色へと変化してゆく．未熟なうちはピネンというテルペンのにおいが強く，成熟すると松のにおい，新鮮な青葉臭，柑橘臭が混じったにおいになる．瓶などに入れたまま2年も経つと，ほとんど香りは飛んでしまうので，摘み取って間もない新鮮なものが一番よい．北ヨーロッパやスカンジナビアでは肉（特に狩猟肉）やキャベツ料理に多く使われる．ジンのあの独特な風味はジュニパー・ベリーによるもので，ジンの名前の由来ともなった（オランダ語のイェネーフェル（genever）が語源）．

**スクリューパインまたはパンダン** 芳香性で帯状の葉をもつインドネシア原産の低木（Pandanus 属）で，ユリ科に比較的近い．インドおよび東南アジアでは葉を米料理や菓子に入れたり，肉や魚を包んだりして使う．主要な揮発性化合物は，バスマティ米やジャスミン米の独特なナッツ臭と同じものである（2-アセチル-1-ピロリン，ポップコーンや蟹肉のにおいにも突出している）．花も芳香があり，その抽出液はケヴラと呼ばれる香水に近いもので，インドの牛乳菓子によく使われる．

**ソレル** シュウ酸を多く含むルバーブやソバと同じタデ科のヨーロッパ種数種（Rumex acetosa, R. scutatus, R. acetosella）で，その葉はかなり酸っぱい．料理では主に酸味づけとして利用され，より一般的な青葉臭もつく．ソレルは少し調理しただけで煮崩れてソース状のピューレになり，これは魚とよく合う．ただし酸性なのでクロロフィルがくすんだオリーブ色に変わ

る．生のソレルをピューレにして，食べる直前にソースに混ぜれば色鮮やかさを保てる．

**タデ（ヤナギタデ）** ラウ・ラム（ベトナム・シラントロ）の近縁種（*Polygonum hydropiper*）で，北半球の湿地帯に広く自生する．ヨーロッパでは葉がコショウの代用にされてきたが，現在は主に日本で食用されている．舌が痺れるようなピリッとした辛さがある（ポリゴディアールによる）．木，松，ユーカリのにおいもする．

**タバコ** 時に食物の風味づけに使われることがあり，葉の乾燥法は茶葉と似ている（p.427）．誰もが知っているタバコは，北アメリカ原産の*Nicotiana tabacum*（ジャガイモやトマトと同じナス科）で，葉が黄色くなりはじめ樹脂状分泌物が出てから収穫される．その後，天日干しにするか山積みにして数週間発酵させてから，高温の金属板にのせて乾燥する．この工程により木，皮革，土，スパイスのにおいが混じった複雑な香りが生まれる．時にさまざまな精油（バニラ，シナモン，クローブ，ローズ，その他）を加えることもある．タバコの葉には渋味のあるタンニンと苦味のあるニコチンが含まれるので，ソースやシロップ，クリームなどを軽く風味づけする程度に使われる．葉をまるごと使って食材を包んで調理し，風味づけすることもある．

**タラゴン** アジア西部から北部が原産のキク科植物（*Artemisia dracunculus*）の，小さくて細い葉である．種苗店でロシアン・タラゴンとして売られているのは丈夫な野生タラゴンで，風味がきつく，料理にはあまり向いていない．栽培種のフレンチ・タラゴンはあまり丈夫ではないが独特の香りが高く，これはフェノール化合物のエストラゴール（タラゴンはフランス語でエストラゴンという）が葉脈に沿った精油腔に蓄えられているためである．エストラゴールはアニスの芳香成分であるアネトールに構造が類似し，実際にアニスのようなにおいがする．タラゴンはフランスのハーブ・ミックス「フィーヌ・ゼルブ」の材料の一つで，ベアルネーズ・ソースの主な香りづけ，酢の香りづけにもよく使われる．

「メキシカン・タラゴン」は新大陸原産のマリーゴールドに似た植物（*Tagetes lucida*）で，葉には実際にアニス臭のアネトールとタラゴンのエストラゴールが含まれる．

**ドクダミ** アジアに自生する小型の多年生植物（*Houttuynia cordata*）で，ドクダミ（Saururaceae）科に属し，黒コショウの類縁である．ベトナムやタイではサラダ，シチュー，その他の料理に葉を用いる．主に二つの品種，柑橘系の香りがする品種と，肉や魚やコリアンダーの混じったような変わったにおいのする品種がある．

**ナスタチウム（キンレンカ）** 南アメリカ原産の植物（*Tropaeolum major*）で，花，葉，未熟な果実はいずれもクレソンのようなピリッとした辛味があり，サラダのアクセントになる．

**バラの花** ユーラシアのバラのハイブリッド種（*Rosa x damascena*）は，中東からアジアにかけて数千年の間利用されてきた．一般には乾燥させた花びら，または抽出液（ローズ・ウォーター）が使われる．主な芳香成分はテルペンのゲラニオールである．菓子に使われることが多いが，モロッコのスパイス・ミックス，ラス・ル・ハヌートゥや北アフリカのソーセージなどにも使われる．

**ボリジ** 地中海原産の中型植物（*Borago officinalis*）で，鮮やかな青い花と毛に覆われた葉をもつ．葉に含まれる酵素が脂肪酸に作用し，キュウリに含まれる酵素と同じように炭素数9の鎖状化合物（ノナナール）を生成するので，キュウリのにおいがする．かつてはミックス・サラダによく使われた（作り方はp.243参照）．ボリジの仲間は場合によっては毒性のあるアルカロイドを蓄積するので，大量に食べないようにする．

**マクア・プアン（スズメナスビ）** ジャガイモの近縁種（*Solanum torvum*）で，短命の小木に成長する．原産は西インドであるが，現在はアジア熱帯地域に広く生息している．小さな液果状の果実は苦味が強く，タイ，マレーシア，インドネシアではソースやサラダに苦味を加えるために用いられる．

**ラウ・ラム（ニオイタデ）** 地面を這い広がるタデ科のハーブ（*Polygonum odoratum*）で，ラウ・ラムはベトナム語，今はベトナム・シラントロとして知られる．東南アジアが原産で，葉はコリアンダーとレモンの混じったにおいがし，ピリッとした辛味がある．ミントと一緒に使われることが多く，さまざまな食品と組み合わせて生で食べる．

**レモングラス** 芳香をもつイネ科植物の複数種である．*Cymbopogon citratus* はレモン臭テルペンのシトラール（ネラールとゲラニアールの総称），そして花のにおいのゲラニオールとリナロールを含む．これらは葉の中心にある特別な精油細胞に蓄えられている．ヒマラヤの丘陵地帯など，乾季のある南アジアが原産で，南アジアの料理には欠かせない．レモングラスは太いシュート（茎と葉）が塊を形成し，植物体全体に芳香があるが，可食部は根元の軟らかい部分だけである．外側の古い葉は料理の香りづけやハーブ茶として利用される．タイでは，軟らかい茎の部分がスパイス・ペーストの基本材料であり，また生のままサラダにも入れる．

**レモン・バーベナ** 南アメリカの植物（*Aloysia triphylla*）で，メキシカン・オレガノの類縁である．葉はレモンの風味がし，これはレモングラスと同じシトラールと総称されるテルペン類による．花のにおいのテルペン類も含まれる．

**ロロット** 黒コショウの近縁で東南アジア原産の植物（*Piper lolot*）の，ハート型をした大きな葉である．東南アジアでは肉をロロットで包んで焼き，香りをつける．

## 温暖性のスパイス

ハーブ一般に当てはまることだが，温暖性のハーブ種の多くが植物のなかの2〜3の科に属する．この項では，植物学的に関連するものごとにまとめ，その他はあいうえお順に並べた．熱帯種はこの後の項で別に述べる．

### ■ ニンジンの仲間（セリ科）

葉を利用するハーブ以外に，よく知られたスパイスの多くもセリ科である．セリ科植物の一般に「シード」と呼ばれるものは芳香があり，小さいが乾果と呼ばれる完全な果実である．種子は対になって保護殻に包まれているが，一般には殻を除いてバラバラにした種子が売られて

セリ科植物の種子の構造．フェンネル・シード．外側に盛り上がった筋の下に空隙があり，ここに精油が含まれている．

いる．個々の果実は表面に特徴的な筋があり，この筋の内側にある管に精油が含まれている．

**アサフェティダ**　スパイスのなかでも特に変わっていて風味も強い．中央アジア（トルコからイラン，アフガニスタンからカシミールにかけて）の山岳地帯に自生する多年生植物（*Ferula asafoetida*，*F. alliacea*，*F. foetida*，*F. narthex*）で，インドとイランが主要生産国である．大きなニンジンに似た植物で，丈は 1.5 m ほどになり，根は直径 15 cm ほどもある巨大なニンジンのようである．毎年春になると根から新芽が出る．新しい葉が黄色くなりはじめてからスパイスとして採取する．根の上端を地表に露出させ，葉を抜き取り，定期的に根の表面を削って傷つけ，削ったところに溜まる保護性の分泌液を採取する．分泌液は次第に固まり，人間の汗やウォッシュ・チーズ（p.57）のような強いにおいのする硫黄性の芳香が生じる．こうして得られた樹脂は，時にヤギやヒツジの新しい皮に入れて香りを熟成させることもある．芳香が非常に強いため，通常は樹脂を粉末にしてアラビアゴムや小麦粉を混ぜて薄めたものが売られている．アサフェティダの芳香は硫黄化合物が複雑に混じり合ったもので，タマネギの仲間にみられる揮発性成分が 10 種強，あまり一般的でないジスルフィド，トリスルフィド，テトラスルフィドなどが多数含まれている．アサフェティダはタマネギ，ニンニク，卵，肉，白トリュフなどに似たにおいで，インドではジャイナ教徒（肉を一切食べず，タマネギとニンニクも，放っておくと新しい植物となる芽が含まれるということで食べない）の料理に欠かせないものである．

**アジョワン**　キャラウェイの類縁（*Trachyspermum ammi*）で，北アフリカおよびアジア，特にインドで多く利用される．タイムを種子にしたようなもので，形はキャラウェイ・シードに似て，タイム成分のチモールが含まれる．

**アニス**　中央アジアの小型植物（*Pimpinella anisum*）の種子で，古代より珍重されている．フェノール化合物のアネトールを非常に多く含み，独特の香りと甘さがある．主に菓子やリキュール（ペルノ，パスティス，ウゾ）の香りづけとして用いられるが，ギリシャでは肉料理やトマト・ソースにも使われる．

**キャラウェイ**　小型のハーブ植物（*Carum carvi*）の種子である．一年草と二年草があり，一年草は中央ヨーロッパ原産，二年草は東

---

### ニンジンの仲間のスパイス

| | |
|---|---|
| アジョワン | *Trachyspermum ammi* |
| アニス | *Pimpinella anisum* |
| アサフェティダ | *Ferula asafetida* |
| キャラウェイ | *Carum carvi* |
| セロリ・シード | *Apium graveolens* |
| コリアンダー | *Coriandrum sativum* |
| クミン | *Cuminum cyminum* |
| ブラック・クミン | *Cuminum nigrum* |
| ディル・シード | *Anethum graveolens* |
| フェンネル・シード | *Foeniculum vulgare* |

地中海および中東が原産である．二年草は一年目の夏に根が発達し，二年目に開花して種子ができる．キャラウェイは，ヨーロッパで栽培されるようになった最初のスパイス植物とみられる．スイス湖の古代住居跡からキャラウェイの種子が発見されており，その後ずっと東ヨーロッパでは重要な食材として使われてきた．キャラウェイの独特な風味は D-カルボン（ディルにも含まれる）によるもので，ほかに主要成分は柑橘系のリモネンだけである．キャラウェイはキャベツ，ジャガイモ，豚肉などの料理，パンやチーズ，スカンジナビアのアクアヴィットというリキュールに用いられる．

**クミン**　西南アジアに自生する小型一年草（*Cuminum cyminum*）の種子で，ギリシャ・ローマ時代にも利用されていた．ギリシャ時代には箱に入れて食卓に置き，現代のコショウのような感じで使われていた．中世期にはなぜかヨーロッパ料理で使われなくなったが，スペインではある程度使われ続け，それがメキシコ料理へと伝わった．オランダでは今もクミン風味のチーズが作られ，フランスのサボア地方ではクミン風味のパンを焼くが，現在では主に北アフリカ，西アジア，インド，メキシコで利用されている．独特の芳香は珍しい化合物（クミンアルデヒド）のもので，これはビター・アーモンドの成分（ベンズアルデヒド）に似ている．新鮮な松のにおいもする．

ブラック・クミンは別の植物（*Cuminum nigrum*）の種子で，色が黒っぽくて小さい．クミンアルデヒドの量が少なく，より複雑な香りがする．北アフリカ，中東，北インドの料理に多く用いられる．

**コリアンダー**　コリアンダー（*Coriandrum sativum*）は古代より珍重され栽培が行われていたが，葉ではなく乾燥果実を利用することのほうが多かった．葉と果実では風味がまったく違う．果実の精油は花とレモンの香りが非常に強く，ほかのスパイスでは代用できない独自のものである．ほかのスパイスと組み合わせて使われるのが普通で，ピクルス・ミックスやソーセージ・ミックスの原料，ジン，その他のリキュール，さまざまなインド料理でクミンと共に味の基本として用いられる．アメリカのホットドッグの独特な風味にもなっている．

一般的なコリアンダーには2種類ある．ヨーロッパ系は果実が小さく（1.5～3 mm），精油含量が比較的高く，花のにおいのリナロールが

---

## アニスの風味

アニスの独特な芳香を生み出す揮発性化合物はトランス-アネトールと呼ばれる．フェンネル，八角，中央アメリカのコショウの近縁種 *Piper marginatum*，ハーブのスイート・シスリー（*Myrrhis odorata*）にも含まれている．独特の芳香だけでなく，強い甘味（重さ当たりの甘さが砂糖の13倍）を併せもつ化合物の一つである．中国では八角を，インドではフェンネル・シードをかんで"口臭を甘くする"という習慣があって，実際にかんでみると甘く感じられる．関連した甘味化合物にエストラゴール（メチルカビコール）があり，これはスイート・バジルやタラゴンに多い．

アネトールはフェノール性風味成分としては珍しく，高濃度でも味がよい．アニス風味のリキュールを水で割るとさっと濁るのは，アネトールが高濃度に含まれているせいである．アネトールはアルコールには溶けるが水に溶けないため，水でアルコールが薄まるとアネトール分子が互いに凝集して光を散乱するのである．

強い．インド系は果実が大きめで（5 mm 程度），精油含量が低く，リナロールも少なく，ヨーロッパ系にはみられない芳香成分がいくつか含まれる．

　コリアンダー・シードは一般に丸のまま，二つの果実が殻に包まれた状態で売られている．香りある果実と一緒に殻も砕くと，繊維質のもろい殻が水分を吸収してトロミづけにもなる（カレーの液など）．また粗挽きのコリアンダー・シードを肉や魚にまぶして調理すれば，風味，カリッとした食感，保温効果が同時に得られる．

**セロリ・シード**　生のセロリ（*Apium graveolens*）の香りを濃縮して乾燥したようなもので，ただし新鮮な青葉臭はしない．フタライド類という珍しい化合物からくるセロリ独特のにおいに，柑橘臭と甘いにおいが混じる．セロリ・シードは古代の地中海地域で使われており，ヨーロッパやアメリカでは今もソーセージ，ピクルス液，サラダ・ドレッシングなどによく使われる．「セロリ・ソルト」というのは塩にセロリ・シード粉末を混ぜたものである．

**ディル・シード**　ディル（*Anethum graveolens*）はその羽根のような葉よりも，種子のほうが風味は強い．キャラウェイのテルペン成分（カルボン）が含まれるためキャラウェイのにおいが少しするが，新鮮なにおい，スパイス臭，柑橘臭もする．主にヨーロッパ中北部で，キュウリのピクルス（少なくとも 17 世紀にさかのぼる），ソーセージ，つけ合せ，チーズ，焼き菓子などに使われる．インディアン・ディル（var. *sowa*）は種子が大きく，香りのバランスがやや異なる．北インドではスパイス・ミックスに用いられる．

**フェンネル・シードとフェンネル花粉**　フェンネル（*Foeniculum vulgare*）の茎と葉はアニスのような甘い風味をもつが，種子もこれと同じ香りがする．フェノール化合物のアネトール（p. 402，アニスを参照）が主要揮発成分で，これに柑橘臭，新鮮なにおい，松のにおいが加わる．フェンネル・シードの多くはスイート・フェンネル品種（p. 397）のもので甘い．ほかの品種はある種のテルペン（フェンコン）を含むため苦味があり，あまり栽培されていない．フェンネル・シードはイタリアン・ソーセージやインドのスパイス・ミックスに独特な材料で，インドでは口臭消しとして食後にかんだりもする．

　フェンネルの花の細かい黄色の花粉も，採取してスパイスとして用いられる．フェンネルの花粉はアニスのにおいと花のにおいが混じり，イタリアでは食べる直前に料理の上にふりかける．

## ■キャベツの仲間（アブラナ科）：マスタード，ホースラディッシュ，ワサビ

　刺激や痛みゆえに好まれるスパイスは数多くあるが，マスタードとその類縁は揮発性の辛味をもつ点で変わっている．この辛味は食べものから空気を介して鼻腔や口中を刺激する．トウガラシや黒コショウの活性成分は，60℃よりも高い温度になると急に揮発性が増すことから，トウガラシやコショウの粒を炒ると台所中の人がくしゃみをするというわけである．これに対してマスタード，ホースラディッシュ，ワサビの辛味成分は室温や口中温度でも揮発して鼻に抜ける．頭の中まで広がるような辛さである．

　マスタードなどの辛さは，アブラナ科の野菜にも含まれる防御性成分（p. 311）と同じである．これらの刺激性成分（イソチオシアネート）は糖と結合した状態で細胞内に蓄えられている．この状態では刺激性がないものの苦味がある．細胞が損傷するとある種の酵素が作用して糖を切り離し，刺激性分子が放出される（同時に苦味もなくなる）．マスタード・シードやホースラディッシュの根は，生のものをつぶして酵素を活性化したときに，刺激性分子が放出されて初めて辛味がでる．マスタード・シードを加熱すると（インド料理では，はじけるまで煎ったり炒めたりすることが多い）刺激性分子

は生じず，辛味の代わりにナッツ臭や苦味がでる．

**マスタード** ヨーロッパや中国の前史時代の遺跡でマスタード・シードが発見されており，かつてヨーロッパで手に入るスパイスとしては最も古く唯一原産の辛味スパイスであった．少なくともローマ時代から，ヨーロッパのおなじみの薬味であった．ヨーロッパ圏での呼び名は，植物や種子のラテン名（*sinapis*）ではなくて，発酵させたばかりのワイン（mustum）と辛い（ardens）種子で薬味を作ったことからきている．調製マスタードの作り方は国によって独特のものがあり，その起源は中世時代にさかのぼる．マスタードは粒のままでも利用され（特にインド料理），砂糖漬けの果実（イタリアの「モスタルダ・ディ・フルッタ」）をはじめ，さまざまな料理の風味づけに使われる．

**ブラック・マスタード，ブラウン・マスタード，ホワイト・マスタード** マスタードには三つの種類があり，それぞれに特徴がある．

- ブラック・マスタード（*Brassica nigra*） ユーラシア原産で，種子は小さく殻の色が濃い．化学防御物質の貯蔵型であるシニグリンを含み，したがって辛味が強くでる．ヨーロッパでは長い間重要なスパイスであり，インドでは今も多く用いられている．農作物としては不都合が多く，今は多くの国で代わりにブラウン・マスタードが栽培されるようになっている．

- ブラウン・マスタード（*B. juncea*） ブラック・マスタードとカブ（*B. rapa*）の交雑種で，栽培および収穫が容易である．種子は大きく褐色で，ブラック・マスタードに比べるとシニグリンの量がやや少ないため，辛味は弱めとなる．ヨーロッパの調製マスタードにはブラウン・マスタードが使われていることが多い．

- ホワイト（イエロー）・マスタード（*Sinapis alba*または*Brassica hirta*） ヨーロッパ原産で，種子は大きく淡色，貯蔵型化学防御物質として含まれるのはシニグリンではなくシナルビンである．シナルビンから生じる辛味分子はシニグリンからのものより揮発性がかなり低いので，ホワイト・マスタードの辛味は鼻に抜けるような感じがない．辛味は主に口中で感じ，ブラック・マスタードやブラウン・マスタードよりも全体にマイルドである．ホワイト・マスタードは主に合衆国で利用されており，調製マスタードの原料になるほか，粒のままピクルスに使う．

**マスタードの調製と使用法** 粒マスタードでも粉末マスタードでもよい．粉末マスタードは粒を挽いてからふるいにかけ種皮を除いたものである．乾燥粒マスタードや粉末マスタードはそ

---

### ローマ時代のマスタード

マスタード・シードはていねいに汚れを取ってふるいにかけ，冷水で洗い，十分きれいになったところで2時間水に浸けておく．次に水から上げて手で搾り，……松の実（できるだけ新鮮なもの）とアーモンドを加え，酢を注いだ後，ていねいにつぶし……こうして作ったマスタードはソースとしてよいだけでなく，目も楽しませてくれる．うまく作ったものは非常に鮮やかである．

——コルメラ，*De re rustica*（農事考），紀元後1世紀

のままでは辛味がない．粒を水に浸けて挽くか，または粉末を水で湿らすと，数分から数時間の間に辛味がでてくる．細胞が壊れるのと水分とで種子中の酵素が作用するようになり，貯蔵型分子から辛味成分が作られ遊離してくる．酸味のある液体（酢，ワイン，果汁など）が調製マスタードの材料として使われることが多く，これは酵素作用を遅くするだけでなく，辛味成分が徐々に酸化されてほかの物質に変わってしまうのを遅くする．

辛味がでた後は，調理すると辛味成分が飛んだり変化したりして辛さが弱まり，いわゆるキャベツのようなにおいしかしなくなる．したがってマスタードは調理の最後に加えるのが普通である．

**マスタードのその他の用途** マスタードには化学防御成分以外に，タンパク質，炭水化物，油脂がそれぞれ3分の1ずつ含まれる．種子を挽くとタンパク質や炭水化物の小さな粒子，そして種皮から出る粘液様成分が油滴表面を包み込んで，マヨネーズやビネグレット（フレンチ・ドレッシング）などの乳化ソースを安定化させる（p.608）．ホワイト・マスタードの種皮は特に粘質成分が多いので（種子の重さの5％ほど），ソーセージ作りでは肉をまとめやすくするためにホワイト・マスタード粉末が使われる．

パキスタンや北インドでは昔から調理用油としてマスタード油が使われており，ベンガル地方の魚料理やピクルス，その他の料理に独特な風味を与えている．西欧諸国ではほとんど，マスタード油の食用販売は禁止されているが，その理由は二つある．一つはエルカ酸という珍しい脂肪酸が大量に含まれていること，もう一つは刺激性のイソチオシアネートが含まれていることである．エルカ酸は実験動物で心臓に障害を起こすが，人間の健康に対する影響は不明である．薬味として食べるマスタードにもマスタード油と同じイソチオシアネートが含まれているが，調理油として毎日摂り続ける場合には長期的な悪影響がでる可能性もある．現時点までの医学的研究では結論が得られていない．アジアでは，マスタードオイルを煙が出るまで熱するとイソチオシアネートが減ると考えられている．

**ホースラディッシュ** 西アジアのアブラナ科植物（*Armoracia rusticana*）で，大きくて白い肉質の根にはシニグリンおよびその揮発性辛味成分が多く含まれている．ホースラディッシュは生の根をおろすか，または乾燥粉末を湿らせると辛味がでる．ヨーロッパで栽培されるようになったのは中世期より後のようで，現在は肉や魚介類のつけ合わせやドレッシングとして使われる．生クリームを合わせて辛味を抑えることも多い．

**ワサビ** 東アジアのアブラナ科植物（*Wasabia japonica*）の肥大した茎で，化学防御成分としてのシニグリンを含む．日本およびサハリン島が原産で，山の冷たい渓流に生息する．現在は複数の国で栽培が行われ，西欧でも生のワサビが手に入ることがある．根は（使いかけのもの

---

### ワサビやホースラディッシュを食べすぎたら

トウガラシを大量に使ったものを食べると口の中が痛くなるが，ホースラディッシュやワサビを大量に口にしたときほどひどくはない．ホースラディッシュやワサビの揮発性刺激成分はすぐに発散して鼻腔に入るので，咳が出たりむせたりする．このような場合は，鼻から息を吸って口から息を吐くようにすれば，刺激成分が鼻腔や肺に入らない．

も）冷蔵庫で数週間もつ．

　レストランで使われているワサビの大半は，実際には乾燥ホースラディッシュ粉末であり，緑色に着色し水で練ったものである．似ているのは辛味だけで，あとは本物のワサビとは異なる．食べる直前に生ワサビの茎をおろすと，酵素の働きにより 2 ～ 3 分で 20 種類以上の揮発成分が生じる．辛味，タマネギ臭，青葉臭，甘味などさまざまである．

## ■ マメの仲間（マメ科）：カンゾウとフェヌグリーク

**カンゾウ（甘草）**　西南アジア原産の低木植物（*Glycyrrhiza glabra*）の根である．英名のリコリス（licorice）は属名が大きく変化したもので，語源はギリシャ語で"甘い根"を意味する．木質の根にはグリチルリチンというステロイドに似た化合物が多く含まれ，この化合物は砂糖の 50 ～ 150 倍の甘味をもつ．根の水性抽出液にはさまざまな化合物が含まれ，その中には糖やアミノ酸も含まれる．抽出液を濃縮していくと，糖とアミノ酸が褐変反応を起こして風味成分や色素が生成される．カンゾウエキスは濃色のシロップ，固形，または粉末のものがあり，さまざまな糖菓に使われるほか，色の濃いビール（ポーターやスタウト）の色づけと風味づけ，葉巻，紙巻タバコ，かみタバコの風味づけに使われる．リコリス・キャンディーの多くはアニスの香りのアネトール（p. 403，囲み内）で風味づけされるが，カンゾウの根そのものはアーモンドや花のにおいが加わった，より複雑な芳香である．

　グリチルリチンはホルモンに似た化学構造をもつことから，人体に対してさまざまな影響（良否ともに）を及ぼす．咳を鎮める作用がある一方，正常なミネラル調節や血圧調節を妨げる．よってカンゾウは大量または頻繁に摂取しないほうがよい．毎日食べると血圧が著しく上昇するなど，問題が起きる可能性もある．

**フェヌグリーク**　西南アジアおよび地中海に自生するマメ科植物（*Trigonella foenumgraecum*）の硬くて小さな種子である．フェヌグリークの語源は"ギリシャの干草"を意味するラテン語である．やや苦味があり，独特の甘い香りがし，干草およびメープルシロップやキャラメルのにおいがする．この芳香はソトロンと呼ばれる化合物によるもので，ソトロンは糖蜜，大麦麦芽，コーヒー，醤油，焼いた牛肉，シェリー酒に特徴的な揮発物質でもある．フェヌグリーク種子の外側の細胞層には水溶性の貯蔵炭水化物（ガラクトマンナン）が含まれており，種子を水に浸すと粘り気のあるゲル成分がしみ出し，これが中東料理のソースやつけ合わせ（イエメンのディップ；ヒルベ）につるりとした食感をだす．フェヌグリークは，エチオピアのベルベルやインドのカレー粉など，さまざまなスパイス・ミックスに用いられる．

　フェヌグリークの葉には苦味とかすかな芳香があり，インドやイランでは生，または乾燥ハーブとして利用される．

## ■ トウガラシ

　トウガラシは南米原産の低木植物に成る小さな果実で，世界中で最も広く栽培されているスパイスである．活性成分のカプサイシンは非常に辛味の強い化合物で，果実の中の種子を保護し，特に哺乳類を回避するためのものと考えられる．鳥類はトウガラシをまるごと飲み込んで種子を遠くまで運ぶだけなので，カプサイシンの影響を受けない．哺乳類は歯で種子をかみ砕き種子を壊してしまうので，カプサイシンの辛さを感じるわけである．人間が，この哺乳類を撃退する武器となるはずの辛味を愛好するようになり，鳥よりもずっと早く世界中にトウガラシを広めたというのは，皮肉な結果である．

　トウガラシは目覚しい勢いで世に受け入れられていった．全世界の生産量および消費量は，もう一つの辛味スパイスである黒コショウの 20 倍にもなっている．中南米，東南アジア，インド，中東，北アフリカでは至るところで見

かける．中国の四川省および湖南省では，トウガラシが料理に欠かせない．ヨーロッパではハンガリーのパプリカ，スペインのピメントンが有名である．合衆国では1980年代以降，メキシコ料理店の影響からケチャップよりもサルサの人気が高まっている．メキシコはトウガラシ文化が最も発達している国で，いくつかの種類のトウガラシを組み合わせて使ったりする．ソースのトロミづけにも味の無い小麦粉やコーンスターチを使わず，トウガラシのトロミを利用することが多い．

**トウガラシとカプサイシン**　*Capsicum* 属には約25種が存在し，多くは南米原産である．このうち5種が栽培されている．普通に見かけるトウガラシは *Capsicum annuum* で，これは少なくとも5000年前にメキシコで栽培化された．トウガラシ果実は中が空洞で，外側の壁にはカロテノイド色素が多く含まれている．なかには種子および種子を取り巻くスポンジ状の淡色組織（胎座）が入っている（野菜としてのトウガラシについては p.320 を参照）．辛味成分のカプサイシンは胎座表面の細胞でのみ合成され，胎座表面の角皮（クチクラ）直下に油滴として蓄えられる．押すとクチクラが裂けてカプサイシンが放出され，種子表面と果実内壁に広がる．一部は組織内にも入り込むとみられ，果実壁ならびに茎や葉の近くにも少量のカプサイシンが含まれる．

カプサイシン含有量は遺伝子型のみならず生育条件（高温・乾燥条件ではカプサイシンが多く作られる），そして熟成度にも左右される．

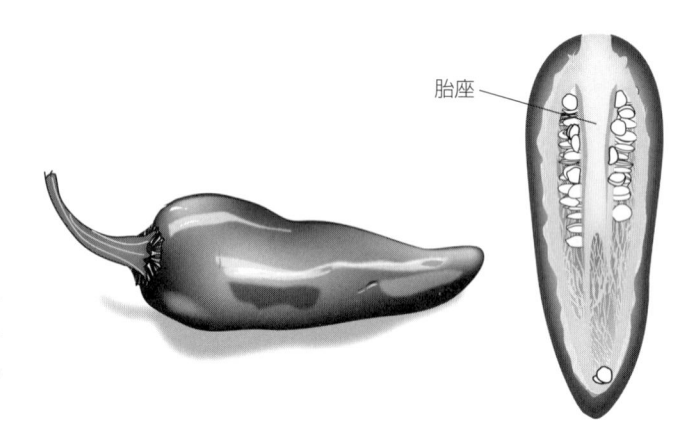

トウガラシの果実．辛味成分のカプサイシンは胎座表面の細胞から分泌される．種子を包んでいる綿のような組織が胎座である．

胎座

---

## トウガラシに関する語

　辛味のあるトウガラシ（*Capsicum*）属の果実を，合衆国では一般に "pepper（ペッパー）" または "hot pepper（ホット・ペッパー）" と呼ぶ．こうした呼び名は，かつてスペイン人がトウガラシの辛味は黒コショウの辛味に似ている，と考えたところからきている．メキシコ先住民のナワトル語では chilli（チリ），これがスペイン語の chile になり，さらにアメリカで chili となった（トウガラシで味つけしたシチューも chili，これに使用する粉末も chili と呼ばれる）．南米のチリという国名はトウガラシとはまったく関係ない（アラウカン語で "地球の端" という意味）．非常に混乱の多い用語なので，辛味のあるトウガラシは chilli と呼ぶのが妥当であるとした，アラン・デビットソンその他の意見に賛成である．

カプサイシンは受粉直後から成熟するまで蓄積されてゆき，完熟すると辛味はやや落ちる．よって果実が緑色から黄色（赤色）に変わりはじめる頃が一番辛い．

トウガラシに含まれるカプサイシン分子にはいくつかの型がある．トウガラシの品種によって，すぐに辛さを感じるが一過性のものや，ゆっくりと辛さが増していつまでも続くものなど，辛味の感じ方が違い，口中で辛味を感じる場所も違うのはこのためであろう．

**カプサイシンの身体への影響**　人間の身体に対するカプサイシンの影響は複雑で多岐にわたる．この本を書いている2004年の時点では，総合的に身体によいと考えられる．カプサイシンが癌や胃潰瘍のリスクを高めることはないとみられる．体温低下機能（発汗，皮膚の血流増加）を含めた体温調節に影響し，体感温度が高まる．代謝を促進し，エネルギー消費を高める（よって脂肪として蓄積されることが少ない）．脳の信号伝達を刺激して空腹感を抑え，満足感

## トウガラシの品種と辛味

一般的なトウガラシ品種および辛さの比較．辛味はスコヴィル単位で表してある．スコヴィル単位は1912年頃に薬理学者のウィルバー・スコヴィルによって考案され，後に近代化学分析に適合させたものである．当初の方法は，トウガラシをアルコールに一晩浸した抽出液を用い，これを希釈して辛味を感じなくなる倍率としていた．この希釈倍率が高いほど辛味が強く，スコヴィル値は高い．

| 品種 | 辛味（スコヴィル単位） |
| --- | --- |
| *Capsicum annuum* | |
| 　ベル（いわゆるピーマン） | 0～600 |
| 　ニュー・メキシカン | 500～2,500 |
| 　ワックス | 0～40,000 |
| 　パプリカ | 0～2,500 |
| 　ピメント | 0 |
| 　ハラペーニョ | 2,500～10,000 |
| 　アンチョ/ポブラーノ | 1,000～1,500 |
| 　セラーノ | 10,000～25,000 |
| 　カイエン | 30,000～50,000 |
| | |
| *Capsicum chinense* | |
| 　ハバネロ，スコッチ・ボンネット | 80,000～150,000 |
| | |
| *Capsicum frutescens* | |
| 　タバスコ | 30,000～50,000 |
| | |
| *Capsicum pubescens* | |
| 　ロコト | 30,000～60,000 |
| | |
| *Capsicum baccatum* | |
| 　アヒ | 30,000～50,000 |

を高めると思われる．つまり，トウガラシの入った食事は食べる量が少なくなり，摂取したカロリーはより多く燃焼されるというわけである．

　トウガラシには刺激作用ももちろんあり，これは口中では快感ともなるが，その他の場所では必ずしもそうではない．（「トウガラシ・スプレー」は武器として有効であり，息が苦しく目が見えにくい状態が1時間ほど続く．）カプサイシンは強力なうえ，油性なので洗っても落ちにくい．少しでも指についていると，あとで目をこすって目が痛くなることもあるので，包丁やまな板，手は温水と石鹸で十分洗うように気をつける．一方，カプサイシンの刺激性は，医学的に広く応用されている．たとえば，皮膚に塗布すると局所的に血流が高まり，筋肉痛が和らぐ．

**カプサイシンの辛味を抑える**　トウガラシを使った料理の辛さを左右するのは，トウガラシの品種，入れる量，カプサイシンの多い部分を入れるかどうか，そしてトウガラシがほかの食材と接する時間，の四つである．トウガラシを半分に切って中のスポンジ状胎座と種子を除けば，辛味はかなり少なくなる．

　口の中がすごく辛くなってしまったときには，何か冷たいものを口に含むか，または硬い固形状のもの（米やクラッカーや砂糖）を口に入れると，一時的ではあるが辛さが和らぐ．冷たい液体や氷は辛味の受容体を活性化される温度以下に冷やし，固形物食品は辛味とは違う種類の信号を送って神経を紛らす．カプサイシンは水よりもアルコールや油に溶けやすいが，アルコール飲料や油っぽい食べものは，冷水や甘い水以上に辛味を鎮める効果はない（炭酸水はかえって刺激を強める）．どれも効かない場合，カプサイシンの痛みは15分もすると徐々に消えるので我慢するしかない．

**乾燥トウガラシ**　トウガラシの乾燥粉末は，辛味づけやトロミづけに便利なだけでなく，ほかのハーブやスパイスにはないような複雑な風味をもっている．乾燥工程によって果実壁の細胞成分が濃縮され，成分同士が反応しあって，ドライフルーツ臭，土のにおい，木のにおい，ナッツ臭，その他の芳香成分が生じる．昔ながらの天日干しや陰干しでは乾燥に数週間かかり，今も多くの地域でこの方法が用いられている．現代的な機械乾燥法では条件をうまく調節できるので，光に弱い色素やビタミンCが損なわれにくいが，風味も違ったものになる．トウガラシは燻煙乾燥されることもあり（メキシコのチポトレ，スペインのピメントン），独特なにおいになる．

## ■ その他の温暖性のスパイス

**サフラン**　世界で一番高価なスパイスである．生産に手間がかかるだけでなく，食材に珍しい風味と鮮やかな黄色をつけるという特長によるところが大きい．クロッカスの一種（*Crocus sativus*）で，花の一部を利用する．青銅器時代に

サフラン・クロッカス．本当のサフランは，濃赤色の柱頭を乾燥させたものである．柱頭についた花粉粒子は，長い花柱を通って子房に送られる．二級品には淡色で風味のあまりない花柱が混じっていることがある．

花柱　柱頭

ギリシャ，またはその近辺で栽培化されたと思われる．サフラン・クロッカスは紀元前500年前に東のカシミールに伝わり，中世時代にはアラブ人によって西方のスペインへ，そして十字軍によってフランスおよびイギリスへ持ち込まれた．（サフランの語源は"糸"を意味するアラブ語である．）現在はイランおよびスペインが主要生産・輸出国である．サフランは，米料理（イランのピラフ，スペインのパエリア），フランスの魚の煮込み（ブイヤベース），イタリアのリゾット・ミラネーズ，インドのビリヤニ（炊き込みご飯）や牛乳菓子に使われる．

サフラン生産に関わる数字は驚くべきものである．5ポンド（2.25 kg）の柱頭を採るのに約7万個の花が必要である（柱頭とは花柱の先端についた3本の濃赤色の部分で，花柱は花粉が子房へと移動するための通り道である）．5ポンドの柱頭を乾燥すると約1ポンドのサフランが得られる．非常に繊細な組織なので，柱頭を採取し1本ずつに分けるのは今も手作業で行われている．乾燥サフラン1ポンドを生産するのに200時間もの労働が必要とされる．紫色の花びらのついた花は，晩秋の開花がはじまった当日に収穫しなければならない．分離した柱頭は，30分ほど火で炙るか（スペイン），長時間の天日干し（イラン），または暖かい部屋やオーブンに入れて，丁寧に乾燥される．

<u>サフランの色</u> サフランの強い色は一連のカロテノイド色素（p.260）によるもので，乾燥サフランの重さの10％ほど含まれている．最も多いのがクロシンで，これは一つの色素分子の両端に一つずつ糖分子がついたものである．通常は脂溶性の色素が，糖がつくことで水溶性となっている．ゆえに，サフランの色は温めた水や牛乳で簡単に抽出され，米料理その他の油の少ない料理もよく色づけできる．クロシンは強力な着色剤であり，水に1 ppmの濃度で溶けていても着色が確認できる．

<u>サフランの風味</u> サフランの風味は，はっきりとした苦味と突き刺すような干草のにおいが特徴である．糖と炭化水素が組み合わされた別の化合物，ピクロクロシンが大きく関係している．生の柱頭には重さの4％ほど含まれており，昆虫その他の捕食動物に対する防御成分とみられる．ピクロクロシン自体には苦味がある．柱頭を乾燥すると細胞構造が壊れ，乾燥時の熱と酵素の作用でピクロクロシンから炭化水素部分が遊離する．これがサフラナールと呼ばれる揮発性テルペンである．したがって，サフランの柱頭を乾燥すると，苦味が弱まり香りが高くなる．いくつかのサフラナール関連化合物によって芳香が全体にまとまる．

<u>サフランの使い方</u> サフランは少量（数本，または"ひとつまみ"）を用いるのが普通である．風味と色を抽出するため，少量の温めた液体で戻してから料理に加える．主要色素は水溶性だが，アルコールや油脂をいくらか加えるとほかの脂溶性カロテノイドが溶けやすい．

サフランの色素成分および風味成分は光や熱に弱いので，高価なサフランは密閉容器に入れて冷凍保存するのがよい．

**スマック** カシューやマンゴーの類縁にあたる，西南アジア原産の低木（*Rhus coriaria*）の小さく乾燥した赤紫の液果である．スマックは非常に酸味が強く（リンゴ酸その他），渋味があり（タンニンが重さの4％ほども含まれる），芳香がある（松や木や柑橘系のにおい）．中東や北アフリカでは，挽いたスマックがさまざまな料理に用いられる．

**ニゲラ** 観賞用植物ニゲラ（クロタネソウ）のユーラシア近縁種（*Nigella sativa*）で，先の尖った小さな黒い種子を利用する．タイムやオレガノをよりマイルドで複雑にしたような味で，キャラウェイのにおいもする．インドから西南アジアにかけて，パンその他の料理に使われる．

**ホップ** 北半球に自生する多年生植物（*Humulus lupulus*）の毬花（松笠に似た果実）を乾燥

したもので，マリファナや麻の類縁である．ホップ植物は 8 世紀までにはドイツのハラタウ地方で栽培がはじまっており，14 世紀までにはフランダース地方に広まった．現在はほとんどビール製造に使用されるだけだが，パンの風味づけや，ハーブ茶にもなる．ホップの香りは品種によって異なり，木や花のにおい，複雑な硫黄臭などがする．第 13 章で詳しく取り上げる．

**マスチック**　ピスタチオの近縁にあたる樹木（*Pistacia lentiscus*）から採れる樹脂で，東地中海原産で現在はギリシャのヒオス島にのみ生育する．マスチックはチューインガムのようにかむもので（かむという意味の masticate と語源が同じ），パン，ペストリー，アイスクリーム，キャンディー，リキュール（ウゾ）などさまざまな料理の風味づけとしても使われている．主要芳香成分は二つのテルペン化合物，松のにおいのピネンと木のにおいのミルセンである．ミルセンは長い樹脂ポリマーを構成する分子でもある．マスチックはあまり水に溶けないので，液体中に均一に分散するよう，細かく粉砕してほかの粉末材料（小麦粉，砂糖）と混合される．

**マハレブ**　イラン原産であるサクラ属の低木（*Prunus mahaleb*）の種子を乾燥したものである．種子にはどことなくビター・アーモンドに似た温かい感じの芳香があり，東地中海一帯で焼き菓子や甘い菓子の香りづけに使われる．

## 熱帯性のスパイス

　熱帯性のスパイスは，類縁関係が必ずしも風味と関連しない．よって，ここではすべてあいうえお順に並べた．ただし例外として，ターメリック，ガランガル，カルダモン，パラダイス・グレインなどはショウガ科であること，オールスパイスとクローブはいずれもフトモモ科に属し，互いに類縁関係にあるうえに，強い香りをもつグァバとフェイジョアという二つの果実とも類縁であることは興味深い．

**アンナット**　アチョーテとしても知られ，風味づけと色づけの両方に用いられる．熱帯アメリカ原産の低木（*Bixa orellana*）の種子で，メキシコ南部から南米北部にかけた地域で，さまざまな料理に用いられている．鮮やかな黄橙色の色素はビキシンというもので，ワックス質の種子外皮に存在する．橙色，黄色，赤色など色合いの異なるさまざまな化学的に異なったものへと変化しやすい．これらのなかには水溶性のものもあれば，脂溶性のものもある．大手食品メーカーでは，チェダー風チーズ，バター，その他の加工食品を鮮やかに着色するためにアンナットを使用している．アンナットの種子は硬いので細かく粉砕するのが難しい．よって液体中で加熱して風味と色を抽出した後に，ろ過することが多い．アンナットを挽いてペーストにしたものも市販されている．アンナットの香りは，ホップにも含まれるフムロンというテルペンが主成分で，木のようなドライなにおいがする．

**オールスパイス**　新大陸亜熱帯が原産の樹木（*Pimenta dioica*）の，乾燥させた褐色液果で，直系は 1 cm ほどである．フトモモ科に属し，クローブとは類縁である．オールスパイスという名前は，いくつかのスパイスのにおいを併せもつことから 17 世紀につけられた現代名である．今は，クローブ，シナモン，ナツメッグを組み合わせたような，まろやかな風味と表現されることが多い．実際に，クローブ成分のオイゲノール，およびこれと関連した複数の揮発性フェノール化合物が含まれ，新鮮なにおい，甘いにおい，木のにおいがする（ただしシナモンの揮発性成分は含まない）．主要生産国はジャマイカである．液果は風味が高い緑色のうちに収穫し，山積みにして短期間の発酵を行い，袋詰めにして乾燥と変色を進め，その後 5〜6 日間天日干しする（または機械乾燥する）．オールスパイスは魚，肉，野菜の漬け込み液や，パ

イの風味づけによく使われる.

**ガランガル** アジアに自生するショウガ科の植物2種（*Alpinia galanga* または大ガランガル，*Alpinia officinarum* または小ガランガル）の地下茎である．前者はタイショウガと呼ばれることもあり，特に珍重され人気がある．ショウガほど強くはない辛味があり，ユーカリ，松，クローブ，カンファーのにおいがするが，ショウガ特有のレモン臭はない．タイやその他の東南アジアの料理では，レモングラスをはじめとするさまざまな香味料と一緒に使われることが多い．ガランガルはシャトルーズ酒，ビター，いくつかの清涼飲料にも入れられる．

**カルダモン** サフランとバニラに続き，世界で三番目に高価なスパイスである．西南インドの山岳地帯に自生するショウガ科の草本性植物（*Amomum cardamomum*）の種子で，1900年頃まではこの地方だけに生息していた．その後ドイツ移民によってグァテマラに持ち込まれ，現在はグァテマラが主要生産国となっている．カルダモンの種子は繊維質の鞘の中に入っており，鞘ごとに成熟時期が異なるので，完熟して鞘が裂ける少し前のものを一つずつ手で収穫する．カルダモンの語源は"温める"という意味のアラビア語である．カルダモンには繊細で温かい感じの芳香があり，これは二つの異なるグループの芳香成分による．花，果実，甘いにおいのテルペン類（リナロールおよび酢酸エステル類），そしてより突き刺すようなユーカリ臭のシネオールである．いずれも種子表面のすぐ下層に蓄えられている．

カルダモンは二つに大別される．マラバル・カルダモンは小粒で鞘が丸く，繊細で花のようなにおいの成分を多く含む．一方マイソール・カルダモンは，大きめで鞘は三角形，主に松，木，ユーカリのにおいがする．両者ともわずかに渋味と辛味がある．マラバル・カルダモンは鞘が緑色から黄白色に変わりはじめたときが最も香りがよく，天日干しや化学漂白によって色を均一に脱色した状態で売られている．マイソール・カルダモンは緑色のものが売られていることも多く，乾燥前に中温（55℃）で3時間加熱して色止めをしてある．

カルダモンはシナモンとともに旧約聖書に出てくるが，ヨーロッパに伝わったのは中世時代とみられる．現在ではカルダモンの世界貿易量の10%は北欧諸国で主に焼き菓子などに消費され，80%はアラブ諸国でカルダモン・コーヒーに使用されている．煎って挽いたばかりのコーヒーと割ったばかりの緑色のカルダモンを一緒に煮たものが，「ガーワ」と呼ばれる．

ラージ・カルダモンは，ネパール・カルダモンまたはグレーター・インディアン・カルダモンとも呼ばれる．北インドの東ヒマラヤ山脈に自生する，カルダモンの近縁種（*Amomum subulatum*）の種子である．（*Amomum* 属および *Aframomum* 属の別種も用いられる．）種子は赤味がかった2.5 cmほどの鞘の中に入っており，種子のまわりの果肉は甘い．多くは燻煙乾燥されるのと，突き刺すようなにおいのテルペン（シネオールとカンファー）が多く含まれるため，強烈な芳香がする．ラージ・カルダモンはインド，西アジア，中国で米料理やピクルスなどに使われる．

**クローブ** スパイスのなかでも特に独特で強い芳香をもつ．現インドネシア内のいくつかの島に自生するフトモモ科の樹木（*Syzygium aromaticum*）の，未熟な花の蕾を乾燥させたものである．クローブは2200年前の中国でも利用されていたが，中世期までは主にヨーロッパで料理に用いられていた．現在はインドネシアとマダガスカルが最大の生産地である．

開花直前の花の蕾を摘み取り，数日間乾燥させる．クローブ独特の香りはオイゲノールというフェノール化合物が多量に含まれているためで，オイゲノールはやや甘くて突き刺すような強い芳香をもつ．クローブの蕾に含まれる芳香成分の濃度は，スパイスのなかで最も高い．揮発成分が重さの17%ほども含まれ，そのほとんどは細長い軸の表面直下，花冠の中，その内側にある雄しべの細い繊維中に存在する．精油

の約85%がオイゲノールである．主にこのオイゲノールのおかげで，クローブ精油は抗菌作用が強く，また神経末端を一時的に麻痺させる．このためマウスウォッシュやデンタルケア製品にも使われてきた．

世界的にみると，クローブは肉料理の風味づけとして利用されることが多いが，ヨーロッパでは主に菓子類に使われる．クローブはさまざまなスパイス・ミックスにも使われている（p. 387 の囲み内を参照）．なかでも有名なのは，インドネシアの巻き煙草（クレテック）で，これには細かくしたクローブが40%ほど入っている．

**黒コショウおよびその類縁**　アジアから西方へ最初に貿易されたスパイスの一つに黒コショウがあった．現在に至るまで，ヨーロッパおよび北米では，スパイスのなかでも突出した地位を占め続けている．塩と並ぶ基本調味料であり，さまざまな料理にピリッとした辛味とよい香りを加える．食べる間際にかけることも多い．コショウは西南インドの熱帯沿岸山岳地帯に自生し，古代世界における海上および陸上貿易は少なくとも3500年前にははじまっていた．エジプトのパピルス古文書にも記載があり，ギリシャ時代にはよく知られるようになり，ローマ時代にはスパイスとして人気があった．この時代には主に野生林に自生する植物から採取していたが，この蔓植物は7世紀より前のある時期にマレー群島，ジャワ，スマトラに移植された．1498年にはヴァスコ・ダ・ガマがヨーロッパからインド南西への海路を開拓し，その後数世紀にわたってポルトガルが黒コショウ輸出を牛耳った．オランダによる独占が続いた後，1635年頃からイギリスによるプランテーションがはじまった．20世紀には南米およびアフリカ諸国でも黒コショウの生産がはじまった．現在はインド，インドネシア，ブラジルが世界の主要生産国である．

**コショウの生産**　コショウ（*Piper*）属に属する，上に向かって伸びる蔓植物の小さな液果を乾燥させたものである．コショウ属にはほかの多くのスパイスやハーブが含まれる（p. 415 の囲み内を参照）．*Piper nigrum* の液果は長さ数センチの花穂につき，成熟には約6ヶ月を要する．液果が成熟・完熟するのに伴い，辛味成分のピペリンは次第に増加するが，芳香成分は一度ピークに達してから減少する．完熟液果に含まれる芳香成分は，緑色のピーク時に比べて半分以下である．完熟すると皮は赤くなるが，収穫後は褐変酵素の作用で濃褐色から黒色に変わる．中の種子は主にデンプンで，多少の油脂分を含む．辛味成分のピペリンが3～9%，揮発性油分が2～3%ほどである．

**黒コショウ，白コショウ，緑コショウ，赤コショウ**　コショウの液果は，いくつかの異なるタイプのスパイスに加工される．

- **黒コショウ**　最も一般的なコショウで，完熟前のまだ緑色をした芳香成分の多い成熟液果から作られる．花穂ごと収穫し

黒コショウと白コショウ．熱帯蔓植物の小さな果実である．果実をそのまま乾燥させたものが黒コショウで，皺のよった濃色の外皮は乾燥した果肉層である．乾燥前に果肉層を除くと白コショウになる．

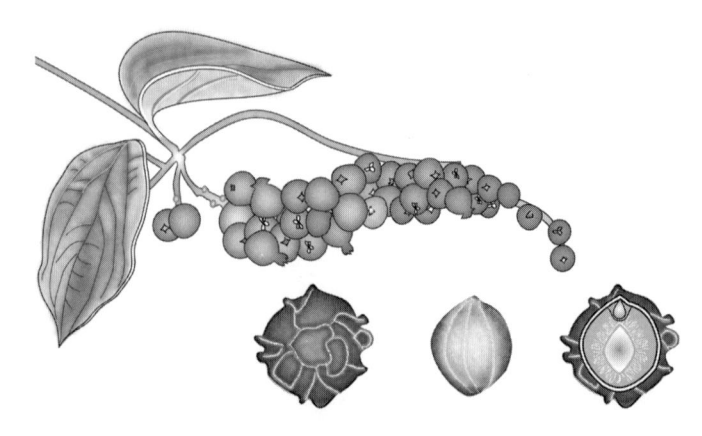

た後，穂から液果を採る．次いで熱湯に1分ほど浸して洗浄するとともに，果肉細胞を破裂させ酵素による褐変を早める．最後に天日干しまたは機械乾燥を数日間行うが，その間に外皮が黒っぽくなる．

- 白コショウ　外側の果肉層を除いて種子だけにしたものである．完熟液果を水に浸け，果肉層が細菌で分解されるまで数週間おいた後，果肉層をこすり落として，最後に乾燥させる．白コショウは主にピリッとした辛味を加えるのに利用され，色の薄いソースなどに使っても色がわからない．インドネシアで商品化され，今でもインドネシアが主要生産国である．

- 緑コショウ　熟しはじめる1週間以上前に収穫した液果から作られる．色を保つために酸化硫黄処理して脱水し，塩水に漬けて缶詰または瓶詰，あるいは凍結乾燥させる．保存処理によって風味は異なるが，多少の辛味とコショウの香り，そして新鮮な青葉臭がする．

- 赤コショウ（ポワブル・ロゼ）　完熟して赤くなったばかりの液果を塩水や酢に漬けた珍しいものである（ピンク・ペッ

## コショウの類縁

コショウ（*Piper*）属には約1000種が存在し，オハ・サンタやロロット（p.398, p.401）など *Piper nigrum* の近縁種で香辛料として使われるものも多い．その他のコショウ近縁種をいくつか以下に述べる．

- ロング・ペッパー（*Piper longum*）　インド原産の植物で，ヨーロッパではマスタードの次に辛味スパイスとして利用されるようになったと思われる．ギリシャ・ローマ時代には黒コショウよりも好まれ，そのサンスクリット語の名前 pippali（黒コショウは marichi）が pepper（ペッパー）の語源となった．小さな果実が表面にぎっしり詰まった花穂全体がそのまま細長いスパイスになることからロング・ペッパーと呼ばれる．やや辛味が強く（ピペリンが多いため），木のにおいも強い．現在は主に野菜のピクルスに使われるが，北アフリカではスパイス・ミックスに入れることもある．やはりロング・ペッパーと呼ばれる別の植物（*Piper retrofractum*）があり，これはジャワ原産でインドネシアやマレーシアで利用されている．インドのロング・ペッパーよりも芳香が強いと言われる．

- クベバ・ペッパー（*P. cubeba*）　ひとつひとつの液果に尾のような茎がついている．インドネシア原産で，17世紀にはヨーロッパの料理に用いられていた．原産地では今も，ソース，リキュール，のど飴，巻きタバコなどの香りづけに使われている．辛味のほかに，新鮮さ，ユーカリ，木，スパイス，花のにおいがする．

- アシャンティ・ペッパー（*P. guineense*）　西アフリカではさまざまな料理にこのスパイスが使われ，ナツメッグやササフラスのような香りである．

- キンマ（*Piper betle*）　アジアのコショウ属植物で，葉はクローブ臭がする．ほかの材料をキンマの葉で一口大に包み，これを口に含んでかむという，嗜好品として古くから利用されてきた．インドのシュパリは，石灰とビンロウジ（ヤシ科植物の檳榔樹の実），時にタバコの葉をキンマの葉で包んだものである．

パーコーンとはまったく別のもの；p. 421 参照）．

**コショウの風味**　コショウの主な辛味成分はピペリンで，果肉層および種子表面層に含まれる．ピペリンの辛味はトウガラシ・カプサイシンの約100分の1である．黒コショウの主要芳香成分（ピネン，サビネン，リモネン，カリオフィレン，リナロールなどのテルペン類）が，新鮮さ，柑橘系，木，温かさ，花のにおいなどの混じった総合的な香りを作り出している．白コショウの辛味は黒コショウと同じ程度だが，果肉層を除いてあるために芳香はほとんどない．カビ臭や馬小屋臭がする場合もあるが，これは果肉層の発酵が長すぎたためと思われる（スカトール，クレゾール）．

　風味の抽出時間が十分にある料理（ピクルスやプリザーブ）や，スープ・ストックやソースの一部ではコショウを粒のまま使う．仕上げに使う場合，すぐに風味がでるよう粒コショウを挽いて使う．挽くと芳香成分もすぐに揮発するので，新鮮な香りを楽しむにはコショウ挽き器から料理に直接入れるのがよい．コショウ挽き器に1ヶ月も入れたままにすると，粒コショウのままでも香りがほとんど飛んでしまう．熱した鍋で粒コショウをさっと煎れば香りが高まる．

　コショウは密閉容器に入れて冷暗所に保存する．光エネルギーによってピペリン分子は味のほとんどしない分子（イソシャビシン）に変化してしまうため，保存中に光に当たると辛味がなくなる．

**サンショウ（山椒），ホワジャオ（花椒）**　中国の花椒と日本の山椒は，いずれも変わった辛味が特徴である．いずれもミカン科サンショウ（*Zanthaxylum* もしくは *Xanthoxylum*）属の樹木であり，花椒の木は *Zanthoxylum simulans* もしくは *Z. bungeanum*，山椒の木は *Zanthoxylum piperitum* である．小さな果実の果皮を乾燥させたスパイスには，レモン臭のシトロネラールとシトロネロールが含まれている．辛味成分はサンショオールで，黒コショウのピペリンやトウガラシのカプサイシンと構造的に関連する．ただし，サンショオールは単に辛いというのではない．ヒリヒリ，ジンジンするような，舌の痺れる変わった感覚があり，炭酸飲料や弱い電流（9V電池を舌先につけたとき）のような感じにも似ている．サンショオールは，触感や冷感など，本来は非感受性の感覚を含む複数の異なる神経末端に一度に作用するとみられ，一種の神経的混乱を引き起こすようである．

　花椒は中国料理，山椒は日本料理に用いられる．花椒は煎って使われるため，柑橘臭は薄れて焦がした木のにおいが肉料理によく合う．山椒は特にレモン臭が特徴で，魚や肉の脂っこさを消すために使われる．花椒も山椒もスパイス・ミックスに使われることが多い．

**サンダルウッド（白檀）**　食用としてよりも香料として馴染み深いが，その樹木（*Santalum album*）の根および心材は，インドの菓子の香りづけに使われることがある．主な芳香成分であるサンタロールは，木，花，ミルク，じゃ香のにおいがする．

**シナモン（桂皮）**　ニッケイ（*Cinnamomum*）属に属する熱帯アジアの樹木の内皮を乾燥したもので，ローレル（月桂樹）の遠縁にあたる．内皮（師部；葉から根に栄養を送る層）には保護用の精油細胞が存在する．若い枝からむきとった内皮は，くるりと巻いた形のシナモン・スティックになる．シナモンは地中海に伝わったスパイスのなかで最も古いものの一つである．古代エジプトでは死体防腐処理に使用され，旧約聖書のなかにも繰り返し出てくる．アジアや近東地域では古くから肉料理に使われており，中世ヨーロッパでもアラブの影響により肉料理にシナモンが使われた．現在は，甘い菓子やキャンディーに使われることがほとんどである．

　ニッケイ属には芳香性の樹皮をもつ種がいくつか存在するが，シナモンは二つに大別される．一つはセイロンまたはスリランカ・シナモン（*C. verum* または *C. zeylanicum*）で，これは淡褐色で紙のようにもろく，1本のらせん状

になっており，甘さを感じるマイルドで繊細なシナモン臭がする．もう一つはチャイニーズ・シナモン（カシア・シナモンと呼ばれることが多い）で，樹皮は厚くて硬く，2本のらせん状に巻かれていることが多く，色は濃く，苦味とやや焦げ臭さのするきついにおいがする．アメリカの「レッド・ホット・キャンディー（シナモン味のキャンディー）」の風味である．主に中国（*C. cassia*），ベトナム（*C. loureirii*），インドネシア（*C. burmanii*）で生産されている．カシア・シナモンは世界中で用いられており，スリランカ・シナモンはラテンアメリカで好まれる．ピリッとスパイシーなシナモンの風味は桂皮アルデヒドと呼ばれるフェノール化合物によるもので，スリランカ・シナモンよりもカシア・シナモンに非常に多く含まれている．スリランカ・シナモンは，花やクローブのにおい（リナロール，オイゲノール）の混じった，より複雑でほのかな風味がする．

**ショウガ**　バナナの遠縁にあたる草本性熱帯植物（*Zingiber officinale*）の地下茎で，辛味と芳香がある．ショウガ科には45前後の種が存在し，熱帯全域に分布している．ガランガル，パラダイス・グレイン，カルダモン，ターメリックなどもショウガ科である．枝分かれした根の形から，サンスクリット語で角や枝角をさすsingaberaがラテン語を経てginger（ジンジャー）となった．

ショウガは前史時代に南アジアのどこかで栽培がはじまり，古代ギリシャ時代までには乾燥ショウガとして地中海に伝わった．中世ヨーロッパでは特に重要なスパイスであった．ジンジャーブレッドと呼ばれるケーキはこの頃にさかのぼり，ジンジャー・ビールやジンジャー・エールは19世紀にイギリスの居酒屋で飲みものにジンジャー・パウダーをふりかけたのがはじまりである．

乾燥ショウガの製造法は，まず成熟した地下茎を洗浄し，皮をこそげ落として，時に石灰や酸で漂白し，天日干しもしくは機械乾燥させる．乾燥したショウガは重さの40％ほどがデンプンである．現在，乾燥ショウガの主要生産国はインドと中国で，ジャマイカ産のショウガは高級品とされる．貿易量のかなり多くの割合がイエメンに輸入され，コーヒーに（重さで15％ほども）加えられている．

アジアや，特に近年は他の地域でも，生のショウガが使われる．合衆国内に出回っている生ショウガは多くがハワイ産で，12月から6月が主な収穫期である．生のショウガにはタンパク質分解酵素が含まれ，ゼラチンを使った料理に入れる場合は注意する必要がある（p. 588）．

<u>ショウガの香り</u>　ソーセージや魚料理の風味づけから炭酸飲料や菓子まで，ショウガは非常に広い用途に用いられる．レモン汁のような特徴があり，さらに新鮮さ，花，柑橘，木，ユーカリのにおいが混じった爽やかで鮮やかな香りと，主張しすぎず他の風味を引き立てるマイルドなコショウのような辛味がある．生産地が違えば風味も異なる．中国産は辛味が強い傾向にある．南インドやオーストラリアのショウガは柑橘系の特徴が強く，レモンの香りがする．ジャマイカ産は繊細で甘く，アフリカ産は突き刺すようなにおいがある．

<u>ショウガの辛味は変化する</u>　ショウガやショウガ科植物の辛味はジンゲロールによるもので，トウガラシのカプサイシンや黒コショウのピペリン（p. 381）に類似した化学構造をもつ．ジンゲロールは類似化合物のなかでは最も辛味が弱く，乾燥や加熱調理によって最も変化しやすい．ショウガを乾燥させると，ジンゲロール分子は側鎖の一部を失ってショウガオールになる．ショウガオールはジンゲロールの約2倍の辛さなので，乾燥ショウガは生ショウガよりも辛い．加熱調理するとジンゲロールおよびショウガオールの一部が，わずかな辛味と甘くスパイシーな香りをもつジンゲロンに変わる．

**ターメリック**　ショウガ科の草本性熱帯植物（*Curcuma longa*）の地下茎を乾燥させたもので

ある．前史時代にインドで栽培化されたとみられ，おそらくはその濃黄色の色素（"黄色"を意味するサンスクリット語が curcuma の語源）を利用するためであったろう．ターメリックは古くから，結婚や死に関する儀式において皮膚，衣服，食物の着色に使われてきた．合衆国では主に調製マスタードの原料として用いられており，辛味をださずに黄色に着色する．カレー粉の主原料でもあり，重さの25〜50%を占める．

ターメリックの主要色素成分はクルクミンと呼ばれるフェノール化合物で，これは優れた抗酸化剤である．ターメリックに保存作用があると考えられるのは，この抗酸化作用によるのかもしれない．インド料理では魚やその他の食材にターメリックをまぶしてから，さまざまな料理に入れることが多い．クルクミンの色は pH に左右され，酸性では黄色，アルカリ性では橙赤色に変わる．

ターメリックをスパイスにするには，地下茎を弱アルカリ性の水で蒸すかゆでて，色を定着させるとともに，たくさん含まれるデンプンをあらかじめ加熱し，天日干しする．通常は粉末として販売されるが，エスニック店では生および乾燥の地下茎も売られている．ターメリックは木や乾いた土のにおい（ターメロンおよびジンジベレンという弱芳香性のテルペン化合物による），わずかな苦味と辛味がある．

**タマリンド** アフリカおよびマダガスカル原産のマメ科樹木（*Tamarindus indica*）の鞘の中にあり，種子を包んでいる果肉．繊維質で粘質性，芳香があり酸味が強い．果肉を数分間水に浸けてから繊維質の塊を搾り，風味のついた水をろ過する．ペースト状のタマリンド・エキスも市販されている．果肉には酒石酸を主成分とする酸が約20%，糖が35〜50%，水分が約30%含まれ，複雑で旨味のあるロースト臭がする．木についた鞘が暑い日差しにさらされて果肉が濃縮され，褐変反応が起こるためである．アジアの広い地域で，甘酸っぱいプリザーブ，ソース，スープ，飲みものの酸味づけに利用される．タマリンドは中東でもよく用いられ，ウスターシャー・ソースの味の決め手でもある．

**八角** 中国南部およびインドに自生するシキミ科の樹木（*Illicium verum*）の，美しい星型をした木質の果実である．ヨーロッパのアニスとはまったく類縁関係がないが，同じアネトールというフェノール化合物を含むため，アニスの風味をもつ（p.403）．6〜8個の室からなる果実は，種子よりも風味が強く，古くから未成熟果実は口に含んでかむ口臭消しとして利用されてきた．伝統的な中国料理では，肉の醬油煮に使われる．タマネギを加えると硫黄-フェノール芳香成分が形成されて，肉の味が引き立つ．

**バニラ** 世界中で最もよく使われている香辛料の一つである．その深く芳醇で持続的な芳香

バニラの種子鞘．生の鞘には，糖，アミノ酸，貯蔵型のバニリン（バニラの主要芳香成分）が混じり合った粘質性の樹脂と何千個もの小さな種子が詰まっている．キュアリング工程でバニリンが遊離し，その他の芳香分子も生じる．

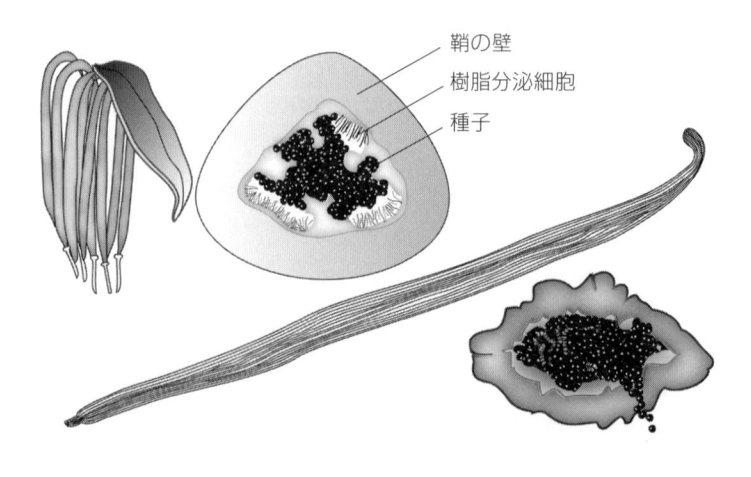

鞘の壁
樹脂分泌細胞
種子

は，スパイスのなかでも比類がない．サフランの次に高価なスパイスである．実際には，世界中で現在消費されているバニラ風味の多くが合成の模造品である．

本物のバニラは，中央アメリカおよび南米北部が原産の蔓性のラン科植物になる鞘入りの果実（バニラ・ビーンズ）である．熱帯性のバニラ（Vanilla）属には約100種が存在する．V. planifolia（または V. fragrans）の栽培はおそらく1000年ほど前に，メキシコのベラクルーズに近い東海岸沿いで先住民のトトナコ族の手ではじめられた．北のアステカ族へと伝わり，そこでチョコレート飲料の風味づけとして用いられた（p. 671）．ヨーロッパで最初にバニラを知り，命名をしたのはスペイン人である．スペイン語で"鞘"または"殻"を vainilla と呼ぶ（ラテン語の vagina から）．19世紀のベルギー人植物学者チャールズ・モレンが，バニラの花を手で受粉することに成功し，適切な受粉昆虫が存在しない地域でもバニラを生産できるようになった．フランス人によってアフリカ東南の島々にバニラ植物が持ち込まれ，マダガスカル，レユニオン，コモロス諸島一帯で生産されるバニラはバーボン・バニラと呼ばれる．

現在，世界最大の生産地はインドネシアおよびマダガスカルである．手作業での受粉とキュアリング（保存のための処理）には気配りと多大な労力が必要であり，バニラ生産地の少なさと生産性の低さから，バニラは非常に高価である．

バニラの芳醇な香りを作り出す要因は三つ，鞘に多く含まれるフェノール性防御化合物（特にバニリン），褐変反応で風味が生じるために十分な糖とアミノ酸，そしてキュアリング工程である．防御用の芳香成分のほとんどは，糖分子と結合した不活性な形で蓄えられている．鞘が傷ついて貯蔵型が分解酵素に触れると，活性型の防御化合物（芳香成分）が放出される．したがって良質のバニラを生産するためには，鞘を傷つけた後に長時間乾燥させて風味を醸成・濃縮すること，そして鞘を腐敗させないことが重要である．

バニラ生産　花を受粉させてから6～9ヶ月後に，15～25 cm まで成長し熟成がはじまったばかりの緑色の鞘を収穫する．鞘の内側には，糖，脂肪，アミノ酸，糖と結合した貯蔵型フェノール化合物が複雑に混じりあった中に，何千個という小さな種子が入っている．貯蔵型のフェノール化合物に作用して芳香性フェノール化合物を作り出す酵素は，外壁付近に濃縮されている．キュアリングではまず初めに，糖やアミノ酸が消費されてしまわないように鞘を枯らし，鞘の細胞を傷つけて貯蔵型フェノール化合物と分解酵素とを接触させる．鞘を高温（日光，熱湯，または蒸気）に短時間さらすことで，この両方の目的が達成できる．細胞の損傷によって褐変酵素（ポリフェノールオキシダーゼ，p. 261）も活性化し，フェノール化合物の一部が有色の凝集体を形成するため，鞘の色は緑色から褐色へと変わる．

次の何日間かは，鞘を日光に当てて触れない

## バニリンの効用

バニラにバニラの風味をつけるほかに，ある種の調理工程や加工工程，特に木を燃やしたり木製の樽を使ったりする場合にバニリンが生成する（p. 436, p. 696）．グリル焼きや燻製にした肉，ワイン，ウィスキー，パン，ゆでたピーナッツといった食品の風味には，バニリンが関係している．バニリンには有用な生物学的特性もいくつかある．バニリンは多くの微生物に毒性を示し，抗酸化作用を有し，DNA損傷を阻害する．

ほど熱くし，布にくるんで余熱で"汗をかかせる"ことを繰り返す．この段階でバニラの主要芳香成分（バニリンおよび関連フェノール化合物）が糖から切り離される．熱と日光によって鞘の水分もある程度蒸発し，湿った表面に微生物が繁殖するのを抑えられる．また，糖とアミノ酸の褐変反応によって色素や複雑な芳香も生じる（p.752）．生の種子鞘1.5～2 kgから0.5 kgほどのバニラ・ビーンズが得られる．

最後の段階では，鞘を手で真直ぐに伸ばし，数週間乾燥し，一定期間貯蔵してさらに風味を醸しだす「熟成」を行う．マダガスカルではバニラのキュアリングに35～40日間，メキシコでは数ヶ月をかける．

**バニラの風味** キュアリングを終えたバニラの種子鞘には，重さ当たりの水分が約20％，繊維が20％，糖分が25％，脂肪分が15％，その他にアミノ酸，フェノール化合物，芳香成分，褐色色素などが含まれる．糖分が甘味，遊離アミノ酸が多少の旨味，脂肪がコク，タンニンが多少の渋味を与えている．天然のバニラの風味は複雑である．200種類以上の揮発性化合物が同定されている．主要成分であるフェノール化合物のバニリンは，単独でもバニラ臭がするものの，バニラ・ビーンズの総合的な芳醇さはない．ほかのいくつかの主要揮発性化合物が，木，花，青葉，タバコ，ドライフルーツ，クローブ，蜂蜜，キャラメル，煙，土，バターのにおいを加えている．

**バニラの種類** 生産地ごとに大まかな風味の違いがある．マダガスカルおよび近隣諸国で生産されるバーボン・バニラは一般に最高級品とされ，最も芳醇でバランスのよい風味をもつ．インドネシア産はバニリン含有量が低く風味が軽めで，時にスモーク臭がある．メキシコ産のバニラに含まれるバニリンはバーボン・バニラの半分ほどで，果実やワインのにおいが特徴である．生産量の少ないタヒチ産バニラ・ビーンズは異なる植物種（*V. tahitensis*）のもので，これもバーボン・バニラに比べるとバニリン含有量がずっと少ないが，独特の花の香りや香料のにおいがする．

**バニラ・エキスおよびバニラ香料** 刻んだバニラ・ビーンズにアルコールと水の混合液を繰り返して通すこと数日間，この抽出液を熟成させてより複雑で本格的な風味を引き出したのがバニラ・エキスである．バニリンおよびほかの風味成分は水よりもアルコールに溶けやすいため，風味成分の濃度を高くしたければアルコールの比率を高くする．

人工バニラ香料には，さまざまな工業副産物（特に木材リグニン）から作られた合成バニリンが使われており，バニラ・ビーンズやバニラ・エキスのような本格的で複雑かつ繊細な風味はない．バニラ香料の需要は生産量をはるかに上回り，天然バニリンは合成品の約100倍の価格である．合衆国で使用されているバニラ香料の約90％は人工香料，フランスでは約50％である．

**バニラを使った料理** バニラは主に甘味のある食品に用いられる．合衆国で消費されるバニラ香料のほぼ半分はアイスクリームに添加され，残りの多くが清涼飲料水およびチョコレートに入れられる．しかし，バニラはロブスターや豚肉などの塩味の料理にも合う．隠し味程度に使えば，ほとんどすべての食物の味に深み，まろやかさ，後味のよさが加わる．

そのままのバニラ・ビーンズでは，種子を包む粘着性の樹脂成分と，繊維質の鞘の壁に風味がある．中身の方は簡単にこそげ取って食材に分散させることができるが，鞘の風味を抽出するにはしばらく浸しておかなくてはならない．一般に揮発性成分は水よりも油に溶けやすいので，アルコールまたは油脂を含む抽出液を使えば風味がより多く抽出できる．バニラ・エキスは瞬時に料理全体に分散するので，仕上げ間近に加えるのが普通である．長く高温にしておくと香りが飛んでしまう．

**パラダイス・グレイン** ギニア・グレイン，アリゲーター・ペッパー，メレグエッタ・ペッパーなどの別名がある．西アフリカ原産のショウガ科植物（*Aframomum melegueta*）の小さな種子である．ヨーロッパでは中世時代から19世紀にかけて利用されていたが，その後は稀少なものになった．ジンゲロールや関連化合物（パラドール，ショウガオール）による多少の辛味と，木や常緑樹のにおい（フムロンやカリオフィレン）の混じった，かすかだが快い芳香がある．モロッコのスパイス・ミックス「ラス・ル・ハヌートゥ」の材料の一つであり，黒コショウの代わりに使ってもおもしろい．

**ピンク・ペッパーコーン** ブラジリアン・ペッパー・ツリー（*Schinus terebinthifolius*）の果実で，観賞用として合衆国南部に持ち込まれ，野生化が問題となっている．その美しい赤色の実は，1980年代にコショウの一種として販売されはじめた．カシューナッツやマンゴーと同じウルシ科の樹木植物で，ツタウルシやポイズン・オークもウルシ科である．粒コショウと似た大きさの砕けやすい果実には，カルダノールという刺激性フェノール化合物が含まれるため，食用にはならない．複数のテルペン化合物による，新鮮さ，松のにおい，柑橘臭，そして甘いにおいがある．ペルー原産の近縁種（*S. molle*）も観賞用として栽培され，カリフォルニア・ペッパー・ツリーと呼ばれている．その果実は樹脂臭が強く（ミルセン），刺激性のカルダノールは少ない．

**メースとナツメッグ** メースとナツメッグは同じ植物から作られるもので，香りが似ている．ニューギニア原産とみられる熱帯アジア樹木（*Myristica fragrans*）の果実である．ナツメッグとクローブがあったからこそ，現在インドネシアに含まれるマラッカは「スパイス諸島」としてヨーロッパの海軍地図に記載されることになったのである．カリブ諸国などでナツメッグの木が栽培可能となった19世紀までは，ポルトガル，次いでオランダがナツメッグ貿易を独占していた．ナツメッグとメースは中世時代以前にはヨーロッパ料理に使われることはあまりなかった．現在ではドーナッツやエッグノッグに特徴的な香りをつけ，ホットドックやソーセージにも使われている．ナツメッグはフランス料理の古典的なベシャメル・ソースにも欠かせない材料である．

プラムから桃ぐらいの大きさの果実の中にナツメッグとメースが入っている．果実が完熟すると実が割れて，中から光沢のある黒褐色の殻がのぞく．殻のまわりには不規則な細い鮮赤色の帯が絡みついている．この赤い帯は仮種皮で，その色と糖分によって鳥を誘い，種子を遠くまで運ばせる役割がある．仮種皮がメース，殻の内側の種子がナツメッグとなる．仮種皮は殻からはずして別に乾燥させる．種子本体であるデンプンと脂肪に富んだ貯蔵組織（渋味のタンニンも含む）の中に張り巡らされた油脂含有組織層に，ナツメッグの芳香成分が濃縮されている．

ナツメッグとメースの風味は似ているが明らかに異なり，メースの方が軟らかで丸みがある．どちらも，新鮮さ，松，花，柑橘類のにおいがあるが，中心となるのは，木のにおいや温かなにおい，そしてややコショウのような辛味をもつミリスチシンである（生のディルにも少量含まれている）．削ったナツメッグには，種子の主要貯蔵組織のタンニン質粒子が含まれ，色も粉末メースより濃い．一般に，ナツメッグは牛乳や卵を使った菓子や料理に使われ，メースはピクルス，ケチャップ，肉料理などに使われる．ナツメッグやメースは長時間加熱すると嫌なにおいになるので，料理の仕上げに上から削りかけることも多い．

ナツメッグは削ったものを一度に何個分も食べると幻覚作用があるとされる．ミリスチシンが活性成分ではないかと言われているが，証拠は乏しい．

## 茶とコーヒー

　茶とコーヒーは世界中で最も広く消費されている飲みものであり、その人気の源はハーブやスパイスと同じである。原料となる植物素材には化学防御物質がたくさん詰まっており、人間はこれを薄め、和らげ、楽しむ方法を学んだ。茶の葉とコーヒー豆に共通する化学防御物質はカフェイン、これは人間の身体に多大な影響を及ぼす苦味アルカロイドである。さらに両者ともフェノール化合物が大量に含まれる。しかしながら、茶葉とコーヒー豆はまったく違う素材である。コーヒーの原料は種子で、タンパク質、炭水化物、油脂が貯蔵されており、これに高温の熱を加えて作られる。焼いた食品とその風味の典型そのものである。茶の原料は活発に成長する若葉で、酵素が豊富に含まれ、これらの酵素の微妙な働きによってできあがる。加熱と乾燥を最小限とすることで酵素の働きを利用する。すなわちコーヒーと茶は、植物の英知と人間の技巧をまったく違った二つの形で味わうものである。

## ■カフェイン

　行動を変化させることに関与する化学物質として、世界中で最も広く消費されているのがカフェインである。カフェインはアルカロイドの一種で（p.251）、さまざまな細胞によって利用されている特定の信号伝達系に影響を及ぼすので、人間の身体に対する作用がいくつかある。何よりも、カフェインは中枢神経系を刺激し、眠気や疲労感を払い、反応時間を短縮する。また筋肉中のエネルギー産生を増加し、活動能力を高める。気分および精神能力を改善すると言われるが、これは夜中にカフェインを摂らなかったための禁断症状が緩和されるからだとする近年の研究結果がある。あまり望ましくないこととして、カフェインを大量に摂取すると情緒不安、神経過敏、不眠などを生じる。心血管系に対する影響は複雑で、心拍数が異常に高まることがある。カフェインは骨からのカルシウム減少を速めるというデータもあり、常習的な摂取は骨粗しょう症につながる可能性もある。

　カフェインは摂取してから15分〜2時間で血中濃度が最大となり、3〜7時間内に半減す

| カフェイン摂取量および含量 | |
|---|---|
| 国民1人当たりの1日摂取量（mg），1990年代 | |
| ノルウェー，オランダ，デンマーク | 400 |
| ドイツ，オーストリア | 300 |
| フランス | 240 |
| イギリス | 200 |
| 合衆国 | 170 |
| 1杯当たりのカフェイン含量（mg） | |
| コーヒー | 65〜175 |
| エスプレッソ・コーヒー | 80〜115 |
| 紅茶 | 50 |
| コーラ | 40〜50 |
| ココア | 15 |

る．この血中濃度変化による影響は，普段はカフェインを摂らない人で，より顕著に現れる．禁断症状は不快だが，一般にカフェインを絶って3日以内には消える．

茶にはカフェインと化学構造の類似したテオフィリンという化合物が含まれ，これはある面ではカフェインよりも強い作用をもつが，含有量は微量である．コーヒー豆には1～2％，茶葉には2～3％のカフェインが含まれるものの，入れたものを比べると茶よりコーヒーのほうがカフェインを多く含む．これは茶葉よりもコーヒー豆のほうが1杯分の使用量が多いせいである（1杯当たりコーヒー豆は8～10g，茶葉は2～5g）．

## ■ 茶，コーヒー，そして健康

少し前まではコーヒーも茶も，癌をはじめとするさまざまな病気につながるとされ，したがって罪悪感を覚える楽しみの一つであった．これはもはや過去のものである．今ではコーヒーは，アメリカ人の食生活において抗酸化物質の重要な供給源として認識されている（抗酸化活性が最も高いのは中煎り豆）．紅茶，そして特に緑茶には抗酸化物質やほかの防御性フェノール化合物が豊富に含まれており，動脈障害や癌リスクを低下させるとみられる．

コーヒーには血中コレステロール濃度に望ましくない影響を及ぼすものもあることがわかっている．カフェストールおよびカーウェオールという二つの脂質（脂肪様）物質が血中コレステロールを高め，入れ方によってはこれらの成分がろ過除去されずにコーヒーの中に入り込む．煮沸式，フレンチ・プレス式，エスプレッソ式などがそうである．影響の程度は不明で，あるいは小さいかもしれない．というのもコーヒーにはこれらの化合物のほかに，コレステロールが酸化して障害作用を及ぼすのを防ぐ物質が大量に含まれるからである（p.248）．

## ■ 茶やコーヒーを入れる水

入れた茶やコーヒーは95～98％が水分であり，したがって使用する水の良し悪しが大きく影響してくる．ほとんどの水道水に含まれる異臭成分や消毒用塩素成分は，煮沸すれば大方が飛んでしまう．非常に硬度の高い水（炭酸カルシウムと炭酸マグネシウムが多い水）はいくつかのよくない影響がある．これらの無機物が存在すると，コーヒーでは風味の抽出が遅くなり，液が濁り，エスプレッソ・マシーンのノズルが詰まって細かな泡が立たない．茶では，炭酸カルシウム沈殿物とフェノール凝集体が表面に浮いてくる．軟水はコーヒーも茶も抽出がよすぎて，塩気が感じられる．純度の高い蒸留水を使うと，深みのない平坦な味になる．

理想的な水はほどほどの無機物を含み，中性に近いpHのものである．入れた茶やコーヒーのpHは5前後とやや酸性に傾き，ほかの風味とのバランスがちょうどよくなる．ボトル入りの天然水の中には，茶やコーヒーを入れるのに適したものもある（香港ではボルヴィック（Volvic）が使われる）．水道水の多くは，水道管の腐食を防ぐために意図的にアルカリ性にしてあるので，茶や深煎りコーヒーの酸味や鮮やかな風味が弱くなる（浅煎りコーヒーはそれ自体に酸が多く含まれる）．アルカリ性の水道水には，わずかな酸味を感じる程度に酒石英をひとつまみ加えるとよい．

## ■ 茶

英語のteaは中国語の"cha（茶）"からきたもので，今はさまざまな飲みものにも使われているが，本来はツバキ（*Camellia*）属の一種の緑色の葉から作られた飲みものをさす．茶の若葉には，ほかのスパイスと同じように興味深い防御化合物質がたくさん含まれている．2000年ほど前の中国西南部にはじまり，茶葉のもつさまざまな風味と色を，物理的な圧力，弱熱，そして時間をかけてうまくまとめ上げる方法が確立していった．紀元1000年頃には，茶は中

国の食生活に不可欠のものになっていた．12世紀の日本において，長時間にわたる修行のなかで茶を飲用していた僧侶らは，茶自体が瞑想に値するものであることを発見し，ここから正式な茶道が確立していった．茶を点てるという最も簡単なことに，並外れた気配りを追及するようになるのである．

## 茶の歴史

**中国における茶**　茶の木（*Camellia sinensis*）は東南アジアおよび中国南部が原産で，カフェインを多く含む若葉は，はるか昔の前史時代から生のまま口に含んでかまれていたと思われる．飲料としての茶葉の製造は，長い時間をかけて確立していった．紀元後3世紀までには，後日使用するために茶の葉を湯がいて乾燥させることが行われていたという証拠があり，8世紀までには乾燥の前に炒ることが行われていた．こうした方法で作った茶葉およびそれを煎じた茶は，緑色〜黄緑色，風味は弱いが苦味と渋味がある．より風味の強い橙赤色の茶（ウーロン茶のようなもの）は17世紀頃に生まれた．おそらくは乾燥前に葉がしおれるか圧がかかったときに独特の香りと色がでるのを偶然発見したことがはじまりであろう．中国とヨーロッパやロシアの貿易が盛んになったのはこの頃で，イギリスではより複雑な茶の様式が広まり，茶の消費量は1700年には2万ポンド（約9トン）だったのが1800年には2000万ポンド（約9000トン）に急増した．西欧諸国で現在最も一般的な風味の強い「紅茶」は，比較的歴史が浅く，揉捻（葉を揉む工程）を強く行う製造法は，1840年代の中国で，西洋への輸出用として特別に考案された．

**茶葉生産の拡大**　19世紀後半までは，世界貿易が行われていたのはすべて中国茶だった．しかし，イギリスが高価な茶を輸入する対価としてアヘンを持ち込むようになっていたのに中国が反発しはじめたことから，イギリスは自国の植民地，特にインドでの茶の生産に力を入れた．温暖な地域では，固有種であるアッサム茶（*Camellia sinensis* var. *assamica*）が栽培された．アッサム茶は中国茶に比べてフェノール化合物とカフェインが多く，より風味の強い濃色の紅茶になる．ヒマラヤ山脈のダージリン地方や南部高地では，より耐寒性の高い中国種が栽培された．現在ではインドが世界最大の茶葉生産地である．

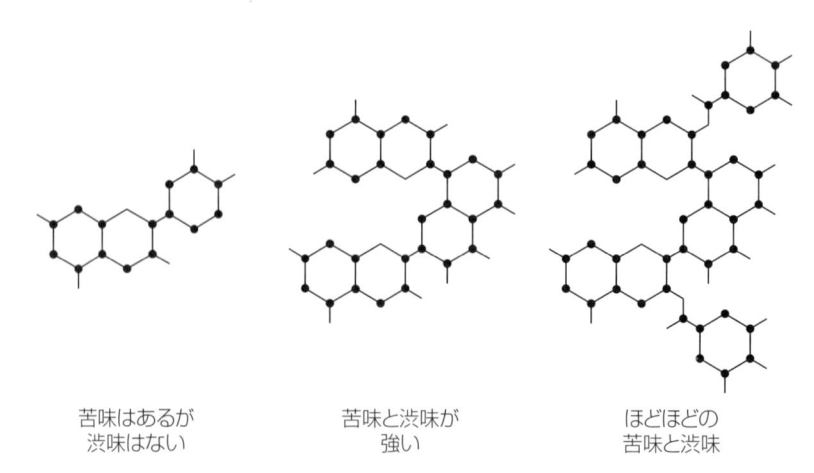

　　苦味はあるが　　　　苦味と渋味が　　　ほどほどの
　　渋味はない　　　　　　強い　　　　　　苦味と渋味

茶の風味の変化．生の茶葉には単純なフェノール化合物（カテキン，左）が多量に含まれる．これは無色で苦味はあるが渋味はない．揉捻すると葉に含まれる酵素と空気中の酸素によってカテキン同士が結合して，さまざまな色と味をもった複合体が形成される．酵素反応が短いと，黄色っぽい化合物（テアフラビン，中央）が生成し，これは苦味と渋味が強い．酵素反応がさらに進行してできる化合物（テアフラビン・ジガレート，右）は，ほどほどの苦味と渋味がある．さらに縮合が進んで分子が大きくなるほど，色は濃く味はマイルドになってゆく．

現在，茶の世界生産量の約4分の3は紅茶である．中国と日本では今でも紅茶より緑茶の生産・消費量が多い．

**茶葉とその変換**　生の茶葉は苦味と渋味が強く，その他の風味はない．主成分として苦味と渋味をもつ一連のフェノール化合物が，構造成分よりも多く含まれているからである．動物を遠ざけるのがその役割である．芳香分子は糖分子と結合した非揮発性の状態で存在する．緑茶は生の茶葉の特徴を多く残している．一方，ウーロン茶や紅茶を作るには，葉に含まれる酵素を活性化して，これらの化学防御物質をまったく異なる風味のよい物質に変換しなければならない．

**茶の酵素が風味，色，コクを作り出す**　茶の加工工程で酵素活性が関係する段階は「発酵」と呼ばれているが，重要な微生物の働きは含まれていない．この場合の発酵とは，酵素的な変換を意味する．茶葉を揉んで細胞を壊すことにより酵素を活性化し，そのまま一定期間おいて酵素反応を進める．

茶の製造に関わる酵素的な変換には大きく二つある．一つは，糖と結合した不揮発性の状態で存在する多種多様な芳香化合物を遊離させる反応である．細胞がつぶれると，芳香分子と糖の複合体が酵素によって分解される．ウーロン茶や紅茶の香りが緑茶よりも芳醇で濃いのは，この酵素分解による．

二つ目の酵素変換反応では，小さな分子から大きな分子が作られ，風味，色，コクが変化する．基本単位となるのは，茶葉に多量に含まれる3環式フェノール化合物，これは無色で渋味はないが苦味がある．褐変酵素のポリフェノールオキシダーゼが，空気中の酸素を使って基本単位同士を結合し大きな複合体を作り上げる (p.261)．基本単位が二つ結合したもの（テアフラビン）は黄色〜薄い銅色で，苦味はやや弱いが渋味がある．基本単位が3〜10個結合したもの（テアルビジン）は橙赤色で，渋味が弱い．さらに大きな複合体は褐色で渋味がまったくない．揉捻が強く，次の加熱段階（酵素を失活させる）までの時間が長いほど，苦味と渋味は弱まり色が濃くなる．ウーロン茶では低分子フェノール化合物の約半分，紅茶では約85％が変換される．

赤色および褐色のフェノール複合体（そして別の複合体で2環式のカフェイン分子とテアフラビンが結合したもの）が，茶にコクを与える．これらの複合体は大きいので，互いに妨害し合って水の動きを遅くするからである．

## 茶の製法

**茶の木と茶葉**　最高級の茶は，若く小さな枝先と開ききる前の葉芽を使って作られる．この部分が最も繊細で軟らかく，化学防御物質と関連酵素を多く含んでいる．最高級品の茶摘みは「一芯二葉」，新芽とすぐその下の2枚の若葉を摘む．現在では機械を使った茶摘みが主流で，古葉や風味の少ない葉が多く含まれている．

**茶の製造工程**　以下のような工程に分かれる．なかには省略できる段階もある．
- 萎凋（いちょう）　摘採した葉を広げて数分〜1時間

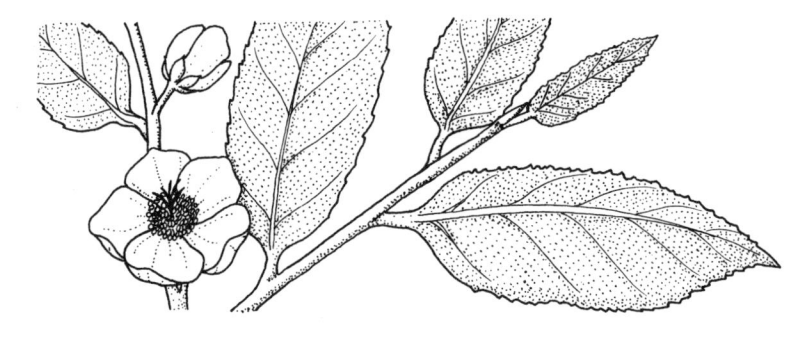

摘茶．最高級品の摘茶は，各枝の先端にある新芽とすぐその下の2枚の若葉を摘む．

## 緑茶，ウーロン茶，紅茶の製造工程

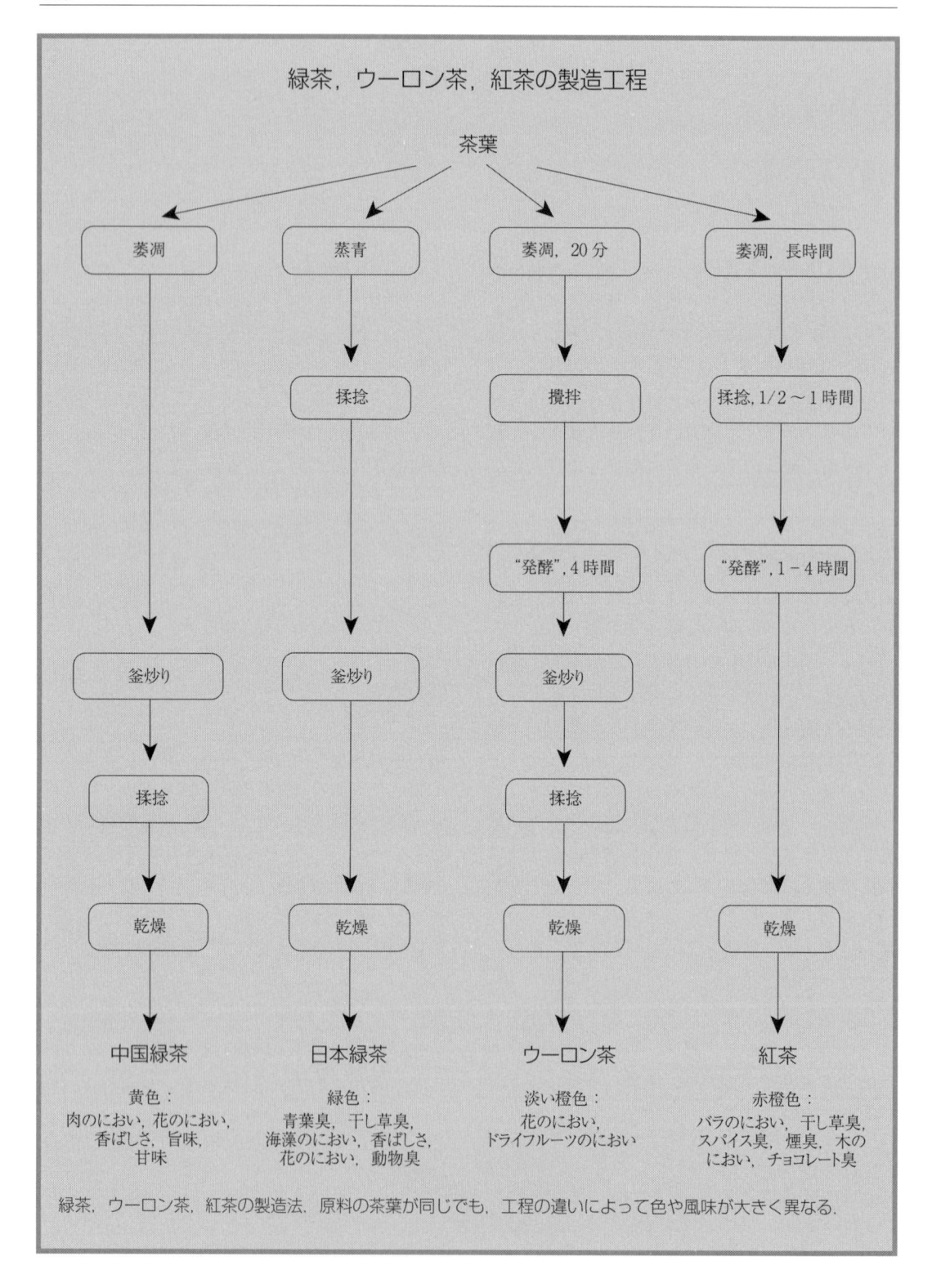

```
                          茶葉
        ┌──────────┬──────────┬──────────┐
        ↓          ↓          ↓          ↓
      萎凋        蒸青     萎凋, 20分   萎凋, 長時間
        │          │          │          │
        │          ↓          ↓          ↓
        │         揉捻        攪拌     揉捻, 1/2〜1時間
        │          │          │          │
        │          │          ↓          ↓
        │          │      "発酵", 4時間  "発酵", 1-4時間
        │          │          │          │
        ↓          ↓          ↓          │
      釜炒り     釜炒り     釜炒り        │
        │          │          │          │
        ↓          │          ↓          │
      揉捻         │         揉捻         │
        │          │          │          │
        ↓          ↓          ↓          ↓
      乾燥       乾燥        乾燥        乾燥
        │          │          │          │
        ↓          ↓          ↓          ↓
    中国緑茶   日本緑茶    ウーロン茶    紅茶
```

中国緑茶　黄色：肉のにおい，花のにおい，香ばしさ，旨味，甘味

日本緑茶　緑色：青葉臭，干し草臭，海藻のにおい，香ばしさ，花のにおい，動物臭

ウーロン茶　淡い橙色：花のにおい，ドライフルーツのにおい

紅茶　赤橙色：バラのにおい，干し草臭，スパイス臭，煙臭，木のにおい，チョコレート臭

緑茶，ウーロン茶，紅茶の製造法．原料の茶葉が同じでも，工程の違いによって色や風味が大きく異なる．

ほど静置してしおれさせる．風味変化を伴う代謝へと移行し，物理的に傷つきやすくなる．萎凋時間が長いほど風味や色が強まる．

- **揉捻** 葉を揉んで組織構造を破壊し，細胞液をしみ出させる．生葉のうちに揉捻すると細胞液成分に酵素と酸素が作用し，風味，色，コクが増す．
- **殺青**（さっせい） 加熱して酵素を失活させ，風味や色をだす酵素反応を止める．高温乾式加熱ではさらに風味がでる．
- **乾燥** 加熱乾燥させることにより，長期保存を可能にする．
- **篩分**（ふるいわけ） ふるいにかけて，全葉（ホール・リーフ）から粉状のもの（ダスト）まで大きさによる等級分けをする．小さいものほど色や風味が抽出されやすい．

**茶の種類** 中国茶は緑茶，白茶，青茶，紅茶，黄茶，黒茶の六つに大別される．このうち以下の3種類が世界中で消費される茶の大部分を占める．

**緑茶** 生葉本来の特徴をある程度保ちながら，風味を高めまろやかさを出したものである．生葉もしくは短時間萎凋を行った葉を加熱して酵素を失活させ（殺青），揉捻して水分を出し，熱風または高温釜で乾燥させる．中国では「釜炒り」による殺青が主流であり，香ばしいロースト臭（ピラジン，ピロール）と黄緑色が特徴である．日本では一般に蒸気による殺青（蒸青）が行われるため，草のにおいや緑色が強い．

**ウーロン茶** 葉液をある程度酵素変換（発酵）させたものである．萎凋を長くして葉を十分にしおれさせ組織を弱める．次に軽く攪拌しながら葉の縁を傷つけ，葉の端が赤っぽくなるまで数時間かけて酵素反応を進め，高温で釜炒りし，揉捻する．最後に100℃よりもわずかに低

---

### 珍しい茶

変わった製法で作られる，珍しい品質の茶が多数ある．

- **白茶** 中国緑茶の一種．白い産毛の生えた芯芽のみを使って作られ，萎凋は2〜3日間，蒸し工程が入ることもあるが，揉捻を行わずに乾燥させる．
- **プーアル茶** 中国緑茶の一種．通常の製造法で作った緑茶を，湿り気のある状態で積み重ねて一定期間置き，さまざまな微生物による発酵を進める．フェノール化合物はすべて渋味のないテアルビジンや褐色の複合体に変換され，複雑でスパイシーなクローブ臭が生まれる．
- **ラプサン・スーチョン茶** 中国紅茶の一種．松の燻煙で乾燥させる．
- **着香茶** さまざまな種類の中国茶で，ジャスミン，カシアの芽，バラ，ラン，クチナシなどの花と茶を同じ容器に入れて，8〜12時間置くことにより香りを移す．花びらを1〜2％入れて容器詰めされることが多い．
- **玉露・かぶせ茶** 日本緑茶の一種．原料となる茶葉は，収穫前の2週間程度を竹などで作った覆いをかけてほぼ完全に遮光して栽培される（かぶせ茶の被覆期間は玉露の半分ほど）．カロテノイド色素の含有量が高まり，そのスミレのようなにおいが独特の「覆い香」をだす．
- **ほうじ茶** 日本茶の一種で，中級品の緑茶（煎茶）を高温（180℃）で炒ったもの．揮発成分の含有量が3倍になるので風味が高まる．

い温度で乾燥させる．抽出したウーロン茶は薄い琥珀色で，独特のフルーティーな香りがある．

**紅茶**　葉液を完全に酵素的変換（発酵）させたものである．長時間萎凋させた後，1時間程度揉捻を繰り返し，1～4時間ほど静置して酵素反応を進めると，葉は銅褐色になってリンゴのにおいがしてくる．最後に100℃前後で熱風乾燥させると，色がかなり濃くなる．

**茶の風味**　口の中に広がる鮮やかな風味は，いくつかの成分が組み合わされて生まれる．茶には弱い酸味と苦味，わずかな塩味がある．テアニンという珍しいアミノ酸も多く含まれていて，テアニン自体は甘味と旨味をもち，また製造工程で一部分解され旨味アミノ酸のグルタミン酸になる．中国の緑茶には，旨味の相乗効果を発揮するグアニル酸（GMP）とイノシン酸（IMP）も含まれる（p.332）．さらに，苦味のカフェインと渋味のフェノール化合物が互いに結合し，やわらげあって，刺激的だが強すぎないコクを与えている．これは，特に紅茶の風味には欠かせない「爽快さ（briskness）」につながる．

茶の種類によって風味は驚くほど違う．緑茶は製造の初期段階で加熱されるので酵素作用はほとんどない．日本の緑茶は蒸気加熱されるため，草や海藻のにおい，貝のにおいがある（磯の香りは硫化ジメチルによる）．一方の中国緑茶は釜炒り・乾燥工程で旨味や香ばしさが強くなる．ウーロン茶と紅茶は，酵素作用によって花や果実のにおいをもつ芳香分子が貯蔵型から遊離型へと変換されるので，より芳醇で強い香りがする（紅茶では600種類以上の揮発成分が同定されている）．

茶の風味はさまざまな料理に応用されている．マリネ液や調理液，氷やアイスクリーム，蒸し料理，そして燻煙の香りづけ（中国料理の茶葉で燻煙したアヒル）などである．

**茶葉の保存と茶の入れ方**　上手に作られた茶葉は非常に安定であり，密閉容器に入れて冷暗所に保存すれば数ヶ月はもつ．酸素および茶葉に残留した酵素活性の作用で，いずれは風味が劣化する．香りと爽やかさはなくなり，紅茶であれば入れた茶の色が橙赤色ではなく鈍い褐色になる．

茶の入れ方は世界各地でさまざまである．西洋では，少なめの紅茶の葉（1杯につき小さじ1杯，180 mLにつき2～5 g）を使って数分間浸煎し，一度使った茶葉は捨ててしまう．アジアでは，茶の種類にかかわらず多めの葉（急須の3分の1ほどのこともある）を使って，浸煎は短めで，同じ茶葉を繰り返し使う．後になるほど風味は弱くなってゆく．浸煎時間は15秒～5分程度，葉の大きさと湯の温度が影響する．葉が細かいほど表面積が大きいので成分が抽出されやすい．また茶の種類に合わせて湯の温度を変える．ウーロン茶と紅茶は，沸騰しての湯を使って比較的短時間で浸煎する．緑茶はかなり低めの温度（70～45℃）で長めに浸煎することにより，苦味や渋味のあるフェノール化合物の抽出を抑えるとともに，クロロフィル色素の分解を少なくする．

紅茶の浸煎時間は普通3～5分間，これにより葉の固形分の約40%が抽出される．カフェインはすぐに抽出されるのに対し（全カフェインの4分の3以上が30秒で抽出される），大きなフェノール化合物複合体はゆっくりと抽出される．

**茶の飲み方**　上手く浸煎した後は直ちに葉と液を分ける．さもないと抽出が続いて風味がきつくなる．どんな種類の茶も入れたてが一番おいしい．時間が経つと香りが飛び，フェノール化合物同士ならびにフェノール化合物と溶存酸素とが反応して色や風味が変化する．

牛乳を入れることもあるが，そうするとフェノール化合物が乳タンパク質とすぐに結合するので，口内表面や唾液タンパク質に結合するフェノール化合物がなくなって，渋味がかなり弱まる．温めた牛乳に熱い茶を加えてゆけば（逆

は不可），牛乳が徐々に加熱され高温にならないので凝固しにくい．

レモン汁を入れて，酸味と柑橘臭を加えることもある．フェノール複合体の構造が変化するので（複合体自体は弱酸なのでレモン汁の水素イオンを取り込む），紅茶液の色が薄くなる．逆に，茶を入れる水がアルカリ性だと，紅茶は濃い赤色になり，緑茶でさえも赤味がかった色になる．

**アイスティー**　合衆国で最も多く飲まれている茶である．そのはじまりは1904年にセントルイスで開催された万国博覧会，蒸し暑さから考え出され人気を博した．1.5倍ほどの茶葉を使って入れた紅茶に氷を入れると，氷が溶けてちょうどよい具合に薄まる．普通に入れた紅茶に氷を入れると濁りがちなのは，カフェインとテアフラビンが複合体粒子を形成するからである．室温または冷蔵温度で数時間かけて紅茶を入れれば濁らない．このように低温ではカフェインやテアフラビンの抽出が少ないので，カフェインとテアフラビンの複合体があまり形成されず，冷たくしても目に見えるほど濁らない．

## ■ コーヒー

コーヒーの木はアフリカ原産で，はじめは甘いチェリーのような果実と葉を（茶のような形にして）利用していたと思われる．今でもイエメンでは乾燥果実を浸煎して飲用する．最初に種子，すなわちコーヒー豆を煎って挽き，浸煎したのもイエメンで，14世紀のことだったとみられる．coffee という語はアラビア語の qah-wah からきたもので，その語源ははっきりしない．コーヒーの木は1600年頃に南インドに持ち込まれ，1700年頃にインドからジャワへ，そのすぐ後にジャワから（アムステルダムとパリを経て）カリブ海フランス領へと伝わった．現在はブラジル，ベトナム，コロンビアが最大のコーヒー輸出国である．アフリカ諸国は世界生産量の約5分の1を占める．

**飲みものとしてのコーヒーの歴史**　煎ったコーヒー豆を浸煎する方法の原型となったのはアラブ式コーヒーで，中東，トルコ，ギリシャでは今も残っている．細かく粉砕したコーヒー豆に水と砂糖を加え，ふたをしない鍋に入れて泡が立つまで沸騰させる．火を止めて泡を鎮めたらまた沸騰させ泡立てることを1，2回繰り返し，最後に上澄みを小さなカップに静かに注ぐ．これが1600年頃にヨーロッパに伝わったコーヒーの形である．沈殿物を含む濃縮されたコーヒーで，すぐに飲まないと沈殿物からさらに苦味がでる．

**洗練されたフランス式**　西欧でコーヒーの入れ方が改良されはじめたのは1700年頃からである．まずフランスでは，粉がコーヒーに残らないように挽いた豆を布袋に入れるようになり，より透明でザラつきのないコーヒーが生まれた．1750年頃にはやはりフランスで，エスプレッソ以前の時代では最も画期的と言えるドリップ式ポットが考案された．挽いた豆を敷き詰めた上から熱湯を注いで，液体だけが下の容器に落ちるというものである．この方法は，湯の温度が沸点よりも低い，水が挽いた豆と接して

コーヒーの果実と種子．赤い果実の中には種子が二つ入っている．

いる時間が短い（数分間），抽出したコーヒー液に沈殿物が含まれないのでしばらく置いても味が濃くならない，という三つの特長がある．浸煎の温度と時間を抑えるということは，コーヒーの抽出が完全ではないということである．よって苦味と渋味が弱まり，ヨーロッパ人に好まれる酸味や芳香といった風味がより強くなる．

**機械化時代のエスプレッソ**　19世紀になるといくつかの新しい方法が生まれた．まずパーコレーター式，ポットの中心に管があって，その途中にコーヒー・フィルターがついている．沸騰水が中心管を通って上に吹き上げ，落ちる際にフィルター上の挽き豆を通過する．そしてフレンチ・プレス式（プランジャー・ポット），挽き豆に熱湯を注いで一定時間浸煎した後に，プランジャーで豆を底まで押し下げてコーヒーだけを注ぐ．しかし，最大の発明と言えるのは，1855年のパリ万国博覧会で初めて登場したエスプレッソの原型である．イタリア語で espresso（エスプレッソ）というのは，1人ずつ客の注文に応じてその場ですぐ作られるものをさす．水を挽き豆に通す際に圧力をかけ，コーヒーを瞬時に抽出する．この方法では，圧力によってコーヒー豆の脂肪分が大量に抽出され，微小な油滴となって乳化されるので，ビロードのようななめらかさと余韻のある風味が得られる．エスプレッソは，機械の力によって従来の食材の一番よいところを最大限に引き出し，今までにない新しいものを作り出したのである．

## コーヒー豆

**アラビカ種とロブスタ種**　熱帯原産でクチナシと同じアカネ科の樹木2種から採れる種子がコーヒー豆である．アラビカ種（*Coffea arabica*）はエチオピアおよびスーダンの冷涼な高地を原産とする高さ5mほどの樹木で，いわゆる「アラビカ豆」を産する．ロブスタ種（*Coffea canephora*）はより温暖・多湿の西アフリカを原産とする高木で，「ロブスタ豆」を産する．国際的に貿易されるコーヒー豆の約3分の2はアラビカ豆であり，ロブスタ豆に比べると風味が複雑でバランスがよい．カフェイン含量が少なく（乾燥豆重量でアラビカ豆は1.5％未満，ロブスタ豆は2.5％），フェノール性成分も少なく（6.5％と10％），油脂分が多く（16％と10％），糖分も多い（7％と3.5％）．ロブスタ種が広く知られるようになったのは，インドネシアその他の地域において病害耐性が重要となった19世紀末である．

**コーヒー豆の精製（乾式と湿式）**　コーヒー豆の生産では，まず完熟した果実を収穫し，次いで果肉部を除いて種子だけを取り出す．その方法は基本的に乾式と湿式の2種類がある．乾式法では，果実をそのまま天日干しするか，または初めに山積みにして2～3日間発酵させてから天日干しする．この後機械を用いて果肉を除去する．湿式法では，機械で果肉を大まかに除いてから，微生物発酵を1～2日行って残った果肉を液化する．多量の水で種子を洗浄し，水分が10％ほどになるまで乾燥し，「パーチメント」（内果皮）を機械で取り除く．湿式法では糖分やミネラルの一部がしみ出してしまうため，乾式精製した豆に比べるとコクが少なく酸味が強い傾向にある．ただし芳香は高く，品質もより均一である．

**焙煎**　生豆（グリーン・ビーンズ）は，煎る前のポップコーンのように硬くて味がない．焙煎すると豆は割れやすい風味のかたまりとなる．ほとんどの場合はプロの手で焙煎されるが，自分で焙煎するのもとてもおもしろい（そして煙い）経験である．世界各地では昔からずっと，フライパン，ポップコーン器，専用ロースターなどさまざまな器具を使って行われている．

　コーヒー豆の焙煎温度は190～220℃，時間は一般に90秒～15分の間である．豆の温度が水の沸点（100℃）に近づくと，細胞内に残っていたわずかな水分が蒸気となり，豆はもとの大きさの1.5倍ほどに膨れ上がる．さらに温度が上がってゆくと，タンパク質，糖，フェノー

ル性成分，その他の成分が分解されて互いに反応し，メイラード反応（p.752）による褐色色素とロースト臭が生じる．約160℃になると，これらの反応は自動継続的に進み（ろうそくの炎と同じ），極度の分子崩壊が起きて水蒸気と二酸化炭素ガスが発生しはじめる．水蒸気と二酸化炭素ガスの発生は200℃で急激に増加する．焙煎を続けると，破壊された細胞から油が表面ににじみ出し，光沢がでてくる．

好みの焙煎状態になったら，豆に空気を当てるか水を噴霧して直ちに冷却し，分子崩壊を止める．こうしてできあがるのが，褐色でもろくスポンジ状のコーヒー豆で，スポンジ構造の穴には二酸化炭素が満ちている．

**コーヒーの風味の発生** 焙煎温度が高いほど色は濃くなるが，豆の色合いは風味バランスのよい指標となる．焙煎の初期段階には，糖が分解されてできるさまざまな酸（ギ酸，酢酸，乳酸）が，元から含まれる有機酸（クエン酸，リンゴ酸）に加わって酸味が強まる．焙煎が進むと，酸ならびに渋味フェノール性成分（クロロゲン酸）が分解され，酸味と渋味が弱まる．しかし褐変反応で生じる化合物のなかには苦味をもつものが含まれるため，苦味は増してゆく．豆の色が茶色からさらに濃くなるにしたがって，コーヒー豆独特の香りよりもロースト臭が強くなる．二級品のコーヒー豆では，コーヒーの香りが初めから少ないのが目立たなくなることでもある．最終的に，深煎りになると酸やタンニンや水溶性炭水化物が減り，コーヒーのコクも弱まり，舌を刺激するものも少なくなる．一番コクがあるのは中煎り豆である．

**コーヒー豆の保存** 焙煎した後は，豆のまま（ホール・ビーン）ならば室温でも2週間，冷凍すれば2ヶ月程度は風味があまり落ちない．ホール・ビーンが比較的長持ちする理由の一つは，二酸化炭素に満たされていて酸素が中まで浸透しにくいからである．挽いた豆は室温で2〜3日しかもたない．

## コーヒー豆に及ぼす焙煎の影響

### 焙煎したコーヒー豆の減量率

| 焙煎度 | 減量率（％） |
|---|---|
| シナモン・ロースト（190℃） | 12，ほぼ水分 |
| ミディアム・ロースト | 13 |
| シティー・ロースト | 15 |
| フル・シティー・ロースト | 16，水分と固形分が半々 |
| フレンチ・ロースト | 17 |
| イタリアン・ロースト（220℃） | 18〜20，ほぼ固形分 |

### 生豆と焙煎豆の成分比較（重量パーセント）

|  | 生豆 | 焙煎豆 |
|---|---|---|
| 水 | 12 | 4 |
| タンパク質 | 10 | 7 |
| 炭水化物 | 47 | 34 |
| 油 | 14 | 16 |
| フェノール化合物 | 6 | 3 |
| 大きく複雑な凝集体（色やコクを与える） | 0 | 25 |

## コーヒーの風味　豆からコーヒー・カップまで

　下の表は，さまざまな方法で入れたコーヒーの風味と抽出成分の割合との関係を示している．風味バランスがよいのは，コーヒー豆の固形分の20%前後が抽出された状態である．風味の強さはコーヒー豆と水の割合によって決まる．エスプレッソはほかの方法と比べて使用する豆の割合が高い．

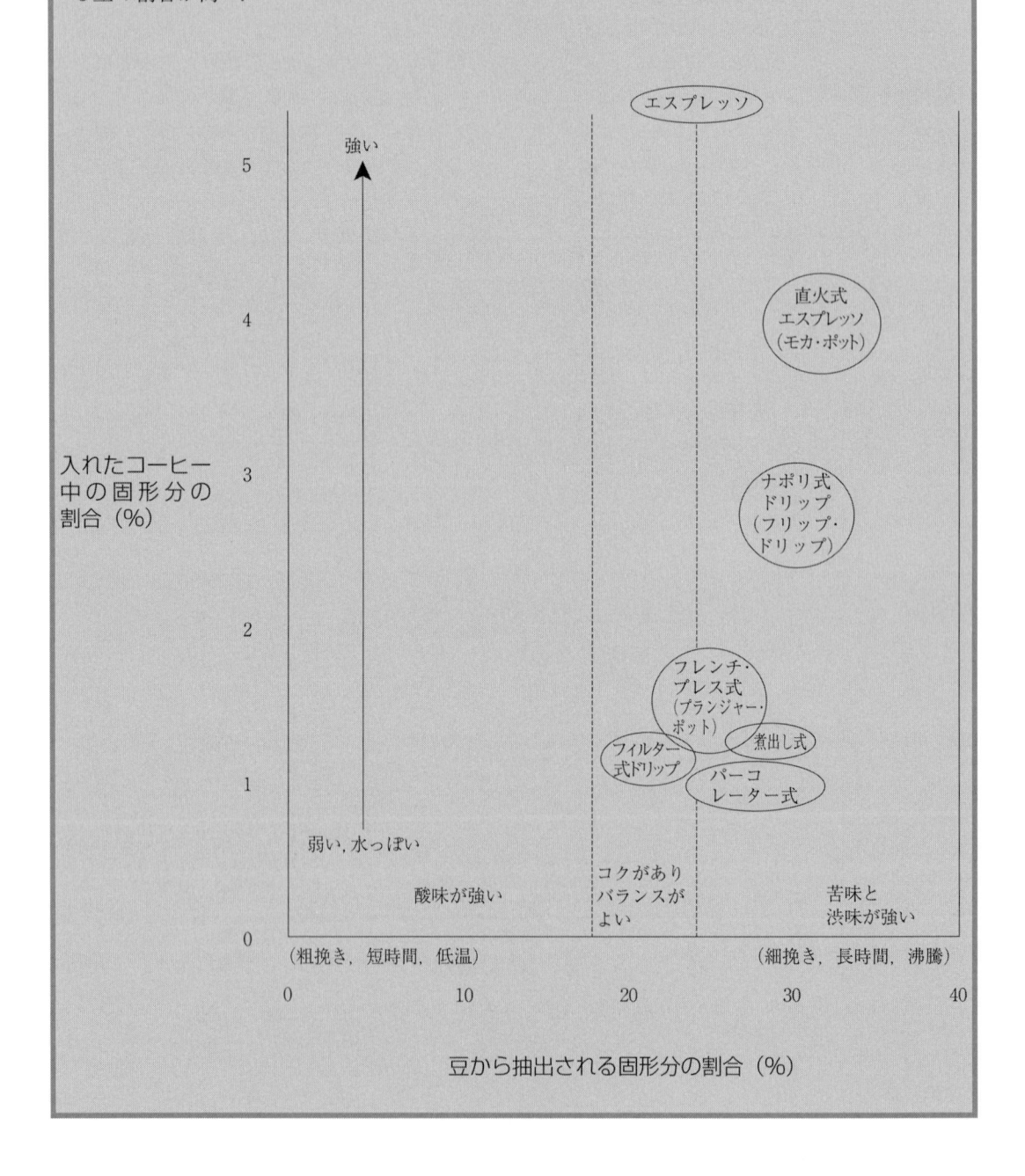

縦軸：入れたコーヒー中の固形分の割合（％）（強い↑／弱い，水っぽい）

横軸：豆から抽出される固形分の割合（％）（粗挽き，短時間，低温）——（細挽き，長時間，沸騰）

- エスプレッソ
- 直火式エスプレッソ（モカ・ポット）
- ナポリ式ドリップ（フリップ・ドリップ）
- フレンチ・プレス式（プランジャー・ポット）
- フィルター式ドリップ
- 煮出し式
- パーコレーター式

区分：酸味が強い／コクがありバランスがよい／苦味と渋味が強い

**コーヒー豆の挽き方**　コーヒー豆を挽く際には，なるべく均一で浸煎法に合った粒径にすることが大切である．粒子が細かいほど水に触れる表面積が大きいので，成分の抽出が速い．粒径の差が大きいと抽出も一定でなくなる．細かい粒子は抽出されすぎる一方で，粗い粒子は抽出が不十分なため，苦くて風味の弱いコーヒーになる．よくあるプロペラ式のグラインダー（ミキサーミル）は，粒径にかかわらず機械を止めるまで豆を粉砕し続けるため，粗挽きや中挽きにしたとしても微粉がある程度含まれる．少し高価なバー・グラインダー（グラインディング・ミル）は，粒径が小さくなればミルの溝から下に落ちるので粒径が均一になる．

**コーヒーを入れる**　おいしいコーヒーを入れるには，豆の成分のうち望ましいものだけをバランスよく抽出する必要がある．それには，さまざまな芳香成分や風味成分，褐色色素（全抽出成分のほぼ3分の1），コクを与える細胞壁炭水化物（やはりほぼ3分の1）などが含まれる．風味，色，コクを決めるのは，豆と水の割合，そして豆成分の抽出率である．挽きが粗すぎたり，水と豆の接触時間が短すぎたり，抽出温度が低すぎたりすると，抽出が不十分で風味成分が豆に残り，水っぽく酸味の強いコーヒーになる．逆に，挽きが細かすぎたり，接触時間が長すぎたり，温度が高すぎたりすると，抽出されすぎて苦く不快な味になる．

　コーヒーの種類にかかわらず，理想的な抽出温度は85～93℃である．これよりも高いと苦味成分が出やすくなる．一般的なアメリカン・コーヒーの場合，抽出時間は細挽き豆で1～3分，粗挽き豆で6～8分である．

**コーヒーを入れる方法**　多種多様なものがあるが，多くの場合は豆成分の20～25%が抽出され，入れたコーヒーには豆の固形成分が重さで1.3～5.5%含まれる．p.432の図には代表的なものを比較している．一般的なアメリカ式のフィルター・ドリップが最も薄く，イタリア式のエスプレッソが最も濃い．使用するコーヒー豆と水の割合は，アメリカン・コーヒーが1：15，エスプレッソが1：5である．この図を見れば，豆の量は少なすぎるよりは多いほうがよいということが明らかである．バランスはよくても濃すぎるコーヒーは湯で薄めればよいが，薄いコーヒーはどうしようもない．カップやコーヒー・スクープは大きさがまちまちなので，上記のことを覚えておくとよい．コーヒー豆の分量を量るにはコーヒー・スクープが適している（1スクープは大さじ2杯，30 mL，コーヒー豆にして8～12 g，挽きの粗さや詰め方によって違ってくる）．

　コーヒーを入れる方法はそれぞれに欠点がある．パーコレーター式は沸騰させるので抽出が過剰になりやすい．自動のドリップ式コーヒーメーカーは沸点近くの温度にはならないため抽出時間を長くして埋め合わせるが，香りが失われある程度の苦味もでる．手で入れるドリップ式は抽出時間の調節が難しい．フレンチ・プレスを使った方法は細かい粉がコーヒーに残り，時間が経つと苦味が増す．イタリアの直火式エスプレッソ（モカ・ポット）は沸点より高温になるので（110℃前後，1.5気圧），風味がややきつくなる．冷水で一晩抽出する方法（水出しコーヒー）では，熱湯を使うのに比べて抽出される芳香成分が少ない．

**エスプレッソ**　本物のエスプレッソは抽出が非常に速い（約30秒）．ピストン，スプリング，または電動ポンプを利用して，細かく挽いた豆に93℃の水を9気圧の圧力で通す．（安価な家庭用エスプレッソ・マシーンは蒸気温度が高くて圧力はかなり低いので，抽出時間が長く，比較的薄めできつい味になる．）圧力を用いない方法に比べると使用する豆の割合が3～4倍，コーヒー液中の成分濃度も3～4倍となり，ビロードのようなコクと強い風味がでる．高圧でかなり大量の油が抽出され，微小な油滴となってクリーム状に乳化されるので，口に含むとコーヒーの風味がゆっくりと広がり，飲み終えた後も余韻が残る．エスプレッソの特徴の一つが「クレマ」，表面を覆うクリーミーで非常に

## コーヒーを入れる方法

代表的なコーヒーの入れ方についてそれぞれの特徴をまとめた。コーヒー豆粒子がどれだけ含まれているかによって、抽出したコーヒー液の安定性が決まる。粒子が多く含まれるほど、時間と共に苦味・渋味が強まる。

| | 煮出し式中東/地中海 | フィルター式（自動） | フィルター式（手で） | パーコレーター式 | フレンチ・プレス式（プランジャー・ポット） | 直火式エスプレッソ（モカ・ポット） | "エスプレッソ"（蒸気） | エスプレッソ（ポンプ） |
|---|---|---|---|---|---|---|---|---|
| 豆の挽き | 極細挽き (0.1 mm) | 粗挽き (1 mm) | 中挽き (0.5 mm) | 粗挽き (1 mm) | 粗挽き (1 mm) | 中挽き (0.5 mm) | 細挽き (0.3 mm) | 細挽き (0.3 mm) |
| 抽出温度 | 100℃ | 82〜85℃ | 87〜93℃ | 100℃ | 87〜90℃ | 110℃ | 100℃ | 93℃ |
| 抽出時間 | 10〜12分 | 5〜12分 | 1〜4分 | 3〜5分 | 4〜6分 | 1〜2分 | 1〜2分 | 0.3〜0.5分 |
| 抽出圧力（気圧） | 1 | 1 | 1 | 1 (+) | 1 (+) | 1.5 | 1 (+) | 9 |
| 風味 | 濃厚、苦味 | 淡泊、時に苦味 | 濃厚 | 濃厚、時に苦味 | 濃厚 | 濃厚、苦味 | 濃厚、苦味 | 非常に濃厚 |
| ボディー | フル | ライト | ライト | ライト | ミディアム | フル | フル | 特にフル |
| 抽出液の安定性 | 劣る | 良い | 良い | 良い | 劣る | 普通 | 劣る | 劣る |

安定な泡である．挽いたコーヒー豆に残存する二酸化炭素ガスと，溶解・分散する炭水化物，タンパク質，フェノール性成分，色素凝集体によって作り出される．これらが互いに結合しあい，気泡の壁を安定化する．（エスプレッソにのせるミルク・フォーム（蒸気で泡立てたミルク）についてはp.26を参照．）

**コーヒーの飲み方** コーヒーの風味はすぐに飛んでしまうので，入れたてを飲むのが一番である．飲むときの理想的な温度は，口の中が火傷しない程度で，しかもコーヒーの香りが十分にする60℃前後である．カップに注ぐとすぐに冷めてしまうので，ポットに入れて抽出温度よりもわずかに低い温度で置いておくことも多い．高温では化学反応が進み揮発成分が飛んでしまうので，ポットに入れたまま1時間も置くとコーヒーの風味は明らかに変化する．酸味が増して香りが弱まる．温めておいたふたつきの断熱容器に入れて，抽出時の温度を保つようにするのがよい．ホットプレートにのせたままだと下から加熱し続けることになり，熱も香りもどんどん飛んでいってしまう．

**コーヒーの風味** コーヒーは食品のなかでも最も複雑な風味をもつものの一つと言える．基本となるのは，酸味，苦味，渋味のバランスである．苦味の3分の1近くは抽出されやすいカフェインによるもので，残りは抽出に時間のかかるフェノール性化合物や褐色色素である．800種類以上の芳香化合物が同定されており，ナッツ，土，花，果実，バター，チョコレート，シナモン，茶，蜂蜜，キャラメル，パン，ロースト，スパイスなどのにおい，そしてワインや猟獣肉のようなにおいなどといったものまで含まれる．ロブスタ豆はアラビカ豆に比べてフェノール性成分がかなり多く含まれるので，深煎りの特長であるスモーキーでタールのような独特な香りがある（また，ロブスタ豆はアラビカ豆よりも酸味がかなり弱い）．コーヒーにミルクやクリームを入れると，乳タンパク質がタンニンと結合して渋味が弱まるが，同時に芳香成分とも結合するので香りも全体的に弱まる．

**デカフェ・コーヒー（カフェイン抜きコーヒー）** デカフェ・コーヒーは1908年頃にドイツで発明された．生豆を水に浸してカフェインを溶かし，有機溶媒（塩化メチレン，酢酸エチル）抽出を行った後，蒸気を当てて豆の中の有機溶媒を気化除去するというものである．「スイス式」または「水抽出法」では，水だけを使って生豆の抽出を行い，水に抽出されたカフェインを活性炭フィルターで除去し，残った水溶性成分を再び生豆に戻す．抽出に用いられる有機溶媒のなかには，コーヒー豆に残留する微量（1 ppm前後）でも健康被害が疑われるものがある．最も一般的な塩化メチレンは，今のところ安全性に問題がないと考えられている．ごく最近になって，無毒性の高圧圧縮した（超臨界）二酸化炭素による抽出法が用いられるようになった．1杯当たりのカフェイン含有量は，普通のコーヒーが60～180 mg，デカフェ・コーヒーが2～5 mgである．

**インスタント・コーヒー** 第二次世界大戦の直前，スイスでインスタント・コーヒーの本格的な商業販売がはじまった．挽いたコーヒー豆を沸点近くで抽出して芳香成分を得た後，さらに高圧高温（170℃）で色素および炭水化物（コクをだす成分）を最大限に抽出する．スプレードライ法またはフリーズドライ法を用いて，両方の抽出液をそれぞれ乾燥する．フリーズドライ法のほうがより多くの揮発性成分を残すことができるので風味が損なわれにくい．二つの乾燥粉末をブレンドし，さらに乾燥工程で捕捉した芳香成分を添加して製品化する．インスタント・コーヒーのおよその成分構成は，水分5％，褐色色素20％，ミネラル10％，複合炭水化物7％，糖8％，酸6％，カフェイン4％である．コーヒーの乾燥濃縮品として，菓子やアイスクリームなどの風味づけにも使われる．

# 木材の燻煙および焦がした木材

木材やそれを燃やして発生する煙は、厳密に言えばハーブでもスパイスでもない。しかし、料理やアルコール性飲料の製造（肉のバーベキュー焼きやワインや蒸留酒の樽熟成）などに、風味づけとして木炭や燻煙が使用されることも多い。実際に、木材を燃やして出る風味のなかにはスパイスの風味成分と同じものがある（バニラのバニリン、クローブのオイゲノール）。木材には構造補強のための架橋型フェノールが大量に含まれ、それが高温の熱によって小さなフェノール性揮発成分へと分解されるためである（p.380）。

## ■ 木材燃焼の化学

酸素供給が十分でなく比較的温度の低い（1000℃以下）通常の燃焼条件において有機成分が不完全燃焼すると、黒焦げの木材と煙が発生する。完全燃焼では無臭の水と二酸化炭素だけが発生する。

**木材の性質** 木材は三つの基本成分からなる。植物細胞壁の枠組みおよび充填材としてのセルロースとヘミセルロース、そして木材に強度を与えている補強材としてのリグニンである。セルロースとヘミセルロースはいずれも糖分子が結合したものである（p.258, p.259）。リグニンはフェノール性分子（さまざまな化学基が付加した炭素環）が複雑に連結したもので、既知の天然化合物のなかでは最も複雑な構造をもつ。リグニン含量が高いほど木材は硬く、燃焼温度も高い。リグニン燃焼時の発熱量はセルロースの1.5倍である。バーベキュー用チップとしてよく用いられるメスキート材は燃焼温度が高いことで知られるが、リグニン含量が64%と非常に高い（堅木のヒッコリー材は18%）。多くの木材にはタンパク質も少量含まれ、これが程よい高温で褐変反応を起こして典型的なロースト臭を生じる（p.752）。マツ、モミ、トウヒなどの常緑樹には、樹脂（脂肪と構造的に類似した化合物の混合）も多く含まれ、燃やすときついにおいの煤煙が出る。

**木材を燃やすと風味が生まれるのはなぜか** 燃焼温度では、木材の各成分がそれぞれ独特の化

## 木材成分と燻煙の風味

| 木材成分乾燥重量% | 燃焼温度 | 燃焼副産物およびその風味 |
|---|---|---|
| セルロース<br>（細胞壁の枠組み、グルコースからなる）<br>40〜45% | 280〜320℃ | フラン類：甘さ、パン、花<br>ラクトン類：ココナッツ、モモ<br>アセトアルデヒド：青リンゴ<br>酢酸：食酢<br>ジアセチル：バター |
| ヘミセルロース<br>（細胞壁の充填材、多様な糖からなる）<br>20〜35% | 200〜250℃ | |
| リグニン<br>（細胞壁補強材、<br>フェノール化合物からなる）<br>20〜40% | 400℃ | グアイヤコール：煙、スパイス<br>バニリン：バニラ<br>フェノール：辛さ、煙<br>イソオイゲノール：甘さ、クローブ<br>シリンゴル：スパイス、ソーセージ |

合物群に変化する（p.436，囲み内参照）．セルロースおよびヘミセルロースに含まれる糖が分解すると，キャラメルと共通した多くの芳香成分（甘いにおいや，果実，花，パンなどのにおい）が生じる．リグニン中の架橋型フェノール環構造が分解すると，一連のフェノール性揮発低分子およびその他の低分子が生じ，これらはバニラやクローブに独特なにおいや一般的なスパイス臭，甘いにおい，ツンとするにおいをもつ．料理では，木材を燃やして出る燻煙蒸気を肉や魚などの固形食品に当てて，これらの揮発性成分をしみ込ませる．ワインや蒸留酒の製造では，内側を焦がした木の樽を使用して熟成を行う．樽の内壁表面に含まれていた揮発性成分が，ワインや蒸留酒にゆっくりとしみ込んでゆく（p.697）．

いくつかの要因が燻煙の風味に関係している．なかでも使用する木材の種類が最も大きく影響する．オーク材，ヒッコリー材，果樹材（チェリー，リンゴ，ナシ）は，各木材成分量が程よいバランスで，独特のよい香りがある．次に重要なのは燃焼温度で，これは木材の種類や水分量も関係してくる．くすぶり続ける比較的低い温度（300〜400℃）で，風味が最大限に引き出される．これより高い温度では風味分子自体が分解して，異臭もしくは無臭の低分子が生じる．リグニン含量の高い木材は燃焼温度が高いので，空気の流れを悪くしたり水分量を高くしたりして，燃焼を遅くする必要がある．赤々と燃えている木炭にウッド・チップを入れる際は，木炭が冷えるように水で湿らせたチップを使う．木炭はほぼ純粋な炭素なので，1000℃近い温度で燃えほとんど煙が出ない．

燻煙すると肉や魚の味が安定するが，燻煙の風味自体は不安定なものである．フェノール化合物は特に反応性が高く，数週間から数ヶ月で消えてしまう．

**燻煙中の毒素：保存剤と発癌物質**　燻製はもともと風味づけのためだけに行われていたわけではなく，腐敗を遅らせるという目的があった．木材の燻煙には，ホルムアルデヒドや，酢酸（食酢）その他の有機酸など，微生物の増殖を抑えるさまざまな化合物が含まれている．酸のおかげで燻煙のpHは微生物の増殖しにくい2.5程度となる．木材の燻煙に含まれるフェノール化合物の多くも抗菌活性をもち，フェノール自体が強力な殺菌剤である．フェノール化合物は抗酸化活性もあるので，燻製にした肉や魚は酸敗臭が生じにくい．

燻煙には抗菌化合物だけでなく，人間の長期的な健康に害を及ぼす物質も含まれている．特に問題なのは多環芳香族炭化水素（PAH）で，発癌性が証明されており，すべての木材で燃焼温度が高くなるほど多く生成する．燃焼温度の高いメスキート材では，ヒッコリー材の2倍のPAHが生じる．肉に付着するPAHの量を少なくするには，火の温度を抑え，肉をできるだけ炎から遠ざけ，空気の流れをよくして煤煙やPAHを含む粒子がこもらないようにするとよい．商業用の燻煙器には，PAHの付着を少なくするためにエア・フィルターと温度調節がついている．

## ■ 燻煙液

燻煙液は，基本的に燻煙で風味づけした水である．燻煙は，煙として目に見える微小な液滴相，そして目に見えない蒸気相，という二つの相からなる．風味成分および保存作用成分の多くは蒸気相に含まれ，一方の液滴相は，タール，樹脂，重いフェノール性成分が作る凝集体（PAHを含む）が主成分であることがわかっている．PAHは水にあまり溶けないが，風味成分や保存作用成分はある程度水溶性である．燻煙の抽出液は食品の風味づけに用いられている．燻煙液には生物活性物質が多数含まれているが，通常の使用量では無害であることが，毒性研究によって示されている．燻製液に含まれるPAHは時間が経つと凝集して沈殿する傾向があるので，燻製液を使用する前には容器を振り混ぜず，沈殿を底に沈めたままにするとよい．

# 第9章

# 種子

## ——穀類，豆類，ナッツ類——

| | | | |
|---|---|---|---|
| 食物としての種子 | 438 | ライムギ | 456 |
| 　定義 | 440 | エンバク（オートムギ） | 457 |
| 種子と健康 | 441 | コメ | 458 |
| 　種子に含まれる有用なフィトケミカル | 441 | トウモロコシ | 463 |
| 　種子によって生じる問題 | 442 | その他の穀物 | 468 |
| 　種子は食物アレルギー源になりやすい | 442 | 準穀物 | 468 |
| 　種子と食中毒 | 442 | 豆類 | 469 |
| 種子の組成と特性 | 443 | 　豆類の構造と組成 | 471 |
| 　種子の各部分 | 443 | 　豆類と健康：興味深いダイズ | 472 |
| 　種子のタンパク質：可溶性と不溶性 | 443 | 　豆類の問題と腹部膨満 | 472 |
| 　種子のデンプン：秩序と無秩序 | 444 | 　豆の風味 | 473 |
| 　種子の油 | 445 | 　モヤシ（豆のスプラウト） | 473 |
| 　種子の風味 | 446 | 　豆類の調理 | 473 |
| 種子の取扱いと調理法 | 446 | 　代表的な豆類の特徴 | 476 |
| 　種子の保存 | 446 | 　ダイズとその加工 | 479 |
| 　スプラウト（新芽） | 446 | ナッツ類およびその他の油脂性種子 | 486 |
| 　種子の調理法 | 447 | 　ナッツの構造と特性 | 486 |
| 穀類 | 447 | 　ナッツの栄養価 | 487 |
| 　穀物の構造と組成 | 448 | 　ナッツの風味 | 487 |
| 　製粉と精白 | 448 | 　ナッツの取扱いと保存 | 487 |
| 　朝食用シリアル | 449 | 　ナッツの調理 | 488 |
| 　コムギ | 451 | 　代表的なナッツの特徴 | 490 |
| 　オオムギ | 455 | 　その他の油脂性種子の特徴 | 498 |

## 食物としての種子

種子は食物のなかで最も日持ちがよく，濃縮された栄養である．種子は，植物がその子孫を不確かな未来の岸辺へと運ぶ，頑丈な救命ボートのようなものである．穀物の粒や豆や木の実を解剖して中身を見てみると，小さな胚芽があ

る．収穫時にはこの胚芽の活動は一時停止した状態にあり，再び成長をはじめるまで何ヶ月もの乾燥や低温を耐えぬくことができる．胚芽を取りまく組織の大半は，復活に必要となる栄養供給源である．親植物が一生をかけて，土からは水と窒素とミネラル，空気からは炭素，太陽からはエネルギーを集めて凝縮した形である．土と日光と空気だけでは生きられない，人間をはじめとする動物界の生きものにとっては，貴重な栄養源である．事実，古代人にとって種子は栄養源であると同時に，人間が自らのために自然界を形作ってゆくきっかけにもなった．波乱に満ちた1万年の人類文明は，種子の眠りからはじまったのである．

ことのはじまりは，中東，アジア，中南米の住民が，ある種の大きくて採取しやすい野性植物の種子を残しておき，これを空き地にまいて同じような種子をたくさん作ったことである．農業が最初に生まれたのはトルコ東南部の高地，チグリス川とユーフラテス川の上流付近，そしてヨルダン川渓谷であったとみられる．そこで初めて植えられたのは，アインコルン（一粒系コムギ）やエンマーコムギ（二粒系コムギ），オオムギ，レンズマメ，エンドウマメ，ビター・ベッチ（ソラマメの仲間），ヒヨコマメなど，種をつける穀類や豆類だった．狩猟採取を生業とする遊牧生活に代わって，広い穀物畑の近くで定住生活を営む集落が次第に大きくなっていった．種まきの計画化と収穫物の配分，季節変動の予測，作業の組織化，記録の保持が必要となった．現存する最も古い文書および算術法は，少なくとも5000年前にさかのぼるが，それは穀物および家畜の記帳にあてられたものである．土地を耕すことが知性を耕すことにもつながったと言える．しかしこれと同時に問題も生まれた．狩猟採取生活の多彩な食生活が劇的に単純化されて，人間の健康に悪影響を及ぼし，多数の労働から少数が利益を得るという社会的階級が発達した．

ホメロスは『オデュッセイア』のなかで，コムギとオオムギを"人間の骨髄"と呼んでいる．工業化された現代世界に生きる我々にとってはあまり明確ではないが，人類の歴史の大半を通じて明らかであったように，種子は主要な食糧であり続けている．地球上の人口のほとんど，特にアジアやアフリカでは，穀類を直接のカロリー源としている．穀類と豆類をあわせて，世界中の食事タンパク質の3分の2以上を供給している．先進諸国においてさえ，トウモロコシ，コムギ，ダイズを，ウシやブタやニワ

---

### 考える種

農業の発達は人間の感情や思考，神話や宗教や科学に深い影響を及ぼした．それは2，3の引用では捉えきれない．宗教歴史家ミルチャ・エリアーデは次のようにまとめている．

> 農業の発見は，十分な栄養を確保し人口の急激な増加を可能にしたことで，人間の歴史に根本的な変化をもたらしたと考えられがちである．しかし農業の発見は，まったく異なる理由から決定的な影響を与えた……農業は人に有機生命の根源的同一性を教えた．これを認識したことによって，より単純な喩えが生まれた．女性は大地，性的行動は播種，そして最も進化した知的創造であり，生は律動，死は回帰といったように．人間の発展に不可欠であったこれらの創造は，農業が発見されて初めて可能となった．

——*Patterns in Comparative Religion*（比較宗教学形態），1958年

トリの餌という形で，種子を間接的に食べている．穀類はイネ科であるという事実は，旧約聖書において「人はみな草である」と言った預言者イザヤの言葉に，いっそうの意義を与えるものである．

食材としてみると，種子は乳や卵と共通する点が多い．いずれも生物の次世代を育てるための基本栄養素からなり，味はやや単純で淡白だが，料理によって複雑で素晴らしい食べものに変わりうる．

## ■ 定義

**種子** 種子とは，植物が同種の新世代を作り上げるための構造である．なかには植物の胚とともに，発芽と成長初期に必要な栄養が蓄えられている．胚を土から隔て，物理的損傷および微生物や動物の攻撃から守るための外皮を備えている．

料理によく使われる種子は，以下の三つに大別できる．

**穀類** 英語では穀物を grain（グレイン）または cereal（シリアル）と言い，この二つはほぼ同義である．cereal（ローマ神話の農業の女神ケレス（Ceres）から）というのはイネ（Gramineae）科植物のことで，その食用になる栄養豊富な種子，すなわち穀粒を grain という．ただし，穀物植物の種子ならびに種子を使って作られた製品（朝食用シリアル）も cereal と呼ばれることがある．穀類をはじめとするイネ科植物は，平原または高地草原など乾燥して樹木の育たない土地に生育する．1～2季節のうちに成長して枯れ，収穫しやすく扱いやすい．密生して育つので雑草も生えにくく，子孫の生存を保障する手段として化学防御物質でなく数に頼る，すなわち小さな種子を数多くつける．これらの特徴は農作物として適したものである．穀類は人間の手を借りて，地球上の広大な土地を覆うようになった．

中東やヨーロッパではコムギ，オオムギ，エンバク（オートムギ），ライムギが，アジアではコメが，新大陸ではトウモロコシが，そしてアフリカではソルガムと雑穀（アワ，キビ）が主要な穀類である．少なくとも5000年間は，人間の食生活において必需品であったビールとパンを生み出したという点で，穀類は特に料理上の意義が大きい．

**豆類** マメ（*Leguminosae*）科植物を英語では legume（レジューム；ラテン語で"集める"という意味の legere から）と言い，複数の種子が入った鞘をつける．種子も legume と呼ばれることがある．マメ科植物の多くは蔓性で，太陽の光を求めて丈の高い草やその他の植物を這いのぼる．イネ科植物と同じく数ヶ月のうちに成長し種子をつけ枯れる．マメ科植物の種子は特にタンパク質が豊富だが，これは根に存在する共生細菌が空気中の窒素を固定してマメ科植物に供給するおかげである．この共生関係によって，マメ科植物が生育する土地は実際に窒素化合物が増えるので，さまざまなマメ科植物を輪

エンバク粒，鞘に入ったレンズマメ，ヘーゼルナッツ．いずれも種子であり，生きた胚および初期成長に必要な栄養源を含む．穀粒中では，胚乳という独立した組織に栄養が蓄えられている．豆類および多くのナッツ類では，栄養は胚の最初の2枚の葉（子葉）に蓄えられており，子葉は特別に厚みがあり大きい．

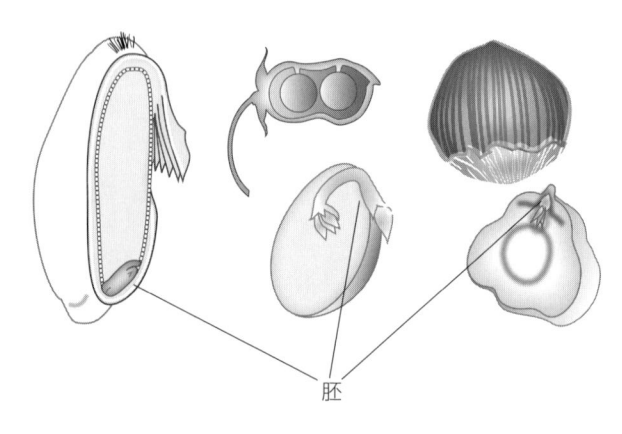

胚

作作物として栽培することが，少なくともローマ時代より行われてきた．種子が比較的大きいので動物に捕食されやすく，豆類の著しい多様性は昆虫による生存をおびやかされた結果であると考えられている．マメ科の種子は着色した外皮でカモフラージュされ，複数の生物化学防御物質により保護されている．

レンズマメ，ソラマメ，エンドウマメ，ヒヨコマメはいずれも中近東の肥沃な三日月地帯が原産である．夏の干ばつ前の冷涼多湿な季節に発芽して種子をつけるように適応したもので，春の最も早い時期に成熟する主要食物であった．ダイズとリョクトウはアジア原産，ラッカセイ，アオイマメ（リママメ），インゲンマメはアメリカ原産である．

### ナッツ類（木の実）

英語でナッツ（nuts；"圧縮された"という意味のインド・ヨーロッパ語が語源）と言えば，複数の科に属する植物が含まれる．一般に，寿命の長い樹木になる，硬い殻に入った大きな種子をさす．種子が大きいのは，種子を運ぶ動物を惹きつけるためと（動物が土に埋め忘れてしまえば，種子がちょうどよい具合に植えられたことになる），苗が半日陰でゆっくりと成長する間に十分な栄養を供給するためである．多くの場合，エネルギーはデンプンではなく，よりコンパクトに濃縮された形の脂肪として蓄えられる (p. 119)．

ナッツ類は人間の食糧としては，穀類や豆類ほど重要でない．ナッツの樹木を植えても何年か後にならないと収穫できないうえ，成長の早い穀物や豆類に比べて単位面積当たりの生産量が少ないからである．ココナッツは例外で，熱帯諸国では重要な食物である．ラッカセイはマメ科植物だが，豆類には珍しく脂肪分が多くて軟らかく，短期間で大量に栽培できる．

## 種子と健康

食物としての種子には多くの栄養学的な利点がある．まず，エネルギーおよびタンパク質の主要供給源として重要であり，エネルギー生産および組織構築の化学反応に必要なビタミンB群を含む．事実，必須栄養素の供給源としてあまりに優れているため，地域的には穀類に過度に頼りすぎて，栄養欠乏症に陥ってしまった例もある．コメを主食とするアジア地域では，精米機が発達して，外側のぬか層を簡単に除去できるようになった19世紀に，衰弱してくる疾患である脚気が蔓延した．ぬか層がついたままだと不便で見た目も悪いが，ここに含まれるチアミン（ビタミン$B_1$）は，菜食中心の食事では十分に摂ることができない（肉と魚にはチアミンが多い）．18〜19世紀にはペラグラと呼ばれる別の欠乏症がヨーロッパおよび合衆国南部の地方貧困層を襲った．中南米からのトウモロコシを主食とするようになったものの，ナイアシンが体内で吸収されるようにする加工法（アルカリ水で調理）が伴わなかったためである．

脚気とペラグラはビタミン欠乏症であり，20世紀初めにビタミンが発見されるきっかけとなった．現在では，アジアの多くの地域で精白米を食べており，ポレンタ（トウモロコシ粉で作る粥）は依然としてアルカリ水を使わないが，全体に食事のバランスがよくなっているのでビタミン欠乏症はかなり減った．

### ■ 種子に含まれる有用なフィトケミカル

20世紀も終わりに近づくと，種子は生命の基本装置という以上のものであることが知られるようになった．全粒穀物，豆類，ナッツ類の消費量は，各種癌疾患，心疾患，糖尿病などのリスク低下と一般的に関連することが疫学的研究で明らかになった．これらの食品に含まれていて精白した穀物にはないものとは何か？ 種子の外側の保護層・活性の高い層には何百，何千という化学物質が濃縮されていて，これらは主にデンプンとタンパク質が集積されている内側の貯蔵組織には含まれていない．すでに同定されている有用物質をいくつか挙げる．

- 種々のビタミン：抗酸化活性をもつビタミンEおよびその関連化合物であるト

コトリエノール類を含む.
- 可溶性食物繊維：可溶性だが体内で消化されない炭水化物.消化を遅くし,血中インシュリン濃度および血糖値を改善し,コレステロール値を下げ,腸内有用細菌のエネルギー源となる.腸内有用細菌は化学環境を変え,有害細菌の増殖を抑え,腸細胞を健全に保つ.
- 不溶性食物繊維：消化管内の食物の通過速度を速め,発癌物質をはじめとする有害物質の吸収を抑える.
- フェノール化合物およびその他の防御性物質：抗酸化作用の強いものや,ヒトホルモンに類似した作用をもち,細胞増殖抑制を介して癌の進行を抑えるものなどがある.

医療研究の分野では,これらの物質の同定と解析がはじまったばかりであるが,一般に全粒穀物,豆類,ナッツ類を日常的に摂取することが,長期的な健康によいというのは本当のようである.

## ■ 種子によって生じる問題

種子は完璧な食物ではない.特に豆類には防御性物質（レクチンやプロテアーゼ阻害剤）が含まれ,これらが栄養不良その他の問題を引き起こすことがある.幸い,簡単な調理でこれらの物質を除くことができる（p.252）.ソラマメに含まれるアミノ酸関連物質は,感受性の高い人では重篤な貧血を引き起こすが（p.476）,そのような感受性をもつ人はまれである.より一般的な二つの問題を次に述べる.

## ■ 種子は食物アレルギー源になりやすい

本当の食物アレルギーは,体内の免疫系の過剰反応によるもので,食物成分を細菌やウイルスが侵入したものと勘違いして,生体に損傷を及ぼす防御反応を起こす.不快感,痒み,発疹などとして現れる軽度なものから,生命に関わるような喘息や血圧変化・心拍変化まで,症状は多岐にわたる.合衆国内では何らかの食物アレルギーをもつ人は成人で約2％,小児で8％ほどと推定される.合衆国内での食物関連アレルギー反応による死亡数は,年間200件前後である.アレルギーの原因として最も多いのが,ラッカセイ,ダイズ,ナッツ類（クルミ,カシューナッツその他）である.アレルギー原因物質は一般に種子タンパク質であり,調理してもアレルギー誘発性は変わらない.ナッツのタンパク質は微量でもアレルギー反応を誘発し,機械圧搾された油に含まれている量でも,時にアレルギーを引き起こす.

**グルテン感受性** 特殊な食物アレルギーとしてグルテン感受性腸炎（セリアック病,スプルー）がある.コムギ,オオムギ,ライムギ,そしておそらくエンバクにも含まれる無害なグリアジンタンパク質の一部に対して,体内で抗体が作られる病気である.これらの防御反応により,栄養を吸収する腸内細胞が攻撃を受け,重篤な栄養不良状態が生じる.セリアック病は乳幼児期に発症することもあれば遅く発症することもあり,終生の疾患である.基本的な対処法は,グルテンを含む食品を一切避けることである.穀類のなかにはグリアジンタンパク質を含まないものがあり,この場合はセリアック病を悪化させない.トウモロコシ,コメ,アマランス,ソバ,キビ,キノア,ソルガム,テフなどがそうである.

## ■ 種子と食中毒

種子は一般に乾燥しており,水分は重さの10％程度にすぎない.その結果,特に処理を施さなくても長持ちする.十分に煮たり焼いたりすれば,調理したての穀類,豆類,ナッツ類は無菌なので,食中毒の原因とはならない.しかし,水分を多く含む料理は冷めると細菌が繁殖しやすい.料理の残りはすぐに冷蔵し,食べる前に沸点まで再加熱するべきである.コメ料理は特にセレウス菌（*Bacillus cereus*）が繁殖し

やすいので注意を要する（p. 461）．

乾燥種子も雑菌の混入・腐敗がまったくないわけではない．カビ（菌類）は比較的水分が少なくても生育できるので，畑でも貯蔵庫内でも種子作物に混入する可能性がある．なかには，癌やその他の疾患の原因となる猛毒を産生するものもある（たとえば *Aspergillus* 属のある種のカビはアフラトキシンと呼ばれる発癌性物質を産生し，*Fusarium moniliforme* はフモニシンという別のカビ毒を産生する）．食品中にカビ毒が含まれていても消費者には普通わからないので，生産者および政府機関による検査が実施されている．現在はカビ毒が健康上大きな危険性をもつとは考えられていない．しかし，少しでもカビや腐敗の見られる穀類・ナッツ類は食べずに捨ててしまうことである．

## 種子の組成と特性

### ■ 種子の各部分

食用とされる種子はすべて，外側の保護用の殻，1個の植物体へと成長する小さな胚，そして胚の養分となるタンパク質・炭水化物・脂肪を含む大きな貯蔵組織，という三つの基本部分からなる．それぞれが調理したときのテクスチャーや風味に影響する．

外側の殻は，穀類では「ぬか」または「ふすま」，豆類やナッツ類では「種皮」と呼ばれ，硬い繊維質の組織が厚い層を形成している．アントシアニン色素や渋味タンニンなど，防御もしくはカモフラージュ用のフェノール化合物を多く含む．さらに外側の殻は穀類や豆類を調理する際には，水分の浸透を遅くする．穀類（特にコメとオオムギ），豆類（インドのダールというレンズマメのカレー），ナッツ類（アーモンド，クリ）などの外殻を除くことも多く，これにより調理時間が短くなり，見た目やテクスチャーや風味が洗練される．

豆類やナッツ類の胚は実用面ではさほど重要でないが，穀類の胚には脂肪と酵素の大部分が含まれるので，風味（料理として望ましい風味も，望ましくない古臭さも）のでる部分である．

種子の大半は貯蔵組織が占め，その構成が基本的なテクスチャーを決める．貯蔵細胞は，濃縮されたタンパク質粒子，デンプン粒，そして時に油滴で満たされている．特にオオムギ，エンバク，ライムギなど，穀類のなかには細胞壁にも貯蔵型炭水化物が詰まっているものがある．デンプン以外の長い糖鎖で，デンプンと同じように調理で吸水する．貯蔵細胞同士をくっつけている細胞接着成分の強度，そして各成分の特性と割合が，種子のテクスチャーを決める．豆と穀物の細胞は硬い固形状のデンプン粒とタンパク粒が詰まっているのに対し，ナッツの細胞の多くは液体状の脂肪が蓄えられているのでもろい．穀類はぬか（ふすま）を除いて大量の水で煮た後でも，形とある程度の硬さが保たれる．豆類は種皮つきのまま調理すれば形が残るが，種皮がないとすぐに煮崩れてピューレ状になる．

種子の貯蔵細胞中に含まれる特定の成分が，テクスチャーや食材としての利用価値に多くの面で影響する．したがってタンパク質，デンプン，脂肪についてやや詳しくみていくことにする．

### ■ 種子のタンパク質：可溶性と不溶性

種子のタンパク質は，どんな液体に溶解するかという化学的性質によって分類される．これは調理時の挙動を決定する因子でもある．純水，塩水，薄い酸，アルコールに溶けるタンパク質をそれぞれ，「アルブミン」「グロブリン」「グルテリン」「プロラミン」と呼ぶ．豆類およびナッツ類のタンパク質はほとんどが塩水または純水に溶解するので，塩水を使う通常の調理では豆類のタンパク質は種子の水分ならびに調理液中に分散する．一方，コムギ，コメ，その他の穀類に含まれる主要な貯蔵タンパク質は，酸およびアルコールに溶解する．これらのタンパク質は普通の水には溶けず，互いに結合して

コンパクトな塊になる．コムギ，コメ，トウモロコシ，オオムギの穀粒に歯ごたえがでるのは，調理する間に不溶性タンパク質が塊を作り，デンプン粒とともに粘着性の複合体を形成することとも関係している．

## ■ 種子のデンプン：秩序と無秩序

穀類と豆類はすべてかなり大量のデンプンを含み，それが調理品や加工品のテクスチャーに大きく関わってくる．同じ穀類でも品種によって特徴はかなり異なる．

**デンプン分子の二つの種類**　種子の貯蔵組織細胞内には，デンプン分子が微細な固形粒子として存在する．デンプンはすべて，グルコースと呼ばれる糖分子が鎖状に結合したものである（p.776）．デンプン粒中のデンプン分子には2種類ある．1000個前後のグルコース分子からなる「アミロース」は，基本的に1本の鎖が伸長したもので，長い側鎖が数本だけついている．5000～2万個のグルコース分子からなる「アミロペクチン」は，何百もの短い側鎖がある．アミロースは比較的小さく単純な分子なので，コンパクトで秩序正しく密に結合した塊になりやすい．一方のアミロペクチンは大きくてかさばった分子なので，塊になりにくく密にまとまることもない．アミロースもアミロペクチンも一緒になって生のデンプン粒を形成し，その割合は種子の種類や品種によって違う．豆のデンプン粒は30％以上がアミロース，コムギやオオムギ，トウモロコシ，長粒米のデンプン粒は約20％がアミロースである．短粒米のデンプン粒は約15％がアミロースだが，もち米のデンプン粒はほぼ純粋なアミロペクチンである．

**調理するとデンプン分子は分離し，デンプン粒は軟らかくなる**　種子を水に入れて加熱調理すると，デンプン粒が水を吸収し，水分子がデンプン分子の間に入りこんで分離するので，膨潤し軟らかくなる．デンプン粒の軟化すなわち「糊化」（「アルファ化」とも呼ばれる）が起こる温度は種子およびデンプンの種類によって違うが，60～70℃の間である．コンパクトで秩序正しいアミロース分子の塊を糊化するには，緩くまとまったアミロペクチン分子の塊よりも，温度を高く，水分量を多く，調理時間も長くする必要がある．このため，中国産の長粒米を炊くときは，日本の短粒米よりも水を多く使う．

### 種子中のタンパク質の割合

| | 水に溶ける アルブミン | 塩水に溶ける グロブリン | 酸に溶ける グルテリン | アルコールに溶ける プロラミン |
|---|---|---|---|---|
| コムギ | 10 | 5 | 40～45 | 33～45 |
| オオムギ | 10 | 10 | 50～55 | 25～30 |
| ライムギ | 10～45 | 10～20 | 25～40 | 20～40 |
| エンバク | 10～20 | 10～55 | 25～55 | 10～15 |
| コメ | 10 | 10 | 75 | 5 |
| トウモロコシ | 5 | 5 | 35～45 | 45～55 |
| 豆類 | 10 | 55～70 | 15～30 | 5 |
| アーモンド | 30 | 65 | | |

**冷えるとデンプン分子は再構成されデンプン粒は硬くなる**　調理し終えて糊化温度以下に冷えると，デンプン分子の塊とその間にある水の状態が変化し，軟らかかったデンプン粒は再び硬くなりはじめる．この過程は「老化」と呼ばれる．炊飯後ほとんど直ちに，より単純な構造のアミロース分子の一部が互いに再結合しはじめる．枝分かれの多いアミロペクチン分子は再結合するのに1日以上かかるうえ，比較的緩くて弱い塊となる．この違いが長粒米と短粒米のテクスチャーの違いである．アミロース含量の高い長粒米は，炊きたては歯ごたえがあって硬め，一晩冷蔵すると食べられないほど硬くなる．一方，アミロース含量の低い短粒米は軟らかくて粘りがあり，一晩冷蔵してもそれほど硬くならない．穀類料理の残りは，温め直しさえすれば再び糊化して軟らかくなる．

**デンプンの硬化は有用である**　穀類は再加熱しても，調理したてのような軟らかさにはならない．これは老化過程において，調理前の状態よりもさらに規則的な塊が部分的に形成されるためで，この結晶部分は沸点でも分解しない．アミロースとアミロペクチンの全体的な網目構造を強化する接合部として結晶部分が機能し，デンプン粒は非常に硬い構造となる．この硬化現象を調理に利用したのが，パン・プディングやデンプン麺である．パーボイルド・ライス（籾を水に浸けて吸水させてから蒸して乾燥したもの，この後に精米される）およびアメリカの朝食用シリアルは，デンプンのほとんどが製造工程で老化しているので形が保たれる．さらに，老化デンプンは身体によいことも明らかになっている．消化酵素で分解されないので，食後の血糖上昇が緩やかで，腸内有用細菌の栄養にもなる（p.251）．

## ■ 種子の油

ナッツやダイズには油が多く，貯蔵組織内にある油体と呼ばれる微小器官に蓄えられている．油体は，表面が2種類の防御物質（レシチン様のリン脂質，オレオシンと呼ばれるタンパク質）で覆われた小さな油滴である．表面の被覆が油滴同士の融合を防いでいる．種子の油体は，動物の乳中に存在する脂肪球とよく似た大きさと構造である．ナッツを食べたときに口の中が油っぽいというよりクリーミーなのはこのためである．そしてこれを利用する形で，アーモンド・ミルクや豆乳など，油の多い種子を原料にした"ミルク"が1000年も前から作られている（p.480，p.490）．

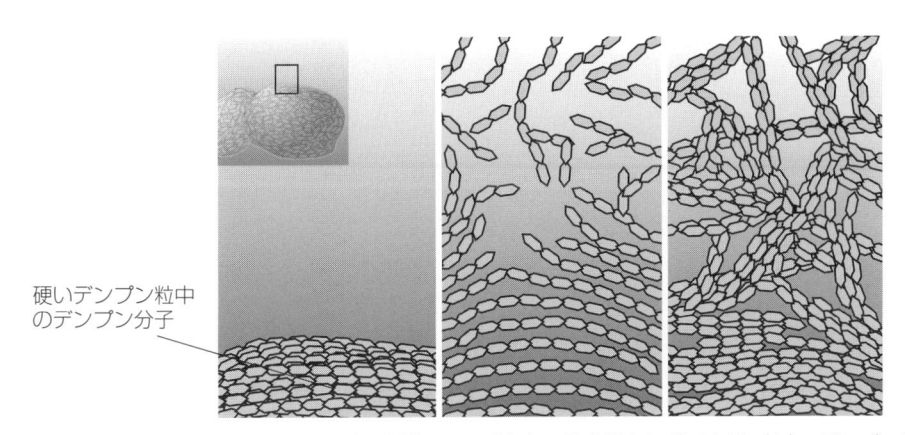

硬いデンプン粒中のデンプン分子

デンプンの糊化と老化．デンプン粒は，デンプン長鎖のコンパクトで秩序正しい塊である（左）．デンプン質の穀物を調理すると，水が粒子内にしみ込んで鎖同士を分離する．デンプン粒が膨潤し軟らかくなるこの過程を糊化という（中央）．調理済みの穀類が冷えると，デンプン鎖は次第に再結合し，コンパクトでより規則的な構造となる．デンプン粒が硬くなるこの過程を老化という（右）．

## ■ 種子の風味

穀類，豆類，ナッツ類の風味に一番大きく関係するのは，油および細胞膜中の不飽和脂肪酸の分解産物で，それぞれに青葉臭，油脂のにおい，花のにおい，キノコ臭などがある．穀物の油分と酵素の大半は外側のぬか層に含まれるので，全粒穀物は風味が強い．また，ぬか層に含まれるフェノール化合物がバニラ臭やロースト臭を与える．豆類は特に青葉臭やキノコ臭が強い．ナッツ類は水を使わずに調理することが多いので，褐変反応産物による典型的なロースト臭がする．個々の種子の風味については後に述べる．

# 種子の取扱いと調理法

個々の種子の調理法については後に詳しく述べる．ここでは台所での種子の扱い方について一般的なことをまとめた．

## ■ 種子の保存

食用にされる種子の多くは乾燥した休眠期を生き抜くためにできているので，食材のなかでは最も保存が簡単である．丸のままの種子は乾燥した冷暗所で数ヶ月は保存できる．湿度が高いと腐敗菌が増殖しやすい．物理的損傷や光や熱は，油の酸化を進めて古臭さや酸敗臭，苦味などのでる原因となる．

穀類，豆類，ナッツ類，粉製品などには，ノシメマダラメイガ（*Plodia interpunctella*）がつくことがある．もともとは畑で穀物の穂についていたものが，今では台所の棚に棲みついていることが多く，卵から孵化した幼虫が種子を食べて，不快なにおいを生じる．虫がついたものは捨てるしかない．別々の容器（ガラス製やプラスチック製）に入れておくことで，ほかの食品から虫がつくのを防げる．

## ■ スプラウト（新芽）

アジアでは古くからスプラウト（新芽）を食べる習慣があったが，西洋でも食べられるようになったのはごく最近である．いつでも誰でも（厳寒のアンカレッジのアパートの部屋でさえも）ほとんど手間をかけずに新鮮な野菜に近いものが育てられるのは，非常にありがたい．発芽によってビタミン含量が高まり消化されやすくなることも多い．ナッツのような風味とサクサクしたテクスチャーが，ほかの野菜とは違って新鮮である．

スプラウトにされるのは豆類がほとんどだが，ほかの多くの野菜もスプラウトにする利点がある．たとえばコムギとオオムギは，胚成長のために貯蔵デンプンが酵素分解され糖に変わるので甘味がでる．スプラウトの栄養価は，乾燥種子（スプラウトになる前）と緑色葉物野菜（スプラウトの成長後）との中間である．スプラウトはほとんどの種子よりもビタミンCが多くカロリーが低いうえ，ほとんどの野菜に比

---

### 種子を利用した肉代替品

菜食料理，特に中国や日本の仏教における精進料理では古くから，穀類，豆類，ナッツ類を使って肉に似たテクスチャーと風味をもつ食品が作られている．コムギから抽出したタンパク質（グルテンまたは「セイタン」，p.454）やダイズ（湯葉，p.480）を使って，肉に似たタンパク質繊維を作り，発酵させて旨味や肉に近い味をつける．全粒穀物は歯ごたえ，豆類は軟らかさと甘味と風味の複雑さ，ナッツ類はコクとロースト臭が特徴である．

べてタンパク質(スプラウトが5％,野菜が2％前後),ビタミンB群,鉄が多い.

## ■ 種子の調理法

種子は食材のなかでも最も乾燥して硬い.多くの場合,可食状態にするには水と熱を加える必要がある.ただし種子のなかでもナッツ類は一般に,殻から出してすぐ,またはさっと炒るだけで食べられる.細胞壁が比較的軟らかく,固形のデンプンより液状の油のほうが多いためである.これに対して,乾燥した穀類や豆類は硬くてデンプン質である.熱湯に浸けると軟らかくなるが,これは細胞壁を強化している炭水化物が溶け,水分が細胞内にしみ込んでデンプン粒が糊化し,タンパク質が可溶化もしくは吸湿するためである.その結果,種子の栄養分が消化されやすい形となり,栄養価が高まる.

穀類および豆類を水で加熱調理する際には,以下に挙げる基本的な事実を知っておくとよい.

- 外側のぬか層または種皮は,発芽の際に土壌水分が胚や貯蔵組織にしみ込むのを調節する役目があり,調理の水も浸透しにくくする.精米や製粉によって表皮を除いたり粉砕したりしたものは,全粒穀物よりも調理時間がかなり短い.
- 熱は水分よりも速く種子中に浸透するので,調理時間の多くは吸水にかかる.水に数時間から一晩浸けておくことで,調理時間が大幅に短縮される.
- 多くの場合,水分が重さの60〜70％ほどに達すると種子はかなり軟らかくなる.そのために必要な水は,種子の乾燥重量の約1.7倍,容積でいうと約1.4倍である.調理中に蒸発して減る量を考え,普通はこれよりかなり多めの水を使う.
- 十分に加熱調理した種子は,調理温度では軟らかく崩れやすいが,冷えると硬くなる.種子の形を残したい場合は,冷めるまで触らないようにする.

穀類・豆類を使った食品は,製粉したり抽出したりしてから調理するものが多い.穀物の粉または豆から抽出したデンプンに水を加えて生地を作り,加熱して麺やフラット・ブレッド(ピザ,ナン,ピタなどの平らなパン)やケーキとなる.酵母や細菌や膨化剤を使って生地を膨らませればパンやケーキになる.パンや麺などの生地はそれ自体が特殊な素材であり,次章で詳しく述べる.

**種子は調理液を濃縮する** 穀類・豆類は乾燥していて吸水性があるので,調理液の水分を吸収し,調理液中のほかの材料が濃縮される結果となる.こうして自然にソースができあがるわけである.たとえば,牛乳を使ってコメを炊いたりポレンタを作ったりすると,穀粒を取り巻く液体中の乳タンパク質や脂肪球が濃縮され,クリームのようになる.肉のスープ・ストックで穀物を調理すると,ストック中のゼラチンが濃縮されて,煮詰めたストックやデミグラ・ソースのようになる.

## 穀類

イネ科植物は8000種ほど存在するが,そのうち人間の食糧として重要なものはほんの一握りである.タケとサトウキビを別にすれば,あとはすべて穀類である.穀粒の構造や成分はどれも非常によく似ているが,その違いが大きく異なる料理の歴史を生み出した.

ユーラシア大陸の主要穀類(コムギ,オオムギ,ライムギ,エンバク)はもともと,中近東の温暖高地平野に豊富に自生していた.古代人は1年分のコムギやオオムギを数週間で採取することができた.1万2000〜1万4000年前に農業がはじまると,コムギやオオムギのうち,大きくて収穫や扱いの容易な種子を選別するようになり,それが西アジア,中央アジア,ヨーロッパ,北アフリカの農業に広まっていった.穀物によってそれぞれ利点がある.オオムギは特に丈夫で,一方,ライムギとエンバクは湿っ

て冷涼な気候でも栽培できる．コムギは独特の弾力のあるペースト状になるので，細かい気泡を含ませて焼くと軟らかいパンができた．同じ頃，アジアの熱帯・亜熱帯地域ではコメの栽培がはじまった．コメは湿度と温度が高いところで生育する特長があったためである．これよりやや遅れて中南米の温暖地方ではトウモロコシの栽培がはじまり，ほかの穀類を圧倒していった．

## ■ 穀物の構造と組成

穀物植物の可食部は，一般に穀粒（グレイン，カーネル）と呼ばれる．専門的には完全な果実で，子房から発生した層は非常に薄くて乾燥している．オオムギ，エンバク，コメの三つは，種子のまわりにある小さくて硬い葉状構造が集まって籾または殻を形成している．パンコムギやデュラムコムギ，ライムギ，トウモロコシは籾殻がなく，製粉前に脱穀する必要はない．

どの穀粒も基本構造は同じである．果実組織は，表皮層およびその内側には子房壁を含むいくつかの薄い層がある．これらをあわせても細胞数個分の厚さである．種皮のすぐ下には「アリューロン層」があり，これは細胞1～4個分の厚みだが，脂肪，ミネラル，タンパク質，ビタミン，酵素に富み，大きさの割に風味が強い．アリューロン層は「胚乳」の最外層であり唯一機能性をもった組織である．胚乳のほかの部分は貯蔵細胞で，炭水化物やタンパク質を蓄積し，穀粒の容積のほとんどを占める．胚乳の一方に接して「胚盤」があり，これは胚乳からの養分を吸収・消化して「胚（胚芽）」へと送る1枚の特殊な葉である．胚は果実の基部にあり，やはり脂肪，酵素，風味に富んでいる．

胚乳（英語の endosperm は"種の内側"という意味のギリシャ語からきた）だけを食べる穀物もある．胚乳は，タンパク質に囲まれた状態のデンプンを含む貯蔵細胞から成り立っている．このタンパク質は通常の細胞タンパク質と膜成分からなり，時に特別な貯蔵タンパク質の球体も含まれる．これらはデンプン粒が大きくなるにつれて押しつぶされ，個々の形はなくなり一つの塊になる．穀粒の中心へいくほど1個の細胞中のデンプン量は多く，タンパク質量は少なくなる．したがって，精白度（表層部を削る割合）が高いほど栄養は少なくなるということになる．

## ■ 製粉と精白

穀粒を保護している硬い表皮を取り除くことは，前史時代からはじまった．製粉とは穀粒を粉砕すること，精白*とは粉をふるいにかけてふすまや胚芽を除くことである．胚乳，胚芽，ふすまの物理的特性の違い（胚乳は粉砕されやすく，胚芽は油が多く，ふすまは革のように硬い）を利用して分離を行う．胚芽とふすま（実際にはすぐ下にあるアリューロン層も含む）をあわせた部分に，全粒中のほとんどの繊維，脂肪，ビタミンB群，および25%程度のタンパク質が含まれる．ところが，コメやオオムギの穀粒，コーンミール（トウモロコシ粉），小麦

---

\* 監訳者注：米の場合はとうせいして白米にすることを精白という．

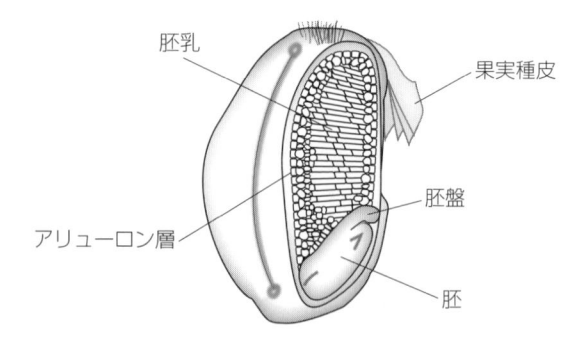

コムギ粒の構造．小さくとも完全な果実で，子房壁は果肉質ではなく乾燥している．胚乳細胞の大きな塊には胚または「胚芽」の初期成長を支える栄養が蓄えられている．

粉では普通，この部分を全部または部分的に取り去ってしまう．こんなもったいないことをするのはなぜか．精白した穀類は調理しやすくて食べやすいうえ，色も薄くて見た目がよい．小麦粉の場合，胚芽とアリューロン層には脂質が多いので，全粒小麦粉は賞味期間が極端に短くなる．油は酸化されやすく，数週間のうちに酸敗臭が生じる（古臭さ，えぐ味）．工業国では現在，ふすまと一緒に失われた栄養を補強するため，精白穀物の多くにビタミンBと鉄分を強化している．

## ■ 朝食用シリアル

パンやペストリーを別にすれば，アメリカ人が一番多く消費する穀物の形はおそらく朝食用シリアルである．朝食用シリアルには，調理して温かいうちに食べるホット・シリアルと，そのままで牛乳をかけたりして食べるインスタント・シリアルの2種類がある．

**ホット・シリアル**　文明の黎明期より，グリュエル（薄い粥），ポーリッジ（粥），コンジー（中華粥）などの形でホット・シリアルが食べられてきた．現代では，コーン・グリッツ（挽き割りトウモロコシ粉），オートミール（エンバクの粥），クリーム・オブ・ウィート（小麦クリーム）などがある．全粒または粉にした穀物を多めの熱湯で調理すると，細胞壁が軟らかくなりデンプン粒が糊化してデンプン分子が外にしみ出し，味は薄いが消化のよい粥状になる．機械化時代における唯一の進歩と言えば，

---

### 穀物の組成

穀物の成分組成は変動が大きい．以下の数字は，水分含量を約10%としたときの概算である．特に注記がなければ全粒穀物のものである．

| 穀物 | タンパク質 | 炭水化物 | 油脂 |
|---|---|---|---|
| コムギ | 14 | 67 | 2 |
| オオムギ | 12 | 73 | 2 |
| 精白オオムギ | 10 | 78 | 1 |
| ライムギ | 15 | 70 | 3 |
| エンバク | 17 | 66 | 7 |
| 白米 | 7 | 80 | 0.5 |
| 玄米 | 8 | 77 | 3 |
| ワイルド・ライス（野生米） | 15 | 75 | 1 |
| トウモロコシ | 10 | 68 | 5 |
| フォニオ | 8 | 75 | 3 |
| アワ，キビ | 13 | 73 | 6 |
| ソルガム | 12 | 74 | 4 |
| テフ | 9 | 77 | 2 |
| ライコムギ | 13 | 72 | 2 |
| アマランス | 18 | 57 | 8 |
| ソバ | 13 | 72 | 4 |
| キノア | 13 | 69 | 6 |

穀粒を細かく粉砕，またはある程度加熱処理して，調理時間を短縮したことである．

**インスタント・シリアル**　合衆国で圧倒的に多いのがインスタント・シリアルである．インスタント・シリアル業界は，ほとんど栄養のないカロリーだけの食べもの（朝食用のジャンク・フードのようなもの）を子供たちに食べさせているとして攻撃の的になっているが，それは皮肉にも19世紀から20世紀に移行する時代のアメリカの悲惨な食生活に代わる，「純粋」で「科学的」な健康食品としてはじまった．その歴史は，常軌を逸した健康改革者たち，大衆宗教，そして狡猾な商業主義が，いかにもアメリカ的に入り組んだものである．

19世紀の中頃，ソルト・ポーク（塩漬け豚肉）にホミニー（皮むきトウモロコシ），調味料，そしてアルカリで膨らませた白パンという，当時の一般的な食事に反発して，菜食主義が熱狂的に流行した．アメリカ人のための純粋で質素な食事という目的をかかげ，医学的というだけでなく道徳的な意味合いが強かった．ジョン・ハーヴェイ・ケロッグ博士が *Plain Facts for Old and young*（老若男女のための明白な事実）という彼の著書でこう述べている．「豚肉，精白小麦粉で作ったパン，こってりとしたパイやケーキ，そして調味料を食べ，お茶やコーヒーを飲み，タバコを吸う人でも，思想のうえでは質素であろうとするのかもしれない．」ケロッグ博士と弟のウィル・キース・ケロッグ，C. W. ポスト，その他によって道徳的な食べものとして発明されたのが，シュレッデッド・ウィート，ウィート・フレーク，コーン・フレーク，グレープ・ナッツ（Grape Nuts, 商品名）などである．これらの加熱済みシリアルは，それまでのずっしりと重い朝食に代わる軽くて簡単な朝食として広く普及し，またたく間に利益性の高い創意工夫に富んだ一大産業を形成した．現在のインスタント・シリアルは，いくつかの種類に大別される．

- ミューズリー　薄く押し伸ばした穀粒，砂糖，乾燥果実，ナッツを混ぜただけの簡単なもの．
- フレーク　全粒穀物（コムギ）または挽き割り（トウモロコシ）を，風味づけし，蒸気加熱し，冷却し，ロールで薄く押し伸ばしてフレーク状とし，ドラム式オーブンで焼いたもの．
- グラノラ　100年前にケロッグ博士が作った言葉で，現在は押しエンバクに甘味料（蜂蜜，麦芽，砂糖）とスパイス，植物油を加えて焼いたものに，ナッツや乾燥果実を加えている．
- オーブン・パフド・ライスやオーブン・パフド・コーン　調味料を加えた水でコメやトウモロコシ粒を調理し，ある程度乾燥させてから軽く押し伸ばし，340℃程度のオーブンで焼いたもの．残ってい

---

食物用語：cereal（穀物），wheat（コムギ），barley（オオムギ），rye（ライムギ），oat（エンバク）

英語の cereal はローマ神話の農業の女神 Ceres（ケレス）からきたもので，Ceres はインド・ヨーロッパ語で "育てる" という意味の ker が語源である．同じ語源をもつものに，create（作り出す），increase（増える），crescent（三日月）がある．barley の語源は bhares で，barn（納屋）もここからきた．rye の語源は wrughyo である．wheat の語源は white（白）と同じ kweit で，小麦粉が淡い色をしていたことによると思われる．oat（エンバク）は "膨れる" という意味の oid からきた．

た水分が短時間で蒸発して穀粒構造を膨らませる.

- パフド・ライスやパフド・ウィート　湿らせた全粒穀物を圧力釜に入れ，260〜430℃で弾けさせる．蒸気圧が14気圧に達したところで，急激に圧力を抜き，穀粒を噴出させる．減圧に伴い穀粒中の蒸気が膨張し，穀粒構造が膨らみ，冷える間に固まって，軽い多孔性の塊となる．
- ベークド・シリアル　元祖は，19世紀に開発されたC. W. ポストのグレープ・ナッツで，その形を踏襲したものである．なんらかの生地を作ってオーブンで焼き，時にこれを粒状にして再び焼いたもの．
- 押し出しシリアル　乾燥パスタと同じように，生地を小さな穴から高圧で押し出して成型したもので，サクサクした小さめな形のものが多い．圧力と摩擦で高温になり，生地は成型と同時に加熱調理される．生地が押出機を出る際の減圧によって膨張もする．

これらのシリアルの基本材料が穀類であることに間違いはないが，実際には砂糖その他の甘味料がより大きな割合を占めるようになってきた．特にショ糖が使われることが多いが，これはフレーク表面が霜の降りたような，あるいはガラスのような感じになり，牛乳がしみ込んでベチャっとしにくいためである．

## ■ コムギ

人間が栽培化した食物植物のなかでは最も古いものの一つであり，古代地中海文明において最も重要な穀物であった．中世期から19世紀までは，用途は狭くてもより丈夫なほかの穀類やジャガイモが主食とされていたが，この長い空白期間の後，ヨーロッパのほとんどの地域で再び優位となった．コムギがアメリカに持ち込まれたのは17世紀初めで，1855年には大草原地帯（ロッキー山脈の東）に伝わっていた．ほかの温暖性穀類と比べて，コムギは手間がかかる．温暖多湿な地域では病害が発生しやすく，

---

### 世界の穀物生産量

トウモロコシが生産量第1位を占めるが，その多くは動物飼料および工業用化学品原料として使用される．コムギも一部が動物飼料となる．これに対して，コメのほとんどすべては人間が直接食べている．

| 穀物 | 全粒生産量，2002年<br>単位：100万トン |
|---|---|
| トウモロコシ | 602 |
| コメ | 579 |
| コムギ | 568 |
| オオムギ | 132 |
| ソルガム | 55 |
| エンバク | 28 |
| アワ，キビ | 26 |
| ライムギ | 21 |
| ソバ | 2 |

出典：国連食糧農業機関

冷涼地域での栽培に適している．ただしライムギやエンバクほど耐寒性は強くない．

**古代および現代のコムギ**　前史時代から今日まで，栽培されてきたコムギの種類はさほど多くない．コムギの進化は非常に興味深く，いくぶん謎めいた部分もある．これに関しては p. 453 の囲み内にまとめた．最も単純で，しかも栽培の歴史が一番古いのはアインコルン（一粒系コムギ）で，多くの植物や動物と同じ標準的な遺伝的性質，つまり2対の染色体を有していた（"2倍体"種）．100万年前より後のある時期に，野生のコムギが野生のクサビコムギと偶然交配し，4対の染色体を有するコムギ種が生まれた．この"4倍体"種から，古代地中海世界において重要な位置を占めるエンマーコムギとデュラムコムギが生まれた．そしてわずか8000年前に，4倍体コムギとクサビコムギとの間でまれな交配が起こり，6対の染色体をもつ子孫が生まれた．ここから現代のパンコムギが派生したのである．現代のコムギにみられる農業的および料理的な多様性（特にグルテンタンパク質の粘弾性）は，余分に存在する染色体に関係していると考えられる．現在，世界中で栽培されているコムギの90％は，6倍体のパンコムギである．残る10％の多くはデュラムコムギで，これは主にパスタ用である（p. 554）．それ以外のコムギが今も小規模に栽培されている．

**デュラムコムギ**　デュラムコムギ（*Triticum turgidum durum*）は4倍体コムギのなかでは最も重要である．中近東を原産とし，ローマ時代より以前に地中海地方に広がった．ローマ時代はエンマーコムギと並んで主要なコムギの一つとなった．エンマーコムギは多湿な気候により適しており，穀粒はデンプン質（軟質）である．対するデュラムコムギは半乾燥気候により適していて，穀粒はガラス質（硬質）である．どちらも，パン（膨らませたものも膨らませないものも），ブルグア（トルコ地方の粗挽きコムギ），クスクス（そぼろ状のパスタ），インジェラ（エチオピアのフラット・ブレッド），その他に使われていた．現在，ヨーロッパではイタリア中南部が主要生産地であり，その他の地域ではインド，トルコ，モロッコ，アルジェリア，合衆国，カナダが主な生産地である．

**アインコルンコムギ**　1970年初め，フランスのボークリューズ地方およびアルプス南部で，郷土料理のポーリッジ用に栽培されていたアインコルンコムギ（*Triticum monococcum*）が再発見された．およそ1万年前に最初に栽培化されたコムギであったろうと思われる．冷涼な地域に生育し，黄色のカロテノイド色素に富み，タンパク質含量が高い．粘弾性のグルテニンと流動性のグリアジン（p. 506）の比がパンコムギでは1：1，これに対しアインコルンコムギでは1：2である．この結果，グルテンは粘ついた液状となり，パン作りには適さない．

**エンマーコムギとファッロ**　エンマーコムギ（*T. turgidum dicoccum*）はおそらく，アインコルンコムギに次いで栽培の歴史が古いコムギと思われる．アインコルンコムギよりも温暖な気候に生育する．ローマ時代初期にデュラムコムギとパンコムギが中心となるまでは，中近東から北アフリカ・ヨーロッパにかけて最も重要な栽培穀物であった．ヨーロッパの所々でエンマーコムギが細々と栽培されてきたが，現在はイタリアの「ファッロ」という名前で広く手に入るようになっている．トスカーナ地方では全粒ファッロを豆と一緒に煮てスープにする．水に浸しておいたファッロをリゾットのように調理したファロットという料理もある．

**カムット**　カムットというのはデュラムコムギの古代近縁種の登録商標で，*T. turgidum* の亜種である．カムット（エジプト語で"コムギ"という意味）の現代生産と商業化は，第二次世界大戦後にはじまった．エジプトで採集した種子を使ってモンタナで栽培が開始されたと言われる．大粒でタンパク質含量が高く，グルテンはパンよりもパスタに向いている．

**スペルト** スペルト（*T. spelta*）はドイツ南部の「ディンケル」として知られるようになったもので，ドイツでは紀元前4000年から栽培されている．エンマーコムギ（ファッロ）と混同されることも多い．スペルトはタンパク質含量が非常に高く，17％にも達する．現在もパンやスープの材料に用いられている．中央ヨーロッパではグリュンケルン（"緑の穀粒"という意味）と呼ばれ，緑色の穀粒を穏やかに乾燥させるかローストした後に粉挽きして，スープなどの料理に使う．

**パンコムギとパスタコムギの品種** コムギ品種は3万種以上あると言われ，栽培時期と胚乳組成によっていくつかの種類に分類できる．主にパン，ペストリー，パスタの材料として使われ，これらの詳細については次章で述べることとする．

**コムギの色素** コムギ品種の多くは，ふすま層にさまざまなフェノール化合物と，それらを凝集させて褐色物質を作る褐変酵素（p.261）が含まれるため赤褐色をしている．あまり多くはないが白色のコムギもあり，そのふすま層はフェノール化合物と褐変酵素が少ないため乳白色である．白色品種は渋味が少なく，小麦粉にしたときにふすまがある程度含まれていても変色しにくい．特にマイルドな風味や淡い色を出し

---

### コムギの仲間

コムギは類縁関係が複雑で，依然として学術的な議論の対象である．ここに挙げたのは有力な系統図の1例である．「脱穀」の表示があるのは籾殻に包まれたコムギの場合である．それ以外は籾殻がないので，調理や製粉がずっと簡単である．現在，一般的に用いられるコムギを太字で表示した．

アインコルン野生種　　　　⟶　　　　アインコルン栽培種
（2倍体；脱穀；　　　　　　　　　　（2倍体；脱穀；
*Triticum monococcum boeticum*）　　　*T. monococcum monococcum*）

野生コムギ（*Triticum urartu*）＋クサビコムギ（*Aegilops speltoides*）
⟓
*Triticum turgidum*（4倍体）：
エンマーコムギ（脱穀；*T. turgidum dicoccum*）
**デュラムコムギ**（*T. turgidum durum*）
ホラーサーンコムギ（*T. turgidum turanicum*）
ポーランドコムギ（*T. turgidum polonicum*）
ペルシャコムギ（*T. turgidum carthlicum*）

*Triticum turgidum* ＋ タルホコムギ　*Aegilops tauschii*
⟓
*Triticum aestivum*（6倍体）：
**パンコムギ**（*T. aestivum aestivum*）
スペルトコムギ（*T. aestivum spelta*）
クラブコムギ（*T. aestivum compactum*）

たい場合に，普通のコムギの代わりに使用される．

　デュラムコムギ，これを使った粗挽きのセモリナ粉，乾燥パスタの色は，主にカロテノイドのキサントフィル類のルテインによる．ルテインは穀粒中の酵素と酸素によって酸化されると無色になる．この熟成はコムギ一般で昔から好まれてきたものだが（wheat の語源が"白"を意味していたことからも明らかである），デュラムコムギでは好まれない．ほかにも一般的ではないがカロテノイド色素を豊富に含むコムギがある．

## コムギのグルテン

**小麦粉生地中のグルテン**　西洋では長い間，コムギは最高の穀物であった．その理由は，コムギの貯蔵タンパク質が特別な化学特性を有することにある．小麦粉に水を混ぜ合わせると，グルテンタンパク質が互いに結合して弾性のある塊となり，これが酵母の発生する気泡を含んで膨張する．コムギが無かったなら，今の膨らませたパンもケーキもパスタも存在しなかった．グルテンの量と特性は品種によって大きく異なり，それによって品種ごとの用途が決まる．

**独立した食材としてのグルテン**　グルテンタンパク質は粘着性があってかつ水に不溶性であるため，小麦粉中の他の成分から容易に分離できる．練り生地にして水の中でこねるだけでよい．デンプンや水溶性成分が溶け出した後に，粘りがあってコシの強いグルテンだけが残る．特殊な食材としてのグルテンは，6世紀頃の中国の製麺職人によって発見され，11世紀までには「面筋（麺筋，ミェン・チェイン）」すなわち"麺の筋肉"として知られていた．（日本では「麩」，西洋では「セイタン」と呼ばれる．）加熱調理すると，濃縮したグルテンが動物肉のようなつるりとした歯ごたえをだす．面筋は仏教寺院で発達した菜食料理（精進料理）の主要な食材となっていった．鹿肉や乾燥牛肉を模したものや発酵させたものなど，11世紀頃の料理法が残っている．グルテンタンパク質はグルタミン酸の割合が多いため，発酵させて分解するとグルタミン酸ナトリウム（MSG，p.332）の原型とも言える旨味調味料となる．最も簡単なグルテン料理は，小さくちぎって油で揚げるというものである．歯ごたえのある軽い団子状に膨らみ，これは調味液を吸収しやすい．今はグルテンが入手しやすく，さまざまな菜食者用"肉"の材料として使われている．

---

### コムギ品種ごとのタンパク質含量とその特性

　どんな料理に向いているかはグルテン特性によって決まる．パンとパスタには強く粘着性のグルテンがよい．弾性が高いと気泡が保持されやすくパン生地は軽くなるが，パスタ生地を薄く伸ばすのは難しくなる．

| コムギ品種 | タンパク質含量（重量%） | グルテン特性 |
|---|---|---|
| パンコムギ | 10〜15 | 高強度，弾性がある |
| デュラムコムギ | 15 | 高強度，弾性はあまりない |
| アインコルンコムギ | 16 | 低強度，粘性がある |
| エンマーコムギ（ファッロ） | 17 | 中強度，弾性はあまりない |
| スペルト，硬質 | 16 | 中強度，弾性はあまりない |
| スペルト，軟質 | 15 | 高強度，中程度の弾性がある |

**コムギ加工品**　コムギの全粒は一般にふすまが完全についた状態で売られており，あらかじめ水に浸けておかなければ調理に1時間以上かかる．ファッロはふすまを部分的に除いたものが売られていて（たとえば三分づきや五分づきといった部分精米と同様のもの），これはふすまの強い風味や穀粒の形を残しつつも，調理時間がかなり短い．

　コムギ胚芽は焼き菓子などに入れられることもある．タンパク質，脂肪，食物繊維が豊富に含まれている（それぞれ重さ当たり20%，10%，13%）．コムギふすまはほとんどが食物繊維で，脂肪が約4％含まれる．コムギふすまもコムギ胚芽も脂肪分が高いため酸敗臭を生じやすく，冷蔵保存するのがよい．

**ブルグア**　古代からあるコムギ（普通はデュラムコムギ）の加工品で，現在も北アフリカや中東ではよく食べられている．全粒を水で調理してから乾燥すると，内部は硬いガラス質となるので，これを湿らせてふすま層を強化し，叩くか挽いてふすまと胚芽を除く．残った粗い粒状の胚乳がブルグアである．パーボイルド・ライス（p.460）のコムギ版と言える．コムギの栄養を半永久的に保存でき，しかも調理時間が比較的短い．粗挽きのブルグア（粒径3.5 mmほど）はコメやクスクスと同じように用いられる．たとえば，煮たり蒸したりして汁気のある料理に添えたり，ピラフやサラダにする．細挽きのブルグア（0.5～2 mm）はファラフェル（ブルグアとソラマメの粉を丸めて油で揚げたもの）や，さまざまな甘いプディングなどにする．

**緑色または未熟なコムギ**　緑色のコムギ粒には甘味とすこし変わった風味があり，やはり食用にされてきた．穀粒が乾燥しきる前に茎を切り取り，わらの小さな炎で焦がして籾殻を弱くすると同時に風味を加え，生で食べるか保存用に乾燥させる（トルコではフィリグ，アラブではフリッケと呼ばれる）．

## ■ オオムギ

　西南アジアの草原で初めて栽培化された穀物は，コムギと一緒に生えていたオオムギ（*Hordeum vulgare*）であったと思われる．生育期間が比較的短く，北極圏からインド北部の熱帯平原まで広く生育する丈夫さを備えていた．古代バビロン，シュメール，エジプト，そして地中海世界では主要な穀物であり，インド西部のインダス文明ではコメよりもずっと早い時期から栽培されていた．プリニウスによれば，ローマ時代の剣闘士は特別食としてオオムギを食べて

---

### 食物用語：barley water（麦茶）から orgeat（オルジェー），horchata（オルチャタ），tisane（ティザーヌ）へ

　ヨーロッパでは麦茶を飲む習慣はほとんど消えてしまったが，いくつかの飲料や飲料風味料の名前にその名残をとどめている．ラテン語でオオムギを意味する hordeum（ホルデウム）が，フランス語の orge となった．脱穀したオオムギを意味する orge mondé が orgemonde となり，16世紀には orgeat（オルジェー）となった．orgeat という言葉は，現在はアーモンド風味のシロップをさすものとして残っている．orgeat はスペイン語の horchata（オルチャタ）にもなり，オオムギ飲料から次第にコメやチュファ（またはタイガーナッツ，p.297）で作った飲料をさすようになっていった．現代フランス語の tisane（ティザーヌ）はハーブティーをさすが，これはラテン語の ptisana からきたものである．ptisana とは挽いたオオムギまたはこれを使って作った飲料を意味していたもので，この飲料にはハーブを入れることもあった．

いたことから，ホルデアリイ（"オオムギを食べる人"という意味）と呼ばれていた．オオムギの粥（ポレンタの原型）には炒ったアマ種子とコリアンダーを入れた．中世，特にヨーロッパ北部では，農民の主食はオオムギとライムギであり，コムギは上流階級のためのものだった．中世アラブ世界では，オオムギで作った生地を数ヶ月発酵させて塩味調味料「ムーリ」を作っていた．食物歴史家のチャールズ・ペリーが発見したもので，醤油に似た味がするという．

今日，西洋ではオオムギはあまり多く食べられてはいない．生産量の半分は動物飼料，3分の1は麦芽の形で使われる．その他の地域では，オオムギを使ったさまざまな定番料理がある．チベットの「ツァンパ」は炒ったオオムギの粉で，お茶で湿らせただけで食べることも多い．日本の発酵調味料である味噌には，主原料のダイズのほかにオオムギも使われる．モロッコ（国民1人当たりのオオムギ消費量が一番多い）をはじめ北アフリカや西アフリカの国々では，スープ，粥，フラット・ブレッドなどにオオムギが使われる．エチオピアでは白色，黒色，紫色のオオムギがあり，なかには飲みものにされるものもある．ヨーロッパ西部から日本まで，生または炒ったオオムギを水で煮出した飲みもの（麦茶）が2000年以上も前から飲まれている．

オオムギの穀粒には，デンプンのほかに2種類の炭水化物が非常に多く含まれている（それぞれ穀粒重量の5%程度）．ライムギ粉のトロミ成分でもあるペントサン類，そしてエンバクのゼラチン様成分でコレステロール低下作用もあるグルカン類である（p.458）．どちらも胚乳細胞壁やふすまに含まれている．加熱調理したオオムギの弾力のあるテクスチャーは，これらの炭水化物成分と水不溶性タンパク質成分によるものである．オオムギ粉が小麦粉の2倍の吸水性を示す原因でもある．

**精白オオムギ（パール・バーレー）**　オオムギには籾殻のない品種もあるが，食用品種のほとんどは籾殻があり，製粉過程で脱殻される．オオムギはコメ（玄米として食べることも多い）に比べて精白度が高い．その理由として，ぬか層（ふすま）がもろくて細かく砕けてしまうので通常の精白では除くことができないこと，見た目がより均一となるように表面の深い溝を削り取ってしまうことなどが挙げられる．オオムギの精白は「パーリング」と言って，石臼を使って籾殻とぬか部分を削り取る．精白度7～15%のものは「ポット・バーレー」と呼ばれ，胚芽とぬかの一部が残っているので栄養価が高く風味もよい．細粒パール・バーレーはぬか，胚芽，アリューロン層，アリューロン下層をすべて削り取ったもので，精白度は33%前後である．

**オオムギ麦芽**　オオムギの消費形態として最も重要なのが「麦芽」であり，ビールや一部の蒸留酒の主原料として用いられ，さまざまな焼き菓子にも使われている．麦芽はオオムギ粒を湿らせて発芽させ，糖が作られて甘くなったものを粉末，またはシロップにしたものである．製法および特性については後に述べる（p.656, p.719）．

## ■ライムギ

西南アジアが原産とみられ，コムギおよびオオムギの栽培の広がりとともに雑草として広まり，紀元前2000年前後にはバルト海沿岸に達した．その痩せた酸性土壌と冷涼多湿な気候にほかの穀物よりもよく適応し，紀元前1000年頃には栽培がはじまった．耐寒性が非常に高く，北極圏や高度4000mの地域でも生育できる．20世紀に至るまで，北ヨーロッパの貧困層では主要なパン穀物であった．現在でも特にスカンジナビアや東ヨーロッパではライムギが好まれる傾向にある．ポーランド，ドイツ，ロシアが主要生産国である．ドイツではコムギの生産量がライムギの生産量を初めて上回ったのが1957年のことである．

ライムギには珍しい炭水化物やタンパク質が

含まれることから，独特なパンができる．これについては次章で述べる（p. 528）．

**ライムギの炭水化物**　「ペントサン」（新名称は「アラビノキシラン」）と呼ばれる炭水化物が多量に（重さで7％ほど）含まれる．ぬかの集合体としては中くらいの大きさで，吸水性が高く，どろっとした粘着性がでるという有用な特徴がある．ペントサンのおかげで，ライムギ粉は重さの8倍の水を吸収する（小麦粉は2倍）．デンプンと違ってペントサンは老化せず，調理後に冷めても硬くならない．したがってライムギパンは軟らかくしっとりとしていて，賞味期間が数週間と長い．ライムギのペントサンは食欲を抑える役目もある．乾燥ペントサンが胃の中で膨張するので満腹感が得られ，しかもペントサンはゆっくりと部分的にしか消化されないからである．

## ■ エンバク（オートムギ）

現在の世界生産量はライムギよりもエンバクのほうが高いが，エンバクの95％は動物飼料となる．西南アジア原産とみられるイネ科植物（*Avena sativa*）で，コムギやオオムギの随伴作物として徐々に栽培が広がっていった．ギリシャ・ローマ時代には雑草，もしくは病気にかかったコムギとみなされていた．1600年までには，北ヨーロッパにおける重要な穀物となっていった．エンバクはコメ以外では水分を一番必要とする穀物であり，北ヨーロッパの多湿の気候に最適だった．ただし他の国々ではエンバクは軽視され続けた．サミュエル・ジョンソンの *Samuel Johnson's Dictionary*（英語辞典，London, 1755年）には，エンバクの定義として次のように載っている．「穀物の一種．イギリスでは一般に馬の餌とされるが，スコットランドでは人間の食糧とされている．」

現在，エンバク食品の最大消費国は英国および合衆国である．19世紀後半に，ドイツ移民のフェルディナント・シューマッハによって朝食用の早炊き押しエンバクが発明され，ヘンリー・クロウェルによって「クエーカー・オーツ」という商品ブランドが生み出された（それまでは日常食の一つにすぎなかったエンバクを，きちんと包装して調理法も記載し，"ピュア"と表記した）ことで，合衆国内のエンバク消費が高まった．現在では，インスタントのグ

---

### ライムギとLSD

食物としての役割のほかに，ライムギは現代医学および麻薬の薬理学において間接的な影響を与えた．ライムギの生育に適した冷涼多湿の気候は，麦角菌（*Claviceps purpurea*）の増殖にも適している．11世紀から16世紀にかけて，「聖なる火」とか「聖アントニウスの火」と呼ばれた水疱性皮膚疾患が頻繁に流行したが，その原因はライムギ粉の麦角菌汚染であった．この疾患の2大症状は，四肢が黒変・萎縮して脱落する進行性壊疽と，精神錯乱である．20世紀に入ってからもライムギの麦角菌汚染による麦角中毒が散発的にみられた．

20世紀初期には，麦角から複数のアルカロイドが単離された．これらはそれぞれに，子宮筋収縮作用，幻覚作用，血管収縮作用（壊疽を生じる作用だが，医学的に有用でもある）など，大きく異なる作用を示す．これらのアルカロイドはすべて，リゼルギン酸と呼ばれる基本構造を共通してもつ．1943年にスイスの科学者アルベルト・ホフマンは，1960年代にあれほど注目を集めることとなる，リゼルギン酸の誘導体を発見した．幻覚剤のリゼルギン酸ジエチルアミド，すなわちLSDである．

ラノラ，ミューズリー，朝食用シリアル製品において，エンバクは主原料の一つとなっている．

エンバクが穀物のなかで，さほど重要でない理由はいくつかある．オオムギと同じく，エンバクにはグルテンを作るタンパク質が含まれていないので，ふわりとしたパンにはならない．穀粒には籾殻がしっかりと付着していて，精白・製粉が難しい．エンバクにはコムギの2〜5倍の脂肪が，胚芽でなくて主にぬかと胚乳に含まれ，しかも脂肪消化酵素も多く含まれる．つまりエンバクは酸敗しやすいということである．貯蔵中すぐに劣化しないようにするには，熱処理して酵素を失活させる必要がある．

一方，エンバクには長所もいくつかある．$\beta$グルカンと呼ばれる難消化性の炭水化物を多く含み，これは吸水性・保水性が高い．したがって，温かいオートミールはとろりとなめらかになり，焼き菓子は軟らかくしっとりと焼き上がり，また血中コレステロール値を下げる働きもある．$\beta$グルカンは主にアリューロン層の下の胚乳外層に含まれるので，オート・ブラン（エンバクぬか）は特に$\beta$グルカンが豊富である．エンバクには抗酸化活性を有するさまざまなフェノール化合物も含まれる．

**エンバクの加工**　エンバクは一般に全粒（グローツとも呼ばれる）の形で用いられる．コムギやトウモロコシに比べると軟らかく，胚乳・胚芽・ぬかにきれいに分けることができないためである．加工の第一段階では低温で「ロースト」を行い，独特の風味をつけると同時に，脂肪分解酵素を失活させる．（貯蔵タンパク質も変性して水溶性が低くなり，調理で煮崩れしにくくなる．）次にさまざまな形に成型されるが，どれも栄養価は変わらない．スチール・カット・オーツとは，加熱時間を短くするために全粒を2〜4つに切り分けただけのものである．ロールド・オーツというのは，蒸して軟らかくした全粒をローラーにかけて薄く押し伸ばしたもので，調理したりあるいは単に水に浸けたりしただけですぐに水分を再吸収する（ミューズリーに入れる）．薄く伸ばすほど吸水は早く，通常のもので厚さ0.8 mm程度，「クイック・クッキング（早炊き）」は0.4 mm程度，「インスタント」はさらに薄い．

## ■ コメ

世界人口の約半数はコメを主食にしている．バングラディッシュやカンボジアなどの国では，1日摂取カロリーのほぼ4分の3がコメである．インド亜大陸の熱帯・亜熱帯，インドシナ北部，中国南部を原産とする植物（*Oryza sativa*）で，独立して複数の地域で栽培がはじまったと思われる．短粒系は紀元前7000年頃に中国中南部の揚子江渓谷で，長粒系はこれよりやや遅れて東南アジアで栽培化された．独特の香りと赤いぬか層の姉妹種（*Oryza glaberrima*）は少なくとも1500年前からアフリカ西部で栽培されている．

コメはアジアからペルシャに伝わってアラブ人が栽培と調理を学び，そこからさらにヨーロッパへと伝わった．最初に大量に栽培されたのは8世紀，スペインのムーア人によるもので，そのしばらく後にシチリア島でも栽培されるようになった．リゾット発祥の地であるポー川の谷間では，15世紀になってからコメの栽培がはじまった．16〜17世紀にはスペイン人とポルトガル人によって南北アメリカ大陸にコメが持ち込まれた．アメリカで最初に商業栽培されたのは1685年，南カリフォルニアにおいてであり，アフリカ人奴隷のコメ栽培技術が，大きく貢献した．現在，合衆国内のコメ生産のほとんどはアーカンソーおよびミシシッピ川下流域，テキサス，そしてカリフォルニアで行われている．

**コメの種類**　世界中に10万以上のコメ品種が存在すると考えられている．そのすべては，*Oryza sativa* の二つの亜種のどちらかに分類される．インディカ種は一般に熱帯・亜熱帯の低地に生育し，アミロースデンプンを多量に蓄積し，粒は硬くて長い．高地品種であるジャポニカ種は熱帯（インドネシア系とフィリピン系は

ジャバニカ種と呼ばれることもある）および温暖帯（日本，韓国，イタリア，カリフォルニア）に生育し，アミロースデンプン含量はインディカ種よりかなり低く，粒が短くて粘りが強い．インディカ種とジャポニカ種の中間の品種もある．一般に，アミロース含量が高い品種ほどデンプン粒は規則的かつ安定であり，調理にはより多くの水分，熱，時間が必要とされる．

多くの場合，精米してぬかとほとんどの胚芽を除き，その後に細いワイヤーブラシを使ってアリューロン層（脂肪と酵素を含む）を研磨する，つまり精白を行う．精白米は非常に安定で，数ヶ月間保存できる．

以下に一般的な米の分類を挙げる．

- 長粒米　粒が細長く，長さが幅の4〜5倍ある．アミロース含量が比較的高いので（22％），調理時の水の割合が最も多く（重量比で1.7：1，容積比で1.4：1），炊き上がりはパラパラして弾力性があり，冷めると硬くなって冷蔵するとかなり硬い．中国米とインド米のほとんど，そして合衆国内で販売されているコメの多くが長粒のインディカ種である．
- 中粒米　粒の長さは幅の2〜3倍，アミロース含量は長粒米より低く（15〜17％），調理の水の量は少なめ，炊き上がりは軟らかく粒同士がくっつき合う．イタリアのリゾット米やスペインのパエリア米は中粒のジャポニカ種である．
- 短粒米　幅より長さがわずかに長いことを除けば，中粒米と似ている．中国北部，日本，および韓国で好まれるのは中粒および短粒のジャポニカ種である．粒同士がくっついて塊になり，室温でも軟らかいので，すし米に適している．
- もち米　長粒系・短粒系ともに，デンプンはほとんどがアミロペクチンである．調理に必要な水の割合が一番少なく（重量比で1：1，容量比で0.8：1），炊き上がりは非常に粘りがあり，粒が壊れやすい（水に浸けておいてから蒸すことが多い）．英語でスイート・ライスとも呼ばれるが，特に甘くはない．アジアでは甘い菓子の材料にされることも多い．ラオスおよびタイ北部では常食される．
- 香り米　主に長粒系か中粒系の品種で，揮発性成分を非常に多く含む．インドおよびパキスタンのバスマティ米（ウルドゥー語で"香り高い"という意味），タイのジャスミン米（粒は非常に長いがアミロース含量が低い），合衆国で開発されたデラ米などが有名である．

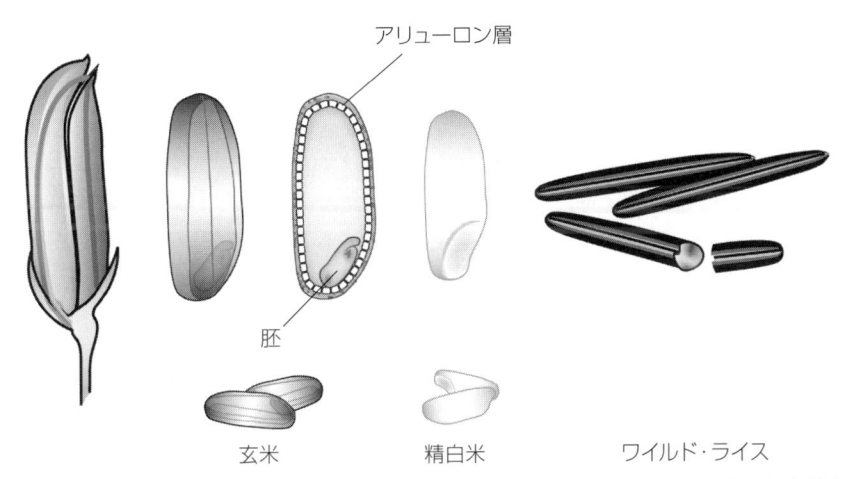

さまざまなコメの形．玄米はぬか（外果皮と種皮），胚，アリューロン層（脂肪と酵素が多い）を残したものである．精白米は胚乳の中心部だけで，ほかの部分はすべて除いたもの，主にデンプンとタンパク質である．ワイルド・ライスは北アメリカのイネ科植物の全粒を乾燥させて風味をだしたもので，この工程により胚乳はガラスのような独特な外見となる．

- 有色米　ぬか層にアントシアニン色素が豊富に含まれる．赤系と紫黒系が最も一般的である．ぬかをそのまま残すか，部分的に削って若干色をとどめるようにする．

玄米　精米せずに，ぬか，胚芽，アリューロン層をそのまま残したもの．長粒米，短粒米，香り米など，どんな品種でも玄米としての販売が可能である．加熱時間は，同一品種の精白米と比べると2～3倍長く，炊き上がりは歯ごたえがあって，ナッツ臭とも言える香りがある．ぬかおよび胚芽に脂肪が含まれ，精白米よりも劣化しやすいので，冷蔵庫で保存するのがよい．

パーボイルド・ライスまたはコンバーティッド・ライス（加工米）　インドおよびパキスタンでは2000年以上前から，香り米以外の米は脱穀・精白する前にパーボイルド処理を行っている．収穫したばかりの米を水に浸け，煮るか蒸すかし，再び乾燥させてから脱穀・精白する．この加熱処理にはいくつか利点がある．ぬかや胚芽に含まれる栄養が胚乳にしみ込み，アリューロン層が胚乳に強く結合するので，精白したときの栄養価が高まる．デンプンが加熱され，穀粒が硬くなり表面の粘りが弱まるので，炊いたパーボイルド・ライスは粒がパラパラで硬く，形がそのまま残る．パーボイルド・ライスには独特のナッツ臭がある．これは，水に浸けたときに酵素の働きで糖とアミノ酸が生じ，乾燥する際に褐変反応が起こるためである．また，籾殻中のリグニンが一部分解してバニリンや関連化合物が生じることも関係している．パーボイルド・ライスは普通の白米に比べると調理時間が長く（1.3～1.5倍），ザラザラに見えるほど硬い．

早炊き米　白米，玄米，またはパーボイルド・ライスを加熱し，細胞壁を破壊するとともにデンプンを糊化する．さらに，調理時の湯の浸透が速くなるよう粒に亀裂を入れ，最終的に乾燥させたものである．亀裂を入れるには，乾熱，圧延，電磁波処理，凍結乾燥などの方法が用いられる．

コメの風味　品種および精米度によって風味は違ってくる．コメ粒の外側ほど遊離アミノ酸，糖，ミネラルが多く，デンプンが少ない．精米度が高いほど表層が多く削り取られるので，風味は弱く，デンプンの割合が多くなる．

　普通の白米の香りは，青臭さ，キノコ臭，キュウリのにおい，"脂っぽい"臭気成分（炭素数6, 8, 9, 10のアルデヒド類）に，わずかなポップコーン臭，花の香り，トウモロコシ臭，干草のにおい，動物臭が混じる．玄米にはこれらに加えて，少量のバニリンとメープルシュガー臭のソトロンが含まれる．香り米には特にポップコーン臭成分（アセチルピロリン）が多い．この化合物はスクリューパイン（p.399）の葉や，ポップコーン，パンの皮のにおいでもある．揮発性であり，加熱で合成されることもないので，調理中に飛んでしまって濃度は下がる．香り米を炊く前に水に浸しておくのは，加熱時間を短縮させて香りが飛ぶのを抑えるためである．

## コメ料理

昔ながらのさまざまな調理法　コメを調理するということは，コメ粒全体を吸水させて加熱し，デンプン粒を糊化させて軟らかくすることである．インドでは多くの場合，多めの水でコメを炊き，ほぼ火が通ったら余分な水を捨て蒸し煮する．コメ粒の形はそのままで，パラパラした状態となる．中国や日本では，コメがちょうどよく炊き上がるのに必要な水だけを使って釜にふたをして炊く．コメ粒同士がくっついた状態となり，箸で食べやすい．昔からコメが日常の一部であった東アジアの多くの地域では，コメは水だけで調理され，粒の形が崩れないこと，白さ，ツヤ，軟らかさ，そして風味のよさが重要視される．コメが比較的珍しく贅沢品でさえあった中央アジアや中東，地中海地方では，ピラフ，リゾット，パエリアなどのように，肉や魚の出し汁や油脂，バター，その他の

食材を使うことが多い．イランには「ポロウ」という非常に洗練されたコメ料理があり，これは長粒米を多量の水で半加熱した後，調理した肉，野菜，乾燥果実，ナッツなどさまざまな材料をのせ，じっくりと蒸し上げたものである．底に「タディグ（おこげ）」がうまくできるよう，火加減を調節する．

**コメを洗う，水に浸ける**　乾燥したコメを炊く前に洗うのは，表面に残ったぬかの一部とデンプンを除き，わずかなぬか臭さや過剰な粘りをなくすためである．特にバスマティ米や日本米などは，洗ってから20～30分水に浸けておくことによりある程度吸水させ，加熱時間を短くする．玄米やワイルド・ライスも同様にするとよい．

**炊き上がり後：蒸らす，温める**　コメを炊いた後にしばらく時間をおくと，少し冷めて粒に硬さがでて，飯をよそうときにつぶれにくい．残り飯はデンプンが老化して硬くなるが，再び糊化温度まで（60℃以上）加熱すれば軟らかくなる．少し水を足して釜で温めるか，または電子レンジを使って再加熱する．あるいは焼き飯，丸めて焼いたり，油で揚げたりしてもよい．

**飯を安全に保存する**　コメは食中毒の原因になることもある．生米にはセレウス菌（*Bacillus cereus*）の休眠胞子が含まれることがあり，この菌は強力な消化管毒素を産生する．この胞子は高温にも耐えられるので，加熱後まで生き延びる場合もある．万一，炊いた飯を室温に数時間放置すると，胞子が発芽して細菌が増殖をはじめ，毒素が蓄積する．したがって，普通に炊いた飯はすぐに食べ，残ったら冷凍または冷蔵保存して細菌増殖を抑えるようにする．すし飯は室温で出されるが，すし酢（米酢と砂糖）には風味をつけるだけでなく抗菌作用もある．ライス・サラダにも酢，レモン汁，ライム汁などが使われる．

**コメ加工品・製品**　世界各地にさまざまなコメの加工品がある．ここではそのいくつかを紹介する．

---

## リゾット：コメからソースを作る

　イタリアのリゾットは，粒の大きさがある程度大きくて独自の調理法に合った中粒系品種を使う．コメ同士をこすり合せて表面からデンプンを削り取り，それが調理液のトロミづけとなってクリーミーに仕上がる．

　リゾットの作り方は，コメに温めた調理液を少量加えてかき混ぜ，水分が吸収されたらまた少量の調理液を加えてかき混ぜる．これを繰り返して，コメが軟らかく，しかも芯がわずかに硬い（アルデンテ）状態にする．時間をかけたこの方法では，コメ粒は常にこすれ合い，胚乳の軟らかくなった部分が削り取られて液中に溶け込む（調理の最後にだけかき混ぜる方法では，表面層が削られるのではなくて，軟らかくなったコメ粒が割れてしまう）．また，ふたをせずに少量ずつの液で調理するので水分が多く蒸発し，さらに調理液を足す必要があるので，調理液の味も濃縮される．

　レストランでは注文に応じてリゾットを作るが，これはあらかじめ仕上がり直前の状態に調理したものを冷蔵しておく．この方法では，加熱されたコメ粒中のデンプンの一部が硬化し（p. 445），十分に火を通したコメを単に再加熱するよりも弾性がでる．そして料理を出す直前に，冷蔵してあったものを温め，熱いスープ・ストックや調味料を加えて仕上げる．

<u>米粉</u>　米粉は75％近くがデンプンであり，そのデンプン粒の大きさは主要穀物のなかでも最も小さい（コムギデンプン粒の2分の1から4分の1）．スープや詰めもののトロミづけに使うと，とてもなめらかになる．タンパク質含量が低いので，乾燥した米粉はあまり吸水性が高くない．つまり，てんぷらの衣に使うと少なめの水でさらっとした衣になるので，カリッと揚がりやすい．

　米粉には弾力性のグルテンタンパク質が含まれないので，膨らますパンには使えない．しかしグルテンが含まれないからこそ，グルテン不耐性の人には向いている．米粉でパンを作る場合は，生地をまとめ，酵母や化学膨化剤の発生する気泡を逃さないように，キサンタン・ガムやグア・ガム，その他の長鎖炭水化物を加える．

<u>ライス・パウダー</u>　ベトナムおよびタイでは，コメを炒って粉に挽いたものを調味料として使う．食べる直前にさまざまな料理にこのライス・パウダーをふりかける．

<u>米麺とライス・ペーパー</u>　コメにはグルテンが含まれないが，米粉生地から麺や薄いシートを作ることができる（p.562）．ライス・ペーパーは肉や野菜を包む料理に使われ，水で湿らせただけで食べることもあれば揚げることもある．

<u>餅</u>　もち米から作られ，強い弾力と歯ごたえがある．丸めたり，薄いシート状にして詰めものを中に具として入れたりする．蒸したもち米をついてペースト状にするか，もち米粉の生地を30分前後こねる．ついたりこねたりすることで，分岐性のアミロペクチン分子が互いに絡み合った塊となり，構造が変化しにくくなる．

<u>ラオ・チャオ</u>　もち米から作る中国の発酵食品である．蒸して冷ましたもち米に麹菌（*Aspergillus oryzae*，p.729）を加えて小さくまとめ，室温に2〜3日置いておく．軟らかく，甘味と酸味があり，フルーツやアルコールの香りがする．

<u>ワイルド・ライス</u>　ワイルド・ライスは，イネ（*Oryza*）属に属する熱帯性のコメではない．遠縁にあたる，冷涼気候に生育する水生のイネ科マコモ属の植物（*Zizania palustris*）で，穀粒の長さが非常に長く（2 cm），種皮の色が濃く，複雑で独特な風味がある．北米の中西部北側，五大湖地域が原産で，浅い湖や湿地に生育し，オジブワ族をはじめとする先住民がカヌーを使って採取を行っていた．ワイルド・ライスは北米原産の穀物としては唯一，食物として重要なものである．成熟穀粒の水分量がほかの穀類と比べて約2倍（重量で約40％）という点が，穀物のなかでも珍しい．したがって，貯蔵用に加工するには普通のコメよりも手間がかかる．収穫したものを山積みにして，湿度を保った状態で1〜2週間熟成させる．この間に未熟穀粒は熟成が続き，穀粒表面に微生物が繁殖して，風味が生まれ籾殻が軟らかくなる．このあと火であぶって乾燥させると同時に，風味をつけ籾殻をもろくする．最後に脱穀して籾殻を除く．

<u>テクスチャーと風味</u>　ワイルド・ライスはぬか層がそのまま残っており，火であぶる工程でパーボイル・ライスと同じようにデンプンが糊化・硬化するので，硬い歯ごたえがある．ほかの穀類に比べて調理に時間がかかる（1時間以上かかることもある）のは，デンプンが加熱されて硬いガラス質の塊になっていることと，ぬか層にクチンやワックス（p.255）が含まれ吸水しにくいためである（自然界では，水底に落ちた穀粒が数ヶ月，時に数年も休眠し続けた後，発芽する）．色素が多いことも関係すると思われる．緑黒色のクロロフィル誘導体と，褐変酵素の働きで生成した黒色のフェノール複合体が含まれている．生産・加工工程では，吸水性を高め調理時間を短縮する目的で，表面を薄く削ることも多い．調理前に温水に数時間浸けておくとよい．

　生のワイルド・ライス粒は，土のにおい，青臭さ，花のにおい，茶のにおいがする．熟成段階で茶のにおい（ピリジン類）が強まるが，嫌なカビ臭さがでることもある．乾燥段階では褐

変反応が起きて，焦げたにおいやナッツ臭（ピラジン類）がでる．生産業者によって熟成方法（行わない，短時間，長時間），乾燥方法（低温か高温，直火式か金属ドラム式間接加熱）が異なるので，ワイルド・ライスの風味は製品ごとに大きく異なる．

**ワイルド・ライスの栽培**　未耕作地の野生のワイルド・ライスが今も採集されているが，量は比較的少ない．現在はほとんど，灌漑して作った水田で栽培し，水田の水を抜いてから機械収穫される．よって栽培生産されたワイルド・ライスは，野生採集したものよりも成熟度が均一で，種皮の色が濃い．自生地から採集された本物のワイルド・ライスを味わい，産地による味の違いを知りたいならば，商品ラベルをよく読んで野生採取のものを選ぶ必要がある．

## ■ トウモロコシ

トウモロコシは英語でメイズ，アメリカでは一般にコーンと呼ばれ，学名は *Zea mays* である．7000〜1万年前頃にメキシコで，森林地帯の開けた土地に生育する大型のイネ科植物（*Zea mexicana*）が栽培化されたものである．人の手による選抜の影響が比較的少なかった旧大陸の穀類や豆類とは違って，トウモロコシはブタモロコシがいくつかの大きな構造的変化を経て生まれた．ブタモロコシは，植物体の最上部分に花粉形成が集中し，主茎に沿って雌花（穂軸と穀粒）ができる．植物体もその果実も大型であったため農作物として比較的取扱いやすく，トウモロコシはすぐにアメリカ大陸の他の古代文明において主要な食用植物となっていった．ペルーのインカ文明，メキシコのマヤ文明やアステカ文明，アメリカ南西部の岩窟居住民，ミシシッピのマウンド・ビルダー，そして南北アメリカの多くの半遊牧文化で，トウモロコシが主食とされていた．コロンブスがヨーロッパにトウモロコシを持ち帰り，1世代を経る頃には南ヨーロッパ全域でトウモロコシが栽培されるようになっていた．

トウモロコシは農作物生産量ではコムギとコメに次ぐ第3位で，ラテンアメリカ，アジア，アフリカにおいて何百万人もの主栄養源となっている．ヨーロッパと合衆国では，人間が食べるよりも家畜飼料にされるほうが多いが，煮もの，焼きもの，揚げものなどさまざまな料理に独特のテクスチャーと風味をつけるために使われるほか，スナック菓子にも使われている．またトウモロコシからは，ウィスキーの原料となるマッシュ（トウモロコシをつぶしたもの），料理のトロミづけなどに使われるコーンスターチ，甘味料のコーンシロップ，そしてコーン油なども作られる．植物体のさまざまな部位を使って，多くの工業製品も作られている．

---

### 食物用語：corn（コーン）と maize（メイズ）

アメリカでは"corn"と呼ばれるトウモロコシだが，当初は英語で"maize"もしくは"Indian corn"として知られていた．maize は西インド諸島で使われていたタイノ語からきたもので，それがスペイン語，イタリア語，フランス語の名称の語源ともなった．corn という語は総称的なものであり，kernel（中心部，穀粒）や grain（粒，穀物）と語源が同じで，同じ広義の意味をもつ．"corned beef"（コーンビーフ）というのは，"grains of salt"（塩粒）で漬けた牛肉をさす．また英国各地では，その土地ごとの主要穀類が"corn"と呼ばれている．corn という語が maize（トウモロコシ）に限定して使われているのは合衆国だけである．

**トウモロコシの種類と色**　トウモロコシは五つに大別され，それぞれ胚乳組成に特徴がある．初めて栽培されたのは高タンパク質のポップコーン品種とみられるが，南北アメリカの先住民はヨーロッパ人がやってくるずっと前から，5種類すべてのトウモロコシを知っていた．

- ポップ種（爆裂種）およびフリント種（硬粒種）　高アミロースデンプン粒を取り巻くようにして，貯蔵タンパク質が比較的多く含まれる．
- デント種（馬歯種）　動物飼料用および粉砕製品用（コーン・グリッツ，コーンミール，トウモロコシ粉）として最も多く栽培されている．アミロース含量の低い"ワキシー（もち性）"デンプンが粒頂部に蓄積し，これが乾燥すると歯型のような凹みを生じる．
- ソフト種（軟粒種）　ブルー・コーン（紫色系）の一般的な品種も含め，粒質が軟らかで粉砕しやすい．胚乳は，比較的少量のタンパク質，ほぼワキシーのデンプン，そして空洞部が，弱く不連続に混じり合っている．現在インディアン・コーンと呼ばれているのは，斑入りのソフト種とフリント種である．
- スイート種（甘味種）　合衆国内では未熟果が野菜として人気がある．デンプンよりも糖を多く含み，粒は半透明で，種皮はゆるく皺がよっている（スイート種以外ではデンプン粒が光を反射し，粒を膨らませている．トウモロコシ生産国の多くでも，やはり未熟果を食べるが，スイート種ではなくほかの汎用種が用いられる．トウモロコシ栽培をはじめたアメリカ先住民は，乾燥させ風味を強めたスイート・コーンを食べていたとみられる．

これらの種類の違いに加え，トウモロコシは色もさまざまあり，アメリカ先住民が儀式に用いるため選抜した品種もある．一般にトウモロコシ粒は，色素を含まない白色か，栄養のある脂溶性カロテンおよびキサントフィル（βカロテン，ルテイン，ゼアキサンチン）を含む黄色である．青色，紫色，赤色系のトウモロコシはアリューロン層（外皮のすぐ下にある栄養豊富な細胞層）に水溶性のアントシアニンを含む．

**アルカリ処理：その利点**　トウモロコシは穀物のなかでも粒が非常に大きく，外果皮（外皮）が厚くて硬い．トウモロコシを食べるようになった古代人は，外皮を除きやすくする特別な方法を考え出した．「ニシュタマリゼーション」（アステカ語より）と呼ばれるこの方法は，さまざまな材料を使ってアルカリ性にした水に，トウモロコシを入れて煮る．マヤおよびアステカでは灰や石灰，北アメリカ部族は灰や天然の炭酸ナトリウム堆積物を使っていた．現代のマヤ人はイガイの貝殻を燃やしたものを同じ目的に使っている．植物細胞壁で細胞壁成分をまとめる役目をしている成分の一つであるヘミセルロースは，アルカリ条件で特に溶解しやすい．ニシュタマリゼーションによって外皮が軟化し

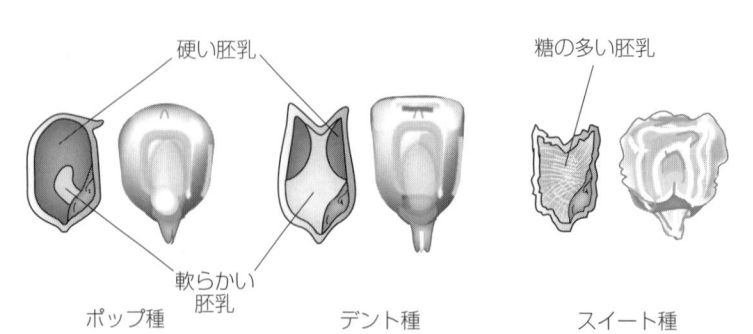

トウモロコシの種類（左から右へ）：ポップ種，デント種，スイート種の粒．ポップ種は胚乳が多く，これが蒸気圧を溜め込んで爆裂する．

部分的に剥離するので，こすって洗い落とすことができる．同時に，トルティーヤなどの料理（後述）を作る場合，生地に粘り気が出やすい．また，結合型ナイアシンからナイアシンが遊離し，体内で吸収されやすくなるという利点もある．

**トウモロコシの風味** トウモロコシにはほかの穀類にはない独特の風味がある．ポップコーンなどの高温で焼く乾燥製品では，特徴的な炭素環化合物が多数発生し，その中にはバスマティ米と同じ芳香成分（アセチルピロリン）も含まれる．アルカリ処理ではまた違った芳香分子を生じ，その中にはアミノ酸トリプトファンの分解産物であり，コンコード種ブドウやウッド・ストロベリー（エゾノヘビイチゴ）に特徴的なにおい（アミノアセトフェノン，果実のメチルアントラニレートに関連）と化学構造および芳香がよく似た化合物も含まれる．マサ（トウモロコシの粉）もスミレやスパイスのにおい（イオノン，ビニルグアイヤコール）がする．

**全粒トウモロコシ製品：ホミニー，コーン・ナッツ** 一般的なトウモロコシ食材は，全粒を使ったものと挽いたものとの二つに大別される．また，乾燥した未処理製品と"湿式加工"したアルカリ処理製品がある．

全粒製品は比較的少ないが，なかでも突出して多いのがポップコーンである．ホミニーは全粒トウモロコシ（白色系が好まれる）を石灰水や苛性アルカリ液で20〜40分ほど煮て，外皮および過剰のアルカリ液を洗い落としたものである．スープ（ポゾレ），煮込み料理，つけ合わせ料理などに使われ，しっかりとした歯ごたえがある．コーン・ナッツは，粒が非常に大きいクスコ・ジガンテというペルー品種を使ったお馴染みのスナックである．トウモロコシ粒をアルカリ処理して外皮を除き，温水に数時間浸した後，油で揚げて色・風味・カリッとした食感をだし，最後に味つけをする．

**ポップコーン** メキシコの考古学的な遺物から，トウモロコシの最初の調理法は火の燃えさしではぜるというものであったようである．アステカ，インカ，北アメリカ部族の間で，はぜたトウモロコシが食べられていたという記述が，初期の探検家によって残されている．19世紀のアメリカでは，朝食用シリアルとしてポップコーンを食べていた．粥，プディング，ケーキ，スープやサラダの具，主菜などにした

---

### 泥で発酵させたトウモロコシ

1616年頃にヒューロン湖のすぐ東を探検していたサミュエル・ド・シャンプランは，先住民のヒューロン族が行っていた"発酵"技術とも言うべきものを発見した．人類学者である彼にとって，この調理法に栄養学的根拠があるかどうかが問題であった．微生物の働きでデンプンが糖に変換されるだけなのか，それとも"貴腐"のヒューロン版のようなものなのか．

彼らにはインディアン・コーンを食べる別の方法がある．穂軸ごと泥水に浸け，そのまま2〜3ヶ月放置し，腐敗を確認する．次いでこれを引き上げ，肉や魚と一緒に煮て食べる．焼いて食べることもあり，そのほうが煮るよりもよいのであるが，泥にまみれて引き上げられたときのにおいといったら，これほどひどいものはほかにない．にもかかわらず，女も子供もこれをまるでサトウキビのようにしゃぶり，見るからにこれが最高のご馳走のようである．

り，あるいは糖蜜と混ぜたりした（これが甘いポップコーン・ボールやクラッカー・ジャックの原型と言える）．合衆国では，1880年代にはフィンガー・フードとして人気があり，映画館の定番となってゆき，後に家庭でテレビを見るときの定番にもなった．21世紀の現在，スーパーマーケットで販売されている商品のほとんどは電子レンジ調理用である．

**ポップコーンはどのようにはぜるか**　フリント種とデント種の一部には，はぜてカリッと膨らむものもあるが，本当のポップ種に比べると膨張率がかなり低い．ポップ種は一般に小粒で，硬く半透明の胚乳の割合が大きい．セルロース繊維が密に並んでいるため，ポップコーンの外皮（果皮）は通常のものより熱伝導性が数倍高い．しかも外皮は密で厚いため，強度も数倍高い．よって，外皮を通して熱がすばやく胚乳に伝わり，高い蒸気圧にも耐えることができる．

粒の内部温度が沸点に達し，これを超えるとタンパク質マトリックスおよびデンプン粒が軟らかくなり，デンプン粒内の水分が蒸気に変わる．蒸気によってデンプン粒はさらに軟らかさを増し，何千もの微小な蒸気空洞が外皮にかける圧力はどんどん増してゆく．内圧が外気圧の7倍に達するまでデンプンとタンパク質の軟化が続き，ついに外皮が裂ける．内圧が急に落ちると蒸気が膨張し，これとともに軟化したタンパク質−デンプンも膨張して，その後冷えて固まる．こうして軽くサクッとしたポップコーンができる．（ふたを密閉した鍋を使った場合，蒸気の逃げ場がなく，胚乳内に蒸気がこもったままになり，硬くてかみ切れないものになってしまう．鍋のふたはわずかにすきまを開けておくこと．）

ポップコーンを作る最適温度は190℃前後で，熱した油，熱風式ポップコーン機，電子レンジなどが用いられる．交配品種によって適した方法も違う．電子レンジ用ポップコーンの袋には，電磁波を反射するマイラーシートが使われており，これにより十分な高温に達するよう設計されている．

**乾式粉砕製品：グリッツ，コーンミール，コーン・フラワー（トウモロコシ粉）**　トウモロコシは挽いてから調理して食べることがほとんどで，貯蔵してあるトウモロコシ（一般に黄色のデント種）を前処理なしで直接挽いたものが乾式粉砕製品である．現在は一般的に，外皮と胚芽を除く精製工程が行われる．精製工程は1900年頃に考案されたもので，大量製粉を実用化した革新的な技術である．珍しい全粒コーンミールと全粒コーン・フラワーは，時に石臼を使って挽かれることもある．食物繊維，風味，栄養

---

### ポップコーンの花

ポップコーンを新鮮な視点から見たのはヘンリー・デービット・ソローである．1842年の冬の最中に，彼は日記にこう記している．

今夜，ポップコーンを作っていた．7月の暑さよりも熱いなか，種子がまたたく間に花開いてゆくかのようだ．ポップコーンは真冬に咲く素晴らしい花，アネモネやトキワナズナにどこか似ている……暖かい暖炉のそばで，穀物の花がはじける．ここはポップコーンの花が咲く土手．

が豊富だが，胚芽に含まれる油や関連成分が空気に触れると酸化されるので，品質の劣化が速い．

「グリッツ」は胚乳をやや粗めに挽いたもの（粒径0.6～1.2 mm）である．朝食用シリアル，スナック，ビールなどの原料として使われるほか，グリッツの粥は特にアメリカ南部で好まれる．かつてはアルカリ処理したホミニーから作られていたが，これは今では珍しい．

「コーン・ミール」はグリッツより細かい粒径（0.2 mm ほど）で，グリッツよりも吸水が速くて調理時間が短く，ツブツブ感が少ない．マッシュ，ポレンタ，ジョニーケーキなどの膨らませない料理のほか，コーン・ブレッド，マフィン，その他の焼きものや揚げものなど，小麦粉と膨化剤を加えて軽さをだした料理にも使われる．

「コーン・フラワー」はトウモロコシ粉砕品のなかでは最も細かく（粒径0.2 mm 未満），一般にはさまざまな焼きものや揚げものの風味づけとしてほかの材料と混ぜて利用される．

**湿式粉砕製品：マサ，トルティーヤ，タマーレ，チップ** トルティーヤ，タマーレ，コーン・チップは，ニシュタマリゼーション（p. 464）という前処理を行った後の湿ったトウモロコシ粒を挽いたものを原料とする．最初に水酸化カルシウム（または苛性アルカリ）の0.8～5％水溶液中で数分～1時間の加熱調理を行い，液に浸けたままで8～16時間かけてゆっくりと冷ます．この間にアルカリが外皮と細胞壁全体を軟らかくし，貯蔵タンパク質が互いに結合しあい，油の一部が分解して優れた乳化剤となる（モノグリセリドとジグリセリド）．この後，アルカリ溶液と軟化した外皮を洗い流し，胚芽を含む粒を石臼で挽いたものが「マサ」と呼ばれる．石臼で挽くことにより粒が割れ，すりつぶされ，こね合わされて，デンプン，タンパク質，油，乳化剤，細胞壁成分，さらに分子架橋作用のある石灰中のカルシウムが混ざり合う．さらにこね合わせると，粘り気のある柔軟な生地になる．

マサを使いやすくした形がマサ・ハリナで，これは挽きたてのマサを瞬間乾燥させて細かい粒状にしたものである．マサの通常の製造法に比べると使用する水が少なく，しかも乾燥させるので，マサ・ハリナはマサの香りが弱く，焦げたようなにおいがする．生のマサよりも軟らかめである．

**トルティーヤ，タマーレ，コーン・チップ** 細挽きのマサを薄いシート状に伸ばし，短時間で調理（従来法は熱したフライパンで1～2分，現在は商業用の連続式オーブンで20～40秒）

---

## ポレンタの伝統

ポレンタはイタリア版のコーンミール・マッシュである（もとはオオムギから作られていた）．合衆国でもよく知られるようになった料理で，伝統の深いものでもある．電子レンジで簡単に作る場合もあるが，伝統に従って1時間以上かき混ぜながらゆっくりと作らなくてはならないと言う人もいる．コンロの上で時間をかけて調理する利点は，鍋底が常に沸点よりも高温に保たれ（したがって焦げつかないようにかき混ぜ続けなければならない），空気にさらされて表面が乾燥するので，トウモロコシの風味がでることである．時間がない場合には，少ない労力で同じような風味をだす方法がある．ポレンタにトロミがではじめたところですきまを空けてふたをし，低温のオーブン（130℃）に入れると，鍋底と鍋肌がよい具合に均一に加熱され，あとはときどきかき混ぜるだけでよい．

したものがトルティーヤである．タマーレは，マサの生地を小さく丸めて中に具を入れたもので，トウモロコシの皮に包んで蒸すのが昔ながらの方法である．生地には風味づけと水分調整のためにスープ・ストックを加え，調味料で味つけし，ラードを加えてかき混ぜ空気を含ませる．ラードは室温で半固形なので，マサ生地をなめらかにすると同時に空気を含ませふわふわにする働きがある．蒸すとこの空気が膨らむ．揚げチップはトルティーヤから作られることもあれば，マサから直接作られることもある．トルティーヤを油で揚げたものがトルティーヤ・チップ，これに対して粗挽きで水分少なめのマサを帯状に成型して油で揚げたものがコーン・チップである．

### ■ その他の穀物

以下の穀物は，ヨーロッパおよび合衆国ではあまり見かけないが，乾燥した熱帯・亜熱帯地域では非常に重要なものである．

**フォニオ** フォニオ (*Digitaria exilis*) とブラック・フォニオ (*D. iburua*) はアフリカのイネ科植物で，トウモロコシやソルガムの遠縁にあたる．両者とも紀元前5000年頃にアフリカのサバンナで栽培がはじまり，多くの点から典型な穀類と言える．穀粒は微小で，粥やクスクスにするほか，炒ってはぜたり，ビールの原料にしたり，コムギと混ぜてパンにしたりする．

**雑穀（アワ，キビ，ヒエ）** キビ (*Panicum*) 属，エノコログサ (*Setaria*) 属，チカラシバ (*Pennisetum*) 属，オヒシバ (*Eleusine*) 属などのさまざまな穀物の総称で，いずれも種子は丸く微小（直径1〜2 mm）である．アフリカおよびアジアを原産とし，6000年にわたり栽培されている．穀物のなかでも水が最も少なくてすみ，痩せた土地にも生育することから，乾燥地域では特に重要な穀物である．穀粒中のタンパク質含量が非常に高く（16〜22%），はぜたものを食べるほか，粥，パン，麦芽，ビールなどにされる．

**ソルガム** 中央アフリカおよび南アフリカのステップやサバンナが原産のイネ科植物（*Sorghum bicolor*）で，紀元前2000年頃に栽培化された．そのすぐ後にインドに持ち込まれ，さらに中国へと伝わった．乾燥・高温に耐えることから，限界農地をもつ温暖地域の国々で広く栽培が確立している．果実は小さく（長さ4 mm，幅2 mm前後），コメと同じように炊いたり，炒ってはぜたり，粥，フラットブレッド，クスクス，ビールなどさまざまな用途がある．ソルガムは発芽すると防御機構としての青酸発生系が活性化するので（p. 251），芽が出ないように注意する．

**テフ** テフ (*Eragrostis tef*) はエチオピアの主要農作物だが，その他の国ではほとんど栽培されていない．種子は微小で（1 mm），暗色から赤色，褐色，白色までさまざまな色があり，有色品種のほうが風味も強いと言われる．テフはインジェラと呼ばれるスポンジ状のフラットブレッドにすることが多い．ほかのパンとは違って，軟らかさと歯ごたえが数日間は保たれる．

**ライコムギ** 現代の人工交配技術によって生まれたコムギとライムギ (*Titicum x Secale*) の雑種である．19世紀後半に初めて報告され，1970年頃には商業栽培がはじまった．さまざまな種類があるが，最も多く栽培されているのはデュラムコムギとライムギの交配種である．穀粒は一般にライムギよりもコムギに似ているものの，パン用特性はコムギに劣る．現在は主に動物飼料用として栽培されており，時に健康食品店で売られていることもある．

### ■ 準穀物

アマランス，ソバ，キノアはイネ科植物ではなく，したがって本当の意味で穀物とは言えないが，これらの種子は穀物の穀粒に似ており，

同じように用いられる．

**アマランス**　メキシコおよび中南米を原産とするヒユ（*Amaranthus*）属の3種の植物から採れる微小な種子である（1～2 mm）．5000年以上前に栽培がはじまった．（旧大陸原産のアマランス種も存在するが，これらは緑色野菜としてのみ利用される．）現在，アマランスはほかの穀物を補う形でさまざまな焼き菓子，朝食用シリアル，スナックなどの原料として使われている．炒ってはぜたものに粘りのある甘味料を混ぜたアステカの調理法が，メキシコの「アレグリア」（"喜び"の意）やインドの「ラドゥ」として現在も残っている（日本の「おこし」のような砂糖菓子）．アマランス種子には穀類よりもかなり多くのタンパク質と油が含まれている．

**ソバ**　ルバーブやソレルに近いタデ（*Polygonum*）科の植物（*Fagopyrum esculentum*）である．中央アジア原産で，栽培の歴史は比較的新しく，中国またはインドで1000年ほど前に栽培がはじまった．中世時代に北ヨーロッパに持ち込まれた．痩せた土地でも生育し，2ヶ月強で成熟するので，生育期の短い寒冷地では長い間貴重な作物とされてきた．

ソバの実は幅4～9 mmの三角形をしており，外皮（果皮）の色が濃い．種子の内側は，淡い黄緑色の種皮に包まれたデンプン質の胚乳の塊の中に小さな胚がある．脱殻して外皮を除いた丸のままの種子をグローツ（日本では「丸抜き」）と呼ぶ．ソバは約80％がデンプンで14％がタンパク質，その大半が塩水に溶けるグロブリンである．一般的な穀類の2倍の油を含むので，グローツやソバ粉は保存期間が短い．脱殻したグローツはフェノール化合物を約0.7％含み，その一部がソバ独特の渋味を与える．調理したソバの香りは，ナッツ臭，煙臭，青臭さ，そしてわずかな魚臭さ（それぞれピラジン類，サリチルアルデヒド，アルデヒド類，ピリジン類による）がある．

ソバ粉には粘液成分（アミロペクチンにやや類似した複雑な炭水化物）が少量含まれ，これは約1500個の糖分子が結合しあった分岐構造をしている．含有率は低いものの，吸水して粘着性を与え，つなぎを入れない十割蕎麦をまとめる働きがあるとされる（p.560）．

中国，韓国，ネパールの一部の地域では，ソバを常食とする．ヒマラヤ地域では，「チラーレ」というフラットブレッド，そして「パコラ」というフリッター風の料理や甘い菓子にもソバが使われる．北イタリアでは小麦粉とソバ粉を混ぜて作る「ピッツォッケリ」という平たいパスタ，コーン・ミールにソバ粉を混ぜたポレンタなどがある．ロシアには，「ブリヌイ」と呼ばれるソバ粉のパンケーキや，「カシャ」と呼ばれる炒ったグローツで作るナッツ味の粥がある．ブルターニュではソバ粉を使った独特な塩味のクレープがある．日本にはソバ粉の麺すなわち「蕎麦」がある．合衆国ではパンケーキに使われることも多く，ソバ粉を入れると軟らかさとナッツ臭がでる．

**キノア**　原産は南米北部，紀元前5000年頃にアンデスのチチカカ湖近辺で栽培がはじまり，インカ文明ではジャガイモに次いで二番目に重要な主食であった．ビーツやホウレンソウと同じアカザ科の植物（*Chenopodium quinoa*）である．穀粒は黄色で，幅1～3 mmの小さな球状をしている．キノア品種の多くは，外果皮に防御作用のある苦味成分サポニンを含むが，これは冷水でさっとこすり洗いすれば除くことができる（長く水に浸けておくとサポニンが種子内にしみ込んでしまう）．キノアはコメと同じように炊くか，スープなどの液状の料理に入れる．また，炒ってはぜることもあれば，粉に挽いてフラットブレッドにもなる．

## 豆類

マメ科は，顕花植物のなかではラン科，キク科に続いて三番目に大きく，食用植物としてはイネ科に続いて二番目に重要である．豆類の特

長はタンパク質を多く含むことで（コムギやコメの2〜3倍），これは土壌細菌との共生による．根粒菌（*Rhizobium*）がマメ科植物の根に侵入し，空気中に多量に存在する窒素を，植物がアミノ酸（すなわちタンパク質）合成に直接使うことのできる形へと変換する．豆類はタンパク質に富んだ動物性食品の安価な代用品として昔から必要不可欠なものであり，アジア，中南米，地中海地域では特に重要な食材である．ローマ時代に知られていた四つの豆類のそれぞれがローマの有名な家名になっていることからも（ファビウスはソラマメ，レントゥルスはレンズマメ，ピーソーはエンドウ，そして最も有名なキケロはヒヨコマメから），古代世界において豆類がいかに重要な位置を占めていたかがわかる．これほどの栄誉を受けた食品はほかに

## 代表的な豆類

| 一般名 | 学名 |
|---|---|
| **ヨーロッパおよび西南アジア原産** | |
| ヒヨコマメ，ガルバンゾ，チャナ・ダール | *Cicer arietinum* |
| レンズマメ，マスール・ダール | *Lens culinaris* |
| エンドウ | *Pisum sativum* |
| ソラマメ | *Vicia faba* |
| ルピナス，ハウチワマメ | *Lupinus* 属の複数種 |
| アルファルファ | *Medicago sativa* |
| **インドおよび東アジア原産** | |
| ダイズ | *Glycine max* |
| リョクトウ | *Vigna radiata* |
| ケツルアズキ，ウラド・ダール | *Vigna mungo* |
| アズキ | *Vigna angularis* |
| ツルアズキ，ファン・ドウ | *Vigna umbellata* |
| モス・ビーン | *Vigna aconitifolia* |
| キマメ | *Cajanus cajan* |
| ラチルス，グラスピー | *Lathyrus sativus* |
| フジマメ | *Lablab purpureus* |
| シカクマメ | *Psophocarpus tetragonolobus* |
| **アフリカ原産** | |
| ササゲ | *Vigna unguiculata* |
| バンバラマメ | *Vigna subterranea* |
| **中南米原産** | |
| インゲンマメ，サンドマメ，サヤインゲン | *Phaseolus vulgaris* |
| アオイマメ，リママメ | *Phaseolus lunatus* |
| テパリー・ビーン | *Phaseolus acutifolius* |
| ベニバナインゲン，ハナマメ | *Phaseolus coccineus* |
| ラッカセイ，ピーナッツ | *Arachis hypogaea* |

ない.

大規模に栽培されているものは20種ほどである（p.470の囲み内参照）. 油脂用作物, ダイズ, そしてラッカセイが, そのままの形で食べることの多いほかの豆類を大きく引き離している. 油脂は工業的にも料理用としても使用され, ダイズは合衆国における主要な家畜飼料である.

## ■ 豆類の構造と組成

豆の種子は, 胚のまわりを保護用の種皮が取り囲んでいる. 胚は2枚の大きな貯蔵葉（子葉）と, 小さな茎からなる. 子葉は穀粒でいう胚乳にあたり, 栄養の大半を供給する. 実際に, 子葉は胚乳が形を変えたものである. 受精過程で花粉が胚珠と一緒になると, 胚および初期の栄養組織（胚乳）が形成される. 穀類では胚乳が胚とともに発生を続け, 成熟果実での貯蔵器官となる. しかし豆類では胚乳は胚に吸収されてしまい, その栄養は子葉に蓄えなおされることになる.

種皮はへその部分だけが不連続である. へそは種子が鞘についていた小さなくぼみで, 土の中や鍋の中ではここから水が吸収される. 種皮は, ラッカセイのようにかなり薄いものもあるが, ヒヨコマメは種子重量の15%, ルピナスは30%が種皮である. 豆の種皮はほぼすべて細胞壁の炭水化物成分からなり, 難消化性の食物繊維の大部分がここに含まれる. 有色品種（ピンク, 赤, 黒など）の種皮にはアントシアニン色素や関連フェノール化合物が多く含まれ, したがって抗酸化活性がある.

ほとんどの豆類は, 主にタンパク質とデンプンからなる（p.475の囲み内参照）. ダイズとラッカセイは例外で, 油分がそれぞれ約25%と50%である. 豆類の多くがショ糖を数%含み, 甘味が感じられる.

豆の種子のなかには, 防御効果をもつ二次代謝物（p.251）を多く含むものがあり, 特に目立つのはプロテアーゼ阻害剤やレクチン, そして熱帯性のアオイマメの場合は青酸発生性の化合物が含まれる（アメリカ品種およびヨーロッパ品種は青酸をほとんど発生しない）. 生の豆を飼料に使うと, 動物の体重はかえって減少することになる. 以上のような毒性を示す可能性のある化合物はいずれも, 加熱調理によって失活または除去される.

**種子の色** 豆類の色を決めるのは, 主に種皮に含まれるアントシアニン色素である. 濃淡のない赤色や黒色は一般に調理しても残るが, 斑状のものは水溶性の色素がまわりの無色部分からさらに調理液へとしみ出すので色がなくなる. 濃い色を保つにはできるだけ少量の調理液を使う. 豆が浸る程度の水で調理をはじめ, 必要に応じて豆がちょうど浸るだけ水を足すとよい. 色が抜けることのないグリーンピースや乾燥豆の緑色は, クロロフィルである.

種皮が半透明な淡色の豆は, 調理すると小さな胚の茎部分がほんのりとピンク色になることがときどきある. これはおそらく, マルメロや

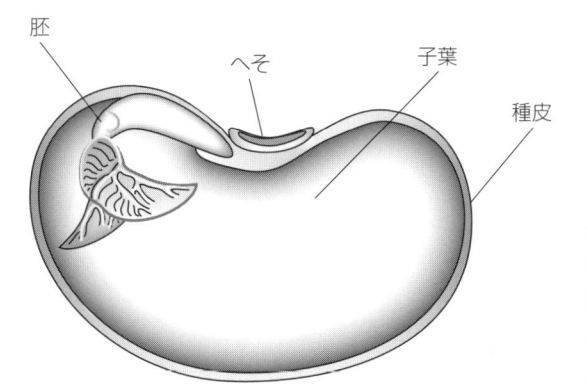

豆の種子の構造. 2枚ある子葉のうち1枚を取って胚が見えるようにした断面図. へそは種皮に開いている細孔で, ここを通って水が入り込み直接胚に達する. 乾燥豆が調理中に吸水して軟らかくなる速さは, へそと種皮に関係する.

モモを煮たときにピンク色になるのと同じ反応であろう（p.272）．

## ■ 豆類と健康：興味深いダイズ

豆類は一般に，ビタミンB類，葉酸，デンプンや油など，さまざまな栄養素の優れた供給源である．有色品種は貴重な抗酸化物質を供給する．しかし，マメ科植物のなかでもダイズは，人間の健康に対して特殊な影響を及ぼすとみられる．疫学的研究により，ダイズを常食にする国々，特に中国と日本では，心疾患および癌の発生率が著しく低いことがわかっている．これにはダイズが関係している可能性がある．

ダイズには「イソフラボン」と呼ばれる貯蔵型のフェノール化合物が数種類含まれ，腸内細菌の働きによって活性型（ゲニステイン，ダイゼイン，グリシテイン）へと分解される．これらはヒトホルモンのエストロゲンに類似することから，"植物エストロゲン"と言われる．リョクトウやその他の豆類にもイソフラボンが含まれるが，量は少ない．（よく食べられているダイズ食品のなかでも，煮豆はイソフラボン量が突出して多く，豆腐の約2倍である．）植物エストロゲンは体内でホルモン様作用およびその他の作用を発揮するとみられる．骨量減少を抑え，前立腺癌や心疾患を予防するという報告がある．しかし，植物エストロゲンはすでに存在する乳癌を悪化させるという報告や，ある種の癌に対する予防効果は青年期に摂取した場合にのみ見られるとする報告もある．植物エストロゲンに関する知見はまだまだ不十分である．ダイズがほかの種子と比べて特に健康によいとか，頻繁に食べたほうがよいかどうかの結論を出すには時期尚早である．

「サポニン」は石鹸に似た防御作用物質で，両端がそれぞれ水溶性と脂溶性なので，乳化剤として泡を安定化する働きがある．ダイズを鍋で煮るとすぐに吹きこぼれてしまう原因でもある．ダイズにはサポニンが多く，総重量の5％ほども含まれ，その半分は外皮に存在する．植物サポニンのなかには，我々の細胞膜に損傷を及ぼすほど強力なものもある．ダイズサポニンは作用が穏やかで，コレステロールに結合して体内で吸収されにくくする働きがある．ダイズには，コレステロールの類似化合物である植物ステロールも含まれ，これもコレステロールの体内での吸収を阻害し，血中コレステロール値を下げる働きがある．

## ■ 豆類の問題と腹部膨満

豆を食べた後に不快感が生じ，時に困ったことになるのは，消化系にガスが発生するためで，これは豆類に含まれるいくつかの化学成分が原因である．

**原因：難消化性炭水化物**　人間の腸内に常在する細菌の増殖・代謝のおかげで，複数種の混じったガスが1日1L前後発生する．特にダイズ，白インゲンマメ，アオイマメなど豆類の多くは，食べた数時間後に細菌活性およびガス発生が急増する．これは，体内の消化酵素によって消化可能な糖に分解されない炭水化物が，大量に含まれるためである．腸上部を未消化のまま通過したこれらの炭水化物は，腸下部に入ると腸内細菌により分解されることとなる．

問題となる炭水化物の一つに「オリゴ糖」があり，これは3～5個の糖分子が通常とは異なる様式で結合したものである．しかし，ごく最近の研究によれば，オリゴ糖類はガス発生の一番の原因ではないとされる．細胞壁中の接着成分はオリゴ糖類と同程度の二酸化炭素および水素を発生し，そして豆類には一般にオリゴ糖類の約2倍の接着成分が含まれる．

**対処法：水に浸ける，長く煮込む**　豆を食べた後のガス発生を抑えるためによく行わる方法は，豆を大量の水に入れてさっと沸騰させた後に1時間ほど放置し，浸けておいた水を捨てて新しい水で調理するというものである．この方法だと水溶性のオリゴ糖類はほとんど抜けるが，同時に水溶性のビタミン，ミネラル，簡単な糖，そして種皮の色素などもかなり抜けてし

まう．つまり栄養，風味，色，抗酸化物質が少なくなる．これでは元も子もない．別の方法は，単に長く煮込むというもので，これによりオリゴ糖類および細胞壁中の接着成分の多くが消化可能な単糖にまで分解される．オリゴ糖類は豆が発芽する際にも使われ，発酵でも微生物によって消化される．したがって，スプラウト，味噌，醤油，そして抽出工程を経た豆腐などは，ダイズそのものよりもガス発生は少ない．

## ■ 豆の風味

独特の豆臭さは主にリポキシゲナーゼという酵素が関係しており，この酵素は不飽和脂肪酸をにおいのある低分子へと分解する．豆臭さの主成分は，草のにおいのヘキサナールとヘキサノール，キノコ臭のオクテノールである．豆の細胞が傷ついたときに水分と酸素が十分にあると，リポキシゲナーゼが活性化する．たとえば，生の豆をつぶしたり，傷ついた乾燥豆を水に浸すかゆっくりと加熱したときである．ダイズ製品の強い豆臭さはアジアでは問題とされないが，西洋では嫌われることから，食物科学の分野で豆臭さを抑える技術が開発されている（p.479，囲み内参照）．調理した豆には，ラクトン類，フラン類，マルトールによる独特の甘いにおいがある．

豆のなかには，店頭に並んだり加工されたりするまで何年も倉庫に貯蔵されるものもある．貯蔵期間が長くなると，独特の風味が消え古臭さがでてくる．

## ■ モヤシ（豆のスプラウト）

モヤシは中国料理でよく使われ，1000年ほど前から南部ではリョクトウ，北部ではダイズを使ったモヤシが好まれている．アジアやその他の地域では，小さなアルファルファの種子から大きなソラマメの種子まで，いろいろな豆を使ったモヤシ（スプラウト）がある．大きなモヤシでは，細根，葉原基，厚い子葉を切り取って，茎の繊細な食感と味を楽しむような調理法もある．モヤシは普通，その繊細な風味と軟らかいがシャキシャキした食感を損なわないよう，あまり長く加熱しない．

## ■ 豆類の調理

豆の成熟種子は多くがデンプン質であるため，水で調理して子葉の細胞壁とデンプン粒を軟らかくする必要がある．さやつきの生豆は成熟しているがまだ水分があるので，火の通りはかなり早い（10～30分）．また生豆は乾燥豆よりも甘味がある．エンドウ，アオイマメ，クランベリー・ビーンズ，そしてダイズ（枝豆）などは，生で食べることも多い．

乾燥豆は調理に1～2時間かかり，乾燥穀類よりもかなり長い．粒が大きいこともあるが，種皮が水を通しにくいことも影響している．吸水しなければ細胞壁とデンプンは軟らかくならない．初めは，へそ（豆のへこんだ部分にある小さな穴）からしか吸水しない．冷水中で30～60分経つと（温水ではより短時間），種皮が十分に水を含んで膨らむ．こうなれば種皮の表面全体から水がしみ込むが，それでも吸水速度は限られている．スプリット・ピー（乾燥させて割ったエンドウ）やインド料理で使う豆「ダール」の多くは，外皮を除いてあるので短時間で火が通り，形も崩れやすい．

**調理液** 豆料理の仕上がりと調理時間は，調理液によって変わってくる．野菜料理では，激しく沸騰している大量の湯でゆでると，野菜の温度がすぐ高温になるので，ビタミンや色素が酵素分解されるのを最小限に抑えられる．長く調理する必要がある豆類の場合は，話しが違ってくる．調理液の量が多いほど，豆の色や風味や栄養成分が溶け出し，薄まってしまう．したがって，豆類は吸水・調理に必要最小限の水を使うのがよい．沸点では早く調理できるが，グツグツ煮れば種皮が破れて崩れる．時間はかかるが少し低温（80～93℃）のほうが煮崩れしにくい．

調理水の溶解成分も，加熱時間やテクスチャーに影響する．硬水はカルシウムやマグネシウムを多く含むので，かえって豆の細胞壁は硬くなる（p.273）．よって豆が軟らかくなるのに時間がかかり，十分に軟らかくならないことさえある．調理液が酸性だと細胞壁内のペクチンとヘミセルロースが溶けにくいので軟らかくなる*のに時間がかかり，アルカリ性だとその逆のことが起きる．調理液に塩を加えると豆が軟らかくならないとされ，料理の本にもよく載っている．塩は吸水速度を遅くするが，結局は吸水して軟らかくなる．豆を塩水に浸しておくと，かえって火の通りは早い（後述参照）．

**調理した豆のテクスチャーを保つ**　酸，糖，カルシウムがあれば，豆が軟らかくなりにくい，つまり何時間も煮込んだり温め直したりしても煮崩れない．「酸」は細胞壁内のペクチンやヘミセルロースを安定にして溶けにくくする*．「糖」は細胞壁の構造を強め，デンプン粒の膨張を防ぐ．そして「カルシウム」は細胞壁ペクチンを架橋し強化する．よって糖蜜（やや酸味があり，糖とカルシウムが多く含まれる），酸味のあるトマトなどの食材を使えば，たとえばベークド・ビーンズのように，長く煮込んだり温め直したりしても豆の形が崩れない．

**水に浸けておき調理時間を短縮**　豆類は低温のオーブンで手間をかけずにゆっくりと調理するような料理に向いているが，早く料理したい場合もある．高地では沸点が低いので，豆料理に1日かかってしまう．
　豆類の加熱時間を短縮する方法がいくつかある．最も簡単なのは，乾燥豆を調理する前に水に浸けて置くことで，これにより加熱時間は約25%以上短縮される．その理由は非常に基本的なもので，水よりも熱のほうが豆に速く浸透するからである．乾燥した状態の豆を使って加熱すると，加熱の時間の大半は水が豆の中までしみ込むのを待つことになる．しかも外側だけ必要以上に火が通り軟らかくなりすぎてしまう．

**浸け時間は温度に関係する**　中ぐらいの大きさの豆は，2時間ほどで最大吸水量の半分以上が吸水され，10～12時間後には乾燥時の重さの

---

＊　監訳者注：主にペクチンが熱分解を起こしにくいので軟らかくなりにくい．

---

## インドの短時間発酵させた豆

　ほかの国ほど発酵食品が多くないインドだが，豆やコメの薄粥を少し発酵させて膨らませたパンケーキや蒸しパンがある．「イドゥリ」と呼ばれるパンの作り方は，調理したウラド・ダール（ケツルアズキ）とコメをすり混ぜて濃い生地を作り，一晩発酵させる．発酵乳や発酵クリームと同じ乳酸菌（*Leuconostoc mesenteroides*, *Lactobacillus delbrueckii*, *L. lactis*, *Streptococcus faecalis*）そして何種類かの酵母（*Geotrichum candidum*, *Torulopsis* 属）が，糖分を餌に増殖して，酸，芳香成分，二酸化炭素ガス，粘着性の炭水化物を産生する．この炭水化物によって生地の粘度が増し，気泡が含まれやすくなる．できあがった生地を蒸すと，スポンジ状の繊細な風味の蒸しパンになる．「ドークラ」も同じような料理だが，これはコメとヒヨコマメで作られる．「ドーサ」は，コメとウラド・ダールから作った薄い発酵生地を大きな円盤状に焼いたもので，クレープに似ているがカリッとしている．「パパダム」は西洋のインド料理店でもお馴染みのつけ合わせ料理で，ウラド・ダールのペーストを数時間発酵させてから薄い円盤状に型抜きして乾燥させる．油で揚げるとパリッとした軽い歯ごたえのせんべいになる．

約2倍になってそれ以後は変わらない．水温が高くなるほど吸水が速まる．最初に1～2分ほど沸騰させてから冷水に浸ければ，2～3時間で十分に吸水する．沸騰させると種皮がすぐに水を含んで，水が浸透しやすくなるためである．

**塩と重曹で早く調理する**　さまざまな塩類を溶かした水に浸ければ，さらに加熱時間を短縮できる．1％前後の食塩水（水1Lに小さじ2杯）を使えばかなり早く調理できる．細胞壁ペクチンのカルシウムやマグネシウムイオンがナトリウムに置き換わって，ペクチンが溶けやすくなるためとみられる．0.5％の重曹水（水1Lに小さじ1杯）を使えば，加熱時間が75％近くも短縮できる．重曹はナトリウムを含む上にアルカリ性なので，細胞壁のペクチンやヘミセルロースも溶けやすくなる*．もちろん，塩類を使えば味やテクスチャーも違ってくる．重曹はアルカリ性なので，ぬるりとした不快な舌ざわりと石鹸のような味がつく．また塩はデンプン粒の膨張と糊化を妨げるので，豆の中はクリーミーというよりも粉っぽい感じになる．

\* 監訳者注：ペクチンはアルカリ性で熱分解を起こしやすい．

**圧力調理**　圧力鍋の調理温度は120℃前後なので，豆の加熱時間は半分以下になる．塩水に浸けておけば10分程度で火が通る．

**硬いままの豆**　乾燥豆を調理する際にときどきある問題だが，豆のなかには軟らかくなるまで非常に時間がかかるもの，あるいははどうしても軟らかくならないものがある．その原因は，栽培条件であったり，収穫後の貯蔵条件であったりする．

生育期に温度が高く，低湿で水分供給が少なかった場合に，「石種」となる．外種皮の耐水性が非常に高くなり，吸水に時間がかかるのである．石種は通常の豆よりも小さめなので，調理前に小さい豆だけを選り分けて捨てるとよい．

一方，"調理しても硬い豆"は，収穫時には普通の豆だが，高温・高湿で長期間（何ヶ月も）貯蔵されていたために調理しても軟らかくなりにくいものである．これには，貯蔵タンパク質が変性してデンプン粒のまわりに耐水性の皮膜を作ること，木質リグニンが形成すること，フェノール化合物がタンニンに変わってタンパク質を架橋することなど，細胞壁および細胞内に起きた数々の変化が関与している．これらを元に戻す方法はなく，普通の豆のように軟らかくはならない．しかも，このような豆をあ

## 乾燥豆類および豆モヤシの成分比

|  | 水分 | タンパク質 | 炭水化物 | 油分 |
|---|---|---|---|---|
| インゲンマメ | 14 | 22 | 61 | 2 |
| ソラマメ | 14 | 25 | 58 | 1 |
| アオイマメ | 14 | 20 | 64 | 2 |
| リョクトウ | 14 | 24 | 60 | 1 |
| リョクトウモヤシ | 90 | 4 | 7 | 0.2 |
| ダイズ | 10 | 37 | 34 | 18 |
| ダイズモヤシ | 86 | 6 | 6 | 1 |
| レンズマメ | 14 | 25 | 60 | 1 |
| ヒヨコマメ | 14 | 21 | 61 | 5 |
| エンドウ | 14 | 24 | 60 | 1 |

らかじめ見分けることはできない．調理したあとで通常の豆より小さめなので，食卓に出す前に取り除く．

**豆を炒る**　豆類はデンプンと細胞壁を軟らかくするために煮ることがほとんどだが，カリッとさせるため水を使わずに炒ることもある．なかでもナッツと同じくらい油が多く，子葉も比較的軟らかいラッカセイは，炒って食べることが多い．油分の少ないほかの豆類でも，ダイズやヒヨコマメなどは炒ってナッツのようにして食べる．これらは子葉が硬いので，初めに水に浸けてから炒る．高温と湿度によって子葉の細胞壁とデンプン粒が軟らかくなり，さらに炒り続けると水分がほとんど蒸発してカリッとする．豆を炒るには熱した鍋やオーブンを使うか，またはアジアで行われているように熱した砂（250～300℃）に埋める．たとえばインドでは，ヒヨコマメを80℃ぐらいに熱し，水で湿らし，数時間放置し，そのあとで熱した砂に埋める．豆が膨れて種皮はこすり落とせるようになる．

## ■ 代表的な豆類の特徴

**ソラマメ**　ソラマメ（*Vicia faba*）は一般に食用とされる豆類のなかで最も大きく，新大陸発見以前にヨーロッパで知られていた唯一の豆である．西アジアもしくは中央アジアが原産とみられ，人間が栽培をはじめた植物としては最も古いものの一つである．紀元前3000年頃の地中海の遺跡で，より大型の栽培種が発見されている．ソラマメには大きさの異なるものがいくつかあり，なかでも最大のものは地中海領域で紀元後500年頃に生まれたとみられる．世界最大の生産国は中国である．

ソラマメの種皮は厚くて硬いのが特徴で，緑色の未熟種子（肉厚な子葉）の場合も硬い乾燥種子の場合も，この種皮を除いて食べることが多い．アルカリ水でゆでると種皮が軟らかく，はがれやすくなる．エジプトでよく食べられる「フール・ミダンミス」という料理は，成熟したソラマメを軟らかくなるまで煮込み，塩，レモン汁，油，ニンニクで味つけしたものである．成熟種子を発芽させて，煮てスープにすることもある．

**ソラマメ中毒**　ある酵素に遺伝的欠損をもつ人がソラマメを食べると，ソラマメ中毒という重篤な疾患が起きる．地中海南部および中東に住む子供，もしくは祖先がこれらの地方出身である子供に多く見られる．豆および花粉に含まれる2種類の珍しいアミノ酸関連化合物（ビシン，コンビシン）が体内に入ると，赤血球を破壊する物質に代謝されるために重篤な貧血を生じ，時に死に至ることもある．この原因である酵素欠損は，赤血球細胞中におけるマラリア原虫の増殖も抑えることから，マラリアが流行していた時代には有効な遺伝的性質であったとも言える．

**ヒヨコマメまたはガルバンゾ**　乾燥した西南アジアを原産とし，ソラマメ，エンドウ，レンズマメと同様，約9000年におよぶ栽培の歴史がある．デシ型とカブリ型という二つの遺伝型がある．デシ型は野生種に近く，種子は小さめ，種皮が厚くて硬く，フェノール化合物を多く含むために色が濃い．アジア，イラン，エチオピア，メキシコで主に栽培されている品種である．中東および地中海地方ではカブリ型が一般的で，こちらは大粒でクリーム色，種皮が薄い．このほかに子葉が濃緑色をした品種もある．ヒヨコマメは豆類のなかでも特に油分が多い（重量当たり約5％，ほかの豆類の多くは1～2％）．

英語ではchickpea（チックピー）と呼ばれるが，これはラテン名のcicerからきている．学名（*Cicer arietinum*）の種名は"雄羊のような"という意味で，種子の形が丸まった角をもつ雄羊の頭に似ているところからつけられた．スペイン語のgarbanzo（ガルバンゾ）はギリシャ名に由来する．現在では，中東やインドの料理によく使われる豆である．ヒヨコマメのペーストをニンニク，パプリカ，レモンなどで味つけした「フムス」という豆のディップが，地中海東

部でよく食べられている．イタリア各地に，ヒヨコマメの粉を使ったフラットブレッドがある．インドでは，豆類のなかでもヒヨコマメが特に重要である．外皮を取って割ったものはチャナ・ダール，粉にしてパコラやその他の揚げものに使ったり，ゆでたり，炒ったり，発芽させたり（スプラウト）して食べられている．

### インゲンマメ，アオイマメ，テパリー・ビーン

中米原産のインゲンマメ（*Phaseolus*）属には30種ほどあり，そのなかでも特に重要な栽培種である．

<u>インゲンマメ</u>　インゲンマメ属のなかで最も重要なのが，インゲンマメ（*P. vulgaris*）である．祖先はメキシコ西南部が原産で，今でもラテン・アメリカが最大の消費地域である．約7000年前に栽培がはじまり，徐々に北と南に拡がって，約2000年前には主な大陸に到達した．ヨーロッパに伝わったのは新大陸探検時代である．大きさ，形，種皮の色と模様，ツヤ，風味の異なる，何百という品種が生まれている．大粒品種の多く（キドニー，クランベリー，ラージ・レッド，ホワイト）はアンデス地域を起源とし，アメリカ北東部，ヨーロッパ，およびアフリカで確立された．中米の小粒品種（ピント，ブラック，スモール・レッド，ホワイト）はアメリカ南西部が中心となった．合衆国には色と大きさによる商業的分類が12種類以上ある．単純に煮るだけのものから，煮込み，スープ，ペースト，甘いお菓子まで，さまざまな方法で料理されている．

<u>ポップ用豆</u>　加熱するとポップコーンのようにはじける，インゲンマメのなかでも特殊なヌーニャと呼ばれる豆がある．アンデス高地で数千年にわたり栽培されてきた．高温（または電子レンジ）で炒ると数分ではじけるのが，燃料の少ない高地地帯では大きな利点である．ポップコーンほどは膨らまず，重い感じで，やや粉っぽくてナッツの風味がする．

<u>アオイマメ</u>　ペルーでは，インゲンマメより前から大粒のアオイマメが用いられてきた（ペルーの首都名リマをとって，英語ではリマ・ビーンズと呼ばれる）．中米原産で，栽培化されたのはインゲンマメよりやや後になる．アオイマメもインゲンマメも，スペインの探検家によってヨーロッパに持ち出された．アオイマメは奴隷貿易を介してアフリカに伝わり，現在はアフリカ熱帯地域における主要豆作物となっている．野生種および熱帯品種の一部では，青酸発生性の防御系が毒性量を超えて含まれるので，安全上十分に調理する必要がある（一般に市販されている品種は青酸を含まない）．アオイマメは生でも食べられるし乾燥豆にもされる．

<u>テパリー・ビーン</u>　アメリカ西南部原産の小粒で褐色の豆，高温・乾燥に非常に強い．特にタンパク質，鉄，カルシウム，食物繊維が豊富で，メープル・シュガーや糖蜜に似た独特の甘味がある．

---

### 食物用語：bean と frijol（豆）

　英語で bean（ビーン）と言えば，ユーラシア，東アジア，南北アメリカの多種多様な豆類をすべて含むが，本来はソラマメ（fava bean）だけをさす言葉であった．"fava" も "bean" もインド・ヨーロッパ語の bhabha が語源である．ギリシャ・ローマ時代までに，アフリカのササゲも地中海地方で知られており，ラテン名で phaseolus と呼ばれていた．phaseolus がスペイン語の frijol（フリホール）となり，また新大陸原産のインゲンマメ属の属名にもなった．

レンズマメ　豆類のなかでは最も古くから栽培されているとみられる．コムギやオオムギと同時期に栽培化され，これらの穀類と並んで栽培されることも多かった．西南アジアの乾燥地帯が原産で，現在はヨーロッパからアジアにかけて広く食用にされている．主要生産地はインドおよびトルコで，第3位のカナダを大きく引き離している．レンズマメはラテン語で lens というが，これは両凸形のガラス片，すなわちレンズの語源でもある（17世紀の造語）．レンズマメには抗栄養因子があまり含まれておらず，火の通りも早い．

レンズマメは，平らな大粒品種（幅5 mm以上）と，丸みがかった小粒品種とに大別される．多く栽培されているのは大粒品種だが，珍重されるフランスのピュイ産の緑レンズマメや，ブラック・ベルーガ，スペインのパルディーナ産の緑レンズマメなどは，キメ細かい食感の小粒品種である．種皮が褐色，赤色，黒色，緑色の品種があり，子葉は多くは黄色だが，なかには赤や緑のものもある．緑色の種皮は長く保存したり調理したりすると，フェノール化合物が凝集して発色するせいで褐色になる（p. 261）．平たく薄い形なので水は表面から1～2 mm浸透するだけでよく，種皮も薄いのでほかの豆類よりも吸水が早く，1時間もかからない．

レンズマメを使った伝統的な料理には，インドの「マスール・ダール」（赤レンズマメを粥状に調理したもの），中東の「コシャリ」もしくは「ムジャデーラ」（レンズマメとコメなどを混ぜたもの）がある．

## エンドウ，ササゲ，キマメ

エンドウ　約9000年にわたって栽培されており，かなり早い時期に中東から地中海，インド，中国に伝わった．冷涼気候に生育する植物で，地中海地域では高湿な冬，温暖諸国では春に栽培される．中世以降のヨーロッパでは重要なタンパク質源であり，マザーグースのなかでも「あつい豆粥，つめたい豆粥，この鍋の豆粥，9日前の豆粥」と歌われている．現在，主に栽培されているのは2品種である．デンプン質で種皮のなめらかな品種は乾燥豆およびスプリット豆用，そして糖分が高く皺のある品種は未熟種子を野菜として食べる．エンドウは豆類のなかでは珍しく，乾燥しても子葉の緑色クロロフィルが残る．その独特の風味は，ピーマンに含まれる芳香成分に関連した化合物（メトキシイソブチルピラジン）による．

ササゲ　英語では black-eyed pea（ブラックアイド・ピー）または cowpea（カウピー）と呼ばれるが，pea（ピー，つまりエンドウ）の仲間ではなく，リョクトウのアフリカ近縁種である．ギリシャ・ローマ時代には知られており，奴隷貿易とともに合衆国南部に伝わった．へその周りのアントシアニン色素が黒い目のように見え，独特の香りがある．非常に長い鞘の中に小さな種子が入っているナガササゲは，中国で緑色野菜としてよく食べられている（p. 325）．

キマメ　インゲンマメの遠縁にあたり，原産はインド，現在は熱帯の広い地域で栽培されている．インドではトゥール・ダールまたはレッドグラムと呼ばれるが，これは多くの品種が赤褐色の硬い種皮をもつためである．ただし普通は種皮を除いて割ったものが使われ，子葉は黄色である．2000年ほど前から栽培されており，簡単な粥にして食べる．栄養阻害成分はあまり含まれていない．

## リョクトウ，ケツルアズキ，アズキ

小粒の豆類（グラム）　旧大陸原産のササゲ（*Vigna*）属のマメ科植物には，英語で"grams（グラム）"と呼ばれるインドの小粒の豆類と，アジアやアフリカの豆類が数種類含まれる．多くは小粒で早く調理することができ，栄養阻害成分や不快成分が比較的少ないという利点がある．リョクトウ（グリーン・グラム）はインド原産で，早い時期に中国に伝わった．モヤシとして人気があるため，この豆の仲間では最も広

く栽培されている．ケツルアズキ（ブラック・グラム，ウラド・ダール）はインドで最も珍重される豆であり，5000年以上も前から栽培されている．丸のままや，割って皮を除いたものが使われるほか，粉をケーキ状に固めたりパンにしたりする．

ツルアズキは主にタイやその他のインドシナ地域で食べられている．アフリカのバンバラマメは，ラッカセイのように地下に豆ができて油脂分も多いが，ラッカセイほど濃厚ではない．西アフリカでは生豆，缶詰，煮豆，炒り豆，粥やケーキにして食べる．

<u>アズキ</u>　ササゲ（*Vigna*）属の東アジア種（*V. angularis*）で，直径5 mm，長さ8 mmほど，一般にえび茶色をしており，祝い事の料理によく使われる．韓国や中国では少なくとも3000年前から栽培されており，後に日本に伝わった．アズキはモヤシとしても人気があり，また砂糖を煮含めてお菓子やお汁粉に使う．日本のこし餡は，アズキを渋切りを含めて二度煮て裏ごしし，ほぼ等量の砂糖を合わせて練ったものである．

<u>ハウチワマメ（ルピナス）</u>　ハウチワマメ（*Lupinus*）属の複数種（*albus*, *angustifolius*, *luteus*）が食用にされており，イタリアではルピーニと呼ばれる．デンプンを含まない点が珍しく，タンパク質30～40％，油脂5～10％，可溶性の難消化性炭水化物（可溶性食物繊維，p. 251）が50％ほども含まれる．前処理の必要がない「甘味種」もいくつかあるが，多くの品種には苦味と毒性をもつアルカロイドが含まれ，数日間水に浸けてアルカロイド成分を除く必要がある．その後は軟らかくなるまで煮て，油をつけたり，焼いて塩をふったりして食べる．アンデスに自生する新大陸種（*L. mutabilis*）は，タンパク質が乾燥種子重量の50％にも達する．

## ■ ダイズとその加工

豆類のうちで最も用途が広いのはダイズである．中国北部で3000年以上前に栽培がはじまり，今ではアジアのほぼ全域で主要な食物となっている．このように広まったのは比較的最近のことで，仏教の菜食主義と関連していると思われる．西洋では19世紀後半までほとんど知られていなかったが，現在は世界生産量の半分を合衆国が占め，ブラジル，アルゼンチンに続いて中国は第4位である．しかし，合衆国で生産されるダイズは主に家畜飼料用であり，残りはほとんど調理用油や工業用原料となる．

ダイズはその長所と欠点ゆえに，さまざまな

---

### ダイズの豆臭さ

ダイズをただ加熱しただけで強いにおいがでるのは，特に酸化されやすい多価不飽和脂肪を多く含むこと，そして脂肪分解酵素活性が高いことによる．細胞が傷つくと細胞内容物が混じり合い，酵素と酸素の働きで脂肪の長い炭素鎖が分解され，炭素数が5，6，および8の断片を生じる．これらの断片は，草のにおい，塗料臭，ダンボール臭，酸敗脂肪臭などをもち，その組合わせが「豆臭さ」として感じられる．苦味成分や渋味成分も発生するが，これはおそらく遊離脂肪酸またはダイズイソフラボンが貯蔵型から遊離型に変わるためと思われる（p. 472）．

豆臭さを抑えるには，ダイズに含まれる酵素が脂肪を分解する前に，なるべく早く失活させることが重要である．加熱時間を短縮できるよう豆をあらかじめ水に浸しておく，そして熱湯から調理をはじめるか圧力鍋を使うとよい．

形の食品に加工される．ダイズは並はずれて栄養価が高い．ほかの豆類の2倍のタンパク質を含み，アミノ酸比がほぼ理想的であり，油脂含量が高く，長期的な健康に貢献する数々の微量成分が含まれている（p.472）．同時に，ある意味で魅力とは言えない食物でもある．栄養阻害成分，ならびにガス発生のもとになるオリゴ糖類や食物繊維が多く含まれる．普通に煮ると「豆臭さ」が強くでる．ほかの豆と同じように粒のまま料理してもクリーミーにはならない．デンプンがほとんど含まれないので，やや硬さを残す．中国やその他の国では，ダイズをおいしくするため二つの基本的な方法が考え出された．その一つが，豆乳の形でタンパク質と油脂を抽出してチーズ状に凝固させる方法，すなわち豆腐や湯葉である．もう一つが，微生物を増殖させて不適切な成分を除くと同時に風味を高める方法，すなわち醤油や味噌，テンペである．

**生のダイズ** ダイズをおいしく料理する別の方法は，完熟前に食べることである．甘味があり，青臭さや栄養阻害成分が少なく，豆臭さも少ない．日本の「枝豆」（中国語で「毛豆（マオドウ）」）は枝豆専用の品種を使い，8割程度成熟した，緑色で甘味と歯ごたえのある豆を収穫する．塩水で数分ゆでて食べる．緑色のダイズにはタンパク質が約15%，油脂が約10%含まれる．

**豆乳** 伝統的な豆乳作りでは，水に浸けて軟らかくしたダイズを粉砕し，これをろ過して液だけを加熱するか（中国式），または加熱してからろ過する（日本式）．得られた液体にはダイズタンパク質および微滴状のダイズ油が多く含まれている．いずれの方法でも，強いダイズ臭のある豆乳が得られる．酵素反応を抑えてダイズ臭さを少なくする近代法では，水に浸けておいたダイズを（65℃で1時間程度置いておくと細胞があまり傷つかずに十分吸水する），粉砕前に80〜100℃まで急加熱するか，粉砕機と湯を80〜100℃に温めておいて粉砕を行う．

西洋でも，豆乳が牛乳の代用品として普及してきている．タンパク質および脂肪含量は同等だが，豆乳に含まれる脂肪は牛乳に比べて飽和度が低い（豆乳を牛乳の代用とする場合は，カルシウムを強化する必要がある）．ただし，豆乳はサラッとしていて濃厚さがなく風味が乏しいうえ，用途も限られている．豆乳をさらにおいしくするために，中国で発達した二つの調理法ある（ガスを発生するオリゴ糖類も除かれる）．豆乳の表面を凝固させて膜を作る方法と，固形状に凝固させる方法である．

**湯葉** 動物の乳も植物種子由来の豆乳も，鍋に入れてふたをせずに加熱すると，表面に凝固タンパク質の膜ができる．熱で構造のほどけたタンパク質が表面に濃縮され，互いに絡まり合い，水分が蒸発することによる．水分を失うことでタンパク質同士がさらに強固に絡まり，油滴を取り込んで繊維質の歯ごたえをもった，薄い固形状のタンパク質膜が形成する．

このような表面の膜は望ましくないことも多いが，地域によってはこれを利用した料理がある．インドでは牛乳を使う同様の料理があり，中国では豆乳を使った豆腐皮（ドウ・フゥ・ピィ）が数世紀前から作られ，日本では湯葉を巻いたり重ねたりしたさまざまな料理がある（花，魚，鳥などの形にしたりもする）．引き上げたばかりの生湯葉は口の中でとろけるようなおいしさである．日本料理店では，引き上げ湯葉を料理として出すところもある．卓上で小鍋に豆乳を温め，できたての湯葉を引き上げながら食べ，最後ににがりを入れてやわらかい豆腐にして食べる．

**豆腐** 豆乳を凝固させて作る豆腐は，タンパク質と油が濃縮された塊である．豆乳に無機塩を入れて，溶けているタンパク質とタンパク質に覆われた油滴を一緒に固める．豆腐は2000年前に中国で発明されたと言われるが，紀元後500年までには広く知られており，1300年頃には日常的に食べられるようになっていた．中国の豆腐は伝統的に硫酸カルシウムを使って凝固させ，日本や中国沿岸地域では「にがり」を使

う．にがりは，海水から塩（塩化ナトリウム）の結晶をとった後に残るマグネシウム塩とカルシウム塩の混合物である．

<u>豆腐作り</u>　煮立てた豆乳を75〜80℃に冷まし，少量の水に溶かしたカルシウム塩，またはマグネシウム塩を入れ，8〜30分かけて凝固させる．軟らかな雲のような塊ができたら，水分（非凝固成分）をすくい取るか，または塊を切り分けて水抜きする．まだ熱いうちに（70℃前後）型に入れて重しをして15〜25分おく．できあがりは水分85％，タンパク質8％，脂肪4％ほどである．市販品は，塊をブロック状に切り分け，水に入れて容器包装し，容器ごと熱湯殺菌してある．

　プリンのように軟らかい絹ごし豆腐は，形が崩れないように容器内で豆乳を凝固させてあり，水分が多く繊細である．

<u>豆腐を凍らす</u>　豆腐を凍らせると性質が変わるが，これも食材として活用されている．凍結すると凝固タンパク質がさらに濃縮され，氷の結晶によってタンパク質のネットワークに穴があく．凍った豆腐が溶けると，硬いスポンジ状のネットワークから液化した水が流れ出し，圧をかけるとさらに水分が抜ける．このスポンジ構造は吸水性がよいので味がしみやすく，肉のような歯ごたえがある．

<u>発酵させた豆腐</u>　中国の腐乳（スー・フー；フー・ルー）または豆腐乳（トウ・フー・ルー）は，*Actinomucor* 属および *Mucor* 属のカビをつけて発酵させた豆腐である．牛乳をカビで熟成させるチーズと同じようなもので，その菜食版と言える．

**ダイズ発酵食品：醤油，味噌，テンペ，納豆**
味噌や醤油など，長期間発酵させたダイズ加工食品の魅力は，強く独特な旨味と風味にある．微生物がダイズタンパク質やその他の成分を分解して旨味成分に変え，それらが互いに反応してさらに奥行きのある風味が生まれる．テンペと納豆は発酵期間の短いダイズ加工食品で，それぞれに独自の特徴がある．

<u>二段階の発酵</u>　アジアでは一般に，カビを使った発酵は二段階の工程を経る．はじめに，加熱調理した穀類・ダイズにコウジカビ（*Aspergillus* 属の一部）の休眠胞子を混ぜ，温度・湿度を保ち通気性をよくしておく．胞子が発芽して菌糸

---

### 豆腐に関する古い記録

　ヨーロッパで最も古い豆腐に関する記述は17世紀，宣教師ドミンゴ・ナバレッテによるものである．彼は以下のように述べている．

　　最も普通でありふれた安価な食物，中国全土どこでもたくさんあり，皇帝から最下層の平民まで国中の人が食べている．皇帝や偉人たちはご馳走として，平民は欠くことのできない栄養源として食べる．「テウ・フ（豆腐）」と呼ばれるその食物は，インゲンマメのペーストである．どのように作られるのか実際には見ていない．インゲンマメから乳を搾り，それをチーズのような大きな塊にする．指5〜6本分の厚みで，大きなザルほどもある．その塊は雪のように真っ白で，これ以上繊細なものはないと思われるほど……それだけでは味気ないが，味つけすると非常においしく，バターで焼くと最高である．

が増殖し，消化酵素の働きでエネルギー源と構成単位を生成する．2日ほど経つと酵素活性が最大となるので，次の段階に入る．養分と菌糸が混じったものが中国で「曲（チュイ）」，日本で「麹（こうじ）」と呼ばれるもので，これに食塩水を混ぜる．加熱済みのダイズをここで追加することも多い．酸素の少ない塩水中ではカビが死滅するが，酵素は働き続ける．同時に，酸素が無くても生きられる微生物（耐塩性の乳酸菌や酵母）が増殖し，成分の一部を使って風味成分を作り出す．

**味噌と醤油の起源** 古代中国では，細かくした肉や魚を塩水中で発酵させていた（醤；ひしお）．紀元前2世紀頃には肉や魚ではなくダイズを使うようになった．この豆醤は紀元後200年には主要な調味料となり，1600年前後に醤油に取って代わられるまではずっとその地位は変わらなかった．醤油は豆醤を多めの液で作ったときの残液として生まれたようだが，いつしか醤そのものよりも好まれるようになり，1000年頃までには初めから醤油を目的として作られるようになった．

発酵させた醤と醤油は仏教僧によって日本に持ち込まれ，700年頃には日本特有の工夫を凝らしたものに「味噌」という名前がつけられた．穀物を主体とした麹を使うことで，甘味，アルコール，より繊細な香り，味を加えたのである．日本の醤油は15世紀までは味噌の余剰液（溜まり）をすくい取っただけのものであった．17世紀までには，焙煎・割砕したコムギとダイズを使う現在の標準的な製造法が確立し，こうして作られたものに「醤油」という名前がつけられた．醤油が西洋に入ってきたのは17世紀で，当時は異国の高価な食材であった．

**味噌** 味噌汁をはじめ，さまざまな料理の味つけ，漬け汁の材料，味噌漬けなどに使われる．味噌の種類は何十種類もある．

味噌作りはまず，蒸した穀物または豆（コメが一般だが，コムギやダイズを使う場合もある）に種麹をつけ，浅い容器に入れて数日間，

---

### 中国の醤（ジャン）

中国料理でソース（たれ）やその下地として使われる調味料には，カビで発酵させたダイズ（醤；ジャン）をもとにしたものが多い．こうした調味料の中国名には醤の字が入っている．以下にいくつか例を挙げる．

- 豆鼓醤（ビーン・ソース）　醤油作りの副産物を利用して作られる．塩味のたれに使われる．
- 豆瓣醤（ビーン・ペースト）　ダイズやソラマメで作ったキメの粗い味噌．塩味のたれに使われる．
- 海鮮醤（ホイシン・ソース）　醤油作りの副産物に，小麦粉，砂糖，酢，唐辛子などを合わせて発酵させたもの．北京ダックや木須肉（ムーシューロー）に添えられる．
- 甜麺醤（スウィート・ウィート・ジャン）　コムギで作るなめらかな濃褐色の甘味噌．小麦粉の生地を丸か平らにして蒸し，コウジカビをつけて塩漬けし，発酵させたもの．北京ダックのつけだれなどに使われる．

酵素を活性化させる．できあがった麹と，煮るか蒸すかしてつぶしたダイズ，塩（5～15%），前に作った味噌少量（細菌と酵母を加えるため）を混ぜ合わせる．伝統的な製造法では，これを樽に入れて30～38℃の温度で数ヶ月～数年間，発酵・熟成させる．さまざまな乳酸菌（*Lactobacilus*属や*Pediococcus*属）や耐塩性酵母（*Zygosaccharomyces*属，*Torulopsis*属）によってダイズのタンパク質，炭水化物，脂肪が分解され，多数の芳香成分や芳香前駆体が生成する．褐変反応により風味と色はさらに深まる．

伝統製法で作られた味噌は，芳醇な旨味と，甘さとロースト臭を主体とした複雑な香りがあり，時にパイナップルその他の果実臭をもつエステル化合物を含む．現代的な工業製造法では，発酵・熟成期間が数ヶ月～数週間と短いので，添加物を使って風味や色をだしている．

**醤油** 醤油の製造法は何種類かある．大まかに言えば，伝統的な醤油の風味はダイズとコムギの割合によって決まる．中国醤油のほとんど，そして日本の溜まり醤油は，原料の大部分もしくはすべてがダイズである．日本の醤油は一般的にほぼ同量のダイズとコムギを使って作られる．コムギのデンプンが独特の甘味をだし，アルコール度が上がり，アルコール由来の芳香成分が多くなる．淡い色合いと風味の白醤油は，ダイズよりもコムギが多く使われている．

<u>日本の醤油</u> 西洋市場で流通している醤油は，ほとんどが日本製もしくは日本式の製造法（p. 484参照）で生産されたものである．はじめの短期間の発酵で，麹菌が酵素を作り出す．これらの酵素によって，コムギデンプンは糖へ，コムギとダイズのタンパク質はアミノ酸へ，ダイズ脂肪は脂肪酸へとそれぞれ分解される．長期間を要する主発酵では，これらの酵素が働き続けるのに加えて，酵母によってアルコールや一連の風味成分・芳香成分が生じ，細菌によって乳酸，酢酸，その他の酸，さらなる芳香成分が生じる．時間が経つとともに，種々の酵素と微生物産物が互いに反応しあい，糖とアミノ酸が反応してロースト臭のするピラジン類が，酸とアルコールが結合して果実臭のするエステルが生じる．高温殺菌処理によりアミノ酸と糖の褐変反応が促され，さらに風味が深まる．こうして，塩味，酸味，甘味，旨味（主にグルタミン酸などのアミノ酸が高濃度に含まれるため），そして芳醇な香りをあわせもつ醤油ができあがる．醤油からは何百種という芳香成分が同定されており，そのなかにはロースト臭成分（フラノン類，ピラジン類），甘いにおいのマルトール，肉のにおいの硫黄化合物多数が含まれる．これらがすべてあわされた醤油は，旨味の濃縮された用途の広い調味料である．

---

### 味噌汁の美しい物理

味噌汁は代表的な日本料理の一つである．出し汁（p. 231）に小さく切った豆腐を浮かべたものなどが典型的である．日本料理の多くに共通することだが，味噌汁はおいしいだけでなく見た目も美しい．味噌汁を作って椀に注ぐと，味噌の粒が分散して汁は均一にかすんで見える．そのまま2～3分放置すると，味噌の粒子が中央に集まって小さな雲のようになり，これがゆっくりと形を変えてゆく．熱い液体が椀底から上昇し，表面の蒸発によって冷却・濃縮され沈んでゆく．これが椀底で再び温まり，軽くなって上昇する．すなわち，出し汁中の対流の動きとして見てとれるのである．夏空に入道雲ができるのと同じ現象が，食卓の味噌汁でも起きている．

## 日本の醤油の製造法

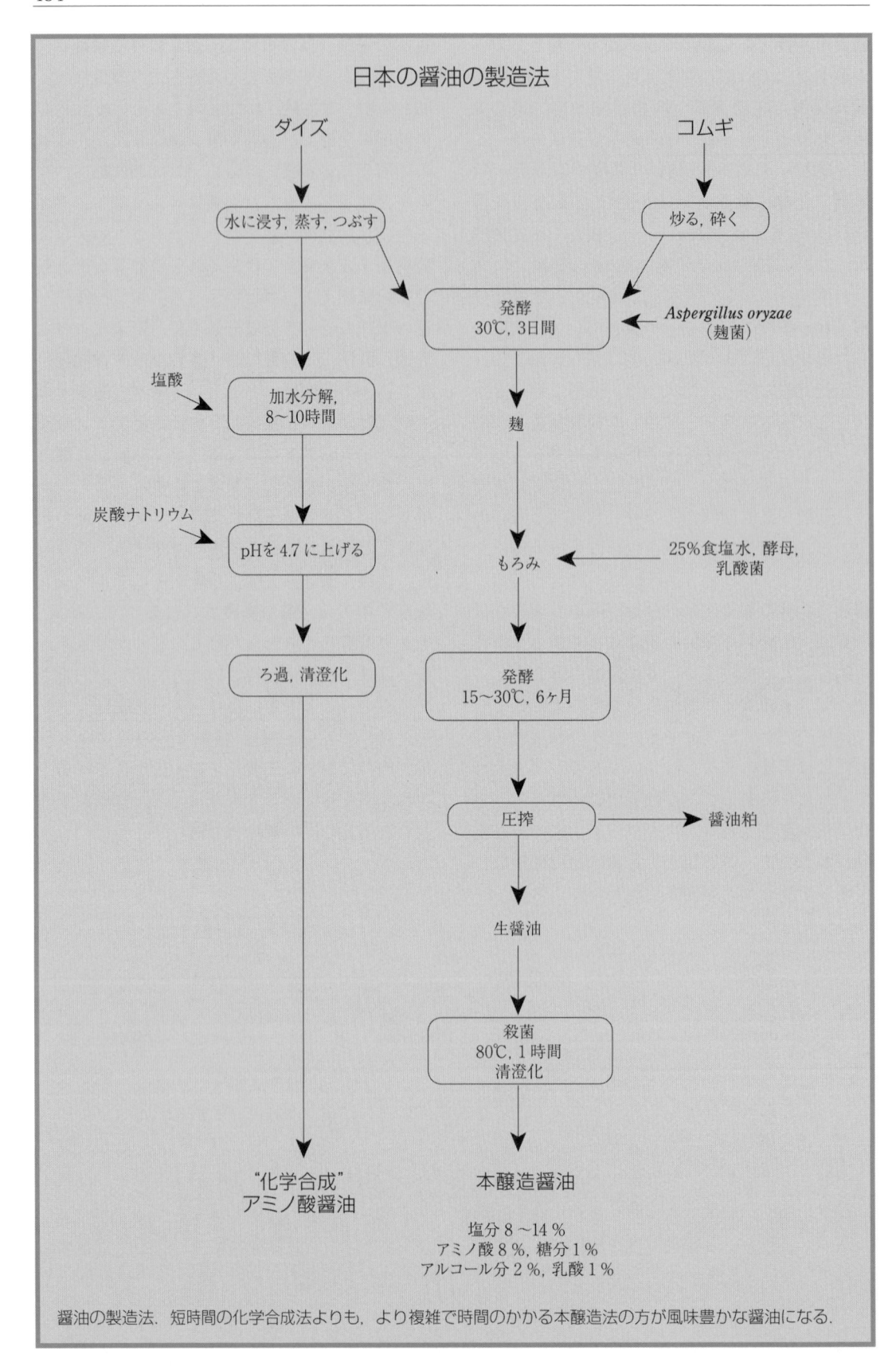

```
ダイズ                                    コムギ
  ↓                                        ↓
水に浸す, 蒸す, つぶす                    炒る, 砕く
        ↓           ↘                      ↓
                     発酵              ← Aspergillus oryzae
                   30℃, 3日間              (麹菌)
                        ↓
塩酸 →  加水分解,                         麹
        8〜10時間                          ↓
           ↓
炭酸ナトリウム →                         もろみ ← 25%食塩水, 酵母,
        pHを4.7に上げる                              乳酸菌
           ↓                              ↓
        ろ過, 清澄化                    発酵
                                       15〜30℃, 6ヶ月
                                          ↓
                                        圧搾 → 醤油粕
                                          ↓
                                        生醤油
                                          ↓
                                        殺菌
                                       80℃, 1時間
                                        清澄化
           ↓                              ↓
     "化学合成"                        本醸造醤油
    アミノ酸醤油
                                    塩分 8〜14%
                                    アミノ酸 8%, 糖分 1%
                                    アルコール分 2%, 乳酸 1%
```

醤油の製造法. 短時間の化学合成法よりも, より複雑で時間のかかる本醸造法の方が風味豊かな醤油になる.

<u>溜まり醤油</u>　中国の醤油の原型に最も近い．小麦粉をほとんど使わないため，アルコールと果実エステルはほとんど含まれないが，ダイズアミノ酸が高濃度に含まれるので色が濃く風味豊かである．現在は，安定化のためにアルコールを添加されることもあり，その場合は香りが普通の醤油に近いものとなる．本物の溜まり醤油よりもさらに濃厚なのが「再仕込み醤油」で，これは食塩水の代わりに生醤油を使ってもろみを仕込むものである．

<u>"化学合成"醤油</u>　1920年代以降，発酵工程を省いた醤油によく似た調味料が工業生産されるようになり，これにはダイズタンパク質を化学処理したもの（植物タンパク加水分解物）が初めて原料として使用された．最近は，脱脂したダイズ粉（ダイズ油製造時にでる絞り滓）に強塩酸を加えてアミノ酸と糖とに加水分解する．ついでアルカリ性の炭酸ナトリウムを加えて強酸を中和し，コーンシロップやカラメル，水，塩などで味と香りをつける．このような"化学合成"醤油は，長期醗酵で作った醤油とはかな

## ケチャップの原型

味噌や醤油などのダイズ発酵食品は，アジア各地で独自の発展を遂げた．そのなかの一つ，インドネシアの調味料ケチャップ（kecap）は，西洋の甘酸っぱいトマト・ケチャップ（ketchup）の名前の由来にもなっている．インドネシア醤油のケチャップは，加熱調理したダイズに *Aspergillus* 属のカビをつけて1週間程度おき，2〜20週間の塩漬け発酵を行い，4〜5時間煮て，液を漉しとったものである．塩辛いものをケチャップ・アシンと呼ぶ．甘口のケチャップ・マニスは，発酵させたダイズを煮る直前に，ヤシ糖やさまざまなスパイス（ガランガル，マックルー・ライム，フェンネル，コリアンダー，ニンニクなど）を加えて作られる．

## 伝統的なダイズ発酵食品

| 種類 | 食品名 | 製法 | 特徴 |
|---|---|---|---|
| 大豆ペースト，味噌 | 豆醤；味噌 | ダイズと穀類をカビ・細菌・酵母で発酵させる | 濃厚な旨味と塩味，時に甘味もある調味料，さまざまな料理に使われる |
| 醤油 | 醤油；ケチャップ | ダイズとコムギをカビ・細菌・酵母で発酵させる | 濃厚な旨味と塩味のある調味料，さまざまな料理に使われる |
| 黒ダイズ，乾燥粒状ダイズ | 豆鼓 浜納豆 | ダイズと小麦粉をカビで発酵させる | 旨味，塩味を加えるために，肉料理や野菜料理に入れる |
| 発酵豆腐 | 豆腐乳 腐乳 | 豆腐をカビで発酵させる | チーズのよう；さまざまな料理の薬味に使われる |
| 納豆 | 納豆 | ダイズを特殊な細菌で発酵させる | 軟らかく，独特の粘りがある；コメや麺と一緒に食べる |
| テンペ | テンペ | 種皮をむいたダイズを特殊なカビで発酵させる | 硬い板状，軽いナッツ臭とキノコ臭；主食材であり油で揚げることも多い |

り違っているので，味をよくするために本醸造醤油をいくらかブレンドするのが普通である．

本醸造醤油を購入するには，製品の成分表示をよく読んで，化学調味料や着色料が添加されていないことを確かめる必要がある．

**テンペ**　インドネシアで生まれた食品で，味噌や醤油のような保存の利く塩味調味料ではなく，塩を使わずに短期発酵させた腐りやすい食材である．粒のままのダイズを加熱調理し，薄く広げて，リゾプス菌（*Rhizopus oligosporus* または *R. oryzae*）をつけ，熱帯の気温（30〜33℃）で24時間発酵させる．菌が増殖して糸状の菌糸を作り，ダイズの中に貫通して豆同士をくっつける．ダイズのタンパク質と油がかなり多く消化されて風味成分になる．生のテンペは酵母臭やキノコ臭がする．薄切りにして油で揚げると，ナッツ臭や肉のようなにおいがでる．

**納豆**　日本で少なくとも1000年前から作られている．納豆はアルカリ性（アミノ酸がアンモニアに分解されるため），粘りとぬめりが特徴で，1mほども糸を引く．テンペと同じく，塩は使われていない．粒のままのダイズを加熱調理し，納豆菌（*Bacillus subtilis natto*）をつけて約40℃で20時間ほど発酵させる．細菌酵素の働きにより，タンパク質はアミノ酸へ，オリゴ糖類は単糖へと分解される．一連の芳香成分（バター臭のジアセチル，種々の揮発性酸，ナッツ臭のピラジン類）に加えて，糸引きの正体であるポリグルタミン酸（グルタミン酸が直鎖状に長くつながったもの）やフルクタン（果糖の多糖類）も作り出される．納豆はご飯や麺の上にのせて食べるほか，サラダやスープに入れたり，野菜と一緒に調理したりする．

## ナッツ類およびその他の油脂性種子

英語のnut（ナッツ）は本来，硬い殻に覆われた可食種子を意味し，現在でもこれが一般的な意味となっている．植物学的には，果肉が多肉質ではなく乾燥しており，種子を1個だけ含む果実をさす言葉である．この狭義の定義では，一般にナッツと呼ばれているもののなかでも本当のナッツは，ドングリ，ヘーゼルナッツ，ブナの実，クリだけである．種子構造の詳細は別として，いわゆるナッツと呼ばれるさまざまな種子が，穀類や豆類と大きく異なる特徴は，一般に大きい，脂肪分を多く含む，そしてほとんど調理せずに食べられる（栄養摂取できる），という3点である．こうした特徴のおかげで，ナッツは前史時代には重要な栄養源であった．現代では，独特の豊かな風味が好まれている．

クルミ，ヘーゼルナッツ，クリ，松の実はいずれも，旧大陸種と新大陸種が存在する．ナッツのなる樹木はほかの食物植物よりもはるか昔，北米大陸とヨーロッパが分断された6000万年前よりもさらに前から地球上に存在していたからである．過去数世紀には，珍重されるナッツ種が人の手によってほぼ世界全域の生育適地に広まった．カリフォルニアは西南アジア原産のアーモンドとクルミの最大生産地となり，南米原産のラッカセイは亜熱帯全域で，アジア原産のココナッツは熱帯全域で栽培されている．

### ■ ナッツの構造と特性

ほとんどのナッツはその大部分が胚の肥大した貯蔵葉（子葉）であるが，ココナッツと松の実は一つの胚乳の塊である．多くの穀類や豆類とは違って，栄養が濃縮された乾燥状態で食べてもナッツはおいしく，軽く煎ればカリッとして香ばしさがでる．細胞壁が弱いため軟らかく，デンプン含量が低いので粉っぽさがなく，脂肪がしっとり感を与える．

ナッツ類の大きな特徴として，実の周りに付着したさまざまな厚みの保護層がある．クリの皮は厚くて硬いが，ヘーゼルナッツの皮は紙のように薄く破れやすい．ナッツの皮は一般に赤褐色で渋味がある．その色と渋味はタンニンやその他のフェノール化合物によるもので，皮の

乾燥重量の4分の1ほども含まれる．これらのフェノール化合物の多くは抗酸化作用もあり，栄養的にも価値がある．ただし苦味があり，ほかの食材に色が移る（クルミの皮でパンが灰紫色になる）ので，料理に使うときは皮を除くことが多い．

## ■ ナッツの栄養価

ナッツ類は栄養価が非常に高い．純粋な油脂を別にすれば，食品のなかで最も高カロリーなのがナッツ類で，100g当たりのカロリーは平均600kcalである．これと比較して，脂肪の多い牛肉は100g当たり平均200kcal，デンプン質の乾燥穀物は平均350kcalである．ナッツ類は油が時に50％以上，タンパク質が10〜25％，複数のビタミンやミネラル，そして食物繊維を多く含む．ビタミンのなかでも抗酸化活性のあるビタミンEを多く含み（特にヘーゼルナッツやアーモンドなど），また心血管系の健康に重要とされる葉酸も多い．ほとんどのナッツ油は，主に一価不飽和脂肪酸からなり，飽和脂肪よりも多価不飽和脂肪が多い（例外的に，ココナッツは飽和脂肪を多量に含み，クルミとピーカンナッツは主に多価不飽和脂肪からなる）．ナッツの種皮にはフェノール性抗酸化物質が豊富である．ナッツの消費量が心疾患リスクの低さに関連するという疫学的調査結果があるが，それは上記のような特徴，すなわち良質の脂肪と豊富な抗酸化物質，そして葉酸によって説明できる．

## ■ ナッツの風味

ナッツ類には独特の魅力的で多彩な風味がある．いわゆるナッツ臭というのは，わずかな甘さ，わずかな脂っこさ，わずかな香ばしさなど，一連のにおいが混じり合ったもので，繊細で深みのある香りである．脂質の少ない穀類は乾煎りするだけで香りがでるのに対し，ナッツには脂質が多く含まれるので，油脂を使って調理するとさらに複雑な香りがでる．ナッツ臭は，魚料理からチョコレート菓子までさまざまな料理に合う．

多くのナッツにはわずかながらも糖が含まれている．クリ，カシューナッツ，ピスタチオ，松の実など，なかには甘味が感じられるほど糖分を含むものもある．

## ■ ナッツの取扱いと保存

ナッツの栄養価とおいしさは油分を多く含むことによるが，油分が多いゆえに穀類や豆類より傷みやすい．油はまわりのにおいを吸収しやすく，油が分解してできる脂肪酸が，酸素と光でさらに分解されて酸敗臭を生じる．脂肪酸は口中を刺激し，脂肪酸分解物はダンボールや塗料のようなにおいがする．クルミ，ピーカンナッツ，カシューナッツ，ピーナッツは分解されやすい多価不飽和脂肪を多く含むので，特に味が落ちやすい．物理的傷害，光，熱，水分があると油が酸敗しやすいので，ナッツは遮光容器に入れて冷所に保存するのがよい．殻をむいてあるものは冷蔵するほうがよい．水分をほとん

クリの実．殻と実に付着した硬い種皮がある．

ど含まず，氷の結晶ができて痛むこともないので，冷凍すれば長期保存が可能である．保存容器は空気とにおいが入らない密閉性のよいものにする．たとえば通気性のあるビニール袋よりもガラス瓶がよい．

ナッツは収穫したばかり（一般には晩夏から秋，アーモンドは初夏）が最もおいしい．収穫したてのナッツは水分が多く，カビが生えやすいので，必要最小限の熱（普通は32～38℃）で乾燥させてから市販される．生のナッツを購入する際には，中身が不透明で乳白色のものを選ぶ．半透明だったり色が濃かったりするのは細胞が損傷している証拠で，油がにじみ出し，酸敗がはじまっている．

■ ナッツの調理

ほかの種子食品とは違って，ナッツは数分間オーブンで焼くか，油で揚げるだけでよい．生のナッツは少し軟らかめであまり味がなく色も薄いが，焼いたり揚げたりするとカリッと風味よくきつね色になる．電子レンジを使って炒ることもできる．ナッツは小さくて水分が少ないので，油で揚げる際には比較的低温で短時間（120～175℃，2～3分），大きめのナッツ（ブラジル・ナッツ，マカダミア・ナッツ）は低めの温度で長めに揚げる．仕上がりは硬さではなく，色と味で見極める．熱で軟らかくなっているが，冷めると硬くなる．余熱で火が通るのを考慮して，ちょうどよい仕上がりになる少し手前で調理を止める．温かいうちは砕けにくいので，冷める前に切ればきれいにスライスでき

## ナッツ・種子の成分組成

ナッツ・種子の主成分を可食部中の重量％で示した．クリとココナッツ果肉は一般に生で市販されているため，水分量が比較的高い．

|  | 水分 | タンパク質 | 脂質 | 炭水化物 |
|---|---|---|---|---|
| アーモンド | 5 | 19 | 54 | 20 |
| ブラジル・ナッツ | 5 | 14 | 67 | 11 |
| カシューナッツ | 5 | 17 | 46 | 29 |
| クリ | 52 | 3 | 2 | 42 |
| ココナッツ（果肉） | 51 | 4 | 35 | 9 |
| アマの種子 | 9 | 20 | 34 | 36 |
| ヘーゼルナッツ | 6 | 13 | 62 | 17 |
| マカダミアナッツ | 3 | 8 | 72 | 15 |
| ピーナッツ | 6 | 26 | 48 | 19 |
| ピーカンナッツ | 5 | 8 | 68 | 18 |
| 松の実 | 6 | 31 | 47 | 12 |
| ピスタチオ | 5 | 20 | 54 | 19 |
| ケシの実 | 7 | 18 | 45 | 24 |
| ゴマ | 5 | 18 | 50 | 24 |
| ヒマワリの種 | 5 | 24 | 47 | 20 |
| クルミ（ブラック） | 3 | 21 | 59 | 15 |
| クルミ（イングリッシュ） | 4 | 15 | 64 | 16 |

市販製品の多くは，焙煎し，表面に付着しやすい特殊なフレーク状の塩をふり，塩が取れないよう油脂またはタンパク質乳化剤をコートしてある．殻つきピーナッツは殻の内側に塩がついているが，これは塩水に浸けて減圧したものである．こうすると空気が殻の外に出ると同時に，塩水が殻の中にしみ込む．

**皮を除く**　ナッツを料理に使う場合は，色や渋味がつかないように皮を除くことが多い．ピーナッツやヘーゼルナッツのような薄皮は，オーブンで少し焼けば簡単にこすり落とすことができる．アーモンドのように厚い皮は熱湯で1〜2分ゆでるとはがれやすくなる．別の方法として，重曹を入れてアルカリ性にした熱湯（水1Lに大さじ3杯，45g）に浸け，軟らかくなった皮をこすり落とし（アルカリ性によって細胞壁成分のヘミセルロースが溶解しやすくなる），希釈した酸性溶液に浸けて，わずかにしみ込んだアルカリ液を中和するというのもある．クルミの皮ははがれにくいので，酸性の湯でさっとゆでれば色と渋味がかなり薄まる．タンニンが湯にしみ出し，皮に残ったタンニンも脱色される．クリは殻つきのまま焼いたり煮たりすれば，渋皮が軟らかくなる．電子レンジで短時間加熱してもよい．リンゴの皮のようにむくこともある．

**ナッツ・ペーストとバター**　水分が少なく油分の多いナッツは，すり鉢でするかミキサーにかけると，バター状のペーストになる．つぶれた細胞から出た油が潤滑油のように細胞片や細胞塊を取り巻く．中東の「タヒニ」というゴマペーストは，最も古いものの一つである．ヒヨコマメの「フムス」（ヒヨコマメの項を参照），ナスの「ババ・ガナッシュ」などに使われる．スープや煮込み料理にナッツ・ペーストを入れて風味とコクをつけることは，世界各地で行われている．スペインやトルコではアーモンド・スープ，メキシコではクルミのスープ，ブラジルではココナッツ・スープ，アメリカ南部ではピーカンナッツやピーナッツのスープがある．

**ナッツ油**　さまざまなナッツから搾った油脂が利用されている．たとえば，クルミ油やココナッツ油など，独特の風味が好まれるものもあれば，ピーナッツ油やヒマワリ油など，一般的な調理油として使われているものもある．ナッツの搾油法には2種類ある．「低温圧搾油」もしくは「エクスペラー油」というのは，機械的に圧搾してナッツの細胞をつぶして油を搾り取ったものである．圧力と摩擦により発熱するものの，普通は沸点を超えることはない．溶媒抽出法は，つぶしたナッツを150℃前後の有機溶媒で抽出した後，油と有機溶媒を分離する．圧搾油よりも精製度が高く，風味成分やアレルギー源となりうる成分（p.442）などの微量成分があまり含まれない．低温圧搾油は一般に風味づけとして，精製油は調理用として用いられる．搾油前に焙煎すると，風味の強いナッツ油になる．不安定な多価不飽和脂肪酸の割合が高いことが多いので，普通の植物油より酸化されやすい．よって暗色の瓶に入れて冷蔵庫で保存する

---

### アルガン油

西洋で知られるアルガンという珍しいナッツがあり，これは油を採るためにだけ利用される．モロッコ原産の耐乾性の樹木（*Argania spinosa*，チクルを採るサポジラの木やミラクル・フルーツの木と同じアカテツ科）の種子である．果肉を除くとアーモンドに似たナッツが出てくるので，皮をむき焙煎し，つぶして圧搾する．アラガン油は肉のような独特のにおいがする．

のがよい．搾油後の滓（ナッツ粉）は焼き菓子の材料に使うと風味や栄養価が高まる．

**ナッツ・ミルク**　乾燥したナッツをつぶすと，微小な油体（p.445）が融合して，油は連続した液層となる．ところが，生のナッツを水に浸けてからつぶすと，油体は比較的そのままの状態で水相に分散する．固形のナッツ粒子を漉し取った後には，油滴・タンパク質・糖・塩が水中に分散したミルクのような液が残る．中世ヨーロッパにおいて，（アラブから伝わった）アーモンド・ミルクとアーモンド・クリームはどちらも断食期間には乳製品に代わるごちそうであった．現在最も多く利用されているのはココナッツ・ミルクであるが，油分の多いナッツであればナッツ・ミルクができるし，ダイズからも豆乳ができる（p.480）．

　ナッツ・ミルクを使って，濃厚でおいしいアイスクリームが作れ，ソースやスープに入れればコクがでる．ナッツタンパク質は凝固しやすいので，酸を加えるとヨーグルトのようになり，これを加熱するとプディングとカスタードを足して2で割ったようなものができる．アーモンドはタンパク質含量が高いので，トロミがでやすい．それ以外のナッツ・ミルクは，煮立ててタンパク質を凝固させ，漉して水分を抜き，なめらかになるまで攪拌し，弱火にかけてさらにトロミをつける．ナッツをつぶす前に炒っておくと，風味がより強まる．

## ■ 代表的なナッツの特徴

**アーモンド**　樹木になるナッツ類のなかでは，生産量が世界第1位である．プラム大の核果（または石果）の種子である．アーモンドはプラムやモモの近縁である．野生種やあまり一般的でない種が数十種存在するが，アーモンド生産用に栽培されているのは，西アジア原産で青銅器時代以前に栽培のはじまった *Prunus amygdalus* である．現在ではカリフォルニアが最大の生産地となっている．抗酸化活性のあるビタミンEが豊富で，多価不飽和脂肪が少ないため，アーモンドの賞味期間は比較的長い．

　アーモンドを主原料とするマジパンは，砂糖とアーモンドを細かく砕きペースト状にしたもので，これをさまざまな形にして乾燥させ，飾りにする．発祥は中東地域で，中世の十字軍時代にヨーロッパに広まった．レオナルド・ダ・ヴィンチは1470年に，ルドヴィコ・スフォルザのミラノ宮廷でマジパン細工を作った．「私

---

### 中世時代のアーモンド・ミルクとアーモンド・クリーム

#### ブラマンジェ

肥育鶏をグツグツ煮て取り出す．ゆでたアーモンドを挽いて，煮汁の一部と混ぜ合わせ，鍋に戻し入れる．コメを洗って鍋に加えて煮る．鶏肉を小さくちぎって鍋に入れる．ラード，砂糖，塩を加え，さらに煮る．皿に取り分け，赤や白の砂糖漬けアニシードを飾り，炒ったアーモンドをのせて，食卓に出す．

――*The Forme of Cury*（料理の方法），1390年頃

#### アーモンド・ミルクのクリーム

アーモンド・ミルクを煮て，沸騰したら火から下ろし，酢を少々振りかける．布の上に広げ，砂糖をふりかけ，冷めたら一つにまとめて，薄切りにして皿にのせ，食卓に出す．

――R. ワーナー，ある中世の手稿より，*Antiquitates Culinariae*（料理の古代誌），1791年

の作った細工が，最後の一口まですべて食べ尽くされるのを，痛みをもって眺めていた」と彼は書いている．アーモンド・ペーストはペストリーの具やマカロンの生地にも使われ，アーモンド・ペーストと卵白だけで作るクッキーもある．

### アーモンドはアーモンド・エキスのにおいがしない理由

一般に市販されているアーモンドは繊細なナッツの味はするもののいわゆる「アーモンド・エキス」の強く独特な風味とはまったく違う．強いアーモンド臭がするのは，野生種かビター・アーモンド（苦扁桃，苦味と毒があって食用できない）だけである．これらは生体防御系をもち，殻が損傷を受けると致死性で苦味のある青酸ガス（シアン化水素）を発生する（p.251）．ビター・アーモンドは一度に2～3個食べると，子供ならば死に至ることもあるとされる．ところが，青酸生産系の副産物の一つである揮発性分子のベンズアルデヒドは，野生のアーモンド臭の主成分であることがわかっており，サクランボ，アンズ，プラム，モモのにおいとも関係している．食用とされる安全な"スイート"アーモンド品種は，苦味も独特のアーモンド臭もない．

ビター・アーモンドは合衆国では普通に入手できないが，ヨーロッパではスパイスとして使われている．スイート・アーモンドで作られたマジパンに少し加えるほか，アマレッティ・クッキー（アーモンド・マカロン），アマレット・リキュール，その他の料理にも使われる．アーモンドの代わりにアンズやモモの種からもベンズアルデヒドが得られるが，ビター・アーモンドのように強くて繊細な香りはしない．ドイツでは，アンズやモモの種をマジパンのようなペースト状にした「パーシパン」がある．

### カシューナッツ

ブラジル・ナッツと同じくアマゾン地域が原産で，その名前は先住民の言葉からきている．ただし，カシューナッツの木はポルトガル人によってインドおよび東アフリカに移植され，現在はこれらの地域が世界最大の生産地となっている．カシューナッツの貿易量は，アーモンドに続く世界第2位である．ツタウルシの類縁であり，殻に入ったカシューナッツが販売されていないのはそのせいである．カ

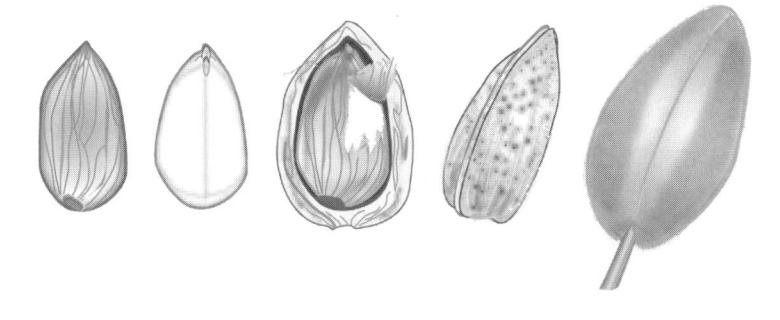

アーモンド．モモ，プラム，サクランボの近縁で，石のように硬い殻をもつ．

---

### アーモンド・エキスと模造品

ビター・アーモンドの風味は瓶入りのエキスとして市販されている．芳香成分のベンズアルデヒドが入っているが，ビター・アーモンド自体に含まれる青酸化合物は入っていない．"純粋"のアーモンド・エキスはビター・アーモンドから作られるが，"天然"のアーモンド・エキスは一般にカシア樹皮（カシア・シナモン，p.417）から作られる．そして"模造品（イミテーション）"は化学合成されたベンズアルデヒドを使用している．

シューナッツの殻には刺激性の油が含まれるので、これを加熱して飛ばした後、中身に油がつかないよう注意して殻を除く。生産国では、カシュー・アップルと呼ばれる肥大した花柄（偽果）を食べ、種子の入った果実は捨ててしまうことも多い。カシュー・アップルは生または調理して食べるほか、発酵させてアルコール飲料にもされる。

カシューナッツは油の多いナッツのなかでは珍しく、デンプンを多量に含み（重量で約12％）、液状の料理（スープ、煮込み料理、インドの牛乳菓子）のトロミづけによく使われる。

**ギンナン** 恐竜時代に栄えたイチョウ科の樹木のなかで唯一生き残ったのがイチョウ（*Ginkgo biloba*）、その木になるデンプン質の種子がギンナンである。完熟すると強烈な悪臭を発する果肉質の果実中に種子がある。原産地のアジアでは、水を張った大桶にイチョウの実を入れて発酵させ、果肉を軟らかくして取り除いた後、種子を水洗いし乾燥させる。ギンナンは、殻つきのままか殻を取って、炒ったりゆでたりして食べる。その風味は独特だがマイルドである。

**クリ** ヨーロッパ、アジア、北米に自生するクリ（*Castanea*）属の、複数種の高木になる実が食用とされる。ほかの多くのナッツ類とは異なり、エネルギーは油脂ではなくデンプンの形で蓄えられる。したがって、クリは十分に加熱して食べるものであり、肉質の食感がある。前史時代より、クリを乾燥して粉にしたものが、デンプン質の穀類と同様に、粥、パン、パスタ、ケーキ、スープのトロミづけなどに使われてきた。新大陸からジャガイモとトウモロコシが伝わる以前は、イタリアやフランスの丘陵地帯や限界農地において、クリは生きてゆくために不可欠な食糧であった。これとは正反対に、17世紀には、贅沢なクリ菓子であるマロン・グラッセが生まれている。大粒のクリを煮て、バニラで風味づけしたシロップに漬け、1～2日かけてゆっくりとしみ込ませ、さらに煮詰めたシロップを塗ったものである。

アメリカ原産種（*Castanea dentata*）は、かつては東部の硬木林の25％を占めていたが、アジアから入った胴枯れ病の被害が数十年をかけて広がり、20世紀のはじめにはほぼ壊滅してしまった。現在、クリの主要生産国は中国、韓国、トルコ、イタリアである。

水分量が多いのでクリは腐りやすい。容器に入れて冷蔵し、なるべく早く食べきるようにする。ただし、収穫したばかりのものは2～3日室温に置いておく。こうすると細胞の代謝が遅くなる前にデンプンの一部が糖に変わり、風味がよくなる。

**クルミ** 西南アジア、東アジア、南北アメリカが原産のクルミ（*Juglans*）属には15種ほどがあり、その種子が食用にされている。最も広く栽培されているのはペルシャ・ウォールナッツあるいはイングリッシュ・ウォールナッツと呼ばれる種（*Juglans regia*）で、西アジアやヨーロッパでは古代より食用にされている。世界消費量は、樹木ナッツのなかではアーモンドに次いで二番目である。ヨーロッパ言語の多くで、クルミをさす単語がナッツの総称としても使われる。現在の主要生産国は、合衆国、フランス、そしてイタリアである。古くから、クルミから搾った香りのよい油が利用されており、ヨーロッパや中国では、かつてナッツ・ミルクにしていた。ペルシャの「フェセンジャン」、ジョージア州の「サツィーヴィ」、メキシコの「ノガード」といったソース料理には、コクと風味をだすためにクルミが使われる。未熟で緑色のクルミを初夏に収穫して利用するところもあり、ピクルス漬けにしたり（イギリス）、甘い酒の風味づけに使ったり（シチリアの「ノチーノ」、フランスの「ヴァン・ドゥ・ノワ」）、シロップ漬けにしたり（中東）される。

同じクルミ科のピーカンナッツやヒッコリーと同様、クルミは薄い果肉に包まれた核果の仁で、可食部は二片に分かれた皺のある子葉である。クルミには $\omega-3$ 多価不飽和脂肪酸であるリノレン酸が非常に多く含まれているため、栄養的に優れているが、同時に非常に酸化されや

すい．クルミは冷暗所で保存するのがよい．クルミの香りは，油から生じるさまざまな成分（アルデヒド類，アルコール類，ケトン類）が複雑に混じり合ったものである．

**クルミの近縁種**　北米種のブラック・ウォールナッツ（*J. nigra*）はペルシャ・ウォールナッツの近縁である．実は小さめ，殻は硬く，独特の強い風味がある．かつてはパンや菓子，アイスクリームの材料として一般的だったが，実を砕かずに殻から取り出すのが難しく，あまり使われなくなっている．ブラック・ウォールナッツは現在もほとんどがミズーリ州の自然林で採取されている．別の北米種にバターナッツ（*J. cinerea*，ホワイト・ウォールナッツとも呼ばれる）がある．こちらはあまり知られていないが，タンパク質を非常に多く含み（30％にも達する），一部のファンの間では最もおいしいナッツとして評価が高い．日本固有種としてはオニグルミ（*J. ailantifolia*）があり，品種によっては実が特徴的なハート型をしている．

**ココナッツ**　ナッツ類のなかでは最も大きく，特に重要である．高木のようなココヤシ（*Cocos nucifera*，高さ30 m）は，ほかのナッツの木よりもイネ科植物に近い．その果実（核果）の仁がココナッツである．熱帯アジア原産と考えられるが，人間の手で移植される前から，丈夫な果実は海を渡って世界各地に流れ着いたとみられる．ヨーロッパで広く知られるようになったのは中世時代の初めである．フィリピン，インド，インドネシアを中心に，毎年200億個のココナッツが生産されている．英語のcoconutの語源は，ポルトガル語で小鬼やサルを意味するcoco，成り口が不気味な顔のように見えるところからきている．三つある窪みのうちの一つの下に小さな胚があり，そこから芽が出る．

ココナッツは繊維質の厚い果実層（果皮）に覆われ，その内側に木質の殻に包まれた種子がある．種子の胚乳にあたる果肉とミルクは，1年以上にわたって若芽の成長に十分な栄養と水分を供給する．果実の総重量は1～2 kg，その約4分の1が果肉，15％が遊離水である．

インド南部から東南アジア，アフリカ，南米に至るまで，さまざまな熱帯地方の料理でココナッツが風味の基調となっている．ココナッツ・ミルクの形で使われることも多く，濃厚な風味の調理液として，肉，魚，野菜，コメなど，さまざまな食材を調理するのに使われている．ココナッツはまるごと炒ることができないので，果肉をフレークまたは細切りにして丁寧に焙煎することで風味をだす．ほかのナッツ類は砕く大きさを変えることでカリッとさせたりとろりとなめらかにしたりできるが，これと違ってココナッツは，炒ってから完全に湿気を防いでおかない限り軟らかい．

ココナッツ独特の甘く濃厚な香りは，飽和脂肪酸の誘導体であるラクトン類（オクタラクトン，デカラクトン，ドデカラクトン，テトラデカラクトン）によるものである．モモのにおいにもラクトン類が関係している．焙煎すると，より一般的なナッツ臭（ピラジン類，ピロール類，フラン類）がでる．

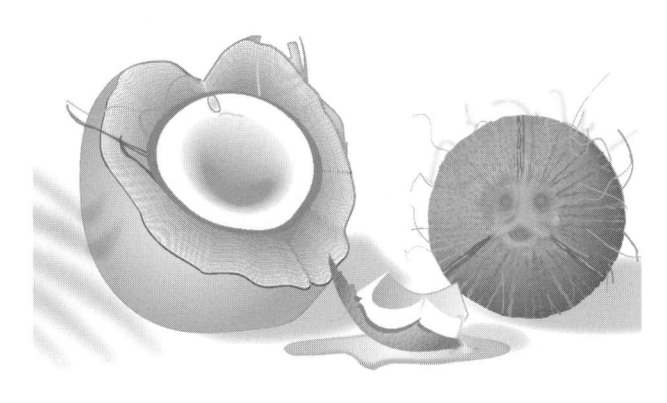

ココナッツ．乾いた厚い皮に包まれた巨大な種子は，固体および液体状の胚乳を含み，胚に養分を供給する．小さな胚は殻の先端にある三つの「目」のうちの一つから発芽する．

**ココナッツ果実の発生** ココナッツは年間を通じて結実と成熟がみられる．4ヶ月間ほどは果実内が液体で満たされており，5ヶ月目に成熟時の大きさまで達して，ゼリー状の果肉ができはじめる．7ヶ月目に殻が硬化しはじめ，1年で成熟する．5〜7ヶ月目の未熟果実は，ココナッツ水と呼ばれる甘い液体（糖分約2％）と，しっとりとキメ細かなゼラチン質の果肉（主に水，糖，炭水化物）を味わうという，独特の楽しみ方がある．11〜12ヶ月経った成熟果実では，中の液は量も甘味も少なくなり，果肉は白く硬く脂肪が多くなる．この状態の果肉は，水分45％，脂質35％，炭水化物10％，タンパク質5％ほどである．

**ココナッツの果肉とミルク** 良質で新鮮なココナッツは，持つと重みがあり，振るとバシャバシャと音がする．ココナッツ果実をすり鉢かミキサーでつぶすと，とろりとしたペーストになる．これは約半分が水で，その中に微細な油滴と細胞片が分散している．ココナッツ・ミルクを作るには，このペーストに水をいくらか加えて固形物を漉しとる．1時間ほど静置すると，脂肪の多いクリーム層と薄い"スキム"層とに分離する．細切りの乾燥ココナッツからもココナッツ・ミルクが作れる．缶詰のココナッツ・ミルクも市販されている．

**ココナッツ油** 20世紀のある時期には，ココナッツ油が世界的に最も重要な植物油であった．大量生産が可能であり，非常に安定で，乳脂肪と同じくらいの融点をもつ．しかし，安定性と汎用性を与える特性そのものが，栄養面で望ましくないと考えられる．ココナッツ油を構成する脂肪は90％近くが飽和脂肪である（カプリル酸・カプリン酸15％，ラウリン酸45％，ミリスチン酸18％，パルミチン酸10％，そして一価不飽和脂肪のオレイン酸はわずかに8％）．つまり，血中コレステロール値の上昇につながる．1970〜80年代には，加工食品に使用されるココナッツ油は，部分硬化した飽和度のより少ない種子油に置き換わっていった．ただし，部分硬化油はトランス脂肪酸を含むということで現在問題となっている（p.37）．

食事内容が心疾患に及ぼす影響についての現時点での大まかな見識を踏まえたうえで（p.249），保護作用のある野菜や果実，その他の種子を多く取り入れたバランスのよい食生活の一環として，ココナッツを食べることに何ら問題はないと考えられる．

**ピーカンナッツ** 北米中部のミシシッピ川やその他の河川沿いの渓谷，南はメキシコのオアハカまで自生する非常に高い樹木（*Carya illinoiensis*）になる，軟らかくて油の多い種子である．クルミの遠縁にあたり，クルミ科カリア（*Carya*）属のヒッコリー14種のうちの一種である．ナッツ類のなかでも非常に風味豊かで，殻もむきやすい．アメリカ先住民は野生のピーカンナッツを食用とし，ミルクのようにして飲みものや料理に用いていたとみられ，おそらくは発酵も行っていた．1700年頃にメキシコで

---

### ココナッツ"ゼラチン"

種子を原料とする製品のほかに，ココヤシの木からは変わった食材がいくつか得られる．その一つが「ココナッツ・ゼラチン」すなわち「ナタ・デ・ココ」である．ココナッツ水を酢酸菌（*Acetobacter xylinum*）で発酵させたときに表面にできる，水分の多い半透明のセルロース塊である．ナタ・デ・ココ自体にはあまり味がないが，弾力のあるおもしろい食感である．フィリピンでは，酢を洗い流してから風味づけし，シロップに漬け込んで，菓子として食べる．

スペイン人が人為的な栽培をはじめ，その数十年後には東部のイギリス植民地でも栽培されるようになった．1840年代にアントインという名のルイジアナの奴隷が，優れたピーカンの木を接ぎ木で増やすことに成功し，これが最初の改良品種となった．

ピーカンナッツはクルミと比べて細長く，子葉が厚くなめらかで，殻に対する中身の割合が大きい．クルミと同様，皮の色が薄いものほど渋味が少ない．ピーカン独特の風味については，よくわかっていない．ピラジン類による一般的なナッツ臭のほかに，ココナッツにも含まれるラクトン（オクタラクトン）が検出されている．

ピーカンナッツとクルミは，ナッツのなかでも特に油分と不飽和脂肪酸含量が高い．一般に油が多いほど実は砕けやすいので，ピーカンの実は傷つきやすく，油が表面ににじみ出して酸化・劣化しやすい．炒ると細胞構造が弱まり脂肪が酸素に触れるので，さらに劣化が早まる．生のピーカンナッツは丁寧に取り扱えば，冷凍庫で数年間保存できる．

**ピーナッツ（落花生）** ピーナッツはナッツといっても本当のナッツではなく，マメ科の低木植物（*Arachis hypogaea*）の種子である．細長い木質のさく果が地中で成熟する．紀元前2000年頃に南米，おそらくはブラジルで栽培化され，インカ文明以前のペルーでは重要な作物であった．16世紀にポルトガル人によってアフリカ，インド，アジアに持ち込まれると，中国では主要な調理油の原料となった（ピーナッツにはダイズの2倍の油が含まれる）．アメリカでは19世紀までは主に家畜飼料として利用されるのみであった．20世紀初めに，偉大なる農業科学者ジョージ・ワシントン・カーヴァーが，南部農業においてゾウリムシの被害が大きかった綿花の代わりに，ラッカセイの栽培を奨励したことから，栽培が拡大した．

現在，ラッカセイの世界生産はインドと中国が1,2位を占め，かなり引き離されて合衆国が第3位である．アジアではラッカセイの大半が油脂用および粉用，合衆国では食用である．アジアやアフリカのさまざまな伝統料理に，重要な食材として使われる．ソースやスープにトロミと濃厚な風味をつけるために，ピーナッツ・ピューレを入れる．タイや中国の麺料理や甘いパンの具に，インドネシアのディップ・ソースやサンバル（調味料）に，西アフリカの煮込み料理やスープ，ケーキ，砂糖菓子に，ピーナッツの粒またはピューレが使われる．塩水でゆでたピーナッツは，アジアでも合衆国南部でも，スナックとしてよく食べられる．殻つきのままゆでるとジャガイモに似たにおいになり，殻からでるバニリンのおかげで甘いバニラの香りもする．

合衆国では四つの品種が栽培されており，それぞれ用途が違う．大粒のバージニア種と小粒のバレンシア種は殻つき商品用，バージニア種と小粒のスパニッシュ種はミックス・ナッツやキャンディー用，ほふく性種は一価不飽和脂肪を多く含み酸化しやすいため，焼き菓子用やピーナッツ・バター用である．

**ピーナッツ・バター** 現在のようなピーナッツ・バターが生まれたのは1890年頃，ミシガン州のセント・ルイスかバトル・クリークであったとみられる．市販品は，ピーナッツの内部温度が150℃前後になるまで加熱して風味をだし，熱湯でゆでて薄皮をむき，約2％の塩と6％までの砂糖を加えて粉砕したものである．油と固形分が分離しないように，3〜5％の硬化ショートニングを加えてある．ピーナッツ・バターが冷めると，ショートニングが固化して微細な結晶がたくさんできるので，不飽和度が高くそれだけだと液状のピーナッツ油も，バターのような硬さになる．低脂肪のピーナッツ・バターは，原料の一部にダイズタンパク質と砂糖を使っている．

**ピーナッツの風味** 炒ったピーナッツからは数百種類の揮発性成分が同定されている．生の種子は緑色で豆臭い（主成分は，青葉臭ヘキサナールとエンドウのピラジン）．炒ったピーナ

ッツのにおいには，複数の硫黄化合物，多数の"ナッツ臭"ピラジン類，その他が関係しており，なかには果実臭や花のにおい，焦がしたにおい，煙のにおいなども含まれる．貯蔵と老化に伴い，ナッツ臭のピラジン類は薄れ，塗料臭やダンボール臭がでてくる．

**ピーナッツ油**　温暖な気候では生産性が高いので，特にアジアではピーナッツ油が調理油として重要である．ピーナッツを蒸して酵素を失活させると同時に細胞構造を軟らかくし，搾油・清澄化する．独特の風味や，発煙点を下げる不純物を除くために精製することもある．

**ピスタチオ**　アジアおよび中東の乾燥地帯が原産の樹木（*Pistacia vera*）から採れる種子で，カシューナッツやマンゴーと同じウルシ科である．中東の紀元前7000年の集落跡から，アーモンドとともに発見されている．近縁種（*Pistacia lentiscus*）からは芳香性のマスチック樹脂（p.412）が採れる．ニューヨーク移民の間で人気があったことから，合衆国では1880年代にピスタチオが広く知られるようになった．現在はイラン，トルコ，そしてカリフォルニアが主要生産地である．

ピスタチオは房状に実り，殻に入った実はタンニンの多い外皮に包まれている．種子が成熟するにつれて外皮が赤紫色に変わり，実が大きくなって殻が割れる．昔ながらの方法では，成熟種子を木から叩き落して天日干しする．外皮の色素が殻に移るため，殻は均一な赤色に染まることが多い．現在，カリフォルニアでは乾燥させる前に外皮を除くので，殻は本来の薄褐色である．

ピスタチオはナッツ類のなかでは珍しく，子葉が緑色である．これはクロロフィルの色である．たとえば，高地などの比較的冷涼な気候で生育し，完熟の数週間前に早めに収穫すると，鮮やかな緑色が残る．したがって，ピスタチオは風味や食感だけでなく色も楽しまれ，パテやソーセージなどの肉料理や，アイスクリームなどの菓子の美しい彩りとなる．色を鮮やかに保つためには焙煎するか，もしくはクロロフィルが分解されないようになるべく低温で調理するとよい．

**ブラジル・ナッツ**　ナッツ類のなかでは特に大きく（長さ2.5 cm以上），重さはアーモンドやカシューナッツの2倍ほどある．南米のアマゾン地域に自生する高木（*Bertholletia excelsa*, 樹高50 m, 幹径2 m）の種子である．硬いココナッツ大の殻の中に8〜24個の種子が含まれる．生産の中心は今も南米諸国である．地面に落ちた実だけを拾い集める．実は5 kgほどもあり，頭上に落ちれば致命傷にさえなるので，収穫には常に保護用の盾を持ち歩く．可食部は大きく肥大した胚軸である．大きいうえに油脂含量も高いため，大きめのブラジル・ナッツ2個で，卵1個分のカロリーがある．

ブラジル・ナッツには，ほかのどの食品より

### ブラジル・ナッツはなぜ容器の一番上にくるのか

　いろいろなナッツを混ぜて容器に入れると，小さいナッツは底に沈み，ブラジル・ナッツが一番上にくるのはなぜか？　この難問を扱った論文が，1987年の *Physical Review Letters* に報告されている．これと同じような大きさによる分離は，コーンフレークから土壌まで，さまざまな混合物中で見られる．混合物中の物体は，重力により，すきまを通って下へと引っ張られる．大きいすきまよりも小さいすきまのほうが多いので，大きい物体よりも小さい物体のほうが底に沈みやすい．

もセレンが多く含まれる．セレンは癌の発生を予防するが，これには抗酸化酵素や損傷細胞の致死など，いくつかの過程が関係している．世界保健機関（WHO）によるセレンの1日最大摂取量は，ブラジル・ナッツ15gに相当する．

**ヘーゼルナッツ**　北半球に自生するハシバミ（*Corylus*）属には，主に株立ち性の15種が含まれるが，そのうちの数種から採れる種子が食用とされる．ユーラシアの温暖帯に自生する*Corylus avellana*と*C. maxima*は，前史時代に広く利用されていた．ナッツを食用にするほか，成長の早い枝は杖や湿地の覆いとして使われた．トルコの黒海地域で生産栽培されているのは主に，丈の高い*C. colurna*である．ヘーゼルナッツは "filbert（フィルバート）" という別名がある．英国では細長い品種をfilbertと呼ぶが，これらの品種は8月末のSt. Philibert's Day（サン・フィリベールの日）あたりから実が熟しはじめるところから名づけられたとも言われる．ローマ時代後期のアピキウスの料理本では，鶏肉，豚肉，ボラのソースにヘーゼルナッツが使われている．スペインのピカーダ・ソースやロメスコ・ソースで，アーモンドの代わりにヘーゼルナッツが使われることもある．エジプトのダッカというスパイスの効いたスプレッドや，イタリアのフランジェリコというリキュールにも使われる．ヘーゼルナッツは，トルコ，イタリア，スペインといった主要生産地のあるヨーロッパで特に人気が高い．合衆国では，ほぼすべてのヘーゼルナッツがオレゴン産である．

ヘーゼルナッツの独特な香りはヘプテノン（フィルバートンとも呼ばれる）によるもので，生のナッツにも少量含まれるが，焼いたりゆでたりすると600～800倍に増加する．

**マカダミア・ナッツ**　マカダミア・ナッツが食用されるようになったのは比較的最近である．オーストラリア北東部が原産の熱帯常緑樹2種（*Macadamia tetraphylla*，*M. integrifolia*）から採れる種子である．先住民族のアボリジニは数千年前から食用していたが，これがヨーロッパ人に知られるところとなり命名された（スコットランド生まれの化学者ジョン・マカダムの名前から，1858年）．マカダミア・ナッツがハワイに持ち込まれたのは1890年代で，商業的に重要となったのは1930年頃からである．現在はオーストラリアとハワイが主要生産地だが，生産量が比較的少ないため，ナッツとしてはかなり高価なものの一つである．マカダミア・ナッツは殻が非常に硬く，市販されているものはほ

---

### 食物用語：pine（松），walnut（クルミ），flax（アマ），sesame（ゴマ）

　ナッツの名前の多くは，特に関連した意味なはく単にナッツそのものをさす．アーモンドとピスタチオ（almond, pistachio, ギリシャ語から），そしてヘーゼルナッツ（hazelnut, インド・ヨーロッパ語から）などが，非常に長い間，基本的な食べものであったことを示している．pine（松）は "膨れる，太くなる" という意味のインド・ヨーロッパ語が語源であり，おそらくは松の木から脂のような樹脂がしみ出るのを暗示していると思われる．walnut（クルミ）は古英語のwealh（"ケルト人" または "外国人"）とhnutu（"ナッツ"）が合わされた語で，クルミが東方からイギリス諸島にもたらされたことを反映している．flax（アマ）の語源は "編む" という意味のインド・ヨーロッパ語で，これはアマが最初は茎の繊維を利用するために栽培されていたためである．sesame（ゴマ）は古代中東のアッカド語で "油" および "植物" を意味する二つの語からきている．

とんど殻が除かれている．空気に触れて酸化しないよう，缶入りや瓶入りで売られている．マカダミア・ナッツは樹木ナッツ類のなかでは脂肪分が最も高く，その大半が一価不飽和脂肪酸（オレイン酸が65％）である．繊細でマイルドな風味がある．

**松の実**　北半球で最も馴染み深い常緑樹の一つであるマツ科には100種ほど存在するが，そのうちの10種強の実が食用にされる．特に重要なのがイタリアカサマツ（*Pinus pinea*），韓国のチョウセンゴヨウ（*P. koraiensis*），合衆国南西部のアメリカヒトバマツ（*P. monophylla*）とピニョンマツ（*P. edulis*）である．松の実は松かさの鱗片についていて，3年で成熟する．日干して乾燥させた松かさを叩いて種子をふり落とし，皮をむく（現在は機械化されている）．独特の樹脂臭があって，ナッツのなかでもカロリーが高い．油脂含量はアメリカ産（62％）やヨーロッパ産（45％）よりも，アジア産（78％）が高い．さまざまな料理や菓子に用いられるほか，圧搾油も利用されている．韓国には松の花粉を使った菓子，ルーマニアには緑の松かさで風味づけした猟獣肉用のソースがある．

## ■ その他の油脂性種子の特徴

**アマ種子（フラックスシード）**　ユーラシア原産のアマ（*Linum*）科植物，特に *L. usitatissimum* の種子を食用にする．7000年以上前から，食用および麻布の繊維用として利用されてきた．小さくて硬い赤褐色の種子は，脂肪とタンパク質を約30％ずつ含み，ナッツのよい香りと美しいツヤをもつ．ほかの食用種子にない特長としては，脂肪の半分以上がリノレン酸（$\omega$-3脂肪酸）からなる．リノレン酸は体内で健康によいとされる長鎖脂肪酸（DHA や EPA，魚介類に含まれる，p.179）に変換される．亜麻仁油（フラックス・オイル，リンシード・オイルとしても知られ，乾性油として防水塗装用にも使用される）は，植物性の食物のなかでは$\omega$-3脂肪酸が最も多い．もう一つの特長として，アマは食物繊維を約30％含む．その4分の1は種皮に含まれる粘性物質であり，さまざまな糖からなる長鎖成分でできている．この粘性物質のおかげで，アマ種子の粉に水を加えると粘りのあるゲル状となる．乳化剤や泡安定剤としての働きに優れるので，焼き菓子にボリュームをだすことができる．

**カボチャの種子**　カボチャ（*Cucurbita pepo*）は新大陸原産で，その種子はクロロフィルの深緑色が特徴的である．デンプンをまったく含まず，油分が50％ほどもあり，タンパク質が約35％含まれる．カボチャの種子はスナックとしてよく食べられ，メキシコではソースのトロミづけに使われる．硬くてはがれにくい通常の種皮をもたない"皮なし"品種もあり，これらは食べやすい．

カボチャ種子油は，ヨーロッパ中部でサラダ油としてよく使われる．多価不飽和のリノレン酸と一価不飽和のオレイン酸を主成分とし，色はさまざまあっておもしろい．カボチャ種子には黄橙色のカロテノイド色素（主にルテイン）

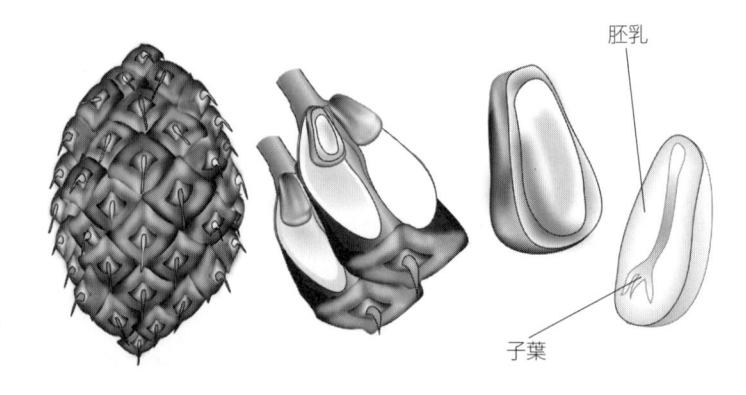

松の実．松かさの鱗片に付着している．ココナッツと同様，子葉よりも胚乳の割合が大きい．

胚乳

子葉

とクロロフィルの両方が含まれる．生の種子から搾油したものは緑色だが，収量を上げるために種子の粉を湿らせ加熱してから搾油すると，クロロフィルよりもカロテノイドが多く抽出される．その結果，橙色と緑色の色素が混じって，瓶や深い器に入れると濃褐色に見える．ただし，パンに浸した場合などは，油が薄い層になって光を吸収する色素が少なくなるので，クロロフィルの色が強くでてエメラルド・グリーンに見える．

**ケシの実** ケシ（*Papaver somniferum*）は西アジア原産で，古代シュメール人も栽培していた．同じ植物の未熟果を裂くと出てくる乳液がアヘンであり，モルヒネ，ヘロイン，コデイン，その他の関連アルカロイドの混合物である．ケシの実は乳液の滲出が止まってから採取する．ケシの実にもアヘンアルカロイドが含まれるが，微量であるため身体に影響がでることはない．ただし，ケシの実の入ったケーキやパンを食べた後に，薬物試験で陽性判定がでることがある．

　ケシの実は微細で，1gは約3300粒である．種子重量の50%が油である．ケシの実は苦味やピリッとした辛味を感じる場合があるが，これは種子が傷ついて脂肪と酵素が混じり合い，遊離脂肪酸が生じたためである．鮮やかな青色に見える場合もあるが，これは目の錯覚によるものであろう．顕微鏡で観察すると，実際の種子の色素層は褐色である．ただし，色素層の2層上にはシュウ酸カルシウムの微結晶を含む細胞の層があって，結晶が微細なプリズムのような働きをして，青色の波長が選択的に反射されるのである．

**ゴマ** ゴマ（*Sesamum indicum*）は中央アフリカのサバンナ地帯が原産で，現在はインド，中国，メキシコ，そしてスーダンが主要生産国となっている．ゴマの種子は小さく，1gは250～300個である．黄金色から褐色，紫色，黒色までさまざまな色があり，重さの約50%が油である．香ばしさをだすため，軽く焙煎することが多い（120～150℃，5分間）．その芳香成分には焙煎したコーヒーと同じ芳香族硫黄化合物（フルフリルチオール）が含まれる．中東ではゴマを使った「タヒニ」というペーストがあり，日本ではおにぎりに使ったり，葛粉で固めてゴマ豆腐にしたりする．中国では甘いペースト，ヨーロッパや合衆国では焼き菓子の飾りに使われる．ゴマを焙煎して（180～200℃，10～30分間）搾油したゴマ油は，料理の風味づけに使われる．ゴマ油にはフェノール性抗酸化物質（リグナン）が豊富なうえ，ビタミンEや，焙煎で生じる褐変反応の生成物が含まれるため，非常に酸化されにくい．

**ヒマワリの種子** ヒマワリ（*Helianthus annuus*）は，北米原産の植物としては唯一，世界の主要農作物の一つになったものである．ヒマワリは100以上の小さい花が集まった頭状花で，イチゴの「種子」のようにそれぞれの花が小さい果実となり，ひとつひとつの種子が薄い外皮に包まれている．種子の大半を占めるのは栄養を蓄えた子葉である．アメリカ南西部に起源を発し，メキシコではヨーロッパの探検家がやって来る3500年も前から栽培が行われていた．1510年頃に観賞用植物としてヨーロッパに伝わった．植物油用としての大規模栽培は，フランスおよびドイツのババリア地方で18世紀にはじまった．現在，ロシアが他国を大きく引き離して世界最大の生産国である．第二次世界大戦中には，ロシアの搾油用改良品種が北米で栽培されていた．ヒマワリは一年生油脂作物のなかでは世界生産量の上位を占める．食用品種は搾油用品種よりも大型で，外皮には美しい縞模様があってむきやすい．ヒマワリ種子はフェノール性抗酸化物質とビタミンEが特に豊富である．

# 第10章
# 穀物で作る生地
## ──パン,ケーキ,パイ(ペストリー),パスタ──

| | | | |
|---|---|---|---|
| パンの進化 | 502 | 特殊なローフ型パン:サワー種, | |
| 　前史時代 | 502 | 　ライ,スイート,グルテンフリー | 526 |
| 　ギリシャ・ローマ時代 | 503 | 　その他のパン:フラットブレッド, | |
| 　中世時代 | 503 | 　ベーグル,蒸しパン,クイック・ | |
| 　近代初期 | 504 | 　ブレッド,ドーナッツ | 529 |
| 　伝統的なパンの衰退と復活 | 505 | 薄めの生地の食品:クレープ, | |
| 生地および生地で作るものの基本構造 | 506 | ポップオーバー,グリドル・ケーキ, | |
| 　グルテン | 506 | クリーム・パフ・ペストリー | 533 |
| 　デンプン | 509 | 　ゆるい生地で作る食品 | 533 |
| 　気泡 | 510 | 　クレープ | 534 |
| 　脂肪:ショートニング | 510 | 　ポップオーバー | 534 |
| 生地の材料:小麦粉 | 511 | 　グリドル・ケーキ:パンケーキと | |
| 　小麦の種類 | 511 | 　クランペット | 534 |
| 　小麦から小麦粉へ | 513 | 　グリドル・ケーキ:ワッフルと | |
| 　小麦粉の微量成分 | 514 | 　ワッファー | 534 |
| 　小麦粉の種類 | 515 | 　シュークリームの皮(クリーム・パ | |
| 生地の材料:酵母および化学膨化剤 | 515 | 　フ・ペストリー,パート・ア・シ | |
| 　酵母 | 516 | 　ュー) | 535 |
| 　ベーキング・パウダーその他の | | 　揚げ衣 | 536 |
| 　化学膨化剤 | 517 | 濃いめの生地の食品:ゆるい生地の | |
| パン | 518 | パンやケーキ | 537 |
| 　材料の選択 | 519 | 　ゆるい生地のパンとマフィン | 537 |
| 　生地の作り方:混合とこね上げ | 521 | 　ケーキ | 537 |
| 　発酵 | 522 | パイ(ペストリー) | 543 |
| 　焼き上げ | 522 | 　パイの種類 | 544 |
| 　冷却 | 524 | 　パイの材料 | 544 |
| 　ステーリング過程;パンの保存と再生 | 524 | 　パイの作り方 | 546 |
| 　パンの風味 | 525 | 　粒状のパイ(練り込みパイ):ショート・ | |
| 　大量生産製品 | 526 | 　ペストリー,パート・ブリゼ | 547 |

| | |
|---|---|
| フレーク状のパイ：アメリカン・パイ 547 | クッキーの材料とテクスチャー 551 |
| 層状のパイ（折り込みパイ）：パフ・ペストリー，パート・フィユテ 548 | クッキーの作り方と保存 553 |
| | **パスタ，麺，ダンプリング（団子）** **554** |
| シート状のパイ：フィロ，シュトルーデル 549 | パスタと麺の歴史 554 |
| | パスタと麺の生地作り 556 |
| パイとパンの掛け合わせ：クロワッサン，デニッシュ・ペストリー 550 | パスタと麺のゆで方 558 |
| | クスクス，ダンプリング，シュペッツレ，ニョッキ 559 |
| 塩味の軟らかいパイ：熱湯を使ったパイ，パータ・パテ 551 | アジアの小麦粉麺・ダンプリング 560 |
| **クッキー** **551** | アジアのデンプン麺・米麺 561 |

　パンは日々の食生活に広く深く浸透している食物で，何百世代にもわたり生きる糧とされてきた重要な食物である．また，人類の歴史のごく早い時期に，物事の本質を見抜く力と偶然のひらめきによってもたらされた，まさに素晴らしい発見である．前史時代の人類にとっては，自然界に隠された変化の可能性，そして望みどおりに自然物を形作ることのできる人間の可能性を垣間見た，驚くべき発見でもあったろう．パラパラと硬く粉っぽく味気のない穀物を材料として，まったく違った形のパンができあがる．穀物を粉にし，水で濡らし，熱いものの上に置くだけで，外はカリッと中はしっとりと，おいしい丸い塊になる．さらに素晴らしいのが膨らんだパンである．水で練った粉を2日ほど置いておくと，そこには生命が宿って成長をはじめ，内側から膨らんで大きくなる．焼き上げたパンの内側を見れば，人間の手では到底作り出せないような細かな穴がたくさん集まっている．炒った穀物やどろっとした濃い粥も，栄養があるという点では同じだが，人間の生きる糧に新しい次元の楽しみと驚きをもたらしたのがパンである．

　西アジアからヨーロッパにかけた地域では，「パン」は食物の代名詞であり，宗教行事でも俗事でも重要な役割を担っている（ユダヤ教の過越祭で食べるマッツァという無酵母パン，聖体拝領用のパン，ウェディング・ケーキな

---

### 食物用語：dough（生地），bread（パン）

　dough（生地）の語源は"形作る，作り上げる"という意味のインド・ヨーロッパ語で，figure（形，姿），fiction（作り事），paradise（壁に囲まれた庭）なども同じ語源である．この派生からもわかるように，パン生地の可塑性，粘土のように人の手で形作ることのできる性質は，古代の人々にとって重要であった．（特に鳥肉や獣肉や魚などの食材を調理するための器として，粘土もパン生地も昔から利用されてきている．）

　bread（パン）はゲルマン語が語源で，本来の意味は一片または一口のloafということで，loafは膨らませ焼いたもの自体を意味した．時を経るうち，loafが焼いた塊そのままをさすようになり，breadがloafの本来の意味に取って代わった．パン一斤のことを"loaf of bread"と言うが，本来であれば"bread of loaf"と言うのが正しい．

ど）．イギリスでは社会関係の命名の基礎となっている．"Lord（卿）"というのはアングロ・サクソン語のhlafordからきたもので，これは"loaf ward"，すなわち食べもの（loaf, パンの塊）を与える雇い主という意味である．"lady（Lordの女性版）"はhlaefdige, "loaf kneader"つまり彼女の主人が分配するものを召使いに作らせる女性である．"companion（連れ，友）"と"company（仲間，会社）"の語源は後期ラテン語のcompanio, "パンを共有する者"という意味である．生命の糧であるパンは，西洋思想の中心でもありつづけた．

## パンの進化

穀物，粉挽き用の機械，生地を膨らませる微生物や化学物質，パンを焼くオーブン，パンを焼く人，そして食べる人，このようなパン作りに必要なすべてのものが，パンの進化に関わってきた．パンという基本的な食物を洗練し栄養強化すること，これこそが古来変わらぬただ一つの主題であった．膨らみのよいパン用小麦を使い，ふすまや胚芽をほとんど含まない精白小麦粉にして，風味の弱い酵母の純粋培養品で膨らませ，脂肪や糖を大量に添加する．こうしてパンはどんどん限定された製品になってきた．20世紀には，この洗練と強化は極限に達し，工場生産されたパンは風味もテクスチャーもほとんどなくなり，ケーキは小麦粉より砂糖のほうが多いくらいである．この20年間ほどは，昔ながらのレンガの窯で焼いた，素朴な焼きたてのパンが，また見直されつつある．スーパーで売られているパンも，風味がよくなってきている．

### ■ 前史時代

前史時代の二つの発見が，穀類からパンや麺，パイやケーキを作るための基礎となった．まず，砕いた穀物に水を混ぜたペースト状のものは，粥になるだけでなく，火の燃えさしや熱い石の上で調理するとちょっと変わった固形物になる，ということが発見された．フラットブレッドである．次に，ペースト状の穀物を2〜3日置いておくと，発酵してガスで膨らむ，ということが発見された．これを密閉した窯に入れて一度に全方向から加熱すると，軽く軟らかでもっと風味のよいパンになった．

フラットブレッドは，穀物を主食にしていた世界各地で，石器時代後期によくみられたものである．現在にその姿を残すのは，中東のラヴァッシュ，ギリシャのピタ，インドのロティやチャパティなどで，いずれも材料は主に小麦だがその他の穀類が使われることもある．それから，トウモロコシで作るラテン・アメリカのトルティーヤや北米のジョニーケーキがある．これらのパンはおそらく初めは焚き火の横で，そして後には熱した石の上で焼かれていたと思われる．かなり後になると，蜂の巣の形をした窯（上部が開口していて石炭とパンを一緒にいれる）で焼くようになったものもある．パン生地を窯の内壁に叩きつけて，くっつけて焼いた．

パン用小麦，すなわち大きくて軽いパンを作ることのできる特別な品種は，紀元前8000年頃までに生まれていたが（p.452），発酵パンの最古の考古学的証拠は，紀元前4000年頃のエジプトの遺跡から出土している．発酵生地は初め，偶然の産物であった．酵母の胞子は空気中や穀粒表面など何処にでもあるので水分と栄養のあるパン生地の中ですぐに増殖した．人はこの自然の成り行きを利用するため，すでに酵母が増えたパン生地の残りを使って新しい生地を発酵させるようになった．特にビール醸造で残った泡など，酸味の少ない元種（スターター）も好まれた．紀元前300年頃までに，エジプトでは専門の職人により酵母作りが行われるようになっていた．一方の粉挽き道具は，すり鉢とすり棒にはじまり，2枚の平らな石，そして紀元前800年頃のメソポタミアでは，連続回転式の石臼へと変わっていった．その後，動物や水力，風力を利用した連続式の粉挽きが行われるようになり，人間の労力をあまりかけずに非常に細かい粉を挽くことができるようになった．

## ■ ギリシャ・ローマ時代

　発酵パンが地中海の北部沿岸に伝わったのはかなり後になってからである．ギリシャでパン用小麦が栽培されたのは紀元前400年頃以降，その後もしばらくは大麦のフラットブレッドが普通であったと思われる．ギリシャ時代には，蜂蜜やアニス，ゴマ，果実などを使ったパンやケーキが作られ，全粒パンも半精白パンもあった．少なくともギリシャ時代以降，パンの白さが純度と品質の証となった．アリストテレスと同時代のアルケストラトスは，古代地中海地方の食事に関する簡潔な記述 *Gastronomia* を著しており，この書名が"gastronomy（美食）"という言葉の語源ともなった．彼は，ギリシャのレスボス島の大麦パンについて，「幽玄な雪よりも純粋さで勝る純白のパン，天上の神々が大麦パンを食べたなら，ヘルメスは神々のためにエレソス（レスボス島にある市）までパンを買いに走ったに違いない」と過剰なまでの賛辞を与えている．

　ローマ時代後期までには小麦パンが生活の中心となっており，北アフリカや帝国のほかの地域から大量のデュラム小麦とパン用小麦が輸入され，公衆の需要を満たしていた．以下のプリニウスの記述から，動乱の時代には風味をつけたパン（ケーキやパイの原型）が大層な贅沢だったということがしのばれる．

　パン生地を練るときに卵やミルクを入れることもあり，パン屋の品揃えを気にする余裕のある平和な時代には，バターさえも使われた．

## ■ 中世時代

　中世ヨーロッパでは，パン職人は，普通の茶色のパンか贅沢な白いパンのいずれかに専門化されていた．17世紀に入って初めて，製粉技術の向上と一人当たりの所得の増加に伴い，ほぼ白いパンが広く普及し，茶色のパンの職人組合がなくなった．北部地域では，小麦よりもライ麦，大麦，オート麦（燕麦）が普通で，重くてキメの粗いパンが作られていた．この時代のフラットブレッドの使い方の一つに，密度が高く乾燥した厚いパンのスライスを，食事用の皿として使う「トレンチャー」というものがあった．食事の後には食べてしまうか，貧しい人々に与えた．また，多用途の調理・保存容器の一種としてパイが作られることも多く，特に肉料理を包むのに使われた．

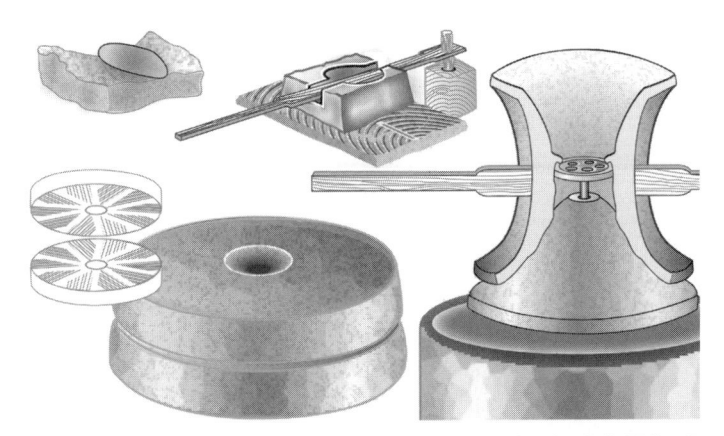

穀物用の粉挽き道具の進化．左上から時計回りに：サドルストーンとレバー式：往復運動のみ．砂時計式：人や動物の力で一方向に連続回転させる．ローマ時代まで広く用いられた．平らな石臼：自然力の利用が可能となり，水車や風車で動かされた．現代の工業生産ではほとんどが金属製の溝つきローラーだが，なかには石臼を使っているものもある．

■ 近代初期

　中世後期からルネッサンス時代にかけて，風味をつけたパンの技術が著しく発展した．折り込みパイやシューもこの時代に生まれている．中産階級の興隆とともに，家庭でのパン作りが料理本に掲載されるようになり，それらの方法はすでに現代とほぼ同じであった．18世紀以降に出版されたイギリスやアメリカの料理本には，何十ものパンやケーキ・クッキーの作り方が載っている．1800年頃のイギリスではまだ，パンはほとんどが家庭内や地域共同の釜で焼かれていた．しかし産業革命が広がり，人口が都市の居住区に集中すると，パン作りはパン屋が行うようになり，小麦粉に漂白剤（ミョウバン）や増量剤（貝殻の粉，動物骨粉）を入れるものもでてきた．家庭でパン作りが行われなくなったことは，経済的，栄養学的，そして道徳的にもよくないと非難された．イギリスの政治記者ウィリアム・コベットは，労働階級向けの小冊子 Cottage Economy （家庭の経済，1821年）のなかで，パンの購入が合理的なのは空間と燃料の限られた都市部のみである，と述べている．そして以下のように続けている．

　　労務者の妻がパン屋に行くとは，なんと浪費的で，そして実に恥ずべきことだろう……
　　小ざっぱりと賢い女性が窯を温めパンを焼く姿は，なんと美しい光景だろう．そして忙しさのなか眉の上に汗が輝くとき，どんな男もそれをキスで拭いたくなる．着飾ったご婦人の頬のおしろいを舐めるよりもはるかに魅力的だ．

　コベットらの非難も時代の流れを変えることはできなかった．パン作りは家事のなかでも特に時間と手間のかかる仕事であり（額の汗にキスしてもらったとしても），パン屋の仕事はその後もますます多くなっていった．

**パンを膨らませる技術の革新**　アメリカ初の料理本であるアメリア・シモンズの *American Cookery* （アメリカ料理，1796年）で，パンを膨らませる新しい方法が紹介された．2種類のクッキーと2種類のジンジャーブレッドの作り方のなかで，「真珠灰」を使っている．真珠灰とは精製した草木灰で，植物素材を燃やして得られる灰を水に浸け，上澄みを取って乾燥させ，溶解成分を濃縮したものである．真珠灰の主成分はアルカリ性の炭酸カリウムで，パン生地中の酸性材料と反応して二酸化炭素ガスを発生する．重曹やベーキング・パウダー（1830〜1850年に登場した）の前身である．液状のケーキ生地や甘いクッキー生地なども，これらの化学剤を使えば瞬時に膨らむ（増殖が遅い生きた酵母ではありえない）．20世紀に入る頃には，ビール酵母よりも働きが一定で酸味も少ないパン用の精製酵母が，専門業者から入手できるようになった．

---

### 食物用語：flour（穀物粉）

　穀物粉はフランス語で farine （ファリーヌ），イタリア語やスペイン語では farina （ファリーナ）と呼ばれ，いずれもラテン語で穀物の一種をさす far からきている．英語の "flour" は中世時代に "flower" が変化して生じた．穀物粉の一番よい部分，すなわち胚芽やふすまなどの大きな粒をふるい分けた後に残ったもの，という意味である．したがって，中世時代のイギリスでは，"whole wheat flour（全粒小麦粉）" という言葉は矛盾している．

## ■ 伝統的なパンの衰退と復活

**20世紀における工業化**　20世紀にはヨーロッパおよび北米において二つの大きな流れがみられた。一つは，一人当たりのパン消費量の低下である。収入の増加に伴い，肉や，砂糖と脂肪の多いケーキやパイの需要が増えた。かつての生きる糧であった，パンに頼る割合は少なくなっている。もう一つの流れは，パン作りの工業化である。現在では家庭でパンを作ることもほとんどなくなった。焼きたてのパンを毎日購入するという伝統的な習慣があるフランス，ドイツ，イタリアなどの国は例外として，ほとんどのパンは町の小さなパン屋ではなく，大規模な中央工場で製造される。1900年頃からはじまったパン製造工程の機械化（生地混合機その他）は，1960年代に頂点に達し，ほぼ全自動化された工場で短時間に製造できるようになった。これらの製造工程では，酵母を使って何時間もかけ，生物的に生地を膨張させグルテンを強化する代わりに，膨化剤と機械を使ってほぼ瞬間的に生地を作る。このような製法で作られるパンは，皮がパリッとしておらず，中はケーキのように軟らかく，風味に特徴がない。1週間以上ビニール袋に入れておいても軟らかく食べられるように配合されている。工場生産されたパンは伝統的なパンとはまったく違ったものである。

**風味とテクスチャーの復帰**　ヨーロッパや北米では，1980年代になるとパンの消費量が1970年代に比べて急に増加しはじめた。その理由の一つは，伝統的なパン作りの復活である。小さなパン屋が，精白度の低い穀類を使って，長時間発酵させて風味を醸し，レンガ窯で少量ずつ焼き色の濃いパンを焼く。もう一つの理由は，家庭でパン作りをする楽しさと，温かい焼きたてパンのおいしさが再認識されたことである。日本で発明された家庭用パン焼き器のおかげで，忙しい人も家庭で手軽にパンを焼けるようになった。すべての材料を容器に入れてふたを閉めれば，忘れていた焼きたてパンの匂いが家中に充満する。

イギリスおよび北米において，一般家庭や職人の手で作られるパンは，総生産量からするとごく少ない。しかし，伝統的なパンが見直されているということは，その風味とテクスチャーが現代人にも好まれるということである。これは工場生産の場でも注目されている。近年開発された「パーベーキング（部分焼き）」というシステムは，完全に焼き上げる前の状態で冷凍したパンを，スーパーマーケットに卸す。スーパーマーケットで焼き上げて販売するもので，皮はパリッとして風味もよい。

工場生産品は，最小限のコストで最大限の賞味期間を得るようあらかじめ適正化された，パンによく似た製品である。ようやく風味とテクスチャーも計算されるようになってきて，少な

---

### 化学膨化剤とアメリカ最初のクッキー・レシピ

#### クッキー

砂糖1ポンド（約450g）を水1/2パイント（約1カップ）でゆっくりと煮て，アクをよくすくって冷ます。真珠灰小さじ2杯を牛乳に溶かしたものを入れ，2.5ポンドの小麦粉を加え，バター4オンス（1/4ポンド）を練り込む。コリアンダー・シードの細粉大さじ2杯を入れて混ぜる。直径1/2インチの棒状にして，好みの形に切り分け，中温のオーブンで15~20分焼く。3週間保存できる。

――アメリア・シモンズ，*American Cookery*（アメリカ料理），1796年

くとも一部の製品では改善がみられる．

## 生地および生地で作るものの基本構造

　小麦粉は不思議で素晴らしい．ほとんどの粉状の食材は，水を混ぜても不活性なペーストになるだけである．ところが小麦粉にその重さの半分ほどの水を加えると，生命が吹き込まれたかのようになる．はじめは粘着性のある塊となるが，変形はしにくい．時間をかけこね続けるうちに，押せばはね返すような弾力がでて，こねるのを止めてもその弾力性はなくならない．この凝集性と弾力性こそ，小麦粉の生地とほかの穀物粉の生地との大きな違いであり，そのおかげで軽くキメ細かなパン，サクサクのパイ，なめらかなパスタができる．

　パンや焼き菓子やパスタの多彩なテクスチャーは，生地の構造に関係している．生地構造の基本要素は，水，小麦粉のグルテンタンパク質，およびデンプン粒の三つである．これらの要素が一緒になって，一つのまとまった凝集塊を作り上げている．パスタの密ななめらかさはこの凝集性による．パン生地，パイ生地，ケーキ生地が，極めて薄い層状に分割されるのも，この凝集性による．パンやケーキが軽くて軟らかいのは，タンパク質とデンプンの塊が多数の微細な気泡を含んで細かく分割されるからである．パイがサクサクと軟らかいのは，タンパク質とデンプンの塊が多数の薄い脂肪層で仕切られているからである．

　小麦粉と水の混合物を"dough"または"batter"と呼ぶが（日本語ではいずれも"生地"），小麦粉と水の割合によって使い分けられる．一般に水より小麦粉が多く，手で成形できるような硬さの生地をdough（硬い生地）と呼ぶ．水分はすべてグルテンタンパク質とデンプン粒表面に結合していて，グルテンと水の半固形マトリックス中にデンプン粒が分散している．一方，batter（ゆるい生地）というのは小麦粉よりも水を多く含み，流動性のある液状である．水分の多くが遊離した液体として存在し，その中にグルテンタンパク質とデンプン粒が分散している．

　生地の構造は一時的なものである．加熱するとデンプン粒が吸水して膨らみ，初めは半固形状もしくは液状だった構造が固体になる．パンやケーキの場合は，デンプンとタンパク質からなるスポンジ状の網目構造に，多数の微細な気泡が含まれている．パンやケーキの大半を占めるこの網目構造は「クラム」と呼ばれる．乾燥して密な構造の外表面は，「クラスト（皮）」と呼ばれる．

　以上の概要を頭に入れつつ，次に生地の構成要素ごとに詳細にみていくこととする．

### ■ グルテン

　生地を少し口に入れてかんでいると，次第に小さくはなるが，ガムのような弾性の塊が残る．これが「グルテン」，中国では「麺筋」（麺の筋肉）と呼ばれるものである．主成分はタンパク質で，自然界に知られるタンパク質分子のなかでは最大のものが含まれている．この注目すべき分子こそが，生地に生命を吹き込み，パンを膨らませるものである．

**グルテンタンパク質が長鎖を形成し粘着しあう**
グルテンは，ある種の小麦タンパク質が複雑に混じり合ったものである．これらのタンパク質は水に溶けないが，水分子と結合し，タンパク質同士も結合しあう．乾燥した状態では動きがなく不活性だが，水分を与えられると形が変わって相対的な動きが生じ，タンパク質間で結合ができたり分解したりする．

　タンパク質は，アミノ酸と呼ばれる低分子からなる長い鎖状の分子である（p.777）．グルテンタンパク質の多くはグリアジンとグルテニンで，アミノ酸が1000個前後結合したものである．グリアジン鎖はそれ自体が折りたたまれて小さな塊になり，グリアジン同士およびグリアジンとグルテニンとの結合力は弱い．ところがグルテニン同士はいくつかの結合様式を介して

結合しあい，大きくて強固に絡み合った網目構造を形成する．

グルテニン鎖の両端には含硫アミノ酸があり，これがほかのグルテニン鎖の先端にある同じアミノ酸と，強固なS-S結合を形成する．この結合形成には，空気中の酸素，酵母が産生するある種の物質，もしくは製粉業者やパン製造者の加える「生地改良剤」(p.513) といった酸化剤が必要である．グルテニン分子の中間部分は長いコイル状で，弱い一過性の結合（水素結合，疎水結合）を作るようなアミノ酸からなる．したがって，グルテニン鎖は末端同士で連結しあって数百個分の長さとなり，こうしてできたグルテンタンパク質の長いコイル構造は，隣接するグルテンタンパク質のコイル構造との間で一過性の結合を作りやすい．コイル状のタンパク質が強い相互結合をした網目構造，これが「グルテン」である．

**グルテンの柔軟性と弾性**　パン用小麦のグルテンは柔軟性と弾性をあわせもつ．つまり，押せば変形するが，圧力に抵抗し，圧力を取り去ればもとの形に戻る．この二つの性質のおかげで，酵母が産生する二酸化炭素ガスを取り込んで小麦粉生地は膨張し，しかも気泡膜が破れるほど薄くはならない．

グルテンの柔軟性は，グルテニンの間にグリアジンタンパク質が存在することによる．グリアジンタンパク質は小さな塊なので，玉軸受に対する玉のように機能して，グルテニンの一部が互いに結合することなくスライドできる．弾性は，互いに結合しあったグルテンタンパク質のよじれたコイル状構造による．生地をこねることで，タンパク質分子の構造がほどけて平行に並ぶが，タンパク質内のループやよじれは依然として残っている．生地を伸ばすとこれらのループやよじれが真っ直ぐになるが，力をはずすと分子はもとのよじれを取り戻そうとする．また，個々のタンパク質は，ばねのようなコイル構造が伸ばされるときに伸縮力の一部を蓄え，引っぱりがはずれると分子ばねがもとのコイル構造に戻る．以上のような分子レベルでの微視的な変化が目に見える形として，伸ばした生地がゆっくりともとの形に戻るのである．

**グルテンの緩和**　小麦粉生地のもう一つの重要な性質は，時間が経つと弾性が緩和することである．弾性が緩和しない生地は，いろいろな形

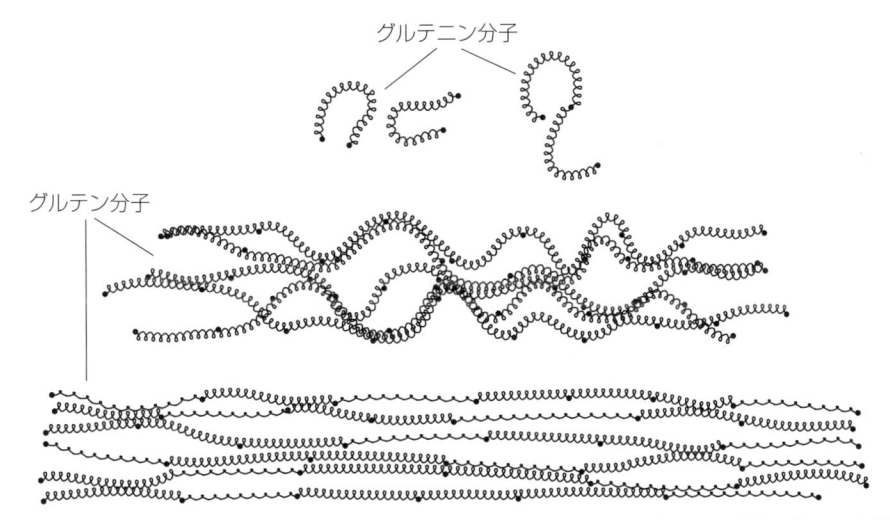

グルテンの形成．小麦粉に水を合わせて生地を作るとき，グルテニンタンパク質分子は末端同士でつながって長い鎖，すなわちグルテン分子を形成する．生地に弾性があるのは，グルテン分子がコイル状構造をとり，あちこちによじれがあるためである．生地の塊を引き伸ばすと，よじれが真っ直ぐになり，コイルが伸び，グルテンタンパク質は長くなる（下）．力をはずすとよじれやコイルがもとに戻るので，タンパク質が短くなって，生地はもとの形に戻る．

## 食物用語：gluten（グルテン）

　中国ではほかの地域よりもかなり前からグルテンの有用性が見出されていたが（p.454），ヨーロッパで注目されるようになったのは，イタリアの2人の科学者の手による．イエズス会の学者フランチェスコ・マリア・グリマルディは，死後の1665年に出版された光学に関する小冊子のなかで，デュラム・セモリナのパスタ生地には高粘度で粘着性の物質が含まれ，これが乾燥すると硬くて砕けやすいものになる，と記している．彼はこの物質を，"glue（糊）"を意味するラテン語をとってgluten（グルテン）と命名した．glue（訳者注；原文ではgluten）の語源はインド・ヨーロッパ語のgel-である．gel-からは，球状になる，凝固塊を作る，粘度や粘着性がある，といった意味合いの派生語が多く生じている（cloud, globe, gluteus, clam, cling, clayなど）．1745年には，ジャンバティスタ・ベッカーリがグルテンのさらに詳細な研究を行い，動物に特徴的な物質との類似性を指摘した．その物質とは，現在我々がタンパク質と呼んでいるものである．

## 生地および生地で作るものの構造に関係する材料

| 材料 | 素材の種類 | 挙動 | 構造への影響 |
|---|---|---|---|
| 小麦粉 | | | |
| グルテニン | タンパク質 | 相互接続したグルテンの網目構造を形成 | 生地に弾性をだす |
| グリアジン | タンパク質 | グルテニンの網目構造に弱く結合 | 生地に柔軟性をだす |
| デンプン | 炭水化物 | グルテンの網目構造内を満たし，調理時には吸水 | 生地を軟らかくする，焼くときに構造を固める |
| 水 | | グルテンの網目構造の形成を助ける；グルテンを希釈 | 少量および多量では焼き上がりが軟らかくなる |
| 酵母，膨化剤 | 生きた細胞，精製された化学物質 | 生地中に二酸化炭素ガスを発生 | 焼き上がりを軽く軟らかくする |
| 塩 | 精製されたミネラル | グルテンの網目構造を強化 | 生地の弾性を強める |
| 油脂，ショートニング | 脂質 | グルテンの網目構造を弱化 | 焼き上がりを軟らかくする |
| 砂糖 | 炭水化物 | グルテンの網目構造を弱化，水分を吸収 | 焼き上がりを軟らかくする，水分を保持する |
| 卵 | タンパク質；脂肪および乳化剤（卵黄のみ） | タンパク質は調理時に凝固；脂肪と乳化剤はグルテンの網目構造を弱化；乳化剤は気泡とデンプンを安定化 | 軟らかい凝固タンパク質をグルテン構造に追加する；焼き上がりを軟らかくする；ステーリングを遅らせる |
| 牛乳；バターミルク | タンパク質，脂肪；乳化剤，酸度 | タンパク質，脂肪，乳化剤，酸度はグルテンの網目構造を弱化；乳化剤は気泡とデンプンを安定化 | 焼き上がりを軟らかくする*；ステーリングを遅らせる |

＊　牛乳もバターミルクも界面活性成分を含む．バターミルクは乳脂肪球皮膜の脂質やタンパク質が豊富に含まれる．界面活性成分がステーリングを妨げる（原著者からの補足）．

のパンに成形できないし，パスタにすることもできない．うまくできた生地では，タンパク質分子が規則正しく並び，相互に多数の弱い結合が形成されている．結合の数があまりにも多いため，タンパク質がその場に固定されて生地は伸びようとしない．しかし結合力は弱いので，球形にピンと張りつめた物理的張力によって結合の一部が徐々に壊れ，次第に生地構造は緩和して，やや平たい成形可能なものとなる．

**グルテン強度の調整**　グルテンは常に強くて弾性があればよいというものでもない．酵母発酵パン，ベーグル，折り込みパイなどではグルテンが強いほうがよい．しかしほかのパイ，ケーキ，パンケーキやワッフル，クッキーなどの場合は，グルテンが強いと硬くなってしまう．軟らかさが大切なものでは，グルテン形成をわざと抑える．

　グルテンの強度ならびに生地の硬さを調節するには，さまざまな材料や技法がある．以下にいくつか例を挙げる．

- 使用する小麦粉の種類．タンパク質含量の高いパン用小麦粉は強いグルテンを作る．タンパク質含量の低いパイ・ケーキ用小麦粉はグルテンが弱い．デュラム・セモリナ（パスタ用）はグルテンが強いが柔軟性も高い．
- 小麦粉中に含まれる酸化成分（熟成剤および改良剤）．グルテニン分子の末端同士の連結を促進することにより，生地の強度が増す（p.513）．
- 生地の水分量．グルテン分子の濃度に影響し，したがってグルテン分子間の結合の度合いを左右する．水分が少ないとグルテン形成が不十分でもろくなる．水分が多いとグルテン濃度が下がり，軟らかくて湿り気の多い生地やパンになる．
- 小麦粉と水の混練．この作業によりグルテンタンパク質を引き伸ばし，弾性のある網目構造を作る．
- 塩．グルテンの網目構造を特に強化する．電気的に陽性のナトリウムイオンと，陰性の塩素イオンが，グルテニンタンパク質の所々にある荷電部分に集まり，これらの荷電部分同士が反発するのを防ぐ．よってタンパク質同士が接近しやすくなり，結合数はより多くなる．
- 砂糖．甘いパンでの通常の濃度（小麦粉重量の10%以上）ではグルテン形成を抑える．小麦粉タンパク質が希釈されるためである．
- 油脂．グルテンを弱める．タンパク質分子内の疎水性アミノ酸と結合することにより，タンパク質同士の結合を阻害する．
- 生地の酸度（サワー種など）．グルテンの網目構造を弱める．タンパク質中において正に帯電したアミノ酸を増やし，タンパク質同士の反発を強める．

## ■ デンプン

　生地を膨らませてパンを作るには，弾性のあるグルテンタンパク質が欠かせない．しかし，タンパク質は小麦粉重量の10%程度しかないのに比べて，デンプンは約70%も含まれる．生地中でのデンプン粒の作用はいくつかある．デンプン粒はその表面についた水と合わせると生地の体積の半分以上を占め，グルテンの網目構造に浸透してこれを破壊することにより，構造を軟らかくする．ケーキの場合には，グルテンは大量の水と砂糖に希釈されてしまって硬さに寄与しないので，デンプンが主要な構成成分となる．パンやケーキを焼く過程で，デンプン粒が吸水し，膨張し，二酸化炭素の気泡を包む硬い膜になる．同時に，膨張した硬いデンプン粒のせいで気泡はそれ以上膨らまなくなり，中の水蒸気は気泡を破って外に逃げる．ひとつひとつ分離していた気泡が互いにつながり，穴のつながった連続性のスポンジ構造が形成する．もしこうならなかったら，焼き上がった後に水蒸気が冷えて体積が縮まり，パンやケーキはしぼんでしまうだろう．

## ■ 気泡

膨らませた生地が軽くて軟らかいのは気泡のおかげである．十分に膨らんだパンやケーキは，体積の80％近くが何もない空間である．グルテンとデンプンからなる構造に気泡が入り込んで，非常に薄い膜（気泡膜）が無数に集まった弱い構造となる．

気泡の発生には酵母または化学膨化剤が使われるが（p.515），これらの材料は新たな気泡を作り出すわけではない．生地中の水の部分に溶けてもとから存在していた微細な気泡の中に，酵母や膨化剤から発生した二酸化炭素が入り込んで拡大するのである．これらの微小気泡は，最初に生地をこねたり，砂糖を加えて撹拌したり，卵を泡立てたりしたときに含まれた空気の泡である．したがって，生地を作る最初の段階で十分に空気を含ませるかどうかが，焼き上がりの質感を大きく左右する．空気を多く含ませるほど，キメ細かで軟らかな仕上がりとなる．

## ■ 脂肪：ショートニング

"shortening（ショートニング）" という言葉が使われだしたのは19世紀初めで，生地を "shorten（短くする）"，つまり生地構造を弱めて仕上がりを軟らか，またはサクサクにする，という意味がある．この役割が最もよく現れるのはパイ生地（p.544）で，薄い生地層同士を固形脂肪で隔てることにより，薄いパイ層の重なりあったパイに焼き上がる．これほど明白で

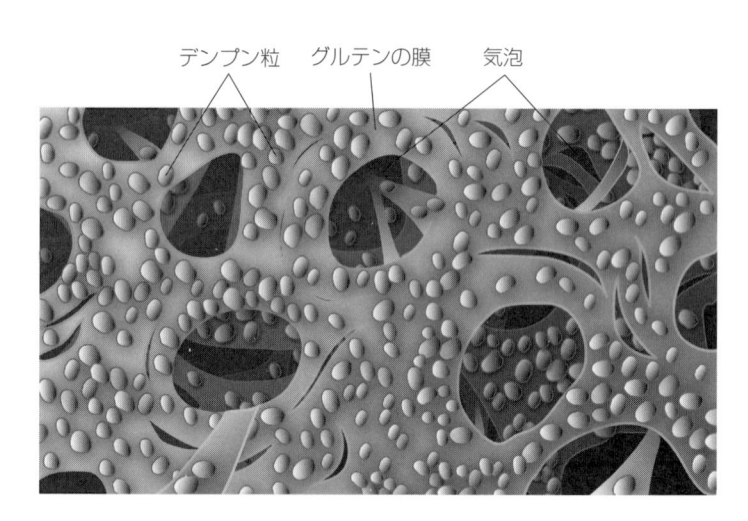

パン生地の拡大図．グルテンとデンプンからなる高密度の塊が，気泡によって分断され軟らかくなっている．

---

### 食物用語：starch（デンプン）

ローマ時代にさかのぼり，紙にコシを与え表面をなめらかにするため，精製デンプンが加えられていた．14世紀には，オランダなどのヨーロッパ北部の国々で，麻布を硬くするため（糊づけ）に小麦デンプンが使われるようになった．starch という英語は15世紀に生まれたもので，"硬くする" という意味のドイツ語が語源である．パン生地がパンになるときにもデンプンの力で硬くなる．さらにさかのぼると，このドイツ語は "硬い" という意味のインド・ヨーロッパ語からきている．関連語には stare（見つめる），stark（硬直した），stern（厳しい），starve（飢える）などがある．

はないが，ケーキやパンでも重要な役割を担っている．油脂の分子がグルテンタンパク質中のコイル部分に結合し，強いグルテンができないようにする．コクがあって，しかもグルテンの強いパンにするには（たとえばイタリアのパネトーネ，p.528），小麦粉と水だけをこねてグルテンを作り上げてから脂肪を混ぜ込む．

脂肪やその類似成分はまた，焼き上がりの構造を作り上げるのにも，間接的で重要な役割を担う．脂肪を少量加えるだけで，パンやケーキの体積が増し，軽さがでる（p.514）．

## 生地の材料：小麦粉

パンや焼き菓子の材料には小麦以外の穀物や種子も使われるが，一番多いのはやはり小麦である．

### ■ 小麦の種類

現在栽培されている小麦は数種類あり，それぞれに特徴と用途がある（p.512の表を参照）．パン用小麦種（*Triticum aestivum*）が多い．最も重要な違いはグルテンタンパク質の含有量と性質で，タンパク質含量が高くてグルテンの強いものは，粒の内部が硬く半透明のガラス質である場合が多い．この「硬質小麦」がアメリカの小麦生産量の約75％を占める．グルテンがやや弱めで含量も低い「軟質小麦」が，生産量の約20％を占める．クラブ小麦（*T. compactum*）は種が異なり，グルテンが特に弱い．デュラム小麦はまた別の種（*T. turgidum durum*，p.452）で，主にパスタ用である（p.554）．

タンパク質含量による分類のほかに，北米の小麦は生育特性と粒の色によっても分類がある．春まきで秋に収穫されるのが春小麦（デュラム小麦を含む），晩秋まきで苗が越冬して夏

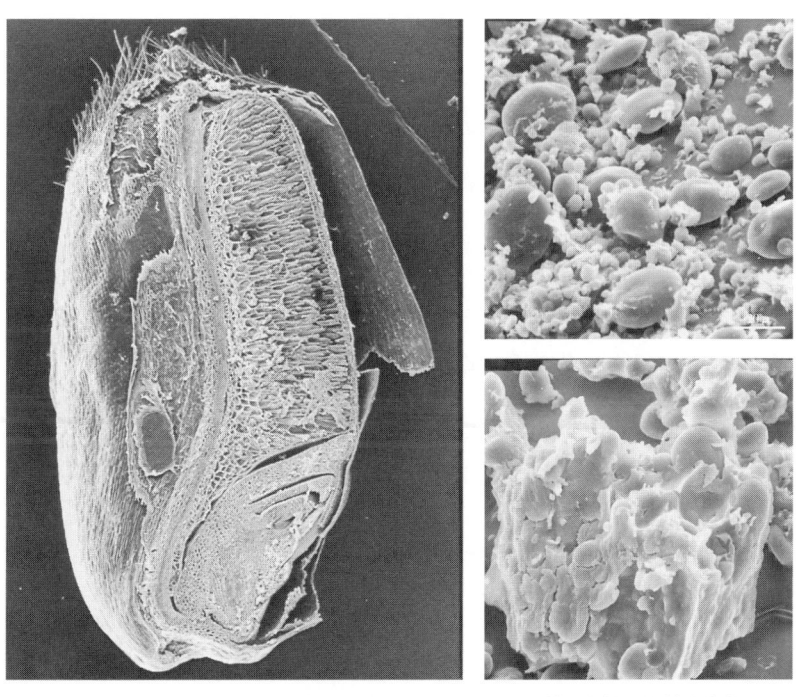

小麦穀粒と小麦粉．左：粉砕前の小麦の穀粒．実長は約6mm．右上：軟質小麦粉．軟質小麦中では，薄くて弱いタンパク質部分がデンプン粒や気泡で分断されている．粉砕すると小さくて細かい粒状になる．軟質小麦粉はグルテンが弱く，軟らかなパイやケーキに適している．右下：硬質小麦粉．硬質小麦の胚乳では，タンパク質マトリックスが十分に強いので，粉砕すると塊状になって壊れる．硬質小麦粉はグルテンが強く，ほとんどのパンで使用される．

## 生地:典型的な組成

生地中での相対的な重さを，小麦粉を100として表示した．それぞれ，ごく一般的な割合を示したもので，実際のレシピごとに大きく変わってくる．

|  | 小麦粉 | 水分 | 油脂 | 乳固形分 | 卵 | 砂糖 | 塩 |
|---|---|---|---|---|---|---|---|
| **硬い生地 (dough)** | | | | | | | |
| パン | 100 | 65 | 3 | 3 | 0 | 5 | 2 |
| ビスケット | 100 | 70 | 15 | 6 | 0 | 1 | 2 |
| パイ | 100 | 30 | 65 | 0 | 0 | 1 | 1 |
| クッキー | 100 | 20 | 40 | 3 | 6 | 45 | 1 |
| パスタ | 100 | 25 | 0 | 0 | 5 | 0 | 1 |
| ブリオッシュ | 100 | 60 | 45 | 2 | 75 | 3 | 1 |
| パネトーネ | 100 | 40 | 27 | 1 | 15* | 28 | 1 |
| **ゆるい生地 (batter)** | | | | | | | |
| パンケーキ，ワッフル | 100 | 150〜200 | 20 | 10 | 60 | 10 | 2 |
| クレープ，ポップオーバー | 100 | 230 | 0 | 15 | 60 | 0 | 2 |
| シュー | 100 | 200 | 100 | — | 130 | — | 2 |
| スポンジ・ケーキ | 100 | 75 | 0 | 0 | 100 | 100 | 1 |
| パウンド・ケーキ | 100 | 80 | 50 | 4 | 50 | 100 | 2 |
| レイヤー・ケーキ | 100 | 130 | 40 | 7 | 50 | 130 | 3 |
| シフォン・ケーキ | 100 | 150 | 40 | 0 | 140 | 130 | 2 |
| エンジェル・ケーキ | 100 | 220 | 0 | 0 | 250† | 45 | 3 |

\* 卵黄のみ
† 卵白のみ

## 主な小麦の種類

|  | タンパク質含量，重量% | 用途 |
|---|---|---|
| 硬質赤春小麦 | 13〜16.5 | パン用小麦粉 |
| 硬質赤冬小麦 | 10〜13.5 | オールパーパス小麦粉（汎用小麦粉） |
| 軟質赤小麦 | 9〜11 | オールパーパス小麦粉，パイ用小麦粉 |
| 硬質白小麦 | 10〜12 | 特殊用全粒小麦粉 |
| 軟質白小麦 | 10〜11 | 特殊用全粒小麦粉 |
| クラブ小麦 | 8〜9 | ケーキ用小麦粉 |
| デュラム小麦 | 12〜16 | 乾燥パスタ用セモリナ |

に収穫されるのが冬小麦である．種皮にフェノール化合物が含まれ赤褐色をしているものは，赤小麦と呼ばれ最も多く栽培されている．フェノール含量がずっと低い種皮が淡褐色をしているのが白小麦である．全粒粉やふすま含有製品にしたときに淡色になることと，渋味の少ない甘味が好まれ，白小麦の人気が次第に高まってきている．

## ■ 小麦から小麦粉へ

パン・菓子材料としての小麦粉の品質は，原料の小麦と製粉方法によって決まる．

**粉砕：標準式と石臼式**　小麦の穀粒を砕いて細粒にし，ふるいにかけて目的の品質にする工程である．大半はこの後に「精製」して，タンパク質とデンプンを多く含む胚乳の粒子から，胚芽とふすま層を除く．ふすまと胚芽は栄養や風味に富んでいるものの，含まれる脂肪が数週間で酸化してしまい，連続した強いグルテン構造の形成を物理的・化学的に妨げる．したがって，全粒粉を使ったパンやパイは，重くて色も濃い．標準式では，溝つきの金属ローラーで穀粒を割って，胚芽を押し出し，こすり取った胚乳を砕き，ふるいにかけ，目的の粒径になるまでさらに砕く．あまり一般的でない石臼式は，ふるいにかける前にかなり細かく砕くので，精製しても胚芽やふすまの一部が残る．したがって，標準式よりも風味の強い小麦粉が得られるが，賞味期間は短い．

**改良と漂白**　粉砕したばかりの小麦粉はグルテンが弱く（生地がだれる），パンが重くなることが，かなり昔から知られていた．小麦粉が数週間空気にさらされて熟成すると，グルテンの質および焼き上がりがよくなる．これは，空気中の酸素によって徐々にグルテニンタンパク質の末端含硫基が遊離型に変わるためであることが，今ではわかっている．この結果，末端含硫基同士が反応していっそう長いグルテン鎖が形成し，生地に強い弾性がでる．1900年頃から，製粉にかかる時間と場所と経費を節約するため，挽きたての粉に酸化剤として塩素ガス，後に臭素酸カリウムを添加するようになっていった．だが1980年代後半になると，残留臭素酸の毒性に関する危惧から，臭素酸はほとんどアスコルビン酸（ビタミンC）またはアゾジカルボンアミドに取って代わった．（アスコルビン酸自体は抗酸化物質だが，酸化されてデヒドロアスコルビン酸になるとグルテンタンパク質を酸化する．）ヨーロッパでは，小麦粉の改良剤としてソラマメ粉や大豆粉が用いられてきた．ソラマメやダイズに含まれる脂肪酸化酵素（豆臭さのもと）が，間接的にグルテンタンパク質の酸化・伸長を促すのである．

空気にさらして熟成させる昔ながらの方法では，キサントフィル色素が酸化されて無色化するため，初め黄色味を帯びていた小麦粉の色がどんどん薄くなるという，目に見える副次作用があった．この現象が化学的に判明されると，漂白剤（アゾジカルボンアミド，過酸化物）を使って小麦粉を漂白するようになった．化学修

---

### 製粉歩留まり

小麦粉の精製の度合い，すなわち全粒の何％が小麦粉に残っているかを示すのが「歩留まり」である．全粒小麦粉の歩留まりは90％である．市販の精白小麦粉は多くが70～72％である．フランスのパン用小麦粉は72～78％，したがって全粒の風味が強い．歩留まりの高い小麦粉を家庭で作ることもできる．市販の精白小麦粉に，全粒小麦粉をふるいにかけて大粒のふすまや胚芽を除いたものを混ぜるとよい．

飾があまりされていないということで，無漂白小麦粉が好んで使われる．ヨーロッパでは漂白小麦粉は認められていない．

## ■ 小麦粉の微量成分

小麦粉は重さの90%以上はグルテンタンパク質とデンプン粒であり，これらが生地の特性に大きく関わっているものの，このほかの微量成分のなかにも重要な影響を与えるものがある．

**脂肪および脂肪類似分子** 精白小麦粉に含まれる脂肪，脂肪断片，リン脂質は重さの約1%にすぎないが，よく膨らんだパンを作るためにこれらの成分は欠かせない．脂肪成分の一部は，生地の気泡が膨らんでゆく際に途中で裂けてつぶれてしまわないよう，気泡膜を安定にする働きがあることがわかっている．そのほかにデンプン粒に付着してパンの構造を軟らかくし，ステーリング（p.524）を抑えるものもある．こうした効果を高めるために，似たような材料が添加されることもある（p.508，下表）．

---

### 一般的な小麦粉のタンパク質含量

水分量を12%とした場合のおおよその値を表示している．デンプンその他の種子炭水化物が小麦粉重量の70～80%を占める．タンパク質含量の高い小麦粉は，タンパク質含量の低いものよりかなり吸水性が高く，したがって水分比が同じ場合には生地が硬くなる．

| 小麦粉 | タンパク質含量 |
| --- | --- |
| 全粒小麦粉，グラハム粉 | 11～15 |
| デュラム・セモリナ粉 | 13 |
| パン用小麦粉 | 12～13 |
| オールパーパス小麦粉（U.S.全国ブランド） | 11～12 |
| オールパーパス小麦粉（U.S.地方ブランド，南部，太平洋岸北西部） | 7.5～9.5 |
| パイ用小麦粉 | 8～9 |
| ケーキ用小麦粉 | 7～8 |
| 0または00（イタリアの軟質小麦粉） | 11－12 |
| タイプ55（フランスの軟質と硬質のブレンド） | 9～10 |
| イギリスのプレーン小麦粉 | 7～10 |
| 活性グルテン | 70～85 |

タンパク質含量だけでなく，タンパク質の性質も小麦粉によって違う．オールパーパス小麦粉の代わりにパイ用小麦粉を使う，またはその逆にすることは実際には不可能である．しかし，コーンスターチやほかの精製デンプンを加えてグルテンタンパク質を希釈したり，逆にグルテン粉を加えて強化したりすることはできる．オールパーパス小麦粉をパイ用に代用する場合は，オールパーパス小麦粉の重さの1/2量のデンプンを加えるとよい．パイ用小麦粉をオールパーパス小麦粉の代用にする場合は，パイ用小麦粉2にグルテン粉1/4を加える．（精製グルテンは，乾燥工程でグルテン強度の半分弱を失う.）ケーキ用小麦粉は塩素処理によってデンプンと脂肪が化学的に変化しているので，ほかのもので代用することはできない．

**酵素** 小麦粉に初めから含まれている糖分だけでは酵母は短時間しか活動できないので，製粉工程では，昔から挽いた小麦に小麦麦芽や大麦麦芽が加えられていた．発芽させた穀類には，デンプンを糖に分解する酵素が含まれている．麦芽粉を加えると粉や生地の色が濃くなり，また酵素活性も一定でないことから，今はカビから抽出・精製した酵素（真菌アミラーゼ）を使うことが多くなってきている．

### ■ 小麦粉の種類

パン工場やパン屋では，特定の小麦を原料にした小麦粉を入手することもできる．しかし，スーパーマーケットで売られている小麦粉のほとんどは，用途の記載はあっても原料の小麦粉の種類（通常は複数のブレンド）やタンパク質含量・性質はわからない．小麦粉の成分比は地域差が大きい．合衆国およびカナダで市販されている"オールパーパス"小麦粉の多くは，南部や太平洋岸北西部で市販されている"オールパーパス"小麦粉よりもタンパク質含量が高い．当然のことだが，レシピで指定されている小麦粉とは違う種類のものを使用した場合には，性質がほとんど同じものを選ばない限り，仕上がりは大きく変わってくる．一般的な小麦粉の成分組成を p.514 の表にまとめた．

全粒小麦粉はタンパク質含量が高いが，その多くは胚芽やアリューロン層に由来するグルテンを形成しないタンパク質である．また，胚芽やふすまの粒子はグルテン形成を妨げる．したがって，全粒小麦粉のパンは風味が強いものの重くなりがちである．パン用小麦粉は強いグルテンタンパク質を多く含み，最も軽くカサ高でもっちりしたパンになる．パイ用小麦粉とケーキ用小麦粉は，グルテンが弱くタンパク質含量も低いので，軟らかい焼き菓子用である．ケーキ用小麦粉は，二酸化塩素または塩素ガスで処理しているため特殊である．塩素処理がデンプン粒に影響を及ぼし，それがケーキ作りに適したものとなっている（p.538）．小麦粉中に微量の塩酸が残留しているので，生地のpHは酸性側に傾き，やや酸味がつく．

"セルフライジング"小麦粉にはベーキング・パウダーが入っており（小麦粉100 g中に5〜7 mg），クイックブレッド，パンケーキ，その他の化学膨化剤を使う料理にそのまま使用する．"インスタント"または"インスタンタイズド"小麦粉はタンパク質含量が低く，加熱してデンプン粒を糊化した後に再乾燥させてある（米国内ではShake & Blend，Wondraの2商品）．加熱・乾燥処理によって調理時の吸水性がよくなる．インスタント小麦粉は軟らかなパイに適しており，またソースやグレイビーの最後のトロミづけにもよい．

## 生地の材料：酵母および化学膨化剤

酵母や膨化剤は生地に気泡を含ませ，体積当たりに占める固形成分の割合を少なくし，パンやケーキをより軽く軟らかくする．

---

### 食物用語：leavening（膨化剤），yeast（酵母）

leaveningの語源は"軽い，重さがほとんどない"という意味のインド・ヨーロッパ語である．同じ語源をもつ関連語にlevity（軽さ），lever（てこ），relieve（緩和する），lung（肺）などがある．yeastの語源は"泡立つ，沸騰する，沸き立つ"という意味をもつ．発酵が，穀物粥の調理法の一つとして，内側から変化してゆくように見えるところからきている．

## ■ 酵母

発酵パンは6000年前から食べられていたが，発酵の仕組みが理解されるようになったのは，150年前のルイ・パスツールによる研究以降である．ある特定の菌類，すなわち酵母のガス発生代謝が重要な役割を担っている．ただし，"yeast（酵母）"という語は言語の歴史と同じくらい古いもので，パンを膨らませるのに使われる発酵液の泡や沈殿物を元来は意味していた．

酵母は微細な単細胞菌類で，キノコの近縁にあたり，100種以上が存在する．人間に感染症を起こすものもあれば，食べものの腐敗に関係するものもある．そのなかでも，特に *Saccharomyces cerevisiae*（学名はラテン語で"醸造用の糖菌類"という意味）という種が，醸造およびパン作りに利用されている．人類の歴史のほとんどにわたり，酵母は単に穀粒表面に付着したものを利用するか，または前に発酵させた生地の一部やビール醸造樽の表面から得ていた．現在は，パン発酵専用に選別された酵母が，工業用発酵タンクで糖蜜を使って培養されている．

**酵母の代謝** 酵母はエネルギーを得るために糖を代謝し，その副産物として二酸化炭素とアルコールを産生する．酵母細胞内で起こる化学変化の収支は以下の式で表される．

$$C_6H_{12}O_6 \rightarrow 2\ C_2H_5OH + 2\ CO_2$$

（グルコース1分子から，アルコール2分子と二酸化炭素2分子が得られる）

ビールやワインを作る際には，二酸化炭素が発酵液の外に逃げ，アルコールが蓄積する．パンを作る場合は，二酸化炭素とアルコールが両方とも生地中にとどまり，焼き上げの熱で生地の外に出てゆく．

糖分を加えない生地では，小麦粉に含まれる酵素がデンプン粒を分解してできる単糖類のグルコースやフルクトース，そして二糖類のマルトースをエネルギー源にして酵母が増殖する．生地に少量の砂糖を加えると酵母活性が高まるが，大量の砂糖はかえって活性を抑える（スイート・ブレッドの項を参照，p.528）．塩も酵母活性を抑える．酵母の活性は温度によっても大きく影響され，35℃付近で増殖速度およびガス産生が最大となる．

二酸化炭素ガスを出して生地を膨張させるほかに，酵母の放出する多様な化学物質も生地の硬さに影響する．総合的な効果として，グルテンの強化と弾性の向上がみられる．

**パン酵母の形態** 家庭用および業務用に市販されている酵母には三つの形態がある．それぞれに特徴および遺伝型の異なる *S. cerevisiae* 株である．

- 圧縮酵母（ケーキ状） 発酵槽から回収した酵母を乾燥せずにそのままブロック

---

### 珍しい化学膨化剤：hartshorn（ハーツホーン）

アンモニウム塩（炭酸アンモニウム，カルバミン酸アンモニウム）は，酸とアルカリの反応を利用しない膨化剤である．かつてはシカの角を蒸留して作られていたところから，"hartshorn（hartは雄鹿，hornは角）"として知られていた（シカの角はゼラチンの原料でもあった）．上記のアンモニウム塩を60℃に加熱すると，二酸化炭素とアンモニアとに分解し，水は発生しない．水分が少なく薄いクッキーやクラッカーに使うとよい．表面積が大きいので，焼いている間にアンモニアが飛んでしまい，刺激臭が残らない．

状に固めたもの．細胞が生きており，ほかの形態よりもガス発生量が多い．ケーキ状の酵母は傷みやすいので，冷蔵庫で保存する．使用期間は1〜2週間と短い．

- アクティブ・ドライ・イースト（活性乾燥酵母）　1920年代に商品化されたもので，発酵槽から回収した酵母を乾燥して顆粒状にし，酵母屑の保護皮膜で覆ったもの．酵母細胞は休眠状態にあり，室温で数ヶ月保存できる．湯（41〜43℃）に浸して再活性化してから生地に混ぜ込む．湯の温度が低いと酵母細胞が十分活性化されず，グルテン形成を阻害する物質（グルタチオン）が発生する．
- インスタント・ドライ・イースト　1970年代の革新技術によるもので，アクティブ・ドライ・イーストよりも短時間で乾燥させる．多孔性の小さな棒状にすることにより，顆粒よりもさらに吸水速度を高めている．インスタント・イーストは水に浸さずそのままほかの材料と混ぜて生地を作る．アクティブ・ドライ・イーストよりも二酸化炭素を多く発生する．

## ■ ベーキング・パウダーその他の化学膨化剤

酵母細胞による二酸化炭素発生は遅く，1時間以上もかかる．そのため，周りの素材はそれだけの長時間，気泡を蓄えているのに十分な弾性が必要となる．弱い生地や液状の生地は，数分間しか気泡を維持できないので，普通はガス発生の早い化学膨化剤を使用する．化学膨化剤は濃縮されているため，添加量が少し違っただけで仕上がりが大きく変わる．少なすぎれば十分膨らまずに重くなり，多すぎれば膨張しすぎて構造が粗く，風味もきつくなる．

化学膨化剤はほとんどすべて，何らかの酸とアルカリとを反応させるもので，酵母と同じく二酸化炭素ガスを発生する．最初の化学膨化剤は木灰の水抽出物を乾燥させた草木灰（主成分は炭酸カリウム）で，以下のようにサワー種生地に含まれる乳酸と反応する．

$$2(C_3H_6O_3) + K_2CO_3 \rightarrow 2(KC_3H_5O_3) + H_2O + CO_2$$

（乳酸2分子と炭酸カリウム1分子から，乳酸カリウム2分子と水1分子と二酸化炭素1分子

---

### ベーキング・パウダーの酸成分

以下に挙げた化合物のなかには，製造業者にのみ入手可能なものもある．家庭用に市販されている持続性（ダブル・アクティング）ベーキング・パウダーの多くは，重炭酸ナトリウム，MCP，SASの混合である．持続性でない（シングル・アクティング）ベーキング・パウダーはSASを含まず，MCPに徐放性コーティングがしてある．

| 膨化剤酸成分 | 反応のタイミング |
| --- | --- |
| 酒石英（クリーム・オブ・ターター），酒石酸 | 生地混合時，即時 |
| リン酸一カルシウム（MCP） | 生地混合時，即時 |
| ピロリン酸アルミニウムナトリウム（SAPP） | 生地混合後に徐放 |
| 硫酸アルミニウムナトリウム（SAS） | 徐放および熱活性化 |
| リン酸アルミニウムナトリウム（SALP） | 熱活性化，加熱初期（38〜40℃） |
| リン酸二マグネシウム（DMP） | 熱活性化，加熱初期（40〜44℃） |
| リン酸二カルシウム二水和物（DCPD） | 熱活性化，加熱後期（57〜60℃） |

が得られる.)

**重曹** 化学膨化剤のなかで最も一般的なアルカリ成分は,重炭酸ナトリウム(炭酸水素ナトリウム,$NaHCO_3$),いわゆる重曹である.

生地に酸成分が含まれている場合は,重曹を単独で使用することができる.サワー種,発酵乳(バターミルク,ヨーグルト),黒糖や糖蜜,チョコレート,ココア(アルカリ処理していないもの,p.681),そして果汁や酢などには酸成分が含まれる.一般的には,重曹2gを中和するのに発酵乳であれば240 mL,レモン汁か酢ならば5 mL,酒石英ならば5gを要する.

**ベーキング・パウダー** ベーキング・パウダーは,アルカリ成分の重曹と結晶状の酸成分を含み,単独で膨化剤として機能する.(乾燥デンプン粉末に活性成分を混合してある.高湿で吸水・反応してしまうのを防止し,また計量しやすいように増量している.)液体材料に混合すると,重曹は直ちに溶解する.溶解性の高い酸が含まれていれば,混合時にすぐ溶けて重曹と反応し,気泡の膨張が起こる.たとえば酒石英は攪拌をはじめて2分間で,ガス発生の3分の2が終了する.酸の溶解性があまり高くなければ,一定の時間,または生地を焼きはじめて温度が上がり溶解するまでは結晶として残り,その後に重曹と反応してガスを発生する.ベーキング・パウダーに混合される酸は数種類あり,それぞれにガス発生のパターンが異なる(p.517の囲み内参照).

市販されているベーキング・パウダーの多くは「ダブル・アクティング(持続性,二段活性)」である.これは,生地の混合時に最初のガス発生が起こり,焼き上げ時に再びガス発生が起こるものである.業務用のベーキング・パウダーには遅効性の酸が含まれており,生地を混合してから焼くまでの時間も膨張力が持続する.

化学膨化剤は風味と色に影響を及ぼす.酸のなかには独特の渋味をもつものがある(硫酸塩,ピロリン酸塩).酸とアルカリの量が適正であればどちらも残存しない.しかし,重曹が多すぎたり,生地の混合が不十分でベーキング・パウダーが溶け残ったりすれば,苦味や石けん臭,または"薬品臭"がつく.わずかにアルカリに偏っているだけで,色も変わってくる.褐変反応が進み,チョコレートが赤味がかったり,ブルーベリーが緑色になったりする.

## パン

酵母発酵パンを作るには四つの基本工程がある.はじめに小麦粉,水,酵母,塩を混合する.次にこね上げてグルテンの網目構造を作る.そして酵母が二酸化炭素ガスを発生し生地が膨らむのを待つ.最後に焼き上げて,生地構造を固化し風味をだす.作るパンの種類によって,実際にはそれぞれの工程も違ってくる.以下に,代表的な方法とその影響について述べる.特殊な材料や方法を使ったパン作りについては,後で別に述べる.

---

### デュラム小麦パン

デュラム小麦粉の生地は弾性がなく膨らみも悪いが,地中海地方では何千年も前からデュラム小麦のパンが作られている.これは重くて独特の風味があり,黄金色をしたパンである.デュラム小麦粉はパン用小麦粉の1.5倍近くも吸水することもあって,デュラム小麦パンは日持ちがよい.

## ■ 材料の選択

パン作りは材料，特に小麦粉と酵母からはじまる．材料の比率が重要であり，同じ体積でも小麦粉によって重さは違う．ふるった粉と押し固めた粉では50%も違うので，材料は計量カップで量るより重さを量るほうがよい．

**小麦粉** パンのテクスチャーと風味は，使用する小麦粉による影響が大きい．「パン用小麦粉」はタンパク質含量が高い小麦を原料にしており，強いグルテンを作るために長時間こねなければならない．そうすれば，かすかに卵の風味がしてもっちりとした膨らみのよいパンになる．タンパク質含量が低めの「オールパーパス小麦粉」は膨らみが少なく，風味もコシも弱いパンになる．グルテンの弱い軟質小麦を使った小麦粉では，ケーキのようにホロホロと軟らかく，重いパンになる．アリューロン層の外側，ふすま，胚芽が多く含まれる小麦粉ほど，パンの色が濃く重くなり，全粒の風味が強くなる．何種類かの小麦粉を配合して特性を調節することができる．パン職人がよく用いる小麦粉は，タンパク質含量が中程度（11〜12%），製粉歩留まりは普通の精白小麦粉と全粒小麦粉の間である．

**水** 生地作りに使用する水の化学成分が，生地の質に影響する．酸性水はグルテンの網目構造を弱め，アルカリ水は逆に強める．硬水にはグルテンの架橋を助けるカルシウムやマグネシウムが多く含まれるため，硬水を使った生地は硬めになる．水の割合も生地の硬さに影響する．通気性のよい硬めのパン生地は，一般にオールパーパス小麦粉100に対して水65の重量比である（両方合わせた重量の40%）．水の割合が少ないと，硬く伸びにくい生地になり，パンが重くなる．水の割合が多いと，軟らかで弾性の弱い生地になり，開放構造のパンとなる．こねられないほどに水分の多い生地（たとえばイタリアの「チャバタ」）は，小麦粉100に対して水80（45%）ほども使用する．タンパク質含量の高い小麦粉はオールパーパス小麦粉の1.3倍以上も吸水するので，水の割合と硬さは使用する小麦粉の性質にもよる．

**塩** 伝統的なパンのなかには塩を使わないものもあるが，多くの場合は塩が使われており，それは味のバランスだけからではない．小麦粉重量の1.5〜2%の塩を加えると，グルテンの網目構造が強化されて，焼き上がりがカサ高くなる．（下記の自己消化混合法の場合には，塩による強化が特に顕著である．）未精製の海水塩にはカルシウムやマグネシウムが不純物として含まれているので，ミネラルの豊富な硬水と同

---

### 二段階混合：自己消化

すべての生地材料を一度に混合するのではない別の方法として「オートリーズ（自己消化）法」がある．かの有名なフランスパンの権威レイモンド・カルヴェルが支持した方法で，時間を短縮した工業生産の欠点をある程度補うものである．多くのパン職人もこの方法を応用している．自己消化法では，小麦粉と水だけを合わせて15〜30分静置した後，膨化剤と塩を加える．カルヴェルによれば，この最初の段階では，塩の影響を受けずにデンプンとグルテンタンパク質が最大限に吸水し，グルテン鎖がより短くなる（すなわち自己消化）．その結果，生地は扱いやすくなり，こね上げが少なくてすむので酸素にあまりさらされず，小麦の淡い黄金色や独特の風味が残りやすい．

様に，グルテンがさらに強化される．サワー種生地では，グルテンの分解につながるサワー種菌のタンパク質消化活性も，塩によって抑えられる．

**酵母** パン生地に使う酵母は，形態も使用量もさまざまである．単純な生地を数時間で十分膨らませて焼き上げるには，普通の圧縮酵母であれば小麦粉重量の0.5〜4％（小麦粉500gに2.5〜20g），ドライ・イーストであればこの半分程度を使用する．一晩かけてゆっくり発酵させる場合は，小麦粉重量のわずか0.25％（小麦粉500gに1g弱）でよい．（1g中にも数百万個の酵母細胞が含まれる．）一般に，あまり加工されていない酵母ほど発酵に時間がかかり，焼き上がりの風味もよくなる．これは濃縮

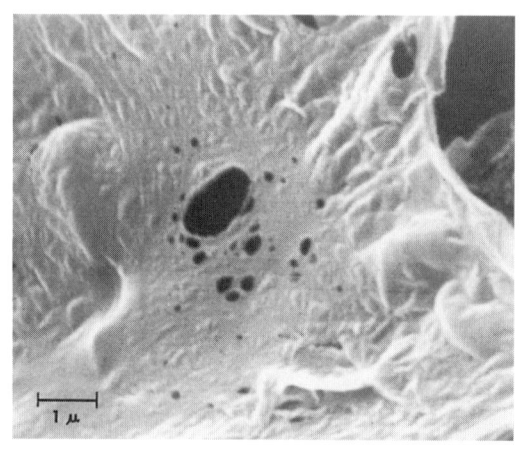

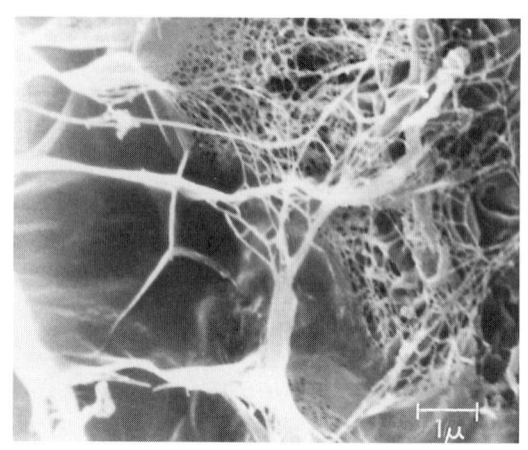

グルテンの形成．水を含ませた小麦粉の光学顕微鏡写真．左：水を加えたばかりのときは，グルテンタンパク質がランダムに並んでいて濃い液状である．右：混合を続けるうちに，グルテニンタンパク質が連結して長い分子の束になり，繊維が絡まり合った状態となる．

グルテンの配列．小麦粉に水を加えた当初は，グルテニン分子が鎖状につながって，ランダムに並んだ網目構造となる．こね続けるうちにグルテン鎖が規則的に配列してゆく．

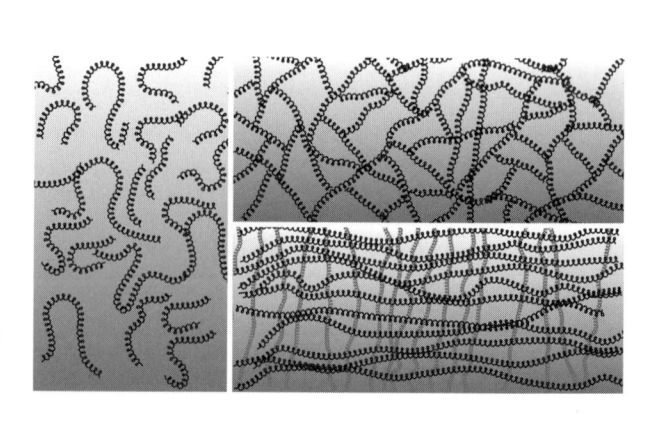

生地のこね上げ．グルテンが何度も繰り返し引き伸ばされることで，長鎖が規則的に配列するとともに，隣り合った鎖同士の結合が進んでグルテンは強くなる．

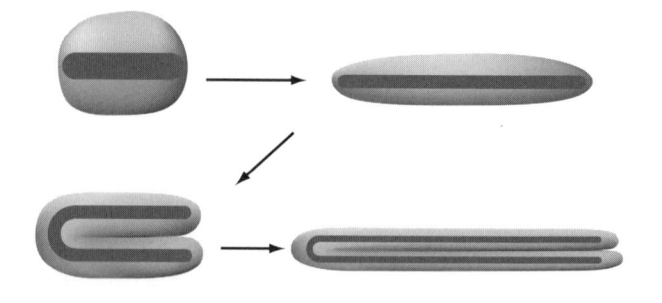

された酵母自体にややきつい風味があることと，発酵過程でさまざまな風味成分が生じることによる（p.525）．

**スターター（元種）**　有効発酵時間，ならびに風味を最大にするため，酵母を添加するときは「予備発酵液」もしくは「スターター」（すでに発酵している生地の一部に新しい小麦粉と水を加えたもの）を使うのが普通である．前回のパン作りからとっておいた発酵生地の一部でも，少量の新しい酵母で作った生地を数時間発酵させたものでも，市販酵母を使わずに自家培養した"天然"酵母・細菌でもよい．この自家培養のものは"サワー種"スターターと呼ばれ，酸産生菌が多数含まれている．スターターはフランスでは「ポーリッシュ」，イタリアでは「ビガ」，ベルギーでは「ディセム」，イギリスでは「スポンジ」などとも呼ばれ，材料比，発酵時間と温度，その他作り方の詳細によって品質が違ってくる．サワー種パンについてはp.526で詳しく述べる．

## ■ 生地の作り方：混合とこね上げ

**混合**　パン作りの第一段階は，材料を混ぜ合わせることである．小麦粉が水に触れた瞬間から，いくつかのことがはじまる．損傷デンプン粒が水を吸い，酵素に触れたデンプンは糖に分解される．酵母細胞が糖を餌にして二酸化炭素とアルコールを発生する．グルテニンタンパク質がある程度吸水してコイル構造が伸びた状態になり，隣接分子のコイル間に多数の弱い結合が生じ，グルテンの鎖ができはじめる．生地は，見た目はどことなく繊維質で，触った感じは粘着性がある．スプーンでかき混ぜると，タンパク質の凝集体が一つにまとまって繊維状になる．これと同時に，小麦粉に含まれるさまざまな成分がグルテン分子の連結を切断したり阻害したりして，グルテン鎖はいったん短くなる．空気中の酸素と酵母から出る酸化物質が生地に混じると，グルテンの連結が再びはじまり，鎖が長くなる．

混合は手でも，卓上ミキサーやフード・プロセッサーを使ってもできる．フード・プロセッサーを使えば1分足らずで終了し，手作業やミキサーを使うよりもずっと早く，したがって空気や酸素にさらされる時間が少ないという利点がある．酸素に長くさらされると残っていた小麦色素が脱色し，風味も変わってしまう．高速攪拌すると発熱するので，発酵前に冷ます．

**こね上げ**　材料の混合が終わったら，こね上げに入る．手こねでも電動ミキサーを使う場合でも，同様の物理的操作を行う．生地を伸ばし，折りたたみ，押しつける，これを何度も繰り返す．この操作により，グルテンの網目構造が強化される．タンパク質構造がさらに引き伸ばされ，平行に並び，隣接する分子間に弱い結合が多く形成される．グルテニン分子も末端同士で強く結合し，グルテン鎖が伸長し，緊密な網目構造ができあがる．生地は次第に硬くなり，こねにくくなって，キメが細かく絹のようななめらかさがでてくる．（生地をこねすぎて末端同士の連結が切れると，全体の構造が壊れ，生地はべとつき弾性がなくなる．機械でこねる場合には特に，こねすぎに注意する必要がある．）

---

### 食物用語：knead（こねる）

kneadの語源は，"球状に丸める"という意味のインド・ヨーロッパ語である．関連語にはgnocchi（ニョッキ，ジャガイモの丸いパスタ），quenelle（クネル，ミートボールに似たフランス料理），knoll（ノール，小山），knuckle（ナックル，指関節）などがある．

こね上げによって生地に空気も含まれる．生地を折りたたんで押しつけることを繰り返すうち，入り込んだ空気は多数の微細な気泡に分断されてゆく．気泡が多く入るほどパンの仕上がりはキメ細かくなる．生地の硬さが最大となる時点で，気泡の含まれる度合いも最大となる．

必要最小限にしかこねないパンもある．一般に気泡は大きめで数も少ないので，キメは粗く不規則になり，それが独特の味わいとなる．このような生地は発酵前のグルテン形成は十分でないが，生地が膨らむ間にもグルテン構造が形成されている（後述参照）．したがって，こねの少ない生地でも，十分に膨らんでふんわりと軟らかいパンになる．

## ■ 発酵

発酵段階で生地を静置する間，酵母細胞は二酸化炭素を産生し，それが生地に含まれている気泡に入り込みゆっくりと膨らませ，したがって生地が膨張する．このゆっくりとした伸張作用によってグルテンの配列・形成が継続し，酵母の副産物による酸化作用もグルテン分子の連結を助長する．この結果，当初はべたついて十分にまとまっていなかった生地も，発酵後には扱いやすくなる．

酵母による二酸化炭素発生は35℃付近で最も速いが，酸味や不快臭のある副産物も多く発生する．発酵時間が2時間程度と比較的短い場合には，27℃前後で発酵させることが多い．これより低温では発酵時間が1時間以上長くなり，酵母の香りも増す．

発酵終了は生地の膨らみ（約2倍）とグルテンの状態を目安にする．指で押してみて，生地が戻らずに指跡が残れば，グルテンがその弾性の限界まで伸張している，つまり十分に発酵しているということである．ここからは生地をやさしく扱ってグルテンを再びまとめ，気泡を分断し，酵母細胞と栄養源を分散させ，生地内の温度と湿度を均一にする（発酵により熱，水分，アルコールが生じている）．水分が増えて気泡がグルテン構造に入り込んでいるため，生地は発酵前よりも軟らかく扱いやすい．

タンパク質含量の高い小麦粉で作る生地は，硬いグルテンを十分形成させるために二度目の発酵を行うこともある．いずれにしても，発酵させた生地は分割し，そっと球状に丸め，数分間置いてグルテンの弾力を少し低下させてから，成形する．この後，最終発酵（英語では「プルーフ」と言う）を行って部分的に膨らませることが，焼き上げ段階での最終的かつ劇的な膨張につながる．

**抑制発酵** 伝統的なパン作りは何時間もかかり，朝一番でパンを売るためには夜中も仕事を続けることが少なくなかった．1920年代にウィーンのパン職人たちによって，パン作りを二段階に分ける試みがはじまった．日中に混合・発酵・成形を行い，早朝に焼き上げるというものである．成形済みの生地は夜中に冷蔵室に入れておいた．低温では微生物活性が著しく低下し，酵母がパンを膨らませるのに10倍の時間がかかる．このような生地の冷蔵を「リターディング（抑制発酵）」，冷蔵室を「リターダー」と呼ぶ．現在では抑制発酵がごく一般的に行われている．

抑制発酵は作業に柔軟性を与えるだけでなく，生地自体にもよい影響を与える．時間をかけてゆっくりと発酵させることによって，酵母や細菌が風味成分を作り出す時間が増える．生地は低温で硬くなるため取扱いが容易で，中のガスが抜けてしまうこともない．冷却後に温めることで生地内のガスが再分散され（冷えると小さな気泡が水相に溶け込み，温めるとより大きな気泡になる），そしてより開放性で不規則なクラム（網目構造）になる．

## ■ 焼き上げ

**焼き窯，温度，蒸気** パンを焼く窯の種類は，焼き上がりのパンの品質に大きく影響する．

<u>伝統的なパン焼き窯</u> 19世紀半ばまでは，粘土，石，またはレンガ作りの窯が使用されてい

た．あらかじめ薪を焚いて温めておくのだが，窯は大量の熱エネルギーを蓄えることができる．窯床に火をおこして数時間燃やした後，灰を掃除して，パン生地を入れてふたをした．窯の表面温度は最初350～450℃，ドーム型の天井に蓄えられた熱が上から放射され，窯床からはパンの下側に直接熱が伝わる．パン生地が温まるにつれて蒸気が放出され，密閉された窯の中に充満し，パン生地への熱伝導はさらに高まる．窯の表面からは徐々に熱が失われ，温度が下がってゆく．これと同時にパンの表面は褐色になるので熱の吸収がよくなる．結果として，初めは生地が急速に熱されて膨張し，また温度も十分に高いのでパン皮がよく乾燥し，褐変反応による色と風味がつく（p.752）．

**現代式の金属オーブン**　薪窯に比べれば金属オーブンは確かに使いやすいが，パン作りに最適とは言えない．一般に調理温度は最高でも250℃である．壁面が薄いため蓄熱性は低く，温度維持はガス火，もしくは赤熱する電熱器で行う．このような熱源のスイッチが入るたびに，オーブン内の実質温度はおそらく設定温度よりもかなり高くなると思われ，パンが焦げやすい．燃焼ガス（二酸化炭素と水）を逃がすように通気するので，重要な最初の段階でパンから発生する蒸気が保持されない．ガスオーブンよりは電気オーブンのほうがよい．セラミック製の焼き皿やパンの周りを囲むようなセラミック製の付属内釜を使用することにより，伝統的な蓄熱釜の利点をある程度取り入れることができる．セラミックをオーブン最大設定温度まで予熱しておけば，より強力で均一な加熱が可能である．

**蒸気**　焼きはじめの数分間には，蒸気がいくつかの効果を発揮する．まず，窯からパン生地への熱伝達が著しく高まる．パン生地の表面が90℃に達するのに要する時間は，蒸気がないと4分，蒸気があると1分である．したがって，蒸気があれば生地内の気泡が急速に膨らむ．蒸気が生地表面に凝結すると水の膜が形成され，生地表面の乾燥が一時的に抑えられる．よって柔軟性と弾性が保たれて，焼きはじめの急速膨張（窯のび）が十分に起こる．この結果，パンは大きく軽く焼き上がる．さらに，熱湯の薄い層がパン表面のデンプンを糊化して透明の薄い皮膜が生じ，これが後においしそうなツヤをだす．

業務用では，焼きはじめの数分間に低圧で蒸気を吹き込むことも多い．家庭用オーブンで焼くときは，熱くなったオーブン庫内に霧吹きで水をかけるか氷のかけらを入れると，蒸気が発生して窯のびも皮のツヤもよくなる．

**焼きはじめ：釜のび**　パン生地を窯に入れると，熱はオーブンの底面や天板からパン底へ，オーブンの天井や熱気からパン上部へと伝わる．このとき蒸気があれば，冷えた生地表面に水が凝結して一気に加熱される．この後，熱は表面から内部へと浸透してゆくが，粘性のあるグルテンとデンプンのマトリックスを伝わってゆっくりと熱が伝達するのと，それよりかなり速い速度で蒸気が気泡を伝わってゆくのと，二つの熱伝達が起こる．生地が十分に膨らんでいれば蒸気の伝達が早まり，短時間で焼き上がる．

生地温度が上昇するにつれて，流動性が増し，気泡は膨張し，生地が盛り上がる．この窯のびは，アルコールと水が蒸発して気体となり気泡を満たすことが主な原因で，生地は焼く前の1.5倍ほどに膨らむ．一般に焼きはじめの6～8分で窯のびは終了する．

**焼き上げ中盤：泡からスポンジへ**　パンの内部温度が68～80℃に達すると，グルテンタンパク質同士が強く架橋し，デンプン粒が吸水・膨張・糊化してアミロース分子がデンプン粒から外にしみ出し，皮が硬く伸びにくくなって窯のびは終わる．気泡膜はもはや内圧に応じて伸びることができず，内圧が高まってついには気泡膜が破れる．個々の気泡が分離した閉鎖性の網目構造から，気泡同士が穴でつながった開放性の構造になる．微細な気泡の集まりから，通気

性のあるスポンジに変わる．(生地がスポンジ構造にならなかった場合，冷めると個々の気泡が収縮して，パンはしぼんでしまう．)

**焼き上げ終盤：風味がでて中まで火が通る** パンの中心が沸点近くに達した後も，しばらくは焼き続ける．これによりデンプンが完全に糊化し，中心部が湿って重くなることもなく，その後のステーリングも遅くなる．また，表面の褐変反応も促されて色と風味がよくなる．皮が高温で乾燥している場合に限られるが，褐変反応の産物は内側に浸透してゆくので，パン全体の風味に影響する．皮の色が薄いパンは，濃いものに比べると明らかに風味が弱い．

皮がきつね色になり内部構造が完全に固まれば，焼き上がりである．内部構造が固まったかどうかは，パンの底を叩いて間接的に調べることができる．連続したグルテンの塊に気泡が含まれた状態のままだと，重くて密な音がする．火が通って開放性のスポンジ構造になっていれば，中が空洞のような音がする．

## ■ 冷却

窯から出した直後は，パンの外側は非常に乾燥していて（水分約15％）温度も200℃近くあるが，内部は水分が多く（約40％）温度は93℃ほどである．冷める間に，この違いはある程度均一化する．水分が外に拡散し，水分損失のほとんどはこの段階に起こる．表面積によって変わってくるが，生地重量の10～20％が失われる（小さなパンは損失率が大きく，大きなパンは損失率が低い．）

温度が下がるにつれ，デンプン粒が硬くなるので，パンは切りやすくなる．この硬化には1日ほどかかり，望ましいものではあるが，ステーリングと呼ばれる過程の第一段階でもある．

## ■ ステーリング過程；パンの保存と再生

**ステーリング** 焼き上がった後の数日間で次第に硬くなる（これをステーリングという）．これには水分損失が関係しているようにみえ，パンの内側が乾燥して硬くもろくなる．だが実は，水分損失がまったくなくてもパンはステーリングする．それは1852年に発表された，パンのステーリングに関する画期的な研究によって明らかとなった．フランスの化学者ジャン-バティスト・ブサンゴーは，パンを密閉容器に入れて水分損失のない状態でもステーリングが起きることを示した．さらに，パンを60℃に再加熱することでこのステーリング現象は回復することも示した．これは，現在知られるところの，デンプン粒の糊化温度である．

パンのステーリングはデンプンの老化現象であることが，今はわかっている．一度加熱したデンプンが冷めると再結晶化し，デンプン粒の外へ水がしみ出し，デンプンが硬化するのがデンプン老化である．焼きたてのパンがはじめに硬くなって，スライスしやすくなるのは，より単純な構造の直鎖アミロース分子の老化による

焼く前と焼いた後のパン生地．生地温度が上昇するにつれて，デンプン粒がグルテンの水分を吸収し，膨張し，デンプン分子の一部が外にしみ出す．気泡を取り囲んでいる壁が強化される．

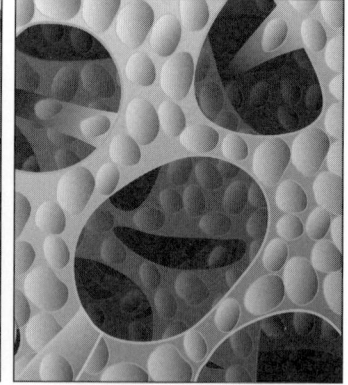

もので，通常は焼き上がりから1日以内に起こる．

デンプン分子の大半を占める，デンプン粒中の分岐鎖アミロペクチンも老化する．ただし，分子構造が不規則であるため，部分的な結晶化と水の滲出が数日間かけてかなりゆっくりと起こる．この過程が，パンがスライスしやすくなった後でもさらに硬くなってしまう現象である．いくつかの理由がからんで，淡色で軽いパンほどステーリングは遅く，その度合いも低い．

ある種の乳化剤はステーリングを顕著に抑えることがわかっており，約50年前から大量生産製品にはステーリング防止の目的で添加されている．本物のバターミルク（p. 49）や卵黄には乳化成分が多く含まれているので，同様にステーリング防止作用がある．これらの乳化成分はデンプンと複合体を形成するか，または何か別の方法で水の動きを抑制して，再結晶化を防ぐと考えられている．

**再加熱によりステーリングは回復する**　デンプン粒からしみ出した水の大半がグルテン周囲に残っていれば（あまりにも古いパン，包んで冷蔵してあったパンでなければ），デンプンの糊化温度（60℃）以上に加熱するとステーリングが回復する．結晶領域が再び破壊され，デンプン分子間に水分子が入り込み，デンプン粒とアミロースゲルがまた軟らかくなる．スライスしたパンを焼くと中が軟らかくなり，パンをまるごとオーブンで温めると焼きたてのようになる理由である．

**パンの保存：冷蔵は避ける**　ステーリング過程は，凍る直前の温度で最も速く，凍ってしまえばかなり遅い．ある実験によると，30℃に保った場合には6日，7℃で冷蔵保存した場合には1日で硬くなってしまった．1～2日のうちに食べきるならば，パン専用容器や紙袋に入れて室温保存するのがよい．乾燥がおさえられ，ある程度は皮のパリッとした食感も残る．数日以上保存する場合は，ラップやアルミホイルできちんと包んで冷凍する．トーストするか再加熱して食べる場合には，冷蔵してもよい（ただしきっちりとラップをする）．

**パンの腐敗**　食品のなかでもパンは水分含量が比較的少ないので，腐敗菌が繁殖する前に乾燥してしまうことが多い．ビニール袋に入れて室温に置いておくと，老化デンプンからでた水分がパンの表面につき，特に *Aspergillus* 属や *Penicillium* 属（青カビ），*Mucor* 属（白カビ），*Monilia sitophila*（赤カビ）などの有毒カビが繁殖しやすい．

## ■ パンの風味

素朴な小麦パンのすばらしい風味は，小麦粉の風味，酵母および細菌の発酵産物，そして焼き窯の熱で生じる反応によるものである．製粉

---

### 食物用語：stale（古くなった）

stale という語は，食べ頃を過ぎた，古く干乾びた食物に使われるが，かつては必ずしもこのような否定的な意味で使われていたわけではない．本来は"置いておく""熟成させる"という意味の中世チュートン語である．ある期間置いて落ち着かせ，透明になり風味が強まったワインやリキュールに対して用いられた．パンのデンプン分子にもある意味の沈降と強化が起こるが，こちらは少なくともそのまま食べるパンとしては望ましくない硬化作用である．固くなった古いパンには別の使い道がある（p. 526 囲み内）．

歩留まりの低い精白小麦粉はバニラ臭，スパイス臭，金属臭，脂肪臭（バニリン，フラノン，脂肪アルデヒド類）がする．対する全粒小麦粉は，これらのにおいが強いうえに，キュウリ臭，焦げたにおい，汗臭さ，そして蜂蜜のにおい（その他の脂肪アルデヒド類やアルコール類，フェニル酢酸）が加わる．酵母の発酵により生じる酵母臭は，その大半が果実エステル類や卵臭い硫黄化合物などによる．焼くと褐変反応が生じ，香ばしさの成分が加わる．スターター（元種）を入れることで全体的な複雑さと，酢酸をはじめとする有機酸による独特の酸味臭が加わる．

■ **大量生産製品**

市販のパン製品の工場生産は，ここまで述べてきた工程とはかなり違ったものである．普通は混合・こね上げ・発酵に待ち時間も入れて数時間を要する．パン工場では，高出力の生地形成機と化学熟成剤（酸化剤）を用い，気泡形成とグルテン構造に優れた"熟成"生地を4分で作り上げる．酵母を入れるのは主に風味づけのためである．成形した生地の最終発酵を短時間行い，トンネル状の金属オーブンを通過する間に焼き上げる．こうして作られるパンは非常にキメが細かく，ケーキのような食感である．機械を使うので手や卓上ミキサーを使うよりもずっと効率よく気泡を含ませることができるからである．大量生産されたパンの風味は時に，イソ吉草酸やイソ酪酸による汗のような不快な酸味臭がすることがある．これらは強力な攪拌と高温での最終発酵の際に，小麦粉と酵母酵素の量が不均衡になった場合に発生する．

■ **特殊なローフ型パン：サワー種，ライ，スイート，グルテンフリー**

基本のパン作りをもとにして，使用する穀物やその他の材料を変えることにより，さまざまな特徴のパンが作られる．

**サワー種パン** 生地もパンも酸味があることから，この名前がついた．酸味をはじめとする独特な風味成分は，生地の中でさまざまな酵母に混じって増殖する細菌が作り出す．ヨーグルトやバターミルクを作る乳酸菌（p.43）と同じものも含まれる．小麦粉と水を混ぜるとき，何らかの微生物が穀物や空気中やその他の材料にたまたま存在していた場合に，それが"天然"のスターターとなってサワー種の発酵がはじまる．この生地の一部を次回のパン作りのために取っておくことで，増殖した酵母と細菌を維持し続ける．

最初のパンはおそらく，現在のサワー種パンに似ていたと思われる．今も世界中で，地方特

---

### 古いパンの良さ

古いパンはそれ自体，非常に有用な食材であることが古くから知られている．焼きたてのパンより丈夫で，焼きたてパンならば溶けて崩れてしまうような水気の多い料理に入れてもスポンジ構造が残る．パン・サラダ，パン・プディング，フレンチ・トースト（パン・ペルデュ）などがそうである．同様に，パン粉を濡らしてもひとつひとつの形が残るので，スタッフィング（鳥の丸焼きなどの詰めもの），パナード（つなぎの材料），揚げものの衣などに使われる．乾燥パン粉が粒子構造を残すのにはデンプンが関係している．デンプンが老化する際に，非常に規則的で安定な領域が形成され，それによって周囲のデンプン網目構造が強くまとまるのである（p.445）．

有の風味をもつサワー種スターターを使ったパンが作られている．細菌はデンプンとパンのステーリングを何らかの方法で遅らせ，細菌の作り出す酸は腐敗菌を増えにくくする．したがって，サワー種パンは特に風味豊かで日持ちもよい．酸性条件では褐変反応が遅くなるため，サワー種パンは酵母発酵パンに比べると色が薄めで，香ばしさも弱い．

サワー種を使って，よいパンを焼くのは難しい．その理由は二つあって，一つは細菌のほうが酵母よりも増殖速度が速く（細菌が酵母の100〜1000倍），酵母によるガス発生が妨げられることである．よってサワー種は膨らみが悪いことが多い．もう一つは，酸性条件と細菌のタンパク質分解酵素によって，生地のグルテンが弱まることである．弾性が低くなり焼き上がりが重くなる．

**サワー種生地の扱い方**　サワー種を使って上手にパンを作るには，細菌の増殖と酸性化を抑え，健全な酵母の増殖を促すことが大切である．一般には，サワー種スターターは低温におき，新しく小麦粉と水を加えて激しく撹拌・通気する"再活性化"を頻繁に行う．以下に挙げる経験則を覚えておくとよい．

スターターは液状だと栄養を取り込みやすいので，酵母も細菌も速く増殖する．半固形の生地中では増殖が遅くなるので，始終気を配らなくてもよい．増殖を続ける微生物は，急速に栄養を消費して酸やその他の成長阻害物質を産生するため，スターターの分割と再活性化を頻繁に行う必要がある（1日2回以上）．新しく水と小麦粉を加えると，酸やその他の成長阻害物質が希釈され，栄養も追加される．スターターに空気を入れる（液体ならば泡立てる，生地ならばこねる）と，酵母が新しい細胞の膜を作るために必要な酸素が供給される．スターターの分割と再活性化を頻繁に行うほど，酵母がよく増殖し，スターターがパンを膨らませる力は強くなる．生地に混ぜるときは，盛んに増殖し発泡しているスターターを使用する．細菌はより高温（30〜35℃）でも増殖するが，酵母は酸性

---

## パン品質の科学的定義

レイモンド・カルヴェルは，パン作りの分野で著名な研究者であり教師でもある．戦後のフランスにおいて，パン品質の理解と改良に大きく貢献した．よいフランスパンの高い品質に関するカルヴェルの定義は，ほかの種類のパンには必ずしも厳密に当てはまらないものの，上手く焼き上げられたパンが非常に価値のあるものだということはわかる．

　よいパン——本当に良質なパン——…は中がクリーミーな白い色をしている．この色は，生地を混合する際に過剰に酸化されなかったことを示している．独特の芳香と味を予感させるものでもある．微妙に溶け合う小麦粉の香り，それは小麦胚芽の油のにおいに，胚芽からくるわずかなヘーゼルナッツ香が混じっている．これらすべてに加えて，生地のアルコール発酵からくる酔いしれるようなにおいと，カラメル化と焼けた皮からくる控えめな香りが混じりあう……フランスパンは，所々に大きな気泡のある開放性のキメをもつ．薄い膜で仕切られた空間は，うっすらと真珠の光沢がある．この独特な構造は，生地の熟成度や成形法をはじめとする多数の要因が関わっており，フランスパンの食感，風味，味覚的な魅力の基礎になるものである．

——*The Taste of Bread*（パンの味），R. L. ウィルツ訳より

条件では低温（20～25℃）のほうがよく増殖する．よってスターターも発酵中の生地も，温度を低めに保つ．

最後に，サワー種生地には塩を十分に加える．塩が細菌のタンパク質分解酵素の働きを抑え，弱いグルテンを引き締める．

**ライ麦パン**　小麦に比べると少ないものの，ドイツをはじめとする北ヨーロッパおよびスカンジナビア地域では，今でもライ麦を使ったパンが多い．現在，ライ麦パンのほとんどはライ麦粉と小麦粉を混ぜて使用しており，ライ麦独特の豊かな風味と小麦グルテンの膨らみのよさを合わせている．ライ麦タンパク質はグルテニン分子が末端連結して長鎖を形成しないため，グルテンのような弾性構造を形成しない．ライ麦にはパン作りに不利となる別の成分が含まれている．ライ麦は収穫前に発芽しがちで，パン作りの工程でデンプン分解酵素が働き，生地構造の主成分を分解する．それでも北ヨーロッパでは，ライ麦粉だけを使った独特の発酵パンが作られている．

**パンパーニッケル（粗挽きライ麦パン）**　本当のパンパーニッケルは，16世紀にドイツのウェストファーレンで起こった飢饉の際に生まれたとみられる．粗挽きの全粒ライ麦粉を使い，何段階かのサワー種発酵を行う．酸がデンプンの分解を抑えるので，生地の弾性もでる．ペントサンと呼ばれる粘着性の細胞壁成分（p. 457）が多量に含まれるため，二酸化炭素の気泡がある程度保持される．発酵させたライ麦生地は型に入れて，低温のオーブンまたは蒸し器で長時間（16～24時間）加熱する．加熱時間が長いのと，遊離の糖とアミノ酸が多く含まれるのとで褐変反応が進み，仕上がりは皮が薄く，濃いチョコレート色で，風味が強い．ゆっくりと焼き上げる間，多量に含まれるデンプン分解酵素が働き続けるので，パンパーニッケルは糖分が20％にも達し，非常に甘い．

ライ麦パン特有の複雑な風味はライ麦穀粒自体のもので，キノコ臭やジャガイモ臭，青葉臭がする（オクテノン，メチオナール，ノネナール）．伝統的なサワー種生地の発酵法では，麦芽臭，バニラ臭，揚げ臭，バター臭，汗臭さ，酢のにおいなどが加わる．

**リッチなスイート・ブレッド：ブリオッシュ，パネトーネ，パンドーロ**　脂肪分および糖分のかなり多いパン生地は，特に難しい．脂肪も糖もグルテン形成を遅くし，これを弱めるからである．糖は水分子と結合してグルテンと水の網目構造に入り込み，脂肪はグルテン鎖の親油性部分に結合してグルテン鎖間の結合を阻害する．このような生地を作る際には，脂肪と糖を入れずに生地をこね，グルテン構造が十分にできあがってから脂肪と糖を練り込む．そして生地が垂れてつぶれないように，生地を支えられ

---

## 冷凍生地およびパーベークド（部分焼き）生地

冷凍しておいたパン生地を，解凍して焼き上げることも可能だが，冷凍すると酵母細胞の多くが死滅するため，膨張が弱く遅くなり，酵母の化学成分が拡散してグルテンが弱まる．甘味や脂肪の多いパン生地は，冷凍してもうまく焼き上がるようである．

パン生地を膨らませてから通常の7～8割の時間だけ焼いた状態が，冷凍には最適である．この冷凍"パーベークド"生地は，熱したオーブンに数分間入れるだけで，解凍され焼き上がる．酵母細胞はすでに発酵が終わって冷凍前の焼き上げ時に死滅しているので，冷凍による影響はない．

る容器に入れて焼く．大量の糖は，酵母細胞を脱水して増殖を遅くする．したがって，糖分の多いパンは，酵母を多めに使って長く発酵させることが多い．また，糖分が多いと焼き上げのときに早く焦げ色がつきはじめるので，中に火が通る前に表面が焦げないように，オーブン温度はやや低めにするのが普通である．

フランスのブリオッシュ生地は，特にバターと卵の割合が多い．6〜18時間ほど抑制発酵（冷蔵，p.522）させて生地を硬くしてから，丸めて短時間休ませることが多い．こうすると最終発酵前の生地が扱いやすく，成形しやすくなる．イタリアのパネトーネとパンドーロは，大量の砂糖，卵黄，バターを使ったクリスマス用の手の込んだパンである．自然発酵させたサワー種生地をスターターに使っているので日持ちがよい．

### グルテンフリー・パン（グルテンを含まないパン）

グルテンに免疫反応を起こす人は，小麦やその近縁種を避けなければならず，グルテンがパンのテクスチャーに大きく関わっている，普通のパンは食べられない．グルテンフリー（グルテンを含まない）小麦粉，もしくはデンプン（米粉など）を使っても，キサンタン・ガムや乳化剤を加えれば発酵パンによく似たものが作れる．キサンタン・ガムは細菌分泌物で，工業規模の発酵槽で産生・精製されており，グルテンに似た弾性がほどほどにある．乳化剤は気泡を安定化し，焼き上げ過程で二酸化炭素が生地の外に出てしまうのを抑える．

### ■ その他のパン：フラットブレッド，ベーグル，蒸しパン，クイック・ブレッド，ドーナッツ

ヨーロッパや北米ではオーブンで焼いた軽いパンが主流であるが，生きる糧であるパンの種類は，このほかにも多種多様なものがある．

**フラットブレッド** 薄いフラットブレッドがパンの原型であり，世界中の多くの国で今も主要な栄養源である．フラットブレッドの本質的特徴は，フライパン，窯の床や壁，焼き石の上など簡単な高温の表面を使って，ごく短時間（2分程度）で焼き上げることである．高温で焼くことが多く（ピザ窯は450℃に達する），生地内の微細な気泡は急激な蒸気発生によって膨れ上がるので，基本的には生地を発酵させる必要がない（ただし発酵生地を使ったフラットブレッドも多い）．この膨張と生地の薄さゆえに，フラットブレッドは軟らかい．強いグルテンも

---

食物用語：pumpernickel（パンパーニッケル），bagle（ベーグル），pretzel（プレッツェル），brioche（ブリオッシュ），panettone（パネトーネ），pandoro（パンドーロ）

これらのうち三つはドイツ語，三つはロマンス語からきている．pumpernickel はウェストファーレンの方言で"悪魔"（サンタクロース）および"おなら"をさす（高繊維食品であることから）．bagel は"輪"という意味のドイツ語が語源となってイディッシュ語を経たもの，pretzel はラテン語を起源とした"小さな腕輪"という意味のドイツ語から直接きており，いずれも形が語源となっている．brioche はフランス語で，その語源とみられる broyer は"砕く"または"こねる"という意味である．バターを使った（卵はまだ使われていない）パンを呼ぶ語として，15世紀に生まれた．panettone と pandoro は19世紀のイタリアの造語で，それぞれ"立派なパン""黄金色のパン"という意味である．

必要ないので，あらゆる種類の穀物がフラットブレッドになる．焼き時間が短いにもかかわらず，高温のため広い表面がおいしく香ばしく焼き上がる．

フラットブレッドは一時的にせよ驚くほど大きく膨らむ．ピタやこれに似たパンは，中の空洞を利用してほかの食材を詰める．パンの上下面が熱で固まり内部よりも硬くなると，蒸気が充満し，中身の軟らかい部分が裂け，両面が離れてパンが膨らむ．かなりもろいクラッカーなどのように，膨らませたくないものは，先の尖った調理器具（フォークや専用の穴あけ器具）を使って，広げた生地の上からまんべんなく刺し，膨らみを抑えるグルテンの集合点をつく

| 世界のフラットブレッド |||
|---|---|---|
| 国 | パンの名称 | 特徴 |
| 無発酵 |||
| イスラエル | マッツァ | とても薄い，クラッカー状 |
| アルメニア | ラヴァッシュ | 紙のように薄い，乾燥させ水で戻すことも多い |
| イタリア（サルデーニャ） | パーチメント・ブレッド，カルタ・ディ・ムジカ | セモリナ粉を使用，とても薄い |
| ノルウェー | レフセ | 小麦粉とジャガイモ，時にバターやクリーム |
| スカンジナビア | ライ麦，オート麦，大麦を使ったさまざまなフラットブレッド | 乾燥したものが多い |
| スコットランド | バノック | エンバク（オート麦）のケーキ |
| チベット | 大麦パン | 焙煎した大麦粉（ツァンパ）で作る |
| 中国 | 焼餅（シャオビン） | 小麦粉と水とラード，折り込んで層状にする |
|  | 薄餅（バオビン） | 熱湯生地，薄く延ばして食材を包む |
| インド | チャパティ | 全粒小麦粉，鉄板で焼く |
|  | プルカ | チャパティを焼いて，直接炭火の上にのせ膨らませる |
|  | パラータ | ギーを折り込んで層状にする |
|  | プーリー，ゴールガッパ，ルチ | 油で揚げ膨らませる |
| メキシコ | トルティーヤ | 小麦粉またはトウモロコシ粉 |
| 発酵 |||
| イラン | サンガク | 全粒小麦粉，熱した小石の上で焼く |
| イタリア | フォカッチャ | 中くらいの厚み |
|  | ピザ | 薄い，高温の窯で焼く（450℃） |
| エジプト | バラディ | 袋状のパン |
| エチオピア | インジェラ | 酸味のあるテフ粉生地，泡立ってゆるい |
| インド | ナーン | ヨーグルト入りの生地，タンドール窯で焼く |
| 合衆国 | ソーダ・クラッカー | 重曹で中和したサワー種生地 |
|  | イングリッシュ・マフィン | 小さめの円盤形，厚い |
|  | プレッツェル | 細いひも状の生地を結び目の形にする |

る.

**プレッツェル** 独特な結び目の形をしたこげ茶色のプレッツェルは、風味も独特である。クラッカーと同じく、軟質小麦粉を使った硬めの酵母生地から作られる。工場生産では、成形した生地に熱い1％アルカリ溶液（水酸化ナトリウムまたは炭酸ナトリウム）を10～15秒間噴霧する。熱と水分が一緒になって表面のデンプンを糊化させる。次に生地に塩をふって高温のオーブンで5分ほど焼く。デンプンゲルが表面のツヤをだし、アルカリ性であるために褐変反応が急速に進んで色と風味がでる。（水酸化ナトリウムは二酸化炭素と反応し、食べても害のない炭酸塩になる。）最終段階ではゆっくりと時間をかけて焼き上げ、全体を乾かす。プレッツェル全体に微細な気泡と糊化していないデンプン粒が含まれているため、カリッとして砕けやすい。アルカリを使って褐変させた表面には独特の風味がある。

軟らかいプレッツェルや手作りのプレッツェルは、膨らませてから重曹水で短時間煮て、高温オーブンで10～15分間焼く。

**ベーグル** 比較的小さめのドーナツ形をしたパンで、東ヨーロッパで生まれた。20世紀初期にニューヨーク移民によって合衆国に伝わった。

伝統的なベーグルは、皮が厚くツヤと歯ごたえがあり、中は緻密である。20世紀後半に人気が高まると、より大きくて軟らかいベーグルが作られるようになった。ベーグルはグルテンの強い小麦粉を使って、かなり硬い生地にする（小麦粉100に対して使用する水は、標準的なパン生地では65、ベーグルは45～50である）。伝統的なベーグルの作り方は、生地を成形して幾分発酵させた後（18時間の抑制発酵を行うと食感が増す）、沸騰水中で片面1分半～3分ずつゆでる。中が膨らんで厚い皮ができるので、これを焼き上げる。現代は、自動化と時間短縮のため、成形した生地を蒸してから焼く。時間をかけた発酵は行わず、ゆでもしない。発酵してからゆでるのと比べて、蒸す方が生地は大きく膨張し皮は薄くなるので、軽くて軟らかなベーグルになる。

**アジアの蒸しパン** 中国では2000年ほど前から蒸しパンが食べられている。アジアの蒸しパンは一般に小さくて丸く、かなり白い。表面はなめらかでツヤがあり、皮が薄く、しっとりとして弾力があり、もっちりした歯ごたえ（饅頭；マントウ）またはふわりと軟らかい（包；パオ）。一般にはグルテン含量および強度が中くらいの軟質小麦粉を使う。やや硬めの生地を発酵させ、麺棒で何度か伸ばした後、分割・成形・最終発酵を行い、10～20分蒸す。

**クイック・ブレッド：ビスケット，ビスコッティ，スコーン** 作るのも食べるのも短時間（クイック）という意味で、クイック・ブレッドと呼ばれる。速効性の化学膨化剤を使用し、最小限の撹拌でグルテン形成を抑えるので、短時間で作れる。また硬くなりやすいので、できるだけすぐに食べるほうがよい。ゆるい生地（bat-

---

### パンに使う牛乳

風味づけや栄養強化の目的で、牛乳や粉乳をパン生地に入れることもあるが、パン生地のグルテンが弱まり、パンが重くなりがちである。乳清タンパク質が原因と思われるが、これは生地に入れる前に牛乳を沸騰直前まで温めることで不活化できる。（小麦粉が加熱され酵母が損傷しないよう、生地に混ぜ込む前に冷ましておく。）

ter)を使ったパンは,水分や脂肪分が多いので日持ちがよい(p. 537).

ビスケット(biscuit)という語はあいまいである."二度焼き"という意味のフランス語からきており,本来は乾いて硬くなるまで焼いたパンやパイをさした.これを正しく受け継ぐのが,ビスコッティと呼ばれるイタリアの硬いクッキーである.脂肪分の少ない生地を重曹で膨らませ,平たい塊にして焼いてから薄切りにし,低温のオーブンで再び焼いて乾燥させる.フランスの正式なビスキュイ(biscuit),そしてイギリスのビスケット(bisket)は,泡立てた卵白,小麦粉,砂糖を使った小さめの甘いパンのようなもので,日持ちする.イギリスでは今に至るまで,小さく甘く乾燥したケーキ(アメリカではクッキーと呼ばれている)をビスケットと呼んでいる.現代のフランスのビスキュイは泡立てた卵を使った乾燥気味のケーキで,風味シロップやクリームを添えることが多い.

アメリカでは,早い時期からビスケットはまったく違ったものになった(下の囲み内参照).アメリカのビスケットには砂糖が入らず,卵も使わないことが多い.牛乳かバターミルク,小麦粉,固形脂肪,重曹で生地を作り,短時間で軟らかな一口サイズに焼き上げる.上部がでこぼこで硬く中が軟らかいものと,上部が平らで中がサクサクしたものと,2種類ある.前者はなるべくこねないようにしてグルテン形成を抑え,後者は最小限の折りたたみとこねを行って生地と脂肪の層構造を作る.作り方が簡単で加熱時間も短いため,小麦粉自体の風味が強い.

イギリスのスコーンは,簡単である,基本的な材料を使う,小麦粉の風味がする,という点でアメリカのビスケットと似ている.アイルランドのソーダ・ブレッドは脂肪を加えずに軟質小麦粉で作る.

**ドーナッツとフリッター** 基本的には,小さいパン生地やパイ生地を油で揚げたものである.ドーナッツは中がしっとりして皮がほとんどない.フリッターはカリッとするまで揚げる.

doughnut(ドーナッツ)という語は,オランダで"olykoeks(オリクック)"と呼ばれていた甘い生地を揚げたものをさす新語として,19世紀に合衆国で作られた.砂糖と脂肪が多く,

---

### 昔のアメリカのビスケット

ビスケット("二度焼き"の意)という名前にもかかわらず,アメリカのものは1度しか焼かない.脂肪分と水分が多く,乾燥してもいない.

#### ビスケット

小麦粉1ポンド(約450g),バター1オンス(28g),卵1個を牛乳で湿らせ,オーブンが温まる間に休ませ,等分する.

#### バター・ビスケット

牛乳とエンプティンス(液体酵母)を1パイント(473 mL)ずつ小麦粉の中央に入れ,スポンジ(元種)とする.翌朝,溶かしバター1ポンドを冷まして加え,温めた牛乳1パイントとともに小麦粉を練り込み,軟らかな生地にする.牛乳にバターを溶かしてもよい.

――アメリア・シモンズ,*American Cookery*(アメリカ料理),1796年

卵を入れることもある生地は軟らかくべたついているが，1920年代には機械化によってその扱いが容易となり，大きな人気を集めた．ドーナッツは大きく分けて2種類ある．酵母で膨らませた軽くてふわりとしたイースト・ドーナッツ，そしてベーキング・パウダーで膨らませた重いケーキ・ドーナッツである．イースト・ドーナッツは軽くて油に浮かぶので，表裏を返して揚げる．よって油にあまり接しない周辺部には白い輪郭ができる．ドーナッツの揚げ温度は中温，初めはラードを使っていたが，今は一般に水素添加した植物性ショートニングが使われている．ドーナッツが冷えるとショートニングが固化し，表面は油っぽいというよりは乾燥した感じになる．

## 薄めの生地の食品：クレープ，ポップオーバー，グリドル・ケーキ，クリーム・パフ・ペストリー

### ■ ゆるい生地で作る食品

硬い生地（dough）とゆるい生地（batter）の違いは名前にも反映されている．doughの語源は"形作る"という意味，batterの語源は"打つ"という意味をもつ．doughは硬さがあるので手で成形することができる．batterは流動性があり，手でつかむことができないのでボールに入れ，中から外へと打ちつけるようにして混ぜ（攪拌），型に入れて焼き上げる．

ゆるい生地（batter）は，硬い生地（dough）の2～4倍の水が含まれるため液状である．水でグルテンタンパク質がかなり薄まっているので，その網目構造は非常に緩やかで流動性がある．焼くとデンプン粒が水分の多くを吸収して膨張・糊化し，アミロースがしみ出し，デンプン粒同士がくっついて流動性は無くなるが，軟らかく水分の多い構造である．グルテンタンパク質が基礎構造をまとめるという補助的な役割を果たし，もろく崩れることもない．ただしグルテン形成が過剰になれば，弾力が強くもっちりした焼き上がりとなる．ゆるい生地には卵が入ることも多く，卵タンパク質も熱で凝固して構造をまとめるのに役立つ（弾力性はない）．ゆるい生地は，酵母からゆっくりと発生するガスを留めておくことができないので，通常は化学膨化剤を用いるか，または泡立てるなどの機械的な方法で膨らませる．

ゆるい生地で作る食品は，繊細で軟らかな焼き上がりが望ましい．軟らかさをだす方法には以下のようなものがある．

- 生地中のグルテンタンパク質の濃度を下げる．パイ用小麦粉，グルテン含量の低い穀物粉（ソバ粉，米粉，エンバク粉），またはオールパーパス小麦粉にコーンスターチなどの精製デンプンを混ぜて使用する．

- グルテン形成を抑える．材料の攪拌を最小限にする．

- 牛乳や水の代わりに酸味のある乳製品を使う．バターミルクやヨーグルトなどを使うと特に軟らかくなる．トロミがあると，より少ない小麦粉で生地が適当な硬さになるからである．一定量の生地に含まれる小麦粉，すなわちデンプンとグルテンが少なくなり，焼き上がりはよりキメ細かくなる．

- 気泡で生地を膨らませる．気泡を取り巻く無数の薄膜が形成するのみならず，生地の粘性が高まるので（ソースの泡と同じ，p.578），小麦粉の量が少なくてすむ．

ゆるい生地で作る食品は，生地の濃度によって二つに大別することができる．濃いめの生地を型に入れずに小さく薄く焼き上げるもの，そして薄めの生地を型に入れて大きく厚みのある形に焼き上げるクイック・ブレッドやケーキである．

## ■ クレープ

クレープやこれに似たもの（東ヨーロッパの「ブリンツ」や「パラチンカ」）は，1000年ほど前からある．小麦粉，牛乳または水，そして卵を使った簡単な生地を，膨らませずに浅鍋で薄く焼いて，折った間に具を挟み込んだパンケーキである．非常に薄く焼き上げるので繊細である．生地を混ぜる際には，なるべくグルテンを形成しないように注意する．生地を1時間以上置いておくことで，タンパク質や傷ついたデンプンに吸水させ，気泡を抜く．焼き時間は片面がほんの1～2分である．フランス，特にブルターニュ地方などでは，クレープ生地に入れる牛乳の一部をビールに替えたり，小麦粉の代わりにソバ粉を使ったりする．

## ■ ポップオーバー

イギリスのヨークシャー・プディングに相当するアメリカ料理が「ポップオーバー」で，ローストビーフから出る脂に添えて出される．生地はクレープとほとんど同じだが調理法が違い，薄い生地層の中に大きな空洞ができる．ポップオーバーの生地は激しくかき混ぜて空気を含ませ，気泡が抜けないうちにすぐに焼く．あらかじめ温めてたっぷりと油を塗っておいた型に生地を流し込み，温めたオーブンに入れる．生地の表面はすぐに固まる．生地に気泡が閉じ込められ，温度の上昇とともに膨張し，破裂して一つの大きな気泡となる．その周りの液状生地が風船のように膨らみ薄い皮になる．複数のカップに生地を分けて焼く場合，たくさんカップが並んでいる場合，内側よりも外側のほうが早く熱せられるので，すべてのカップで同じように膨らむことはない．

## ■ グリドル・ケーキ：パンケーキとクランペット

クレープやポップオーバーやシュー生地よりも粉が多めで，粘りのある生地を使うのが「グリドル・ケーキ」である．焼き上がるまでの数分間は気泡が抜けないので，熱い鉄板の上で膨らみ，ふんわりと軟らかに焼き上がる．パンケーキは酵母で膨らませたり（風味づけにもなる），泡立てた卵白を生地に混ぜ込んだり，化学膨化剤を使ったり，またはこれらを組み合わせたりする．ロシアの「ブリヌイ」というパンケーキにはビールを入れることもあり，そうすると泡立ちがよくなる．パンケーキの生地を鉄板（グリドル）の上に流して焼き，表面に浮かび上がった泡がはじけて穴があきはじめたら，上下を返してもう片面を焼いて気泡を閉じ込める．

「クランペット」はイギリス風のパンケーキで，酵母発酵させた生地を小さく平らに焼いたものである．淡い色合いとプツプツと穴のあいた表面が特徴である．やや濃い目の生地を，酵母の働きで泡立たせ，厚み2cmほどのリング型に流し込み，かなりゆっくりと焼き上げる．表面に泡がはじけて固まったら型をはずし，上下を返して穴のある面をさっと焼く．

## ■ グリドル・ケーキ：ワッフルとワッファー

「ワッフル」と「ワッファー」は，語源もそ

---

### 食物用語：crêpe（クレープ）

フランス語の crêpe は"巻いた，波打った"という意味のラテン語が語源で，クレープを焼くと端が乾燥して巻き上がるところからきていると思われる．

の独特の調理法も共通している．小麦粉と水を混ぜ合わせたものを薄く広げ，熱した金属製の押し型二枚の間に挟んで焼く．型の間に生地が薄く広がり，急速に熱が伝わって，綺麗で便利な模様に焼き上がる．一般には格子状のくぼみができ，表面はカリッと焼きあがり，バターやシロップなどがたまりやすい．「ゴーフル」と呼ばれるフランス式ワッフルは中世に生まれたもので，宗教的な祭事などで露天商が焼きたての温かいものを売っていた．

ワッファーとワッフルの違いは，今では食感だけである．薄く乾燥しカリッとしたものがワッファーで，砂糖を多く使ったものは重くてかなり硬い．よく知られているのはアイスクリーム用のコーンである．フランス菓子の「ゴーフル」もワッファーの一種で，さらに薄くてパリッとした「テュイル」という瓦型の焼き菓子もある．18世紀にオランダから合衆国に伝わったワッフルは，ワッファーよりも厚みがあって軽く繊細である．酵母やベーキング・パウダーで膨らませるので，焼き上がりの構造に気泡が多く入っている．焼きたての温かいうちに，蜂の巣模様の表面にバターやシロップをかけて食べる．

現代では，基本的には脂肪が少なめのパンケーキ生地をワッフル焼き器で焼くが，サクッと仕上がらずに硬くなってしまうこともある．

サクッと焼き上げるには，脂肪か砂糖（または両方）を多くしないといけない．脂肪も砂糖も少ない生地は焼くというよりも蒸すようになって，小麦粉のタンパク質とデンプンが吸水しすぎて軟らかくなり，結果として表面が硬くなる．

## ■ シュークリームの皮（クリーム・パフ・ペストリー，パート・ア・シュー）

"choux（シュー）"とはフランス語で"キャベツ"の意味である．シュー皮はキャベツのようなデコボコした形の小さな球状で，中はポップオーバーのように空洞である．ポップオーバーとは違って，シュー皮はサクッと硬く焼き上がる．中にクリームを詰めたものがシュークリーム（クリーム・パフ）やプロフィトロール（プチシュー）やエクレアなど，またチーズ風味のグージェールや，油で揚げたベニエなどもある．シュー生地を小さく揚げたペ・ドゥ・ノンヌ（修道女のおなら）と呼ばれるフランス菓子もある．

シュー生地は中世時代終わりに発明されたとみられ，その作り方は独特である．ゆるい生地（batter）と硬い生地（dough）を掛け合わせたようなもので，生地を作るときと焼き上げるときの2回，加熱を行う．鍋に多めの水と脂肪を

---

### 昔のフランス式ワッフル

#### 牛乳または生クリームを使ったワッフル

1リトロン（375g）の小麦粉をボールに入れ，卵2～3個を割り入れて混ぜ，生クリームか牛乳，そして塩をひとつまみ入れて混ぜる．卵2個分の大きさの作りたてクリーム・チーズまたは全乳で作ったソフト・チーズ，1カルテロン（125g）の溶かしバターを入れる．バターを1/2カルテロンに減らす場合は，1/2カルテロンの良質な牛の髄を細かく砕いて加える．

すべてを混ぜ合わせてよくまとまったら，ワッフル焼き器を火にかけてワッフルを焼く．温かいうちに食べる．

———ラ・ヴァレンヌ，*Le Cuisinier françois*（フランスの料理人），1651年

加えて沸騰させ，小麦粉を加えて弱火で攪拌し続けると，生地が一つにまとまってくる．卵を何回かに分けて加え，軟らかな生地に仕上げる．生地を球状または好みの形にして高温のオーブンで焼くか，油で揚げる．ポップオーバーと同じように，はじめ表面が固まっても中は液状に近いので，閉じ込められた空気が一つになって膨らみ，大きな空洞ができる．

## ■ 揚げ衣

特に魚介類，鶏肉，野菜など，さまざまな食材が，小麦粉のゆるい生地（衣）をつけて揚げられる（焼くこともある）．よい衣は，食材にくっつきやすく，揚げた後にカリッとした食感が長持ちし，口に入れたときに油っぽさを感じず，サクッとかみ切れる．どこか問題のある生地は，揚げている間にはがれてしまったり，油っぽくてもっちりと硬くなったり，またはネットリと軟らかくなったりする．

揚げ衣の材料は，ある種の小麦粉と，水や牛乳やビールなどの液体である．時に軽さをだすために化学膨化剤などで気泡を含ませたり，卵を入れて食材への付着性をよくし，小麦粉の使用量を減らしたりもする．これらの材料のなかで生地の性質に最も強く影響するのは小麦粉である．多すぎればパンのように厚く硬い衣になり，少なすぎれば崩れやすい．普通の小麦粉に含まれるグルテンタンパク質は衣のつきをよくするが，弾力のあるグルテンを形成して水分や油を吸収するので，もっちりと油っぽくなりがちである．このため，パン用小麦粉よりは中力粉や薄力粉のほうがよく，小麦以外の穀物粉を使ったり，小麦粉にほかの穀物粉やデンプンを混ぜて使ったりすることもある．米のタンパク質はグルテンを作らず，水分や油をあまり吸収しないので，米粉を多く含む衣はカリッと乾いた感じに揚がる．トウモロコシ粉を入れてもカリッとする．トウモロコシ粉は粒径がやや大きくて吸収性が低いのと，小麦グルテンが薄まってもっちりとした食感が抑えられるためである．純粋コーンスターチを少し加えても，タンパク質の割合が下がり，小麦グルテンタンパク質の影響が抑えられる．ジャガイモや葛などの根を原料にした粉やデンプンは，揚げ衣に向かない．デンプン粒が比較的低温で糊化して壊れるので，揚げるときにも同じことが起こり，衣は軟らかくすぐに湿ってしまう．

湿った食材を揚げるときは，初めに小麦粉やパン粉などの乾燥した粉をまぶすと，衣のつきがよい．乾燥粒子が濡れた表面に付着し，表面が粗くなって衣がつきやすくなる．衣は使う直前に作り，冷やしておいた液体材料を使い，なるべく混ぜないようにすることで，吸水とグルテン形成を最小限にすれば，カリッとしかも軟らかい衣になる（天ぷらの衣，p.209）．衣を

---

### シュークリームの皮の理論

シュークリームの皮作りは面倒にもみえるが，実に素晴らしい発明である．しっとりとコクのある生地が，サクッとした中空の形に焼き上がり，ほかの材料を入れる器になる．小麦粉を水や脂肪とともに加熱することにより，グルテンタンパク質の弾性がでるのを防ぎ，またデンプンが膨潤・糊化するので，本来ならゆるい生地（batter）のはずが硬い生地（dough）になる．この後に生卵を加えることで，卵黄の濃厚さと粘り，そして構造を作り上げる卵白タンパク質も加わる．同時にバッターのように生地が薄まるので，焼くと内部の気泡が動いて中央に集まり，空洞ができるというわけである．脂肪が含まれるので外側がパリッと風味よく焼き上がる．また卵と脂肪のおかげで湿気を吸いにくく，中に具を詰めても皮の硬さが保たれる．

作って長く置いておくと含まれていた気泡が抜ける．また，化学膨化剤を使う場合には，早く反応が起きてしまって衣は膨らまずに重くなる．

# 濃いめの生地の食品：ゆるい生地のパンやケーキ

## ■ ゆるい生地のパンとマフィン

ゆるい生地で作るパンやマフィンは，クイック・ブレッド（p.531）の一種で，水分が多く一般に甘味も強い．ベーキング・パウダーや重曹を使って膨らませ，砂糖のほかに卵や脂肪もある程度加えることが多い．重くしっとりとしていて，ナッツや乾燥果実，生の果実や野菜（リンゴ，ブルーベリー，ニンジン，ズッキーニなど）が入ることもある．水気の多い果実や野菜が，湿った生地によく馴染む．つぶしたジャガイモやバナナは生地の一部になる．

一般にマフィン生地は，クイック・ブレッドよりも砂糖・卵・脂肪の割合が少なめである．材料を合わせて粉がやっと湿る程度に混ぜ，小さな型に分割して焼き上げる．上手くできたマフィンは，内部が均一な開放性の構造で，軟らかい．生地をあまり混ぜないので，少ない脂肪は不均一に分散し，デンプンが十分に保護されないのですぐ硬くなる．生地を混ぜすぎるとキメが細かく硬くなり，弾性の強い生地に封じ込められた気泡によって，大きなトンネルが所々にできる．

**緑のブルーベリーと青いクルミ**　パンやマフィンの生地に混ぜ込んだ固形材料は，ときどき変色する．ブルーベリー，ニンジン，ヒマワリの種は緑に，クルミは青に変色することがある．重曹が多すぎたり，攪拌が十分でなかったりした場合，部分的にアルカリ性が強まるのが原因である．果実・野菜・ナッツに含まれるアントシアニンや関連色素はpH感受性で，通常は酸性条件にあるが，生地がアルカリ性だと変色する（p.272）．焼き上がったパンやマフィンの表面に茶色の斑点ができるのも，攪拌が十分でなかった証拠である．アルカリ性の強い部分では，褐変反応が速く進むためである．

## ■ ケーキ

多くの場合，ケーキは甘さとコクが特徴である．小麦粉，卵，砂糖，バター（ショートニング）が織り成す繊細な構造が口の中でとろけて，豊かな風味が広がる．ケーキには小麦粉よりも，砂糖や脂肪が多く使われることも多い．さらに甘くコクのあるカスタード，生クリーム，アイシング，ジャム，シロップ，チョコレート，そしてリキュールなどでデコレーションすることも多い．ケーキ自体の贅沢さは，凝った形や飾りつけをするのにふさわしい．

ケーキの構造は，主に小麦粉デンプンと卵タンパク質によって作られる．気泡によって生地は分断され，砂糖と脂肪がグルテン形成と卵タンパク質の凝固を妨げ，糊化デンプンの構造を弱める．こうして，軟らかく口中でとろける食感が生まれる．砂糖と脂肪によってケーキ構造が弱くなりすぎ，重さを支えられなくなると，かえって軽さは失われる．ずっしりと重いケーキもそれなりのおいしさがある．小麦粉を使わないチョコレートケーキ，ナッツ・ケーキ，フルーツ・ケーキなどがよい例である．

**伝統的なケーキ：甘さを抑え手間をかける**　20世紀に入ってもしばらくは，膨らませたケーキの代表と言えばイギリスの「パウンド・ケーキ」またはフランスの「キャトル・キャール」（"4分の1が四つ"という意味）であった．これには四つの主材料，すなわち構造を組み立てる小麦粉と卵，そして構造を弱めるバターと砂糖が等量ずつ含まれる．小麦粉のデンプンと卵タンパク質が軟らかく軽い構造を保ったままで，脂肪と砂糖を最大に取り込むことのできる割合なのである．バターや砂糖をこれ以上増やせば，構造がつぶれて重いケーキになってしまう．ケーキ生地に微細な泡を多数含ませなけれ

ばならないが，酵母はガス発生が遅すぎて生地が泡を維持できない．したがって，酵母を使わない伝統的なパウンド・ケーキを作るには手間がかかった．1857年にレスリー嬢がこう書き残している．「疲れることなく1時間」泡立て続ける，そしてさらに「ケーキ作りで一番大変なのは，バターと砂糖を混ぜ込むところである．男の召使にさせること．」1896年に出版されたファニー・ファーマーの料理本にはこうある．「キメ細かいケーキを作るには，長く泡立て続けるしかない．」

**現代アメリカのケーキ：改良された脂肪と小麦粉**　1910年頃から，油脂および小麦粉の加工に関していくつかの技術革新があり，アメリカのケーキは大きく様変わりした．最初の技術革新により，少ない労力でケーキを膨らませることができるようになった．液状の植物油を固形化する水素添加処理により，室温ですばやく気泡を含ませられるという特長をもった，特殊なショートニングが製造できるようになった（p. 540）．現在のケーキ用ショートニングには，ケーキの膨らみをよくするために窒素の微小気泡が含まれ，さらに撹拌・焼き上げ時に気泡を安定化し，気泡がつぶれないように脂肪を油滴として分散させるための乳化剤も含まれている．

第二の技術革新は，特殊なケーキ用小麦粉の開発であった．微粉化し，二酸化塩素または塩素ガスで強く漂白した，タンパク質含量の低い軟質小麦粉である．塩素処理によって，糖分の高い生地中でのデンプン粒の吸水・膨張が向上すること，強いデンプンゲルが生成することがわかっている．さらに脂肪がデンプン粒表面に結合しやすくなるので，脂肪相がより均一に分散すると思われる．ケーキ用小麦粉に，新しいショートニングと持続性（ダブル・アクティング）ベーキング・パウダーが加わって，合衆国では"High-ratio（高比率）"ケーキ・ミックス製品が登場した（砂糖が小麦粉よりも4割ほど多く含まれる）．この高比率ケーキ・ミックスを使うと，非常に軽くてしっとりした，ビロードのようにキメ細かなケーキになる．

品質がよいうえに材料を量る必要もないことから，ケーキ・ミックス製品は大きな成功を収めた．第二次世界大戦後の本格的な市場化からわずか10年で，合衆国内の家庭で作られるケーキの半分にケーキ・ミックスが使われるようになった．合衆国では，非常に甘く軟らかくしっとりとして軽いケーキが標準となり，"一から手作り"するケーキの材料として，水素添加したショートニングと塩素処理した小麦粉が

---

### イギリスの初期のパウンド・ケーキ

電動ミキサーや泡立てたショートニングが登場するまで何世紀もの間，重いケーキ生地に気泡を十分含ませるのは大変で時間のかかる仕事だった．

#### パウンド・ケーキの作り方

バター1ポンド（約450g）を陶製のボールに入れ，とろりとキメ細かなクリーム状になるまで一方向に撹拌する．用意した卵12個をよくかき混ぜ（ただし卵白は半分だけ使う），バターと混ぜ合わせ，小麦粉1ポンド，砂糖1ポンド，そしてキャラウェイ少々を混ぜ込む．手または大きな木のスプーンを使ってこれらすべてを1時間撹拌し続ける．型にバターを塗って，生地を流し入れ，簡易オーブンで1時間焼く．

——ハンナ・グラス，*The Art of Cookery Made Plain and Easy*（やさしい調理法），1747年

台所に常備されるようになった．

**改良された脂肪と小麦粉の欠点**　水素添加した植物性ショートニングと塩素処理した小麦粉は，とても有効ではあるが欠点もあり，これらを使わない人もいる．水素添加したショートニングはバターのような風味がないだけでなく，トランス脂肪酸含量が高いという，より重大な欠点がある（ショートニングは10〜35％，バターは3〜4％，p.36参照）．塩素処理した小麦粉は独特の味があり，人によってはこれを好まない（ケーキの香りが強まるとして好む人もいる）．小麦粉に含まれる脂肪様分子に塩素が残存し，動物体内に蓄積する．これが有害であるという証拠はないが，欧州連合および英国では，塩素処理小麦粉の安全性が未確認だとして使用を禁止している．合衆国食品医薬品局（FDA）および世界保健機関（WHO）は，人間が摂取しても安全であるとして塩素処理小麦粉の使用を認めている．

これらの問題および不確実な点に対し，製造業者は一部対策を実施している．たとえば，小麦粉の塩素処理は熱処理にかえることができ，トランス脂肪酸が生成しないように植物油を硬化することもできる．したがっていずれは，より問題の少ない材料を使った高比率ケーキが作られるようになるであろう．

**ケーキの材料**　ケーキには一般に，小麦粉，卵，砂糖，そしてバターまたはショートニングが使われる．卵は75％が水分で，生地のほとんどの水分は卵からくる．あるいは，牛乳，バターミルク，サワークリームなどさまざまな乳製品を使って水分と風味を加えることもある．砂糖は生地に空気を含ませる目的があるので，微粒グラニュー糖（アメリカでは「エクストラファイン」または「スーパーファイン」として販売されている）がよい．グラニュー糖は微小な鋭角の数が多いので，脂肪や卵に食い込んで攪拌が促進されるためである．攪拌により気泡が十分含まれるので，ケーキには化学膨化剤を使わないことが多く，使ったとしても量は少ない．

<u>小麦粉，デンプン，ココア</u>　グルテンが形成されて硬くならないように，ケーキに使用する小麦粉はタンパク質含量の低いパイ用またはケーキ用である．ただしパイ用とケーキ用は厳密に

### 代表的なケーキの材料比と特徴

| | 小麦粉 | 卵 | 脂肪 | 砂糖 | 特徴 |
|---|---|---|---|---|---|
| パウンド・ケーキ | 100 | 100 | 100 | 100 | しっとり，軟らか，濃厚 |
| バター・ケーキ | 100 | 40 | 45 | 100 | しっとり，軟らか |
| ジェノワーズ（共立てスポンジケーキ） | 100 | 150〜200 | 20〜40 | 100 | 軽い，弾力あり，やや乾燥 |
| ビスキュイ（別立てスポンジケーキ） | 100 | 150〜200 | 0 | 100 | 軽い，弾力あり，乾燥 |
| スポンジ・ケーキ* | 100 | 225 | 0 | 155 | 軽い，弾力あり，甘い |
| エンジェル・フード・ケーキ | 100 | 350（卵白） | 0 | 260 | 軽い，弾力あり，甘味が強い |
| シフォン | 100 | 200 | 50 | 135 | 軽い，しっとり |

＊ アメリカで一般的にスポンジ・ケーキと呼ばれているもの．ジェノワーズやビスキュイよりも砂糖が多い．このほかにオレンジ果汁などの液体（小麦粉100に対して75）を加える．

は同じように使えない．ケーキ用小麦粉は，ビロードのようなキメ細かさをだすために塩素処理と微粉化がされている．ケーキ用小麦粉を使いたくない場合は，オールパーパス小麦粉かパイ用小麦粉にデンプンを加えてタンパク質含量と微粉性を調節できる．合衆国で最も一般的なデンプンはコーンスターチである．ジャガイモや葛のデンプンにはコーンスターチのような穀物の風味がなく，糊化温度も低いので，焼き時間が短くなり水分の多いケーキになる．小麦粉をまったく使わずに，精製デンプンまたはデンプン質の栗の粉だけで作るケーキもある．

チョコレート・ケーキの場合は，吸水して構造を作り上げるという小麦粉と同じ役割をココア・パウダーもある程度担う．ココア・パウダーは，デンプンなどの炭水化物を約50％，非グルテンタンパク質を約20％含む．ココア・パウダーは酸性の"ナチュラル"ココアとアルカリ性の"ダッチ"ココアがあり（p. 681），その違いが膨らみと風味バランスに影響する．ケーキに使用するココアはどちらか指定されているはずで，違う種類のものを代用することはできない．ココアでなくチョコレートを使う場合は，溶かしてから慎重に脂肪か卵と混ぜ合わせる．チョコレートによってカカオ脂肪分，カカオ固形分，糖分が大きく異なるので（p. 680，囲み内），やはりケーキに使用するチョコレートの種類ははっきりと指定されるべきである．

**脂肪**　パウンド・ケーキやレイヤー・ケーキの普通の作り方は，脂肪と砂糖を混ぜ合わせ，ホイップ・クリームのようにふんわりとするまで空気を含ませる．結晶脂肪は半固体状なので気泡を逃さない．砂糖の結晶とともに入り込んだ空気は，結晶脂肪と液体脂肪の混じりあった中に封じ込められる．伝統的なケーキに使われる脂肪はバターであり，今も軽さより風味をだしたい場合にはバターが使われる．

現代の植物性ショートニングのほうが，ケーキ生地に空気を含ませるという点では優れている．バターやラードなどの動物性脂肪は脂肪の結晶が大きく，気泡も大きくなりがちで，浮かび上がって生地の外に出てしまう．植物性シ

---

## ケーキに空気を含ませる方法

- 脂肪と砂糖を泡立てる：バターやショートニングに砂糖を入れて泡立てた後に，ほかの材料を混ぜ込む．
    パウンド・ケーキ，フランスのカトル・カール，アメリカのバター・ケーキやレイヤー・ケーキ，フルーツ・ケーキ
- 卵と砂糖を泡立てる：全卵もしくは卵黄か卵黄と砂糖を泡立てた後に，ほかの材料を混ぜ込む．
    全卵：ジェノワーズ
    卵黄と卵白を別々に泡立てる：フランスのビスキュイ，ブラック・フォーレスト・ケーキ
    卵黄のみ：スポンジ・ケーキ（アメリカでは，脂肪を加えずに全卵を使ったもの）
    卵白のみ：エンジェル・フード・ケーキ，シフォン・ケーキ，小麦粉を使わないメレンゲやダコワーズ
- すべての材料を合わせて泡立てる：小麦粉，卵，砂糖，ショートニングを全部一緒に泡立てる．
    市販のケーキ・ミックス
- 泡立てない：空気を含ませないように材料を合わせる．
    砂糖を溶かして使うケーキ：パン・デピス，スパイス・ケーキ

ショートニングは脂肪の結晶が小さくなるように作られており，含まれる気泡も小さく，生地に留まることができる．また，ショートニングには製造工程で窒素の気泡を含ませてあり（体積の約10％），気泡を安定にする乳化剤も添加してある（重さの３％まで）．効果的に空気を含ませるには，バターは比較的低温（18℃），ショートニングは温かい室温（24〜27℃）がよい．

**脂肪の代用品**　ケーキをしっとりと軟らかくする脂肪の作用は，プルーン，リンゴ，アンズ，ナシなどの濃縮果実ピューレである程度は代用することができる（ただし起泡性はない）．高濃度に含まれる粘性のある植物性炭水化物（主にペクチンとヘミセルロース）が水と結合し，グルテンとデンプンの網目構造にも入り込む．したがって，ケーキに使う脂肪の一部を果実ピューレにかえることができる．しっとりと軟らかく焼き上がるが，脂肪だけを使った場合に比べると重くなる．

**ケーキ生地の混合**　ケーキ作りでは，材料をただ均一に混ぜ合わせればよいのではない．生地に気泡を含ませるという重要な目的があり，ケーキの仕上がりに大きく影響してくる．空気を含ませる方法はいろいろで，この違いによってケーキを分類することができる（p.540，囲み内）．砂糖や小麦粉を，脂肪や卵，またはすべての液体材料と合わせて泡立てる．微細な固形粒子は，その表面に気泡を伴う．泡立て器具で攪拌することにより脂肪や液体にその気泡が入り込む．小麦粉は泡立てた後に入れることが多く，そのときに泡がつぶれてしまったり，グルテンが形成されないよう，激しくかき混ぜずにそっと折り込むように混ぜる（p.110）．または乾燥した小麦粉と脂肪を混ぜれば，グルテンタンパク質同士が強く結合することもない．

窒素ガスを混入したショートニングや，電動ミキサーのおかげで，ケーキ作りは昔よりずっと楽になったが，それでも泡立てには15分以上かかる．

以上のような混合方法を少し変更したり組み合わせたりすることも多い．"ペストリー・ブレンド"法というのは，小麦粉を（時に砂糖と一緒に）脂肪と合わせてクリーム状にしてから，ここに液体材料を加え，十分攪拌して空気を含ませる．泡立てた脂肪と卵を合わせるという方法もある．砂糖を加えた脂肪を泡立て，これとは別に砂糖を加えた卵を泡立て，両方を混

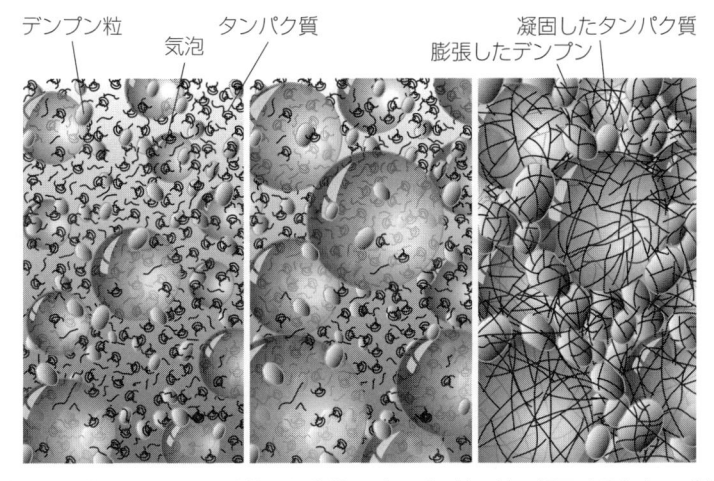

ケーキが焼ける状態．左：典型的なケーキ生地．小麦粉のデンプン粒，熱で凝固する卵タンパク質，攪拌で含まれる気泡が，水と砂糖のシロップに浮かんでいる．（多くの場合は脂肪も含まれるが，この図には示されていない．）中央：加熱されると気泡が膨張し，生地のカサが増す．同時に，タンパク質の構造がほどけはじめ，デンプン粒が吸水・膨張しはじめる．右：最終段階では，デンプン粒の膨張・糊化と卵タンパク質の凝固が続いたおかげで，液状だった生地は多孔性の固体になっている．

ぜ合わせる．

**ケーキを焼く**　膨張，凝固，褐変の三段階に分かれる．第一段階では，生地が最終的な大きさにまで膨らむ．生地温度が上がるにつれ，気泡内のガスが膨張し，化学膨化剤が二酸化炭素を発生し，60℃付近から水蒸気が出はじめてさらに気泡が膨らむ．第二段階では，膨らんだ生地がオーブンの熱で固まって形が定まる．80℃あたりから卵タンパク質が凝固し，デンプン粒が吸水・膨潤・糊化しはじめる．糖はタンパク質の凝固とデンプンの膨潤を遅くするので，実際の凝固温度は糖含量によって大きく変わってくる．高比率ケーキでは，100℃付近になるまでデンプンが糊化しない場合もある．最終段階では生地が完全に固化し，乾燥した表面では褐変反応が起こって風味が増す．ケーキがわずかにしぼむことも多く，そうなればオーブンから出さなくてはならない．爪楊枝などを中央に刺して焼き上がりを調べることもできる．抜いた楊枝に生地がついてこなければ中まで火が通っている．

　一般的には中温のオーブン(温度175〜190℃)で焼く．これよりも低いと凝固が遅く，膨張する気泡がつぶれてしまい，キメが粗く重くなり，上面がくぼむ．これよりも高いと，生地の内側が膨らみきる前に外側が固まり，先が尖って火山のような表面になり焦げてしまう．

**ケーキ型**　ケーキ型は熱の伝導速度と分布を左右するので，ケーキの仕上がりに大きく影響する．ケーキ型の大きさは，焼く前の生地体積の1.5〜2倍が理想的である．ドーナッツのように中央に穴があいたチューブ型は，表面積が大きく，生地内部まで熱が伝わるのが速い．表面に光沢のあるものは放射熱を反射し，入れた生地への熱伝導性が低く，焼き上がりが遅い．光沢のない金属性の型や，やはり放射熱をよく伝えるガラス製の型は，光沢のある型よりも焼き時間が20％ほど短い．黒い表面は熱を吸収して表面が焦げやすい．近年では柔軟なシリコン型や紙型などの非金属製の型も多く出回っていて，マフィンやカップケーキの紙型もより大きく，硬く，美しくなってきている．

## 高地でケーキを焼く

　海抜0mで上手くいくレシピをそのまま使って高地でケーキを作ると，パサパサで重い失敗作になる．高地では気圧が低く，100℃よりも低い温度で水が沸騰するからである．気圧と沸点が低くなると，ケーキをオーブンで焼く際にいくつかの違いがでてくる．まず，より低温で生地の水分が失われ，すぐに乾燥してしまう．生地の凝固温度よりも低温で速く気泡が膨張する．そして，生地温度が十分上がらないのでタンパク質とデンプンが凝固して，構造が安定化するのが遅い．したがって，高地で焼いたケーキは水分が少なく，キメが粗く，膨らまない．

　標高数千mでケーキを上手く焼くには，低地用のレシピを少し変更しなければならない．水分損失を補うために水分を多めにする．気泡が膨張しすぎるので膨化剤を減らす．早めに構造を安定化するため，糖と脂肪の割合を減らし，卵や小麦粉の割合を増やす．オーブン温度を高めにすることも，タンパク質の凝固とデンプンの糊化を促進し構造を安定にする．

**ケーキの冷却と保存**　ケーキが焼けた後は多くの場合，型からはずしたりする前に一定時間冷ます必要がある．まだ熱いうちはケーキの構造が非常にもろいが，デンプン分子が互いに密で規則正しい結合に戻りはじめるにつれて硬くなる．パウンド・ケーキとバター・ケーキは，その構造が主に糊化デンプンによるものなのでかなりしっかりしており，焼き上がって10〜20分も経てば型からはずすことができる．甘めの卵を泡立てて作るケーキの構造は，主に凝固した卵タンパク質によって支えられており，デンプンよりも緻密な気泡構造をとるので，中の気体が冷えて収縮すると全体的にしぼんで，つぶれてしまうこともある．そうならないように，エンジェル・ケーキやシフォン・ケーキはチューブ型を使って焼く．焼き上がったら逆さまにして網台などの上に乗せて冷ます．ケーキは底に付着した状態で逆さまになるので，ケーキの重量が構造全体を引っ張り，最大の体積まで伸ばされ，同時に気泡膜を固定させたり，生地に亀裂が入って内外の圧力が等しくなる．

　ケーキは室温で数日間はもち，冷蔵や冷凍もできる．乳化成分が含まれるうえに，水分や脂肪，水分保持作用のある糖分も含まれているので，パンに比べて軟らかさが長もちする．

# パイ（ペストリー）

　パイはケーキやパンやパスタとはあまり似ていない．小麦の性質の利用の仕方がまったく異なる．パイ以外の生地を作るときは，水を使って小麦粉の粒子をくっつけ，グルテンとデンプン粒の塊を作り，さらにこね上げる．これに対してパイは，断片的で不連続な小麦粉粒子の性質を利用する．小麦粉をまとめるために必要最小限の水を使い，大量の脂肪を混ぜ込んで小麦粉の粒子や生地を覆って，互いに分離させる．水分がほとんどないので，焼いても糊化するデンプンは半分以下である．口に入れるとホロホロと崩れる乾燥した塊になり，脂肪がしっとりとしたコクを加える．

　パイはほかの生地から作るものとは違って，それだけで食べることは少ない．容器として水分の多い具を詰めることが多い（塩味のキッシュ，パテ，ミート・パイ，野菜タルトなどの塩味の料理もあれば，フルーツ・パイ，フルーツ・タルト，クリーム・パイ，カスタード・パイなどの甘い菓子もある）．上面が開いたタルトやパイ，上にもパイ生地をのせたダブル・クラスト・パイ，完全に密封された二つ折りのパイ（サモサ，エンパナーダ，パスティ，ピエロギ，ピロシキ）などがある．英語で"pastry

---

## エリザベス女王時代のパイ

　中世にはじまり，肉料理の器およびその保存が，パイの主な用途となった．厚みのある丈夫なパイ生地に肉を包んで調理すると，殺菌されるうえに空気中からの雑菌混入も防がれるので，冷所でなら何日も保存できる．焼きたてを食べる料理には，より繊細なパイ生地が使われる．1615年頃に刊行されたジャーヴァス・マーカム著の*The English Housewife*（イギリスの主婦）には以下のように書かれている．

　イギリスの主婦はパイ作りが上手くなければならず，あらゆる種類の肉の調理法，それぞれの肉にどんなパイ生地が合うか，そしてこれらの生地の作り方と扱い方に熟知していなければならない．

(ペストリー)"といった場合は，パイ全般をさすのだが，クロワッサンやデニッシュ・ペストリーなど生地が層状になった甘いパンをさすこともある．これらは，実際にはパンとパイを足して2で割ったようなものである．

パイ作りは中世後期からルネッサンス期初めにかけて，地中海地方で盛んになった．最初に生まれたのは折り込みパイやシュー生地であった．17世紀のラ・ヴァレンヌの時代までには，練り込みパイも折り込みパイも普通に作られるようになっていた．パンとパイの中間型としてのペストリーが生まれたのはかなり最近で，19世紀後半から20世紀にかけてのことである．

■ パイの種類

パイにはいくつかの種類があり，口の中でどんな粒子状態にほぐれるかによってテクスチャーが違ってくる．

- 粒状のパイ（練り込みパイ）——ショート・ペストリー，パート・ブリゼ——細かく不規則な粒子状にほぐれる．
- フレーク状のパイ——アメリカン・パイ——細かくて薄い不規則なフレーク状にほぐれる．
- 層状のパイ（折り込みパイ）——パフ・ペストリー，フィロ，シュトルーデル——大きくて極薄の層が重なったもので，口の中で繊細な破片に砕ける．
- 層状のパン——クロワッサン，デニッシュ・ペストリー——層状のパイと軟らかいもっちりしたパンの組合わせ．

こうした構造とテクスチャーの違いをだす重要な要素は二つ，生地中での脂肪の分布状態，そして小麦粉グルテンの形成である．パイ生地を作るときの脂肪の混ぜ込み方によって，微小粒子状の生地を分離したり，大きなシート状の生地を分離したり，両方を組み合わせたりする．グルテン形成にも注意し，生地が成形しにくくならないように，また焼き上がったパイが堅い歯ごたえにならないように，ほどよく調節する．

■ パイの材料

**小麦粉** パイ作りには数種類の小麦粉が使用される．ホロホロとした粒状のテクスチャーをだすには，グルテン形成を最小限に抑える必要があるので，タンパク質含量があまり高くないパイ用小麦粉を使用する．生地粒子の連続性をだすためにある程度のタンパク質は必要で，さもないと粒状というより粉っぽいパイになる．フ

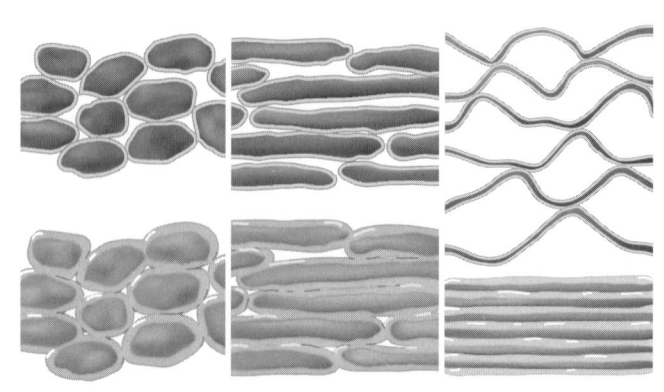

パイ構造（下が焼く前の生地，上が焼き上がったパイ）．脂肪の分布状態がパイ構造を大きく左右する．図では生地を濃色，脂肪を淡色で示している．左：粒状のパイ．細かな生地粒子を脂肪が覆い，これを分離している．中央：フレーク状のパイ．扁平な生地の塊を脂肪が覆い，これを分離している．右：層状のパイ．大きくて薄い生地の層を脂肪が覆い，これを分離している．層状のパイを構成する生地層は非常に軽いので，焼き上げ中に発生する蒸気が層を剥離し，空気を含んだ構造となる．

レーク状や層状のパイ構造を作るには，適切なグルテン形成が必要で，パイ用小麦粉またはタンパク質含量の高い小麦粉（11〜12％，U. S. 全国ブランドのオールパーパス粉に相当）を使うとよい．フィロやシュトルーデルなど薄く伸ばすパイ生地には，タンパク質含量が非常に高く強いグルテンを形成する，パン用小麦粉が適している．

**脂肪**　パイの重さの3分の1以上も占める脂肪が，パイ独特の風味，おいしさの大半を担う．ただし，目的のテクスチャーをだすために必要な硬さがなくてはならないので，パイ作りには風味のほとんどない脂肪を使うことが多い．大まかに言えば，どんな脂肪や油も小麦粉に細かく混ぜ込めば練り込みパイになるが，フレーク状や層状のパイ生地を作るには低めの室温で固体かつ展性のある脂肪（バター，ラード，植物性ショートニング）を使う必要がある．なかでもショートニングは使いやすく，焼き上がりもよい．

**脂肪の硬さ：バターとラードは難しい**　ある温度における固形脂肪の硬さは脂肪の種類によって違い，それは結晶固体または液体として存在する脂肪分子の割合によって決まってくる．固体分子が約25％以上になると脂肪は硬すぎて均一な層状にならない．約15％以下になると軟らかすぎて，生地にくっついてしまい，形が保たれず，液状の油がにじみ出る．フレーク状および層状のパイに適しているのは，室温，および室温で混合・成形したパイ生地温度において，脂肪分子の15〜25％が固体のものである．バターがこの適当な硬さを維持できる温度範囲は，15〜20℃と比較的狭いことがわかっている．ラードはこれよりやや高めの25℃程度まで硬さを維持できる．バターやラードといった風味豊かな天然脂肪は，室温ではすぐ軟らかくなってしまってパイ作りにはあまり適さないということである．材料を事前に冷やしておき，冷たい大理石の上で作業をすれば，材料を混合し生地を伸ばす間も冷たく保たれる．手がいつも冷たい人は助手として重宝である．

**脂肪の硬さ：ショートニングは失敗が少ない**　植物性ショートニング製品は，原料油脂の不飽和脂肪の水素添加率を変えることにより硬さを調節している（p.773）．標準的なケーキ用ショートニングは，パイ作りに適した15〜25％固形を12〜30℃（バターの3倍の温度幅）で維持する．したがって，フレーク状のパイ生地作りには，バターよりショートニングを使うほうが簡単である．層状のパイやパンは特に難しいので，専門店でも工場でも特別調合された専

---

## 食物用語：pastry（ペストリー），pasta（パスタ），pâté（パテ），pie（パイ）

英語のpastry，イタリア語のpasta，そしてフランス語のpâteとpâtéは，小さな粒子や細かな質感を連想させる一連の古代ギリシャ語（粉，塩，大麦粥，ケーキ，刺繍入りのヴェールなど）に由来する．後期ラテン語の派生語pastaは，湿らせてペースト状にしてから乾燥させた小麦粉をさした．それがイタリア語のpastaおよび"生地"を意味するpâteになった．pâtéは中世フランス語で，もともとは刻んだ肉を生地に包んだ料理をさしていたものが，結局は肉料理自体をさすようになり，外のパイ生地はあってもなくてもよい．pieは中世英語でpâtéの本来の意味とほぼ等しく，肉・魚・野菜・果実などさまざまな食材をパイ生地に包んだ料理を意味した．pieという語は生地というよりは雑多なものという意味合いで，巣を作るために何でもかんでも集めてくる斑模様のカササギ（magpie）が語源である．

用のショートニングを使うことが多い．デニッシュ用マーガリンは35℃まで，折り込みパイ用マーガリンは46℃まで適当な硬さを維持し，焼き上げ工程に入るまで溶けない．ただし，融点が高いということは，口の中でも溶けないという欠点がある．バターとラードは口中で溶けて豊かな風味を感じるが，工場生産されたパイ用ショートニングは粘ついたワックスのような感じが口の中に残り，ショートニング自体には風味もない（乳固形分で風味づけされているものもある）．

<u>パイ用脂肪の水分</u>　バターには重さの約15%の水分が含まれているという点で，ラードやショートニングとは大きく違う．したがって純粋脂肪のように生地層を完全に分離することはなく，含まれる水滴が隣り合った層をくっつける．パイ作りには，普通のアメリカのバターよりも，水分量が少ないヨーロッパ式のバターが好まれる（p.34）．ただし層状のパイでは，蒸気の発生により生地層の剥離が起きるので，ある程度の水分は望ましい．折り込みパイ用マーガリン製品は水分が約10%である．

**その他の材料**　小麦粉粒子をくっつけて生地を作るために，水分は欠かせない．パイ生地中の水分量は非常に少ないがゆえに，特に決定的である．小麦粉1カップに対して水分が小さじ1/2杯（3mL）も違えば，練り込みパイのサクサク感はなくなり硬くなってしまうという．練り込みパイ生地にコクをだし，まとまりをよくするために卵を使うことも多く，これも水分を加えることになる．水の一部または全部を，さまざまな乳製品（牛乳，生クリーム，サワー・クリーム，クレーム・フレッシュ，クリーム・チーズ）に替えることもあり，これにより風味や脂肪分，そして褐変反応に関わる糖分やタンパク質も加わることになる．塩はグルテンを硬くする作用があるが，パイに入れる場合は主に風味づけである．

## ■ パイの作り方

**パイ型**　同じ生地を二つに分けて，種類の違うパイ型に入れて焼くと，焼き上がりが違ってくる．光沢のある型はオーブンの放射熱をほとんど反射して（p.755）生地に直接伝わらないので，焼き上がりが遅い．黒い型は放射熱をほとんど吸収して生地に伝導し，透明ガラス製では放射熱が透過して生地が直接熱せられる．薄い金属製の型は蓄熱性が低いため，加熱が遅く不均一になりがちである．重い金属製，およびセラミック製の皿や型は蓄熱性が高く，薄い金属よりも高温となり，生地への熱伝導がより均一である．

**焼き上げ**　パンに近いクロワッサンやデニッシュは別として，ほとんどのパイ生地は水分が非常に少なく，デンプン粒をすべて糊化することは到底できない．したがって生地を焼くとデンプンは一部が糊化し，グルテン構造がよく乾燥するので，サクッと硬く表面はきつね色に焼き上がる．特にパイ皮は比較的高温のオーブンで焼くので，短時間で火が通り，焼き上がる．加熱がゆっくりだと生地中の脂肪が溶けるだけで，デンプンが十分加熱されグルテンの水分を吸収し構造を安定化する前に，タンパク質とデンプンの網目構造が崩れてしまう．

　上面が開いたパイやタルトの場合は，具（フィリング）にさえぎられて生地表面に直接熱が当たらない．よってパイ皮に十分火が通らなくて焼き色がつかないまま湿った状態になることもある．これを防ぐにはあらかじめ皮だけを焼いておく．（具を入れず，時に乾燥豆やセラミック製のパイ用重しを生地の上にのせて型崩れを防ぐ．）また，オーブン温度を高めにし，容器を最下段かオーブン床に直に置いて焼けば，底のパイ皮がよりサクッと仕上がる．具の水分でパイ皮が湿らないようにするには，パイ皮表面に卵黄か卵白を塗って焼くことで防水膜を作るか，パイ皮を焼いた後で煮詰めたジャムやゼリー，チョコレート，吸水性のケーキクラムなどを敷くとよい．

## ■ 粒状のパイ（練り込みパイ）：ショート・ペストリー，パート・ブリゼ

サクッとして硬い練り込みパイは，フランス料理によく用いられる．キッシュ，さまざまな塩味料理や，フルーツ・タルトの薄く頑丈な土台として使われる．アメリカン・パイの皮は軟らかすぎるので，型から直接取り分ける．フランスのタルトはほぼ必ず型から出してあるが，形崩れしない．標準的なフランス式の練り込みパイはパート・ブリゼといって，適量の小麦粉の中央に大きめのバター片と卵黄を入れ，液体と固体を指でやさしく混ぜ合わせ，粗い生地にまとめる．手の平のつけ根を使って作業台の上に押しつけるようにして生地をこね，バターを生地の中に細かく分散させる．バターは，小麦粉の細かな塊をひとつひとつ分離し，互いに固まって連続した硬い塊にならないようにする．卵黄は，水分と脂肪とタンパク質を与え，卵タンパク質が熱で凝固して，小麦粉の塊をまとめる．フィリングによっては，バターの代わりに植物油，鳥の脂（ニワトリ，アヒル，ガチョウ），ラード，牛脂などを使うこともある．いったん冷蔵庫に入れて硬くなるまでおいてから，生地を伸ばして成形する．

パート・シュクレとパート・サブレ（"砂糖のパイ"と"砂のようなパイ"という意味）は砂糖を使った練り込みパイである．パート・サブレには大量の砂糖が入り，これが独特のザラザラした食感をだす．

簡単な練り込みパイ皮の作り方として，すでに焼かれたパンやクッキーなどを使う方法がある．これらを崩して脂肪で湿らせ，型底に敷き詰め，短時間で焼き上げる．

## ■ フレーク状のパイ：アメリカン・パイ

アメリカ式のパイ生地は，軟らかくてフレーク状である．脂肪の一部は生地中に均一に分散して細かな塊をひとつひとつ分離し，残りは粗

---

### 初期のアメリカン・パイ

アメリカン・パイの特徴は，脂肪の一部を小麦粉にもみ込んで軟らかくし，残りの脂肪は麺棒でのばしてフレーク感を出すことである．初期のアメリカン・パイのレシピ，アメリア・シモンズの *Puff Pastes for Tarts*（タルト用のパイ生地）は，特に簡潔で多様である．シモンズのレシピのうち三つを以下に挙げる．

No.1 バター1ポンド（約450g）を小麦粉1ポンドにもみ込み，卵白2個分を泡立てて冷水と卵黄1個分を加える．ペースト状にして，バター1ポンドを6〜7回に分けて麺棒で伸ばしながら折り込み，1回伸ばすごとに小麦粉をふる．これは小さなパイに向いている．

No.3 小麦粉を適量とり，その重さの4分の3のバターをもみ込む（1ペック＝約8.8Lに対して卵12個分）．3分の1から半分をもみ込み，残りを麺棒で伸ばしながら折り込む．

No.8 牛脂1.5ポンドを小麦粉1ポンドにもみ込み，さじ1杯の塩を入れ，生クリームで湿らせ，6〜7回に分けてバター2.5ポンドを麺棒で伸ばしながら折り込む．チキン・パイやミート・パイに向いている．

——*American Cookery*（アメリカ料理），1796年

く分散して層構造を作る．アメリカン・パイにはいくつかの作り方がある．一つは，乾燥した小麦粉に2回に分けて（最初は細かく，次に豆粒ほどの大きさに）脂肪を混ぜ込む方法である．別の方法では，脂肪を1度にまとめて入れ，豆粒ほどの大きさの塊になるまで指先でやさしくこすり合わせる（ここで細かい分散を行う）．この方法だとバターが指先の熱でかなり軟らかくなるので，ショートニングを使う方が上手くいく．次に，少量の冷水（小麦粉100gに対して水15〜30g）を加えて，水分が吸収され生地がまとまるまでさっと混ぜ合わせる．

生地を冷蔵庫に入れ，脂肪が冷えて水分がより均一に行きわたるまでしばらく休めた後，麺棒で伸ばす．このとき，生地が伸ばされるのでグルテンがある程度形成し，脂肪の塊が薄いシート状につぶれる．さらに生地を休ませてグルテンを緩和し，なるべく引き伸ばさないようにして成形する．そうしないと焼いている間にグルテンが収縮して，パイ皮が縮んでしまう．オーブン内では，脂肪の層，封じ込められた空気，そして生地（とバター）の水分から発生する蒸気によって，生地層が剥離しフレーク状になる．

一般にバターを使うよりもショートニングやラードを使うほうが，軟らかくてフレーク状になりやすい．バターはより低温で生地に溶け込むので，バターに含まれる水分が生地の粒子構造やフレーク構造を互いにくっつけるからである．

### ■ 層状のパイ（折り込みパイ）：パフ・ペストリー，パート・フィユテ

食物歴史家のチャールズ・ペリーによれば，折り込みパイとシート状のパイは，それぞれアラブとトルコで1500年頃に生まれたとみられる．いずれも，極薄のパイ層を幾重にも重ねるものだが，作り方はまったく違う．

**折り込みパイの作り方**　折り込みパイ生地を作るには手間と時間がかかる．生地と脂肪の層構造を作る方法にはいくつかあり，折り方もいろいろである．ここでは標準的な作り方を述べる．

はじめに，パイ用小麦粉と冷水を混ぜ合わせて，ほどほどに湿り気のある生地とする（小麦粉100に対して水50程度）．グルテンを弱め生地を成形しやすくするために，バターやレモン汁を加えることもある．グルテン形成を抑えるために，ここでの撹拌は最小限とする（後で生地を伸ばす際に混ざり合うので問題ない）．生

---

#### 初期の層状パイのレシピ：初期のイギリスの「折り込みパイ生地」

ジャーヴァス・マーカムによる「折り込みパイ生地」のレシピは，層状パイとシート状パイの中間にあたる．

最高の折り込みパイ生地を作るには，最高級の小麦粉を鍋に入れて釜の中で少し焼いた後，卵を卵白も卵黄もすべて一緒によく混ぜ，よくこねたら，一部をとって麺棒で伸ばし好みの薄さにする．冷たいスイート・バターをその上に広げ，その上に先ほどと同じように生地を伸ばす．バターを広げ，生地と生地の間にバターを挟んで好みの厚さになるまで生地を伸ばし重ねてゆく．これで焼いた肉を包むか，鹿肉，ほうれん草，タルト，その他好みの料理を包んで，焼き上げる．

——*The English Housewife*（イギリスの主婦），1615年

地を四角に成形する.

　次に脂肪だが，伝統的には生地の初期重量の半分ほどのバターを麺棒で叩き，15℃ほどの成形可能な状態，生地と同じ硬さとする.（硬すぎると生地が破れ，軟らかすぎると後に伸ばす作業でバターがはみ出す. ショートニングは水分が少ないので，軽くサクッとした仕上がりになるが，風味は弱い.）脂肪を平らな板にし，四角に成形した生地の上にのせ，折っては伸ばすことを何度も繰り返す. 生地を回して方向を変えながら，冷蔵庫で休ませて脂肪を固め，グルテンを緩和しながら行う. 生地を回す，伸ばす，折る，冷やす，という一連の作業を何度か繰り返し，全部で6回生地を回す. 伸ばすたびにグルテンが形成され，生地の弾性が増し成形しにくくなってゆく.

　数時間を要する以上の作業で，728の脂肪層で仕切られた729の小麦粉層ができあがる.（ミルフィーユは"千枚の葉"という意味で，焼き上がった折り込みパイ2枚の間にクリームを挟んだものである.）生地は最後に1時間以上休ませ，5〜6 mmの厚さに伸ばして焼き上げる. 各層の厚みは1 mmの100分の1にも満たない薄さとなる. これは紙よりもずっと薄く，個々のデンプン粒の直径とほぼ同じである. 生地の裁断にはよく切れるナイフを使う. 切れ味の悪い刃では多層の生地を押しつける形となり，切り口が膨らまなくなってしまう. 高温のオーブンに入れると，膨張する空気と水蒸気とによって各層が剥離し，体積は4倍以上になる.

**即席折り込みパイ**　"クイック"パフ・ペストリー，"フレーキー・ペストリー"（英国），"アメリカン"パフ・ペストリー，またはデミーフォユテとも言われる. 本当の折り込みパイ（パフ・ペストリー）とフレーク状のアメリカン・パイ生地との中間にあたる簡略式である. これにもさまざまな種類がある. 一般には，脂肪の一部，あるいは全部を小麦粉に粗く刻み込み，冷水を加えて固めの生地にし，あれば残りの脂肪を生地の間に挟んで，折って伸ばすことを2〜3回繰り返す. 脂肪を冷やしグルテンを緩和するため，作業の合間には冷蔵する.

　即席といっても2時間ほどかかる. 幸い，こうした生地は冷凍保存できるので，冷凍パイ生地が市販されている.

## ■ シート状のパイ：フィロ，シュトルーデル

　折り込みパイ生地とは異なり，シート状のパイ生地は1層ずつ作る. 焼く直前に何十層にも重ねてパイを焼き上げる. チャールズ・ペリーによれば，フィロ・パイは1500年頃のオスマン帝国初期，イスタンブールで考案されたのではないかということである. 現在では東地中海の「バクラヴァ」（蜂蜜とナッツを使った菓子）や，さまざまな塩味のパイ（トルコの「ボレック」，ギリシャの「スパナコピタ」）に使われる. オスマン帝国が東ヨーロッパの一部を支配していた時代に，フィロはハンガリーの「レーテシュ」やオーストリアの「シュトルーデル」に取り入れられた.

　フィロ生地は，小麦粉と水の硬い生地（小麦

---

### 食物用語：phyllo（フィロ）と strudel（シュトルーデル）

　ギリシャ語の phyllo はフランス語の feuille（フィーユ）のもとになったもので，"葉"という意味がある. シュトルーデルはその巻いた形が独特であり，strudel はドイツ語で"渦巻き"という意味がある.

粉100に対して水40程度）に塩少々，軟らかくするために酸や油を加えることもある．この生地を十分にこねてグルテンを形成し，一晩寝かして，そのまま一つの塊として伸ばすか，または小さく分割して丸め薄い円形に伸ばし，デンプンをふってさらに麺棒で伸ばす．最後には半透明の薄さ（厚さ0.1 mm）にまでする．あまりにも薄く絹のような生地はすぐに乾燥して破れやすいので，油や溶かしバターをハケで塗ってしなやかさを保ち，切り分けて何枚も重ねてパイを焼く．

シュトルーデルはフィロが変形したもので，作り方がやや異なる．生地は最初の水分が多めで（小麦粉100に対して水55〜70），少量の脂肪を加え，全卵を入れることもある．生地をこね，休ませ，かなり薄くのばし，再び休ませ，手で徐々に伸ばしていって一枚の大きなシートにする．塩辛いものや甘いものなどさまざまな料理をこのシート生地で包む．

フィロもシュトルーデルも生地作りが特に難しいが，冷蔵品や冷凍品が市販されている．

## ■ パイとパンの掛け合わせ：クロワッサン，デニッシュ・ペストリー

クロワッサンとデニッシュ・ペストリーは，折り込みパイとほぼ同じ方法で作られる．クロワッサンとデニッシュ・ペストリーの生地は基本的にパン生地なので，折り込みパイ生地よりも水分が多めで軟らかい．脂肪が冷たくて硬いと破れやすい．したがって，クロワッサンやデニッシュ・ペストリーを作る際は，バターまたはマーガリンの硬さが適切であることが特に重要である．

**クロワッサン** レイモンド・カルヴェルによれば，クロワッサンが初めて評判になったのは1889年のパリ万国博覧会でのことである．こってりと甘いペストリーを専門とするウィーンからやってきた，数々の焼き菓子（Wienerbrod）のうちの一つだった．最初のクロワッサンは，風味づけした酵母発酵パンを三日月の形に焼き上げたものである．1920年代になるとパリのパン屋では層状生地を使うようになり，フレーク状でしかもしっとりとコクがあり，軟らかいパンのような素晴らしいパイができあがった．

クロワッサンはまず，小麦粉，牛乳，酵母を混ぜて必要最小限にこね，硬いが柔軟な生地を作る．小麦粉100に対する液体の割合は50〜70である．生地の伸展性をよくし，伸ばしやすくするため，混合時に少しバターを加えてもよい．昔は，はじめに生地を6〜7時間発酵させていたが，今は1時間程度である．発酵時間が長いほど風味が増し，焼き上がりも軽くなる．発酵させた生地はガス抜きをして冷やし，伸ばし，バターまたはパイ用マーガリンの層を重ね，折り込みパイと同じように折る，伸ばす，冷やす，という一連の作業を4〜6回繰り返す．終わったら5〜6 mmの厚さに生地を伸ばし，三角形に切り分け，それぞれを巻き上げて先細の円筒状とし，脂肪が溶けない程度の室温で約1時間の最終発酵を行う．焼くと，生地の外側の層は膨らんで乾燥し，フレーク状の折り込みパイのような層になる．内側の層は水分を含んだまま，小さな気泡のある半透明で極めて繊細なパン層となる．

**デニッシュ・ペストリー** アメリカで"デニッシュ"ペストリーと呼ばれるものも，ウィーンの焼き菓子が起源である．コペンハーゲンを経由して合衆国に伝わった．19世紀にデンマークのパン屋が，ウィーン式風味パンの基本生地にさらにバターを加え，より軽くサクッとさせたものである．この生地を使って，「レモンス」（バターに砂糖を加えてクリーム状にしたもの，何らかの形でアーモンドを加えることも多い）などさまざまな具を包んだ．デニッシュ・ペストリーの作り方は基本的にはクロワッサンと同じである．最初の生地は水分が多く軟らかい．砂糖，そして全卵も加えるので甘くてコクがあり，独特の黄色みを帯びている．はじめの発酵は行わない．層状にするためさらにバターやマーガリンを使うことも多く，生地を折るの

は3回程度で，層は数が少なく厚めである．デニッシュ・ペストリー生地は，甘い具を詰める容器として使うことも多い．伸ばしてナッツやレーズンや風味砂糖をふりかけて巻き上げ，断面が渦巻き模様になるように切り分けたりもする．最終的な成形を終えたら，体積が2倍程度になるまで発酵させ（やはり脂肪が溶けない温度で），焼き上げる．

■ 塩味の軟らかいパイ：熱湯を使ったパイ，パータ・パテ

パータ・パテ生地はほかのパイとは違う．中世時代には，肉料理を入れて，ある程度の期間保存できる丈夫な容器として使うのが本来の目的であった（p.543，囲み内）．今は，ミート・パテを包んだり，ミート・パイを作ったりするのに使われる．「ビーフ・ウェリントン（牛ヒレ肉のパイ包み焼き）」や「サーモン・クーリビヤック（鮭のパイ包み焼き）」で，折り込みパイの代わりに使うこともある．生地は伸ばしやすく，容器としての成形も簡単である．調理中に出る肉汁などを閉じこめ，しかも軟らかいのでナイフで切りやすく，食べやすい．生地には比較的多めの水を使い（小麦粉100に対して水50），ラードも35ほど加える．水とラードを一緒にして沸騰直前まで加熱し，そこに小麦粉を加え，均一な塊になるまで攪拌し，休ませる．脂肪が多いのでグルテンの形成が妨げられ，軟らかさがでると同時に，一種の防水剤としても働いて，汁がしみ込まない．予備加熱によって小麦粉デンプンの一部が膨潤・糊化し，水分を吸収して，弾性のグルテン構造ではなく，成形しやすい硬さの厚い生地ができる．

# クッキー

クッキーは簡単だが多種多様であり，菓子の芸術の集大成とも言える．クッキーというのは，甘い一口サイズの焼き菓子の総称であり，練り込みパイや折り込みパイ，ワッファー，バター・ケーキやスポンジ・ケーキ，ビスケット，メレンゲ，ナッツ・ペーストなど，あらゆる種類が含まれる．cookie（クッキー）という語は"小さなケーキ"という意味の中世オランダ語からきている．フランス語では「プチ・フール」，ドイツ語では「クライン・ゲベック」と呼ばれ，いずれも"小さな焼き菓子"という意味がある．小さくて，形や飾りや風味に無限の可能性があることから，さまざまなクッキーがある．フランスで生まれたものが多い．イタリアのパスタには，「ファルファーレ（蝶）」，「ヴェルミチェッリ（小さな虫）」，「ストロッツァプレーティ（坊さんの首を絞めるひも）」など形から名づけられたものが多いが，クッキーにも「ラング・ド・シャ（猫の舌）」，「シガール（葉巻）」，「オレイユ・ド・ネロ（ネロの耳）」など，やはり形から名づけられたものがある．

■ クッキーの材料とテクスチャー

クッキーの多くは，砂糖と脂肪がかなり多く含まれるので甘くてコクがある．材料，それらの割合，グルテン構造の形成が最小限となる混ぜ方のおかげで軟らかい．しかしクッキーはしっとりしたものや乾燥したもの，練り込みパイ状，フレーク状，サクサクしたもの，モチモチしたものなど，さまざまである．材料の比率を変えたり混ぜ方を変えたりして，数種類の材料からこれほど多彩なテクスチャーが生まれるのである．

**小麦粉** クッキーにはパイ用かオールパーパス小麦粉を使うことがほとんどだが，パン用小麦粉やケーキ用小麦粉を使うと，あまり広がらない生地ができる（パン用はグルテンが多く，ケーキ用は吸水性のデンプンが多いため）．ショートブレッドやパイ生地クッキーのように，水に対する小麦粉の割合が多いと，グルテン形成とデンプン糊化の両方が抑えられ（水分の少ないクッキーではデンプンの20%ほどしか糊化しない），ホロホロと砕けやすいものにな

る．ゆるい生地のクッキーのように，小麦粉に対する水の割合が多いと，デンプンの糊化が進む．作り方や焼き上げ時の乾燥度などによって，ケーキのような軟らかさや，サクッとした硬さがでる．焼き上げ時に形を保つ必要のあるクッキー（生地を伸ばしてクッキー型で切り取るようなもの）は，小麦粉の割合を多くしてある程度グルテンを形成しなければならない．流動性のある生地は，冷やして硬さをだし，絞り出し器を使って成形するか，型に入れる．

小麦粉の一部または全部をナッツの粉にかえると，キメが粗くもろい生地になる．卵白と砂糖とアーモンドだけで作る古典的なマカロンなどがそうである．

**砂糖** 砂糖はクッキーの構造とテクスチャーにいくつかの点で関係している．脂肪と混ぜてクリーム状にするか，卵と一緒に泡立てると，砂糖が気泡を含ませて軽さがでる．小麦粉デンプンと水を競い合い，デンプンの糊化温度を沸点近くまで上げるので，硬さとパリパリ感を与える．純粋のグラニュー糖（ショ糖）は別の方法で硬さに関係している．クッキー生地の中には，砂糖の割合が非常に高く，限られた水分に

### クッキー生地の例：材料と標準的な割合

| クッキー | 小麦粉 | 総水分量 | 卵 | バター | 砂糖 | 化学膨化剤 |
|---|---|---|---|---|---|---|
| ショートブレッド（ホロホロ） | 100 | 15 | — | 100 | 33 | — |
| ビスコッティ（乾燥後はカリカリ） | 100 | 35 | 45 | — | 60 | 入れる |
| チョコレート・チップ（ケーキ状） | 100 | 38 | 33 | 85 | 100 | 入れる |
| テュイル，ワッファー（サクサク） | 100 | 80 | 80 | 50 | 135 | — |
| パイ生地 | | | | | | |
| 練り込みパイ：サブレ（ホロホロ） | 100 | 25 | 22 | 50 | 50 | — |
| 折り込みパイ：パルミエ（フレーク状） | 100 | 35 | — | 75 | （振りかける） | — |
| クリーム状にしたバターの生地 | | | | | | |
| ティー・クッキー（ホロホロ） | 100 | 25 | 18（卵白） | 70 | 45 | — |
| レディー・ワッファー，ラング・ド・シャ（繊細，サクサク） | 100 | 90 | 100 | 100 | 100 | — |
| シガール（薄い，サクサク） | 100 | 180 | 180（卵白） | 140 | 180 | — |
| スポンジケーキ生地 | | | | | | |
| レディーフィンガー（軽い，乾燥） | 100 | 150 | 200 | — | 100 | |
| マドレーヌ（軟らかい，しっとり，ケーキ状） | 100 | 145 | 170 | 110 | 110 | （入れる） |

砂糖の半分程度しか溶けていないものがある．焼き上げ時に生地が温まってゆくと，より多くの砂糖が溶け，液体が増えてクッキーは軟らかくなって広がる．クッキーが冷えると砂糖の一部が結晶化し，オーブンから出したときには軟らかかったものがパリッとする（そうなるまで1～2日かかることもある）．蜂蜜，糖蜜，コーンシロップなど，ショ糖以外の糖は結晶化するよりも吸水しやすいので（第12章），加熱するとシロップ状になって生地にしみわたり，生地の広がりを助ける．冷えると硬くなって，しっとりでもっちりしたクッキーになる．

**卵**　卵は一般に，生地に水分とタンパク質を加える．タンパク質は，焼き上げ時に小麦粉粒子がくっつき合って凝固するのを助けるので，硬さにつながる．卵黄に含まれる脂肪と乳化剤はコクとしっとり感をだす．全卵または卵黄の割合が大きいほど，ケーキのようなテクスチャーのクッキーになる．

**脂肪**　脂肪はコクとしっとり感としなやかさをだす．焼くと脂肪が溶け，小麦粉や砂糖の固体粒子に対する潤滑油のような働きをして，クッキーは薄く広がる．これは望ましい場合と，望ましくない場合とがある．バターはマーガリンやショートニングよりも低温で溶けるので，脂肪が液化してからタンパク質やデンプンが固まるまでの時間，つまりクッキーが広がる時間が長い．バターには約15％の水分が含まれ，ショートブレッドやティー・クッキーなど，卵をあまり使わないクッキーでは，ほとんどの水分がバターからくる．

**膨化剤**　空気や二酸化炭素の微細な気泡が含まれると，クッキーが軟らかくなり，膨らみやすくなる．多くのクッキーは，砂糖と脂肪をクリーム状にしたり，砂糖と卵を泡立てたりするときに含まれる空気だけで膨らませる．なかには化学膨化剤を入れるものもある．蜂蜜，黒糖，ケーキ用小麦粉などの酸性材料を使った生地には，アルカリ性の重曹を加えてもよい．

## ■ クッキーの作り方と保存

ケーキやパイの作り方が数多くあるように，クッキーの作り方も多い．以下にアメリカ式の一般的な分類を記載した．

- ドロップ・クッキー　軟らかい生地を，スプーンですくって天板の上にのせる．焼く間に生地が広がる．チョコレート・チップ・クッキーやオートミール・クッキーなど．
- カットアウト・クッキー（型抜きクッキー）　形の崩れない硬めの生地を使う．生地を伸ばし，クッキー・カッターで切り取る．そのままの形に焼き上がる．シュガー・クッキーやバター・クッキーなど．
- ハンドシェープド・クッキー（手成形クッキー）　生地を冷やし固め，絞り出し器を使って成形するか，型に詰めて焼く．レディーフィンガーやマドレーヌなど．
- バー・クッキー（棒状クッキー）　焼いた後に成形する．クッキー生地を浅い型で焼いて薄いケーキのような塊にし，これを切り分ける．デート・アンド・ナット・バー（ナツメヤシとクルミを入れたもの）やブラウニーなど．
- アイスボックス・クッキー　作り置きした棒状生地を冷蔵庫で保存し，必要に応じて輪切りにして使う．さまざまなクッキー生地に応用できる．

小さく，薄く，糖分が多いので，クッキーはオーブン内ですぐに焼き色がつく．中心部が焼き上がるまでに底や端の色が濃くなりすぎることがある．これをなるべく防ぐためには，オーブン温度を低めにし，天板は熱を吸収する黒っぽい色のものではなく，熱を反射する淡色のものを使うとよい．火が完全に通る少し前にオーブンから出せば，しっとりもっちりと仕上がる．焼き上がった直後は多くの場合，軟らかくて柔軟性がある．これを利用して，薄いワッフ

ァーを温かいうちに花のようなカップ形,筒状に巻いた形,アーチ状の瓦形などに成形し,冷まして固める.

　水分が少ないので,クッキーは置いておくと特に食感が変わりやすい.サクサクの乾燥したクッキーは空気中の湿気を吸って軟らかくなり,しっとりもっちりしたクッキーは水分が飛んでパサパサになる.したがって,クッキーは気密性のよい容器に入れて保存するのがよい.水分が少なく糖分が多いことから,微生物は繁殖しにくいので日持ちする.

## パスタ,麺,ダンプリング(団子)

　パスタは世界中でも特に多くみられる食品の一つだが,これは穀物粉の最も簡単な調理法の一つでもある.pasta(パスタ)はイタリア語で"練り粉"とか"生地"という意味で,小麦粉と水を混ぜて粘土状の塊にし,小さく成形し,熱湯でゆで上げるだけのものである.生地を使うほかの食品がほとんどすべて焼き上げられるのと対照的である.noodle(麺)はパスタと同じものをさすドイツ語からきており,一般には伝統的なイタリア料理以外のパスタ状の料理をさす.パスタの魅力は,そのしっとりとキメ細かで,食べごたえのあるしっかりした食感,そして風味を主張しすぎずほかの幅広い食材と相性がよいことである.

　世界中でもイタリアと中国は,穀物粉生地をゆでるという調理の可能性を追求し尽くした食文化をもつ.この二つにみられる創意工夫は違ったものだが,補完的でもある.イタリアでは高グルテンのデュラム小麦が手に入ったことから,しっかりとした高タンパク質のパスタが発達した.これは乾燥すれば半永久的に保存でき,工業生産もしやすく,多種多様の形に成形できる.イタリアでは,軟質小麦粉を使った生パスタ作りの技術も洗練され,これによりパスタを主役とする一つの料理ジャンルが確立された.しっかりとした食感と軟らかさをあわせもつ生パスタは,風味豊かなソース(一般には表面を覆う程度の量)や詰めものの基礎になる.中国では,低グルテンの軟質小麦が手に入ったので,単純な長い麺と薄い皮が発達した.食べる前に手作りされ,時には人前で堂々とした手さばきを見せながら,ゆでる直前に作られたりもする.軟らかくつるりとした麺を,大量の汁に入れて食べる.中国の麺はさまざまな食材を用いるという点で際立っている.小麦以外の穀物や,豆類や根野菜から作ったタンパク質を含まない精製デンプンなども使われる.

### ■ パスタと麺の歴史

　中世の旅行家マルコ・ポーロが中国で麺を発見してイタリアに伝えたという話は,よく知られたものだが反論も多い.シルヴァノ・セルヴェンティとフランソワーズ・サバンによる近刊本のなかで,興味深くかつ信憑性の高い話として事実関係が明確にされている.最初に麺作りが発展したのは確かに中国であるが,マルコ・ポーロ以前の地中海世界にもパスタは存在した.

**中国の麺**　小麦が中国にもたらされるずっと前から,地中海地域では小麦栽培が行われていたものの,最初に麺作りがはじまったのは中国北部で,紀元前200年より前のこととみられる.紀元後300年頃に西晋の文人,束晳(そくせき)が書いた小麦食品(餅;ビン)の賛歌には,何種類かの麺やダンプリングの名前と作り方が述べられており,それらが贅沢なものであったことが感じられる.詩人らは,餅の外た目や食感をよく絹にたとえた(p. 555,囲み内).544年に発刊された農業専門書 *Important Arts for the People's Welfare*(人民の快適な生活のための重要技術)では,生地作りに1章を割いている.それには,形の違う数種類の小麦麺(多くは小麦粉に肉汁を混ぜて作るが,卵を使ったものもある)だけでなく,米粉や精製デンプンで作った麺も載っている(p. 561).

　中国では具入りパスタ(ラビオリの原型)も

生まれた．生地でほかの食材を包み込んだ料理である．薄い皮を使った小型のワンタン（今は南部風のスープに入れて食べることが多い），そしてやや皮の厚い餃子（蒸し餃子や焼き餃子が北部に多い）が，700年以前の文書に記述されている．また，9世紀の遺跡からは保存状態のよい考古学標本も見つかっている．その後の数百年には，伸ばした生地を切って作る細麺，ひも状の生地を何度も折っては引き伸ばして作る細麺などの製法が生まれた．生地作りに使われる液体は，大根や葉の汁，野菜ピューレ，生エビの絞り汁（麺がピンク色になる），羊の血など多彩であった．

麺および具入りのダンプリングは，支配階級の贅沢な料理として北部で生まれた．次第に労働階級の日常食となってゆき，12世紀前頃には南部に広まった．ダンプリングは繁栄の意味合いを今も残している．7～8世紀までには日本に麺が伝わり，独自の麺がいくつか生まれた（p.560）．

**中東および地中海地域のパスタ**　中国から遠く離れた小麦の故郷で，パスタに似た料理が最初に生まれたのは6世紀のことである．9世紀のシリア文書に，アラビア語で「イットリーヤ」と呼ばれる，セモリナ生地をひも状にして乾燥させた料理の記載がある．11世紀のパリの記録には，「ヴェルミチェッリ（小さな虫という意味）」が出てくる．マルコ・ポーロが旅行する200年ほど前の12世紀には，シチリアでひ

## 昔の中国のダンプリングと麺

粉を二度ふるいにかける，
白い粉が雪のように舞う，
伸びと粘りのある生地にするため
水や肉汁とともにこねると，それは光り輝く．
……
火の上で水を沸かし，
蒸気が立つのを待ちながら，
ズボンをぐっと引き上げ，袖をまくり上げる，
そしてこね，そして形作り，そしてならし，そして伸ばす．
最後に生地が指を離れると，
そこには完璧な形に伸ばされた生地がある．
慌て急いで破ることなく
星が散りあられが降る．
かごの中には，具が飛び散ったあともない．
餅（ビン）の上には余分な生地のかけらもない．
見事に並べられ，それはとても美しく，
破れることもなく，生地は繊細である．
膨らんだ形からは中の具が感じられ，
春の日の絹糸のように柔らかく，
秋の日の絹のように白く，ちょうどよい時間にできあがった．
　　　——束晳，*Ode to Bing*（餅賦），紀元後300年頃，アントニー・シュガール訳より

も状の「イットリーヤ」の生産と輸出が行われていたことが，アラブの地理学者イドリーシーによって報告されている．「マカロニ」というイタリア語が生まれたのは13世紀で，平らなものから塊状のものまでさまざまな形のものをさしていた．中世には発酵生地を使ったパスタも作られ，パスタが非常に軟らかくなるまで1時間以上もゆで，チーズと合わせたり具を包んだりすることが多かった．

中世より後の時代は，主にイタリアでパスタが発達した．イタリア各地にパスタ職人組合が結成され，軟質小麦粉を使った生パスタは全国的に，デュラム・セモリナを使った乾燥パスタは南部やシチリア島で作られた．イタリアで生まれた独特の料理形式で「パスタシュッタ（乾いたパスタという意味）」と呼ばれるものがある．ソースにどっぷりと浸かっているのでも，スープや煮込みに浮かせるのでもなくて，料理の主役であるパスタにソースを和えた形式である．生麺の乾燥は1〜4週間もかかる大変な作業で，気候に恵まれていたナポリがデュラム・パスタ生産の中心地となった．

生地練りと押し出し成形が機械化されたおかげで，18世紀にはデュラム・パスタがナポリの屋台で売られ，イタリアの各地に普及した．おそらくは，屋台での調理を簡略化したのと，屋外で食べるときにしっかりした歯ごたえが喜ばれたのとで，ナポリではパスタを1時間もかけるのでなく数分間でゆで上げ，ある程度の硬さを残すようになった．19世紀後半にはこれが全国的に広がり，第一次世界大戦後には「アル・デンテ（歯に当たる，歯につくという意味）」という表現が用いられるようになった．その後数十年間に効率的な人工乾燥法と機械化が進み，研究開発のおかげで，パスタ生産はバッチ方式から連続方式へと移っていった．乾燥デュラム・パスタは現在，多くの国で工場生産されている．また，現代的な熱処理加工と真空包装によって，生パスタ製品も数週間の冷蔵保存が可能となった．

イタリアではこの数十年間，特定の小麦品種を原料にした小規模生産が復活している．昔ながらの押し出し型を使って作るパスタは，表面が粗いのでソースが絡みやすい．低温で長時間乾燥させるため上質な風味がでると言われる．

## ■ パスタと麺の生地作り

**基本の材料と方法**　パスタ・麺生地作りの目的は，乾燥した小麦粉粒子を一つの塊にすることで，細いひも状に成形できる柔軟性をもちつつも，ゆでたときに崩れない強度を保たなくてはならない．小麦粉を使う場合，グルテンタンパク質が粒子をまとめる働きをする．デュラム小

---

### 尽きることのないパスタ，チーズ，ワイン

偉大なる作家ジョヴァンニ・ボッカチオ（1375年没）の時代には，イタリアではパスタが大食漢の定番となるほどに広まっていた．

　ベンゴディ（楽園）という国に……パルメザン・チーズの粉だけでできた山があった．その山に住む人々は，ただひたすらマカロニとラビオリを作って肥育鶏のスープで煮るのだった．そしてそれを放り投げるのだが，いくら食べても尽きることはなかった．そのわきには白ワインの小川が流れ，それは飲んでも決して酔うことがなく，水は1滴も混じっていなかった．

——デカメロン，第8日第3話

麦はグルテン含量が高いのが利点で，グルテンはパン用小麦よりも弾性が低いため生地を伸ばしやすい．水分は，パン生地が40%以上なのに対して，普通のパスタでは一般に生地重量の30%程度である．

材料を混ぜ合わせさっとこねて，硬いが均一の塊にした後，生地を休ませ，小麦粉粒子が吸水してグルテン構造ができあがるのを待つ．時間が経つと生地は明らかに扱いやすくなり，もろさがなく一つにまとまった麺に仕上がる．この後，生地を繰り返しやさしく伸ばし，均一な薄さのシート状にする．この作業により，生地構造を弱める気泡を押し出し，グルテン構造を整える．タンパク質繊維を圧縮し平行に並べるのと同時に，線維を伸ばし広げることにもなるので，生地が再び縮むことなく簡単に伸びる．

**エッグ・パスタと生パスタ** 北ヨーロッパでは，普通のパン用小麦粉と卵で作った麺が好まれ，合衆国で市販されている生パスタも多くがこのタイプである．卵には二つの働きがある．一つは麺の色とコクをだすことで，これには主に卵黄が関係している．卵黄だけを使うこともあるが，卵黄は脂肪が多いので，生地は弱くなり麺は軟らかくなる．卵のもう一つの働きは，タンパク質含量のあまり高くない家庭用および業務用の小麦粉に，タンパク質を追加することである．卵白に含まれるタンパク質によって，生地および麺はまとまりがよく硬くなり，デンプン粒の糊化と滲出を抑え，調理時のデンプン損失を抑える．合衆国内の市販製品には，乾燥卵が小麦粉重量の5〜10%添加されている．イタリア，アルザス地方，ドイツ，そして合衆国内の特殊製品や手作り品には生卵が使われ，小麦粉に対する割合も多めである．パスタ生地の水分が卵だけのこともある．北イタリアのピエモンテ地方では，小麦粉1 kgに卵黄40個分を使うパスタがある．

エッグ・パスタはまず，材料を混ぜ合わせて硬い生地を作る．なめらかさがでるまでこねた後，休ませてグルテンを緩和し，薄く伸ばして，好みの形に切る．生パスタは腐りやすく，卵を使う場合はサルモネラ菌混入の可能性があるので，直ちにゆでるか包んで冷蔵する．台所の室温で長時間かけて乾燥すると，微生物が増殖して危険な場合もある．生パスタのゆで時間は厚みによって違うが，数秒から数分と短い．

**乾燥デュラム・パスタ** 基本的なイタリアのパスタ，そして世界各地のイタリア風パスタは，デュラム小麦で作られる．独特の風味，食欲をそそる黄色味がかった色合い，そしてグルテン含量が高い．デュラム・パスタに卵を使うことはほとんどない．卵のタンパク質が加わると，乾燥パスタは中が硬くガラス質になり，ゆでても溶存タンパク質や糊化デンプンがあまり失われず，硬い麺になる．

**デュラム・パスタの生地作りと成形** デュラム・パスタに使用するセモリナ粉は，デュラム小麦の胚乳をある一定の粒径（0.15〜0.5 mm）に挽いたものである．デュラム小麦の胚乳は硬いためにこの大きさとなる（これより細かく挽くとデンプン粒の損傷が大きすぎる）．平らな形のパスタはシート状にした生地から打ち抜く．長い麺や短くて厚みのあるものは，パスタ用の押し出し型の穴から高圧で押し出して成形する．押し出す際の動き，圧力，熱によって生地構造が変化する．タンパク質の網目構造が剪断され，熱と圧力で部分的に糊化したデンプン粒とさらに緊密に混じり合い，分断されたタンパク質間結合が再形成して網目構造が安定化する．近代式の低摩擦テフロン製の型穴を使うと，表面がよりなめらかでツヤのある麺になる．表面に細孔や裂け目が少ないので，熱湯のしみ込みとデンプンの流出が少ない．一般に，ゆで湯に出てしまうデンプンが少なく，麺の吸水も少なく，したがって伝統的な青銅製の型穴で成形した麺に比べると硬めになる．伝統的な型穴を支持する人々は，料理したときのソースの絡みがよいとして，表面のざらついた麺を好む．

**デュラム・パスタの乾燥** 機械乾燥機がでる前は，成形したパスタを外気の温度・湿度で数日から数週間かけて乾燥していた．初期の業務用乾燥機では40～60℃で約1日かかった．現在は，84℃以上で短時間の予備乾燥と，より長時間の本乾燥・静置期間を含め，わずか2～5時間で乾燥工程が終了する．近代式の高温乾燥では，黄色のキサントフィルを褐色色素へと分解する酵素が急速に失活し，またグルテンタンパク質が一部架橋されるので，ゆで上がりが硬めで粘りも少ない．しかし，高温では風味が損なわれるとして，従来の自然乾燥を支持する人もいる．

## ■ パスタと麺のゆで方

パスタをゆでると，タンパク質の網目構造およびデンプン粒が吸水・膨潤し，外側のタンパク質層が破れてデンプンがゆで湯に溶け出す．内側にはあまり水が届かないので，デンプン粒はさほど壊れない．したがって麺の中心部付近は表面よりも構造が崩れない．パスタをアル・デンテにゆでるというのは，芯がわずかに残る状態で火を止めることで，硬い歯ごたえになる．この時点での水分は麺表面が80～90％，中心が40～60％（焼きたてパンよりやや多め）である．これよりもやや短めにゆで上げて，ソースを絡めた後にちょうどよい状態となるようにすることもある．

**ゆで湯** 一般的には，パスタの重さの10倍以上の湯を勢いよく沸騰させた中でゆでるのがよい（パスタ500gにつき約5L）．これによりパスタは重さの1.6～1.8倍の水を吸収し，しかも滲出するデンプンが十分希釈されるだけの湯が残り，パスタ同士がくっつかずに均一に火が通る．硬水（カルシウムイオンとマグネシウムイオンを含みアルカリ性）を使うと，デンプンの滲出が多く麺がくっつきやすい（表面のタンパク質-デンプン膜を弱め，イオンが接着剤のように働いて表面同士がくっつくと考えられる）．水道水は多くの場合，水道管の腐食防止のためにアルカリ性にしてあるので，パスタをゆでる湯に何らかの酸（レモン汁，酒石英，クエン酸）を加えてpHを弱酸性の6程度にするとよい．

**麺のくっつき** パスタを湯に入れたらすぐにバラさないと，麺同士がくっついてしまう．麺の間に湯が少ししかなく，乾燥した麺がこれを吸ってしまい，潤滑液がなくなるからである．そして部分的に糊化した表面のデンプンが接着剤

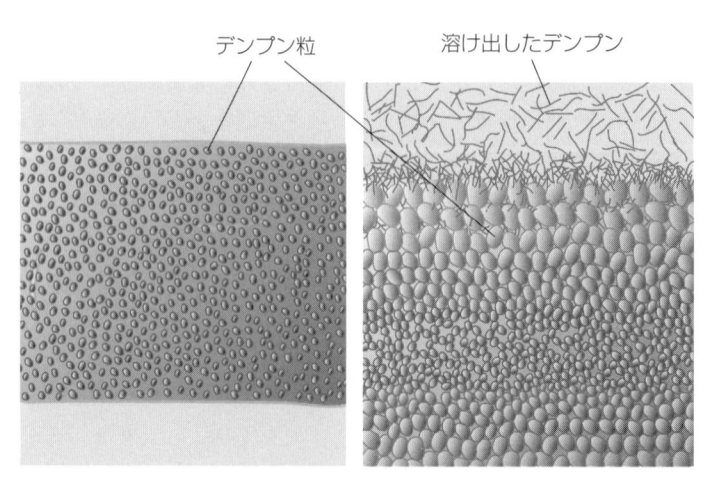

パスタをゆでる．左：ゆでる前のパスタ生地．グルテンタンパク質のマトリックス中に生のデンプン粒が埋まっている．右：パスタをゆでているところ．表面近くのデンプン粒が吸水・膨潤・軟化して，溶解したデンプンの一部がゆで湯に流れ出す．アル・デンテにゆで上げたパスタは，麺の中心に湯は浸透しているが，中心部ではデンプン粒の吸水が比較的少なく，デンプンとグルテンのマトリックスは硬いままである．

の働きをする．湯ではじめの数分間を混ぜ続けると，麺同士がくっつきにくい．またはゆで湯に油をスプーン1～2杯入れ，麺を何度か湯に出し入れして，表面を油で覆うのもよい．塩を加えるのは味つけのためだけでなく，デンプンの糊化を抑え滲出を少なくし，麺のくっつきを少なくする効果がある．

ゆであげてから麺がくっつくのは，湯を切った後に表面のデンプンが乾いて冷え，接着性が高まるからである．ゆであがったら麺をすすぐか，またはソース，冷ましたゆで湯，油，バターなどを絡ませるとよい．

## ■ クスクス，ダンプリング，シュペッツレ，ニョッキ

**クスクス** 11世紀から13世紀にかけて，アルジェリア北部とモロッコに住んでいたベルベル人が生み出したとみられる，シンプルなパスタである．北アフリカ，中東，およびシチリアでは今も主食とされている．伝統的なクスクスは，ボールに入れた全粒小麦粉に塩水を振りかけ，指で混ぜて小さな粒状の生地にする．これを両手の間で揉み合わせた後，ふるいにかけて均一な大きさ（一般に1～3 mmの粒径）とする．生地をこねないのでグルテンが形成せず，小麦以外のさまざまな穀物にもこの製法が応用できる．クスクスは粒が小さいので，大量の湯がなくても蒸気だけで調理することができ（伝統的には香りのよい煮込み料理の上にのせる），独特の軽く繊細な食感をだす．クスクスは粒が小さく表面積が広いので，全体に行きわたるようにトロミのないソースに合わせるとよい．

"イスラエル"クスクスと呼ばれる大粒のものは，実際には押し出し型で作られるパスタで，1950年代にイスラエルで考案された．硬質小麦粉の生地を粒径数ミリの球状に成形し，オーブンで軽く焼いて風味を深めたものである．パスタや米と同じように調理される．

**ダンプリングとシュペッツレ** 西洋の「ダンプリング」と「シュペッツレ」（バイエルンの方言で"塊"という意味）は基本的に，生地を適当な大きさに分割し，沸騰するお湯の中に落として火を通し，そのまま煮込みに入れて食べるか，蒸し煮したり炒めたりして肉料理に添える．パスタ生地とは異なり，ダンプリング生地はできるだけこねずに軟らかさをだす．細かい気泡が入ると軽くなる．火の通りはダンプリングの浮き具合で判断する．表面に浮き上がってきたらほぼできあがりなので，さらに1分ほど待ってすくい上げる．火が通ると浮いてくるのは，生地に含まれる気泡が膨張するためである．ダンプリングの内部温度が沸点に近づくと気泡内の水分が蒸気となり，生地の密度が湯よりも小さくなる．

**ニョッキ** イタリア語で"塊"という意味である．1300年代に，パン粉または小麦粉で作られた普通のダンプリングとしてはじまった（ローマ風ニョッキは今も，牛乳とセモリナ粉を煮て作った生地を四角に切り分け，オーブンで焼く）．しかし，新大陸からジャガイモが伝わると，イタリアではニョッキがとても軽い食感のダンプリングへと変わっていった．軟らかいデンプン質のジャガイモが主材料となり，小麦粉は吸水のためと，成形可能な生地を作るのに最小限必要なグルテンを与えるために，ごく少量だけ加えるようになった．まとまりやすさと卵黄のコクを加えるために，卵を入れることもある．卵が入ると弾力もでる．古ジャガイモ，そして粘り気よりもホクホクした品種のほうが向いている．水分が少なめでデンプンが多いため，生地に加える小麦粉が少なくてすみ，グルテン形成が抑えられ，軟らかいニョッキができる．ジャガイモをゆでて皮をむき，すぐにつぶして水分をできるだけ飛ばす．この後に冷ますか冷蔵庫で冷やし，最小限の小麦粉（普通はジャガイモ500 gに小麦粉120 g以下）を加えて生地に練り上げる．生地を細いひも状に伸ばして小さく切り分け，一つずつ成形し，湯に入れて浮き上がってきたらできあがりである．

ジャガイモの代わりにほかのデンプン質の野菜やリコッタ・チーズを使ったニョッキもある．

## ■ アジアの小麦粉麺・ダンプリング

アジアには大きく異なる2種類の麺がある．デンプン麺は後で述べる．アジアの小麦麺は，パン用小麦粉で作るヨーロッパのパスタにやや似ている．通常はタンパク質含量が低～中程度の小麦粉を使って作られ，押し出し型で成形するのではなく，伸ばして切るか，細く引き伸ばす．なかでも上海の手延べ麺（拉麺；ラー・ミァン）の作り方は見事である．太いひも状の生地からはじまり，振り回し，ひねり，腕の長さに延ばし，両端を合わせて二つ折りにする，ということを何度も繰り返し，最後には4096本もの細麺の束ができあがる．アジアの麺は軟らかく弾力があって，これは弱いグルテンとアミロペクチンに富むデンプン粒による．アジアの麺には塩が重要で，一般に麺重量の2％ほど添加される．塩はグルテン構造を引き締め，デンプン粒が吸水・膨潤しても形が崩れないよう安定にする．

### 中国の小麦麺・ダンプリング

**白麺と黄麺**　塩を使う白麺は中国北部で生まれ，現在最もよく知られているのが日本の「うどん」である（後述）．アルカリ塩で作る黄麺は，1600年以前に中国南部で生まれたとみられる．その後，中国移民によってインドネシア，マレーシア，タイへと広まった．伝統的な麺の黄色は，小麦粉に含まれるフラボンというフェノール化合物で（現在は卵黄で着色したものもある），普通は無色だがアルカリ性で黄色に発色する．フラボンはふすまと胚芽に特に多く含まれるので，精製度の低い小麦粉のほうが濃い黄色になる．硬質小麦を使うため，南部の黄麺は白麺よりも硬く，アルカリ性（pH 9～11，古い卵白と同程度）でさらに硬さが増す．また，アルカリ塩（炭酸ナトリウムと炭酸カリウムを麺重量の0.5～1％）によって，ゆで時間が長く吸水量も多くなり，独特の香りと風味がでる．

**ダンプリング**　具入りパスタの中国版とも言えるのが，味つけした肉や魚介類や野菜を小麦粉生地の薄い皮で包んだものである．小麦粉と水だけで作る簡単なものもあるが，丈夫な餃子の皮などは，小麦粉を練るときに熱湯を一部加える．これによりデンプンの一部が糊化して，生地の粘性が強まる．具を詰めたものは蒸したり，ゆでたり，焼いたり，油で揚げたりする．

**日本の小麦麺**　普通のうどんはやや太めで（直径2～4 mm），中国の塩を使った白麺が原型

---

### 日本蕎麦

14世紀には中国北部でソバ粉の麺が作られており，日本でよく食べられるようになったのは1600年頃である．ソバ粉のタンパク質は粘着性のグルテンを形成せず，ソバ粉だけで麺を打つのは非常に難しい．日本蕎麦には小麦粉も使われ，ソバ粉は10～90％であることが多い．昔ながらの方法では，挽きたてのソバ粉を使い，水を加えてさっと混ぜ，粉全体に均一に吸水させてなめらかな硬い生地にする．タンパク質と粘質成分が生地をまとめるが，塩はこれを妨げるので加えない（p.469）．生地を休ませた後，3 mm程度の厚さに伸ばして再び休ませ，細切りにする．打ちたてをゆで，冷水でもみ洗いしてコシをだし，水を切って熱い汁や冷たい汁，つけ汁で食べる．

である．色は白くて軟らかく，軟質小麦粉，水，塩を使って作られる．ラーメンの麺は淡黄色でやや硬く，硬質小麦粉，水，アルカリ塩（かんすい）から作られる．そうめんは非常に細い（直径約 1 mm）．日本の麺類は pH 5.5～6 程度の湯でゆでることが多く，酸を加えて pH を調節することもある．ゆで上がった麺は流水で洗って冷すが，こうすると表面のデンプンがつるりとした粘りのない層に固まる．

インスタント・ラーメンは中国麺をもとに日本で生まれた．1958 年のことである．最初の製法（フライ麺）は，水ですぐに戻るような細麺を作り，これを蒸して 140℃ の油で揚げ，80℃で乾燥させる．

## ■ アジアのデンプン麺・米麺

以上みてきたパスタはすべて，小麦粉に含まれるグルテンタンパク質によって生地がまとめられていた．デンプン麺や米麺にはグルテンがまったく含まれない．ほかの麺とは異なり半透明をしたデンプン麺は，なかでも驚きに値する素晴らしい発明である．英語では "glass noodles（グラス・ヌードル）" とか "cellophane noodles（セロファン・ヌードル）" とも呼ばれ，日本では「はるさめ（春雨）」という風情のある名前がついている．

**デンプン麺**　精製デンプンから作られた乾燥麺で，緑豆デンプン（中国），米デンプン，サツマイモデンプン（日本）などが原料とされる．特長としては，半透明でツヤのある輝き，つるりとした硬い歯ごたえ，加熱時間の短さなどがある．熱湯やスープ，蒸し煮料理などにほんの数分間浸けるだけで食べられる．

直鎖型のアミロースを多く含むデンプンを原料にした場合，麺は硬くなる（p. 444）．アミロース含量は一般的な長粒米で 21～23%，麺用の特殊米で 30～36%，緑豆デンプンで 35～40% である．デンプン麺の作り方は，まず少量の乾燥デンプンに水を加えて加熱し，粘りのあるペーストを作る（これが残りのデンプンをまとめる働きをする）．このペーストに残りの乾燥デンプンを混ぜ合わせ，水分 35～45% となるように水を加えて生地を作る．金属板に開けた小さな穴から生地を押し出し，麺に成形する．直ちにゆでることで，デンプンをすべて糊化してデンプン分子の均一な網目構造を形成する．水を切って室温もしくは低温で 12～48 時間おき，風乾する．乾燥前にある程度の時間をおくと，糊化したデンプン分子が規則正しく並ぶ，つまり老化する（p. 445）．小さめのアミロース分子が寄り集まって，網目構造の中に接合部を形成するが，この接合部は沸点でも壊れない結晶部位である．したがって乾燥した麺は

---

### タピオカ

タピオカ・パールは，半透明でツヤと弾力があり，デンプン麺と同じ原理に基づいている．水分と風味を吸わせて，トロミのあるプディングやパイの詰めものなどに広く使われる．最近では，「バブル・ティー」のようにお茶などの飲みものに入れて食感を楽しんだりもする．タピオカ・パールは，糊化したタピオカデンプン（アミロース含量は約 17%）のマトリックスによってタピオカデンプン粒がまとまった，粒径 1～6 mm ほどの球形をしている．湿ったデンプン粒の塊（水分 40～50%）を粗く挽き，回転釜に入れると，回転しながら次第に小さな玉になってゆく．この後，デンプンの半分強（主に外層）が糊化するまで蒸し，乾燥させると，老化デンプンの硬いマトリックスが形成する．液体中で加熱すると吸水し，老化したデンプンのマトリックスは構造を維持したままで，それ以外のデンプンが糊化する．

強固だが，秩序性の低い部分はすぐに熱湯を吸って膨張し，調理に時間をかけなくても軟らかくなる．

　デンプンと水が均一に混じり合っていて，光を散乱するような不溶性タンパク質やデンプン粒が存在しないため，デンプン麺は半透明である．

**米麺とライス・ペーパー**　デンプン麺と同じく，米麺もグルテンではなくデンプンでまとまっている．ただし光を散乱するタンパク質や細胞壁成分が含まれるので，不透明である．米麺の作り方は，まず高アミロース米を水に浸け，ペースト状にすりつぶし，加熱してデンプンのほとんど（全部ではない）を糊化し，こねて生地にし，押し出し型で成形する．この麺を蒸して完全に糊化し，冷ましてから12時間以上おき，熱風乾燥するか油で揚げる．ここでも，蒸した後の時間と乾燥とによってデンプンが老化するので，熱湯ですぐ戻るがしっかりとした構造となる．生の米麺である「炒粉（チャウ・ファン，生ビーフンのこと）」は水で戻す必要がなく，油で炒めて食べる．

　ライス・ペーパー（ベトナム語では「バイン・チャン」）は，紙のように薄い円盤状のシートで，東南アジアで生春巻きの皮として使われる．水に浸した米を挽き，再び水に浸して，叩いてペースト状にし，薄く広げて蒸してから乾燥したものである．ライス・ペーパーはぬるま湯でさっと戻してすぐに具を包み，そのまま，または油で揚げて食べる．

# 第 11 章
# ソース

| | |
|---|---|
| ヨーロッパにおけるソースの歴史 565 | 多糖類のゲル化剤：寒天，カラギーナン，アルギン酸塩 591 |
| 　古代 565 | 小麦粉やデンプンでトロミをつけるソース 592 |
| 　中世：洗練と濃縮 566 | 　デンプンの性質 592 |
| 　近世初期のソース：肉エキス，乳化液 569 | 　デンプンの種類と調理特性 595 |
| 　古典フランス料理：カレームとエスコフィエ 571 | 　ほかの材料がデンプン系ソースに及ぼす影響 597 |
| 　イタリアおよびイギリスのソース 572 | 　デンプンをソースに加える方法 598 |
| 　現代のソース：ヌーベル・キュイジーヌ（新フランス料理）とその後 573 | 　古典フランス料理のソースとデンプン 599 |
| ソースの化学：風味とトロミ 574 | 　グレイビー・ソース 600 |
| 　ソースの風味：味と香り 574 | 植物粒子でトロミをつけるソース：ピューレ 601 |
| 　ソースのトロミ 575 | 　植物粒子：キメが粗くトロミは弱い 601 |
| 　トロミが風味に与える影響 579 | 　果実や野菜のピューレ 602 |
| ゼラチンその他のタンパク質でトロミをつけるソース 579 | 　トロミづけとしてのナッツとスパイス 605 |
| 　ゼラチンの特異性 579 | 　複雑な混合物：インドのカレー，メキシコのモレ 605 |
| 　肉のゼラチンおよび風味の抽出 580 | 油滴や水滴でトロミをつけるソース：乳化液（エマルション） 605 |
| 　肉のストックとソース 581 | 　乳化液の性質 606 |
| 　市販の肉エキスとソース・ベース 584 | 　乳化ソースを上手く作るには 608 |
| 　魚介のストックとソース 585 | 　生クリームやバターのソース 610 |
| 　その他のタンパク質性のトロミづけ材料 585 | 　乳化剤としての卵 612 |
| 固形のソース：ゼラチン・ゼリーと炭水化物系ゼリー 587 | 　冷製卵ソース：マヨネーズ 613 |
| 　ゼリーの硬さ 588 | 　温製卵ソース：オランデーズ・ソースとベアルネーズ・ソース 614 |
| 　肉や魚から作るゼリー：アスピック 589 | 　ビネグレット 617 |
| 　その他のゼリーとジュレ；加工ゼラチン 589 | 気泡でトロミをつけるソース：泡 618 |
| | 　泡立てと泡の安定化 618 |

| | | | |
|---|---|---|---|
| 塩 | 619 | 塩の種類 | 620 |
| 　製塩 | 620 | 塩と身体 | 622 |

　ソースとは，料理の主食材（肉・魚・穀物・野菜）に添える液体のことで，主食材の風味を高める目的がある．主食材に独特の風味を深めたり広げたり，対照的もしくは補完的な風味を加えたりする．肉や穀物や野菜はそれぞれの味があまり変わることはないが，ソースは自由自在に変化をつけられるので，料理を豊かにし，変化をつけ，満足なものにすることができる．常に感覚的な刺激を求め，味覚・嗅覚・触覚・視覚的な楽しみを求め続ける，そうした人間の渇望を満たすのにソースが一役買っている．欲求を濃縮した形，それがソースである．

　sauce（ソース）の語源は"salt（塩）"を意味する古代語である．塩は，海のミネラルを純粋に結晶化させたもの，根源的な味の濃縮物と言える（p.619）．動物の肉，穀物やパンやパスタ，そしてデンプン質の野菜など，我々が主食とする食品は，味がかなり淡泊である．これらの風味を高めるために，多種多様の食材が発見，もしくは発明されてきた．その最も簡単な形としてあるのが，塩，辛い黒コショウや唐辛子，未熟果実の酸っぱい汁，甘味のある蜂蜜や砂糖，独特な香りのするハーブやスパイスといった天然の調味料（シーズニング）である．もう少し複雑な調味料（コンディメント）もあり，保存性を高めるために発酵させたものが多い．酸味と香りのある酢，塩味と旨味のある醤油や魚醤，塩味と酸味のピクルス，辛味と甘味のマスタード，甘味と酸味と果実臭のあるケチャップなどである．そして究極の配合調味料とも言えるのが，ソースである．ソースはひとつひとつの料理に合うように考えて作られ，どんな味にすることもできる．基本的な調味料（シーズニング）は必ず使われるが，その他にも調味料（コンディメント）や，あるいは主食材そのものの風味を何らかの方法で強めたり，別の食材を使ったり，調理手段を工夫して風味をだしたりもする．

　ソースは風味を高めるだけでなく，口の中での動き方によって触覚の楽しみも与える．ソースの硬さ（トロミ）は，動物や植物の組織と同じような硬い固形状に近いものと，水のような液状のものとの間である．甘美な完熟果実のような口の中で自然にとろける感じ，そして肉や生クリームやバターに含まれる脂肪のような，余韻の残るしっとりとした芳醇な感じである．流動性があるので固形食材が均一に覆われてしっとりとする一方，かなりトロミもあるので食材や舌や口蓋にしっかりと絡みつく．これが後味となり，コクにつながるのである．

　ソースは見た目の美しさも演出する．何の変哲もない色合いのものも多いが，なかには果実や野菜の鮮やかな色や，時間をかけて煮たり焼いたりすることで深い色合いをもつものもある．おいしそうなツヤのあるもの，あるいは驚くほど透明なものもある．見た目が美しいソースはいかにもおいしそうである．丁寧に作られたことの証であり，強く澄んだ風味，舌の上での存在感を期待させる．

　ソース作りには基本的な技法がいくつかある．多くは，植物・動物組織を壊して風味のある汁を出すことを行う．抽出した汁はほかの風味素材と組み合わせたり，絡みがよくなるようにトロミづけしたりする．トロミをつけるには，水分子の動きを妨げるような高分子成分や粒子を加える．本章では，さまざまなトロミづけの方法と応用に関して多くを割いている．

　ソースは，スープおよびゼリーによく似ている．スープもまた，さまざまなトロミをもつ液体食品である．ソースとの違いは，風味の濃縮度がやや低いことで，したがって料理のアクセントというよりはスープだけを単品で食べることになる．ゼリーは，液体にゼラチンを加え室温で固まらせたものである．一時的には固体食品だが，口の中で溶けてソースになる．

# ヨーロッパにおけるソースの歴史

現代に広く受け入れられるソースが発達した地域がいくつかあり，その一つがヨーロッパである．さまざまなソースが，発祥地から遠く離れたところでも人気を得ている．醤油を使った中国料理のソースや，スパイスでトロミと風味をつけたインド料理のソース，メキシコのサルサや唐辛子でトロミをつけたモレなどがある．なかでも特筆すべきは，何世代にもわたる料理人たちの手によって，ソース作りが体系的な芸術として完成したヨーロッパ，正確にはフランスである．一国の料理が国際的な標準となったのがフランス料理，その神髄がソースである．

## ■ 古代

ヨーロッパで初めてソースに近い料理が考え出されたのはローマ時代である．紀元後25年頃に書かれたラテン詩に，ハーブとチーズと油と酢でスプレッドを作る農夫が詠まれている．これがペスト・ジェノベーゼの原型であり，フラットブレッドに塗って辛味と塩味と香りを楽しんだ（p.566，囲み内）．

それから数世紀後，アピキウス著とされるラテン語の料理本に，ローマのエリート階級の食事にソースは欠かせないものだったことが明記されている．500近いレシピの半分以上がソースに関するものである．（ソースはラテン語でiusと記載されており，これは"juice"の語源となった．）その大半は，少なくとも5～6種類以上のハーブやスパイスを使用しており，ほかに酢や蜂蜜，そして発酵魚醤の「ガルム」（p.228）が何らかの形で使われていた．ガルムは塩味と旨味，そして独特の香りを与える（現在のアンチョビと似た使い方）．さまざまな方法でトロミづけがされており，叩いた調味料，叩いたナッツや米，叩いたレバーやウニ，叩いたパンやパイや純粋の小麦粉デンプン，生もしくは加熱した卵黄などが使われた．ソース作りに一番大切な道具は明らかにすり鉢だったが，ウニや卵やデンプンを使った方法は，この後の

---

### 古代中国における風味の調和

よいソース作りに見られる風味の追加・強化・配合は，料理技術の中心をなすものであり，この考え方は少なくとも2000年前からある．以下は古代中国の文献で，煮込み料理やスープ作りの中心となる工程，固形食品がソースの一部になり，しかもそのソースの中で煮込まれるという調理法が書かれている．

> 調和よく配合するには，甘味，酸味，苦味，辛味，そして塩味を考えなくてはならない．材料を加える順番と量，それらのバランスはとても微妙であり，材料ごとに独自の特徴がある．大釜の中で起きる変化は，典型的かつ驚異的，微妙かつ繊細である．言葉で表現することはできず，喩えを思いつくこともできない．弓術や馬術の微妙さ，陰陽の転換，あるいは四季の変遷のように．従って（食品は）長持ちするが腐敗せず，十分に火が通っているが煮崩れず，甘さはあるがくどくなく，酸味はあるが辛辣でなく，塩辛いが痺れるほどでなく，辛さはあるがツンとせず，淡泊だが味気ないのではなく，油のなめらかさはあるがギトギトしない．
>
> ——『呂氏春秋』より伊尹の言葉，紀元前239年，ドナルド・ハーパーとH.T. フアン訳より

時代に受け継がれ，洗練されてゆくことになる．

## ■ 中世：洗練と濃縮

14世紀以降になると料理集のレシピも多数残っているが，それ以前のアピキウスの時代にさかのぼる期間に関しては，ヨーロッパ料理についての情報があまりない．この間，ソース作りにはあまり変化がなかったようである．中世のソースは，何種類ものスパイスを使うことが多く，すり鉢とすり棒で材料（肉と野菜も含む）をつぶし，ローマ時代のトロミづけ材料もほとんどがまだ使われていた．一番よく使われたのはパン（焼いて色と風味をつけたもの）であり，精製デンプンはすでに使われなくなっていた．生クリームとバターはまだ使われていなかった．

---

### 古代ローマのソースのレシピ

……その人は持っていた水に浸けた葉つきのニンニクを，くぼみのある丸石の中に落とした．その上に塩を少々振りかけ，塩が溶けるとハード・チーズ，それから集めてきたハーブ（パセリ，ルー，コリアンダー）を山盛りにし，左手ですり鉢を毛深い脚の間に挟んだ．右手に持ったすり棒で，はじめは辛いニンニクをつぶし，次に汁が均一に混じるよう全体を叩いた．手がぐるぐる回り，次第に材料はもとの形を失い，いくつかの色が一つになった．それは乳白の断片が残っているためにうぐいす色ではなく，かといって輝く乳白色でもなく，すべてのハーブがまだらに混じる……オリーブ油を数滴加えて叩き，その上に酢を少量加え，再び混ぜてその塊を十分に混ぜ合わせた．最後に2本の指ですり鉢全体をぐるりと拭うようにしてすくいとった一つの塊が「モレトゥム」，見た目も名前も申し分ない．

——*Moretum*（モレトゥム），E. J. ケニー訳より

#### ゆでた食物のための白いソース

コショウ，リクァーメン（魚醤），ワイン，ルー，タマネギ，松の実，スパイス入りワイン，トロミづけに刻んだパン数切れ，油．

#### 具を詰めたイカのためのソース

コショウ，ロベージ，コリアンダー，セロリ・シード，卵黄，蜂蜜，酢，リクァーメン，ワイン，そして油．（加熱して）トロミをつける．

#### ペストリー・ミルク・チキン

リクァーメン，油，ワイン，そこにコリアンダーの束とタマネギを入れた中で鶏肉を煮る．火が通ったら，鶏肉をソースから引き上げ，別の鍋に適量のミルク，少量の塩と蜂蜜，ごく少量の水を入れる．弱火にかけて温め，適量のパイを砕いて少しずつ入れ，焦げつかないようによくかき混ぜる．まるごとまたは切った鶏肉を入れ，皿にのせ，ソースを上にかける．ソースは，コショウ，ロベージ，オレガノ，蜂蜜，グレープ・シロップ少々，そして煮汁を混ぜ合わせ，鍋で沸騰させる．沸騰したらデンプンでトロミをつけ，食卓に出す．

——アピキウス

**新たな風味，新たな透明度，そしてゼリー** だが一方ではいくつかの重要な違いもあり，真の進歩もみられた．魚醤は姿を消し，かわりに酢や未熟ブドウ果汁「ヴェルジュ」が使われるようになった．十字軍によってヨーロッパ人が中東に進出し，アラブ貿易やアラブの伝統に接するようになったこともあり，地中海地方の地元の調味料の多くが，シナモン，ショウガ，パラダイス・グレインなどのアジアからの珍しい輸入品へと取って代わった．そしてトロミづけ用のナッツにはアーモンドが使われるようになる．調理器具はすり鉢に加えて，布製の漉し器またはふるい（フランス語で「エタミーヌ」または「タミ」）も無くてはならないものとなった．これを使ってソースを漉し，スパイスやトロミづけ材料の粗い粒子を除き，キメ細かく仕上げる．ブロス（肉の煮出し汁）を濃縮する，つまり煮詰めて不要な水分を飛ばせばトロミがつくことがわかり，コンソメや固体ゼリーが生まれた．調理した肉や魚をゼリーで包むと，空気にさらされず腐敗しにくいという利点もあった．そして透明なゼリーを作るため，漉し布に

---

## 中世におけるソース作りの洗練

下記の二つのレシピは500年以上前のものだが，中世時代にはソースとゼリーが非常に丁寧に作られていたことがわかる．ブロス（肉の煮出し汁）のレシピには，トロミのつけ具合と火から下ろした後に固まらないよう攪拌し続ける時間とが，驚くほど厳密に記載されている．

### 魚または肉のゼリー

ワイン，ヴェルジュ，酢の中で（肉または魚を）加熱し……次にショウガ，シナモン，クローブ，パラダイス・グレイン，ロング・ペッパーを挽いて，これをブイヨンに入れ，漉して，肉と共に沸騰させる．次に月桂樹の葉，スパイクナード，ガランガル，そしてメースをふるい布に包んでひもで結び，洗わずにその他のスパイスとともに肉と一緒に煮る．鍋を火にかけている間はふたをしたままにし，火から下ろし食卓に出すまではアクを取り続ける．そしてできあがったら，ブイヨンを漉して清潔な木の器に入れそのまま置いておく．肉を清潔な布の上にのせる．魚であれば皮や内臓を取り，皮はブイヨンに戻し入れて置いておき，最後に漉しとる．ブイヨンはきれいな透明であることを確かめ，冷める前に漉すこと．肉をボールに入れ，その後でブイヨンを光沢のある清潔な器に入れて再び火にかけ，アクを取りながら煮て，沸騰しているところを肉の上から注ぐ．肉とブロスを入れた皿もしくはボールの上から，挽いたカシアの芽とメースを振りかけ，涼しいところに置いておく．ゼリー作りの間は眠ってしまうことのないように……

——タイユヴァン, *Le Viandier*（食物譜），1375年頃，テレンス・スカリー訳より

### トロミのある上等なブロス

10人分用に，卵黄を1人3個分，ヴェルジュ，上等なブロス，サフランと上等なスパイスを少々用意する．材料を全部合わせて混ぜ，漉して鍋に入れ，炭火の上にのせ，Our Fathers（主の祈り）を2回唱える間かき混ぜ続ける．この後で皿に盛って，上にマイルドなスパイスをのせる……

——*The Neapolitan Recipe Collection*（ナポリ料理集），1475年頃，テレンス・スカリー訳より

かわって非常に細かい粒子を除くための技法が，15世紀までにできあがった．泡立てた卵白をタンパク質の「布」として使い，液の内側から澄ませる方法である．

**ソースの名前**　中世における重要な発展としてもう一つ，ソースなどの風味液に関する新たな用語が作られ，より体系的になっていったことが挙げられる．ローマ時代にソースを意味した ius という語は，"塩味をつけた"という意味のラテン語 salsus からの派生語へと取って代わった．すなわちフランス語では sauce（ソース），イタリア語とスペイン語では salsa（サルサ）と呼ばれるようになった．フランスでは jus（ジュ）が肉汁を意味するようになり，bouillon（ブイヨン）は肉を水で煮込んで作ったスープ・ストックのこと，coulis（クーリ）は肉を使って作ったトロミのあるもののことで，ソースやポタージュその他の料理に風味とコクを加えるために使われた．フランス語の soupe（スプ）は英語の sup（サップ）に相当し，パンにしみ込ませる風味液をさした．多くの料理集では，加熱調理しないソース，加熱調理するソース，肉を入れて調理するソース，その他の肉に添えるソース，トロミのないポタージュとトロミのあるポタージュ，などにレシピが分類されている．英語の gravy（グレイビー）という単語が登場し，中世フランス語の grané からきたようだが謎も多い．grané は"穀類で作った，粒状の"という意味のラテン語 granatus からき

---

### 17世紀のフランスのソース

　ラ・ヴァレンヌやピエール・ドゥ・リュンヌの料理本には，オランデーズ・ソースに似た「香りソース」，当時はまだブール・ブラン（ホワイト・バター）と呼ばれていたクリーム状の乳化液，そして魚のポシェに伝統的に使われるトロミの少ないクール・ブイヨン（短く加熱したブイヨン）が載っている．中世料理と比べて風味づけが簡単になっている．

#### アスパラガスの香りソース

大きいものを選び，底をこすり洗いして，十分塩を入れた湯でゆで，冷めすぎないようにする．火が通ったら水を切り，新鮮で良質のバター，少々の酢，塩，ナツメッグ，そしてつなぎに卵黄を使ってソースを作る．凝固しないよう注意する．アスパラガスに好みのつけ合わせを添えて食卓に出す．

————ラ・ヴァレンヌ, *Le Cuisinier françois*（フランスの料理人），1651 年

#### マスのクール・ブイヨン

水，酢，スパイスの束（チャイブ，タイム，クローブ，チャービル，パセリ，そして時にラード片をすべてひもで束ねたもの），パセリ，塩，月桂樹の葉，コショウ，レモンを合わせた中でマスを煮て，同じように食卓に出す．

#### スズキのブール・ブラン

ワイン，ヴェルジュ，水，塩，クローブ，月桂樹の葉とともに煮る．魚の鱗を取り，バター，巣，ナツメッグ，レモンの薄切りで作ってトロミをつけたソースとともに食卓に出す．

————ピエール・ドゥ・リュンヌ, *Le Cuisinier*（料理人），1656 年

ている．肉と肉汁で作った一種の煮込み料理で，スパイスと液体材料から作る独立したソースではなかった．

## ■ 近世初期のソース：肉エキス，乳化液

現在知られているソースは，1400年から1700年までの3世紀に起源を発する．ソース作りに使われるスパイスの数は少なくなり，量も少なめになっている．酢とヴェルジュの代わりに，レモン汁が用いられるようになる．トロミづけには粗くほぐしたパンやアーモンドの代わりに，小麦粉もしくはバターと卵の乳化液（p. 568，囲み内参照）が用いられるようになる．そしてフランスでは，ブロス（肉の煮出し汁）が高級料理の中心的素材となった．ちょうど実験科学が盛んになった時代で，影響力の強い何人かのフランス料理人が，肉の化学者（または錬金術師）としての素質を発揮した時代である．1750年頃にフランソワ・マランは，風味の調和に関する2000年前の中国の記述に同意を表しつつも，ちょっとしたひねりを加えている（下の囲み内参照）．

マランも伊尹（いいん）も調和とバランスを語っている点では同じである．しかし中国では大釜に甘味，酸味，苦味，塩味，辛味の材料をすべて一緒に入れるのに対し，フランスでは鍋に肉汁だけ入れて濃縮することによって，複雑さと調和を引き出す．マランは，アジアのスパイスや，大量の酢やヴェルジュを使っていた古い時代の料理に対して，「よい味というのは，肉汁を焦がしてはならず，"古い料理"のきつい味の煮込みも許されない」と述べている．肉のブイヨンは"料理の神髄"とされた．肉汁は肉のエキスそのものであり，料理とはこれを抽出し，濃縮し，その風味と栄養をほかの食材にしみ込ませるものである．ソースに求められるのは，食物に新しい風味を加えることでなく，その食材のもつ風味を深め，ほかの料理の基本的な風味と一体化させることである．

このようなソース作りには大量の肉が使われることが多く，できあがった料理には肉のかけらさえみられなかった．たとえば，わずかな量のコンソメを作るのに，牛肉と子牛肉がそれぞれ1kg，猟鳥2羽，雌鶏1羽，そしてハムが使われた．はじめに肉をブイヨン（ブイヨン自体も肉エキス）とともに火にかけ，ブイヨンと肉汁が蒸発してなくなり，肉が鍋にくっついてカラメル化しはじめるまで煮込む．適量の野菜と一緒にさらにブイヨンを加え，何時間も煮込んだ後に漉して，「黄金色で，マイルドで，なめらかで，心温まるような」液体を得ていた．

**フランスのソースの隆盛**　マランは自身のブイヨン，ポタージュ，ジュ，コンソメ，レストラン（ここでは"回復させた"スープという意味），クーリ，ソースのすべてを，"料理の基礎"と呼んだ．そして，これらを体系的にまとめることによって資産の限られた中産階級の家庭でさえも「ソースやいろいろなシチューの無

---

### フランソワ・マランと化学技術としての料理

現代の料理は化学の一種である．今日の調理科学では，肉を分解・消化・蒸留してその本質を得ること，それらの輝きと栄養豊富な汁を取り出し，混ぜ合わせ，どれか一つだけが突出することなくすべてが味わえるようにすることである．最終的な目標は，異なる色が一つの魅力的な色合いになるよう，画家が色を均一に混ぜ合わせるのと同じである．すべての味が調和して一つにまとまる……

——*Dons de comus*（コーモスの贈り物），1750年

## 古典フランス料理のソースの分類

　カレームによる最初のソース分類には，さまざまな修正が加えられ，派生するソースの多くにも材料の変更があった．この表は，よく知られたソースが多く含まれる，現代の系譜の一例である．肉・野菜・小麦粉などを比較的高温で褐色になるまで炒めてから液体を加えたものが，ブラウン・ストックやブラウン・ルーである．それ以外は黄色または白色で，風味も弱めである．

基本のソース：ブラウン，またはエスパニョール，
ブラウン・ストック（牛肉，子牛肉），ブラウン・ルー，トマトを使用

| | |
|---|---|
| ボルドレーズ（ボルドー風） | 赤ワイン，エシャロット |
| ディアブル（悪魔） | 白ワイン，エシャロット，カイエン・ペッパー（唐辛子） |
| リヨネーズ（リヨン風） | 白ワイン，タマネギ |
| マディラ | マディラ・ワイン |
| ペリグー（ペリゴール地方の村名） | マディラ・ワイン，トリュフ |
| ピカント | 白ワイン，酢，ガーキン（小さなキュウリ），ケイパー |
| ポワヴラード（コショウを入れた） | 酢，粒コショウ |
| レッド・ワイン・ソース | 赤ワイン |
| ロベール | 白ワイン，タマネギ，マスタード |

基本のソース：ヴルーテ（"ビロードのような"），
ホワイト・ストック（子牛肉，鳥肉，魚），イエロー・ルーを使用

| | |
|---|---|
| アルマンド（ドイツ風） | 卵黄，マッシュルーム |
| ホワイト・ボルドレーズ | 白ワイン，エシャロット |
| ラヴィゴット（"元気な"） | 白ワイン，酢 |
| シュプレーム | 鳥肉のストック，生クリーム，バター |

基本のソース：ベシャメル（ある美食家の名前），
牛乳，ホワイト・ルーを使用

| | |
|---|---|
| クレーム | 生クリーム |
| モルネー（貴族の名） | チーズ，魚または鳥肉のストック |
| スービーズ（軍司令官の名） | タマネギのピューレ |

基本のソース：オランデーズ（オランダ風），
バター，卵，レモン汁，または酢を使用

| | |
|---|---|
| ムースリーヌ（モスリン布） | 泡立てた生クリーム |
| ベアルネーズ（ベアルン風） | 白ワイン，酢，エシャロット，タラゴン |

基本のソース：マヨネーズ（語源は不明），
植物油，卵，酢，またはレモン汁を使用

| | |
|---|---|
| レムラード（二度挽き） | ガーキン，ケイパー，マスタード，アンチョビ・ペースト |

限性を思い描くことができる」と述べている．この後，フランスの料理本には何十種類ものスープやソースが載るようになり，古典的なソースのいくつかが考案され命名された．そのなかには，肉汁を使う代わりに卵で乳化させた，オランデーズ・ソースやマヨネーズ，そしてミルクとバターと小麦粉で作る，基本のホワイト・ソースである経済的なベシャメル・ソースも含まれる．しかし，ほとんどのソースには肉が使われ，肉汁がフランス料理の基調であり料理を一つにまとめあげる基本であった．

## ■古典フランス料理：カレームとエスコフィエ

1789年，フランス革命が起きた．フランス国内では王侯貴族の屋敷は激減し，そこに働いていた料理人たちは，支援も資源も限られるようになった．職を失った料理人の一部が生活のためにはじめた店が，高級レストランのはじまりである．この大変動が料理界に及ぼした影響は，かの有名なアントナン・カレームによって評価されている．カレームの著書 *Maître d' Hôtel français*（フランスの給仕長）の「序論」には，次のような記述がある．"古い料理の豪華さ"はその家の主人が人にもものにも惜しみなく出費して初めて可能だった．フランス革命以降は，料理人は職を失わないだけで幸せだった．

> 人手が足りなくなったことから，食事を用意することができるように，そして最小限の労力で最大限の仕事ができるように，作業の簡素化が強いられた．必要が競争を生んだ．才能がすべてを補い，完成の母でもある経験が，現代料理に重要な進歩をもたらし，それをより健全で簡素なものにした．

レストランも料理の進展に寄与した．商売を行う料理人は"公衆の味覚に合わせるため"，より"上品"で"洗練された"新しい料理を考え出さねばならなかった．社会的革命は，料理の発展のための新たな原動力になったのである．

**ソースの分類**　カレームはこの発展に数々の貢献を果たしたが，なかでも注目に値するのはソースである．*The Art of French Cooking in the 19 th Century*（19世紀のフランス料理術）のなかに示されている彼の考えは，マランの予見した無限の可能性を体系化し，それによって料理人の理解を助けるというものである．当時のソースを四つに分類し，それぞれ基本となるソースからはじめて，その基本テーマをさまざまに変化させ膨らませていった．高価な肉エキスを高度に濃縮したものをベースとするのは，基本のソースのうちの一つ，エスパニョールだけであった．ヴルーテとアルマンドには煮詰めないストック・スープ，ベシャメルには牛乳が使われた．トロミづけには小麦粉が使われることが多く，肉ブイヨンを煮詰めるよりも経済的であった．この方法はフランス革命後の料理における制限と必要性に合っていた．基本となるソースは作り置きすることができ，当日は仕上げ前にちょっとした修正と味つけを行う．レイモンド・ソコロフが著した古典ソースへの手引き *The Saucier's Apprentice*（ソース職人の弟子）には，これらのソースが「最高レベルの簡易食品」と考えられていたことが書かれている．

カレームから1世紀も経たない1902年に出版された古典フランス料理の集大成，オーギュスト・エスコフィエの *Le Guide Culinaire*（料理の手引き）には，デザート・ソースを含めずに200種類近くのソースが載っている．エスコフィエは，フランス料理の素晴らしさをソースと直結させている．「ソースは料理の中核である．フランス料理を世界的に優れたものとし，それを今日まで維持してきたのはソースである．」

もちろんこの体系的な調味法は，中世時代より続くプロの料理人たちによって構築されたものである．これと平行して，より質素な家庭的伝統も発展してきており，独自の完成をみてい

る．長時間煮込むスープ・ストックやソースは労力と費用がかかることから，中産階級の家庭では受け入れられず，別の方法が洗練されていった．たとえば，ロースト肉の切れ端でブロスを作ったり，ロースト鍋の底についた旨味をブロスで溶かしたり，その比較的少ない液を煮詰めたり，生クリームや小麦粉でトロミをつけたりする方法である．

## ■ イタリアおよびイギリスのソース

**ピューレと肉汁**　中世時代から16世紀まで，イタリア宮廷料理はフランス料理と同じくらい，時にはそれ以上革新的であった．ところが17世紀にはこれが停滞する．歴史家のクラウディオ・ベンポラットによれば，当時イタリアには強力な指導者がおらず，他のヨーロッパ勢力がイタリアの宮廷に影響を及ぼしたため，政治・文化とも総体的に衰退したことが原因だという．イタリア独特のソースとして知られるのは主に家庭料理であり，比較的洗練の度合いが低く，エキスを抽出するというよりは素材全体を使ったものである．たとえば，トマト果実やバジルの葉のピューレである．イタリアで基本となる「スーゴ（肉汁ソース）」は，18世紀のマランのコンソメと同じ方法で作る．肉をゆっくり煮込んで肉汁を出し，鍋底が茶色になるまで煮詰め，肉のブロスを使ってこれを溶かし，茶色になるまで煮詰める．これを繰り返して風味を濃縮する．肉は捨ててしまわず，ソースの一部になる．イタリアだけでなく，南フランスを含めたヨーロッパの多くの地域では，肉のエキスを抽出するというよりも，風味を強めたり組合わせたりすることに重きが置かれた．

**イギリスのソース：グレイビーと調味料（コンディメント）**　ドメニコ・カラッキオリの18世紀の名言は，フランスと暗に対比している．「イギリスは六つの地域と一つのソースがある」——その一つのソースとは溶かしバターである．アルベルト・デンティ・ディ・ピラーノの著書 Educated　Gastronome（教養のある美食家，ベニス，1950年）のソースに関する章は，以下のような辛辣な文章ではじまる．

> ジョンソン博士は，ソースとは風味をよくするために食物と一緒に食べるものである，と定義した．ジョンソン博士のような知性と教養を兼ね備えた人がこのような発言をするとは，……彼がイギリス人であると知らなければ信じがたい．今日でさえも，食物に味つけもできない彼の同国人は，彼らの料理にはないものをソースに求めている．この不幸な国の人々の食卓には，ソース，ゼリーや調理エキス，瓶入りソース，チャツネ，ケチャップが必ず乗っているのも納得できる．

イギリスの料理の標準は，宮廷や貴族の館で作り上げられたのではない．一般家庭の習慣と田舎の経済にずっと根差してきた．イギリス料理人は，フランス料理人がエキスや神髄などと言うのを馬鹿にしていた．フランスの美食家ブリア-サヴァラン（1755〜1826年）の話では，スービーズ公爵の王子は彼の料理長から，1回の夕食会のために50個のハムを要求されたという．盗人呼ばわりされた料理長は，これらのハムはすべてソース作りに必要なのだと答えている．「ご命令とあれば，お気に召さないこの50のハムを，親指ほどもないガラス瓶に詰めてご覧にいれます．」この料理人がこれほどまで風味を濃縮できると言い張ったことに王子は驚き，納得したという．これとは対照的に，18世紀に有名な料理本を書いたイギリスの作家ハンナ・グラスは，食べる肉よりも多くの肉が必要とされるフランスのソース・レシピをいくつか挙げ，ほんのわずかの料理に莫大な出費をすることを「これら高級フランス料理の愚かさ」と述べている．グラスの基本ソースは「グレイビー」といって，多少の肉，ニンジン，タマネギ，ハーブとスパイスを茶色になるまで炒め，小麦粉を振り入れ，水を加え，煮込んだものである．19世紀には，同様に家庭的なアンチョ

ビ，牡蠣，パセリ，卵，ケイパー，バターなどのソースが人気だった．

デンティ・ディ・ピラーノが馬鹿にしたウースターシャー・ソースとチャツネとケチャップだが，これらの調味料（コンディメント）がイギリス料理で使われるようになったのは17世紀である．東インド会社の経済活動によって，アジアの醤油や魚醤（インドネシアの「ケチャップ」を含む，p.485），フルーツや野菜のピクルスなど，風味の濃い保存食品が持ち込まれた．こうしたものには旨味アミノ酸が豊富に含まれ，同じような旨味のあるマッシュルームやアンチョビを使った類似品も作られていた．お馴染みのトマト・ケチャップは，塩と酢とスパイスを加えたトマト・プリザーブをさらに甘くしたものである．カレームと同時代のイギリス人，ウィリアム・キッチナーは，自著のなかにベシャメルのレシピを載せているが，パセリ，キュウリのピクルスかクルミ，バター，小麦粉，ブロス，酢，ケチャップ，そしてマスタードで作る「ワオ・ワオ・ソース」なるものも載せている．こうした味の濃いものは簡単で使いやすく，主食材の風味を微妙に引き立たせるというよりは，強い対比が好まれていたことが明らかである．

## ■ 現代のソース：ヌーベル・キュイジーヌ（新フランス料理）とその後

**20世紀：ヌーベル・キュイジーヌ** 18世紀にフランソワ・マランらは，彼らのブイヨンをベースとした料理を，ヌーベル・キュイジーヌ（新料理）と呼んでいた．このヌーベル・キュイジーヌにカレームとエスコフィエが何種類かの新しいソースを加えて古典フランス料理が確立し，西欧における高級料理の標準となった．やがて古典体系は柔軟性を欠く凡庸なものとなってゆき，ほぼすべての料理人が，同じ作り置きのソース・ベースから，同じ標準の料理を作るようになっていった．20世紀に入り，新小説や映画のニュー・ウェーブなどが生まれたのと同じ頃に，新たなヌーベル・キュイジーヌが登場した．1960年代には，ポール・ボキューズ，ミシェル・ゲラール，トロワグロ家，アラン・シャペルといった多くの一流のフランス料理人たちが，フランス伝統の再考を先導した．料理人の創造的な役割と，簡素さ，経済性，新鮮さの美徳を主張した．食物はもはやエキスを濃縮するものではなく，そのままの形で提示されるものとなった．

評論家のアンリ・ゴーとクリスチャン・ミョーが1976年に出版したヌーベル・キュイジーヌの十戒では，その七番目に「ブラウン・ソースとホワイト・ソースを排除せよ」とある．新時代の料理人たちは，「フランスの素晴らしいソースは料理の礎石である」というミシェル・ゲラールの言葉と同じ考えをもっていたが，使用するソースを選び，制限するようになっていた．蒸し煮には風味が軽めの子牛肉，鶏肉，魚のストックを使用し，これらの煮汁を仕上げ直前にフライパンで煮詰めてソースとした．一般に，ソースのトロミづけには小麦粉やデンプンよりも生クリーム，バター，ヨーグルトやフレッシュ・チーズ，野菜ピューレ，泡などが多く使われた．

**ヌーベル・キュイジーヌ後：多彩で革新的なソース** 21世紀初頭には，古典のブラウン・ソースやホワイト・ソースは珍しくなったと同時に，これらが見直されるべき時期にきていた．時間のかかる肉のストックや，それを煮詰めたものは，料理店でも家庭でも自分で作ることはなくなった．これらは工業での大量生産に向いており，良質のものが冷凍で手に入る．ヌーベル・キュイジーヌで広まった生クリームやバターを使ったコクのあるソースは，あまり使われなくなった．より簡単なブロス，フライパンの残り汁を煮詰めたデグラッセや，ビネグレットなどが多く使われるようになった．現代料理は国際化し，レストランではかつてないほど多彩なソースにお目にかかることができる．果実，野菜，ナッツ，スパイスなどの色鮮やかなピューレ，醤油や魚をベースにしたアジア風のトロミの少ないつけだれなどが多い．これら

は時間も手間も少なくてすみ，古典フランス料理のソースほど技術が要らないことも多いので，料理店側にとっても好都合である．同様に一般家庭でも今は，時間が節約できて多用途に使える，瓶入りのソースやドレッシングを買うことが多くなっている．独創的な料理人のなかには，珍しい器具や素材を使った実験的な試みもみられる．液体窒素，高出力粉砕器，海藻や微生物から作ったトロミづけ材料などを使って，新しい形の懸濁液や乳化液，泡，ゼリーを作ろうというものである．

伊尹やフランソワ・マランの唱えた微妙さや繊細さは，現代のソース作りでは特に目立たない．その一方で，これまでの歴史になかったほど多彩なソースが手に入る時代になっている．

## ソースの化学：風味とトロミ

### ■ ソースの風味：味と香り

ソースの一番の目的は，ちょうどよいトロミの液体として風味を加えることである．トロミを一般化すること（どうやって作るか，どうなると失敗するか）は，風味を一般化するよりもずっと簡単である．風味分子は何千，何万と存在し，その組合わせは無限にあり，人によって風味の感じ方が違うからである．それでも，ソース作りの際には，風味に関するいくつかの基本的事実を覚えておくと役に立つ．

**風味の性質** 風味とは主に，味覚および嗅覚という二つの異なる感覚の組合わせである．味覚は舌で感じるもの．塩味，甘味，酸味，旨味，苦味の五つがある．塩，砂糖，酸，旨味アミノ酸，苦味アルカロイドなどといった味を感じる分子は，いずれも水に溶けやすい．（茶や赤ワインに感じる渋味は触覚であり，マスタードの"ホットな"辛味は痛覚である．これらは本当の意味で味覚とは言えないが，やはり舌で感じるものであり水溶性の分子によるものである．）嗅覚は上鼻領域で感じ，果実や花，スパイス，草，肉といった，連想される食物で一般に表されるにおいは何千種類も存在する．においを感じる分子は水よりも油に溶けやすく，水中から空気中へと放散する傾向にあり，よって鼻の中で感じられるのである．

風味の骨格をなすのが味覚，それを肉づけするのが嗅覚と考えればよい．鼻をつまんで食べものを口に入れると味覚だけが感じられ，食べものを口に入れずににおいを嗅ぐと嗅覚だけが感じられる．いずれもそれだけでは十分な満足感は得られない．最近の研究によると，味覚は嗅覚に影響するという．甘い食べものでは，含まれる砂糖がにおいの感じ方を強め，旨味のある食べものでは塩が同じような影響を与える．

**ソースの風味の範囲** ソースは風味を運ぶためのものであり，範囲も当然広い．一方には主食材との対比を楽しむための，または主食材にない風味を加えるための，簡単な材料の組合わせがある．溶かしバターは微妙なコク，ビネグレット・サラダ・ドレッシング（いわゆるフレンチドレッシング）やマヨネーズは酸味とコク，サルサは酸味と辛味を与える．そしてその対局には，味覚と嗅覚に多彩な刺激を与え，主食材自体の風味が溶け込む豊かな土台となるような，複雑な風味の組合わせがある．肉をベースとしたフランスの伝統的なソースなどである．旨味アミノ酸やその他の風味分子の抽出と濃縮，そしてアミノ酸と糖の褐変反応によって生じる肉のにおいが（p.752），風味に複雑さを与える．醤油ベースの中華の蒸し煮汁も複雑な風味をもつが，これは調理および大豆の発酵（p.481）によるものである．インドやタイのスパイス・ブレンド，そしてメキシコのモレは，香りが強く辛味のある材料を5〜6種類以上合わせるのが普通である．

**ソースの風味をよくする** ソースの風味が十分でない，「何か足りない」という場合も多い．どんな料理でも完璧な味をだすには料理人の感性と技術が必要とされるが，ソースの風味を分析し，よりよくするために役立つ基本原則が二

- ソースは主食材のつけ合わせであり、主食材に比べると食べる量が少ないので、風味を濃くする。ソースだけをスプーンですくって口にしたときには味が濃すぎても、肉やパスタの上に少量かけたときにちょうどよい味となるようにする。トロミ成分はソースの風味を弱める傾向があるので（p.579）、トロミをつけてからも味見して調節することが大切である。

- 満足できるソースは化学的感覚の多くを刺激する。どこかピンとこないソースはおそらく1種類以上の味覚が欠けているか、香りが十分でないと考えられる。塩味、甘味、酸味、旨味、そして香りをそれぞれ意識的に味見して、全体の味のバランスを維持しながら欠けているものを補うとよい。

## ■ ソースのトロミ

ソースは何と言っても風味が一番大切だが、トロミもまた味わいの一つであり、舌ざわりを楽しむものでもある。そしておそらく、ソースが使えなくなる失敗は、風味よりもトロミに関するもの（ソースの物理的構造）のほうがずっと多い。ダマになったり固まったり、分離してしまったソースは、見た目も食感も悪い。よって一般的なソースの物理的構造、その構造がどのように成り立ち、どうなると壊れるかを理解しておくべきである。

### 食物の分散液：テクスチャーを生み出す混合物

風味のある液体食物はほとんどが、水を基本材料とするが、それは食物自体が主に水でできているからである。肉汁や野菜・果実ピューレはどれも明らかに水っぽい。生クリームやマヨネーズ、そして温かい卵ソースは見た目にはよくわからないものの、やはり水をベースにしている。こうした食品では水が連続相となり、その中にほかのすべての成分が浸かって浮遊している。（よく見かける食品のなかで例外と言えば、ビネグレットやバターやナッツ・バターなど、脂肪が連続相である場合のみ。）水以外の成分を分散相と呼ぶ。ソースにトロミをつける作業というのは、ベースとなる連続した水相を、より固形のように見せかけることである。それには水以外の何らかの物質を加える。植物組織や動物組織、さまざまな分子、油滴、あるいは気泡でもよい。加えた物質は水分子の自由な動きを妨げることで水をより安定させる。

### 水分子の動きを妨げる

個々の水分子（$H_2O$）は小さく、たった三つの原子でできている。水分子だけだと運動性が非常に高く、水は流動性で川のように流れる。（これに対して油分子は、14〜20原子が連なった鎖が3本重なっているので、分子同士が引き合って動きは遅い。油が水よりも粘性が高い理由である。）しかし固体粒子や長くもつれた分子、油滴、気泡などを、水分子の間に撒き散らせば、水分子はちょっと動いただけでも、こうしたあまり動かない物質に衝突する。水分子はゆっくりとしか進まず、したがって流れにくくなる。

---

### 食物用語：Liaison（リエゾン、トロミづけ、つなぎ）

トロミをつけることも、トロミづけの材料も、昔のフランス料理人は liaison（リエゾン）と呼んだ。物理的にも政治的にも恋愛関係でも、密接な関係または結合といった意味がある。17世紀にイギリスでこの言葉を借用するようになったとき、初めは料理に関してのみ使われていた。19世紀に入ると、軍事的用法や恋愛関係の表現にも liaison が使われるようになった。

ソース作りに用いるトロミづけの材料は，ちょうどこのような物質である．これらの物質は昔から結合剤と考えられていて，この見方はそれなりに理解できる．分散する物質によって，液体はたくさんの局部的な小さい塊に分けられることになる．分割され，構造的にまとまった水の塊には，それまでにはなかった一種の密着性が生じる．トロミづけの材料のなかには，実際に水分子を結合して動けなくしてしまうものもあり，これも連続相の流動性を低下させる結果となる．

分散相中の物質は水っぽい液に，粘りだけでなく，さまざまなテクスチャーを与える．固体粒子はその大きさによって，粒感を与えたりなめらかさをだしたりする．油滴はクリーミーさをだす．互いに粘着性の分散分子は粘りやぬめりをだし，気泡は軽さや口溶けのよさを与える．

水っぽい食物の汁にトロミをつける方法で，よく使われるものは四つある．それぞれに得られる物理構造が異なり，したがって仕上がりも違う．

### 濁った懸濁液：粒子を使ったトロミづけ

野菜，果実，ハーブ，肉など，生の食材の多くは植物組織か動物組織であり，水性の液体が詰まった微小細胞からなる．細胞は細胞壁，細胞膜，または結合組織の薄層に囲まれている．（乾燥種子とスパイスは汁を含まないが，やはり固体の細胞と細胞壁でできている．）すり鉢でつぶしたりミキサーで粉砕したりすると，これらの食品は表裏が逆になって，液体が連続相となり固体である細胞壁や結合組織の断片が分散相となる．断片は水分子を邪魔したり結合したりして，その結果トロミがでる．このような液体と固形粒子の混合物は「懸濁液」と呼ばれ，液体中に粒子が懸濁している．ピューレを使ったソースは懸濁液である．

懸濁液のテクスチャーは粒子の大きさによって変わってくる．粒子が小さいほど舌に感じられず，なめらかになる．また，粒子が小さいほど，多くの粒子が水を邪魔することになり，水分子の層と接する表面積も広くなる．よってトロミは強くなる．固体粒子が光線を遮って吸収または反射するので，懸濁液は常に不透明である．粒子と水は物性がまったく違うので，懸濁液は薄い液体と濃縮された粒子とに分離しやすい．分離を抑えるには，連続相の量を減らす（上澄みを捨てるか煮詰めて余分な水を飛ばす）か，または分散相を増やす（デンプンなどの長い分子や脂肪滴を加える）．

ナッツ・バターやチョコレートは，種子の固体粒子が水でなく，油脂に分散した懸濁液である．

### 透明な分散液とゲル：分子を使ったトロミづけ

トマト細胞壁あるいは筋肉繊維の微小粒子は，そのひとつひとつが何千もの極微小な分子からできている．このような粒子に含まれる高分子がすべてほぐれて，一つずつ水中に分散するわ

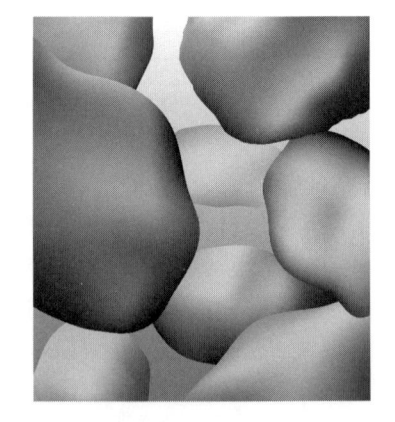

食物粒子によるトロミづけ．懸濁液中では，植物または動物組織の微細粒子が液体中に懸濁しており，液体の流れが妨げられることによってとろりとした感じがでる．

けではない．しかし，粒子から抽出され分散することのできる，デンプン，ペクチン，ゼラチンなどのタンパク質は，トロミづけの効果が非常に高い．1個の分子はデンプン粒や細胞破片に比べるととても小さいので，沈殿も分離もしない．また，非常に小さくて分子間の距離も離れているため，光線を遮らない．よって分子分散液は懸濁液とは違って，通常はガラスのように透明である．長い分子は互いに絡まり合いやすいので，一般に分子が長いほど水の動きを効果的に妨げる．したがって，少量のアミロースデンプン分子が，多量の短鎖アミロペクチンと同等のトロミを与える（p.592）．そしてゼラチンも，短い分子より長い分子の方が効果的である．分子を利用したトロミづけでは，加熱が必要な場合が多い．デンプン粒からデンプン分子を遊離させたり，結合組織からゼラチンを溶かし出したりといったように，大きな構造体から分子を抽出するため，あるいは卵タンパク質のように小さく折りたたまれた分子構造をほどいて，互いに絡まりやすい長く伸びた構造にするためである．

**固体分散液：ゼリー**　食物の液の水相中に十分なトロミ成分が溶けている場合，液を乱さずに冷やすと，粘性分子は互いに結合またはもつれあって，緩く連続した網目構造を形成する．この構造は液体を通し，水は分子間隙に固定される．このような網目構造は，非常に水分の多い固体，すなわち「ゲル」になる．水分99％，ゼラチン1％のゲルを作ることも可能で，プルプルしてはいても固体である．分子が溶解した分散液は透明なので，こうした分散液から作ったゲルも同様に透明である．よく知られているものに，ゼラチンを使った塩味のゼリーや，果実ペクチンを使った甘いゼリーがある．固まる前の溶液に粒子（デンプン粒の残りなど）が含まれていれば，ゼリーは不透明になる．

**乳化液：液滴を使ったトロミづけ**　水分子と油分子は構造も性質も大きく異なるため，互いに均一に混合しない（p.769）．水は油に溶けず，油は水に溶けない．泡立て器やミキサーを使って，少量の油を大量の水に混ぜ込むと，乳白色のとろりとした液体になる．色もトロミも小さな油滴によるもので，油滴が光線を遮り水分子の自由な動きを妨げるからである．つまり油滴は，懸濁液中における粒子と同じような働きをする．互いに溶け合わない二つの液体のこのような混合液，一方の液体が液滴となって他方の液体の連続相に分散している状態を，「乳化液」という．乳化液をさす英語 emulsion は"乳"を意味するラテン語からきているが，乳も乳化液の一種である（p.16）．

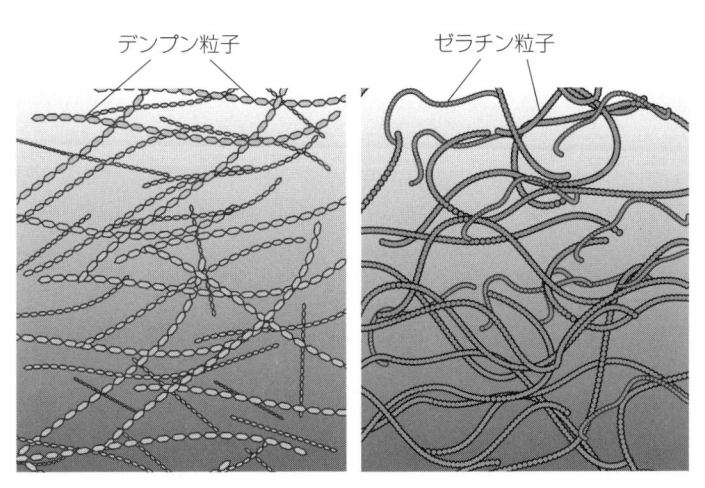

食物分子を使ったトロミづけ．液中に溶けている植物デンプン分子や動物ゼラチン分子は，互いに絡まり合って液体の流れを妨げる．

**乳化剤**　乳化液を上手く作るには，互いに溶けない二つの液体に加えて，第三の材料「乳化剤」が必要である．乳化剤とは，油滴同士が融合しないように油滴の表面を覆う何らかの物質である．タンパク質，細胞壁破片，脂溶性末端と水溶性末端をもつハイブリッド分子（たとえば卵黄レシチン，p.774）など，乳化剤として利用できる材料がいくつかある．乳化ソースを作るには，乳化剤（卵黄，すりつぶしたハーブやスパイスなど）を混合した水に油を加え，油を微小な油滴にする．乳化剤は直ちに油滴を覆い安定化する．もしくは，すでに乳化液になったものを使ってもよい．生クリームは乳化ソースのベースとして特に有効であり，用途も広い．

**泡：気泡を使ったトロミづけ**　空気は液体や固体とは正反対の性質をもつので，その空気を液体に入れるとトロミがでるというのは，意外に聞こえるかもしれない．だがエスプレッソ・コーヒーの泡やビールの泡は，スプーンですくっても形が保たれる．同様に，パンケーキの生地に最後に膨化剤を入れると，目に見えてトロミが増してくる．液体中の気泡は，固体粒子と似たような働きをして，水分子の塊の間に入り込み，水の流れを妨げる．ただし，泡は壊れやすく一過性なのが欠点である．絶えず重力が働いているので気泡膜の液体が流れ落ち，その厚みが分子数個分になると気泡ははじけて消えてしまう．泡を長持ちさせる方法が二つある．固体粒子や分子（油滴，卵タンパク質）を使ってトロミをつけ，気泡膜から液体が流れ落ちにくくするか，あるいは乳化剤（卵黄レシチンなど）を加えて気泡構造自体を安定化させるとよい．ただし，泡は口溶けや繊細さこそが魅力でもあるので，食べる直前に泡立てて，泡が消えゆくのを楽しむのもよい．

**実際のソース：複合的なトロミづけ**　実際に作られるソースは，懸濁液，分子分散液，乳化液，泡のどれか一つに特定できることはまれで，普通はこのうちの二つ以上の組合わせである．ピューレは一般に，懸濁粒子と分散分子の両方を含む．デンプンでトロミづけしたソースは，分散分子と溶け残ったデンプン粒を含む．乳化ソースは，牛乳や卵やスパイスのタンパク質と粒子が混じっている．どんな種類のソースも，最後にバターを溶かし入れたり，さじ1杯の生クリームを混ぜ込んだりして，乳脂肪の乳化液にすることが多い．このように分散相を複雑にすることで，さらに微妙でおもしろいテクスチャーになる．

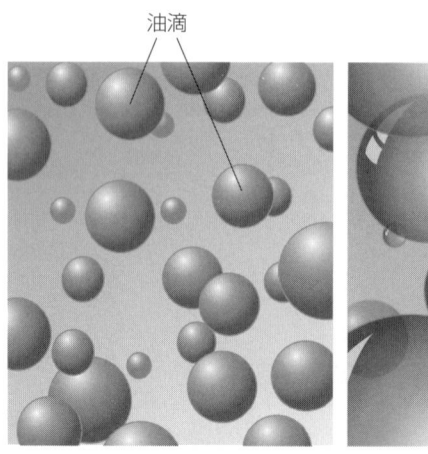

油滴および気泡を使ったトロミづけ．これらの微小球は固形の食物粒子と同じような働きをして，周りを取り囲む液体の流れを妨げる．

## ■ トロミが風味に与える影響

**トロミ成分は風味を弱める**　一般に，ソースにトロミをだす成分自体には，ほとんど風味がないので，ソースの風味は薄まるだけである．トロミづけ材料は，ソースに含まれる風味分子の効力を落とす作用もある．風味分子の一部に結合して，味覚として感知されないようにしたり，味蕾や鼻腔への移行を遅くしたりする．芳香分子は一般に水より油に溶けやすいので，ソース中の脂肪が芳香分子に結合して芳香が弱まる．アミロースデンプン分子は芳香分子を捕捉する（芳香分子はデンプン分子同士の結合を促すので，光散乱性の乳白色の凝集体ができやすい）．小麦粉は精製デンプンよりも多くナトリウムを結合するので，小麦粉でトロミをつけた料理には塩を多めに加える必要がある．

一般にトロミの少ないソースは，トロミのあるソースよりも風味が強く，食べるとすぐに感じられる．トロミのあるソースは風味の感じ方がゆっくりで，持続性がある．どちらにもそれぞれのよさがある．

トロミづけの材料を加えるだけでなく，連続相を一部除く（水分を煮飛ばす）ことによってトロミづけするソースも多い．そうして，ソースの中にすでに存在するトロミ成分を濃縮する．この方法では，ソース中の粒子や分子に結合しうる風味はすでに結合してしまっているので，風味が落ちることはない．トロミ成分が濃縮されるのと同じように風味分子も濃縮されるので，むしろ風味は強まる．

**塩の重要性**　最近の研究によると，トロミづけによってにおいの感じ方が弱まるのは，塩味の感じ方が弱まることも一部関係しているという．デンプンをはじめとする種々の長鎖炭水化物は，ナトリウムイオンを結合したり，脳に対する別の感覚（粘性）を付加したりして，まずはじめにソースの見かけの塩味を弱める．そして塩味の弱まりがにおいを弱く感じさせるという．揮発して鼻腔内の嗅覚受容体に達する芳香分子の数は変わらないにもかかわらず，である．実際には，小麦粉やデンプンでソースにトロミをつけると，総合的な風味が弱まるということである．塩を足すだけで，味と香りはある程度回復する．

## ゼラチンその他のタンパク質でトロミをつけるソース

肉や魚の切り身だけを鍋に入れてゆっくりと加熱すると，風味豊かな汁が出てくる．普通は鍋が十分に熱く，汁が出るとすぐに水分が蒸発するので，風味分子は肉や鍋の表面に濃縮される．そして互いに反応し合って，褐色色素やさまざまな風味分子が新たに生成する（p.752）．しかし，汁の水分が残れば，それがごく簡単なソースとなる．熱で凝固した筋肉タンパク質の塊から出た汁そのものを，肉を潤し風味をつけるのに利用するわけである．問題は，肉や魚そのものの大きさに比べるとごく少量しか汁が出ないことである．量が少なくとも十分満足できるよう，肉や魚から出た汁からソースを作る方法が考え出された．トロミづけになるのは主にゼラチン，肉や魚を加熱調理すると出てくる珍しいタンパク質である．その他の動物タンパク質が使われることもあるが，性質がかなり違っていて難しい（p.585）．

## ■ ゼラチンの特異性

ゼラチンはタンパク質だが，料理に関してはほかのタンパク質とは違う．ほぼすべての食物タンパク質は，加熱されると構造がほどけたり，互いに永久的に結合したり，凝固して硬い固体になったりする．ゼラチン分子はその特殊な化学構成のため，互いに永久的な結合を形成しにくい．よって加熱すると，ゼラチン分子同士をまとめている一時的な弱い結合が切れて，分子が水中に分散するだけである．ゼラチン分子は非常に長くて互いに絡み合うので，ゼラチン溶液は明らかにトロミがあり，固形体のゲルに固まることもある（p.587）．ただし，ゼラチ

ンのトロミづけ効果はあまり強くない．デンプンその他の炭水化物は構造に柔軟性が少なく，水分子やお互いの動きを効果的に妨げるのに対し，ゼラチン分子は柔軟性が非常に高い．したがって，ゼラチンでトロミづけしたソースには，デンプンも加えるのが普通である．ゼラチンだけを使う場合は，かなり高い濃度（10%かそれ以上）にする必要がある．しかしこの濃度では，料理が冷めるとすぐに固まってしまうし，歯と歯がくっついてしまう（ゼラチンは優れた接着剤でもある）．

**ゼラチンはコラーゲンから得られる**　肉や魚の中に遊離したゼラチン分子は存在ない．ゼラチン分子は互いにしっかりと組み合って，コラーゲンと呼ばれる繊維状の結合組織タンパク質を形成している（p.127）．コラーゲンは筋肉，腱，皮膚，骨に物理的強度を与えている．1個のコラーゲン分子は1000個ほどのアミノ酸が鎖状につながったものである．一定配列が繰り返されていることから，3本のコラーゲン分子が自然に平行に並んで弱い可逆的な結合を形成し，3本の分子鎖からなる三重らせん構造をとる．多数の三重らせんが互いに架橋し合って，強いひも状のコラーゲン繊維になる．

料理では，このコラーゲン繊維を加熱することによって解体し，ゼラチンを得る．陸生動物の筋肉の場合，約60℃になると筋肉中の分子が十分振動して三重らせんの弱い結合が切れる．コラーゲン繊維の規則的な構造が崩れて繊維が縮むため，筋肉繊維からは汁が搾り出される．汁の一部は繊維を浸し，遊離のゼラチン分子や小さな凝集体が汁に分散する．肉の温度が高くなるほど，より多くのゼラチン分子が分散する．しかし，強い架橋結合のために，コラーゲン繊維の多くはそのままの形で残る．動物体が歳をとっているほど筋肉の運動量は多く，コラーゲン繊維は強く架橋している．

## ■ 肉のゼラチンおよび風味の抽出

肉を構成する筋肉は主に水，そして筋収縮に関わるタンパク質繊維からなる．タンパク質繊維は水に分散しない．筋肉に含まれる可溶性・分散性の成分は，コラーゲンが約1%，その他の細胞タンパク質が約5%，アミノ酸や旨味分子が約2%，糖その他の炭水化物が約1%，ミネラル（主にリンとカリウム）が約1%となっている．骨は約20%，豚皮は約30%，子牛の関節軟骨は40%近くがコラーゲンである．したがって，肉よりも骨や皮にコラーゲンが多く，トロミづけの効果も高い．ただし，骨や皮には風味をだすためのほかの可溶性分子が少ししか含まれていない．しっかりと肉の味がするソースを作るためには，骨や皮でなく肉を使用する．

肉を十分に加熱すると重さの約40%が肉汁として出てくるが，組織が70℃に達するとそれ以上はほとんど肉汁がでない．肉汁の大部分は水であり，残りは水に溶解している分子であ

コラーゲンとゼラチン．コラーゲン分子（左）は，動物筋肉中の結合組織および骨に物理的強度を与えている．3本のタンパク質鎖が密接に巻きついてらせん構造をとり，紐状の繊維になっている．水中で加熱されるとタンパク質鎖が1本ずつに離れ（右），水に溶解する．バラバラに分離した鎖がさらに分解したものがいわゆるゼラチンである．

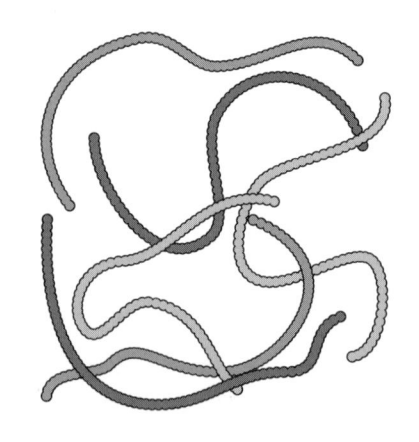

る．肉を水中で長時間加熱すると，結合組織からゼラチンが遊離し抽出される．スープ・ストックを作る際の抽出時間は，魚では1時間弱，鶏肉や子牛肉では数時間，牛肉では1日と，幅がある．最適な抽出時間は，骨や肉の大きさ，そして動物の年齢による．去勢牛のコラーゲンは架橋度が高いので，子牛のコラーゲンよりも抽出に時間がかかる．抽出時間が長くなると，可溶化したコラーゲンが徐々に分解してゆくが，そうなるとトロミづけの効果は弱まる．

## ■ 肉のストックとソース

肉や魚のソースを作る一般的な方法がいくつかある．最も簡単なのは，料理の主食材となる肉を調理する際に出る肉汁を利用する方法である．肉汁に味つけし，ピューレや乳化液やデンプンベースのものを使って最後にトロミをつける．フランス料理で確立された用途の広いシステムでは，肉や骨を水で煮出したものをあらかじめ作り置きして，このストックを料理に使ったり，濃縮して風味とコクのあるソースにしたりする．こうしたストックや，それを煮詰めたものが，かつてはレストラン料理の中心であった．今ではそれほど重要でなくなったが，肉のソース作りで最先端のものはやはりストックを使っている．

**材料の選択** 肉のストックを作る目的は，ゼラチンが十分含まれた，風味豊かな液体を得ることである．さらに煮詰めることにより，しっかりとしたトロミもでる．肉は高価な材料であり，風味源として素晴らしく，ゼラチンもほどほどに出る．骨と皮は安価だが，風味に乏しく，ゼラチン源としては優れている．したがって，肉を使って作るストックは最も風味がよく，高価である．骨や皮を使ったストックは十分なトロミがあり，安価である．普段用のストックは両方を少しずつ合わせるとよい．牛肉と鶏肉のストックにはそれぞれ独特の風味があり，子牛の骨や肉はより偏りのない風味が評価され，可溶性ゼラチンも多い．子牛の関節軟骨や足は可溶性ゼラチンが特に多くでる．一般に，肉や骨の重さの1〜2倍の水を使ってストックを作るが，煮ている間に少しずつ蒸発するので，得られる量は肉や骨の重さの半分ほどになる．肉や骨を小さく切り分ければ，抽出時間が短くなる．

ストックの風味をまろやかにするため，肉や骨のほかに香味野菜（セロリ，ニンジン，タマネギ）やハーブの包み，時にワインなどを一緒に入れる．ニンジンとタマネギは香りだけでなく甘さも加え，ワインは酸味と旨味を加える．肉や野菜からもある程度の塩分がでて，煮詰めるうちに濃縮されるので，この段階で塩を入れることはない．

---

### 食物用語：stock（ストック），broth（ブロス）

料理で使われるストックという言葉は，プロの料理人のソース作りを反映している．"木の幹"を意味する古ドイツ語が語源で，基本の材料，源，供給といった概念を巡る，60以上の関連した意味をもっている．つまり，非常に一般的な語が料理分野に応用されたもので，初めに用いられたのは18世紀のことである．これよりもずっと限定的で古いのがbrothで，紀元1000年頃にさかのぼる．語源はドイツ語のbru，"煮込んで調理する"とか，そのように調理されたもの（食材と煮汁の両方）を意味する．bouillon（ブイヨン）とbrew（醸造，醸造する，茶やコーヒーを入れる）も語源が同じである．

**ストック作り**　スープやアスピックにしたときに見た目が美しいように，古典的な肉のストックはできるだけ透明にする．ストック作りの細かな作業の多くが，不純物を取り除くことと関係している．特に可溶性の細胞タンパク質は凝集して灰色の粒子を生じるので，見た目が悪くなる．

　骨，そして肉も（皮も）多くの場合は最初に十分水洗いする．薄いストックを作るには，鍋に冷水と骨や肉を入れ，沸騰させたら取り出して洗う．この湯通しによって表面の不純物が除かれ，表面のタンパク質が凝固するので，煮汁の濁りが抑えられる．ブラウン・ソース用の濃いストックを作るには，最初に骨や肉を高温のオーブンで焼き，焼き色をつけると同時に，タンパク質と炭水化物のメイラード反応によって強いロースト風味をつける．このときに表面のタンパク質が凝固するので，最初に湯通しする必要はない．

**水から火にかける，ふたをしない，ゆっくり加熱する**　湯通しするかオーブンで焼いた後は，水を入れた鍋に肉や骨を入れ，ふたをせずに火にかける．ゆっくりと加熱していき，コトコトと沸いてきたらその状態を保ち，表面に浮き上がってくる油やアクをこまめにすくい取る．水から火にかけて徐々に加熱することにより，可溶性タンパク質はゆっくりと肉の外に出て凝固し，大きな塊になる．これは浮き上がってくるのですくい取りやすく，残りは鍋肌や鍋底に付着する．初めから湯を使うと，バラバラの小さなタンパク質の粒がたくさんできて液中に懸濁するため，ストックが濁ってしまう．また，グツグツと激しく沸騰させると，粒子や脂肪滴が攪拌されてやはり濁った懸濁液や乳化液になる．鍋にふたをしない理由はいくつかある．ふたをしなければ，水分が蒸発して表面が冷やされ，激しく沸騰することもない．また表面に浮かんだアクが乾いて，より溶けにくく，すくい取りやすくなる．そしてストックが濃縮されることにもなり風味が強まる．

**シングル・ストックとダブル・ストック**　アクが浮かんでこなくなったら，野菜，ハーブ，ワインなどを加え，風味とゼラチンがほぼ抽出されるまでさらにコトコトと煮続ける．次にガーゼまたは金属製の漉し器を使って煮汁を漉す．肉や野菜などを押して汁を搾ると，濁りの原因となる細かい粒子も出てしまうので，液が自然に落ちるのにまかせる．漉した煮汁を十分に冷やし，表面に固まった脂肪を取り除く．（冷やす時間がないときは，布やペーパータオル，または専用の油吸い取りシートを使えば，表面の油をほぼ吸い取ることができる．）これでストックは料理に使える状態になったので，肉の蒸し煮や煮込み，スープに用いたり，または煮詰めてソースにしたりする．このストック使ってさらに新しい肉や骨を煮出せば，風味が濃厚で非常に上等かつ高価な，ダブル・ストックになる．（ダブル・ストックでさらに新しい肉や骨を煮出せば，トリプル・ストックになる．）

　一般的に行われる8時間程度の抽出では，牛

---

### 料理の仕上げにストックと風味を濃縮する

　大量のストックを煮詰める代わりに，肉をローストやソテーした鍋に残る少量の肉汁を煮詰める方法もある．肉を調理し終えて肉汁が鍋底に焼きついたら，鍋にストックを少量加えては煮詰めることを何度か繰り返し，最後に液状のソースとなるようにストックを加える．鍋の高温によりゼラチン分子が分解して短くなるため，ソースは粘り気が少なく，長いゼラチン分子のようにすぐには固まらない．

骨に含まれるゼラチンの約20%しか出てこない．このあと骨をもう一度煮出しても良く，時間は合わせて24時間ほどにする．得られた煮汁に新しい肉や骨を入れてストックを作っても良い．

### 肉のストックの濃縮：グラスとドゥミ–グラス

ストックをゆっくり煮詰めて最初の10分の1の量にしたのが「グラス・ドゥ・ヴィアンド」，文字通りの意味は"肉の氷"とか"肉のガラス"，冷めると硬く透明なゼリーになる．グラスはゼラチン濃度が約25%と非常に高いため，シロップのようにとろりとして粘り気がある．アミノ酸が濃縮されているため旨味が強く，長時間煮込む間に揮発性分子が飛んでしまうか互いに反応してしまっているため，まろやかで柔らかいやや平坦とも言える香りがする．このグラスは，ソースに風味とコクを与えるために少量加える．ストックとグラスの中間が「ドゥミ–グラス」（"半分のグラス"という意味），ストックをもとの25〜40%の量に煮詰めたものである．風味や色をつけるため，トマト・ピューレやトマト・ペーストを加えることもある．小麦粉やデンプンをある程度加えて，ゼラチン濃度の低さ（10〜15%）を補うことも多い．トマト粒子と小麦粉グルテンタンパク質はストックを濁らせるので，煮詰めている間に浮いてくるアクをすくい，最後に漉して除く．ドゥミ–グラスにデンプンを加える（最終的に重さの約3〜5%）のは主に経済性を考えた方法であり，あまり煮詰めて量を減らすことなく十分なトロミをつける．しかし同時に，風味が飛んでしまうのも抑えられ，高濃度のゼラチンで粘り気がでるのも防げる．

ドゥミ–グラスは，古典フランス料理のさまざまなブラウン・ソースのベースとなる．ブラウン・ソースにはいろいろな他の材料（肉，野菜，ハーブ，ワイン）を加えて独特な風味と濃淡をつけ，最後にバター，生クリームでコクとトロミをつける．ドゥミ–グラスやグラスは用途が広いものの手間がかかるため，冷凍製品が市販されている．

### コンソメと卵白を使った清澄

コンソメは非常に素晴らしいスープである．風味豊かな琥珀色の透明な液体は，独特の微妙なトロミをもつ．consommé（コンソメ）はフランス語で"消費する""使い切る"という意味があり，肉の煮汁をとろりとするまで煮詰めていた中世の習慣からきたものである．風味の弱い骨や皮でなく，主に肉を使って基本のストックを作り，これを清澄すると同時に二度目の肉や野菜を入れて抽出を行う．スープ専用のダブル・ストックとも言え，1人前のコンソメに肉を0.5 kgほども使用する．

コンソメを澄ませるには，冷たいストックに，細かく刻んだ肉・野菜とともに軽く泡立てた卵白を加えて攪拌する．ゆっくりと加熱していき1時間ほどコトコト煮る．ストックの温度が上がるにつれ，大量の卵白タンパク質が凝固しはじめ，目の細かいガーゼのような網目構造を形成する．これが内側から液をろ過する形になる．二度目に加えた肉から出る可溶性タンパク質のおかげで大きなタンパク質粒子ができ，

---

### 中国の肉ストック：卵を使わない清澄

肉のストックから微細なタンパク質やその他の粒子を除くには，卵白に含まれるタンパク質が特に効果的であるが，肉タンパク質自体も同じような働きをする．中国料理では，鶏や豚の肉や骨を水で煮出した後，細かく刻んだ鶏肉を入れて10分ほど弱火で煮てから，静かに漉して澄ます．これをもう一度行って透明な肉のブロス（スープ）を作る．

卵白の網目構造に捕捉されやすい．タンパク質の網が徐々に浮き上がって泡の塊ができ，対流で表面に浮かび上がる液中の粒子を捕らえ続ける．火を止めたら泡をすくい取り，残った粒子を最後に漉し取る．こうして非常に透明な液体が得られる．卵白を使うと風味分子やゼラチンの一部も取り除かれてしまうので，卵白と一緒に新しい肉や野菜を加えるのである．

■ 市販の肉エキスとソース・ベース

今はレストランでも家庭でも，市販の肉エキス，およびソースやスープのベースを使うことが多い．肉エキスの大量生産の草分けはユストゥス・フォン・リービッヒ，肉を焼きつけて肉汁を閉じこめる，という間違った理論（p. 157）を考え出した人である．肉の可溶性成分には栄養価の大半が含まれるとする，これもやはり間違った信念が，肉エキスを作る動機になった．ただし可溶性成分には風味の大半が含まれている．肉エキスの現在の製法では，肉屑や骨を煮込んでストックを作り，これを澄まして90％以上の水分を蒸発させる．最初のストックは水分が90％以上，肉の可溶性成分が3〜4％である．最終的に得られる粘性の液は，水分が約20％，アミノ酸やペプチド，ゼラチン，および関連物質が50％，ミネラル（主にリンとカリウム）が20％，塩分が5％である．（これより薄めの液体エキスや，さまざまな天然・人工香料を加えた固形ブイヨンもある．）このような濃縮品は，ゼラチンが含まれると硬くて使いづらいので，製造工程ではあえて最初の加熱時間を何時間か延長し，清澄後のストックを圧力調理して（約135℃で6〜8分，ここで残りの可溶性タンパク質も凝固），ゼラチン分子を短く分解してしまう．色やロースト臭が濃くならないように，褐変反応を抑えるため水分の蒸発は75℃以下で行われる．

ゼラチンがそのまま含まれる従来式のソース・ベースも製品化されている．ドゥミ–グラスやグラス・ドゥ・ヴィアンドとして売られていることが多い．

市販の肉エキスやブロス缶は，ハーブや刻んだ香味野菜を入れて少し煮ると風味がよくなる．エキスを使うと，最初は一般的な肉のにおいがしても濃縮していく間に消えてしまうが，ハーブや香味野菜の風味で補うことができる．

### ソース作りにおけるワイン

さまざまなソースにワインが使われ，ブルゴーニュ地方の「ムーレット・ソース」（肉と野菜を入れた赤ワインを半分ほどに煮詰め，小麦粉とバターでトロミをつける）のように主材料として使われることもある．複数の酸による酸味，糖による甘味，コハク酸の旨味，ワイン独特の香りなど，いくつかの風味を加える．加熱すると香りは変化するものの，酸味，甘味，旨味は変わらず，ワインが煮詰まれば濃縮される．ワインのアルコールは温かいと鼻につくので，普通は十分に加熱してアルコールを飛ばす．グツグツと煮立たせるより弱火で煮るほうが風味がよいとされる．赤ワインに含まれるタンニンが問題となることもある．特にボトル1本のワインをスプーン数杯分ほどに煮詰めてシロップ状にするときなど，タンニンが濃縮されすぎて食べられないほどの渋味になる．細かく刻んだ肉や，ゼラチンの多い煮詰めたストックなど，タンパク質に富んだ材料を入れてワインを煮詰めるとよい．タンニンがタンパク質に結合して，口の中のタンパク質とは結合しなくなり（お茶のタンニンが牛乳のタンパク質と結合するのと同じ），渋味を感じなくなる．

## ■ 魚介のストックとソース

哺乳動物や鳥と同じように，魚の骨と皮にも結合組織が多い．ただし魚の生態環境は低温であるため（p.184），魚のコラーゲンは哺乳類や鳥類のコラーゲンとは異なる．魚のコラーゲンは架橋度が低く，より低温で溶解する．コラーゲンとゼラチンが溶ける温度は，ティラピアなどの温水魚では約25℃，タラなどの冷水魚では約10℃である．したがって，魚のゼラチンは沸点よりもかなり低い温度で比較的短時間のうちに抽出できる．イカやタコのコラーゲンは魚のコラーゲンよりも架橋度が高いので，ゼラチンを多く出すためには80℃でより長い時間加熱する必要がある．魚のストックを作るときの煮出し時間は1時間未満がよいとされるが，これは崩れた骨から出るカルシウム塩でストックが粉っぽく濁らないようにするためである．魚のゼラチンは比較的もろく，加熱で分解され，小さくなりやすいことも理由の一つである．分子同士の結合が緩いので，形成されるゲルも弱く，口中温度よりもずっと低い20℃以下で溶ける．

魚の風味はすぐに悪くなるので，魚のストック「フュメ」を作るときは新鮮な食材を使うことが大切である．丸のままの魚，骨，皮は内臓を取ってよく水洗いし，血液が多く腐りやすいえらは捨てる．煮る前にバターで軽く炒めて風味をだすことも多い．ほんの短い加熱でも風味やゼラチンが煮汁にでるので，魚を蒸したり煮たりした汁を使ってソースを作ることもできる．魚料理の煮汁には，水と塩とワインと香味野菜をさっと煮た「クール・ブイヨン」が伝統的に使われる（p.209）．

甲殻類の殻にはコラーゲンが含まれないので，水で煮込んでもトロミはでない．むしろ，甲殻類の殻に含まれる色素や風味は脂溶性が高いので，バターや油で炒めて抽出するのが普通である（p.214）．

## ■ その他のタンパク質性のトロミづけ材料

料理に関するタンパク質のなかで，ゼラチンは最も扱いやすく失敗が少ない．水と一緒に加熱すれば分子同士が離れて水分子の中に分散し，冷めれば再び結合し，熱すれば再び分散する．動植物のゼラチン以外のタンパク質はほとんどすべて，これとは正反対の挙動を示す．通常はコンパクトな構造が，加熱するとほどけ，互いに絡まり合って強く結合し，不可逆的に凝固して硬い個体となる．液状の卵は固まり，軟らかい筋肉組織は硬い肉になり，牛乳は凝固する．もちろん，凝固したタンパク質の塊はソー

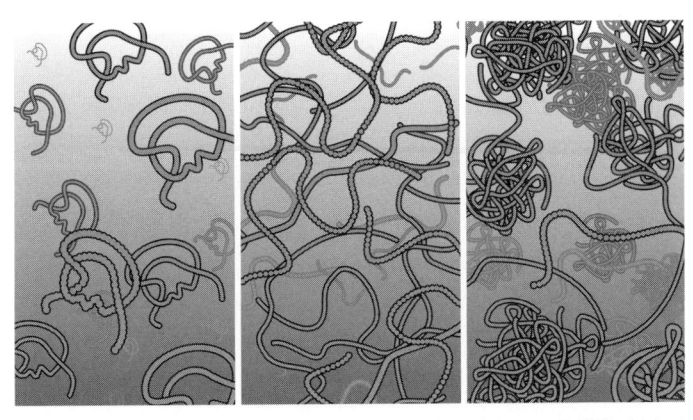

タンパク質のトロミとダマ．卵タンパク質がコンパクトな形に折りたたまれている状態（左）と，加熱したときにあり得る二つの状態．構造がほどけやすい条件であれば，長いタンパク質の鎖が緩い網目構造を形成し（中央）ソースにトロミがでる．過度に加熱するとタンパク質鎖が凝集・凝固してコンパクトな塊になり（右）ソースはダマになって食感も見た目も悪い．

スにならないが，タンパク質の凝固を上手く調節してソースにトロミをつけることは可能である．

**慎重な温度調節**　初めに，風味はあるがトロミのない液体を作り，ここに細かく分散するタンパク質源を加えてソースを作る．その一例であるフリカッセは，鶏肉などの肉を煮たストックが液体，卵黄がタンパク質源である．液体とタンパク質源を混ぜ合わせたら，ゆっくりと加熱する．タンパク質の構造がほどけはじめた時点，すなわち，互いに強く結合する前の段階で，ソースには明らかにトロミがでる．スプーンにまとわりつく感じになる．注意深く観察していて，この状態になったらすぐに火から下ろしてかき混ぜ，タンパク質同士の強い結合が多くできないようにし，さらにタンパク質が結合を作らなくなる温度に下がるまで混ぜ続ける．ソースの温度が上がりすぎると，タンパク質が強く結合して硬い粒状に凝固してしまい，ザラついてトロミもなくなる．動物性タンパク質の多くは60℃前後で凝固しはじめるが，いつ火から下ろすかは物によって違うので，ソースのトロミを注意深く観察する以外にない．トロミがついたらソースを丁寧に漉して，できてしまったダマを除くとよい．

タンパク質でソースにトロミをつける場合，熱いソースに冷たい材料を入れる際には十分注意しなければならない．トロミ材料にソースを少し入れて温めるとともに希釈し，これをソースに戻し入れるのが安全である．ソースに直接入れると，一部が瞬時に熱せられてダマになる．レバー・ペーストや甲殻類の内臓などをバターに混ぜ込んで冷やしたものを用いることもある．ソースに入れるとバターが溶けてペーストが徐々に混じってゆくので，トロミづけのタンパク質が互いに結合して凝固するのを，ある程度防ぐことができる．小麦粉やデンプンを混ぜると，タンパク質の凝固を抑えることができる．デンプンの長鎖分子が，タンパク質同士が強く結合をするのを防ぐ．

タンパク質でトロミづけしたソースを加熱しすぎると，トロミのない液体とザラついた粒子とに分離する．その場合はミキサーで攪拌してから粗い粒子を漉し取り，必要であれば手元にある材料（卵黄，小麦粉，デンプンなど）でトロミを足すとよい．

**卵黄**　卵黄は，水分が50%しかなくタンパク質が16%と濃縮されていることもあって，タンパク質性のトロミづけとして非常に有効である．また，ありふれた安い食材であるうえ，タンパク質はクリーミーな濃い液体にすでに細かく分散している．主に淡色のホワイト・ソー

---

### タンパク質でトロミづけしたソースと健康

タンパク質でトロミづけしたソースは栄養があり，微生物が増殖しやすい．食中毒の原因となるような細菌の増殖を抑えるためには，60℃以上もしくは5℃以下に保つべきである．肉のストックを大量に冷やすときは，早く冷めるように小分けにしてから冷却すべきである．

よく焼いた肉と同じで，鍋で肉汁を焦がしたり長く煮つめたりした肉のストックやソースには，複素環式アミン（HCA）と呼ばれる化合物が少量含まれている．HCA は DNA を損傷することが知られており，したがって癌の発生に関係する可能性がある（p.122）．肉やソースに含まれる量が大きなリスクをもつかどうかは不明である．キャベツなどのアブラナ科の野菜には，HCA による DNA 損傷を防ぐ化学物質が含まれているので，バランスのよい食事をとることで，ほかの食材が HCA の毒性を抑えているとも考えられる．

ス，ブランケットやフリカッセ（ホワイト・シチュー）などに用いられる．卵黄だけでなくデンプンも使う場合は，沸騰させても問題はない．

サバヨン・ソースのトロミにも，卵黄タンパク質の凝固が関係している（p.619）．

**レバー**　風味豊かなトロミづけ材料だが，使う前に細かくする必要がある．凝固するタンパク質は細胞内に濃縮されているので，細胞を叩き壊した後に漉して，細胞同士をまとめていた結合組織の破片を除く．

**血液**　フランス料理の鶏肉の赤ワイン煮込み「コック・オー・ヴァン」や，鳥獣肉の蒸し煮「シヴェ」は，伝統的に血液でトロミづけをする．血液は水分80％，タンパク質17％前後で，ヘモグロビン色素を含む赤血球などの各種細胞と，細胞を取り巻く液体の血漿からなる．牛や豚の血液は約3分の2が血漿で，重さの約7％にあたるタンパク質が分散している．75℃以上に加熱すると，タンパク質のアルブミンが凝固してトロミがでる．

**甲殻類の内臓**　甲殻類の肝臓や卵，ウニの生殖器などは，前述のレバーと同じ長所と短所をもち，凝固温度はかなり低めである．ソースを冷まして沸点よりもかなり低くしておき，慎重に混ぜ込むようにする．

**チーズとヨーグルト**　これら発酵乳製品はほかのタンパク質性のトロミづけ材料とは異なり，すでにカゼインタンパク質が酵素活性や酸で凝固している．したがって，ソースに入れてから加熱してもトロミが増すことはない．その代わり，ソースに混ぜ込む時点でチーズやヨーグルトのトロミが加わる．沸点近くではダマになりやすいので，加熱はほどほどにする．ヨーグルトは乳清の水分を切ってから使うと，トロミがでやすい．チーズについては，クリーミー・タイプのものが，タンパク質の網目構造が細かく壊れて分散しやすくなっているので，トロミづけ用として適している．カゼイン繊維があまり壊れていないと糸状の塊になることがある（p.64）．ほとんどのチーズは脂肪が多く，乳化した油滴もトロミになる．

**アーモンド・ミルク**　アーモンド粉末を水で抽出したアーモンド・ミルクには大量のタンパク質が含まれており，加熱したり酸性にしたりするとトロミがでる（p.490）．

## 固形ソース：ゼラチン・ゼリーと炭水化物系ゼリー

肉や魚のストックを室温に冷ますと，軟らかい固体，すなわちゲルになることがある．皿の上でソースが固まったりするのでこれはあまり望ましくない．しかし逆にこれを利用した楽しいゼリー料理は，固形状のソースとも言える．ゼラチン濃度がある程度高ければ（ストック重量の約1％），ゲル状に固まる．ストックに含まれる長いゼラチン分子が互いに重なり合って，ストック全体に連続した網目構造を形成するのに十分な濃度である．熱いストックがゼラチンの融点（約40℃）まで冷めると，伸びきっていたゼラチン鎖はもとのコラーゲン繊維の三重らせんでとっていたコイル状に戻りはじめる（p.580）．そして二つの分子のコイルが接近すると，平行に組み合う形で結合し，新しい二重らせんや三重らせんを形成する．こうして再形成されるコラーゲンの接点が，ゼラチン分子の網目構造にある程度の硬さを与え，ゼラチン分子とそれを取り巻く水分子は流動性を失う．こうして液体は固体になるのである．1％のゼラチン・ゲルは軟らかく，プルプルとして触ると簡単に崩れる．市販のゼラチンを使って作るゼリー菓子は普通3％以上である．ゼラチン濃度が高いほど，硬くゴムのようなゲルになる．

ゼリーの特長は二つある．よくできたものは透明でキラキラ輝き，そのままでも美しいし，中に何か入れても美しい．また，ゼラチンはち

ょうど体温ぐらいで固形構造が壊れるので，ゼラチン・ゲルは口の中ですぐに溶けて芳醇な液体となり，口いっぱいにソースが広がる．こうした特長はほかのトロミづけ材料にはないものである．

## ■ ゼリーの硬さ

ゼラチン・ゲルの硬さや強さ，つまり扱いやすさやテクスチャーにはいくつかの要因が関係している．ゼラチン分子そのもの，その他の材料の存在，そして冷却方法などである．

**ゼラチンの質と濃度**　ゼリーのテクスチャーに一番強く影響するのは，ゼラチンの濃度と質である．ゼラチンはものによって性質が大きく異なる材料である．市販品（後述参照）でさえも，完全に長いままのゼラチン分子は60～70％にすぎず，残りはトロミや硬さをだすにはあまり効果的でない，短めの分子である．肉や骨はコラーゲン含有量がさまざまであり，長く煮込むとゼラチン分子の鎖が次第に分解されてゆくので，ストック中のゼラチンの状態は特に予想しにくい．ゼラチンの強さを調べるには，スプーン1杯ほどをボールに取って氷の上で冷やし，固まり具合をみるとよい．硬さが足りないときはさらに煮詰めてゼラチン濃度を上げるか，純粋ゼラチンを少量加える．

**その他の材料**　ゼリーによく使われるほかの材料もゼラチン・ゲルの強さにさまざまな影響を及ぼす．

- 塩はゼラチンの結合を妨げるので，ゲルを弱める．
- 糖（果糖を除く）は水分子を引きつけるため，ゼラチン分子の周りに水分子が少なくなり，ゲルを強める．
- 牛乳はゲルを強める．
- アルコールは，ゲル中の濃度が低いときはゲルを強めるが，30～50％ゼラチンが固形粒子として沈殿する．
- 酸（食酢，果汁，ワインなど）はpHが4より低くなると，ゼラチン分子の電荷が強まり互いに反発するので，ゲルを弱める．

塩や酸によってゲルが弱まるが，ゼラチン濃度を上げることでこれを補うことができる．

酸度の強い材料や，お茶やワインのようにタンニンの多い材料を入れると，ゼリーが濁る．酸は肉や魚のストックに含まれるタンパク質を微細粒子として沈殿させるため，タンニンはゼ

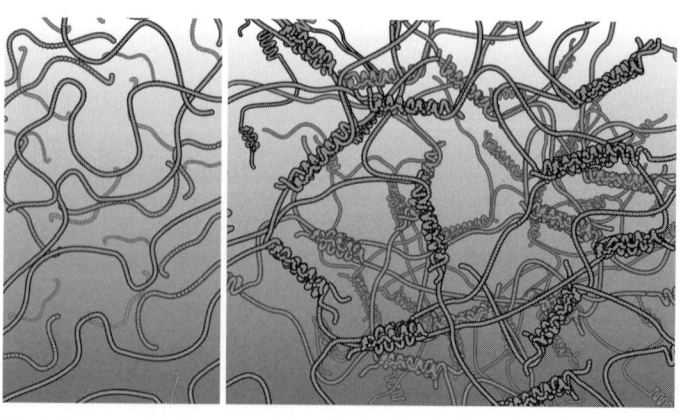

ゼラチンによって液体が固体になる様子．ゼラチン溶液の温度が高いうちは（左），水分子とタンパク質分子は常に力強く動き回っている．温度が下がるにつれ，これらの分子の動きは遅くなり，タンパク質はコラーゲンに似たらせん状の小さな結合領域を自然に形成しはじめる（右）．こうした「接点」によって，ゼラチン分子の連続した網目構造が徐々にできあがり，すきまに液体を閉じこめ，見た目には液の流動性がなくなる．こうして液体は固体のゲルになる．

ラチン分子自体に結合して沈殿させるためである．このような材料を入れる場合は，ゼラチン溶液に加えてさっと加熱したあと，漉すか澄ませてから固めるとよい．

パパイヤ，パイナップル，メロン，キウィなど，タンパク質分解酵素を含む果実は多くあるが，これらはゼラチン鎖を分解し短くしてしまうので，ゲルが固まらなくなる．これらの果汁でゼリーを作るときは，ゼラチンを混ぜる前に加熱して酵素を失活させる必要がある．

**冷却温度**　ゲルを固める温度やゲルを置いておく時間によっても，テクスチャーが変わってくる．冷蔵庫に入れて素早く冷やすと，ゼラチン分子はその場に固定されたまま短時間で不規則に結合する．よって網目構造の結合状態と構造は比較的弱い．室温でゆっくり固まらせると，ゼラチン分子は動き回る時間があるので，より規則的ならせん構造の結合を形成し，より硬く安定な網目構造となる．実際には，細菌が増殖しないように冷蔵庫で冷やすべきである．ゲルが固まった後もゼラチン結合はゆっくりと形成し続けるので，冷蔵庫で素早く固めたゲルも，数日後には室温で固めたものと同じくらいに硬くなる．

### ■ 肉や魚から作るゼリー：アスピック

肉や魚のゼリーは中世時代にさかのぼるが（p.567），今でも美しい料理の一つとして楽しまれている．作り方はコンソメとよく似ていて，風味豊かな肉のストック（ゼラチンを多く含む子牛の足を一緒に煮ることも多い），もしくは魚のダブル・ストックを使うのが理想的である．卵白や刻んだ肉・魚で澄ましたストックを冷まし，固まる直前に具を入れたり味つけしたりする．アスピックは必要に応じて切り分けられるくらいの硬さがあり，しかもプルプルと軟らかい食感をもつ．テリーヌや肉の塊を包んだり，細かく切った肉を固め合わせたりする場合は，ゼラチン濃度が10〜15％程度の少し硬めにし，形が崩れたり溶け出したりしないようにする．魚のゼリーやアスピックは，ゼラチンの融点が低くて特に軟らかいので，途中で溶けてしまわないよう料理も皿も十分に冷やしておく．「ブッフ・ア・ラ・モード」という家庭料理の肉のアスピックがある．ストックとワインを使って子牛の足とともに牛肉を蒸し煮にし（ポット・ロースト），この牛肉を薄切りにして，漉した蒸し煮汁のゼリーで固めたものである．というのは，肉または魚のゼリーに生クリームを加えたものは「ショー−フロア」と呼ばれる．

### ■ その他のゼリーとジュレ；加工ゼラチン

ゼリーは肉や魚の料理としてはじまったが，動物ゼラチンを使ってほかの食材（特に生クリームや果汁）も固めるようになった．市販のゼラチンは菓子作りの定番材料であり，ムースや泡立てた生クリーム，パイ・クリームにふわりとした硬さを与えるのにも使われる．合衆国内では，市販のゼラチン粉末で作る，蛍光色を

---

#### 食物用語：gel（ゲル），gelatin（ゼラチン），jelly（ゼリー）

gelとjellyは主に水で構成される軟らかい固体，gelatinは水を固体の中に閉じ込めてゲルにするタンパク質をさす．いずれも"冷たい""凍らせる"という意味のインド・ヨーロッパ語を語源とする．氷点以下に冷却する代わりに分子を使って液体を"凍らせた"のがゼリーである．

した甘いフルーツ味のゼリー菓子，そしてウォッカなどの蒸留酒を加えた「シューター」と呼ばれるゼリーの人気が高い．もっと手の込んだ料理で（フランス語で「ジュレ」と呼ばれることも多い），ゼリー液が冷めて固まりかける最後の段階でいろいろな材料を加え，その新鮮で繊細な風味をゼリーに閉じ込めたものもある．シャンペーンや種を除いたトマトの汁などが使われる．

**ゼラチン製品** 合衆国およびヨーロッパで市販されているゼラチンは，大半が豚の皮を原料としているが，牛の皮や骨を原料としたものもある．工業生産によるゼラチン抽出は，家庭での抽出と比べてかなり効率がよく，ゼラチンの分解も少ない．豚の皮を薄い酸溶液に18〜24時間浸してコラーゲンの架橋結合を切り，水を何度か替えながら抽出を行う．抽出温度は55℃からはじまり，最終的には90℃前後まで上げる．低温で抽出されるゼラチン分子は，分解が一番少なくて色も薄い．温度が高くなるほどゼラチン鎖の分解が進み，黄色味がかってくる．抽出液はこの後，ろ過，精製，pH調整（5.5），蒸発乾燥，滅菌，そして最後にシート状または顆粒状に乾燥される．最終製品の成分は，ゼラチン85〜90％，水分8〜15％，塩分1〜2％，グルコース1％である．ゼラチン強度は"ブルーム"単位（ゲル強度測定装置を発明したオスカー・ブルームの名をとったもの）で表示されることもあり，数字が大きいほど（250）ゲル強度が大きい．

**ゼラチンの種類** 市販品のゼラチン製品には，いくつか違った形がある．顆粒ゼラチンや板ゼ

---

### ゼラチンで爪や髪は強くならない

　ゼラチンを補助栄養剤として摂取することで，爪や髪が強くなると一般には信じられているが，これを証明するきちんとした証拠はない．爪や髪はケラチンというまったく違ったタンパク質でできているので，ゼラチンを摂ったからといってケラチン合成のための成分が特に増えることはない．

---

### ゼラチン質の珍味：スジ，ヒレ，巣

　中国料理では特にゼラチン質の食感が好まれ，ゼラチン豊富な結合組織を半固形のとろりとした状態になるまで長く煮込んだ料理や，西洋料理では考えられないような材料を使ったスープがある．たとえば，牛スジはほぼ純粋の結合組織であるが，これを何時間も煮込むとゼラチン質でコリコリとした食感になる．軟骨性のサメのヒレを乾燥させたフカヒレは，水で戻してからにおいを除くため水を何度か替えながら何時間も煮込んだ後，スープで煮る．

　特に変わっているのがツバメの巣，東南アジアから南アジアにかけて洞窟に生息するアナツバメ（*Collocalia*）属のツバメの巣である．雄が糸状の唾液を出して洞窟の壁に巣を作り，これが乾燥すると小さくて頑丈なお椀のようになる．採取した巣を冷水に浸けて不純物を洗い流し，吸水・膨張させる．スープで煮込み，半透明のゼラチン状にして食べる．ゼラチン状に見えるのはゼラチンではなく，唾液に含まれるムチンというタンパク質で，卵白のオボムチンと似ている（p. 76）．

ラチンは，はじめに冷水に浸けて固体ゼラチンの網目構造に吸水させ，あとで温めた液を加えたときに溶けやすくする．温かい液に直接入れると，顆粒の外側が糊状になって互いにくっついてしまう（これらの塊も最終的には溶ける）．表面積が小さいシートは，空気が液に入り込みにくく，ゼリーが透明になりやすいという長所がある．"インスタント"ゼラチンというのはゼラチン鎖が接点を形成する前に急速乾燥させたもので，温かい液に直接入れても分散する．ゼラチン加水分解物は，わざと分子鎖を短くしてゲルを形成しないようにしたものである．加工食品に乳化剤（p.608）として使用されている．

製菓用ゼラチン製品に表示されている標準的な使用量は，240 mLに対して7 g（約3％）である．2％，1％と濃度が低くなるほど軟らかいゼリーになる．

■ **多糖類のゲル化剤：寒天，カラギーナン，アルギン酸塩**

味のついた液体を固めるのに使われる材料はゼラチンだけでない．パイの具や「ターキッシュ・デライト」と呼ばれる砂糖菓子にはデンプン・ゲル，フルーツのジャムやゼリーにはペクチン・ゲル（p.286）が使われる．世界各地の海岸地帯では，海藻を熱湯に入れると粘性物質が出ること，それが冷めるとゲル状に固まることが昔から知られていた．この粘性物質はゼラチンのようなタンパク質ではなく，有用で珍しい性質をもつ特殊な多糖類である．食品加工ではゲルを作ったり乳化液を安定化したりするために利用されている（たとえば生クリームやアイスクリーム）．

**寒天** マレー語の"agar agar（アガー・アガー）"を短縮して英語ではagar（アガー）と呼ばれる．何種類かの多糖類およびその他の成分の混合物で，昔から複数属の紅藻から抽出されている（p.331）．現在は，海藻の煮汁をろ過して棒状かひも状に凍結乾燥したものが，アジア食材専門店などで売られている．寒天を加熱調理せずに，水で戻して小さく切ってサラダに入れれば，独特の歯ごたえが楽しめる．中国では味つけせずに固めて薄切りにし，複雑な味つけのソースで食べることもある．果汁や砂糖，肉や魚や野菜などを煮て，寒天で固めた料理も

---

### 寒天：プディングからペトリ皿まで

　寒天で作る固形ゲルは，微生物の研究分野では昔からよく用いられている．さまざまな栄養素を入れた寒天ゲルを作り，その表面に微生物のコロニーを作るのである．初めは寒天でなくゼラチンを使っていたが，寒天にはいくつかの利点があってゼラチンに取って代わった．その一つは，寒天の炭水化物を分解できる微生物がほとんどいないので，寒天ゲルはそのままの形で残り，コロニーがよく分離すること．多くの微生物がタンパク質を分解するので，ゼラチンはすぐに液化して使いものにならなくなる．もう一つ，寒天ゲルは細菌の増殖に適した温度（38℃付近が多い）で固体を維持すること．ゼラチンはこの温度では溶け出してしまう．

　微生物学者が寒天を使うようになった経緯は次のようである．19世紀の終わりに，ドイツ人科学者の妻でアメリカ人のリナ・ヘッセが，アジアに住む知人家族のアドバイスを思い出し，ドレスデンの暑い夏にも固まったままの寒天のゼリーとプディングを作った．夫は妻の提案を上司であった先駆的な微生物学者であるロバート・コッホに伝えると，コッホは寒天を使って結核菌の単離に成功したという．

ある．日本では菓子作りによく使われる．

寒天はゼラチンよりもさらに低い．1％以下の濃度でゲル化する．寒天ゼリーはやや不透明で，ゼラチンに比べるともろい．寒天ゼリーを作るには，まず乾燥寒天を冷水に浸し，沸騰させて炭水化物鎖を完全に溶かし，ほかの材料を加えてから漉して，約38℃以下に冷まして固める．ゼラチンもほぼ同じ温度で固まったり溶けたりするが，一度固まった寒天ゲルは85℃以上にならないと溶けない．よって寒天ゲルは口の中でとろけることはなく，かんで食べる．一方で，気温が高くても溶けないし，温かい料理にも使える．小さな寒天の塊を温かい料理に入れて，味の変化を楽しむような新しい料理もある．

**カラギーナン，アルギン酸塩，ゲランガム**　珍しい多糖類のゲル化剤を取り入れようという研究熱心な料理人もいる．そのなかには昔から使われているものも，そうでないものもある．ある種の紅藻からとれるカラギーナンは（p. 330），中国では古くから煮込み料理などを固めるのに使われているし，アイルランドではミルク・プディングのような料理に使われる．粗カラギーナンの精製分画は，分画によって砕けやすいものから弾性のものまでさまざまな硬さのゲルを作る．アルギン酸塩は多種類の褐藻から取れ，カルシウムが存在する場合にのみゲル化する（牛乳や生クリームなど）．この性質を利用して，味のついた小さな球状や糸状のゲルを作る斬新な料理もある．カルシウムを含まないアルギン酸溶液に色や味をつけておき，これをカルシウム溶液の中に滴下したり注入したりすれば瞬時にゲル化する．ゲランガムは細菌の分泌する炭水化物であり，工業開発されたものである．塩または酸が存在すると非常に透明なゲルになり，風味もでやすい．

# 小麦粉やデンプンでトロミをつけるソース

長く煮込む古典フランス料理のブラウン・ソースから，料理の最後にさっと作るグレイビーに至るまで，多くのソースは少なくとも部分的にはデンプンによるトロミづけをしている．ほかのトロミづけ材料とは違って，デンプンは我々の食生活における主要要素でもある．ほとんどの植物は光合成で得たエネルギーをデンプンとして蓄え，地球上の全人類の消費するエネルギーの約4分の3を，主に穀物や根野菜の形で供給している．料理に使うトロミづけ材料としては最も安上がりで用途も広く，ゼラチンや脂肪の補助としても有効である．デンプンにはいくつかの種類があり，性質も異なるので，料理によって上手く使い分けるとよい．

## ■ デンプンの性質

デンプン分子は，何千ものグルコース分子が長い鎖状につながったものである．デンプン分子には，アミロースと呼ばれる長い直鎖状の分子と，アミロペクチンと呼ばれる短い分岐鎖分子の2種類がある．植物はデンプン分子を微細な固形粒子として蓄積する．デンプン粒の大きさ，形，アミロースとアミロペクチンの割合，調理上の特性は，植物種によって異なる．

**直鎖アミロースと分岐鎖アミロペクチン**　アミロース分子およびアミロペクチン分子の形は，ソースのトロミに直接影響する．直鎖アミロースは，コイルのように巻いて長いらせん構造をとるが，基本的には直線的な形を維持する．伸びた構造のため，別の分子やデンプン粒とぶつかりやすく，個々の分子が動き回る領域は比較的広い．これに対してアミロペクチンは，分岐した形なのでコンパクトにまとまっており，互いに衝突する確率は低い．衝突したとしても，ほかの分子やデンプン粒と絡まり合って動きを鈍らせることは少ない．非常に長いアミロース

分子が少しあるほうが，短いアミロース分子が多く存在するよりも効果的で，分岐したアミロペクチンがさらに多く存在するよりも効果的と言える．したがって，ジャガイモデンプンの長いアミロースを少量使えば，小麦やトウモロコシのやや短いアミロースを多く使ったのと同じトロミをつけることができる．

**膨張と糊化**　デンプンは，熱湯中での挙動に特長がある．小麦粉やコーンスターチを冷水に混ぜてもあまり変化はない．デンプン粒は限られた量の水分（重さの約30%）をゆっくりと吸収し，ただ鍋底に沈んでしまうだけである．ところが水温がある程度以上に高くなると，分子エネルギーが上昇してデンプン粒内の弱い領域が壊れる．そうすると，さらに多くの水分を吸収して膨潤し，より強固で規則的な構造の領域に力が加わる．特定の温度領域に達すると（デンプン源ごとに固有の値だが，一般には50〜60℃付近からはじまる），デンプン粒の規則的な構造は突然崩壊し，大量に吸水し，デンプンと水が混じり合った非晶質構造となる．この温度を糊化温度範囲と言い，個々のデンプン粒がゲル，すなわち長い分子の網目構造に水が含まれた状態になる温度範囲である．最初は白濁していたデンプン粒の懸濁液が急に透明度を増すので，糊化したことがわかる．デンプン分子間のすきまが広がり，光の屈折度が弱まって，より透明に見えるのである．

**トロミがでる：デンプン粒からデンプンがしみ出す**　デンプン粒の密度にもよるが，デンプンと水の混合物が膨潤・糊化する過程では，さまざまな段階でトロミが増す．多くのソースではデンプン濃度が低く（重さで5％未満），混合物が透明になりはじめる糊化段階でトロミがつく．糊化したデンプン粒からアミロース分子やアミロペクチン分子が外にしみ出しはじめたと

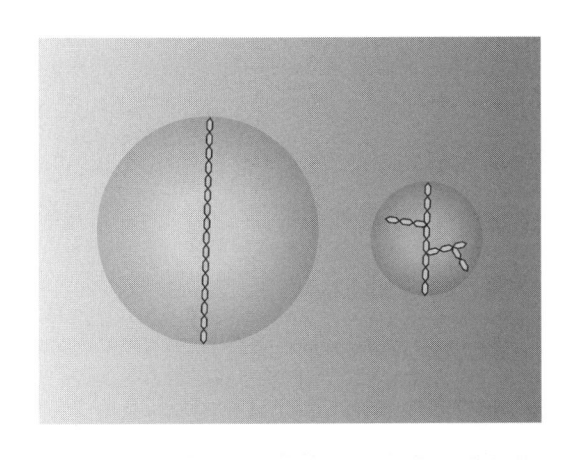

2種類のデンプン．デンプン分子は，何百〜何千というグルコース分子が結合した鎖である．直鎖状のアミロース（左）と，分岐鎖状のアミロペクチン（右）の2種類に分かれる．長いアミロース鎖は，グルコースの数が同じでもコンパクトなアミロペクチンに比べると，より広い範囲を動き回る．したがって，分子鎖同士が絡み合う確率が高い．アミロペクチンよりもアミロースのほうがトロミづけの効果は高い．

---

### 精製デンプン

　穀類中のデンプンをタンパク質やほかの成分から分離することは古くから行われていた．ローマ時代にはamylum（アミルム）と呼ばれ，"すり鉢で挽けない"という意味があった．当時は小麦をすり鉢で粉にしてから数日間水に浸しておいた．その間に細菌が繁殖して穀粒の細胞壁とグルテンタンパク質が分解されるが，重い固体のデンプン粒はそのままの形で残った．この残り滓を再び挽いて，目の細かい麻布で漉すと，細かい粒が布の上に残った．このデンプン粒を天日干しして乾燥させ，ミルクで煮たりソースのトロミづけに使った（p.566）．

きに，トロミは最大となる．長鎖アミロース分子が三次元的な魚網のような構造を作り，水を捕捉するだけでなく，水で膨れたデンプン粒の動きをまるで鯨を捕らえるように妨げる．

**トロミがなくなる：デンプン粒が壊れる**　トロミが最大になった後は，次第にトロミがなくなってゆく．トロミがついた後も長く加熱し続けるか，温度を上げて沸騰させるか，激しく攪拌すると，それが加速される．いずれの場合も，膨張して壊れやすくなっているデンプン粒が細かく砕かれるからである．デンプン粒が破壊されれば，さらに多くのアミロースが溶け出すけれども，アミロースの網に掛かるほど大きなデンプン粒は少なくなっている．網がどんどん作られて，網目も細かくなっていくが，鯨は少なくなって小魚ばかりになるということである．トロミの強いペーストではこの影響が顕著にみられるが，通常のソースではあまりわからない．初めからデンプン粒の数も少なく互いに遠く離れていれば，その崩壊も目立たない．デンプン粒がなくなり，舌に感じられないほど小さな分子だけが残るので，非常に繊細な食感になる．

デンプンでトロミづけしたソースを長く煮込むとトロミがなくなるのは，デンプン分子自体が短く分解されることも一部関係している．酸性では分子の分解が加速される．

**冷める，トロミが増す，固まる**　ソース中のデンプンが糊化し，アミロースがしみ出した時点で，ソースが最適な状態と判断すれば火から下ろす．ソースの温度が下がるにつれ，水分子とデンプン分子のエネルギーはどんどん弱まって動きが鈍くなる．そのうちに，分子同士を引きつける一過性の結合力が，ランダムな分子衝突による反発力を上回るようになる．次第に，長いアミロース分子間に安定な結合が形成され，この結合は最初のデンプン粒中でみられた結合と同じ種類のものである．水分子はデンプン鎖の間隙に留まる．結果として，トロミが次第に強まってゆく．アミロース分子の濃度が十分高く，温度が十分に下がると，ゼラチン溶液がゼリーになるのと同じように固まって固体ゲルとなる．（分岐鎖アミロペクチン分子は互いに結合するまで時間がかかるので，低アミロースデンプンは固まりにくい．）このようにデンプンを使って固めた固形だけれど水分の多いものに，パイの具やプディングなどがある．

**ソースのトロミは食べる温度でちょうどよく**
冷めるとトロミが増すということを忘れないようにする．ほとんどの場合，ソースを作りながら味見するのは高温（90〜95℃程度）のコンロ

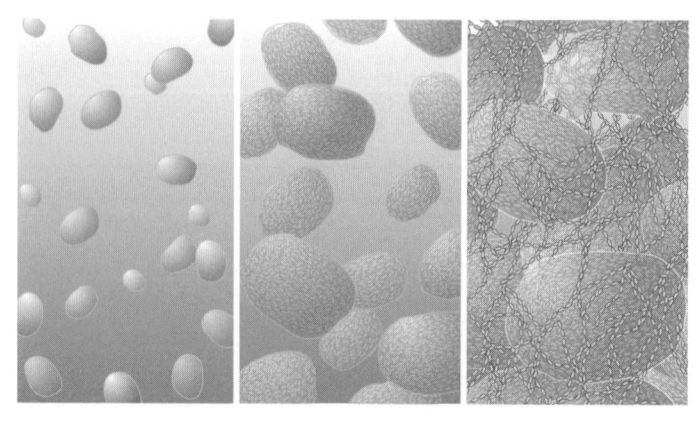

デンプンでソースのトロミづけをする．加熱していないデンプン粒はまわりの液体の動きをあまり妨げることはない（左）．ソースを加熱してゆき糊化温度に達するとデンプン粒が吸水・膨潤して，ソースにトロミがつきはじめる（中央）．さらに加熱しつづけ沸点に近づくと，デンプン粒がさらに膨らんでデンプン鎖が外にしみ出してゆく（右）．このときにトロミは最大となる．

の上である．ところが料理の上にかけて食卓に出す間にも，ソースはあっという間に冷めてトロミが増す．鍋の中でのトロミよりも，食べるときのトロミのほうが強く，皿の上で固まってしまうことさえある．したがって，コンロの上では食べるときの最適の状態よりも薄めにトロミづけしておく．（使用するデンプン量が少なければ，ソースの風味もあまり薄まらない．）食べるときの状態を確かめたければ，ソースをスプーンですくって冷たい皿にとり，味見するとよい．

## ■ デンプンの種類と調理特性

ソースのトロミづけに用いるデンプンにはいくつか種類があって，それぞれ独自の特性がある．小麦粉やコーンスターチなどの穀物デンプンと，ジャガイモデンプンや葛粉などの地下デンプンとに大別される．あまり馴染みはないが，加工食品の成分表示でときどき見られるサゴデンプンは，サゴヤシ（*Metroxylon sagu*）の茎髄から採られる．

**穀物デンプン** 穀物デンプンにはいくつかの共通した特徴がある．デンプン粒の大きさは中程度で，少量だが重要な脂質（脂肪，脂肪酸，リン脂質）とタンパク質を含む．これらの不純物は，デンプン粒の構造をある程度安定にするので，糊化温度は高めである．また，水と混合したときの濁りや"穀物"臭にもなっている．精製デンプンと水が糊化したものは光を透過するのに対して，デンプンと脂質，あるいはデンプンとタンパク質の微小複合体は光を散乱するので，乳濁した不透明な外見となる．穀物デンプンは，中程度の長さのアミロース分子が多く含まれる．これは互いに結合して網目構造を形成しやすいので，ソースが冷めるとすぐにトロミが強まって固まる．

<u>小麦粉</u> 挽いた小麦穀粒をふるいにかけて，ふすまと胚芽を除いたデンプンに富む胚乳が，小麦粉である（p.513）．小麦粉はデンプン含量が約75%しかなく，主に不溶性グルテンタンパク質などのタンパク質を約10%含む．したがって，純粋のコーンスターチやジャガイモデンプンに比べると，トロミづけ効果は低い．同じトロミをだすには小麦粉のほうが多く必要である．目安としては，デンプンの1.5倍量の小麦粉を使用するとよい．小麦粉には独特の小麦臭があるので，このにおいを消すため加熱してか

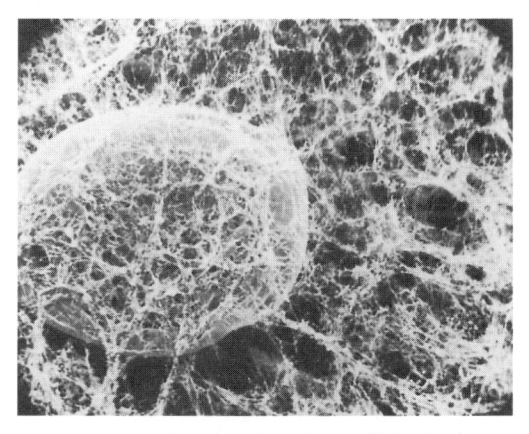

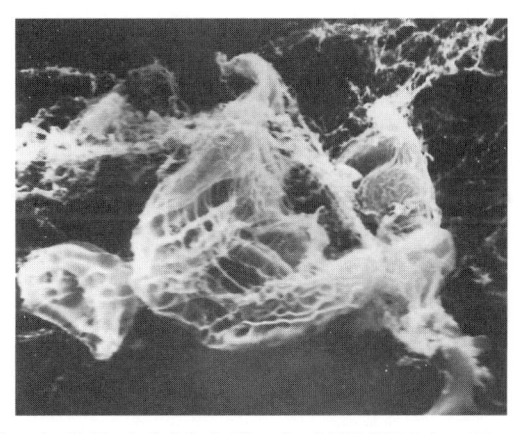

ソース作りにおけるデンプンの状態．膨潤したジャガイモデンプン粒が，しみ出したデンプン分子の網にかかっている様子（左）．デンプンでトロミをつけたソースは，この状態のときに最もトロミが強い．デンプン粒とデンプン分子の両方が水の動きを妨げるためである．デンプン分子がほとんど全部しみ出してしまった小麦デンプン粒（右）．デンプンでトロミをつけたソースは，デンプン粒が次第に崩れて小さくなって，遊離デンプン分子の作る網にはかからなくなると，トロミがなくなる．

らソースに加えることが多い（p.598）．小麦粉でトロミづけしたソースは，懸濁するグルテンタンパク質の粒子によって不透明なので，表面にはツヤがない．何時間も煮込んで表面のグルテンをすくい取ればツヤがでる．

**コーンスターチ** ほぼ純粋なデンプンであり，小麦粉よりもトロミづけの効果が高い．工業生産では，トウモロコシ粒を水に浸し，粗挽きして胚芽と外皮を除き，挽いてふるいにかけ，遠心分離を行って種子タンパク質を分離する．得られたデンプンを洗浄・乾燥し，再び挽いて，個々のデンプン粒や小さな凝集体を含む微粉とする．この湿式工程では，デンプン粒ににおいが吸収され，またデンプン中に含まれる微量の脂質が酸化して独特のにおいがでる．よって乾燥粉砕される小麦粉とは異なり，コーンスターチには独得のにおいがある．

**米デンプン** 西洋諸国ではほとんど流通していない．デンプン粒の平均粒径は各種デンプンのなかでも最小であり，トロミづけの早い段階でかなりなめらかになる．

**地下デンプン** 乾燥穀物から採れるデンプンと比べて，根茎や根など水分を含んだ地下貯蔵器官のデンプンは，粒径が大きく水分も多い．加熱時間も短く，より低温でデンプンがしみ出す．アミロース含量は少なめだが，アミロース分子の長さは穀物アミロースの4倍ほどある．根や根茎のデンプンは，穀物デンプンと比べると脂質とタンパク質の含有量が低いので，糊化しやすく（脂質はデンプン粒構造を安定化して糊化を遅らす），風味もあまりない．地下デンプンを使ったソースは，より透明でツヤがある．ソースのトロミを最後に調節する場合は地下デンプンがよい．量が少なくてすむうえ，すぐにトロミがつき，風味をよくするためにあらかじめ加熱する必要もない．

**ジャガイモデンプン** 商業上重要となった最初の精製デンプンであり，ヨーロッパでは今も重要な食物デンプンである．ジャガイモデンプンにはいくつか変わった特徴がある．デンプン粒が非常に大きくて直径0.1 mmほどもあり，アミロース分子が非常に長い．この二つの特徴のおかげで，最初の段階でつくトロミはどのデンプンよりも強い．長いアミロース鎖がほかのアミロース分子や巨大なデンプン粒に絡みつき，液体の動きを妨げる．このアミロース分子の絡みはまた，アミロースやデンプン粒の長い凝集体を作るので，糸を引くような印象を与える．大きく膨潤したデンプン粒のため，ソースは最初，かなりザラついた感じになる．ただしデンプン粒がもろくて細かな粒子に壊れやすいので，一度トロミがでてザラついた後は，すぐにトロミも粒感も弱まる．ジャガイモデンプンは，リン酸基が多数結合しているという点でも

## トロミづけによく使われるデンプンの調理特性

| | 糊化温度 | 最大粘度 | 質感 | 煮込んだときの安定性 | 外観 | 風味 |
|---|---|---|---|---|---|---|
| 小麦粉 | 52～85℃ | ＋ | 短い | 良い | 不透明 | 強い |
| コーンスターチ | 62～80℃ | ＋＋ | 短い | 普通 | 不透明 | 強い |
| ジャガイモデンプン | 58～65℃ | ＋＋＋＋＋ | 糸を引く | 悪い | 透明 | 普通 |
| タピオカ | 52～65℃ | ＋＋＋ | 糸を引く | 悪い | 透明 | 中性 |
| アロールート | 60～86℃ | ＋＋＋ | 糸を引く | 良い | 透明 | 中性 |

珍しい．リン酸基は弱く荷電しているため，デンプン鎖同士が反発する．この反発力のおかげで，デンプン鎖はソースの中に均一に分散し，トロミと透明性を与えると同時に，冷めても固まりにくい．

**タピオカ**　マニオクあるいはキャッサバとして知られる熱帯植物（*Manihot esculenta*, p. 294）の根から採れるデンプンで，主にプディングの材料にされる．水と結合して不快なほど糸を引くので，一般にはゲル化させて大粒のパール状に加工する（p. 561）．タピオカパールは軟らかく煮戻して使用する．小麦デンプンやコーンスターチやジャガイモデンプンは長い貯蔵期間を経た二級品の塊茎が原料とされることが多いため，独特の強い風味がある．ところがタピオカの根は土壌中で長持ちするうえ，収穫後数日内にはデンプンに加工されるので，このような風味はしない．タピオカデンプンは風味にクセがないところが特に好まれる．

**アロールート**　西洋でアロールート（arrow-root）デンプンとして知られるものは，西インド諸島原産のクズウコン（*Maranta arundinacea*）の根から採ったものである．ジャガイモデンプンやタピオカよりもデンプン粒が小さく，あまり糸を引かず，長く煮込んでもトロミが消えにくい．糊化温度はほかの地下デンプンよりも高く，コーンスターチに近い．アジアやオーストラリアでは，タロイモ（*Tacca*）属やカンナ（*Canna*）属のさまざまな植物，およびその根から採ったデンプンも，アロールートと呼ばれている．

**中国の地下デンプン**　かつて中国では，雑穀やウォーター・チェストナッツからデンプンを採っていた．現在の中国料理では，コーンスターチ，ジャガイモデンプン，サツマイモデンプン（いずれも新大陸原産植物）などがトロミづけに使われている．アジアではこのほかに，ヤムイモ，ショウガ，レンコン，クズ（*Pueraria*）の根からもデンプンが採られる．

**加工デンプン**　天然のデンプンでは製造・流通・保存・使用までの一貫した品質の安定性が得られないという理由から，食品加工業界ではより安定なデンプンがさまざまに作り出されてきた．トウモロコシの交配育種によって生まれた，いわゆる"ワクシー"品種は，種子にアミロースがほとんど含まれずアミロペクチンだけである．アミロペクチンはアミロースほど簡単に網目構造を形成しないので，すぐに固まって水が分離してしまうという高アミロースデンプンの問題も，ワクシーデンプンを使ったソースやゲルでは起こらない．

従来の植物品種から得たデンプンを分子修飾するために，物理・化学的処理も行われている．さまざまな方法でデンプンを加熱・乾燥させて粉末や顆粒とした，加熱不要の製品がある．冷水でも吸収・分散がよくてトロミがつきやすい．また，化学薬品を使って，分子鎖間を架橋したり，酸化したり，あるいは鎖上の脂溶性基を置換したりして，調理中に分解しにくくしたり，乳化液の安定化能を高めたり，"天然"デンプンには通常みられない特性を付加したものもある．食品表示に「加工デンプン」とあるのは，このようなデンプンである．

## ほかの材料がデンプン系ソースに及ぼす影響

**調味料：塩，砂糖，酸**　ソースの基本構造はデンプンと水であり，その他の材料は多くの場合，構造には二次的な影響を及ぼすにすぎない．塩，酸，砂糖は味つけによく使われる．一般に塩はデンプンの糊化温度をわずかに下げ，砂糖は上げると言われている．ワインや食酢などの酸を加えると，デンプン鎖が短く分解されやすくなるので，デンプン粒はより低温で糊化し崩れることになり，同量のデンプンを使ったときに仕上がりのトロミは弱まる．地下デンプンは中程度の酸（pH 5 未満）でも明らかに影響がでるが，穀物デンプンはヨーグルトや果実の酸度（pH 5）でも大丈夫である．弱火で短く加熱するようにすれば，酸による分解も少な

い．

**タンパク質と脂肪**　ソースにはタンパク質や脂肪が含まれることが多く，ソースの状態にある程度影響する．小麦粉は重さの約10％がタンパク質であり，その大半は不溶性のグルテンである．凝集したグルテンはおそらくデンプンの網目構造に捕捉されるので，粘性はやや高まる．ただし一般には，精製デンプンのほうがトロミをだす力は総合的に強い．濃縮された肉ストックを使ったソースにもゼラチンが多く含まれるが，ゼラチンとデンプンは互いの挙動に影響しないようである．

　最後に，バター，油脂，ロースト肉から出る汁などの形で脂肪が含まれる．脂肪は水や水溶性物質とは混じらないが，デンプン粒への水のしみ込みを遅くする．脂肪はソースになめらかさやしっとり感を与え，小麦粉と炒めてルーを作る場合は小麦粉の粒子を覆って粒子同士がくっつかないようにするので，ソースがダマにならない．

## ■ デンプンをソースに加える方法

　デンプンでトロミづけする場合，デンプンをソースに加えなくてはならないが，この一番基本的なことが案外難しい．熱いソースに小麦粉やデンプンを直接加えると，ダマになってしまって均一に分散しない．熱い液体に触れた瞬間，デンプン粒の塊は表面が部分的に糊化して粘性をもち，内側の乾燥したデンプン粒が閉じ込められて分散できなくなるのである．

**スラリー，ブール・マニエ，肉に小麦粉をまぶす**　ソースにデンプンを加える方法は四つある．一つ目は，デンプンを少量の冷水に混ぜ，糊化温度に達する前にデンプン粒を湿らせ分散させておく方法である．このデンプンと水のスラリー（泥状物）をソースに直接加える．二つ目は，デンプンや小麦粉粒子を水ではなく脂肪で分散させる方法である．ブール・マニエ（練りバター）というのは，小麦粉を同量のバターに混ぜ込んでペーストにしたものである．仕上げのトロミづけに，このペーストを熱いソースに入れると，バターが溶けて油に覆われたデンプン粒子が徐々に液体に溶け込む．表面が水をはじく油脂層で覆われているので，デンプン粒の膨潤・糊化は遅くなる．

　三つ目は，調理の最初にデンプンを加える方法である．シチューやフリカッセを作る場合，肉に小麦粉をまぶして炒めてから，煮汁を加えてソースにすることが多い．こうすると，肉の広い表面積全体にデンプンが分散し，炒め油に覆われるので，液体を加えたときにダマにならない．

**ルー**　ソースにデンプンを加える四つ目の方法，その手法自体が技術的な発展を遂げたもの，それはデンプンを別に脂肪で加熱調理した，フランス料理の「ルー」（語源は"赤い"という意味）である．基本原理は，どんなデンプンにも油脂にも応用できる．伝統的なフランス式では，等量の小麦粉とバターを鍋に入れて丁寧に加熱する．水分を飛ばしてしまった後は，小麦粉がまだ白い状態，きつね色になった状態，またはかなり茶色がかった状態のいずれかになるまで炒める．

**風味，色，分散性の向上**　小麦粉粒子を脂肪で覆って熱い液体中に分散しやすくするほかにも，ルーには次の三つの効果がある．まず，小麦粉の生の穀物臭を消してまろやかなロースト臭をだすことである．色が濃くなるほどロースト臭は強まる．次に，色をつけることである．ロースト臭が生じるのは炭水化物とタンパク質の褐変反応によるわけだが，その同じ反応によって生じる色自体も，ソースの色に深みを与える．

　最後に，熱によってデンプン鎖をある程度分断し，相互に新しい結合を作ることである．大まかに言うなら，長鎖や分岐鎖が分解されてできた短い断片が，別の分子上の側鎖になる．短い分岐鎖は長鎖に比べてトロミはでにくいが，冷えるとき互いに結合して連続した網目構造を

形成するのも遅い．よって皿に盛ったソースが固まりにくい．ルーの色が濃いほど，デンプン鎖はこうした修飾を多く受けているので，同じトロミをだすのに多くの量を必要とする．つまり同量の液体に同じトロミをつけるには，濃い色のルーは薄い色のルーよりも多く使う必要がある．（ルーの工業生産では，デンプンの分散性と冷めたときの安定性を高めるため，「デキストリン化」と呼ばれる方法を用いる．乾燥デンプンを希酸または希アルカリと一緒に190℃まで加熱する．）

フランス以外で特にルーをよく使うのは，ニューオリンズの料理である．薄茶色からチョコレート色までさまざまな段階に小麦粉を炒め，単品のガンボーやシチューにも何種類かのルーを使って，風味に独特な深みをだしたりする．

■ 古典フランス料理のソースとデンプン

1902年にオーギュスト・エスコフィエによって体系化されたフランス料理では，小麦粉を使ってトロミづけする基本のソースは3種類ある．ストックをベースとしたブラウン・ソースとホワイト・ソース（エスパニョールとヴルーテ），そして牛乳をベースとしたベシャメルである．ルーと液体の組合わせはそれぞれに特徴的である．ブラウン・ソースは色づくまで炒めた野菜・肉・骨でとったストックを，これも色づくまで炒めた小麦粉のルーでトロミづけしてから煮詰める．ホワイト・ソースは色づけしない肉・野菜・骨でとったストックを，淡黄色のルーでつなぐ．ベシャメルは牛乳とルーを合わせるが，色が少しでも変ることは許されない．以上の3種類のソースを基本として，違った調味料やコクづけの材料を使って仕上げることにより，何十種類ものソースを作ることができる．

ストックにルーを入れた後は，ヴルーテは2時間，ブラウン・ソースは10時間ほどと，かなり長く煮込む．この間，水分が蒸発して風味は濃縮される．また，デンプン粒が溶けてゼラチン分子の間に分散するので，非常になめらかになる．ブラウン・ソースは特に見た目ではっきりとわかるので，長く煮込んでグルテンタン

---

### 最初に出版されたルーのレシピ

ルーのレシピが初めて出されたのは17世紀のフランスの料理本であると，長いこと思われていたが，ラ・ヴァレンヌより150年も前の時代にドイツのレシピが二つ存在する．そのうちの一つを以下に紹介する．このことから，デンプン系トロミづけとしてのルーが生まれたのは中世末期であると考えられる．

イノシシの頭の調理法，そのソースの作り方

イノシシの頭は水でよく煮る．十分に火が通ったら火床に置き，ワインをかける．すると，ワインで調理したようになる．この後，ブラック・ソースまたはイエロー・ソースを作る．初めに，ブラック・ソースを作る場合は，脂肪少々を熱して小さじ1杯の小麦粉を色づくまで炒め，ここによいワインとよいチェリー・シロップを加える．黒くなったら，砂糖，ショウガ，コショウ，クローブとシナモン，ブドウ，レーズン，そして細かく刻んだアーモンドを入れる．味見して好みの味にととのえる．

——*Das Kochbuch der Sabina Welserin*（サビーナ・ウェルゼリンの料理本），1533年，
ヴァローズ・アームストロング訳より

パク質を凝集させ，表面に浮き上がってきたところをトマトの固形分と一緒にすくい取る．

エスコフィエはソースの三つの特徴として，"明確な"味，流れず軽くなめらかなトロミ，そしてツヤのよさを挙げている．味は，上等なストックを作って上手く味つけすることで決まるが，トロミとツヤはトロミづけの仕方にかかっている．一般には，デンプンの粒子構造をほとんど無くし，浮かび上がる不溶性グルテンタンパク質をアクとしてすくい取るため，長い時間をかけて慎重に煮込む必要がある．ストックを使ったソースでは，ゼラチンもある程度のトロミをだすが，粘度の大半はデンプンによる．煮詰めた後のデンプン濃度は5％前後，ゼラチン濃度はおそらくその半分ほどである．

### 牛乳ベースのソース：ベシャメルと加熱ソース

ストックではなくて牛乳をベースに使ったソースは，より簡単に作れて失敗も少ない．初めから乳濁しているので，透き通るまで長く煮込む必要がない．デンプンでトロミづけした古典的な牛乳ソースがベシャメルであり，デンプンと牛乳のほかに，使うのは調味料とバターだけである．初めに，バターにデンプンを入れて数分間加熱する．このルーに牛乳を加えたら，30〜50分間煮込み，その間は表面に浮かんだ牛乳と小麦粉タンパク質の膜をすくい取る．肉ストックよりも牛乳の方がデンプンのトロミがでやすいが，これはデンプンが乳タンパク質と脂肪球の両方に結合して，こうした重い成分が流動性を妨げる網目構造の一部になるためとみられる．ベシャメルは中性的な風味なので用途が広く，さまざまに味つけして多くの食材に合わせることができる．トロミの強いもの（小麦粉6％）をスフレの下地にしたり，やや薄めのものをゼラチンに合わせたりと，目的に応じてトロミを変える．

合衆国ではコールスローなどのサラダに使われることの多い「加熱ドレッシング」だが，これに加える小麦粉は牛乳や生クリームにトロミをつけるだけでなく，乳タンパク質や卵タンパク質が酢で固まってザラつかないようにする働きもある．

### ■ グレイビー・ソース

アングロ・サクソン系のアメリカ家庭料理で，フランス料理のソースの流れを汲むのがグレイビー・ソースである．デンプンでトロミづけした代表的なロースト肉用ソースである．食べる直前に作られるもので，ロースト肉から出た肉汁に液体を足してのばし，小麦粉でトロミ

---

#### エスコフィエとその後のルー

エスコフィエは多くの点で伝統重んじる人物であったが，ストック・ベースのソースのトロミづけに，小麦粉でなく精製デンプンが使われる日を公然と待ち望んでもいた．

実際に，もし（デンプンが）ソースのまろやかさとビロード感をだすのに絶対に必要だとするなら，純粋なものを使うほうがずっと単純である．最短の時間でよい状態にすることができ，長い間火にかけておかなくてもよくなる．したがって，そう遠くない将来，ルーに入れる小麦粉が純粋な形のデンプンへと取って代わることは大いにあり得る．

だが今でも，古典的なソースを支持する人々は小麦粉を忠実に使い続けている．

づけしたものである．肉汁には脂肪や焦げた固形物が含まれ，これがグレイビーの風味と色をだす．まず，脂肪を別の容器に移し，鍋を"デグラッセ"する（少量の水，ワイン，ビール，ストックなどを加えて鍋底の焦げつきを落とす）．鍋にこびりついていた褐変反応産物が液に溶け，かなり濃厚な風味となる．デグラッセした液を別の容器に移した後，脂肪の一部を鍋に戻し入れ，同量の小麦粉を加え，小麦粉の生の風味がなくなるまで炒める．デグラッセした液体を戻し入れ（小麦粉大さじ1～2杯に対して1カップほど），トロミがつくまで数分間加熱する．

　グレイビーは食べる直前に作られ，デンプン粒が壊れるほど長くは煮込まないので，ダマがなくても一般にキメは粗い．なめらかなソースとはかなり違った重い食感で，特に濃いものはパンに近い．よりなめらかにするには，炒めた小麦粉にデグラッセした液の一部を加えた後，デンプン粒が糊化・膨潤して濃いペーストになったら激しく攪拌し，デンプン粒の塊をつぶして分散させるとともに，細かく砕く．その後で残りのデグラッセ液を加え，均一に分散してよいトロミがでるまで弱火で煮込む．

## 植物粒子でトロミをつけるソース：ピューレ

　トマト・ソースやアップルソースなどは，ただ果実や野菜をつぶしただけだが非常においしいソースである．果実や野菜をつぶす（ピューレにする）と，細胞からは汁がでる．そこに小片となった細胞壁などの組織が分散して流動性が下がるので，ある程度のトロミがでる．ナッツやスパイスをつぶしても汁はでないが，液体に加えればある程度吸水し，乾燥した細胞片が液体の流れを妨げるのでトロミがでる．

　少し前までは，ピューレを作るにはまず加熱して植物組織を軟らかくした後，すり鉢でつぶすか，目の細かい漉し器で漉すことが多かった．生のままでピューレにするのは，完熟した軟らかい果実やつぶれやすいナッツだけだった．今はミキサーやフードプロセッサーなどの強力な調理器具があるので，どんな果実や野菜や種子でも，生でも調理済みでも，簡単にピューレにすることができる．

### ■ 植物粒子：キメが粗くトロミは弱い

　ほかのトロミづけの方法と比べると，ただのピューレを使ったソースはキメが粗く，液が分離しやすい．植物細胞壁の固形断片は，炭水化物やタンパク質の分子が何千何万と集まった塊である．個々の分子が液全体に細かく分散したとすれば（ゼラチンやデンプンの分子などのように），ずっと多くの水分子を結合し，互いに絡まり，小さいので舌に感じられることもないだろう．しかし植物細胞の破片は幅が0.01～1 mmほどあるので，舌ざわりがザラついた感じで，分子が水を結合し流動を妨げるのに比べるとかなり効率が悪い．細胞粒子は一般に細胞

---

### 食物用語：puree（ピューレ）

　果実，野菜，動物組織などを十分につぶしたものをpureeと呼び，その語源は"純粋"を意味するラテン語のpurusである．イギリスでは，同じ語源から派生したフランス語の動詞purerを借用した．purerには"純化する"という一般的な意味と，水に浸しておいた豆から余分な水を切るという特殊な意味があった．水を切った豆は加熱してつぶされたので，そのつぶした豆の感じがほかのピューレの原型になったと思われる．

液よりも密度が高く，いずれは沈んで液と分離する．撹拌せずに加熱すると，底の方にある自由水が，密度の高い固形粒子層を通って上へ移動し表面に溜まるため，分離が早まる．

あえて口当たりのよいなめらかさをださないソースもある．組織片をそのまま残して，果実や野菜そのものの食感を強調する．メキシコのトマト・サルサやトマティーヨ・サルサ，漉さないクランベリー・ソース，アップルソースなどがその例である．

**ピューレのテクスチャーを洗練する**　ピューレ本来のキメの粗さをなくすには，固形の植物細片，もしくはそれを取り巻く液体に手を加える．

**植物砕片を細かくする**　植物細片をなるべく細かくする方法がいくつかある．

- ピューレにする作業自体は物理的な圧搾または剪断であり，植物組織を破砕してトロミをだす分子を放出する．効率が一番よいのはミキサーやすり鉢である．フードプロセッサーはつぶすよりも切るような形になる．細かなピューレを作るには，ミキサーを使っても数分以上かかる．
- 漉し器やガーゼを使って漉せば，大きな粒子が除かれ，細かい目を通る際に粒子はさらに小さく砕かれる．
- 加熱すると細胞壁が軟らかくなるので，より小さく砕くことができる．また，長鎖炭水化物が細胞壁から遊離して水相に移るため，デンプンやゼラチンと同じように個々の分子として粘性を高める．
- ピューレを冷凍してから解凍すると，氷の結晶で細胞壁が傷つき，より多くのペクチンやヘミセルロース分子が液相中に放出される．

**分離を防ぐ**　ピューレのトロミを強めるには，連続相の水分を減らしてもよい．一番簡単な方法は，ピューレをそのまま煮詰めることである．弱火にかけ，分離液がなくなるまで煮込む．ピューレの新鮮な風味を残したいときは，液だけを取って捨ててしまうか，別に煮詰めてから固形分に戻し入れる．果実や野菜をつぶす前に水分を減らす方法もある．たとえば，トマトを半分に切ってオーブンで半乾燥させるなどである．

ほかの材料を加えて，ピューレの砕片によるトロミを補うこともできる．たとえば，乾燥スパイスやナッツ，小麦粉，デンプンなどである．

### ■ 果実や野菜のピューレ

果実や野菜はどんなものでもつぶせばソースになる．ここでは，よく使われるピューレについて簡単に述べる．

**生のピューレ：果実**　一般に，生のピューレには果実が使われる．果実に含まれる成熟に関わる酵素が内部から細胞壁を分解するので，果肉をそのまま口に含んだだけでピューレ状になることも多い．このように軟らかくなるのは，ラズベリー，イチゴ，メロン，マンゴー，バナナなどである．生のピューレは，砂糖やレモン汁，香りのよいハーブやスパイスを加えて風味づけするのが普通だが，風味が変わりやすい．ピューレにすると細胞の内容物が混じり合い，空気中の酸素にも触れることになるので，すぐに酵素反応や酸化がはじまる（加熱するトマトピューレについては後述参照）．こうした変化をなるべく抑えるには，ピューレを冷やして化学反応を遅らせるのが一番よい．

**生のピューレ：ペスト**　イタリア料理の「ペスト・ジェノベーゼ」は，バジルの葉をピューレにしたものである．オリーブ油も含まれるので一部乳化している．pesto（ペスト）は pestle（すり棒）と語源が同じで，バジルの葉とニンニクをつぶすのには，昔からすり鉢とすり棒が使われてきた．これには時間と労力がかかるので，今はミキサーやフードプロセッサーを使う

のが普通である．調理器具の種類や使い方によって，食感や風味も違ってくる．すり棒による圧搾・剪断，ミキサーによる剪断，フードプロセッサーによる裁断，それぞれに細胞の壊れ方が違う．細胞がより完全に破壊されるほど，細胞の内容物が混じり合って酸素に触れるので，風味が高まる．粗く刻んだだけのペストは，生のバジルの葉の風味に近い．

**加熱ピューレ：野菜，アップルソース**　野菜のピューレは多くの場合，最初に野菜を加熱調理して組織を軟らかくし，細胞をバラバラにし，トロミづけに関わる分子を放出させる．細胞壁に可溶性ペクチンが多く含まれるものは，ピューレにするときに軟らかくなった細胞壁砕片からペクチンが外に出てくるので，特になめらかなピューレになる．ニンジン，カリフラワー，唐辛子などがその例である（唐辛子ピューレに含まれるペクチンは細胞壁固形分の75%ほどになることもある）．多くの根野菜や根茎野菜（ニンジンは例外）にはデンプン粒が含まれており，加熱すると野菜の水分がかなり吸収されるので水っぽさが少なくなる．ただし，このような野菜は細胞を壊さないようにそっとつぶすのがよい．あまり強くつぶして糊化デンプンが出てしまうと，粘りが強くなりすぎて，まるで糊のように糸を引くベタベタの状態になってしまう．

果実は熟せばある程度軟らかくなるが，食感や風味や保存性をよくするために加熱することも多い．よく知られたものにアップルソースがある．ある程度のキメの粗さを残しつつ，しかもザラついて見えないように作られる．細胞同士の付着性はリンゴの品種によって違い，さらに貯蔵期間によっても変わってくる．アップルソース用の軟らかい品種の大半は，時間が経つほどキメ細かいピューレになるのに比べ，マッキントッシュ品種のピューレはキメが粗い．

**トマト・ソース：酵素と温度の重要性**　西洋で，そしておそらく世界中で最もよく知られる野菜ピューレと言えばトマト・ソースとトマト・ペーストである．トマトの固形分は，約3分の2が糖や有機酸などの風味成分，20%が何らかの粘性をもつ細胞壁炭水化物（セルロースが10%，ペクチンとヘミセルロースがそれぞれ5%）である．合衆国で市販されているトマト・ピューレは，トマトに含まれていた水分を全部残したものもあれば，3分の1程度に減らしたものもある．トマト・ペーストは，トマト・ピューレを煮詰めて水分をもとの5分の1以下に減らしたものである．したがって，トマト・ペーストには風味，色，トロミ成分が濃縮されている．（乳化安定剤としての効果も高

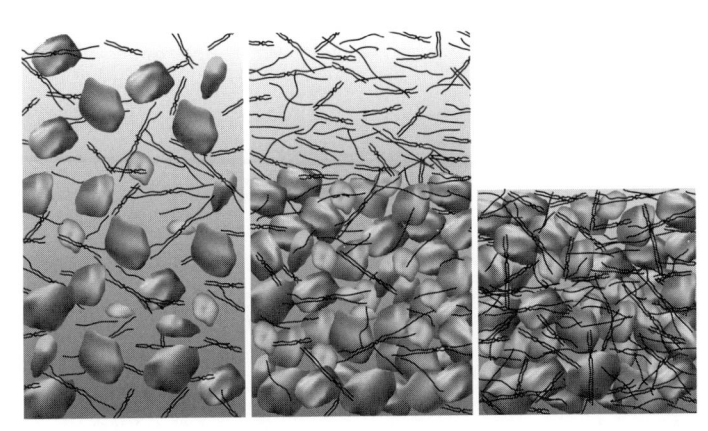

果実や野菜のピューレ．植物組織を粉砕すると表裏が逆転し，細胞液が放出され，細胞壁やその他の構造が壊れて粒子となる．ピューレは植物粒子や分子が水中に漂っている状態である（左）．そのまま静置すると多くの場合，大きな砕片が底に沈んで分離する（中央）．ピューレを煮詰めて余分な水を飛ばせば，分離もしないしトロミも強まる（右）．

い，p.608参照．）

トマト・ピューレには，最終産物の食感や風味に影響するようないくつかの調整方法があり，食品科学者は大量生産されるトマト・ピューレについてこれを明らかに示してきた．一般的なことはほかの果実・野菜のピューレにも当てはまる．

**トマトの酵素とトロミ**　トマト・ピューレの最終的なトロミは，除いた水分量だけでなく，中～高温での加熱時間によっても変わってくる．完熟トマトは，細胞壁中のペクチンやセルロース分子を分解して果肉を軟らかくする酵素活性が非常に高い．トマトをつぶすとこれらの酵素と酵素の標的分子とが混じり合い，細胞壁構造の分解がはじまる．生のピューレをしばらく室温に置いておくか，ペクチン分解酵素の変性温度（80℃付近）よりも低温で加熱すると，細胞壁を強化している成分の多くが酵素分解される．その結果，放出される分子のおかげでピューレのトロミが著しく増す．

しかし，この後加熱して水分を飛ばし濃縮すると，すでに酵素作用を受けた分子が高温で分解されてさらに小さくなってしまい，トロミづけ効果が弱まる．したがってトマト・ペーストにトロミをつけるためには，かなり煮詰めなくてはならない．もしそうではなくて，生のピューレを沸点近くまで急加熱すると，あまり煮詰めなくてもトロミのあるソースができる．熱によりペクチンやセルロースの分解酵素は変性・失活するが，同時に細胞壁も破壊される．

ただしこの場合，煮込んで濃縮する間に細胞壁から液相に出てくるペクチンは高分子なので，トロミづけ効果が高い．

**トマトの酵素と風味**　トマトの酵素には，トロミに影響するもののほかに，風味に影響するものもある．風味に関して言えば，最初からある程度の酵素活性があるほうが望ましい．完熟トマトの風味に重要となる新鮮な「青葉臭」の成分（ヘキサナール，ヘキサノール，p.266）は，鍋や口の中で果実組織がつぶされることにより脂肪酸が酵素分解されて生じる．早く加熱して沸騰させるとこの新鮮な風味は最小限に抑えられ，一方，生のピューレを室温に置いたり（たとえばメキシコ料理のサルサ）ゆっくり加熱したりすれば，風味分子は多くなる．家庭では，トマトを半分または四つ割にして低温のオーブンで水分を飛ばしてから，比較的短い加熱時間でトマト・ソースを作ることも多い．この方法だと酵素と標的分子があまり混じり合わず，細胞が比較的そのままの状態に保たれるので，青葉臭もあまりでない．

「エストラット」と呼ばれるイタリアの伝統料理がある．これは新鮮なトマトをある程度煮詰めてから，オリーブ油少々を混ぜ込んでペースト状にし，それを板に塗ってから天日干しして乾燥させたものである．これは，加熱調理よりは比較的"穏やかな"方法と言われることが多く，確かにペクチン分子の損傷はやや少ないと思われる．しかし，実際には，光に弱いさまざまな分子（トマトの赤い色素で抗酸化物質の

### トマトのトロミ成分

| | 総固形分<br>（重量%） | ペクチンおよびヘミセルロース含量<br>（重量%） |
|---|---|---|
| 生のトマト | 5～10 | 0.5～1.0 |
| 缶詰のトマト・ピューレ | 8～24 | 0.8～2.4 |
| 缶詰のトマト・ペースト | 40 | 4 |

リコピン，オリーブ油の不飽和脂肪酸など）が，破壊力の強い紫外線にさらされる．エストラットが独特の加熱臭をもつのはこのためである．

■ トロミづけとしてのナッツとスパイス

　種子やその他の乾燥した植物素材のなかで，単独でソースになるのは油脂分の多いナッツ類だけである．このようなナッツをつぶして「ナッツ・バター」にすると，油脂が流動性の連続相を形成し，細胞壁の細片やタンパク質に対して潤滑油の役割を果たす．ただし多くの場合，液体も含めたほかの材料を混ぜる．ナッツ成分は複雑な懸濁液の一部となって固形粒子も油脂もトロミを与え，油脂は微細な油滴となって乳化する．中東および地中海地域では古くから，「ロメスコ」（赤唐辛子，トマト，オリーブ油）や「ピカーダ」（ニンニク，パセリ，油）といったソースのトロミづけにアーモンドが使われてきた．アジアの熱帯地域ではココナッツが使われており，スパイスやハーブと一緒につぶして，肉・魚・野菜料理のソースに加えられる．

　ナッツなどの種子やスパイスを細かくつぶしたものが液体ソースのトロミづけになるのは，水分の非常に少ない粒子が吸水して，ソースの水分が減るからである．同時に，粒子自体も膨張して大きくなり，液体の流動性を妨げる．インドのソースには，ターメリック，クミン，シナモンなどの乾燥スパイスが，風味づけおよびトロミづけの両方の目的で使われる．コリアンダーの種皮は繊維質で吸水性が高いので，特にトロミがつきやすい．スペインやハンガリアのソースには，乾燥唐辛子（パプリカ），つぶしたナッツ，スパイス，そしてマスタードもよく使われる．スパイスのなかにはトロミづけ成分を出すものもある．イエメンの「ヒルベ」というソースはゼリー状だが，これはフェヌグリーク種子から出る粘性物質による．ササフラスの葉を乾燥させて粉末にした「フィレ」は，ルイジアナ料理のガンボーに使われるが，フィレから出る炭水化物は，やや糸を引くような粘性を与える．

■ 複雑な混合物：インドのカレー，メキシコのモレ

　アジアやメキシコで作られるピューレ・ソースは特に複雑かつ洗練されている．インド料理やタイ料理のカレー・ソースは，細かくつぶした植物組織（北インドではタマネギ，ショウガ，ニンニク，南インドやタイではココナッツ），そしてさまざまなスパイスやハーブを使う．これらの材料を熱した油で炒める．水分がほとんど飛んで植物固形分が十分濃縮され，ソースに粘り気がでて油が分離するまで炒め続ける．炒めることによってソースに火が通り，生の風味は消えて新しい風味が生まれる．この後，水を少し加えて薄め，主食材を入れて煮る．メキシコのモレ・ソースもほぼ同じような作り方だが，ベースになるのは水で戻した乾燥唐辛子である．カボチャなどの種も使う．唐辛子にはペクチンが多く含まれるため，モレはアジアのカレーよりもなめらかでキメ細かい．カレーもモレも，口の中に広がる味わいは非常に素晴らしい．

## 油滴や水滴でトロミをつけるソース：乳化液（エマルション）

　ここまでみてきたソースは，タンパク質分子，デンプン粒やデンプン分子，植物組織片や細胞壁成分などの細かな固体粒子を液体中に分散させてトロミづけしたものであった．これとはまったく違う方法として，水性溶液に油滴を分散させてトロミをつける方法がある．油滴は水分子に比べると巨大で動きが遅く，水分子の動きを妨げるため，全体としてとろりとクリーミーな感じになる．ある液体が別の液体中に分散したこのようなものを「乳化液（エマルション）」という（p.606）．emulsionという言葉は，"搾乳する，搾り取る"という意味のラテ

ン語からきており，もともとはナッツなどの植物組織から搾り出される乳状の液をさした．乳，生クリーム，卵黄などは天然の乳化液であり，乳化液のソース（乳化ソース）にはマヨネーズ，オランデーズ・ソース，ブール・ブラン，油と酢で作るサラダ・ドレッシングなどがある．現代料理では，乳化液の基本原理があらゆる種類の液体に応用されている．メニューの料理名にも「エマルション」という表現が使われていることがある．

乳化ソースは料理としてはやや難しい．固形物でトロミづけしたソースとは違って，乳化液は基本的に不安定である．ボールに油と少量の酢を入れて泡立て器でかき混ぜると，酢が油の中で液滴となる．だが，酢はすぐ底に沈んで合一し，数分後には油と酢が再び分離してしまう．本質的に反発しあう二つの液体を乳化させるだけでなく，再び分離しないようにする必要がある．

## ■ 乳化液の性質

乳化液を形成できるのは互いに溶け合わない2種類の液体だけであり，二つの液体は混じり合ってもそれぞれ独自の特性を維持する．たとえば，水分子とアルコール分子は自由に混じり合うので乳化液を形成しない．料理のソースだけでなく，化粧品のクリーム，床や家具のワックス，塗料の一部，アスファルト，原油などはいずれも油と水の乳化液である．

**二つの液体：連続と分割** 乳化液を作る二つの液体は，容器とその中身のような関係である．一方の液体が細かく分かれて液滴となり，もう一方の液体がそのままの状態で液滴を包み込んでいる．要するに，「水中油滴型」エマルション（乳化液）とは連続した水相に油が分散したもの，「油中水滴型」はその逆である．分散する液体は，直径 0.01〜0.1 mm の微小な液滴となっている．光は連続相を透過する際に液滴によって散乱されるので，乳化液は白濁して見える．

連続相中に液滴が密に存在するほど，分子や液滴の動きは多く妨げられるので，粘性も高くなる．ライト・クリーム（低脂肪）は，体積の約20％が脂肪滴，80％が水相である．ヘ

### 食品エマルションにおける油と水の割合

| 食品 | 水を100としたときの油の割合 |
|---|---|
| 水中油滴型 | |
| 全乳 | 5 |
| ハーフ・アンド・ハーフ | 15 |
| （クリームに同量のミルクを加えたもの） | |
| ライト・クリーム（低脂肪） | 25 |
| ヘビー・クリーム（高脂肪） | 70 |
| 3分の1に煮詰めたヘビー・クリーム | 160 |
| 卵黄 | 65 |
| マヨネーズ | 400 |
| 油中水滴型 | |
| バター | 550 |
| ビネグレット（フレンチ・ドレッシング） | 300 |

ビー・クリーム（高脂肪）は脂肪滴が体積の約40％を占める．半固体状の硬いマヨネーズでは，油滴が体積の80％近くを占める．分散する液体が多いほどトロミは強まり，連続相の液体が多いほど液滴の間隔が離れるのでトロミは弱まる．2種類の液体のどちらが分散相でどちらが連続相かを頭に入れておくことが大切である．

乳化ソースはほとんどの場合，水中油滴型である．以下に述べるとおり，水が連続相，油が分散相となっている．

**乳化液の形成：表面張力に打ち勝つ**　乳化液を作るには労力を要する．誰でも経験があると思うが，ただ水と油を一つのボールに入れても2層に分離するだけで，一方が微滴になって他方に混じり込むことはない．化学特性が原因で二つの液体が混じり合わないのであれば，互いに接触が最小限となるよう自然配置されるものだからである．小塊に分かれるよりも大きな塊になったほうが，他方の液体に接する表面積は小さい．表面積を最小限に保とうとする，こうした液体の性質は「表面張力」と呼ばれる．

**さじ1杯から何百億個もの液滴を作る**　表面張力に逆らって液体を分散させるにはエネルギーが必要である．乳化ソースを作るには，液体本来の一体構造を粉々にしなければならない．大さじ1杯（15 mL）の油をマヨネーズに混ぜ込む場合，ごく小さいものならば約300億個もの油滴に分割することが可能である．泡立て器や手動ミキサーなどを使っても，頑張れば1 mmの3/1000ほどの粒径まで小さくできる．電動ミキサーはこれよりやや小さめ，強力な業務用ホモジナイザーでは1 mmの1/1000にまで小さくできる．液滴が小さいほど，互いに融合して2層に分離してしまうことも少ないので，液滴の大きさは重要である．また液滴が小さいと，トロミが強く滑らで，風味も高いようである．これは表面積が大きいので，より多くの芳香分子が放出され鼻に達するためである．

小さい液滴を作りやすくするには，二つの要因がある．一つは連続相の粘度であり，粘りが強いほど液滴を引っ張り，泡立て器からの剪断力が多く伝わる．瓶に入った水の中に少量の油をたらした場合，油滴は大きくてすぐに合一する．逆に粘度の高い油に少量の水をたらしてみると，水は小滴となって，濁りはなかなか消えない．したがって，できるだけ粘度の高い連続相から乳化作業をはじめ，乳化した後にほかの材料を加えて希釈するのがよい．

小さな液滴を作りやすくする二つ目の要因は，乳化剤の存在である．

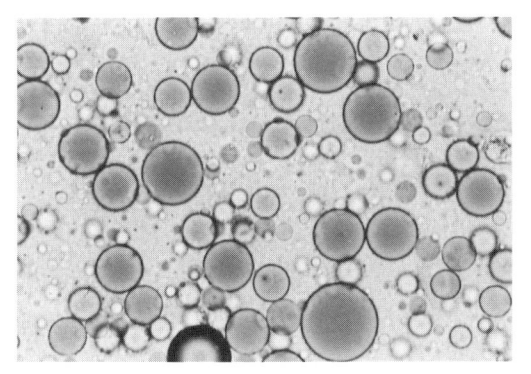

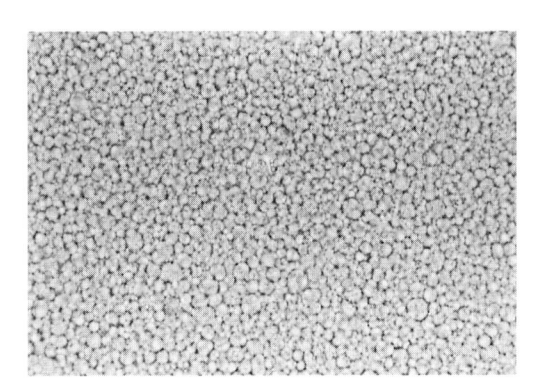

マヨネーズの状態：マヨネーズ作りの二つの段階を光学顕微鏡で観察したところ．卵黄1個を加えた水に，大さじ1杯の油を加えて撹拌すると，大きくて不均一な油滴がまばらに分散した乳化液となる（左）．大さじ8杯まで油を加えて乳化させた状態では，小さな油滴が密に詰まった半固形の乳化液になる（右）．乳化剤および安定剤として機能する卵黄タンパク質が，強い物理的圧力に耐えられるほど十分に作用しなければ，油滴が合一して一つの層になり分離してしまう．

**乳化剤：レシチンとタンパク質**　乳化剤は分散相となる液体の表面張力を弱めるので，液滴が細かくなりやすく，よって乳化液はなめらかでクリーミーなものとなる．乳化剤が油滴表面を覆い，連続相液から遮断する．つまり乳化剤は本当の意味でのリエゾン（p. 575）であり，二つの互いに相容れない液体のそれぞれに対し，部分的に可溶性でなくてはならない．乳化剤は1個の分子上に二つの異なる領域，親水性領域と疎水性領域をもつ．

　乳化剤として機能する分子は二つに大別できる．一つは卵のリン脂質レシチンに代表されるグループで，脂肪に似た尾部と荷電した頭部をもつ比較的小さい分子である．尾部が油相に潜り込み，頭部が水分子に引き寄せられる（p. 774）．もう一つのグループはこれより大きなタンパク質である．アミノ酸の長い鎖の上にさまざまな親水性領域と疎水性領域が多数存在する．卵黄タンパク質や牛乳や生クリームのカゼインタンパク質などは，特に優れた乳化剤である．

**安定剤：タンパク質，デンプン，植物細片**　乳化剤は乳化液を作りやすくするが，できた乳化液は必ずしも安定でない．いったん乳化液が形成しても，油滴が密に詰まっている場合には互いに衝突・接触し，表面張力によって再び合一する．幸いなことに，形成した乳化液を安定化する分子が数多く存在する．いずれも，接近する油滴間に割り込むという共通した特性をもつ．タンパク質のように大きくてかさのある分子は安定剤としての効果が優れ，デンプン，ペクチン，ガム（ゴム），そして粉砕した植物組織片なども安定剤となる．挽いたホワイト・マスタード種子は，砕片に加えて，水に濡れると放出される粘質性のガム成分のおかげで，特に安定効果が高い．トマト・ペーストには細胞砕片のほかにタンパク質も多量に含まれ（3％前後），乳化剤としても安定剤としても有効である．

## ■ 乳化ソースを上手く作るには

**乳化液を作る**　乳化液を作るということは，いつの時代も，料理人にとっても化学者にとっても大変なことであった．1921年にある化学者が書いているが，当時の薬学書では「乳化液の作り方に関しては複雑な詳細に満ちて」いたという．以下の二つの例が引用されている．「もし右回りに攪拌をはじめたのであれば，ずっと

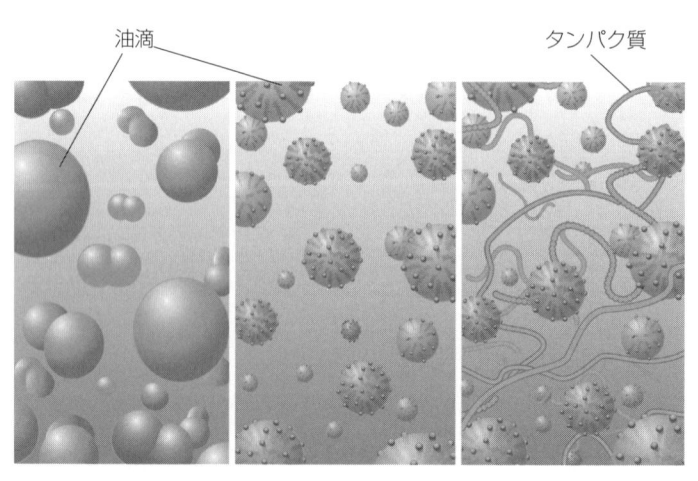

不安定な乳化液と安定な乳化液．油と水は相容れず，互いに均一に混合しない．油を水に注いでかき混ぜても，油滴は融合し合って水層の上に油層となって分離しやすい（左）．乳化剤は油になじむ尾の部分と水になじむ頭の部分をもつ分子である（p. 774）．長い尾部が油滴中に潜り込み，荷電した頭部が周囲の水に突き出した状態をとる．このようにして乳化剤に覆われた油滴同士は，合一する代わりに反発し合う（中央）．デンプンやタンパク質などの大きな水溶性分子は，油滴同士が近づくのを妨げることにより乳化液を安定化する（右）．

右回りに攪拌し続けなければならず，さもないと乳化液は形成しないであろう．本によっては，左利きの人は乳化液を作れないとするものまであるが，これは少々ばかげている．」乳化液がそのうち油と水に分離してしまうのではないかという不安は，常につきまとう．料理中に乳化液が分離することもあるが，ほとんどの場合は次の三つの原因のいずれかによるものである．分散相を連続相に入れてゆくスピードが速すぎたか，分散相が多すぎたか，ソースの温度が高すぎたり低すぎたりしたか，である．

乳化ソース一般に当てはまる基本的な作り方のポイントを以下に挙げる．

- 初めにボールに入れる液は連続相，普通は水をベースにした材料である．そこには何らかの乳化剤や安定剤が入る．常に分散相を連続相へ加えてゆく．逆にすると分散しない．
- 泡立て器やミキサーで激しく攪拌しながら，分散相を初めはゆっくりと加えてゆく（ほんの少しずつ）．乳化液が形成してある程度の粘性がでた後は，油を加えるスピードをやや速める．
- 二つの液相の量のバランスを保つ．乳化ソースは多くの場合，分散相が連続相の体積の3倍を超えない．連続相中の液滴が互いに接触するほど高密度になれば，合一しやすくなる．乳化液が硬くなったら，連続相液を加えて液滴間の間隔をあける．

**初めはゆっくりと**　乳化液を作るときは，初めに少量の分散相をゆっくりと慎重に加えてゆくが，その理由は簡単である．油をほとんど入れていない初期の段階では，攪拌していても大きな油滴が泡立て器の動きを避けて，表面に集まりやすい．加えた油が十分乳化する前にさらに多量の油を加えると，未乳化の油が水より多くなってしまう．そうすると油が連続相となり，本来連続相であるべき水が分散し，連続相と分散相が逆転したトロミのない油っぽい乳化液ができる．最初のうちは油を少量ずつ加えて攪拌することで，細かな液滴を保ちながら増やしてゆく．十分に乳化した後は，残りの油を多めに加えても，すでに形成している液滴が研磨剤のように働いて，後から加えられた油は同じように細かい粒に自動的に粉砕される．ソース作りの最後のほうでは，油を直接泡立て器で細かくする必要はなく，加える油を液滴の"研磨剤"に均一に混ぜ込むだけでよい．

**乳化ソースの使用と保存**　乳化ソースが上手くできたところで，基本的な使い方のポイントが二つある．

- ソースを熱くしすぎないこと．高温ではソース内の分子や液滴の動きが非常に活発になり，液滴の衝突が激しくなって合一する可能性がある．卵を使った乳化ソースは60℃より高温になるとタンパク質が凝固し，乳化剤・安定剤としての機能が失われる．食卓に出すまで弱火で温めておくような場合にも，水分が飛ん

---

### 乳化スープ，ブイヤベース

　ブイヤベースはプロバンス地方の魚のスープで，ゼラチンのトロミと乳化作用を利用している．香りのよいブロスにオリーブ油を加え，ここにまるごとの魚や切り身魚をいろいろ入れる（なかには身よりも骨が多くてゼラチンが豊富な魚もある）．グツグツと煮立たせながら，油が液滴となってゼラチン層に覆われ安定化すれば，できあがりである．ゼラチンのトロミに，乳化した油滴のクリーミーさが加わる．

で油滴の分散密度が高くなりすぎることがある．したがって，加熱乳化ソースを作るときは熱いというよりも温かい温度をずっと保ち，できあがったばかりの熱々の料理にかけてはいけない．

- ソースを冷たくしすぎないこと．低温では表面張力が高まり，隣り合う液滴が合一しやすい．乳脂肪は室温で固化し，また油脂のなかにも冷蔵庫内で固化するものもある．尖った脂肪の結晶が液滴表面の乳化剤層を破壊するので，かき混ぜたり温めたりすると液滴が合一し分離する．冷蔵しておいた乳化液は，使う前に再乳化させなければならないことも多い．（市販のマヨネーズに使用されている油脂は冷蔵温度でも固化しない．）

**分離したソースを再乳化させる**　ソースの乳化が壊れ，分散相の液滴が一体化してしまったときには，再乳化させる方法が2通りある．一つは，単にソースをミキサーにかけて，機械の力で再び分散させる方法である．一般にソース中の乳化剤および安定剤がそのままの形で多く残っている場合にはこの方法が使えるが，卵ソースを加熱しすぎてタンパク質が凝固してしまった場合には使えない．二つ目のより確実な方法は，少量の連続相を用意し，できれば乳化・安定作用のある卵黄を加え，分離したソースを慎重に加えてゆくというものである．もし加熱しすぎてソース中のタンパク質が凝固してしまっていた場合，再乳化させる前にタンパク質の塊を漉し取っておく．そうしないと，再乳化の作業でタンパク質粒子は漉し取ることができないほど小さくなるが，舌にザラつきが残る．

## ■ 生クリームやバターのソース

生クリームとバターは，それ自体がすでにソースと言えるもので，さらに手を加える必要はない．実際に生クリームやバターは，後味の残るまろやかな食感と芳醇かつ繊細な風味が，ソース一般の原型ともなった．小さな器に入れた溶かしバターにロブスターやアーティチョークの葉を浸して食べる，新鮮なベリーやパイに生クリームをかける，といった素晴らしい組合わせがある．しかし生クリームやバターは用途の広い食材であり，ソース作りにもさまざまに使われている．

**牛乳と生クリームの乳化液**　生クリームの用途の広さは，牛乳が原料であることと関係している．牛乳は水を連続相とした複雑な分散液であり，分散相は微小液滴（脂肪球）の形をとる乳脂肪，そしてカゼイン凝集体の形をとるタンパク質粒子である（p. 19）．乳化剤（レシチン様リン脂質とある種のタンパク質）の薄層が液滴を覆い，ほかの非カゼインタンパク質が水中に浮遊する．脂肪球膜も種々のタンパク質も熱に強いため，普通の牛乳や生クリームを沸騰させても脂肪球の凝集，タンパク質の凝固，およびカード化は起こらない．

全乳は脂肪分が4％ほどしかなく，脂肪球の密度が低くて水分子の動きを妨げるほどではないため，トロミは感じない．生クリームは牛乳の一部だが，脂肪球が濃縮されている．脂肪分はライト・クリーム（低脂肪）が約18％，ヘビー・クリーム（高脂肪）やホイップ・クリームが約38％である．脂肪分が多いことに加えて，生クリームにはタンパク質や乳化剤分子も多く，これらは分離しやすい乳化液の安定化に役立つ（ブール・ブラン）．

**ヘビー・クリームはダマになりにくい**　牛乳や生クリームに含まれるカゼインタンパク質は，沸点でも安定だが酸には弱く，熱と酸の組合わせで凝固する．たとえば，炒め鍋をワインでデグラッセするなど，風味豊かな酸性材料を使ったソースは多い．したがって実際には，ソースに牛乳や生クリーム製品（ライト・クリームやサワー・クリームなど）を入れて加熱することはできない．コクをだすため最後に入れる，というような使い方をする．ヘビー・クリームとクレーム・フレーシュは例外で，カゼインが少ないので凝固しても目立たない（p. 29）．

**煮詰めた生クリーム**　別の液体（肉のソース，デグラッセ液，野菜ピューレなど）にコクとトロミをだすためヘビー・クリームを加えると，脂肪球が希釈されてトロミは弱まる．生クリームを使ってトロミを強くだすには，煮詰めて連続相の水分を飛ばす．生クリームの体積が3分の2に減ると，脂肪球の濃度は55％に達し，デンプンで軽くトロミづけしたような状態となる．半分まで煮詰めると脂肪球が体積の75％を占め，半固形と言えるほどにトロミが強まる．このように煮詰めた生クリームを薄い液体に混ぜ込むと，脂肪球が全体に行きわたってかなりトロミがつく．生クリームを煮詰めてトロミをだすのは，たとえば炒め鍋をデグラッセした後などの仕上げ間際にもできる．デグラッセ液に生クリームを加えてから，適当なトロミがでるまで煮詰めればよい．

**ソース作りにクレーム・フレーシュを使う**　煮詰めた生クリームには不便な点がいくつかある．調理に時間がかかりあまり目を離せない，加熱臭がつく，脂肪分が多すぎてソースによっては味のバランスが悪くなる，などである．代わりに使いやすいのは，ヘビー・クリームの一種で，煮詰めるのでなく発酵によってトロミのついたクレーム・フレーシュ（p.48）である．乳酸菌の作り出す酸が水相中のカゼインタンパク質を凝固させて，水の動きを妨げる網目構造を作る．細菌株によっては長鎖炭水化物分子を分泌して，水相の粘度をさらに高めるうえ，安定剤としても機能する．煮詰めた生クリームの代わりにクレーム・フレーシュを用いれば，煮詰めなくてもいいし，脂肪分もさほど多くなく，風味も新鮮である．タンパク質含量が少ないので，サワークリームが凝固する温度でも固まらない．

**バター**　原料の生クリームと同じく，バターも乳化液である．ただし水ではなく油が連続相となる数少ない食品エマルション（乳化液）である．実際に，バターを作るときは水中油滴型エマルションを油中水滴型に"反転"させる（p.32）．攪乳後に無傷で残った脂肪球も合わせた連続相の油が体積の約80％，分散相の水滴が約20％を占める．バターが溶けると重い水滴が底に沈んで分離する．溶かしバターのトロミは乳脂肪のトロミである．これは，長い脂肪分子は必然的に水よりも流動性が低く粘性なためである．溶かしバターも，その水分を除いた精製バター（澄ましバター）も，簡単でおいしいソースである．水分が飛んで乳固形分が褐色になるまでバターを熱すると，脂肪にナッツ臭が加わる．フランス料理の「ブール・ノワゼット」（ヘーゼルナッツ色のバター）と「ブール・ノワール」（黒いバター）は，こうした焦がしバターである．それぞれレモン汁と酢を加えて，一時的な乳化液とすることが多い．

**コンパウンド・バターとホイップド・バター**
バターの半固形状の硬さと基本的な濃厚さを利用したものがある．一つはつぶしたハーブ，スパイス，魚卵やレバーなどを混ぜ込んだ「コンパウンド・バター」と呼ばれるもの，もう一つは風味のよい液体を加えて軟らかく泡立て，空気を含む乳化液にした「ホイップド・バター」である．いずれも，肉や魚や野菜やパスタの上に少量のせて溶かしたり，ソースの仕上げに混ぜ込んだりする．

**バターを生クリームに戻す：バターでソースにコクをだす**　生クリームから作られたバターは，また生クリームに戻ることもできる．この乳化液に変わるという便利な性質は，注目に値する．簡単なデグラッセなども含めたさまざまなソースに最後のコクづけとしてバターが使われる理由，そして「ブール・ブラン」（白いバター）というソース作りの原理にもなっている．バターを脂肪分約80％の生クリームに変えるためには，少量の水からはじめるだけでよい．バターだけを溶かすと連続相は初めからずっと脂肪のままで，水滴はその外にはじき出される．ところが少量の水にバターを加えて溶かすと，初めの連続相は水である．脂肪分子が水に溶け出すにつれ，水およびバター中の水滴に

含まれる成分が脂肪分子を覆って，それが調理液に溶け込む．水滴には乳タンパク質や，もとの生クリーム中で脂肪球を覆っていた膜成分の名残（乳化作用あり）が含まれる．これらのタンパク質やリン脂質残留物が，水に溶け出す脂肪表面に再会合して，脂肪滴のひとつひとつが保護皮膜に覆われ，水中油滴型エマルションが形成される．ただし，こうして作られる油滴皮膜はもとの脂肪球膜に比べるとまばらで壊れやすく，60℃近くに温まると脂肪が漏れ出す．

このようなわけで，水を主体にしたソースなら，最後にバターを1かけ加えて混ぜ合わせるだけで，トロミとコクがでる．ゼラチンやデンプンなどをほとんど含まない鍋に残った汁に最後にトロミをつけるときなどは特に便利である．デグラッセ液に体積で3分の1ほどのバターを加えると，ライト・クリームに近いトロミ（および脂肪分）になる．このとき，壊れやすい油滴皮膜を傷つけないよう，火から下ろしてからバターを加える．

ピューレやデンプンを使ってトロミづけしたソースに少量のバター（または生クリーム）を加えると，固形のトロミ成分に対して潤滑油のような働きをするので，なめらかさが増す．乳化を安定化する分子や粒子が多く含まれているので，沸騰するまで加熱しても油滴が壊れて分離することはない．

**ブール・ブラン**　フランス料理の「ブール・ブラン」は，調理液にバターを入れてコクをだしたところから発展したと思われる．ブール・ブランは，まず酢やワインを煮詰めて，そこにバターを混ぜ込む．バターには新しくソースを作るための材料がすべて含まれているので，味の好みと必要に応じて好きな量を入れればよい．ブール・ブランは濃い生クリームのようなトロミがあり，トロミを強めたい場合にはいったん乳化液としてから精製バター（水を含まない）を加えるとよい．バターの水分中に含まれていたリン脂質とタンパク質のおかげで，もとの乳脂肪分の2〜3倍の量を乳化できる．

ブール・ブランは約58℃以上になると乳脂肪が分離しはじめる．しかし，乳化剤であるリン脂質は熱に強く，保護皮膜を再び形成することができる．ソースを加熱しすぎたときは，少量の冷水を加えて激しくかき混ぜれば，普通はもとに戻る．さじ1杯の生クリームを加えれば，乳化成分が増えるのでブール・ブランはより安定になる．一番悪いのは，体温より冷たくしてしまうことである．乳脂肪は30℃付近で結晶化し，それが乳化剤の薄膜に穴をあけてしまう．すると，油滴は融合し，脂肪が連続した網目構造を作るので，ソースを再び温めると分離してしまう．ブール・ブランは52℃前後に保つのが理想的である．この温度では水が蒸発し，脂肪相が濃縮されすぎることもあるので，長く保温するときは，ときどき水を少し加えるとよい．

**ブール・モンテ**　ブール・ブランによく似た「ブール・モンテ」（調理したバター）は，酢やワインでなく水を使った味のないブール・ブランである．ブール・モンテにほかの材料も合わせた中で，食材をポーチする．水に比べると脂肪は熱伝導性と熱容量が低いので，同じ温度のブロスを使う場合よりもゆっくりと魚や肉を調理することができる．

## ■ 乳化剤としての卵

すでに述べたが，あらゆる種類の温製ソースのトロミづけに卵黄が使われる．卵黄タンパク質は加熱されると構造がほどけて，互いに絡み合い，網目構造を形成して液の流動性を下げる（p.586）．卵黄は乳化剤としても非常に優れている．卵黄自体が濃縮された複雑な水中油滴型エマルションであり，したがって乳化剤として機能する分子や凝集体がたくさん含まれているからである．

**乳化剤粒子とタンパク質**　さまざまな卵黄成分のなかでも，特に二つの成分が乳化剤としての機能が高い．一つは，低比重リポタンパク質（LDL，血中の「悪玉コレステロール」として

測定されるものと同一）である．LDL は，脂肪分子が中心となり，その周りを乳化剤タンパク質，リン脂質，コレステロールが取り囲んだ粒子である．無傷の LDL 粒子が，乳化剤として最も効果的なようである．卵黄中のもう一つの主な乳化剤粒子は，さらに大きな卵黄粒である．卵黄粒には，LDL と HDL（高比重リポタンパク質，いわゆる「善玉コレステロール」，LDL よりも乳化剤効果が高い），そして分散する乳化剤タンパク質ホスビチンが含まれている．卵黄粒は大きすぎて油滴表面を十分に覆うことができないが，中程度の塩濃度にさらされると LDL と HDL とタンパク質とに分離し，これらが乳化剤として非常に有効である．

**卵を使ってソースを乳化する**　卵黄は生のもの，そして温めたものが乳化剤として一番効果的である．冷蔵庫から出したばかりは，さまざまな粒子の動きが鈍く，脂肪滴を素早く完全に覆うことができない．卵黄を加熱するとタンパク質の構造がほどけて凝固し，柔軟性のある表面被膜としての機能は失われる．乳化ソースには，生の卵黄でなくて硬ゆでの卵黄が用いられることもあるが，タンパク質はその場で凝固してしまっており，リン脂質は凝固した卵黄粒に捕捉されていると考えられるので，乳化剤としての効果はかなり弱く，卵黄のわずかなザラつきがでる．

では卵白はどうかというと，タンパク質濃度が低く，無脂肪の水性環境として設計されているものだから，脂肪滴の皮膜にはほとんどならない．しかし，卵白タンパク質は大きくて互いに緩く結合しているため，ある程度の粘性があり，乳化液の安定化に寄与する．

### ■ 冷製卵ソース：マヨネーズ

マヨネーズは，卵黄，レモン汁または酢，そして水を合わせたベースに，油滴を分散させた乳化液である．ベースにはマスタードを加えることも多く，マスタードには風味だけでなく乳化液を安定化する粒子や炭水化物も含まれている（p. 405）．マヨネーズはソースのなかでも油滴の密度が最も高く，体積の 80% 近くが油である．一般的には濃厚で流動性はあまりない．ピューレやスープ・ストックなどの水をベースとしたさまざまな液体で薄めて味つけしたり，ホイップ・クリームや泡立てた卵白を加えて軽さをだしたりする．マヨネーズは室温で作るので，冷たい料理につけ合わせることが多い．しかし卵黄タンパク質が含まれているので，加熱調理するとまた違った感じになる．ブロスに加えてさっと加熱すれば，トロミとコクがでる．魚や野菜の上に塗ってオーブンで焼けば，熱を和らげるうえ，風味よく膨らんで固まる．

伝統的なマヨネーズには生の卵黄を使うため，サルモネラ菌感染の危険性がないとは言え

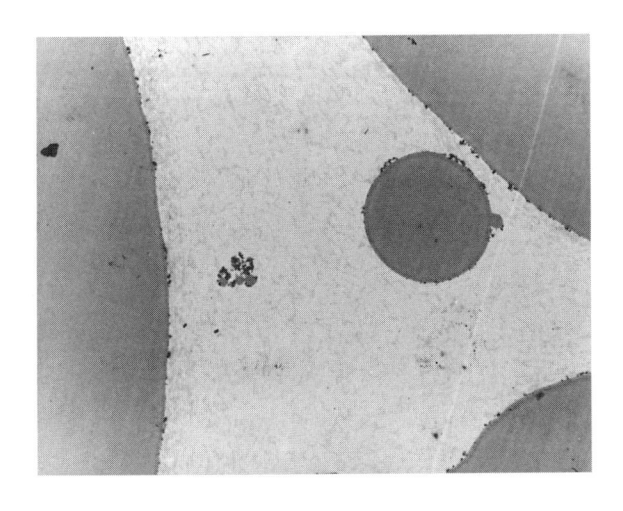

電子顕微鏡で観察したマヨネーズ中の油滴．卵黄に由来するタンパク質，乳化剤分子，凝集体が，大きな油滴の表面および間隙に見られる．これらが油滴同士の合一を妨げている．

ない．市販のマヨネーズには殺菌した卵黄が使われており，サルモネラ菌が心配であれば殺菌済みの卵も市販されている．酢にもエクストラ・バージン・オリーブ油にも殺菌効果があるものの，マヨネーズは腐りやすい食品として取扱い，すぐに食べきるか冷蔵保存すべきである．

**マヨネーズの作り方**　材料はすべて室温に戻しておく．温かいと卵黄の粒子の乳化剤成分が油滴表面に移動するのが早い．一番簡単なのは，油以外の材料（卵黄，レモン汁か酢，塩，マスタード）をすべて混ぜ合わせ，そこに油を混ぜ込んでいく方法である．初めはゆっくりと，乳化液のトロミがでたらやや早めに入れていく．しかし，より安定で小さな油滴を作るには，卵黄と塩だけを混ぜた中に油を少し加えて攪拌し，乳化液に硬さがでて薄めなければならなくなってから，残りの材料を加える．塩によって卵黄粒が個々の粒子へと分解し，より透明で粘度が増す．希釈しなければ，この粘度のおかげで油が小さな油滴になりやすい．

　油と卵黄の割合が重要で，卵黄1個分が乳化できる油は1/2〜1カップである，と料理本に書かれていることも多いが，これは正しくない．卵黄1個は10カップ以上の油を乳化することができる．本当に重要なのは，油と水の割合である．油滴の数が増えるにつれ，それを包み込むのに十分な連続相がなくてはならない．卵黄，レモン汁，酢，水，その他の水性の液を合わせた体積が，使用する油の約3分の1必要である．

**不安定なソース**　マヨネーズは油がぎっしり詰まっているので，油滴同士が押し合う状態にあって，極端な低温，熱，攪拌などが加わると乳化状態は簡単に壊れる．氷点に近い冷蔵庫に入れたり，熱い食品の上にかけたりすると，油がにじみやすい．こうした問題を改善するため，市販のマヨネーズには安定剤が添加されている．一般には長鎖の炭水化物かタンパク質を加えて，油滴のすきまを埋めている．アメリカの瓶入り「サラダ・ドレッシング」は，マヨネーズと，水の代わりに牛乳を使った加熱ホワイト・ソースとを掛け合わせた非常に安定なソースである．しかし，こうした加工製品は，本来の濃厚なクリーミーさとはかなりかけ離れている．冷蔵保存してあるマヨネーズは，油の一部が結晶化して油滴から分離していることもあるので，丁寧に取り扱う．もし油が一部分離してしまっていたら，静かにかき混ぜて再乳化させる．このとき水を数滴加えるとよい．

## ■ 温製卵ソース：オランデーズ・ソースとベアルネーズ・ソース

　古典的な温製卵ソースであるオランデーズ・ソースとベアルネーズ・ソース，そしてこれらのアレンジは，卵で乳化したバター・ソースである．マヨネーズと似ている点も多いが，熱くしてバターが溶けた状態を保つ必要がある．分散した油相の占める割合は一般に少なめで，

マヨネーズの作り方．少量の水相（主に卵黄）をベースとして，ここにゆっくりと油を混ぜ込んで油滴にしてゆく（左）．油が多く混ぜ込まれるほど，液はトロミを増し油はより小さな油滴になる（中央）．出来上がったソースは油滴が体積の80％ほどにもなり，半固形である（右）．

ソースの体積の3分の1〜3分の2である．オランデーズとベアルネーズの主な違いは風味つけである．オランデーズはレモン汁で軽く風味をつけるだけだが，ベアルネーズは煮詰めたワインの酸味と風味に，酢，タラゴン，エシャロットが加わる．

**熱でトロミがつき，凝固する**　温製卵ソースのトロミには以下の二つの要素が関係している．まず，使用するバターの状態と量である．普通のバターには水分が約15％含まれるので，入れる量が多いほど卵もソースも薄まる．精製バターは乳脂肪だけなので，入れる量が多いほどソースのトロミは増す．ソースのトロミに関係するもう一つの要素は，卵黄の加え具合である．温製卵ソースを作るときは，ちょうどよいトロミがでるまで卵黄を十分加熱しなければならないが，卵黄タンパク質が凝固してダマになったり，ソースが分離したりしないようにするのがコツである．卵黄タンパク質は70〜77℃付近で凝固する．熱湯に鍋底を浸けて湯煎加熱すれば熱も強すぎず均一に伝わるが，調理時間が長くなる．そのため，失敗しやすくても直火で短時間のうちに調理する人もいる．酸性材料を煮詰めたものを加えて卵黄を加熱すれば，凝固しにくい．ヨーグルトの酸度と同等のpH4.5付近では，卵黄は90℃まで加熱しても大丈夫である．（酸がタンパク質同士を反発させるので，互いに結合する前にタンパク質の折りたたみ構造がほどけ，凝固塊ではなく広がった網目構造が形成する．）サルモネラ菌が心配ならば，卵黄を70℃以上に加熱するか，殺菌済み卵を使用する．

**オランデーズ・ソースとベアルネーズ・ソースの作り方**　オランデーズとベアルネーズの作り方は少なくとも5種類あり，それぞれに長所と短所がある．

- 初めに卵と水ベースの材料を加熱してトロミをつけてから，普通のバター数片を泡立て器で混ぜ込んで，乳脂肪を乳化させるとともに連続相を希釈する．これはカレームの方法で，最初の卵液が少量なので加熱しすぎやすく，一番難しい．

## オリーブ油を使うとマヨネーズが"狂う"

マヨネーズはどんな種類の油を使っても作ることができる．なかでもよく使われるのは未精製のオリーブ油だが，マヨネーズが不安定になることも多い．上手く作っても1〜2時間後には分離してしまう．皮肉にも，この問題の一番の原因になるのは乳化剤としても機能する分子である．油分子が分解してできる断片が，脂肪に似た尾部と水溶性の頭部をもち，まるでレシチンのような形をしている（p.774）．こうした分解物がオリーブ油には蓄積しており，マヨネーズ作りで攪拌され油滴ができるとき油滴表面に移動して，より大きくて乳化剤効果の高い，卵黄由来の乳化剤成分を押し出してしまう．油滴が密に存在するため，油滴同士が融合して油が分離しやすい．

オリーブ油を使ったマヨネーズは時間が経つと分離することが，イタリアではよく知られている．ソースが分離することは"インパッツィーレ（狂う）"と表現される．古くて保存状態も悪かった油は，油が分解していると思われるので，マヨネーズ作りに使うと失敗しやすい．精製オリーブ油を使えばマヨネーズが分離しにくい．エクストラ・バージン・オリーブ油は風味づけに使う程度とし，油の大半はどんな種類でも風味のない精製油にすれば，"狂った"マヨネーズにならない．

- 卵黄と水ベースの材料を温め，普通のバターか精製バターを泡立て器で混ぜ込んでから，適度のトロミがつくまで加熱する．これはエスコフィエの方法で，ソース全体を直接加熱することによって最終的なトロミが調整できるという長所がある．
- 材料をすべて鍋に入れてから弱火にかけ，かき混ぜはじめる．材料が同時に温まりながら，バターが徐々に溶けて卵相へと移行する．泡立つソースをさらに加熱し続けて適度のトロミをつける．これが一番簡単な方法である．
- 卵黄は加熱しない．卵黄と水ベースの材料をバターの融点より高くなるまで温め，精製バターを泡立て器で混ぜ込んで，油滴によるトロミをつける．これは基本的にバター・マヨネーズと言えるもので，卵黄を加熱しすぎることはない．
- サバヨン（p.619）のバター・ソース版を作る．卵黄に水を加え，かき混ぜながら加熱してゆき，ふわりとした泡状にする．溶かしバターか精製バターをそっと混ぜ込み，レモン汁か煮詰めた酸を混ぜる．この方法では仕上がりがかなり軽く，卵黄に対するバターの割合も少ない．

バター以外の油脂を使ったり，煮詰めた肉汁や野菜ピューレで水相を風味づけしたりして，温製卵ソースを作ることもできる．

**温製卵ソースを温めておく，再生する** バター・ソースはバターが固まらないように温めておく必要があり，細菌の繁殖を抑えるため63℃前後が最適である．この温度では卵タンパク質同士がゆっくりと結合し続けるので，硬くならないようにときどきかき混ぜなくてはならない．水分が蒸発して脂肪滴が密集しすぎないよう，そしてタンパク質の膜が張らないよう，容器にはふたをする．

卵ソースが凝固してしまったら，タンパク質の塊を漉し取って全体を温め，卵黄1個と水大さじ1杯を合わせて温めたところに，漉したソースを少しずつ加え，かき混ぜる．冷蔵して乳脂肪が結晶化してしまった場合にも同じ方法

---

### 油の乳化液

マヨネーズは，今でこそ卵を使って乳化したソースに限定されるが，かつては必ずしもそうでなかった．風味のよい油の乳化液を形成し安定化させる方法はほかにもたくさんある．マヨネーズが考え出されたとされる頃から数十年後の1828年には，ソースを体系化した偉大なる料理人アントナン・カレームが「マニョネーズ・ブランシェ」の三つのレシピを発表しているが，そのうち卵を使っているのは一つだけである．残りの二つは，デンプンでトロミづけしたヴルーテまたはベシャメル・ソース，そしてゼラチンの多い子牛肉・骨の煮出し汁を煮詰めたものを使っている．これらは，ゼラチンや乳タンパク質（ベシャメル）が乳化剤，デンプンが安定剤として働いている．ハーブで風味づけしたイタリアの「サルサ・ヴェルデ（緑のソース）」のなかには，硬ゆで卵黄とパンでオリーブ油を乳化させたものもある．プロバンス料理の「アイオリ」やギリシャ料理の「スコルダリア」は，つぶしたニンニクとゆでたジャガイモを乳化させたもので，ニンニクやパン，フレッシュ・チーズなども使われる．これらの材料は，生の卵黄よりも乳化や安定化の作用が弱いので，乳化できる油の量が少なく油がにじみやすい．

で再生できる．単に温め直すだけでは，結晶が溶けて脂肪が分離する．

## ■ ビネグレット

**油中水滴型エマルション**　よく作られる簡単な乳化ソースは，油と酢だけのサラダ・ドレッシングである．フランス語で"酢"を意味する「ビネグレット」と呼ばれる．ビネグレットはレタスの葉やほかの野菜に絡みやすく，爽やかな酸味が味を引き立てる．油3に対して酢1の割合が基本となり，これはマヨネーズと同じだが，作り方は簡単である．食べる直前に，液体とほかの調味料（塩，コショウ，ハーブ）を合わせて振り混ぜて一時的に濁った乳化液にし，サラダにかけて混ぜる．この即席法で作ったビネグレットはちょっと変わっていて，油滴が水中に分散しているのではなく，水（酢）滴が油中に分散している．乳化剤がないと，水の3倍量の油を乳化できず，量の多い油が連続相となる．

ビネグレットでは連続相を油にする理由，乳化液の安定性を気にせずにすむ理由がいくつかある．多くのソースは大きめの食材の上にかけられるのに対し，油と酢の乳化液はサラダ・ドレッシングにほぼ限られ，レタスや切った野菜の広い表面積をごく薄く均一に覆うものである．したがって，とろりとクリーミーなソースより，あまりトロミがなく流動性のあるもののほうがよい．また，水性の酢は表面張力が強いので薄い膜にはならず，水滴状になってしまうのに対し，油は野菜の表面に付着しやすい．そして，かなり薄く広がるので，分散する液滴が特に安定でなくても問題がない．水と油は拮抗するので，ビネグレットを和える前にサラダ用の食材は十分に乾燥させる必要がある．水がついていると油をはじいてしまう．

**非伝統的なビネグレット**　今はビネグレットという言葉はかなり広い意味で使われており，酢が入った乳化ソースであれば，油中水滴型も水中油滴型も，冷製も温製も，サラダ・野菜・肉・魚どんな料理用も，ほとんどすべて含まれる．水中油滴型は油と水の割合を変えるだけで作れる．油を少なくし，酢にほかの水性材料を加え酸味を抑えつつ連続相の量を増やす．クリーミーだがトロミの弱い水中油滴型のビネグレットは広がりと絡みがそれなりによく，伝統的なビネグレットに比べてレタスが変色したり，しおれたりしにくいのが利点である．（レタス表面のクチクラワックス層が傷つくと，そこから油がしみ込んで葉の内部に拡散し，空気と置き換わって葉の色が悪くなり，組織構造も壊れる．）

創作的な料理では，風味豊かなオリーブ油やナッツ油，味のない野菜油や種子油，溶かしバター，温めた肉の脂肪（豚，アヒル）など，さまざまな油脂を使ってビネグレットが作られる．水相には野菜や果実のピューレや，肉汁や煮詰めたストックを加えたりする．乳化・安定の方法も，ミキサーで微粉砕したり，つぶしたハーブやスパイス，野菜ピューレ，マスター

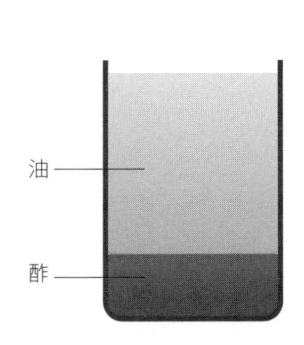

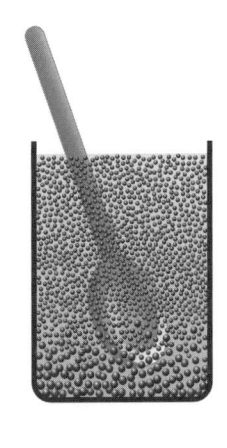

ビネグレット・ドレッシングの作り方．油と水の割合はマヨネーズとほぼ同じだが，ビネグレットでは水が分散相，油が連続相である．この乳化液は液滴の密度がだいぶ低いので，マヨネーズよりも流動性が高い．

ド，ゼラチン，生クリームを使ったりする．今やビネグレットは非常に用途の広いソースとなっている．

ビネグレットのように見える瓶入りサラダ・ドレッシングは一般に，安定性とトロミをだすためデンプンや多糖類増粘剤が使用されていて，低脂肪製品ではぬめりがある．

## 気泡でトロミをつけるソース：泡

乳化液と同様に泡もまた，一つの流体に別の流体が分散したものである．泡の場合は，流体が液体ではなくて気体であり，分散粒子は液滴ではなくて気泡である．それでもソース中では気泡が液滴と同じように働く．すなわち，水分子を邪魔して動きにくくすることで，ソース全体にトロミをつける．このほかに，気泡特有の性質が二つある．空気に触れる表面積が広いので芳香分子が鼻に達しやすくなるということ，そしてふわりとした軽さと儚さはどんな料理に合わせても，食感の対比が楽しめるということである．

泡を利用した伝統的なサバヨン・ソースは，卵黄を加熱すると同時に泡立て，安定な気泡の塊を作る．水をベースとしたどんなソースにも，ホイップ・クリームや泡立てた卵白を使って気泡を混ぜ込むことができる．しかし今日では，何らかの構造安定分子が溶解・分散してさえいれば，あらゆる種類の水ベースの液体および半固体を泡立てることができる．スペインのカタルーニャ出身の料理人フェラン・アドリアが先駆けとなって，タラ，貝類，フォアグラ，アスパラガス，ジャガイモ，ラズベリー，チーズ，その他あらゆる食材を泡立てるという，泡立ての技法が発展した．調理の煮汁やそれを煮詰めたもの，タンパク質やデンプンでトロミづけしたソース，搾り汁，ピューレ，乳化ソースなど，すべて泡を含ませることで軽くなる．そしてこれは食卓に出す直前にすぐに作れる．液をかき混ぜて泡立たせ，泡の多い部分をすくって料理に加えるだけである．

### ■ 泡立てと泡の安定化

泡を液体に混ぜ込み安定化させる方法はいくつかある．泡立て器や電動泡立て器は，液面を撹拌することにより空気を含ませる．エスプレッソ・マシンのミルクフォーム用のノズルは，水蒸気と空気の混合物を牛乳の中に吹き入れる．ホイップ・クリーム用の泡立て器具や炭酸水製造器は，加圧した二酸化炭素または亜酸化窒素の蒸気を液体と混合する．液体中に何らかの分子が溶解・分散していれば，それが空気と液体の境界面に集まって気泡膜の補強になる．

しかし，境界面の分子が安定な層を形成しない限り，この補強は一時的なものであり，気泡は長持ちしない．すなわちこれが，レシチンやタンパク質などの乳化剤の機能であり，乳化液中で油滴が安定化する仕組みと同じである．乳化剤分子の水溶性部分が気泡膜に，疎水性部分が空気に向けて並ぶ．一般に気泡は直径$0.1〜1$ mm程度と，乳化液中の液滴よりもかなり大きく，表面積を覆うために必要な乳化剤はごく少量である．普通は液重量の$0.1%$ほどでよい（1 Lに1 g）．

**泡の安定化** 液体にタンパク質や卵黄リン脂質がほどほどに含まれていれば，泡立てると驚くほど膨らみ，流れ出したり沈んだりしない硬さになる．しかし，数分も経てば泡がはじけてしまうことも多い．空気と水は密度の差が大きいので，泡をそのまま置いておくと，気泡が上昇するのと同時に気泡膜の液体は重力によって逆に引っ張られる．つまり，気泡膜からは液体が流れ落ち，また蒸発によっても水分が失われる．いずれは表面の気泡が乾燥し，空気$95%$，液体$5%$ほどになると，気泡膜が薄くなりすぎてもたず，気泡がはじけてしまう．

こうした泡全体の不安定さを抑えるのは，乳化ソースを安定にするのと同じ材料である．水分子の自由な動きを妨げ，液が流れ落ちて気泡膜が薄くなるのを遅らす．ピューレに含まれる

微細粒子，タンパク質，デンプンやペクチンやガム（ゴム）などの増粘炭水化物，それに乳化した脂肪なども含まれる．遊離油脂は泡をつぶしてしまう．油脂は化学的に水よりも空気と親和性が高いため，空気との境界面に広がり，乳化剤成分の定着を邪魔するからである．だが，卵黄や卵黄ベースのソースなどのように油脂が乳化されていれば，油滴は水相に分散したままなので，かえって気泡膜から液体が流れ落ちるのを防ぐことができる．

**熱で安定化する泡：サバヨン**　フランス語のsabayon（サバヨン）は技法と料理の両方をさし，その語源はイタリア語のzabaglione（サバイオーネ；ワインの入りの泡立てた甘い卵黄ソース，p.111）である．卵黄にはタンパク質とリン脂質が多く含まれるが，それだけでは水分が足りないのでうまく泡立たない．水を加えて泡立てると，驚くほど泡立つが，これは一時的なものである．加熱しながら泡立てると卵黄タンパク質の折りたたみ構造がほどけ，互いに結合して，とろりとした安定な網目構造ができあがる．こうして作られるのがサバヨンで，水の代わりにブロスや果汁やピューレなど風味のついた液を使う．これと同じ方法で，卵で乳化させた温かいバター・ソースを作ることができる．この場合は，最後になるべく泡をつぶさないようにそっとバターを混ぜ込む．（泡の表面に広くバターが分散するので，バターを泡立てる必要はない．ビネグレットがレタスの表面に広がるのと一緒である．）泡立てた卵黄中のタンパク質は50℃前後でトロミがつき，それよりかなり高温になると，凝固して分離することがある．よって，サバヨンを作る際は直火ではなく湯煎を用いることが多い．

# 塩

sauce（ソース）という語は，"塩"を意味する古代語がラテン語を経たものである．塩は原始的な調味料であり，人類の祖先が食物を塩で味つけすることを学ぶ何十億年も前から，地球上に存在していた．塩は調味料として重要だが，それだけではなく，この本に出てくるほぼすべての料理に使われている材料である．チーズ，塩漬け肉・魚，野菜の漬物，ゆで野菜，醤油，パンなど，それぞれの食品を作る際の塩の役割については，各章で述べている．ここから数ページは，塩そのものに関しての説明である．

**塩の効力**　塩は，我々が口にするほかのどんな物質とも異なる．塩化ナトリウムは簡単な無機物で，植物でも動物でも微生物でもなく，海から採れる．究極的には岩石の中に含まれていたものが浸食して海に溶け込んだものである．塩は必須栄養素であり，塩が無ければ我々の身体は成り立たない．五つの基本の味覚のうちの一つ，塩味をもつ天然物質は塩だけであり，食物の多くは塩で味つけされる．塩は味の増強剤や改良剤でもあり，塩を一緒に摂るとにおいの印象が強まったり，苦味の感じ方が弱まったりする．純粋品を食卓に置き，食事中に各人の好みに合わせて料理に加えるという，数少ない食材の一つである．

　salt（塩）が語源となったものには，sauce（ソース）やsalad（サラダ；やや苦味のある葉を食べやすいように塩で味つけしたという意味）のほかに，sausage（ソーセージ）も含まれる．ソーセージにおいて塩は，単なる味つけ以上の働きをしている．基本的な化学的性質のおかげで，塩はほかの食材に対して有益な変化をさまざまにもたらす．塩化ナトリウムが水に溶けると，荷電した単一原子（正に荷電したナトリウムイオンと負に荷電した塩素イオン）に解離する．これらの原子はどんな分子よりも小さく，運動性も高いので，食品内に簡単にしみ込んで，タンパク質や植物細胞壁などに有益に作用する．どんな物質でも高濃度ならば，浸透圧により生きた細胞から水を引き寄せる（濃度の低い細胞液中から水が細胞の外に出て，内外の不均衡が緩和される）ので，食品中に塩が十分含まれれば腐敗菌の増殖が抑えられ，風味を

だす無害菌（耐塩性）の増殖が促される．よって，塩には食品を保存する作用と風味を高める作用がある．

塩は驚異的な食材である．古代より塩は不可欠なものと認識され，それは日常的な言葉にも組み込まれている"salary"（サラリー）はローマ時代に兵士の給料を塩で支給していたことから；"worth his salt"（給料に値する，有能な）；"salt of the earth"（地の塩，模範となる人格者）などの慣用句がある）．またフランス革命から1930年のガンジーの塩の行進まで，塩をめぐっては，政府専売，課税，民衆の暴動などが起きている．

### ■ 製塩

人類は前史時代より，海岸や内陸の塩堆積層から塩の結晶を採取していた．古代の海底隆起により海水が隔離され，水分が蒸発して塩化ナトリウムの塊ができた．それがのちの地質学的過程により地中に埋もれたものが岩塩堆積層である（なかには数億年前の堆積もある）．19世紀までは，主に食品の保存と風味づけのために塩が作られていた．現在はあらゆる種類の工業生産，そして冬期の道路凍結防止剤としても塩が大量に使用され，塩自体が工業生産されている．今では，岩塩の多くが溶解採鉱法で採取されている．岩塩層に水を注入して塩を溶かし出し，その塩水を減圧槽で蒸発させて結晶化する．海水塩の製造は，温暖で乾燥した地域では今も天日塩田でゆっくりと自然乾燥させているところもあるが，多くはより迅速な減圧蒸発を行っている．

**苦味のあるミネラルを除く**　塩は海水に由来するが，海水には苦味をもつ何種類かのミネラルがかなり含まれている（マグネシウムおよびカルシウムの塩化物や硫酸塩）．製塩工程において，これらのミネラルを除く方法は二つある．岩塩の製造では，塩水に水酸化ナトリウムを添加してマグネシウムとカルシウムを沈殿させる．海水塩の製造でも，同様の方法でミネラルを除くことができる．または，天日塩田でゆっくりと蒸発させると，塩化ナトリウムが結晶化する前に，カルシウム塩が不溶化して結晶・沈殿するので，これを分離することができる．塩化ナトリウムはマグネシウム塩よりも先に結晶化するので，塩の結晶を新しい塩水で洗えば，表面の微量なマグネシウム塩を除去できる．

**結晶の形**　現在は，食用の岩塩も海水塩も，塩水から水分を蒸発させて作られる．蒸発工程によって結晶の形が違ってくる．密閉槽内で塩水を急速濃縮すると，塩水全体で結晶化が起こり，小さく規則正しい立方晶が多数形成する．顆粒状の食卓塩がこれに当たる．しかし，一時的にでも開放槽や海辺の塩田でゆっくりと蒸発させ，主に塩水表面で結晶化が進むようにすれば，もろい中空のピラミッド型フレークに結晶する．オーブン料理などでは表面に付着しやすく，溶解も速いという利点がある．この形を壊さないためには，フレークが塩水の底に沈む前にすくい取る．沈んで底に溜まると，低精製海水塩（粗塩）によく見られるような大きな結晶塊となる．

結晶を集めて乾燥させた後は，顆粒塩もフレーク塩も，ローラーにかけて押し固め，さまざまな粒径や形に破砕される．

### ■ 塩の種類

世界中で生産される塩の約半分は海水，残りの半分は岩塩坑から採られている．合衆国内では95％が岩塩坑で採掘される．精製法によって違うが，食用塩の純度は98〜99.7％であり，固結防止剤が添加された食卓塩は一般に純度が低めである．

**顆粒の食卓塩**　顆粒状の食卓塩には，細粒，中粒，大粒（立方晶）があり，塩のなかでは最も高密度で溶けにくい．一般の食卓塩には，結晶表面が吸湿して固結するのを防止するために添加物が入っていることが多い（総重量の2％ほどまで）．ナトリウムやカルシウムのアルミニ

ウム化合物やケイ素化合物，二酸化ケイ素（ガラスやセラミックスの成分，p.761），炭酸マグネシウムなどが固結防止剤として使用されている．これらの添加物が乾燥しすぎて固結しないように，湿潤剤と呼ばれる成分が添加されることもある．固結防止剤の多くは塩よりも溶解性が低く，野菜のピクルスに使うと塩水が濁るので，ピクルス専用の塩として売られているものは固結防止剤を含まない．添加物は，それ自体の雑味がわずかに感じられることもある．

**ヨウ素添加塩**　多くの顆粒食卓塩，そして海水塩の一部も，ヨウ素欠乏症を防ぐためにヨウ化カリウムが強化されている（後述参照）．合衆国では1924年からヨウ素が添加されるようになった．ヨウ化物は酸に弱いので，ヨウ素添加塩には安定化のため微量の炭酸ナトリウムまたはチオ硫酸ナトリウム，そして砂糖が添加されている．塩素を含む水道水にヨウ素添加塩を溶かすと，ヨウ化物と塩素化合物が反応し，海藻のような独特のヨウ素臭がする．

**フレーク塩**　高密度の顆粒ではなく，平らに広がった形のフレーク状の塩である．フレーク塩は塩水の表面蒸発，または顆粒塩を機械でロール成形して作られる．イギリスの南部海岸地方で採れるマルドン海水塩は，幅1cmほどもある中空のピラミッド型結晶である．フレーク塩や低精製海水塩（粗塩）は大粒なので，つまんで量り入れやすい．食べる前に料理にフレーク塩を振りかけると，カリッとした歯ごたえとともに味が広がる．平らな結晶は立方晶のように固まらないので，同じ体積であれば顆粒塩よりもフレーク塩のほうが軽い．

**コーシャー・ソルト**　ユダヤ教の食事規定（p.140）に従って肉を調理するときに使用される塩である．粗粒状，時にフレーク状のもので，と畜解体したばかりの肉から血を抜く目的で振りかける．不純な物を除くという意図があるので，塩自体にヨウ素は添加されていない．比較的純度が高く手でつまみやすいことから，普通の料理にコーシャー・ソルトが使われることも多い．

**未精製海水塩**　農産物の生産と同じように作られる．塩田を管理して手入れを行い，時期が来れば収穫し，加工は最小限である．塩田の手入れとは海水を徐々に濃縮してゆくことで，5年近くかかる．ほとんどの場所では，収穫したばかりの塩は表面の不純物を洗い落としてから乾燥させる．未精製海水塩は表面に付着した微量ミネラル，藻類や耐塩性菌を洗い落とす手順を踏まない．したがって，微量の塩化マグネシウム，硫酸マグネシウム，硫酸カルシウムに加え，泥やその他の沈降物も含むので結晶は鈍い灰色を帯びている（フランスの未精製塩は「セル・グリ（灰色の塩）」と呼ばれる）．味覚成分や芳香成分は時に微量でも感じられるうえ，未精製海水塩は不純物として有機物や無機物を含むので，精製塩よりも複雑な風味をもつこともあるが，塩を加える食材の風味でわからなくなる程度である．

**フルール・ド・セル**　"塩の華"という名前が表すとおり最高級の優美な塩，フランス中西部の天日塩田で採れる塩のなかでも，特別なものである．湿度と微風に恵まれたときに塩田の表面にできる結晶で，沈んでしまう前にそっと表面からかき集められる（底には普通の灰色の塩が蓄積する）．フルール・ド・セルは繊細なフレーク状で，沈降物が付着していないため鈍い灰色ではない．独特の風味を加える微量の藻類や，その他の成分が含まれると言われる．芳香分子やほかの脂肪性成分が水と空気の境界面に濃縮されることを考えると，可能性はあるが，海水塩の芳香に関する研究は今のところあまり行われていない．製造には手間がかかるためフルール・ド・セルは高価で，調理用ではなく食卓で調味料（コンディメント）として用いられる．

**風味塩と有色塩**　塩味だけでなく，ほかの風味や綺麗な色のついた塩もある．風味塩には，セ

ロリ・シード粉末の入ったセロリ・ソルト，ニンニク乾燥顆粒の入ったガーリック・ソルトのほか，ウェールズ地方，デンマーク，韓国には燻製塩や焼塩などがある．インドの「ブラック・ソルト」は，挽くと灰色がかったピンク色で，未精製のミネラル分が豊富に含まれ，硫黄臭がする．黒や赤のハワイアン・ソルトは，普通の海水塩に溶岩や粘土や珊瑚の粉末を混ぜてある．

## ■ 塩と身体

**塩と血圧** ナトリウムイオンと塩素イオンは，人間の身体が正常に機能するために必須の成分である．細胞を取り巻く液体，「血漿」と呼ばれる，血液から血球成分を除いた液体中に主に存在し，細胞内のカリウムその他のイオンバランスを保っている．1日必要量は1g程度と推定されるが，運動量が多いほど汗で体液とミネラルを失うので必要量も多くなる．ほぼすべての加工食品に塩が含まれているため，合衆国における平均1日摂取量は必要量の10倍前後である．

医学的には昔から，塩の過剰摂取が日常的に続くと血管内の血漿量が過剰となり，血圧が上がって血管が損傷し，心疾患や脳卒中のリスクが高まると考えられてきた．しかし，高血圧の人が低塩食を続けても血圧はさほど下がらず，人によっては改善が見られない．しかも低塩食自体には，不適切な血中コレステロール値の上昇など，意外な副作用がある．現時点では，医薬的なもの以外で血圧に最も有効なのは，一般的な食事バランス（野菜，果実，カリウム豊富な種子類，カルシウム，その他のミネラルを多く摂る），そして循環器系全体を整える運動を行うことのようである．

**腎臓，骨，消化器系への影響** 血液中の過剰なナトリウムは，体内のさまざまな機能の調節に関わる腎臓で，吸収・排出されている．ナトリウム濃度が高いと，これらの機能に間接的な影響を及ぼす可能性がある．ナトリウム濃度が高いと骨のカルシウム流出が増え，カルシウムを多く摂取することが必要となり，また慢性腎疾患を悪化させるという証拠もある．

人間の身体は常に過剰の塩を希釈・排出しているが，塩分の多い食品を食べることにより，消化器系の細胞が損傷するほどの濃度にさらされる可能性もある．中国やアジアのほかの地域では，塩分の多い食事によっていくつかの消化器系癌のリスクが高まるという証拠がある．

**ヨウ素添加塩** 塩のなかには，健康上の利点が明らかなものもある．ヨウ素添加塩に含まれる微量のヨウ化カリウムは，甲状腺が正常に機能するために不可欠なミネラルの供給源である．

---

### 塩の物理的特性

塩は溶解していない限り，台所では普通固形のままである．室温の水には重さの約35％の塩が溶け込み，得られる塩飽和溶液は26（重量）％となる．その沸点は海抜0mで実際に約109℃である．

塩の結晶の大きさによって溶ける速さが違い，たとえば自己消化法（p.519）で作られるパン生地など水分の少ない食品に塩を加える際には大きく影響してくる．顆粒塩に比べてフレーク塩は4～5倍，微粒塩は20倍近く速く溶解する．

固体の塩の結晶は800℃で融解し，1500℃前後で蒸発する．薪の火や真っ赤な炭の温度では，塩が蒸気化してその上にある食材に薄膜として沈着する．

甲状腺は体内の熱発生，タンパク質代謝，神経系の発達を調節している．ヨウ素は塩素と化学的性質が似ており，海の魚，海藻，海岸付近で育った農作物や動物に多く含まれている．ヨウ素欠乏症はかつて内陸地方に多く，今も中国農村部では大きな問題である．ヨウ素欠乏症は，特に子供において身体的・精神的障害を生じる．

**塩と味覚：塩味の好み**　塩に対する感受性や塩味の好みは，人によって大きく異なる．これには，舌に存在する味覚受容体の数や感度の遺伝的相違，全般的な健康，年齢，経験など，いくつかの要因が関係している．若い成人の大半は，0.05％の塩溶液（1Lに小さじ1杯）の塩味を感じることができるのに対し，60歳より高齢の人は一般に，濃度が濃くないと塩味を感じなくなる傾向があり，その濃度が2倍になることもある．多くの人が中程度から強い塩味を感じる市販品のスープは，塩分が約1％（1Lに小さじ2杯），人間の血漿とほぼ同じ濃度である．なかには，海水の平均的な塩分と同じ3％ほどのものもある．

　塩は間違いなく必須栄養素であることから，人間が基本的に塩味を好むのは生得的なもののようである．特定の塩味の強さに対する好みは，繰り返し口にした経験と塩味への期待とを通して学習する．異なる強さの塩味にずっとさらされていれば，期待も変わる．ただしそれには普通2～4ヶ月ほど時間がかかるとも言われる．

# 第 12 章
# 砂糖，チョコレート，菓子

| | |
|---|---|
| 砂糖と菓子の歴史 | 626 |
| 　砂糖が作られる前：蜂蜜 | 626 |
| 　砂糖：アジアでのはじまり | 627 |
| 　西南アジアにおける最初の菓子 | 627 |
| 　ヨーロッパでは：スパイスと薬 | 627 |
| 　楽しみとしての菓子 | 628 |
| 　万人の楽しみ | 629 |
| 　現代の砂糖 | 631 |
| 糖の性質 | 632 |
| 　糖の種類 | 633 |
| 　甘味の複雑さ | 634 |
| 　結晶化 | 635 |
| 　カラメル化 | 635 |
| 　糖と健康 | 636 |
| 　代替甘味料 | 639 |
| 糖とシロップ | 641 |
| 　蜂蜜 | 641 |
| 　樹液から作られるシロップと糖： | |
| 　　メープル，シラカバ，パーム | 645 |
| 　テーブル・シュガー：砂糖キビおよび甜菜の砂糖とシロップ | 647 |
| 　コーンシロップ，グルコースシロップとフルクトースシロップ，麦芽シロップ | 654 |
| シュガー・キャンディーと菓子 | 657 |
| 　糖濃度の決定：シロップの加熱 | 657 |
| 　糖構造の決定：冷却と結晶化 | 659 |
| 　キャンディーの種類 | 663 |
| 　チューインガム | 669 |
| 　キャンディーの保存と腐敗 | 669 |
| チョコレート | 670 |
| 　チョコレートの歴史 | 670 |
| 　チョコレート作り | 673 |
| 　チョコレート特有の性質 | 677 |
| 　チョコレートの種類 | 679 |
| 　食材としてのチョコレートとココア | 682 |
| 　コーティング用と成形用の調温チョコレート | 684 |
| 　チョコレートと健康 | 687 |

　砂糖はありふれたものだが，食品としては特別な存在である．砂糖は純粋な感動であり，快楽の結晶である．人は誰も生まれながらにして甘味を好む．生まれて初めて経験する母乳の甘さ，それは生命のエネルギー源の味である．生命の根源に結びついた魅力ゆえに，砂糖や砂糖の多い食品はどんな食べものよりも人気があり，世界中で広く消費されている．数世紀前，まだ砂糖が希少で高価だった時代には，富裕層だけの贅沢品として食事の最後を盛り上げるものだった．今では砂糖も安くなって，手頃な価格の工業生産された菓子類がいつでも気軽に楽しめるようになった．生クリームと砂糖で作ったキャラメルや，ステンドグラスのかけらのよ

うな透明な飴など，昔ながらの心和む菓子もあれば，派手な色や変わった形，口の中でシュワっとはじけるもの，ヒリヒリするほどの酸味やスパイスが入ったものなど，数刺激的で目新しい菓子もある．

　台所では，砂糖は料理材料として広い用途に用いられる．甘味は五大基本味の一つであり，あらゆる種類の料理の味つけに砂糖が使われる．砂糖はタンパク質の凝固を抑制する効果があるので，パンや焼き菓子のグルテン構造や，カスタードや生クリームのタンパク質構造をゆるくする．砂糖の分子が壊れるまで十分に加熱すれば，おいしそうな色になり，風味も複雑になる．もはや甘さだけでなく，酸味や苦味や芳醇な香りが加わる．砂糖は造形できる素材でもある．いくらかの水分とともに高温で加熱すれば，クリーミーなものから軟らかめのもの，硬くて割れやすいものから岩のようなものまで，成形可能なさまざまな硬さになる．

　砂糖の話は甘く明るいだけではない．アフリカや南北アメリカの歴史において，砂糖の魅力は破壊的な力をもっていた．ヨーロッパ人の砂糖への渇望を満足させるため，これらの地域の人々は奴隷化された．現在では，より栄養のある食物に代わって砂糖が摂取されることで，現代の飽食病の間接的な原因となっている．多くのものがそうであるように，よいものはほどほどに楽しむべきなのかもしれない．脂肪もそうだが，加工食品は知らず知らずのうちに大量の砂糖を摂ってしまうことになりかねない．

　チョコレートもまた，南アメリカ原産の樹木種子を加工した造形可能なペーストであるが，500年ほど前にヨーロッパに伝わったときから砂糖とともにあり，ある意味で砂糖とは補完的な関係にある．砂糖は複雑な植物液から精製される単一分子であり，一方のチョコレートは味のない種子を発酵・焙煎して作られる何百種類もの分子の混合物である．我々が経験しうる味覚のなかで最も複雑なものの一つであり，しかも甘味という基本的かつ単純な要素を欠いている．これを補うのが砂糖である．

前史時代に蜂蜜を集める様子を描いた岩窟壁画．スペインのバレンシア地方にあるスパイダー洞窟（アラニア洞窟）で発見された壁画で，紀元前8000年にさかのぼる．野生の蜂の巣から蜜を採る2人の人物が描かれている．先頭の人（右側はその拡大図）が手にしているのは蜂の巣を入れるかごと思われる．エジプトでは紀元前2500年頃，人工的に作らせた蜂の巣を使って養蜂が行われていた．（H. ランサム，*The Sacred Bee*（聖なる蜂），1937年，からの再描）

# 砂糖と菓子の歴史

## ■ 砂糖が作られる前：蜂蜜

母乳の次に人間が経験した甘味と言えば，果実であったろう．たとえばデーツ（ナツメヤシ）など熱帯性果実のなかには，糖分が60％に達するものもあり，温暖性果実でも乾燥させると非常に甘くなる．しかし最も濃縮された天然の甘味は蜂蜜である．ある種の蜂が餌として巣に蓄えるもので，糖分は80％ほどに達する．バレンシア地方のスパイダー洞窟壁画に見られるように，人間は少なくとも1万年前から蜂蜜を採っている．エジプトの象形文字に粘土で作った巣を表すものがあることから考えても，蜂の"飼育"は4000年ほど前にさかのぼるとみられる．

我々の祖先がどのように蜂蜜を得ていたにせよ，蜂蜜は悦びと満足感を象徴するものとなり，現在知られている最古の文学にも優れた比喩がいくつか見られる．4000年前にシュメールの粘土板に刻まれた愛の詩では，花婿を"蜂蜜のように甘い"，花嫁の抱擁を"蜂蜜よりもおいしい"，寝室を"蜂蜜に満ちた"と表現している．旧約聖書には，約束の地が「乳と蜜の流れる場所」として何度か描かれている．雅歌（ソロモンの歌）のなかで，悦びに満ちた豊富さの比喩として用いられており，そこに出てくる別の花婿の聖歌には「その唇よ，私の伴侶よ，蜂の巣のような滴り，蜜と乳は舌の下にあり…」と詠われている．

古代ギリシャ・ローマ時代にも，蜂蜜は食物的，そして文化的に重要であり続けた．ギリシャ時代の儀式では死者や神々に蜂蜜を捧げ，デメートル，アルテミス，レアなどの女神たちは"melissai"と呼ばれた．ギリシャ語の"melissa"は，ヘブライ語の"deborah"と同じく，"bee（蜂）"を意味する．蜂蜜が高く評価されていたのは，その由来が謎めいていて，天国の一部が地上に落ちてきたものと信じられていたこととも関係していた．ローマ時代の自然歴史家プリニウスは，蜂蜜の本質について以下のような細かな推測を行っていておもしろい．

> 蜂蜜は空気からできる……夜明けに木々の葉が蜜の露に濡れているのがわかる……これは空の汗なのか，星の唾液のようなものなのか，あるいは空気中の水分が落ちてきたものなのか，いずれにせよ，蜂蜜にはこの世のものとは思えぬ大いなる悦びがある．

花と蜂がどのように関わって蜂蜜ができるのかが解明されたのは，それから1000年以上経ってからである（p.641）．実際に，蜂蜜作りは，人間が砂糖を作る方法の自然モデルである．我々もまた，植物の甘い汁を砂糖と水とに分ける．南アジアのヤシの木，北部森林のメープルやシラカバの木，南北アメリカのアガーベ

---

### 甘いマナ

旧約聖書の出エジプト記では，国を追われたイスラエルの民に神がマナを与えた．マナは「コリアンダー種子に似て白く，蜂蜜の入ったワッファーのような味」と表現されている．現在はマナと言えば，ある種の樹木や昆虫が分泌する甘い液をさす．中東では，タマリスクの木からマナが多く採れる．ベドウィン（アラブ系遊牧民）は朝に何キロかのマナを集めて，ハルヴァという砂糖菓子を作る．糖アルコールの mannitol（マンニトール，p.640）は，manna（マナ）から初めて同定・抽出されたことから命名された．

やトウモロコシの茎などから甘い汁が採れる．しかし糖分が一番多いのは，何といっても砂糖キビである．

## ■ 砂糖：アジアでのはじまり

現在の，いわゆる普通の砂糖（テーブル・シュガー）は，1100年頃までヨーロッパではほとんど知られず，1700年までは贅沢品であった．ショ糖の大量生産に初めて使われたのは砂糖キビ（*Saccharum officinarum*），丈7mほどのイネ科植物で，搾り汁中のショ糖含量が非常に高い（約15%）．砂糖キビは南太平洋のニュージーランドが原産で，前史時代の人間の移動とともにアジアへ伝わった．紀元前500年より前に，インドでは未精製の「粗糖」を作る技術が生まれた．搾った砂糖キビの汁を煮詰めて，周りにシロップのついた黒っぽい結晶の塊とした．紀元前350年までには，インドでは「グル」と呼ばれるこの黒っぽい塊に小麦粉，大麦粉，米粉，そしてゴマを合わせていろいろな形の菓子が作られていた（揚げることもあった）．2世紀ほど後のインドの医学書には，砂糖キビから作られたさまざまなシロップや糖が区別されている．そのなかには外側の黒っぽい部分を洗い流した結晶もある．これが最初の精白糖である．

## ■ 西南アジアにおける最初の菓子

砂糖キビと砂糖作りの技術は，紀元後6世紀頃にインダス川デルタ地帯から西方へと伝わり，ペルシャ湾の先端，そしてチグリス・ユーフラテス川のデルタ地帯にもたらされた．ペルシャでは，砂糖が料理材料として珍重されるようになった．このことが今も形として残っているのが「ジュエルド・ライス」と呼ばれるコメ料理で，大きな砂糖の結晶をふりかける．7世紀にはイスラム教アラブ人がペルシャを支配し，砂糖キビは北アフリカ，シリア，そして最後にはスペインとシチリア島にもたらされた．アラブ料理には，砂糖とアーモンドを混ぜたマジパン・ペーストに，ゴマやその他の材料を入れて煮詰めた「ハルヴァ」があり，バラの花びらやオレンジの花で香りづけした砂糖シロップがよく用いられた．砂糖菓子や砂糖細工はアラブ料理にはじまった．10世紀のエジプトの饗宴の記録には，砂糖で作った木や動物や城で飾りたてた，とある．

## ■ ヨーロッパでは：スパイスと薬

西ヨーロッパに初めて砂糖がもたらされたのは11世紀，聖地に遠征した十字軍によるものだった．その後間もなく，ヴェネチアがアラブ諸国から西洋への砂糖貿易の拠点となり，イギリスに初めて大量に輸入されたのは，現在知られているところで1319年のことであった．ヨーロッパでは当初，砂糖はコショウやショウガなどの異国の輸入品と同じように，調味料や薬として扱われた．中世ヨーロッパにおいては，砂糖は果実や花の砂糖漬けか，または経口薬のいずれかに使われた．キャンディーはささやかな楽しみとしてではなく，身体の調子を整

---

### 食物用語：sugar（砂糖）とcandy（キャンディー）

インドから中東を経てヨーロッパに渡った砂糖の歴史は，言語にもその軌跡を残している．英語のsugarは，砂利とか小さな塊を意味するサンスクリット語のsharkaraをまねたアラビア語からきている．candyは砂糖そのものを意味するサンスクリット語のkhandakahが語源である．

えるため薬剤師によって調合される「糖剤（confection）」としてはじまったのである（confectionは"混ぜ合わせる""調合する"とい意味のラテン語conficereからきている）．砂糖には医薬的な用途がいくつかあった．砂糖の甘さによって薬剤成分の苦味が和らげられ，薬が飲みやすくなった．溶解性と粘着性のおかげで，砂糖はほかの成分を混ぜ込む担体として優れていた．砂糖は硬い塊になるので，薬効成分が徐々に放出されることにもなった．そして砂糖自体の身体的効用として，熱発生と水分保持を促すことにより，ほかの食物の効用のバランスをとり，消化過程を助長すると考えられていた．トローチ剤，ドロップ剤，糖衣剤など，さまざまな甘い薬剤が今もよく使われている．

## ■ 楽しみとしての菓子

ヨーロッパで薬以外の目的で糖菓が作られたのは1200年頃，フランスのある薬剤師が，アーモンドに砂糖をコーティングしたのがはじまりだったと思われる．中世時代のフランスやイギリスの宮廷料理では，魚や鳥のソース，ハム，さまざまな果実のデザートや，生クリームと卵のデザートに砂糖が使われていた．チョーサーの『カンタベリー物語』に含まれるトパス卿の話は，14世紀の騎士道ロマンスのパロディーであるが，そのなかで「王の香辛料」としてジンジャーブレッド，リコリス，クミンなどと一緒に砂糖が挙げられている．15世紀にはヨーロッパの裕福層は，純粋な楽しみとして，また多くの食品の味を補うものとして，砂糖を味わうようになっていた．バチカンの司書プラチナが1475年頃に記した書では，砂糖はインドやアラビアのほかにクレタ島とシチリア島でも作られているとあり，さらに以下のように続く．

---

### 13世紀バグダットにおける飴細工とアーモンド

砂糖の優れた造形性を最初に探求したのは中世のアラブ料理であり，その例として飴細工とマジパンをここに挙げる．

#### ドライ・ハルヴァ

砂糖を水に溶かし，固まるまで煮る．皿から取り出し，軟らかい表面に注いで冷ます．先の丸まった鉄の棒をその塊に突き刺し，手で砂糖を延ばして棒の上まで引っ張りあげることを続ける．砂糖が白くなったら，もう一度表面に広げる．ピスタチオを練り込み，棒状や三角形に切り分ける．必要に応じて，サフランやバーミリオン（赤色顔料）で色づけする．

#### ファルダージ

砂糖1パイント（約473 mL）とアーモンド1/3パイントを合わせて細かく挽き，カンフル（ショウノウ）で香りをつける．砂糖1/3パイントをローズ・ウォーター1オンス（約28 g）に入れて弱火で煮溶かし，火から下ろす．冷めたら挽いた砂糖とアーモンドを加え，捏ねる．硬くしたいときは砂糖とアーモンドを足す．適当な大きさに丸めるか，メロンや三角の形などにする．皿にのせて食卓に出す．

——*Kitab al Tabikh*（料理の本），A. J. アーベリー訳より

かつては，砂糖は薬としてのみ用いられており，食物として言及されてはいない．我々が口にするもののなかに，砂糖でおいしくならないものはないのだから，大きな悦びを見逃していたのは確かである．溶かした砂糖を使えば，アーモンド……松の実，ヘーゼルナッツ，コリアンダー，アニス，シナモン，その他の多くのものが美しく変わる．そして砂糖は，それが覆っているものの中に入り込んでしまうかに見える．

**製菓の発達**　15世紀および16世紀には製菓の芸術性が高まり，非常に洗練された技術を用いて，見た目の美しさが追求されるようになっていった．溶かした砂糖を細い糸に紡ぎ，引き延ばしてサテンの輝きをだした．砂糖シロップのさまざまな状態と，それが各種の糖菓子作りに適当かどうかを見極める技術も確立された．17世紀までには，宮廷の菓子職人は，食卓全体のセッティングと膨大なデコレーションを砂糖で作るようになっていた．砂糖のハード・キャンディーはありふれたものとなり，糖菓子ごとにシロップ濃度を適切に調整するシステムが考案された．現在のシロップ濃度スケール（ボールースレッドークラック）の原型である（p.630, 囲み内）．

## ■ 万人の楽しみ

18世紀になると砂糖は入手しやすくなり，菓子だけを扱った料理本も見られるようになった．イギリスでは特に砂糖が好まれるようになり，紅茶やジャムに大量消費され，それが労働階級の原動力ともなった．1人当たりの年間消費量は1700年には2kgだったのが1780年には5kgに増加した．これに対しフランスでは，砂糖は主にプリザーブやデザートにだけ使用された．19世紀に甜菜糖の生産が増加し，砂糖菓子の調理・操作・成形は機械による自動化が進むと，誰でも安価なキャンディーが食べ

---

### ごまかすための砂糖

糖菓子が薬としてはじまったという事実は，現在使われている表現にも生きている．honey（蜂蜜）がほぼ必ず褒め言葉であるのに対し，sugar（砂糖）は両面の意味をもつことが多い．sugary words（甘い言葉），sugary personality（甘い性格）などは，ある種の計算高さと不自然さを連想させる．sugaring over（砂糖をまぶす）というのは，何かまずいものを甘いもので覆って隠すという意味合いがあり，薬剤師の調合に直結しているようにみえる．シェイクスピアは1400年頃すでに，"Gall in his breast and sugar in his face"（胸の中は苦く表情は甘い）という表現を用いている．ハムレットがオフェーリアに言った言葉である．

'Tis too much prov'd, that with devotion's visage
And pious action we do sugar o'er
The devil himself. (III.i)

よくあることだ．
献身的な顔つきと敬虔な態度をもって，
悪魔の心を砂糖で覆い隠してしまうというのは．（3幕1場）

られるようになり，創意工夫が促された．それは今も続いている．よく見かける現代的なキャンディーやチョコレートが生まれ，結晶化技術が洗練されたのは19世紀のことである．タフィー（taffyまたはtoffee；砂糖と糖蜜を混ぜたものをさすクレオール語から），そしてヌガー（nougat；"ナット・ケーキ"をさす俗ラテン語から）などの語が生まれたのも19世紀初めである．ファッジをはじめ，中心がセミソフトまたはクリーミーなキャンディーの基本材料となるフォンダン（fondant；"溶ける"という意味のフランス語から）は，1850年頃に考案された．現在あるキャンディーの多くは，ボンボン，タフィー，フォンダンなどが変化したものである．

**砂糖産業の隆盛**　18世紀にヨーロッパでの砂糖消費量が爆発的に増加したのは，西インド諸島の植民地支配，および何百万人というアフリカ人の奴隷化による．コロンブスは第2回航海に出発した1493年に，ヒスパニオラ島（現在のハイチとドミニカ共和国）に砂糖キビを持ち込んだ．1550年頃までには，スペインとポルトガルが，多くのカリブ諸島，西アフリカ沿岸部，ブラジル，メキシコを支配しており，砂糖を大量に生産していた．17世紀にはイギリス，フランス，ドイツによる植民地支配がこれに続いた．1700年には，毎年1万人ものアフリカ人がポルトガル植民地のサン・トメ（西アフリカの島）を介して南北アメリカに奴隷貿易されていた．奴隷制度を著しく拡大させる推進力となったのは砂糖産業だけではないが，砂糖産業が主力となったのは確かであり，アメリカ南部の植民地にも砂糖産業および綿花プランテーションが導入されやすくなった．ある推定によれば，南北アメリカの奴隷になったアフリカ人2000万人の3分の2は砂糖プランテーションで働いたという．砂糖，奴隷，ラム酒，そして加工製品が複雑に入り組んだ貿易によって，イギリスのブリストルやリバプール，ロードアイランド州ニューポートといった，それまでは小都市だった場所が主要港となった．プランテーション所有者の成した巨大な富は，産業革命の幕開け時代の資金源となった．

---

### 17世紀における砂糖の調理段階

　以下の *Le confiturier françois*（フランスのジャム職人）からの抜粋は，沸騰させた砂糖シロップの濃度を知るために考案された初期のシステムである．今も昔も，ジャム作りには丈夫な指が欠かせないようである．

#### 砂糖の調理

　初めは帯状になる．シロップにトロミがではじめたときである．指ですくって親指にのせても流れず，豆粒のように丸い状態のままである．
　　次は真珠状になる．指ですくって親指にのせ，指を離すと小さな糸になる……
　　次は羽毛状になる．この状態にはさまざまな呼び名がある……シロップに浸したへらを空中で振ってみればわかる．シロップは粘りつくことなく，乾燥した羽毛のように飛んでゆく……プリザーブや錠剤に適している．
　　そして焦げたにおいがする．指を冷水に浸してから砂糖に浸し，冷水に戻し入れると，砂糖は粘りつくことなくガラスのように割れる……大型のシトロン・ビスケット，キャラメル，飴細工に適した状態で，最終的な段階である．

18世紀になり，西インド諸島の砂糖産業が最盛期を迎えたとみられるそのとき，急速な減退がはじまった．特にイギリスにおいて，悪しき奴隷制度の廃止運動が高まった．奴隷の反乱が起こり，奴隷を運んだ国々からもある程度の支持を得た．19世紀中期を通して，ヨーロッパ諸国は一国，また一国と植民地の奴隷制度を禁止していった．

**甜菜糖の発展**　西インド諸島の砂糖産業に最も大きな打撃を与えたのは，砂糖キビの代わりとして北部の気候でも栽培できる作物の出現である．1747年にプロイセンの化学者アンドレアス・マルグラーフは，ヨーロッパでは普通の野菜である白いビート（*Beta vulgaris* var. *altissima*）の搾り汁をブランデーで抽出すると，砂糖キビから精製したものと同じ結晶が，同じくらいの量採れることを示した．マルグラーフは，個々の農家が自家用として十分な砂糖を得るという家内産業を予見したが，実現できなかった．この考えが実用化されたのは，何年も経ってからである．1811年にナポレオン皇帝は，フランスがさまざまな物資をイギリス植民地に依存しなくてもすむように，正式な目標を定めた．1812年には，甜菜糖工場の稼働に成功したベンジャミン・デレザートを個人的に表彰した．翌年には300もの甜菜糖工場が次々と建設された．1914年にフランスとイギリスの間の貿易を再開する条約が調印され，西インド諸島から再び砂糖が入るようになり，はじまったばかりの甜菜糖産業は，開始時と同じ突然さで崩壊してしまった．しかし，1840年代には再び活況を取り戻し，それ以降は繁栄が続いている．

## ■ 現代の砂糖

現在，世界のショ糖生産量に占める甜菜糖の

---

### 17世紀のキャラメル，飴細工，砂糖ハムのレシピ

#### キャラメル

砂糖を熱して，焦げたにおいがしてきたら火から下ろす．少し琥珀色になったら，大理石か皿にスイート・アーモンド油を塗り，その上にキャラメルを少量ずつの塊に流し，スプーンで取る．

#### ねじり飴

砂糖を熱して，焦げたにおいがしてきたら火から下ろし，スイート・アーモンド油を塗った大理石の上に流す．スイート・アーモンド油を塗った手でよくこね，鉄のフックを使って引き延ばし，ねじったマジパンのような形にする．

#### ハムの薄切り

砂糖を熱して，羽毛状になったら三つの容器に分ける．一つにはレモン汁，もう一つにはプロバンスのバラ，残りの一つにはコッシュニーユ（えんじ虫，食紅として使う）の粉末か，ザクロ果汁か，バーベリーの粉末を入れる．紙の上に，白い層，赤い層，赤い層，と重ねてゆき，ハムのような厚さにする．ハムの薄切りのように切り分ける．

——*Le confiturier françois*（フランスのジャム職人）

割合は約30%である．甜菜の主要生産国はロシア，ドイツ，合衆国であり，合衆国内ではカリフォルニア州，コロラド州，ユタ州が主要生産地である．カリブ地域の砂糖キビ生産量は少なくなっており，代わりにインドやブラジルが主要生産国となっている．フロリダ州，ハワイ州，ルイジアナ州，テキサス州でも砂糖キビが生産されている．どんどん人口が増え裕福になってゆく西洋諸国の需要に支えられて，砂糖の世界生産量は1900年から1964年までに7倍に増加した．歴史的にもこれほどの急成長をみた主要作物はほかにない．そしてさらに安価なトウモロコシから甘味料を製造する技術が開発されたおかげで，砂糖はかつてなかったほど安価で大量に手に入るようになった．このことは長期的な健康に必ずしもよいとは言えない（p. 636）．そして20世紀の食品加工において大きく進展したものの一つに，体重増加や血糖値上昇につながらず，しかも砂糖の風味と物理特性を模倣した代替品の開発が挙げられる．

## 糖の性質

普通の砂糖は，"sugar（糖）"という名で呼ばれる多数の化学物質のうちの一つである．糖はすべて，炭素，水素，酸素の三元素のみからなり，炭素原子が作る骨格にほかの原子が結合している．簡単な分子構造のものもあれば，簡単な糖が二つ以上連結したものもある．ブドウ糖（グルコース）と果糖（フルクトース）は単糖類，テーブル・シュガーつまりショ糖（スクロース）はブドウ糖と果糖が一つずつ結合した二糖類である．

生物は糖を二つの用途に用いる．第一は，化学エネルギーとしての用途であり，生物はすべて細胞の活動に必要なエネルギーを糖に依存している．我々が糖を検出する味覚受容体をもつのも，甘味の感覚が脳で悦びと結びつくのも，このためである．甘いということは，その食物が身体に必要なエネルギーを含んでいるという証拠である．砂糖の第二の役割は，組成構造の構成単位を供給することで，特に植物ではこの

---

### 世界の砂糖菓子

砂糖は世界中で好まれているが，その使い方は地域ごとに違う．いくつかの国や地域に特徴的な菓子を以下に挙げる．

| | |
|---|---|
| インド | 煮詰めた牛乳の菓子，シロップ漬けの揚げ生地，ハルヴァ（砂糖，小麦粉またはヒヨコ豆粉，果実，野菜のペースト） |
| 中東 | ハルヴァ（砂糖シロップ，セモリナ，ゴマのペースト），シロップ漬けのパイ（バクラヴァ），マジパン |
| ギリシャ | スプーン・フルーツ（砂糖を使わない果実プリザーブ），シロップ漬けのパイ |
| フランス | キャラメル，ヌガー，ドラジェ |
| イギリス，合衆国 | 奇抜な形のキャンディー（ノーベルティー・キャンディー） |
| スカンジナビア | リコリス |
| メキシコ | ドゥルセ・デ・レーチェ（煮詰めた牛乳），パノーチャ（黒糖のファッジ） |
| 日本 | 寒天ゼリー，餡菓子，もち，茶会菓子 |

役割が大きい．植物細胞壁に容積と強度を与えているセルロース，ヘミセルロース，ペクチンは，さまざまな糖が結合した長い鎖である．料理においても，糖のカサを利用していろいろとおもしろい食感をだすことができる．

糖の化学的特性のなかでも，特に料理に重要なものがある．糖は水に対する親和性が非常に高く，水に溶けやすい．そして周辺の水分子と一時的ではあるが強く結合する．このため砂糖は，焼き菓子の水分を保ち，冷凍デザートが氷の塊になるのを防ぎ，マジパンやグラノラ・バーでは食物の粒を一つにまとめる糊のような働きをし，食品に塗るグレーズ（照りづけ）ではツヤを与え，果実の砂糖漬けでは腐敗菌から水分を吸いとって増殖を抑える．

## ■ 糖の種類

自然界に存在する多種多様な糖のうち，料理に使われるのは片手で数えられるほどである．甘味がある点では共通しているが，それぞれに独自の性質をもつ．

**ブドウ糖（グルコース）** デキストロースとも呼ばれる単糖である．生物が化学エネルギーを直接得る糖としては，最も一般的なものである．ブドウ糖は多くの果実や蜂蜜に含まれるが，常にほかの糖と混合した状態である．ブドウ糖はデンプン鎖を作り上げる構成単位となる．よく知られているものでは，コーンシロップの甘味成分がブドウ糖である．コーンシロップは，デンプンを個々のブドウ糖分子や短い鎖に分解して作られる．ブドウ糖分子が二つ結合したものは麦芽糖（マルトース）と呼ばれる．テーブル・シュガーすなわちショ糖と比べると，甘味が弱く，水溶性も弱く，溶液の粘度が低い．150℃付近で融解・カラメル化がはじまる．

**果糖（フルクトース）** 左旋糖，レブロースとも呼ばれる．ブドウ糖とまったく同じ化学式だが，原子の配置が異なる．ブドウ糖と同じく果糖も果実や蜂蜜に含まれる．またコーンシロップのなかには，ブドウ糖を果糖に変換する酵素で処理されているものもある．純粋果糖の結晶も市販されている．果糖は一般的な糖類のなかでは最も甘味が強く，水溶性も一番高い（室温の水にはその4倍量の果糖が溶ける）．吸湿性と保湿性も一番高い．体内での代謝速度は，ブドウ糖やショ糖よりも遅いので，血糖値の上昇が緩やかであり，糖尿病食に使う代替甘味料として適している．果糖が融解・カラメル化する温度は，ほかの糖よりもかなり低く，沸点よりわずかに高い105℃である．

果糖分子は水に溶解している状態では複数の形で存在し，形によって甘味受容体に及ぼす影響が異なる．最も甘味が強い六員環構造は，低温，そしてやや酸性溶液で優勢となる．温度が上がると，より甘味の少ない五員環構造へと変換される．60℃では果糖の見かけの甘さがほぼ

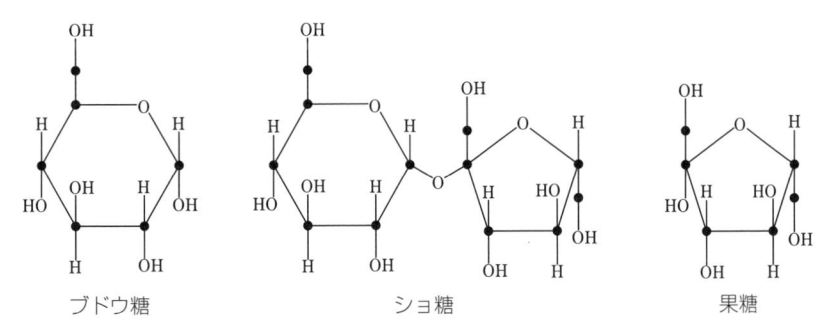

糖の構造．黒点は炭素原子を表す．ブドウ糖と果糖は同一の化学式（$C_6H_{12}O_6$）をもつが，化学的構造が異なり，甘味の強さも異なる．同じ濃度ではブドウ糖液よりも果糖液のほうがずっと甘い．テーブル・シュガー，つまりショ糖は，ブドウ糖と果糖が結合したものである（二つの糖分子が結合してショ糖となる際に水分子が一つ放出される）．

半分になる．ブドウ糖もショ糖も甘さがこれほど大きく変化することはない．したがって，果糖がブドウ糖の代わりとして有効なのは，冷たい飲みものに入れる場合である．半分の濃度で同等の甘さが得られるため，カロリーはほぼ半分になる．ただし，熱いコーヒーに入れるとテーブル・シュガーと同程度の甘さに落ちてしまう．

**ショ糖（スクロース）** テーブル・シュガーの化学名である．ブドウ糖と果糖がそれぞれ一分子ずつ結合している．緑色植物が光合成を行う過程でショ糖が作られ，我々は砂糖キビの茎や甜菜の貯蔵茎からそれを抽出している．ショ糖のもつ特性の組合わせは，一般的な糖のなかでも特に有用である．低温では甘さは果糖に次いで二番目だが，キャンディーやプリザーブなどの，高濃度でも心地よい甘さをもつのはショ糖だけである．ほかの糖は濃いと，くどく感じる．ショ糖は溶解性も二番目に高く（室温の水に2倍量が溶ける），水溶液の粘度つまりトロミは最も強くなる．ショ糖は160℃付近で溶けはじめ，170℃付近でカラメル化する．

ショ糖溶液に何らかの酸を加えて加熱すると，二つの単糖に分解する．同じ作用をもつ酵素も存在する．ショ糖をブドウ糖と果糖に分解することを「転化」，得られる液を「転化糖」または「転化糖シロップ」と言うことも多い．（ショ糖がブドウ糖果糖混合液になると光学的特性が大きく変わることから「転化」と呼ばれる．）転化糖シロップは約75％がブドウ糖と果糖，約25％がショ糖である．ブドウ糖やショ糖があると果糖は完全に結晶化しないため，転化糖は常にシロップである．ショ糖の転化および転化糖は，ショ糖の結晶化を抑えることができるので，キャンディー作りに有用である（p. 661）．

**乳糖（ラクトース）** 乳に含まれる糖である．ブドウ糖とガラクトースという二つの単糖が結合している．料理で純粋の乳糖を扱うことはほとんどない．テーブル・シュガーよりもかなり甘さが弱いので，製造業においては甘さよりもカサを利用する（増量剤），糖アルコール（p. 640）と同じような用途に使われる．

## ■ 甘味の複雑さ

糖の甘味には，純粋かつ単純な甘味の感覚，という以上のものがある．甘味は，ほかの食材の酸味と苦味を隠したりバランスをとったりするのに役立つ．風味化学的な研究から，食品に

### さまざまな糖の成分組成と甘さの比較

甘味度は，テーブル・シュガーの甘さを100としたときの相対的な甘さを示している．

| 糖 | 成分組成 | 甘味度 |
| --- | --- | --- |
| 果糖 | | 120 |
| ブドウ糖 | | 70 |
| ショ糖（テーブル・シュガー） | | 100 |
| 麦芽糖 | | 45 |
| 乳糖 | | 40 |
| コーンシロップ | ブドウ糖，麦芽糖 | 30〜50 |
| 高果糖コーンシロップ | 果糖，麦芽糖 | 80〜90 |
| 転化糖シロップ | ブドウ糖，果糖，ショ糖 | 95 |

感じられる香りを大きく増強する効果が，甘味にはあることがわかっている．これはおそらく，その食品が優れたエネルギー源として特に注目に値することを，脳に信号として送るためと思われる．

糖によって，受ける甘味の印象は異なる．ショ糖は舌に感じられるまで少し時間がかかり，甘味が持続する．これに対し，果糖の甘味はすぐに強く感じられるが，消えるのも早い．コーンシロップは甘味を感じるまで時間がかかり，最大の甘味はショ糖の半分程度，持続性はショ糖よりもさらに長い．果糖の甘味はすぐに感じられるので，食品中の特定の風味，特にフルーティーさ，酸味，スパイシーさを強めるとされる．甘味がすぐに消えるので，ほかの風味がはっきりと感じられるためである．

## ■ 結晶化

糖はとても丈夫な食材である．すぐに変性・凝固してしまうタンパク質，空気や熱で酸化・劣化してしまう脂肪，短いブドウ糖鎖に分解してしまうデンプンなどとは違って，糖はそれ自体が小さく安定な分子である．水と混じりやすく，水の沸点でも変化せず，ある程度の濃度の水溶液にすれば糖分子が結合・集合して純粋な固体，つまり結晶となる．結晶を作りやすいこの性質を利用して，植物液から純粋の糖が得られるのであり，いろいろな種類のキャンディーが作られる．糖の結晶化については p.659 で詳しく述べる．

## ■ カラメル化

どんな糖でも，加熱していくと分子の崩壊がはじまり，その時点で起こる化学反応が「カラメル化」と呼ばれる．この分子の崩壊によって，注目すべき増幅的な化学反応がはじまる．単一分子種からなる無色，無臭，甘いだけの結晶から，何百種類もの新しい化合物が生まれる．酸味や苦味，強い芳香をもつ小さな断片もあれば，風味はないが濃褐色の大きな凝集体もある．加熱するほど糖は少なくなるので甘味は弱まり，色は濃く，苦味は強くなる．

カラメルはテーブル・シュガーで作ることが多いが，実際にはショ糖分子がすべて分解してブドウ糖と果糖になった後，分子の崩壊と新しい分子の生成が起こる．ブドウ糖と果糖は「還元糖」と呼ばれ，酸化の逆反応を行う反応性原子をもつ（ほかの分子に電子を与える）．ショ糖分子は，ブドウ糖と果糖それぞれ一分子が各々の還元性原子を介して結合したものである．したがって，ショ糖にはほかの分子と反応する遊離の還元性原子がなく，ブドウ糖や果糖に比べて反応性が低い．ショ糖のカラメル化温度（170℃）がブドウ糖（150℃）や果糖（105

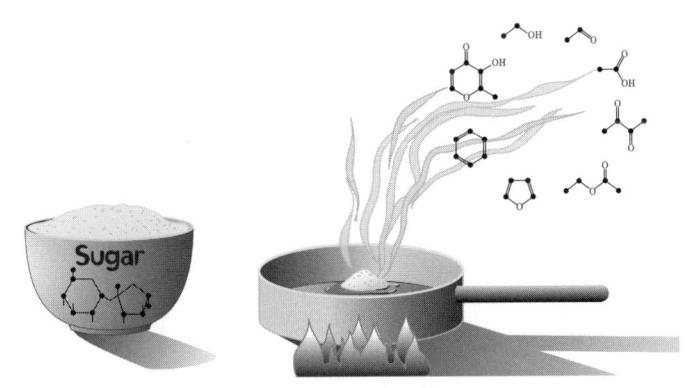

カラメル化による風味．単一の分子種からなる，甘く無臭のテーブル・シュガーは，熱を加えると何百種類もの分子を生じ，複雑な風味と濃厚な褐色になる．図中に示した芳香成分の例は，左上から時計回りに：アルコール，アセトアルデヒド（シェリー酒のにおい），酢酸（食酢のにおい），ジアセチル（バター臭），酢酸エチル（果実臭），フラン（ナッツ臭），ベンゼン（有機溶媒臭），マルトール（トースト臭）．

℃）よりも高いのはこのためである．

**カラメルの作り方** カラメルの一般的な作り方は，砂糖（テーブル・シュガー）に水を少々加え，水分が飛んで，溶けた砂糖が色づくまで加熱する．すぐに水を飛ばしてしまうのに水を入れるのは，初めから強火にかけても砂糖が焦げないようにするためである．また，水があるとシロップの加熱時間が長くなるので，一連の反応が起こる時間も長くなり，砂糖だけを短時間加熱するよりも強い風味がでる．そして，水があるとショ糖がブドウ糖と果糖に分解しやすい．電子レンジでシロップを加熱すると，コンロで加熱する普通の方法とはやや異なる風味成分が生じることがわかっている．

カラメル化がはじまり，色と風味がでてくると，一連の反応は全体として熱を放出するので，火加減に気をつけないと反応が進みすぎ，砂糖が焦げてしまう．冷水を入れたボールを用意しておいて，カラメルができたら直ちに鍋底を冷やすとよい．カラメル化が進みすぎるとシロップは色が濃く苦くなり，粘りが強まり固まってしまうこともある．

**カラメル化した糖の風味** カラメル化した糖の風味には，バター臭やミルク臭（ジアセチル），果実臭（エステル類とラクトン類），花のにおい，甘いにおい，ラム酒のようなにおい，ロースト臭など，複数のにおいが混じっている．反応が進むにつれ，もとの糖は分解してしまうので甘味が薄れ，次第に酸味が強まり，やがては苦味と刺激性の焦げた感じがでる．カラメルに含まれる化学産物のなかには，抗酸化作用に優れ，食品の保存中に風味が劣化するのを防ぐものもある．

牛乳や生クリームなど，タンパク質やアミノ酸を含む食材とともに砂糖を加熱すると，カラメル化に加えて，糖の一部はタンパク質やアミノ酸とメイラード反応（p.752）を起こし，多彩な化合物と芳醇な香りが生じる．

## ■ 糖と健康

**エンプティー・カロリー** ある意味では，糖は非常に栄養価が高い．純粋な糖は純粋なエネルギーである．食品のなかでは油脂類に次いで二番目に濃縮されたカロリー源である．問題は，先進諸国では多くの人が生活活動量に必要とされる以上のカロリーを消費していることであり，長期的健康に貢献するその他の多くの栄養素や植物性成分（p.247）を十分摂取していないことである．砂糖の多い食品を食べる分だけ，より多彩な栄養を含んだ食品を食べる量が少なくなるということから，糖分の多い食品は健康に有害であり，ほかの栄養は"何もない"という意味で，"エンプティー"カロリーと呼

---

### 食物用語：caramel（カラメル，キャラメル）

　焦がした砂糖をさす caramel という語は，色が麦わらに似ているところからきたと思われる．初めて用いられたのは17世紀のフランスで，細長い棒砂糖および"つらら"を意味するポルトガル語の caramel（両方とも形と光り輝く様が似ているところからと考えられる）が，スペイン語を経てフランス語に流用された．ポルトガル語の caramel の語源は，"葦"を意味するラテン語の calamus である．ギリシャ語の kalamos は"麦わら"という意味で，その語源は"牧草"を意味するインド・ヨーロッパ語である．イタリア語で"イカ"を意味する calamari も語源が同じである．乾し草，部分精製糖，熱した砂糖シロップ，擬態で色を変えるイカの皮，いずれも茶色という共通点がある．

ばれる．現代に蔓延する肥満と，それに関連した糖尿病などの健康問題（p.639）の主要原因となっている．

先進諸国，特に合衆国内の人々は，精製糖を大量に消費している．アメリカ国民の摂取カロリーに占める精製糖の割合は，成人が約20%，子供が20%から40%となっている．その多くはキャンディーや菓子類ではなく，清涼飲料から摂っている．また，塩味のソース類，ドレッシング，肉製品，パンや焼き菓子など，加工食品の多くに大量の砂糖が使われている．加工食品中の全糖分は，成分表示ラベルを見てもわかりにくいことが多い．ショ糖，デキストロース，果糖，コーンシロップ，高果糖コーンシロップなどと，糖ごとに分けて表示されているからである．

**糖と虫歯**　甘いものを食べると虫歯になりやすいことは，数千年前から知られていた．アリストテレスによる *Problems*（諸問題）というギリシャ時代の本のなかで，「軟らかくて甘いイチジクが，なぜ歯を壊すのか」という疑問を挙げている．その2000年近く後に，西インド諸島では砂糖キビ産業が確立されつつあり，1598年にイギリス宮廷を訪れたポール・ヘンツナーというドイツ人は，女王エリザベスⅠ世が姿を現したときのことを以下のように書いている．

次に，戴冠65年目を迎えた女王がお出ましになった．聞き伝えられる通り，大変威厳がある．面長で色白だが皺があり，目は小さいが黒くて感じがよく，少しかぎ鼻で，唇は薄く，歯が黒かった．（砂糖を多く使いすぎることから，イギリスの抱える問題のようである）……

今では，ある種の連鎖球菌（*Streptococcus*）が虫歯の原因であることがわかっている．連鎖球菌が口中で繁殖して，すきまなどの歯の表面に付着し，食べものの残りを餌に増殖，糖を歯垢と酸に変える．粘性の炭水化物である歯垢が菌を固着・保護して，細菌が防御用に作り出す酸が歯のエナメルを溶かし虫歯となる．餌になる食べものが多いほど菌は活発になるが，口の中でゆっくりと溶けるハード・キャンディーなどは格好の餌である．しかし，純粋な糖だけが虫歯の原因ではない．パン，穀物，パスタ，ポテトチップなどデンプン質の食品も，歯に付着して唾液中の酵素で糖に分解されるので有害である．食品のなかには虫歯菌の増殖を抑えるものもある．チョコレート，ココア，キャンディーに含まれる甘草エキス，そしてコーヒー，茶，ビール，ある種のチーズなどである．フェノール化合物が菌の付着を阻害するという研究

---

### カラメル着色料

カラメル・キャンディー（キャラメル）やカラメル・シロップは何世紀も前から作られており，"焦がした"砂糖で茶色を出すことが古くから行われている．食品着色料としてのカラメル・シロップの商業生産が，19世紀半ばにヨーロッパと合衆国ではじまった．今では着色料のなかでも特に多く使われており，コーラやルート・ビールなどの清涼飲料，蒸留酒，キャンディー，その他さまざまな加工食品に深みのある茶色を着ける．色素分子は着色だけでなく，ある程度の抗酸化活性も有するので，風味の保持に役立つ．初めは，砂糖シロップをふたのない鍋で加熱してカラメル色素が作られていた．やがて着色度を細かく調節できる密閉式の減圧釜が導入され，色素の分散性や乳化性を高めるためにさまざまな化学物質が添加されるようになった．

## 各種代替甘味料と特性

　この表ではテーブル・シュガーの甘味度を 100 とした．甘味度 50 であればテーブル・シュガーの半分の甘さ，甘味度 500 であれば 5 倍の甘さということである．甘味度が 100 より小さい糖アルコール類とコーンシロップは，カロリーおよび血糖への影響を抑えつつ，カサを増し粘度を出すのに有用である．甘味度が 100 より大きい高甘味料は，カロリーおよび血糖への影響を抑えつつ，甘味をつける．はじめは天然物質として見つかった代替甘味料であっても，現在は出発原料（天然または合成）を化学修飾して工業製造されている．

| 代替甘味料 | 相対甘味度 | 由来 | 市場化時期 | 特徴 |
|---|---|---|---|---|
| ポリデキストロース（水溶性食物繊維） | 0 | ブドウ糖（修飾） | 1980 年代 | 粘度が高い |
| コーンシロップ | 40 | デンプン | 1860 年代 | |
| トレハロース | 50 | 蜂蜜，キノコ，酵母 | 2000 年代？ | |
| 糖アルコール： | | | | |
| 　ラクチトール | 40 | 乳糖を修飾 | 1980 年代 | |
| 　イソマルト（パラチニット） | 50 | ショ糖を修飾 | 1980 年代 | 結晶化しにくく吸湿性が低い |
| 　ソルビトール | 60 | 果実 | 1980 年代 | 冷涼感；吸湿性 |
| 　エリスリトール | 70 | 果実を発酵 | 2000 年代？ | |
| 　マンニトール | 70 | キノコ，藻類 | 1980 年代 | 冷涼感 |
| 　マルチトール | 90 | 麦芽糖を修飾 | 1980 年代 | |
| 　キシリトール | 100 | 果実，野菜 | 1960 年代 | 強い冷涼感 |
| タガトース | 90 | 加熱した牛乳 | 2000 年代？ | |
| ショ糖（スクロース） | 100 | 砂糖キビ，甜菜 | 従来品 | |
| 高果糖コーンシロップ | 100 | デンプン | 1970 年代 | |
| 果糖結晶 | 120～170 | 果実，蜂蜜 | 1970 年代 | |
| シクラメート | 3,000 | 合成 | 1950 年代 | 合衆国内では使用禁止　ヨーロッパでは使用許可 |
| グリチルリチン | 5,000～10,000 | 甘草の根 | 従来品 | |
| アスパルテーム | 18,000 | アミノ酸（修飾） | 1970 年代 | 加熱調理には不安定 |
| アセスルフェーム K | 20,000 | 合成 | 1980 年代 | 加熱調理にも安定 |
| サッカリン | 30,000 | 合成 | 1880 年代 | 加熱調理にも安定 |
| ステビオシド | 30,000 | 南米植物 | 1970 年代 | |
| スクラロース | 60,000 | ショ糖＋塩素 | 1990 年代 | 加熱調理にも安定 |
| ネオヘスペリジン・ジヒドロカルコン | 180,000 | 柑橘果実（修飾） | 1990 年代 | |
| アリテーム | 200,000 | アミノ酸（修飾） | 1990 年代 | |
| タウマチン（ソーマチン） | 200,000～300,000 | アフリカ植物 | 1980 年代 | |
| ネオテーム | 800,000 | アスパルテーム（修飾） | 2000 年代？ | |

結果がある．低カロリーキャンディーに使われている糖アルコールは，一般に口内菌によって代謝されないので，虫歯の原因にはならない．

**食品糖質と血糖：糖尿病の問題**　砂糖の多い食品のなかには，身体の糖濃度調節機構を乱すものがある．ブドウ糖は体内の化学エネルギーの主要な形であり，血液を介して全細胞に行きわたる．一方，ブドウ糖は反応性分子なので，過剰に存在すると循環系，目，腎臓，神経系に傷害を与える．よって血中のブドウ糖濃度は厳密に調節されており，これをつかさどるホルモンがインシュリンである．インシュリン系が血中ブドウ糖濃度を適正に調節できなくなるのが，糖尿病である．ある種の食品糖質を過剰に摂取すると，血中のブドウ糖が過剰となってインシュリン系に負担がかかり，糖尿病の人には危険である．ブドウ糖そのものを含む食品は，特に血中ブドウ糖濃度を上昇させる．ジャガイモや米などのデンプン性食品も，デンプンが体内でブドウ糖に酵素分解されるので血糖上昇作用が強い．テーブル・シュガー，すなわちブドウ糖と果糖が結合したショ糖はジャガイモや白米よりも血糖上昇作用がわずかに弱い．果糖は肝臓で代謝されて初めてエネルギーとして利用されるので，血糖上昇作用はかなり弱い．代替甘味料の多くは，血糖値を上げないという利点がある．

## ■ 代替甘味料

砂糖という単一の素材には，エネルギー，甘さ，粘度，水分の結合，カラメル化，といくつもの有用な特性がある．多彩な特性をもつがゆえに，個々の特性を分離できないのが問題でもある．これらのうち一つか二つだけが必要とされることもある．たとえば，カロリーも摂らず血糖調節機構に負担をかけることもなしに甘さだけを楽しみたい，甘さを加えずに粘度をつけたい，調理したときに茶色になることなく粘度と甘さをだしたい，などである．そこで，砂糖の特性の一部だけをもつ素材が製品開発された．もともとは植物から発見された物質が多いが，完全に人工的な物質もいくつかある．最近では代替甘味料を使った独創的な試みもみられ，キャンディー風だが塩味の料理や，その他目新しい料理が作られている．

代替甘味料は2種類に大別される．その一つは，カサはあるが糖ほど消化のよくないさまざまな炭水化物である．血糖上昇が緩やかで，カロリーも低い．もう一つは高甘味料，同じ甘さでもカロリーの低い物質である．一般には糖の何百倍もの甘さをもつため，使用量がごく少なくてすむ．低カロリーおよびノンカロリーの菓子は，これら2種類の代替甘味料を組み合わせて使っている．各種代替甘味料の特性を，p.638の表にまとめた．

---

### 各種の糖・食品の血糖指数（グリセミック・インデックス）

「血糖指数」とは，ある食品が血中ブドウ糖濃度をどれくらい上昇させるかの指標である．ブドウ糖自体を100とする．

| 糖・食品 | 血糖指数 | 糖・食品 | 血糖指数 |
|---|---|---|---|
| 麦芽糖 | 110 | テーブル・シュガー | 90 |
| ブドウ糖 | 100 | バナナ | 60 |
| ジャガイモ | 95 | 果実プリザーブ | 55 |
| 白米 | 95 | 果糖 | 20 |
| 蜂蜜 | 90 | | |

**増量剤：糖アルコール**　砂糖と似たような容積を加えるために一番よく使われるのが，糖アルコール（ポリオール）である．名前の最後が「トール」で終わる化学物質で，糖分子の一端が修飾されている（たとえば，ブドウ糖が修飾されたものがソルビトール）．ソルビトールやマンニトールなど，ある種の糖アルコールは，果実などの植物組織に少量含まれている．人間の身体は糖アルコールでなく糖を利用するようにできているので，食品中に含まれる糖アルコールは一部しか吸収されないうえ，利用効率もよくない．よって糖アルコールによる血中インシュリン濃度の上昇はゆっくりとしている．残りは腸内細菌によって代謝され，そのエネルギーを間接的に受け取ることになる．全体的に見ると，糖アルコールからは糖の50～75%のカロリーを得ることになる．

糖アルコールはその化学構造から，糖アルコール同士やアミノ酸と褐変反応を起こさず，菓子製造中に熱による変色や風味の変化が起こりにくいのが利点とされる場合もある．

**高甘味料**　現在食品に利用されている高甘味料のほとんどは，企業の研究所で合成されたものだが，その多くは天然に存在しており何世紀も前から口にされてきた．グリチルリチン（グリチルリチン酸）は甘草の根に含まれる化合物で，ショ糖の50～100倍の甘さをもつ．このグリチルリチンの甘さのおかげで，甘草ははじめその根の熱湯抽出液を煮詰めて，甘い菓子にされていた．甘草エキスの甘さは口の中でゆっくりと広がり持続する．一般にステビアとして知られる南米植物（*Stevia rebaudiana*）は，自生地では何世紀もの間，マテ茶の甘味づけに用いられてきた．ステビアおよびステビア植物は米国食品医薬品局（FDA）による食品添加物としての認可を得ていないため，合衆国内では栄養補助食品として販売されている．

高甘味料はテーブル・シュガーの代用にならないような風味をもつことも多い．たとえば，サッカリンは金属的な後味が残り苦味が感じられることもある．ステビオシドは木のような後味がある．テーブル・シュガーよりも甘味の感じ方がゆっくりしていて，飲み込んだ後に甘味が持続するものが多い．こうした甘味料は個々の濃度が高まるほど相対的な甘さは実際に低くなるのに対し，複数を組み合わせると相乗効果がみられる．よって加工食品では，独特の風味特性を抑え甘味を強めるために，2種類以上の高甘味料が使われることも多い．

2種類のアミノ酸を結合させた化学合成品のアスパルテームは，最も多く使われているノンカロリー甘味料である．テーブル・シュガーの180～200倍の甘さをもつため，重さ当たりのカロリーは同じでも，使用量がごくわずかですむ．アスパルテームの欠点は，熱および酸で分解してしまうので，加熱調理には使えないことである．

## 現代の甘草（リコリス）

今では甘草が甘味料として使われることはほとんどない．甘草の根をアンモニア抽出すると，甘味をもつグリチルリチン酸のアンモニウム塩が得られる．リコリス・キャンディーの材料である糖蜜（昔ながらのリコリス・キャンディーの黒色は糖蜜の色），糖，デンプン，その他に比べると，甘草エキスはかなり高価であるため，主に香りづけとして加えられている．リコリスはデンマークで特に人気があり，塩やアンモニアを加えた変わったキャンディーもある．グリチルリチンは，血圧と血流量を調節するホルモン系にも影響するので，大量に摂取すると高血圧や浮腫を生じることがある．

**甘味阻害剤** 人工甘味料ばかりでなく，糖の甘味を抑える物質も存在する．これらの甘味阻害剤は，テクスチャーをだすために糖を多く入れるような食品で甘さを抑えるのに有用である．ラクチソール（商標名は Cypha）は，焙煎したコーヒー豆に少量含まれているフェノール化合物で，1985年に味覚修飾剤として特許が取られており，製菓やスナック菓子に用いられている．ラクチソールをごく少量添加するだけで，糖の見かけの甘さは3分の1になる．

# 糖とシロップ

## ■ 蜂蜜

より中性的な甘味をもつ砂糖キビが普及するようになる16世紀までは，蜂蜜はヨーロッパで最も重要な甘味料であった．その時代の主な生産国はドイツやスラブ諸国で，蜂蜜酒（ミード；"蜂蜜"をさすサンスクリット語から）は中央ヨーロッパおよびスカンジナビア地域で非常に人気があった．今も砂糖の代わりに使われており，蜂蜜独特の風味がある．

**ミツバチ** ヨーロッパからの探検隊がやって来る前から，新大陸では確かに蜂蜜が食べられていたが，北米では蜂蜜は知られていなかった．新大陸原産のオオハリナシミツバチ（*Melipona*）属およびハリナシミツバチ（*Trigona*）属のミツバチ種は，熱帯にのみ生息する．針を持たず，花の蜜だけでなく果実液や樹液，死骸や排泄物さえも集める（蜂蜜は衛生的でなく，変わった強い風味をもつ）という点で，ヨーロッパのミツバチとも異なる．ヨーロッパによる植民地化によって，北米に1625年頃にセイヨウミツバチ（*Apis mellifera*）が導入され，大きな変化がもたらされた．現在世界中で生産されている蜂蜜は，ほとんどがセイヨウミツバチのものである．

蜂は社会性をもった昆虫で，蜜を分泌する開花植物とともに進化してきた．植物は昆虫に餌を与え，昆虫は花から花へと花粉を運び異花受精を可能にするという，両者が互いに助け合う関係にある．花の蜜が蜂の巣に蓄えられたものが蜂蜜となる．蜂は5000万年ほど前から存在し，その半分ほどの期間は社会生活を送っていたことが，化石資料からわかっている．蜂蜜を作るのは主にミツバチ（*Apis*）属で，インドが起源である．セイヨウミツバチ（*Apis mellifera*）は，アフリカ亜熱帯地域で進化し，現在では北極圏を含む北半球全域に生息している．

## 蜂蜜はどのように作られるのか

**蜜** 花は花粉媒介昆虫を誘き寄せるために蜜を分泌し，この花蜜が蜂蜜の主な原料となる．花以外の器官から分泌される蜜や，ある種の昆虫が分泌する甘い汁も副次的な原料となる．花蜜の成分組成は多種多様であるが，糖類が突出して多い．ほとんどショ糖だけのものもあれば，ショ糖とブドウ糖と果糖が同じくらいずつ含まれるものもあり，またほとんど果糖だけのもの（セージ，ヌマミズキ）もある．ミツバチには無害でも人間には有害な花蜜がいくつかあり，それから作られる蜂蜜も毒性である．トルコ東部のポントス地域で採れる蜂蜜は，自生するツツジ科の植物に由来する，グラヤノトキシンという化合物を含み，それが肺や心臓の働きに影響を及ぼすことが，古代ギリシャ・ローマ時代によく知られていた．

蜂蜜の原料として多いのは，特にクローバーなどのマメ科植物，ヒマワリやタンポポなどのキク科植物，そしてアザミ類の花蜜である．ほとんどの蜂蜜はいろいろな花の蜜が混じっていることが大半だが，"単一花"の蜂蜜も世界各地で300ほど作られている．なかでも，柑橘類，クリ，ソバ，ラベンダーの花蜜から作られた蜂蜜は，その独特な味が珍重されている．特にクリとソバの蜂蜜は色が濃く，これは花蜜にタンパク質が多く含まれることと一部関係している．タンパク質が糖と反応して濃色色素と焦げたにおいが生じる．

**蜜の採集**　ミツバチは，その長い口吻を蜜の中に突き刺して花の蜜を集める．そのときに毛に覆われた蜂の体には葯の花粉が付着する．蜜は蜂の食道を通過して蜜囊に達し，ここに巣へ戻るまで蜜を溜めておく．ある種の腺からは酵素が蜜囊へと分泌され，デンプンは短鎖，そして構成単位であるブドウ糖および果糖へと分解される．

　ここでいくつか興味深い数字を挙げておく．頑丈な蜂の巣には女王蜂が1匹，生殖専門の雄蜂が数百匹，雌の働き蜂が2万匹ほど住んでいる．人間が1ポンド（約450 g）の蜂蜜を採るためには，蜂の巣の日々の営みに8ポンドの蜂蜜が使われる．1ポンド分多く蜂蜜を作るために必要な蜜採集の飛行距離は，地球3周分とも推算されている．巣の周辺1マイル（1.6 km）以内における平均的な蜜採集で，1匹が1日に25往復し，体重の約半分にあたる0.002オンス（0.06 g）の蜜を運ぶ．蜂はその軽い胴体で，蜂蜜1ガロン当たり約700万マイル（1 L当たり300万 km）を飛行する．一生を蜜採集に費やしても，1匹の蜂が集めた蜜からできる蜂蜜は1オンスの何分の1かにすぎない．

**蜜を蜂蜜に変える**　巣の中では，細菌やカビが増殖しないように蜂は蜜を濃縮して，必要時に備える．「内勤蜂」が自分の口吻の下に蜜の液滴を作り，これを吸ったり出したり15～20回ほど繰り返すと，蒸発して水分が50～40%にまで濃縮される．こうして濃縮した蜜を，蜂の巣穴に薄膜状につける．蜂の巣穴は，若い働き蜂のワックス腺から分泌されるワックス成分で作られ，直径5 mmほどの六角形の筒が集まった網目構造をしている．巣を守る働き蜂が羽を

---

### 北米における蜂の発展

　北米を横断するミツバチの移動を記載したほぼ当時のままの記録が残っている．ワシントン・アーヴィングは1832年に今のオクラホマ地方を旅行し，その見聞を *A Tour on the Prairies*（プレーリーの旅）という本として出版した．その第9章には，野生の蜂が巣に戻るのを追跡して蜂蜜を探した当時の習慣，「蜂狩り」が述べられている．

　　さほど長くない年月の間に，極西部に数え切れないほどの蜂の群れが広まったのは驚きに値する．水牛がインディアンのやって来る前触れとされるのと同じく，インディアンは蜂の群れを白人がやって来る前触れと考えていて，蜂が前進するのに応じてインディアンと水牛は後退する，と言われている．蜂の巣のブンブンという音を聞けば農家や花園を連想するのが常で，勤勉なこの小さな動物を見ては忙しい人間を思い起こすが，野生の蜂は辺境の地から離れた場所ではめったに見ることがないと聞いている．昔から蜂は文明の使者であり，大西洋沿岸から西へと進む文明に常に先行してきた．かつての西洋の開拓者のなかには，ミツバチが最初にミシシッピ川を超えたのが何年だったかを本当に知っているかのように話す者もいる．インディアンは，彼らの森の朽ちた木々が突如として芳しい甘さに満ちているのを，驚きをもって眺めたことだろう．そして，この自然のご馳走を彼らが初めて食べたときのむさぼるような食欲を超えるものはないと聞いている．

　瓶入りの蜂蜜を買ってくる我々は，この最初の驚きを想像してみるとよいだろう．

動かし続けて巣穴に風を送っているので，蜜はさらに濃縮されて水分が20％ほどになる．「熟成」として知られるこの濃縮過程には3週間ほどかかる．このあと蜂は，完全に熟成した蜂蜜を巣穴いっぱいに詰め，ワックス層でふたをする．

　蜂蜜の熟成には，蒸発と同時に蜂の酵素が作用し続けることが必要である．なかでも重要なのは，ショ糖をほぼ完全にブドウ糖と果糖に分解する酵素である．単糖が混じり合ったもののほうが，それに相当するショ糖よりも水に溶けやすく，したがって結晶化せずに高度濃縮が可能となる．これとは別の酵素が，ブドウ糖の一部を酸化してグルコン酸と過酸化物を生成する．グルコン酸が蜂蜜のpHを3.9程度に下げるので微生物が繁殖しにくくなり，過酸化物も防腐剤の働きをする．このような酵素活性に加えて，熟成蜂蜜中のさまざまな成分が反応しあい，色と風味が徐々に変化する．蜂蜜には，20種類以上の糖類や，旨味アミノ酸，そしてさまざまなフェノール性抗酸化化合物や酵素など，何百もの化合物が含まれている．

**蜂蜜の加工**　蜂の巣に入ったままの状態で売られている蜂蜜もあるが，多くは巣から抽出し，賞味期間を長くするために加工される．巣から出した巣板を遠心分離器で回転させ，液状の蜂蜜と固体状の蜜蝋とに分ける．この後，一般には68℃ほどに加熱して糖発酵酵母を死滅させ，時にほかの蜂蜜とブレンドし，最終的には減圧ろ過して，花粉粒や微小な気泡を除いて透明にする．この段階で液体として包装することもあれば，結晶化して液体蜂蜜のように垂れない，塗りやすいペースト（"クリーム"蜂蜜）にすることもある．クリーム蜂蜜は固体に見えるが，15％が微細なブドウ糖結晶を形成し，その周りに残り85％の液体が分散している．

　糖は温度が上昇するほど溶解性が高まるので，クリーム蜂蜜は26℃以上になると軟らかくなって溶けはじめる．同様に，保存中に結晶ができてしまった液体蜂蜜は，穏やかに加熱すれば再び液化する．

**蜂蜜の保存**　蜂蜜は食品のなかでも安定なものだが，テーブル・シュガーと違って腐敗する．

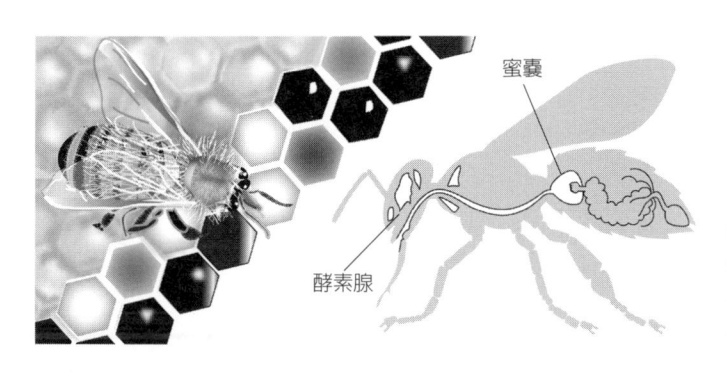

蜂の巣穴と働き蜂の構造．働き蜂は集めたばかりの蜜を蜜嚢に蓄えて巣に戻る．蜜嚢には各種酵素腺から分泌される酵素も含まれる．

---

### 甘いアリ

　甘味料のなかでも珍しいのが，オーストラリア，メキシコ，アメリカ南西部に生息するミツアリまたはミツツボアリ（*Melophorus*属，*Camponotus*属，*Myrmecocystus*属）である．これらのアリの集団には，腹に蜜を貯める役目の働きアリがいて，その腹は豆粒大からブドウ粒大の半透明になる．ミツアリの腹をちぎって直接口に放り込んだり，トルティーヤに巻いて食べたりする．

初めからある程度の水分があり，相対湿度が60%を超えると空気中の水分を吸収するためである．糖耐性酵母が蜂蜜中で増殖すると風味が悪くなる．したがって，蜂蜜は吸湿しないように気密容器で保存するのがよい．

糖濃度が高くアミノ酸やタンパク質も含まれるので，加熱したときだけでなく室温で長期保存する間にも褐変反応が起こりやすく，そうすると味が平坦になる．蜂蜜を頻繁に使わないようであれば，15℃以下で保存するのがよい．冷蔵庫に入れると液体蜂蜜は徐々に結晶化し，クリーム蜂蜜はやや粗くなる．

**蜂蜜の風味**　蜂蜜の魅力は何と言ってもその風味で，ソース状の天然の調味料である．わずかな酸味と旨味のある甘味はどの蜂蜜にも共通したもので，そこに複雑な香りが加わる．カラメル臭，バニラ臭，果実臭（エステル類），花のにおい（アルデヒド類），バター臭（ジアセチル），甘くスパイシーなにおい（ソトロン，p.407）などが混じり合う．そして，単一花の蜂蜜には独特の香りがある．ソバの蜂蜜は麦芽臭（メチルブタナール），クリの蜂蜜はコーン・トルティーヤのにおい（アミノアセトフェノン，花のにおいと動物臭），柑橘類やラベンダーの蜂蜜は柑橘臭とハーブ臭にブドウ臭（アントラニル酸メチル）が共通している．菩提樹の蜂蜜はミント，タイム，オレガノ，タラゴンの芳香成分が含まれている．

**蜂蜜を使った料理**　加工食品では隠れた材料として使われることも多い糖とは違って，蜂蜜ははっきりと目に見える甘味料である．食べる人が自分で蜂蜜をかけることが多い．シロップ状の粘度，ツヤ，茶色の濃淡があるので，パイなどをおいしそうに見せるトッピングとなる．バクラヴァやレープクーヘンなどの菓子には必ず使われる甘味料であり，ヌガーやトッローネ（イタリアのヌガー菓子），ハルヴァやパステリ（ギリシャの菓子），ベネディクティンやドランブイやアイリッシュ・ミストといったリキュール類にも使われている．蜂蜜酒（ミード）はほとんど消えてしまったが，蜂蜜ビールはアフリカに多く見られる．アメリカではさまざまな焼き菓子に蜂蜜が使われており，その理由はいくつかある．蜂蜜は砂糖の代わりになり，蜂蜜は1.25～1.5倍の重さの砂糖に匹敵するとされる．ただし，蜂蜜に含まれる水分量だけ，加える水分を減らす必要がある．蜂蜜は砂糖よりも吸湿性が高いので，パンやケーキがしっとりと仕上がり，水分の蒸発が遅く，湿度の高い日はむしろ吸湿する．フェノール性抗酸化物質が含まれるおかげで，焼き菓子は酸敗臭がつきにくく，肉料理は温め直しによる風味がでにくい．蜂蜜の酸度が重曹と反応することを利用して膨らませるクイックブレッドもある．また，蜂蜜に含まれる反応性の還元糖が褐変反応を進めるので，焼き菓子の表面，マリネやグレーズ（照りづけ），その他の料理に風味や色がつきやすい．

**蜂蜜と健康：乳児におけるボツリヌス中毒**　蜂蜜は砂糖のように精製されておらず，化学的に複雑だからといって，驚異の食べものというわ

| 平均的な蜂蜜の成分 | | | |
|---|---|---|---|
| | 重量% | | 重量% |
| 水分 | 17 | その他の二糖類 | 7 |
| 果糖 | 38 | 三糖類以上 | 1.5 |
| ブドウ糖 | 31 | 酸 | 0.6 |
| ショ糖 | 1.5 | ミネラル | 0.2 |

けではない．含まれるビタミンはごくわずかであり，蜂は花粉からビタミンを摂取している．抗菌性は（昔の医者は傷口に蜂蜜を塗っていた）主にグルコース酸化酵素が産生する過酸化水素による．過酸化水素は医療分野ではよく知られたもので，昔から使われている．蜂蜜は1歳未満の子供に食べさせてはいけない．ボツリヌス菌（*Clostridium botulinum*）の休眠胞子が含まれることも多いので，これが未発達の消化系で発芽する可能性がある．乳児のボツリヌス中毒では呼吸困難や麻痺を生じる．

### ■ 樹液から作られるシロップと糖：メープル，シラカバ，パーム

蜂が蜂蜜を作る際には，まずかなり薄まった糖溶液を植物から取り出し，そして水分のほとんどを蒸発させる．蜂が自らの筋肉と酵素を使って行う，この本能的な行動を，人間は道具と火を使って行うことを学んだ．我々は，植物から薄い汁を搾り，それを煮て水分をほとんど除くことにより，シロップや糖を作る．人間の作った甘味料のなかで，樹液から作られるシロップと糖は，樹液中の成分がほぼすべて残され，甘蔗糖（キビ糖）や甜菜糖のように精製されていないという意味において，蜂蜜に一番近い．

**メープル・シロップとメープル糖** ヨーロッパ人がミツバチを持ち込むはるか昔には，北米の原住民は独自の素晴らしい濃縮甘味を作り出していた．いくつかのインディアン部族，特にアルゴンキン族，イロコイ族，オジブエ族などは，ヨーロッパからの探検隊に出会ったときすでに，メープル糖作りの確立した作法と用語を有していた．きちんとした文書資料が残されているおかげで，彼らがいかに上手く樹液を取って濃縮していたかを，ある程度知ることができる（p.646の囲み内参照）．必要なのは，木に傷をつけるための斧，切り口を開けておくための木切れ，容器として使うニレの樹皮，そして水が凍る寒い夜だけだった．夜の間にできた純粋な氷の結晶を取り除いて，樹液をどんどん濃縮したのである．

メープル糖はアメリカ原住民の食生活で重要な位置を占め，クマの脂に練り込んだり，コーン・ミールと混ぜて旅先での軽くて小さな食糧とした．植民地開拓者にとって，西インド諸島からくる課税率の高い甘蔗糖よりも，メープル糖は安くて手に入りやすかった．産業革命の後でさえ，多くのアメリカ人が甘蔗糖よりもメープル糖を好んだが，それは砂糖キビが主に奴隷を使って生産されていたことからくる道徳的な理由によるものだった．19世紀も終わりに近づくと，甘蔗糖と甜菜糖はかなり安価になったため，メープル糖の需要は激減した．現在，メープル糖の生産は家内産業によるもので，特にケベック州などのカナダ東部地域，そしてアメリカ北東部に集中している．

**樹液の採取** メープルの仲間（カエデ属）は中国または日本が原産で，北半球全域に100種ほどが存在する．メープル・シロップの生産に適

---

### 食物用語：honey（蜂蜜）

蜂蜜の本質は甘さであると考えられるが，英語のhoneyは色に由来し，"黄色"を意味するインド・ヨーロッパ語が語源である．インド・ヨーロッパ語族はもちろん蜂蜜を食べており，蜂蜜をさす名前が存在した．この語源，melit-から派生したものに，molasses（糖蜜），marmalade（マーマレード），mellifluous（甘美な），mousse（ムース，ラテン語のmulsus "蜂蜜のように甘い"を経ている）がある．

した北米種4種のうち，*Acer saccharum*（サトウカエデ）がほかの3種よりも樹液の質・量ともに優れており，現在のシロップ生産量の大半を占める．樹液を採取する期間は，春になり凍っていた地面が溶けてから芽吹き前までである．芽が出る時期に樹液に混じりはじめる物質が，メープル・シロップの風味を悪くする．樹液が多く採れる四つの条件がある．冬は寒さが厳しく根が凍ること，春は雪が根元を覆って低温が保たれること，昼夜の温度差が激しいこと，そして日照が良いことである．アメリカ北東部の州やカナダ東部の州は，これらの条件をよく満たしている．

早春にはほかの種類の樹木でも，たとえばシラカバ，ヒッコリー，ニレなどは，その樹液がシロップにされてきた．しかしメープルは複雑な物理的機構により，前年の生育期に幹に蓄えておいた糖分を，外側の活発な成長帯（形成層）に送り込むので，樹液が特に甘くて量も多いのである．

**シロップの生産** メープルの木に小さな穴を開けて，木製または金属製の管を形成層に突き刺し，ぶら下げたバケツの中に樹液を受けるという方法が，植民地時代から20世紀までは行われてきた．こうした絵に書いたような採取方法は今ではほとんど見られなくなり，代わって張り巡らされたプラスチックの蛇口と配管が，たくさんの木から樹液を中央の大きなタンクに集める．6週間の採取期間で，木に蓄えられていた糖の約10%，1本当たり平均で20〜60 L（なかには300 Lを超えるものもある）が回収される．1 Lのメープル・シロップを得るのに40 Lの樹液が必要である．採取期間のはじめに得られる樹液にはショ糖が約3%含まれるが，最後には半分ほどになる．遅い時期に採取した樹液は長時間煮込む必要があるため，色も風味も濃くなる．現在では，エネルギー効率のよい逆浸透装置を使い，熱をかけずに約75%の水分を除いてから，風味をだすために煮詰めて適切な糖濃度とすることが多い．煮詰める目標は水の沸点より約4 ℃高い温度，これは糖分約65%のシロップに相当する．

**メープル・シロップの風味** 最終的なメープル・シロップの組成はおよそ，ショ糖62%，

---

### 金属も火も使わないメープル・シロップ作り

1755年に今のオハイオ地域で，1人の若い植民地開拓者がアメリカ原住民の小グループに捕まり「養子」になった．1799年に彼は *An Account of the Remarkable Occurrences in the Life and Travels of Col. James Smith*（ジェームズ・スミス隊長の人生と旅に起こった珍しい出来事）という自伝を出版した．このなかに，アメリカ原住民がメープル・シロップを作る方法についての記載がいくつか見られる．なかでも特に巧みな方法を以下に抜粋する．

今年は大きなバケツがなかったので，インディアンの女たちはメープル・シロップを作るのに，霜をある意味で火の代用とした．樹液を溜めておくための樹皮製の大きな器は，浅く広く作られていた．ここは非常に寒い気候なので，メープル・シロップ作りの時期には夜間に凍ることが多く，表面の氷を割っては捨てていた．糖を捨ててしまうことはないのかと尋ねると，そんなことはないという答えだった．捨てていたのは水だけで，糖は凍らないから氷にはほとんど含まれていないのだ……何度か凍った後に容器の中に残った液を見てみると，色が茶色に変わっていてとても甘かった．

水分34％，ブドウ糖および果糖3％，リンゴ酸などの有機酸0.5％である．メープル・シロップ独特の風味は，糖の甘味，有機酸のわずかな酸味，そして各種芳香成分による．芳香成分には，バニラ臭のバニリン（木材の一般的な副産物）や，糖のカラメル化および糖とアミノ酸の褐変反応から生じるさまざまな化合物が含まれる．煮沸が長く高温になるほど，色は濃くなり味も重くなる．メープル・シロップは，色，風味，糖含量によって等級づけされる．グレードAは最も淡色で繊細な風味をもち，時に濃縮度が低く，食べものに直接かける．グレードBとCはカラメルの風味が強く，たとえば焼き菓子や肉のグレーズ（照りづけ）などの調理に用いられることが多い．本物のメープル・シロップは高価なため，スーパーで売られている製品にはメープル・シロップがほとんど入っておらず，人工風味料を使用したものが多い．

メープル糖　メープル・シロップを濃縮して冷まし，ショ糖を結晶化させたのがメープル糖である．シロップの沸点が水の沸点より14〜25℃高くなるまで濃縮する(海抜0mで114〜125℃)．そのまま静置しておくと，褐色で風味のよいシロップに覆われた粗結晶ができる．メープル・クリームは，微細な結晶に少量のシロップが分散した軟らかい状態のもので，濃縮したシロップを鍋ごと氷水につけて約21℃まで急速冷却し，かなり硬くなるまで撹拌し続けて作られる．この固まりを穏やかに温めてなめらかな半軟質の状態にする．

白樺シロップ　アラスカやスカンジナビアなど北の地方に住む人々は，昔からシラカバの樹液でシロップを作ってきた．高緯度の地域に多いカバノキ（*Betula*）属のさまざまな種が利用され，樹液が採れるのは早春の2〜3週間である．糖分は約1％とメープルの樹液よりもかなり薄く，主にブドウ糖と果糖の混合である．1Lのシロップを得るのに100Lの樹液が必要である．最初の糖濃度が低いことに加えて，ブドウ糖/果糖は同等量のショ糖よりも粘度が低いことから，最終的な糖濃度は70〜75％とされる．メープル・シロップとは糖の種類が違うので反応も異なり，白樺シロップは赤褐色でカラメルのような風味が強く，バニリン含量も低い．

パーム・シロップとヤシ糖：アガベ・シロップ
糖分を分泌する木々のなかでも，ある種の熱帯性ヤシの木は糖分がずば抜けて多い．アジアに自生するオウギヤシ（*Borassus flabellifer*）は，半年ほども樹液が採取でき，ショ糖が12％にもなる液が1日に15〜25Lも採れる．1本のヤシの木から1年間当たり5〜35kgの粗糖が得られる．これに比べるとココナッツ，デーツ（ナツメヤシ），サゴヤシ，アブラヤシの糖生産性は低いが，それでもメープルやシラカバよりはずっと多い．木の先端の花茎，または幹につけた蛇口から樹液を採取し，煮詰めて，パーム・ハニーと呼ばれるシロップ状にするか，または結晶の塊にする．インドでは「グル」（gur；ヒンズー語）とか「ジャガリー」（jaggery；英語，サンスクリット語の sharkara がポルトガル語を経た）として知られている．砂糖キビの粗糖にも同じ言葉が使われる．パーム粗糖にはワインに似た独特の香りがあり，インド，タイ，ビルマなどの南アジア料理やアフリカ料理の特徴となっている．ヤシ糖のなかには精製してクセの少ない白糖にしたものもある．

アガベ・シロップは，サボテンの仲間で新大陸原産の砂漠植物アガベ（リュウゼツラン）の複数種から採った汁から作られる．アガベ・シロップに含まれる糖分は，70％が果糖，20％がブドウ糖なので，多くの甘味料よりも甘味が強い．

## ■ テーブル・シュガー：砂糖キビおよび甜菜の砂糖とシロップ

甘蔗糖（砂糖キビ糖）および甜菜糖の加工は，蜂蜜やメープル・シロップ，ヤシ糖よりもかなり複雑である．蜜や樹液には初めから水と糖以外の成分がほとんど含まれないからであ

## 砂糖の生産

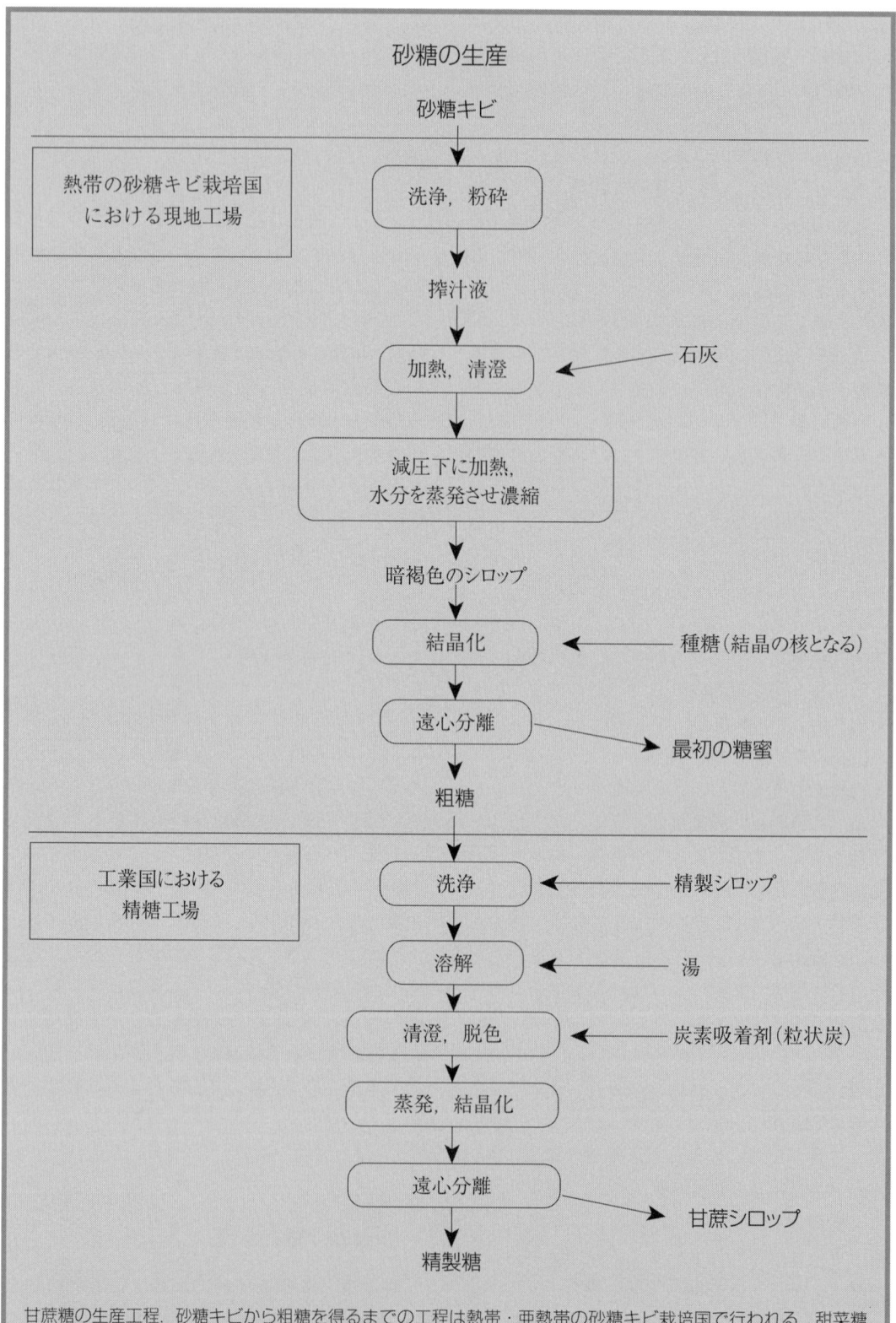

```
                           砂糖キビ
                             ↓
┌──────────────────┐      ┌──────────┐
│ 熱帯の砂糖キビ栽培国  │      │ 洗浄，粉砕 │
│ における現地工場    │      └──────────┘
└──────────────────┘           ↓
                            搾汁液
                             ↓
                         ┌──────────┐
                         │ 加熱，清澄 │ ← 石灰
                         └──────────┘
                             ↓
                    ┌──────────────────┐
                    │ 減圧下に加熱，     │
                    │ 水分を蒸発させ濃縮 │
                    └──────────────────┘
                             ↓
                       暗褐色のシロップ
                             ↓
                         ┌──────────┐
                         │  結晶化   │ ← 種糖（結晶の核となる）
                         └──────────┘
                             ↓
                         ┌──────────┐
                         │ 遠心分離  │ → 最初の糖蜜
                         └──────────┘
                             ↓
                            粗糖
                             ↓
┌──────────────────┐      ┌──────────┐
│  工業国における    │      │   洗浄   │ ← 精製シロップ
│   精糖工場        │      └──────────┘
└──────────────────┘           ↓
                         ┌──────────┐
                         │   溶解   │ ← 湯
                         └──────────┘
                             ↓
                         ┌──────────┐
                         │ 清澄，脱色│ ← 炭素吸着剤（粒状炭）
                         └──────────┘
                             ↓
                         ┌──────────┐
                         │ 蒸発，結晶化│
                         └──────────┘
                             ↓
                         ┌──────────┐
                         │ 遠心分離  │ → 甘蔗シロップ
                         └──────────┘
                             ↓
                           精製糖
```

甘蔗糖の生産工程．砂糖キビから粗糖を得るまでの工程は熱帯・亜熱帯の砂糖キビ栽培国で行われる．甜菜糖の生産工程も基本的に同じであるが，甜菜は温暖な工業国で栽培されることが多いので，現地で加工される．甜菜糖蜜および甜菜シロップは味が悪く食用にならない．

る．テーブル・シュガーの原料は，砂糖キビの茎全体をつぶしたもの，または甜菜の根全体をつぶしたものである．その搾り汁にはタンパク質，複雑な炭水化物，タンニン，色素など多種多様な成分が含まれ，これらは甘味を邪魔するだけでなく，濃縮のための加熱工程で分解して，さらに味の悪い化学物質を生じる．したがって，甘蔗糖や甜菜糖は不純物を除かなくてはならない．

**前工業的な精糖法**　中世後期から，機械化があらゆる製造業を変えた19世紀まで，糖の精製は同じ基本工程に基づいていた．それは以下の四つの段階からなる．

- 搾汁を清澄
- 煮詰めて粘度のあるシロップ状に濃縮し，ショ糖を結晶化
- 不純物の多いシロップを除き，結晶だけを分離
- 結晶についたシロップを洗浄

まず砂糖キビの茎を圧搾して搾汁を得る．ここに石灰，そして卵白や動物の血などを加えて加熱すると，粗めの不純物がタンパク質とともに凝固し浮き上がる．これをすくい取ることによって有機不純物の多くを除くことができる．残った液は浅釜で煮詰めて水分をほとんど飛ばし，長さ50 cm程度の円錐状の粘土の型（容量2～15 kg）に入れる．この中で液を冷まし，攪拌して，「粗糖」を結晶化させる．粗糖はショ糖結晶の密な塊で，ショ糖以外の糖やミネラルその他の可溶性不純物を含むシロップで薄く覆われている．円錐の粘土型の先端を下にしたまま数日間放置すると，シロップすなわち「糖蜜」が先端の小さな穴から流れ落ちる．最後に，水に湿らせた細かい粘土を円錐型の口の広い方から詰めて8～10日間おくと，水分が糖の結晶塊を通って浸透してゆく．この洗浄作業は何度か繰り返されることもあり，これによって残りの糖蜜をほとんど除くことができる．ただし仕上がりは一般に黄色味がかっている．

**現代の精糖法**　現在の精糖方法は上述のものとはやや異なる．砂糖キビはほとんど植民地か発展途上国で栽培されてきたのに対し，精糖には高価な機械が必要であるため，甘蔗糖の生産は2段階に分けられている．プランテーション近くの工場における粗糖の結晶化，そして砂糖の主要消費地でもある先進国における精白糖への精製である．一方の甜菜は温暖性の作物であり，主にヨーロッパと北米で栽培されている．よってこちらは一つの工場で一貫して精糖が行われる．収穫した砂糖キビは腐りやすいので，直ちに加工しなければならない．一方の甜菜は，精糖に回されるまで何週間～何ヶ月も保存することができる．

精糖には，砂糖キビをつぶして搾汁を集める，これを煮詰めて水分を飛ばす，という二つ

---

## 棒砂糖から角砂糖へ

19世紀後半までは，砂糖は型から出したままの円錐状の塊で売られていた．これはローフと呼ばれたので，その形に似た丘や山は「シュガーローフ」と呼ばれるようになった．もとは食糧雑貨商の助手で，リバプールの精糖業の頂点に登り詰めたヘンリー・テイトという人が，棒砂糖を家庭用に小さく切り分ける方法を1872年に発明した．テイトはこの装置の特許を取得し，生産を開始し，「テイト・シュガー・キューブ」により短期間で財を成したのである．博愛主義者家となり，テイト・ギャラリーとして有名なイギリスの国立美術館を建設し，自身のコレクションを収蔵した．

の基本的作業がある．搾汁作業は厳しい肉体労働であり，煮詰めには大量の熱が必要とされる．カリブ海地域では，これらを奴隷労働と森林伐採によってまかなってきた．19世紀の三つの技術革新により，砂糖はより安価なものとなった．搾汁作業への蒸気動力の応用，減圧下により低温でシロップを煮詰める減圧釜の使用，そして一つの蒸発段階での排熱を次の蒸発段階に利用する，多重効用蒸発器の導入である．

砂糖キビや甜菜の搾汁を清澄する最初の工程では，今は卵や血液を使わず，一般に熱と石灰を用いてタンパク質やその他の不純物を凝固・除去する．重力により糖蜜が流れ落ちるのを数週間も待つかわりに，遠心分離器を使用する．野菜の水切り器と同じように粗糖を回転させて，数分のうちに結晶から液を分離する．ショ糖は脱色技術を用いて白くする．遠心分離後に再び溶解させた糖液に，粒状炭（広い表面積に不要分子を吸着する活性炭に似た素材）を添加する．残った不純物がすべて吸着されたら，ろ過して粒状炭を除く．最終的な結晶化工程は，結晶の大きさが均一となるよう慎重に制御される．市販のテーブル・シュガーはショ糖99.85％と驚くほど純粋である．

**精白糖の不純物** テーブル・シュガーに含まれる微量の不純物は，色と風味に大きく影響することがわかっている．水と砂糖だけで作った濃いシロップは，黄色っぽく，やや濁って見えることもある．これは，結晶化の際にショ糖分子の間に捕捉されたり，結晶表面に残ったりする大きな炭水化物分子や色素分子が原因である．特に甜菜糖は土臭い酸敗臭がすることがある．土の上に生育する砂糖キビは腐りやすく，収穫後直ちに加工しなければならない．土壌中に生

---

### 精白糖の種類：米国での各種名称と粒径

結晶および結晶粉砕品のおよその最大粒径を以下に示した．約0.02 mm以上のものは舌にざらつきを感じる．

ざらめ糖（粗粒）：1〜2 mm
    コース・シュガー（ざらめ糖）
    サンディング・シュガー
    パール・シュガー
グラニュー糖（米国では最も一般的）：0.3〜0.5 mm
細粒グラニュー糖：0.1〜0.1 mm
    フルーツ・シュガー
    ベーカーズ・スペシャル（焼き菓子用）
    キャスター・シュガー
    スーパーファイン，ウルトラファイン，エクストラ・ファイン（微粒）
粉糖：0.01〜0.1 mm
    コンフェクショナーズ・シュガー（製菓用）
    パウダード・シュガー（粉末）
    フォンダン・シュガー
    アイシング・シュガー

育する甜菜は収穫後も数週間〜数ヶ月間は保存ができ，その間に表面に付着する土壌菌やカビによって異臭が生じることもある．さらに，甜菜糖にはサポニンと呼ばれる石けんに似た防御性化学物質が微量に含まれることがある．サポニン類が含まれると浮きかすが生じ，甜菜糖を使った焼き菓子では時に見られる，品質低下の原因にもなりうる．（こうした評判は，精糖技術がまだ十分でなく，甘蔗糖ほど甜菜糖の品質がよくなかった20世紀初期の名残で，現在の甜菜糖には当てはまらないかもしれない．）

**精白糖の種類** 精白糖は，主に結晶の大きさによってさまざまな形があり，いろいろな名称で呼ばれている．料理一般に使ったり飲みものに入れたりする普通のテーブル・シュガーは，中程度の大きさである．これより大きな結晶は主に焼き菓子などの飾りつけに使われるので，透明で光り輝いて見えるように特別な処理がされている．普通の砂糖液の黄色味の原因となる不純物がなるべく少ない，非常に純度の高いショ糖が使われる．それをさらにアルコール洗浄して表面のショ糖粉末を除いてある．真っ白なフォンダンや，透明なシロップを作るには，「サンディング・シュガー」と呼ばれるざらめ糖を使うとよい．

テーブル・シュガー（米国でテーブル・シュガーと呼ばれるのはグラニュー糖）よりも粒径の細かいものも多い．「エクストラ・ファイン（微粒）」，「ベーカーズ・スペシャル（焼き菓子用）」，イギリスの「キャスター・シュガー」などはいずれも，結晶表面積がより大きいので，ケーキ作りで油脂に空気を含ませクリーム状にするのに適している（p.539）．さらに細かく粉砕したのが「粉糖」で，なかには舌にざらつきを感じないほど細かいものもあり，そのまま使っても非常になめらかなアイシング，フロスティング，フィリングができる．吸湿して固まらないように粉糖には重さの3％ほどのデンプンが加えられているため，わずかに粉っぽい．

**黒糖（ブラウン・シュガー）** ショ糖結晶の表面が，精糖工程で出る褐色のシロップで覆われたものである．純粋ショ糖よりも複雑な風味がある．黒糖はいくつかに大別される．

純黒糖（現地工場製品） 砂糖キビ搾汁を粗糖にする初期工程で本来作られていたものである．デメララ糖，タービネイド糖，ムスコバド糖などがある．デメララ糖（南米ガイアナの地方名から）は，淡色の砂糖キビ搾汁を最初に結晶化する段階でできるもので，粘り気がありキツネ色の大きな結晶である．タービネイド糖は遠心分離で部分的に糖蜜を洗浄した粗糖であり，やはりキツネ色で大きいが，デメララ糖ほど粘り気はない．ムスコバド糖は濃色の糖液を

---

### 白糖および黒糖の成分組成

ブラウン・シュガーの"ソフト"製品は結晶化段階でのシロップを含む．"コーテッド"製品は結晶・洗浄した後の白糖を褐色のシロップで覆ったものである．

| | ショ糖 | ブドウ糖・果糖 | その他の有機成分 | ミネラル | 水分 |
|---|---|---|---|---|---|
| 白糖 | 99.85 | 0.05 | 0.02 | 0.03 | 0.05 |
| ブラウン・シュガー | | | | | |
| ソフト | 85〜93 | 1.5〜4.5 | 2〜4.5 | 1〜2 | 2〜3.5 |
| コーテッド | 90〜96 | 2〜5 | 1〜3 | 0.3〜1 | 1〜2.5 |

結晶化させた製品で、色は褐色、粒径は小さく、粘り気と強い風味がある。

**再生黒糖（精糖工場製品）**　現在では、砂糖キビ搾汁ではなくて粗糖を出発材料として精糖工場で作られる、本来とは異なる黒糖製品に、あたかも現地工場製品のような名称がつけられることも多い。普通のブラウン・シュガーも精糖工場で作られ、その方法には2種類ある。一つは、粗糖を何らかのシロップに溶かして最結晶化することにより、結晶表面にシロップが残るようにする方法である。そしてもう一つは、粗糖を精白糖にしてしまってから、シロップや糖蜜で表面に覆う方法である。

本物の現地工場製品には、砂糖キビ搾汁本来の風味がより強く残っていることが、精糖工場製品との基本的な違いである。これには、青葉臭、爽やかなにおい、野菜や海のにおい（ヘキサノール、アセトアルデヒド、硫化ジメチル）が含まれる。現地工場製品にも精糖工場製品にも共通しているのは、酢のにおい（酢酸）、カラメル臭やバター臭（バターに含まれるジアセチル）、そして塩味と苦味（ミネラル）である。精糖工場製品には、シロップをゆっくり長時間加熱することからくる、いわゆる甘草（リコリス）臭も生じる。

**含蜜糖（未精製糖）**　搾汁を煮詰めて結晶化させただけの、糖蜜がついた状態のものもある。インド食品店で「ジャガリー」または「グル」として、ラテンアメリカ系の店で「ピロンシージョ」、「パペロン」、「パネラ」として売られている。マイルドなカラメルのようなものから、糖蜜のような強い風味のものまでさまざまある。

**ブラウン・シュガーの使用法**　糖蜜の皮膜には水分がかなり多いので（ブドウ糖と果糖はショ糖よりも吸湿性が高いため）、ブラウン・シュガーは軟らかくてくっつきやすい。ブラウン・シュガーを乾燥した空気にさらしておくと、水分が飛んで硬い塊になる。密閉容器で保存すれば水分が保たれ、硬くなってしまったときも濡らしたタオルやリンゴのかけらを入れてふたをしておくと、また軟らかくなる。くっつき合った結晶のすきまに空気を含みやすいので、押し固めてから体積を量るようにする。

## 糖蜜と砂糖キビシロップ

**糖蜜**　米国では「モラセス」、英国では「トリークル」と呼ばれる。一般に、甘蔗糖（砂糖キビ糖）の加工段階で、煮詰めた砂糖キビ搾汁から容易に結晶化するショ糖を除いた後に残るシロップのことを糖蜜という。（甜菜糖蜜もあるが、強い不快臭があるため家畜飼料や工業的な微生物発酵用にされる。）砂糖キビ搾汁からできるだけ多くのショ糖を抽出するために、結晶化は何段階かに分けて行われ、それぞれの段階で品質の異なる糖蜜が得られる。粗糖結晶を遠心分離したときに出るのが"一番"糖蜜で、まだショ糖がいくらか含まれている。これに結

---

### 食物用語：molasses（モラセス），treacle（トリークル）

molasses の語源はラテン語の mellaceus、"蜂蜜のような"という意味である。イギリスで使われている treacle は、フランス語の triacle からきており、その語源はラテン語で"解毒剤"を意味する theriaca である。中世の薬剤師が薬の調合に砂糖シロップを用いたことから、治療用語がシロップを意味するようになった。今は treacle と言えば、濃色で濃厚な風味の糖蜜と、淡色でより繊細な風味の加工シロップの両方をさす。

晶化していない糖液をある程度加え，再び結晶化させ，遠心分離して出るのが"二番"糖蜜であり，一番糖蜜よりもさらに不純物が濃縮されている．同様の工程を繰り返して出るのが"三番"糖蜜であり，最終糖蜜とか廃糖蜜，ブラックストラップ糖蜜（blackstrap molasses；オランダ語でシロップをさす stroop から）とも呼ばれる．何度も煮詰める間に高温にさらされ，残っていた糖のカラメル化，その他の化学反応が進むため，廃糖蜜は黒褐色をしている．こうした化学反応と，高濃度のミネラルによって廃糖蜜は不快なきつい風味をもつため，食用とはならない．ただし，コーンシロップに混ぜて市販されることもある．また，葉巻たばこのキュアリング（熟成）に少量の廃糖蜜が使われることもある．

**糖蜜の種類**　一番糖蜜と二番糖蜜も長い間食用とされてきた．奴隷や南部農村地域の貧困層にとっては唯一手に入る砂糖でもあり，それは二酸化硫黄で漂白され，強い硫黄臭のするものであった．現在市販されている糖蜜の多くは，精糖工程のさまざまな段階で得られるシロップを混ぜ合わせたものである．風味はマイルドなものからツンとして苦いものまで，色もキツネ色から黒褐色まで多様である．色が濃いほど糖のカラメル化と褐変反応が進んでいるので，甘味が少なく苦味が強い．淡色の糖蜜はショ糖35％，転化糖35％，ミネラル2％程度のものもある．廃糖蜜はショ糖35％，転化糖20％，ミネラル10％ほどである．

**糖蜜を使った料理**　甘蔗糖蜜（キビ糖蜜）は風味が複雑で，木や緑のにおい，甘いにおい，カラメル臭，バター臭などがする．この複雑な風味ゆえに，ポップコーン・ボール，ジンジャーブレッド，リコリス，バーベキュー・ソース，ベークド・ビーンズなど，さまざまな料理に味の基調として使われる．甘蔗糖蜜は一般に酸性であるが，pH は5～7（中性）の範囲で変動がある．焼き菓子に入れると，重曹と反応して二酸化炭素ガスが発生し，膨らむこともある．転化糖が多いので，食品の水分保持に役立つ．さまざまな成分が含まれることから一般に抗酸

---

## 果実シロップ：昔の「サーバ」，今の果実甘味料

　ヨーロッパでははじめ，甘いシロップは砂糖キビではなくブドウから作られていた．イタリアでは，ブドウ果汁を煮詰めた粘り気のあるシロップを「サーバ（saba）」と呼んでいた．ブドウ糖と果糖がほぼ等量ずつ含まれるのに加え，酸も濃縮されるので独特の酸味がある．16世紀にノストラダムスが，サバを使ったさまざまな甘い料理の作り方を紹介しており，「砂糖も蜂蜜もない所では，太陽が別の果実を育み……それが我々の感覚的な欲求を満たしてくれる……」と記している．

　そうした伝統的なシロップの流れを汲むものとして，果実シロップ製品が今は出回っている．リンゴ，ナシ，ブドウなどさまざまな果実の余剰生産品や，傷ついたりしてほかに利用できないものが原料とされる．果汁の香りと色を除いてから濃縮して糖分75％程度とする．果実中に含まれる酸でショ糖が分解されるので，主にブドウ糖と果糖である．酸も濃縮されるため pH は4前後である．こうした果実シロップは，食品表示では「果実甘味料」と表記されるので，砂糖やコーンシロップよりも聞こえがよいという意味からも加工食品の原料として有用である．果実シロップにはペクチンその他の細胞壁多糖類もかなり含まれているので，乳化を安定化し，冷凍製品の結晶径を小さくする働きもある．

化作用があり，風味の劣化が抑えられる．

甘蔗シロップとソルガム・シロップ　甘蔗シロップは，現地工場で砂糖キビの搾汁から直接作られるものもあれば，精糖工場で粗糖から作られるものもある．一般にはショ糖（25〜30％）と転化糖（50％）を含み，色は黄金色から中褐色，風味はマイルドでカラメルやバタースコッチ，葉のにおいがする．ルイジアナの甘蔗シロップは伝統的に，砂糖キビの搾汁をそのまま濃縮し清澄したものである．これと同じものを，酸または酵素処理によってショ糖の約半分を転化した場合は「ハイテスト・モラセス」と呼ばれたりする．本当の糖蜜に比べると加熱が少ないので，香りが強く苦味は少ない．「ゴールデン・シロップ」は粗糖を原料に精糖工場で作られる製品で，活性炭を通すことで透明な黄金色と繊細な風味になる．ピーカン・パイなどには，コーンシロップよりも甘蔗シロップを使うほうが独特の風味が加わる（甘味も強くなる）．

ソルガム・シロップは米国南部や中西部で少量生産されている．一般には穀物として栽培されるソルガム（*Sorghum bicolor*, p.468）のシロップ用品種であるスイート・ソルガム（砂糖モロコシ）の茎の搾汁から作られる．ソルガム・シロップには主にショ糖が含まれ，独特のツンとした感じがある．

## ■ コーンシロップ，グルコースシロップとフルクトースシロップ，麦芽シロップ

**デンプンから作られる糖**　ここからの糖の原料は比較的新しいが，今では甘蔗糖や甜菜糖に匹敵する商業的重要性を有する．1811年にロシアの化学者K. S. キルヒホフが，ジャガイモデンプンに硫酸を加えて加熱すると，デンプンが甘い結晶と粘りのあるシロップに変わることを見つけた．その数年後には，麦芽大麦にも酸と同じ作用があることを発見した（これがビール醸造を科学的に理解する基礎にもなった）．今では，デンプンがブドウ糖分子の長い鎖であること，酸および植物や動物や微生物が作るある種の酵素がデンプン鎖を分解して，最終的に個々のブドウ糖分子にすることがわかっている．糖がシロップを甘くし，完全に分解されずに残った糖鎖がとろりとした粘りをだす．合衆国では，1840年代まではジャガイモデンプン，1860年代以降はコーンスターチを原材料にして酸処理によるシロップ生産が行われてきた．

**高果糖コーンシロップ**　1960年代になると果糖シロップが発明された．コーンスターチまたはジャガイモデンプンから普通にシロップを作るが，その後で酵素処理を行いブドウ糖の一部を果糖に変換する．果糖は甘味が強いため，シロップは甘味料としての効果が高くなる．標準的な高果糖コーンシロップはブドウ糖53％，

---

### 結晶果糖

結晶果糖が市販品として入手できるようになったのはここ数十年のことである．果糖は吸湿性が非常に高いので，水溶液から結晶化するのが難しい．現在では，アルコールへの溶解性が低いことを利用して，高果糖コーンシロップにアルコールを混合し，結晶化させている．食べものの上に飾りとして振りかけると，結晶は食品や空気中の水分を吸って溶解し，薄い粘性のシロップに変わる．

果糖42%程度であり，同じ重さのテーブル・シュガーと同等の甘味をもつ．高果糖コーンシロップは比較的安価なため，1980年代には清涼飲料製品の甘味料として甘蔗糖や甜菜糖の代わりに使われるようになり，合衆国ではコーンシロップの消費量が甘蔗糖や甜菜糖を上回るようになった．現在，食品加工用甘味料として非常に重要な位置を占めている．

**コーンシロップの製造** デント種のトウモロコシ（p.464）からデンプン粒を取り出し，酸または微生物酵素や麦芽酵素で処理する．得られる甘いシロップを清澄・脱色し，適度に濃縮する．最近ではほぼ例外なく，培養の簡単な麹菌（*Aspergillus oryzae*，日本酒作りで米デンプンを糖に分解するのにも用いられる）や黒麹菌（*A. niger*）から得た酵素を使用している．ヨーロッパではジャガイモや小麦のデンプンを主原料とした「グルコース」または「グルコースシロップ」と呼ばれるものが作られており，これはアメリカのコーンシロップと基本的に同じである．

**コーンシロップの性質と使用法** 料理用として手に入る普通の甘味料のなかでは唯一，コーンシロップには長鎖炭水化物分子が含まれている．長い分子同士が絡み合ってシロップ中のすべての分子の動きを遅くするので，かなり濃いショ糖シロップを除けば最も粘度が高い．コーンシロップが製菓用やその他の加工食品用原料として重要性が高まってきているのも，主にこの絡み合う長鎖分子のおかげである．分子の動きが邪魔されるということは，キャンディー中でほかの糖が結晶化してザラつくのを防ぐこともできる．シロップ中のすべての分子の動きがゆっくりとしているため，ショ糖結晶の表面は常に長鎖分子と接していて，長鎖分子は結晶化しない．（同様に，アイスクリームやフルーツアイスでも氷の結晶が大きくならず，なめらかでクリーミーな食感を得やすい）．コーンシロップの粘度によって，食品にしっかりとした歯ごたえをだすこともできる．テーブル・シュガー（ショ糖）よりも吸湿性が高く甘味の少ないブドウ糖が含まれるので，コーンシロップを使った食品は賞味期間が長く，蜂蜜やショ糖シロップのようなくどい甘さにもならない．最後に，コーンシロップはいずれもやや酸性なので（pH 3.5～5.5），焼き菓子に使うと重曹と反応して二酸化炭素を発生し，膨む．

**コーンシロップの等級** 酵素分解の程度によってコーンシロップの甘味と粘度はさまざまに調節できるので，コーンシロップは食品加工における用途が特に広い．最も一般的な消費者等級

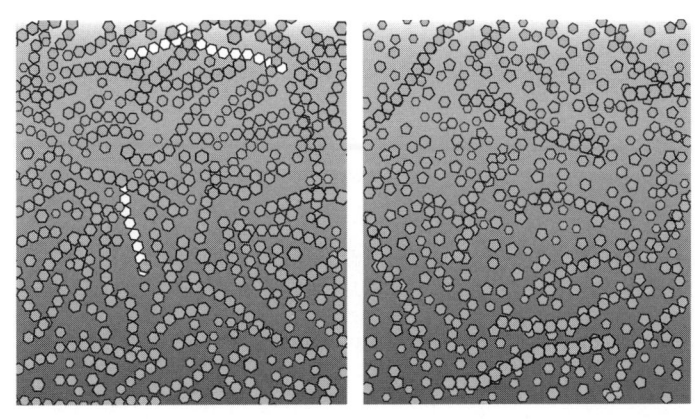

コーンシロップ．普通のコーンシロップはさまざまな長さのブドウ糖鎖が水に溶解している（左）．単糖や二糖が甘味をだし，味のない長い糖鎖は粘りをだす．加工工程で，長さの違う糖鎖の割合を変えることによって，シロップの甘さと粘度を調節することができる．高果糖コーンシロップ（右）は，酵素処理によってブドウ糖（図では小さな六角形）の一部を果糖（図では小さな五角形）に変換したもので，果糖はブドウ糖よりも甘味が強い．

のコーンシロップは，水分20%，ブドウ糖14%，麦芽糖11%，ブドウ糖長鎖55%程度である．甘さはほどほどで粘度がかなり高い．このほかに加工用の等級がいくつかある．

- **マルトデキストリン** ブドウ糖と麦芽糖が合わせて20%未満．甘味と吸湿性を抑えつつ主に粘度とトロミをつけるために使用される．
- **高果糖コーンシロップ** 果糖とブドウ糖が合わせて約75%，テーブル・シュガーと同等の甘味をつける．高ブドウ糖シロップとともに，焼き菓子に焼き色をつけ水分を保つために使用される．
- **高麦芽糖シロップ** アイスクリームおよび一部の製菓に使用される．麦芽糖はテーブル・シュガーやブドウ糖ほど甘くないので，甘味を抑えつつ凝固点を低くし結晶化を抑えるために用いられる．焼き菓子に入れると酵母の餌になって，膨らみがよくなる．

**麦芽シロップと麦芽エキス** 麦芽シロップは，各種穀粒，大麦などを発芽させたものと，普通に加熱調理した穀粒とを混ぜ合わせて作る．甘味づけの材料としては最古のものの一つで，用途も非常に広い．現代の先端技術を利用したコーンシロップの前身でもある．中国では紀元後1000年頃までの2000年間，麦芽シロップは蜂蜜とともに主要な甘味料であった．中国および韓国では今も作られている．麦芽シロップは，入手・保存が容易な材料，つまり小麦や米やソルガムなど，主食として栽培されていたものと同じ穀物を使って一般家庭でも作れる，という利点があった．したがって，甘蔗糖よりもずっと手頃な甘味料だった．

麦芽シロップ作りには3段階の工程がある．初めに，穀粒の一部を「麦芽」にする．粒のまま水に浸けて半ば発芽させ，温度を慎重に調節しながら加熱乾燥させる（p.719）．胚芽は発芽する際に酵素を産生し，デンプンを糖に分解してエネルギーとする．大麦は特に活性の高い酵素を大量に産生することから，麦芽原料として適している．乾燥させるのは酵素を維持するためと，褐変反応による色と風味をつけるためである．次の工程では，麦芽にした穀粒に水，そして発芽させずに加熱調理した穀粒（米，小麦，大麦など）を混ぜて，加熱済みのデンプン粒を麦芽酵素で分解させ，甘い粥状（スラリー）にする．最終工程では，このスラリーにさらに水を加えて抽出し，その液を煮詰めて濃縮する．麦芽糖，ブドウ糖，そしてやや長めのブドウ糖鎖からなる濃縮シロップができあがる．同じくらいの粘度のショ糖シロップと比べると，麦芽シロップはかなり甘味が弱い．アジアでは，北京ダックの皮に塗るなど，風味のある料理に色とツヤをつけるのに使われるほか，

### 麦芽エキスの成分

| | 重量% |
|---|---|
| 水分 | 20 |
| タンパク質 | 5 |
| ミネラル | 1 |
| 全糖分 | 60 |
| 　ブドウ糖 | 7～10 |
| 　麦芽糖（ブドウ糖2分子） | 40 |
| 　マルトトリオース（ブドウ糖3分子） | 10～15 |
| 　さらに長いブドウ糖鎖 | 25～30 |

菓子にも使われる．

　麦芽シロップの原料に使われる穀物のうち，麦芽にするのはごく一部だけなので麦芽臭は比較的弱い．加熱調理した穀粒を加えずに，麦芽にした大麦だけを水に浸けておくと，麦芽の風味はかなり強まる．このようなものは一般に「麦芽エキス」と呼ばれる．焼き菓子に入れると麦芽糖とブドウ糖により酵母の生育が促され，保湿性も高まる（p.515）．合衆国では，大麦麦芽と粉乳を混ぜて作る麦芽乳や，それを丸めたモルト・ボールという菓子がある．

## シュガー・キャンディーと菓子

　シュガー・キャンディーは硬いものも軟らかいものも，基本的には砂糖と水という二つの材料から作られる．同じ材料を使っても，砂糖と水の割合をさまざまに変え，糖分子の物理的配置を変えることにより，テクスチャーの違いをだすことができる．砂糖シロップを加熱するときに砂糖と水の割合を調節し，冷ますときに分子の物理的配置を調節する．シロップを熱する温度，冷却する速さ，および攪拌の程度によって，砂糖は大きな結晶になったり，細かな結晶になったり，結晶を含まない一つの大きな塊になったりする．製菓技術は結晶の科学が大きく関係している．

### ■ 糖濃度の決定：シロップの加熱

　キャンディー（飴）の硬さを左右する第一の要因は，加熱したシロップの糖濃度である．飴作りの長い試行錯誤の歴史から，飴の種類ごとに最適なシロップ濃度がわかっている．一般には，シロップの水分量が多いほど軟らかい飴ができあがる．よって，飴を作るときは，特定の糖濃度にする方法，糖濃度を見極める方法を知らなければならないが，それは簡単なことである．砂糖や塩を水に溶かした場合，その溶液の沸点は純水の沸点よりも高くなる（p.758）．溶かす物質の量によって沸点の上昇度は予測可能であり，水に溶けた分子が多いほど沸点は高い．よって溶液の沸点から溶解成分の濃度を知ることができる．次頁のグラフを見ると，たとえば，沸点が125℃の砂糖シロップは糖濃度が

---

### フロスティング，アイシング，グレーズ

　いずれも，ケーキなどの焼き菓子の外側に塗る甘いコーティングである．味と見た目をよくすることに加えて，中身が乾燥しないように保護する役目もある．17世紀に単純なシロップ・グレーズとしてはじまったものが，次第に洗練された形に進化していった．現在では，グレーズと言えばツヤがありとろりとした薄いコーティングのことで，粉砂糖と少量の水とコーンシロップ，そして時に脂肪（バター，生クリーム）を混ぜたものである．コーンシロップと脂肪は砂糖が結晶化してざらつくのを抑え，またコーンシロップが砂糖粒のすきまを埋める吸水性の液相となり，表面がガラスのようになめらかになる．温かいフォンダン（約38℃）をケーキやペストリーの上からかけた場合も同様である．簡単なフロスティングは，バター，クリームチーズ，植物性ショートニングなどの固形脂肪に砂糖を混ぜ込んで空気を含ませて作る，甘くクリーミーで軽いコーティングである．フロスティングがざらついて見えないように，粒の細かい砂糖を使う．上質の粉砂糖がよい．加熱して作るフロスティングやアイシングには卵や小麦粉が使われ，卵タンパク質や小麦粉のデンプンによる硬さがでる．加熱する間に砂糖が溶けるので，砂糖の粒径にはこだわらなくてよい．

約90%（重量パーセント）であることがわかる.

**シロップを加熱すると糖濃度が高まる**　糖溶液を沸騰させると，水分子は液相から空気中へと蒸発するが，糖分子は液相に残る．したがって溶液中の全分子に占める糖分子の割合はどんどん大きくなってゆく．つまり，糖溶液が沸騰し続けると糖はどんどん濃縮されて，沸点は上昇し続けることになる．特定の糖濃度をもつシロップを作るには，砂糖と水を混ぜて沸騰させ続け，温度を見守っていればよい．113℃では糖濃度約85%，これでファッジが作れる．132℃で濃度90%，タフィーになる．濃度が100%に近づくとハード・キャンディーになる．

**冷水テスト**　サントーリオが温度計を発明したのは400年ほど前だが，一般家庭で温度計を普通に使うようになったのはここ数十年のことである．16世紀にはじまり現在に至るまで，飴作りに適したシロップ濃度を知るためには，もっと直接的な方法が使われている．少量をとって急冷し，観察するのである．薄いシロップは空気中で細い糸状になる．やや濃いめのシロップは冷水に落とすと軟らかい玉となり，指で挟むとつぶれる．濃度が高くなるほど玉は硬くなる．最も濃いシロップは，冷やすとパチパチと音を立てて，硬く割れやすい糸になる．こうした状態を観察することによって，およその温度および適するキャンディーの種類がわかる（次頁の表を参照）．

**加熱していくと温度上昇は加速する**　砂糖シロップを加熱しはじめた段階では，熱の大半は水分子の蒸発に使われ，シロップの温度上昇に使われる熱は実際には少ない．つまりシロップの温度はゆっくりと上がっていく．しかし糖濃度が80%を超えると残っている水分が少ないの

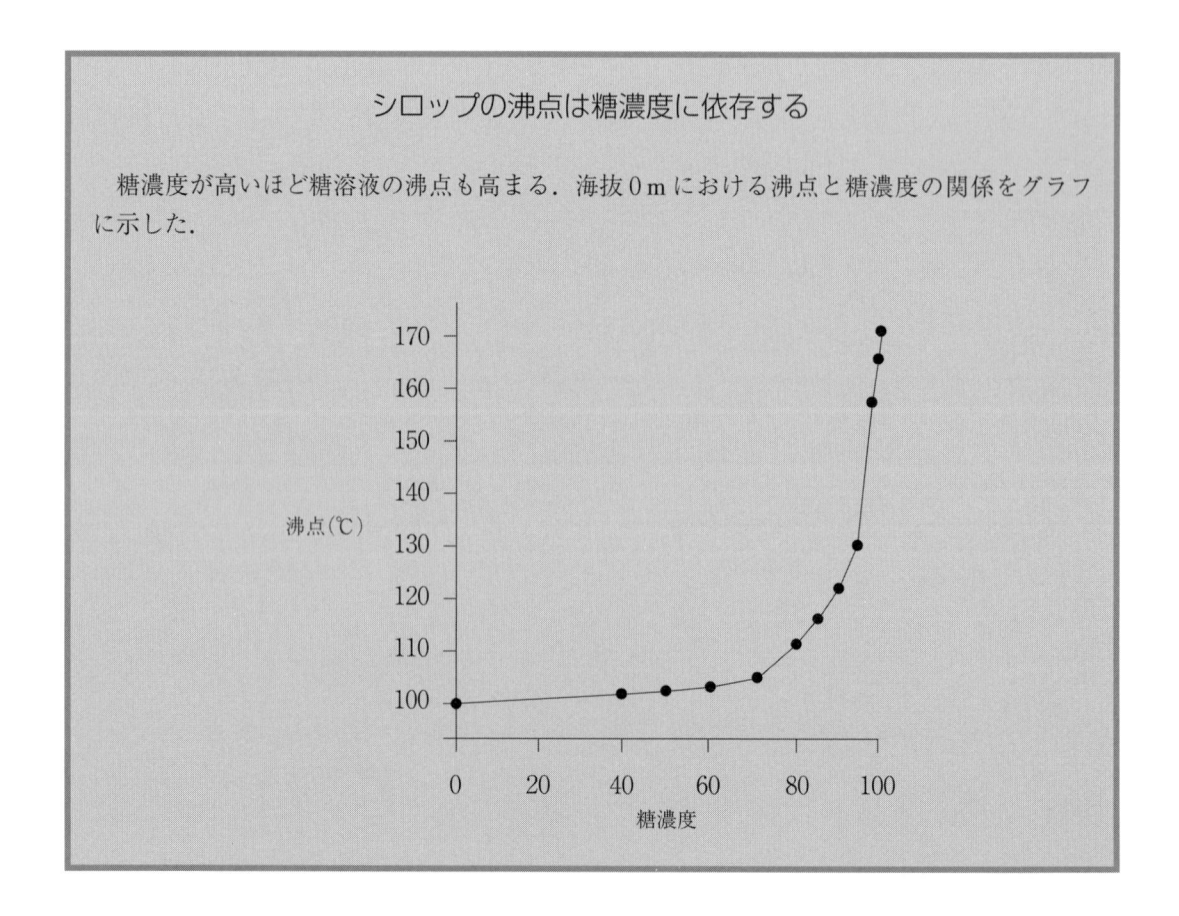

---

## シロップの沸点は糖濃度に依存する

糖濃度が高いほど糖溶液の沸点も高まる．海抜0mにおける沸点と糖濃度の関係をグラフに示した．

で，シロップの温度上昇も沸点上昇も加速してゆく．濃度が100%に近づくと，温度上昇は非常に速いので，目標温度を通り越して焦げてしまいやすい．そうならないためにも，目標温度に近づいたら火力を弱めて，温度をずっと見ていなければならない．

■ **糖構造の決定：冷却と結晶化**

キャンディーの仕上がりの硬さは，加熱したシロップ中の糖分子が，どのように冷却され固体構造になるかによって決まってくる．もし糖が大きな結晶になれば，ざらついた感じになる．微細な結晶がたくさんできて，そのすきまに適度のシロップが潤滑油のように存在すれば，なめらかでクリーミーになる．結晶がまったくできなければ，硬く大きな一つの塊になる．キャンディー作りは，加熱し終わってから

が一番難しく，それはシロップが120〜175℃から室温まで冷める段階である．冷却速度，シロップの液の動き，塵や砂糖などの細かい粒があるかどうか，などでキャンディーの構造とテクスチャーは大きく違ってくる．

**糖の結晶化**　糖分子は自然に結合し合って，規則正しく配列し，高密度の固形塊になる，すなわち結晶化する傾向がある．糖の結晶が水に溶けてシロップになるとき，水分子は糖分子と結合し，糖分子を取り囲み，糖分子同士を遠ざけることによって，糖の結晶化しようとする力に打ち勝つ．もしシロップ中に溶解した糖分子の密度が高まり，水分子が糖分子同士を離すことができなくなれば，糖同士は再び結合して結晶化する．溶解した物質が互いに結合する傾向と，水がこの結合を妨げる力とがちょうど釣り合った状態のとき，その溶液は「飽和」してい

---

### 各種の菓子作りに適したシロップ濃度

砂糖菓子ごとにシロップの糖濃度が決まっている．代表的な砂糖菓子に適したシロップの冷水テストでの状態，そして沸点を表にまとめた．

| 冷水テストでの状態 | シロップの沸点*(℃) | 菓子 |
|---|---|---|
| 糸状 | 102〜113 | シロップ，プリザーブ |
| 軟らかい玉 | 113〜116 | フォンダン，ファッジ |
| やや硬い玉 | 118〜121 | カラメル・キャンディー（キャラメル） |
| 硬い玉 | 121〜130 | マシュマロ，ヌガー |
| 軟らかくて割れる | 132〜143 | タフィー |
| 硬くて割れる | 149〜154 | バタースコッチ，ブリットル |
| | 160〜168 | ハード・キャンディー，トフィー |
| | 170 | シロップ用，色づけ用，風味づけ用のライト・カラメル |
| | 180〜182 | 綿菓子，飴細工のかご；ミディアム・カラメル |
| | 188〜190 | ダーク・カラメル |
| | 205 | ブラック・カラメル |

\* 165℃より高温になると，ショ糖濃度は99%を超える．沸騰しなくなる代わりに，糖が分解してカラメル化する．沸点は標高によって違ってくる．高度が305m上がるごとに，表中の各沸点は1℃下がる．

ると言われる．

　飽和点は温度によって決まる．熱い糖溶液中では水分子が激しく運動しているので，冷たい溶液中でのゆっくりとした動きに比べ，糖分子をより多く溶解させておくことができる．熱い飽和溶液が冷めはじめると，過飽和状態になる．つまり一時的に，その温度で普通に溶解しうる糖分子よりも多く溶けた状態にある．そして溶液が過飽和になると，溶液のわずかな乱れによって糖の結晶化が促される．糖分子が集まって結晶を形成するにつれて，周囲の溶液は糖濃度が低くなる．溶液濃度がそのときの温度の飽和点より低くなれば結晶化は止まる．ここでは糖の一部はシロップ中に溶解したまま，そして残りは結晶という，二つの異なる状態にある．

　糖の結晶化には，種結晶の形成段階と，種結晶が十分大きく成長する段階とがある．種結晶の形成により結晶数が決まり，結晶の成長により結晶の大きさが決まる．どちらも最終的なキャンディーのテクスチャーに影響する．

**結晶化は粒子，温度，攪拌によって影響される**　種結晶は，糖分子がくっついて塊を形成するための最初の表面を提供する．シロップ中で任意に運動している糖分子がいくつか偶然に集まって種結晶ができる．かきまわせば分子同士の衝突がさらに増えることになるので，種結晶の形成が促進される．ほかのものも結晶の種になり，冷めてゆくシロップ中で結晶化を起こすことができる．よくあるのは，鍋肌に飛び散ったシロップや，スプーンの表面で乾燥してできた小さな結晶などがはがれ落ちて，シロップに混ざり込むことである．塵の粒子やもっと小さな気泡なども結晶の種になる．金属製のスプーンは，周囲のシロップから熱を伝えて外に逃がすことによって，シロップの温度を下げて過飽和状態にする．熟練した菓子職人は，結晶化が早まりすぎないように木製のさじを使い，いったん加熱したシロップを冷ます間はかき混ぜず，鍋肌で乾いたシロップを湿らせた刷毛などで丁寧にぬぐい取る．

**結晶の大きさとキャンディーのテクスチャーを調節する**　キャンディーのテクスチャーは結晶化のはじまる温度によって変わってくるので，結晶化が早く起こらないよう注意しなければならない．一般に，高温のシロップでは大きな結晶が形成し，低温のシロップでは細かい結晶ができる．その理由は，シロップの温度が高いほど分子の動きが速いので，一定時間内に結晶表面に達する糖分子の数が多くなるからである．

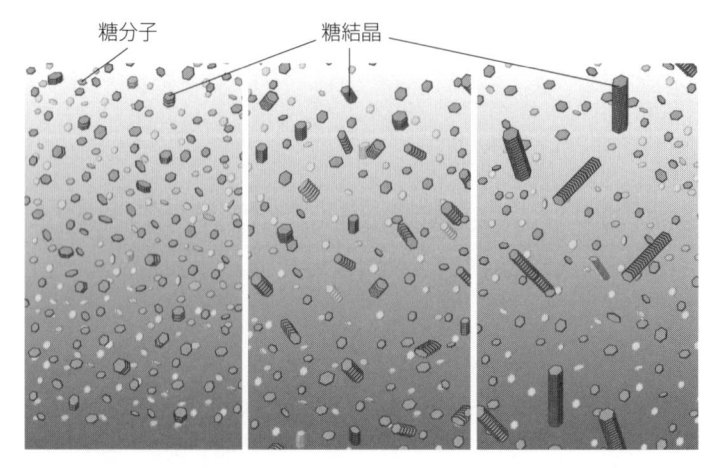

熱いシロップが冷めるとともに糖の結晶が成長する．左：分子が密に配列した固形の塊が結晶である．中央：種結晶が形成しやすい状態では，溶解していた糖分子はたくさんの種結晶にくっつくので，結果として小さな結晶ができ，キメの細かいキャンディーとなる．右：種結晶の形成が制限される状態にあると，溶解していた糖分子は少数の種結晶にくっつくことになり，結果として大きな結晶ができて，キメの粗いキャンディーになる．

よって高温のシロップでは結晶の成長が速い.また,数個の糖分子が塊になった種結晶は,高温で動きの速い分子が衝突するとバラバラになる.つまり高温では安定な種結晶ができにくく,高温のシロップ中でできる種結晶の数は少ない.こうした理由から,シロップが熱いうちに結晶化がはじまると,数は少ないが大きな結晶が形成し,キャンディーはキメが粗くなるというわけである.ファッジやフォンダンなどなめらかでクリーミーなテクスチャーのものを作るときは,攪拌されて結晶化がはじまる前にシロップを113℃から43℃前後まで十分に冷ます.

**攪拌すると結晶は小さくなる**　結晶の大きさとテクスチャーは攪拌にも左右される.攪拌すると糖分子同士の衝突が多くなり,種結晶ができやすくなることはすでに述べた.シロップをたまに混ぜるだけならば結晶の数は少なくなるが,攪拌し続けると結晶数はとても多くなる.結晶の数が多いほど,それらすべてが糖分子を必要とするわけだから,一つの結晶が獲得できる遊離の糖分子は少なく,結晶の大きさは平均して小さくなる.シロップをよくかき混ぜるほどキャンディーのキメは細かくなるというわけである.ファッジを作るときには手が疲れても攪拌を続けなければならない.止めた瞬間に種結晶の形成は遅くなり,それまでにできていた結晶が成長しはじめ,キメが粗くざらついたものになってしまう.

**結晶の形成を防ぐ:砂糖からガラスを作る**　シロップを急速に冷まし,結晶ができる前に糖分子の動きを止めてしまうと,構造もテクスチャーもまったく違ったものになる.これが透明なハード・キャンディーの作り方である.熱したシロップの水分が1～2％しかなければ,本質的にそれは溶解した糖に微量の水が分散した状態と言える.シロップは粘度がとても高く,急速に冷ますとショ糖分子が規則正しい結晶構造をとる時間はない.代わりに,その場で不規則な構造のままで塊になる.このような不定形で非晶質の物質を「ガラス」と言う.普通の窓ガラスやテーブル・ガラスは二酸化ケイ素の非晶質である.これと同様に,糖のガラスも割れやすく透明である(映画や舞台の道具には,硬くて危険な本物のガラスの代わりに,砂糖のガラスが使われることもある).ガラスが透明なのは,個々の分子が小さいので,不規則に配列していると光が散乱しないからである.結晶質の固体はどんなに小さな結晶でも多数の分子の集まりであり,その表面は光を散乱するので不透明に見える.

**阻害剤で結晶の成長を抑える**　純粋なショ糖シロップの結晶化を調節したり防いだりするのは,実際には簡単ではない.キャンディー作りには,結晶の形成と成長を邪魔する,糖以外の

---

### なめらかなキャンディーを作るためのポイント

シロップ中に小さな結晶をたくさん作るためには,以下の点に留意する.

- 結晶の形成を抑制するために,コーンシロップをある程度加える.
- シロップを冷ます前に鍋肌の乾いたシロップを取り除く.
- シロップを冷ましてから結晶化をはじめる.
- 冷ましている間はかき混ぜない.
- シロップが冷めたら,硬くなるまでは休まずに強く攪拌し続ける.

材料が昔から使われている．透明で非晶質のハード・キャンディーや，なめらかなクリームやファッジなどのソフト・キャンディーを作る場合に役立つ．

**転化糖** 結晶化阻害物質として最初に使われたのはブドウ糖と果糖，つまり「転化糖」であった（p.633）．少量の酸（酒石英など）とともに熱すると，ショ糖はブドウ糖と果糖に分解される．ブドウ糖と果糖が結晶表面に一時的に結合してショ糖分子を邪魔するので，ショ糖の結晶化が阻害される．蜂蜜は転化糖を含む天然素材であり，「転化糖シロップ」は人工的に作られたブドウ糖と果糖の混合物である．蜂蜜も転化糖シロップも果糖含量が高いのでカラメル化しやすく，焦げ色がつくので菓子によっては適さない．酸処理で作られた転化糖シロップは，酸がカラメル化を遅くするので色づきにくい．

**コーンシロップ** ショ糖の酸処理は必ずしも一定の結果が得られないことから，現在ではほとんどコーンシロップが使われている．コーンシロップは結晶化の阻害剤として特に有効で，カラメル化もしにくい．さまざまな長さのブドウ糖長鎖が絡まり合い，糖分子および水分子の動きを邪魔する．ショ糖分子が，くっつくべき結晶に達しにくいというわけである．ブドウ糖と麦芽糖も転化糖と同じようにして結晶化を阻害する．さらに，コーンシロップは粘りと硬さを加え，砂糖より甘味が少なく，砂糖よりも安いという利点もある．

**その他のキャンディー材料** キャンディー作りでは，味やテクスチャーに変化をつけるため，基本の砂糖シロップ以外にもさまざまな材料が使われる．いずれの材料も結晶化をある程度抑えるので，結晶は小さくなる傾向がある．

**乳タンパク質と乳脂肪** 乳タンパク質が入るとキャンディーにトロミがつく．また乳タンパク質は焦げやすいのでカラメルやファッジの風味を強める．カゼインタンパク質はかみごたえをだし，乳清タンパク質は焦げた色と風味がつきやすい．カゼインタンパク質も乳清タンパク質も，乳脂肪の油滴の乳化・安定化に役立つ．乳脂肪はバタースコッチ，カラメル（キャラメル），トフィー，ファッジなどになめらかさとしっとり感を加え，軟らかめのキャンディーは歯にくっつきにくくなる．乳タンパク質は酸性で凝固し，カラメル化と褐変反応によってそれぞれある種の有機酸が生成することから，乳固形分を含むキャンディーには中和のために重曹を加えることもある．酸と重曹が反応して二酸化炭素の泡が発生するので，キャンディーには小さな泡がたくさん含まれてもろくなることがある．

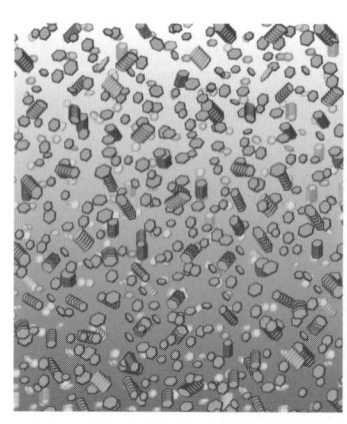

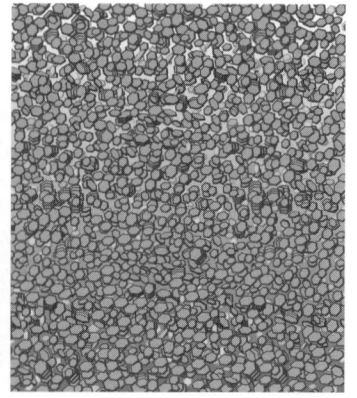

結晶質およびガラス状態のキャンディー．左：分子同士が集合するように熱いシロップを徐々に冷却していくと，密で規則正しい構造の結晶が形成する．右：非常に高濃度のシロップを急速に冷却して，糖分子が集合する前にその場に固定してしまうと，不規則で非晶質のガラス状態になる．

<u>ゲル化剤</u>　キャンディーを硬くするためにも，さまざまな材料が使われる．ゼラチン，卵白，穀物デンプンや穀物粉，ペクチン，植物性ゴムなど，分子同士が結合し，水分子とも結合して，水分を含んだ硬いゲルを形成するような物質である．ゼラチンとペクチンは特にゼリー・キャンディーやグミ・キャンディーの材料として使われ，両方が併用されることも多い．ゼラチンは硬い歯ごたえをだし，ペクチンは軟らかめのゲルになる．西アジア原産のマメ科の低木植物（Astragalus）から採れる炭水化物，トラガカント・ゴムを使って砂糖生地を作り，それを切り分けて乾燥させて飴玉にすることが，何世紀も前から行われている．

<u>酸</u>　キャンディーが甘すぎないように，味のバランスをとるため酸を加えることが多い．たとえば，ゼリー・ビーンズは表面が酸っぱい．シロップが冷めてから，味つけとして酸を加えるのだが，これは酸によってショ糖がブドウ糖と果糖に転化してしまうのを避けるためである．酸は種類によって酸味が違うと言われる．クエン酸と酒石酸は口に入れるとすぐに酸味を感じるのに対し，リンゴ酸や乳酸，フマル酸などは少し遅れて酸味を感じる．

## ■ キャンディーの種類

砂糖菓子は，非晶質のキャンディー，結晶質のキャンディー，そしてゴムやゲルやペーストなどでテクスチャーを変えたキャンディーの三つに分類できる．ただし実際には重複している．キャラメル，ハード・キャンディー，ヌガー，飴細工など，それぞれに結晶質のものと非晶質のものがある．ここでは，現在の代表的なキャンディーについてそれぞれ簡単に述べる．

**非晶質のキャンディー：ハード・キャンディー，ブリットル，キャラメルとタフィー，砂糖細工**

<u>ハード・キャンディー</u>　非晶質のキャンディーのなかで最も簡単なのはハード・キャンディーである．ハード・ドロップ，クリア・ミント，バタースコッチ，ボンボン，ロリポップ（棒つきキャンディー）などが含まれる．シロップを加熱して最終的な水分量を1～2％としたら，台や型の上に流して冷まし，まだ軟らかいうちに色や風味づけの材料を練り込み，成形する．糖濃度が非常に高くてちょっとしたことで結晶ができやすいので，結晶化しないように多量のコーンシロップを加えて透明のガラス状態にする．高温に加熱するためカラメル化が起きやすく，黄褐色になりがちである．これを避けるために減圧下に製造されることも多い．そうすればより低温で目的の糖濃度となる．

<u>わざと結晶化させたハード・キャンディー</u>　コーンシロップの量が少なすぎたり，鍋肌から種結晶が落ち込んだり，シロップの水分が多すぎたりすると結晶ができてしまい，これはハード・キャンディーでは好ましくないことが多い．しかしなかには，わざと小結晶を作り，も

---

### キャンディーの色

キャンディーには目を引くような鮮やかな色のものが多い．キャンディーの着色料としては，石油精製の副産物から合成されたものが一般的に用いられる．天然色素に比べて発色も強く安定である．見る角度によって色が変わる玉虫色のものは，雲母（ケイ酸アルミニウムカリウム）の薄片に二酸化チタンまたは酸化鉄（無機顔料）を混ぜている．

ろさをだすものもある．キャンディー・ケーン（棒状のもの）や食後に出るミント・キャンディーなどがその例である．冷ましたシロップをまだ軟らかいうちに練り合わせると，サテンや絹のような光沢をもった不透明のキャンディーができる．練りの作業で気泡がある程度混じり込み，それがショ糖の結晶化を促進する．気泡と結晶はいずれもキャンディーの構造を乱すので，カリッと軽くなり，歯ですぐにかみ砕ける．（後述の「砂糖細工」を参照）．

**綿菓子** 綿菓子または綿あめは，ハード・キャンディーとはまったく違って，グラス質の砂糖を細い糸状にしたものである．あまりに細いので食べた瞬間に口中の水分で溶けてしまう．綿菓子は専用の機械を使って作られる．小さな穴の空いた回転釜の中で溶かした砂糖を，遠心力で空気中に吹き出すと，瞬時に冷えて糸状に固まる．1904年にセントルイスで開催された世界博覧会に出展されたのが最初である．

**ブリットル** これも水分量が非常に低く（約2％）なるまでシロップを加熱するが，ほかのハード・キャンディーと違ってバターや乳固形分が入る．脂肪滴とタンパク質粒子のため不透明で，糖とタンパク質の間で褐変反応が進むために褐色である．シロップを加熱した後に重曹を加えることも多い．その理由は，アルカリ性では褐変反応が進む，褐変反応で生成する酸を中和する，中和反応で出る二酸化炭素の泡によって軽いテクスチャーになる，などである．原型となったフランスの「プラリネ」にはアーモンドが入っている．ニューオリンズの伝統的なプラリネはファッジに似ており（現代のものはキャラメルに近い），アーモンドの代わりに新大陸のピーカンが入る．

**キャラメル，トフィー，タフィー** キャラメルやその仲間は一般に非晶質で，乳脂肪と乳固形分が含まれる．加糖練乳を使うことが多い（安価な製品では粉乳と植物性ショートニング）．

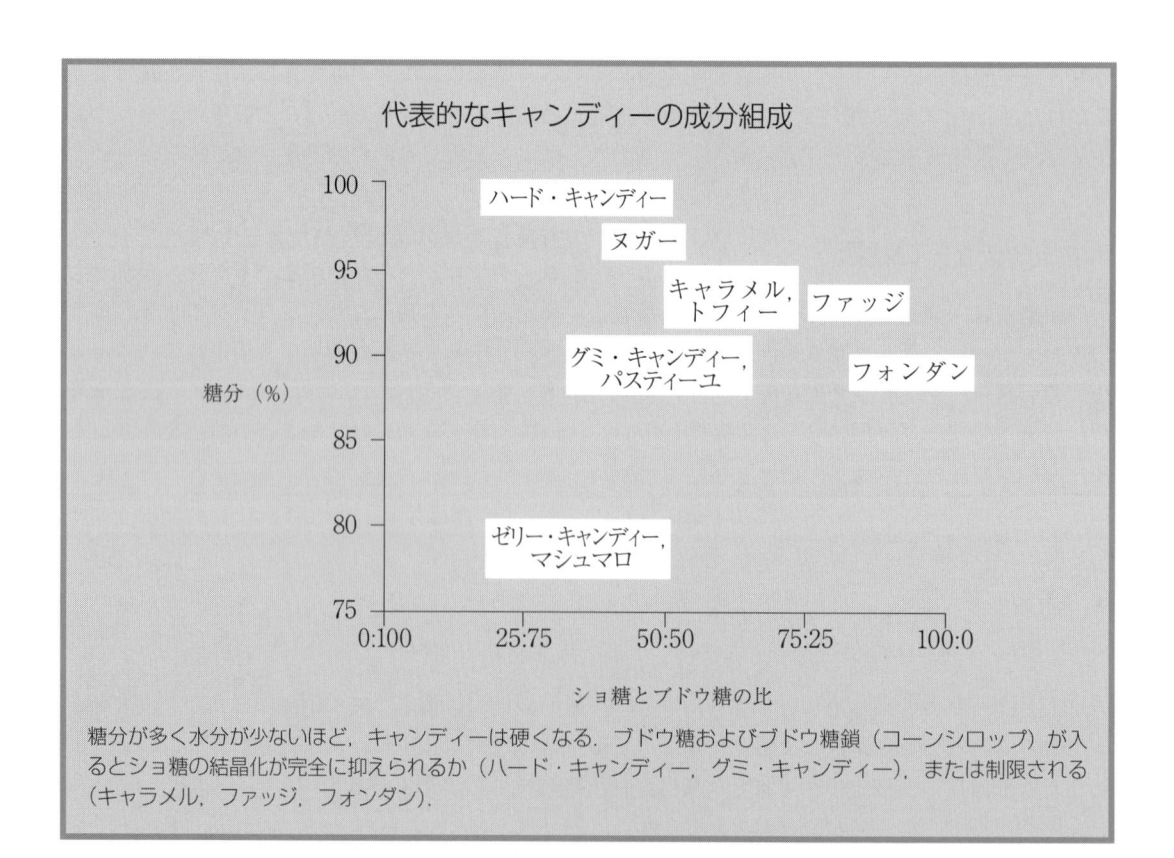

**代表的なキャンディーの成分組成**

糖分が多く水分が少ないほど，キャンディーは硬くなる．ブドウ糖およびブドウ糖鎖（コーンシロップ）が入るとショ糖の結晶化が完全に抑えられるか（ハード・キャンディー，グミ・キャンディー），または制限される（キャラメル，ファッジ，フォンダン）．

ハード・キャンディーよりも軟らかく，かむと乳脂肪がしみ出てくるのでおいしさが口に広がる．キャラメルの軟らかさは，ハード・キャンディーよりもシロップの加熱温度が低く水分が多いこと，コーンシロップの割合が多いこと，そして牛乳のカゼインタンパク質が含まれることによる．加熱する間に乳成分と糖が反応して，あの独特なカラメル臭がでる．英国では，トフィー用のバターは，しばらく保存期間を置いてやや酸敗臭がついたもの（遊離の酪酸による）が使われることも多い．牛乳臭さの強いものが好まれるためである．（アメリカのチョコレート製造でも同様のことが行われている，p. 679 の囲み内参照）．脂肪分が多いほど歯にくっつきにくい．

キャラメルは，非晶質のキャンディーのなかではシロップの加熱温度が一番低く，したがって水分も一番多くて軟らかい．トフィーとタフィーは，バターと乳固形分がキャラメルよりも少ない（タフィーにはバターや乳固形分が入らないこともある）．シロップの加熱温度はキャラメルよりも 28℃ ほど高いので，硬めである．タフィーは練ることにより空気と微細な結晶を含ませた，より硬くて軽めのものもある．乳製品入りのキャラメルは，カラメル化した糖が風味をだしているが，メイラード反応による風味も関係している．カラメル化した糖と乳製品の風味はなじみやすい．糖のカラメル化の主要産物であるジアセチルが，バターもしくは発酵バターのにおいをもつことも一因と思われる (p. 33)．キャラメルは濃厚で複雑な風味と食感があり，粘りがあってしかもクリーミーなので，多くの菓子や果実，コーヒーやチョコレートとよく合う．塩との相性もよく，英国には塩入りの高級キャラメルがある．

**砂糖細工（飴細工）**　砂糖菓子のなかでも最も華やかなのが，ガラスに似た砂糖の性質を利用したものであろう．その透明さ，そして彫刻し，膨らませ，引き延ばすことで生み出される無限の造形．「砂糖細工」と呼ばれる技術が生まれたのは少なくとも 500 年前にさかのぼる．1600 年より前の時代に中国の皇室では，麦芽シロップで作られた「絹糸の巣」が登場し

---

### カラメル，キャラメル，カラメル化

よく似た単語だが，意味合いが異なり，使われ方も曖昧である．

- **カラメル化**　砂糖シロップを加熱して，焦げ色と焦げたにおいをつけること．褐変反応（メイラード反応）もロースト肉や焼き菓子などに色やにおいをつけるという点では似ているが，カラメル化はアミノ酸やタンパク質がない状態でも起こるという点で異なる．カラメル化は褐変反応よりも高温を必要とし，生成する芳香分子の種類も異なるため風味も違ってくる (p. 752)．昔から，肉を焼くときに"カラメル化する"と言われることも多いが，これは正確ではない．
- **カラメル**　元来は，カラメル化によって作られる褐色で，香りがよく甘いシロップである．さまざまな料理の色づけや風味づけに用いられる．ただし，カラメル化した砂糖が熱いうちにいろいろな乳製品（生クリームなど）を合わせ，乳固形分を焦がして色と風味をつけたものもカラメルと呼ばれている．これは料理に添えるソースとして使われることが多い．
- **キャラメル**　カラメル化した砂糖と生クリームを混ぜて作った固形のキャンディー．

ており，これは今の綿菓子に近いものだったろう．17世紀のイタリアでは，さまざまな宴会用の装飾品（皿も含む）が砂糖で作られていた．日本ではかつて屋台を引いた「飴細工師」が，見物人を前に花や動物などさまざまな形の飴細工を作って売っていた．

飴細工の基本材料は溶かしたショ糖で，結晶化を防ぐためにブドウ糖と果糖を多めに加える．ブドウ糖と果糖はコーンシロップの形で加えてもよいし，純粋のブドウ糖と果糖でもよい．あるいはショ糖シロップに酸（酒石英）を加えて加熱し，一部転化させてもよい．ショ糖，ブドウ糖，果糖の混合物を157～166℃になるまで加熱すると，水分はほとんど残らない．水分が残っているとショ糖分子が動き回って規則的な配置をとりやすいので，結晶化や乳濁の原因となる．温度がやや高いと糖がカラメル化して黄褐色になり，飴細工では望ましくない場合が多い．固体上や木の台に熱いシロップを糸状に垂らし，シロップを瞬時に固めて作る綿菓子や糖細工のかごの場合，カラメル化させることが多い．さらに手の込んだ細工では，シロップをそのまま55～50℃に冷まし，ひとかたまりの成形可能な軟らかい生地にする．それを加熱ランプで温めつつ，さまざまに手を加え，成形し，ガラス吹きのようにして膨らませたりする．熟練した職人は素手のまま砂糖細工をすることもあるが，飴細工では手から水分や油分が移らないように薄いゴム手袋をすることが多い．

なかでも「引き飴」と呼ばれる砂糖細工は，サテンのように繊細で美しい輝きが見事である．砂糖シロップで作った生地を延ばしては折りたたみ，これを何度も繰り返す．生地は一部結晶化した砂糖の糸と空気のすきまとが無数に折り重なった構造になり，光る糸の織物が生まれる．

## 結晶質のキャンディー：ロック・キャンディー，フォンダン，ファッジ，コーティング・キャンディー，飴玉

大きな結晶形成が必要とされるキャンディーは，結晶の成長そのものを形にしたロック・キャンディーだけと言ってよい．シロップを硬い玉（p.659参照）の状態まで加熱するだけで，あとは小さなガラス容器に入れて爪楊枝などを突き刺して2～3日置いておく．結晶が大きくなったら，楊枝ごと冷水でさっと洗って水を切り，乾燥させる．

**フォンダンとファッジ** フォンダンとファッジは微結晶を含むキャンディーで，いずれも舌の上で溶けてクリーム状になる．fondant（フォンダン）という名前はフランス語で"溶ける"という意味のfondreからきており，キャンディー"クリーム"と呼ばれるもののベースとなる．キャンディー・クリームとは，チョコレートなどの中に詰まっている，口の中でとろけるしっとりした味つきの中身のことである．フォンダンはケーキやペストリーのアイシングにもなる．麺棒で延ばしてケーキの上からかぶせて包んだり，温めるか薄めて液状にしたものをケーキにかけて薄い層にしたりする．ファッジは基本的に，牛乳や脂肪や時に固形チョコレートを加えて作ったフォンダンである（キャラメルを結晶化させたものと考えることもできる）．黒糖を使ったフォンダンは「パノーチャ」と呼ばれる（ニューオリンズのプラリネにはピーカン入りのパノーチャと言えるものもある）．

フォンダンとファッジには，小さな結晶ができやすいようにコーンシロップが使われる．沸騰させたシロップを54～38℃まで冷まし，15分間ほど攪拌し続けて完全に結晶化させる．

これらのキャンディーは，水分がどれだけ残っているかによってテクスチャーが違ってくる．シロップが特に濃縮されれば，硬くてもろい，ツヤのないものになる．加熱が少なかったり，冷却・攪拌の間に空気中の水分を吸収したりすれば，結晶間のシロップが多くなって軟らかくツヤのあるものになる．わずか1～2％の水分の違いが，仕上がりに大きく影響する．ファッジはフォンダンよりも複雑で，シロップには砂糖の結晶以外に乳固形分や脂肪滴も含まれている．

**コーティング・キャンディー** 味つきのナッツなどに砂糖をコーティングした，中世のドラジェの現代版と言えるものである．釜の中でコーティングする方法は基本的に2種類ある．一つはハード式と呼ばれるもので，ナッツなどの中心となるものを高温の回転釜に入れ，濃縮ショ糖シロップを定期的に噴霧する．熱で水分が蒸発して，厚さ0.01〜0.02 mmほどの硬い結晶の層ができる．もう一つのソフト式と呼ばれる方法は，ゼリー・ビーンズ作りで使われることが多い．低温の回転釜で，ゼリー・キャンディーをブドウ糖シロップおよび粉糖とともに回転させる．シロップは結晶化する代わりに粉糖に吸収され，余分な水分は乾燥する．ソフト式は層が厚めで結晶が少ない．

**飴玉** 菓子のなかでも最も古くて単純，高温で加熱する必要もない．結合剤（基本はトラガカント・ゴムだが，ゼラチンでもよい）を水に溶かし，アイシング用の微粉糖と香味料を加えて"生地"にする．この生地を延ばし，小さく切り分け，乾燥させて作られる．もろく割れやすい．

### 泡を含むキャンディー：マシュマロ，ヌガー

砂糖シロップに泡を安定化する材料を加えると，軽くてモチモチしたテクスチャーになる．卵白，ゼラチン，そして大豆タンパク質が起泡剤としてよく使われる．一般には，これらの起泡剤と阻害剤を使って結晶化を防ぐが，なかには上質なフォンダンと泡を合わせた結晶質のキャンディーもある．

**マシュマロ** 最初に作られたのはフランスで，マーシュ・マロウ（和名；ビロードアオイ，学名；*Althaea officinalis*）というアオイ科の雑草の根から採れるゴム状の汁が使われた．「パート・ド・ギモーブ」と呼ばれていたこの菓子は，根の汁に卵と砂糖を混ぜて泡立てて作られた．今のマシュマロは，粘性のタンパク質溶液（一般にはゼラチン）と砂糖シロップを合わせ，カラメル段階近くまで濃縮し，泡立てて空気を含ませたものである．タンパク質分子が気泡膜に集まって補強となり，シロップの粘度も加わって，泡が安定化する．ゼラチン濃度は2〜3％で，やや弾力性がある．卵白を入れると軽くて軟らかいマシュマロになる．

**ヌガー** プロバンス地方の伝統的なシュガー・キャンディーで，卵白の泡とナッツが入っている．同じようなものに，イタリアの「トッローネ」やスペインの「トゥロン」がある．ヌガー

---

### 蛍光性のキャンディー：口の中の稲妻

テーブル・シュガーの結晶とウィンターグリーンの精油を混ぜ合わせると，おもしろいものができる．口の中で火花のでるキャンディー．非常に規則正しいショ糖の結晶構造をかんで壊すと，急に割れたため二つの破片の間に電荷の不均衡が生じ，一方に電子が偏る．電子は少ない方（正に荷電したほう）に飛び移ろうとするが，その途中で空気中の窒素分子と衝突し，衝撃の運動エネルギーは光エネルギーとして放出される．同じような電子の動きが雲と地面との間で起きれば，稲妻が発生する．もちろん，砂糖の結晶から出る光は稲妻よりもずっと弱い．しかもその光の大半は目に見えない紫外線領域にある．ウィンターグリーンの芳香成分であるサリチル酸メチルは蛍光性である．目に見えない紫外線を吸収し，可視光として再放出する．したがって，ショ糖の発する薄暗い光は増幅され，暗い部屋であればキャンディーをかんだときに青い光がパッと光るのが見える．

はメレンゲとキャンディーを掛け合わせたもので，まずメレンゲを作ってこれを攪拌しながら，湯気の立つ熱い濃縮シロップを混ぜ合わせてゆく．砂糖シロップの煮詰め具合と卵白に対する割合により，モチモチして軟らかいものも，パリッと硬いものもできる．蜂蜜が使われることも多い．

**弾力のあるゼリーとペースト状のキャンディー：マジパン** デンプンやゼラチン，ペクチン，または植物性ゴムの溶液を砂糖シロップに加えてそのまま固めると，密で弾力のある塊になり，さまざまなキャンディーができる．日本をはじめアジア各地では，海藻から抽出した寒天（p. 591）を使って固めた菓子も多い．寒天はごく微量で固まる（全体の0.1％程度）．

**ターキッシュ・デライト** トルコ語では「ロクム」と呼ばれる由緒ある菓子で，中東からバルカン地方では何世紀も前から作られている．デンプン（約4％）でトロミづけした半透明の菓子は，伝統的にバラのエキスで香りづけされる．

**リコリス（甘草）** 一般には小麦粉と糖蜜を使って作られ（それぞれ30％と60％程度），外見も味も密で不透明である．リコリスにはアニスを加えることも多く，スカンジナビア諸国ではリコリスとアンモニアなどという，変わった取り合わせもみられる．一般的な食品でアンモニア臭がするのは，熟しすぎたチーズぐらいのものであるが．

**ゼリー・ビーンズとグミ・キャンディー** ショ糖とコーンシロップをほぼ等量ずつ合わせ，ゼラチンとペクチンを加えたものである．ゼラチンはキャンディーの重さの5～15％程度，それだけだと弾力が強く，ゴムのようなテクスチャーになる．ペクチンを1％ほど加えるとキャンディーの微細構造が複雑になり，ややもろさがでるうえ，味と香りも強く感じられるようになる．ゼラチンは高温で分解するので，砂糖シロップがかなり冷めてからゼラチン濃縮液を加える．ゼリー・ビーンズやグミは水分が15％

---

### 発泡性のはじけるキャンディー

口の中でパチパチとはじけるキャンディーが生まれたのは19世紀のことである．水分が非常に少ない砂糖シロップを冷まして固まるときに，ベーキング・パウダーに相当するものを混ぜ込む．ベーキング・パウダーはアルカリ性の重曹と酸の混合物であり，生地中では重曹と酸が一緒に湿るときに反応して二酸化炭素ガスが発生する．同じように，クエン酸かリンゴ酸の結晶と重炭酸ナトリウムをキャンディーに入れた場合，口の中で湿ると両者が反応して二酸化炭素の泡が発生し，酸味とともにピリピリとした発泡を感じるのである．

このアイディアを一捻りして生まれた20世紀の工業製品で，口中で瞬時にはじけて消えてしまう「ポップ・ロック」や「スペース・ロック」というものがある．ゼネラルフーズ社の科学者が考案した方法で，濃縮した糖シロップに二酸化炭素ガスを過剰に詰め込み，減圧下に急速冷却して，固まったキャンディー中にガスを封じ込めるというものである．常圧に戻すとガスの大部分は外に出てしまうものの，一部は残る．こうして作ったキャンディーを口に含むと，溶けるときにガスがはじけて驚くほど大きなパチパチという音が出る．このガス化キャンディーを入れて，思いがけない食感を加えた料理もある．ただし，食べる前にキャンディーが溶けだしてしまわないよう，水分の少ない冷たい料理に限られる．

程度と多めである．

**マジパン**　基本的には砂糖とアーモンドのペーストで，中東および地中海地域では何世紀も前から作られてきた．特に造形用の材料として用いられ，果物や野菜，動物，人間，その他さまざまな形に作り上げて色づけされる．マジパンのようなナッツ・ペーストでは，糖の微粒子，およびナッツのタンパク質と炭水化物の粒子が固体相となっている．アーモンドとシロップを合わせて加熱してから，冷して結晶化させることもあれば，アーモンド粉末に，あらかじめ作っておいたフォンダンと粉糖を合わせることもある．卵白やゼラチンをつなぎに加えることもある．

## ■ チューインガム

　まさにアメリカ的な菓子だが，その起源は古い．人は何千年も前から，いろいろな植物の分泌するゴム，樹脂，樹液をかんでいた．ギリシャ時代にはピスタチオの一種の樹脂をマスチック（p.412）と呼んだが，これは"歯をすり合わせる，かむ"という意味である．これと同じ語源から masticate（かむ）という動詞も派生した．ヨーロッパおよび北米では，味がややきつめのマツ科トウヒ属の樹脂をかんでいた．マヤ人はチクルと呼ばれる，サポジラ（*Achras sapote*）の樹液をかんでいた．10世紀後にはこれがニューヨークで商品化された．ゴムと砂糖を混ぜるというアイディアが生まれたのは，アラブで砂糖貿易がはじまった頃である．ある種のアカシアの樹液，今はアラビア・ゴムとして知られるものが使われた．アラビア・ゴムおよびトラガカント・ゴムは溶解性が低いものの，かんでいるといずれは溶けてしまう．古い時代の薬には，薬剤を徐々に放出するための担体として用いられていた．今でもチューインガムにゴムを使うのは，味を少しずつしみ出させるためである．味が長続きする間，あごの筋肉を動かし続け，唾液に洗われて口の中がきれいになる．

**アメリカのガム**　現代のチューインガムの歴史は，トーマス・アダムスというニューヨークの発明家が1869年に中南米からチクルを持ち込んだことにはじまる．チクルはラテックス（乳状の水性植物液）で，コイル状の長い炭化水素鎖からなる微小滴を含んでいる．この炭化水素鎖は弾性があり，引っ張るとコイル構造が伸びるが，離すともとに戻るという性質をもつ．よく知られたラテックス物質としてはタイヤのゴムなどがある．アダムスはチクルをガムの原料に用いることを思いつき，1871年にチクル・ガムの特許を取得した．砂糖とササフラスやリコリスなどの香味料を入れたチクル・ガムは，すぐに人気となった．1900年までには，フレアやリグレーといった会社が，ガムボール，ペパーミント味やスペアミント味のガムを開発した．1928年にはフレア社の社員が，長い炭化水素ポリマーから非常に弾性の強いラテックス混合物を作り出し，これにより風船ガムが完成した．

**現代の合成ガム**　今でもチクルやジェルトン（マレー半島に自生する木の樹脂）を原料にしたチューインガム製品があるものの，ほとんどは合成ポリマーが使われている．特にスチレン-ブタジエン・ゴム（自動車のタイヤにも使われている），そして酢酸ポリビニル（接着剤や塗料にも使われている）が多い．ゴム基剤は最初にろ過・乾燥してから，水に入れて加熱し，シロップ状にする．粉糖とコーンシロップを混合し，風味料と柔軟剤（ガムをかみやすくするための植物油の誘導体）を添加した後，冷却・混練して均一でなめらかにした後，切り分けて薄く延ばし，帯状に裁断して包装する．最終製品の成分は，糖が60%，コーンシロップが20%，ゴム成分が20%程度である．シュガー・フリー製品には糖アルコールや高甘味料が使われている（p.640）．

## ■ キャンディーの保存と腐敗

　キャンディーは一般に水分が少なく糖分が多

い（生きた細胞から水分を吸い取る）ので，細菌やカビの増殖による腐敗はめったにない．ただし，乳固形分やバターを使ったものは脂肪の酸化・酸敗によって風味が劣化する．冷蔵または冷凍すると脂肪の酸化は遅くなるが，「シュガー・ブルーム（砂糖の華）」と呼ばれる別の問題が生じやすい．温度変化により空気中の水分が表面に凝結し，糖の一部が溶けて液化する．水分が再び蒸発するか内側にしみ込むと，表面に砂糖の結晶ができて白くざらついた状態になる．これを防ぐには空気に触れないように密閉包装するとよい．

## チョコレート

　チョコレートは食品のなかでも特に注目に値する．渋くて苦いほかは味のない熱帯原産の種子が原料であるにもかかわらず，発酵と焙煎によって非常に濃厚かつ複雑な風味が生まれ，用途も広い．ほかの食品にはない独特の食感があり，室温では硬く乾燥しているのに，口中ではクリームのようにとろける．どんな形にもでき，表面はガラスの光沢にもなる．工業生産によって初めてその可能性が最大限に引き出された，数少ない食品の一つである．現在知られるような，濃厚でなめらかな甘い塊としてのチョコレートがこの世に生まれたのは，チョコレートの長い歴史のなかではごく最近のことである．

### ■ チョコレートの歴史

**異国の飲みもの**　チョコレートの物語は新大陸ではじまった．カカオの木は，南米赤道地帯の河川域が起源と思われる．カカオの木に実る大きな硬い種子鞘には，甘く潤った果肉も含まれており，昔の人は中米やメキシコ南部に旅をする際に，旅先でのエネルギー源および水分補給のために携帯したと考えられる．ココア栽培はメキシコ南湾岸のオルメック人が最初とみられる．その後，紀元前600年より前にマヤ人へと伝わり，熱帯のユカタン半島および中米で作られたココアが，冷涼乾燥な北部に住むアステカ人に取引された．アステカ人はココアの種子を炒って挽き，それを飲みものにしたものは人間の血になぞらえて宗教儀式に用いられた．ココアの種子は貨幣として通用するほど高価であった．ヨーロッパ人として初めてカカオ豆を目にしたのはおそらく，コロンブスの第4回航海（1502年）の乗組員であったと考えられ，このときカカオ豆がスペインに持ち帰られた．1519年，コルテスの部下の一人であったベルナール・ディアス・デル・カスティーリョが，食事の席でアステカの皇帝モンテズマが通りがかりにココアの飲みものをさしてこう言ったのを聞いている．

---

### 食物用語：cocoa（カカオ/ココア），chocolate（チョコレート）

　cocoa（ココア）はスペイン語のcacao（カカオ）からきており，その語源はマヤ語およびアステカ語のkakawa，おそらくは3000年前に作られたオルメック語であろう．chololate（チョコレート）はより複雑な歴史をもつ．アステカ語（ナワトル語）ではココア水をcacahuatlと言ったが，当時のスペイン人がchocolateというスペイン語を作った．歴史家のマイケル・コーとソフィー・コーによれば，アステカの冷たいココア水よりもマヤの熱いココア水を好んだスペイン人が，これらを区別するために造語したという．ユカタン半島では"熱い"をchocol，アステカ語で"水"をatlと言った．

この国で採れるあらゆる種類の果実を食卓に並べた．彼はほとんど食べなかったが，ココアから作った媚薬と言い伝えられる飲みものが，金の杯に入ってときどき出された……泡立つチョコレートに満ちた瓶が，私が見たところ50は下らないほど数多く食卓に運ばれ，そのうち少しは飲んでいたようだ……

最初のチョコレートの詳しい記述が，中米を旅したミラノ人ジロラーモ・ベンツォーニの *History of the New World*（新大陸の歴史，1564年）に載っている．そのなかで彼は，中米がもたらした二つの世界的貢献として「七面鳥」と「カカオ豆」を挙げている．

彼らは種子を取り出して敷物の上に並べて乾燥する．飲みものが欲しくなると，乾燥した種子を陶器の鍋に入れて火の上で炒り，パン作りに使う石臼で挽く．最後に，ペーストにした種子をカップに入れて……水を少しずつ混ぜて，時にスパイスを少々加え，飲む．人間よりも豚に飲ませたようがよいようにもみえる．

……味はやや苦いが，酔いはしなくとも身体が満足し，生き生きとする．インディアンはほかの何よりもこの飲みものを尊び，どこででも飲む習慣がある．

ベンツォーニをはじめ，マヤやアステカを訪れた人々の記録から，チョコレートにはさまざまなもので風味づけされていたことがわかる．香りのよい花，バニラ，唐辛子，野生の蜂蜜，アチョーテ（アンナット，p.412）などが使われていた．ヨーロッパ人は砂糖，シナモン，クローブ，アニス，アーモンド，ヘーゼルナッツ，バニラ，オレンジ・フラワー・ウォーター，じゃ香などで，独自の風味づけをするようになった．英国イエズス会士のトーマス・ゲージによれば，彼らはカカオ豆とスパイスを乾燥し，それらを挽いて混ぜ合わせ，熱してカカオ・バターを溶かしペースト状にしていたという．そのペーストを大きな葉か紙片にのせて固め，それをはがして大きめの錠剤のようにしていた．チョコレートを使った料理には熱いものも冷たいものも何種類かあったと，ゲージは書いている．

メキシコでは，熱い「アトーレ（トウモロコシの薄粥）」に入れて食べることが多い．錠剤のようなチョコレートの粒を熱い湯に溶かしてカップの中でかき混ぜ，よく混ざり泡立ったら熱いアトーレをカップに満たし，少しずつすする．

スパイス入りのチョコレート・ペーストを作る「工場」がヨーロッパで最初に建設されたのはスペインで，1580年頃のことであった．その後70年間にチョコレートはイタリア，フランス，イギリスに広まった．これらの国々では，それまでチョコレートに加えられていた香味料のうち，砂糖とバニラ以外はほとんど使わなくなった．最初は，パリではレモネード売りが，ロンドンではコーヒーハウス（それ自体が革新的なものだった）が売っていた．17世紀後半になると，ロンドンではコーヒーハウスのチョコレート専門店のような形でチョコレート・ハウスが繁盛し，ここで牛乳を使ったホット・チョコレートが生まれたようである．

**昔のチョコレート菓子** ヨーロッパにカカオが伝わってから2世紀ほどは，チョコレートは主に飲みものとして知られるにとどまった．カカオ豆が菓子に使われたのはごく限られている．イギリス人のヘンリー・ストゥーブは，チョコレートに関する専門書 *The Indian Nectar*（インディアンのおいしい飲みもの，1662年）のなかで次のように書いている．スペインおよびスペイン植民地では「別の方法で菱形やアーモンドの形にされ」，今ではカフェインの作用だと

わかっているチョコレートの効果に，人々は気づいていた．「カカオ豆で糖菓を作り，それを夜に食べると一晩中起きていられた．したがって兵士が夜警に立つときに役立った．」18世紀の料理本には，ドラジェ，マジパン，ビスケット，クリームやアイスやムースなど，チョコレートを使った料理がいくつか載っているのが一般的であった．イタリア料理のなかで珍しいものに，アーモンドとクルミとアンチョビとチョコレート入りのソースを使ったラザーニアや，チョコレート入りのレバー料理，チョコレート入りのポレンタなどがある．18世紀のフランスの *Encyclopédie*（百科事典）を見ると，当時一般に売られていた「ショコラ」はココアと砂糖を半々に混ぜ合わせてバニラやシナモンで風味づけし固めたもので，楽しい菓子というより非常食のようなものだったことがわかる．おそらく最初のインスタント朝食であったろう．

> 宿をすぐに出なければならないときや，旅先で飲みものを作る暇がないときに，1オンス（約28 g）ほどのチョコレートをかじり，（水を）1杯飲めば，胃の中で混じって溶けるので，即席の朝食となる．

19世紀半ばになっても，イギリスの料理に関する抄録 *Gunter's Modern Confectioner*（ギュンターの現代菓子）を見ると，チョコレートレシピに当てられているのは220ページのうち4ページだけである．

**オランダとイギリスでの技術革新：ココア粉末と食べるチョコレート**　固形チョコレートに対する関心が低かった主な原因はおそらく，チョコレート・ペーストのボソボソとざらついた食感にあると思われる．今これほど人気の高い口当たりのよいチョコレートができるまでにはいくつかの技術革新があり，その最初は1828年のことだった．コンラッド・ヴァン・ホーテンの一族はアムステルダムでチョコレートの商売を行っていたが，彼はチョコレートを飲みものにしても重くならないように脂肪を減らそうと考えた．カカオ豆の重さの半分以上は脂肪，つまり「カカオ・バター」である．ヴァン・ホーテンは，挽いたカカオ豆からカカオ・バターを圧搾して除くプレス機（それ自体は目新しくはない）を開発した．脱脂したココア粉末には風味がほとんど残っており，それをホット・チョコレート用に販売した．今でこそカカオ・バターを多く含んだ濃厚なココアへの関心が再び高まっているものの，脱脂したココア粉末は長期にわたり成功を収めた．

初めは，ヴァン・ホーテンのプレス機で搾り取った純粋のカカオ・バターは単なる副産物であったが，その後，現在のチョコレート・キャンディーの開発に重要な役割を果たすことになる．普通に挽いたカカオ豆と砂糖のペーストにカカオ・バターを添加することで，乾燥した粒子を包み込む濃厚でとろけるような素地が加わり，粉っぽくなくなる．最初の"食べる"固形チョコレートは，イギリスのフライ・アンド・サンズ社が1847年に販売を開始したが，ヨーロッパおよび合衆国全域ではすぐに模倣品が多数出回るようになった．

**スイスでの技術革新：ミルク・チョコレートと洗練されたテクスチャー**　1917年に出版されたアリス・ブラッドリーの *Candy Cook Book*（キャンディー作りの本）では，1章分を「チョコレート」に費やしている．そのなかに，「チョコレート会社のなかには，製品価格リストに100種類以上のチョコレートが載っているところもある」と書かれている．南米のカカオ豆は，菓子の主要原料へと成長したのである．

二つの技術開発によってチョコレートの魅力はさらに高まった．1876年，ダニエル・ピーターというスイスの菓子職人が，やはりスイス人のヘンリー・ネスレが作った粉乳を使ってミルク・チョコレートを発明した．牛乳の風味がチョコレートによく合うというだけでなく，粉乳でチョコレートの強い風味が薄まり，乳タンパク質が渋味を抑えて味がマイルドになる．現

在消費されているチョコレートの多くはミルク・チョコレートである．1878年には，スイスの製造業者ルドルフ・リンツが「コンチェ」という機械を発明した．これは挽いたカカオ豆と砂糖と粉乳を数時間から数日間もかけてゆっくりと練り続ける機械で，それまでになかったなめらかな食感が得られるようになった．今ではごく普通のチョコレートでもこのなめらかさが当たり前となっている．

現代のチョコレートの進化にこれほど多くの貢献を果たしたスイスは，昔から世界一のチョコレート消費量を誇るというのも納得できる．スイスの国民1人当たりの消費量は1日約30 g，合衆国のほぼ2倍に当たる．

## ■ チョコレート作り

新鮮なカカオ豆がチョコレートになるには，素晴らしい自然の力と，どんな素材にも栄養と悦びを見出そうとする人間の創意工夫との，深い関わりがある．鞘から取り出した種子は渋味と苦味があり，においはほとんどない．カカオ栽培園とチョコレート工場におけるいくつかの工程を経て，潜在的な風味が引き出される．

- 栽培地では豆を果肉ごと山積みにして発酵させ，チョコレートの風味成分の前駆体を作り出す．
- 工場では発酵させた豆を焙煎し，前駆体を風味成分に変換する．
- 工場ではさらに豆を粉砕し，砂糖を加え，物理的な力を加えて洗練された風味となめらかな口溶けを実現する．

**カカオ豆** カカオの木はリンネによって *Theobroma cacao* と命名されている（*theobroma* はギリシャ語で"神の食べもの"という意味）．北緯20°から南緯20°の間に生育する常緑広葉樹で，樹高は7 mに達する．繊維質の鞘（ポッド）は長さ15〜25 cm，直径7.5〜10 cm，その中に20〜40個の種子，すなわちカカオ豆が入っている．カカオ豆は長さ約2.5 cm，甘酸っぱい果肉（パルプ）に包まれている．

**品種** カカオ品種は多数あり，クリオロ種，フォラステロ種，トリニタリオ種の三つに大別される．クリオロ種は比較的マイルドであり，最も上質かつ繊細な風味をもつ品種が含まれ，花や茶に似た香りがする．残念ながら病気にかかりやすく，収穫量も低いので，世界生産量の5％未満である．収穫量が高く丈夫なフォラステロ種は，風味豊かな"バルク"豆として世界生産量の大半を占める．トリニタリオ種はクリオロ種とフォラステロ種の交雑種で，両者の中間の特性をもつ．

今は西アフリカ（コートジボワールとガーナ）が世界生産量の半分以上を占め，インドネシアもココア原産地域内では最大生産国のブラジルを凌いでいる．

カカオの鞘には，多数の大きな種子と甘い果肉が含まれている．種子の大半は，栄養を蓄えて折りたたまれた子葉に占められ，子葉には紫色の防御細胞が点在する．防御細胞にはアルカロイドや苦味のあるフェノール化合物が多く含まれる．

**貯蔵細胞と防御細胞** カカオ豆は主に胚の貯蔵葉（子葉, p.440）からなり, 2種類の細胞がある. 細胞の約80％はタンパク質および脂肪（カカオ・バター）の貯蔵庫であり, 熱帯雨林の日陰で発芽し成長するために必要な栄養源となる. 残りの20％は防御細胞で, 熱帯雨林の動物や微生物による摂食を避けるためのものである. これらの細胞は子葉中の紫色の斑点として認められ, 渋味のあるフェノール化合物, 関連化合物のアントシアニン色素, そして二つの苦味アルカロイド（テオブロミン, カフェイン）を含む. カカオ豆の水分は約65％と高い. 発酵・乾燥させた豆の成分組成を下の囲み内に記載した.

**発酵と乾燥** チョコレートの風味を生み出す最初の重要な工程は, さほど管理もされておらず変動も大きい. 発酵は何千という小農園や大農園を含む栽培地で行われ, 農園の経営状況や技術力によって手間の掛け方もさまざまである. したがってカカオ豆の品質は格差が大きく, 未発酵のものから発酵しすぎたもの, なかにはカビの生えたものまである. チョコレート製造における最初の難関は, 十分に発酵した良質のカカオ豆を入手することである.

収穫したカカオの鞘はすぐに割って, 中の種子を甘い果肉とともに取り出して山積みにし, 熱帯の自然環境温度に放置する. 果肉に含まれる糖分その他の養分で微生物がすぐに増殖しはじめる. 適切な発酵は2～8日間で終了し, 普通は3段階を経て進行する. 初めは酵母が優勢となり, 糖がアルコールに変換され果肉中の酸も一部代謝される. 山積みされた中の酸素を酵母が使い切ってしまうと, 乳酸菌が増えはじめる. その多くは乳製品や野菜の発酵でみられるのと同じ種である. 農園の作業者が種子と果肉の山をひっくり返して通気を行うと, 乳酸菌に代わって酢酸菌が増殖し, 酵母が作ったアルコールを消費して酢酸を産生する.

**発酵によりカカオ豆は変化する** カカオの発酵では, カカオ豆（種子）そのものではなく果肉が発酵する. しかしこれによってカカオ豆にも変化が起こる. 酢酸菌の産生する酢酸が豆にしみ込んでゆくときに, 細胞が浸食されて細胞の中身がもれ出て反応し合う. 渋味成分のフェノール化合物がタンパク質や酸素と混じり合い, より渋味の少ない複合体を形成する. 最も重要なのは, 豆自身の消化酵素が貯蔵タンパク質やショ糖と混じりあい, これらをアミノ酸や単糖へと分解することである. アミノ酸や単糖は反応性が高いので, 焙煎工程における芳香成分の生成が多くなる. 最後に, 発酵果肉に含まれる糖, 酸, 果実や花やワインの香りなどの風味成分が, 穴の空いた豆に吸収される. このように適切な発酵を行うことで, 渋くて味のないカカオ豆は, よい風味成分とその前駆体に満ちたものとなる.

**乾燥** 発酵が終了すると, カカオ豆は乾燥される. 多くの場合は, 平らに広げて天日干しにするだけである. 乾燥には数日間かかり, 丁寧に

---

### 発酵・乾燥したカカオ豆の成分組成

| | 重量% | | 重量% |
|---|---|---|---|
| 水分 | 5 | 糖分 | 1 |
| カカオ・バター | 54 | フェノール化合物 | 6 |
| タンパク質・アミノ酸 | 12 | ミネラル | 3 |
| デンプン | 6 | テオブロミン | 1.2 |
| 繊維 | 11 | カフェイン | 0.2 |

行わないと豆の表面や内部に細菌やカビが繁殖することもあり，風味が悪くなる．

　水分7％ほどに乾燥すれば，微生物による腐敗は起こらない．このあと豆をきれいにして袋詰めし，世界中のチョコレート工場に出荷される．

**焙煎**　発酵・乾燥したカカオ豆は，未発酵のものと比べて渋味が少なく風味が強い．しかしその風味はまだ完全ではなく，酢酸臭が強いことも多い．チョコレート工場では豆を選別しブレンドした後，焙煎して風味を熟成させる．豆がまるごとか，外皮がついているか，割ってあるか，細かく砕いてあるかなどによって焙煎時間と温度が違ってくる．丸のままの豆は120～160℃で30～60分ほどかかる．これはコーヒー豆の焙煎よりもかなり穏やかな処理だが，カカオ豆には反応しやすいアミノ酸や糖が多く含まれ，メイラード反応による風味がつきやすいためである（p.752）．穏やかに焙煎すれば，カカオ豆本来の風味や，発酵で生じた風味も損なわれにくい．

**磨砕と精錬**　焙煎した後は，豆を割ってニブ（胚乳部）と外皮に分ける．次にニブを鋼製ローラーにかけてつぶし，カカオ・マスまたはカカオ・リカーと呼ばれるどろりとした暗褐色のペーストにする．この磨砕工程には，細胞を壊してカカオ・バターを外に出す，細胞を砕片にして舌ざわりをなめらかにする，という二つの目的がある．ニブにはカカオ・バターが約55％含まれているため，脂肪が連続相となり，固形の細胞砕片（主にタンパク質，繊維，デンプン）が脂肪中に分散する．最終磨砕（精錬とも呼ばれる）により，粒径を0.02～0.03 mmまで小さくする．スイスやドイツのチョコレートは伝統的に，イギリスやアメリカのものより微粒でなめらかに摩砕される．

　カカオ・マスはこの後，製品に応じてさらに処理が加えられる．ココア粉末およびカカオ・バターを作るには，目の細かいフィルターでカカオ・マスを圧搾する．カカオ粒子はフィルターの上に残り，カカオ・バターがフィルターを通って流れ落ちる．押し固められたカカオ粒子の塊（ココア・ケーキ）はココア粉末にされ（p.681），カカオ・バターはあらゆるチョコレート製品の重要な原料となる．

**コンチング**　純粋のカカオ・マスはチョコレートの風味が濃縮されており，そのまま固めて包装し製菓用にされることもある．しかし風味がやや粗く，苦味，渋味，酸味が強い．そこでさらにおいしくするために，いくつかの材料が追加される．砂糖を加えればダーク・チョコレート，砂糖と乾燥乳固形分を加えればミルク・チョコレート，バニラ（バニラ・ビーンズ，バニラ・エッセンス，人工バニラ香料）を加えることもあり，さらにカカオ・バターが添加される．そして，コンチングと呼ばれる長時間の攪拌工程がある．コンチングというのは，最初に考案された機械が貝（コンチ）に似た形をしていたことからつけられた名前である．コンチェ（コンチングの機械）の中でカカオ・マスと砂糖と乳固形分が機械内面にすりあわされ，摩擦熱と加熱とによって内部温度は45～80℃に保たれる（ミルク・チョコレートは43～57℃）．使用する機械や製品によって違うが，コンチングは8～36時間行われる．

**テクスチャーと風味の洗練**　最初のコンチェは，マヤ時代に使われていた粉挽き用の石板を機械化したようなものであった．重い花崗岩のローラーが花崗岩の板の上を行ったり来たりして，混合しながら粗い粒子をさらに細かくすりつぶす．今は，コンチング前の工程で粒子が適度な大きさに粉砕されるので，コンチング工程の役割は次の二つである．一つは，固形粒子の凝集塊をバラバラにして，個々の粒子をカカオ・バターで包むことにより，仕上がりのチョコレートになめらかな口溶けを与える．もう一つ，コンチングによってチョコレートの風味が格段に向上する．味が強まるのではなく，まろやかになるのである．空気を含ませ穏やかに加熱することにより，揮発性芳香成分の80％近

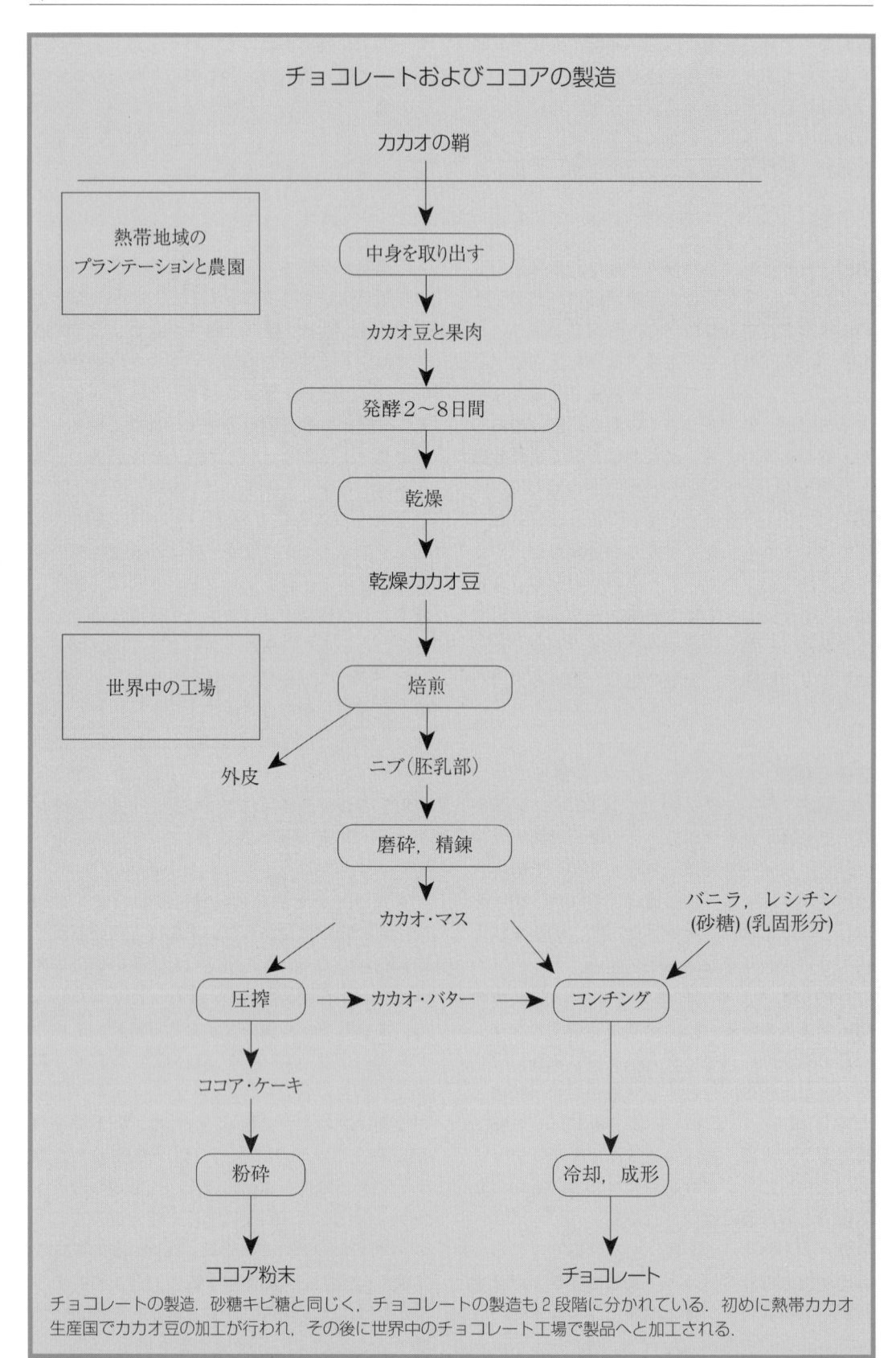

## チョコレートおよびココアの製造

```
                        カカオの鞘
                           │
─────────────────────────┼─────────────────────────
                           ▼
┌──────────────┐      ( 中身を取り出す )
│ 熱帯地域の   │           │
│ プランテーション│        ▼
│ と農園       │      カカオ豆と果肉
└──────────────┘           │
                           ▼
                    ( 発酵 2～8日間 )
                           │
                           ▼
                       ( 乾燥 )
                           │
                           ▼
                      乾燥カカオ豆
─────────────────────────┼─────────────────────────
                           ▼
┌──────────────┐      ( 焙煎 )
│ 世界中の工場 │      ↙    │
└──────────────┘  外皮   ニブ（胚乳部）
                           │
                           ▼
                    ( 磨砕, 精錬 )
                           │
                           ▼
                       カカオ・マス
                    ↙            ↘              バニラ, レシチン
              ( 圧搾 ) → カカオ・バター →  ( コンチング ) ← (砂糖)(乳固形分)
                    │                            │
                    ▼                            ▼
              ココア・ケーキ                ( 冷却, 成形 )
                    │                            │
                    ▼                            ▼
                ( 粉砕 )                      チョコレート
                    │
                    ▼
                ココア粉末
```

チョコレートの製造．砂糖キビ糖と同じく，チョコレートの製造も2段階に分かれている．初めに熱帯カカオ生産国でカカオ豆の加工が行われ，その後に世界中のチョコレート工場で製品へと加工される．

く（そして過剰な水分）が飛んでしまう．幸い，その多くは各種の酸やアルデヒドなど，不快臭成分であり，コンチング中は徐々に酸度が下がる．それと同時に，熱と撹拌により香りのよい揮発成分，特にロースト臭，カラメル臭，麦芽臭などが増えてゆく（ピラジン類，フラネオール，マルトール）．

コンチング終了に近い段階で，カカオ・バターと少量のレシチン（乳化剤，p.774）が加えられる．最初に加えた砂糖に十分な潤滑を与えて，チョコレートが粉っぽくなくクリーミーな口溶けとなるように，カカオ・バターを追加する必要がある．つぶしたニブに加える砂糖の割合が多いほど，カカオ・バターを多く入れなければならない．レシチンがチョコレートに入れられるようになったのは1930年代である．砂糖粒子がレシチンの親油性末端で覆われるため，潤滑用のカカオ・バターの量を減らすことができる．レシチンはその10倍量のカカオ・バターと同じ働きをする．一般的には，チョコレートの重さの0.3～0.5%のレシチンが使われている．

**冷却と固化**　コンチング後のダーク・チョコレートは，基本的に温かい液状のカカオ・バターの中にカカオ豆と砂糖の粒子が懸濁した状態である．ミルク・チョコレートには，乳脂肪，乳タンパク質，乳糖も含まれ，その分カカオ豆の固形分が少ない．

チョコレート製造の最終工程では，液状のチョコレートを室温に冷まし，お馴染みの固形チョコレートにする．この液体から固体に変える工程が難しい．カカオ・バターの安定な結晶を作り，ツヤがあって適度な硬さのチョコレートにするためには，冷した後で再び温めて特定の温度にしてから，型に分注して室温に冷まし固める．

菓子作りでは，市販のチョコレートを溶かしていろいろな形にしたり，ほかの食品をコーティングしたりすることも多い．溶かす前と同じツヤと硬さにしたければ，一度温めてから冷やすという「調温（テンパリング）」を行わなければならない（p.685）．

## ■ チョコレート特有の性質

**硬さと外見：カカオ・バターによる性質**　チョコレートの外見と硬さは，カカオ・バターの物理的特性が直接現れたものである．チョコレートの中で，カカオ・バターはカカオ豆粒子を包み一つの塊にまとめている．丁寧に作られたチョコレートの表面は，絹のような，またはガラ

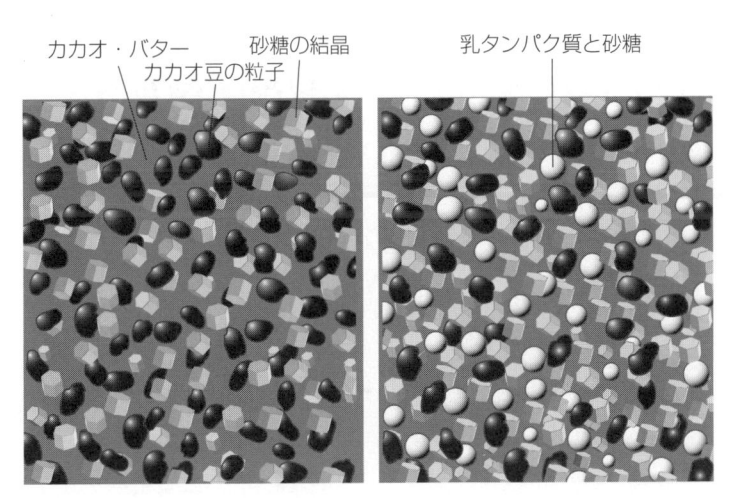

ダーク・チョコレートとミルク・チョコレートの組成．左：ダークチョコレート．ベースとなるカカオ・バターの中にカカオ豆の粒子と砂糖の結晶が埋まっている．右：ミルク・チョコレート．カカオ豆のかなりの部分が乳タンパク質と砂糖に置き換わっている．

スのようななめらかさで、室温では油っぽくなく硬くて、パキッとよい音で割れ、口の中ではクリームのようになめらかにとろける。こうした性質は、カカオの脂肪分子が作り上げる構造によるもので、ほかの食品には見られない。カカオの脂肪分子（大半がたった3種類の脂肪酸からできている）はほぼ飽和状態にあり、非常に規則正しく並んでいる。つまり、脂肪分子は密に詰まったコンパクトで安定な結晶を形成し、液状の脂肪はほとんど残っていないため、結晶外にしみ出ることもない。

しかし、脂肪の結晶化を慎重に調節しなければ、このような特殊な網目構造は形成されない。カカオ・バターは6種類の脂肪結晶を形成しうる。そのうち2種類のみが安定で、ツヤがあり乾燥して硬いチョコレートができる。ほかの4種類は不安定で、密度が低く規則性の低い構造である。液状で残る脂肪が多く、結晶から脂肪分子がしみ出しやすい。たとえば暖房器の近くに置いたり高温の車内に放置したりして、チョコレートが溶けてそのまま固まると、不安定な結晶が大半を占めるようになり、油っぽくて軟らかい、色のまだらなチョコレートになる。もとの状態に戻すには調温をしなければならない。

**チョコレートの風味**　チョコレートは食品のなかでも特に濃厚で複雑な風味をもつ。かすかな酸味に加え、はっきりした苦味と渋味、そして加えられた砂糖の甘さがある。チョコレートには600種類以上の揮発成分が化学的に同定されている。基本的なロースト臭に関係しているのはそのうちのごく一部であろうが、その他の多くの成分が風味の深さと広がりをだしている。チョコレートの芳醇な風味は、二つの要素から生まれる。一つは、カカオ豆に本来備わっている潜在的な風味と、砂糖やタンパク質との組み合わせ、そしてそれらを分解して風味成分を作り出す酵素である。もう一つの要因は、チョコレート作りの複雑な工程、微生物および高温加熱による化学的変換である。

注意深く味わうと、チョコレートの風味には以下のようなものが感じられる。

- カカオ豆本来の渋味と苦味（フェノール化合物、テオブロミン）
- 発酵した果肉からくる、果実臭、ワイン臭、シェリー臭、酢臭（酸類、エステル類；アルコール類；アセトアルデヒド；酢酸）
- カカオ豆の自己消化による、アーモンド臭、乳臭、花臭（ベンズアルデヒド；ジアセチルケトン類とメチルケトン類；リ

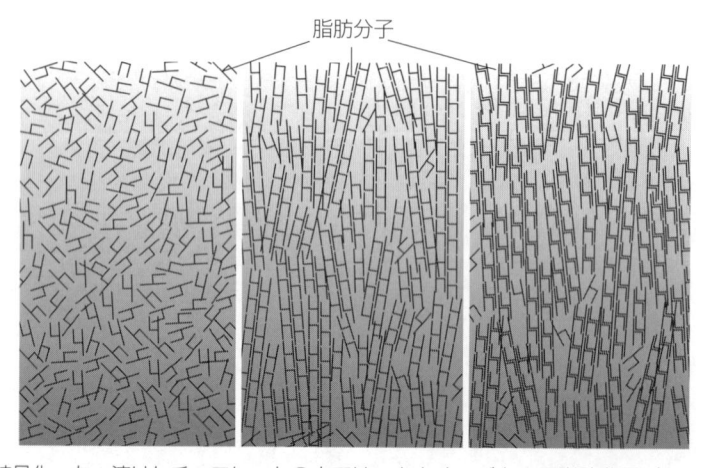

カカオ・バターの結晶化。左：溶けたチョコレートの中では、カカオ・バターの脂肪分子（p.770）が常に不規則に動き回っている。中央：調温せずにそのまま冷えると、脂肪分子は緩い構造の不安定な結晶を形成する。軟らかく油っぽいチョコレートになる。右：調温して冷やし固めると、脂肪分子は密に詰まった安定な結晶を形成する。乾燥して硬いチョコレートになる。

ナロール）
- 焙煎および褐変反応による，ナッツ臭，甘味臭，土臭，花臭，スパイス臭（ピラジン類とチアゾール類；フェニル類；フェニルアルカナール類；ジエナール類），そしてより強い苦味（ジケトピペラジン類）
- 加えた砂糖やバニラによる，甘味臭と暖かみのあるスパイス臭
- 加えた乳固形分による，カラメル臭，バタースコッチ臭，加熱乳臭，チーズ臭

発酵や取扱いの悪い豆を使ったチョコレートは，ゴム臭や焦げ臭，煙臭，ハム臭や魚臭，カビ臭，段ボール臭，酸敗臭など，さまざまな不快臭がする．

特にミルク・チョコレートなど，製品によっては少量の塩を加えることもある．ただ甘味をつけただけのチョコレートに欠けている基本味覚が塩味である．塩味を加えることで全体的な風味に，ある種のキレと透明感がでると言われる．

## ■ チョコレートの種類

チョコレート製品は種類が非常に多く，そのまま食べるもの，料理用や製菓用のもの，何にでも使えるものなどさまざまにある．チョコレート製品を大きく分けると以下のようになる．

- 安価な大量生産製品　普通のカカオ豆を原料に，ほぼ自動化された工場で生産される．カカオ固形分およびカカオ・バターの含有量は低く，砂糖と乳固形分の含有量が多い．マイルドで特徴のない風味である．
- 高価な"高級"チョコレート　上質な風味のでる厳選されたカカオ豆を原料に使い，風味をよくするため少量ずつバッチ生産されることも多い．カカオ固形分およびカカオ・バターの含有量はかなり多い．強く複雑な風味をもつ．
- ダーク・チョコレート　カカオ固形分，カカオ・バター，砂糖を含み，乳固形分は含まない．砂糖を加えないビター・チョコレートから，砂糖を加えたビタースイート，スイートまでいろいろある．高級チョコレートのなかにはカカオ含量を表示したものもあり，「カカオ分70％」とあれば，カカオ・バターとカカオ固形分が合わせて70％，砂糖が約30％ということである（少量のレシチンやバニラも含まれる）．「カカオ分62％」であれば砂糖が約38％含まれる．カカオ固形

---

### ミルク・チョコレートの風味の違い

ヨーロッパ，イギリス，合衆国，それぞれの地域によってミルク・チョコレートは昔から独特の風味がある．ミルク・チョコレート発祥の地である大陸ヨーロッパでは，全粉乳が使われ，比較的新鮮なミルクの風味がする．イギリスでは，液体の牛乳に砂糖を加えて固形分90％まで濃縮し，ここにカカオ・マスを混ぜ，さらに乾燥して「チョコレート・クラム」と呼ばれるものにする．濃縮・乾燥する間に乳タンパク質と砂糖が褐変反応を起こし，独特の加熱乳のにおい，カラメルの風味がでる．普通に乾燥しただけではこのような風味はでない．合衆国の大きな製造業者の間では，昔から脂肪分解酵素で乳脂肪をある程度分解することが行われている．乳脂肪が分解されるとわずかに酸敗臭がでて，そのチーズのような動物性のにおいがチョコレートの風味と独特に混じり合って，風味が複雑になる．

分が多いほど，苦味や渋味も含めてチョコレートの風味が強い．風味の強いチョコレートは，生クリームや卵や小麦粉と混ぜると，これらに含まれるタンパク質がフェノール成分と結合し，風味が高まる．

- ミルク・チョコレート　チョコレートのなかでは最も多く，味が一番マイルドである．乳固形分を含み糖分も多いので，両者を合わせた量は，カカオ固形分とカカオ・バターを合わせた量よりも多いのが普通である．カカオ・バターの含有量が比較的少ないので，ビタースイート・チョコレートに比べると軟らかくパキッと割れにくい．
- クーベルチュール・チョコレート（クーベルチュールはフランス語で"かける，覆う"という意味）　溶かしたときに流動性がよいように作られたダークまたはミルク・チョコレートで，薄く繊細なチョコレート・コーティングに適している．カカオ・バターを通常より多めに加えることで，カカオ豆粒子と砂糖粒子を動きやすくしている．脂肪分は31〜38%のものが多い．
- ホワイト・チョコレート　本当の意味でチョコレートではない．カカオ豆粒子がまったく含まれず，したがってチョコレートの風味はしない．1930年頃に考案されたもので，精製したカカオ・バター（普通は脱臭もされている）と乳固形分と砂糖を混ぜている．普通のチョコレートとの色の対比がデコレーションとして美しい．

ニブや焙煎した豆のかけらを入れて，風味や

## チョコレートの種類と成分組成

チョコレートの成分組成は大きく異なり，特に「ビタースイート」と「セミスイート」にはさまざまなものがある．下の表は，各成分の含有率を重量%で表している．おおまかな数値だが，比較する参考にはなる．

| | カカオ固形分+添加カカオ・バターの合計 | カカオ・マス | 添加されたカカオ・バター | 糖分 | 乳固形分 | 総脂肪分 | 総炭水化物 | タンパク質 |
|---|---|---|---|---|---|---|---|---|
| 無加糖 | | 99 | 0 | 0 | 0 | 53 | 30 | 13 |
| ビタースイート/セミスイート | 35 | 70〜35 | 0〜15 | 30〜50 | 0 | 25〜38 | 45〜65 | 4〜6 |
| スイート（ダーク） | 15 | 15 | 20 | 60 | 0 | 32 | 72 | 2 |
| ミルク | 10 | 10 | 20 | 50 | 15 | 30 | 60 | 8 |
| 無加糖のココア粉末 | | | | | | 20 | 40 | 15 |

カリカリとした歯触りをだしたチョコレート製品もある．ラテン系の店では焙煎したカカオ豆が売られていることもある．

**チョコレートの保存；ファット・ブルーム**　チョコレートは15～18℃の一定温度で保存するのが一番よい．温度が変化してカカオ・バターの脂肪が溶け，再結晶化しないようにする．保存しておいたチョコレートが，白い粉に覆われていることがある．これは「ファット・ブルーム」と呼ばれる現象で，不安定な結晶構造から溶け出したカカオ・バターが表面に移り，新たに結晶化したものである．チョコレート作りの段階で適切な調温をすれば，普通はファット・ブルームがでることはない．溶かしたチョコレートに精製バターをいくらか加えると，脂肪が不揃いになって結晶化しにくくなる．

　抗酸化物質，および化学的に安定な飽和脂肪が豊富に含まれるため，チョコレートの賞味期間は非常に長く，室温で数ヶ月はもつ．ホワイト・チョコレートにはカカオ固形分が使われていないので抗酸化物質も含まれず，室温では数週間しかもたない．これより長く置くと，脂肪が分解されて古臭い酸敗臭がでる．光にさらされればさらに短い時間で風味が劣化する．

**ココア粉末**　ココア粉末は，焙煎したカカオ豆を圧搾してカカオ・バターを搾った後に残るココア・ケーキから作られる（p.675）．カカオ豆粒子はカカオ・バターに薄く覆われているので，ココア粉末には脂肪が8～26％含まれている．チョコレートの風味と色はカカオ豆の固形粒子によるものなので，ココアはチョコレートの最も濃縮された形であり，それ自体が有用な食材となる．アルカリ処理をしていないココア粉末（ナチュラル・ココア）は強いチョコレートの風味とはっきりした渋味と酸味がある．ココア粉末は酸性でpH5前後である．

**ダッチ・ココア（アルカリ処理したココア）**
ヨーロッパそして合衆国でも時に，炭酸カリウムでアルカリ処理したカカオ豆を使ってココア粉末が作られる．このアルカリ処理法はオランダのコンラッド・ヴァン・ホーテンが発明したことから，アルカリ処理したココアを"ダッチ"ココアと呼び，これは中性からややアルカリ性（pH7～8）である．焙煎前または焙煎後のカカオ豆をアルカリ処理することで，一般的な化学組成は大きく変化する．はっきりしたアルカリ味（重曹のような味）がつくことに加えて，ロースト臭やカラメル臭の成分（ピラジン類，チアゾール類，ピロン類，フラネオール），そして渋味と苦味をもつフェノール化合物の量が少なくなる．フェノール化合物同士が結合して味のない濃色色素ができる．その結果，風味はマイルドで色は濃くなる．ダッチ・ココアの色は薄茶色からほぼ黒に近い色まであり，色が濃いほど風味は弱い．

**菓子作りに使うココア**　菓子作りにココア粉末を使う場合，ナチュラル・ココアとダッチ・ココアの違いを知っておかなければならない．菓子のレシピのなかには，ナチュラル・ココアの酸性を利用して重曹から二酸化炭素を発生さ

---

### チョコレートは口の中を冷やす

　良質のチョコレートは，濃厚な食品には珍しく口の中で清涼感がある．安定な脂肪の結晶が，体温よりわずかに低い，非常に狭い温度範囲で溶けるためである．固体から液体に変化するのに伴い，口の中の熱エネルギーの多くが吸い取られるため，チョコレートの温度はほとんど上がらない．したがって冷たさが持続するのである．

せ，膨らませるものがある．こうしたレシピでナチュラル・ココアの代わりにダッチ・ココアを使うと，重曹が反応せず二酸化炭素が発生しないので，石けんのようなアルカリ味が残る．

インスタント・ココア　飲みもののココアを作るいわゆる"インスタント"ココアは，水と混ざりやすいように乳化剤のレシチンが入っている．砂糖を加えた製品も多く，糖分が重さの70％ほどのものもある．

## ■ 食材としてのチョコレートとココア

チョコレートとココアは，非常に用途の広い食材である．多種多様な食材と混ぜ合わされ，しかもそれは甘いものだけに限らない．風味のよいメキシコのモレ・ソースやヨーロッパの肉の煮込みやソースなど，風味に深さと複雑さをだすためにチョコレートやココアを使うものがある．チョコレートとココアは風味やコクを加えるだけでなく，トロミづけにもなる．含まれているデンプンやタンパク質の粒子が水分を吸収するため，焼き菓子，スフレ，フィリング（具），アイシングにトロミと硬さがでる．デンプンや脂肪を加える材料としてチョコレートやココアを使い，水分および凝固剤として卵を使えば，小麦粉を使わないケーキも作れる．チョコレート・ムースは，泡立てた卵の構造が，チョコレートの固形粒子および徐々に結晶化するカカオ・バターで補強されている．

たとえばペストリーなど，チョコレートがそのままの形で入っているものもあれば，一度溶かして上からかけて固まらせ，コーティングしたものもある．このときに最も注意しなければならないのは，溶かして固めるタイミングである（p.684）．それ以外はチョコレートに関するいくつかの事実を知っていれば，ほとんど失敗しない．

チョコレートを使う　ダーク・チョコレートは，それ自体がすでに十分調理され熟成された食材であり，丈夫で少々のことでは失敗しない．焙煎された上に，コンチングでもかなり高温で加熱されており，脂肪の中にカカオ粒子と砂糖粒子が懸濁した比較的簡単な物理構造である．料理では50℃ほどに温めて溶かすだけだが，90℃強に熱しても大失敗とはならないことも多い．分離することもなく，攪拌せずに直火で加熱し続けたり電子レンジで温めたりしなければ，焦げつくこともない．必要ならば何度でも溶かして固めることができる．

ミルク・チョコレートとホワイト・チョコレートには，カカオ固形分よりも多くの乳固形分が含まれているため，ダーク・チョコレートに比べると変質しやすいので，穏やかに加熱して溶かすほうがよい．

チョコレートを溶かす　チョコレートを上手く溶かす方法はいくつかある．焦げないように注意してかき混ぜながら，コンロの直火で短時間に溶かすか，または38～100℃の湯で湯煎すれば，やや時間はかかるがあまり気を使わなくてもよい（温度が高いほど早く溶ける）．電子レンジを使って，頻繁にかき混ぜ温度を見ながら溶かす方法もある．チョコレートは熱伝導性が低いので，早く溶かすには細かく砕くか，熱い材料と混ぜ合わせるのがよい．

チョコレートと水分　チョコレートの弱点は極端に乾いていることである．水分をほとんど含まず，砂糖およびカカオ豆の微細粒子が膨大な数含まれていて，それぞれの表面が水分を引きつけるためである．溶かしたチョコレートに少量の水を混ぜ込むと，硬いペースト状になって固まってしまう．液体に液体を混ぜると固体になるとは不思議だが，この場合は少量の水が接着剤のような働きをする．無数に存在する砂糖粒子とカカオ豆粒子が吸水し，所々がシロップ状になって粒子同士がくっつき，液状のカカオ・バターと分離してしまうのである．したがって，チョコレートにはまったく水分を加えないか，または砂糖が全部溶けてシロップになるのに十分な水分を加えるか，どちらかにする．つまり，熱い材料に固形チョコレートを加える

か，あるいはチョコレートに熱い液体を一度に加えるかすべきである．溶かしたチョコレートに少しずつ液体を加えるのはよくない．水が入って固まってしまったチョコレートは，温めた液体をさらに加えて液状に戻すことができる．

**違う種類のチョコレートを代用することはできない**　料理のレシピを書くときも，料理するときも，チョコレートの種類はできるだけ正確に指定する必要がある．種類が違えば成分構成（カカオ・バター，カカオ豆粒子，砂糖）も大きく違ってくる．チョコレートを水分のある材料と混ぜるときには，特にカカオ豆粒子と砂糖の含有量が重要である．砂糖は溶けてシロップになり，液相の比率が高まって流動性が増す．カカオ豆粒子は吸水し，液相の割合が減って流動性が下がる．スイート・チョコレートを使うレシピで，カカオ分70％の高級ビター・スイートチョコレートを代用すると，失敗することもある．後者には吸水性のカカオ豆粒子がかなり多く含まれ，しかもシロップ化する砂糖が少ないからである．

**ガナッシュ**　チョコレート料理のなかでも，最も単純でよく知られているのはガナッシュである．チョコレートと生クリームを混ぜ，いろいろな風味づけをし，泡立てて軽さをだしたり，バターでコクを加えたりしたものである．チョコレート・トリュフやペストリーのフィリングにしたり，ケーキのフィリングやトッピングにしたりする．「ポ・ド・クレーム」というデザートは，チョコレートを倍量の生クリームに入れて溶かしたもので，ガナッシュそのものを食べるような菓子である．

**ガナッシュの構造**　生クリームとチョコレートをほぼ等量ずつ合わせると，軟らかいガナッシュになる．生クリームの倍量のチョコレートを使うと，成形しやすくチョコレートの風味が強い，硬めのガナッシュになる．ガナッシュ作りではまず，生クリームを沸騰させたところにチョコレートを入れて溶かし，乳化液と懸濁液を合わせた複雑な混合液とする（p.788）．生クリームの水分とチョコレートの砂糖からできたシロップが連続相となり，液全体に浸透している．このシロップに懸濁しているのは，生クリームの乳脂肪球，そしてチョコレートのカカオ・バター滴とカカオ豆粒子である．

生クリームとチョコレートを等量ずつ混ぜた場合は，多量のシロップ中に脂肪と粒子が分散している．しかし，チョコレートの割合が多く硬めになると，シロップ相が少なく，その分カカオ豆粒子が多い．カカオ豆粒子はシロップから水分を徐々に吸収して，シロップ相の割合はさらに少なくなる．カカオ固形分が多いチョコレートでは，カカオ豆粒子は最終的にかなりの水分を吸収し，膨潤して互いにくっつき合う．水分を失った乳化液は乳化構造を保つことができず，脂肪球や脂肪滴は凝集し，脂肪と膨潤した粒子が分離する．こうした理由から，チョコ

---

### 食物用語：ganache（ガナッシュ）

ganacheはフランス語で，チョコレートと生クリームの混合物をさすようになる前は"クッション"という意味だった．菓子のガナッシュは実際に，口の中でクッションのように軟らかく心地よい舌ざわりである．ガナッシュは19世紀半ばにフランスまたはスイスで生まれたとみられる．チョコレート・トリュフは，ガナッシュを一口大にまるめて，ココア粉末をまぶすかチョコレートでコーティングしたものである．20世紀に入ってしばらくは，簡単な手作り菓子だったが，後に洒落た高級品になっていった．

レートの割合が多いガナッシュは変質しやすく，時間が経つとキメが粗くなる．

**ガナッシュの熟成** ガナッシュ作りでは，チョコレートと生クリームを合わせた後，室温で1晩おいてから成形することが多い．こうしてゆっくりと冷ましてカカオ・バターを結晶化させれば，成形時や食べたときに軟らかくなりにくい．すぐに冷蔵してしまうと結晶があまりできず，温度が上がったときに軟らかく油っぽくなってしまう．

生クリームとチョコレートの糖分，カカオ粒子（吸水性），フェノール化合物（微生物の増殖を抑制）をあらかじめ煮てあるので，ガナッシュは賞味期間がかなり長く，室温で1週間以上もつ．

## ■ コーティング用と成形用の調温チョコレート

砂糖と同じく，チョコレートもさまざまに成形できる．溶かしたチョコレートを台の上に塗って薄いシート状にし，完全に固まってから型抜きしたり切り出したり，あるいはひだを寄せたりする．溶かしたチョコレートを植物の葉に塗って冷やし固め，葉をそっとはがせば，葉の模様が型押しされた形ができる．搾り袋を使ってさまざまな線や点や形を描くこともできる．そしてもちろん，型に入れて固めれば中空の球体や動物の形など，多彩な成形が可能である．

自宅でチョコレートを溶かして，クッキーやイチゴのコーティングにしたり，自家製のトリュフを作ったりもできる．これはとても簡単で，チョコレートが溶けるまで温めたら，すぐ使えばよい．早く固めたいときは冷蔵庫に入れる．ただしこうして作ったものは，味はよくても見た目にツヤがなくまだらで，軟らかい．これはチョコレートが短時間で冷やされるため，カカオの脂肪は密で安定な結晶とならず，代わりに緩く不安定な結晶構造をとるためである．菓子職人が作ったものと同じような見た目と硬さを再現したいのなら，溶かしたチョコレートを「調温（テンパリング）」するか，または安定な結晶構造をもつカカオ脂肪を種結晶として加える必要がある．これはチョコレート製造工程で成形前に行われている方法である．

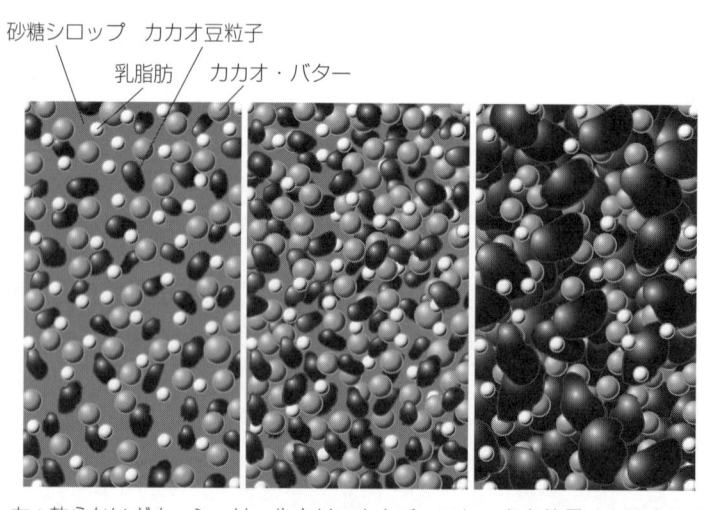

ガナッシュの構造．左：軟らかいガナッシュは，生クリームとチョコレートを等量ずつ混合して作られる．チョコレートの糖分が生クリームの水分に溶けてできたシロップの中に，カカオ豆粒子，カカオ脂肪および乳脂肪の油滴が分散している．中央：硬いガナッシュは，生クリームよりチョコレートの分量が多く，それと比例して乾燥カカオ豆粒子が多く水分が少ない．右：硬いガナッシュでは，時間が経つとカカオ豆粒子がシロップの水分を吸収して膨潤する．脂肪滴が押しつけられて凝集し，分離する．

**チョコレートの調温** 調温は三つの基本工程からなる．チョコレートを温めて脂肪結晶を完全に溶かす工程，やや冷ましてスターターとなる結晶を新しく作る工程，そして慎重に加熱して不安定な結晶を溶かし，安定な結晶だけを残す工程である．そして最終的に冷やし固めるときに，安定なスターター結晶が密で硬い結晶構造の形成を促すのである．

不安定なカカオ・バターの結晶は比較的溶けやすく，15～28℃という低めの温度で溶け出す．安定な結晶（"ベータ" "ベータ・プライム" "V型" 結晶と呼ばれることもある）は，32～34℃という高めの温度でしか溶けない．特定の結晶種が溶ける温度範囲は，チョコレートを冷やす際にその結晶が形成する温度でもある．したがって，チョコレートを急冷した場合，安定な結晶型（より高温で形成する）が脂肪分子を引き寄せる時間が十分にないうちに，不安定結晶が形成しはじめるのである．不安定結晶の融解温度より高く，しかも安定結晶の融点よりも低い温度にチョコレートを保つと，安定な結晶が大半を占めるようになる．この調温範囲は，ダーク・チョコレートでは31～32℃，ミルク・チョコレートやホワイト・チョコレートはカカオ脂肪と乳脂肪が混じっているのでやや低めとなる．

**調温方法** チョコレートの調温方法にはいくつかある．いずれも正確な温度計と，ゆっくり加熱できる熱源（湯煎用の器具；チョコレートのボールを浸すことのできる湯を入れた器），そして細心の注意を必要とする．どの方法を用いる場合も，安定結晶が形成して不安定結晶が形成しない温度にチョコレートを温めるのが目的である．

一般的な方法が二つあって，一つは安定結晶を一から作り上げるもの，もう一つは少量の調温済みチョコレートを加えることにより，それを"核"として溶けたチョコレートが安定結晶を作るようにするものである．

- 初めからチョコレートの調温を行う方法 チョコレートを50℃に温めて脂肪の結晶をすべて溶かした後，40℃前後に冷ます．次に攪拌しながら明らかに硬くなるまで（結晶形成の目安）さらに冷ましてゆくか，または溶けたチョコレートの一部を冷たい台の上に垂らしてすり混ぜ，硬くなったらボールに戻し入れる．この後，慎重に加熱して調温範囲（31～32℃）まで温度を上げ，攪拌して，それまでに形成された不安定結晶を溶かす．
- 溶かしたチョコレートに安定結晶を種結晶として入れる方法 調温済みの固形チョコレートを刻んでおく．調温するチョコレートを50℃に温めて脂肪の結晶をすべて溶かし，35～38℃に冷ます（安定結晶が形成する温度よりわずかに高め）．次に，温度を調温範囲（31～32℃）

## チョコレートの種類と調温範囲

ミルク・チョコレートとホワイト・チョコレートは，成分組成によって調温範囲が違ってくるので，製造元に問い合わせるのがよい．チョコレート製造業で一般的に使われている調温条件を以下の表に示した．

| チョコレートの種類 | 融解温度 | 冷却温度 | 調温範囲 |
| --- | --- | --- | --- |
| ダーク | 45～50℃ | 28～29℃ | 31～32℃ |
| ミルク | 40～45℃ | 27～28℃ | 30～31℃ |
| ホワイト | 40℃ | 24～25℃ | 27～28℃ |

に保ちつつ，刻んでおいた調温済みチョコレートを混ぜ込む．

どんな方法で調温した場合も，実際に使用するまでは調温範囲に保温しておく．温度が下がると早く固まりはじめてしまい，均一に流れず，仕上がりの硬さも見た目も不均一になる．

**調温済みのチョコレートを調温状態のまま溶かす**　実際には調温を行わずに，溶けた調温チョコレートを用意することもできる．市販のチョコレートはほとんどが調温済みである．新しい上質のチョコレートがあれば，それを慎重に温めて調温範囲（31〜32℃）に直接もってゆくと，脂肪の安定結晶が一部残ったままチョコレートが溶ける．この状態にするには，チョコレートを細かく刻んでボールに入れ，32〜34℃の湯を張った器にボールの底を浸し，チョコレートを攪拌するだけでよい．何らかの原因で温度が上がりすぎ，脂肪の結晶がすべて溶けきってしまったときや，一度溶かして固めたチョコレート（いろいろな結晶が混じっている）を使う場合には，先に述べたような方法で調温し直さなければならない．

**調温技術**　調温には正確な温度計と細心の注意が欠かせないが，それだけでは十分でない．調温技術に最も必要とされるのは，チョコレートが冷めて固まったときに密で硬い構造ができるのに十分量の安定結晶が形成した時点を知ることである．調温時間が短かすぎたり，攪拌が不十分だったりすると，安定結晶が少ない．こうした調温が十分でないチョコレートは，冷えると不安定な結晶がいくらか形成する．攪拌しすぎたり，時間が長すぎたりすると，安定結晶が多すぎたり大きすぎたりする．このように調温しすぎたチョコレートでは，全体のネットワークよりも個々の結晶が優勢となる．調温しすぎたチョコレートは安定だが，パキッと割れずにキメが粗くてもろく，見た目にツヤがなく，口に入れるとワックスのような感じがする．

**調温状態の判定**　溶かしたチョコレートを少しとって，室温の皿やアルミホイルなどに薄く延ばしてみれば，調温状態が判定できる．適切に調温されていれば数分内に固まり，その表面は平らで絹のようである．下面には輝きがある．うまく調温されていないチョコレートは固まるまでに時間がかかり，表面はでこぼこで粉っぽかったりざらついたりする．

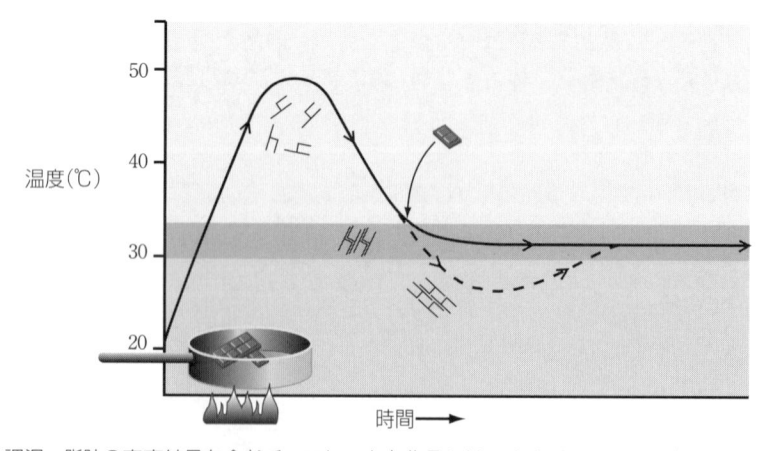

チョコレートの調温．脂肪の安定結晶を含むチョコレートを作るには，まずチョコレートを温めて結晶をすべて溶かす．一つの方法としては，この後に安定な結晶のみが形成する温度範囲にまで冷まし，調温済みのチョコレートを種結晶として少々加え，これを成形やコーティングに使うまで保温しておく．別の方法としては（点線で示した），溶かしたチョコレートを冷まして，安定な結晶が形成する温度よりも低くして各種結晶型の混合とする．次に不安定な結晶のみが溶けて安定な結晶が残る温度まで温める．

**調温したチョコレートを使う**　うまく調温した後は，調温状態が保たれるように取り扱う必要がある．調温範囲（31～32℃）に保温しておかなければならない．成形するときは，チョコレートの接する表面が冷たすぎても熱すぎてもいけない．冷たすぎるとカカオ・バターが急に冷えて不安定になり，温かすぎると種結晶としての安定結晶が溶けてしまう．25℃前後が望ましい．同様に，室温も高すぎたり低すぎたりしないようにする．

　調温したチョコレートが固まると，縦横高さともに約2％ずつ縮むことが知られている．安定結晶中の脂肪分子が，液体中にあったときよりも密に集まるからである．型に入れて成形する場合には，固まると収縮して型から抜けやすくなるので都合がよい．しかし，キャンディーやトリュフのコーティングをする場合は，薄いと割れやすい．コーティングするものが冷たかった場合，温めたチョコレートを塗ったときに少し膨張するので，特に割れやすい．調温したチョコレートは，固まってからも結晶のネットワークがさらに広がり強化されてゆくので，パリッとした硬さが十分にでるまでは数日かかる．

**モデリング・チョコレート**　デコレーションの成形用に特別に作られたものである．溶かしたチョコレートに重さの1/3から1/2量のコーンシロップと砂糖を混ぜて練り合わせ，成形可能な軟らかい塊にしてある．この「モデリング・チョコレート」は，濃い砂糖シロップの中にカカオ豆粒子とカカオ・バターの油滴が詰まった状態にある．シロップの水分が蒸発したり，カカオ豆粒子に吸い取られたりすると硬くなる．

## ■ チョコレートと健康

**脂肪と抗酸化物質**　カカオ豆はほかの種子と同様，植物の胚が葉や根を発生させるために必要な栄養を蓄えている．血中コレステロール値を上げ，心臓病のリスクを高めるとされる飽和脂肪が，特に多く含まれている．しかし，カカオ・バターの飽和脂肪の多くは，体内ですぐに不飽和脂肪酸に変換される特別なものである（ステアリン酸がオレイン酸に変換される）．よってチョコレートは心臓病のリスク因子とは考えられず，むしろ心血管系に対して有益であると思われる．カカオ豆の粒子には多量のフェノール性抗酸化物質が含まれており，ココア粉末は重さの8％がフェノール化合物である．チ

---

### 特殊コーティング

　コーティングのなかには，普通のチョコレートがあまり適さないものもある．アイスクリームなどの冷凍食材や，熱い夏場とか熱帯で食べるキャンディーなどをコーティングする場合である．こうした製品に使用するためのカカオ・バターの代替品がいろいろと開発されている．これを使えば，調温しなくても見た目が美しく，パリッと割れ，高温でも硬さを保つことができる．カカオ・バターによく似ていてチョコレートに混ぜることのできるものもあれば，カカオ・バターとはかなり異なりチョコレートには使えず，低脂肪ココアで風味づけしなければならないものもある．前者の例として，熱帯性のナッツ油脂（パーム脂，シア脂，イリッペ脂，サル脂）を精製したものがある．後者の例としては，ココナッツ脂やパーム脂から作られる「ラウリン系油脂」がある．こうした脂肪で作られたコーティングは"ノンテンパリング"チョコレートと呼ばれることも多い．

ョコレートやキャンディーのカカオ固形分が高いほど，抗酸化物質が多く含まれることになる．砂糖，乳製品，カカオ・バターなどを加えたものは，その分だけカカオ固形分が薄まり，したがってフェノール化合物の含量が少ない．ダッチ・ココアはアルカリ処理によってフェノール化合物の含量が少なくなっている．ミルク・チョコレートに含まれる乳タンパク質はフェノール化合物に結合し，体内での吸収を妨げると考えられる．

**カフェインとテオブロミン**　チョコレートには2種類の関連アルカロイド化合物，テオブロミンとカフェインが10対1の割合で含まれる．神経系に対する刺激作用は，カフェイン（p. 422）よりもテオブロミンのほうが弱い．テオブロミンの作用は主に利尿効果である．（ただし，犬に対しては毒性がきわめて強く，犬にチョコレート・キャンディーを食べさせると重篤な中毒を起こすことがある．）30gの無加糖チョコレートには約30mgのカフェインが含まれ，これはコーヒー1杯の3分の1に相当する．加糖チョコレートやミルク・チョコレートはカフェイン含量がかなり低い．ココア粉末10g（大さじ1杯）中にはカフェイン約20mgが含まれる．

**チョコレート渇望**　チョコレートに対して依存症にも似た渇望を経験する人が，特に女性に多く見られることから，チョコレートには精神活性物質が含まれるのではないかと考えられてきた．チョコレートには「カンナビノイド」（マリファナの活性成分に類似した化学物質），そしてカンナビノイドを脳細胞に蓄積させる物質が含まれることが判明している．しかしこれらの含有量はごく微量であり，おそらく実際的な影響はないと考えられる．同様に，チョコレートにはフェニルエチルアミン（アンフェタミン様作用をもち，体内でも作られる化合物）も含まれるが，フェニルエチルアミンはソーセージなどの発酵食品にも含まれている．チョコレートには本当の依存症を引き起こす薬物様の物質が含まれてはいないことを示す，よい実験結果がある．心理学的研究の結果，チョコレートをまったく含まない偽物でも，チョコレートへの渇望を満たせることが判明している．本物のココア粉末やチョコレートをカプセルに入れ，味わわずに飲み込んだ場合，チョコレートへの渇望を満たすことはできない．どうやら，チョコレートを食べるという感覚的な経験が強い魅力となっているようで，それ以上でもそれ以下でもない．

# 第13章
# ワイン，ビール，蒸留酒

| | |
|---|---|
| アルコールについて | **691** |
| 　酵母とアルコール発酵 | 691 |
| 　アルコールの性質 | 692 |
| 　薬物としてのアルコール：中毒 | 694 |
| 　体内でのアルコール代謝 | 695 |
| 　アルコールを使った料理 | 696 |
| 　アルコール飲料と木樽 | 696 |
| ワイン | **697** |
| 　ワインの歴史 | 698 |
| 　ワイン用ブドウ | 701 |
| 　ワイン作り | 703 |
| 　特殊なワイン | 707 |
| 　ワインの保存と飲み方 | 711 |
| 　ワインを楽しむ | 713 |
| ビール | **715** |
| 　ビールの進化 | 715 |
| 　醸造原料：麦芽 | 719 |
| 　醸造原料：ホップ | 720 |
| 　ビール醸造 | 720 |
| 　ビールの保存と飲み方 | 724 |
| 　ビールの種類と特徴 | 725 |
| 米を使ったアジアの酒：中国酒と日本酒 | **728** |
| 　カビの生えた甘い穀物 | 728 |
| 　デンプンを消化するカビ | 729 |
| 　酒の醸造 | 731 |
| 蒸留酒 | **732** |
| 　蒸留酒の歴史 | 733 |
| 　蒸留酒作り | 736 |
| 　蒸留酒の飲み方，楽しみ方 | 739 |
| 　蒸留酒の種類 | 739 |
| 酢 | **746** |
| 　古代の食材 | 746 |
| 　酢酸の効力 | 747 |
| 　酢酸発酵 | 747 |
| 　酢の製造 | 748 |
| 　酢の種類 | 748 |
| 　バルサミコ酢 | 749 |
| 　シェリー酢 | 750 |

　ワインやビールや蒸留酒は，身体に栄養を与えるという点ではほかの食べものと同じであるが，精神に直接的な作用を及ぼすという点において明らかに違っている．これらに含まれるアルコールは，エネルギー源でもあり薬物でもある．アルコールはほどほどの量であれば，喜び，陽気さ，悲しみ，怒りなど，あらゆる感情をより自由に感じ，表現できるようになる．だが量が多くなると麻薬性が現れ，感情が麻痺して思考が鈍る．したがってアルコール飲料を飲めば平常心から解き放たれるが，その程度はさまざまである．かつては現世における「神々の飲みもの」のようなものと考えられていたが，いずれ死ぬべき運命にある人間に，気楽な人生の達人のような気分を与えてくれる，ということは間違いない．

人間は常にアルコールを求めてきた．今は大量生産品でその欲求を満たし，世の中や心配ごとを束の間忘れるための安価な方法となっている．だが，ワインやビールや蒸留酒のなかには，この世の中で最も精巧に作られた食品と言えるものもある．芳醇で調和のとれた，生き生きとして余韻のある風味は，世の中を忘れるというよりもむしろ逆に，注意と関心を喚起してやまない．

ワイン，ビール，蒸留酒は微細な酵母によって造られるもので，酵母は砂糖を分解してアルコールに変える．アルコールは揮発性物質で，それ自体のにおいは散漫である．食品自体に含まれる揮発成分のための舞台を整えるようなもので，ブドウや穀物の風味に新しい深みを加える．酵母は風味分子の合成に関して並外れた能力を備え，発酵の間に何十種類もの新しい香りを作り出す．この無秩序にあふれかえる風味成分を，調和と均衡のとれたまとまりにするのが，ワインやビールの醸造工程である．

基本的な性質は共通しているものの，ワイン，ビール，蒸留酒は食品として大きく異なる．ワインの原料となる果実は，香りがよくて糖分の甘味を含み，それだけで芳醇な飲みものに発酵するようにできている．ただし原料として使えるのは果実が熟する期間，1年のうちほんの数日間だけである．ブドウとワインは自然の贈りもの，天の恵みであることを，ワイン醸造に関わる者ならば受け入れざるを得ない．そして，持って生まれた味の可能性が十分に引き出されるのを待つところが大きい．これとは対照的に，ビールや日本酒・中国酒は，人間が日々手間を惜しまず工夫を重ねてできあがる．原料は，糖分を含まず香りもほとんどない乾燥

---

## 幸福の飲みもの

4000年近く前，古代シュメールの詩人が女神イナンナ（愛と豊穣と戦いの女神）をして以下の言葉を語らせた．天と地を支配するイナンナが，ビールを飲んで大いに喜んだという．ニンカシはビールの女神である．（繰り返し部分は省略した．）

ニンカシがあなた方とともにあるように！
あなた方のためにビール（と）ワインを注がせ，
甘き酒（を注ぐ音）を響き渡らせよ！
葦のかご……には甘きビールが満ち，
器を運ぶ者も，若者も，（そして）ビールを作る者も，そのかたわらで待ち続ける，
私は満ちあふれるビールのまわりを巡りながら，
最高の気分で，
ビールを飲み，至福を感じながら，
酒を飲み，陽気な気分で，
胸には喜び（そして）内臓も満足して——
胸に喜びが満ちあふれつつ，
（そして）（私の）満足した内臓を女王のドレスで包もう！
イナンナの胸にまた喜びが満ちる，
天の女王の胸にまた喜びが満ちる！

——ミギュエル・シヴィル訳より

した穀物，魅力的ではないが頼もしい生命の糧である．穀物を発芽させたり，何日間かカビを生やしたり，そして何時間も加熱したりして，発酵可能な香りのよいものに変える．この作業は季節を問わず，世界中どこででもできる．したがって，ビールは万国共通の酒であり，よい具合に地元的・日常的・平凡なものだが，時に非凡でもある．ワインやビールの真髄とも言えるのが蒸留酒，揮発性の芳香成分が濃縮されたものであり，その強烈さは比類がない．

土地柄や伝統，植物とその育つ土壌，季節や天候，発酵や熟成の過程など，自然と文化と人間のさまざまな事柄が絡み合って風味が生み出されることに気づくとき，よいビールやワインや蒸留酒を味わう喜びはさらに強まる．豊かな自然と人間の手で生み出されたものだからこそ多彩で奥深く，思いを馳せて一口飲めば，束の間の世界感と喜びに満たされる．

# アルコールについて

さまざまな生きた細胞中で，化学エネルギーを得るために糖分子が分解される際に，副産物としてアルコール分子が作られる．多くの場合は，アルコール分子はさらにエネルギーを取り出すために分解される．その大きな例外として，アルコールを細胞外に放出するある種の酵母が存在する．チーズや野菜の漬物に含まれる乳酸や，ハーブやスパイスに含まれる強い香りのように，ワインやビールに含まれるアルコールも化学防御物質であり，ほかの微生物との競争に勝ち抜くため酵母が作り出すものである．アルコールは生きた細胞に毒性を示す．アルコールを作る酵母自身でさえ，ある程度の量までしか耐えられない．アルコールによってもたらされる快感は，脳細胞の正常な機能が損なわれることの表れなのである．

## ■ 酵母とアルコール発酵

酵母は微小な単細胞の菌類で，160種ほどが存在する．その全部が有用というわけではなく，果実や野菜を腐敗させるものもあれば，人間に病気を起こすものもある（たとえば，カンジダ感染の原因である *Candida albicans*）．パンやアルコール飲料を作るのに用いられる酵母の多くは，サッカロミセス属（*Saccharomyces*，"糖を作るカビ"という意味）に属する．酵母を用いる理由は，特定の細菌を用いて牛乳を発酵させるのと同じである．すなわち，食品にほかの微生物が感染しにくくし，風味を高めるためである．酵母がアルコール発酵を行う上で不可欠なのが，酸素がごくわずかしか存在しなくとも生き残れる能力である．生きた細胞の多くは，酸素を使って燃料分子を燃やし，エネルギーを取り出した後には二酸化炭素と水だけが残る．酸素がないと，燃料は部分的にしか分解

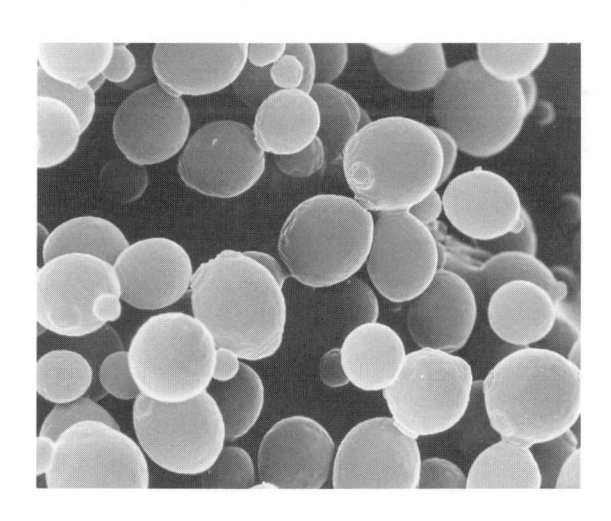

醸造酵母（*Saccharomyces cerevisiae*）細胞の電子顕微鏡写真．一つの細胞の直径は約0.005 mm．中央右上の細胞は分裂しているところで，前回分裂の発芽の痕跡も見られる．

されない．無酸素下にブドウ糖からエネルギーが作られる過程は以下の式で表される．

$$C_6H_{12}O_6 \rightarrow 2CH_3CH_2OH + 2CO_2 + エネルギー$$
（ブドウ糖）（アルコール）（二酸化炭素）

　酵母はこのほかにもさまざまな化合物を，ブドウ液やすりつぶした穀物の中に放出し，それが独特の風味となる．たとえば，旨味成分のコハク酸が作られ，液中のアミノ酸から"高級"アルコール，すなわち長鎖アルコールができる．アルコールと酸が合わされて果実臭エステルが生じる．調理した野菜，コーヒー，トーストなどに似たにおいの硫黄化合物ができる．酵母細胞が死ぬと，細胞内の一連の酵素によって細胞は自己消化され，内容物が放出され，それによる風味も加わる．生育中の酵母細胞はタンパク質やビタミン B 群を合成するので，ブドウや穀物の液は初めよりも栄養価が高まる．

## ■ アルコールの性質

　「アルコール」というのは，化学的には分子構造の類似したさまざまな化合物の総称である．日常的に使われる意味でのアルコールはそのなかでも特定の 1 分子種，エチルアルコール（エタノール）をさす．この章では，アルコールという言葉を常識的な意味で使うが，エタノールよりも炭素数の多い高級アルコールについても言及する．

**物理的および化学的性質**　純粋のアルコールは無色透明の液体である．アルコール分子（$CH_3CH_2OH$）は低分子であり，たった二つの炭素が骨格を形成している．アルコール分子の一方の端は $CH_3$ で，脂肪や油に類似する．他方の端は OH 基で，これは水分子の構造の 3 分の 2 にあたる．したがってアルコールは広範な性質をもつ液体と言える．容易に水と混合するが，細胞膜や芳香分子・カロテノイド色素などの脂肪様物質とも混合する．アルコールは細胞膜を容易に貫通し，細胞内の芳香分子・カロテノイド色素を抽出する．酵母は少量の高級アルコールも産生し，これは蒸留酒に濃縮される（p. 736）．高級アルコールは脂肪様末端がエチルアルコールよりも長く，性質はより脂肪に近い．

エタノール（いわゆるアルコール）．エタノール分子の一方の端は，脂肪や油の脂肪酸炭素鎖に似ている．他方の端は水に似ている．

エタノール
脂肪酸
水

---

### アルコール発酵は現代生物学の発展を助けた

　ユストゥス・フォン・リービッヒ，ルイ・パスツールなど，19 世紀を代表する非常に優秀で意志の強い科学者が，発酵の謎に惹きつけられ，それが微生物学の発展につながった．最初に単離され純粋培養された微生物は，1880 年頃にコペンハーゲンのカールスバーグ・ブルワリー社の研究所で作られたビール・ワイン酵母である．そして，生きた細胞の中で分子の変換を行う素晴らしいタンパク質分子をさす，enzyme（酵素）という言葉が作られた．酵母の中で糖がアルコールに変換されることから，"酵母の中"という意味のギリシャ語が語源となっている．

ウィスキーなどの蒸留酒に油性の粘りを与える．我々の体内の細胞膜にも蓄積しやすく，したがって単なるアルコールと比べると刺激性や麻薬性が強い．

アルコールの物理的性質のうち，特に料理に関係するものを以下に挙げる．

- アルコールは水よりも揮発性が高い．蒸発しやすく沸騰しやすい．沸点は78℃，ゆえにアルコールを蒸留してワインやビールよりも強い酒を作ることが可能である．
- アルコールは可燃性である．ブランディーやラム酒を燃やして炎を演出することができる．このとき，食品が焦げないのは，燃焼熱が水分の蒸発にすべて使われるからである．
- アルコールの凝固点は−114℃と水よりも低い．ゆえに冬の寒さや冷凍庫内でアルコール飲料を濃縮することが可能である（下の囲み内，p.735）．
- アルコールは同じ容積の水と比べると重さが8割しかない．よってアルコールと水を混合したものは純粋よりも軽く，層状のカクテルを作ることができる(p.744の囲み内)．

**アルコールと風味** 食品中にアルコールが含まれていることは，味覚，嗅覚，触覚により感じられる．アルコール分子は糖分子と類似する部分があるので，わずかに甘味がある．一般的な蒸留酒，そしてワインのなかでも特に強いものなど，高濃度のアルコールには刺激性があり，口中および鼻にツンと突き刺すような刺激を感じる．アルコールは揮発性物質であることから，独特のにおいをもつ．それは味のない穀物酒やウォッカなど，かなり純度の高い酒に感じられるものである．ほかの芳香成分と化学的な親和性が高いので，高濃度のアルコールは食材中の芳香成分と結合してその放散を妨げる．ただし1％以下の低濃度では，アルコールはむしろ果実エステルその他の芳香分子の放散を促す．ゆえにワインやウォッカなどの酒類は，使う量が少ないか，加熱してアルコールを飛ばしてしまうのであれば，料理材料としてとても役立つ．

**生物への影響** アルコールは化学的に広範な性質をもつ結果，生きた細胞膜（脂肪様分子を構成成分に含む）を容易に貫通する．その際，膜タンパク質の機能が乱される．アルコール濃度がある程度高いと，細胞と周りの環境とを仕切っているこの重要な境界が破壊されて，細胞は死に至る．アルコール産生酵母は約20％のアルコールに耐えることができ，ほかの微生物の多くはそれよりもかなり低い濃度で死んでしまう．ワインなどのように，アルコールのほかに

---

### 強いワインや蒸留酒の"涙"

強いワインや蒸留酒をよく飲む人ならば，グラスの内側についた液筋がゆっくりと上がったり下がったりするのを見て不思議に思ったこともあるだろう．この"涙"とか"脚"とか呼ばれる現象は，アルコール–水混合液の動的性質によって作り出される．酒の中で水分子同士が引き合う力はアルコールによって弱まるが，端の部分ではアルコールが蒸発して，水分子同士および水分子とガラスの間の引力が強まる．アルコールが蒸発するにつれて濃度は下がり続け，グラスの表面を上ってゆくが，ある時点で重力の方が強くなって液滴状に流れ落ちる．酒のアルコール度が高いほどアルコールは蒸発しやすく，さらに室温が高いほど，グラスが浅くて口が広いほど蒸発しやすいので，"涙"や"脚"がよく見える．

酸や糖も含まれている場合，アルコールの毒性はさらに強まる．このため，ビールやワインは腐敗するが，蒸留酒やシェリー酒・ポート酒（アルコールを強化したワイン）は開封後も腐敗しない．

アルコールを飲んで心地よく酔うのは，神経系全体の細胞膜およびタンパク質が軽く乱されることと一部関係している．

## ■ 薬物としてのアルコール：中毒

アルコールは「薬物」である．アルコールが拡散することで各種組織の働きが変化する．中枢神経に及ぼす麻薬性の作用こそが，アルコールの魅力である．アルコールを飲むと普段よりも活発で興奮した行動をとるようになるのは，脳の高次機能に対する抑制作用によるものである．普段は脳の高次機能によってさまざまな抑制がかけられ，我々の行動は制御されている．より多くのアルコールが脳に達するにつれ，より基本的な機能が阻害される．すなわち記憶力，集中力，一般思考力，そして筋肉の協調性，発話力，視覚などが低下する．アルコールに催淫性があるとする考えもあって，シェイクスピアの『マクベス』に登場する門番のせりふがよく引用される．「あちらのほうは，旦那，その気にさせたりダメにしたり．その気にだけはさせておいて，身体は動かなくなってしまうのさ．」

細胞内のアルコール濃度によって中毒症状の程度は違ってくる．消化管から吸収されたアルコールはすぐに全身の体液に分布し，すべての細胞膜を通って細胞内に浸透する．したがって，身体の大きな人は小さな人より多く飲んでも酔いにくい．アルコールが浸透する体液および細胞の容積が大きいからである．一般に血液中のアルコール濃度が 0.02〜0.03％ に達すると，筋肉の協調性が損なわれ衝動的な行動が現れる．0.15％ になると眠り込んでしまい，0.4％ は致命的である．

アルコールは薬物としての作用は比較的弱い．純粋アルコールをミリグラム単位ではなくグラム単位で摂取しないと，目に見える形での影響はなく，ゆえに我々は適量のワインやビールを飲んでも健康を害さずに楽しめるのである．だが，ほかの麻薬性薬物と同じように，アルコールにも中毒性があり，常習的な大量摂取は健康に破壊的な影響を及ぼす．数千年前に蔓

---

### 幸福と忘却の源

人間が自らの置かれた状況に対処するのにアルコールが役立つということは，人間の状況を観察することを通して，古くから言われてきたことである．ここに最も古くて単純なアルコールの処方例を二つ紹介する．一つはインドの伝統的なアーユルヴェーダから，もう一つは旧約聖書からである．

ワインはほかの何よりも，快活さを与える．
ワインの乱用はほかの何よりも，知性と記憶を失わせる．
——*Charaka-Samhita*（チャラカ-サンヒター），紀元前 400 年頃

滅びようとする者に強い酒を与え，心の重き者にワインを与えよ．飲めば貧しさを忘れ，身の不幸を思い出すこともないだろう．
——箴言，紀元前 500 年頃

延した謎の早死にの原因であり，今も状況はかわらない．アルコールおよびアルコールの最初の代謝物であるアセトアルデヒドは，体内の多くの機能系・器官を乱す．アルコールが常時体内に存在することは，さまざまな重篤な疾患の原因となり，時には致死的な疾患にもつながる．

## ■ 体内でのアルコール代謝

体内では，一連の化学反応を経てアルコールが分解され，その結果得られるエネルギーが利用されて，最後に排出される．アルコールの化学構造は糖と脂肪の両方に類似し，栄養価は両者の中間である（1g当たりのカロリーは糖が4 kcal，脂肪が9 kcal，アルコールは7 kcal）．アメリカの標準的な食生活において，摂取カロリーの約5％をアルコールが占めている．多量にアルコールを摂取する人では，さらに割合が高くなる．

アルコールは胃と肝臓で分解され，エネルギーが取り出される．胃における"初回通過"代謝で一部が分解され，その後小腸から血中に移行する．胃で分解されるのは男性で約30％，女性ではわずかに約10％である．したがって，男性の方が血中アルコール濃度の上昇が遅く，酔いがまわる前に飲みすぎることもある．個々のアルコール代謝能は遺伝的な影響が大きい．

全般的には，体内で代謝されるアルコールは1時間当たり10～15g前後，標準的な酒1杯を60～90分ごとに飲む量に相当する．飲んだ30～60分後に血中アルコール濃度は最大となる．食べもの，特に油脂は胃内容物が小腸に移行するまでの時間を遅らせるので，胃の酵素がアルコールに働く時間が長くなり，血中アルコール濃度の上昇は遅くなる．ピーク濃度は空腹時の約半分になる．逆に，アスピリンは胃でのアルコール代謝を阻害するため，血中アルコール濃度の上昇が早まる．発泡スパークリングワインやビールに含まれる二酸化炭素の泡も血中濃度上昇を早めるが，その理由はわかっていない．

**二日酔い**　酒を飲みすぎた翌朝に，全身的に感じる気分の悪さを二日酔いというが，これには謎が多い．苦痛を和らげるための民間療法は，古くから数多く存在する．中世時代には，イタリアのサレルノにあった医学校で，すでに迎え酒が勧められていた．

　　晩のワインが身体に残っているとき，
　　朝にその酒を飲めば薬になる．

二日酔いは，弱い禁断症状という側面もある．前の晩には高濃度のアルコールと関連する

---

### 適度の飲酒の効用

1日1～2杯相当のアルコール飲料を毎日飲んでいる人は，心臓病や脳梗塞で死亡する割合が少ない．これは過去数十年間の研究で一貫して得られている結果である．（これより多量に摂取すると癌や事故による死亡率が高まる．）アルコール自体は善玉コレステロール（HDL）を増やし，血管のつまりに関連する凝固因子などの血中因子を減らす効果がある．赤ワインや黒ビールにはフェノール性抗酸化物質が多く含まれている（p.250）．ワインのフェノール化合物は，動脈を拡張して赤血球同士の付着を減らす．そのなかのいくつか（特にレスベラトロールと関連化合物）は，傷害を引き起こす炎症反応に関連する酵素（シクロオキシゲナーゼ）を阻害し，関節炎やある種の癌の発生を抑える．

麻薬性化合物に適応した状態にあった身体だが，朝にはアルコールが無くなっている．たとえば，音や光に過敏になるのは，神経系全般の機能低下を補おうとする適応状態の名残とも考えられる．迎え酒の論理は簡単かつ狡猾である．軽い麻酔作用も含め，身体が適応していた状態に近づけるのである．だがこれは，中毒症状からの真の回復を先延ばしするにすぎない．

二日酔いの症状はさまざまにあるが，その内のいくつかは直接的に対処できる．口の中の乾燥および頭痛は，アルコールによる脱水症状によるものなので，水分を多く摂ることで改善される．アルコールにより頭部血管が拡張した場合にも頭痛がみられるが，カフェインには逆の作用があるので，コーヒーや紅茶を飲めばある程度改善することもある．

■ アルコールを使った料理

ワイン，ビール，蒸留酒はさまざまな料理の材料として用いられている．スープやソースや煮込みなどの料理，そしてクリームやケーキやスフレやシャーベットなど，甘いものにも使われる．独特の風味をつけたり，酸味・甘味・旨味（グルタミン酸やコハク酸）を加えたり，アルコールその他の揮発性成分によって深みのある香りをだしたりする．赤ワインの渋味（p. 714）やビール一般の苦味などは，問題となることもある．アルコール自体は一種の液体なので（酒類に含まれる水分と油分も），風味成分や色素成分を抽出・溶解する．反応性物質も抽出されて，それが食材中のほかの成分と反応して新しい風味が生まれ，風味が深まる．多量のアルコールはほかの揮発分子を捕らえる傾向にあるものの，微量であれば揮発性を高め，香りを強める．

アルコール自体は料理に有用であると同時に，マイナスにもなりうる．アルコールには独特のツンと鼻を突くようなわずかな薬臭さがある．温かい料理ではそれが強まり，きつく感じることもある．これを避けるには少し長めに煮込んで，アルコールをできるだけ飛ばす．「フランベ」（フランス語で"燃やす"という意味）と呼ばれる調理法がある．これは度数の高い蒸留酒やワインをふりかけ，温まった蒸気に火をつけて瞬く青い炎をともし，アルコールを燃やしてしまう方法である．料理に軽い香ばしさが加わる．しかし，どんな料理法でも完全にアルコールを飛ばしてしまうことはできない．長時間煮込んだ場合でも，最初に加えたアルコールの5％ほどは残っていることが，実験で明らかになっている．加熱時間の短い料理では10〜50％，フランベでは75％ほども残っている．

■ アルコール飲料と木樽

微生物が果汁や穀物の粥状のものを"腐らせ"て，おいしくて人を心地よく酔わせる別のものに変えるというのは，ワインやビールが生まれるうえで非常に幸運なことであった．ワイン作りでも蒸留酒作りでも，もう一つの素晴らしく幸運な発見が数世紀前にあった．ワインや蒸留酒や酢を木の樽に保存しておくだけで，それまでの風味を補う新しい深みが加わるということである．

**オークの性質** ワインや蒸留酒の熟成樽には，ヨーロッパではクリ材やシーダー材，合衆国ではレッドウッド材も使われてきたが，多くはオーク材で作られる．オークの心材（中心の古い部分）は死んだ細胞の塊で，外側の生きた細胞層を支えている．心材細胞には昆虫の穿孔（せんこう）を防ぐための化合物が詰まっている．主にタンニンだが，クローバー臭のオイゲノール，バニラ臭のバニリン，オーク臭の「オーク・ラクトン」（ココナッツやモモの芳香成分と似ている）などの芳香化合物も含まれている．心材は固形分の90〜95％が細胞壁成分で，主にセルロース，ヘミセルロース，そしてリグニンからなる．これらは主に不溶性だが，リグニンの一部は強いアルコールに分解されて抽出される．もし樽を作る際に加熱すれば，リグニンはすべて新しい芳香分子に変換されうる（p. 437）．

樽作りに使われるオークは主に，ヨーロッパ

種2種（*Quercus robur*, *Q. sessilis*）と，北米種10種で，なかでも最も重要なのはホワイト・オーク（*Q. alba*）である．ヨーロッパ種はほとんどがワイン樽，アメリカン・オークは蒸留酒の熟成用樽にされる．アメリカン・オークは抽出可能なタンニンは少なめで，オーク・ラクトンやバニリンが多い．

**樽作り：成形と加熱処理**　樽を作るにはまず，心材を裁断し，乾燥し，薄く細長い樽板にする．それをたがで大ざっぱにくくり，熱して曲げやすくして最終的な成形を行う．ヨーロッパでは，燃える木屑の入った小さな火鉢で樽の内側を200℃ほどに加熱する．樽板が軟らかくなったら，たがをきつく締めて最終的な形にし，内部をさらに加熱して"ロースト"する．用途に応じて加熱温度と時間は150〜200℃で5〜20分ほど，ワイン用は軽め，蒸留酒用は強めにローストする．合衆国では，ウィスキー樽の加熱処理はさらに激しく行われる．たが締めした樽を蒸して軟らかくしてから，内側をガスバーナーの炎で15〜45秒間あぶって焦がす．

**樽の風味**　新樽にアルコール液を入れておくと次のようなことが起こる．まず，色や風味に関係した可溶性成分が液中に抽出される．これにはタンニンや，オーク・クローブ・バニラなどの香り，そして糖分，褐変反応産物，樽の加熱処理で生じたスモーキーな揮発成分などが含まれる．アメリカの焦がしたウィスキー樽では，炭化した表面が活性炭吸着剤のような働きをし，ウィスキーの成分をある程度取り除くので，風味の熟成が早まる．木材のすきまや小孔から，限られた量だが酸素が入りこみ，液体に吸収される．ワインや蒸留酒に含まれていたさまざまな化学成分，木材成分，そして酸素の間に無数の反応がゆっくりと起こり，調和のとれた均衡に向かって熟成が進む．

新しいオーク樽は，中に入れた酒にはっきりとした風味を与え，繊細なワインの本来もつ特徴を圧倒してしまうこともある．新樽を使う場合には熟成期間を短くするか，すでに使用されて風味成分の多くが抜けてしまっている古い樽を使うことで，樽材の香りを調節する．

**樽の代用品**　オーク樽は高価なため，比較的高価なワインや蒸留酒の熟成にのみ用いられる．安価な製品には別の方法でオークの香りがつけられる．ウッド・チップを水で煮出した抽出液「ボワゼ」は，昔からコニャックやアルマニャックなどフランス産ブランデーの仕上げに添加されている．近年の大規模なワイン生産では，鉄鋼などで作った容器の中でワインの熟成を行い，そこに樽板，オーク・チップ，さらにおがくずなど入れている．

# ワイン

古くから，さまざまな天然の甘い液を使ってアルコール飲料が作られてきたが，ブドウ果汁はそのほんの一つにすぎない．中央アジアの遊牧民がロバの乳を発酵させて作っていた「クミス」は，おそらくブドウワインと同じくらい古

---

### 樽発酵

ワインや酢のなかには，樽の中で発酵させて，そのままそこで熟成させるものもある．それにより，樽発酵の独特な風味が生まれる．その風味成分の一つに，焦がしたオーク中の成分に酵母酵素が作用して生まれる，珍しい含硫化合物（フルフリルチオール）がある．その香りは焙煎コーヒーやロースト肉に似ている．

いものである．ギリシャ語でワインを意味するmethuは，発酵させた蜂蜜水をさすインド・ヨーロッパ語からきており，英語ではmead（ミード）である．ローマ時代にはナツメヤシやイチジクを発酵させていた．ヨーロッパ北部では，ワインの味を知る前にはリンゴ果汁を発酵させたリンゴ酒（シードル）を飲んでいた．

だがブドウは，さまざまなアルコール飲料を作るのに特に適していたのである．ブドウの木は生産性が高く，さまざまな土壌および気候に適応できる．果実には酒石酸という珍しい酸が多量に含まれている．酒石酸を分解できる微生物は少なく，酵母の生育に有利に働く．完熟ブドウには糖分が十分に含まれ，酵母のアルコール生産によってほかのほとんどの微生物の生育が抑えられる．さらにブドウは印象的な色と多彩な香りをもっている．

以上のような性質のおかげで，ブドウは世界最大の果実作物となっている．年間生産量の約70％はワインの原料になる．ワインの生産量および輸出量が世界で最も多いのはフランス，イタリア，スペインである．

## ■ ワインの歴史

ワインの発展の歴史は長く，非常に興味深く，そして今も発展し続けている．以下に目立ったものをいくつか挙げた．

**古代時代：ワインの熟成と鑑定** 現時点において，ブドウを使ったワイン作りの最古の記録は，西イランで出土した紀元前6000年頃の壺の底に書かれたものである．紀元前3000年以降，ワインは西アジアおよびエジプトにおける貿易で突出したものとなっている．野生のブドウも最初のワインも赤かったが，エジプトには色の違う変異種があり，それを使って白ワインが作られていた．大きな粘土製の瓶でブドウ汁を発酵した．後に瓶の中身を味見して等級を決め，瓶に印をつけ，栓をして，泥で密封した．容器を密封することにより，何年も熟成させることができた．ファラオの墓から見つかったアンフォラ（ワインを入れる壺）の多くに，生産された年月日および地域の書かれた札がつけられ，時に簡単な説明と作り手の名前も添えられている．ワイン鑑定が古代より行われていたことがわかる．

**ギリシャ・ローマ時代** ブドウの木はフェニキアやギリシャの貿易商によって地中海地域全域に広まり，ギリシャ人の間にディオニュソス崇拝が確立されていった（豊穣とブドウの木と酩酊の神）．紀元前700年頃のホメロスの時代までには，ワインはギリシャの一般的な飲みものになっていた．強いワインが作られ，飲む前に水で薄め，自由民や奴隷用に品質の等級づけが行われていた．イタリアでは紀元前200年頃にようやくブドウ栽培が確立されたが，非常によく根づいたために，ギリシャ人は南イタリアを「オエノトリア」すなわち"ブドウの地"と呼ぶようになった．

その後2世紀にわたり，ローマではワイン作りの技術が大きく発展した．プリニウスの*Natural History*（博物誌）では，全37巻のうち1巻がすべてブドウの木にあてられている．そのなかで彼は，今では無数の品種があって同じブドウでも土地が違えばまったく違ったワインになると述べており，特によいブドウが育つのはイタリア，ギリシャ，エジプト，ガウル（フランス）だとしている．エジプトと同じく，ローマでも密封したアンフォラを使って腐敗させずに何年もワインを熟成していた．ギリシャ・ローマでは，ワインの貯蔵と風味づけに，樹脂または樹脂から精製したピッチ，塩，スパイスなども使われていた．

北ヨーロッパで導入された樽が地中海地方に伝わり，アンフォラ土器の代わりに使われるようになったのは，ローマ時代である．その後数世紀のうちにワイン作りで一般的に使われるようになり，アンフォラ土器は消えていった．樽は軽くて割れにくいのが長所だが，気密性が低いという欠点がある．ゆえに，樽にワインを入れて4,5年も貯蔵すれば，酸化が進んで不味くなる．アンフォラが消えゆくとともに優れた熟

成ワインも姿を消してしまった．よい熟成ワインが再び登場したのは，それから1000年以上も経ってコルク栓瓶が開発されてからである（p. 700）．

**ヨーロッパにおけるワイン作りの普及：フランスの台頭**　紀元後5世紀頃にローマ帝国が滅びた後，ヨーロッパではキリスト教の修道院において，ブドウ栽培とワイン作りの技術が発展した．地方の支配者は修道院に広い土地を与え，修道士たちが森林を切り開き沼地を埋め立てた．人の少ない土地に計画的で組織立った農業がもたらされ，ブドウは北フランスやドイツに広まった．ワインは聖体拝領や正餐に必要とされ，ワインとビールは日常的な消費用にも，客のもてなし用にも，販売用にも作られていた．バーガンディー地方のワインが有名になったのは中世時代である．

中世後期以降，フランスは次第にヨーロッパのワイン生産地として卓越した地位を獲得していった．1600年までに，フランスのワインはイギリスやオランダへの重要な輸出品となっていた．特にボルドーは港町であるという利点があった．一方，イタリアは政治的および経済的環境が悪かったためにこれに後れを取った．19世紀半ばまで，一つの国家というよりも都市国家の集まりであり，それぞれに保護税をかけ国際貿易がほとんどなかったため，フランスのワイン生産地のように競争がなく，改良も進まなかった．ほとんどのワインは地元で消費され，ブドウの木はブドウ園ではなく，小作人の畑でほかの作物の間や樹木に這わせて栽培されていた．

**新しいワインと新しい容器**　近代には，ブドウ果汁の発酵およびワイン貯蔵において素晴らしい変化がいくつかみられた．1600年よりも少し前，ブランディーを加えるとワインの品質が安定化し新しい風味も加わることが，スペインで見出された．これがシェリー酒である．1650年頃には，一般には有害とされるカビがブドウに繁殖すると，非常に甘く濃縮されたおいしいワインになることがわかった．こうして生まれたのがハンガリーのトカイ・ワイン，カビは"貴腐"菌である．フランスのソーテルヌ・ワインや同じように甘いドイツ・ワインがこの後に続くこととなる．同じ頃，フランスのシャンパーニュ地方から白ワインを輸入していたイギリスの貿易商は，発酵が完了する前に樽から瓶に移すことでおいしい発泡ワインになることを見出した．その数十年後には，ポルトガルからイギリスに濃い赤ワインを海輸する際の品質を保つため，ポート酒が生まれた．腐敗を防ぐために出荷前に蒸留酒を添加した結果，甘い赤ワインができたのである．

---

### 食物用語：wine（ワイン），vine（ブドウの木），grape（ブドウ）

かなり古い時代から，ブドウの木は食べられる果実の成るものではなく，ワインの原料と考えられていた事実が，現在の言語に反映されている．vineとwineは同じ語源をもち，それは発酵させたブドウ果汁を意味していた．この語源は非常に古く，西アジアの前史時代の言語からインド・ヨーロッパ語が派生するより前である．一方，ブドウの果実自体をさす語については，言語ごとに異なっている．英語のgrapeは"湾曲した""歪んだ"という意味のインド・ヨーロッパ語が語源とみられ，おそらくはブドウの房を収穫するのに用いられたナイフの刃の湾曲，もしくは房の茎の部分の形からきたと思われる．関連語にgrapple（引っ掛ける）やcrumpet（クランペット；イギリスの菓子）がある．

**ワイン瓶とコルク栓** 17～18世紀には二つの大きな技術革新があり，アンフォラに代わって木の樽が使われだしてからは不可能となっていたワインの長期熟成が，再び可能となった．その二つの革新とは，細長いワイン瓶とコルク栓である．イギリスで発泡性のシャンパンが生まれたのは，瓶に栓をするのにそれまでの布ではなく気密性の高い圧縮コルクを使うようになったことと，内圧に耐える丈夫な瓶が手に入るようになったことによる（ガラス製造に薪の火ではなく高温の石炭が使われるようになり，ガラス強度が高まった）．18世紀になると，ワイン瓶は太短いフラスコ型から現在の細長いものへと変わっていった．太短い瓶が使われるのは，樽から直接食卓に出すか，1, 2日しか入れておかない場合に限られた．瓶が細身になって横に寝かせておけるようになると，中のワインでコルク栓が湿り，コルクが縮んで空気が入り込むこともなくなった．こうして何年も腐らせずに貯蔵できるようになり，場合によっては風味が非常によくなるようになった．

**パスツールとワインの科学的理解のはじまり**
1863年，フランス皇帝ルイ・ナポレオンは，偉大なる化学者ルイ・パスツールにワインの"病"に関する研究を依頼した．その3年後，パスツールは *Etudes sur le vin*（ワインに関する研究）という画期的な論文を発表した．酵母が生きた微生物の塊だということは，すでにパスツールらによって明らかになっており，ワイン作りに関わる微生物およびワインの腐敗に関する微生物の同定と制御が可能になりはじめていた．しかし，ワイン作りの過程を分析したのはパスツールが最初であった．彼は，酸素が中心的な役割を果たしていること，そしてよいワイン作りには樽と瓶の両方が欠かせない理由を明らかにした．樽は若いワインに酸素を供給して熟成を促し，瓶は熟成ワインから酸素を排除することで貯蔵を可能にする．

> ワインを作り出すのは酸素であると考える．ワインの熟成には酸素が関係している．新酒ワインの粗い特徴が酸素によって変化し，嫌な味が無くなる……

> ワインの熟成にはゆっくりとした通気が必要だが，酸化が進みすぎてはいけない．ワインが弱くなりすぎ，消耗して，赤ワインの色がほとんど消えてしまう．通気性のある容器（樽）から通気性のほとんど無い容器（瓶）にワインを移す時期というものがある．

**ワイン作りへの科学的な取組み** パスツールによって播かれた，ワイン作りへの科学的な取組みの種は，まもなくフランスや合衆国で根づいていった．1880年代には，ボルドー大学およびカリフォルニア大学で，ワイン醸造学の研究所が設立された．ボルドー大学の研究グループは，フランスの伝統である上質ワインの生産技術の理解と改良に焦点を当て，マロラクティック発酵（p.705）を発見した．カリフォルニアの研究所は1928年にバークレーからデービスへと移転し，ワイン作りの伝統がない地域にワイン産業を確立する最良の方法を研究し，さまざまな気候ごとに適したブドウ品種の決定などを行った．現在では，これらの研究や世界各地での同様な研究によって，そしてワイン製造全般の近代化のおかげで，かつてなかったほどによいワインが世界中で作られるようになっている．

**伝統製法のワインと工業生産のワイン** 今ではワイン作りへの取組み方は多種多様であり，ワインにも幅広い選択枝がある．一方では伝統的なワイン生産地に見られるように，一つの場所でワインの品質を高めるような方法でブドウを育て，つぶして発酵させ，できあがったワインをある程度熟成させ，瓶詰めするという，比較的単純な取組みがある．もう一方では，ブドウとワインをほかの工業原料と同じように扱う，先進的な製造工程もある．そこでは，労力とコストを抑えた非伝統的な方法で，伝統製法のワインに近い品質を追求するのが狙いである．さ

まざまな分離技術を用いて水分，糖分，酸，アルコール，その他の成分を調整するので，ブドウ自体はうまく熟成させなくてもよい．樽や瓶での熟成過程も，オーク・チップやおがくずを使う，巨大な鉄鋼製タンクに入れたワインに純粋酸素を吹き込む，という安価で迅速な方法を代用する．

　工業生産のワインは，リバース・エンジニアリング（分解工学）の驚くべき成果であり，これといった欠点のないすっきりとしたよい味がすることも多い．よけいな手を加えずに作られた小規模生産のワインは，品質が予測しにくい．ブドウの採れた場所と年度，そしてワインの作り手によって特徴が大きく異なるためである．こうしたワインは工業生産品よりも値段が高く，かなりよいワインもあり，一般におもしろみがある．

## ■ ワイン用ブドウ

　ブドウはワインの主原料であり，ゆえにワインの品質の多くを決定する．なかでも特に重要な成分を以下に挙げる．

- 糖分　酵母の栄養となりアルコールに変わる．ワイン用ブドウは一般に，糖分20〜30%で収穫され，その多くはブドウ糖と果糖である．
- 酸　主に酒石酸と少量のリンゴ酸である．発酵中に好ましくない微生物が生育するのを防ぎ，ワインの風味に大きく関係する．
- タンニンおよび関連フェノール化合物　渋味をだすことでワインのボディー（コク，力強さ）と重さに関係する（p.714）．
- 色素分子　ワインの色を決め，時に渋味にも関係する．赤ブドウは，主に皮にアントシアニン色素（p.261）が含まれる．"白色系"品種にはアントシアニンが含まれず，違う種類のフェノール化合物であるフラボノール類が黄色がかった色をだしている．
- 芳香化合物　一般的なブドウ臭，あるいはブドウ品種に独特なにおいが含まれる．芳香成分の多くは，ほかの化合物（糖など）と化学的に結合しているので，生のブドウではあまり感じられない．ワイン醸造の過程で，ブドウと酵母の酵素の働きにより芳香成分が遊離し，香りとして感じられるようになる．

**ブドウ品種とクローン**　ブドウの木は，春に自己再生して活発に生育できるよう進化してきた．挿し木で簡単に増やせるので，まったく同じ性質をもつ「クローン」を作り出すことも簡単である．ブドウの木は変化に富んだ植物種でもあり，生育習性，水分や温度の要求性，果実の成分組成など多種多様である．1800年頃までの数千年間は，ブドウ栽培とワイン作りは主に，西アジア・ヨーロッパ全域で小規模グループの手で行われていた．それぞれが基本的に孤立した状態で，環境もさまざまに違っていた．土地ごとに好みに合わせた選択が行われた結果，特徴的な品種が多数確立した．

　現在では，ユーラシア種（*Vitis vinifera*）には1万5000ほどの品種が存在すると推定される．たとえばピノ・ノワールとかカベルネ・ソーヴィニョンといった単一品種には，何百種類ものクローンが存在すると思われ，それぞれ少しずつ違っている．品種によってはかなり独特な香りをもつものもあれば，香りが弱く特徴の少ないものもある．後者の場合，発酵と熟成による香りがより強くでることになる．瓶に詰めて何年も経過するうちに非常に複雑な風味を醸し出すワインになる可能性を秘めた品種は「ノーブル」と呼ばれる．フランスのカベルネ・ソーヴィニョン種，ピノ・ノワール種，シャルドネ種，イタリアのネッビオーロ種やサンジョベーゼ種，ドイツのリースリング種などである．

## 生育条件の影響：ヴィンテージ（醸造年度）とテロワール

**過保護に育てられたブドウはよいワインにならない** 2000年前にプリニウスは、「同じブドウの木でも土地が違えば価値も違ってくる」と書いている。ブドウの品質、そしてブドウから作られるワインの品質は、ブドウが育ち成熟する条件に影響される。まともなワインを作るには、適切な甘さになるまでブドウを成熟させなければならず、十分な日照量と暖かさ、ミネラル、水分が必要である。一方で、水分が多すぎると水っぽくなり、土壌中の窒素量が多すぎると葉が茂りすぎて果実が日陰に入り、おかしな味になる。日照量が多すぎたり暑すぎたりすると糖度は増える代わりに酸度や芳香成分が減り、アルコール度は高くても風味が平坦になる。

**ヴィンテージ・ワイン** 最高のワインができるためのブドウの生育条件は狭い範囲に限られるようである。ようやく足りる程度の水分と、ミネラル、光、熱により、ゆっくりと少しずつ成熟が進んで最後に完熟するのがよい。こうした条件が毎年実現するとは限らない。したがって、多くのワインで重要となってくるのがヴィンテージ、すなわちブドウの生育・収穫年度である。よいワインができる年とできない年とがある。

**テロワール** 近年は、ワイン作りにおけるテロワールの重要性について多く語られるようになった。テロワールとは、ブドウの育った場所がワインに及ぼす影響のことである。フランス語でテロワールと言った場合、ブドウ園の自然環境全体をさす。土壌およびその構造とミネラル分、土壌に含まれる水、ブドウ園の標高・傾斜・方角、そして局地的気候（ミクロクライメートすなわち温度・日光・湿度・降雨の型）などが含まれる。少し離れただけでもこうした要因は異なり、隣接するブドウ園でも違ってくる。それぞれの要因がブドウの木の生育と果実の発達に影響を及ぼし、それは時に間接的なこともある。たとえば、傾斜面や特定の土壌では根からの排水が早く、ブドウの木による太陽熱の吸収・放出も違う。南に面した傾斜面では秋期の日照量が平地と比べて50%ほど多くなり、生育期間が延びて風味成分の蓄積が増える。

ワイン通は、ワインに現われるテロワールの影響、隣接するブドウ園で作られたワインにはっきりとした違いを見抜き、感嘆することに喜びを感じる。一方でワイン醸造者は、あまり望ましくないテロワールやヴィンテージの影響が

---

### 交雑種（ハイブリッド）およびアメリカのワイン用ブドウ品種

北米には、ユーラシアのワイン用ブドウ種 *Vitis vinifera* の姉妹種が多数存在し、これらは *V. vinifera* と交配可能である。数世紀にわたる育種家の努力で、ヨーロッパ種とアメリカ種の交雑種が多数生まれている。ヨーロッパの美食家も役人も一般に、これらの交雑種をその独特な風味ゆえに過小評価してきたが、こうした交雑種のなかでも優良な品種、そしてアメリカ種自体が、その独特な特性を評価されるようになってきている。その例として、主に北東部の *Vitis labrusca*（コンコード種、花臭のカトーバ種、イチゴ臭のアイヴィス種）、中西部の *Vitis aestivalis*（ノートン種、シンシアナ種）、南東部の *Vitis rotundifolia*（花臭と柑橘臭のスカッパノン種）、そして複雑な系統をもつ品種（シャンブールサン種、フランスのロワール地方で作られた）などがある。

なるべくでないように努力する．最高のものを作ろうとする努力は目新しいものではない．フランスでは何世紀も前から，未完熟のブドウ液に発酵途中で糖分を加えることが行われてきた．近年では，ブドウの収穫後に成分組成を操作できる度合いが高くなり，ワインは特定の地域や年度の製品というよりも，現代発酵技術による製品という様相が強まっている．

## ■ ワイン作り

基本的なテーブル・ワイン作りには三つの工程がある．最初に，完熟ブドウをつぶして果汁を搾る．次に，糖からアルコールを産生する酵母を使ってブドウ液を発酵させ，新酒ワインを作る．最後に，新酒ワインを熟成させる．この段階でブドウに含まれていた化学成分と発酵産物，そして酸素が反応し合い，ある程度安定した統一感のある風味分子の集まりとなる．

**ブドウをつぶしてマストにする**　ブドウをつぶすことにより，ワインのもととなる液体が搾り出される．したがって，この工程はワインの最終的な組成，および潜在的な品質に大きく関わってくる．

ワインの品質に重要となる成分は，ブドウ果実に均一に分布しているわけではない．茎（果梗(かこう)）には苦味のある樹脂が含まれるので，普通は圧搾時に取り除く．皮にはフェノール化合物のほとんど（色素およびタンニン），そして酸やブドウ独特の芳香成分が多く含まれる．茎と同じく種子にもタンニン，油分，樹脂が多いので，圧搾時に種子がつぶれないように注意する．

圧搾機でブドウをつぶすときに，最初に流れ出てくる果汁は「フリー・ラン」と呼ばれ，主に果肉中心部の果汁である．雑味が最も少なく純粋なブドウエキスで，タンニンをほとんど含まず糖分が高い．物理的な圧力が加わると，皮のすぐ下と種子周りの果汁がフリー・ランに混じり，より複雑な風味となる．圧搾の度合いは，最終的なワインの風味に大きく影響する．「マスト（もろみ）」とよばれる液体部分には水分70〜85％，糖分12〜27％（主にブドウ糖と果糖），そして酸が約1％含まれる．

**破砕の後**　白ワインの場合には，マストと皮を一緒にしたままで数時間置いた後，弱い圧力をかけて液体だけを搾り取る．したがって，タンニンや色素がほとんど含まれない．ロゼ用のマストおよび赤ワイン用のマストは赤い皮が含まれた状態である程度発酵させる．皮や種子がマストに触れている時間が長いほど，そして圧搾が強いほど，色が濃くなり（黄色も赤色も）渋味も強まる．

発酵をはじめる前に，一般には二つのものをマストに添加する．一つは二酸化硫黄で，望ましくない野生酵母や細菌の生育を抑えるためと，風味分子や色素分子の酸化を抑えるためである（ドライ・フルーツも，同じ理由から二酸化硫黄処理が行われることが多い）．現代的な殺菌方法のように聞こえるが，実は数世紀前から行われている．硫黄処理すると，発酵の副産物である亜硫酸塩の産生が多くなる．亜硫酸塩

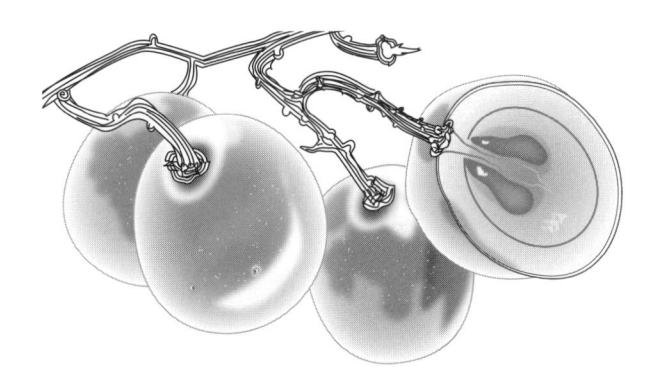

ブドウ（*Vitis vinifera*）の果実．果実中の糖，酸，その他の成分の含有量は，場所によって異なる．

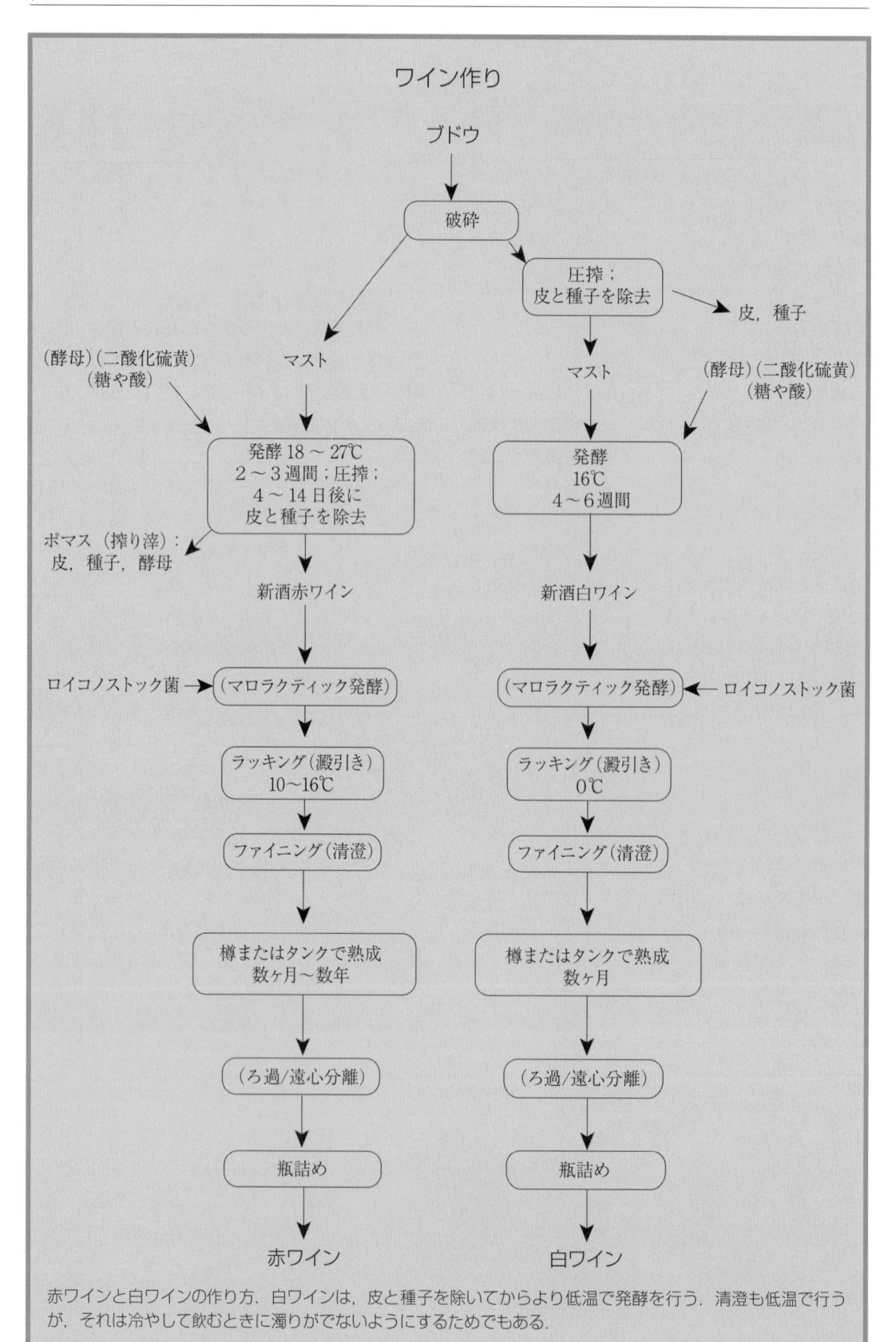

## ワイン作り

```
                    ブドウ
                     ↓
                    破砕
                   ↙    ↘
                       圧搾；
                      皮と種子を除去  → 皮，種子
              マスト          マスト
(酵母)(二酸化硫黄)    ↓      ↓    (酵母)(二酸化硫黄)
  (糖や酸)    →  発酵18〜27℃   発酵      ←  (糖や酸)
              2〜3週間；圧搾；  16℃
              4〜14日後に    4〜6週間
              皮と種子を除去
ポマス(搾り滓)：↙    ↓         ↓
 皮，種子，酵母   新酒赤ワイン   新酒白ワイン
                     ↓         ↓
ロイコノストック菌→(マロラクティック発酵)(マロラクティック発酵)←ロイコノストック菌
                     ↓         ↓
                ラッキング(澱引き) ラッキング(澱引き)
                  10〜16℃       0℃
                     ↓         ↓
                ファイニング(清澄) ファイニング(清澄)
                     ↓         ↓
                樽またはタンクで熟成 樽またはタンクで熟成
                 数ヶ月〜数年      数ヶ月
                     ↓         ↓
                (ろ過/遠心分離)  (ろ過/遠心分離)
                     ↓         ↓
                   瓶詰め       瓶詰め
                     ↓         ↓
                   赤ワイン      白ワイン
```

赤ワインと白ワインの作り方．白ワインは，皮と種子を除いてからより低温で発酵を行う．清澄も低温で行うが，それは冷やして飲むときに濁りがでないようにするためでもある．

は人によってはアレルギー反応を引き起こすことがある．

　発酵前に添加されるもう一つのものは，糖または酸である．これによりマスト中の酸と糖のバランスを調節する．低温で熟したブドウは糖分が少ないこともあり，そうするとワインの安定性に十分なアルコールができない．逆に高温で熟したブドウは酸の一部が代謝されてしまっており，ワインの味が平坦になりがちである．フランスのワイン作りでは糖が加えられるのが普通で，カリフォルニアのワイン作りでは酒石酸が加えられることが多い．

## アルコール発酵

**発酵酵母**　培養開始時にはスターター酵母（種菌）を入れる場合と入れない場合がある．サッカロミセス属の多数の酵母株のなかから選んでもよいし，ブドウの皮に付着している"野生"酵母（*Kloeckera*，*Candida*，*Pichia*，*Hansenula*，その他）で自然発酵させてもよい．いずれの場合もやがては必ず *Saccharomyces cerevisiae*（アルコール耐性が高い）に取って代わるのだが，これらの酵母が作り出す風味成分はワインの仕上がりに影響する．

　酵母の主な役目は糖をアルコールに変えることだが，ブドウには含まれないさまざまな揮発成分や芳香成分も作り出す．なかでも目立つものに長鎖アルコールやエステル（酸とアルコールまたはフェノールが組み合わされた化合物）がある．ブドウに含まれる芳香成分のなかには不揮発性の糖複合体として存在するものもあり，酵母やブドウの酵素作用や，酸性条件によって芳香成分が遊離する．したがって，発酵を行う間にブドウ自体の潜在的な風味も引き出されるのである．

**温度と時間**　ワインの種類によって発酵条件は違ってくる．繊細な白ワインの場合，16℃前後で4〜6週間発酵させる．より濃厚な赤ワインの場合，マストに皮を残したまま18〜27℃で発酵させ，色素・タンニン・風味を抽出する．この工程には4〜14日間かかる（熱処理や二酸化炭素処理を行うことで短縮可能）．次いでマストから皮を取り除いて発酵を続け，全部で2〜3週間の発酵を行う．温度は，発酵工程で最も重要な条件の一つである．温度が低いほど発酵は遅く時間がかかり，芳香成分が多く蓄積する．

　基本的に，マストに含まれる糖分がすべてアルコールに変われば，主発酵は終了である．糖分の残っていないワインは"ドライ"ワインと呼ばれる．甘いワインを作るには，糖分がすべて消費される前に発酵を止めるか，またはより一般的な方法として，酵母を除いてから取り置きの甘いブドウ汁を加える．

**マロラクティック発酵**　主発酵の後の新酒ワインで細菌発酵を行う場合がある．乳酸菌の一種である *Leuconostoc oenos* は，ワイン中のリンゴ酸を消費して乳酸を産生する．リンゴ酸よりも乳酸の方が酸味は弱いので，「マロラクティック発酵」と呼ばれるこの工程でワインの酸味が弱まる．また，マロラクティック発酵では，バター臭のジアセチルをはじめ，独特な芳香成分も多数作られる．（*L. oenos* の近縁にあたる *L. mesenteroides* は，発酵バターのジアセチルを作る．）新酒ワイン本来のシャープさや風味を残すため，自然にマロラクティック発酵が起こらないようにすることもある．

**熟成**　発酵が完了したら，新酒ワインを発酵タンクから出して，清澄と熟成を行う．濁った粗削りな味が，澄んだまろやかな味に変わってゆく．

**ラッキングとファイニング**　ラッキング（澱引き）工程では，ワインからブドウと酵母の固形粒子を除く．酵母細胞やほかの大きめの粒子を底に沈め，沈殿物を残しワインだけを慎重に別の容器に移し替えるという作業を，数ヶ月ごとに繰り返す．おもしろい例外としては，「シュール・リー」（"澱の上"という意味）という方法がある．数ヶ月〜数年間わざとワインを酵

母の澱と接触させておくもので，酵母細胞がゆっくりと分解して風味とコクが増す．シュール・リーで熟成させるワインには，シャンパーニュやミュスカデがある．

ラッキング工程で温度を下げると（赤ワインは16℃以下，白ワインは0℃前後），溶けている固形成分すべての溶解度が下がり，タンパク質や炭水化物やタンニンのさまざまな複合体の微粒子でワインが濁る．ラッキング工程の後の方ではファイニング（清澄）を行うこともある．これは上記のような懸濁粒子を吸着して底に沈むような物質を添加するもので，ゼラチン，卵白，ベントナイト粘土，合成素材などが用いられる．ラッキングとファイニングの後でワインに残っている粒子は，遠心分離やろ過で除くことができる．ワインの風味やコクも一部除かれてしまうことから，ファイニングやろ過を行わない場合もある．

**樽熟成** 新酒ワインの風味は未熟で，強く単純な果実臭がする．発酵後に時間が経つにつれ，多彩な化学反応がゆっくりと進行し，バランスのよい複雑な風味に変わってゆく．新しい木の樽で熟成させた場合，木材中のさまざまな成分もワインにしみ出す．たとえば，バニラ臭のバニリンやココナッツと木の香りのオーク・ラクトンなど，直接的に香りを加えるものもあれば，ワイン自体の風味成分を変化させるものもある．伝統的なワイン作りでは，ラッキングを繰り返し次々に容器を移してゆく間に，定期的に空気にさらされ，ワイン成分の化学変化が起こる．酸素存在下に，タンニン，アントシアニン色素，その他のフェノール化合物が互いに反応し合い，大きな複合体を形成することで，ワインの渋味と苦味が弱まる．芳香分子の一部は分解したり酸素と反応したり互いに反応し合ったりして，一連の新しい芳香が生まれる．果実や花のにおいは弱まってより落ち着いた，いわゆる"ワインらしさ"がでる．白ワインと淡色の赤ワインは，6～12ヶ月後の比較的若いうちに瓶詰めされ，かなりフレッシュで花のようなブーケ（熟成香）が残っている．渋味のある濃色の赤ワインは，まろやかな風味がでるまで1年以上かかることが多い．

多くのワインは2種類以上のブドウ品種をブレンドして作られているが，この重要なブレンド作業は瓶詰め直前に行われる．できあがったワインは微生物や濁りを完全に取り除くためにろ過されることもあり，貯蔵中に微生物が成育しないように二酸化硫黄を吹き込まれる．さらに低温殺菌されることもあり，これは安価なワインに限られたことではない．ブルゴーニュのルイ・ラトゥール・ワインは，72℃で2～3秒間の瞬間加熱処理が行われるが，ワインの風味が熟成し続けるのに問題はないとされる．

### 賛否両論の樽酵母「ブレタノミセス」

ブルゴーニュやボルドーの伝統的な赤ワインなど，なかには納屋や馬小屋のにおいのような印象的で変わったにおいのものがある．こうしたにおいは主にブレタノミセス（*Brettanomyces*）属の酵母によるものであることが，ワイン醸造学の研究で近年明らかになった．ブレタノミセス酵母はワイン樽につきやすい．低量ではその珍しいにおいはタバコの葉のようでもあり，煙臭さ，薬臭さ，クローブ臭，カビ臭さなども含まれる（馬小屋臭はエチルフェノール，イソ吉草酸，イソ酪酸による）．この"ブレット"臭（ブレットは brett-anomyces から）は，醸造所の衛生管理が悪いための汚染によるものだという考えもあれば，ワインの風味に多様性と複雑さを与える興味深いものという考えもある．

**瓶熟成** 樽やタンクの中で，ある程度の酸素と接触する状態で数ヶ月から2年ほど置いた後，ワインは通気性のない瓶に移される．過去2世紀にわたり，ワイン瓶の栓には基本的にコルクが用いられてきた．コルクはある種のオークの樹皮から作られる．コルクは味が劣化する原因にもなりうるので，現在では金属製やプラスチック製の栓が用いられることもある（下の囲み内参照）．

ワインは瓶詰めしてからも長い間，酸化の影響を受け続ける．瓶詰め工程でも，コルク栓とワインの間のわずかなすきまに空気が入る．したがって，速度はかなり遅くなるものの瓶の中でも酸化は続く．ただし，一連の"還元的"反応が酸化反応を上回ることもある．瓶の中で起きる化学変化についてははっきりとわかっていないが，複合体として存在していた芳香成分の遊離が続くとともに，タンニンや色素の凝集反応による渋味の低下と色調の変化（一般に褐色味が強まる）が見られる．

白ワインや淡色の赤ワインも，瓶詰めして1年ほどは熟成が進む．香りが高まり，臭気のもととなる遊離二酸化硫黄が減少する．赤ワインの場合，瓶詰めして1～2年はワインの質がかなり向上するものが多く，なかには何十年にもわたって熟成し続けるものもある．どんなワインにも寿命があり，いずれ質は低下してゆく．白ワインは蜂蜜，干し草，木，化学溶媒などのにおいが生じる．赤ワインは香りがほとんどなくなり，味が平坦になって，明らかにアルコール臭がきつくなる．

## ■ 特殊なワイン

ここまでは，食事とともに飲まれることの多い，ドライなテーブル・ワインの一般的な作り方を述べてきた．発泡ワイン，スイート・ワイン，強化ワインなどは，食事と合わせずにそのまま飲まれることが多い．こうした特殊なワインの特徴と作り方について以下にまとめた．

**発泡ワイン：シャンパンなど** 発泡ワインは，泡のきらめきと舌への刺激が楽しい．発泡するのは，ワイン中に大量の二酸化炭素が溶け込んでいるためである．二酸化炭素は酵母の代謝副産物で，通常は発酵するワインの液面から外に逃げてしまう．発泡ワインを作るには，ワインを加圧容器（瓶まはた特殊タンク）に密封し，発生する二酸化炭素を逃がさず，液を飽和させるようにする．シャンパン用の瓶は3～4気圧に耐えるように作られているが，これは自動車タイヤの空気圧よりやや高めで，液量の6倍も

---

### コルク，コルク汚染，コルク臭

地中海西部に自生する常緑性のオーク種（*Quercus suber*，コルクガシ）の外皮がコルクになる．多くの樹木では樹皮が繊維質であるが，コルクは空気に満ちた微細細胞から成り立っている．細胞壁の60%近くが「スベリン」という複雑なワックス物質からなり，これは果実の皮を覆っているクチンに似ていて，コルクに耐水性と耐久性を与えている．

コルクは天然の有機素材であり，カビや細菌が感染することがある．カビはカビ臭さ，土臭さ，キノコ臭，煙臭さなどの原因となる．ある種の細菌はコルク中のフェノール化合物や微量の消毒用塩素に作用してトリクロロアニソールを産生する．トリクロロアニソールは湿った地下室のような特に不快で強いにおいを発する．コルク栓でふたをしたワインの1～5%がコルク汚染で駄目になると推定されている．ワインの"コルク"臭の問題に対処するため，コルク栓の代わりに金属キャップや発泡プラスチック製栓など，さまざまなものが試みられている．

の二酸化炭素が含まれる．

　コルク栓を抜いて圧を逃すと，過剰な二酸化炭素は気泡となって液からでてゆく．液が微細な空洞に接すると，溶解していた二酸化炭素がその中に拡散して泡になる．グラスの中では，ガラスの傷やその他の欠陥部に泡が生じる．口に含むとピリピリとしたシャープな爽やかさがあるのは，二酸化炭素の飽和していない唾液層に泡が溶解する際に生じる炭酸の刺激である．

　多くの国に独自の発泡ワインがあり，手間隙かけて作られるものから大量生産品までさまざまである．一番よく知られているのはシャンパンで，厳密にはパリの東に位置するシャンパーニュ地方で作られたワインだけをさす．シャンパンは世界中で生産される発泡ワインの10分の1に満たない．17世紀から19世紀後半にかけて，シャンパンは発泡ワインのなかでも最も洗練されたものとなっていった．瓶の中での二次発酵により二酸化炭素を作らせる方法がフランスで発明され，この「シャンパン方式」が上質な発泡ワインの製造法として世界標準となった．

<u>シャンパン作り</u>　シャンパン作りの第一段階では，主にピノ・ノワール種および/またはシャルドネ種を使用して，ベースとなるワインを作る．次に二次発酵だが，これはガスを逃さないように密封容器内で行われる．ベースのドライ・ワインに酵母の餌となる砂糖を加える．ワイン・砂糖・酵母を瓶詰めし，コルク栓をし，金具で固定し，約13℃に保つ．

　二次発酵は通常約2ヶ月で完了するものの，酵母の沈殿にワインを接触させたままで数ヶ月から数年間熟成させる．この期間に酵母細胞はほぼ死滅し，分解してその成分がワインに溶け込む．こうして，トースト臭，ナッツ臭，コーヒー臭，さらには肉のにおい（複雑な硫黄化合物によるところが大きい）なども含む独特で複雑な風味が生まれる．風味だけでなく，酵母のタンパク質や炭水化物がグラスの中で泡を安定化し，シャンパン独特の非常に細かい泡立ちとなる．酵母菌体を入れたままで熟成させた後は，沈殿物を除き，ワインを注ぎ足し，少量の熟成ワインに砂糖とブランデーを加えたものを入れ，再びコルク栓をする．

<u>その他の発泡ワインの作り方</u>　伝統的なシャンパン方式は手間と時間がかかり高価である．より手頃で簡単な方法による発泡ワインが世界中で作られており，その方法は多種多様である．その一つは，酵母の沈殿を含んだままの熟成期間を短縮するか，まったく行わない方法である．ほかには，二次発酵を瓶ではなく大きなタンクで行うものや，あるいは二次発酵をまったく行わないものもある．安価な発泡ワインは，炭酸飲料と同じように，圧縮した二酸化炭素タンクを使って炭酸を含ませてある．

<u>スイート・ワイン</u>　テーブル・ワインは一般に，"ドライ"な状態になるまで発酵させてある．つまり，ブドウに含まれていた糖分がほぼすべて酵母に消費され，アルコールに変わっている．スイート・ワインまたはデザート・ワインは"残存"糖分が10～20％のもので，いく

---

## 発泡ワインの楽しみ方

　5℃前後のかなり低温に冷やし，背の高い細身のグラスに注ぎ，泡が立ち上ってゆくさまを楽しむ．温度が低いほど二酸化炭素は水に溶けるので，ワインがよく冷えていれば泡が小さく長持ちする．石けんや油脂があると泡がつぶれてしまうので（p.619），グラスに口をつけて食べものの油や口紅などがついたり，洗剤の洗い残しがあったりすると，泡立ちが悪くなる．

つかの作り方がある.

- 普通のドライ・ワインに未発酵のブドウ液をある程度加え,それ以上発酵しないように二酸化硫黄処理や,ろ過による酵母・細菌の除去などを行う.
- ブドウの房を蔓につけたまま,または収穫後に乾燥させて,糖分を35％以上に濃縮する.酵母が耐えうる最大アルコール濃度に達すると発酵は止まるが,その時点で糖分はまだ残る.ドイツの「トロッケンベーレンアウスレーゼ」,イタリアの「レチョート」などがある.
- ブドウの房を蔓につけたままで霜を迎え,ブドウが凍ってから(または人工的に凍らせて)収穫する.冷たいうちに静かに圧搾し,氷の結晶から濃縮果汁を分離する.この濃縮果汁を発酵させると,糖分の残った安定なワインとなる.ドイツの「アイスヴァイン」は1800年頃にさかのぼる.
- ブドウに「貴腐菌」(Botrytis cinerea というカビ)がつくのを待つ.貴腐菌の繁殖によってブドウは脱水し,糖分が濃縮され,風味も硬さも変わる.この方法はハンガリーのトカイ地方で1650年頃に生まれ,1750年までにはドイツのラインガウ地方,1800年前後にはボルドーのソーテルヌ地方でも行われるようになった.

**貴腐ワイン:トカイ・ワインやソーテルヌ・ワインなど** 貴腐(英語で「ノーブル・ロット」,フランス語で「プリテュール・ノーブル」,ドイツ語で「エーデルフォイレ」)というのは Botrytis cinerea というカビの感染である.灰色カビ病とも呼ばれ,普通はブドウその他の果実に被害を及ぼす.湿度の高いときに感染し,その後は乾燥が続いて増殖が制限されるような特定の気候条件がそろったときにのみ,貴腐ブドウができる.こうした条件下に菌が感染すると,いくつかの有益な作用がもたらされる.ブドウの皮に穴が開き,その後の乾燥期に穴から水分が蒸発して濃縮される.貴腐菌は酒石酸の一部を代謝するが,同時に糖分の一部も消費するので,甘味と酸味のバランスは悪くならない.貴腐菌の産生するグリセロールが,最終的にワインに比類のないボディーを与える.また,メープル糖のようなにおいのソトロン,キノコ臭のオクテノール,さまざまなテルペン類など,多彩な芳香成分も合成される.瓶詰めして何十年も貯蔵する間に,蜂蜜のような独特な風味が醸し出される.

**強化ワイン** ベースのワインに蒸留酒を加えてアルコール度18〜20％程度に"強化"されることから,強化ワインと呼ばれる.このアルコール度では酢酸菌その他の微生物による腐敗が抑えられる.強化ワインのはじまりは1600年よりやや早い時代,スペインのシェリー酒生産地域であったとみられる.強化ワインは何ヶ月から何年も空気にさらしておいても安定であるという利点がある.通常は残ったワインを置いておくと酸化して風味が悪くなるものだが,強化ワインはこれを利用して作られる.強化ワインの多くは,開封してから何週間ももつ.

---

## ワインのアルコール度

合衆国内では,ワインのアルコール度がラベルに表示されている.3％の誤差が認められているので,アルコール度12％と表示されたワインは,実際には10.5〜13.5％の範囲内ということになる.

**マデイラ酒** 15世紀以降，インドに向けて長い航海に出るポルトガル船は，マデイラ島で普通の樽入りワインを積み込んでいた．船員やワイン生産者らがまもなく発見したことは，極端な温度と常に攪拌された状態で長く樽熟成させると，珍しくしかも魅力的なワインになるということであった．1700年までには，マデイラの樽ワインを船上で熟成させるために，東インドまでの往復航海が行われるようになっていた．1800年までには，ワインにブランディーを強化して島内で高温熟成されるようになった．現在では，ベースのワイン（白ワインでも赤ワインでも）にブランディーを強化し，時に甘さも加え，人工的に加熱して50℃前後に3ヶ月保ち，冷却される．その後，シェリー酒のようにソレラ・システム（後述参照）で樽熟成を行い，瓶詰めされる．マデイラ酒には，甘いものからほぼドライなものまで，いくつかのスタイルがある．

**ポート酒** 「ポート」というのは，もとは英語でポルトガル・ワインをさす言葉だった．ブランディーの添加は18世紀にはじまり，最初はイギリスに運ぶ間に品質を保つのが目的だったが，結果的に珍しい甘い赤ワインが生まれた．ポート酒は，ベースとなる赤ワインの発酵を糖分が半分ほど残っている状態で止め，蒸留酒を加えてアルコール度20％前後にする．その後，樽熟成と瓶熟成を合わせて2～50年の熟成期間をおく．古いポート酒はメープルのようなにおいのソトロンをはじめとする甘い芳香成分が特徴的で，これらは褐変反応の産物と思われる．同様の芳香成分が貴腐ワインやシェリー酒にも含まれている．

**シェリー酒** シェリー酒は白ワインを強化し酸化させたものである．スペインの港町ヘレス・デ・ラ・フロンテーラで生まれ，1600年頃にヘレスが英語化して「シェリー」と呼ばれるようになった．本物のシェリー酒は，19世紀に開発された「ソレラ・システム」という熟成方式により独特の風味が生まれる．ソレラとはずらりと並んだ樽のことで，それぞれの樽にはある年度の強化新酒ワインがまず入れられる．ただし満杯にはせず，ワインの広い表面が空気に触れるようにする．こうすることでワインには独特の強い酸化臭が生まれる．樽の中身が蒸発し濃縮するにつれて，次に若い樽からワインを補給する．最終的に一番古いワインが入った樽から瓶詰めされ，したがってそれはさまざまな年度および熟成度のワインが混ざったものである．

---

### ポート酒の種類

現在はいくつか違った種類のポート酒があり，なかでも一般的なものを以下に挙げる．

- **ヴィンテージ・ポート** ブドウの出来が非常によかった年の最もよいブドウから作られる．2年間の樽熟成の後，ろ過せずに瓶詰めして最低でも10年以上は瓶熟成させる．何十年も瓶熟成させることが多い．フルーティーで色が濃い．沈殿物が多いのでデカンティング（上澄みを別の容器に移すこと）を必要とする．開封後は2, 3日で飲みきる．
- **トーニー・ポート** その色合いから，"褐色"という意味のトーニーと呼ばれる（赤色色素が沈殿した結果）．一般に10年間の樽熟成の後，ろ過・瓶詰めされる．同じ年代のヴィンテージ・ポートよりもかなり酸化が進んでおり，開封後も数週間はもつ．
- **ルビー・ポート** 中級品．3年間の樽熟成の後，ろ過・瓶詰めされる．

時間を短縮してシェリー酒に似たワインを作る工業生産法がいろいろとあり，強化したベースのワインを加熱して風味をだしたり，"水中フロール"（ワインとフロール酵母を大きなタンクに入れて攪拌・通気する方法，下の囲み内参照）で培養したりする．

**ベルモット酒**　現在のベルモット酒は，18世紀イタリアの薬用ワインがもととなっている．主原料のニガヨモギをドイツ語で Vermut というところから命名された（p.745の囲み内参照）．今は基本的に，アルコール度18％前後に強化したワインを香りづけしたもので，主にカクテルや料理に用いられる．イタリアとフランスで作られており，クセの少ない白ワインを10種類以上のハーブやスパイスで香りづけし，時に甘味もつける（糖分16％ほどまで）．フランスでは通常，ワイン自体でハーブやスパイスの香りを抽出するが，イタリアでは強化用アルコールで抽出または共蒸留する．アルコール強化した後は数ヶ月間熟成させる．

## ■ ワインの保存と飲み方

**ワインの保存**　ワインは環境の影響を受けやすいので，よい状態を保ち，そして保存中にさらに質を高めるために特別の注意が必要である．ほどほどの湿度があり，暗くて涼しい昔ながらの地下貯蔵庫と同じような環境で保存する必要がある．コルクが乾燥すると縮んで空気が入るので，瓶を横にしてコルクが濡れた状態を保つ．ほどほどの湿度があればコルクの外側が縮むこともなく，温度を一定に保てば瓶内の液と空気の容積，つまり圧力が変化しない．発泡ワインや白ワインは高エネルギーの光が透過すると，ビールや牛乳と同じように硫黄臭が生じる（p.724, p.21）．暗所保存すればこれが抑えられる．10〜15℃の低温で保存すれば，ワインがゆっくりと熟成するので，複雑でおもしろみのある風味が長く持続する．

**ワインを飲む温度**　ワインの種類ごとに最適な温度がある．酸味，甘味，香りは冷たいほど弱く感じる．軽口の白ワインやロゼ・ワインのように，もともと酸味があって香りの軟らかいものは冷たくして飲むのがよい（5〜13℃）．酸味が少なく香りの高い赤ワインは，16〜20℃で飲むと芳醇な風味が楽しめる．アルコール度も香りも強いポート酒は，18〜22℃が最適とされる．白ワインでも複雑な風味をもつものは，普通の白ワインよりもやや高めの温度で飲むとよい．同様に，赤ワインでも軽口のものは少し冷

---

### シェリー酒の種類

スペインのヘレス地方で作られる本物のシェリー酒には，製法によっていくつかの種類がある．

- **フィノ**　最も軽口で，アルコール強化度および酸化度が低い．ソレラ樽の中でワインの表面がフロールと呼ばれる酵母の膜で覆われ，あまり空気に触れない．
- **アモンティリャード**　基本的にはフィノと同じだが，ソレラ樽の中にフロールが生じなかったか，または取り除かれたもので，酸化度が高く，濃くて重めである．
- **オロロソ**（"香り高い" "香りづけした" という意味のスペイン語から）　ベースとなるワインは最も重くてアルコール強化度が高いため，フロールが発生しない．アルコール度は24％に達し，濃褐色で濃縮されている．

## ワインの香りとその成分

化学的に同定されているワインの芳香成分の例を以下に挙げる．

| 香り | ワイン | 化学物質名 |
|---|---|---|
| 果実：リンゴ，ナシ | 多くのワイン | エチルエステル類 |
| バナナ，パイナップル | 多くのワイン | 酢酸エステル類 |
| イチゴ | コンコード種ブドウのワイン | フラネオール |
| グァバ，グレープフルーツ，パッションフルーツ | ソーヴィニョン・ブラン，シャンパン | 硫黄化合物 |
| 柑橘果実 | リースリング，マスカット | テルペン類 |
| リンゴ | シェリー酒 | アセトアルデヒド |
| 花：スミレ | ピノ・ノワール，カベルネ・ソーヴィニョン | イオノン |
| 柑橘類，ラベンダー | マスカット | リナロール |
| バラ | ゲヴェルツトラミネール | ゲラニオール |
| バラ | 日本酒 | フェネチルアルコール |
| バラ，柑橘類 | リースリング | ネロール |
| 木：オーク | 樽熟成ワイン | ラクトン類 |
| ナッツ：アーモンド | 樽熟成ワイン | ベンズアルデヒド |
| 野菜：ピーマン，グリーンピース | カベルネ・ソーヴィニョン ソーヴィニョン・ブラン | メトキシイソブチルピラジン類 |
| 草，茶 | 多くのワイン | ノルイソプレノイド類 |
| アスパラガス，調理野菜 | 多くのワイン | 硫化ジメチル |
| スパイス：バニラ | 樽熟成ワイン | バニリン |
| クローブ | 樽熟成赤ワイン | エチルグアイアコール ビニルグアイアコール |
| タバコ | 樽熟成赤ワイン | エチルグアイアコール ビニルグアイアコール |
| 土臭さ：キノコ | 貴腐ワイン | オクテノール |
| 石 | カベルネ・ソーヴィニョン ソーヴィニョン・ブラン | 硫黄化合物 |
| 煙，タール | 多くの赤ワイン | エチルフェノール エチルグアイアコール ビニルグアイアコール |
| 甘いカラメル：メープルシロップ，フェヌグリーク | シェリー酒 ポート酒 | ソトロン |
| バター | 多くの白ワイン | ジアセチル |
| ロースト臭：コーヒー，焼いたブリオッシュ | シャンパン | 硫黄化合物 |
| グリル肉 | ソーヴィニョン・ブラン | 硫黄化合物 |
| 動物臭：皮，馬，馬小屋 | 多くの赤ワイン | エチルフェノール エチルグアイアコール ビニルグアイアコール |
| 猫 | ソーヴィニョン・ブラン | 硫黄化合物 |
| 溶媒：灯油 | リースリング | TDN（トリメチルジヒドロナフタレン） |
| マニキュア除光液 | 多くのワイン | 酢酸エチル |

やして飲むほうがよい.

**呼吸させる,空気に触れさせる** 飲む前にしばらく空気に触れさせるとワインがおいしくなることもある.このように"呼吸させる"ことでワイン中の揮発物質が空気中に飛び出し,また空気中の酸素がワインに溶け込み揮発成分やその他の成分と反応して,ワインの香りが変化する.コルク栓を開けて置いておくだけでは,あまり多く空気と触れることはない.最も効果的なのは,広口で浅めのデカンター容器にワインを注ぎ込むことで,これにより広い表面積が空気にさらされる.空気に触れさせることにより,嫌なにおい(たとえば,白ワインにときどきみられる過剰の二酸化硫黄)が飛び,若くて未熟な赤ワインは熟成が進むような感じになって,ワインの香りがよくなる.ただし,よい香りも飛んでしまうので,瓶の中でゆっくりと熟成を重ねた成熟ワインなどは風味の複雑さが弱まることもある.

グラスに注ぐときやグラスに入っている間にも酸素が入るので,初めの一口と最後の一口では香りが明らかに違ったりする.こうした変化の過程を楽しむのもワインの醍醐味であろう.

**残ったワインの保存** 風味を落とさないためには,化学変化をできるだけ抑える必要がある.ワインの温度を低くすれば化学反応全般が遅くなるので,白ワインであれば単に冷蔵するだけでも十分効果的である.白ワインはコルク栓をして冷蔵庫で保存するのが一般的である.ただしより複雑味のある赤ワインの場合は,冷やすとそれまで溶けていた成分が固形粒子として沈殿し,味が変わってしまってもとには戻らない.赤ワインの残りは,できるだけ酸素に触れないようにするのがよい.安価なポンプ式の脱気器具や,瓶内の空気を窒素ガスで置換する器具を使ってもよいし,ワインがちょうど収まるような小さめの瓶に静かに移しかえてもよい(ただし,ワインを注ぐこと自体である程度空気が入り込む).

■ **ワインを楽しむ**

ワイン好きにとって,ワインの魅力は尽きることがない.ブドウの品種,生産地,収穫年度の気候,醸造酵母,醸造者の技術,樽熟成や瓶熟成,これらすべての要因とこれ以外の要因がワインの味に関係している.ワインは食物のなかでも特に複雑な風味をもち,一口のワインのなかに感じられる味覚は多彩である.その束の間の感覚を捕らえ表現するために作り上げられてきた,ワイン鑑定用の緻密な用語は,恐ろしく複雑で想像力に富んでいる.多くの人にとっては,800年前にサレルノ医学校の養生訓のなかで提唱された「五つのF」で満足できることがほとんどであろう.

もし,よいワインを欲するのなら,
次の五つのことが称賛される.
強さ(fortia),美しさ(formosa),
香り(fragrantia),冷たさ(frigida),
新鮮さ(frisca)

一方,ワインにはどのような味が含まれ,どのような物質が関係しているのかを知ることで,一口のワインからより多くの味を利き分けられるようになり,楽しみも広がる(p.712,囲み内参照).

**透明度と色** ワインの見た目は,味に関するいくつかの重要なヒントを含んでいる.もしワインが濁っていて,2～3時間静置しても変わらない場合は,予期せぬ細菌発酵が瓶の中で起きたと考えられ,風味は劣化していると思われる.小さな結晶(沈殿する)は一般に,過剰の酒石酸またはシュウ酸が塩として析出したもので,腐敗ではない.むしろ,よい酸度のあるしるしである."白"ワインと言っても淡い黄色から濃い琥珀色までさまざまな色合いがある.色が濃いほど古く(黄色色素が酸化されると褐色になる),風味は成熟している.赤ワインはほとんどの場合,濃いルビー色を残し,果実臭がある.古くなるとアントシアニン色素がタン

ニンと複合して沈殿し，褐色がかったタンニンの色がより顕著になる．ワインは琥珀色から褐色がかってゆき，それとともに果実臭は薄れてより複雑な風味となる．

**舌ざわりと味** ワインを口に含むと，触覚と味覚の両方が感じられる．

**渋味** ワインの舌ざわりは主に渋味と粘度に関係している．ワインに含まれるタンニンが，皮をなめすのと同じように，唾液中でなめらかさをだしているタンパク質を"なめす"ときに感じる感覚が渋味である．タンニンがタンパク質を架橋して小さな凝集体を形成し，これにより唾液がザラザラした感じになる．この乾いて収縮するような感じと，アルコールやその他の成分によるなめらかでとろりとした感じ，そして甘いワインでは糖分が一緒になって，ワインのボディー（コク，力強さ）を生み出す．強くて若い赤ワインはタンニンが明確で，"chewy"（かみごたえのある）という表現がしっくりくる．タンニンが多すぎると，きつく乾いたように感じられる．

**味** ワインの味は主に酸味もしくは酸味と甘味のバランス，そしてコハク酸など酵母代謝産物による旨味が関係している．フェノール化合物がわずかな苦味を与えることもある．味が淡泊もしくは平坦にならないためには，ワインに酸が含まれていることが重要である．酸はワインの総合的な風味の「骨格」を与えるとも言われる．一般に白ワインには0.85%前後，赤ワインには0.55%前後の酸が含まれている．糖分がなくなるまで発酵させたドライ・ワインもわずかに甘く感じられるのは，アルコールとグリセロール（酵母が産生する糖に似た分子）によるものである．ブドウに含まれる糖分は主に果糖とブドウ糖であり，ワインに1%前後残っていれば明らかな甘味が感じられる．甘いデザート・ワインには糖分が10%以上含まれるものもある．アルコール度の高いワインでは，アルコール自体のツンとする刺激臭がほかの感覚よりも強いことがある．

**ワインの香り** 酸味が味の骨格となり，粘度と渋味がボディーを与えるとすれば，香りはワインの命，生き生きとした魂である．ワインの重さの1000分の1ほどしか含まれない揮発性分子だが，ワインから放散されて鼻に入り込み，風味を膨らませ，ワインをただの酸っぱいアルコール水以上のものにする．

**刻々と変わりゆく小宇宙** 一つのワインには何百種類という揮発性分子が含まれ，それぞれが多種多様なにおいをもっている．我々のすべての嗅覚を刺激するにおいがある．そのなかには温暖性や熱帯性の果実，花，葉，木，スパイス，動物のにおい，あらゆる種類の加熱食品，そして燃料タンクやマニキュア除光液などにさえも含まれる揮発性分子がある．だからワインがさまざまな記憶やイメージを喚起し，それでもなお言葉では表現しえないのである．ワインは感覚の小宇宙といえよう．瓶の中で何ヶ月も何年も変化し続け，グラスに注げば刻々と変わり，口に含めば目まぐるしく変化する．したがってワインの味を表現する言葉は，どんなにわずかでもにおいの感じられる，世界中のものすべてを集めたものと同じになる．

ワインに含まれる芳香成分のいくつかは，特定のブドウ品種に直接結びついている．一部の白ワインに含まれる花のにおいのテルペン類，カベルネ・ソーヴィニヨン系に含まれる珍しい硫黄化合物などがそうである．しかし，ワインの香りを創り出す最も大きな要因は酵母である．ワインに含まれる揮発性分子の大半は，酵母の代謝・生育で偶然生じる副産物とみられる．酵母と，その偶然の喜びを見出し育ててきた400世代にわたるワイン醸造者が，酸っぱいアルコール液を刺激的な飲みものに作り上げたと言える．

# ビール

ワインは果実，ビールは穀物（一般に大麦）というまったく異なる原料から作られる．動物を惹きつけるために糖分を蓄えるブドウと違って，穀物には胚や苗のエネルギー源となるデンプンが詰まっている．酵母はデンプンを直接利用することができないので，穀物中のデンプンは発酵前に糖に分解されなければならない．ブドウはつぶしさえすれば甘い果汁に酵母が繁殖するので，発酵はとても簡単である．しかし穀物にはアルコール生産用の原料としていくつかの利点がある．穀物はブドウよりも栽培が簡単で期間も短く，単位面積当たりの生産量がずっと多い．発酵させるまで何ヶ月も保存でき，収穫時期に限らず一年中いつでもビール作りができる．もちろん，穀物から作られるビールの風味は，ブドウから作られるワインの風味とはまったく違ったものである．ビールの風味は，草のにおい，パンのにおい，加熱臭（ビール作りの過程では加熱調理が必要なため）に代表される．

## ■ ビールの進化

**デンプン質の穀物を甘くする三つの方法**　前史時代の人々は創意工夫の結果，穀物をアルコールに変える少なくとも三つの方法を発見した．いずれも，穀物デンプンを発酵可能な糖に変換する酵素を利用する．一つの酵素分子がデンプン分解を何度も繰り返すので，少量の酵素でも多量のデンプンを糖に変換することができる．インカの女性たちは，自分たちの唾液に含まれる酵素を発見した．挽いたトウモロコシをかんで「チチャ」を作り，これを加熱したトウモロコシと混ぜ合わせる．極東で発見されたのは麹菌（*Aspergillus oryzae*, p.729）の酵素である．蒸した米に麹菌を繁殖させたものは日本では「麹」，中国では「曲（チュイ）」と呼ばれ，これを別に新しく蒸した米に混ぜる．中近東では，穀物自体の酵素を利用する．穀物を水に浸け数日間かけて発芽させ，発芽したものと未発芽の穀物とを一緒に挽いて加熱させる．「製麦」と呼ばれるこの方法が，現代のビール醸造では最も広く使われている．

## ビールに似た飲みもの

本章では大麦麦芽で作る標準的なビールが中心だが，デンプン質の食品からアルコール飲料を作る方法は数多くある．そのいくつかの例を以下に挙げる．

| 名称 | 地域 | 主原料 |
| --- | --- | --- |
| チチャ | 南米 | ゆでたトウモロコシ，かんで唾液酵素を含ませる |
| マニオク・ビール | 南米その他 | ゆでたマニオク（キャッサバ）の根，かんで唾液酵素を含ませる |
| 雑穀，ソルガム，米のビール | アフリカ，アジア | 雑穀，ソルガム，米 |
| ボザ | 南アジア，北アフリカ | 雑穀や小麦の麦芽で作ったパン |
| ポンベ・ヤ・ンディジ（バナナ・ビール） | ケニヤ | バナナと雑穀麦芽 |
| クワス | ロシア | ライ麦パン |
| ロッゲンビア | ドイツ | ライ麦麦芽 |

**古代のビール**　製麦は，豆などの種子からスプラウト（モヤシ）を作るのとよく似ている．穀物を発芽させること自体は，単に軟らかく，しっとりと，甘くするために始まったのかもしれない．紀元前3000年までにはすでに，エジプト，バビロン，スメリアで大麦ビールや小麦ビールが作られていたという明らかな証拠がある．そして，メソポタミアでは採れた大麦の3分の1から2分の1ほどがビール醸造用にされていたとみられる．麦芽（製麦した穀類）を焼いてフラット・ブレッドにしたものを貯蔵し，ビール作りではそれを水に浸して使っていたことがわかっている．

ビール造りの技術は中東から西ヨーロッパを経て北へと伝わり，ブドウ栽培には向かない冷涼な気候ではビールが一般的な飲みものとなっていった．（穀物も栽培しない北欧や中央アジアの遊牧民族らの間では，乳を発酵させて「ケフィア」や「クミス」と呼ばれる飲みものが作られていた．）ドイツ，ベルギー，オランダ，イギリスでは今も，ビールは国民的な飲料である．

ワインもビールも手に入る場所では，ビールは庶民層，ワインは裕福層の飲みものであった．ビールの原料である穀物の方がブドウよりも安く，発酵も簡単で時間がかからない．ギリシャ・ローマ人にとってのビールは，ブドウを育てない野蛮人が作る偽物ワインであった．プリニウスは，ビールは自然に反するずるい発明品だと記している．

西の国々には，水に浸した穀物から作る独自の酒もある．ガリア（今のフランス）やスペインでは地方によってさまざまな作り方があり……堕落した者たちの，何とまあ素晴らしい工夫であることか．結局は，水さえも酒に変えようとして考え出された方法である．

**ドイツ：ホップとラガー作り**　ローマ帝国崩壊から数世紀の間，ヨーロッパのほとんどの地域でビールは重要であり続けた．修道院では自分たちと周辺の人々のためにビールを作った．イギリスでは9世紀までに，エールハウス（居酒屋）が多く見られるようになり，それぞれの店でビールを醸造していた．1200年までは，イギリス政府はエールを食品とみなし課税対象としていなかった．

中世ドイツにおける二つの大きな技術革新によって，ビールはほぼ現在の形になった．保存と風味づけのためにホップを使用するようになり，また低温でゆっくり発酵させるマイルドな「ラガー」が作られるようになったのである．

**ホップ**　昔は，ビールの風味づけそして酸化や腐敗菌繁殖による味の劣化を防ぐために，ハーブやスパイスを加えていたと考えられる．ヨーロッパでは，こうした混合物（ドイツ語で「グルート」と呼ばれる）に，ヤチヤナギ，ローズマリー，セイヨウノコギリソウ，その他のハーブ類が用いられていた．コリアンダーが使われることもあり，ノルウェーではジュニパー，特にデンマークやスカンジナビアではヤチヤナギ（*Myrica gale*）が使われた．バイエルン地方で

---

### 食物用語：malt（麦芽，モルト）

穀類を水に浸けて発芽させるようになったのは，それが穀物を軟らかくしてそのまま食べたり加熱時間を短くしたりする一番簡単な方法だったからと思われる．水に浸けて一部発芽させた穀物粒をさす malt は，"軟らかい"という意味のインド・ヨーロッパ語が語源である．関連語に mollusc（軟体動物，p.219），mollify（なだめる）などがある．

ホップ（アサ科の蔓性植物 Humulus lupulus の毬花）が使われ出したのは900年頃である．その爽やかな味と優れた腐敗防止効果のおかげで，14世紀末までにはグルートやハーブにほぼ取って代わった．レジナルド・スコットは1574年に出版された *A Perfite Platforme of a Hoppe Garden*（ホップ菜園）という著書のなかで，ホップの利点は計り知れないと述べている．「ホップのおかげでエールが2週間もてば，そのまま1ヶ月でも大丈夫だろう．そしてホップの与える上品な味は，味のわかる人は皆高く評価するであろう．」イギリスのエールにホップが当たり前のように使われるようになったのは1700年前後のことである．

**ラガー**　エジプト・スメリア時代から中世時代までは，ビールは発酵温度をほとんど調節することなく作られ，酵母は液面上に増殖した．2，3日発酵させたビールが，数日から数週間のうちに消費されていた．1400年頃には，バイエルンのアルプス山麓で新しい種類のビールが生まれた．液面下で増殖する特殊な酵母を使って，冷涼な洞窟内で1週間以上発酵が行われた．その後は氷に埋めて数ヶ月間静置し，酵母沈殿を除いた上澄みが飲まれた．低温・長時間の発酵により比較的マイルドで独特な風味が生まれ，また低温で時間をかけた沈降により，美しく透きとおったビールになった．この"ラガー"ビール（lagar の語源は，ドイツ語で"貯蔵する""寝かせる"という意味の lagern）は，1840年代までバイエルン地方独特のものだったが，後にその特殊酵母と醸造技術はピルゼン（チェコスロバキア），コペンハーゲン（デンマーク），合衆国などにもたらされ，今あるほとんどのビールの原型となった．今でも従来どおり，上面発酵酵母を使ってより高温で発酵を行っているのは，主にイギリスとベルギーだけである．

**イギリス：ビール瓶，泡，特殊麦芽**　イギリスは，ホップを使いはじめたのは遅かったが，瓶入りビールに関しては先駆けとなった．普通のエール（ale；もともとは英語でビールをさした）は開放型のタンクで発酵が行われ，ワインと同様に二酸化炭素の泡が液面ではじけ，すべて空気中に飛んでしまっていた．樽で貯蔵する間に残存する酵母が一部生育することもあったろうが，わずかな発泡性も樽から注ぐとすぐになくなった．1600年頃のこと，瓶に入れコルク栓をしておいたビールが発泡性になることがわかった．かなり早い時期から，この発見はセント・ポール大聖堂の修道院長だったアレクサンダー・ノーウェルによるものであるとされている．トーマス・フューラーはその著書 *History of the Worthies of England*（英国の偉人の歴史，1662年）のなかで次のように記している．

> 以下の出来事に言及しても失礼にはあたらないだろう．魚釣りのとき，エー

---

### 食物用語：ale（エール），beer（ビール），brew（醸造，醸造物，ビール）

大麦を発酵させた飲みものは初め，beer ではなくて ale と呼ばれていた．ale の語源はアルコールの効果，つまり酔った状態，不思議な力，魔法などと関連したもので，"さまよう""流浪する"という意味のインド・ヨーロッパ語からきている．beer の語源はもっと平凡な連想からで，"飲む"という意味の語がラテン語を経ている．brew の関連語には，bread（パン），broil（焼く）braise（蒸し煮する），ferment（発酵する）などがある．いずれも"煮る""泡立てる""泡立つ"という意味のインド・ヨーロッパ語からきている．

ルの瓶を草の上に置き忘れてしまい，何日か後で（ノーウェルが）それを見つけた．そのふたを開けてみると，瓶というよりまるで鉄砲のような音がした．これが英国での瓶入りエールのはじまりである（産業よりも災害のほうが多くの発明を生む）．

1700年までには，発泡性のシャンパン（p. 700）とともにコルク栓とひもで封をしたガラス瓶入りのエールが人気となったが，両者ともまだ珍しかった．ほとんどのビールは樽から注がれ，ほとんど泡のない状態で飲まれていた．数世紀後，気密性の小樽（ケグ）や炭酸化技術が開発され，居酒屋ではなく家庭でビールが飲まれることが多くなるにつれ，発泡性のビールが主流になっていった．

**特殊麦芽** イギリスでは18世紀と19世紀が革新の時代で，バス（Bass）やギネス（Guinness）をはじめとする有名なビール醸造会社の多くは，この時代の初めに創業された．1750年までにはコークスや石炭の熱調節がうまくできるようになって，穏やかに乾燥させたペール・モルトが作られるようになり，ペール・エールが生まれた．1817年には"パテント"モルトが開発された．これは真っ黒に焙煎した大麦麦芽で，ビールの色・風味を調節するために少量だけ使用される．デンプンの糖化は目的としない．パテント・モルト（濃色，着色用）とペール・モルト（淡色，主にデンプン糖化用）を使うことにより，さまざまなダーク・ビールを作ることができるようになった．今でいうポーター・ビールやスタウト・ビールのはじまりである．普通のビールより濃色・濃厚であるが，200年前に比べるとかなり薄く，カロリーも低くなっている．

**アメリカのビール** 合衆国では，特徴がないとも言えるほど軽いビールが好まれるのは，気候と歴史に関係しているとみられる．アメリカの熱い夏には，重いビールがあまり爽快ではない．また，最初のイギリス移民たちはビール作りよりもウィスキー作りに興味をもったようである（p. 735）．ビールに関しては強い歴史的背景がなかったので，後に1840年頃にやってきたドイツ移民たちがビールの味を決めることとなる．フィラデルフィア近郊に移り住んだジョン・ワーグナーによって，その頃まだ新しかったラガー酵母と醸造技術が導入され，その独特なビールが人気となった．

ミルウォーキーおよびセントルイスがたちまちラガー醸造の中心地となった．ミルウォーキーのパブスト（Pabst），ミラー（Miller），シュリッツ（Schlitz），セントルイスのアンハイザー（Anheuser）とブッシュ（Busch），デトロイトのストロー（Stroh）など，一連のビール醸造会社が創業したのはすべて1850年代から1860年代にかけてである．デンバーのクアーズ（Coors）は1970年代の創業である．これらのビール会社と，その軽いピルスナータイプのビールが今も主流である．一方，イギリスやドイツの伝統的な濃いビールを好む人は比較的少ない．たった一つ，アメリカ生まれのビールとして，カリフォルニアのゴールド・ラッシュ時代の遺物とも言える"スチーム"ビールがある．ラガー・ビールを作るために必要な大量の氷が手に入らなかったサンフランシスコでは，低温で瓶内発酵させるのに適した酵母と技術を用いつつ，上面発酵用の温度で醸造を行った．その結果生まれたのが，濃厚で草のにおいのするビールで，ケグから注ぐと強く泡立つ．

**現在のビール** 国民1人当たりのビール消費量が多いのは，ドイツ，チェコ共和国，ベルギー，イギリスなどのヨーロッパの伝統的なビール生産国，そして植民地だったオーストラリアである．合衆国では消費されているアルコール飲料の4分の3以上がビールである．アメリカのビールの大半は，少数の巨大企業によってほぼ自動化された工場で生産されており，味は薄く画一化されている．1970年代には風味豊かなビールへの関心が復活し，特徴あるビールを少量生産する"地ビール"醸造所，醸

造・接客販売を行う醸造所直営パブ，そして自家製ビール作りが盛んになった．こうした小企業のなかには成功して大きくなったものもあり，巨大企業も今では地ビールもどきの製品を出している．現在は，酒屋やスーパーマーケットに世界中のビールが並んでいる．さまざまな種類のビールやエールを試してみるには絶好の時代である．

## ■ 醸造原料：麦芽

ビールは大麦にはじまる．オート麦，小麦，トウモロコシ，雑穀，ソルガムといったほかの穀類も用いられるが，デンプン消化酵素の産生能に優れているという点で大麦が最適である．

**製麦（麦芽作り）**　大麦の穀粒を麦芽に変えるには，まず乾燥穀粒を冷水に浸して18℃前後で数日間かけて発芽させる．胚の生化学的装置が再び動き出し，さまざまな酵素が作り出される．そのなかには細胞壁を分解するものや，細胞内の栄養貯蔵組織（胚乳）に含まれるデンプンやタンパク質を分解するものなどがある．胚で作られた酵素は胚乳へとしみ込み，細胞壁を溶かして細胞内に侵入し，中のデンプン粒やタンパク粒を分解するのである．胚ではジベレリンというホルモンも作られ，これがアリューロン細胞を刺激して消化酵素の産生を促す．

麦芽作りでは，胚乳細胞壁の分解，ならびにデンプン消化酵素・タンパク質消化酵素の産生を最大に引き出すのが目標である．穀粒を水に浸してから5〜9日ほど経ち，成長する胚の先端が穀粒の先端に達する時点で，細胞壁は十分弱まっている．ペール・モルトを作る場合には，デンプン消化を最小限に抑え，短時間で製麦を行う．色の濃いモルトを作る場合には，褐変反応に必要な糖分があったほうがよいので，製麦に時間をかけ，乾燥前に60〜80℃を保ちデンプン消化（糖産生）酵素を最大に働かせることもある．

**焙燥（熱風乾燥）**　目標とする酵素量と糖分に達したら，これを固定するために窯に入れて加熱・乾燥させる．脱水と熱によって胚が不活化し，色と風味も加わる．高い酵素活性をもった麦芽を作るには，24時間以上かけてゆっくりと乾燥させ，80℃前後まで徐々に温度を上げてゆく．こうしてできる淡色の麦芽（ペール・モルト）は，淡色で軽い風味のビールになる．酵素活性はほとんどないが濃い色と風味の麦芽を作るには，より高温（150〜180℃）で焙燥し，褐変反応を進める．濃色の麦芽は風味が強く，トースト臭からカラメル臭，さらに強い渋味や煙臭のあるものまでさまざまである．ビール醸造用の麦芽には，ペール，ラガー，エール，クリスタル，アンバー，ブラウン，カラメル，チョコレート，ブラックなど，多種多様なものが揃っており，特定の風味，色，酵素力をだすた

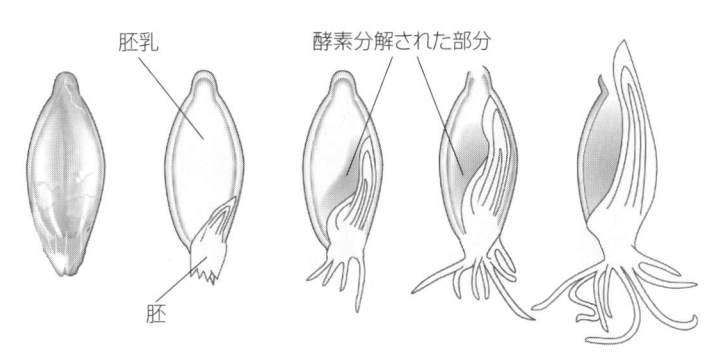

製麦工程の4段階．大麦の穀粒が発芽しはじめると，消化酵素が作られ，細胞壁が弱まり，デンプンが発酵可能な糖に変換されはじめる．細胞壁の弱化とデンプンの分解がはじまった部分を灰色で示している．穀粒の先端まで芽が伸びたら製麦を終了する．

めに2種類以上の麦芽を混ぜて使用することも多い.

焙燥の終わった乾燥麦芽は数ヶ月間の保存が可能であり,使用前に粗く粉砕される.また,麦芽エキスにした製品もあり,家庭でも麦芽エキスを作ることができる.麦芽エキスを作るには,麦芽を熱湯に浸して炭水化物,酵素,色,風味を抽出し,その液を濃縮してシロップ状または乾燥粉末とする(p.656).

### ■ 醸造原料:ホップ

ユーラシア大陸とアメリカ大陸に自生する蔓性植物 *Humulus lupulus* の雌花(毬花)がホップの"実"である.苞葉の基部付近に小さな樹脂腺および精油腺がある.ホップはビールの風味づけに欠かせない.現在はビール醸造用のホップ品種が数十種類あり,その多くはヨーロッパ品種か,ヨーロッパ品種とアメリカ品種の交雑種である.成熟・乾燥した実を収穫し,時に粉末やペレットにして使用時まで保存する.醸造液1Lにつき約0.5〜5gのホップが使用される.味の薄い市販のビールはホップの使用量が少なく,風味豊かな地ビールや伝統的なピルスナーは多めである.

**苦味と香り** ホップは,樹脂に含まれる複数の関連フェノール化合物「アルファ酸」の苦味と,精油の香り,という二つの異なる要素を加える.品種によって,しっかりとした苦味をもつものもあれば,香りのよさが特徴のものもある.主要な苦味成分はアルファ酸のフムロンとルプロンである.天然型ではあまり水に溶けないが,長時間煮込むと構造が変化して可溶性となり,風味づけの効果が高まる.(水溶性のアルファ酸が多くなるように前処理されたホップ・エキスを使用することもある.)煮込むと揮発性の芳香成分が飛んでしまうので,特に香りを出したいときには煮沸後にホップを追加することもある.一般的なホップの香りは,テルペン化合物のミルセンによる.ミルセンは月桂樹の葉やバーベナなどにも含まれ,木や樹脂のにおいがする."ノーブル"ホップと呼ばれる品種は,より繊細な香りのフムレンが多く,その他のテルペン類(ピネン,リモネン,シトラール)による松や柑橘のにおいが含まれることも多い.アメリカ品種の「カスケード」は,花のような独特の香りをもつ(リナロール,ゲラニオール).

### ■ ビール醸造

ビール醸造は以下のような工程を経て行われる.

- マッシング:粉砕した大麦麦芽を湯に浸す.これにより大麦酵素が再活性化され,デンプンは糖鎖や糖に,タンパク質はアミノ酸に分解される.最後には麦汁と呼ばれる褐色の甘い液になる.
- 煮沸:麦汁にホップを加えて一緒に煮込

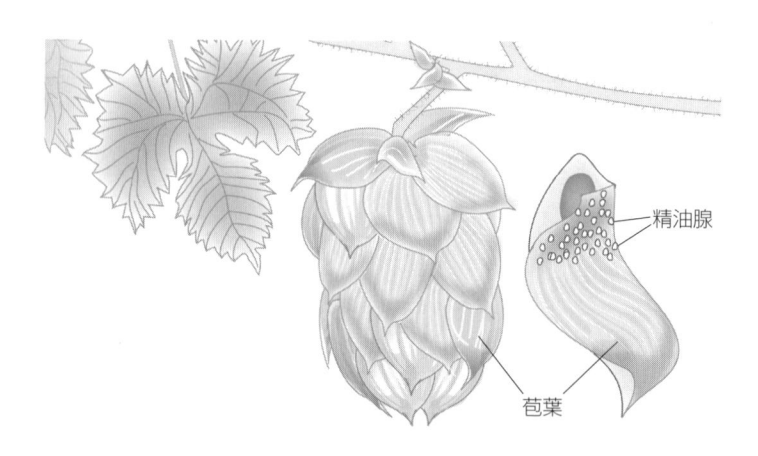

ホップ(*Humulus lupulus*)の蔓についた実(雌花)の構造と,苞葉の拡大図.

む．この処理により，ホップ樹脂が抽出されてビールに風味がつき，酵素が失活し，微生物が死滅し，麦汁の色が濃くなって濃縮される．
- 発酵：冷ました麦汁に酵母を加え，一定量まで糖が消費されアルコールが作られるのを待つ．
- 熟成：若ビールを一定期間貯蔵し，その間に不快なにおい（オフフレーバー）を抜き，酵母その他の濁りを除き，炭酸ガスを含ませる．

以下は，各工程についての詳細である．

**マッシング**　この工程では，粗挽きした麦芽を54～70℃の湯に浸して2時間ほどおく．一般には，麦芽1に対して湯8の割合で合わせる．麦芽の残存固形物から麦汁をろ過採取し，固形物は温水で洗浄，すなわち"スパージ"して残っている糖分を抽出し，最後に廃棄する．

マッシングにはいくつかの目的がある．なかでも重要なのが，デンプン粒を糊化して麦芽酵素による分解を促し，デンプン分子を短い糖鎖や発酵可能な糖に変えること，そしてタンパク質を泡安定作用のあるアミノ酸鎖および発酵可能なアミノ酸に変えることである．そして，これらの成分すべてと色素成分・風味成分を，穀粒粒子から水に抽出する．

酵素によって活性の至適温度が異なるため，マッシングの温度と時間を変えることにより，発酵可能な糖と糖鎖との比率，および発酵可能なアミノ酸とアミノ酸鎖との比率を調節することができる．よって，ビールの濃さや泡の安定性を調節することができる．麦芽炭水化物の85％以上がデンプンである．液状の麦汁では，さまざまな糖類（主にブドウ糖2分子からなる麦芽糖）が炭水化物の70％以上を占める．溶解固形物の5～25％を占めるその他の炭水化物は，デキストリンと呼ばれるもので，ブドウ糖が4個から数百個つながった糖鎖である．デキストリン分子同士が絡まり合って水の動きを妨げるので，麦汁やビールに粘性を与える．さらにデキストリンとアミノ酸鎖は，気泡膜の液体が流れ落ちにくくするので，グラスに注いだビールの泡を安定にする．

**穀類の追加**　ドイツでは大麦と温水だけで麦汁を作るのが標準であり，合衆国内の地ビール醸造でも同様である．合衆国やその他の国の大きなビール会社では，麦芽以外の炭水化物源を"追加"する場合がほとんどである．麦芽の使用量を減らし製造コストを低く抑えるために，米，トウモロコシ，小麦，大麦の粉末やフレーク，さらには糖さえも添加される．麦芽とは違って，こうした添加物には風味がほとんどない．よって炭水化物源が追加されるのは，普通のアメリカン・ラガーのような淡色で味の薄いビールだけである．麦芽とほぼ同量の炭水化物を添加しているものもある．

**水**　ビールのほとんどは水であり，水質はビールの品質に明らかな影響を及ぼす．現在は，作るビールの種類によって水のミネラル含量を調節することができるが，昔は地元の水質を最大限に生かすようにビールが作られていた面もある．イギリスのバートン・オン・トレントの水は硫黄分の多い硬水であり，これがペール・エールに苦味を利かせ，ホップの使用量を抑えた．一方，チェコのピルゼンの水は軟水なので，苦味と香りをつけるホップが大量に使われた．ミュンヘン，イギリス南部，ダブリンの水は炭酸塩が多くアルカリ性なので，濃色麦芽の酸性が弱まり（酸性だと濃色の殻皮から抽出される渋味成分が多すぎる），ドイツ・ビールやイギリスのポーターやスタウトなどのダーク・ビールが発達した．

**麦汁の煮沸**　固形分を除いた液体麦汁は大きな金属タンクに入れられ，ホップを添加してから90分ほどグツグツ煮込む．これによりホップに含まれる不溶性のアルファ酸（p.720）が可溶性となり，ビールの苦味が生まれる．また，大麦の酵素が失活し，酵母によってアルコールに変換されることとなる糖の量，ビールにトロ

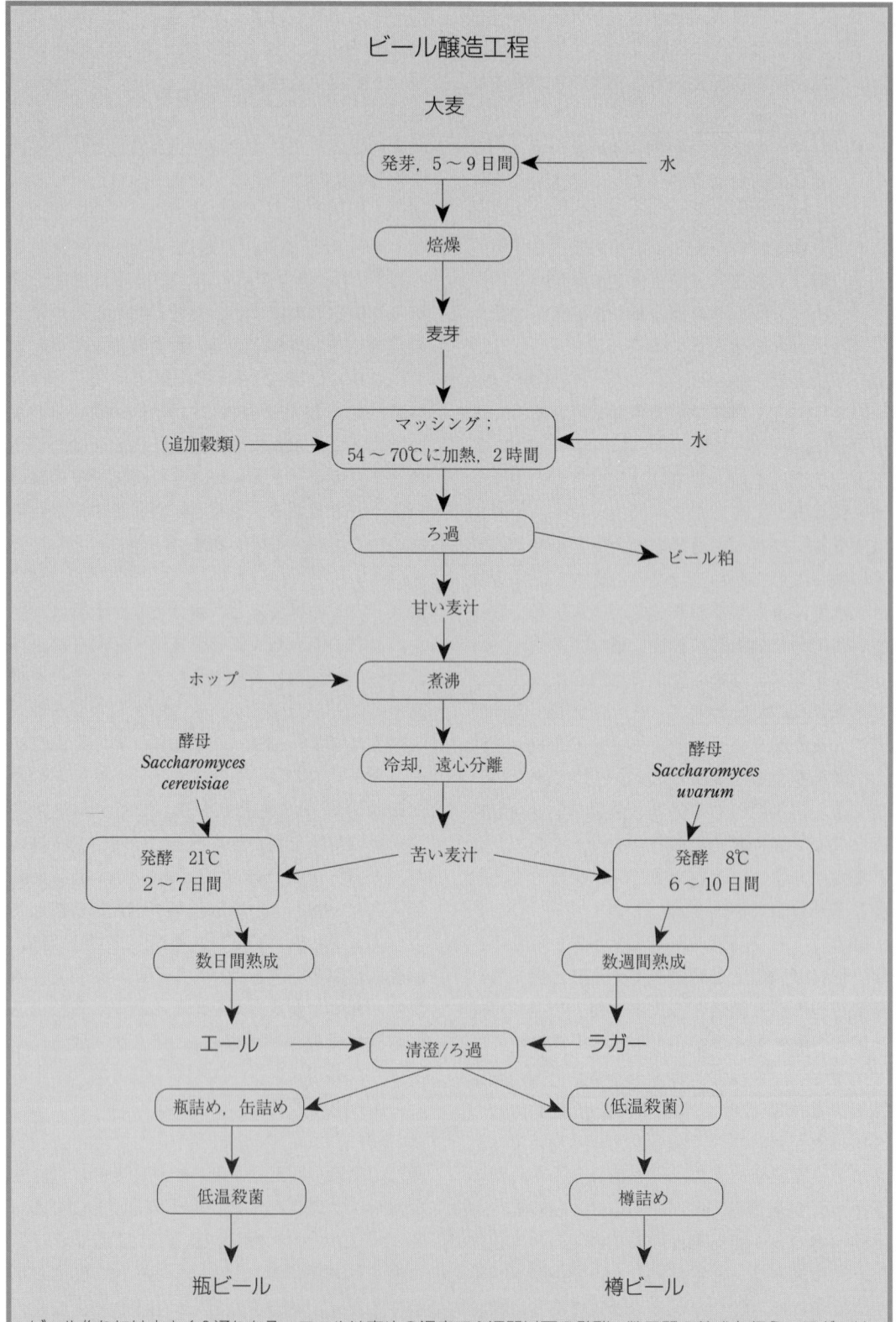

## ビール醸造工程

```
大麦
 ↓
発芽, 5〜9日間 ← 水
 ↓
焙燥
 ↓
麦芽
 ↓
(追加穀類) → マッシング; ← 水
         54〜70℃に加熱, 2時間
 ↓
ろ過 → ビール粕
 ↓
甘い麦汁
 ↓
ホップ → 煮沸
 ↓
冷却, 遠心分離
 ↓
苦い麦汁
```

左側:
酵母 *Saccharomyces cerevisiae* → 発酵 21℃ 2〜7日間 → 数日間熟成 → エール → 清澄/ろ過 → 瓶詰め, 缶詰め → 低温殺菌 → 瓶ビール

右側:
酵母 *Saccharomyces uvarum* → 発酵 8℃ 6〜10日間 → 数週間熟成 → ラガー → 清澄/ろ過 → (低温殺菌) → 樽詰め → 樽ビール

ビール作りには大きく2通りある．エールは高めの温度で1週間以下の発酵，数日間の熟成を行う．ラガーは低めの温度で1週間以上の発酵，数週間の熟成を行う．

ミをつけるデキストリンの量が固定される．麦汁が殺菌されて醸造酵母と競合する微生物がなくなり，水分が蒸発して濃縮される．煮沸すると，主に麦芽糖とアミノ酸の一つであるプロリンとの間で褐変反応が起こり，麦汁の色が濃くなる．また，大きなタンパク質が凝固し，これに大麦殻皮からでたタンニンが結合して大きな塊となり沈殿するので，清澄が進む．煮沸後はろ過，冷却，通気を行う．

**発酵** ほとんど味のしなかった大麦が，煮沸後には甘く濃厚な液体に変わっている．これが酵母の働きにより，甘味が少なくより複雑な風味をもつビールに変わってゆく．

ビールの発酵法は基本的に2種類あり，それぞれに独特なビールを生み出す．一つはエール酵母（*Saccharomyces cerevisiae*）を使って高温・短時間の発酵を行う方法である．エール酵母は凝集する性質があり，自身が作り出す二酸化炭素ガスを捕らえて液面に浮くことから，"上面"発酵と呼ばれている．もう一つは，ラガー酵母（*Saccharomyces uvarum* または *carlsbergensis*）を使って低温・長時間の発酵を行う方法である．ラガー酵母は液中にとどまり，発酵が終わると底に沈むため，"下面"発酵と呼ばれる．

上面発酵は一般に18～25℃で2～7日間行われる．その間に何度か酵母の泡をすくいとる．液面の酵母層は酸素と触れるため，空気中の微生物（乳酸菌など）による汚染は避けられず，したがって上面発酵ビールはやや酸味があり風味も強いことが多い．下面発酵は6～10℃の低温で6～10日間行われる．マイルドな風味のビールとなり，合衆国で一般的な方法である．高温では酵母が特定の芳香成分（エステル類，揮発性フェノール化合物）を多く産生するので，上面発酵ビールは果実臭やスパイス臭が特徴である．低温でゆっくりと発酵させたビールは，ドライで切れのよい仕上がり，パンのにおいがする．

**熟成** 発酵方法によって，発酵後の処理も違ってくる．簡単に言えば，上面発酵では短時間，下面発酵は長時間の熟成期間をおく．

上面発酵ビールは，酵母を除いてから熟成タンクまたは熟成樽に入れる．若ビール（発酵が終わったばかりのビール）には二酸化炭素がほとんど含まれておらず，風味がきつく，死んだ酵母細胞で濁っている．熟成工程では，少量の酵母と砂糖または新しい麦汁，もしくは活発に発酵している麦汁（「クロイゼニング」と呼ばれる）を若ビールに加えて二次発酵を促す．密封されたカスク（樽）やタンクの中では，発生する二酸化炭素が液中に捕捉・吸収される．容器のふたを短時間だけ開放してガスをある程度逃がすことにより，不快臭が抜ける．こうした

---

## 樽から注がれるビールは風味が違う

瓶ビールや缶ビールは一般に，搬送・貯蔵中の温度変化に耐えるよう低温殺菌（60～70℃）されている．一方，樽ビールは常に冷蔵されるので低温殺菌は必ずしも必要でない．瓶ビールと樽ビールの味の違いは，低温殺菌処理の有無によるものなのである．だが，小樽（ケグ）に入ったビールは，伝統的な樽（カスク）熟成ビールとは雲泥の違いがある．ケグ・ビールは充填前に酵母細胞をすべて除いてあるのに対し，樽熟成では熟成を助ける酵母を含んだまま若ビールをカスクに充填する．したがって，樽熟成ビールは樽から注がれる瞬間まで酵母と接しており，これが風味に反映する．樽ビールは変質しやすく，賞味期間は1ヶ月ほどである．これに対してケグ・ビールは3ヶ月ほどもつ．

伝統的な方法を用いずに，純粋の二酸化炭素を注入するだけで炭酸化される場合もある．香りや苦味を高めるため，この時点でホップやホップ・エキスを加えることもある．2，3日間の冷却と，清澄剤（アイシングラスという魚のゼラチン，粘土，野菜のガム質など）の使用により，浮遊タンパク質やタンニンを沈殿させる．ビールを冷やしたときに濁らないようにするためで，これを「冷却固定」という．後は遠心分離を行って残存する酵母や沈殿物を除き，ろ過し，容器に充填して，一般には低温殺菌を行う．

**低温熟成（ラガーリング）**　下面発酵ビールの熟成工程はやや異なる．バイエルンのラガーは当初，酵母滓と接触した状態で数ヶ月間，氷に埋めて寝かせていた．酵母がゆっくりと二酸化炭素を発生し，硫黄性の異臭が抜けるのを助ける．現在では，伝統製法のラガーには数ヶ月間熟成させたものもあるが，貯蔵期間が長引くことは，資金と物資の動きが止まって経済的に不利なので，傾向としては若ビールを氷温よりわずかに高い温度で2〜3週間低温熟成する．不快なにおいを抜くため二酸化炭素を注入することもある．その後は遠心分離，ろ過，添加剤などにより清澄する．木の樽で熟成させる代わりに，ブナノキやヘーゼルウッドのチップをタンクに入れて風味づけすることもある．

**添加剤**　アメリカのビールに使用が認められている添加剤は，保存剤，発泡剤（一般には野菜のガム質），ビールを濁りにくくする酵素（食肉軟化剤のようなもので，タンパク質を低分子に分解する）など，50以上ある．保存剤を使用しないものもあり，その場合は保存剤未使用とはっきりと表示されているのが普通である．

**最終製品**　味がなく乾燥した大麦穀粒は，醸造工程を経て，苦味と酸味のある泡立つ液体となる（pH 4 前後）．水分90％，アルコール1〜6％，炭水化物2〜10％，主な炭水化物は長鎖デキストリンで，これがボディー（コク，力強さ）を与えている．

### ■ ビールの保存と飲み方

アルコール度が高く抗酸化物質も豊富に含まれるワインとは違って，ビールは時間とともに風味が増すことはほとんどない．ビールは醸造所から出荷されたときが一番おいしい．酸化によって，古臭い段ボール臭（脂肪酸分解物ノネナールによる）や，舌への刺激感（ホップのフェノール性化合物）が徐々にでてくる．褐変反応により好ましくない変化が起きる．上面発酵のエールは，溶剤臭がでてくる．低温では風味の劣化が遅くなるので，ビールはできる限り低温保存する．イギリスには"長期熟成"ビール，フランスには「ビエール・ド・ギャルド」がある．これらは，最初の発酵液に炭水化物が高濃度に溶けており，瓶の中でもゆっくりと発酵が続く．二酸化炭素やその他の成分が作られ続けているので，酸化や風味の劣化が抑えられるのである．最終的にはアルコール度が8％以上になり，熟成期間は1〜2年である．

**暗所保存**　ビールを保存する際は，光にさらされると強い硫黄臭が生じる．日光は大敵で，透明ガラスや緑色ガラスの瓶に入っているものは特に遮光が必要である．屋外でグラスに注いだビールが数分でスカンクのようなにおいになったり，蛍光灯の下に陳列した瓶ビールが2，3日で味が落ちたりする．青緑色〜紫外線域の光線は，ホップに含まれる酸の一つに作用して不安定なフリーラジカルを生成し，これが硫黄化合物と反応してスカンクの臭液成分とよく似た化合物を生じるのである．褐色ガラスであれば青緑色波長域が吸収されて内部まで透過しないが，緑色ガラスは違う．したがって，ドイツ製品やオランダ製品によく見られる緑色瓶のビールは硫黄臭いことが多く，今ではそれが当然だと思う消費者も多い．透明瓶を商標にするアメリカのあるビール会社では，変質しやすいホップの酸をまったく含まないホップ・エキスを開発し，硫黄臭を防いでいる．

**ビールの飲み方**　合衆国では，ビールはよく冷やして瓶や缶のまま飲むことが多い．のどの渇きを癒すような軽いビールの場合はこれでもよいが，個性的な味わいを楽しむビールには向いていない．どんな食品も，冷たすぎると十分に風味が味わえない．ラガー・ビールは一般に冷蔵庫温度よりやや高めの10℃前後，上面発酵のエールはやや低めの室内温度である10～15℃で飲むのがよい．ビールの味を堪能するには，グラスに注ぐべきである．二酸化炭素がある程度飛んで刺激感が和らぎ，色や泡の層を楽しむことができる．

**ビールの泡：ヘッド**　ビールは単に発泡性の飲料というだけでなく，その泡は持続性でグラスの中で「ヘッド」，つまり泡の層を作る．ビール好きの間では，一口飲むごとにグラスの内側に残る泡の輪，「レーシング」と呼ばれる性質が評価される．溶け込んでいる二酸化炭素の量から注ぎ方まで，さまざまな要因がビールの泡立ちや泡持ちを左右する．なかでも興味深いものを2，3紹介する．

**穀物タンパク質がヘッドを安定化する**　泡の膜に乳化剤成分が含まれているかどうかで，泡の安定性が決まる．乳化剤成分とは，親水性末端と疎水性末端をもつ分子である（p.774）．疎水性末端が気相に突き出し，親水性末端が液相にとどまることにより，気－液界面が補強される．ビールでは，麦芽もしくは追加穀物からくる中位の大きさのタンパク質が，この乳化剤成分として機能する．追加穀物のタンパク質は麦芽タンパク質よりも分解されていないので，泡の安定効果に優れている．ホップの酸も泡の安定性に関係しており，泡中にかなり濃縮されるため，泡のほうが液体部分よりも明らかに苦味が強い．低温発酵のラガーは一般に，常温発酵のエールに比べると泡持ちがよい．エールに含まれる酵母代謝物の高級アルコールが，泡を不安定にするからである（p.736）．

**窒素がクリーミーな泡を作る**　かつてはスタウトだけに限られていた非常にキメ細かくてクリーミーな泡も，最近では多くのビールで見られるようになった．人工的に窒素ガスを注入することにより，こうしたクリーミーな泡立ちが生まれる．醸造所で窒素ガスが注入される場合もあり，また店に置いてある樽ビールの注ぎ口にはガス注入装置がついていることが多い．ビール缶の中に小さな器具が入っているものもある．窒素は二酸化炭素よりも溶解性が低いため，ガスが周囲の液相に吸収されにくく，泡が消えたりキメが粗くなったりしにくい．窒素の泡は小さいままで持続する．二酸化炭素はビールや唾液などの液体に溶解すると炭酸になり，酸味と刺激を感じるが，窒素ではこうしたこともない．

**グラスの中の泡**　まずは勢いよく注いで泡の層を作る．泡の層が十分に厚くなったら，あとはグラスの壁面を伝わるように静かに注いで，新しい泡ができないようにする．グラスに油や石けんなどが残っていると泡立ちにくいので，しっかりと洗ったきれいなグラスを使用する．（油や石けんの分子は疎水性末端を有し，泡を安定化するタンパク質の似たような末端を引きつけるため．）同じ理由から，注いだばかりのビールの泡がこぼれそうになったら，グラスの縁に指先や唇をつけると，油脂がついて泡がこぼれにくくなる．

## ■ ビールの種類と特徴

ビールには驚くほど多種多様なものがあり，よいビールは，口の中に広がる味わいをゆっくり堪能したくなる．ビールを評価するポイントをいくつか挙げる．

- **色**　淡黄色から黒に近い濃褐色までさまざまである．使用する麦芽の種類による．
- **ボディー（コク，力強さ）**　麦芽に含まれるデンプンが比較的長いまま残ったものから．

## ビールの種類と特徴

| 種類 | アルコール度容量% | 特殊な原料 | 特徴 |
|---|---|---|---|
| ペール・ラガー：ヨーロピアン | 4～6 | | 麦芽臭、ホップの苦味とスパイス臭や花のにおい |
| アメリカン/インターナショナル | 3.5～5 | 未製麦穀類 | 麦芽臭やホップの香り・苦味が弱い；調理したトウモロコシ臭、青リンゴ臭 |
| ダーク・ラガー：ヨーロピアン | 4.3～5.6 | | 麦芽臭、やや甘め |
| アメリカン | 4～5 | 未製麦穀類、カラメル色素 | 麦芽臭やホップの香りが弱い；調理したトウモロコシ臭；やや甘め |
| ボック | 6～12 | | 麦芽臭、カラメル臭、やや甘め |
| ペール・エール：イギリス | 3～6.2 | | バランスのよい麦芽臭とホップ臭、果実臭、ほどよい苦味 |
| ベルジャン | 4～5.6 | スパイス | スパイス臭、果実臭、ほどよい苦味 |
| アメリカン | 4～5.7 | | |
| インディア | 5～7.8 | | 強いホップ臭と苦味 |
| ブラウン・エール | 3.5～6 | | やや甘め、ナッツ臭、果実臭 |
| ポーター | 3.8～6 | 深煎り麦芽 | 麦芽臭、焙煎コーヒー/チョコレート臭、やや甘め |
| スタウト | 3～6 | 深煎り麦芽、未製麦の焙煎大麦 | ポーターに似ているが甘味が弱く苦味が強い |
| インペリアル・スタウト | 8～12 | 深煎り麦芽、未製麦の焙煎大麦 | ポーターに似ているがアルコール度が高い（ロシア輸出用としてはじまった） |
| 小麦ビール：バイエルン | 2.8～5.6 | 小麦麦芽、特殊酵母 | 小麦臭、穀物臭、酸味、バナナ臭やクローブ臭 |
| ベルリン | 2.8～3.6 | *Lactobacillus* 培養液 | 小麦臭、わずかな果実臭、酸味 |
| ベルジャン | 4.2～5.5 | 未製麦小麦、スパイス、ビター・オレンジの皮、特殊酵母、*Lactobacillus* 培養液 | 小麦臭、スパイス臭、柑橘臭、酸味 |
| アメリカン | 3.7～5.5 | 普通の酵母 | 小麦臭、穀物臭、軽いホップ臭、軽い苦味 |
| ベルジャン・ランビック | | 未製麦小麦、古いホップ、野生酵母と微生物 | |
| ファロ | 4.7～5.8 | スパイス、砂糖 | スパイス臭、甘味 |
| グーズ | 4.7～5.8 | 古酒と新酒のブレンド | 酸味、果実味、複雑さ |
| フルーツ | 4.7～5.8 | チェリー、ラズベリー、その他の果実 | 酸味、果実臭、複雑さ |
| バーレー・ワイン | 8～12+ | | 麦芽臭、果実臭、濃厚 |

Beer Judge Certification Program（ビール鑑定認定プログラム）2001による"Guide to Beer Styles（ビールのスタイルガイド）"、その他より

- 渋味　麦芽のフェノール化合物．
- ピリッとした爽やかさ　溶解している二酸化炭素．
- 味　水の塩分，未発酵麦芽の糖分，焙煎麦芽や発酵微生物の酸味，ホップや深煎り麦芽の苦味，麦芽アミノ酸の旨味など．
- 香り　ホップによる木のにおい，花のにおい，柑橘臭；酵母やその他の微生物による果実臭（リンゴ，ナシ，バナナ，柑橘），花のにおい（バラ），バター臭，スパイス臭（クローブ），馬小屋臭など（p.712）．

エールには独特の酸味と果実味があり，それは多彩な発酵微生物によるものである．ラガーはやや控えめな香りで，加熱したトウモロコシのようなにおいのするDMS（硫化ジメチル）が香りの土台の一つとなっている．浅煎り麦芽に含まれているDMSの前駆体が，麦汁を煮沸・冷却する間にDMSに変わる．エールとラガーという基本的なビールのなかだけでも，風味はさまざまに違う．ポーター，スタウト，バーレー・ワインなど，濃厚でやや甘味のあるビールはデザートにも合わせられる．

エールとラガーに分類されるさまざまなビール以外で，特に変わっていて特筆に値するものを以下に二つ挙げる．

**小麦ビール**　ドイツの小麦ビールと普通のバイエルン・ビールとの大きな違いは四つある．一つは，麦芽の大半に小麦麦芽が使われるという点で，小麦麦芽はタンパク質が多いため泡立ちがよく濁りを生じ，いわゆるビールらしい麦芽の風味が弱まる．二つ目の違いは，小麦ビールはエールのような上面発酵なので，酸味と果実臭が強いという点である．三つ目は，発酵液には珍しい酵母（*Torulaspora*）が含まれることが多く，これが普通のビールにはない芳香成分を作り出す点である．その揮発性のフェノール化合物（ビニルグアイアコール，p.712）は，クローブなどのスパイス臭をもつだけでなく，プラスチック絆創膏のような薬剤臭や，家畜小屋のような動物臭もすることがある．四つ目の違

---

### 低カロリービール，低アルコールビール，ビール風味料

今は，ビールは好きだがアルコールを控えたい人，あるいはアルコールは欲しいがカロリーを控えたい人のためのビールがある．360 mL 入りのアメリカン・ラガーには約 14 g のアルコールと 11 g の炭水化物が含まれており，総カロリーは約 140 kcal である．低カロリーの"ライト"または"ドライ"ビールは1本が 100～110 kcal ほどで，水に対する麦芽や追加穀物の割合を低くし，より多くの炭水化物を発酵可能な糖に分解する酵素を添加している．発酵後のアルコール度はわずかに低いが，糖鎖は約半分しかなく，したがってほとんどコクがない．

"ノンアルコール"ビールは，酵母がほとんどアルコールを作らないような条件で発酵させるか（温度をかなり低くし，酸素を多くする），または「逆浸透膜」という分子ふるいのようなものを使って普通に発酵させたビールからアルコールを除く．最もアルコール度の低い麦芽飲料，カリブ地域で人気のある「マルタ」は，普通の麦汁を発酵せずにそのまま瓶詰めしたもので甘くて濃い．

「麦芽飲料」と言われるものは，アルコール度とカロリーはビールと同じだが，味がビールとはまったく違い，むしろ清涼飲料水に近い．こうしたものに麦芽を使用するのは，その糖分を発酵させてアルコールを作るためだけであり，麦芽も酵母も風味に関係しない．

いとして，小麦ビールのなかには完全に清澄せず酵母をいくらか残したものがあり，こうしたものには濁りと酵母臭がある．ドイツの小麦ビールは，「ヴァイツェン（小麦）」，「ヘフェ-ヴァイツェン（酵母-小麦）」，またはその白濁した外観から「ヴァイセン（白い）」と呼ばれる．

アメリカにもドイツ式の小麦ビールを作っている所があるものの，フェノール化合物を産生する酵母は一般には使われず，味はマイルドで酸味があり白濁している．

**ベルジャン・ランビック・ビール** ベルギーのビール醸造は特に独創的である．発酵には多種多様な微生物を取り入れ，なかには何年も発酵させるビールがある（継続的に長期発酵させるものも，再発酵を行うものもある）．スパイスやハーブを使って風味づけしたものや，新鮮な果実を入れて再発酵させるハイブリッド・ビールやフルーツ・ワインなどもある．古いホップを使うことが多く，これは珍しい発酵微生物に対して害が少なく，苦味が弱く，ワインのようにタンニンが多いのでわずかな渋味がある．

ベルギー・ビールのなかでも特に珍しいのが，ランビックであろう．伝統的なランビックは，麦汁を木の樽に入れて何ヶ月も自然発酵させるのが特徴である．麦汁を煮沸した後，口の広く開いたタンクで冷却する間に空気中の微生物が混入する．麦汁が冷めたら木の樽に移すが，その木の樽にも以前からの微生物が残っていて発酵に関与する．樽発酵は6～24ヶ月間行われる．発酵は四つの段階を経る．第一段階では野生酵母（*Kloeckera* 属その他）や各種細菌（*Enterobacter* 属その他）の生育が10～15日間続き，酢酸や野菜臭が生じる．次の何ヶ月間かは第二段階で，主にアルコールを作る *Saccharomyces* 酵母の生育が優勢となる．第三段階は6～8ヶ月目に見られる，酸産生性の乳酸菌や酢酸菌（*Pediococcus*, *Acetobacter*）の生育である．最終段階では *Brettanomyces* 酵母が増殖し，果実臭，スパイス臭，煙臭，動物臭など多彩な芳香成分が作り出される（p.706の囲み内参照）．こうしてできあがったビール（新酒）を，別のランビック（古酒）とブレンドして熟成させたものは「グーズ」と呼ばれ，ワインのような酸味と複雑さをもつ．新酒を普通の上面発酵ビールとブレンドして砂糖やコリアンダーで味つけしたものは「ファロ」，新酒に新鮮なチェリーやラズベリーをまるごと入れて樽で4～6ヶ月間再発酵させたものは「クリーク」「フランボワーズ」と呼ばれる．

## 米を使ったアジアの酒：中国酒と日本酒

### ■ カビの生えた甘い穀物

東アジアには独特のアルコール飲料があり，世界中のほかの地域でも次第に評価が高まってきている．米を中心としたデンプン質の穀物を発酵させて作るので，厳密にはワインではない．だが，穀物デンプンを穀物酵素で糖化しないので，ビールとも言えない．アジアでは穀物酵素ではなくてカビのデンプン消化酵素を使用し，カビがデンプンを分解するのと同時に酵母が糖をアルコールに変えてゆく．仕上がりのアルコール度は20％ほど，西洋のビールやワインよりかなり高い．中国酒や日本酒は，ワインのようにブドウの果実臭や酸味もなければ，ビールのように麦芽臭やホップ臭もない．日本酒は米の芯のデンプン質部分だけから作られるので，発酵自体による風味を最も純粋に表現するものと言える．果実も花もまったく使われていないにもかかわらず，非常にフルーティーで花のような香りがする．

穀類を発芽させるかわりとなるものがアジアで使われるようになった経緯だが，歴史家のH. T. ファンによれば，大麦や小麦とは違って雑穀や米は，小粒で軟らかいので粒のまま煮炊きされることと関係しているだろうということである．調理後の食べ残しを長く置いたままにしているとカビが生え，しかも粒の間に空気が含まれているので酸素要求性のカビがよく増殖

し，デンプンも十分に糖化される．カビの生えた米が甘くてアルコールのにおいがすることに人はやがて気づいたであろう．この単純な発見から，紀元前3世紀より前には日常的なアルコール飲料作りの方法が生まれていた．中国の資料によれば，紀元後5世紀にはすでに9種類の酒造用麹と37種類のアルコール製品があった．

中国酒はまだあまり知られていないが，日本酒は「サケ」として世界的に有名になってきている．米栽培と酒造りが大陸アジアから日本に伝わったのは，おそらく紀元前300年頃とみられる．その後何世紀もかけて醸造技術が洗練された結果，日本酒は独自のものになっていった．

■ **デンプンを消化するカビ**

中国酒や日本酒の製造工程における米デンプンの糖化は，現代の工業生産ではさまざまな簡略法や簡易法が用いられているが，伝統的には非常に特殊な方法が用いられている．

**中国の曲（チュイ）：複数のカビと酵母** 一般に小麦か米を原料に用い，複数種類のカビや酵母を繁殖させて作られるもので，この酵母が後にアルコールを作り出す．小麦は焙煎したり生で使ったりもするが，ほとんどは蒸して粗挽きにし，餅状に固めて，培養室に数週間放置してカビを生やす．表面にはコウジカビ（*Aspergillus*）属，内部にはクモノスカビ（*Rhizopus*）属やケカビ（*Mucor*）属が繁殖する．*Aspergillus*属のカビは醬油作りで大豆を分解するのにも用いられ，*Mucor*属のカビは熟成チーズの一部に重要である．いずれも，デンプン分解酵素およびタンパク質分解酵素を蓄積し，風味に関わる微量副産物を産生する．餅状の塊に微生物が十分繁殖したら，乾燥して保存する．使用前に数日間水に浸けて微生物と酵素を活性化する．

**日本の麹（こうじ）と酒母（しゅぼ）（もと）：カビは1種類，酵母は別に** 中国の麹とは異なり，日本の麹は作りたてを使用する．精米した米に，選別培養した麹菌（*Aspergillus oryzae*）だけを植菌する．ほかのカビは一切使わないので，麹自体は風味の複雑さに関係しない．一方，中国の麹は焙煎小麦と複数の微生物を用い，乾燥期間を経るので複雑な風味を醸し出す．

日本の麹は酵母を含まないので，日本酒醸造では別の酵母源が必要となる．麹に酵母を増殖させたものが「酒母（もと）」と呼ばれ，伝統的な方法（生もと造り）では，麹に蒸米と水を混ぜて自然の乳酸菌など（*Lactobacillus sake*, *Leuconostoc mesenteroides*，その他）を取り込み，酸度を高める．これにより酸味，旨味，香りが生じる．次に純粋培養した酵母を加えて増

---

## パスツール以前のパスツリゼーション（低温殺菌）

ヨーロッパのワインやビールとは違い，中国では酒を温めて飲むことが普通だった．おそらくは，こうして温めた後に残った酒が日持ちすることから，紀元後1000年頃までには，風味が長持ちするように発酵が終わったばかりの中国酒を容器ごと蒸すようになったようだ．16世紀には，日本でこの方法がさらに改良され，より低温の60～65℃で加熱処理されるようになった．この温度範囲ではほとんどの酵素や微生物は失活・死滅するが，日本酒の風味には影響が少ない．ルイ・パスツールは，ワインや牛乳の腐敗菌を死滅させるための低温処理を提案したが，その何世紀も前からアジアでは「パスツリゼーション（低温殺菌）」が行われていたわけである．

## 日本酒の醸造工程

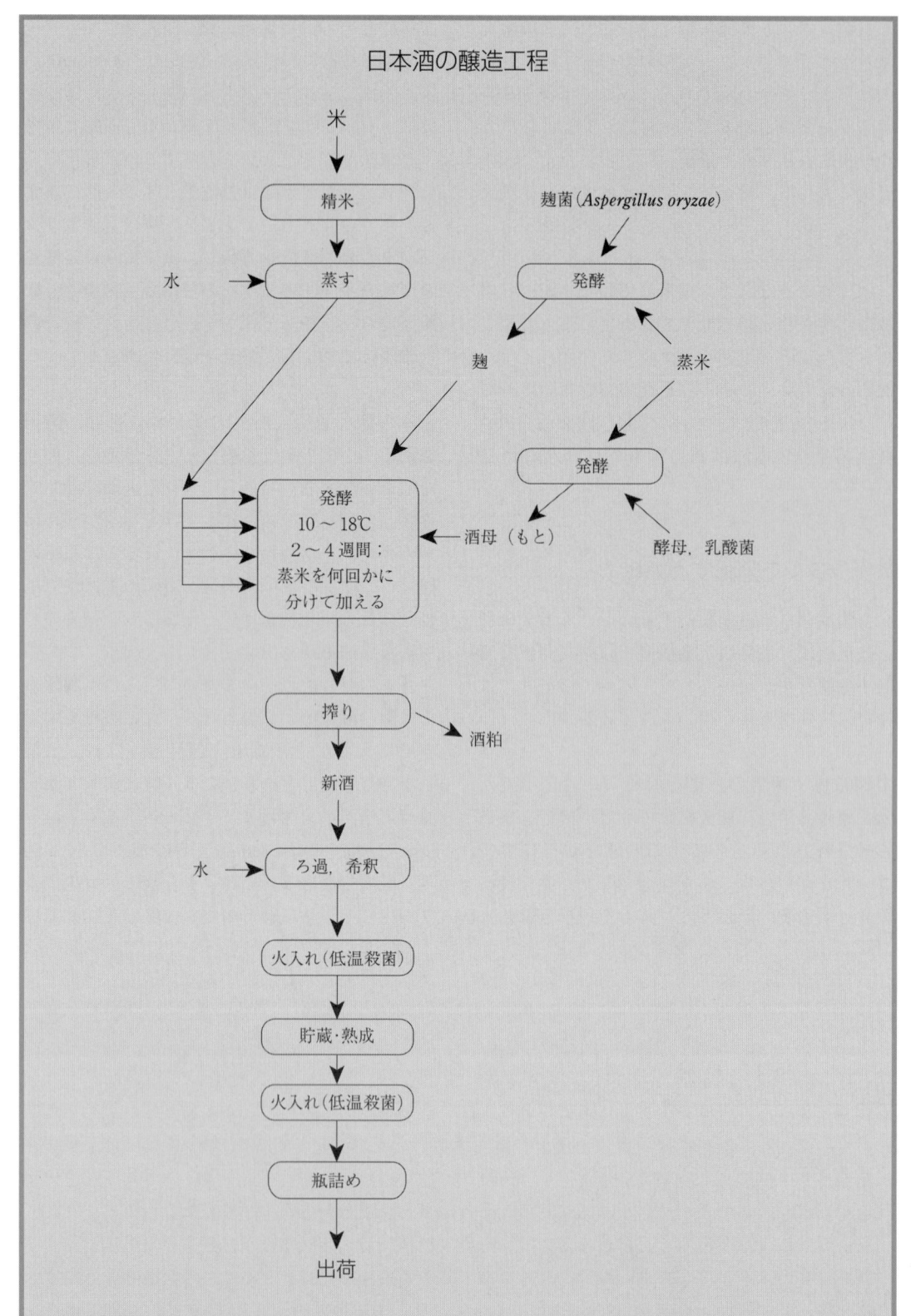

```
           米
           ↓
         ┌─────┐
         │ 精米 │                    麹菌（Aspergillus oryzae）
         └─────┘                              ↓
           ↓                              ┌─────┐
  水 →   ┌─────┐                          │ 発酵 │
         │ 蒸す │                         └─────┘
         └─────┘                         ↙      ↖
           │                                     蒸米
           │              麹                      ↑
           │              ↓                   ┌─────┐
           │                                  │ 発酵 │
           │                                  └─────┘
           │         ┌──────────────┐         ↙      ↖
           │  →     │   発酵        │ ← 酒母（もと）  酵母, 乳酸菌
           │  →     │  10〜18℃      │
           │  →     │  2〜4 週間；   │
           │  →     │  蒸米を何回かに │
           │        │  分けて加える  │
           │        └──────────────┘
           ↓              ↓
              ┌─────┐
              │ 搾り │ → 酒粕
              └─────┘
                ↓
               新酒
                ↓
  水 →    ┌──────────┐
          │ ろ過, 希釈 │
          └──────────┘
                ↓
          ┌──────────────┐
          │火入れ(低温殺菌)│
          └──────────────┘
                ↓
          ┌─────────┐
          │ 貯蔵・熟成 │
          └─────────┘
                ↓
          ┌──────────────┐
          │火入れ(低温殺菌)│
          └──────────────┘
                ↓
          ┌─────┐
          │ 瓶詰め │
          └─────┘
                ↓
               出荷
```

日本酒の製造工程．発酵工程で蒸米を何回かに分けて加える「段仕込み」が日本酒独特である（一般には3回：三段仕込み）．

殖させる．自然に微生物を増殖させて酸を作り出すには1ヶ月以上かかるので，現在では乳酸を直接添加する「速醸もと」や，乳酸菌と濃縮酵母を加える方法が主流となっている．時間は短縮されるが，仕上がりは軽くて複雑さに欠ける．

## ■ 酒の醸造

**並行複発酵と段仕込み**　中国酒と日本酒の醸造法は，細部に重要な違いがあるが，いくつかの点で共通している．蒸米に，デンプンを分解するカビと，アルコールを産生する酵母を一緒に加え，両者を同時に働かせる（並行複発酵）．穀物から液体を抽出して液体だけを発酵させるビール作りとは違って，蒸米は固形分も含めて全部発酵させる．そして，蒸米は1回に全部加えるのではなく，何回かに分けて加える（段仕込み）．発酵期間は2週間から1ヶ月強である．こうした方法をとることで，アルコールが高濃度に達するまで酵母は働き続けることができる．発酵が進んでから蒸米を加えると，糖の一部が消費されずに残るため，甘味の強い酒になる．

**中国式：普通の米と高温発酵**　伝統的な中国酒の醸造法は，まず麹を数日間水に浸けておき，ここに普通の蒸米を何回かに分けて加えてゆきながら，30℃前後で1～2週間の1次発酵を行う．この後に小さめの容器に分け入れ，やや低めの温度で数週間から数ヶ月の2次発酵を行うことも多い．搾り取った液体をろ過し，水で濃度を調節し，カラメルで色をつける．85～90℃で5～10分間の殺菌を行い，数ヶ月間熟成させて，ろ過・容器充填する．高温殺菌を行うことにより完成した風味になる．

**日本式：精米歩合と低温発酵**　中国酒に用いられる米は，玄米の10%程度を削り取ったもの（精米歩合90%）で，これは通常の料理に用いる白米とほぼ変わらない程度である（p.459）．しかし日本酒の場合，標準以上のものならば玄米の30%以上が削られ（精米歩合70%以下），高級になると50%以上が削られる（精米歩合50%以下）．米は中心部ほどデンプンが多く，タンパク質や油脂が少ないので，外側の層を削る割合が高いほど混じり気の少ない純粋なデンプンが得られる．そして仕上がりにも穀物臭が少なくなる．

---

### 日本酒の種類

　高級で味わいの深い「吟醸酒」は，精米歩合が60%以下（40%以上を削る），醸造アルコールだけが添加物として許される．「純米酒」は米と水だけで作られる．特徴のある酒の一例を以下に挙げた．

| | |
|---|---|
| 玄米酒 | 玄米を仕込みに使用したもの |
| 原酒 | 水で希釈していないもの，アルコール度20%前後 |
| 生もと仕込み | 乳酸を加えず，乳酸菌を利用してゆっくりと「生もと造り」を行ったもの |
| 生酒 | 火入れを行わず酵素活性が残っているもの，常時冷蔵しできるだけ早く飲む |
| おり酒，にごり酒 | 澱，酵母細胞，その他の微粒子を含む濁った酒 |
| しずく酒 | 圧搾せず，袋吊りで重力だけを利用して搾ったもの |
| 樽酒 | 杉材の樽で熟成させた酒 |

さらに，日本酒は中国酒よりもかなり低い温度で発酵を行う．18世紀からは，日本酒の醸造（仕込み）はほぼ冬期に限られるようになり，現在でもこの傾向は変わらない．発酵温度の上限は18℃前後，最高級の酒（大吟醸）になるとかなり低温の10℃ほどに保たれる．このような条件では発酵が1ヶ月ほどに長引いて，醪（発酵混合物）に蓄積する芳香成分は通常の2～5倍となる（リンゴやバナナなどの果実臭をもつエステル類）．

発酵が終わったら，液を搾り取り，ろ過する．その後，アルコール度15～16％に水で希釈し，貯蔵・熟成して風味にまろやかさをだす．ろ過後と瓶詰め前には60～65℃で低温殺菌（火入れ）を行い，残っている酵素を失活させる．これを行わないと，酵素の一つがある種の揮発性物質をゆっくりと産生して，不快臭の原因となる（汗のにおいのイソバレルアルデヒド）．

**日本酒の種類** 日本酒にはさまざまな等級や種類がある．安いものに限らず普通の日本酒にも，かなりの量の純アルコール（醸造アルコール）が搾り直前に添加される．戦時中に，限られた原料（米）からできるだけ多くの酒を製造するためにはじまった方法が，標準的な工業工程として定着したものである．こうした等級では，糖やさまざまな有機酸も添加される．これとは対極にあるのが，米，水，微生物だけを使用し，手間隙かけて昔ながらの方法で作られる高級品である．そのいくつかの代表的な例を以下の囲み内に挙げた．

中国酒と同様に，日本酒も温めて飲むことが多いが，高級酒の場合は冷たくして飲むことが多い．一般に，日本酒はワインよりも酸味が弱く風味が繊細である．旨味アミノ酸が重要な成分である．製造方法，酵母の生化学的特性などの違いによって，香りは多種多様である．エステル類による果実臭や，複雑なアルコール化合物による花の香りなどが際立つことも多い．

**日本酒は味が変わりやすい** 日本酒の繊細な風味は，光と熱に弱い．日本酒は醸造後できるだけ早いうちに飲むのがよい．一般には透明瓶または青色瓶で出荷されるが，これは遮光性がほとんどないので，冷蔵庫などの低温暗所に保存し，開封後はなるべく早く飲みきる．

## 蒸留酒

ワインやビールの成分を濃縮したものが蒸留酒である．物質によって沸点が異なるという，基本的な化学現象を利用して作られる．アル

---

### 日本の料理用酒類：みりん，酒粕

みりんは，甘味の強い料理用の酒である．蒸したもち米に米麹と焼酎を混ぜて作られる．アルコールを加えるため，これ以上のアルコール発酵は起こらない．25～30℃で2ヶ月ほど置いておくと，麹菌の酵素によって米のデンプンが徐々に糖化されてブドウ糖になる．それを圧搾・ろ過して得られるとろりとした液体がみりんである．アルコールが約14％，糖分が10～45％含まれる．現在の工業生産品には焼酎の変わりに醸造用アルコールが用いられることが多い．また，糖分や調味料を加えたみりん風調味料（アルコール度は1％未満）もある．

日本酒の製造工程で醪を搾ったあとに残るのが酒粕である．デンプン，タンパク質，米の細胞壁，酵母，麹菌，酸，アルコール，酵素などが含まれる．野菜や魚の粕漬けや粕汁など，酒粕を使った日本料理は多い．

コールの沸点は約78℃，水の沸点である100℃よりもかなり低い．つまり，水とアルコールの混合液を加熱すると，蒸気には水よりもアルコールの方が多く含まれることになる．この蒸気を冷却して液化させたものは，もとのビールやワインよりもアルコール濃度が高い．

蒸留酒の最大の魅力は，昔も今もそのアルコール度の高さである．だが，酔わせる力が強いこと以上のものが蒸留酒にはある．アルコールと同様に，ビールやワインに含まれる芳香成分も揮発性なので，アルコールを濃縮する同じ過程で香りも濃縮される．蒸留酒は食品のなかでも最も香りの強いものの一つと言える．

## ■ 蒸留酒の歴史

**蒸留の発見**　高濃度のアルコールは，アルコール産生酵母を含め，生物すべてに毒性である．アルコール濃度が約20％以上になると，醸造酵母は耐えられない．したがって，これより高濃度のアルコールを作り出すには，発酵液中のアルコールを物理的に濃縮するしかない．アルコール蒸留が発見されるうえで重要だったのは，おそらく次の二つのことだったと思われる．一つは，液体を加熱したときにでる蒸気は，冷たい表面に当てて液化することにより回収できるということ．もう一つは，ワインやビールを熱して得られる蒸気は，アルコールが強いということである．

蒸留自体はかなり古くから行われていたようである．5000年以上前のメソポタミア時代には，香りのよい植物から精油を濃縮していたという証拠がある．ふたをした鍋で加熱して，ふたにつく水滴を集めていた．アリストテレスが紀元前4世紀に著した *Meteorology*（気象学）という本には，「海水が蒸気になると，それが液化しても海水には戻らず，飲み水になる」とある．アルコールの濃縮は，古代中国で初めて発見されたと思われる．考古学的な出土品や文字資料によれば，約2000年前に中国の錬金術師は穀物発酵物を蒸留して，少量の濃縮アルコールを得ていたという．それを飲むことができたのは，10世紀頃には一部の特権階級だけだったが，13世紀までには商品として出回るようになった．

**蒸留酒（スピリッツ）と生命の水**　1100年頃のヨーロッパでは，イタリアのサレルノ医学校で大量の蒸留酒が作られていた．そこで，アルコールは比類ないほど貴重な医薬として評判が広まった．それから200年後にカタロニアの学者であるヴィラノヴァのアルノーは，ワインの活性成分を「アクア・ヴィタエ」，すなわち"生命の水"と呼んだ．これが今のスカンジナビア語「アクアヴィット」（ジャガイモを原料とする蒸留酒），フランス語「オー・ド・ヴィー」，英語「ウィスキー」に残っている．「ウィスキー」については，"生命の水"がゲール語で「ウシュク・ベーハ」，そして「ウスケボー」となり，それが英語化したもので，アイルランドやスコットランドの修道僧らが，大麦ビールを蒸留して作った酒をそう呼んでいたところからきた．旧大陸全域の錬金術師たちは，蒸留酒を非常に強力な物質「クイントエッセンス（真髄）」，すなわち，地・水・風・火の四大元素に並ぶ第五元素と見なした．蒸留に関する

---

### 食物用語：distill（蒸留）

"滴る（したたる)" という意味のラテン語 destillare が語源である．熱した液から立ちのぼるほとんど目に見えない蒸気が，冷たい表面に凝結して再び目に見えるようになる瞬間を捕らえたもの．

最初の出版物である，ヒエロニムス・ブルンシュヴィヒの *Liber de arte distillandi*（実用蒸留法，1500 年）では，蒸留について次のように記している．

> 粗雑なものから繊細なもの，繊細なものから粗雑なものが分かれ，破壊できないものから壊れやすいものが分かれ，無形のものから有形のものが分かれる．それは肉体をより精神的なものにし，醜いものを美しくし，その微妙さが心を軽くし，秘められた力が浸透して人間の身体を癒してくれる．

蒸留によって得られる純粋で空気のように軽いものということから，蒸留酒は「スピリッツ（魂，精神）」と呼ばれるようになった．

**医薬から快楽そして忘れ薬** "生命の水"が発見されてから数世紀の間は，蒸留水は薬屋や修道院で作られ，血行を良くする薬「コーディアル」（"心臓"をさすラテン語から）として処方されていた．しかし，15世紀には薬局の手を離れて楽しむために飲まれるようになったようである．この頃のドイツの公然酩酊に関する法律文には，今のブランディーの原型となったブランテン・ヴァイン（"焼いたワイン"の意）という単語が出てくる．フランス南西部のアルマニャック地方において，ワイン醸造業者がワインを蒸留して腐敗しにくいブランディーを作り，北ヨーロッパに出荷しはじめたのもこの頃である．ウィスキーに似た調合酒でライ麦から作られるジンは，風味づけと利尿作用のためにジュニパーを加えてあり，16世紀のオランダで初めて作られた．上質ブランディーで有名なフランスのコニャック地方は，ボルドーのすぐ北側に位置し，1620年頃からブランディーの生産がはじまった．糖蜜から作られるラム酒は，西インド諸島のイギリス領で1630年頃に初めて作られた．ベネディクティンやシャルトリューズなどの修道院リキュールが生まれたのは，1650年頃以降のことである．

その後の2世紀は，蒸留技術の発達とともに，蒸留酒は飲みやすいものになっていった．まず，ワインやビールを蒸留して得られた液をもう一度蒸留する，2段蒸留が開発された．そして18世紀後期から19世紀前期にかけて，フランスおよびイギリスにおいて精巧な連続式蒸留器が開発された．これにより一度の連続工程でかなり純度の高いアルコールが得られるようになった．蒸留酒が手に入りやすく，飲みやすくなったことから，特に産業革命時代の都市層などでアルコール依存の問題が深刻化していった．イギリスで一番の原因となったのは安いジンで，18世紀後半にはロンドン市民が1人1日400 mL近くのジンを飲んでいたという．「我が身の不幸を束の間でも忘れて安心するために」と，後にチャールズ・ディケンズが *Sketches by Boz*（ボズのスケッチ集）で書いている．その後，政府規制と社会状況の改善によ

---

### 食物用語：alcohol（アルコール）

alcohol は中世アラブの錬金術からきている．錬金術は西洋科学に強い影響を及ぼし，chemistry（化学），alkali（アルカリ），algebra（代数）などの重要な用語も生み出した．アラブでは女性がまぶたに化粧をするために使うアンチモン（金属）の黒い粉末を al kohl と呼んでいた．それが一般化されて細かい粉末の総称となり，さらに何らかの物質のエキスを意味するようになった．16世紀ドイツの錬金術師パラケルススが，ワインのエキスを alcohol と呼んだのがはじまりである．

り，アルコール依存の問題は緩和されたが，完全になくなることはなかった．

**アメリカのウィスキー**　北米では蒸留酒の人気が高く，米国国税庁（Internal Revenue Service）はその遺産と言える．植民地時代から合衆国建国の頃は，大麦よりも糖蜜のほうが多く手に入ったため，ビールよりもラム酒のほうが一般的なアルコール飲料であった．1700年までには北部植民地でライ麦や大麦の蒸留酒も作られるようになっており，1780年までにはケンタッキー州でトウモロコシのウィスキーが作られるようになった．アメリカ独立戦争の後，新政府は戦債処理の財源を得るために蒸留酒製造に対して課税を行った．これに反抗して1794年には，スコットランド・アイルランド移民の多かったペンシルベニア西部地域でウィスキー革命が起こった．ワシントン大統領は連邦軍を使って，間もなくこれを鎮圧したが，革命は潜行して密造が定着した．特に南部の貧困な丘陵地域において，わずかに収穫できるトウモロコシは，発酵・蒸留したほうが多くの収入を得られたからである．こうした脱税に対応するため，1862年には連邦政府によって国税事務所（Office of Internal Revenue）が設立された．強い酒への全国的な嗜好は禁酒運動を加速させる大きな要因となり，その60年後には禁酒法が成立する．

**近年：カクテルの台頭**　19世紀になるとヨーロッパや南北アメリカでは，蒸留酒にほかの酒を混ぜたカクテルが食前酒として流行しはじめた．そして爆発的な勢いでカクテルが創作され，今では，カクテルの本に何百種類もの違った名前が並んでいる．カクテル，マティーニ（ジンとベルモット）の起源については論争も多いが，異なる場所で異なる時期に何度か考案されたのかもしれない．ジントニックは英国領インドが発祥であり，抗マラリア薬のキニーネ水を飲みやすくするためにジンが加えられたのがはじまりとされる．この頃，合衆国で生まれた有名なカクテルには，ニューオリンズのサゼラック（ブランディーとビターズ），ウィンストン・チャーチルの母がニューヨークのクラブで作ったと言われるマンハッタン（ウィスキー，ベルモット，ビターズ）などがある．1920年から1934年までは，禁酒法および"バスタブ"ジンと呼ばれるきつい密造ジンのせいで，カクテルの発展は停滞する．1950年代には，風味のほとんどない酒としてウォッカがよく使われるようになり，甘酸っぱい果汁や甘いリキュールの魅力が認識されるようになった．その後の数十年間に，マイ・タイ，ピニャ・コラーダ，スクリュードライバー，ダイキリ，マルガ

---

### 冷凍濃縮

濃縮アルコールを作る最も一般的な方法は蒸留だが，これ以外にも方法はある．発酵液を凍らせると水分が結晶化し，アルコールの濃縮された液体を得ることができる．（アルコールの凝固点は$-114℃$と非常に低い．）17世紀にフランシス・ベーコンは，以下のようなパラケルススの主張に注目した．「ワインを入れたグラスを厳寒のテラスに置いておくと，グラスの中央に凍らない部分が残る．それは火で搾り取った"ワインの精"よりも素晴らしい．」中央アジアの遊牧民は，ロバの乳から作ったクミスを冷凍濃縮していたとみられる．北米のヨーロッパ移民もリンゴのブランディー（アップルジャック）を凍らせて濃縮していた．冷凍濃縮すると蒸留とはまた違ったものになる．加熱しないので香りが変化せず，濃縮前の味とボディーに関係していた糖分，旨味アミノ酸，その他の不揮発性成分もそのまま濃縮されている．

リータ,テキーラ・サンライズなど,多彩なカクテルが作り出された.1970年代には,アメリカで最もよく売れる蒸留酒はウィスキーからウォッカへとかわった.

20世紀後期には,より質素な古典カクテルや,さまざまな上質蒸留酒を水だけで割って飲むことがやや復活している.

## ■ 蒸留酒作り

どんな蒸留酒も作り方は基本的に同じである.

- 果実,穀物,その他の炭水化物源を酵母発酵させ,アルコール度5〜12%程度とする.
- この発酵液を容器に入れて加熱する.沸騰する液から蒸発するアルコールと芳香成分に富んだ蒸気を集め,冷たい金属面に当てて凝結する液体を分別する.
- こうして濃縮されたアルコール液を,ハーブやスパイスで風味づけしたり,木樽で熟成させたりする.一般には水で希釈し,アルコール度を調節してから出荷される.

**蒸留工程** 蒸留の基本原理は単純である.水よりも揮発性の高いアルコールと芳香成分は,ワインやビールを沸騰させるとより多く蒸発し,蒸気中に濃縮される.だが,飲むことができる蒸留酒,ましてやおいしい蒸留酒を作るのは難しい.酵母発酵によって産生する何千種類もの揮発性物質は,すべてが好ましいわけではない.なかには不快なにおいのするものもあれば,たとえばメタノールなどのように,毒性があって危険なものもある.

**好ましい揮発成分だけを選別する** 蒸留酒の蒸留工程では,蒸留液の組成を調節しなければならない.揮発性の高さによって蒸気を分別し,最もアルコールの多い留分を集める.「初留」(フォアショット,ヘッド)と呼ばれるアルコールよりも揮発性の高い留分には,毒性のメタノール(木精とも呼ばれる)とアセトンが含まれる.「後留」(フェイント,テール)と呼ばれるアルコールよりも揮発性の低い留分には,さまざまな好ましい芳香成分が含まれる.「コンジナー」(同族体,アルコールと共に蒸留される物質)と呼ばれる成分には,エステル類,テルペン類,揮発性フェノール化合物,そして少量であれば好ましい成分などが含まれている.たとえば,高級アルコールは脂肪に似た長鎖構造を有し,とろりとした油のような質感を与えるのと同時に,かなりきつい風味と不快な後味も与える.高級アルコール留分は「フーゼル油」とも呼ばれる(フーゼルはドイツ語で"強い酒").フーゼル油は少量ならば蒸留酒に

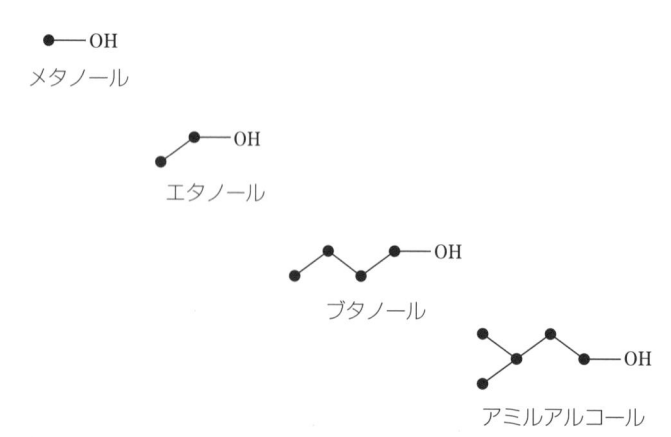

OH
メタノール

OH
エタノール

OH
ブタノール

OH
アミルアルコール

各種アルコールの構造.メタノールは体内で代謝されてギ酸となり,これが目や脳に蓄積して組織を損傷するので有害である.酵母が主に産生するアルコールはエタノールである.ブタノールとアミルアルコールは高級アルコール(長鎖アルコール)である.蒸留により濃縮されると,その脂肪に似た構造のせいで油のような質感が加わる.

特徴をだすが，多くなると不快である．

**純度と風味**　熟成や最終的な希釈を行っていない，蒸留直後のアルコール濃度（p.740の囲み内参照）によって，蒸留酒の風味の強さが予測できる．蒸留直後のアルコール濃度が高いほど，純粋なアルコール水溶液に近づき，フーゼル油やその他の芳香成分の含有量は低い．つまり風味は弱い．ウォッカは一般にアルコール度90％以上，ブランディー，香り高いモルト・ウィスキーやコーン・ウィスキーなどは60〜80％に蒸留される．粗留の密造酒はアルコール度が20〜30％と低いので，風味がきつく有害でさえある．

**バッチ式蒸留：留出時間による分別**　好ましくない初留，ある程度好ましい後留，アルコールを含む好ましい中留に分ける蒸留機には2種類ある．当初の方法，そして今でも高級蒸留酒製造の多くで用いられている方法は，留出時間の違いにより分別する単純なバッチ式蒸留である．釜に入れたビールやワインを沸点近くまで加熱して蒸留するのには12時間以上かかることもある．最初に出てくるのが揮発性の高い初留，次にアルコールの多い中留，そして揮発性の低い後留と続く．したがって，初留と後留は側管から排出し，中留だけを別の容器に分取する．実際には，最初にアルコール度20〜30％の中留を得たら，もう一度バッチ式蒸留を行ってアルコール度50〜70％とする．

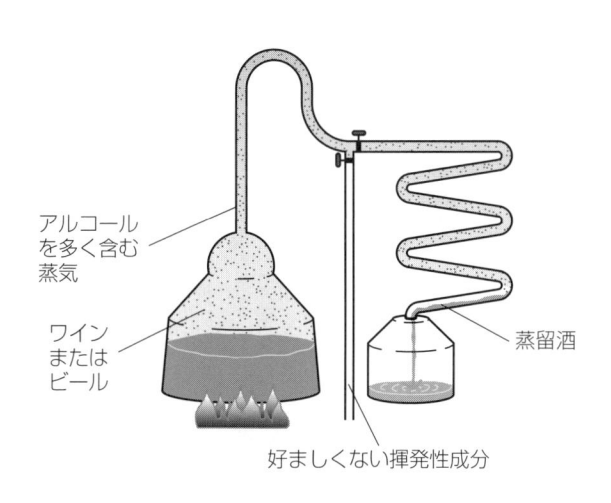

バッチ式蒸留．ワインまたはビールをゆっくりと加熱していくと，発生する蒸気の成分組成は時間とともに変化する．初めに揮発性の高い成分，後から揮発性の低い成分が蒸発する．好ましくない成分を含む初留と後留は取らず，アルコールおよび香気成分を含む中留だけを集める．

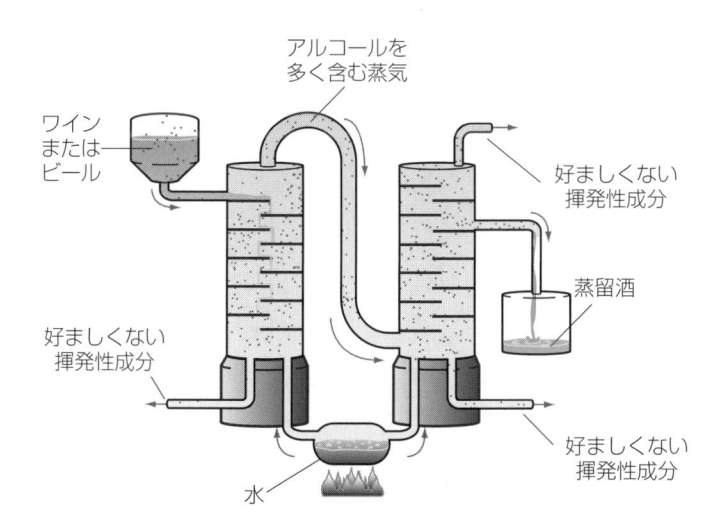

蒸留塔による連続式蒸留．各蒸留塔内のプレートは，蒸気注入口に近い底部が最も高温で，上に行くほど低温になる．第1蒸留塔（左）では，アルコールを含む低沸点成分を蒸気中に濃縮し，これを第2蒸留塔（右）の底部から注入する．蒸気が塔内を上昇するとともに，アルコールを多く含む留分が特定の高さ（温度）で液化するので，これを分取する．

**連続式蒸留：留出位置による分別**　好ましい揮発性成分だけを分別するもう一つの方法は，蒸留塔を使って留出位置の違いにより分別する方法である．蒸留塔とは，産業革命時代にフランスおよびイギリスで開発された細長い塔状の蒸留装置である．蒸留塔の上部からワインまたはビールを注入し，底部から蒸気加熱を行う．したがって塔の底部が最も高温，上に行くほど温度が低くなる．メタノールを含む低沸点成分は，温度の一番低い最上部を除く塔のほとんどの部分で気化したままである．一方，フーゼル油など高沸点の芳香成分はより高温の底に近い部分で液化し，アルコールは中間部で液化・留出する．蒸留塔の利点は，常時監視していなくても連続運転が可能なこと，欠点はバッチ式蒸留に比べると留出液の成分調整がしにくいことである．二つ以上の蒸留塔をつなげれば，ほとんど風味のない，アルコール度90〜95%の液を得ることができる（p.737，下図参照）．

**熟成（マチュレーション）**　蒸留したばかりの蒸留酒は水のように無色である（"ホワイト"と呼ばれる）．風味も粗くきついため，いずれも数週間から数ヶ月の熟成（マチュレーション）を行う．この間に各種成分が反応し合い，新しい成分が生まれ，刺激が少なくなる．この後の処理は，製品によってさまざまである．ウォッカ，そして果実から作られるオー・ド・ヴィーなどの"ホワイト"スピリッツは長期熟成（エイジング）を行わない．ものによっては風味づけをし，水で希釈してアルコール度を調整し，瓶詰めされる．ブランディーやウィスキーなどの"ブラウン"スピリッツは，木の樽で長期熟成させる．樽からさまざまな成分が溶け込んで，独特な褐色と複雑な風味になる．（カラメル色素で着色されるものもある．）短いもので数ヶ月，長いものだと何十年も樽熟成され，その間に風味は大きく変化する．

樽熟成の間に起きる抽出・吸収・酸化のおかげで，まろやかで芳醇な風味が生まれる（p.696）．樽に入れた蒸留酒からは水分もアルコールも蒸発するので，その他の成分が濃縮される．1年に容量の何パーセントかが失われ，これは「エンジェルズ・シェア」すなわち"天使の分け前"と呼ばれている．15年後には樽容量の半分ほどになることもある．

**最終調整**　瓶詰めできる状態と判断されれば，普通はブレンドして品質を均一化し，水で薄めてアルコール度を調整する（40%程度）．風味と色を微調整するためにほかの材料を少し加えることもある．カラメル色素，砂糖，ウッド・チップを水で煮出した抽出液（コニャックやアルマニャックの「ボワゼ」），そしてワインやシェリー酒（合衆国産やカナダ産のウィスキー）などである．

---

### 濃縮アルコール：proof（プルーフ）

蒸留酒のアルコール量は，プルーフ単位で表されることがある．米国式のプルーフは容量パーセントのほぼ2倍であり，100プルーフとはアルコール度50%のことである．（アルコールと水を混合すると体積が減少するので，実際にはプルーフ表示はパーセント表示の2倍よりわずかに大きい．）プルーフの由来は，17世紀に蒸留酒の品質を確かめるのに，火薬を蒸留酒で湿らせ火をつけたことからきている．火薬がゆっくりと燃えればその蒸留酒は標準強度（at proof），パチパチと音がしたり炎がでたりすれば標準以下（under proof）または標準以上（over proof）とされた．

冷却ろ過　蒸留酒は「冷却ろ過」されるものが多い．氷点（0℃）より低い温度にしたときにでる濁りをろ過して除く．この濁りは，蒸留酒自体に含まれていた溶解性の低いフーゼル油や揮発性脂肪酸，そして樽から出たさまざまな低分子成分である．冷却ろ過を行うことにより，蒸留酒を冷やしたり水で割ったりしても濁らなくなるが，風味やコクも一部除かれるので，冷却ろ過を行わないところもある．アルコールが約46％以上含まれる蒸留酒は濁らないので，希釈していない「カスク・ストレングス（樽出し原酒）」は冷却ろ過されないことが多い．（蒸留酒のなかには派手に濁るものがある；p.746参照）．

## ■ 蒸留酒の飲み方，楽しみ方

クリスタルガラス製のデカンターは危険　アルコール度の高い蒸留酒は生物学的にも化学的にも安定であり，何年経っても腐らない．クリスタルガラス製のデカンターに入れて保存する方法は，伝統的であり装飾的でもある．クリスタルガラスには，重さと透明性をだすために鉛が添加されている．鉛は神経毒性が強く，クリスタルガラスから蒸留酒やその他の酸性液に溶け込みやすい．何度も使用した古いデカンターは，すでに鉛が出てしまっているので安全である．新しいものは内面の鉛を除いてしまってから使うか，または長期保存用ではなく飲むときにだけ使うようにする．

蒸留酒の風味　蒸留酒は，氷のように冷たくして飲むこともあれば（スウェーデンのアクアヴィット），湯気が立つほど温めて飲むこともある（カルバドス）．微妙な味わいを楽しむには室温で飲むのが一番であり，手の中で温めてもよい．香りがとても強いのでにおいだけでも十分楽しめる．スコッチ・ウィスキーの香りを確かめることを特に「ノージング」という．蒸留された時点でのアルコール濃度は刺激が強すぎて鼻が麻痺してしまい，高温ではさらに強調される．ウィスキーを鑑定する際は，アルコールの影響を抑えてより繊細な香りを引き出すために，良質の水でアルコール度20～30％に薄めることが多い．蒸留酒の種類によって風味はかなり違う．原料（ブドウ，穀物），酵母と発酵，蒸留工程での長時間の加熱，そして熟成の木樽や時間の経過，すべてが風味に関係している．フーゼル油を多く含む蒸留酒はなめらかな舌ざわりがあり，クセの少ないものは口の中を洗うようなさらっとした感じである．飲み込んだ後も口の中に香りが残ることが多い．

## ■ 蒸留酒の種類

蒸留酒は世界中であらゆる種類のアルコール液を使って作られている．ここでは比較的有名なものについて簡単な説明をする．

ブランディー　ブドウのワインを蒸留したもの．伝統あるブランディーのコニャックとアルマニャックは，それぞれの産地が名前になっている．コニャック市とアルマニャック地方はいずれもボルドーに近いフランス南西部にある．クセのない白ブドウ（主にユニ・ブラン）を簡単に発酵させてワインを作り，それを収穫期と仲春の間に蒸留する（ワインは時間が経つほどエステル類が失われ揮発性の酸や異臭が生じるため，最初に蒸留するものが最高級のブランディーとなる．）コニャックは，酵母滓ごとワインを2段蒸留して，アルコール度約70％とする．アルマニャックは，酵母を除いたワインを伝統的な蒸留塔で1回だけ蒸留し，アルコール度約55％とする．それぞれ蒸留液をフレンチ・オークの新樽で6ヶ月以上熟成させる．コニャックのなかには60年以上熟成させたものもある．それぞれ瓶詰め前にアルコール度約40％に薄め，ものによっては砂糖，オーク・エキス，カラメルなどを添加する．コニャックは，ワイン酵母ごと蒸留するので，そのエステルによって果実や花のにおいがする．アルマニャックは揮発性の酸が高濃度に含まれるため，風味はやや粗く複雑である．プルーンのにおいがすると言われる．両者とも長期熟成すると

「ランシオ香」（ランシオはスペイン語で"酸敗した"という意味）が生じ，これが珍重される．脂肪酸がメチルケトンに変わることによるもので，メチルケトンはブルー・チーズ独特のにおいでもある（p.61，囲み内）．

フランスのほかの地域や世界中でも，それほど有名ではないが，工業生産品から職人の手によるものまでさまざまな方法でブランディーが作られている．クセのないユニ・ブランを意図的に使うものが多いなか，より個性の強いブドウ品種を使ったブランディーもあって興味深い．

**オー・ド・ヴィー，果実酒，ホワイト・アルコール**　これらは，"フルーツ"ブランディーという紛らわしい名前で呼ばれることもある．いずれも，ブドウ以外の果実を発酵させて蒸留したものである．"焼いたワイン（ブランディーの語源）"すなわち本当のブランディーはワインらしさが複雑に変化した風味をもつのに対し，オー・ド・ヴィーは原料の果実に特有なエキスがそのまま濃縮されており，果肉よりも純粋な形で味わうことができる．特にフランス，ドイツ，イタリア，スイスには高級な果実酒がある．リンゴ（カルバドス），洋ナシ（ポワール・ウィリアムズ），サクランボ（キルシュ），プラム（スリヴォヴィッツ，ミラベル，クエッチェ），ラズベリー（フランボワーズ）などはよく知られているが，ほかにもアンズ（フランスのアブリコ），イチジク（北アフリカ

## 蒸留酒の種類

蒸留後のアルコール度から，蒸留前のワインやビールの風味がどれだけ残っているかが予測できる．アルコール度が高いほどほかの芳香成分は少なく，したがってクセの少ない風味である．

|  | 原料 | 蒸留後のアルコール度（％） | 熟成（エージング） |
|---|---|---|---|
| ブランディー | ブドウ | 最高95％まで | オーク樽 |
| アルマニャック |  | 52〜65 | オーク樽 |
| コニャック |  | 70 | オーク樽 |
| グラッパ，マール | ポマス（ブドウの搾り滓） | 70 | なし |
| カルバドス | リンゴ | 70 | オーク樽 |
| オー・ド・ヴィー | さまざまな果実 | 70 | なし |
| ウィスキー |  |  |  |
| 　スコッチ・モルト | 大麦麦芽 | 70 | オーク古樽 |
| 　グレイン | 穀物，大麦麦芽 | 95 | オーク古樽 |
| 　アイリッシュ | 穀物，大麦麦芽 | 80 | オーク古樽 |
| 　バーボン | トウモロコシ，大麦麦芽 | 62〜65 | 焦がしたオーク新樽 |
| 　カナディアン | 穀物，大麦麦芽 | 90 | オーク古樽 |
| ジン | 穀物，大麦麦芽 | 95 | なし |
| ウォッカ | 穀物，ジャガイモ，大麦麦芽 | 95 | なし |
| ラム | 糖蜜 | 70〜90 | なし/オーク樽 |
| テキーラ | アガベ（竜舌蘭） | 55 | なし/オーク樽 |

や中東のブッハ），スイカ（ロシアのキスラヴ）などの珍しいものもある．

オー・ド・ヴィー1本には，5〜15kgの果実が使われている．果実酒は果実そのものの風味を濃縮して濃厚かつ純粋なエキスを得るのが目的なので，一般にアルコール約70%に2段蒸留し，樽熟成は行わない（したがって無色）．ただし例外もある．ブルターニュ地方のカルバドス（リンゴのオー・ド・ヴィー）は，食用には酸味が強すぎるような品種も含めた複数のリンゴ品種をブレンドしている．秋の冷涼な時期に数週間かけてリンゴをゆっくりと発酵させ，できあがったリンゴ酒を蒸留釜もしくは蒸留塔（地域によって異なる）で蒸留する．得られた蒸留液は，少なくとも2年は古樽で熟成される．スリヴォヴィッツというバルカン地域のプラム酒も樽熟成される．

**ウィスキー** ウィスキーは発酵させた穀物（主に大麦，トウモロコシ，ライ麦，小麦）を蒸留し，樽熟成させたものである．元来，中世英国では大麦の蒸留酒をさしていた．現在は，合衆国やカナダでは主にトウモロコシの蒸留酒，その他の国々ではさまざまな穀類を原料とした蒸留酒をウィスキーと呼んでいる．

**スコッチ・ウィスキーとアイリッシュ・ウィスキー** スコッチ・ウィスキーには3種類ある．「モルト・ウィスキー」は大麦麦芽だけを使用し，スコットランド高地や島々で作られている．蒸留釜を使ってアルコール度約70%まで2段蒸留され，独特の強い風味をもつ．「グレイン・ウィスキー」は比較的風味が弱く値段も安い．さまざまな穀物を使って低地で作られており，デンプンの糖化を行う大麦麦芽の割合が低い（10〜15%）．連続式蒸留でアルコール度95%に蒸留されるため，風味はクセが少ない．三つ目の種類は，モルト・ウィスキーとグレイン・ウィスキーをブレンドしたもの（グレイン・ウィスキーは40〜70%）である．経済的な理由から1860年代にブレンドがはじまったが，その広く受け入れられるマイルドな味から，ブランディーに取って代わった．ちょうど1970年代から1880年代にかけて，ヨーロッパのブドウ園ではフィロキセラ（ブドウネアブラムシ）が蔓延し，壊滅的な被害を被った時代である．この時代にスコッチ・ウィスキーは国際的な評価を得るようになっていった．今でも一部の小規模な醸造所では，大麦麦芽だけを使った「シングル・モルト」が作られており，スコッチ・ウィスキーのなかでも特に高い評価を受けている．

ウィスキーはホップを入れずにビールを醸造し，蒸留するもので，年間を通して生産される．蒸留後はオーク樽に入れて3年以上熟成させ，水で希釈してアルコール度約40%とし，一般には冷却ろ過される．スコッチ・ウィスキーの独特な風味は，主に大麦麦芽による．スコットランド西海岸産のモルト・ウィスキーには珍しい煙臭があるが，これは泥炭（ピート）を使って麦芽を乾燥させるのと，発酵前の仕込み水がピート臭をもつこととによる．泥炭というのは，枯死し分解しつつある植物体の堆積物で，英国の湿地帯ではかつて最も安価な燃料であった．揮発性の有機成分を含み，それがアルコールと一緒に蒸留されて風味を生み出す．

アイリッシュ・ウィスキーは，大麦麦芽と麦芽にしていない大麦を4対6ぐらいの割合で使用しており，蒸留釜で2段蒸留した後，さらに蒸留塔で蒸留する．したがってスコッチ・モルト・ウィスキーはもとより，一部のスコッチ・ブレンドよりも風味が弱い．

**アメリカン・ウィスキーとカナディアン・ウィスキー** 北米産のウィスキーは，新大陸原産のトウモロコシが主な原料である．なかでも有名なバーボンは，ケンタッキー州のバーボン郡を中心に作られていたことが名前の由来となっている．この地域は植民地時代からトウモロコシ栽培が盛んで，仕込み用や蒸留冷却用となる水も豊富にあった．

バーボンは一般に，トウモロコシ70〜80%とデンプン糖化用の大麦麦芽10〜15%，そして少量のライ麦や小麦を混ぜ，粉砕・加水して

粥状にしたもの（マッシュ）を原料にして作られる．2〜4日間発酵させた後，穀物残渣や酵母も含めたマッシュ全体を蒸留塔で蒸留し，さらにある種の連続式蒸留釜でアルコール度60〜80％まで蒸留する．焦がしたアメリカン・オークの新樽で2年以上熟成させることにより，スコッチ・ウィスキーよりも濃色でバニラ臭の強いバーボン・ウィスキーになる．夏には熟成倉庫内の温度が50℃を超えるので，熟成の化学反応も変化・加速される．バーボンは一般に冷却ろ過される．冷却ろ過技術は，テネシーのウィスキー醸造所ジョージ・ディッケル社において1870年頃に開発されたものである．フランスのブランディーやカナディアン・ウィスキーとは違って，バーボンは着色料，糖類，風味料などの添加が一切認められておらず，唯一添加できるのは水だけである．

カナディアン・ウィスキーは，穀物を原料とする蒸留酒のなかでは最も軽く繊細な風味をもつ．連続式蒸留機で作った風味の弱いグレイン・ウィスキーに，強いウィスキーを少量ブレンドする．9％以下のワイン，ラム酒，ブランディーなどがブレンドされる場合もある．オークの古樽で3年以上熟成される．

**ジン**　現在製造されている蒸留酒のジンは，イギリス式とオランダ式の二つの基本スタイルがある．単にアルコールを風味づけしただけの，蒸留酒とは呼べない安価なジンもある．

伝統的なオランダ・ジンは，麦芽・トウモロコシ・ライ麦を混ぜて発酵させ，蒸留釜で2〜3回蒸留する．この時点ではアルコール度が低く，すなわちコンジナー（アルコールと共に蒸留される物質）がかなり多く含まれていて，軽いウィスキーのような感じである．ここにジュニパー・ベリーとその他のハーブやスパイスを加えてもう一度蒸留し，アルコール度37.5％以上にする．ハーブ類の芳香成分が一緒に蒸留されて，最終的なジンができる．

ドライ・ジンとも呼ばれるイギリス式のジンは，穀物または糖蜜を原料に，別の蒸留所で作られた96％アルコールを原料にしている．この風味のしないアルコールを水で希釈し，ジュニパーなどを加えて再蒸留する．製品をジンと呼ぶためにはジュニパーを使用しなければならず，またコリアンダーが使われることも多い．このほかに柑橘類の皮やさまざまなスパイス類が使われる．蒸留液はアルコール度37.5〜47％に希釈して瓶詰めされる．

ジン独特の香りは，スパイスやハーブに含まれるテルペン類（p.379）によるもので，松，柑橘類，花，木（ピネン，リモネン，リナロール，ミルセン）などのにおいが中心である．オランダ・ジンは一般にそのまま飲まれることが多く，一方イギリスのドライ・ジンは1890年代頃からマティーニ，ギムレット，ジントニックなど，さまざまなカクテルに使われている．

**ラム酒**　17世紀初め，西インド諸島で製糖工程の副産物として生まれた．残った糖蜜や洗浄

---

### 食物用語：aperitif（食前酒），digestif（食後酒）

フランス語のaperitifとdigestifは，中世時代に強い酒が果たした二つの役割からきたもので，その考え方は言葉にも飲酒習慣にも残っている．aperitifは"開ける，開く"という意味のインド・ヨーロッパ語が語源となっており，今から取り入れる栄養に対して身体機能を開放するために飲む食前酒のことである．digetifは"行動する，行う"という意味の古代語が語源であり，食べた栄養を同化するよう身体機能を刺激するために飲む食後酒のことである．実際に，アルコールは消化ホルモンの胃内分泌を刺激することを示す研究結果がある．

水には，酵母やその他の微生物がすぐに増殖し，酵母はアルコール，微生物は多彩な芳香成分（多くは不快臭であるが）を産生した．この混合液と，原始的な蒸留装置および技術から作られたきつくて強い酒は，主に奴隷や水夫用，そしてアフリカから奴隷を得るための輸出用にされていた．発酵制御法や蒸留方法の向上とともに，18～19世紀にはより飲みやすいものになっていった．

現在では大きく二つのスタイルがある．現代的なライト・スタイルは，糖蜜液を純粋培養酵母で12～20時間発酵させ，連続式蒸留でアルコール度約95%に蒸留する．数ヶ月間熟成して風味の粗さをなくし，アルコール度約43%に希釈して瓶詰めする．ライト・ラムのなかには，樽で短期熟成した後に活性炭処理して，色や風味の一部を除いたものもある．

**伝統的なラム酒** 伝統的なラム酒はライト・ラムとはかなり違った方法で作られ，風味も色も濃い．ほとんどがジャマイカやカリブのフランス語圏（マルティニーク，グアドループ）で生産されている．かつては，自然に混入する微生物で2週間ほど発酵させており，前回の発酵で得られた風味の強い澱を入れることも多かった．現在では，エステル産生に優れた珍しい酵母（*Schizosaccharomyces*）を多く含む混合微生物培養を用いて，1～2日間発酵を行う．発酵後は蒸留釜で低アルコール度に蒸留するので，ライト・ラムに比べると4～5倍の量の芳香成分が含まれる．最後は，アメリカン・ウィスキーに使用した古樽に入れて熟成し，この間に大部分の色がつく．色と風味を強めるためにカラメル色素を添加することもあるが，ラム酒の原料である糖蜜も砂糖であることを考えれば，同じ砂糖から作られるカラメルを入れるのは理に適っているようにもみえる．

**料理材料としてのラム酒** ラム酒はそのままでもおいしいが，料理材料としても広く利用されている．ライト・ラムは甘酸っぱい果実とよく合い，ピニャ・コラーダやダイキリなど，さまざまなトロピカル・カクテルのベースに使われる．ミディアム・ラムとダーク・ラムは，濃厚なカラメル風味があり，さまざまな菓子類の材料として使われる．

**ウォッカ** 中世ロシアで医療用として蒸留されたのがはじまりで，16世紀には飲みものとして広く飲まれるようになった．ウォッカとは"少しの水"という意味である．伝統的には一番安いデンプン源，一般には穀類，時にジャガイモや甜菜を原料に作られる．ただし，デンプン源は重要ではない．芳香成分は蒸留工程でほとんど除かれ，残りも粉末活性炭でろ過除去されるので，なめらかでクセのない酒になる．基本的には純粋アルコールと水との混合液であり，これを水で適宜希釈し（約38%以上），熟成させずに瓶詰めする．

かつて合衆国内ではウォッカはほとんど知られていなかったが，1950年代にはカクテル・ベースとして果実やその他の材料と合わせるのに最適であることが知られるようになった．近年では，柑橘類やその他の果実，唐辛子，樽熟成などの風味をつけたウォッカ製品が出回っている．

**グラッパ，マール**　「ポマス」（ワイン醸造でブドウを搾った後に残る皮と果肉）から作った蒸留酒はイタリアではグラッパ，フランスではマールと呼ばれる．ブドウの搾り滓も無駄にしないための倹約から生まれた．搾り滓には果汁，糖分，風味が残っているので，水を加えてさらに発酵させればアルコールと風味が作られる．これを蒸留して濃縮すると，後に残るのはきつい渋味と苦味だけである．ポマスから作る蒸留酒は副産物なので，蒸留は通常1回しか行わず，初留と後留を除くこともせず，そのまま瓶詰めされる．風味がきつく度が強いので，味わうための酒というよりは，ブドウ園の労働者が身体を温め元気づけるためのものであった．ここ数十年は，蒸留工程で分留を行ったり，時に熟成したりした，上質の製品が作られるようになった．

**テキーラとメスカル**　メキシコに自生するアガベ（竜舌蘭）種を原料として作られる．アガベはアマリリスに近い多肉植物でサボテンに似ており，球茎部に炭水化物を多く含む．テキーラは主にメキシコのハリスコ州中部にあるテキーラ町周辺にある大規模蒸留所で作られ，ブルー・アガベ（*Agave tequilana*）を主原料とする．より素朴なメスカルは，テキーラより南部にあるオアハカ州付近の小さな蒸留所で作られ，マゲイ（*Agave angustifolia*）が主原料である．

アガベは，エネルギーを果糖および長鎖の果糖（イヌリン，p.777）の形で蓄える．人間はイヌリンを消化する酵素をもたない．イヌリンを多く含む食物は，低温で長時間調理するとイヌリンが糖単位に分解するが，それにより独特の焦げた風味も強まる．1個9～45 kgほどもあるイヌリンの多いアガベの球茎は，テキーラ製造工程では蒸すのに対し，メスカル製造では大きな木炭窯で焼くので煙臭がつき，したがってメスカルも煙臭がある．加熱した甘い球茎に水を加えてつぶし，発酵させ，蒸留する．テキーラの蒸留は工業的に行われ，メスカルは粘土製の小釜と金属製の大釜で2段蒸留される．テキーラもメスカルも熟成を行わないことが多い．

テキーラとメスカルはロースト臭を含む独特の風味をもち，花のにおい（リナロール，ダマ

---

### 風味づけした調合酒の例

花：サンブーカ（エルダーフラワー；セイヨウニワトコ），ギュル（バラ）
スパイス：アニゼット（アニス），ピメント（オールスパイス）
ナッツ：アマレット（アーモンド），フランジェリコ（ヘーゼルナッツ），ノチーノ（未熟な青いクルミ）
コーヒー：カルーア，ティア・マリア
チョコレート：クレーム・ド・カカオ
果実：コアントロー，キュラソー，グラン・マニエ，トリプル・セック（オレンジ）；ミドリ（メロン）；カシス（ブラック・カラント）；リモンチェッロ（レモン）；スロー・ジン（プラム）
ハーブ類：ベネディクティン，シャルトリューズ，イエーガーマイスター，クレーム・ド・メンテ，ペパーミント・シュナップス

---

### リキュールを層状に重ねる

　リキュールの甘味づけに入れる糖分は，粘度と密度も高める．リキュールによってアルコール度および糖度が違い，密度が大きく異なるためグラスの中で層状に重ねることができるのである．密度の高いもの（鮮紅色のグレナディン，茶色のカルーア）は底に，密度の低いもの（琥珀色のコアントロー，緑色のシャルトリューズ）は上にとどまる．色が違って風味がよく合うリキュールを層状に重ねれば，楽しくてきれいな飲みものになる．果汁やシロップも同様に使うことができる．時間が経てばリキュールは拡散して混じり合い，やがて層は消えてしまう．

セノン，フェニルエチルアルコール）やバニラ臭（バニリン）もある．

## 風味づけした調合酒：ビターズとリキュール

アルコールは，脂肪に似た性質と水に似た性質を合わせもつことから，ほかの揮発性芳香成分の溶媒として優れている．固形材料から風味を抽出・溶解する力が大きい．ハーブ，スパイス，ナッツ，花，果実といった材料を，アルコールに浸けたり，アルコールとともに蒸留したりすることによって，風味づけしたものが数多く存在する．その代表がジンである．その他の多くは二つに大別される．その名の通り苦味をもつビターズ，そして加糖して甘味をつけたリキュールである．

**ビターズ（苦味酒）** 初めはワインを使って薬草を浸漬していたものが，現代のビターズの前身である．苦味づけとして用いられる材料には，南米のミカン科植物アンゴスチュラ（*Galipea cusparia*），大黄の根，ゲンチアナ（リンドウ属）などがある．苦味だけでなく香りもつける材料には，ニガヨモギ，カモミール，ビター・オレンジの皮，サフラン，ビター・アーモンド，ミルラ（*Commifera molmol*）などがある．ビターズの多くは複雑な調合酒である．薬草・香草を浸漬して作られるものもあれば，アルコール液とともに蒸留するものもある．現在よく使われるアンゴスチュラ・ビターズやペイショーズ・ビターズは，19世紀に作り出された調味料のような調合酒で，飲みものや料理に風味のアクセントとして加えられる．カンパリ（ビターズには珍しく甘味もある）やフェルネット・ブランカなど，食前酒や食後酒として飲まれるものもある．

**リキュール** 蒸留酒を砂糖で甘味づけし，ハーブ，スパイス，ナッツ，果実などで風味づけしたものである．蒸留酒にハーブ類を漬け込む場合もあれば，アルコールと一緒に蒸留する場合もある．クセのない穀物蒸留酒をベースに使うことが多いが，ブランデーやウィスキーを使ったものもある．コニャックにオレンジの皮を漬けたグラン・マニエ，スコッチ・ウィスキーに蜂蜜とハーブ類を加えたドランブイ，バーボン・ウィスキーにピーチ・ブランデーとモモを加えたサザン・コンフォートなどがある．生クリームを安定に混合したリキュールもある．

---

### アブサン

　アブサンは，ハーブ系の蒸留酒のなかでも特に有名である．ニガヨモギ（*Artemisia absinthium*）を主な風味づけに使った，淡緑色を帯びたアニス風味の酒である．ニガヨモギは苦味がきつく，ツヨンという芳香成分を含む．ツヨンは腸内寄生虫に対して駆除効果をもつが，高用量では人間の神経系，筋肉，腎臓に毒性を示す．19世紀後半のフランスではアブサンは非常に人気が高く，午後の「緑の時間」には，アブサンの上に角砂糖をかざし，その上から水を垂らし入れ，濁りゆくさまを楽しんだ．その情景は，多くの印象派の画家や若き日のピカソによって描かれている．アブサンは痙攣や精神異常を引き起こすという評判が広まり，1910年頃には多くの国で禁止された．代わりにニガヨモギを用いないアニス酒が出回るようになった．アブサンを多く飲んだときに現れたニガヨモギの毒性は，アブサンのアルコール度の高さ（約68％，通常の蒸留酒の2倍）によって増幅されたものと思われる．現在は多くの国でアブサンが解禁となり，人気が復活しつつある．

#### アニスやキャラウェイで風味づけした蒸留酒

セリ科植物の種子を使って主な風味づけをした蒸留酒は，甘いスイート・タイプと甘くないドライ・タイプがある．なかでもよく使われるのはアニスで，フランスのペルノやアニゼット，ギリシャのウーゾ，トルコのラク，レバノンのアラックなどが有名である．キャラウェイ・シードで風味づけしたものに，スカンジナビアのアクアヴィット（ドライ）やドイツのキュンメル（スイート）がある．透明のアニス酒に水や氷を入れると，驚くほど濁る．これは芳香性のテルペン化合物が，高濃度のアルコール溶液には溶けるが水には溶けないためである．アルコールが希釈されると，それまで溶解していたテルペンが油滴状に分離し，まるで牛乳中の脂肪球のように分散する．

## 酢

アルコール発酵液をそのまま放っておくと，最後には酢になる．アルコールが含まれていると，多くの微生物は生きられないので腐敗しにくい．だが，これにはよくある例外がある．酸素を使ってアルコールを代謝しエネルギーを得る細菌が存在し，その過程でアルコールは抗菌作用のはるかに強い酢酸へと変換される．酢酸は，今も昔も最も効果的な保存剤である．アルコールを含むワインが酸っぱくなることを，フランス語で「ヴィン・エーグル（酸っぱいワイン）」と言うが，これがヴィネグル（フランス語）そしてビネガー（英語）の語源である．

### ■ 古代の食材

発酵した植物の汁を放っておくとやがて酢酸が生じて酸っぱくなるわけだから，ワインと酢は一緒に発見されたはずである．ワイン作りでは実際に，できるだけ空気に触れないようにして酸っぱくなるのを遅らせることが大きな課題となる．紀元前4000年頃のバビロニアでは，ナツメヤシ・ワイン，レーズン・ワイン，ビールなどから酢を作っていた．それをハーブやスパイスで風味づけして，野菜や肉のピクルス漬けに使ったり，安全のために飲み水に入れたりしていた．ローマ時代には酢と水を混ぜた「ポスカ」という飲みものが普通に飲まれ，酢と塩水で野菜を漬け込んでいた．アピキウスによるローマ時代の料理本を見ると，酢に蜂蜜を合わせることも多かったようである．「食べものに味をつけ風味を高めるのに，これほど優れたものはない」とプリニウスは言っている．フィリピンには，ヤシの汁や熱帯果実から作った酢で，生の魚・肉・野菜を和える伝統的な料理がある．中国には，米や小麦などの穀物から作る複雑な風味の黒酢があり，穀物を煎ってから発酵させることもある．

かつては，ワインやその他のアルコール飲料がある程度入った容器をそのまま数週間から数ヶ月間放置して，自然に酸っぱくなるのを待っていた．より短時間で作られるようになったのは17世紀，ブドウの蔓を敷いてその上からワインを定期的に注いで空気に触れさせる方法がフランスで生まれた．18世紀には，オランダの科学者ヘルマン・ブールハーヴェが，通気床

---

**食物用語：vinegar（酢），acid（酸），acetic（酢のような）**

見た感じも聞いた感じも似ていないが，vinegarとacidおよびaceticは語源が同じで，インド・ヨーロッパ語で"鋭い"という意味のak-からきている．関連語には，edge（縁），acute（急性の），acrid（刺激性の），ester（エステル），oxygen（酸素）がある．酸素は酸を作り出すのに必要であると考えられていたことに関連している．

にワインを連続滴下する方法を考案した．19世紀にはルイ・パスツールが，伝統的なオルレアン製法（p.748）では微生物と酸素が重要な働きをしていることを明らかにした．パン酵母培養およびペニシリン製造における近代工程が，酢の醸造に応用されるようになったのは第二次世界大戦後で，現代の工業生産では酢の製造に1,2日しかかからない．

## ■ 酢酸の効力

酢酸には，舌で感じる酸味，そして鼻で感じる独特のにおい，という二つの風味要素がある．特に加熱した場合にはにおいが強まり，鼻にツンとくる刺激がある．酢の分子は，完全な分子と，水素イオンが遊離した形（解離型）の，二つの状態で存在しうる．主に水素イオンが酸味の本体であり，一方の完全型分子は揮発性なので空気中に飛び出し鼻を刺激する．完全型と解離型は共存し，その比率は化学環境によって決まる．食品がすでに酸性である場合，たとえば酒石酸を含むワイン酢などでは，酢酸は解離型が少なくて揮発性の完全型が多くなるので，香りが強まる．

酢酸は保存剤として特に効果的である．0.1%酢酸溶液（水250 mLに普通の酢5 mL）は，大半の微生物の増殖を阻害する．

酢酸の沸点は118℃と，水の沸点よりも高い．つまり，酢を沸騰させると酢酸が濃縮される．分子の半分は水よりも油に似た性質をもつので，ハーブやスパイスの芳香成分など，脂肪に類似した化学成分の多くは，水より酢酸に溶けやすい．こうした理由から，酢にハーブやスパイスを漬け込んで風味づけしたり，表面の油膜を拭き取るのに酢が使われたりするのである．

## ■ 酢酸発酵

酢を作るために必要なものは，アルコール溶液，酸素，そして細菌である．細菌はアセトバクター（*Acetobacter*）属またはグルコノバクター（*Gluconobacter*）属，主に利用されているのは *A. pasteurianus* と *A. aceti* である．これらの細菌はアルコールをエネルギー源として利用することができ，アルコール代謝の副産物として酢酸と水が生成する．

$$CH_3CH_2OH + O_2 \rightarrow CH_3COOH + H_2O$$
アルコール　　酸素　　酢酸　　　水

酢酸菌は酸素要求性なので，発酵液の表面に生育し，ほかの微生物とともに菌膜を形成する．*Acetobacter xylinum* はある種のセルロースを分泌し，特に厚い菌膜を形成する（ナタ・デ・ココはこれを利用した食品である，p.494）．酢酸菌は生育適温が高いので，酢の醸造は28〜40℃と比較的高い発酵温度で行われることが多い．

発酵開始時のアルコール濃度が，できあがる酢の安定性に影響する．アルコール濃度が約5%だと，発酵後の酢酸濃度は4%程度となり，これは酢酸溶液自体の腐敗を防ぐのに十分な濃度である．アルコール濃度が5%より高ければ酢酸濃度がさらに高くなり腐敗しにくくなるが，高濃度のアルコールが酢酸菌の生育を阻害するため発酵に時間がかかる．発酵に時間をかけず，残留アルコールを少なくするために，アルコール度10〜12%のワインは一般に水で希釈してから酢酸発酵を行う．ただし，ワインの風味成分も薄まってしまうので，水で希釈せずに時間をかけて発酵させるものもある．

酢酸

完全な酢酸分子，および酢酸イオンと水素イオンに解離した分子．完全型のみが揮発性であり，鼻に独特のにおいとして感じられる．アルカリ性の材料（卵白，重曹）に酢を加えると，酢酸分子が解離してにおいが弱まる．

## ■ 酢の製造

西洋における標準的な酢の製造法は3種類ある．

**オルレアン製法**　最も古く，簡単だが時間のかかる方法で，フランスのオルレアンで中世時代に確立された．ボルドーやブルゴーニュのワインをパリへ運ぶ途中に腐敗した樽の中身を，酢として利用するようにしたのがはじまりである．オルレアン製法では，希釈したワインを木の樽に空間を残して詰め，前回の発酵からとってあった酢酸菌膜を加え，発酵させる．定期的に酢の一部を抜き取って新たにワインを足す．アルコールが酢酸に変わるのは，空気に触れている液面に限られるため，この方法は時間がかかる．だが，ゆっくりと発酵する間にアルコール，酢酸，その他の成分が反応しあい，芳醇な風味となる．条件が整えば，2ヶ月で樽1杯分の酢ができあがる．

**滴下方式と液中培養による合理化法**　"滴下"方式では，空気を多く含んだ多孔性の素材（木の削りくず，合成素材）に酢酸菌を付着させ，そこにワインを繰り返し注ぐ．酢酸菌の働く表面が非常に大きくなり，液体は常に酸素と菌にさらされる．その結果，発酵は数日間に短縮される．三つ目の方法として，タンク内で液中通気しながら，自由に泳ぎ回る細菌で発酵を行う"液中培養"方式がある．この工業的生産法では，24～48時間でアルコールを酢酸に変換できる．

**発酵後**　ほとんどの場合，残った細菌をすべて殺菌するために65～70℃で加熱処理を行う．なかでも酢酸菌は，アルコールがなくなると酢酸を代謝して水と二酸化炭素を生成しはじめるので，酸度が落ちないためにも加熱する必要がある．多くは数ヶ月の熟成期間をかけて，風味にまろやかさをだす．酢酸その他の酸がさまざまな成分と反応して，より刺激の少ない化合物，時に芳香性の化合物に変わると考えられる．

## ■ 酢の種類

料理に使われる酢にはいくつかの種類がある．いずれも酢酸のにおいと刺激を基本とするが，それぞれに原料や熟成過程が違うので，風味もそれぞれ独特である．

**ワイン酢**　ブドウ果汁を酵母発酵させたものをベースにして作られる．したがって，酵母発酵で生じる芳香成分や旨味成分を含み，ワインのような風味がある．ワイン酢とリンゴ酢にはバター臭（ジアセチル，酪酸）が感じられる．バルサミコ酢やシェリー酢もワイン酢の一種である（p.749, p.750）．

---

### 自家製の酢作り

残ったワインや好みの果実を使って，家庭でも簡単に酢を作ることができる．上手く作るには，いくつかの注意点を踏まえておくとよい．甘味の強いものは置いておくだけで自然にアルコールや酸になるが，"天然"微生物は異臭を生じることもある．培養酵母と酢酸菌（市販品がある）をスターターとして加えるとよい．温度が高いほど（30℃ほどまで），そして空気と触れる液面が広いほど，早く酢になる．糖分が10％未満の果汁はアルコール度が5％を超えないので，最終的には酢酸度が4％より低くなる，つまり腐敗しやすい．こうした場合には初めに砂糖を加えて，アルコール度と酢酸度が高くなるようにする．

**リンゴ酢**　リンゴ果汁を酵母発酵させたものをベースにして作られる．したがって，リンゴ特有の芳香成分，そしてリンゴの発酵で特に強まる芳香成分が含まれる．そのなかには，ブドウのワインに動物臭や馬小屋臭を与える揮発性のフェノール化合物（エチルグアイアコール，エチルフェノール，p.712）もある．リンゴにはリンゴ酸が多く含まれるため，リンゴ酢醸造ではマロラクティック発酵（p.705）が起きることがあり，そうすると香りが強まり，酸味が柔らかくなる．リンゴ酢に含まれる果肉とタンニンが，タンニン－タンパク質複合体を形成して濁りやすい．

**果実酢**　普通の酢にリンゴなどの新鮮果実を入れて風味づけしただけのものもあるが，パイナップル酢やココナッツ酢など，新鮮果汁を発酵させたものもある．果実酢は，アルコール発酵および酢酸発酵を経た果実の風味が特徴的である．

**麦芽酢**　基本的にはホップを入れないビール，すなわち穀物と大麦麦芽から作られる．大麦麦芽の風味がある．ビール消費量の多い英国では，一番よく使われるのが麦芽酢であり，初めはエールガー（エール酢）と呼ばれていた．

**アジアの酢**　米酢と穀物酢があり，穀物を発芽させるかわりにカビ（麹菌）を使ってデンプンを糖化する（p.728）．中国酢は特に風味と旨味が強い．全粒を時に焙煎して原料とし，穀物の固形分を含めたままで発酵させ，カビ・酵母・細菌を除かずに熟成させることも多いので，アミノ酸などの有機酸や芳香成分が含まれる．

**ホワイト・ビネガー（合成酢）**　酢酸としての純度が最も高い．蒸留または天然ガスから化学合成した純粋アルコールで作られ，熟成は行わない．アルコール発酵で生じる芳香成分や旨味成分をほとんど含まない．合衆国では酢のなかで最も生産量が多い．主にピクルス，サラダ・ドレッシング，マスタードなどの工業生産製品の原料として使われている．

**蒸留酢**　合衆国では，蒸留アルコールで作ったホワイト・ビネガーのことである．英国では，ホップを入れないビールを酢酸発酵させ蒸留して酢酸を濃縮したものをさす．

**酢の酸度**　酢を多く使う料理では，酢の種類だけでなく酸度（酢酸含量）も指定すべきである．合衆国では，ほとんどの工業生産製品は酢酸5％に調整されているが，ワイン酢は多くが7％以上である．日本の米酢は酸度がやや弱く，4％程度である（合衆国の最低基準）．中国の黒酢は2％程度である．したがって，同じ量を使っても酢の種類が違えば酸度に2倍以上の開きがでる．

## ■ バルサミコ酢

イタリア語で「アチェート・バルサミコ」と呼ばれる本物のバルサミコ酢は特別である．色は黒に近く，シロップのようにとろりとして，甘味があり，風味がとても複雑で，そして驚く

---

### バルサミコ酢の使い方

伝統的なバルサミコ酢は，サラダ，焼いた肉や魚，フルーツ，チーズなど，料理の仕上げに少量を振りかけて使う．大量生産品は，スープやシチューの風味を深めたり，ドレッシングにまろやかさを出すなど，多めに使う料理に向いている．

ほど高価である．10年以上もかけて木の樽で発酵・熟成・濃縮されるためである．イタリア北部のエミリア・ロマーニャ州で中世時代から作られている．汎用の沈静剤や強壮剤，バルサム（香油）のようなものとして個々の家庭で自家製造されていた．産地内だけでなく世界中にその名が知られるようになったのは1980年代に入ってからで，この頃から手間を省略した安価な模造品が出回るようになった．「トラディツィオナーレ（伝統品）」とラベル表示できるのは，伝統的な長期熟成方法で作られたものだけである．

**伝統的なバルサミコ酢の製法**　伝統的なバルサミコ酢はワイン用ブドウを原料にしている．白ブドウのトレッビアーノ種，赤ブドウのランブルスコ種，その他にも多様な品種が用いられる．ブドウ果汁を約3分の1に煮詰める．溶解している糖と酸を合わせた濃度は約40％まで濃縮され，糖とタンパク質の間の褐変反応がはじまって風味と色が濃くなる（p.752）．煮詰めた果汁は最初の一番大きな樽に入れられる．大きなものから次第に小さいものへと段階的に樽を移しかえてゆくことになる（樽材はオーク，クリ，チェリー，ジュニパーなどさまざま）．これらの樽は屋根裏などに並べられ，地域の気候の変動にさらされる．夏の暑い時期には，濃縮された糖とアミノ酸が互いに反応して，焼いた食物のような芳香成分を生じる．また，発酵産物や副産物も互いに反応し合い，複雑な風味成分が生じる．水分が蒸発して濃縮され続ける（樽の中身の約10％が毎年減ってゆく）ので，一つ若い樽から中身を補充する．一番古い（小さい）樽から得られる最終的なバルサミコ酢は，平均の熟成期間が12年以上と決められている．ある推定によれば，伝統的なバルサミコ酢250 mLを作るのに必要なブドウは約36 kgとのことである．

酢酸発酵の前にアルコール発酵を行わない代わりに，酵母と細菌が一緒に活動して糖をアルコールに，アルコールを酢酸に変えてゆく．煮詰めたブドウ果汁には糖分と酸が高濃度に含まれ，微生物一般の生育が阻害されるため，この変換は数年をかけてゆっくりと行われる．アルコール発酵を行うのは *Zygosaccharomyces bailii* または *Z. bisporus* という珍しい酵母である．高濃度の糖および酢酸に耐えるよう適応したものである．アルコール発酵と酢酸発酵が同時に進行する過程で，熟成も進む．

できあがった伝統的なバルサミコ酢には，未発酵の糖分が20〜70％，酢酸が約6％，酒石酸やリンゴ酸などの不揮発性の酸が約4％，アルコールが約1％，グリセロールが最高12％ほど含まれる．アルコールは芳香を高める効果があり，酵母の発酵産物であるグリセロールはビロードのような粘りを与える．

調理用としてより気軽に使われる大量生産製品は，伝統的なものよりもかなり短時間で製造され，風味も弱い．こうした製品のなかでも，煮詰めたブドウ果汁や若いバルサミコ酢を原料に用いて，1年以上の熟成を行っている良質のものがある．安価なバルサミコ酢は，ワイン酢にカラメルで着色し，加糖しただけである．

## ■ シェリー酢

ソレラ熟成したスペインのシェリー酢は，普通のワイン・ビネガーとバルサミコ酢の中間である．糖分の残っていない若いシェリー酒が原料となる．シェリー酒やバルサミコ酢と同様に，シェリー酢も熟成度の違う樽の中身を段階的に混ぜ合わせ，樽は満杯にせず，何年も何十年も熟成させる．蒸発による濃縮，そして微生物や樽材との長期間の接触により，シェリー酢には旨味アミノ酸や有機酸，グリセロールが多く含まれる．古いソレラ樽では，酢酸濃度が10％以上に達する．シェリー酢はバルサミコ酢に比べれば色も旨味も薄いが，普通のワイン酢よりはかなり風味が濃く，ナッツの香りがする．

# 第 14 章
# 調理法および調理器具素材

| | | | | |
|---|---|---|---|---|
| **褐変反応と風味** | **751** | オーブン焼き：空気による | | |
| カラメル化 | 752 | 　対流熱伝達と放射 | 757 | |
| メイラード反応 | 752 | 煮る：水の対流 | 757 | |
| 高温・乾式調理法 | 752 | 蒸す：蒸気凝結による加熱と対流 | 759 | |
| 水分を含む食品中でのゆっくりとし | | フライパン焼き，ソテー：伝導 | 759 | |
| 　た褐変反応 | 753 | 揚げる：油の対流 | 759 | |
| 褐変反応の欠点 | 753 | 電子レンジ調理：マイクロ波放射 | 759 | |
| **伝熱形態** | **754** | **調理器具素材** | **760** | |
| 伝導伝熱：直接的接触 | 754 | 金属とセラミックスの性質の違い | 760 | |
| 対流伝熱：流体中の動き | 754 | セラミックス | 761 | |
| 放射伝熱：放射熱とマイクロ波の | | アルミニウム | 762 | |
| 　エネルギー | 755 | 銅 | 763 | |
| **食物の基本的な加熱法** | **756** | 鋳鉄と鋼鉄 | 763 | |
| 直火焼き（グリル，ブロイル）： | | ステンレス鋼 | 764 | |
| 　赤外線放射 | 757 | スズ | 764 | |

　直火焼きから電子レンジ加熱まで，基本的な調理法が食品に及ぼす影響はそれぞれに特徴がある．この章では，各調理法の加熱の仕組み，ならびに調理器具に用いられるさまざまな素材の特徴をまとめた．

　その前にまず，調理法を問わず食品を十分加熱したときに起きる重要な変化についてみてゆくこととする．ここまでのすべての章に出てきた褐変反応である．練乳，焼いた肉，チョコレート，ビール，その他さまざまな食品において，褐変反応は風味と見た目に大きく関わっている．

## 褐変反応と風味

　食品をある程度加熱すれば化学変化が起きて，その食品に本来備わっている風味が変化したり強まったりするものだが，褐変反応はその調理過程に特有の新しい風味を生み出す．色も褐色に変化することから，"褐変"反応と命名された．実際には，反応条件によって黄色，赤色，黒色などさまざまな色合いになる．

## ■ カラメル化

最も単純な褐変反応は糖のカラメル化であるが，これにしてもまったく単純ではない（p.635）．普通の砂糖，つまりショ糖分子だけを加熱すると，初めに溶けてシロップ状になり，その後ゆっくりと色がついてキツネ色から次第に濃褐色へと変わってゆく．それと同時に，初めはにおいがなくて甘いだけの風味に，酸味や苦味が加わり，強い香りがでる．こうした変化には多数の化学反応が関係していて，酸味のある有機酸，甘味成分や苦味成分，多様な揮発性芳香成分，褐色の重合体など，何百種類もの反応産物が生成する．この驚くべき変化は，キャンディーその他のさまざまな菓子類のおいしさのもとになる，好都合なものでもある．

## ■ メイラード反応

パンの皮，チョコレート，コーヒー豆，濃色ビール，焼いた肉など，本来は糖分の少ない食品を加熱したときの色や風味をだすのがメイラード反応，カラメル化よりもさらに複雑で好都合な反応である．ルイ・カミーユ・メイラードというフランス人医師が1910年頃に発見・報告したところから命名された．炭水化物分子（遊離の糖またはデンプン，ショ糖よりもブドウ糖や果糖の方が反応しやすい）とアミノ酸（遊離またはタンパク質鎖）が反応した後に一連の反応が続く．まず不安定な中間体構造が生成し，これがさらに変化を重ねて，何百種類もの副産物が生じる．その結果，色は褐色になり，強い風味が生まれる．メイラード反応で生じる風味はカラメル化の風味よりも複雑で，肉に近いものがある．アミノ酸が関係していることから，炭素・水素・酸素だけでなく窒素や硫黄も含まれた新たな分子群が生成し，それが奥行きのある風味を生むのである（下の図と次頁の囲み内参照）．

## ■ 高温・乾式調理法

カラメル化もメイラード反応も比較的高温で進行する．ショ糖のカラメル化は165℃前後，メイラード反応はこれよりも50℃ほど低い温度で加速する．最初に分子間相互作用を引き起こすためには大量のエネルギーが必要である．実際には，ほとんどの食品は乾式加熱したときに外側だけが褐色になる．水の温度は100℃以上にはならず，その後は蒸気化する（圧力鍋を使えば別）．したがって，煮る・蒸すなどの水を使った調理，そして水分を含んだ肉や野菜の内部では，100℃より高温になることはない．一方，焼いたり揚げたりすると，食品の外側は

糖のカラメル化（左；p.635参照）そして炭水化物とアミノ酸のメイラード反応（右）で生じる代表的な芳香分子．メイラード反応では，アミノ酸由来の窒素原子と硫黄原子が組み込まれた独特な環状構造が生成する．上から時計回りに，ピロール，ピリジン，ピラジン，チオフェン，チアゾール，オキサゾール．これら基本となる環状構造の炭素分子は，さまざまに修飾される．メイラード反応で生じる芳香は，青葉のにおい，花のにおい，土のにおい，肉のにおいなど，多彩である．

すぐに乾燥して周囲の温度と同じになる（160〜260℃程度）．つまり，同じ食品でも「湿式加熱」（煮る，ゆでる，蒸す，蒸し煮）により調理した場合には，「乾式加熱」（焼く，揚げる，オーブン焼き）と比べて色も風味も薄い．たとえば，煮込み料理で風味を強くするには，肉・野菜・小麦粉をよく炒めて焦げ目をつけた後に水分を加えるのがよい．一方，食材の風味を生かしたいときは，高温で焦がしてしまわないことが大切である．

## ■ 水分を含む食品中でのゆっくりとした褐変反応

基本的には褐変反応は水の沸点より高温を必要とするが，例外もある．水分を含む食品では，アルカリ性条件下，高濃度の炭水化物およびアミノ酸，長時間の加熱によってもメイラード反応が起こる．たとえば卵白は水分が90％もあるが，アルカリ性でタンパク質が多く，ほんのわずかにブドウ糖も含まれるため，半日弱火で煮続ければ茶色になる．ビール醸造のベースとなる大麦麦芽の水抽出液には，発芽穀物からくる反応性の高い糖とアミノ酸が含まれるため，何時間か煮れば色と香りが濃くなる．肉のストックも同じで，煮詰めればドゥミーグラスになる．パーシモン・プディング（アメリカの野生柿の果肉で作る菓子）も，ブドウ糖と重曹（アルカリ性）を合わせて長く加熱するため，黒に近い色になる．バルサミコ酢も何年もの熟成を経て黒くなる．

## ■ 褐変反応の欠点

褐変反応にはいくつかの不都合もある．まず，乾燥果実を室温に数週間から数ヶ月置いておくと次第に茶色がかってくる．これは炭水化物とアミノ基含有成分が特に濃縮されているためで（酵素的な変色も関係している），色と味が変わらないように少量の二酸化硫黄が添加されることが多い．また，アミノ酸が変化したり分解したりすることで，食品の栄養価がやや落ちるという欠点もある．

そして最後に，褐変反応の産物の中にはDNAに損傷を与える物質が含まれていることがわかっており，癌の引き金となる可能性がある．2002年，スウェーデンの研究者らによって，ポテトチップ，ポテトフライ，その他のデンプン性食品の揚げものには憂慮すべき量のアクリルアミドが含まれていることが報告された．アクリルアミドには発癌性があることが知られており，糖とアスパラギン（アミノ酸の一つ）が反応して生成すると考えられる．ただし，健康への影響がどの程度あるかについては不明である．揚げたり焦がしたりした食品は何千年も前からごく普通に食べられているものなので，公衆衛生

## カラメル化とメイラード反応で生じる風味

| カラメル化 | メイラード反応 |
|---|---|
| 甘味（ショ糖，その他の糖） | 旨味（ペプチド，アミノ酸） |
| 酸味（酢酸） | 花のにおい（オキサゾール類） |
| 苦味（複雑な分子） | タマネギや肉のにおい（硫黄化合物） |
| 果実臭（エステル類） | 緑色野菜のにおい（ピリジン類，ピラジン類） |
| シェリー臭（アセトアルデヒド） | チョコレート臭（ピラジン類） |
| バタースコッチ臭（ジアセチル） | ジャガイモや土のにおい（ピラジン類） |
| カラメル臭（マルトール） | |
| ナッツ臭（フラン類） | カラメル化による風味全般加味 |

上は特に大きな問題がないと推測される．また，ほかの褐変反応産物の中には，DNA 損傷に対して防御的に働くものも存在する．常識的に考えれば，焦がした肉や油で揚げたスナックなどは，毎日ではなくときどき食べるのがよいだろう．

## 伝熱形態

調理とは一般に，食材を生とは異なる形にする方法と言える．多くの場合は加熱する，すなわち熱源のエネルギーを食材に伝達することによって，食材中の分子の動きを速め，分子間の衝突を強め，分子同士を反応させて新しい構造や風味を作り出す．煮る，焼く，揚げる，炒める，といったさまざまな調理法は，熱を伝える媒体がそれぞれに大きく違い，したがって伝熱形態も異なる．伝熱形態は三つあり，これを知っていれば各調理法が食品にどのような影響を与えるのかについて理解しやすい．

### ■ 伝導伝熱：直接的接触

衝突あるいは運動を生じる運動（たとえば，電気的な吸引や反発）を介して，ある粒子から近くの粒子へと熱エネルギーが移動する過程を熱の「伝導」という．ある意味では最も直接的な伝熱形態と言えるが，異なる素材では熱伝導の仕方も違う．たとえば，金属は一般に熱伝導性が高い．金属原子は格子状の構造をとり動かないが，電子の一部は原子との結びつきが非常に弱いので，固体中で自由に動き回る電子"流体"または電子"ガス"になりやすく，電子の動きに伴って熱が運ばれる．この電子の動きやすさゆえに金属は導電性も高いのである．しかし，セラミックスのような非金属固体における熱伝導は不思議である．活発な電子の動きではなく（イオン結合や共有結合の化合物中では電子が自由に動き回ることはできない），個々の分子もしくは格子の一部が振動し，それが隣接領域に伝わることによって熱が広がってゆく．振動の伝達は，電子の動きに比べてかなり遅く効率も悪いため，非金属は一般に熱や電気の「伝導体」ではなく「絶縁体」と言われる．液体や気体は分子間隙が比較的大きいことから，伝導性が非常に低い．

素材の熱伝導性によって，熱したときの挙動が変わってくる．伝導性の高い素材でできた鍋は温まるのも冷めるのも早く，鍋底により均一に熱が分布する．加熱が均一でないと部分的に高温になり食材が焦げつきやすい．たとえば油で焼いたり，ソースやピューレを煮詰めたりするときに起こりやすい．

**食品中の熱伝導** 肉や魚や野菜など，固形食品の外側から中心に熱が伝わるのも，熱伝導による．食品の細胞構造は熱エネルギーの移動を妨げるので，どちらかというと絶縁体として振る舞い，温まるのが比較的遅い．上手な料理のポイントは，食品の外側だけ加熱しすぎることなく中まで丁度よく火を通すことである．食品によって火の通る早さが違うので，これは簡単なことではない．なかでも重要なのは食品の厚みである．厚さ 2 cm の肉は厚さ 1 cm の肉の 2 倍の調理時間がかかるようにも思えるが，実際には全体的な形も関係するので 2 倍から 4 倍と開きがある．小さめの塊はより短め，ステーキなど大きなものは長めになる．中心まで熱が伝わる時間を正確に割り出す方法はないので，火の通りをこまめにチェックするのが一番である．

### ■ 対流伝熱：流体中の動き

伝熱の三つの形態は伝導伝熱，対流伝熱，放射伝熱である．対流伝熱は流体（気体や液体）と固体との間の熱移動のことで，流体分子の動きで熱が伝わる対流とは分けて考える．

伝熱の形態の一つである「対流」では，流体中の分子が温かい部分から冷たい部分へと移動することによって熱が伝わる．流体は水などの

液体，もしくは空気などの気体である．活発な分子が空間のある部分から別の部分へと移動し，そこで動きのより遅い分子と衝突する．対流は影響力の大きい現象であり，風，嵐，海流，家庭の暖房，そしてコンロの上での湯沸かしなどにも関わっている．空気や水がエネルギーを吸収すると，分子運動が激しくなって膨張する，つまり密度が小さくなる．したがって，熱すれば上昇し，冷やせば下降する．

### ■ 放射伝熱：放射熱とマイクロ波のエネルギー

地球は太陽からの熱で暖められている．太陽エネルギーはどのようにして，1億5000万kmものほとんど何もない空間を超えて到達するのか？ 熱を伝導するものも対流を起こすものもないというのに．その答えは熱の「放射」，熱源と物体との直接の物理的接触を必要としない過程である．物質はすべて，絶えることなく熱を放射している．ただし，我々に感じられるのは，かなり熱い場合のみである．日光やコンロから感じる暖かさは熱放射によるものである．エネルギーを吸収した原子や分子が，より速い動きとしてではなくエネルギーの波として再び熱を放射する．

#### 放射熱は目に見えない「赤外線」放射である
思いもよらないことかもしれないが，放射熱は電波・マイクロ波・可視光・X線などと同類である．それぞれが「電磁波スペクトル」の一部，すなわち荷電した粒子（原子内の電子など）の動きによって生じる，さまざまなエネルギーをもった波である．粒子の動きが電場と磁場を生み出し，それが波として放射される，つまり広がってゆく．逆に，こうしたエネルギー波がほかの原子に当たって，原子の動きが増加する．熱放射が光に似ていることを初めて認識したのは，オーボエ奏者であり天文学者でもあるイギリスのウィリアム・ハーシェルである．1800年，プリズムで作った光スペクトルの端から端まで温度計を移動させたとき，赤色帯よりもさらに下側の光の見えない領域が最も高温であることに気がついた．このスペクトルの位置から，「赤外線」と呼ばれるようになった（英語では infrared，infra はラテン語で"下の"という意味）．

#### 放射の種類によってエネルギー量が異なる
放射の種類によってエネルギーが違い，したがって影響力も変わってくる．

- 最もエネルギーの弱い「電波」は，自由電子の動きを増加させることしかできない．したがって，電波を送受信するためには電子が動き回ることのできる金属製アンテナが必要となる．
- 次にエネルギーが弱いのは「マイクロ波」で，水などの極性分子の動きを速めることができる．（電波よりも波長が短いところからマイクロ波と呼ばれる．）食品の多くは水分子を多く含むため，マイクロ波放射は有効な加熱調理法である．
- その次が「熱放射」，調理における最も

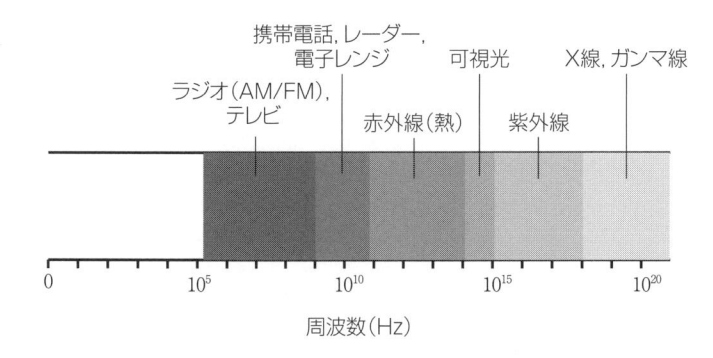

電磁波スペクトル．食品の調理にはマイクロ波と赤外線放射が利用される．（周波数単位：Hz（ヘルツ）とは1秒間の振動回数）

基本的な熱源である．極性の水分子だけでなく，炭水化物，タンパク質，脂肪などの非極性分子の動きを増加させる．

- 「可視光」と「紫外線」は，分子に結びついた電子の軌道を変えることができる．色素や脂肪の損傷につながる化学反応を引き起こし，古臭さや酸敗臭の原因となる．太陽の可視光・紫外線は，牛乳やビールの風味を損ない，また紫外線は日焼けや DNA 損傷や発癌につながる．
- 「X 線」と「ガンマ線」は物質を貫通し，「イオン化」すなわち分子から電子を奪い取る．ある種の素粒子ビームを制御すれば，光路上の DNA を損傷して微生物を殺すことができるので，食品の"非加熱"殺菌や滅菌に応用されている．

**有用な熱放射は高温で発生する**　すべての分子はある程度振動しているので，我々の周囲にあるすべての物質は，常にいくらかの赤外線を放射している．物体の温度が高いほど，光スペクトルのより高い領域で，より多くのエネルギーを放射する．したがって，可視光を放射しない金属よりも，赤熱した金属のほうが熱く，さらに黄色っぽく見えるほうが熱い．赤味を帯びはじめる約 980℃ より下では，赤外線放射の割合は比較的低い．したがって，赤い炭や電熱線やガス火で煮炊きするときのようなかなりの高温でない限り，熱放射による調理は遅い．オーブンやフライパンで焼く場合の一般的な温度範囲では，赤外線放射よりも伝導や対流が中心となる．ただしオーブン温度が上昇すると，オーブン庫内壁面から放射される熱の割合が高まる．オーブン内の食品を側面や天井に近づけたり，逆にアルミホイルで覆ったりすることで，放射熱の当たる量を調節できる．

## 食物の基本的な加熱法

3 種類の伝熱形態のどれか一つだけが関係した例というのは，日常的な場面ではほとんど見かけない．加熱用の調理器具はすべて多少の熱放射を伴うし，普通の調理法では固体容器（伝導）と液体（対流）も一緒に使用する．鍋に入

---

### 電磁誘導（IH）を利用した調理

　加熱法のなかでも革新的なのが，電磁誘導（IH）加熱である．ガスコンロや電気コンロに代わるものとして，鍋を加熱することによりその熱で食品を加熱する．電磁誘導加熱では，セラミックス製のレンジ台の下にはワイヤーコイルがあって，そこに高周波交流（25,000～40,000 Hz；1 秒間に 25,000～40,000 万回の周期で電流の向きが交互に変化する）を流す．電流によって生じる磁場は，コイルからやや離れた場所まで広がり，交流電流と同じ周波で向きが変わる交流磁場が発生する．鉄（鋳鉄・鋼鉄）や 18-0 ステンレス（18-0；フェライト系と呼ばれる特定の結晶構造をもつ）などの磁性材料で作られた鍋をコイル付近に置くと，交流磁場によって鍋に交流電流が"誘導"され，電流の動きによって熱が急速に発生する．

　電磁誘導加熱が従来のガスコンロや電気コンロよりも優れている点は二つある．一つは，電子レンジ加熱と同じように，エネルギーが周囲の空気に逃げることなく，すべて加熱対象物に吸収されるという効率のよさである．もう一つは，高温になるのは鍋とその中身だけだということである．セラミックス中の電子は磁場の影響を受けて自由に動き回ることができないため，コイルを覆っているセラミックス表面は鍋底で間接的に温まるにすぎない．

れた水をコンロの上で加熱するだけでも，電熱コンロならば放射と伝導，ガスコンロならば放射と対流熱伝達が関わっており，さらに鍋の伝導と水の対流が加わる．それでも，調理法ごとに主要な伝熱形態があって，使用する調理媒体とともに，食品に与える影響には特徴がみられる．

## ■直火焼き（グリル，ブロイル）：赤外線放射

最も古い調理法は，たき火や炭火で焼くことだが，その現代版と言えるのがグリルやブロイルなどの直火焼きである．熱源が食品の下にあるのがグリル焼き，上にあるのがブロイル焼きである．食品と熱源との距離が特に大きい場合などは，空気の対流も多少関わってくるが，ブロイル焼きは主に赤外線放射による加熱である．直火焼きに使われる熱源はすべて可視光を放射すると同時に，赤外線エネルギーも強く放射する．赤い炭や電気器具のニッケルクロム合金は1100℃に達し，ガス火は1600℃に近い．一方，オーブン庫内壁面は250℃を超えることがほとんどない．熱い物体から放射されるエネルギー総量は，絶対温度の4乗に比例する．したがって，1100℃の炭や金属線から放射されるエネルギーは，250℃のオーブン庫内壁面と比べると40倍以上になる．

この膨大な熱量は，直火焼きの最大の利点であると同時に一番の難点でもある．表面を素早く完全に焦がすことができるので，強い風味がつく．だが一方で，表面への放射速度と内部への伝導速度との格差が非常に大きい．したがって，ステーキの表面だけが焦げてしまい中心はまだ冷たい，ということになりがちである．

直火焼きで上手く調理するには，外側の焼ける速度と内への伝導速度とが釣り合うように，食材を熱源から遠ざける．あるいは，初めに強火で外側を焼いた後，熱源から離すか弱火にして中まで十分に火を通す．

## ■オーブン焼き：空気による対流熱伝達と放射

オーブン（窯）焼きでは高温環境の中に食品を密閉し，内壁からの熱放射と熱い空気の対流熱伝達によって食品を加熱する．食品の表面が乾燥しやすいので，ある程度の高温であれば表面に焦げ目をつけることができる．一般にオーブン庫内温度は150〜250℃と水の沸点よりも高いが，煮るのに比べると熱伝達効率は非常に悪い．ジャガイモをオーブン加熱するよりもゆでるほうがずっと短時間ですむ．250℃における熱放射も空気による対流熱伝達も，食品への伝熱が遅い．オーブン庫内の空気の分子密度は，水の分子密度よりもはるかに低く，したがって高温分子が食品に衝突する頻度は，熱湯中よりもオーブン庫内でのほうがはるかに少ない（オーブンの中に手を入れてもすぐに火傷しないのはこのためである）．対流式オーブンは，送風装置で空気の動きを速め，熱伝達速度を高めるので，調理時間が大幅に短縮される．

オーブン調理には専用の容器が必要であることから，料理法としては比較的新しいと考えられる．紀元前3000年頃のエジプトで，パン作りの技術が進歩するとともに窯焼き技術も生まれたとみられる．粘土で作った円錐形の窯の中に炭を積み重ね，窯の内壁にパンを貼りつけて焼いていた．各家庭に簡単に設置できる比較的小型の金属製の箱，つまり近代的なオーブンが生まれたのは19世紀後半である．それ以前は，肉の調理はほとんど直火焼きで行われていた．

## ■煮る：水の対流

煮るという調理法のなかでも弱火で煮る場合には，食品は熱湯の対流によって加熱される．熱湯の温度は海抜0mで最大でも100℃（沸点）なので，こうした"湿式"加熱では通常，褐変反応が起こりにくい．温度が比較的低いにもかかわらず，煮るというのは非常に効率のよい調理法である．食品の全表面が加熱媒体に接

しており，水分子の密度は十分に高いので，常に食品に衝突してエネルギーを与え続ける．

調理法としては直火焼きの次，窯焼きよりも前にはじまったと考えられる．水を通さず火にも強い容器が必要であることから，今から1万年ほど前に陶器が発達した後で生まれたとみられる．

**沸点：確実な目安**　加熱温度を知り，一定に保ち，同じ加熱温度を正確に再現することは一般に難しい．我々の感覚はもちろん，サーモスタット（温度自動調節器）や温度計でさえも間違いはある．水を加熱媒体に用いる最大の利点は，沸点が常に一定であるということ（海抜0mで100℃），そしてそれが目に見えることである．水が沸騰すると泡立つ．なぜならば，鍋の水を温めていき沸点近くになると，最も高温である鍋底の水分子が気化して蒸気になり，周囲の液体よりも密度が軽くなる．（ごく最初にできる小さな泡は，冷水に溶解していた空気が，温度上昇に伴い溶けにくくなったもの．）沸点において，鍋に与えられた熱は液体の水を水蒸気にするのに使われる．このとき水の温度は変わらない（p.787）．激しく沸騰する湯の温度は，フツフツと静かに沸騰している湯よりもわずかに高いだけで，液体がすべて気体になってしまうまで変わらない．

**沸点は標高に依存する**　物理的環境が一定であれば水の沸点は一定であるが，場所によって，さらには同じ場所でも異なる場合がある．すべての液体の沸点は液面にかかる大気圧によって決まる．圧力が高いほど，分子が液中から逃げて気体になるために必要なエネルギーが大きく，したがって沸点は高くなる．標高が300m上がる毎に沸点は1℃下がり，そして温度が低いほど調理時間は長くなる．実際に，低気圧が通過する際には沸点が下がり，高気圧が通過する際には沸点が上がる（最大1℃近く）．

**圧力調理：沸点を上げる**　圧力鍋を使って素早く調理できるのも，同じ原理を応用している．

圧力鍋は沸騰水から発生する蒸気を閉じこめ，液面での圧力を高めることによって沸点を上げ（約120℃），これにより加熱時間を短縮する．地下6000mの穴の底で鍋の水を沸騰させたとすれば，ちょうどこれと同じ温度になる．

圧力鍋は17世紀，フランスの物理学者ドニ・パパンによって発明された．

**砂糖や塩を溶かすと沸点が上昇する**　塩，砂糖，その他の水溶性物質を純水に加えると，その溶液の沸点は上昇し，凝固点は降下する．いずれも，溶解粒子が水分子を希釈し，水が液体から気体，もしくは液体から固体に変わるのを妨げる．また，砂糖の分子や塩のイオンは熱エネルギーを吸収するがそれ自身は気化しないことも，沸点上昇に関係してくる．通常の水の沸点では，液から逃れて蒸気化するのに十分なエネルギーをもった水分子が少なくなり，さらに多くのエネルギーを与えなくてはならないのである．沸点上昇および凝固点降下の程度は，砂糖や塩などの溶解成分の濃度から算出することができる．飴やアイスクリームを作るときには，これを理解しておくと便利である．

水に塩を加えると沸点が上がるので，調理時間が短くなるのは事実である．ただし，沸点をほんの1℃上げるために，1Lの水に対して60g近くもの塩を加える必要がある（海水とほぼ同じ濃度）．ボストンと同じ沸点をデンバー（標高約1600m）で実現しようとすれば，1Lの水に200g以上の塩を加えなくてはならなくなる．

**沸点より低温での調理**　沸騰水の温度は一定であるため便利ではあるが，沸点が必ずしも最適な加熱温度ではない．魚全般そして肉の多くでは，理想的な食感が得られる温度は60℃前後である．もし沸騰水で調理すれば40℃も高くなり，中まで火が通ったときには外側が加熱しすぎでパサパサになってしまう．これを防ぐには湯の温度を下げればよいが，そうすると調理時間も長くなる．温度計で測って80℃ぐらいが，仕上がりの食感も調理時間もほどほどによ

い結果となる．

## ■ 蒸す：蒸気凝結による加熱と対流

蒸気は水と比べれば密度が低く食品との接触頻度は少ないものの，この効率の低さはエネルギー獲得量の多さで補われる．水を蒸気にするには大量のエネルギーが必要とされ，逆に蒸気が冷たいものについて凝結する際には同じだけのエネルギーが放出される．よって蒸気分子は運動エネルギーだけでなく，気化エネルギーをも食品に与える．つまり，蒸すということは，食品の表面をすばやく沸点まで熱し，沸点を維持することである．

## ■ フライパン焼き，ソテー：伝導

フライパン（鍋）で焼いたり炒めたりする方法は，油を引いた高温の鍋（175～225℃）からの伝導が中心となる．この加熱温度ではメイラード反応が起きて風味がつく．油脂にはいくつかの役割がある．デコボコな食品表面を熱源にぴったりと接触させること，潤滑油となり焦げつきを防ぐこと，そしてある程度の風味づけである．煮る場合と同じで，中まで火が通る前に外側を加熱しすぎないようにしなくてはならない．高温により表面はすぐに脱水する（油で焼くのは"乾式"調理法と言える）が，内側の水分は保たれるので100℃以上にはならない．外側と内側の調理時間の差を少なくするため，一般には食材を薄くする．また，初めに高温で表面を焼いてから，火を弱めて中まで火を通すということもよく行われる．外側だけ焼きすぎないようにする別の方法は，油で焼くと風味のでる材料で食材を包むことである．パン粉や衣などを断熱材のように使って，中の食材が高温に直接さらされないようにする．

いつ頃から油で焼いたり炒めたりするようになったかについては，はっきりとしない．旧約聖書のレビ記2章にある捧げものの規定では，窯で焼いたパンと，"鉄板の上"または"鍋の中"で焼いたパンを区別しており，これは紀元前600年頃にさかのぼる．紀元後1世紀にプリニウスは，酢に浸してから油で焼いた卵を脾臓病の薬として記録している．そして14世紀，イギリスの詩人ジェフリー・チョーサーの時代には，油で焼くことが普通に行われ，それが比喩に使われている．バースの女房は四番目の夫についてこう言っている．

> 私は，彼自身の油で，彼を焼いてやったのです．
> 怒りや，そしてまさに嫉妬から．
> 神にかけて！　私は彼のこの世での煉獄だった．
> だから，彼の魂が今は天国にあることを望んでいます．

## ■ 揚げる：油の対流

同じ油を使った調理法でも，焼いたり炒めたりするのと違う点は，食品を油の中に完全に浸してしまうことである．調理技術としては煮ることとよく似ている．基本的な違いは，油は水の沸点（100℃）よりもかなり高温に達するので，食品の表面が脱水して焦げ目がつくことである．

## ■ 電子レンジ調理：マイクロ波放射

電子レンジ（マイクロ波調理）は電磁放射を介して熱を伝達するが，マイクロ波のエネルギーは真っ赤な炭から放射される赤外線の1万分の1にすぎない．この違いが独特の加熱効果をもたらす．赤外線はエネルギーが高く，ほぼすべての分子の振動運動を高めるが，マイクロ波は極性分子のみに影響を与える (p.766)．極性分子の電気的な偏りが一種のハンドルのようになり，放射線が分子を動かしやすいのである．したがって，水を含む食品はマイクロ波によって直接かつ迅速に加熱される．電子レンジ庫内の空気は非極性分子からなり（窒素分子，酸素分子，水素分子），容器も非極性素材なので（ガラス，磁器，炭化水素鎖でできたプラ

チック），マイクロ波の影響は受けない．加熱された食品の熱で間接的に温まるだけである．

電子レンジの仕組みは次のようになる．ラジオの送信機によく似た発振器を使ってレンジ庫内に電磁場を作り，その向きを1秒間に9億1500万回または24億5000万回の周期で交互に変化させる（電子レンジの発振周波数は一般に2450 MHz，$1 MHz = 1 \times 10^6 Hz$：アメリカでは915 MHzも使用されている）．ちなみに壁面コンセントからの家庭用電源は60 Hz（東日本では50 Hz），FMラジオの周波数は100 MHz付近である．食品中に存在する極性の水分子は電磁場に沿って配向するが，電磁場の向きが周期的に変化するのと一緒に，水分子も振り子のように振動する．この水分子のエネルギーの一部が熱として周囲の分子に伝わり，食品全体の温度が急速に上昇する．

金属製のアルミホイルや調理器具も，ある程度の大きさがあるものならば，水分を含む食品と一緒に電子レンジに入れても問題はない．ただし，アーク放電が起きないように金属同士や金属と庫内壁面との距離を開けること．金装飾の高級な陶磁器などは電子レンジにかけるとスパークして傷つくことがある．魚の切り身の端の薄いところなどをアルミホイルで覆えば，その部分だけマイクロ波を遮ることができて便利である．

電子レンジが開発されたのは近年のことである．1945年，米国のレイセオン社（マサチューセッツ州，ウォルサム）で働いていたパーシー・スペンサー博士は，マイクロ波でポップコーンを作ることに成功し，マイクロ波調理に関する特許を申請した．マイクロ波は当時すでに，通信や航法機器のほか，透熱療法すなわち関節炎患者の深部温熱療法にも利用されていた．1970年代には電子レンジは一般的な電化製品となった．

**マイクロ波の長所と短所** マイクロ波照射が赤外線よりも大きく優れている点は，食品をより早く加熱することである．マイクロ波は食品内部に2.5 cmほど浸透するのに対し，赤外線エネルギーはほぼすべてが食品表面で吸収される．伝熱として受け取った熱は速度の遅い熱伝導によってのみ内部へと伝わるので，ずっと深くまで到達することのできるマイクロ波には敵わない．マイクロ波はこの内部浸透性と，周囲に熱を分散せず食品だけを集中加熱する特性により，エネルギー利用効率が非常に高いのである．

マイクロ波調理には欠点もいくつかある．一つは肉を調理する場合，加熱が早すぎると肉汁の損失が大きくなってパサつき，しかも火の通り具合を調節するのが難しい．電子レンジのスイッチを入れたり消したりしてゆっくりと加熱することで，ある程度は補うことができる．もう一つの問題は，食品の表面が内部よりも高温になることはないので，食品を脱水させないようにして焦げ目をつけることはできないことである．電子レンジ調理用の特殊な食品包装では，放射を集中させる薄い金属シートが使われているものがあり，この場合は食品表面が高温になって焦げ目がつきやすい．

## 調理器具素材

最後に，鍋やフライパンの素材に関して簡単に説明する．一般的に調理器具に必要とされる基本特性は二つある．まず，食品の味や可食性に変化を及ぼさないよう，表面が化学的に不活性であること．そして，局部的に高温となり食品が焦げつかないよう，熱を均一かつ効果的に伝えることである．単一素材でこの二つの特性を併せもつものはない．

### ■ 金属とセラミックスの性質の違い

上述したように，固体中の熱の伝導はエネルギー電子の動き，もしくは結晶構造の振動によ

る．電子が動き回り熱を伝えやすい素材は，表面の別の原子に電気を渡してしまいやすい．すなわち，金属のように熱伝導性のよいものは，一般に化学反応性が高い．同様に，不活性な化合物は熱伝導性が悪い．セラミックスは安定な不活性の化合物が混じり合ったもので（酸化マグネシウム，酸化アルミニウム，二酸化ケイ素など），電子は共有結合によって強く結びついている．したがって，セラミックス中の熱伝導は効率の低い振動を介するために遅い．コンロの上で直接強火にあてると，セラミックスはエネルギーを均一に分散できず，高温部は膨張しても低温部はそのままなので，機械的ストレスがかかってひびが入ったり割れたりする．こうした理由から，セラミックス製の調理器具は一般にオーブン専用か（オーブン内は温度が極端に高くならず熱も分散している），または熱を均一に分散させるために表面を薄い金属層で覆ってある．

**金属表面に自然にできるセラミックス皮膜**　調理器具によく用いられる金属の多くは，何もしなくても自然にごく薄いセラミックス皮膜で覆われることがわかっている．金属電子は移動性であり，酸素は電子を捕捉しやすい．金属が酸素にさらされると，表面の電子が空気中の酸素と自動的な反応を起こし，非常に安定な金属酸化物を形成する．（一般に「曇り」と呼ばれる銀や銅の変色には，空気中に汚染物質として含まれる硫黄が関係している．）金属酸化物の皮膜は非反応性であるとともに強度もある．酸化アルミニウムは，結晶化すればアルミナ粉と呼ばれる研磨剤になり，またルビーやサファイヤの主成分でもある（宝石の色はクロムやチタンなどの不純物による）．ただし，こうした自然皮膜は分子数個分の厚みしかないので，調理中に傷ついたり摩耗したりしやすい．

鍋の表面の金属酸化を応用した冶金技術が二つある．一つは，アルミニウムを化学処理して0.03 mm ほどの皮膜を作り上げ，傷つきにくくする技術である．もう一つは，鉄を錆びにくくするために，硬い酸化皮膜を形成する別の金属を混ぜて，ステンレス鋼を作る技術である（p.764）．

以下に，調理器具の素材としてよく用いられているもの，それぞれの長所と短所をまとめた．

## ■ セラミックス

**陶器，磁器，ガラス**　セラミックスとは，さまざまな金属酸化物の混合物であり，ケイ素，アルミニウム，マグネシウムなどが含まれる．「ガラス」もセラミックスの一種で，成分組成は比較的一定，二酸化ケイ素を主成分とする．比較的最近まで，天然鉱物を原料として作られていた．「セラミック (ceramic)」の語源はギリシャ語で「陶土」を意味する言葉である．粘土を練り固めて焼いた簡単な「陶器」は，ちょうど植物の栽培や動物の飼育がはじまった時期でもある約9000年前にさかのぼる．陶器よりも通水性が低くなめらかな「炻器（ストーンウェア）」は，ケイ素がある程度含まれ，高温で焼き固めて部分的にガラス状態となったものである．炻器が最初に作られたのは紀元前1500年以前の中国とみられる．唐代（紀元618〜907年）には，カオリン（高陵）と呼ばれる白い陶土にケイ酸塩鉱物を混ぜて高温の窯で焼き上げた，白く半透明の「磁器」が生まれた．この高級なセラミックスは，17世紀の紅茶貿易とともにヨーロッパにもたらされた．イギリスでは当初"チャイナウェア"と呼ばれ，後には"チャイナ"と言えば磁器のことをさすようになった．この時代にはまだ成形ガラスや吹きガラスの容器は作られていなかったが，ガラスの塊から根気よく彫りだしたものが存在し，それは4000年前の中近東にさかのぼる．

**セラミックス製鍋の性質**　セラミックス素材は特に化学的安定性に優れている．不活性であり，腐食に強く，食品の風味やその他の特性に影響しない．（唯一の例外として，陶土や釉薬（うわぐすり）には神経毒性のある鉛が含まれていることがあり，酸性食品に浸出する可能性

がある．鉛含量の高い陶土や釉薬を使った輸入品による鉛中毒が時に報告される．）セラミックス製鍋は直火で使用すると割れることもあり，弱火で均一に加熱するような調理，特にオーブン料理や蒸し煮などに使われることが多い．耐熱ガラスは酸化ホウ素（$B_2O_3$）を加えて熱膨張率を3分の1近くに抑えたもので，熱衝撃に強いがそれでも絶対に割れないわけではない．

**ほうろう** 鉄などの金属表面にガラス粉末を焼きつけて薄い皮膜にしたのが「ほうろう」である．19世紀初期に鋳鉄表面を処理したのがはじまりで，今ではほうろう加工された金属が日用品，化学産業，醸造産業，浴槽など，広く利用されている．調理器具としては，金属が熱を均一に分散させる一方で，セラミックス層（ガラス層）は十分に薄いので膨張して均一に接触し，食品が直接金属と触れないようにする．ほうろうは比較的丈夫だが，取扱いには注意が必要である．熱いうちに冷水に浸けるとセラミックス層が欠けることもある．

**低熱伝導性の利点** セラミックス素材の熱伝導性の低さは，食品の温度を保ちやすいという長所でもある．熱伝導性の高い銅製やアルミ製の鍋は，すぐに熱を放出してしまうが，セラミックス製は熱を保持できる．同様に，内壁がセラミックス製（煉瓦）のオーブンは，加熱が非常に均一である．オーブン温度が上昇する間に，内壁は徐々に熱を吸収して大量のエネルギーを蓄える．そして食品を中に入れると蓄えていたエネルギーを放出するのである．現代式の金属製オーブンは熱エネルギーをあまり蓄積できないので，熱源をつけたり消したりして調節している．そのため温度変化が激しく，高温で焼くパンやその他の料理が焦げやすい．

## ■ アルミニウム

アルミニウムは地殻中に存在する金属元素のなかでは最も多いにもかかわらず，鍋やフライパンの素材として使われるようになったのはこの1世紀ほどである．純粋な形で自然界に存在することはなく，1890年まではアルミニウム鉱石の精錬技術が十分に発達していなかった．

---

### ノンスティック加工とシリコン製「焼き型」

20世紀半ばにノンスティック加工用の素材が産業開発され，1960年代にはノンスティック加工の調理器具が作られるようになった．テフロンおよびその関連素材は，長い炭素鎖骨格からフッ素原子が突き出した構造の合成樹脂（重合体）である．つるりとなめらかな表面を作り，中程度の調理温度ではセラミック同様に不活性である．だが250℃を超えると分解し，さまざまな不快ガスや有毒ガスが生じる．したがって，ノンスティック加工された調理器具は熱しすぎないように注意する．加工表面は傷がつきやすく，そうなると食品がくっついてしまう．

1980年代からは，耐熱シリコン製の柔軟なシートや焼き型が，焼き菓子作りなどで使われるようになった．金属製の天板の上に敷くものや，金属製の焼き型の代わりに使うものがある．シリコンも長鎖分子であり，ケイ素原子と酸素原子が交互に並んだ骨格から，脂肪様の小さな炭素鎖が突き出ている．この骨格構造が柔軟性をだし，疎水性の側鎖が防水効果を発揮して，常に油を塗ったかのような表面を作り出している．調理用のシリコンは240℃以上で分解するので，ノンスティック加工製品と同様に熱しすぎないよう注意する．

調理器具では一般に，少量のマグネシウムや時に銅を混ぜたアルミニウム合金が用いられる．アルミニウムの利点は，比較的安価なこと，熱伝導性が銅に次いで二番目に高いこと，そして低密度なので軽くて扱いやすいことである．アルミホイルや飲料水のアルミ缶などに大量に使われていることからも，アルミニウムの利便性が見てとれる．ただし，アルマイト（陽極酸化）処理をせず薄い自然酸化皮膜のみの場合には，食品中の反応性成分（酸，アルカリ，卵を調理すると発生する硫化水素など）が金属表面を容易に透過し，さまざまなアルミニウム酸化物・水酸化物（灰色や黒色のものもある）を生じる．これは色の薄い料理では変色につながる．現在では，ほとんどのアルミ製調理器具がノンスティック加工もしくはアルマイト加工されている．アルマイト加工とは，硫酸などの電解質溶液中でアルミニウム製品を陽極にして電流を流し，表面を強制的に酸化させて厚い酸化皮膜を作る方法である．

### ■ 銅

一般的な金属のなかでも，自然界に金属の形で存在するという点で，銅は特殊である．したがって，道具を作る材料に用いられはじめたのも金属のなかでは最も早く，今から1万年ほど前のことである．調理器具としては，そのずば抜けた熱伝導性ゆえに，素早く均一に加熱できる．ただし，熱伝導性が高いことから電気回路の材料としての需要が高いため，銅は比較的高価である．また，酸素および硫黄に対する親和性が高いので，空気にさらしておくと表面が緑がかってきて，常に磨き上げておくのが大変である．最も注意すべきなのは，銅製の調理器具は有害となりうるという点である．酸化皮膜が多孔性や粉状のこともあり，液状の食品に銅イオンがしみ出しやすい．銅イオンは卵白の泡を安定にし（p.101），調理した野菜の緑色を鮮やかにするなどの利点もある．だが，人間の身体が排出できる銅の量は限られており，大量に摂取すれば胃腸障害や，極端な場合には肝障害を起こすこともある．銅製のボールで泡立てたメレンゲをたまに食べてもまったく差し支えないだろうが，表面加工がされていない銅製鍋を毎日の料理に使うのは勧められない．この問題を解決するために表面をステンレス層で覆ったり，スズメッキを行ったりするが，スズにはそれ自体の制限もある．（p.764）

### ■ 鋳鉄と鋼鉄

鉄が発見されたのは比較的遅い．鉄は主に酸化物として地殻中に存在しており，純粋な形での鉄は，おそらくは鉄鉱石が露出した場所で火を焚いたときなどに偶然見つかったと思われる．紀元前3000年頃から鉄器時代にかけての，数々の鉄加工品が出土している．紀元前1200年頃にはじまったとされる鉄器時代には，銅や青銅（銅とスズの合金）も使われていたが，鉄が日常的に特に多く使われるようになった．「鋳鉄（キャスト・アイアン）」とは，硬度を増すための炭素が約3%含まれた鉄の合金で，ケイ素もある程度含まれる．「炭素鋼」は炭素含有率がこれよりも低く，薄く延ばすことができるように熱処理をして強度・硬度を高めている．調理器具素材として鋳鉄と炭素鋼が優れている点は，安さと安全性である．鉄は過剰に摂取してもすぐに体外に排出され，むしろ多くの人では鉄分の補給になる．一番の難点は腐食しやすいことだが，シーズニングを行い（下記）常にやさしく洗うように気をつければ防ぐことができる．アルミニウムと同じく，鋳鉄や炭素鋼でも食品が変色することがある．鉄は銅やアルミニウムよりも熱伝導性が悪い．だがこの熱伝導性の低さと，アルミニウムよりも密度が高いことから，鋳鉄製の鍋は同じような形のアルミニウム製の鍋と比べると熱を多く吸収し長く蓄えることができる．鋳鉄製の厚手の鍋は，加熱が均一で安定である．

**鋳鉄と炭素鋼の「シーズニング」** 鋳鉄と炭素鋼の鍋は，意図的に保護皮膜を作り上げることで表面を腐食しにくくすることができる．表面

に食用油を塗って何時間か加熱するこの作業は「シーズニング（慣らし）」と呼ばれる．金属表面の孔や亀裂に油が浸透して，空気と水が入り込めなくなる．そして熱と金属と空気中の酸素により脂肪酸が酸化し，互いに結合（重合）して，乾燥して硬く密な層を形成する．（油絵の具や木材保護用のワニスに利用される亜麻仁油などの乾性油が，空気中で酸化して固化するのと同じ．）大豆油やトウモロコシ油などの高度不飽和脂肪は特に酸化・重合しやすい．この皮膜がはがれてしまわないように，中性洗剤や必要であれば塩などの溶解性の研磨剤を使って丁寧に洗う．強い洗剤やたわしなどは使用しない．

## ■ ステンレス鋼

金属は表面に酸化皮膜を形成するが，鉄はこの例外であり，酸素と水分があると錆びてしまう．橙色をした酸化鉄と水の複合体（$Fe_2O_3 \cdot H_2O$）は粉末状で薄膜を作らないので，金属表面を保護して空気を遮断することはできない．ほかの方法で保護しない限り，鉄は腐食し続ける（ゆえに純粋な鉄は自然界に存在しない）．鉄という安価で豊富な素材を錆びにくくしようとした結果，19世紀には「ステンレス鋼」が開発された．ステンレス鋼とは鉄と炭素の合金で，調理器具用のものには一般にクロムが18％とニッケルが8～10％含まれている．クロムは非常に酸化しやすく自然に厚い酸化皮膜を作るので，常に光り輝いている．ステンレス鋼では，酸素が表面のクロムと優先的に反応するため，鉄が錆びることはない．

この化学的安定性を得る代わりに欠点も生じる．ステンレス鋼は鋳鉄や炭素鋼より高価なうえに，熱伝導性も落ちる．大量に入れられる異質原子によって金属が構造的・電気的に不規則となり，電子の動きが妨げられるからである．ステンレス鍋の伝熱を均一にするため，鍋の下面を銅で覆ったり，底部に銅やアルミニウムの層を挟んだり，表面のすぐ下側に高伝導層を入れた層状構造にしたりする．こうした改良は製品コストをさらに引き上げることになるが，化学的には不活性で熱伝導性に優れた理想の調理器具に最も近いと言える．

## ■ スズ

銅と組み合わせて機械的強度を高めた合金，すなわち青銅に使われたのがはじまりと考えられる．現在では一般に，銅製製品の内面に無毒性・不活性のメッキ皮膜を作るためにしか使われない．利用が限られる理由として，次の二つの不便性が挙げられる．一つは，融点が230℃と低いことである．調理によってはこの温度以上になることもある．もう一つは軟化して摩耗しやすいことである．スズ合金には「白目（しろめ）」と呼ばれるものがあるが，現在はあまり使われていない．これは，スズを主成分にかつては鉛を加えていたが，今は鉛の代わりにアンチモン7％と銅2％を入れている．

# 第 15 章
# 基本となる四つの食物分子群

| | | | | |
|---|---|---|---|---|
| 水 | 766 | 炭水化物 | 774 |
| 　水は分子間の引力が強い | 766 | 　糖 | 775 |
| 　水は他の物質をよく溶かす | 766 | 　オリゴ糖 | 775 |
| 　水と熱：氷から蒸気まで | 767 | 　多糖類：デンプン，ペクチン，ゴム | 775 |
| 　水と酸度：pH | 768 | タンパク質 | 777 |
| 脂肪，油，および関連物質：脂質 | 769 | 　アミノ酸とペプチド | 777 |
| 　脂質は水と混ざらない | 769 | 　タンパク質の構造 | 778 |
| 　脂肪の構造 | 770 | 　水中でのタンパク質 | 778 |
| 　飽和脂肪と不飽和脂肪，水素添加，トランス脂肪酸 | 771 | 　タンパク質の変性 | 779 |
| 　脂肪と熱 | 773 | 　酵素 | 780 |
| 　乳化剤：リン脂質，レシチン，モノグリセリド | 774 | | |

　本章では，食物および調理において化学的な主役を演じる四つの分子群について特徴をまとめた．ここまでの各章でも繰り返しでてきた分子である．

- 「水」はほぼすべての食物，そして我々自身の身体の主要成分である．食物の風味・テクスチャー・安定性を変えるための加熱媒体でもある．水溶液の特性の一つである酸度・アルカリ度は，風味に関わっており，またほかの食物分子の性質にも大きく影響する．
- 「油脂」，およびこれらに類似した化学的特性をもつ物質は水と拮抗する．生物および食物の構成成分であり，加熱媒体でもあるという点では水と同様である．しかし，化学的性質が大きく異なるため，水とは混ざり合わない．生物は，水様性の細胞内容物を脂肪様物質で包み込むことにより，この相性の悪さをうまく解決している．調理ではこの性質を利用して，食品をカリッと香ばしく揚げたり，微細な脂肪滴でソースのトロミづけをしたりする．脂肪は芳香があり，新たな芳香を生むこともできる．
- 「炭水化物」，特に植物性の炭水化物には，糖，デンプン，セルロース，ペクチンなどが含まれる．一般には水とよく混ざり合う．糖は食物の風味に多く関係し

ており，デンプンや細胞壁炭水化物はカサ高さとテクスチャーを与える．
- 「タンパク質」は変化しやすい食物分子で，特に乳や卵，肉や魚といった動物性食品に特徴的である．熱，酸，塩，そして空気によってさえも，タンパク質分子の形と性質は劇的に変化する．チーズ，カスタード，塩漬け肉，加熱肉，発酵パンなどのテクスチャーはすべてタンパク質分子の変化によるものである．

## 水

水は最も馴染み深い化学成分である．水素2個と酸素1個（$H_2O$）のわずか3個の原子からなり，基本の食物分子のなかでは最も小さくて単純である．水の重要性については，あらためて強調するまでもない．地球上の大陸と気候を形作っているという事実はさておき，人間をはじめとする全生命は水溶液中に存在する．生命が35〜40億年前の海の中で誕生したことの名残である．人間の身体は重さの60%が水であり，生肉では75%，果実や野菜では95%にもなる．

### ■ 水は分子間の引力が強い

普通の水の示す重要な特徴の数々は，個々の水分子が電気的な偏り（極性）をもつという事実からきている．水分子は一端が正電荷を帯び，その反対側が負電荷を帯びている．これは，酸素原子の電子吸引力が水素原子に比べて強いためと，水分子の形状がV字型をしているためである（1個の酸素原子に2個の水素原子が偏ってついている）．酸素側は負の電荷をもち，水素側が正の電荷をもつ．この極性ゆえに，水分子中の酸素は別の水分子中の水素と引き合う．電気的な引力が働いて二つの分子が接近しその状態に固定されることを「水素結合」という．氷の結晶中および液体中では，1個の水分子が常に1〜4本の水素結合を形成している．ただし，液体中の水分子は水素結合を切るのに十分な運動エネルギーをもっているので，水素結合は一時的なものであり，形成と切断を常に繰り返している．

分子間に水素結合が形成されやすいという水の性質が，生命および料理においてさまざまな影響を与えている．

### ■ 水は他の物質をよく溶かす

水素結合は水分子間だけに限らない．ある程度の電気的極性がある，すなわち正電荷と負電荷の分布が不均一な他の物質とも，水は水素結合を形成する．水以外の主な食物分子は，いずれも水に比べてかなり大きく複雑であるが，そのうち炭水化物とタンパク質は極性領域を有す

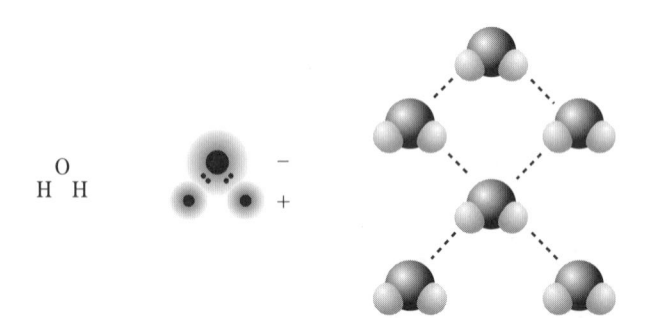

水分子．水分子は酸素原子1個と水素原子2個からできている．酸素原子と水素原子は電子を共有するが，電子吸引力は酸素原子のほうが強い（中央：小さな黒点で示されているのが電子）．したがって，水分子は電気的な偏りをもつ．正電荷と負電荷の中心がずれているため，一つの分子の正電荷側と別の分子の負電荷側との間に弱い結合が形成する．この分子間の弱い結合を水素結合という（右：点線で示した）．

る．こうした極性領域には水分子が引き寄せられ凝集する．炭水化物やタンパク質などの高分子が水分子に取り囲まれれば，高分子同士は引き離される．ひとつひとつが水分子集団によってほぼ完全に覆われるとき，その物質は水に「溶解」していると言われる．

### ■水と熱：氷から蒸気まで

分子間の水素結合は，水による熱の吸収・伝達に大きく関係している．低温では，水は固体の氷として存在し，分子は規則正しい結晶構造に固定されている．温度が上がると溶けて液体となり，さらに温度が上がると気化して蒸気となる．それぞれの過程には水素結合が関係している．

**氷は細胞を傷つける**　ある物質の固相は液相よりも密度が高いのが普通である．分子同士の引力が分子の動く力に打ち勝つと，分子の形状ごとに決まっている密な配列をとって固まる．ところが水の固相中では，水素結合が均等に分布するように分子の並び方が決定づけられる．その結果，液相中と比べて分子間隔は11分の1ほど広がる．冬の寒い時期に水道管が破裂するのは，水が凍って膨張するためである．ビールをすぐに冷やそうと冷凍庫に入れたまま忘れてしまうと，ビール瓶が割れてしまう．残ったスープなどを容器に入れて冷凍する場合，膨張する余裕がないほどに詰めれば容器が割れる．生の植物組織や動物組織を冷凍すると，細胞が壊れて溶かしたときに液がしみ出す．冷凍する際に，成長する氷の結晶が細胞膜や細胞壁を破り，結晶が溶けると細胞内の液が外に出てしまうのである．

**液体の水は温度上昇が遅い**　水分子間に水素結合が存在するため，水は「比熱」が大きい．比熱とは，単位重量の物質の温度を1℃上昇させるために必要なエネルギー量のことである．すなわち，水は温度が上昇する前に多くのエネルギーを吸収する．たとえば，水1gを1℃上げるのに必要なエネルギーは，鉄1gを1℃上げるのに必要なエネルギーの10倍である．鉄鍋をコンロにかけてさわれないほど熱くなっても，水はやっとぬるくなった状態である．熱エネルギーが水分子の動きを速めて温度を上昇させる前に，まず分子間の水素結合を切断して分子が自由に動き回れるようにしなければならないからである．

---

### 硬水：溶けているミネラル

水は他の物質をよく溶かすので，蒸留水を別とすれば純粋な水として存在することはまれである．水道水は成分の変動が大きく，水源（地下水，湖水，河川水）や浄水処理（塩素処理，フッ素処理，その他）などが大きく影響する．水道水に含まれるミネラルでは，カルシウムおよびマグネシウムの炭酸塩（$CaCO_3$，$MgCO_3$）または硫酸塩（$CaSO_4$，$MgSO_4$）が多い．カルシウムイオンもマグネシウムイオンも，石けんと反応して不溶性の石けんかすになるので，シャワー口や急須などに硬くこびりついてしまう．このような水は硬水と呼ばれ，野菜の色や食感，パン生地の硬さなどに影響してくる（p.273, p.519）．硬水を軟らかくすることは，自治体単位でも家庭でもできるが，その方法は二つある．石灰を加えてカルシウムとマグネシウムを沈殿させることができる．あるいは，イオン交換装置を使ってカルシウムとマグネシウムをナトリウムに置換することもできる．普通の水を沸騰させ，蒸気を凝結して集める蒸留水は，不純物をほとんど含まない．

こうした水の特性から、人間の身体、鍋に入れた水、海などといった水の塊はすぐに熱くならずに多くのエネルギーを吸収することができる。調理に関してみれば、ふたをした鍋に入れた水を特定の温度まで加熱するためには、油の2倍の時間がかかる。逆に、火を止めてからも水の温度は下がりにくい。

**液体の水は気化する際に大量の熱を吸収する**
水の「気化熱」が並外れて高いのも、水素結合が関係している。気化熱とは、温度上昇を伴わずに液体が気体に変わるとき、周囲から吸収するエネルギーのことである。汗をかくと身体が冷えるのは、皮膚の表面で水分が蒸発するときに、多くのエネルギーを吸収して空気中に持ち出すからである。古代文明でもこの原理が応用されており、飲み水やワインを多孔性の土器に入れ、水分が蒸発し続けることで冷やしていた。プリンやカスタードをオーブンで焼く場合に天板に張った水の中に容器の底を浸したり、浅い液体に浸した肉を低温のオーブンで長時間焼いたり（オーブン・ロースト）、ふたをせずにスープ・ストックを長時間煮込んだりするのは、いずれも水の気化熱を利用した穏やかな加熱法である。

**蒸気が凝結する際には大量の熱を放出する**
気化とは逆に、蒸気が冷たい表面に当たって凝結するときには、気化熱と同じだけの大量の熱を放出する。同じ気体でも、ただの空気と比べると蒸気は非常に効果的かつ迅速な調理法である。100℃のオーブンに手を入れた場合、熱くて我慢できなくなるまでにはある程度の時間がある。ところが、蒸気の場合は数秒で火傷してしまう。パンを焼くときは、はじめに発生する蒸気が生地を大きく膨らませ（窯伸び）軽い仕上がりになる。

### ■ 水と酸度：pH

**酸と塩基** 水の分子式は $H_2O$ だが、純水中であっても酸素と水素の別の組合せが存在する。

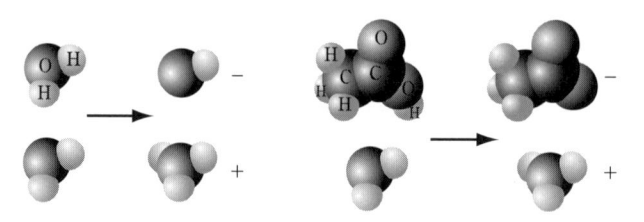

酸. 酸とは、反応性の水素イオン（プロトン）を水中に放出する分子の総称である。中性の水分子はプロトンを受け取って正に荷電し、酸自身は負に荷電する。左：水は弱酸である。右：酢酸

---

### pHの定義

溶液のpHは「モル濃度（1L当たりのモル数）で表した水素イオン濃度の負の対数」と定義される。ある数字の対数とは、その数字にするための10の指数（累乗）である。たとえば、純水中の水素イオン濃度は $10^{-7}$ モル/L であるから、pHは7になる。濃度が高いほど指数の数字部分は小さくなるので、酸性が強いとpHは7より小さくなる。逆に酸性が弱いとpHは7より大きくなる。pHが1小さくなるということは、水素イオン濃度が10倍になることである。pHが1大きくなれば、水素イオン濃度は10分の1になる。pH5の溶液中には、pH8の溶液の1000倍の水素イオンが存在する。

物質中の化学結合は形成と切断を常に繰り返しており，水も例外ではない．水は低頻度だが"解離"し，一つの水分子から水素が離れて近接した完全型水分子に再結合する．その結果，負に荷電した$OH^-$と正に荷電した$H_3O^+$が生成する．普通の条件では，解離した状態で存在する分子はごく小数であり，$2 \times 10^{-7}$%前後である．数字は小さいが影響は大きく，比較的自由に動くことのできる水素イオン（$H^+$；正電荷の基本単位でプロトンとも呼ばれる）が存在することにより，溶液中の他の分子に劇的な影響を与えうる．周囲にプロトンが数個あって安定化される構造も，多数のプロトンに囲まれた場合には不安定になることもある．プロトン濃度が非常に重要であることは，人間がプロトン濃度を推測する特殊な味覚をもっていることからもわかる．溶液中にプロトンを放出する化合物群を「酸」と呼ぶ．acid（酸）の語源はラテン語で"酸っぱい"という意味のacreである．プロトンを受け取り，これを中和させる相補的な化合物群を「塩基」または「アルカリ」と呼ぶ．

酸と塩基の特性は，我々の日常生活に常に関わっている．ステーキ，コーヒー，オレンジ，人間が口にする食物の多くが弱酸性である．そして加熱媒体の酸性度は，果実や野菜の色や，肉や卵タンパク質のテクスチャーなどを大きく左右する．酸性度を示す何らかの測定値があれば明らかに有用である．溶液の酸性度を示すために考え出された簡単な尺度がpHである．

**pHスケール** pHとは，溶液中のプロトン活性を示す標準測定値で，デンマークの化学者S. P. L. セーレンセンが1909年に考案した．基本的には，分子数をパーセント表示すると非常に小さな数字になるので，これをより使いやすい形にしたものである（p. 768，囲み内参照）．pHは0から14までで，中性の純水，すなわちプロトン（$H^+$）と水酸化物イオン（$OH^-$）の数が等しい状態をpH 7とする．pHが7より小さければプロトンが多いことを示し，溶液は酸性である．pHが7より大きければプロトン受容基が多いことを示し，溶液はアルカリ性である．代表的な溶液の標準pHを以下に挙げる．

| 溶液 | pH |
|---|---|
| 人間の胃液 | 1.3～3.0 |
| レモン果汁 | 2.1 |
| オレンジ果汁 | 3.0 |
| ヨーグルト | 4.5 |
| コーヒー（無糖） | 5.0 |
| 牛乳 | 6.9 |
| 卵白 | 7.6～9.5 |
| 重層水溶液 | 8.4 |
| 家庭用アンモニア液 | 11.9 |

## 脂肪，油，および関連物質：脂質

### ■ 脂質は水と混ざらない

脂肪や油は「脂質」と呼ばれる大きな化学物質群の一員である．油脂は料理に欠かせない．風味を加え，心地よいなめらかさを与える．多くの食品にしみ込んで構造を弱め，軟らかくする．加熱媒体として水の沸点よりもかなり高温での加熱を可能にする．そして食品の表面を乾燥させ，カリッとした食感と強い風味を生み出す．こうした性質の多くは，脂質の基本的な特性によるものである．すなわち，脂質は水と化学的特性が大きく異なり，脂質と水は混じり合わない．この特性ゆえに，生命の誕生以来ずっと，細胞機能において脂質が主要な役割を担ってきたのである．水と混じらないため，水様性の細胞内容物との境界，すなわち膜を作ることができる．この機能を果たしているのは主にリン脂質である．調理において微細な脂肪滴の膜を作るために用いられるレシチン（p. 774）と似ている．脂肪や油は，動物および植物体内で濃縮されたコンパクトな化学エネルギーとして合成され蓄積される．同じ重さの糖やデンプンに比べるとカロリーが約2倍ある．

脂肪，油，リン脂質のほかに，$\beta$カロテンや

類似の植物性色素，ビタミンE，コレステロール，ワックスなども脂質の仲間である．いずれも生物によって作られ，炭素鎖を中心としてそこから水素原子が突き出した構造をもつ．1個の炭素原子は4本の結合を形成することができるので，炭素鎖の中の任意の炭素原子は，炭素原子2個と水素原子2個を結合していることが多い．

この炭素鎖構造が決定的な要因となって，脂質は水に溶けない．炭素鎖は「疎水性」である．炭素原子と水素原子は共有電子を同程度の力で引き合うため，酸素−水素結合とは違って炭素−水素結合は非極性であり，したがって炭素鎖全体も非極性である．極性の水分子と非極性の脂質を混ぜ合わせると，水分子同士は水素結合を形成し，長い脂質鎖同士は弱く結合しあい（ファン・デル・ワールス結合，p. 785），水と脂質は分離する．油は水と接する面積が最小限となるよう集まって大きな塊を作り，小滴にはなりにくい．

違う種類の脂質同士は，化学的性質が似ているので溶け合うことができる．ニンジンのβカロテンやトマトのリコピンといったカロテノイド色素や，脂質尾部を有する未分解のクロロフィルなどは，水よりも油に色をつけやすいのはこのためである．

このほかにも脂質に共通する特徴が二つある．一つは，油特有の粘り気とベタつきで，これは炭化水素の長い分子同士が弱い結合を多数形成することによる．そして分子がカサ高く密度が低いために，すべての天然脂肪は（固体でも液体でも）水に浮く．水は分子間の強い水素結合により低分子がぎゅっと詰まっているので密度が高い．

## ■ 脂肪の構造

脂肪と油はいずれも「トリグリセリド」と呼ばれる化合物であるが，唯一の違いは融点である．室温で液体のものを油，固体のものを脂肪として区別する．本書では油脂一般の総称として，「トリグリセリド」という化学用語ではなく，「脂肪」または「油脂」を用いている．油は液体状の脂肪ということである．油脂は調理に欠かせない．その粘り気が料理にしっとりとしたコクをだし，沸点が高いので褐変反応の強

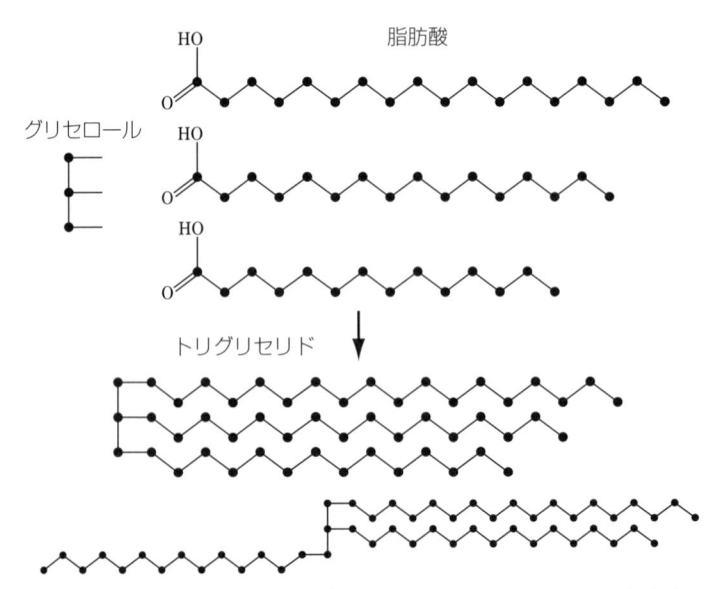

脂肪と脂肪酸．脂肪酸は主に炭素原子の鎖からなる．（炭素原子は黒点で示してある．各炭素原子には水素原子が2個結合しているが図では省略してある．）脂肪分子は「トリグリセリド」であり，グリセロール1分子と脂肪酸3分子が結合したものである．脂肪酸の酸性の基はグリセロールと結合して中和されているので，トリグリセリドには極性の親水末端がない．脂肪酸鎖はグリセロールを支点に回転し，イス型配置をとりうる（下）．

い風味（p.752）をだすには理想的な加熱媒体となる．

**グリセロールと脂肪酸**　天然油脂はトリグリセリド（他の脂質も微量に含まれているが），すなわち，脂肪酸3分子とグリセロール1分子が結合したものである．炭素3個がつながったグリセロールが共通の枠組みとなり，ここに脂肪酸分子が3個まで結合できる．脂肪酸は1本の長い炭化水素鎖で，一方の端についた水酸基（−OH）がプロトン（$H^+$）を放出しうることから命名された．この酸性の基を介してグリセロールの枠組みに脂肪酸が結合したのが，グリセリドである．1個のグリセリロール分子に脂肪酸が1個結合すればモノグリセリド，2個でジグリセリド，3個でトリグリセリドとなる．グリセロールに結合しない状態では，脂肪酸の酸性の側は極性を示し，水と同じように遊離脂肪酸も水分子とある程度の水素結合を形成することができる．

　脂肪酸の炭素数は4〜35個程度だが，食物中に多く存在するのは14〜20個である．各トリグリセリド分子の特性は，三つの脂肪酸の構造とグリセロールへの結合位置によって決まる．そして脂肪の特性は含まれるトリグリセリドの種類と割合による．

## ■ 飽和脂肪と不飽和脂肪，水素添加，トランス脂肪酸

**飽和の意味**　"飽和"および"不飽和"脂肪酸という言葉は，食品の栄養表示などによく見られ，食事と健康に関する議論でもよく登場するものの，その意味についての説明はあまりない．"飽和"脂肪とは，炭素鎖が水素原子で飽和されている，すなわち限界いっぱいに水素が結合しているものである．炭素間の結合はすべて一重結合で，末端以外のすべての炭素原子には水素分子が2個ずつ結合している．"不飽和"脂肪は炭素間の結合に一つ以上の二重結合が存在する．二重結合している炭素原子は，水素分子を一つしか結合することができない．二重結合が二つ以上ある脂肪を"多価不飽和"脂肪という．

**脂肪の飽和度と粘稠度**　飽和度は脂肪の特性に影響する．二重結合が脂肪酸鎖の形状および規則性を大きく変え，化学的・物理的性質が違ってくるためである．飽和脂肪酸の構造は非常に規則正しく，完全に真っ直ぐな状態になること

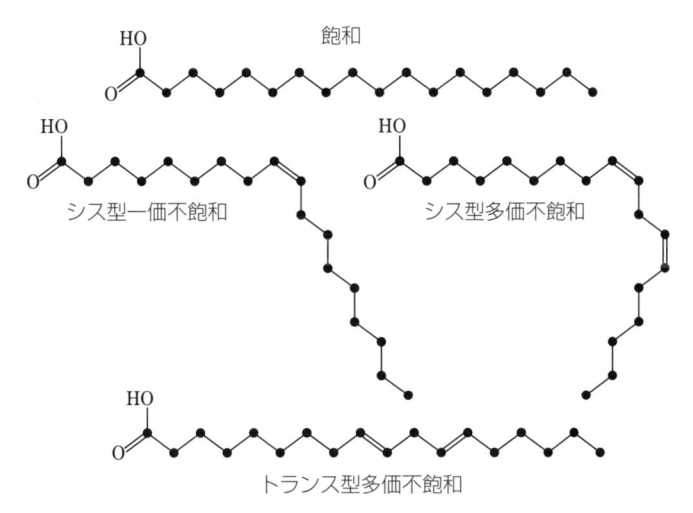

飽和脂肪酸と不飽和脂肪酸．不飽和脂肪酸は炭素鎖内に一つ以上の二重結合を有し，その部分で折れ曲がった構造が固定される．二重結合のこの不規則な構造ゆえに，不飽和脂肪酸はコンパクトな結晶になりにくく，同じ温度では飽和脂肪酸よりも軟らかい．植物油を硬化するための水素添加反応では，シス型不飽和脂肪酸の一部をトランス型不飽和脂肪酸に変換する．トランス型は折れ曲がりが少なく，調理および体内における挙動は飽和脂肪酸に近い．

ができる．しかし炭素間に二重結合が入ると通常の結合角が乱され，鎖はそこで折れ曲がってしまう．2ヶ所以上で折れ曲がれば巻いた構造にもなる．

　不規則で違った構造の分子が集まるのと比べて，規則正しく同じ構造の分子が集まれば，整然と密接に配列する．折れ曲がった不飽和脂肪よりも，直鎖飽和脂肪酸からなる脂肪のほうが，秩序立った固体構造に落ち着きやすい（この過程は"ジッパリング"と呼ばれる）．動物性脂肪は飽和脂肪と不飽和脂肪が半々なので，室温では固体である．一方植物性脂肪は不飽和脂肪が約85％含まれ，室温では液体である．動物性脂肪のなかでも牛肉やラム肉の脂肪は，豚肉や鶏肉のものと比べて明らかに硬いが，これはトリグリセリドの飽和度が高いことによる．

　脂肪の融点を左右するのは二重結合だけではない．短鎖脂肪酸は"ジッパリング"されにくいので，脂肪の融点を下げる傾向にある．そして脂肪酸の構造が多様なほど，そうしたトリグリセリドの混合物は液体になりやすい．

**脂肪の飽和度と酸敗臭**　飽和脂肪は安定でもあり，不飽和脂肪に比べて酸敗が遅い．不飽和脂肪の二重結合がある場所は，鎖の片面が水素原子で保護されていない状態にある．炭素原子が反応性分子にさらされ，そこで鎖が切断されれ

### 食品および調理用油脂中の飽和脂肪酸と不飽和脂肪酸

総脂肪酸含量中の脂肪酸の割合を％で示す．

| 食品・油脂 | 飽和脂肪酸 | 一価不飽和脂肪酸 | 多価不飽和脂肪酸 |
|---|---|---|---|
| バター | 62 | 29 | 4 |
| 牛肉 | 50 | 42 | 4 |
| ラム肉 | 47 | 42 | 4 |
| 豚肉 | 40 | 45 | 11 |
| 鶏肉 | 30 | 45 | 21 |
| ココナッツ油 | 86 | 6 | 2 |
| パーム核油 | 81 | 11 | 2 |
| パーム油 | 49 | 37 | 9 |
| カカオ・バター | 60 | 35 | 2 |
| 植物性ショートニング | 31 | 51 | 14 |
| 綿実油 | 26 | 18 | 50 |
| 固形マーガリン | 19 | 59 | 18 |
| ソフトマーガリン | 17 | 47 | 31 |
| ピーナッツ油 | 17 | 46 | 32 |
| 大豆油 | 14 | 23 | 58 |
| オリーブ油 | 13 | 74 | 8 |
| トウモロコシ油 | 13 | 24 | 59 |
| ヒマワリ種子油 | 13 | 24 | 59 |
| ブドウ種子油 | 11 | 16 | 68 |
| カノーラ油 | 7 | 55 | 33 |
| 紅花油 | 9 | 12 | 75 |
| クルミ油 | 9 | 16 | 70 |

ば短い揮発性断片ができる．空気中の酸素はちょうどこのような反応性分子であり，脂肪を含む食品の風味が落ちる主な原因である．ほかの食材からの水や金属原子も，脂肪の分解を進め酸敗臭がでやすくする．脂肪の飽和度が低いほど，酸敗しやすい．牛肉の脂肪は飽和度が高くて安定なため，鶏肉，豚肉，ラム肉と比べると賞味期間が長い．

　不飽和脂肪が分解して生じる揮発性断片のなかには，独特のよい香りをもつものもある．青葉をすりつぶしたときのにおいやキュウリのにおいは，いずれも膜リン脂質の分解物によるもので，酸素だけでなく特殊な植物酵素によっても生じる．揚げものの独特なにおいには，高温で生じる特定の脂肪酸分解物も関係している．

**水素添加：脂肪の飽和度を変える**　液状の種子油を原料にした固形状のショートニングやマーガリンが1世紀以上前から作られている．使いやすい硬さをだし，日持ちをよくするためである．いくつかある製造法のうち，最も簡単で多く用いられているのは，不飽和脂肪酸を人工的に飽和させるというものである．これは不飽和鎖に水素を加えることから「水素添加」または「硬化」とも呼ばれる．油に少量のニッケルを触媒として加え，高温高圧で水素ガスにさらす．一定量の水素が吸収された後に，ろ過してニッケルを除去する．

**トランス脂肪酸**　水素添加工程では，不飽和脂肪酸内の折れ曲がりが真っ直ぐになるのは，水素原子の付加だけではなく二重結合の立体構造変化による場合も含まれることがわかっている．二重結合がよじれて曲がり具合が少なくなるのである．このような分子は化学的には不飽和のまま，つまり二重結合が残っているが，折れ曲がりの強いシス型構造から直線的なトランス型構造に変わっている（p.771の図を参照）．「シス」とはラテン語で"こちら側"，「トランス」とは"向かい側"を意味し，二重結合の隣り合う水素原子同士の位置関係を表している．トランス脂肪酸は折れ曲がりが少ないため，構造的には飽和脂肪酸に近い．脂肪が結晶化しやすく固まりやすい．また，トランス型は酸素が反応しにくいので安定性も高い．ただし残念ながら，トランス脂肪酸は血中コレステロール値を上昇させるという点でも飽和脂肪に似ており，これが心疾患に関わってくる（p.36）．加工食品中のトランス脂肪酸含量に対する規制は今後強まってゆくと考えられ（アメリカでは2006年からトランス脂肪含有量の食品表示が義務づけられている），トランス脂肪酸を生じない硬化技術が導入されつつある．

## ■ 脂肪と熱

　ほとんどの脂肪は融点がはっきりと決まって

$\omega$-3脂肪酸

リノレン酸

エイコサペンタエン酸

$\omega$-3脂肪酸．不飽和脂肪酸のうち，二重結合が末端（OH基の反対側）から三番目の炭素と四番目の炭素の間にあるものを$\omega$-3脂肪酸という．（最も多い不飽和脂肪酸は$\omega$-6脂肪酸である．）主に免疫系および心血管系の正常な機能に必要とされる必須脂肪酸である．リノレン酸は，二重結合を3個含む炭素数18の不飽和脂肪酸で，緑色野菜や一部の種子油に含まれる．エイコサペンタエン酸は5個の二重結合を含む炭素数20の不飽和脂肪酸で，これを含む食品は魚介類にほぼ限られる（p.179）．

おらず，広い温度範囲で徐々に軟らかくなる．温度が高まるにつれて，脂肪分子の種類ごとに違った温度で融解し，全体構造はゆっくりと弱まってゆく．（6種類の結晶構造を有するカカオ・バターはおもしろい例外である，p.678）．このような性質は特にケーキや焼き菓子を作る際に重要であり，室温でバターが塗りやすい軟らかさになるのとも関係している．

脂肪が溶けて液体になった後はやがて気体になるが，260～400℃というかなり高温にならないと気化しない．沸点が水よりもかなり高いのは，脂肪分子が大きいことと間接的に関係している．脂肪分子は水素結合を作らないが，炭素鎖間に弱い結合が生じる（p.785）．脂肪分子はその長い炭素鎖に沿って多数の結合を形成するため，ひとつひとつは弱くても全体としての影響は大きい．したがって，分子同士を引き離すには大きな熱エネルギーが必要になるのである．

**発煙点**　多くの油脂は沸点より低い温度で分解しはじめ，煙霧がガス火に接触すればコンロ上で自然発火することもある．そのため，調理用油脂の使用最大温度は限られてくる．脂肪が分解して，目に見えるガス状の産物を生じる特性温度を「発煙点」と呼ぶ．煙霧が不快なだけでなく，化学反応性の高い遊離脂肪酸などの液中に残った成分は，料理の風味を損ねることも多い．

発煙点は脂肪にあらかじめ含まれる遊離脂肪酸量に依存する．遊離脂肪酸含量が低いほど脂肪は安定で，発煙点が高い．一般に，動物性脂肪よりも植物油，未精製油よりも精製油，古い油脂よりも新しい油脂のほうが遊離脂肪酸含量は低い．新しい植物性精製油は230℃前後，動物性脂肪は190℃前後で煙がではじめる．乳化剤，保存剤，そしてバター中のタンパク質や炭水化物といった，脂肪以外の成分が含まれると，発煙点はさらに低くなる．揚げものをする場合には，口の狭い鍋を使うと脂肪が空気に触れる面積が少ないので，脂肪の分解が遅い．揚げもの用油脂は，使うたびに発煙点が下がる．温度が高くなくてもある程度の脂肪分解は避けられず，また食材のかけらなども残るためである．

## ■ 乳化剤：リン脂質，レシチン，モノグリセリド

脂肪と化学構造の類似した化合物のなかでも，ジグリセリドとモノグリセリドは非常に有用である．いずれも「乳化剤」として働き，通常は混ざり合うことのない脂肪と水を，キメ細かくクリーミーな混合物（マヨネーズやオランデーズ・ソースなど）にする．よく知られた例に，卵黄中の「リン脂質」というジグリセリドがあり，その主成分は「レシチン」である（卵黄脂質の3分の1を占める）．グリセロールに脂肪酸鎖が2個ついたものがジグリセリド，1個だけのものがモノグリセリドである．残りの位置には脂肪酸の代わりに小さな極性基がついている．したがって，頭部は水溶性，尾部は疎水性である．細胞膜中ではリン脂質が二重層を形成し，極性頭部が細胞の外側と細胞の内側に向かってそれぞれ一列に並び，その間に尾部が向き合う形をとっている．たとえば卵黄に油を加えるなど，乳化剤を含む水性液に脂肪を加えて撹拌すると，脂肪は小滴となる．乳化剤がなければ小滴は凝集して脂肪が分離してしまうところだが，乳化剤の尾部が脂肪に溶け，荷電した頭部が油滴表面に突き出して，油滴同士が反発するため，油滴が安定化する．

このような"界面活性"分子はほかにもいろいろと利用されている．たとえばパンの工業生産品などには何十年も前からモノグリセリドが添加されている．モノグリセリドはアミロースと複合体を形成することによりデンプンの老化を防ぐので，パンが硬くなりにくい．

# 炭水化物

炭水化物という名前は，かつてこれらの化合物が炭素と水からできていると考えられていた

ことに起因する．実際に炭素原子，水素原子，酸素原子からなりたっているものの，酸素と水素が完全な水分子の形で存在しているわけではない．すべての動植物が，化学エネルギーを貯蔵する目的で炭水化物を合成しており，また植物は細胞を支える骨格を構築するためにも炭水化物を作っている．エネルギー貯蔵としては単糖やデンプン，植物の構造材料としてはペクチン，セルロース，その他の細胞壁炭水化物がある．

### ■ 糖

糖は最も簡単な炭水化物である．多種多様な糖が存在し，炭素数や固有の配置によって区別される．生物に特に大きく関わっているのは炭素数5の五炭糖であり，リボースとデオキシリボースは，遺伝情報を担うRNA（リボ核酸）とDNA（デオキシリボ核酸）の骨格を構成している．そして炭素数6の六炭糖であるブドウ糖は，ほとんどの生物が細胞の生物学的機構を動かすためのエネルギー源である．糖は非常に重要な栄養素であることから，我々はこれを検知するための特別な感覚をもっている．糖は甘く，甘味はほぼ普遍的な喜びである．食事の最後に出されるデザート，そしてキャンディーや砂糖菓子の本質である．糖およびその性質については第12章で詳しく述べている．

### ■ オリゴ糖

オリゴ糖（オリゴは"少数の"という意味）であるラフィノース（三糖），スタキオース（四糖），ベルバスコース（五糖）はいずれも分子が大きすぎて甘味を感じない．種子その他の植物組織中に一般に含まれ，エネルギー源の一つとして利用される．オリゴ糖はいずれも消化系に影響を及ぼす．我々はオリゴ糖を分解して消化可能な単糖にする酵素をもたないので，オリゴ糖はそのままの形で大腸まで達し，そこでさまざまな腸内細菌の分解を受ける．その結果，二酸化炭素をはじめとするガスが大量に発生する（p.472）．

### ■ 多糖類：デンプン，ペクチン，ゴム

デンプンやセルロースなどの多糖類は糖の重合体，つまり個々の糖単位が多数集まったものである（多い場合には数千個）．任意の多糖分子は通常，1種類またはごく限られた種類の糖からできている．多糖類は分子全体としての性質，たとえば一般的な大きさの範囲，平均的な

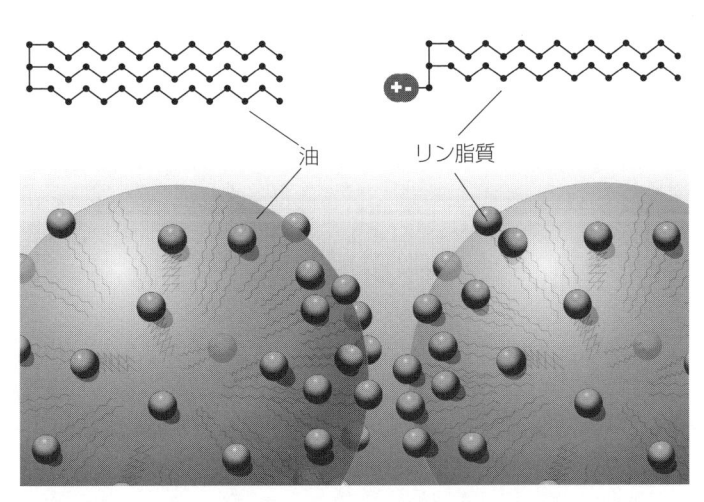

リン脂質乳化剤．リン脂質はジグリセリドであり，優れた乳化剤である．乳化剤は，油と水の安定な混合物を作り出す．油脂などのトリグリセリドとは異なり，極性で親水性の頭部を有する．乳化剤の疎水性の尾部が油滴の内側を向き，荷電した頭部が表面から突き出して，これにより油滴同士の接触・融合が妨げられる．

組成，共通した特徴などに基づいて分類される．多糖類の構成単位である糖と同様に，多糖類にも露出した酸素原子と水素原子が多数含まれるので，水素結合を形成して水を吸収する．ただし，多糖類分子間の引力によって，水に溶けるものとそうでないものとがある．

**デンプン**　調理に関わる多糖類のなかで最も重要なのは「デンプン」である．非反応性のコンパクトな重合体で，植物が合成した糖を貯蔵している．デンプンはブドウ糖が鎖状につながった単純な化合物である．植物は二つの形状のデンプンを合成する．完全に直鎖状の「アミロース」，そして高度に分岐した「アミロペクチン」で，いずれもブドウ糖単位が数千個つながっていることもある．デンプン分子は同心円層構造に蓄積されて，微細な固形粒子を形成する．デンプン質の植物組織を水で加熱調理すると，このデンプン粒が吸水・膨潤し，デンプン分子が放出される．それを再び加熱すると分子同士が再結合して，水分を含む固形ゲルになる．第11〜13章では，米飯のテクスチャーの違いや，精製デンプン麺の作り方，パン・菓子・ソースにおける役割など，デンプンのさまざまな特徴について詳しく述べている．

**グリコーゲン**　グリコーゲンは"動物デンプン"と呼ばれることもある動物性炭水化物で，アミロペクチンに似ているが分岐度がさらに高い．動物組織中では微量成分であるが，食肉処理の際のグリコーゲン含量は食肉の最終pH，ひいてはテクスチャーにも影響を及ぼす（p. 139）．

**セルロース**　セルロースはアミロースと似た，ブドウ糖だけが直鎖状につながった植物性多糖類である．セルロースとアミロースは糖の結合様式がわずかに異なるため，性質がまったく違う．加熱調理するとデンプンは溶解するのに対し，セルロース繊維はそのままの形で残る．ほとんどの動物はデンプンを消化できるが，セルロースは消化できない．セルロースは頑丈に作られ，微細繊維の形で細胞壁中に埋め込まれ，鉄筋のように構造を支えている．セルロースを消化できる動物はごく少数であり，牧草を食べる牛や木を食べるシロアリがセルロースを分解できるのは，胃の中にセルロース分解細菌が住み着いているからにほかならない．人間を含めたその他の動物にとって，セルロースは難消化性繊維である（それゆえの利点もある，p. 251参照）．

単糖（ブドウ糖）と多糖（デンプン）．デンプンはブドウ糖分子が鎖状につながったものである．植物が作り出すデンプンは大きく二つに分けられる．直鎖状のものをアミロース，高度に分岐したものをアミロペクチンと呼ぶ．

**ヘミセルロースとペクチン物質**　これらの多糖類はガラクトース，キシロース，アラビノースなどの多様な糖からできており，セルロースとともに植物細胞壁中に含まれる．セルロース小繊維が強化鉄筋とすれば，非晶質のヘミセルロースやペクチン質は鉄筋を埋め込むゼリー様のセメントの役割をもつものに相当する．ここでペクチンは，調理においては，セルロースとは違って水にある程度溶ける．野菜や果物を調理すると，軟らかくなるのに関係している．ペクチンは柑橘果実やリンゴに多く含まれ，調理すると相当量が溶け出すので，ジャムやゼリーにトロミがつく．詳しくは第5章で説明している．

**イヌリン**　イヌリンは数個から数百個の果糖が重合した分子である．イヌリンはキク科やユリ科の植物によって作られ，エネルギー源および不凍剤（糖は溶液の凝固点を下げる）として機能する．ニンニクやキクイモに多く含まれている．多糖類と同じく，イヌリンも難消化性であり，大腸内の細菌により分解されてガスが発生する．

**植物ゴム（ガム）**　料理や食品製造において有用な炭水化物は，ほかにも多数ある．トロミづけ，ゲル化剤，乳化安定剤，そしてアイスクリームやキャンディーになめらかさを与えるためなどに用いられている．細胞壁の接着成分のように，一般には複数種の糖からなる複雑な重合体，またはこれに関連した炭水化物である．以下に例を挙げる．

- アガロース，アルギン酸塩，カラギーナン　さまざまな海藻から採れる細胞壁重合体成分．
- アラビア・ゴム　アカシア属に属する複数種から，傷口の分泌液として得られる．
- トラガカント・ゴム　ゲンゲ属（*Astragalus*）の複数種の低木から得られる分泌液．
- グア・ガム　マメ科の低木植物グアール（*Cyamopsis tetragonoloba*）の種子から採れる．
- ローカストビーン・ガム　イナゴマメ（*Ceratonia siliqua*）の種子から採れる．
- キサンタン・ガムとゲラン　ある種の細菌により工業発酵で生産される多糖類．

## タンパク質

主要な食物分子のなかでも，水，脂肪，炭水化物がかなり安定であるのに対し，タンパク質は最も扱いが難しく変化しやすい．タンパク質は熱，酸，塩，空気に少し触れただけで性質が大きく変わるが，これはタンパク質の担う生物学的機能と関連している．炭水化物や脂肪は主にエネルギー源，もしくは構造材料としての受動的な形態であるのに対し，タンパク質は生命の活動装置である．自分自身を含め，細胞を作り上げているすべての分子を組み立てると同時に，それらを分解するのもタンパク質の働きである．タンパク質は細胞内のある場所から別の場所へ分子を動かし，筋肉繊維の形で動物の体全体を動かす．すべての有機物の活性，生育，運動の中枢にタンパク質がある．したがって，活性があって変化しやすいのがタンパク質の本質なのである．タンパク質を含む食物を調理するときは，その変化しやすい特性を生かして新しい構造と硬さを得ることになる．

### ■ アミノ酸とペプチド

デンプンやセルロースと同じく，タンパク質も小さな構成単位が重合した高分子である．構成単位は「アミノ酸」と呼ばれる．各アミノ酸は原子数10〜40個，主に炭素・水素・酸素原子からなり，少なくとも1個の窒素が「アミノ基（$-NH_2$）」として含まれる．アミノ基を共通してもつことからアミノ酸と呼ばれるようになった．アミノ酸のうち二つは硫黄原子を含む．食品中に多く含まれるアミノ酸は約20種類ある．それぞれのタンパク質分子は十数個から数

百個のアミノ酸からなり，20種のアミノ酸のほとんどが含まれることも多い．短いアミノ酸鎖は特に「ペプチド」と呼ばれる．

**アミノ酸とペプチドは風味に関係する**　アミノ酸の性質のうちで調理に特に関係するものが三つある．一つは，高温で調理したときに褐変反応による風味をもたらすことである（p.752）．もう一つは，アミノ酸やペプチドの多くが独自の味をもつことである．たとえば熟成チーズや塩漬けハム，醤油など，タンパク質の分解が進んでいる食品では，アミノ酸やペプチドの味が全体的な風味に関わっている．アミノ酸は甘味や苦味をもつものが多く，ペプチドも苦いものが多い．旨味アミノ酸としては，「化学調味料」として有名なグルタミン酸があり，ペプチドのなかにも旨味をもつものがある．トマトやある種の海藻，塩漬け製品や発酵製品には旨味アミノ酸が多く含まれ，風味に深みをだしている．含硫アミノ酸は加熱すると分解して，卵や肉のにおいを生じる．

**アミノ酸はタンパク質の性質に影響する**　調理に大きく関わるアミノ酸の性質の三つ目は，アミノ酸の化学的性質は多様で，それがタンパク質の構造および性質に影響を及ぼすということである．アミノ酸のなかには，部分的に水と似た性質を有し，他の分子（水を含む）と水素結合を形成するものがある．またなかには，脂肪に似た短い炭素鎖や炭素環を有し，他の類似分子とファン・デル・ワールス結合を形成するものもある．そしてまた，硫黄原子を含むアミノ酸など特に反応性の高いものは，他の含硫アミノ酸などと強い共有結合を形成する．つまり，1本のタンパク質分子がその鎖構造上に，水分子を引きつける部分，水分子を遠ざける部分，他のタンパク質あるいは同一タンパク質の別の場所と強く結合する部分など，さまざまな化学環境をもつということである．

## ■ タンパク質の構造

一つのアミノ酸のアミノ基の窒素原子が，別のアミノ酸の炭素原子と結合するのが「ペプチド結合」で，これが繰り返されて何十～何百個のアミノ酸が鎖状につながったのがタンパク質である．炭素と窒素の骨格がジグザグ構造をなし，そこからアミノ酸の他の部分が側鎖基として突き出している．

**タンパク質のらせん構造**　ペプチド結合はある種の規則性をもつため，分子全体がよじれてらせん構造をとる．単純で規則的ならせん構造をしたタンパク質分子はほとんどないが，互いに結合して強い繊維を形成するものがある．肉の軟らかさに大きく関わり，ゼラチン源でもある結合組織コラーゲンは，そうしたタンパク質の一つである（p.127，p.580）．

**タンパク質の折りたたみ**　アミノ酸の側鎖基も，タンパク質構造に影響を及ぼす．タンパク質の鎖は非常に長いので折れ曲がり，鎖上では離れたアミノ酸同士も立体的に近づくことができる．側鎖基が類似したアミノ酸同士は，水素結合，ファン・デル・ワールス結合，イオン結合（p.784），強い共有結合（特に硫黄原子間）などを介して結びつく．その結果，タンパク質分子はそれぞれ固有の形状をとって特定の機能を発揮することができる．水素結合や疎水結合は一過性の弱い結合であり，機能を発揮する過程でタンパク質の形が変わってゆくような場合に関わってくる．タンパク質の全体的な形は，折れ曲がりやループが少なくて主にらせん状の細長いものから，"球状"タンパク質と呼ばれる複雑に折りたたまれたコンパクトなものまでさまざまである．コラーゲンはらせん状タンパク質，卵タンパク質は主に球状タンパク質である．

## ■ 水中でのタンパク質

生物系および食物のほとんどで，タンパク質

分子は水に囲まれている．すべてのタンパク質は多かれ少なかれ水素結合を形成することができるため，側鎖基の種類や分子全体の形状によって程度の差は大きいものの，ある程度は吸水・保水する．水分子はタンパク質の"内側"の骨格に沿って保持されることも，"外側"，つまり極性の側鎖基に結合することもある．

タンパク質が「水溶性」かどうかは分子間の結合力の強さ，そして水分子の水素結合によってタンパク質同士が引き離されるかどうかによる．小麦粉を水と混ぜたときにグルテンを形成する小麦タンパク質は，大量の水を吸収するが水に溶解しない種類のものである．タンパク質分子上の脂肪様側鎖基が互いに結合しあい，水を押し出すからである．同様に，食肉中の収縮性の筋繊維を作り上げているタンパク質は，イオン結合などを介してまとまっている．一方，乳や卵に含まれるタンパク質の多くは水に対する溶解性が高い．

## ■ タンパク質の変性

タンパク質の特徴のなかでも特に重要なのが「変性」しやすさ，つまり生来の構造が化学的・物理的に変化しやすいことである．分子形状を保っている結合が切れることにより変性が起こる．（骨格構造を作り上げている強い結合が切れるのは，極端な条件や酵素によってのみ

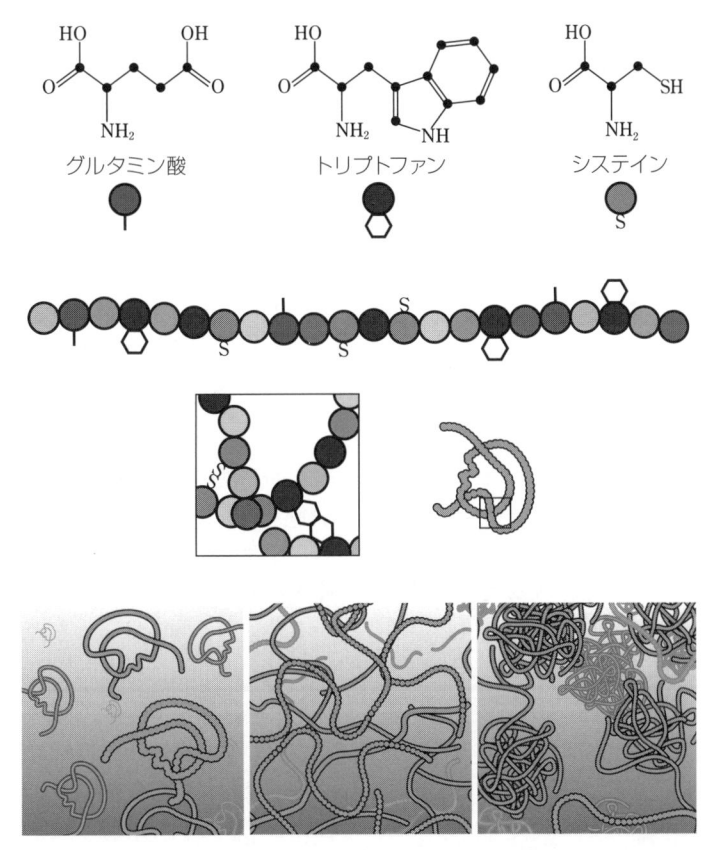

アミノ酸とタンパク質，変性と凝固．上：食品に含まれる主なアミノ酸20種類のうちの3種．末端にはアミノ基（-NH₂）を共通してもち，これを介してアミノ酸同士が結合し，長い鎖になったのがタンパク質である．アミノ酸ごとに固有の「側鎖基」は，他のアミノ酸とさまざまな結合を形成しうる．中央：アミノ酸鎖の略図．所々に側鎖が突き出ている．アミノ酸鎖は折れ曲がり，側鎖基同士が結合して折りたたまれた形を維持する．下：加熱その他の調理工程で，折りたたまれた形を安定化していた結合が切れ，長い鎖がほどける．これを変性という（左，中央）．最終的には，違うタンパク質鎖上の露出した側鎖基同士が新しい結合を作り，タンパク質は凝固する，すなわち不可逆的に結合した塊となる（右）．

である.）変性は，タンパク質の組成の変化ではなくて，構造の変化である．だが構造によってタンパク質の性質が決まるので，変性したタンパク質は未変性のタンパク質とは大きく異なる．

熱（通常は60～80℃），高酸性，気泡，そしてこれらの組合わせなど，いろいろな条件でタンパク質は変性する．それぞれ，分子振動の昂進，多数の反応性プロトン，気泡とそれをとり巻く液膜との劇的な相違という，正常を超えた化学的・物理的条件によって，タンパク質の固有な形を維持していたアミノ酸側鎖基間の結合が切れるのである．これにより，タンパク質の長い鎖がほどけ，多くの反応性側鎖基が水性環境にさらされる．

**タンパク質の凝固**　多くの食物タンパク質では，変性の結果いくつかの共通した現象が起きる．分子が長く伸ばされるので，互いに衝突しやすくなる．そして側鎖基が露出し結合しやすくなっているので変性タンパク質は互いに結合しあう，つまり「凝固」する．全体的にタンパク質が凝固する結果，連続したタンパク質の網目構造ができあがり，タンパク質の糸と糸のすきまに水が保持される．こうして心地よく繊細なトロミ，または硬さのようなものがでる．やっと固まった状態のカスタードや，上手く調理された魚がよい例である．しかし，ここからさらに加熱を続けたり，他の変性条件が続いたりすれば（最初から極端な化学的・物理的環境でタンパク質変性を行った場合），強い結合だけが作られて最後まで残る．そうするとタンパク質同士の結合がさらに強まり，密度を増し，もとには戻らない．その過程で，すきまに入り込んでいた水は搾り出される．カスタードは硬くなって水分が分離し，魚は硬くパサついてしまう．

個々の食品中におけるタンパク質の変性・凝固の詳細は複雑でおもしろい．たとえば，卵タンパク質が酸と塩にさらされると，構造がほどける前に固まってしまうので，スクランブル・エッグやカスタードの硬さが変わってくる．個々の詳細については各章で食物ごとに述べている．

## ■ 酵素

特殊なタンパク質群である「酵素」は，食品の硬さには直接的な影響が少ないものの，食品中の他の成分を変化させるという点から，調理において重要である．酵素は生物学的な触媒である．すなわち酵素がなければ非常に遅いか，またはまったく起こらないような特定の化学反応を促進する．つまり酵素は化学変化を起こす．分子を組み立てる酵素，修飾する酵素，分解する酵素などさまざまなものがある．たとえば，人間の消化酵素は，タンパク質を個々のアミノ酸へと分解し，デンプンを個々のブドウ糖へと分解する．一つの酵素分子が1秒当たり100万回もの反応を触媒する．

酵素が調理に関係するというのは，食材が植物や動物として生きていたときには重要な働きをしていた酵素が，食品としての色，硬さ，味，栄養価などを損なうおそれがあるためである．クロロフィル色素による野菜の緑色がくすんだオリーブ色になるのも，果物の切り口が茶色くなるのもビタミンCが酸化するのも，魚の身が崩れるのも，酵素が関係している．そして食品が腐敗するというのは，主に細菌が栄養を利用するために食品を酵素分解することである．肉を軟らかくする酵素，野菜を煮崩れにくくする酵素，発酵全般に必要な酵素など，酵素が有効に働く例外はあるものの，調理では一般に食品中の酵素活性を防ぐことが望ましい．食材を低温保存すると腐敗をある程度防ぐことができるのは，腐敗菌の増殖が抑えられるだけでなく，食材自体の酵素活性が抑えられることも関係している．

**加熱調理は酵素失活の前に反応を促進**　酵素活性を決めるのは構造であるから，酵素の構造が変化すれば活性は損なわれる．よって，食材を十分に加熱すればどんな酵素も変性し失活する．パイナップルでゼリーを作る場合がよい例

である．パイナップルやある種の果実には，タンパク質分解酵素が含まれる．生のパイナップルをゼラチンと混ぜてゼリーを作ろうとすると，パイナップルの酵素がゼラチンタンパク質を分解してしまいゼラチンは固まらない．だが，缶詰のパイナップルはすでに加熱処理されているので酵素は変性しており，ゼラチンは分解されずにゼリーが上手く固まる．

　ところが，話はそう簡単ではない．化学物質の反応性はほとんどの場合，温度上昇とともに高まる．大まかには，10℃上がるごとに反応性は2倍になる．酵素も同じで，変性しはじめれば活性が低下してやがて完全に失活するが，それまでは活性が高まってゆく．つまり，加熱しはじめた当初は温度上昇とともに酵素による損傷がどんどん進み，変性温度に達して初めてそれが止まるのである．一般には，酵素が活性の至適温度にある時間が短くなるように，できるだけ早く加熱して沸点にもってゆくのがよい．逆に言えば，肉を軟らかくするなどの望ましい酵素反応を最大限に生かすには，変性温度までゆっくりと加熱してゆけばよい．

付録

# 化学入門

## ——原子, 分子, エネルギー——

| | |
|---|---|
| **原子, 分子, そして化学結合** 782 | 結合エネルギー 786 |
| 　原子と分子 782 | **物質の三態（三相）** 786 |
| 　電子の局在, 反応, 酸化 783 | 　固体 787 |
| 　電子の局在と化学結合 784 | 　液体 787 |
| **エネルギー** 785 | 　気体 787 |
| 　エネルギーが変化を起こす 785 | 　多くの食物は相転移を起こさない 788 |
| 　熱の性質：分子の運動 786 | **混合相：溶液, 懸濁液, 乳化液, ゲル, 泡** 788 |

　調理は応用化学であり，分子，エネルギー，熱，反応といった化学の基礎的概念を知っていれば，食物の本質そして調理によって食物がどう変化するかがよく理解できる．こうした概念についての一般的な知識さえあれば，本書の内容はだいたい理解できる．この付録は，さらに詳しく知りたい人のためにつけ加えた．

## 原子, 分子, そして化学結合

　「原子」という概念が生まれたのは古代ギリシャである．原子とは物質の基本的な最小構成単位となる粒子で，英語の atom には"切ることができない""分割できない"という意味がある．ギリシャの哲学者たちは，世界にはたった4種類の基本的な粒子——大地の原子，空気の原子，水の原子，火の原子——しかなく，人間の身体や食物やその他すべての物質はこれらの粒子から成り立っていると考えた．現代科学では，それ以上分割できない物質構成単位に関する見識はより複雑だが，正確かつ明快なものになっている．

### ■ 原子と分子

　地球上のすべての物質は100種類ほどの純粋な成分すなわち「元素」（水素，酸素，窒素，炭素など）から成り立っている．ある元素を分割していったとき，その固有の特性を失わない最小単位となる粒子が原子である．原子は非常に小さく，この本の活字のピリオド（.）に数百万個の原子が収まってしまうほどである．すべての原子はさらに小さな構成単位，すなわち電子，陽子（プロトン），中性子などの素粒子からなる．素粒子構成の違い，特に陽子数および電子数の違いによって，元素ごとの性質が異なる．水素原子は陽子と電子を1個ずつ，酸素原子は8個ずつ，鉄原子は26個ずつもっている．

二つ以上の原子が結合（電子を共有）すると、「分子」となる（英語のmoleculeは、"塊"を意味するラテン語からきた）。分子と化合物の関係は、原子と元素の関係と同じである。分子とは、その物質の性質を保持した最小単位のことである。食物を含む地球上のほとんどの物質は、異なる化合物の混合物である。

**陽子は正電荷，電子は負電荷をもつ**　生命および調理を可能にするすべての化学作用において本源的な推進力となっているのは、陽子と電子の電気的引力である。陽子は正電荷をもち、電子はまったく同じ力の負電荷をもつ。（中性子は電荷をもたない。）逆の電荷同士は引き合い、同じ電荷同士は反発し合う。個々の原子では、中心の原子核に含まれる陽子が電子を引きつけている。電子は核からある程度の距離範囲内に分布した軌道を常に動き回り、雲のように広がっている。元素の安定な形というのは電位的に中性、すなわち原子内の陽子数と電子数が同じである。

（同じ電荷が反発し合い逆の電荷が引き合うのならば、なぜ原子内の複数の陽子は反発し合わず、軌道内の電子は真っ直ぐに核に飛び込んでゆかないのか？　その理由は、原子内には電気的な力以外にもいくつかの力が働いているからである。陽子と中性子は非常に強い核力で結びついており、一方電子は常に動き続ける性質がある。よって、陽子と電子は常に引き合い、相手の存在に応じて動いているが、引き合う力がかなえられることはない。）

## ■ 電子の局在，反応，酸化

原子内の電子は原子核を取り巻く軌道に配置され、軌道はそれぞれの電子がどれほど強くそこに留まるかを決定する。原子核の近くにしっかりと留まる電子もあれば、原子核から離れて弱い力で留まる電子もある。元素の化学的性質を決定するのは、主に一番外側の電子（最外殻電子）の挙動である。たとえば、銅・アルミニウム・鉄など金属に分類される元素は、最外殻電子が非常に弱い力で原子核に引き寄せられているので、他の原子に電子を受け渡しやすい。酸素や塩素などの電気陰性度の高い元素が近くに存在すると、このような電子が捕捉される。この異なる元素間の電気的引力の不均衡が、「化学反応」の基盤である。反応とは、原子や分子が遭遇して、電子の損失、獲得、または共有が起き、その原子や分子の性質が変化することである。

電気陰性度が高い元素のなかで、最も重要なのは酸素である。他の原子から電子を捕捉する化学作用全般を「酸化」と呼ぶのは、酸素のこの重要性を反映したものである。酸素原子ではなく塩素原子が電子を捕捉する場合でも酸化という。空気中には常に酸素が存在し、油脂や芳香分子の炭素–水素結合から電子を奪うため、酸化反応は調理において特に重要である。こうした酸化が引き金となって、さらなる酸化その他の反応が段階的に連続して起こり（カスケード反応）、もとの大きな脂肪分子は小さく分断されて強いにおいをもつ断片が生じる。たとえばさまざまな植物性食品に含まれるフェノール

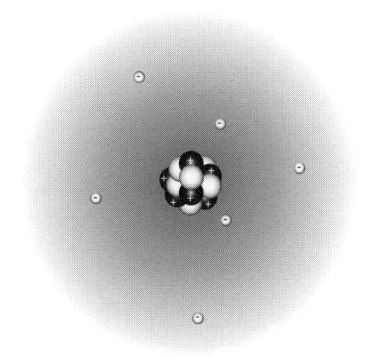

炭素原子．炭素の原子核は6個の陽子と6個の中性子からなり、その回りの軌道には6個の電子が存在する．

化合物のような"抗酸化"物質は，カスケード反応を起こすことなく酸素に電子を与えるので脂肪分子は酸化されず，したがって脂肪の分解を防ぐことができる．

### ■ 電子の局在と化学結合

電気陰性度は「化学結合」の基盤でもある．化学結合とは，原子や分子同士を結びつけている相互作用であり，強いものも弱いものも，一時的なものも永久的なものもある．化学結合にはいくつかの種類があり，自然界全体におけるのと同様に調理においても重要である．

**イオン結合：塩** 化学結合の一つとして「イオン結合」がある．電気陰性度が大きく異なる二つの原子の間に形成する結合で，一方の原子が他方の原子の電子（1個または複数個）を完全に捕捉してしまう．イオン結合による化合物は単純に水に溶解するのではなく，電子が過剰あるいは不足して荷電した状態の原子，すなわち「イオン」に解離する．（電気学の創始者マイケル・ファラデーが，水溶液中に電場を作ったときに移動する荷電粒子を ion と名づけた．"～に行く"という意味のギリシャ語が語源である．）最も基本的な調味料でもある塩は，ナトリウムと塩素がイオン結合したものである．純粋な塩の固体結晶中では，ナトリウムの電子が塩素に奪われてしまっており，正に荷電したナトリウムイオンと負に荷電した塩素イオンが交互に配列している．正電荷を帯びた複数のナトリウムイオンが，負電荷を帯びた複数の塩素イオンと常に吸引し合った状態にあるので，1個のナトリウム原子が1個の塩素原子と結合した形での塩分子は存在しない．水中に塩が溶解すると，正に荷電したナトリウムイオンと負に荷電した塩素イオンとに分かれる．

**分子を作る強い結合** 安定な分子を作り出すもう一つの化学結合様式は，「共有結合」（covalent の語源は"等しい力"を意味するラテン語）と呼ばれる．二つの原子の電子親和性がほぼ等しい場合，電子を獲得または損失するのでなく「共有」する．電子を共有するというのは，二つの原子の電子雲が重なり合う結果，原子間の空間が固定されることであり，こうして安定な構造ができあがる．結合の角度によって分子の全体的な形が決まり，分子形状によって他の分子との反応性が決まる．

水素，酸素，炭素，窒素，リン，硫黄など，地球上の生命に重要な元素はすべて共有結合をしやすく，我々の身体や食物を構成する複雑で安定な集合体を可能にしている．調理によく使われる純粋な化合物と言えば，水（2個の水素

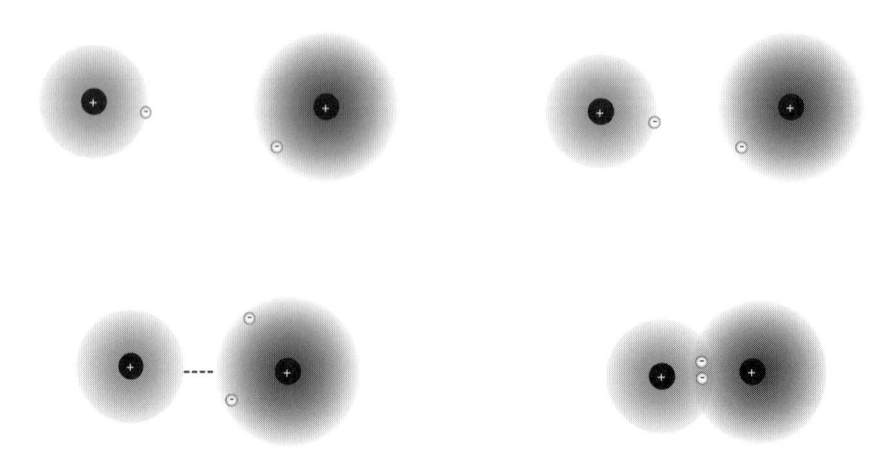

イオン結合と共有結合．左：イオン結合は，一方の原子が他方の原子の電子（1個または複数個）を完全に捕捉している場合に生じる．二つの原子は互いに逆の電荷を帯びているために吸引し合う（点線）．右：共有結合では，原子間で電子が共有され，分子と呼ばれる安定な化合物が形成される．

原子と1個の酸素原子が共有結合）、そして砂糖すなわちショ糖（炭素原子，酸素原子，水素原子が共有結合）であろう．共有結合は一般に強く，室温では安定である．つまり，熱や反応性化合物（酵素など）にさらされない限り，壊れることはあまりない．電荷を帯びたイオンに解離する塩とは違って，共有結合した分子は一般に，そのままの形の電気的に中性な分子として水に溶解する．

### 極性分子間の弱い結合：水

第三の化学結合様式は，共有結合の約10分の1の強さと安定性をもつ「水素結合」である．水素結合は"弱い"結合の一つで，分子を作り上げるものではないが，異なる分子間もしくは同一分子内の異なる部分間に一時的な結合を作る．ほとんどの共有結合では原子間にある程度の電子の局在がみられるため，水素結合が生じる．たとえば，化学式 $H_2O$ で表される水分子の場合，酸素原子は2個の水素原子に比べて電気陰性度が高いので，共有電子は水素原子よりも酸素原子に近い位置にある．結果として，酸素原子付近は全体的に負の電荷を帯び，水素原子付近は全体的に正の電荷を帯びる．こうした電荷の偏りが，共有結合の角度とも相まって，水分子には正電荷側と負電荷側ができる．このような分子は二つの中心または極をもつという意味で，「極性」があるという．

二つの極性分子の逆側の電荷（あるいは同一分子内の二つの電荷の逆の部分）が引き合う結果，水素結合が生じる．水素結合は，水を含む素材で特に多く見られ，異なる種類の分子同士を近接して結びつけ，結合力がある程度弱いので室温でも変化しやすいことなどから，特に重要な役割を担っている．植物および動物細胞内に見られる化学結合の多くが水素結合を介している．

### 非極性分子間の非常に弱い結合：脂肪と油

第四の化学結合様式は，分子を作る共有結合の100分の1から1万分の1と非常に弱い結合である．これを最初に発表したオランダ人化学者の名前をとって「ファン・デル・ワールス結合」と呼ばれる．分子内の電子分布が瞬間的に偏ることから，非極性分子の間にさえも揺らめくような電気的引力が生じるのである．電気的極性をもつ水は水素結合によって液体にまとまっているが，非極性の脂肪分子はファン・デル・ワールス結合によって液体にまとまり，とろりとした粘性を示す．ファン・デル・ワールス結合は非常に弱いものの，集まれば大きな力になる．脂肪分子は何十個もの炭素からなる長い鎖なので，1個の分子が多くの分子と結合を作ることができる点が，小さな水分子とは異なる．

## エネルギー

### ■ エネルギーが変化を起こす

前項では，形成・分解されやすい"弱い"結合と，形成・分解されにくい"強い"結合についていろいろ見てきた．調理の大半は，特定の

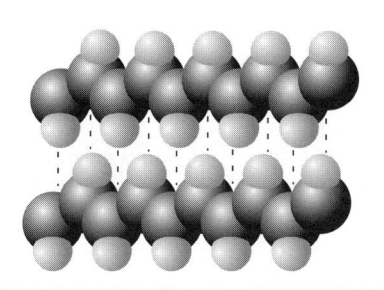

ファン・デル・ワールス結合．共有電子の位置の揺らぎにより，炭素原子と水素原子からなる非極性の脂肪鎖であっても弱い電気的引力（点線）が生じる．

化学結合を壊したり別の結合を作ったりということを体系的に行うものであるから，結合の強さという考え方は有用である．化学結合の性質を決定づけるのは「エネルギー」である．energy という言葉は，ギリシャ語で"力，活動"に"〜の中に"という前置詞をつけた合成語からきている．標準的な定義は"仕事をする能力"とか"距離を隔てた力の発揮"である．簡単に言うならば，エネルギーとは「変化」を可能にする物理的系の特性である．エネルギーをほとんどもたない系は変化しない．逆に言えば，ある物質のもつエネルギーが多いほど，その物質は変化しやすい，もしくは周囲環境を変化させやすい．料理の世界もこの法則に基づいている．コンロやオーブンは食物に熱エネルギーを注ぎ込むことによりその性質を変化させ，冷蔵庫は食物から熱を取り去って腐敗につながる化学変化を遅くすることにより食物を保存する．

原子や分子はいろいろな形でエネルギーを吸収または放出するが，調理に深く関係するエネルギーの形は二つある．

## ■ 熱の性質：分子の運動

一つ目のエネルギーの形は運動エネルギーである．原子や分子はある場所から別の場所に移動したり，または一定の場所で回転したり振動したりできる．こうした位置や方向の変化にはエネルギーが必要である．「熱」は物質の運動エネルギーの現れであり，「温度」は運動エネルギーの尺度である．食物や鍋の温度が高いほど熱く，その中の分子は速く動き回り互いに衝突し合っている．単純な運動こそが分子や食物を変化させる鍵である．分子の動きが次第に速く力強くなるにつれ，運動と衝突は分子を構成する原子間の電気的引力を打ち破る．そうすると原子の一部が遊離して新しいパートナーを見つけ，新しい分子を再構築する．こうして熱は化学反応および化学変化を促すのである．

## ■ 結合エネルギー

調理に関わる二つ目のエネルギーの形は，分子を作り上げている化学結合エネルギーである．2個以上の原子が電子を共有し，互いに結合して分子を作るとき，原子間には電気的引力が働く．結合が形成する過程ではまず，電気的エネルギーの一部が運動エネルギーに変わる．電気的引力が強いほど原子は強く加速されて互いに近づく．形成される結合が強いほど，分子からは多くのエネルギーが運動の形で放出される（失われる）．つまり，強い結合は弱い結合と比べて"保持"するエネルギーが少ない．言い換えれば，強い結合はより安定で，変化しにくい．

結合の強さは，結合が作られる際に原子から放出されたエネルギー量と定義することができる．これは，できあがった結合を切るために必要なエネルギー量と等しい．分子内の原子が加熱されて，結合を作ったときに放出したのと同じ運動エネルギーで動くようになると，結合が切れて分子が反応し変化しはじめる．

タンパク質，炭水化物，脂肪といった主要な食物分子に含まれる強い共有結合を切るためには，室温における分子運動エネルギーの約100倍のエネルギーが必要である．つまり，室温ではこうした結合が切れることはめったになく，加熱しなければほとんど変化を起こさない．分子間にみられる一時的な水素結合やファン・デル・ワールス結合などの弱い結合は，室温で常に切れたり作られたりしており，こうした多種多様な活動は温度上昇とともに増加する．脂肪を加熱すると溶けて粘性が弱まるのはこのためで，脂肪分子の運動エネルギーが分子間の引力を次第に圧倒してゆくのである．

# 物質の三態（三相）

日常生活においても観察されるが，物質は気体，液体，固体という三つの状態すなわち「相」をとりうる（phase の語源は"外見""現

れ"という意味のギリシャ語).ある物質の溶ける温度(固体から液体)および沸騰する温度(液体から気体)は,原子または分子間の結合力によって決まっている.結合が強いほどそれに打ち勝つために大きなエネルギーが必要となり,したがってある相から別の相へと移り変わる(相転移)温度は高くなる.相転移の際には,外部からの熱はすべて相転移を完了するために使われる.つまり,固体が溶けかけて固体と液体の混じった状態の温度は,固体が完全に溶けてしまうまでは一定に保たれる.同様に,鍋の水を強火にかけて沸騰させた場合,完全に蒸発してしまうまで沸騰水の温度は沸点(100℃)を維持する.

## ■ 固体

低温では,原子運動が回転と振動に制限され,動くことのできない原子や分子は互いに固く結合した固体として存在する.固体は,原子や分子が密接に配置された明瞭な構造をとる.塩,糖,調温したチョコレートなどの結晶固体中では,原子や分子は規則正しい反復配列に整列している.一方,ハード・キャンディーやガラスなどの非晶質固体はランダムに配列している.タンパク質やデンプンのように大きくて不規則な形の分子は,規則正しい結晶領域と不規則な非晶質領域とを合わせもった塊になることも多い.固体をまとめているのは,イオン結合,水素結合,ファン・デル・ワールス結合などである.

## ■ 液体

物質ごとに固有の温度において,固体物質中の個々の分子の回転と振動が強まり,分子をその場に固定している電気的引力に打ち勝つようになる.ここで固定された構造は壊れ,分子は自由にあちこち動き回れるようになる.ただしほとんどの分子は動きがまだ鈍いため,固体中で分子を固定していた力の影響を受け続け,よって分子同士はゆるく結びついた状態にある.分子は自由に動くことはできるが,一緒になって動く.この流動性のある凝集した相がすなわち「液体」である.

## ■ 気体

温度がさらに上昇しつづけ,分子が互いの影響を完全に打ち消すだけの運動エネルギーをもったとき,分子は空気中を自由に動き回るようになる.同じ流動性をもつ状態でも液体とは異なるこの状態を「気体」という.液体から気体への相転移として最もなじみ深いのが水の沸騰,すなわち液体の水が蒸気の泡に変わるものである.沸点より低温でも水は蒸発するが,あまりにも穏やかなためにほとんど目に見えない.液体中の分子の運動エネルギーは広い範囲内にあり,分子ごとにさまざまである.室温の水の中でも,ごく一部の分子は速く動きまわっ

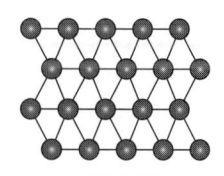

結晶固体

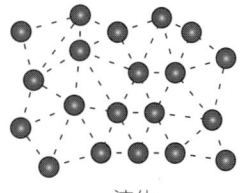

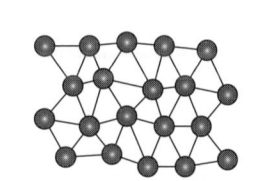

ガラス質固体(非晶質固体)

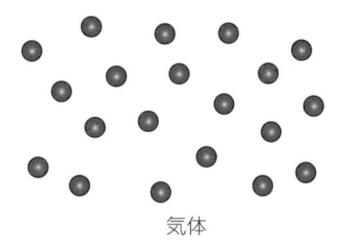

液体

気体

物質の三態.塩や糖などの結晶固体は,原子または分子が規則正しい格子構造に結合したものである.ハード・キャンディーやガラスなどの非晶質固体は,原子または分子が互いにランダムな構造に結合した塊である.液体は,原子または分子がゆるく結合した流動性の塊である.気体は,原子または分子が流動的かつ分散的に集合したものである.

ており，表面から空気中へと飛び出してゆく．

実際には，固体の氷からも水分子が気体として飛び出すことができる．固体から気体に直接変わるこの現象を「昇華」と呼ぶ．"冷凍焼け"として知られる食品の変質は，昇華が原因である．食品中の結晶水が，冷凍庫内の冷たく乾燥した空気へと蒸発するのである．凍結乾燥とは，この同じ過程を人為的に起こすことにほかならない．

## ■ 多くの食物は相転移を起こさない

調理に用いる食材中の分子は，加熱したときにある相から別の相へと単純に相転移することはあまりない．かわりに，反応が起きてまったく違った分子になることが多い．食物分子は一般に大きく，分子間には多数の弱い結合が生じ，結局は非常に強く結びついている．これを打ち破るには分子自体を壊すのと同じくらいのエネルギーが必要となる．したがって，融解したり蒸発したりするのではなく，分子自体が変化してしまう．たとえば，砂糖は溶けて固体から液体に変わるが，その後は蒸発して気体になるのでなく，分子が分解して何百種類もの新しい化合物が生成する．すなわちカラメル化である．油脂は溶けるが，沸騰する前に分解して煙がでる．糖分子が連結した長鎖状のデンプンは，溶けることさえない．デンプン，そして同じように非常に大きなタンパク質も，固体のまま分解しはじめる．

## 混合相：溶液，懸濁液，乳化液，ゲル，泡

調理において，純粋な化合物あるいは単一相だけを扱うことはほとんどない．食物は異なる分子，異なる相の混合物である．混合の仕方でさえ複数が混じり合っていたりする．以下に，調理に関係する混合物についての定義を簡単にまとめた．

- 溶液　液体中に個々のイオンまたは分子がバラバラに分散しているもの．塩水や砂糖シロップなどがよい例である．
- 懸濁液　液体中に物質が多分子の塊または粒子として分散しているもの．脱脂乳は乳タンパク質の粒子が水に分散した懸濁液である．懸濁粒子は光線を散乱させるのに十分な大きさがあるので，懸濁液は一般に濁っている（溶解分子のひとつひとつは小さすぎて光を散乱しないため，溶液は透明である）．
- 乳化液　特殊な懸濁液である．分散する物質は，周囲の液体に均一に混合しない液体である．生クリームは乳脂肪が水に分散した乳化液である．油と酢で作るドレッシングは普通，酢が油に分散した乳化液である．
- ゲル　水が固体中に分散したもの．固体の分子がスポンジ状の構造を作り，その網目に水が溜まっている．例として，ゼラチンで作るゼリー，ペクチンを利用したゼリーなどがある．
- 泡　気泡が液体中または固体中に分散したもの．スフレ，パン，ビールの泡などがある．

# 参考文献

　食品，そして料理に関する科学的・歴史的文献は膨大である．ここに載せたのは，本書の執筆にあたり参考とした資料で，なかでも特に重要な事実や考え方に関する文献を集めてある．ここから，さらに詳細な情報を収集していった．研究者ならびに翻訳者方の功績を称えたい．最初に，本書全体を通して参考とした文献の一覧，そしてその後に各章ごとの参考文献を並べた．各章ではさらに，一般向け図書と，専門的・技術的研究書とに分かれている．

## 本書全般における出典

### ■食物と料理に関する書籍

Behr, E. *The Artful Eater*. New York: Atlantic Monthly, 1992.
Child, J., and S. Beck. *Mastering the Art of French Cooking*. 2 vols. New York: Knopf, 1961, 1970.
Davidson, A. *The Oxford Companion to Food*. Oxford: Oxford Univ. Press, 1999.
Kamman, M. *The New Making of a Cook*. New York: Morrow, 1997.
Keller, T., S. Heller, and M. Ruhlman. *The French Laundry Cookbook*. New York: Artisan, 1999.
Mariani, J. *The Dictionary of American Food and Drink*. New York: Hearst, 1994.
Robuchon, J. et al., eds. *Larousse gastronomique*. Paris: Larousse, 1996.
Steingarten, J. *It Must've Been Something I Ate*. New York: Knopf, 2002.
———. *The Man Who Ate Everything*. New York: Knopf, 1998.
Stobart, T. *The Cook's Encyclopedia*. London: Papermac, 1982.
Weinzweig, A. *Zingerman's Guide to Good Eating*. Boston: Houghton Mifflin, 2003.
Willan, A. *La Varenne Pratique*. New York: Crown, 1989.

### ■言葉の意味と語源

Battaglia, S., ed. *Grande dizionario della lingua italiana*. 21 vols. Turin: Unione tipografico-editrice torinese, 1961–2002.
Bloch, O. *Dictionnaire étymologique de la langue française*. 5th ed. Paris: Presses universitaires, 1968.
*Oxford English Dictionary*. 2nd ed. 20 vols. Oxford: Clarendon, 1989.
Watkins, C. *The American Heritage Dictionary of Indo-European Roots*. 2nd ed. Boston: Houghton Mifflin, 2000.

### ■食品科学に関する一般向け書籍

Barham, P. *The Science of Cooking*. Berlin: Springer-Verlag, 2001.
Corriher, S. *CookWise*. New York: Morrow, 1997.
Kurti, N. The physicist in the kitchen. *Proceedings of the Royal Institution* 42 (1969): 451–67.
McGee, H. *The Curious Cook*. San Francisco: North Point, 1990.
This, H. *Révélations gastronomiques*. Paris: Belin, 1995.
This, H. *Les Secrets de la casserole*. Paris: Belin, 1993.

### ■主な郷土料理に関する書籍

Achaya, K.T. *A Historical Dictionary of Indian Food*. New Delhi: Oxford Univ. Press, 1998.
———. *Indian Food: A Historical Companion*. Delhi: Oxford Univ. Press, 1994.
Anderson, E.N. *The Food of China*. New Haven: Yale Univ. Press, 1988.

Artusi, P. *La Scienza in cucina e l'arte di mangiar bene.* 1891 and later eds. Florence: Giunti Marzocco, 1960.

Bertolli, P. *Cooking by Hand.* New York: Clarkson Potter, 2003.

Bugialli, G. *The Fine Art of Italian Cooking.* New York: Times Books, 1977.

Chang, K.C., ed. *Food in Chinese Culture.* New Haven: Yale Univ. Press, 1977.

Cost, B. *Bruce Cost's Asian Ingredients.* New York: Morrow, 1988.

Ellison, J.A., ed. and trans. *The Great Scandinavian Cook Book.* New York: Crown, 1967.

Escoffier, A. *Guide Culinaire,* 1903 and later editions. Translated by H.L. Cracknell and R.J. Kaufmann as *Escoffier: The Complete Guide to the Art of Modern Cooking.* New York: Wiley, 1983.

Hazan, M. *Essentials of Classic Italian Cooking.* New York: Knopf, 1992.

Hosking, R. *A Dictionary of Japanese Food.* Boston: Tuttle, 1997.

Kennedy, D. *The Cuisines of Mexico.* New York: Harper and Row, 1972.

Lo, K. *The Encyclopedia of Chinese Cooking.* New York: Bristol Park Books, 1990.

Mesfin, D.J. *Exotic Ethiopian Cooking.* Falls Church, VA: Ethiopian Cookbook Enterprises, 1993.

Roden, C. *The New Book of Middle Eastern Food.* New York: Knopf, 2000.

St.-Ange, E. *La Bonne cuisine de Mme E. Saint-Ange.* Paris: Larousse, 1927.

Shaida, M. *The Legendary Cuisine of Persia.* Henley-on-Thames: Lieuse, 1992.

Simoons, F.J. *Food in China.* Boca Raton: CRC, 1991.

Toomre, J., trans. and ed. *Classic Russian Cooking: Elena Molokhovets'* A Gift to Young Housewives. Bloomington: Indiana Univ. Press, 1992.

Tsuji, S. *Japanese Cooking: A Simple Art.* Tokyo: Kodansha, 1980.

■食物の歴史についての書籍

Benporat, C. *Storia della gastronomia italiana.* Milan: Mursia, 1990.

Coe, S. *America's First Cuisines.* Austin: Univ. of Texas Press, 1994.

Dalby, A. *Siren Feasts: A History of Food and Gastronomy in Greece.* London: Routledge, 1996.

Darby, W.J. et al. *Food: The Gift of Osiris.* 2 vols. New York: Academic, 1977. Food in ancient Egypt.

Flandrin, J.L. *Chronique de Platine.* Paris: Odile Jacob, 1992.

Grigg, D.B. *The Agricultural Systems of the World: An Evolutionary Approach.* Cambridge: Cambridge Univ. Press, 1974.

Huang, H.T., and J. Needham. *Science and Civilisation in China.* Vol. 6, part V: *Fermentations and Food Science.* Cambridge: Cambridge Univ. Press, 2000.

Kiple, K.F., and K.C. Ornelas, eds. *The Cambridge World History of Food.* 2 vols. Cambridge: Cambridge Univ. Press, 2000.

Peterson, T.S. *Acquired Taste: The French Origins of Modern Cooking.* Ithaca: Cornell Univ. Press, 1994.

Redon, O. et al. *The Medieval Kitchen.* Trans. E. Schneider. Chicago: Univ. of Chicago Press, 1998.

Rodinson, M., A.J. Arberry, and C. Perry. *Medieval Arab Cookery.* Totnes, Devon: Prospect Books, 2001.

Scully, T. *The Art of Cookery in the Middle Ages.* Rochester, NY: Boydell, 1995.

Singer, C.E. et al. *A History of Technology.* 7 vols. Oxford: Clarendon, 1954–78.

Thibaut-Comelade, E. *La table médiévale des Catalans.* Montpellier: Presses du Languedoc, 2001.

Toussaint-Samat, M. *History of Food.* Trans. Anthea Bell. Oxford: Blackwell, 1992.

Trager, J. *The Food Chronology.* New York: Holt, 1995.

Wheaton, B.K. *Savoring the Past: The French Kitchen and Table from 1300 to 1789.* Philadelphia: Univ. of Penn. Press, 1983.

Wilson, C.A. *Food and Drink in Britain.* Harmondsworth: Penguin, 1984.

■史料

Anthimus. *On the Observation of Foods.* Trans. M. Grant. Totnes, Devon: Prospect Books, 1996.

Apicius, M.G. *De re coquinaria: L'Art culinaire.* J. André, ed. Paris: C. Klincksieck, 1965. Edited and translated by B. Flower and E. Rosenbaum as *The Roman Cookery Book.* London: Harrap, 1958.

Brillat-Savarin, J. A. *La Physiologie du goût.* Paris, 1825. Translated by M.F.K. Fisher as *The Physiology of Taste.* New York: Harcourt Brace Jovanovich, 1978.

Cato, M.P. *On Agriculture.* Trans. W.D. Hooper. Cambridge, MA: Harvard Univ. Press, 1934.

Columella, L.J.M. *On Agriculture.* 3 vols. Trans. H.B. Ash. Cambridge, MA: Harvard Univ. Press, 1941–55.

Grewe, R. and C.B. Hieatt, eds. *Libellus De Arte Coquinaria.* Tempe, AZ: Arizona Center for Medieval and Renaissance Studies, 2001.

Hieatt, C.B. and S. Butler. *Curye on Inglysch.* London: Oxford Univ. Press, 1985.

La Varenne, F.P. de. *Le Cuisinier françois.* 1651. Reprint, Paris: Montalba, 1983.

Platina. *De honesta voluptate et valetudine.* Ed. and trans. by M.E. Milham as *On Right Pleasure and Good Health.* Tempe, AZ: Renaissance Soc. America, 1998.

Pliny the Elder. *Natural History*. 10 vols. Trans. H Rackham et al. Cambridge, MA: Harvard Univ. Press, 1938–62.

Scully, T., ed. and trans. *The Neapolitan Recipe Collection*. Ann Arbor: Univ. of Michigan Press, 2000.

―――, ed. and trans. *The Viandier of Taillevent*. Ottawa: Univ. of Ottawa Press, 1988.

―――, ed. and trans. *The Vivendier*. Totnes, Devon: Prospect Books, 1997.

Warner, R. *Antiquitates culinariae*. London: 1791; Reprint, London: Prospect Books, n.d.

■ 食品科学技術の百科辞典
"Caballero 他編" と "Macrae 他編"

Caballero, B. et al., eds. *Encyclopedia of Food Sciences and Nutrition*. 10 vols. Amsterdam: Academic, 2003. [2nd ed. of Macrae et al.]

Macrae, R. et al., eds. *Encyclopaedia of Food Science, Food Technology, and Nutrition*. 8 vols. London: Academic, 1993.

■ 食品化学，微生物学，植物学，生理学に関する総合書

Ang, C.Y.W. et al., eds. *Asian Foods: Science and Technology*. Lancaster, PA: Technomic, 1999.

Ashurst, P.R. *Food Flavorings*. Gaithersburg, MD: Aspen, 1999.

Belitz, H.D., and W. Grosch. *Food Chemistry*. 2nd English ed. Berlin: Springer, 1999.

Campbell-Platt, G. *Fermented Foods of the World*. London: Butterworth, 1987.

Charley, H. *Food Science*. 2nd ed. New York: Wiley, 1982.

Coultate, T.P. *Food: The Chemistry of Its Components*. 2nd ed. Cambridge: Royal Society of Chemistry, 1989.

Doyle, M.P. et al., eds. *Food Microbiology*. 2nd ed. Washington, DC: American Society of Microbiology, 2001.

Facciola, S. *Cornucopia II: A Source Book of Edible Plants*. Vista, CA: Kampong, 1998.

Fennema, O., ed. *Food Chemistry*. 3rd ed. New York: Dekker, 1996.

Ho, C.T. et al. Flavor chemistry of Chinese foods. *Food Reviews International* 5 (1989): 253–87.

Maarse, H., ed. *Volatile Compounds in Foods and Beverages*. New York: Dekker, 1991.

Maincent, M. *Technologie culinaire*. Paris: BPI, 1995.

Paul, P.C., and H.H. Palmer, eds. *Food Theory and Applications*. New York: Wiley, 1972.

Penfield, M.P., and A.M. Campbell. *Experimental Food Science*. 3rd ed. San Diego, CA: Academic, 1990.

Silverthorn, D.U. et al. *Human Physiology*. Upper Saddle River, NJ: Prentice Hall, 2001.

Smartt, J., and N. W. Simmonds, eds. *Evolution of Crop Plants*. 2nd ed. Harlow, Essex: Longman, 1995.

Steinkraus, K.H., ed. *Handbook of Indigenous Fermented Foods*. 2nd ed. New York: Dekker, 1996.

## 第1章：乳および乳製品

Brown, N.W. *India and Indology*. Delhi: Motilal Banarsidass, 1978.

Brunet, P., ed. *Histoire et géographie des fromages*. Caen: Université de Caen, 1987.

Calvino, I. *Mr. Palomar*. Trans. W. Weaver. San Diego, CA: Harcourt Brace Jovanovich, 1985.

Grant, A.J., trans. *Early Lives of Charlemagne*. London: Chatto and Windus, 1922.

Macdonnell, A.A. *A Vedic Reader for Students*. Oxford: Oxford Univ. Press, 1917.

Masui, K., and T. Yamada. *French Cheeses*. New York: Dorling Kindersley, 1996.

O'Flaherty, W.D., ed. and trans. *The Rig Veda*. Harmondsworth: Penguin, 1981.

Polo, M. *Travels* (ca. 1300). Trans. W. Marsden. New York: Dutton, 1908.

Rance, P. *The French Cheese Book*. London: Macmillan, 1989.

―――. *The Great British Cheese Book*. London: Macmillan, 1982.

Blackburn, D.G. et al. The origins of lactation and the evolution of milk. *Mammal Review* 19 (1989): 1–26.

Bodyfelt, F.W. et al. *The Sensory Evaluation of Dairy Products*. New York: Van Nostrand Reinhold, 1988.

Buchin, S. et al. Influence of pasteurization and fat composition of milk on the volatile compounds and flavor characteristics of a semi-hard cheese. *J Dairy Sci*. 81 (1998): 3097–108.

Curioni, P.M.G., and J.O. Bosset. Key odorants in various cheese types as determined by gas chromatography-olfactometry. *International Dairy J* 12 (2002): 959–84.

Dupont, J., and P.J. White. "Margarine." In Macrae, 2880–95.

Durham, W. H. *Coevolution: Genes, Culture, and Human Diversity*. Stanford, CA: Stanford Univ. Press, 1991.

Fox, P.F., ed. *Cheese: Chemistry, Physics, Microbiology*. 2 vols. London: Elsevier, 1987.

Garg, S.K., and B.N. Johri. Rennet: Current trends and future research. *Food Reviews International* 10 (1994): 313–55.

Gunderson, H.L. *Mammalogy*. New York: McGraw-Hill, 1976.

Jensen, R.G., ed. *Handbook of Milk Composition*. San Diego, CA: Academic, 1995.

Juskevich, J.C., and C.G. Guyer. Bovine growth hormone: Human food safety evaluation. *Science* 249 (1990): 875–84.

Kosikowski, F.V., and V.V. Mistry. *Cheese and Fermented Milk Foods*. 3rd ed. Westport, CT: F.V. Kosikowski LLC, 1997.

Kurmann, J.A. et al. *Encyclopedia of Fermented Fresh Milk Products*. New York: Van Nostrand Reinhold, 1992.

Mahias, M.C. Milk and its transmutations in Indian society. *Food and Foodways* 2 (1988): 265–88.

Marshall, R.T., and W.S. Arbuckle. *Ice Cream*. 5th ed. New York: Chapman and Hall, 1996.

Miller, M.J.S. et al. Casein: A milk protein with diverse biologic consequences. *Proc Society Experimental Biol Medicine* 195 (1990): 143–59.

Muhlbauer, R.C. et al. Various selected vegetables, fruits, mushrooms and red wine residue inhibit bone resorption in rats. *J Nutrition* 133 (2003): 3592–97.

Queiroz Macedo, I. et al. Caseinolytic specificity of cardosin, an aspartic protease from the cardoon: Action on bovine casein and comparison with chymosin. *J Agric Food Chem*. 44 (1996): 42–47.

Reid, G. et al. Potential uses of probiotics in clinical practice. *Clinical and Microbiological Reviews* 16 (2003): 658–72.

Robinson, R.K., ed. *Modern Dairy Technology*. 2 vols. London: Chapman and Hall, 1993.

Schmidt, G.H. et al. *Principles of Dairy Science*. 2nd ed. Englewood Cliffs, NJ: Prentice Hall, 1988.

Scott, R. *Cheesemaking Practice*. London: Applied Science, 1981.

Stanley, D.W. et al. Texture-structure relationships in foamed dairy emulsions. *Food Research International* 29 (1996): 1–13.

Starr, M.P. et al., eds. *The Prokaryotes: A Handbook on Habitats, Isolation, and Identification of Bacteria*. 2 vols. Berlin: Springer-Verlag, 1981.

Stini, W.A. Osteoporosis in biocultural perspective. *Annual Reviews of Anthropology* 24 (1995): 397–421.

Suarez, F.L. et al. Diet, genetics, and lactose intolerance. *Food Technology* 51 (1997): 74–76.

Tamime, A.Y., and R.K. Robinson. *Yoghurt: Science and Technology*. 2nd ed. Cambridge, UK: Woodhead, 1999.

Virgili, R. et al. Sensory-chemical relationships in Parmigiano-reggiano cheese. *Lebensmittel-Wissenschaft und Technologie* 27 (1994): 491–95.

*The Water Buffalo*. Rome: U.N. Food and Agriculture Organization, 1977.

Wheelock, V. *Raw Milk and Cheese Production: A Critical Evaluation of Scientific Research*. Skipton, UK: V. Wheelock Associates, 1997.

## 第 2 章：卵

Davidson, A., J. Davidson, and J. Lang. Origin of crême brulée. *Petits propos culinaires* 31 (1989): 61–63.

Healy, B., and P. Bugat. *The French Cookie Book*. New York: Morrow, 1994.

Hume, R.E. *The Thirteen Principal Upanishads Translated from the Sanskrit*. Oxford: Oxford Univ. Press, 1921.

Radhakrishnan, S. *The Principal Upanisads*. Atlantic Highlands, NJ: Humanities, 1992.

Smith, P., and C. Daniel. *The Chicken Book*. Boston: Little Brown, 1975.

Wolfert, P. *Couscous and Other Good Foods from Morocco*. New York: Harper and Row, 1973.

Board, R.G., and R. Fuller, eds. *Microbiology of the Avian Egg*. London: Chapman and Hall, 1994.

Burley, R.W., and D.V. Vadehra. *The Avian Egg: Chemistry and Biology*. New York: Wiley, 1989.

Chang, C.M. et al. Microstructure of egg yolk. *J Food Sci*. 42 (1977): 1193–1200.

Gosset, P.O., and R.C. Baker. Prevention of gray-green discoloration in cooked liquid whole eggs. *J Food Sci*. 46 (1981): 328–31.

Jänicke, O. Zur Verbreitungsgeschichte und Etymologie des fr. meringue. *Zeitschrift für romanischen Philologie* 84 (1968): 558–71.

Jiang, Y. et al. Egg phosphatidylcholine decreases the lymphatic absorption of cholesterol in rats. *J Nutrition* 131 (2001): 2358–63.

Maga, J.A. Egg and egg product flavor. *J Agric Food Chem*. 30 (1982): 9–14.

McGee, H. On long-cooked eggs. *Petits propos culinaires* 50 (1995): 46–50.

McGee, H. J., S.R. Long, and W.R. Briggs. Why whip egg whites in copper bowls? *Nature* 308 (1984): 667–68.

Packard, G.C., and M.J. Packard. Evolution of the cleidoic egg among reptilian ancestors of birds. *American Zoologist* 20 (1980): 351–62.

Perry, M.M., and A.B. Gilbert. The structure of yellow yolk in the domestic fowl. *J Ultrastructural Res*. 90 (1985): 313–22.

Stadelman, W.J., and O.J. Cotterill. *Egg Science and Technology*. 3rd ed. Westport, CT: AVI, 1986.

Su, H.P., and C.W. Lin. A new process for preparing transparent alkalised duck egg and its quality. *J Sci Food Agric*. 61 (1993): 117–20.

Wang, J., and D.Y.C. Fung. Alkaline-fermented foods: A review with emphasis on pidan fermentation. *CRC Critical Revs in Microbiology* 22 (1996): 101–38.

Wilson, A.J., ed. *Foams: Physics, Chemistry and Structure*. London: Springer-Verlag, 1989.

Woodward, S.A., and O.J. Cotterill. Texture and

microstructure of cooked whole egg yolks and heat-formed gels of stirred egg yolk. *J Food Sci.* 52 (1987): 63–67.

———. Texture profile analysis, expressed serum, and microstructure of heat-formed egg yolk gels. *J Food Sci.* 52 (1987): 68–74.

## 第3章：肉類

Cronon, W. *Nature's Metropolis.* New York: Norton, 1991.

Kinsella, J., and D.T. Harvey. *Professional Charcuterie.* New York: Wiley, 1996.

Paillat, M., ed. *Le Mangeur et l'animal.* Paris: Autrement, 1997.

Rhodes, V.J. How the marking of beef grades was obtained. *J Farm Economics* 42 (1960): 133–49.

Serventi, S. *La grande histoire du foie gras.* Paris: Flammarion, 1993.

Woodard, A. et al. *Commercial and Ornamental Game Bird Breeders Handbook.* Surrey, BC: Hancock House, 1993.

Abs, M., ed. *Physiology and Behavior of the Pigeon.* London: Academic, 1983.

Ahn, D.U., and A.J. Maurer. Poultry meat color: Heme-complex-forming ligands and color of cooked turkey breast meat. *Poultry Science* 69 (1990): 1769–74.

Bailey, A.J., ed. *Recent Advances in the Chemistry of Meat.* London: Royal Society of Chemistry, 1984.

Bechtel, P.J., ed. *Muscle as Food.* Orlando, FL: Academic, 1986.

Campbell-Platt, G., and P.E. Cook, eds. *Fermented Meats.* London: Blackie, 1995.

Carrapiso, A.I. et al. Characterization of the most odor-active compounds of Iberian ham headspace. *J Agric Food Chem.* 50 (2002): 1996–2000.

Cornforth, D.P. et al. Carbon monoxide, nitric oxide, and nitrogen dioxide levels in gas ovens related to surface pinking of cooked beef and turkey. *J Agric Food Chem.* 46 (1998): 255–61.

Food Standards Agency, U.K. *Review of BSE Controls.* 2000, http://www.bsereview.org.uk.

Gault, N.F.S., "Marinaded meat." In *Developments in Meat Science,* edited by R. Lawrie, 5, 191–246. London: Applied Science, 1991.

Jones, K.W., and R.W. Mandigo. Effects of chopping temperature on the microstructure of meat emulsions. *J Food Sci.* 47 (1982): 1930–35.

Lawrie, R.A. *Meat Science.* 5th ed. Oxford: Pergamon, 1991.

Lijinsky, W. N-nitroso compounds in the diet. *Mutation Research* 443 (1999): 129–38.

Maga, J.A. *Smoke in Food Processing.* Boca Raton, FL: CRC, 1988.

———. Pink discoloration in cooked white meat. *Food Reviews International* 10 (1994): 273–386.

Mason, I.L., ed. *Evolution of Domesticated Animals.* London: Longman, 1984.

McGee, H., J. McInerny, and A. Harrus. The virtual cook: Modeling heat transfer in the kitchen. *Physics Today* (November 1999): 30–36.

Melton, S. Effects of feeds on flavor of red meat: A review. *J Animal Sci.* 68 (1990): 4421–35.

Milton, K. A hypothesis to explain the role of meat-eating in human evolution. *Evolutionary Anthropology* 8 (1999): 11–21.

Morgan Jones, S.D., ed. *Quality Grading of Carcasses of Meat Animals.* Boca Raton, FL: CRC, 1995.

Morita, H. et al. Red pigment of Parma ham and bacterial influence on its formation. *J Food Sci.* 61 (1996): 1021–23.

Oreskovich, D.C. et al. Marinade pH affects textural properties of beef. *J Food Sci.* 57 (1992): 305–11.

Pearson, A.M., and T.R. Dutson. *Edible Meat Byproducts.* London: Elsevier, 1988.

Pinotti, A. et al. Diffusion of nitrite and nitrate salts in pork tissue in the presence of sodium chloride. *J Food Sci.* 67 (2002): 2165–71.

Rosser, B.W.C., and J.C. George. The avian pectoralis: Biochemical characterization and distribution of muscle fiber types. *Canadian J Zoology* 64 (1986): 1174–85.

Rousset-Akrim, S. et al. Influence of preparation on sensory characteristics and fat cooking loss of goose foie gras. *Sciences des aliments* 15 (1995): 151–65.

Salichon, M.R. et al. Composition des 3 types de foie gras: Oie, canard mulard et canard de barbarie. *Annales Zootechnologie* 43 (1994): 213–20.

Saveur, B. Les critères et facteurs de la qualité des poulets Label Rouge. *INRA Productions Animales* 10 (1997): 219–26.

Skog, K.I. et al. Carcinogenic heterocyclic amines in model systems and cooked foods: A review on formation, occurrence, and intake. *Food and Chemical Toxicology* 36 (1998): 879–96.

Solyakov, A. et al. Heterocyclic amines in process flavours, process flavour ingredients, bouillon concentrates and a pan residue. *Food and Chemical Toxicology* 37 (1999): 1–11.

Suzuki, A. et al. Distribution of myofiber types in thigh muscles of chickens. *Journal of Morphology* 185 (1985): 145–54.

Varnam, A.H., and J.P. Sutherland. *Meat and Meat Products: Technology, Chemistry, and Microbiology.* London: Chapman and Hall, 1995.

Wilding, P. et al. Salt-induced swelling of meat. *Meat Science* 18 (1986): 55–75.

Wilson, D.E. et al. Relationship between chemical

percentage intramuscular fat and USDA marbling score. A.S. Leaflet R1529. Iowa State University: 1998.

Young, O.A. et al. Pastoral and species flavour in lambs raised on pasture, lucerne or maize. *J Sci Food Agric.* 83 (2003): 93–104.

## 第4章：魚介類

Alejandro, R. *The Philippine Cookbook.* New York: Putnam, 1982.

Bliss, D. *Shrimps, Lobsters, and Crabs.* New York: Columbia Univ. Press, 1982.

Davidson, A. *Mediterranean Seafood.* 2nd ed. London: Allan Lane, 1981.

———. *North Atlantic Seafood.* New York: Viking, 1979.

Kurlansky, M. *Cod.* New York: Walker, 1997.

McClane, A.J. *The Encyclopedia of Fish Cookery.* New York: Holt Rinehart Winston, 1977.

McGee, H. "The buoyant, slippery lipids of the snake mackerels and orange roughy." In *Fish: Foods from the Waters,* edited by H. Walker, 205–9. Totnes, UK: Prospect Books, 1998.

Peterson, J. *Fish and Shellfish.* New York: Morrow, 1996.

Riddervold, A. *Lutefisk, Rakefisk and Herring in Norwegian Tradition.* Oslo: Novus, 1990.

Ahmed, F.E. Review: Assessing and managing risk due to consumption of seafood contaminated with microorganisms, parasites, and natural toxins in the US. *Int J Food Sci. and Technology* 27 (1992): 243–60.

Borgstrom, G., ed. *Fish as Food.* 4 vols. New York: Academic, 1961–65.

Chambers, E., and A. Robel. Sensory characteristics of selected species of freshwater fish in retail distribution. *J Food Sci.* 58 (1993): 508–12.

Chattopadhyay, P. et al. "Fish." In Macrae, 1826–87.

Doré, I. *Fish and Shellfish Quality Assessment.* New York: Van Nostrand Reinhold, 1991.

Flick, G.J., and R.E. Martin, eds. *Advances in Seafood Biochemistry.* Lancaster, PA: Technomic, 1992.

Funk, C.D. Prostaglandins and leukotrienes: Advances in eicosanoid biology. *Science* 294 (2001): 1871–75.

Gomez-Guillen, M.C. et al. Autolysis and protease inhibition effects on dynamic viscoelastic properties during thermal gelation of squid muscle. *J Food Sci.* 67 (2002): 2491–96.

Gosling, E. *The Mussel Mytilus: Ecology, Physiology, Genetics and Culture.* Amsterdam: Elsevier, 1992.

Haard, N.F., and B.K. Simon. *Seafood Enzymes.* New York: Dekker, 2000.

Hall, G.M., ed. *Fish Processing Technology.* 2nd ed. New York: VCH, 1992.

Halstead, B.W. *Poisonous and Venomous Marine Animals of the World.* 2nd rev. ed. Princeton, NJ: Darwin, 1988.

Hatae, K. et al. Role of muscle fibers in contributing firmness of cooked fish. *J Food Sci.* 55 (1990): 693–96.

Iversen, E.S. et al. *Shrimp Capture and Culture Fisheries of the United States.* Cambridge, MA: Fishing News, 1993.

Jones, D.A. et al. "Shellfish." In Macrae, 4084–118.

Kobayashi, T. et al. Strictly anaerobic halophiles isolated from canned Swedish fermented herring. *International J Food Microbiology* 54 (2000): 81–89.

Korringa, P. *Farming the Cupped Oysters of the Genus Crassostrea.* Amsterdam: Elsevier, 1976.

Kugino, M., and K. Kugino. Microstructural and rheological properties of cooked squid mantle. *J Food Sci.* 59 (1994): 792–96.

Lindsay, R. "Flavour of Fish." In *Seafoods: Chemistry, Processing, Technology, and Quality,* edited by F. Shahidi and J.R. Botta, 74–84. London: Blackie, 1994.

Love, R.M. *The Food Fishes: Their Intrinsic Variation and Practical Implications.* London: Farrand, 1988.

Mantel, L.H., ed. *Biology of Crustacea.* Vol. 5, *Internal Anatomy and Physiological Regulation*; vol. 9, *Integument, Pigments, and Hormonal Processes.* New York: Academic, 1983; Orlando, FL: Academic, 1985.

Martin, R.E. et al., eds. *Chemistry and Biochemistry of Marine Food Products.* Westport, CT: AVI, 1982.

Morita, K. et al. Comparison of aroma characteristics of 16 fish species by sensory evaluation and gas chromatographic analysis. *J Sci Food Agric.* 83 (2003): 289–97.

Moyle, P.B., and J.J. Cech. *Fishes: An Introduction to Ichthyology.* 4th ed. Upper Saddle River, NJ: Prentice Hall, 2000.

Nelson, J.S. *Fishes of the World.* 3rd ed. New York: Wiley, 1994

Ò Foighil, D. et al. Mitochondrial cytochrome oxidase I gene sequences support an Asian origin for the Portuguese oyster *Crassostrea angulata. Marine Biology* 131 (1998): 497–503.

Ofstad, R. et al. Liquid holding capacity and structural changes during heating of fish muscle. *Food Microstructure* 12 (1993): 163–74.

Oshima, T. Anisakiasis: Is the sushi bar guilty? *Parasitology Today* 3 (2) (1987): 44–48.

Pennarun, A.L. et al. Identification and origin of the character-impact compounds of raw oyster *Crassostrea gigas. J Sci Food Agric.* 82 (2002): 1652–60.

Royce, W.F. *Introduction to the Practice of Fishery Science.* San Diego, CA: Academic, 1994.

Shimizu, Y. et al. Species variation in the gel-forming [and disintegrating] characteristics of fish meat paste. *Bulletin Jap Soc Scientific Fisheries* 47 (1981): 95–104.

Shumway, S. E., ed. *Scallops: Biology, Ecology, and Aquaculture*. Amsterdam: Elsevier, 1991.

Sikorski, Z.E. et al., eds. *Seafood Proteins*. New York: Chapman and Hall, 1994.

Sternin, V., and I. Doré. *Caviar: The Resource Book*. Moscow and Stanwood, WA: Cultura, 1993.

Tanikawa, E. *Marine Products in Japan*. Tokyo: Koseisha-Koseikaku, 1971.

Taylor, R.G. et al. Salmon fillet texture is determined by myofiber-myofiber and myofiber-myocommata attachment. *J Food Sci*. 67 (2002): 2067–71.

Triqui, R., and G.A. Reineccius. Flavor development in the ripening of anchovy. *J Agric Food Chem*. 43 (1995): 453–58.

Ward, D. R., and C. Hackney. *Microbiology of Marine Food Products*. New York: Van Nostrand Reinhold, 1991.

Whitfield, F.B. Flavour of prawns and lobsters. *Food Reviews International* 6 (1990): 505–19.

Wilbur, K.M., ed. *The Mollusca*. 12 vols. New York: Academic, 1983.

## 第5章：食用植物

Harlan, J.R. *Crops and Man*. Madison, WI: Am. Soc. Agronomy, 1992.

Heiser, C.B. *Seed to Civilization*. Cambridge, MA: Harvard Univ. Press, 1990.

Thoreau, H.D. "Wild Apples" (1862). In H.D. Thoreau, *Wild Apples and Other Natural History Essays*, ed. W. Rossi. Athens, GA: Univ. of Georgia Press, 2002.

Wilson, C. A. *The Book of Marmalade*. New York: St. Martin's, 1985.

Bidlack, W.R. et al., eds. *Phytochemicals: A New Paradigm*. Lancaster, PA: Technomic, 1998.

Borchers, A.T. et al. Mushrooms, tumors, and immunity. *Proc Society Experimental Biol Medicine* 221 (1999): 281–93.

Buchanan, B.B. et al., eds. *Biochemistry and Molecular Biology of Plants*. Rockville, MD: Am. Society of Plant Physiologists, 2000.

Coulombe, R.A. "Toxicants, natural." In *Wiley Encyclopedia of Food Science and Technology*. Edited by F.J. Francis, 2nd ed., 4 vols, 2336–54. New York: Wiley, 2000.

Daschel, M.A. et al. Microbial ecology of fermenting plant materials. *FEMS Microbiological Revs*. 46 (1987): 357–67.

Dewanto, V. et al. Thermal processing enhances the nutritional value of tomatoes by increasing total antioxidant activity. *J Agric Food Chem*. 50 (2002): 3010–14.

Dominy, N.J., and P.W. Lucas. Importance of trichromic vision to primates. *Nature* 410 (2001): 363–66.

Elson, C.E. et al. Isoprenoid-mediated inhibition of mevalonate synthesis: Potential application to cancer. *Proc Society Experimental Biol Medicine* 221 (1999): 294–305.

Francis, F.J. Anthocyanins and betalains: Composition and applications. *Cereal Foods World* 45 (2000): 208–13.

Gross, J. *Pigments in Vegetables: Chlorophylls and Carotenoids*. New York: Van Nostrand Reinhold, 1991.

Karlson-Stiber, C., and H. Persson. Cytotoxic fungi: an overview. *Toxicon* 42 (2003): 339–49.

Larsen, C.S. Biological changes in human populations with agriculture. *Annual Reviews Anthropology* 24 (1995): 185–213.

Luck, G. et al. Polyphenols, astringency, and proline-rich proteins. *Phytochemistry* 37 (1994): 357–71.

Muhlbauer, R.C. et al. Various selected vegetables, fruits, mushrooms and red wine residue inhibit bone resorption in rats. *J Nutrition* 133 (2003): 3592–97.

Santos-Buelga, C., and A. Scalbert. Proanthocyanidins and tannin-like compounds—nature, occurrence, dietary intake and effects on nutrition and health. *J Sci Food Agric*. 80 (2000): 1094–1117.

Smith, D., and D. O'Beirne. "Jams and preserves." In Macrae, 2612–21.

Vincent, J.E.V. Fracture properties of plants. *Advances in Botanical Research* 17 (1990): 235–87.

Vinson, J.A. et al. Phenol antioxidant quantity and quality in foods: Vegetables. *J Agric Food Chem*. 46 (1998): 3630–34.

———. Phenol antioxidant quantity and quality in foods: Fruits. *J Agric Food Chem*. 49 (2001): 5315–21.

Walter, R.H., ed. *The Chemistry and Technology of Pectin*. San Diego, CA: Academic, 1991.

Tomás-Barberán, F.A., and R.J. Robins, eds. *Phytochemistry of Fruit and Vegetables*. New York: Oxford Univ. Press, 1997.

Waldron, K.W. et al. New approaches to understanding and controlling cell separation in relation to fruit and vegetable texture. *Trends Food Sci Technology* 8 (1997): 213–21.

## 第6章：野菜各論

Arora, D. *Mushrooms Demystified*. 2nd ed. Berkeley, CA: Ten Speed, 1986.

Chapman, V.J. *Seaweeds and Their Uses*. 3rd ed. New York: Chapman and Hall, 1980.

Dunlop, F. *Land of Plenty*. New York: Morrow, 2003.

Fortner, H.J. *The Limu Eater: A Cookbook of Hawaiian Seafood*. Honolulu: Univ. of Hawaii, 1978.

Olivier, J.M. et al. *Truffe et trufficulture.* Perigueux: FANLAC, 1996.

Phillips, R., and M. Rix. *The Random House Book of Vegetables.* New York: Random House, 1993.

Schneider, E. *Uncommon Fruits and Vegetables.* New York: Harper and Row, 1986.

———. *Vegetables from Amaranth to Zucchini.* New York: Morrow, 2001.

Alasalvar, C. et al. Comparison of volatiles . . . and sensory quality of different colored carrot varieties. *J Agric Food Chem.* 49 (2001): 1410–16.

Andersson, A. et al. Effect of preheating on potato texture. *CRC Critical Revs Food Sci Nutrition* 34 (1994): 229–51.

Aparicio, R. et al., "Biochemistry and chemistry of volatile compounds affecting consumers' attitudes towards virgin olive oil." In *Flavour and Fragrance Chemistry,* edited by V. Lanzotti and O. Tagliatela-Scarfati, 3–14. Amsterdam: Kluwer, 2000.

Bates, D.M. et. al., eds. *Biology and Utilization of the Cucurbitaceae.* Ithaca, NY: Comstock, 1990.

Block, E. Organosulfur chemistry of the genus *Allium. Angewandte Chemie,* International Edition 31 (1992): 1135–78.

Buttery, R.G. et al. Studies on flavor volatiles of some sweet corn products. *J Agric Food Chem.* 42 (1994): 791–95.

Duckham, S.C. et al. Effect of cultivar and storage time in the volatile flavor components of baked potato. *J Agric Food Chem.* 50 (2002): 5640–48.

Fenwick, G.R., and A.B. Hanley. The genus *Allium. CRC Critical Reviews in Food Sci Nutrition* 22 (1985): 199–271, 273–377.

Fukomoto, L.R. et al. Effect of wash water temperature and chlorination on phenolic metabolism and browning of stored iceberg lettuce photosynthetic and vascular tissues. *J Agric Food Chem.* 50 (2002): 4503–11.

Gomez-Campo, C., ed. *Biology of Brassica Coenospecies.* Amsterdam: Elsevier, 1999.

Heywood, V.H. Relationships and evolution in the *Daucus carota* complex. *Israel J Botany* 32 (1983): 51–65.

Hurtado, M.C. et al. Changes in cell wall pectins accompanying tomato paste manufacture. *J Agric Food Chem.* 50 (2002): 273–78.

Jirovetz, L. et al. Aroma compound analysis of *Eruca sativa* SPME headspace leaf samples using GC, GC-MS, and olfactometry. *J Agric Food Chem.* 50 (2002): 4643–46.

Kozukue, N., and M. Friedman. Tomatine, chlorophyll, ß-carotene and lycopene content in tomatoes during growth and maturation. *J Sci Food Agric.* 83 (2003): 195–200.

Lipton, W.J. Postharvest biology of fresh asparagus. *Horticultural Reviews* 12 (1990): 69–155.

Lu, Z. et al. Effects of fruit size on fresh cucumber composition . . . . *J Food Sci.* 67 (2002): 2934–39.

Mau, J.-L. et al. 1-octen-3-ol in the cultivated mushroom . . . *J Food Sci.* 57 (1992): 704–6.

McDonald, R.E. et al. Bagging chopped lettuce in selected permeability films. *HortScience* 25 (1990): 671–73.

Mithen, R.F. et al. The nutritional significance, biosynthesis and bioavailability of glucosinolates in human foods. *J Sci Food Agric.* 80 (2000): 967–84.

Mottur, G.P. A scientific look at potato chips. *Cereal Foods World* 34 (1989): 620–26.

Noble, P.S., ed. *Cacti: Biology and Uses.* Berkeley: Univ. of Calif. Press, 2001.

Oruna-Concha, M.J. et al. Comparison of the volatile components of two cultivars of potato cooked by boiling, conventional baking, and microwave baking. *J Sci Food Agric.* 82 (2002): 1080–87.

Petersen, M.A. et al. Identification of compounds contributing to boiled potato off-flavour (POF). *Lebensmittel-Wissenschaft und Technologie* 32 (1999): 32–39.

Pacioni, G. et al. Insects attracted by Tuber: A chemical explanation. *Mycological Res.* 95 (1991): 1359–63.

Rodger, G. Mycoprotein—a meat alternative new to the U.S. *Food Technology* 55 (7) (2001): 36–41.

Rouseff, R.L., ed. *Bitterness in Foods and Beverages.* Amsterdam: Elsevier, 1990.

Smith, D.S. et al. *Processing Vegetables: Science and Technology.* Lancaster, PA: Technomic, 1997.

Suarez, F. et al. Difference of mouth versus gut as site of origin of odiferous breath gases after garlic ingestion. *American J Physiology* 276 (1999): G425–30.

Takahashi, H. et al. Identification of volatile compounds of kombu and their odor description. *Nippon Shokuhin Kagaku Kaishi* 49 (2002): 228–37.

Talou, T. et al. "Flavor profiling of 12 edible European truffles." In *Food Flavors and Chemistry,* edited by A.M. Spanier et al. London: Royal Society of Chemistry, 2000.

Tanikawa, E. *Marine Products in Japan.* Tokyo: Koseisha-Koseikaku, 1971.

Terrell, E.E., and L.R. Batra. *Zizania latifolia* and *Ustilago esculenta,* a grass-fungus association. *Economic Botany* 36 (1982): 274–85.

Valverde, M.E. et al. Huitlacoche as a food source—biology, composition, and production. *CRC Critical Revs Food Sci Nutrition* 35 (1995): 191–229.

Van Buren, J.P. et al. Effects of salts and pH on

heating-related softening of snap beans. *J Food Sci.* 55 (1990): 1312–14.

Walter, W.M. Effect of curing on sensory properties and carbohydrate composition of baked sweet potato. *J Food Sci.* 52 (1987): 1026–29.

## 第7章：果実各論

Foust, C.W. *Rhubarb.* Princeton, NJ: Princeton Univ. Press, 1992.

Grigson, J. *Jane Grigson's Fruit Book.* New York: Atheneum, 1982.

Morgan, J., and A. Richards. *The Book of Apples.* London: Ebury, 1993.

Saunt, J. *Citrus Varieties of the World.* Norwich, UK: Sinclair, 1990.

Schneider, E. *Uncommon Fruits and Vegetables.* New York: Harper and Row, 1986.

Arnold, J. Watermelon packs a powerful lycopene punch. *Agricultural Research* (June 2002): 12–13.

Arthey, D., and P.R. Ashurst. *Fruit Processing.* 2nd ed. Gaithersburg, MD: Aspen, 2001.

Buettner, A., and P. Schieberle. Evaluation of aroma differences between hand-squeezed juices from Valencia late and navel oranges . . . . *J Agric Food Chem.* 49 (2001): 2387–94.

Dawson, D. M. et al. Cell wall changes in nectarines. *Plant Physiology* 100 (1992): 1203–10.

Hulme, A.C., ed. *The Biochemistry of Fruits and Their Products.* 2 vols. London: Academic, 1970–71.

Janick, J., and J.N. Moore, eds. *Advances in Fruit Breeding.* West Lafayette, IN: Purdue Univ. Press, 1975.

Lamikanra, O., and O.A. Richard. Effect of storage on some volatile aroma compounds in fresh-cut cantaloupe melon. *J Agric Food Chem.* 50 (2002): 4043–47.

Lota, M.L. et al. Volatile components of peel and leaf oils of lemon and lime species. *J Agric Food Chem.* 50 (2002): 796–805.

Mithra, S.K. *Postharvest Physiology and Storage of Tropical and Subtropical Fruits.* Wallingford, UK: CAB, 1997.

Morton, I.D., and A.J. Macleod, eds. *Food Flavours C: Flavours of Fruits.* Amsterdam: Elsevier, 1990.

Nagy, S. et al., eds. *Fruits of Tropical and Subtropical Origin.* Lake Alfred, FL: Florida Science Source, 1990.

Somogyi, L.P. et al. *Processing Fruits: Science and Technology.* Vol 1. Lancaster, PA: Technomic, 1996.

Wilhelm, S. The garden strawberry: A study of its origin. *American Scientist* 62 (1974): 264–71.

Wyllie, S.G. et al. "Key aroma compounds in melons." In *Fruit Flavors,* edited by R.L. Rouseff and M.M. Leahy, 248–57. Washington, DC: American Chemical Society, 1995.

## 第8章：植物由来の風味食材

Dalby, A. *Dangerous Tastes: The Story of Spices.* Berkeley: Univ. of Calif. Press, 2000.

Knox, K. and J.S. Huffaker. *Coffee Basics.* New York: Wiley, 1997.

*Koran.* Trans. N.J. Dawood. London: Penguin, 1974.

Kummer, C. *The Joy of Coffee.* Shelburne, VT: Chapters, 1995.

Man, R., and R. Weir. *The Compleat Mustard.* London: Constable, 1988.

Ortiz, E.L. *The Encyclopedia of Herbs, Spices, and Flavorings.* New York: Dorling Kindersley, 1992.

Peterson, T.S. *Acquired Taste: The French Origins of Modern Cooking.* Ithaca: Cornell Univ. Press, 1994.

Staples, G. *Ethnic Culinary Herbs: A Guide to Identification and Cultivation in Hawaii.* Honolulu: Univ. of Hawaii Press, 1999.

Stobart, T. *Herbs, Spices, and Flavorings.* Woodstock, NY: Overlook, 1982.

Bryant, B.P., and I. Mezine. Alkylamides that produce tingling paraesthesia activate tactile and thermal trigeminal neurons. *Brain Research* 842 (1999): 452–60.

Caterina, M.J., and D. Julius. The vanilloid receptor. *Annual Rev Neuroscience* 24 (2001): 487–517.

Chadwick, C.I. et al. The botany, uses, and production of *Wasabia japonica. Economic Botany* 47 (1993): 113–35.

Charalambous, G., ed. *Spices, Herbs, and Edible Fungi.* Amsterdam: Elsevier, 1994.

Charles, D.J. et al. "Essential oil content and chemical composition of finocchio fennel." In *New Crops,* edited by J. Janick and J.E. Simon, 570–73. New York: Wiley, 1993.

Clarke, R.J., and O.G. Vizthum. *Coffee: Recent Developments.* Oxford: Blackwell, 2001.

Clarke, R.J., and R. Macrae, eds. *Coffee.* 6 vols. Vol. 2: Technology. London: Elsevier, 1985.

Dalla Rosa, M. et al. Changes in coffee brews in relation to storage temperature. *J Sci Food Agric.* 50 (1990): 227–35.

del Castillo, M.D. et al. Effect of roasting on the antioxidant activity of coffee brews. *J Agric Food Chem.* 50 (2002): 3698–703.

Dignum, M.J.W. et al. Vanilla production. *Food Revs International* 17 (2001): 199–219.

Hiltunen, R., and Y. Holm, eds. *Basil.* Amsterdam: Harwood, 1999.

Illy, A., and R. Viani, eds. *Espresso Coffee: The Chemistry of Quality*. San Diego, CA: Academic, 1995.

Jagella, T., and W. Grosch. Flavour and off-flavour compounds of black and white pepper II [black pepper]. *Eur J Food Research and Technology* 209 (1999): 22–26.

———. Flavour and off-flavour compounds of black and white pepper III [white pepper]. *Eur J Food Research and Technology* 209 (1999): 27–31.

Jordt, S.E. et al. Mustard oils and cannabinoids excite sensory nerve fibers through the TRP channel ANKTM1. *Nature* 427 (2004): 260–65.

Kintzios, S.E., ed. *Sage*. Amsterdam: Harwood, 2000.

Maga, J. A. *Smoke in Food Processing*. Boca Raton, FL: CRC, 1988.

McGee, H. In victu veritas. *Nature* 392 (1998): 649–50.

Nasrawi, C.W., and R.M. Pangborn. Temporal effectiveness of mouth-rinsing on capsaicin mouth-burn. *Physiology and Behavior* 47 (1990): 617–23.

Nemeth, E., ed. *Caraway*. Amsterdam: Harwood, 1998.

Noleau, E. et al. Volatile compounds in leek and asafoetida. *J of Essential Oil Research* 3 (1991): 241–56.

Peter, K.V., ed. *Handbook of Herbs and Spices*. Cambridge, UK: Woodhead, 2001.

Prescott, J. et al. Effects of oral chemical irritation on tastes and flavors in frequent and infrequent users of chili. *Physiology and Behavior* 58 (1995): 1117–27.

Rozin, P., and D. Schiller. The nature and acquisition of a preference for chili peppers by humans. *Motivation and Emotion* 4 (1980): 77–101.

Shimoda, M. et al. Comparison of volatile compounds among different grades of green tea and their relations to odor attributes. *J Agric Food Chem*. 43 (1995): 1621–25.

Sivetz, M., and N.W. Desrosier. *Coffee Technology*. Westport, CT: AVI, 1979.

Takeoka, G. "Volatile constituents of asafoetida." In *Aroma Active Constituents of Foods*, 33–44. Oxford: Oxford Univ. Press, 2001.

Taucher, J. et al. Analysis of compounds in human breath after ingestion of garlic using proton-transfer-reaction mass spectrometry. *J Agric Food Chem*. 44 (1996): 3778–82.

Werker, E. et al. Glandular hairs and essential oil in developing leaves of [basil]. *Annals of Botany* 71 (1993): 43–50.

Winterhalter P., and M. Straubinger. Saffron—renewed interest in an ancient spice. *Food Revs International* 16 (2000): 39–59.

Yamanishi, T., ed. Special issue on tea. *Food Revs International* 11 (1995), no. 3.

Yu, H.C. et al., eds. *Perilla*. Amsterdam: Harwood, 1997.

Zamski, E. et al. Ultrastructure of capsaicinoid-secreting cells in pungent and nonpungent red pepper (*Capsicum annuum* L.) cultivars. *Botanical Gazette* 148 (1987): 1–6.

## 第9章：種子

Champlain, S., ed. *The Voyages, 1619*. Translated by H.H. Langton and W.F. Ganong. *The Works of Samuel Champlain*, vol. 3. Toronto: Champlain Society, 1929.

Eliade, M. *Patterns in Comparative Religion*. Trans. R. Sheed. New York: Sheed and Ward, 1958.

Fussell, B. *The Story of Corn*. New York: Knopf, 1992.

National Research Council. *Lost Crops of Africa*. Vol. 1, *Grains*. Washington, DC: National Academy Press, 1996.

Rosengarten, F.J. *The Book of Edible Nuts*. New York: Walker, 1984.

Shurtleff, W., and A. Aoyagi. *The Book of Miso*. New York: Ballantine, 1981.

———. *The Book of Tofu*. New York: Ballantine, 1979.

Thoreau, H.D. "Journal, Jan. 3, 1842." In *The Writings of Henry David Thoreau: Journal I, 1837–46*, edited by B. Torrey. New York: AMS, 1968.

Bakshi, A.S., and R.P. Singh. Kinetics of water diffusion and starch gelatinization during rice parboiling. *J Food Sci*. 45 (1980): 1387–92.

Bernath, J., ed. *Poppy*. Amsterdam: Harwood, 1998.

Bett-Garber, K.L. et al. Categorizing rice cultivars based on cluster analysis of amylose content, protein content and sensory attributes. *Cereal Chemistry* 78 (2001): 551–58.

Bhattacharjee, P. et al. Basmati rice: A review. *International J Food Sci Technology* 37 (2002): 1–12.

Bushuk, W. *Rye: Production, Chemistry, and Technology*. 2nd ed. St. Paul, MN: Am. Assoc. of Cereal Chemists, 2001.

Cassidy, A. Potential risks and benefits of phytoestrogen-rich diets. *International J Vitamin Nutrition Research* 73 (2003): 120–26.

Fast, R.B., and E.F. Caldwell, eds. *Breakfast Cereals and How They Are Made*. 2nd ed. St. Paul, MN: Am. Assoc. Cereal Chemists, 2000.

Fischer, K.H., and W. Grosch. Untersuchungen zum Leguminosenaroma roher Erdnusse. *Lebensmittel-Wissenschaft und Technologie* 15 (1982): 173–76.

Fujimura, T., and M. Kugimiya. Gelatinization of starches inside cotyledon cells of kidney beans. *Starch* 46 (1994): 374–78.

Glaszmann, J.C. Isozymes and classification of Asian rice varieties. *Theoretical and Applied Genetics* 74 (1987): 21–30.

Granito, M. et al. Identification of gas-producing components in different varieties of *Phaseolus vulgaris* by in vitro fermentation. *J Sci Food Agric.* 81 (2001): 543–50.

Hahn, D.M. et al. Light and scanning electron microscope studies on dry beans. *J Food Sci.* 42 (1977): 1208–12.

Hallauer, A.R., ed. *Specialty Corns.* 2nd ed. Boca Raton, FL: CRC, 2001.

Harries, H.C. "Coconut Palm." In Macrae, 1098–1104.

Hickenbottom, J.W. Processing, types, and uses of barley malt extracts and syrups. *Cereal Foods World* 41 (1996): 788–90.

Huang, S. et al. Genes encoding plastid acetyl-Co-A carboxylase . . . and the evolutionary history of wheat. *Proceedings of the National Academy of Sciences* 99 (2002): 8133–38.

Jezussek, M. et al. Comparison of key aroma compounds in cooked brown rice varieties. . . . *J Agric Food Chem.* 50 (2002): 1101–5.

Khush, G.S. Origin, dispersal, cultivation, and variation of rice. *Plant Molecular Biology* 35 (1997): 25–34.

Kimber, I., and R.J. Dearman. Factors affecting the development of food allergies. *Proceedings Nutrition Society* 61 (2002): 435–39.

Lentz, D.L. et al. Prehistoric sunflower (*Helianthus annuus* L.) domestication in Mexico. *Economic Botany* 55 (2001): 370–76.

Lin, S.H. Water uptake and gelatinization of white rice. *Lebensmittel-Wissenschaft und Technologie* 26 (1993): 276–78.

Liu, K. *Soybeans: Chemistry, Technology, and Utilization.* Gaithersburg, MD: Aspen, 1999.

———. Storage proteins and hard-to-cook phenomenon in legume seeds. *Food Technology* 51 (1997): 58–61.

Lumpkin, T.A., and D.C. McClary. *Azuki Bean: Botany, Production, and Uses.* Wallingford, UK: CAB, 1994.

MacGregor, A.W., and R.S. Bhatty, eds. *Barley: Chemistry and Technology.* St. Paul, MN: Am. Assoc. of Cereal Chemists, 1993.

Marshall, H.G., and M.E. Sorrells, eds. *Oat Science and Technology.* Madison, WI: American Society of Agronomy, 1992.

O'Donnell, A.U., and S.E. Fleming. Influence of frequent and longterm consumption of legume seeds on excretion of intestinal gases. *American J of Clinical Nutrition* 40 (1984): 48–57.

Oelke, E.A. et al. Wild rice. *Cereal Foods World* 42 (1997): 234–47.

Paredes-Lopez, O., ed. *Amaranth: Biology, Chemistry, Technology.* Boca Raton, FL: CRC, 1994.

Pattee, H.E., and H.T. Stalker, eds. *Advances in Peanut Science.* Stillwater, OK: American Peanut Research and Education Assoc., 1995.

Rockland, L.B., and F.T. Jones. Scanning electron microscope studies on dry beans. *J Food Sci.* 39 (1974): 342–46.

Rosato, A.D. et al. Why the Brazil nuts are on top: Size segregation of particulate matter by shaking. *Physical Review Letters* 58 (1987): 1038–42.

Salunkhe, D.K. et al. *Postharvest Biotechnology of Food Legumes.* Boca Raton, FL: CRC, 1985.

———. *World Oilseeds: Chemistry, Technology, and Utilization.* New York: Van Nostrand Reinhold, 1992.

Santerre, C.R. *Pecan Technology.* New York: Chapman and Hall, 1994.

Shan, L. et al. Structural basis for gluten intolerance in celiac sprue. *Science* 297 (2002): 2275–79.

Smartt, J. *Grain Legumes.* Cambridge: Cambridge Univ. Press, 1990.

Smith, C.W., and R.A. Frederiksen, eds. *Sorghum: Origin, History, Technology, and Production.* New York: Wiley, 2000.

Sobolev, V.S. Vanillin content in boiled peanuts. *J Agric Food Chem.* 49 (2001): 3725–27.

van Schoonhoven, A., and O. Voysest, eds. *Common Beans: Research for Crop Improvement.* Wallingford, UK: CAB, 1991.

Wang, J., and D.Y.C. Fung. Alkaline-fermented foods: A review with emphasis on pidan fermentation. *CRC Critical Revs in Microbiology* 22 (1996): 101–38.

Williams, J.T., ed. *Cereals and Pseudocereals.* London: Chapman and Hall, 1995.

Woodruff, J.G. *Coconuts: Production, Processing, Products.* 2nd ed. Westport, CT: AVI, 1979.

———. *Tree Nuts.* 2nd ed. Westport, CT: AVI, 1979.

Wrigley, C. The lupin—the grain with no starch. *Cereal Foods World* 48 (2003): 30–31.

## 第10章：穀物で作る生地

Beranbaum, R.L. *The Cake Bible.* New York: Morrow, 1988.

———. *The Pie and Pastry Bible.* New York: Scribner, 1998.

David, E. *English Bread and Yeast Cookery.* London: Penguin 1977.

Friberg, B. *The Professional Pastry Chef.* 3rd ed. New York: Van Nostrand Reinhold, 1996.

Glezer, M. *Artisan Baking.* New York: Artisan, 2000.

Healy, B., and P. Bugat. *The Art of the Cake.* New York: Morrow, 1999.

———. *The French Cookie Book.* New York: Morrow, 1994.

Perry, C. "Couscous and its cousins." In *Medieval Arab Cookery,* edited by M. Rodinson et al., 233–38. Totnes, UK: Prospect Books, 2001.

———. Puff Paste Is Spanish. *Petits propos culinaires* 17 (1984): 57–61.

———. "The taste for layered bread among the nomadic Turks and the Central Asian origins of baklava." In *Culinary Cultures of the Middle East*, edited by R. Tapper and S. Zubaida, 87–92. London: I.B. Tauris, 1994.

Serventi, S., and F. Sabban. *Pasta: The Story of a Universal Food.* Trans. A. Shugaar. New York: Columbia Univ. Press, 2002.

Siesby, B. The Turkish crescent and the Danish pastry. *Petits propos culinaires* 30 (1988): 7–10.

Udesky, J. *The Book of Soba.* Tokyo: Kodansha, 1995.

Wolfert, P. *Couscous and Other Good Food from Morocco.* New York: Harper and Row, 1973.

Barsby, T.L. et al., eds. *Starch: Advances in Structure and Function.* Cambridge: Royal Society of Chemistry, 2001.

Bath, D.E., and R.C. Hoseney. A laboratory-scale bagel-making procedure. *Cereal Chemistry* 71 (1994): 403–8.

Bernardin, J.E., and D.D. Kasarda. The microstructure of wheat protein fibrils. *Cereal Chemistry* 50 (1973): 735–45.

Bhattacharya, M. et al. Physicochemical properties related to quality of rice noodles. *Cereal Chemistry.* 76 (1999): 861–67.

Blanshard, J.M.V. et al., eds. *Chemistry and Physics of Baking.* London: Royal Society of Chemistry, 1986.

Brooker, B.E. The stabilisation of air in cake batters—the role of fat. *Food Microstructure* 12 (1993): 285–96.

Calvel, R. *The Taste of Bread.* Trans. R.L. Wirtz. Gaithersburg, MD: Aspen, 2001.

Czerny, M., and P. Schieberle. Important aroma compounds in freshly ground wholemeal and white wheat flour: Identification and quantitative changes during sourdough fermentation. *J Agric Food Chem.* 50 (2002): 6835–40.

Dexter, J.E. et al. Scanning electron microscopy of cooked spaghetti. *Cereal Chemistry* 55 (1978): 23–30.

Eliasson, A.C., and K. Larsson. *Cereals in Breadmaking: A Molecular Colloidal Approach.* New York: Dekker, 1993.

Fabriani, G., and C. Lintas, eds. *Durum Wheat: Chemistry and Technology.* St. Paul, MN: Am. Assoc. Cereal Chemists, 1988.

Fik, M., and K. Surowka. Effect of prebaking and frozen storage on the sensory quality and instrumental texture of bread. *J Sci Food Agric.* 82 (2002): 1268–75.

Frazier, P.J. et al., eds. *Starch: Structure and Functionality.* Cambridge: Royal Society of Chemistry, 1997.

Heidolph, B.B. Designing chemical leavening systems. *Cereal Foods World* 41 (1996): 118–26.

Hoseney, R.C. "Physical chemistry of bread dough." In *Physical Chemistry of Foods*, edited by H.G. Schwartzberg and R.W. Hartel. New York: Dekker, 1992.

Hoseney, R.C., and P.A. Seib. Structural differences in hard and soft wheats. *Bakers Digest* 47 (1973): 26–28.

Kruger, J.E. et al. *Pasta and Noodle Technology.* St. Paul, MN: Am. Assoc. Cereal Chemists, 1996.

Loewe, R. Role of ingredients in batter systems. *Cereal Foods World* 38 (1993): 673–77.

Matsunaga, K. et al. Influence of physicochemical properties of starch on crispness of tempura fried batter. *Cereal Chemistry* 80 (2003): 339–45.

O'Brien, R.D. *Fats and Oils: Formulating and Processing for Applications.* Lancaster, PA: Technomic, 1998.

Pomeranz, Y., ed. *Wheat: Chemistry and Technology.* 2 vols. St. Paul, MN: Am. Assoc. Cereal Chemists, 1988.

Schieberle, P., and W. Grosch. Potent odorants of rye bread crust—differences from the crumb and from wheat bread crust. *Zeitschrift für Lebensmittel-Untersuchung und-Forschung* 198 (1994): 292–96.

Sluimer, I.P. Principles of dough retarding. *Bakers Digest* 55, no. 4 (1981): 6–10.

Stear, C.A. *Handbook of Breadmaking Technology.* London: Elsevier, 1990.

Tester, R.F., and S.J.J. Debon. Annealing of starch—a review. *Int J Biological Macromolecules* 27 (2000): 1–12.

Thiele, C. et al. Contribution of sourdough lactobacilli, yeast, and cereal enzymes to the generation of amino acids in dough relevant for bread flavor. *Cereal Chemistry* 79 (2002): 45–51.

Weiss, T.J. *Food Oils and Their Uses.* 2nd ed. Westport, CT: AVI, 1983.

Zweifel, C. et al. Influence of high-temperature drying on structural and textural properties of durum wheat pasta. *Cereal Chemistry* 80 (2003): 159–67.

## 第11章：ソース

Armstrong, V., trans. *Cookbook of Sabina Welserin.* 1553. www.daviddfriedman.com/Medieval/Cookbooks/Sabrina_Welserin.html

Brears, P. Transparent pleasures—the story of the jelly. *Petits propos culinaires* 53: 8–19 and 54 (1996): 25–37.

Harper, D. Gastronomy in ancient China—cooking for the Sage King. *Parabola* 9, no. 4 (1984): 38–47.

Kenney, E.J., trans. *The Ploughman's Lunch: Moretum.* Bristol: Bristol Classical Press, 1984.

Kurlansky, M. *Salt: A World History.* New York: Walker, 2002.

Mennell, S. *Lettre d'un pâtissier anglois, et autres contributions à une polémique gastronomique du XVIIIème siècle.* Exeter: Univ. of Exeter Press, 1981.

Mortimer, P. Koch's colonies and the culinary contribution of Fanny Hesse. *Microbiology Today* 28 (2001): 136–37.

Peterson, J. *Sauces: Classical and Contemporary Sauce Making.* New York: Van Nostrand Reinhold, 1991.

Rao, H. et al. Institutional change in Toque Ville: Nouvelle cuisine as an identity movement in French gastronomy. *American Journal of Sociology* 108 (2003): 795–843.

Sokolov, R. *The Saucier's Apprentice.* New York: Knopf, 1983.

Augustin, J. et al. Alcohol retention in food preparation. *J Am Dietetic Assoc.* 92 (1992): 486–88.

Chang, C.M. et al. Electron microscopy of mayonnaise. *Canadian Institute of Food Science and Technology Journal* 5 (1972): 134–37.

Cook, D.J. et al. Effect of hydrocolloid thickeners on the perception of savory flavors. *J Agric Food Chem.* 51 (2003): 3067–72.

Dickinson, E., and J.M. Rodriguez Patino, eds. *Food Emulsions and Foams.* Cambridge: Royal Society of Chemistry, 1999.

Frazier, P.J. et al., eds. *Starch: Structure and Functionality.* Cambridge: Royal Society of Chemistry, 1997.

Gudmundsson, M. Rheological properties of fish gelatins. *J Food Science* 67 (2002): 2172–76.

Harris, P., ed. *Food Gels.* London: Elsevier, 1990.

Hoover, R. Composition, molecular structure, and physicochemical properties of tuber and root starches: A review. *Carbohydrate Polymers* 45 (2001): 253–67.

Leuenberger, B.H. Investigation of viscosity and gelation properties of different mammalian and fish gelatins. *Food Hydrocolloids* 5 (1991): 353–62.

Martinez Padilla, L., and J. Hardy. "Rheological study of interactions among wheat flour milk proteins and lipids of bechamel sauce." In *Food Colloids*, edited by R.D. Bee et al., 395–99. Cambridge: Royal Society of Chemistry, 1989.

Miller, B.S. et al. A pictorial explanation for the increase in viscosity of a heated wheat starch-water suspension. *Cereal Chemistry* 50 (1973): 271–80.

Niman, S. Using one of the oldest food ingredients—salt. *Cereal Foods World* 41 (1996): 729–31.

Oda, M. et al. Study on food components: The structure of N-linked asialo carbohydrate from the edible bird's nest built by *Collocalia fuciphaga*. *J Agric Food Chem.* 46 (1998): 3047–53.

Pearson, A.M., and T.R. Dutson. *Edible Meat Byproducts.* London: Elsevier, 1988.

Sayaslan, A. et al. Volatile compounds in five starches. *Cereal Chemistry* 77 (2000): 248–53.

Solyakov, A. et al. Heterocyclic amines in process flavors, process flavor ingredients, bouillon concentrates and a pan residue. *Food and Chemical Toxicology* 37 (1999): 1–11.

Thebaudin, J.Y. et al. Rheology of starch pastes from starches of different origins: Applications to starch-based sauces. *Lebensmittel-Wissenschaft und Technologie* 31 (1998): 354–60.

Walstra, P., and I. Smulders. Making emulsions and foams: An overview. In *Food Colloids*, edited by E. Dickinson and B. Bergenstahl, 367–81. Cambridge, UK: Royal Society of Chemistry, 1997.

Ward, A.G., and A. Courts, eds. *Science and Technology of Gelatin.* New York: Academic, 1977.

Weel, K.G.C. et al. Flavor release and perception of flavored whey protein gels: Perception is determined by texture rather than release. *J Agric Food Chem.* 50 (2002): 5149–55.

Westphal, G. et al. "Sodium chloride." In *Ullmann's Encyclopedia of Industrial Chemistry*, A24: 317–39. Weinheim: VCH, 1993.

Whistler, R.L., and J.N. BeMiller, eds. *Industrial Gums.* 3rd ed. San Diego, CA: Academic, 1993.

Whistler, R.L. et al., eds. *Starch: Chemistry and Technology.* 2nd ed. Orlando, FL: Academic, 1984.

## 第12章：砂糖, チョコレート, 菓子

Alper, J. Crazy candies. *ChemMatters*. October 11, 1993.

Benzoni, G. *History of the New World (1565).* Trans. W.H. Smyth. London: Hakluyt Society, 1857.

Beranbaum, R.L. Rose's sugar bible. *Food Arts* (April 2000).

Coe, S.D., and M.D. Coe. *The True History of Chocolate.* London: Thames and Hudson, 1996.

Gage, T. *The English-American: His Travail by Sea and Land,* 1648. Ed. J.E.S. Thompson. Norman: Univ. of Oklahoma Press, 1958.

Presilla, M. *The New Taste of Chocolate.* Berkeley, CA: Ten Speed, 2001.

Richardson, T. *Sweets: A History of Candy.* New York: Bloomsbury, 2002.

Teubner, C. *The Chocolate Bible.* New York: Penguin Studio, 1997.

Alexander, R.J. *Sweeteners: Nutritive.* St. Paul, MN: Eagan, 1997.

Baikow, V.E. *Manufacture and Refining of Raw Cane Sugar.* Amsterdam: Elsevier, 1982.

Beckett, S.T. *The Science of Chocolate.* Cambridge: Royal Society of Chemistry, 2000.

Beckett, S.T., ed. *Industrial Chocolate Manufacture and Use.* 3rd ed. Oxford: Blackwell, 1999.

Birch, G.G., and K.J. Parker. *Sugar: Science and Technology.* London: Applied Science, 1979.

Blackburn, F. *Sugar-cane*. London: Longman, 1984.
Clarke, M.A. "Syrups." In Macrae, 5711–16.
Edwards, W.P. *Science of Sugar Confectionery*. Cambridge: Royal Society of Chemistry, 2000.
Galloway, J.H. *The Sugar Cane Industry: An Historical Geography From Its Origins to 1914*. Cambridge: Cambridge Univ. Press, 1989.
Godshall, M.A. et al. Sensory properties of white beet sugars. *International Sugar J* 97 (1995): 296–300.
Harris, N. et al. *A Formulary of Candy Products*. New York: Chemical Publishing Co., 1991.
Harris, P., ed. *Food Gels*. London: Elsevier, 1990.
Hickenbottom, J.W. Processing, types, and uses of barley malt extracts and syrups. *Cereal Foods World* 41 (1996): 788–90.
Hurst, W.J. et al. Cacao usage by the earliest Maya civilization. *Nature* 418 (2002): 289.
Jackson, E.B., ed. *Sugar Confectionery Manufacture*. New York: Van Nostrand Reinhold, 1990.
Kroh, L.W. Caramelisation in food and beverages. *Food Chemistry* 51 (1994): 373–79.
Michener, W., and P. Rozin. Pharmacological versus sensory factors in the satiation of chocolate craving. *Physiology and Behavior* 56 (1994): 419–22.
Minifie, B. *Chocolate, Cocoa, and Confectionery: Science and Technology*. 3rd ed. New York: Van Nostrand Reinhold, 1989.
Nabors, L.O., ed. *Alternative Sweeteners*. 3rd ed. New York: Dekker, 2001.
Pennington, N.L., and C.W. Baker. *Sugar: A User's Guide to Sucrose*. New York: Van Nostrand Reinhold, 1990.
Sweeting, L.M. Experiments at home: Wintergreen candy and other triboluminescent materials. 1998, http://www.towson.edu/~sweeting/wg/candywww.htm.
Taylor, C.N. Truffles and pralines. *The Manufacturing Confectioner* (May 1997), 90–94.
Vinson, J.A. et al. Phenol antioxidant quantity and quality in foods: Cocoa, dark chocolate, and milk chocolate. *J Agric Food Chem.* 47 (1999): 4821–24.
Whistler, R.L., and J.N. BeMiller, eds. *Industrial Gums*. 3rd ed. San Diego, CA: Academic, 1993.
Whistler, R.L. et al., eds. *Starch: Chemistry and Technology*. 2nd ed. Orlando: Academic, 1984.
Winston, M. *The Biology of the Honey Bee*. Cambridge, MA: Harvard Univ. Press, 1987.

## 第13章：ワイン，ビール，蒸留酒

Brode, B. et al. *Beer Judge Certification Program: Guide to Beer Styles for Home Brew Beer Competitions*. Hayward, CA: BJCP, 2001.
Civil, M. Modern brewers re-create an ancient beer. http://oi.uchicago.edu/OI/IS/CIVIL/NN_FAL91/NN_Fal91.html
Harper, P. *The Insider's Guide to Saké*. Tokyo: Kodansha, 1998.
Jackson, M. *Great Beer Guide*. New York: Dorling Kindersley, 2000.
Johnson, H. *Vintage: The Story of Wine*. New York: Simon and Schuster, 1989.
Johnson, H., and J. Robinson. *The World Atlas of Wine*. 5th ed. London: Mitchell Beazley, 2001.
Kramer, M. *Making Sense of Wine*. 2nd ed. Philadelphia: Running Press, 2003.
McGovern, P.E. et al., eds. *The Origins and Ancient History of Wine*. Amsterdam: Gordon and Breach, 1996.
Papazian, C. *The Home Brewer's Companion*. New York: Avon, 1994.
Robinson, J. *The Oxford Companion to Wine*. Oxford: Oxford Univ. Press, 1994.
Waymack, M.H., and J.F. Harris. *The Book of Classic American Whiskeys*. Chicago: Open Court, 1995.
Wilson, J.E. *Terroir: The Role of Geology, Climate, and Culture in the Making of French Wines*. Berkeley: Univ. of California Press, 1998.

Adams, M.R. "Vinegar." In *Microbiology of Fermented Foods*, edited by B.J.B. Wood, 2 vols. Vol. 1, 1–45. New York: Elsevier, 1985.
Augustin, J. et al. Alcohol retention in food preparation. *J American Dietetic Assoc.* 92 (1992): 486–88.
Aylott, R.I., and E.G. Hernandez. "Gin." In Caballero, 2889–98.
Bakalinsky, A.T., and M.H. Penner. "Alcohol." In Caballero, 107–28.
Bertrand, A., and R. Cantagrel. "Brandy and Cognac." In Caballero, 584–605.
Blanchard, L. et al. Formation of furfurylthiol exhibiting a strong coffee aroma during oak barrel fermentation from furfural released by toasted staves. *J Agric Food Chem.* 49 (2001): 4833–35.
Cocchi, M. et al. Determination of carboxylic acids in vinegars and in aceto balsamico tradizionale di Modena by HPLC and GC methods. *J Agric Food Chem.* 50 (2002): 5255–61.
Conner, H.A., and R.J. Allgeier. Vinegar: Its History and Development. *Advances in Applied Microbiology* 20 (1976): 81–133.
Conner, J.M. et al. Release of distillate flavor compounds in Scotch malt whisky. *J Sci Food Agric.* 79 (1999): 1015–20.
De Keersmaecker, J. The mystery of lambic beer. *Scientific American* (August 1996), 74–78.
Ebeler, S. Analytical chemistry: Unlocking the secrets of wine flavor. *Food Reviews International* 17 (2001): 45–64.
Fahrasmane, L., and A. Parfait. "Rum." In Caballero, 5021–27.
Fix, G. *Principles of Brewing Science*. Boulder, CO: Brewers Publications, 1989.

Fleming, M. et al. "Ethanol." In *Goodman and Gilman's The Pharmacological Basis of Therapeutics,* edited by L.S. Goodman et al., 10th ed. 429–45. New York: McGraw-Hill, 2001.

Harris, R., and D.H. West. "Caribbean rum: Its manufacture and quality." In *Chemistry and Processing of Sugarbeet and Sugarcane,* edited by M.A. Clarke and M.A. Godshall, 313–40. Amsterdam: Elsevier, 1988.

Hayman, C.F. "Vodka." In Caballero, 6068–69.

Jackson, R.J. *Wine Tasting: A Professional Handbook.* San Diego, CA: Academic, 2002.

Jackson. R.S. *Wine Science.* 2nd ed. San Diego, CA: Academic, 2000.

Lavigne, V. et al. Identification and determination of sulfur compounds responsible for "grilled" aroma in wines. *Science des Aliments* 18 (1998): 175–91.

Ledauphin, J. et al. Chemical and sensorial aroma characterization of freshly distilled Calvados. *J Agric Food Chem.* 51 (2003): 433–42.

Licker, J.L. et al. "What is 'Brett' *(Brettanomyces)* flavor? A preliminary investigation." In *Chemistry of Wine Flavor,* edited by A.L. Waterhouse and S.E. Ebeler, 96–115. Washington, DC: American Chemical Society, 1998.

Mosedale, J.R., and J.L. Puech. "Barrels: wine, spirits, and other beverages." In Caballero, 393–402.

Neve, R.A. *Hops.* London: Chapman and Hall, 1991.

Noble, A.C., and G.F. Bursick. The contribution of glycerol to perceived viscosity and sweetness in white wine. *Am J Enology and Viticulture* 35 (1984): 110–12.

Olson, R.W. et al. Absinthe and γ-aminobutyric acid receptors. *Proceedings of the National Academy of Sciences* 97 (2000): 4417–18.

Peynaud, E. *The Taste of Wine.* London: Macdonald, 1987.

Piggott, J.R., and Conner, J.M. "Whisky, whiskey, and bourbon." In Caballero, 6171–83.

Swings, J. "The genera *Acetobacter* and *Gluconobacter.*" In *The Prokaryotes,* edited by A. Balows et al., 2nd ed. Vol. 3, 2268–86. New York: Springer, 1992.

Verachtert, H., and R. De Mot, eds. *Yeast: Biotechnology and Biocatalysis.* New York: Dekker, 1990.

Wiese, J.G. et al. The alcohol hangover. *Annals of Internal Medicine* 132 (2000): 897–902.

## 第14章：調理法および調理器具素材

Fennema, O., ed. *Food Chemistry.* 3rd ed. New York: Dekker, 1996.

Hallström, B. et al. *Heat Transfer and Food Products.* London: Elsevier, 1990.

McGee, H. From raw to cooked: The transformation of flavor. In *The Curious Cook: More Kitchen Science and Lore,* 297–313. San Francisco: North Point, 1990.

McGee, H., J. McInerny, and A. Harrus. The virtual cook: modeling heat transfer in the kitchen. *Physics Today* (November 1999): 30–36.

*Scientific American.* Special issue on "Materials." September 1967.

## 第15章：基本となる四つの食物分子群

Barham, P. *The Science of Cooking.* Berlin: Springer-Verlag, 2001.

Fennema, O., ed. *Food Chemistry.* 3rd ed. New York: Dekker, 1996.

Penfield, M.P., and A.M. Campbell. *Experimental Food Science.* 3rd ed. San Diego, CA: Academic, 1990.

## 付録：化学入門

Hill, J.W., and D.K. Kolb. *Chemistry for Changing Times.* 8th ed. Upper Saddle River, NJ: Prentice Hall, 1998.

Snyder, C.H. *The Extraordinary Chemistry of Ordinary Things.* New York: Wiley, 1992.

# 索　引

図と囲み記事についてはイタリック体でページ数を記載した．

【文献】

『*Antiquitates Culinariae*（古典料理／料理の古代誌）』, *71*, 490
『*Gastronomia*』（アルケストラトス, Archestratus）, 503
『アメリカ料理（*American Cookery*）』（シモンズ, Simmons）, 504, *547*
『英語辞典（*Dictionary*）』（ジョンソン, Johnson）, 457
『ガストロノミー・プラティーク；料理実践（*Gastronomie Pratique*）』（Ali Bab）, 70
『カンタベリー物語―トパス卿の話（*Tale of Sir Topas*）』（チョーサー, Chaucer）, 628
『キャンディー作りの本（*Candy Cook Book*）』（ブラッドリー, Bradley）, 672
『ギュンターの現代菓子（*Gunter's Modern Confectioner*）』, 672
『教養のある美食家（*Educated Gastronome*）』, 572
『クックワイズ（*Cookwise*）』（コリアー, Corriher）, 2
『サビーナ・ウェルゼリンの料理本（*Das Kochbuch der Sabina Welserin*）』, 599
『ジェームズ・スミス隊長の人生と旅に起こった珍しい出来事（*An Account of the Remarkable Occurrences in the Life and Travels of Col. James Smith*）』, 646
『人民の快適な生活のための重要技術（*Important Arts for the People's Welfare*）』, 554
『女王のクローゼットを開けて（*Queen's Closet Open'd*）』, 99
『チャーンドーギヤ・ウパニシャッド（*Chandogya Upanishad*）』, 68
『チャラカ―サンヒター（*Charaka-Samhita*）』, 694
『調理技術（*Technologie Culinaire*）』, 135
『ナポリのコック（*Cuoco Napoletano*）』, 112
『ナポリ料理集（*The Neapolitan Recipe Collection*）』, 567
『ニワトリの本（*Chicken Book*）』（スミスとダニエル, Smith and Daniel）, 72
『博物誌（*Natural History*）』（プリニウス, Pliny）, 698
『パリの家政（*Le Menagier de Paris*）』, 62, *71*, 167
『百科事典（*Encyclopédie*）』, 57, 101, *101*, 672
『フランスの菓子職人（*Le Patissier François*）』, 85, 97
『フランスの給仕長（*Maître d' Hôtel français*）』（カレーム, Careme）, 571
『フランスのジャム職人（*Le confiturier françois*）』, 630, 631
『プレーリーの旅（*A Tour on the Prairies*）』（アーヴィング, Irving）, *642*
『マクベス』（シェイクスピア, Shakespeare）, 694
『味覚の生理学（*The Physiology of Taste*）』（ブリアーサヴァラン, Brillat-Savarin）, 3
『モレトゥム（*Moretum*）』, 566
『リグ・ヴェーダ（*The Rg Veda*）』, 8
『料理の手引き（*Le Guide Culinaire*）』（エスコフィエ, Escoffier）, 571
『料理の方法（*The Farme of Cury*）』, 243, 490
『呂氏春秋（*Lu Shih Chhun Chhiu*）』, 565
『ワインに関する研究（*Etudes sur le vin*）』（パスツール, Pasteur）, 700

【アルファベット】

*Acetobacter*, 728
*Acetobacter aceti*, 747
*Acetobacter pasteurianus*, 747
*Acetobacter xylinum*, 494, 747
*Achras sapote*, 669
*Actinidia chinensis*, 353
*Actinidia deliciosa*, 353
*Actinomucor* 属, 481
*Aframomum*, 413
*Aframomum melegueta*, 421
*Agaricus bisporus*, 333
*Agaricus bisporus* var. *alba*, *336*
*Agaricus bisporus* var. *avellanea*, *336*
*Agaricus brunnescens*, 333
*Agaricus campestris*, *336*
*Agaricus subrufescens*, *336*
*Agave angustifolia*, 744
*Agave tequilana*, 744
*Allium*, 299 → 関連項目：タマネギの仲間；植物
*Allium ampeloprasum* var. *gigante*, 301
*Allium ampeloprasum* var. *porrum*, 301
*Allium cepa*, 301, *301*
*Allium cepa* var. *ascalonicum*, 301
*Allium chinense*, 301
*Allium fistulosum*, 301
*Allium kurrat*, 301
*Allium ramosum*, 301
*Allium sativum*, 301, 302
*Allium schoenoprasum*, 301
*Allium tricoccum*, 301
*Allium tuberosum*, 301
*Allium ursinum*, 301
*Aloysia triphylla*, 401
*Alpinia galanga*, 413
*Alpinia officinarum*, 413
*Althaea officinalis*, 667
*Amaranthus*, 314, 469
*Amomum*, 413
*Amomum subulatum*, 413
*Ananas comosus*, 368
*Anas platyrhynchos*, 137
*Anethum graveolens*, 396, 404
*Angelica archangelica*, 395
*Annona*, 368
*Anthriscus cerefolium*, 396
*Apis mellifera*, 641

*Apium graveolens*, 304, 396, 404
*Apium graveolens* var. *rapaceum*, 298
*Apium graveolens* var. *secalinum*, 304
*Arachis hypogaea*, 495
*Arctium lappa*, 297
*Argania spinosa*, 489
*Armillariella*, 336
*Armoracia rusticana*, 310, 406
*Arracacia xanthorhiza*, 296
*Artemisia absinthium*, 745
*Artemisia dracunculus*, 400
*Artocarpus*, 371
*Asparagopsis*, 333
*Asparagus officinalis*, 303
*Aspergillus*, 443, 481
 米酒作り, 729
 醤油, 483
 肉, 168
 ハーブ・スパイス, 385
 パンの腐敗, 525
*Aspergillus niger*
 コーンシロップの製造, 655
*Aspergillus oryzae*, 462, 655, 715, 729
*Aspergillus versicolor*, 66
*Astragalus*, 663
*Auricularia*, 336
*Avena sativa*, 457
*Averrhoa carambola*, 368
*Bacillus cereus*, 442, 461
*Bacillus subtilis natto*, 486
*Bactris gasipaes*, 305
*Basella alba*, 314
*Benincasa hispida*, 322
*Berberis*, 354
*Bertholletia excelsa*, 496
*Beta vulgaris*, 298, 314
*Beta vulgaris* var. *altissima*, 631
*Betula*, 647
*Bixa orellana*, 412
*Boletus*, 336
*Borago officinalis*, 400
*Borassus flabellifer*, 647
*Bos grunniens*, 10
*Bos primigenius*, 9, 134
*Bos taurus*, 9
*Botrytis*
 野菜・果実につくカビ, 267
*Botrytis cinerea*, 709
*Brassica carinata*, 310
*Brassica hirta*, 405
*Brassica juncea*, 310, 313, 405
*Brassica napus*, 310
*Brassica nigra*, 405
*Brassica oleracea*, 310
*Brassica oleracea* var. *gongylodes*, 305
*Brassica rapa*, 299, 310, 313
*Brettanomyces*, 706, 728
*Brevibacterium epidermidis*, 57
*Brevibacterium linens* → 関連項目：リネンス菌
 チーズの材料, 57
*Bubalus bubalis*, 9
*Cairina moschata*, 137
*Calamintha nepeta*, 394
*Calvatia*, 336

*Camellia sinensis*, 424
*Camponotus*, 643
*Candida*, 705
*Candida albicans*, 691
*Canna*, 597
*Cantharellus*, 336
*Capparis spinosa*, 398
*Capra hircus*, 10
*Capsicum*, 241
*Capsicum annuum*, 321, 408, 409
*Capsicum baccatum*, 409
*Capsicum chinense*, 409
*Capsicum frutescens*, 409
*Capsicum pubescens*, 409
*Carica papaya*, 370
*Carica pentagona*, 371
*Carica pubescens*, 371
*Carnobacterium* 属, 172
*Carum carvi*, 402
*Carya illinoiensis*, 494
*Castanea*, 492
*Castanea dentata*, 492
*Caulerpa racemosa*, 330
*Chenopodium ambrosioides*, 398
*Chenopodium quinoa*, 469
*Chondrus*, 330
*Cicer arietinum*, 476
*Cichorium*, 309
*Cichorium endivia*, 308
*Cichorium intybus*, 308
*Cinnamomum burmanii*, 417
*Cinnamomum cassia*, 417
*Cinnamomum loureirii*, 417
*Cinnamomum verum*, 416
*Cinnamomum zeylanicum*, 416
*Citrullus lanatus*, 322, 358
*Citrullus lanatus citroides*, 358
*Citrus aurantifolia*, 364, 365
*Citrus aurantium*, 364, 398
*Citrus bergamia*, 366
*Citrus grandis*, 363, 364
*Citrus hystrix*, 367, 399
*Citrus junos*, 367
*Citrus latifolia*, 364, 365
*Citrus limon*, 364
*Citrus medica*, 363, 364
*Citrus paradisi*, 364
*Citrus reticulata*, 363, 364
*Citrus sinensis*, 364
*Cladophora*, 331
*Claviceps purpurea*, 457
*Clitocybe nuda*, 336
*Clostridium botulinum* → 関連項目：ボツリヌス菌
*Cocos nucifera*, 493
*Coffea arabica*, 430
*Coffea canephora*, 430
*Collocalia*, 590
*Colocasia esculenta*, 295
*Columba livia*, 137
*Commifera molmol*, 745
*Coprinus*, 336
*Coriandrum sativum*, 395, 403
*Corylus avellana*, 497
*Corylus colurna*, 497

*Corylus maxima*, 497
*Craterellus*, *336*
*Crocus sativus*, 410
*Cryptotaenia canadensis*, 397
*Cryptotaenia japonica*, 397
*Cucumis anguria*, *322*
*Cucumis melo*, *322*, 356
*Cucumis metuliferus*, 358
*Cucumis sativus*, *322*
*Cucurbita maxima*, *322*, 323
*Cucurbita mixta*, *322*
*Cucurbita moschata*, *322*
*Cucurbita pepo*, *322*, 498
*Cuminum cyminum*, 403
*Cuminum nigrum*, 403
*Curcuma longa*, 417
*Cyclospora* 属 → 関連項目：シクロスポラ
*Cydonia oblonga*, 346
*Cymbopogon citratus*, 401
*Cynara cardunculus*, *56*, 306, 316
*Cynara humilis*, *56*
*Cynara scolymus*, 306, 316
*Cyperus esculentus*, 297
*Cyphomandra betacea*, 318
*Daucus carota*, 296
*Dictyopteris*, 333
*Digitaria exilis*, 468
*Digitaria iburua*, 468
*Dioscorea*, 295
*Diospyros digyna*, 355
*Diospyros kaki*, 355
*Diospyros virginiana*, 355
*Diphyllobothrium latum*, 183
DNA
 損傷
  褐変反応, 754
  酸化的損傷, 248, 249
  フィトケミカルの働き, 248
  複素環アミン（HCA）, 586
*Durio zibethinus*, 368
*Eleocharis dulcis*, 297
*Eleusine*, 468
*Enterobacter*, 728
*Enteromorpha*, *330*
*Eragrostis tef*, 468
*Eriobotrya japonica*, 346
*Erwinia*, 267
*Eryngium foetidum*, 397
*Escherichia coli* → 関連項目：大腸菌
*Fagopyrum esculentum*, 469
*Feijoa sellowiana*, 367
*Ferula alliacea*, 402
*Ferula asafoetida*, 402
*Ferula foetida*, 402
*Ferula narthex*, 402
*Ficus carica*, 358
*Flammulina velutipes*, *336*
*Foeniculum vulgare*, 397, 404
*Foeniculum vulgare* var. *azoricum*, 305
*Fortunella*, 366
*Fragaria*, 353
*Fragaria chiloensis*, 354
*Fragaria moschata*, 354
*Fragaria vesca*, 354

*Fragaria virginiana*, 354
*Fragaria* x *ananassa*, 354
*Fusarium moniliforme*, 443
*Fusarium venenatum*, 338
*Galipea cusparia*, 745
*Gallus gallus*, 69, 136
*Garcinia mangostana*, 373
*Gaultheria fragrantissima*, 398
*Gaultheria procumbens*, 398
*Geotrichum*, 285
*Geotrichum candidum*, *474*
*Ginkgo biloba*, 492
*Gluconobacter*, 747
*Glycine max*, *325*
*Glycyrrhiza glabra*, 407
*Gracilaria*, *330*
*Grifola frondosa*, *336*
*Haliotis*, 220
*Haloanaerobium*, 229
*Hansenula*, 705
*Helianthus annuus*, 499
*Helianthus tuberosus*, 297
*Helichrysum italicum*, 398
*Hemerocallis*, 316
*Hibiscus* (*Abelmoschus*) *esculentus*, 326
*Hibiscus sabdariffa*, 315
*Hizikia fusiformis*, *330*
*Hordeum vulgare*, 455
*Houttuynia cordata*, 400
*Humulus lupulus*, 411, 717, 720, *720*
*Hydnum*, *336*
*Hypomyces lactifluorum*, *336*
*Hyssopus officinalis*, 393
IH 調理（Induction heating cooking）, *756*
*Illicium verum*, 418
*Ipomoea aquatica*, 314
*Ipomoea batatas*, 293
*Juglans*, 492
*Juglans ailantifolia*, 493
*Juglans cinerea*, 493
*Juglans nigra*, 493
*Juglans regia*, 492
*Juniperus*, 399
*Kloeckera*, 705, 728
*Lactarius rubidus*, *336*
*Lactobacillus acidophilus*, 23
*Lactobacillus brevis*, 285
*Lactobacillus casei* → 関連項目：カゼイ菌
*Lactobacillus delbrueckii*, *474*
*Lactobacillus delbrueckii* ssp. *bulgaricus*, 47
*Lactobacillus fermentum* → 関連項目：ファーメンタム菌
*Lactobacillus lactis*, *474*
*Lactobacillus mesentericus*, 285
*Lactobacillus plantarum*, 282 → 関連項目：プランタラム菌
*Lactobacillus sake*, 729
*Lactobacillus* 属, 17, 172, 483 → 関連項目：ラクトバチルス属
*Lactococcus* 属, 17 → 関連項目：ラクトコッカス属
*Lactuca sativa*, 308, *308*
*Lactuca serriola*, 308
*Laetiporus sulphureus*, *336*
*Lagenaria siceraria*, 322
*Laminaria*, *330*
*Laurus nobilis*, 397
*Lavandula angustifolia*, 394

*Lavandula dentata*, 394
*Lavandula stoechas*, 394
*Lentinus*, 336
*Lepidocybium flavobrunneum*, 182
*Lepiota*, 336
*Leuconostoc mesenteroides*, 282, 474, 705, 729
*Leuconostoc oenos*, 705
*Leuconostoc* 属, 172 → 関連項目：ロイコノストック菌
*Levisticum officinale*, 397
*Limnophila chinensis* ssp. *aromatica*, 399
*Linum*, 498
*Linum usitatissimum*, 498
*Lippia*, 391
*Listeria* 属 → 関連項目：リステリア菌
*Litchi chinensis*, 373
*Luffa acutangula*, 322
*Lupinus albus*, 479
*Lupinus angustifolius*, 479
*Lupinus luteus*, 479
*Lupinus mutabilis*, 479
*Lycoperdon*, 336
*Lycopersicon esculentum*, 318
*Macadamia integrifolia*, 497
*Macadamia tetraphylla*, 497
*Malus sieversii*, 343
*Malus sylvestris*, 343
*Malus* x *domestica*, 343
*Mangifera indica*, 371
*Manihot esculenta*, 294, 597
*Maranta arundinacea*, 597
*Marasmius*, 336
*Marrubium vulgare*, 393
*Matteuccia*, 252, 306
*Meleagris gallopavo*, 137
*Melipona*, 641
*Melissa officinalis*, 394
*Melophorus*, 643
*Mentha aquatica*, 394
*Mentha piperata*, 394
*Mentha pulegium*, 394
*Mentha spicata*, 394
*Mentha suaveolens*, 394
*Mentha* x *piperata* "citrata" 394
*Mespilus germanica*, 346
*Micrococcus* 属, 172
*Microdtrus australasica*, 366
*Molecular and Physical Gastronomy*（分子・物理美食学）の国際ワークショップ, 2
*Momordica charantia*, 322
*Moms nigra*, 353
*Monarda didyma*, 393
*Monilia sitophilaon bread*, 525
*Monostrema*, 330
*Morchella*, 336
*Morus alba*, 353
*Morus rubra*, 353
*Mucor*, 481
　　米酒作り, 729
　　パン, 525
*Murraya koenigii*, 398
*Musa sapientum*, 369
*Myrica gale*, 716
*Myristica fragrans*, 421
*Myrmecocystus*, 643

*Myrrhis odorata*, 403
*Mytilus*, 221
*Nelumbo nucifera*, 298
*Nicotiana tabacum*, 400
*Nigella sativa*, 411
*Nostoc* 属, 331
*Ocimum*, 392
*Ocimum basilicum*, 392
*Ocimum tenuiflorum*, 392
*Oenanthe javanica*, 304
*Olea europaea*, 327
*Opuntia ficus-indica*, 306, 359
*Oreochromis nilotica*, 195
*Origanum*, 390
*Origanum majorana*, 393
*Oryza glaberrima*, 458
*Oryza sativa*, 458
*Ovis aries*, 10
*Oxalis tuberosa*, 297
*Pachyrhizus erosus*, 297
*Palmaria palmata*, 330
*Pandanus*, 399
*Panicum*, 468
*Papaver somniferum*, 499
*Passiflora*, 369
*Passiflora edulis*, 369
*Passiflora edulis* var. *flavicarpa*, 369
*Pastinaca sativa*, 296
*Pediococcus* 属, 172, 483, 728
*Penaeus* 属, 215
*Penicillium cyclopium*, 66
*Penicillium glaucum*, 58
*Penicillium roqueforti*, 58, 61
*Penicillium viridicatum*, 66
*Penicillium* 属のカビ（*Penicillium* Mold）
　　チーズ作り, 58
　　肉, 168
　　パン, 525
　　果実・野菜, 267
*Pennisetum*, 468
*Perilla frutescens*, 391
*Persea americana*, 326, 397
*Petroselinum crispum*, 396
*Petroselinum crispum* var. *tuberosum*, 296
pH, 768 → 関連項目：酸
　　pH スケール, 769
　　アントシアニン, 271
　　生地食品の変色, 537
　　ココア, 681
　　卵, 80
　　乳, 17, 19
　　定義, 768
　　肉, 172
　　ペクチンのゲル化, 278
　　水, 野菜の調理, 271
*Physalts peruviana*, 355
*Pichia*, 705
*Pimenta dioica*, 412
*Pimpinella anisum*, 402
*Pinus edulis*, 498
*Pinus koraiensis*, 498
*Pinus monophylla*, 498
*Pinus pinea*, 498
*Piper auritum*, 398

*Piper betle*, 415
*Piper cubeba*, 415
*Piper guineense*, 415
*Piper lolot*, 401
*Piper longum*, 415
*Piper marginatum*, 403
*Piper retrofractum*, 415
*Piper sanctum*, 398
*Piperitum*, 397
*Pistacia lentiscus*, 412, 496
*Pistacia vera*, 496
*Pisum sativum*, 325
*Plectranthus amboinicus*, 391
*Pleurotus*, 336
*Plodia interpunctella*, 446
*Polygonum hydropiper*, 400
*Polygonum odoratum*, 401
*Porphyra*, 330
*Portulaca oleracea*, 314
*Propionibacter shermanii*, 56
*Prunus amygdalus*, 347, 490
*Prunus armeniaca*, 347
*Prunus avium*, 348
*Prunus cerasus*, 348
*Prunus domestica*, 348
*Prunus mahaleb*, 412
*Prunus persica*, 349
*Prunus salicina*, 348
*Pseudomonas*, 267
*Pseudoterranova*, 183
*Psidium*, 367
*Pteridium aequilunum*, 306
*Pueraria*, 597
*Punica granatum*, 359
*Pyrus communis*, 345
*Pyrus pyrifolia*, 345
*Pyrus ussuriensis*, 345
*Quercus alba*, 697
*Quercus robur*, 697
*Quercus sessilis*, 697
*Quercus suber*, 707
*Raphanus caudatus*, 299
*Raphanus sativus*, 299, *310*
Research Chefs Association（研究料理人協会）, 3
*Rheum rhabarbarum*, 355
*Rhizopus*, 729
*Rhizopus oligosporus*, 486
*Rhizopus oryzae*, 486
*Rhus coriaria*, 411
*Ribes grossularia*, 352
*Ribes nigrum*, 352
*Ribes rubrum*, 352
*Ribes sativunt*, 352
*Rosa* x *damascena*, 400
*Rosmarinus officinalis*, 394
*Rubus arcticus*, 350
*Rubus caesius*, 350
*Rubus chamaemorus*, 350
*Rubus flagellaris*, 350
*Rubus fruticosus*, 350
*Rubus idaeus strigosus*, 350
*Rubus idaeus vulgatus*, 350
*Rubus laciniatus*, 350
*Rubus occidentalis*, 350

*Rubus spectabilis*, 350
*Rubus trivialis*, 350
*Rubus ursinus*, 350
*Rubus vitifolius*, *350*
*Rumex acetosa*, 399
*Rumex acetosella*, 399
*Rumex scutatus*, 399
*Ruvettus pretiotus*, *182*
*Saccharomyces*, 728
*Saccharomyces carlsbergensis*, 723
*Saccharomyces cerevisiae*, *516*, 705, 723
*Saccharomyces uvarum*, 723
*Salicornia*, 306
*Salmonella* 属 → 関連項目：サルモネラ菌
*Salvia elegans*, 392
*Salvia fruticosa*, 391
*Salvia lavandulaefolia*, 392
*Salvia officinalis*, 391
*Salvia sclarea*, 391
*Sambucus*, 354
*Sassafras albidum*, 398
*Satureja douglasii*, 392
*Satureja hortensis*, 392
*Satureja montana*, 392
*Schinus terebinthifolius*, 421
*Schizosaccharomyces*, 743
*Scorzonera hispanica*, 297
*Secbium edule*, *322*
*Sesamum indicum*, 499
*Setaria*, 468
*Shake & Blend*（商品名）, 515
*Shigella* 属 → 関連項目：赤痢菌
*Sinapis alba*, 405
*Solanum torvum*, 401
*Solanum tuberosum*, 291, *318*
*Solanum aethiopicum*, *318*, 321
*Solanum macrocarpon*, 318
*Solanum melongena*, *318*
*Sorghum bicolor*, 468, 654
*Sparassis*, 336
*Spinacia oleracea*, 313
*Stachys*, 297
*Staphylococcus* 属 → 関連項目：ブドウ球菌
*Stevia rebaudiana*, 640
*Streptococcus faecalis*, 474
*Streptococcus mutans*, 66
*Streptococcus salivarius*, 48
*Streptococcus salivarius* ssp. *thermophilus*, 47
*Sus scrofa*, 136
*Syzygium aromaticum*, 413
*Tacca*, 597
*Tacsonia*, 369
*Tagetes lucida*, 400
*Tamarindus indica*, 418
*Taraxicum officinale*, 309
*Tetragonia tetragonioides*, 314
*Tetragonolobus purpureus*, 325
*Theobroma cacao*, 673
*Thymus vulgaris*, 392
*Torulaspora*, 727
*Torulopsis*, 483
*Trachyspermum ammi*, 402
*Tragopogon porrifolius*, 297
*Tremella fuciformis*, 336

*Trichina spiralis*, 124
*Tricholoma*, *336*
*Trigona*, *641*
*Trigonella foenumgraecum*, 407
*Triticum aestivum*, *453*, 511
*Triticum aestivum aestivum*, *453*
*Triticum aestivum compactum*, *453*
*Triticum aestivum spelta*, *453*
*Triticum compactum*, 511
*Triticum monococcum*, 452
*Triticum monococcum boeticum*, *453*
*Triticum monococcum monococcum*, *453*
*Triticum spelta*, *453*
*Triticum turgidum*, 452, *453*
*Triticum turgidum carthlicum*, *453*
*Triticum turgidum diococcum*, 452, *453*
*Triticum turgidum durum*, 452, *453*, 511
*Triticum turgidum polonicum*, *453*
*Triticum turgidum turanicum*, *453*
*Triticum urartu*, *453*
*Tropaeolum major*, 400
*Tuber*, *336*
*Tuber magnatum Pico*, *337*
*Tuber melanosporum*, *337*
*Ulva lactuca*, *330*
*Umbellularia californica*, 397
*Undaria*, *330*
*Urtica dioica*, 314
*Ustilago esculenta*, *338*
*Ustilago maydis*, *338*
*Vaccinium ashei*, 351
*Vaccinium augustifolium*, 351
*Vaccinium corymbosum*, 351
*Vaccinium macrocarpon*, 351
*Vaccinium myrtillus*, 351
*Vaccinium oxycoccus*, 351
*Vaccinium vitis-idaea*, 351
*Valerianella eriocarpa*, 315
*Valerianella locusta*, 315
*Vanilla fragrans*, 419
*Vanilla planifolia*, 419
*Vanilla tahitensis*, 420
*Vibrio cholerae* → 関連項目：コレラ菌
*Vicia faba*, *325*, 476
*Vigna*, 479
*Vigna angularis*, 479
*Vigna unguiculata*, *325*
*Vitis aestivalis*, *702*
*Vitis labrusca*, 352, *702*
*Vitis rotundifolia*, *702*
*Vitis vinifera*, 352, *701*, *702*, *703*
*Volvariella volvacea*, *336*
*Wasabia japonica*, 406
Wondra（商品名），515
*Xanthosoma*, 295
X線（X ray），755
*Yersinia* 属 → 関連項目：エルシニア菌
*Zanthoxylum bungeanum*, 416
*Zanthoxylum piperitum*, 416
*Zanthoxylum simulans*, 416
*Zea mays*, 328, 463
*Zea mexicana*, 463
*Zingiber officinale*, 417
*Zizania latifolia*, *338*

*Zizania palustris*, 462
*Ziziphus jujuba*, 360
*Zygosaccharomyces*, 483
*Zygosaccharomyces bailii*, 750
*Zygosaccharomyces bisporus*, 750
$\beta$ カロテン（Beta-carotene），770
　　健康効果，250
　　野菜・果実，249, 260, *260*, 270, 276
　　卵黄，74
$\omega$-3 脂肪酸（Omega-3 fatty acid），179, 498, *773*

【あ行】
アーヴィング，ワシントン（Irving, Washington），642
アーティチョーク（Artichoke），245, 257, 275, 296, 315, 316, *317*
　→ 関連項目：エルサレム・アーティチョーク
　　チャイニーズ・アーティチョーク，297
アーマー，フィリップ（Armour, Philip），121
アーモンド（Almond），347, 486, 488, 490, *491*, 671 → 関連項目：マジパン
　　クッキー材料として，552
　　成分，*444*, 445, 487, *488*
　　トロミづけとして，605
　　ビター・アーモンド，745
アーモンド・エキス（Almond extract），491, *491*
アーモンド・ペースト（Almond paste），491
アーモンド・ミルク（Almond milk），*490*
アイオリ（Aïoli），*616*
アイシング（Icing），*657*
アイスヴァイン（Eiswein），709
アイスクリーム（Ice cream），20, 38
　　アイスクリーム作り，42
　　クルフィ，*40*, *41*
　　構造と硬さ，39, *41*
　　成分比，*40*, *41*
　　ソフトクリーム（soft-serve），*40*, 41
　　作り方，*42*
　　低脂肪／無脂肪，*40*, *41*
　　発明と進化，38
　　普通タイプ（フィラデルフィア式），*40*, *41*
　　フランス式（カスタード），*40*, *41*
　　保存と食べ方，43
　　昔のレシピ，*38*
アイナメ（Greenling），*191*
アイリッシュ・ミスト（Irish Mist），644
アイリッシュ・モス（Irish moss），*330*
アインコルン（Einkorn），453
アインコルンコムギ（Einkorn wheat），452
亜鉛（Zinc）
　　野菜の色を鮮やかに，271
アオイマメ（Lima bean），252, 324, *325*, 472, 473, 475, 477
青カビ，253 → 関連項目：*Penicillium* 属のカビ
アオサ（Sea lettuce），*330*, 331
アオノリ（Awonori），*330*, 331
アカエイ科（Ray），184, *190*
アガベ（Agave）
　　蒸留酒，744
アガベ・シロップ（Agave syrup），647
アカマンボウ（Moonfish），*190*
アカメ（Snook），*191*
アガロース（Agarose），777
アクア・ヴィタエ／生命の水（Aqua vitae），733
アクアヴィット（Aquavit），733
アクリルアミド（acrylamide）

褐変反応による生成, 753
揚げる（Deep frying）, 759
揚げる／フライパン焼き（Frying）
　揚げ衣, 536
　揚げものと揚げ焼き, 158
　魚, 183, 208
　肉, 153, 158
　バターを使った揚げもの, 35
　発癌物質の発生, 183
　野菜, 277
アサフェティダ（Asafoetida）, 383, 402
アザミ（Thistle）, 316, 317
アサリ・ハマグリ類／クラム（Clam）, 181, 182, 217, 220, 220
　語源, 219
味／味覚（Taste）→ 関連項目：風味
アジ（Jack）, 182, 191
アジア（Asia）
　米, 458
　砂糖のはじまり, 627
　西南アジアにおける最初の菓子, 627
　ダイズ
　　発酵, 481
　発酵魚, 227
アシドフィルス菌, 46
アシドフィルス・ミルク（Acidophilus milk）, 23
味の素／MSG（Ajinomoto）, 332
アシャンティ・ペッパー（Ashanti pepper）, 415
亜硝酸塩（Nitrite）
　塩漬け肉, 169
　発酵ソーセージ, 172
アジョワン（Ajwain）, 383, 402
アズキ（Azuki bean）, 479
アスコルビン酸（Ascorbic acid）→ 関連項目：ビタミンC
　植物に含まれる酸, 262
アスタキサンチン（Astaxanthin）
　魚の色, 189
アスパラガス（Asparagus）, 245, 251, 256, 259, 261, 267, 303, 303, 304, 618
アスパルテーム（Aspartame）, 638, 640
アスピック（Aspic）, 209, 589
アセスルファムK（Acesulfame K）, 638
アセトバクター（Acetobacter）, 747
アダムス、トーマス（Adams, Thomas）, 669
アチェート・バルサミコ（Aceto balsamico）, 749
アチョーテ（Achiote）, 412, 671
アッケシソウ（Sea bean / Glasswort / Samphire / Pickleweed / Poussepierre）, 306
アップルジャック（Applejack）, 735
アップルソース（Applesauce）, 279, 603
アッペンゼラー・チーズ（Appenzeller cheese）, 11
圧力調理（Pressure cooking）, 758
　豆, 475
　野菜, 276
アデノシン三リン酸（ATP）
　魚の味, 187
　肉の味, 141
アテモヤ（Atemoya）, 368
アドヴォカート（Advocaat）, 84
アドリア、フェラン（Adrià, Ferran）, 2, 618
アニサキス（Anisakid worm）, 183
アニス（Anise）, 267, 379, 381, 383, 402, 403, 671
アニス酒（Anise alcohol）, 746
アニゼット（Anisette）, 744, 746
アネトール（Anethole）, 403

アピキウス（Apicius）, 70, 70, 166, 208, 231, 242, 243, 272, 273, 497, 565, 566, 566, 746
アビジン（Avidin）
　卵白, 76
アヒル（Duck）, 137, 138, 140
　コンフィ, 173
　フォアグラ, 163
アフィヌーア（Affineur）, 61
アフィネ（Affinage）, 59
アブサン（Absinthe）, 745
油／油脂（Oil）, 765
　生地, 508
　魚油, 179, 184
　穀物, 449
　種子, 445
　ナッツ, 487, 488
　ナッツ油, 489, 492, 496, 499, 772
　フーゼル油, 736
　風味づけした油, 388
　風味油, 280
　油脂でトロミづけしたソース → 関連項目：乳化液／エマルション
油炒め（Stirfrying）
　野菜, 278
アブラソコムツ（Escolar）, 182
アフラトキシン（Aflatoxin）, 443
油煮（Sweating）
　野菜, 278
アペール、ニコラス（Appert, Nicholas）, 174, 232, 288
アヘン（Opium）, 499
アボカド（Avocado）, 242, 268, 269, 326, 340, 342, 373
アボカド・リーフ（Avocado leaf）, 382, 397
アマ（Flax）
　語源, 497
アマ油（Flax oil）, 498
甘さ（Sweetness）, 634
　さまざまな糖の比較, 634
　阻害剤, 641
　代替甘味料, 638
アマ種子（Flaxseed）, 498
　成分, 488
アマダイ（Tilefish）, 180, 191
亜麻仁油（Linseed oil）, 113, 498
アマランス（Amaranth）, 252, 261, 314, 442, 449, 469
アマレット（Amaretto）, 744
網脂（Caul fat）, 164
アミガサタケ（Morel）, 334
　シャグマアミガサタケ（false morel）, 334
アミノ基（Amine group）, 777
アミノ酸（Amino acid）, 777
　褐変反応, 752
　魚, 184, 188, 203
　タンパク質の構造, 778, 779
　タンパク質の性質への影響, 778
　チーズ, 61
　毒性アミノ酸, 252
　軟体動物, 219
　肉, 131, 141
　風味との関係, 778
　果実・野菜, 263
アミラーゼ（Amylase）
　カビおよび小麦粉, 515
　卵黄, 75, 97, 98
アミルアルコール（Amyl alcohol）, 736

アミロース（Amylose), 444, 592, *593*, 594, 776
アミロペクチン（Amylopectin), 444, 525, 592, *593*, 594, 776
アミン類（Amine）
　魚, 184
　チーズ, 66
　複素環アミン → 関連項目：複素環式アミン／HCA
アムチュール（Amchur), 371
飴細工（Amezaiku), 665
飴玉（Lozenge), 667
アメリカナマズ（Catfish/*Ictalurus*), 180, *190*, 193
アメリカ原住民（Native American/Indian）
　メープル・シロップ作り, 645, *646*
アラカチャ（Arracacia), 296
アラック（Araq), 746
アラビノキシラン（Arabinoxylan）
　ライ麦, 457
アリ・ババ（Ali Bab), 70
アリゲーター・ペッパー（Alligator pepper) → 関連項目：パラダイス・グレイン
アリゴ（Aligot), 64
アリストテレス（Aristotle), 637, 733
アリテーム（Alitame), *638*
アリューロン層（Aleurone layer), 448
アル・デンテ（Al dente), 558, *558*
アルカリ（Alkali), 769 → 関連項目：pH
アルカリ処理（Alkalization）
　ココア, 681
アルカロイド（Alkaloid）
　植物, 251
アルガン油（Argan oil), *489*
アルキルアミド（Alkylamide), 381
アルギン酸塩（Alginate), 592, 777
アルグラ（Arugula), 313
アルケストラトス（Archestratus), 503
アルコール（Alcohol) → 関連項目：酒／アルコール／エタノール
　化学物質として
　　語源, *734*
　　高級アルコール, 736, *736*
　　糖アルコール, *638*, 640
アルコール発酵（Alcohol fermentation) → 関連項目：発酵
アルファルファ（Alfalfa）
　スプラウト, 306
アルブミン（Albumin）
　血液でトロミづけしたソース, 587
アルベド（Albedo）
　柑橘果実, 361
アルマニャック（Armagnac), 697, 734, 739
アルマンド・ソース（Allemande sauce), *570*, 571
アルミニウム（Aluminum）
　アルマイト加工（anodized), 763
　アルミ製調理器具, 763
アレルギー（Allergy）
　牛乳, 14
　グルテン, 442
　種子, 442
　卵, 79
アロールート（Arrowroot), *596*, 597
泡（Foam), 578, 618, 788
　泡立て, 618
　安定化, 618
　牛乳, 25, *26*
　生クリーム, 27, 30, *31*
　熱で安定化, 619

果実・野菜, 279
卵黄, 111
　昔のレシピ, *112*
卵白, 98, *99*, 107
　泡立て方, 103
　大敵なもの, 101
　タンパク質, 99
　ほかの材料の影響, 102
　昔のレシピ, *99*
泡立てた牛乳（Milk foam), 25, 26
アワビ（Abalone), 217, 219, 220, 224
　語源, *219*
アンコウ（Goosefish), *191*
アンゴスチュラ（Angostura), 745
アンゴスチュラ・ビターズ（Angostura bitter), 745
アンジェリカ（Angelica), *382*, 395
アンズ（Apricot), 268, 270, *340*, 347, 372, 491, 541
アンチョビ（Anchovy), *190*, 226, *228*
　キャビア, 235
アンテロープ（Antelope), *139*
アントキサンチン（Anthoxanthin), 271
アントシアニン（Anthocyanin), 261, 271, *273*
アンナット（Annatto), 33, *383*
アンモニア（Ammonia）
　魚, 184, *188*
　卵, 85
　チーズ, 58, *61*
伊尹（I Yin), 565, 569, 574
イエーガーマイスター（Jaegermeister), 744
イェニッケ、オットー（Jänicke, Otto), *105*
イエルバ・ブエナ（Yerba buena), 392
硫黄化合物（Sulfur compound）
　果実・野菜
　　変色を抑える方法, 262
硫黄結合（Sulfur bond), 101
　S-S結合／ジスルフィド結合, 507
イオン（Ion), 784
イオン結合（Ionic bond), *784*, 784
イカ（Squid), 217, 219, 223, *223*, 224
　語源, *219*
イガイ／ムール貝（Mussel), 181, *182*, 217, 219, 220, 221
維管束組織（Vascular tissue）
　植物, 255, *255*
活き造り（Ikizukuri), 199
イギリス（England）
　植物性食物, 245
　ソース, 572
池田菊苗（Ikeda, Kikunae), *332*
イセゴイ（Tarpon), *190*
イソチオシアネート（Isothiocyanate), 311, 404
イソフラボン（Isoflavone）
　大豆, 472, *479*
イソマルト（Isomalt), *638*
痛み（Pain）
　心地よい, 381
イタリア（Italy）
　ソース, 572
　パスタと麺, 554, *556*
イチゴ（Strawberry), 251, *266*, *340*, 349, 353, 372, 602
イチジク（Fig), 268, *340*, 358, *359*, 373
一酸化窒素（Nitric oxide), 170
イットリーヤ（Itriya), 555, 556
遺伝子工学（Genetic engineering), *246*
イドゥリ（Idli), 474

イドリーシー（Idrisi）, 556
イヌリン（Inulin）, 251, 777
イノシシ（Boar）, 138
イノシン酸／イノシン一リン酸／IMP（Inosine monophosphate）, 332
　魚, 187, 188, 203
胃袋（Tripe）
　内臓肉, 163
イマム・バユルドゥ（Imam bayildi）, 322
イラクサ（Nettle）, 314
イワシ（Sardine）, 180, 206, 232
イワナ（Char）, 194, 194
インゲンマメ（Common bean）, 242, 325, 475, 477
インジェラ（Injera）, 530
インド（India）
　ギー, 11, 36
　スパイスの風味の熟成, 389
　乳の料理, 25
　発酵させた豆, 474
インドール（Indole）
　乳, 21
ヴァイセン・ビール（Weissen beer）, 728
ヴァイツェン・ビール（Weizen beer）, 728
ヴァン・ドゥ・ノワ（Vin de noix）, 492
ヴァン・ホーテン, コンラッド（Van Houten, Conrad）, 672, 681
ウイスキー（Whiskey/ Whisky）, 733, 735, 738, 740, 741
　カナディアン・ウィスキー, 742
　グレイン・ウィスキー, 741
　シングル・モルト・ウィスキー, 741
　スコッチ・ウィスキー, 745
　トウモロコシ, 741
　トウモロコシ／コーン・ウィスキー, 735
　モルト・ウィスキー, 741
ウイスキー革命（Whiskey rebellion）, 735
ウィットルーフ（Witloof）, 309
ウイトラコーチェ（Huitlacoche）, 337
ヴィラノヴァのアルノー（Arnaud of Villanova）, 733
ウィリアムズ, ジェシー（Williams, Jesse）, 53
ウイルス（Virus）
　果実・野菜, 253
　魚介類, 181
ウィンターグリーン（Wintergreen）, 382, 398
　精油, 667
ヴィンチ, レオナルド・ダ（Vinci, Leonardo da）, 490
ウィンナーソーセージ（Wiener）, 166
五香粉（Five-spice powder）, 387
ウーゾ（Ouzo）, 746
ウーロン茶（Oolong tea）, 426, 427
ヴェルヴィータ（Velveeta）, 65
ヴェルジュ（Verjus）, 352, 567, 569
ヴェルミチェッリ（Vermicelli）, 555
ウォーター・チェストナッツ（Water chestnut）, 275, 297
ウォーターミント（Watermint）, 394
ウォッカ（Vodka）, 736, 737, 740, 743
浮き袋（Sound/ Swim bladder）
　魚, 186
牛／畜牛（Cow/Cattle）, 9, 134, 140, 246 → 関連項目：牛肉；牛乳
牛海綿状脳症（Bovine spongiform encephalopathy；BSE）, 124, 135
渦鞭毛藻類（Dinoflagellate）, 181
ウズラ（Quail）, 138
ウチワサボテン（Cactus pad）, 306
ウチワサボテンの実（Cactus pear/Prickly pear）, 261

うどん（Udon）, 560
ウナギ（Eel）, 190
ウニ（Sea urchin）, 224
ウフ・ア・ラ・コック（Oeuf a la coque）, 86
旨味（Brothy taste/Savory taste）, 332, 778
海ブドウ／クビレヅタ（Sea grape）, 330
梅干（Umeboshi）, 347
ウリ科（Cucurbitaceae）, 322
ウリ科の仲間（Squash family）, 322
ヴルーテ・ソース（Velouté sauce）, 570, 571, 599
ウルファート, ポーラ（Wolfert, Paula）, 85
鱗（Scale）
　魚, 185
エイコサペンタエン酸（Eicosapentaenoic acid）, 773
エーデルフォイレ, 709
エール（Ale）, 717, 726 → 関連項目：ビール
　語源, 717
エガー（Eggah）, 94
液果／ベリー（Berry）, 268, 287, 340, 349, 349, 372
　語源, 354
エキス（Extract）, 388
　アーモンド・エキス, 491, 491
　市販のエキス, 389
　市販の肉エキス, 584
　ハーブ・スパイス, 388
　麦芽エキス, 656, 656
　バニラ・エキス, 420
液体（Liquid）, 787, 787
液胞（Vacuole）
　植物細胞, 254, 254
エクレア（Éclair）, 535
エシャロット（Shallot）, 301
エスカベーシュ（Escabeche）, 231, 231
エスカロープ（Escalope）, 151
エスコフィエ, オーギュスト（Escoffier, Auguste）, 70, 110, 157, 571, 573, 599, 616
エステル（Ester）
　果実, 344
　乳, 20
エストラット（Estratto）, 604
エストロゲン（Estrogen）
　エストロゲン類似物質, 大豆, 472
　食肉生産, 125
エスパニョール・ソース（Espagnole sauce）, 570, 571, 599
エスプレッソ（Espresso）, 430, 432, 435
エソ（Lizardfish）, 190
枝豆（Edamame）, 480
エタミーヌ（Étamine）, 567
エチレン（Ethylene）
　果実・野菜の保存, 268
　果実の熟成, 342
　ハーブ・スパイス, 385
エッグノック（Eggnog）, 84
エネルギー（Energy）, 785
　運動エネルギー, 786
　エネルギーが変化を起こす, 785
　結合エネルギー, 786
エパソーテ（Epazote）, 382, 398
エビ／小エビ（Shrimp）, 206, 212, 213, 213, 215, 224
　語源, 215
エビ／大エビ（Prawn）, 212, 215
　語源, 215
エベリン, ジョン（Evelyn, John）, 245, 245
エポワス・チーズ（Epoisses cheese）, 57

エメンタール・チーズ（Emmental cheese）, 55, 57, 59, 62, 64
エラスチン（Elastin）
　　肉の食感, 127
エリアーデ, ミルチャ（Eliade, Mircea）, 439
エリザベスI世, 英国女王（Elizabeth I, Queen of England）, 637
エリスリトール（Erythritol）, *638*
エルサレム・アーティチョーク（Jerusalem artichoke）→ 関連項目：キクイモ
エルシニア菌（Yersinia）, *253*
エルダーベリー（Elderberry）, 354
エルブ・ド・プロヴァンス（Herbes de Provence）, *387*, 394
塩基（Base）, 769 → 関連項目：pH
エンジェルズ・シェア／天使の分け前（Angel's share）, 738
炎症反応（Inflammatory response）
　　魚油, 180
塩素（Chlorine）
　　小麦粉の漂白, 538
塩素ガス（Chlorine gas）
　　小麦粉の漂白, 513, 538
エンダイブ（Endive）, *308*, 309
エンドウ／エンドウマメ（Pea）, 242, 303, 324, 325, 441, *470*, 473, 478 → 関連項目：マメ科植物／豆
　　スプリット・ピー（split pea）, 473
　　成分, 444, 475
エンバク／オート麦（Oat）, 251, 440, *440*, 442, 447, 457
　　加工, 458
　　語源, *450*
　　成分, 442, *444*, 449
　　世界生産量, *451*
エンプリンガム, ジェームズ（Empringham, James）, 46
エンマーコムギ／エンマー小麦（Emmer wheat）, 452, 453, *453*
オイゲノール（Eugenol）, 348, 354, 367, 380, 392, 412, 413
オイスター・プラント（Oyster plant）→ 関連項目：サルシファイ
オー・ド・ヴィー（Eaux de vie）, 733, *740*, 740
オーク（Oak）
　　コルク, *707*
　　樽, アルコール飲料, 696
オーバーラン（Overrun）
　　アイスクリーム, 39, *40*
オーブン／窯（Oven）, 207, 502, 522, 757 → 関連項目：オーブン／オーブン焼き／オーブンで焼く
　　熱対流, 757
　　湯煎で加熱を穏やかにする, *94*
オーブン／オーブン焼き／オーブンで焼く（Baking）, 757 → 関連項目：オーブン／窯
　　果実・野菜, 277
　　ケーキ, *542*, 542
　　魚, 207
　　パイ, 546
　　パン, 523, *524*
オーブン揚げ（Oven frying）
　　野菜, 277
オオムギ／大麦（Barley）, 440, 442, 446, 455
　　語源, *450*
　　世界生産量, *451*
　　精白オオムギ／パール・バーレー（pearled barley）, 456
　　成分, 442, *444*, 449
　　ビール, 719
　　ポット・バーレー（pot barley）, 456
オオメマトウダイ（Oreo）, 191
オールスパイス（Allspice）, *383*, 412
オカ／アンデスカタバミ（Oca）, 297
オキスズキ（Bluefish）, *191*

オクラ（Okra）, 326
オスウェゴ・ティー（Oswego tea）, 393
汚染物質（Pollutant）
　　魚, 180
　　植物, 253
オハ・サンタ（Hoja santa）, *382*, 398
オボアルブミン（Ovalbumin）
　　卵, *76*, 77, 79, 83, 100
オボトランスフェリン（Ovotransferrin）
　　卵白, *76*, 77, 83
オボムコイド（Ovomucoid）
　　卵白, *76*
オボムチン（Ovomucin）
　　卵白, *76*, 77, 83
オムレツ（Omelet）, 89
オムレット・スフレ（Omelette soufflé）, 108, *108*, 110
オラリーベリー（Olallieberry）, *350*
オランデーズ・ソース（Hollandaise sauce）, 570, 614
澱／滓（Lee）
　　澱の上でワインを熟成, 705 → 関連項目：シュール・リー
　　酒粕（sake lee）, *732*
オリーブ（Olive）, 282, 285, 327
オリーブ油（Olive oil）, 11, 327, 772
オリゴ糖（Oligosaccharide）, 472, 775
オルジェー（Orgeat）, 455
オルチャタ（Horchata）, 455
オルチャタ・デ・チュファ（Horchata de chufa）, 297
オルレアン製法（Orleans process）, 747, 748
オレウロペイン（Oleuropein）, 285
オレオシン（Oleosin）, 445
オレガノ（Oregano）, 381, *382*, 385, 390
オレンジ（Orange）, 263, 268, 340, 342, 364
　　アシッドレス・オレンジ（acidless orange）, 365
　　色, 361
　　語源, *366*
　　サワー・オレンジ（sour orange）, 365
　　ジュース・オレンジ（juice orange）, 365
　　ネーブル・オレンジ（navel orange）, 364
　　ビター・オレンジの皮, 745
　　風味, 362, *363*, 372
　　ブラッド・オレンジ（blood orange）, 361, 365
オレンジ・フラワー（Orange flower）, 398
オレンジ・フラワー・ウォーター（Orange-flower water）, 671
温度（Temperature）, 5, 786 → 関連項目：冷蔵；冷凍／凍結／冷却

## 【か行】

ガー（Gar）, *190*
カーヴァー, ジョージ・ワシントン（Carver, George Washington）, 495
ガーキン（Gherkin）, *322*, 324
カールスバーグ・ブルワリー社（Carlsberg Brewery）, *692*
ガーワ（Gahwa）, 413
海水塩／海塩（Sea salt）, 519, 621
塊茎（Tuber）, 256
　　語源, *290*
海藻（Seaweed）, 263, 330, *332*
　　寒天, *591*, 591
　　風味, 333
カイペン（Kaipen）, 331
カイマク（Kaymak/Qymaq）, 30
カイラン（Gai lan）, 310

貝類／甲殻類／魚介類（Shellfish）, 212
　　泡立て, 618
　　加熱しない魚介類料理, 201
　　缶詰, 232
　　腐りやすさ, 184
　　健康上の有害性, 180
　　細菌汚染, 181
　　ストック, 585
　　節足動物, 212 → 関連項目：カニ；ザリガニ；ロブスター；エビ／大エビ；エビ／小エビ
　　ソース, 585
　　調理, 203
　　　下処理, 206
　　　調理温度, 204, 206
　　　調理技術, 207
　　　テクスチャー, 203, 204, *204*, *206*
　　　風味, 203
　　内臓, ソースのトロミづけとして, 587
　　軟体動物, 217 → 関連項目：アワビ；アサリ・ハマグリ類；クラム；イガイ／ムール貝；タコ；カキ；ホタテ；イカ
　　発光, 200
　　干物, 224
　　品質, 185
　　風味, 184
　　養殖, *178*
カカオ／ココア（Cocoa）
　　語源, *670*
カカオ・バター（Cocoa butter）
　　結晶, *679*
　　脂肪酸, *772*
カカオ・リカー（Cocoa liquor）, 675
カカオの木（Cacao tree）, 670
カカオ豆（Cocoa bean）, 263, *673*, 673, *674*
化学結合（Chemical bond）, 784
　　硫黄結合, 101
　　　S-S結合／ジスルフィド結合, 507
　　イオン結合, *784*, 784
　　共有結合, *784*, 784, 786
　　結合エネルギー, 786
　　結合の強さ, 786
　　水素結合, 507, *766*, 766, 778, *785*, 786
　　疎水結合, 507, 778
　　強い結合, 784
　　ファン・デル・ワールス結合, 770, 778, *785*, 785, 786
　　ペプチド結合, 778
　　弱い結合, 785
化学反応（Chemical reaction）, 783
柿／カキ（Persimmon）, *340*, 355, 373
カキ（Oyster）, 180, 181, *182*, 217, 219, 221, *222*, 232
　　語源, 219
家禽／家禽肉（Poultry）
　　鳥, カリッとした皮, 156
　　鳥, 調理, 156
　　品質生産, 133
　　保存, 142
　　ラベル・ルージュ（label rouge）, 134
核（Nucleus）
　　植物細胞, 254, *254*
カクタス・ペア（Cactus pear/Prickly pear）, 359, *373*
角皮（Cuticle）
　　節足動物, 213
カシア（Cassia）, *383*
カジカ（Sculpin）, *191*

カシス（Cassis）, 744
果実（Fruit）, *241*, 257, 339, *340*
　　色, 250, 259, *260*, *261*, *263*
　　液果, 349 → 関連項目：液果／ベリー
　　果実酢, 749
　　柑橘果実, 246
　　柑橘類, 242, 265, *266*, 269, 287, *342*, 360
　　　色, 361
　　　皮, 363
　　　生体構造, 361, *361*
　　　風味, *362*, *363*, 372
　　　類縁関係, 364
　　乾燥, 281
　　乾燥地域, 358
　　缶詰, 288
　　クライマクテリックと非クライマクテリック, 342
　　酵素による褐変／変色, *261*, 261, *262*, 269, 279
　　砂糖漬け（candied fruit）, 288
　　砂糖を使ったプリザーブ, 286
　　熟成, 342
　　仁果（pome fruit）, 342, *343* → 関連項目：リンゴ；ナシ／梨；マルメロ
　　生産
　　　遺伝子工学, 246
　　　産業化, 245
　　石果（stone fruit）, *347*, 347
　　ゼラチン, *370*, 588
　　調理, 269
　　　色, 270
　　　栄養価, 275
　　　調理法, 276
　　　テクスチャー, 273
　　　風味, 275
　　　粉砕と抽出, 278
　　漬物, 282
　　定義, 240
　　テクスチャー, *257*, 257, *258*
　　凍結乾燥, 281
　　取扱い, 342
　　トロピカル・フルーツ, 367
　　におい, 264, 265, *266*, *344*
　　発酵, 282, *283*, *284*
　　発生, 341, 342
　　ビタミン, 247, 249
　　ピューレ, 602
　　風味, 240, 241, 262
　　腐敗, 267
　　芳香成分, *372*
　　野菜として, 318
　　　カボチャやキュウリの仲間, 322
　　　ナスの仲間, 318
　　　マメの仲間, 324
カシャ（Kasha）, 469
カシューナッツ（Cashew）, 487, *488*, 491
果汁／ジュース（Juice）, 279
　　リンゴ, 253, 345
カスタード（Custard）, 91
　　語源, *92*
　　塩味, 94
　　卵タンパク質の希釈, 84
　　でき具合, 94
カスタード・クリーム（Custard cream）→ 関連項目：クレーム・アングレーズ
苛性アルカリ／アルカリ（Lye）

卵の貯蔵, 114
　　プレッツェル, 531
　　ルーテフィスク, 225
カゼイ菌, 46
カゼインタンパク質（Casein protein）, 17, 19, 19
　　チーズ, 63
ガチョウ（Goose）, 138, 163, 173
鰹節（Cured skipjack tuna）, 231, 332
脚気（Beriberi）, 441
褐変反応（Browning reaction）, 751 → 関連項目：メイラード反応
　　大麦麦芽, 753
　　果実・野菜, 277, 355, 360
　　カラメル化, 635, 752, 752, 753, 753
　　欠点, 753
　　乳の風味, 21
　　肉, 157, 601
　　肉のストック, 753
　　パーシモン・プディング, 753
　　バター, 35
　　バルサミコ酢, 753
　　パン, 527
　　味噌, 483
　　ゆっくりとした褐変反応, 753
　　卵白, 753
カテプシン（Cathepsin）
　　肉の酵素, 141
果糖（Fructose）, 632, 633, 633, 654, 662
　　甘さ, 634
　　カラメル化, 635
　　結晶, 638, 654
加糖練乳（Sweetened condensed milk）, 23, 24
カトー（Cato）, 169
カドミウム（Cadmium）
　　魚の汚染, 180
ガナッシュ（Ganache）, 683
　　構造, 683
　　語源, 683
カナバニン（Canavanine）, 252
カニ（Crab）, 181, 183, 212, 213, 213, 214, 217
　　語源, 215
　　ソフトシェル・クラブ（soft-shell crab）, 217
カニみそ（Butter of crab）, 216
カノーラ（Canola）, 246, 310
カノーラ油（Canola oil）, 772
カビ（Mold）→ 関連項目：酵母
　　果実・野菜, 253, 267
　　米の発酵, 462
　　米酒作り, 729
　　種子, 443
　　ソーセージ作り, 173
　　大豆発酵食品, 481, 483, 486
　　チーズ作り, 58, 61
　　チーズ表面
　　　　毒素, 63, 66
　　肉の腐敗, 142
　　パンの腐敗, 525
　　ボイ, 285
　　ワインのコルク臭, 707
　　ワイン用ブドウの貴腐菌, 699, 709
カブ（Turnip）, 242, 256, 291, 299, 310
カフィア・ライム（Kaffir lime）→ 関連項目：コブミカン
カフェイン（Caffeine）
　　摂取量, 422

　　茶とコーヒー, 422, 422
　　チョコレート, 688
カプサイシン（Capsaicin）, 321, 381, 408
　　辛味を抑える, 410
　　身体への影響, 409
カプサンチン（Capsanthin）
　　植物色素, 260
かぶせ茶（Kabusecha）, 427
カプソルビン（Capsorubin）
　　植物色素, 260
カベルネ・ソーヴィニヨン（Cabernet Sauvignon）, 701
過飽和溶液（Supersaturated solution）, 660
カボチャ／スクワッシュ（Squash）, 242, 269, 303
　　夏カボチャ, 322, 322, 323
　　花, 315
　　冬カボチャ, 274, 322, 322
カボチャの種子（Pumpkin seed）, 498
カボチャやキュウリの仲間（The Squash family and cucumber）, 322
カボチャ種子油（Pumpkin seed oil）, 498
カボット、ジョン（Cabot, John）, 242
ガマ、ヴァスコ・ダ（Gama, Vasco da）, 242, 375, 414
カマス（Barracuda）, 182, 182, 192
カマスサワラ（Wahoo）, 182
カマン、マデレーン（Kamman, Madeleine）, 2
カマンベール・チーズ（Camembert cheese）, 55, 57, 58, 59, 62
カムット（Kamut）, 452
カモミール（Chamomile）, 745
カラギーナン（Carrageenan）, 251, 330, 592, 777
ガラクツロン酸（Galacturonic acid）
　　植物, 258
ガラクトマンナン（Galactomannan）, 390
カラザ（Chalaza）, 73, 73
ガラス／ガラス質物質（Glass）, 661, 662
ガラス製調理器具（Glass cooking utensil made of）, 761
カラッキオリ、ドメニコ（Caracciolli, Domenico）, 572
カラバッシュ（Calabash）→ 関連項目：ヒョウタン
辛味（Pungency）, 264, 381, 381, 384
　　キャベツの仲間, 310
　　コショウ, 416
　　ショウガ, 417
　　タマネギの仲間, 301
　　トウガラシ, 410
ガラム・マサラ（Garam masala）, 387
カラメル（Caramel）, 665
　　語源, 636
　　着色料として, 637
　　作り方, 636
　　風味, 636
カラメル化（Caramelization）, 635, 635, 665, 752, 752, 753
ガランガル（Galangal）, 383, 390, 413
カラント（Currant）, 340, 352, 372
カリフォルニア月桂樹（California bay）, 397
カリフォルニア大学（University of California）, 332, 700
カリフラワー（Cauliflower）, 245, 257, 261, 274, 310, 311, 315, 317
　　語源, 311
　　ピューレ, 603
カルーア（Kahlua）, 744
カルヴィーノ、イタロ（Calvino, Italo）, 50
カルヴェル、レイモンド（Calvel, Raymond）, 519, 527, 550
カルシウム（Calcium）
　　乳, 19
　　フィトケミカル, 248

骨の健康, *15*, 15
豆の調理, 474
水の溶解成分, *767*
カルタ・ディ・ムジカ (Carta di musica), *530*
カルダモン (Cardamom), *383*, 413
カルドン (Cardoon), 56, 256, 259, 303, 306
カルネ・セカ (Carne seca), 168
カルパイン (Calpain)
　肉の酵素, 141
カルバドス (Calvados), *740*, 740
ガルバンゾ (Garbanzo) → 関連項目：ヒヨコマメ
ガルム (Garum), *228*, 565
カレイ目の魚 (Flatfish), 197, *197*
カレイやヒラメ (Flounder), *192*, 197
カレー (Curry), 605
カレー・プラント (Curry plant), 398
カレー・リーフ (Curry leaf), *382*, 398
カレーム, アントナン (Careme, Antonin), *90*, 108, 140, 245, 271, *570*, 571, 573, 615, *616*
カロテノイド (Carotenoid), 260, 770 → 関連項目：βカロテン
　果実・野菜, 260, *270*, 270, 275
　健康効果, 250
　小麦, 454
カロテン (Carotene)
　乳, 17
　バター, 33
カロリー (Calorie)
　アイスクリーム, *40*
　卵, *78*
　ナッツ類, 487
皮 (Skin)
　魚, 185
　ナッツ, 486, 489
　肉, 調理, 164
カワカマス (Pike), *190*
癌 (Cancer)
　飲酒, *695*
　褐変反応, 753
　魚油, 180
　燻煙, 437
　塩, 622
　調理法, 183
　肉, 122
　ニトロソアミン, 170
　フィトケミカル, *248*, 249, 250
ガンギエイ (Skate), 184, *190*
完熟 (Ripe)
　語源, *341*
かんすい (Kansui), 561
甘草 (Licorice), 252, *383*, 407, 640
肝臓／レバー (Liver), 162
　カニ, 217
　魚, 186
　成分, *163*
　節足動物, 213
　レバーでトロミづけしたソース, 587
　ロブスター, 216 → 関連項目：みそ
乾燥粒状ダイズ (Soy nugget), *485*
カンタキサンチン (Canthaxanthin)
　魚, 189
　卵黄, 74
カンタル・チーズ (Cantal cheese), 64
カンタローペ (Cantaloupe), *340*, 372

缶詰 (Canning)
　果実・野菜, 288
　魚, 232
　肉, 168, 174
寒天 (Agar), *330*, *591*, 591
　食物繊維, 251
カンナビノイド化合物 (Cannabinoid chemical), 688
カンパリ (Campari), 745
ガンボー (Gumbo), 605
ガンマ線 (Gamma ray), 756
甘味料 (Sweetener)
　代替甘味料, *638*, 639
ギー (Ghee), 11, *36*
キイチゴ (Caneberry), *349*, 350
キウイ (Kiwi), 268, *340*, 342, 353, *370*, *373*, 589
キクイモ (Sunchoke), 256, 296, 317
キク科 (Compositae), 308
キサントフィル (Xanthophyll), 74, 260
キジ (Pheasant), 138, *138*
生地／硬い生地 (Dough), 502, 506, *508*, *510*
　温度, 522
　化学膨化剤, 517
　気泡, 510
　グルテン, 506, *507*, *508*, 509
　酵母, 515
　語源, *501*
　こね上げ／こねる, *520*, *521*, 521
　小麦粉 → 関連項目：粉／穀物粉／小麦粉
　混合, *519*, *520*, 521
　脂肪, *508*, 510
　成分, *512*
　デンプン, *508*, 509
　発酵, 522
　冷凍生地, *528*
生地改良剤 (Dough improver), 507
キシリトール (Xylitol), *638*
キスラヴ (Kislav), 741
寄生虫 (Parasite), 124, 182, *370*
気体 (Gas), *787*, 787
キチン (Chitin), 213
　キノコ, 334
　植物, 251
キッシュ (Quiche), 94
キッチナー, ウィリアム (Kitchiner, William), 573
ギニア・グレイン (Guinea grain) → 関連項目：パラダイス・グレイン
キニラウ (Kinilaw), 202
キノア (Quinoa), 442, *449*, 469
キノコ (Mushroom), 261, *266*, 268, 280, 333, *336*
　構造と品質, 334
　生体構造, *334*
　調理, 335
　風味, 334
　保存と取扱い, 335
揮発性 (Volatility)
　におい, 377
揮発成分 (Volatile)
　蒸留酒, 736
貴腐菌 (Noble rot), 699, 709
気泡 (Air bubble) → 関連項目：泡
　生地, 510
　タンパク質の変性, 780
基本組織 (Ground tissue)
　植物, 255, *255*

キマメ（Pigeon pea）, 478
キムチ（Kimchi）, 284, *284*
キモシン（Chymosin）, 20, *55*, 55
キャッサバ（Cassava）, 252, 290, 294, 597
キャトル・エピス（Quatre epice）, *387*
キャトル・キャール（Quatre quarts）, 537
キャビア（Caviar）, 233
キャベツ（Cabbage）, 242, 263, *266*, 268, 309, *310*
　　赤キャベツ, 271
　　アジアのキャベツ（Asian cabbage）, 313
　　語源, *311*
　　発酵キャベツ, 282, 284, *284*
キャベツ・クリーム（Cabbage cream）, 30
キャベツの仲間（Cabbage family）, 309, *310*, 317
　　スパイス, 404
　　風味, 311
キャラウェイ（Caraway）, *383*, 402
キャラウェイ風味の蒸留酒（Caraway alcohol）, 746
キャラメル（Caramel）, 664, *665*
　　昔のレシピ, *631*
キャンディー（Candy）, 657
　　泡を含むキャンディー, 667
　　キャンディーの色, 663
　　薬としてのはじまり, *629*
　　結晶質のキャンディー（crystalline candy）, 666
　　コーティング・キャンディー（panned candy）, 667
　　語源, *627*
　　シロップの加熱, 657, *658*, *659*
　　シロップの冷却, 659
　　　　キャンディーのテクスチャー, 660
　　　　結晶の形成, 659, *660*
　　　　結晶の形成を防ぐ, 661, *662*
　　　　その他の材料, 662
　　製菓の発達, 629
　　成分, *664*
　　世界の砂糖菓子, *632*
　　弾力のあるゼリー, 668
　　チョコレート・キャンディー → 関連項目：チョコレート
　　　　昔のチョコレート菓子, 671
　　テクスチャー, 660, *661*
　　はじけるキャンディー（fizzy/crackling candy）, *668*
　　光るキャンディー（fluorescent candy）, 667
　　非晶質のキャンディー（noncrystalline candy）, 663
　　腐敗, 669
　　保存, 669
　　昔の砂糖菓子, *628*
　　歴史, 627
　　ロック・キャンディー（rock candy）, 666
　　綿菓子（cotton candy/candy floss）, 664
吸虫（Fluke）
　　魚の寄生虫, 183
牛肉（Beef）, *133*, 134, 140
　　BSE, 124, 135
　　牛肉の脂肪酸, *772*
　　牛肉の部位, *128*
　　狂牛病, 124
　　コーンビーフ（corned beef）, 171
　　スジ, *590*
　　ビーフ・ウェリントン（Beef wellington）, 551
　　挽き肉, 安全性, 124, 144, 151
　　保存, 142
牛乳（Cow milk）, 7
　　アレルギー, 14

　　成分, *13*, 17
　　チーズ, 54
　　作られ方, 16
　　作られる様子, *17*
キュウリ（Cucumber）, 263, *266*, 268, 280, 282, *322*, 323
　　ピクルス（漬物）, 284
キュウリウオ（Smelt）, *190*
キュラソー（Curaçao）, *744*
ギュル（Gul）, *744*
キュンメル（Kümmel）, 746
狂牛病（Mad cow disease）, 124
凝固（Coagulation）
　　魚, 204
　　ソース, 585, 615
　　卵, 82, *83*, 91, 100, 115
　　タンパク質, 780
　　乳, 19, 47, 55, 58
　　豆腐, 480
　　肉, 146, *148*, 150
餃子（Pot sticker）, 555
凝乳／カード（Curd）, 10, 18, 19
共有結合（Covalent bond）, *784*, 784, 786
魚介類（Seafood）→ 関連項目：魚／魚介類；貝類／甲殻類／魚介類；海藻
棘皮動物（Echinoderm）, 224
玉露, *427*
魚醤（Fish sauce）, *227*, 228, 564, 567, 573
魚油（Fish oil）
　　健康効果, 179, 184
魚卵／魚の卵（Fish eggs/Roe）, 186, *232*, 232, *234*
　　キャビア, 233
　　塩漬け, 233
ギリシャ（Greece）
　　植物性食物, 242
　　蜂蜜, 626
　　パン, 503
　　ワイン, 698
キルシュ（Kirsch）, *740*
キルヒホフ, K. S.（Kirchof, K. S）, 654
銀（Silver）
　　卵の泡立て, *102*
キンカン（Kumquat）, 366
均質化処理（Homogenization）
　　牛乳, 18, 22, 23
　　生クリーム, 28
禁酒法（Prohibition）, 735
金属（Metal）, 783
　　曇り, 761
　　セラミックス皮膜, 761
　　毒性金属と汚染物質, 180
ギンダラ（Sablefish）, *191*
ギンナン（Ginkgo nut）, 492
筋肉（Muscle）, 119 → 関連項目：肉／食肉
　　筋線維, 126, *127*
　　　　肉の色, 126, *129*, *130*
　　筋肉を食肉に換える, 139
　　構造, *118*
　　骨格筋, 162
　　魚, *183*, 184, 186
　　収縮, *118*, 119
　　二枚貝, 218
　　非骨格筋, 162
キンマ（Betel leaf）, *415*
キンメダイ（Alfonsino）, *191*

菌類（Fungi）→ 関連項目：カビ；キノコ
　　種子, 443
クアーズ社（Coors）, 718
グァカモーレ（Guacamole）, 279
グアニル酸／グアノシン一リン酸（Guanosine monophosphate；GMP）, *332*, 334, 428
グァバ（Guava）, 259, *340*, 367, *372*
空気を含ませる（Aeration）
　　ケーキ, 539, *540*
グージェール（Gougères）, 535
グーズ（Gueuze）, 728
グースベリー（Gooseberry）, *340*, 352, 355, *372*
クーリ（Coulis）, 568
クーリビヤック（Coulibiac）, 551
クール・ブイヨン（Court bouillon）, 209, 585
クエッチェ（Quetsch）, 740
クエン酸ナトリウム（Sodium citrate）
　　プロセス・チーズ, 65
クォーン（Quorn）, 338
茎（Stem/Stalk）
　　植物, 256
ククッツァ（Cucuzza）, *322*, 324
串焼き（Spit-roasting）
　　肉, 153
クジラ乳（Whale milk）, *13*
クズイモ（Jicama）, 297
クスクス（Couscous）, 559
クッキー（Cookie）, 532, 551
　　アイスボックス・クッキー（icebox cookie）, 553
　　カットアウト・クッキー（cut-out cookie）, 553
　　材料, 551, *552*
　　作り方, 553
　　ドロップ・クッキー（drop cookie）, 553
　　バー・クッキー（bar cookie）, 553
　　ハンドシェープド・クッキー（hand-shaped cookie）, 553
　　保存, 554
　　昔のレシピ, 505
国中明（Kuninaka, Akira）, *332*
クネル（Quenelle）, *211*, 211
クネル・デ・ブロシェ（Quenelles de brochet）, 211
首（Neck）
　　二枚貝, 220
クベバ・ペッパー（Cubeb pepper）, *383*, *415*
クマリン（Coumarin）, 252
グミ・キャンディー（Gummy candy）, 668
クミス（Koumiss）, 11, *44*, *49*, 716, *735*
クミン（Cumin）, *383*, 403, 605
クミンアルデヒド（Cuminaldehyde）, 403
クライマクテリック（Climacteric）
　　語源, *341*
クライマクテリック型果実（Climacteric fruit）, 342
クラウドベリー（Cloudberry）, 350, *350*
グラヴラックス（Gravlax）, 226, 228
クラゲ（Jellyfish）, 224
グラス, ハンナ（Glasse, Hannah）, 80, *272*, 538, 572
グラス・オ・ブール（Glace au beurre）, 38
グラス・ドゥ・ヴィアンド（Glace de viande）, 583
グラタン（Gratin）, 65
クラッカー（Cracker）
　　ソーダ, 530
グラッパ（Grappa）, 740, 743
グラナ・パダノ・チーズ（Grana Padano cheese）, 64
グラナディージャ（Granadilla）, 369
グラニタ（Granita）, 279

グラノラ（Granola）, 450
クラブ小麦（Club wheat）, *453*, 511
グラブジャムーン（Gulabjamun）, *25*
クラフティ（Clafoutis）, 348
クラフト社（Kraft）, 65
クラム（Crumb）
　　チョコレート・クラム, *679*
　　パン, 506
グラム（Gram）, 479
グラン・マニエ（Grand Marnier）, *744*, 745
クラントロ（Culantro）→ 関連項目：メキシカン・コリアンダー
クランペット（Crumpet）, 534
クランベリー（Cranberry）, *340*, 351, *372*
クランベリー・ビーンズ（Cranberry bean）, 473
栗／クリ（Chestnut）, 486, *487*, 488, *489*, 492
グリアジン／グリアジンタンパク質（Gliadin protein）, 507, *508*
　　アレルギー, 442
クリーク（Kriek）, 728
クリーミーさ（Creaminess）, 27
クリーミング（Creaming）, 18
クリーム（Cream）, 90, 96 → 関連項目：各クレーム
　　語源, *92*
クリームパイ・フィリング（Cream pie filling）, 97
クリーム発酵（Cream culture）, 47
グリーン・オニオン（Green onion）→ 関連項目：シャロット
グリエール・チーズ（Gruyère cheese）, 55, 57, *59*, 65
グリコーゲン（Glycogen）, 219, 776
グリシン（Glycine）, 184
グリセロール（Glycerol）, *770*, 771
グリチルリチン（Glycyrrhizin）, 252, 407, *638*, 640, *640*
グリチルリチン酸（Glycyrrhizic acid）, 640, *640*
グリッツ（Grits）, 466
グリドル・ケーキ（Griddle cake）, 534
グリマルディ, フランチェスコ・マリア（Grimaldi, Francesco Maria）, *508*
グリュンケルン（Grünkern）, 453
グリル／グリル焼きグリル（Grilling）, 757
　　魚, 183, 207
　　肉, *153*, 153
　　発癌物質の発生, 183
　　野菜, 278
グル（Gur）, 647, 652
グルート（Gruit）, 716
グルカン（Glucan）, 251
グルコシノレート（Glucosinolate）, 311
グルタミン酸（Glutamic acid）, 779
　　果実・野菜, 263
　　魚介類, 184, 219
　　グルテン, 454
　　塩漬け肉, 171
　　茶, 428
　　風味, 778
グルタミン酸ナトリウム／MSG（Monosodium glutamate）, 184, *332*
　　果実・野菜, 263, 319, 334
　　グルテンの発酵, 454
　　魚, 187, 232
クルティ, ニコラス（Kurtim, Nicholas）, 2
グルテニン（Glutenin）, 506, *508*, 521
グルテン（Gluten）, *446*, 506
　　緩和, 507
　　強度, 509
　　グルテン形成, *520*, 522

グルテンを含まない小麦粉, 529
　語源, 508
　小麦粉, 454, 454
　柔軟性と弾性, 507
　グルテン分子, 507
グルテン感受性腸炎（Glutensensitive enteropathy）, 442
クルフィ（Kulfi）, 40, 41
クルミ／ウォールナッツ（Walnut）, 486, 487, 488, 489, 492, 496, 537
　語源, 497
　ブラック・ウォールナッツ, 493
クルミのソース（Walnut sauce）, 492
クルミ油（Walnut oil）, 772
グレイビー（Gravy）, 600
グレーズ（Glaze）, 657
クレープ（Crepe）, 534
　語源, 534
グレープフルーツ（Grapefruit）, 267, 340, 361, 362, 363, 364, 365, 372
クレーム・アングレーズ（Crème anglaise）, 41, 70, 91, 95, 95, 97
クレーム・カラメル（Crème caramel）, 94, 95
クレーム・ド・カカオ（Crème de cacao）, 744
クレーム・ド・メンテ（Crème de menthe）, 744
クレーム・パティシエ（Crème pâtissière）, 91, 96
クレーム・ブリュレ（Crème brûlée）, 94, 95
クレーム・フレーシュ（Crème fraîche, 44, 45, 48
　ソース, 610
　パイ, 546
クレスム・ド・パスティシエ（Cresme de Pâstissier）, 97
クレソン（Cress）, 310, 313
　スプラウト, 306
グレナディン（Grenadine）, 360
クレマ（Crema）, 433
クロイゼニング（Kräusening）, 723
クロイツフェルト・ヤコブ病（Creutzfeldt-Jakob disease; CJD）, 124
クロウェル, ヘンリー（Crowell, Henry）, 457
クローブ（Clove）, 242, 267, 379, 381, 383, 385, 413, 671
クロケット（Croquette）
　魚, 212
クロシン（Crocin）, 411
黒ダイズ（Black bean）
　発酵, 485
クロテッド・クリーム（Clotted cream）, 28, 29
クロノン, ウィリアム（Cronon, William）, 125
グロブリン（Globulin）
　卵黄, 76
クロロフィラーゼ（Chlorophyllase）, 270
クロロフィル（Chlorophyll）, 260, 260, 770
　加熱の影響, 270
　健康効果, 250
　光合成, 238
　調理の影響, 270
　マメ科植物, 471
　料理用クロロフィル（culinary chlorophyll）, 281
クロワッサン（Croissant）, 550
クワス（Kvass）, 715
クワの実（Mulberry）, 353
燻煙（Wood smoke）, 436
　燻製液（liquid smoke）, 437
　健康に害を及ぼす, 437
　毒素, 437
　風味, 436, 436

木材燃焼の化学, 436
燻製魚（Smoked fish）, 211, 229, 230
燻製肉（Smoked meat）, 171
ケアフィリー・チーズ（Caerphilly cheese）, 64
ケイ酸ナトリウム（Sodium silicate）
　貯蔵卵, 113
ケイパー（Caper）, 309, 398
桂皮アルデヒド（Cinnamaldehyde）, 380, 417
計量単位（Measurement units/ Units of measurement）, 5
ケヴラ（Kewra）, 399
ケーキ（Cake）, 537
　改良された脂肪と小麦粉, 538
　生地の混合, 541
　空気を含ませる, 539
　ケーキ・ミックス製品, 538
　材料, 539
　チョコレートとココア, 682
　伝統的なケーキ, 537
　保存, 543
　昔のレシピ, 538
　焼く, 533, 541, 542, 542
　冷却, 543
ケーキが焼ける状態（Baking a cake）, 541
ゲージ, トーマス（Gage, Thomas）, 671
ケーシング
　ソーセージ, 166
ケーソ・ブランコ（Queso blanco）, 64
ケール（Kale）, 309, 310, 312
　語源, 311
ケシの実（Poppy seed）, 488, 499
ケチャップ（Kecap/Ketchup）, 228, 485, 573
血圧（Blood pressure）
　塩と血圧, 622
血液（Blood）
　ソースのトロミづけ, 587
月桂樹（Bay laurel）, 397
月桂樹の仲間（Laurel family）, 397
結合（Bonding）→ 関連項目：化学結合
結合組織（Connective tissue）
　魚のテクスチャー, 183, 186
　肉のテクスチャー, 127
結晶化（Crystallization）
　カカオ・バター, 679
　結晶化を防ぐ, 661, 662
　糖, 635
血中コレステロール（Blood cholesterol）, 13
　コーヒー, 423
　食肉, 122
　食品中の脂肪, 36, 180
　食物繊維, 251
　卵, 78
　チーズ, 65
血糖（Blood glucose/Blood sugar）, 639, 639
血糖指数／グリセミック・インデックス（Glycemic index）, 639
ケツルアズキ（Rice bean）, 478
ケフィア（Kefir）, 49, 716
ゲフィルテ・フィッシュ（Gefilte fish）, 212
煙（Smoke）→ 関連項目：燻煙
ゲラール, ミシェル（Guérard, Michel）, 573
ゲラン（Gellan）, 592, 777
ゲル（Gel）, 576, 788
　海藻, 591
　語源, 589

ゼラチン, 587
デンプン, 591
ペクチン, 286, *287*, 591
ゲル化（Gelation）
　ペクチン, pHの影響, 278
ゲル化剤（Gelling agent）
　キャンディー, 663
ケロッグ, ウィル・キース（Kellogg, Will Keith）, 450
ケロッグ, ジョン・ハーヴェイ（Kellogg, John Harvey）, 450
原子（Atom）, 782, *783*
　化学結合, 784
　化学作用, 783
　原子と分子, 782
元素（Element）, 782, 784
懸濁液（Suspension）, 576, *576*, 788
ゲンチアナ（Gentian）, 745
コア（Khoa）, 25
コアントロー（Cointreau）, 744
コイ（Carp）, *190*, 192
　魚卵, 234
高温燻製（Hot-smoking）, 172
光合成（Photosynthesis）, 238, 256, 306
抗酸化活性（Antioxidant）, 437
抗酸化作用（Antioxidant）, 261
抗酸化物質（Antioxidant）, 249, 250, 784
　カカオ豆, 687
　薬として, 384
　果物・野菜, *248*, 250, 275, 384
　種子, 441
　茶とコーヒー, 423
麹（Koji）, 715, 729, *732*
子牛肉（Veal）, 135, 143, 581
硬質小麦（Hard wheat）, 511
鋼製調理器具（Steel cooking utensil）, 763
抗生物質（Antibiotic）
　食肉生産における, 126
酵素（Enzyme）, *692*, 780
　果実
　　熟成, 341
　果実・野菜の変色, 261, *261*, *262*, 269, 279
　辛味を作りだす酵素
　　キャベツの仲間, 311
　　タマネギの仲間, 300
　　マスタード, 404
　コーンシロップの製造, 655
　穀物, 728
　穀類の醸造, 715, 719
　小麦粉, 515
　魚のにおい, 187
　脂肪分解酵素, 風味に及ぼす影響
　　果実・野菜, 265
　　魚, 188
　　種子, 446, 499
　　チーズ, *61*
　　肉, 171
　大豆加工製品, 480
　ダイズとその加工, 482
　タンパク質分解酵素, 風味・テクスチャーに及ぼす影響
　　果実・野菜・スパイス, *370*, 417
　　牛乳, 20
　　魚介類, 184, 206, 226
　　チーズ, 51, 55
　　肉, 131, 140, 160, 171
　茶の製法, 425
　チョコレート作り, 674
　デンプン分解酵素 → 関連項目：アミラーゼ
　トマト・ピューレ, 603
　におい, *266*
　においの発生, 265, 335
　乳糖不耐症, 14
　バニラ生産, 419
　レンネット, 55
　ワイン作り, 705
紅茶（Black tea）, *426*, 428
酵母（Yeast）, 516, 705, 723, 728
　アルコール発酵
　　ビール作り, 723
　　ワイン作り, *691*, 691, *692*, 705
　果実・野菜, 267
　酵母作り, 502
　語源, *515*
　代謝, 516
　樽, ワインの熟成, *706*
　膨化剤として, *508*, 515, 520
　　形態, 516
　味噌, 483
後留（Feint/Tail）
　蒸留酒, 736
ゴー, アンリ（Gault, Henri）, 573
ゴーダ・チーズ（Gouda cheese）, 56, 59, *59*
コーディアル（Cordial）, 734
コーヒー（Coffee）, 263, 422, 429
　入れる方法, *433*, *434*
　入れる水, 423
　インスタント・コーヒー（instant coffee）, 435
　エスプレッソ（espresso）, 430, 433, 435
　カフェイン, 422, *422*
　健康への影響, 423
　コーヒー豆, 430
　デカフェ・コーヒー（decaffeinated coffee）, 435
　飲み方, 435
　焙煎, *431*, 431
　風味, *431*, *432*, 435
　保存, 431
　豆の挽き方, 433
　歴史, 429
ゴーフル（Gaufre）, 535
コーラル（Coral）
　ロブスターの卵巣, 216
コーラン（Koran）
　香りについて, *376*
氷（Ice）, 767
ゴールガッパ（Golegappa）, *530*
ゴールデン・シロップ（Golden syrup）, 654
コールラビ（Kohlrabi）, 305, *310*, 312
コーン・サラダ（Corn salad） → 関連項目：マーシュ
コーン・ナッツ（Corn nut）, 465
コーンシロップ（Corn syrup）, 638, *654*, 655
　甘さ, *634*
　キャンディー, 662
　高果糖コーンシロップ, *638*, 654, 656
　高麦芽糖コーンシロップ, 656
　製造, 655
　等級, 655
コーンスターチ（Cornstarch）, 596, *596*
コーンミール（Cornmeal）, 466
コーン油（Corn oil）
　脂肪酸, *772*

糊化（Gelatinization/Gelation）
　　デンプン, 444, *445*, 593
糊化温度範囲（Gelation range）, 274, 593
呼吸（Respiration）
　　果実, 342
国税事務所（Office of Internal Revenue）, 735
穀物／穀類（Grain）, 447
　　構造, *448*, 448
　　穀物酢, 749
　　成分, 448, 449
　　製粉／粉挽きと精白, 448, 502, *503*
　　世界生産量, *451*
　　朝食用シリアル, 449
　　定義, 440
　　風味, 446
コケモモ（Cowberry/Lingonberry）, 351
ココア（Cocoa）
　　食材として, 682
ココア・パウダー／ココア粉末（Cocoa powder）, 672, *680*, 681
　　インスタント・ココア（instant cocoa）, 682
　　菓子作り, 681
　　ケーキ, 540
　　"ダッチ" ココア（dutched cocoa）, 540, 681
　　"ナチュラル" ココア（natural cocoa）, 540
ココナッツ（Coconut）, 242, *266*, 486, 489, 490, *493*, 493
　　果実の発生, 493
　　果肉, *494*
　　ココナッツ・ミルク, 493, 494
　　成分, *488*
　　ゼラチン, *494*
　　トロミづけとして, 605
ココナッツ油（Coconut oil）, 494, *772*
コシャリ（Koshary）, 478
コショウ／ペッパー（Pepper）
　　赤コショウ（pink pepper）, *383*, 415
　　アシャンティ・ペッパー（ashanti pepper）, 415
　　クベバ・ペッパー（cubeb pepper/tailed pepper）, *383*, 415
　　黒コショウ（black pepper）, 241, 242, 264, 381, *383*, *384*, 385, 404, 414
　　白コショウ（white pepper）, 414, 415
　　生産, 414
　　風味, 416
　　花椒／ホワジャオ（Sichuan pepper）, *383*, 416
　　緑コショウ（green pepper）, 415
　　用語, 408
　　ロング・ペッパー（long pepper）, *383*, 415
固体（Solid）, 787
　　ガラス質固体／非晶質固体（glassy solid）, 787
　　結晶固体（crystaline solid）, *787*
コック・オー・ヴァン（Coq au vin）, 587
骨粗しょう症（Osteoporosis）
　　牛乳
　　　　カルシウム, 15
コッホ, ロバート（Koch, Robert）, *591*
コトニャータ（Cotognata）, 346
子供（Child）→ 関連項目：乳幼児
　　乳アレルギー, 14
粉／穀物粉／小麦粉（Flour）
　　インスタント, 515
　　オールパーパス（all-purpose）, 515, 519
　　クッキー, 551, 552
　　グルテンフリー（gluten-free）, 529
　　ケーキ, 515, 538, 539
　　語源, *504*

小麦粉（wheat flour）, *511*, 511, 556, 595, *596*
　　小麦の種類, 511, *512*, 515
　　製粉／粉砕, *511*, *513*, 513
　　成分, *514*, 514
　　全粒小麦粉（whole wheat）, 515
　　デュラム小麦粉, *518*, 556, 557
　　米粉（rice flour）, 462, 529
　　セルフライジング（self-rising）, 515
　　トウモロコシ粉（corn flour）, 466
　　パイ用, 515, 544
　　パスタ用, 556
　　パン, 515, 518
　　漂白, 513, 538, 539
コニャック（Cognac）, 697, 734, 739, 745
子羊／ラム（Lamb）, 135, 140
　　月齢, 135
　　脂肪酸, *772*
　　ニュージーランド（New Zealand）, 136
　　保存, 143
コブミカン（Kaffir lime/Makrut lime）, *362*, 367, *382*, 399
コベット, ウィリアム（Cobbett, William）, 314, 504
ゴボウ（Bobo/Burdock）, 297
ゴマ（Sesame/Sesame seed）, 489, 499
　　語源, *497*
ゴマ油（Sesame oil）, 498
ゴム／ガム（Gum）, 777
　　アラビア・ゴム（gum arabic）, 777
　　キサンタン・ガム（xanthan gum）, 462, 529, 777
　　グア・ガム（guar gum）, 462, 777
　　植物, 251
　　トラガカント・ゴム（gum tragacanth）, 663, 777
　　ローカストビーン・ガム（locust-bean gum）, 777
小麦／コムギ（Wheat）, 242, *246*, 440, 442, 446, *446*, 447, 451, *511*
　　アインコルンコムギ, 452, *453*
　　赤小麦, 513
　　エンマーコムギ, 452, *453*
　　カムット, 452
　　クラブコムギ, *453*
　　クラブ小麦, 511
　　グルテン, 454
　　硬質小麦, 511
　　語源, *450*
　　古代のコムギ, 452
　　小麦粉 → 関連項目：粉／穀物粉／小麦粉
　　小麦ビール, *726*, 727
　　色素, 453
　　白小麦, 513
　　スプラウト, 306
　　スペルト, *453*, 453
　　成分, 444, *444*, 449, 454
　　世界生産量, *451*
　　デュラムコムギ／デュラム小麦, 452, *453*, 511, *518*
　　軟質小麦, 511
　　パフド・ウィート, 451
　　春小麦, 511
　　パン用とパスタ用, 453, 502 → 関連項目：粉／穀物粉／小麦粉
　　ビール作り, 721
　　冬小麦, 513
　　ペルシャコムギ, *453*
　　ポーランドコムギ, *453*
　　ホラーサーンコムギ, *453*
　　緑色／未熟小麦, 455

コムギの仲間（Wheat family）
　　類縁関係, *453*
米／コメ（Rice）, 242, 440, 443, 447, 458
　　玄米（brown rice）, *459*, 460
　　コメ加工品, 461
　　米粉, 462, 529
　　米麹, 729
　　米酢, 749
　　米デンプン, 596
　　米麺, アジア, 561
　　ジュエルド・ライス, 355, 627
　　精白米（polished rice）, *459*
　　成分, 444, *444*, 445, 449
　　世界生産量, *451*
　　短粒米（short-grain rice）, 459
　　中粒米（medium-grain rice）, 459
　　調理, *461*
　　長粒米（long-grain rice）, 459
　　バスマティ米（basmati rice）, 459
　　パーボイルド／コンバーティッド・ライス（parboiled/converted rice）, 460
　　パフド・ライス（puffed rice）
　　　　インスタント・シリアル, 451
　　早炊き米（quick-cooking rice）, 460
　　ビール作り, 721
　　風味, 460
　　米食の歴史, 458
　　保存, 461
　　もち米（sticky rice）, 459
　　有色米（pigmented rice）, 460
　　料理, 460
　　ワイルド・ライス, *459*, 462
米酒（Rice alcohol）
　　醸造, *730*, 731
　　カビ, 729
コラーゲン（Collagen）
　　魚介類, 220, 223
　　魚, 185, 186, 204
　　ストック, 585
　　ゼラチン, 147, *580*, 580
　　肉のテクスチャー, 128
コラード（Collard）, 310, 312
　　語源, *311*
コリアー, シャーリー（Corriher, Shirley）, 2
コリアンダー（Coriander）, 382, 383, 390, 403
　　シード／種子, 379
　　トロミづけとして, 605
　　葉, 395
コリン, ジョセフ（Colin, Joseph）, 232
コルク（Cork）
　　汚染, 707
　　ワイン, 700, *707*
ゴルゴンゾーラ・チーズ（Gorgonzola cheese）, 58
コルテス, エルナン（Cortez, Hernando）, 670
コルビー・チーズ（Colby cheese）, 64
コルメラ（Columella）, 51, *405*
コレステロール（Cholesterol）, 770
　　血中　→　関連項目：血中コレステロール
　　卵, 77, *78*
　　肉, *163*
コレラ（Cholera）
　　魚介類, 181
コレラ菌（Vibrio cholerae）, *253*
衣（Batter）
　　肉, 158
コロンブス, クリストファー（Columbus, Christopher）, 368, 375, 463, 630, 670
根茎（Rhizome）, 256
コンジナー（Congener）
　　蒸留酒, 736
コンソメ（Consommé）, 569, 583
コンチェ（Conche）, 673
コンチング（Conching）, 675
コンテ・チーズ, 55
コンビシン（Convicine）, 252
コンブ／昆布（Kelp）, *330*, 331, *332*
コンフィ（Confit）
　　語源, *173*
　　肉, 173
　　野菜, 278
根粒菌（*Rhizobium*）, 470

【さ行】

ザータル（Za'atar）, *387*
サーバ（Saba）, 353, 653
サーパ（Sapa）, 353
サーモン, ウィリアム（Salmon, William）, *169*
サーモンベリー（Salmonberry）, *350*
細菌（Bacteria）
　　果実・野菜の汚染, 267
　　魚介類の汚染, 181
　　コメの汚染, 461
　　魚の発酵, 229
　　食肉の汚染, 123, 151
　　食肉の腐敗, 142
　　進化, 238
　　腸内有用菌, フィトケミカルの影響, 248
　　調理した穀類・豆類の汚染, 442
　　納豆, 486
　　乳酸菌　→　関連項目：乳酸菌
　　尿路感染, フィトケミカルの影響, 248
　　ハーブ・スパイスの汚染, 385
　　発光細菌, *200*
　　ハムの色, *170*
　　ボツリヌス中毒（botulism）→　関連項目：ボツリヌス菌
　　虫歯, 637
　　リンネス菌, チーズの材料, 57
　　ワインのコルク汚染, *707*
再仕込み醤油（Saishikomi）, 485
菜食料理（Vegetarian diet）, *446*
細胞質（Cytoplasm）
　　植物細胞, 254, *254*
細胞壁（Cell wall）
　　植物, *254*, 255, *257*, *258*
　　テクスチャー, *273*, *274*
在来作物（Heirloom）, 247
催涙成分（Lacrimator）
　　タマネギの仲間, 300
糟蛋／ザオタン（Zaodan）, 114
魚／魚介類（Fish）, 175　→　関連項目：貝類／甲殻類／魚介類；各種の魚
　　アスピック, 589
　　アルカリ漬け, 225
　　色, *183*, 183, 189
　　イワナ, 190, 194
　　鰹節, 231
　　加熱しない魚介類料理, 201

カレイ目の魚, *192, 197, 197*
乾燥魚（干物）, 224
缶詰, 232
筋肉, 186
腐りやすさ, 184
燻製魚, 211, 229, *230*
健康への影響, 179, *179, 182*
コイ科およびナマズ科, *190*, 192
サケ, *190*, 193
サバ, *192*, 196
サバ科（マグロ含む）, *192, 196*
塩漬け魚, 225
ストック, 585
生体構造, 185, *186*
鮮魚
　取扱い, 198
　保存, 200
　見分け方, 199
ソース, 585
卵 → 関連項目：魚卵／魚の卵
タラ科, 194
タラの仲間, *190*
調理, 203
　安全性, 181
　温度, 181, 203, 204
　加熱しすぎ, 185, *204*
　魚の混ぜもの, 211
　下処理, 206
　調理技術, 207
　調理法, 183
　包んで調理, 207, *208*
　テクスチャー, 203, *204, 206*
　風味, 203
　昔のレシピ, *208, 211*
ティラピア, *192*, 194
テクスチャー, 183, 185, 186, 204, *205, 206*
トビウオ, *191*
内臓, 186
ナイル・パーチ, 194
におい, 184, 187, 200
ニシン科（herring family）, *190*, 192
ノトセニア, *192*, 195
バス, *191, 195, 195*
発酵魚, *227,* 227, 229
品質, 185
風味, 184, 187, *188*, 203
捕獲, 198
保存, 142, 200
マグロとサバ, 196
マス, *190*, 194
マリネ, 231, *231*
メカジキ, *192*, 196
養殖, 176, 178, 194, 198
養殖業, 177
乱獲, 176, 195
ワックスをもつ魚, *182*
魚の頭（Fish head）, 186
魚のペースト（Fish paste）, *227, 228,* 228
ザグ（Zhug）, 387
酢酸（Acetic acid）, *747,* 747
サクランボ（Cherry）, 251, 265, 274, 340, 348, 372
ザクロ（Pomegranate）, *340, 359, 373*
　語源, *360*
酒／アルコール／エタノール（Alcohol/Ethanol）, 691, *736* →

関連項目：ビール；蒸留酒／スピリッツ；ワイン
　アルコール飲料と木樽, 696
　アルコール代謝, 695
　アルコールと風味, 693
　アルコールの濃縮, *735, 738*
　アルコール発酵
　　酵母, *691,* 691, 692, 705, 723
　　樽発酵, *697*
　アルコールを使った料理, 696
　飲酒の効用, *695*
　果実酒, 740
　米酒 → 関連項目：米酒
　生物への影響, 694
　中毒, 694
　風味づけしたアルコール, 280, 388
　風味づけした調合酒, 745
　　アニス, 746
　　キャラウェイ, 746
　二日酔い, 695
　物理的および化学的性質, 692
　プルーフ, *738*
　ホワイト・アルコール, 740
　ワインのアルコール度, *709*
サケ（Salmon）, 181, 189, *190,* 193, 193, 203, *206,* 232
　魚卵, *234,* 235
　燻製, 229, 230, *230*
　発酵保存, 227
酒粕（Sake lee）, *732*
ササゲ（Blackeyed pea/Cowpea）, 242, 478
ササフラス（Sassafras）, *382,* 398
　葉, 390, 605
サザン・コンフォート（Southern Comfort）, 745
刺身（Sashimi）, 202
サゼラック（Sazerac）, 735
サツィーヴィ（Satsivi）, 492
サッカリン（Saccharin）, *638,* 640
サッカロミセス属（*Saccharomyces*）, 705
雑穀（Millet）, 242, 440, 443, *449,* 451, 468
殺虫剤（Pesticide）, 253
サツマ（Satsuma）, 364
サツマイモ（Sweet potato）, 245, 256, 274, 290, 293, 561
サトウカエデ（Acer saccharum）, 646
砂糖キビシロップ（Cane syrup）, 652
砂糖細工（Sugar work）, 665
砂糖を使ったプリザーブ（Sugar preserve）, 286
砂嚢（Vesicle）
　柑橘果実, 361
サバ（Mackerel）, 181, *192,* 196, 203, *206*
ザバイオーネ（Zabaglione）, 113, 619
　昔のレシピ, *112*
サバヒー（Milkfish）, *190*
サバヨン（Sabayon）, 113, 587, 618, 619
サバン, フランソワーズ（Sabban, Francoise）, 554
サバ中毒（Scombroid poisoning）, 181
サフラン（Saffron）, *383,* 410, 745
　色, 411
　使い方, 411
　風味, 411
サフロール（Safrole）, 252
サポジラの木（Sapodilla tree）, 669
サポニン（Saponin）, 469, 472, 651
サメ（Shark）, 180, 184, *190*
サヤインゲン（Green bean）, 251, *325,* 325
サラダ（Salad）, 242, 306

食中毒, 253, 254
　　作り方, 307
　　ドレッシング → 関連項目：ドレッシング
サラミ（Salami）, 172
ザリガニ（Crayfish）, 183, 212, 216
　　語源, 215
サリチル酸メチル（Methyl salicylate）, 667
ザルガイ（Cockle）, 182
サルサ（Salsa）, 568 → 関連項目：ソース
サルサ・ヴェルデ（Salsa verde）, 616
サルシファイ（Salsify）, 297, 317
サルモネラ菌（Salmonella）
　　果実・野菜, 253
　　卵, 72, 81, 82, 89, 613
　　肉, 123, 124, 144
　　ハーブ・スパイス, 385
ザワークラウト（Sauerkraut）, 282, 284, 284
サワークリーム（Sour cream）, 44, 45, 48, 546
酸（Acid）, 768, 769 → 関連項目：pH
　　果実・野菜, 変色を抑える方法, 262
　　キャンディー, 663
　　語源, 746
　　魚臭さとこれを抑える方法, 203
　　卵タンパク質, 84
　　卵の泡立ち, 101
　　タンパク質の変性, 780
　　乳タンパク質, 18
　　デンプン, 597
　　パスタのゆで湯, 558
　　風味, 263, 574
　　ベーキング・パウダー, 517, 518
　　ボツリヌス中毒菌, 288
　　豆の調理, 474
　　野菜の色, 272
　　野菜のテクスチャー, 273
酸化（Oxidation）, 249, 783
　　オリーブ油, 328
　　果実の乾燥, 281
　　金属製調理器具の表面, 761
　　魚の風味, 200, 224
　　脂肪の酸敗臭, 772, 773
　　種子の風味, 446, 487
　　大豆の風味, 479
　　乳の風味, 21, 34
　　調理器具, 表面, 763
　　肉の風味, 142, 170, 170
　　パン生地のグルテン, 507
　　ビール, 724
　　ピューレ, 602
　　ワイン, 698, 700, 707, 709, 713
酸化アルミニウム（Aluminum oxide）, 761
サンガク（Sangak）, 530
酸化剤（Oxidizing agent）
　　生地, 507
酸化鉛（Lead oxide）
　　ピータン, 114
産業化／工業化（Industrialization）
　　アイスクリーム, 39
　　果実・野菜, 245
　　缶詰, 168
　　牛乳, 11, 22
　　工業生産
　　　　鶏卵, 71
　　　　ワイン, 700

工場生産
　　チーズ, 61
　　食肉, 171, 174
　　　　産業革命, 120
　　すし, 202
　　チーズ, 53
　　パン, 505
　　　　大量生産製品, 526
山椒（Sansho）, 383, 416
サンジョベーゼ種（Sangiovese）, 701
酸性（Acidic）
　　果実・野菜, 変色を抑える方法, 262
酸素（Oxygen）, 783 → 関連項目：酸化
　　果実・野菜
　　　　保存, 268
　　乳の風味, 21
　　肉の色, 129
　　肉の色素, 130, 142
サンダース, アルビン H.（Sanders, Alvin H.）, 133
サントアンジュ, マダム（Ste-Ange, Mme.）, 292
サントーリオ（Sanctorius）, 658
サン・ネクテール・チーズ（St.-Nectaire cheese）, 58
酸敗臭（Rancidity）
　　脂肪 → 関連項目：脂肪
サンフィッシュ（Sunfish）, 191
サンブーカ（Sambuca）, 744
サンマ（Saury）, 191
ジアセチル（Diacetyl）
　　カラメル, 636
　　クリーム発酵, 48
　　燻煙, 436
　　黒糖, 652
　　チーズ, 57
　　チョコレート, 678
　　バター, 33
　　ワイン, 705, 712
シアニジン（Cyanidin）
　　植物, 260
シアン化水素／HCN（Hydrogen cyanide）→ 関連項目：青酸
シイタケ（Shiitake mushroom）, 332
シーバス（Sea bass）, 191
シイラ（Dolphin fish）, 181, 182, 191, 204
シェイクスピア, ウィリアム（Shakespeare, William）, 70, 629, 694
ジェラート（Gelato）, 41
シェリー酒（Sherry）, 710, 711
シェリー酢（Sherry vinegar）, 750
ジェルトン（Jelutong）, 669
鹹蛋／シェンタン（Xiandan）, 114
塩（Salt）, 619
　　アイスクリームを凍らす, 38
　　イオン結合, 784
　　海, 620
　　顆粒の食卓塩, 620
　　岩塩, 620
　　生地, 508
　　結晶の形, 620
　　コーシャー・ソルト, 621
　　コーシャーおよびハラール, 140
　　魚, 188
　　塩味の好み, 623
　　塩と身体, 622
　　製塩, 620
　　ソース, 579

卵タンパク質, 84
卵の泡立て, 102
チーズ, 59
デンプンへの影響, 597
バター, 33
パン生地, 519
品質, 620
風味塩, 621
物理的特性, *622*
フレーク塩, 621
豆の調理, 475
水の沸点, 758
野菜
　テクスチャー, 273
野菜をゆでる, 276
有色塩, 621
ヨウ素添加塩, 621, 622
ジオスミン (Geosmin)
　魚, 188, *188*
　ビート, 298
塩漬け／塩水漬け (Brining)
　オリーブ, 285
　魚, 225
　肉, 152, 169
しおれる (Wilting), *257*
塩をふる／塩漬け (Salting)
　魚卵, 233
　魚, 206, 230
　ナス, 322
　肉, 168, 169
　野菜, *283*
鹿 (Deer), 138
紫外線 (Ultraviolet light), 755
シカクマメ (Asparagus bean/Winged bean), *325*
シガテラ中毒 (Ciguatera poisoning), 181, *182*
鹿肉 (Venison), *139*
　語源, *139*
磁器 (Porcelain), 761
シクラメート (Cyclamate), *638*
シクリッド (Cichlid), *192*
シクロスポラ (Cyclospora)
　果実・野菜, *253*
死後硬直 (Rigor mortis)
　魚, 199
　肉畜, 140
脂質 (Lipid) → 関連項目：コレステロール；脂肪；油／油脂
四旬節の料理 (Lenten cuisine), 245
システイン (Cysteine), *779*
シソ (Perilla), *382*, 391
シソクサ (Ricepaddy herb), 399
舌 (Tongue)
　魚, 186
　内臓肉, *163*
シダ／シダ類 (Fern), 252, 306
シダの若芽 (Fiddlehead), 252, 306
シタビラメ (Sole), 180 → 関連項目：ソール
七味 (Shichimi), *387*
七面鳥 (Turkey), 137, *138*, 140
　語源, *137*
シトロネラール (Citronellal), 399
シトロン (Citron), *362*, 363, *364*
シトロンの皮 (Citron peel), 286
シナモン (Cinnamon), 241, 242, *267*, 379, 381, *383*, 385, 416,
605, 671
地ビール醸造所 (Microbrewery), 718
篩部 (Phloem), 255
渋味 (Astringency), 264, 275
　柿, 355
　コーヒー, 435
　茶, 425
　チョコレート, 678
　ワイン, 714
脂肪 (Fat), 765, 769, *770* → 関連項目：バター；コレステロール；リポタンパク質；油／油脂；ショートニング
　アイスクリーム, 39, *40*, 41
　カカオ, 684
　カカオ豆・チョコレート, 677
　硬さ, 545
　生地, *508*, 510
　キャンディー, 662
　クッキー, 553
　ケーキ, *539*, 540
　構造, 770
　小麦粉, 514
　魚, *179*, 187
　酸敗臭
　　ナッツ類, 487
　　肉, 142
　　飽和度, 772
　脂肪の代用品, ケーキ, 541
　植物性脂肪, 772
　水素添加, 36, *37*, 773
　　ケーキ, 538, 539
　水分, 546
　背側の脂肪, 165
　ソーセージ, 166
　多価不飽和脂肪, 771
　卵, 78
　チーズ, *61*
　乳, 12, *13*, 18, *19*, 23, *23*, 26, *27*
　調理, 164
　デンプン系ソースに及ぼす影響, 597
　動物性脂肪, 772
　ナッツ類
　　脂肪の酸敗, 487
　生クリーム, *27*, 27, 30
　肉, 131, 133, 149
　　酸化, 142
　　酸敗, 142
　　調理, 164
　　テクスチャー, 128
　　内臓肉, *163*
　　レンダリング（脂肪の分離）, 165
　肉の調理
　　油で揚げる, 158
　　ソテー, 156
　乳化液
　　脂肪の割合, *606*
　乳化剤, 774
　熱, 773
　パイ, 545
　発煙点, 774
　パテとテリーヌ, 167
　不飽和脂肪, 771, *772*
　飽和, 771, *772*
　　硬さ, 771
　　酸敗臭, 772

水素添加, 773
　　　トランス脂肪酸, 773
脂肪酸（Fatty acid）, 771, *771*
　　　ω-3 脂肪酸, 179, *773*
　　　ω-3 多価不飽和脂肪酸, 492
　　　チーズ, *61*
　　　トランス脂肪酸, 36, *37*, 773
　　　ナッツ類, 487
　　　飽和, *771*, 771, *772*
　　　遊離脂肪酸
　　　　　乳, 20
シマガツオ（Butterfish）, *191*
シマスズキ（Striped bass）, 180
シメサバ（Shimesaba）, 232
ジメチルアミン／DMA（Dimethylamine）
　　　魚臭さ, 189
霜降り（Marbling/Fat marbling）, 133, *133*, *134*, 135
シモンズ, アメリア（Simmons, Amelia）, 504, *505*, 532
ジャーキー（Jerky）, 168
シャーベット（Sherbet）, 279
焼餅／シャオビン（Shaobing）, *530*
ジャガイモ（Potato）, 242, 245, 251, 255, 256, 261, 266, 274, 276, 277, 279, 290, 291, *318*, 537 → 関連項目：サツマイモ
　　　泡立て, 618
　　　栄養性, 291
　　　語源, *294*
　　　収穫と保存, 291
　　　種類と調理特性, 292
　　　スフレ, 293
　　　デンプン, 596, *596*
　　　ピューレ, 292
　　　フライド・ポテト, 293
　　　マッシュド・ポテト, 292
ジャガリー（Jaggery）, 647, 652
シャグマアミガサタケ（Gyromitre）, 334
ジャック・チーズ（Jack cheese）, 64
ジャックフルーツ（Jackfruit）, 371
シャッド（Shad）
　　　魚卵, *234*
ジャバニカ種, 459
しゃぶしゃぶ, 135
シャペル, アラン（Chapel, Alain）, 573
ジャポニカ種, 459
ジャム（Jam）, 286
シャルドネ（Chardonnay）, 701, 708
シャルトリューズ（Chartreuse）, 393, 734, *744*
シャルルマーニュ（Charlemagne）, *52*
シャロット（Shallot）
　　　語源, *300*
醤／ジャン（Chiang）, *482*
シャンパーニュ（Champagne）, 706
シャンパン（Champagne）, 700, 707, 718
シャンパン方式（Méthode champenoise）, 708
シャンプラン, サミュエル・ド（Champlain, Samuel de）, *465*
シュー皮（Choux pastry）, 535
シュークリームの皮（Cream puff pastry）, 535, *536*
重合体（Polymer）, 775
シュウ酸塩（Oxalate）
　　　植物, 252
重曹（Baking soda）, 518
　　　豆の調理, 475
　　　野菜の色を鮮やかに, 271
臭素化合物（Bromine compound）
　　　甲殻類, 214

従属栄養生物（Heterotroph）, 238
臭素酸カリウム（Potassium bromate）
　　　小麦粉, 513
重炭酸ナトリウム（Sodium bicarbonate） → 関連項目：重曹
周皮（Periderm）
　　　植物, 255
シューマッハ, フェルディナント（Schumacher, Ferdinand）, 457
シュール・リー（Sur lie）, 706
シュールシル（Sursild）, 229
シュールストレミング（Surstrømming）, *229*
シュールラックス（Surlax）, 229
ジュエルド・ライス（Jeweled rice）, 355, 627
熟成（Conditioning）
　　　ビール醸造, 721, 723
熟成（Ripening）
　　　果実, 339
　　　チーズ, 59
種子（Seed）, 438, *439* → 関連項目：シリアル；穀物／穀類；豆；ナッツ；各種子
　　　油, 445
　　　各部分, 443
　　　果実種子中の青酸ガス, 251
　　　カボチャの種子, 499
　　　ケシの実, *488*, 499
　　　健康, 441
　　　ゴマ, 489, 499
　　　食用の歴史, 439
　　　スプラウト → 関連項目：モヤシ／スプラウト
　　　成分, 443, *444*, 445
　　　調理, 447
　　　定義, 440
　　　肉代替品として, *446*
　　　ヒマワリの種子, *488*, 489, 499, 537
　　　フィトケミカル, 441
　　　風味, 446
　　　保存, 446
　　　マスタード種子, 242
　　　問題, 442
シュトルーデル（Strudel）, 550
　　　語源, *549*
ジュニパー・ベリー（Juniper berry）, *382*, 399
種皮（Seed coat）, 443
シュペッツレ（Spätzle）, 559
狩猟動物（Game）, *139*
　　　語源, *139*
子葉（Cotyledon）
　　　ナッツ類, 486
　　　豆, 471, *471*
昇華（Sublimation）, 788
　　　凍結乾燥, 281
　　　冷凍焼け, 143, 269
ショウガ（Ginger）, 241, 256, 264, 381, *383*, *384*, 390, 417
蒸気（Steam）, 767
　　　パン焼き, 523
硝酸塩（Nitrate）
　　　塩漬け肉, 169, 170
　　　発酵ソーセージ, 172
硝酸カリウム（Potassium nitrate）
　　　塩漬け肉, 169
醸造所直営パブ（Brewpub）, 719
硝石（Nitrum）, *272*
消石灰（Pickling lime）, 284
焼酎（Shochu）, *732*
条虫／サナダ虫（Tapeworm）

魚の寄生虫, 183
醤油（Soy sauce）, 481, 483, *485*, 573
蒸留（Distill）
　語源, *733*
蒸留酒／スピリッツ（Distilled spirit）, 733
　カクテル, 735
　種類, 739, *740*
　蒸留酒作り, 736
　　蒸留工程, 736
　製造法
　　熟成, 738
　　蒸留工程, *737*
　　冷却ろ過, 739
　涙, *693*
　飲み方, 739
　風味, 739
　ブラウン・スピリッツ（brown spirit）, 738
　ホワイト・スピリッツ（white spirit）, 738
　歴史, 733
蒸留酢（Distilled vinegar）, 749
ショートニング（Shortening）
　生地, *508*, 510
　ケーキ, 538, 540
　脂肪酸, *772*
ショーフロア（Chaudfroid）, 589
食後酒（Digestif）, *742*
食事（Diet）
　菜食, *446*
　"適正"な食事, "最適"な食事, 249
食前酒（Aperitif）, *742*
食中毒／毒素（Food poisoning）→ 関連項目：毒／毒素
　種子, 442
　スプラウト, 307
　生鮮果実・野菜, 253, *253*
　チーズ, 63, 66
　ハーブ・スパイス, 385
食品による感染症（Foodborne infection）
　食肉, 123
　生の果実・野菜を原因とする食中毒, *253*
植物（Plant）, 236 → 関連項目：果実；ハーブ；スパイス；野菜
　遺伝子工学, *246*
　色, 255, 259, 270
　乾燥, 281
　健康, 247
　光合成, 238, 256
　構造, 239, 254
　収穫後の鮮度低下, 267
　食肉植物（carnivorous plant）, *370*
　植物砕片, 乳化液の安定剤として, 608
　植物の生活, 238
　食用の歴史, 237, *237*, 241, *243*, *244*, *245*
　草本植物（herbaceous plant）, 240
　多様性, *246*
　調理, 269
　　色, 270
　　栄養価, 275
　　調理法, 276
　　テクスチャー, 273
　　風味, 275
　テクスチャー, 255, 257, 273
　凍結乾燥, 281
　毒素, 239, 251, 443, 471
　取扱い, 268

におい, 264, *266*
風味, 239, 241, 255, 262, 275
保存, 267
歴史的にみた植物性食物, 241
植物エストロゲン（Phytoestrogen）, 472
食物繊維（Fiber）
　植物, 251
　種子, 442
食用ホオズキ（Ground cherry）, 355
除草剤（Herbicide）, 253
ショ糖（Sucrose）, *633*, 634, *638*, 785
　甘さ, *634*
　角砂糖, *649*
　カラメル化, 635
初乳（Colostrum）, 16
初留（Foreshot/Head）
　蒸留酒, 736
ジョンソン, サミュエル（Johnson, Samuel）, 2, 457
ジョンソン, ナンシー（Johnson, Nancy）, 39
白樺シロップ（Birch syrup）, 647
白子（Laitance/Milt）, 233
シラバブ（Syllabub）, 24
シラントロ（Cilantro）, 395
シリアル（Cereal）→ 関連項目：穀物／穀類；各種穀物
　押し出しシリアル（extruded cereal）, 451
　語源, *450*
　朝食用シリアル, 449
　定義, 440
シリコン製調理器具（Silicone cooking utensil）, *762*
シルバーサイド（Silverside）, *191*
白インゲンマメ（Navy bean）, 472
白小麦（White wheat）, 513
シロザケ（Chum salmon）, *206*
白醤油（Shiro soy sauce）, 483
シロップ（Syrup）, 645
　アガベ・シロップ, 647
　果実シロップ, 653
　キャンディー作り → 関連項目：キャンディー
　グレナデン・シロップ, 360
　ゴールデン・シロップ, 654
　コーンシロップ → 関連項目：コーンシロップ
　砂糖キビシロップ, 652
　白樺シロップ, 647
　ソルガム・シロップ, 654
　転化シロップ, 634, *634*
　パーム・シロップ, 647
　麦芽シロップ, 656
　風味シロップ, 281
　メープル・シロップ, 646, *646*
白目／しろめ（Pewter）, 764
ジン（Gin）, 399, 734, *740*, 742
　ジントニック（gin and tonic）, 735
　スロー・ジン（sloe gin）, *744*
　バスタブ・ジン（bathtub gin）, 735
神経系（Nervous system）
　魚油, 180
心疾患／心臓疾患／心臓病（Heart disease）
　アルコール飲料, *695*
　魚油, 180
　チーズ, 66
　トランス脂肪酸, *37*, *773*
　肉, 122
　フィトケミカル, 249, 250
真珠灰（Pearlash）, 504

心臓（Heart）
　内臓肉
　　成分, 163
腎臓（Kidney）
　塩の影響, 622
　腎結石（Kidney stone）, 252
　内臓肉成分, 163
新大陸（New World）
　新しい食物, 242, 244
　砂糖, 630
　チョコレート, 670
酢（Vinegar）, 567, 569, 746
　アジアの酢, 749
　果実酢, 749
　語源, 746
　酢酸, 747
　酢酸発酵, 747
　酸度, 749
　シェリー酢, 750
　自家製の酢の作り方, 748
　蒸留酢, 749
　製造, 748
　麦芽酢, 749
　バルサミコ酢, 749, 749
　風味酢, 281
　風味づけした酢, 388
　ホワイト・ビネガー／合成酢, 749
　リンゴ酢, 749
　歴史, 746
　ワイン酢, 748
水圧（Water pressure）
　細胞, 257
　植物細胞, 273
スイカ（Watermelon）, 322, 340, 358, 372
スイカの皮（Watermelon rind）
　漬物, 283
水管（Siphon）
　アサリ・ハマグリ類, 217, 220
バッファロー（Buffalo）, 9, 138
水牛（Water buffalo）, 9
　乳, 17
水牛乳（Buffalo milk）, 11, 18, 21
　成分, 13
　チーズ, 54
水銀（Mercury）
　魚の汚染, 180
水酸化カルシウム（Calcium hydroxide）
　卵の貯蔵, 113
　漬物, 284
　トウモロコシのアルカリ処理, 464, 467
　ルーテフィスク（lutefisk）, 225
水酸化ナトリウム（Sodium hydroxide）→ 関連項目：苛性アルカリ／アルカリ
スイス・チーズ（Swiss cheese）, 63, 66
膵臓（Sweetbread）
　成分, 163
水素結合（Hydrogen bond）, 507, 766, 766, 778, 785, 786
水素添加（Hydrogenation）
　脂肪, 36, 37, 538, 539, 773
スイフト, ガスタバス（Swift, Gustavus）, 121
ズーカー, チャールズ（Zucker, Charles）, 332
スープ（Soup）, 164, 564
　キャロット・スープ, 279
　牛乳のスープ, 24

魚のスープ, 209
ナッツのスープ, 489
乳化スープ, 609
腐乳／スー・フー（Sufu）, 481
スエット（Suet）, 165
スカロピーニ（Scallopini）, 151
スキャリオン／細ネギ（Scallion）, 302, 312
　語源, 300
すき焼き（Sukiyaki）, 135
スクラロース（Sucralose）, 638
スクリューパイン（Screwpine）, 382, 399
スクレイピー（Scrapie）, 124
スケトウダラ／ポラック（Pollack）, 194, 206
　魚卵, 234
スコーン（Scone）, 531
スコット, ウォルター（Scott, Walter）, 121
スコット, レジナルド（Scot, Reginald）, 717
スコルダリア（Skorthaliá）, 616
スコルツォネラ（Scorzonera）, 297
すし（Sushi）, 202, 228, 331
スジ（Tendon）
　牛肉, 590
スズ製調理器具（Tin cooking utensil）, 764
スター・フルーツ（Star fruit/Carambola）, 368
スターター／元種（Starter）
　天然, 527
　パン, 502, 521
スタウト（Stout）, 726
スタキオース（Stachyose）, 775
ズッキーニ（Zucchini）, 537
　花, 315
スティルトン・チーズ（Stilton cheese）, 52, 58
ステーリング／古くなった（Stale）
　語源, 525
ステーリング／老化（Staling/Retrogradation）
　デンプン, 445, 445, 525
　パン, 524
ステビオシド（Stevioside）, 640
ステンレス製調理器具（Stainless steel cooking utensil）, 764
ストゥーブ, ヘンリー（Stubbe, Henry）, 671
ストック（Stock）, 164
　語源, 581
　魚, 209
　肉, 581, 583
　野菜, 280
ストックフィッシュ／干しダラ（Stockfish）, 224
ストロベリー（Strawberry）, 354
砂肝（Gizzard）
　成分, 163
酢のような（Acetic）
　語源, 746
スパイス（Spice）, 241, 242, 265, 401
　キャベツの仲間, 404
　薬として, 384
　砕く, 386
　古典的な調合, 387
　食中毒, 385
　セリ科植物, 401
　調理, 386
　　エキス, 388
　　包む, 388
　　トロミづけとして, 390
　　風味の進化, 389
　　風味の抽出, 386

マリネと揉み込み, 388
トロミづけとして, 605
ニンジンの仲間, 401, 402
風味, 377
風味成分, 383
ほかの食材の影響, 388
保存, 385
歴史, 375, 377
スパイス諸島 (Spice Islands), 375, 421
スパナコピタ (Spanakopita), 549
スピリッツ (Spirit) → 関連項目：蒸留酒／スピリッツ
スピルリナ (Spirulina), 331
スフォルザ, ルドヴィコ (Sforza, Ludovico), 490
スプラット (Sprat)
　燻製, 230
スプルー (Sprue), 442
スフレ (Soufflé), 90, 107, 108
　経験則, 109
　スフレ・ベース, 110
　調理, 111
　膨らみとしぼみ, 109, 109
　プディング・スフレ, 110
　昔のレシピ, 108
　卵白の泡立て, 110
　冷凍, 111
スフレ・ア・ラ・スイッセス (Soufflé à la suissese), 110
スフレ・ア・ラ・ミニュート (Soufflé à la minute), 108, 110
スフレ・オムレツ (Omelette soufflé), 90
スペアミント (Spearmint), 394
スペース・ロック (Space Rock)
　キャンディー, 668
スベリヒユ (Purslane), 306, 314
スベリン (Suberin), 707
スペルト (Spelt), 453, 453
スペンサー, パーシー (Spencer, Percy), 760
スポンジ (Sponge)
　パン発酵のスターター, 521
スマック (Sumac), 383, 411
墨 (Ink)
　頭足類, 223
スミス, ページ (Smith, Page), 72
スモーク・リング (Smoke ring), 154
スラリー (Slurry), 598
スリヴォヴィッツ (Slivovitz), 740
すり身 (Surimi), 212
スロー・ジン (Sloe gin), 744
ゼアキサンチン (Zeaxanthin)
　健康効果, 250
　植物, 260
　卵, 77
聖アントニウスの火 (Saint Anthony's Fire), 457
青酸 (Cyanide)
　アーモンド, 491
　植物, 305
　青酸化合物
　　キャッサバ, 295
　青酸ガス
　　植物, 251
聖書 (Bible)
　油で焼く, 759
　アルコール飲料, 694
　香り, 376
　種子, 440
　乳, 8

マナ, 626
静止冷却 (Quiescent cooling), 42
セイタン (Seitan), 446, 454
聖なる火 (Holy Fire), 457
製麦 (Malting)
　ビール作り, 715, 719, 719
製粉／粉挽き (Milling)
　穀物, 448, 502, 503
セイボリー (Savory), 382, 392
精油 (Essential oil), 379
西洋カリン (Medlar), 346
セイヨウノコギリソウ (Yarrow), 716
セージ (Sage), 267, 382, 391
セーレンセン, S. P. L. (Sørenson, S, P. L.), 769
赤外線放射 (Infrared radiation), 755, 757
赤痢菌 (Shigella), 253
絶縁体 (Insulator), 754
石灰 (Lime) → 関連項目：水酸化カルシウム
炻器／ストーンウェア (Stoneware), 761
節足動物 (Arthropod), 212 → 関連項目：カニ；ザリガニ；ロブスター；エビ
　色, 214
　選び方, 214
　角皮, 213
　殻, 585
　語源, 215
　生体構造, 213, 213
　テクスチャー, 214
　取扱い, 214
　内臓, 216
　風味, 214
セビチェ (Ceviche), 201, 202
ゼブ (Zebu), 9
ゼブ乳 (Zebu milk), 11, 13
セモリナ粉 (Semolina), 557
ゼラチン (Gelatin)
　板ゼラチン (sheet zelatin), 590
　インスタント・ゼラチン (instant zelatin), 589
　顆粒ゼラチン (granulated gelatin), 590
　キャンディー, 663
　固化, 588
　固形状, 587
　語源, 589
　コラーゲン, 147, 580, 580
　魚, 185, 187
　製造, 590
　ゼラチン・ゼリー, 587, 588
　　アスピック, 589
　　硬さ, 588
　　ゼラチン製品, 590
　ゼラチン加水分解物 (hydrolyzed gelatin), 591
　ゼラチンでトロミづけしたソース
　　魚介のストックとソース, 585
　　市販の肉エキスとソース・ベース, 584
　　肉のストックとソース, 581, 582
　　ソース, 579
　爪や髪の強さ, 590
　肉のゼラチンの抽出, 580
　肉のテクスチャー, 128
　パイナップルの影響, 589, 781
セラミックス (Ceramics), 760
セリアック病 (Celiac disease), 442
ゼリー (Jelly), 286
　語源, 589

ゼラチン・ゼリー → 関連項目：ゼラチン
 多糖類のゲル化剤, 591
ゼリー・ビーンズ（Jelly beans）, 668
セリ科植物（Carrot family）→ 関連項目：ニンジンの仲間
セル・グリ（Sel gris）, 621
セルヴェンティ, シルヴァノ（Serventi, Silvano）, 554
セルベラート（Cervelat）, 172
セルロース（Cellulose）, 776
 植物, 251, 257, 258, 259
 木材, 436, 436
セロリ（Celery）, 243, 252, 256, 259, 267, 280, 303, 304, 382, 396
セロリアック（Celeriac）→ 関連項目：根セロリ
セロリ・シード（Celery seed）, 383, 404
セロリ・ソルト（Celery salt）, 404
背わた（Vein）
 エビ, 216
ゼント-ギオルギ, アルバート（Szent-Györgyi, Albert）, 262
そうめん（So-men）, 561
草木灰（Potash）, 225, 504, 517
藻類（Alga）, 330 → 関連項目：海藻
 褐藻, 330, 331
 紅藻, 330, 331
 藻類の毒素, 181
 緑藻, 330, 331
ソース（Sauce）, 563 → 関連項目：乳化液／エマルション；
 泡；マヨネーズ
 アップルソース, 279
 油でトロミづけしたソース → 関連項目：乳化液／エマルション
 アルマンド・ソース, 571
 泡でトロミづけしたソース → 関連項目：泡
 イギリスのソース, 572
 イタリアのソース, 572
 ヴルテ・ソース, 570, 571, 599
 エスパニョール・ソース, 570, 571, 599
 オランデーズ・ソース, 570, 615
 温製卵ソース, 616
 加熱しすぎたソースの救済, 586
 加熱ソース（boiled sauce）, 600
 魚醤, 227, 228, 564, 567, 573
 クルミ, 492
 サバヨン, 587
 塩の重要性, 579
 醤油, 481, 483, 485, 573
 ソースとしてのバター, 35
 タンパク質, 579
 タンパク質でトロミづけしたソース
  アーモンド・ミルク, 587
  アスピック, 589
  血液, 587
  健康への影響, 586
  甲殻類の内臓, 587
  固形ソース, 587
  ゼラチン, 580, 582, 583
  ゼラチン製品, 590
  ゼリーの硬さ, 588
  多糖類のゲル化剤, 591
  チーズとヨーグルト, 587
  卵黄, 585, 585, 586
  レバー, 587
 チーズ・ソース, 64
 チョコレートとココア, 682
 デンプンでトロミづけしたソース, 592, 594
  グレイビー, 600
  古典フランス料理, 599, 599, 600
  デンプンの性質, 592, 592
  デンプンの調理特性, 595, 596
  デンプンをソースに加える方法, 598
  ほかの材料がデンプン系に及ぼす影響, 597
 トマト・ソース, 279, 603
 トロミ, 575
  液滴を使ったトロミづけ, 577, 577
  気泡を使ったトロミづけ, 578
  食物の分散液, 575
  食べる温度でちょうどよく, 594
  風味に与える影響, 579
  複合的なトロミづけ, 578
  分子を使ったトロミづけ, 576, 577
  粒子を使ったトロミづけ, 576, 576
 肉汁ソース, 572
 ヌーベル・キュイジーヌ後, 573
 バター・ソース → 関連項目：バター
 ビーン・ソース, 482 → 関連項目：豆豉醤
 ピカーダ, 605
 ピューレ, 601
  複雑な混合物, 605
 ピューレでトロミづけしたソース
  果実・野菜のピューレ, 601, 602, 603
  ナッツとスパイス, 605
 ヒルペ, 407, 605
 風味, 574
 風味に与える影響
  トロミ, 579
 フランス, 599
 フランスのソース, 569, 570, 599, 600
 分散相, 575
 分離したソースの救済, 586, 610
 ベアルネーズ・ソース, 615
 ベシャメル・ソース, 570, 571, 573, 599, 600
 ホイシン・ソース, 482 → 関連項目：ホイシン・ソース／海鮮醤
 ムーレット・ソース, 584
 モルネー・ソース, 64
 モレ・ソース, 605, 682
 用語, 568
 歴史, 565
  17世紀フランス, 568
  20世紀, 573
  イギリス, 572
  イタリア, 572
  近世初期のソース, 569
  古代, 565, 565, 566
  古典フランス料理, 570, 571
  中世, 566, 567
 連続相, 575
 ロメスコ・ソース, 605
 ワイン, 584
 ワオ・ワオ・ソース, 573
ソーセージ（Sausage）, 165, 172
 材料, 166
 サマー・ソーセージ, 172
 調理, 167
 調理済みソーセージ, 165
 生ソーセージ, 165
 乳化型のソーセージ, 166
 発酵ソーセージ, 165, 172
 昔のレシピ, 166
 レバー・ソーセージ, 166, 167

ソーテルヌ（Sauternes）, 699, 709
ソール（Sole）, 180, *192*, 197
ソーン、オークリー（Thorne, Oakleigh）, *133*
足糸（Byssus）
　　イガイ, 221
束晳（Shu Xi）, 554
ソコダラ（Grenadier）, *191*
ソコロフ、レイモンド（Sokolov, Raymond）, 571
疎水結合（Hydrophobic bond）, 507, 778
ソテー（Sauteing）, 759
　　魚, 208
　　肉, 156
　　野菜, 277
ソトイワシ（Bonefish）, *190*
蕎麦／ソバ（Buckwheat/Soba）, 442, 469, *560*
　　成分, *449*
　　世界生産量, *451*
　　蕎麦（麺）, *560*
ソフリット（Soffrito）, 305
ソフレジ（Sofregit）, 305
空飛ぶ要塞（Flying Fortress）, *42*
ソラマメ（Fava bean/Broad bean）, 242, 252, 324, *325*, 441, 476
　　成分, *475*
　　ソラマメ粉, 513
ソラマメ中毒（Favism）, 252, 476
ソラレン（Psoralen）, 252
素粒子（Subatomic particle）, 782
ソルガム（Sorghum）, 442, 468
　　成分, *449*
ソルガム（Sorghum）
　　世界生産量, *451*
ソルガム・シロップ（Sorghum syrup）, 654
ソルトピーター（Saltpeter）
　　塩漬け肉, 170
ソルビトール（Sorbitol）, *638*, 640
ソルベ（Sorbet）, 279
ソレラ・システム（Solera system）, 710
ソレル（Sorrel）, 399
ソロー、ヘンリー・デービット（Thoreau, Henry David）, 265, *466*
松花卵／ソンホアタン（Pine-blossom eggs/Songhuadan）, 115

【た行】
ターキッシュ・デライト（Turkish Delight）, 591, 668
タアサイ（Tatsoi）, *310*, 313
ターピネイド糖（Turbinado sugar）, 651
ターボット（Turbot）, 197
ターメリック（Turmeric）, *383*, 390, 417, 605
ダール（Dal）, 473
鯛／タイ（Porgy/Sea bream）, 182, *191*, 233
大黄の根（Chinese rhubarb root）, 745
タイガー・ナッツ（Tiger nut）, 297
ダイコン（Daikon）, 299
大根（Radish）, 282
大豆／ダイズ（Soybean）, 242, 246, 252, 324, *325*, 446, 472, 479
　　アレルギー, 442
　　健康, 472
　　成分, 445, *475*
　　大豆粉, 513
　　ダイズ発酵食品, 481, *483*, 484, 485
　　調理, 475
　　豆腐, 480, *481*
　　生のダイズ, 480
　　発酵, 483
　　風味, *479*
大豆油（Soybean oil）, *772*
大豆ペースト（Soy paste）, *485*
代替甘味料（Artificial sweetener）, *638*, 639
大腸菌（E. coli）, *46*
　　果実・野菜, *253*
　　肉, 123, 144
　　ハーブ・スパイス, 385
胚盤（Scutellum）, 448
タイベリー（Tayberry）, 350
タイム（Thyme）, 241, 255, *267*, 379, 381, *382*, 385, 392
タイユヴァン（Taillevent）, *112*, 243
対流式オーブン（Convection oven）, 757
大量生産（Mass production）→ 関連項目：産業化／工業化
タウマチン／ソーマチン（Thaumatin）, *638*
タガトース（Tagatose）, *638*
多環芳香族炭化水素／PAH（Polycyclic arpmatic hydrocarbon）, 123, 437
　　燻煙, 437
　　肉, 123
タケノコ（Bamboo shoot）, 252, 275, 305
タコ（Octopus）, 218, 219, 223, 224
だし／出し汁（Dashi）, 231, 333
ダシーン（Dasheen）, 295
タチウオ（Cutlassfish）, *192*
ダツ（Needlefish）, *191*
脱皮（Molting）
　　節足動物, 213
タデ／ヤナギタデ（Water pepper）, 400
タディグ（Tahdig）, 461
多糖類（Polysaccharide）, *775*, 776
ダニエル、チャールズ（Daniel, Charles）, *72*
タバコ（Tobacco）, 400
タピオカ（Tapioca）, 252, 295, *561*, 596, 597
タヒニ（Tahini）, 489, 499
タフィー（Taffy）, 664
タマーレ（Tamale）, 467
卵（Egg）, 67 → 関連項目：魚卵／魚の卵
　　アレルギー, 79
　　色, *74*, 91
　　オーブン焼き（baked/shirred egg）, 88
　　オムレツ, 89
　　固ゆで卵（hard-cooked egg）, 86
　　加熱殺菌, 82, 613
　　生地, *508*
　　気室, *74*, 79
　　黄身 → 関連項目：卵黄
　　クッキー, 552, 553
　　ケーキ, 539, *539*
　　工業生産, *71*
　　構造, 69, *74*, 75
　　語源, *69*
　　ココット, 88
　　サルモネラ菌（Salmonella）, *72*, 81, 82, *89*, 613
　　塩漬け卵（salted egg）, 114
　　受精卵, *78*
　　松花卵（pine-blossom egg）, 115
　　象徴性, *68*, 68
　　白身 → 関連項目：卵白
　　進化, 69
　　スクランブル・エッグ（scrambled egg）, 89, *90*
　　成分, *78*
　　千年卵, 114

代替品, 78
長時間加熱した卵, 87
調理／料理, 70, 82
　殻から出して調理, 88
　殻ごと調理, 86
　卵と液体の混合, 90
　卵の泡立て, 98
　タンパク質の凝固, 82
　昔のレシピ, 70, 71, 87, 90, 95, 96, 97
　ゆで卵と生卵の見分け方, 86
貯蔵卵（preserved egg）, 113
作られる過程, 72
等級, 79
透光検卵, 79
におい, 85
パイ, 546
発酵させた卵（fermented egg）, 114
半熟卵／カドルド・エッグ（soft-cooked/coddled egg）, 86
万能性, 67
ピクルス（pickled egg）, 114
品質, 79, 80
風味, 85
ポーチド・エッグ（poached egg）, 88, *88*, 89
保存, 81, 81
目玉焼き（fried egg）, 89
モレ・エッグ（mollet egg）, 86
養鶏の卵, 70
冷凍, 81
卵豆腐（Tamago dofu）, 93
ダマになる／凝固（Curdling）
　カスタードやクリームのダマを防ぐ, 92
　ソースがダマになる, 585
　乳の凝固 → 関連項目：乳
　ヘビー・クリームはダマになりにくい, 610
タマネギ（Onion）, 242, 251, 256, 261, 262, 264, *266*, 280, *299*, 301
　語源, *300*
　スプラウト, 306
　春物, 301
　保存, 301
タマネギの仲間（Onion family）, 299, 301
溜まり醤油（Tamari）, 485
タマリンド（Tamarind）, 418
タミ（Tamis）, 567
タラ（Cod）, *190*, 194, 233
　泡立てる料理, 618
　魚卵, *234*
　塩ダラ（salt cod）, 225
タラゴン（Tarragon）, *382*, 400
タラの寄生虫（Cod worm）, 183
樽（Barrel）
　熟成, 697
　ワインと蒸留酒の熟成, *706*, 706, 738
ダルス（Dulse/Sea parsley）, *330*, 331, 333
たれづけ（Basting）
　肉, 155
タロ（Taro）, 285, 295
タロー／牛脂（Tallow）, 165
ダンゴウオ（Lumpfish）, 191
　魚卵, *234*, 235
タンゴール（Tangor）, *364*, 367
炭酸アンモニウム／カルバミン酸アンモニウム（Ammonium carbonate/carbamate）, 516
炭酸カリウム（Potassium carbonate）

ココア粉末, 681
炭酸カルシウム（Calcium carbonate）
　卵の貯蔵, 113
炭酸ナトリウム（Sodium carbonate）
　貯蔵卵, 114
　プレッツェル, 531
タンジェリン（Tangerine）, *364*
タンジェロ（Tangelo）, *364*, 367
炭水化物（Carbohydrate）, 765, 774 → 関連項目：ペクチン；糖／砂糖
　穀物, *449*
　卵, 78
　豆類
　　難消化性炭水化物, 472
　ライ麦, 457
炭素結合（Carbon bond）
　脂肪, 770
炭素原子（Carbon atom）, *783*
単糖類（Monosaccharide）, 632
タンニン（Tannin）, 264 → 関連項目：渋味
　果実・野菜, 239, 262, 264, 272, 275, 355
　木樽, 696
　コーヒー, 431, 435
　種子, 443, 486
　乳の凝固, 25
　茶, 425
　リンゴ酢, 749
　ワイン, 701, 703, 705, 707, 714
タンパク質（Protein）, 766, 777 → 関連項目：アミノ酸；ペプチド
　凝固, 19, 82, 83, *585*, 780
　酵素 → 関連項目：酵素
　構造, 778, 779
　穀類, *449*, 454
　小麦粉, 514
　魚, 204, *204*
　種子, 441, 444, *444*
　水中での挙動, 778
　卵, 26, 76, *76*, 78, 79
　　泡の安定化する仕組み, 99
　　凝固, 82, *83*
　タンパク質加水分解物
　　魚の缶詰, 232
　タンパク質でトロミづけしたソース → 関連項目：ソース
　乳, 13, 18, 20, 23, 26
　デンプンへの影響, 598
　ナッツ, 487, *488*
　肉
　　架橋（cross-bridging）, 119
　　内臓, *163*
　　熱の影響, *148*
　乳化液の安定剤として, 608
　乳化剤として, 608
　変性, 779
タンバル（Timbale）, 108, *108*
ダンプリング（Dumpling）, 560
　中国, *555*, 560
タンポポの葉（Dandelion green）, 308
ダンロップ, フューシャ（Dunlop, Fuchsia）, *332*
チーズ（Cheese）, 11, 14, 19, 50
　泡立て, 618
　選び方, 62
　オランダ式チーズ, 66

皮, 63
近代における衰退, 53
クリーム・チーズ
  パイの材料, 546
芸術品としてのチーズ, 50
結晶, 59
材料, 54
進化, 51
多様性, 51, 61
チーズ作り, 58
チーズでトロミづけしたソース, 587
チーズと健康, 65
チーズの穴, 57
チーズの伸び, 64
チーズを使った料理, 63
作り方, 20, 58, 60, 246
低脂肪チーズ, 65
溶けないチーズ, 63
におい, 57
風味, 61
ブルー・チーズ, 58, 61, 66
プロセス・チーズ, 53, 65
保存, 62
無脂肪チーズ, 65
山羊乳のチーズ, 64
山羊乳のフレッシュ・チーズ, 63
チーズ・フォンデュ（Cheese fondue）, 65
チーズケーキ（Cheesecake）, 96, 96
チェシャー・チーズ（Cheshire cheese）, 52, 64
チェダー・チーズ（Cheddar cheese）, 52, 56, 59, 59, 63, 64, 66
チェリモヤ（Cherimoya）, 340, 368
  風味, 372
チオシアネート（Thiocyanate）, 381
チクル（Chicle）, 669
チコリ（Chicory）, 263, 309
乳（Milk）, 7
  アシドフィルス菌（Acidophilus）, 23
  アレルギー, 14
  インド料理, 25
  栄養的な改変, 23
  カード／凝乳, 19
    意図的な凝固, 24
    植物性の凝乳成分, 56
    レンネット, 55, 55, 58, 59
  カスタードとクリーム, 90
  加糖練乳, 23, 24
  加熱に強い, 18
  牛乳
    生地, 508
    乳化液, 610
  均質化処理, 22, 23
  クリーミング, 18
  語源, 12
  古代資料, 8
  骨粗しょう症, 15
  雑菌が混入, 22
  殺菌乳
    チーズ製造, 54
  さまざまな伝統, 10
  酸味, 21
  進化, 8
  スチームノズルで泡立て, 26, 26
  酸っぱくなる, 20
  生乳, 16, 21

成分, 13, 13, 16, 17, 20, 23, 23, 26, 27
  卵タンパク質への影響, 84
  チーズ, 54
  乳と健康, 13
  乳を飲む歴史, 8
  低温殺菌, 16, 22
  低脂肪, 23
  豆乳, 480
  ナッツ・ミルク, 445, 490, 490
    ココナッツ, 493, 494
    ソースのトロミづけ, 587
  乳糖不耐症, 14
  粘質酸乳（ropy milk）, 44, 48
  パイ, 546
  発酵乳製品, 43, 44, 46 → 関連項目：バターミルク；ヨーグルト
  パン, 531
  風味, 20, 21, 22, 23
  粉乳, 23, 24
  ペプチド, 16
  保存, 22, 23
  ホモジナイズ法, 18
  無糖練乳, 23, 24
  滅菌乳（sterilized milk）, 22
  ヨーグルト作り, 47
  酪農の歴史, 10
  料理, 24
  冷却, 18
  冷凍, 23
チチャ（Chicha）, 715, 715
地中海地域（Mediterranean）
  パスタ, 555
窒素（Nitrogen）
  液体窒素, アイスクリーム作り, 42
  ビールの泡, 725
チップ（Chip）
  コーン・チップ（corn chip）, 467
  ポテトチップ（potato chip）, 293
チトクローム（Cytochrome）, 129, 131, 146
血抜き／放血（Bleeding）
  魚, 198
  と畜した動物, 140
茶（Tea）, 422
  アイスティー, 429
  入れ方, 428
  入れる水, 423
  ウーロン茶, 426, 427
  カフェイン, 422, 422
  かぶせ茶, 427
  玉露, 427
  健康, 423
  紅茶, 426, 428
  白茶, 427
  生産, 425
  製造工程, 425
  着香茶（scented tea）, 427
  摘茶, 425
  飲み方, 428
  プーアル茶, 427
  風味, 424, 428
  ほうじ茶, 427
  保存, 428
  ラプサン・スーチョン茶, 427
  緑茶, 426, 427

チャーチル, ウィンストン (Churchill, Winston), 735
陶器, 424
チャード (Chard), 252, 261, 314
チャーナ (Chhanna), 25
チャービル (Chervil), 382, 396
チャイブ (Chive)
チャイルド, ジュリア (Child, Julia), 2
チャウダー, 306
チャオズ/ギョウザ (Chiaozu), 555
炒粉/チャウ・ファン (Chow fun), 562
食用色素 (Food coloring)
チャバタ (Ciabatta), 519
チャパティ (Chapati), 530
チャルキ (Charqui), 169
茶碗蒸し (Chawan-mushi), 93
曲/チャフ (Chhu), 482, 715, 729
チューインガム (Chewing gum), 669
中華料理店症候群 (Chinese restaurant syndrome), 332
中国 (China)
磁器, 761
ソースの風味の調和, 565
桃王デキシン, 597
茶, 424
中国酒, 729
四ストックの派生, 583
麺, 554, 555, 560
中国酒 (Chinese rice alcohol)
醸造, 731
中性子 (Neutron), 782
中世時代/中世 (Middle Ages)
植物性食物, 242
ソース, 566, 567
パン, 503
鋳鉄 (Iron)
調理器具, 763
中東地域 (Middle East)
甘いペストリーのレシピ, 628
中華 ← 項目選択：滷味/卤；滷/卤；滷味/卤
中毒 (Intoxication), 694
チュール, 694
チューニョ (Chuño), 282
超高温殺菌器 (Ultrapasteurization)
チュリップ, 28
チョウザメ (Sturgeon), 190
キャビア, 234
調味料/コンディメント (Condiment), 564
調味料/シーズニング (Seasoning), 564
調理器具と素材 (Cooking utensil material), 760
調理法 (Cooking method), 751
構造瓦斯 ← 項目選択：粉瓦斯；メレンゲ瓦斯
伝統形態, 754
チョーサー, ジェフリー (Chaucer, Geoffrey), 628, 759
チョコレート (Chocolate), 576, 670
外見, 677
甘さ, 677
ガナッシュ (ganache), 683, 685
クーベルチュール (couverture), 680
燻蒸への感染, 687
風味チョコレート, 679
口内の溶感覚, 681
製造, 670
ココア粉末, 681
種類による違い, 683

チャトニー (Tate, Henry), 649
テイバルース, タビサ (Tickletooth, Tabitha), 272
デイセム (Desem), 521
ティス, エルヴェ (This, Hervé), 3
低脂肪乳 (Lowfat milk), 23
ティザーヌ (Tisane), 455
ディケンズ, チャールズ (Dickens, Charles), 734
ディグビー, ケネルム (Digby, Kenelm), 31
低温発酵／ラガーリング (Lagering), 716, 724
リンゴ果汁, 254, 345
バンチーズ, 22
牛乳ーム, 27
超高温殺菌器 (ultra-high temperature : UHT), 22
チーズ作り, 66
乳, 16, 21, 22
卵, 82, 613
米酒, 729
高温短時間殺菌器 (high-temperature, short-time : HTST), 22
キャビア, 235
低温殺菌器／パスチャライゼーション (Pasteurization), 12
低温燻蒸 (Coldsmoking), 172
イロ, ベルナール (Diaz del Casti-lo, Bernal), 670
ライスビーン (Rice bean), 478
ツバメの巣 (Nest of cave swiftlet), 590
発酵と漬物, 282
テキスチャー, 284
塩を直接加える発酵の漬物, 283
漬物／ピクルス (Pickle)
タンパ (Tsampa), 456
チロシン (Tyrosine), 59
チラミン (Tyramine), 66
チリアーレ (Chillare), 469
チョロギ (Crosne/Chinese artichoke), 297
チョリソー (Chorizo), 172
置炭, 670
モデリング・チョコレート (modeling chocolate), 687
無加糖チョコレート, 680
ホワイト・チョコレート, 681, 682, 685
堅牢, 681
脂肪, 678, 680
ブルーミング／ブルーム (fat bloom), 681
シーズニング／モイスチョコレート, 680, 681
late, 687
ノンテンパリングチョコレート (nontempering choco-late), 687
溶かす, 686
チョコレート作り, 673, 676
チョコレートを溶かす, 682
調温方法, 685
調温状態のチョコレートのまま溶かす, 686
調温したチョコレートを使う, 687
調温状態の判定, 686
調理温度, 685
調温／テンパリング (tempering), 677, 684, 686
大豆由来製品, 679
ダーク・チョコレート, 678, 679, 682, 685
脂分, 680
水分, 682
素材として, 682
スイート・チョコレート, 679, 680

低比重リポタンパク質/LDL (Lowdensity lipoprotein)
　乳化剤として, 612
デイビッド, エリザベス (David, Elizabeth), 34
ディブス (Dibs), 353
ティラピア (Tilapia), 180, 194, 206
ディル (Dill), 382, 396
ディルシード (Dill seed), 383, 404
デオキシリボース (Deoxyribose), 775
デオキシリボ核酸 (Deoxyribonucleic acid) → 項目見よ: DNA
テオフィリン (Theophylline), 423
テオフラストス (Theophrastus), 298, 377
テオブロミン (Theobromine), 688
テキーラ (Tequila), 740, 744
デキストリン (Dextrin)
　ビール醸造, 723
デキストリン化 (Dextrinization), 599
デキストロース (Dextrose) → 項目見よ: ブドウ糖
テストステロン (Testosterone)
　有機生産, 125
テッテミエルク (Tättemjölk), 48
デニッシュ・ペストリー (Danish pastry), 550
テパリー・ビーン (Tepary bean), 478
テフ (Teff), 442, 449, 469
デミ・フィユテ (Demi-feuilleté), 549
デメララ糖 (Demerara sugar), 651
テュイル (Tuile), 535
デューベリー (Dewberry), 350
デュラムコムギ/デュラム小麦 (Durum wheat), 452, 453, 511, 518
テリーヌ (Terrine), 164, 167
　春のレシピ, 167
テルペン (Terpene), 265, 379, 380
　果実・野菜, 265, 266, 362
　薬用量, 742, 746
乳, 54
肉, 132
ペーパス, ベビス, 379, 382
トップ, 720
ワイン, 709, 712
デレセール, ベンジャミン (Delessert, Benjamin), 631
テロワール (Terroir), 702
転化 (Inversion)
ショ糖, 634
電荷 (Electrical charge)
電子, 783
電荷のフィクションの対応関係, 783
転化糖 (Invert sugar), 634, 662
転化糖シロップ (Invert syrup), 634, 634
テングサ (Tengusa), 330
甜菜糖 (Beet sugar), 631
電子 (Electron), 782
電磁波スペクトル (Electromagnetic spectrum), 755, 755
電子レンジ (Microwave)
　曲, 211
　電子レンジ調理 (Microwave cooking), 759
　果実・野菜, 278
　肉, 161
デンティ・ディ・ピラーノ, アルベルト (Denti di Pirajno, Al-berto), 572

伝導体 (Conductor), 754
電波 (Radio wave), 755
天ぷら (Tempura), 209
デンプン (Starch), 254, 274, 592, 775
　アミロースとアミロペクチン, 592, 593
　加工デンプン, 597
　米・野菜, 251, 274, 275, 290
　スターチペーパー, 92
　工芸デンプン, 595, 596
　穀物デンプン, 595, 596
　種皮, 539
　穀粒, 508, 509
　米デンプン, 596
　稂類, 510
　根茎・塊茎デンプン, 596
　種子, 443
　糖質デンプン, 593
　ステアリルリン酸, 445, 525
　ソースに加える方法, 598
　遊離デンプン, 596
　糊, 444, 445
　デンプンとロコモをつける → 項目見よ: ソース
デンプン糖
デンプン粒, 561
　デンプン粒が壊れる, 594, 594
トウ, 488
　炊ぐ, 445
　貯蔵と糊化, 593
　他の材料がデンプンに及ぼす影響, 597
デンプン体 (Amyloplast)
　植物細胞, 245
テンペ (Tempeh), 485, 486
テンペヤク (Tempoyak), 368
ドイツ (Germany)
　ビール, 716
糖・砂糖 (Sugar), 624, 775 → 項目見よ: 砂糖; ブドウ糖
乳製品, 茶葉糖: ショ糖, 甘さ
17世紀における調理, 630
アイスクリーム, 39, 40, 41, 42
インスタント・コーヒー, 682
エアプディー・ロリー, 636
クリー糖, 775
グラニュー糖, 635, 635, 665, 752, 753, 753
含蜜糖/未精製糖 (whole sugar), 652
生地, 508
キャンディー → 項目見よ: キャンディー
クッキー, 552, 552
ケーキ, 539, 539
結晶化, 635
凍結, 661, 662
結晶形成, 659, 660
砂糖, 639, 639
磁体, 636
速やかなビューレチューズ, 280
黒糖 (ブラウン・シュガー), 651, 651
粗糖, 627
砂糖精製の発達, 630
糖蜜, 262
シロップ → 項目見よ: シロップ
酸化, 634
アイスキャンディー棒, 651

索　引　835

代替甘味料, 638, 639, 645
卵かけご飯, 84
卵の殻, 102
乳, 23
テーブル・シュガー → 項目別：ショ糖
黒糖/ブラウン・シュガー, 651, 651
種糖, 650, 651
精糖, 647, 648
取糖, 651
粗糖精, 651
原糖, 651
糖蜜, 652, 652
精製糖, 651
不純物, 649, 651
粉糖, 651
テキストラ糖, 651
転化, 634, 634, 662
甜菜糖の製造, 631
テンサイから作られる糖, 654
テンメンジャンの醸造, 597
テツ, 488
糖蜜 → 項目別：糖蜜
引き粉, 666
春のシロップ, 628, 631
豆腐, 474
水の融点, 758
ヤシバナド糖, 651
ヤシ糖, 647
疑糖, 626
アラブ, 627
現代, 631
ヨーロッパ, 627
銅 (Copper)
貝, 180
卵の役立て, 101, 102
野菜や魚を柔らかに調理, 271
銅器の酸化被覆層, 763
トゥースフィッシュ (Toothfish), 195
糖菓子 (Confection) → 項目別：キャンディー；チョコレート
トウガラシ (Chilli), 242, 246, 264, 278, 318, 381, 383, 384, 390, 404, 408, 671
甘いトウガラシ (sweet chilli), 242
チャワイシン (capsaicin), 407, 410
乾燥, 410
トロミシとして, 605
粉砕, 409
ペッパー・スプレー (Pepper spray), 410 → 項目別：ト ウガラシ/唐辛子
陶器 (Earthenware), 761
頭胸部 (Cephalothorax), 213, 213
凍結乾燥 (Freeze-drying)
肉, 169
頭足類 (Cephalopod), 223 → 項目別：イカ；タコ
豆腐 (Bean sauce), 482
豆乳 (Soymilk), 480
膜, 480
糖尿病 (Diabetes), 639
豆板酱 (Bean paste), 482
豆腐 (Bean curd/Tofu), 480
発酵豆腐, 481, 485
臭い匂いの, 481

豆腐皮/ドゥフ・ピ (Dou fu pi), 480
豆腐乳/トウ・フー・ル— (Tou-fu-ru), 481
ドミ・グラス (Demi-glace), 583
糖蜜 (Molasses/Treacle), 647, 652
麺蜜, 652
トウモロコシ (Corn), 242, 246, 267, 278, 439, 442, 448, 463
プフリ処理, 464
オーブンパフドコーン (oven-puffed corn), 450
乾式粉砕製品 (dry-milled), 466
湿式粉砕製品 (wet-milled), 467
調理, 463
スイート・コーン (sweet corn), 329, 464, 464
アラウト, 306
世界生産量, 451
成分, 444, 449
全粒穀物 (whole-grain), 465
フラワー種 (flour corn), 464
デント種 (dent corn), 464
泡で発酵される, 465
ビール醸造, 721
胚乳, 465
ベビーコーン (baby corn), 329
ポップコーン (popcorn), 464, 465, 466
トウモロコシ黒穂病 (Corn smut), 337
トロン (Turron), 667
ドンガル (Dhungar), 389
ドクラ (Dhokla), 474
ドーサ (Dosa), 474
トーション仕立て (Torchon), 164
ドーナッツ (Doughnut), 532
トカジ (Tokaji), 699, 709
トカドヘチマ (Angled gourd), 324
毒・毒素 (Toxin) → 項目別：毒菜／毒中毒；毒菌
キノコ, 334
繊維, 437
種子, 443
植物, 239, 251
豆, 471
ワラビ毒 (bracken-fern toxin), 252
ドクダミ (Houttuynia), 400
溶ける／溶かす (Melting)
チーズ, 63
チョコレート, 682, 686
トコトリエノール (Tocotrienol)
種子, 443
と殺・屠体 (Slaughtering), 139
トッピング (Topping)
チーズ, 65
トナカイ乳 (Reindeer milk), 13
トビウオ (Flying fish)
魚卵, 234
トフィー (Toffee), 664
トマチーヨ (Tomatillo), 318, 320
トマト (Tomato), 242, 246, 263, 266, 267, 268, 270, 274, 277, 279, 280, 288, 318, 318, 339, 340, 342
加熱調理したトマト, 320
木立ちトマト (tree tomato), 318
半生乾燥, 319, 319
ドロミ成分, 604
ピューレー, 603
風味, 319, 373
保存, 320

ドライエージド (Dry-aged), 141
ドラジェ (Dragée), 667
ドランブイ (Drambuie), 644, 745
ドリアン (Durian), 368
調理, 367
トリグリセリド (Triglyceride), 770
トリキナ症 (Trichinosis), 124, 144
トリプトファン (Tryptophan), 779
トリプル・セック (Triple Sec), 744
トリメチルアミン/TMA (Trimethylamine)
魚, 184, 188, 195
トリメチルアミンオキシド/TMAO (Trimethylamine oxide)
魚, 184, 188, 195, 203
トリュフ (Truffle)
調理, 290
香菌, 245, 337, 337
チョコレート, 683
トルティーヤ (Tortilla), 467, 530
ドレッシング (Dressing)
加熱ドレッシング, 600
ビネグレット, 617, 617
乳入りドレッシング, 618
トレハロース (Trehalose), 638
トロ (Toro)
マグロ, 196
トロミづけ (Thickening agent)
トロミ → 調理項目：ソース
トロワグロ家 (Troisgros family), 573
トンカマメ (Tonka bean), 252

【な行】
ナーン (Naan), 530
ナガササゲ (Long bean/Yard-long bean), 325, 325
ナガスクジラの乳 (Fin whale milk)
脂肪, 13
ナシ/梨 (Pear), 259, 266, 268, 272, 279, 340, 342, 345
ナギの枝枕 (Nagi no eda makura), 541
においが, 344
品種, 346
調理, 372
ナス (Eggplant), 245, 263, 269, 278, 318, 321, 489
ナスタチウム/キンレンカ (Nasturtium), 313, 400
ナスのパルミジャーナ (Eggplant parmigiana), 321
ナス科植物 (Nightshade family), 318, 318
ナタ・デ・ココ (Nata de coco), 494
ナタマメ (Jack bean), 252
ナッツ (Nut), 265, 275, 486
ナツメキャンディー, 442
クッキー, 552
糖蔵, 486, 487
化膿薬品, 488
脂取り, 443, 445, 487, 488
調理, 488
害虫, 441
発酵, 486
挽いて, 487
トロリとはてしに, 605
脂肪, 446, 487
保存, 487
ナッツ・ペースト (Nut paste), 489
納豆 (Natto), 485, 486
ナツメ/ジュジュブ (Jujube), 360
ナツメグ (Nutmeg), 242, 252, 267, 383, 421
ナツメヤシ/デーツ (Date), 340, 360, 373
調理, 360
ナトリウム (Sodium): → 調理項目：塩
卵, 78
ナバレット, ドミンゴ (Navarete, Domingo), 481
ナポレオン, ルイ (Napoleon, Louis), 700
ナポレオン巨峰 (Napoleon I), 631
生クリーム (Cream), 10, 27
泡立て, 28, 30, 31
加熱に弱い, 18
キャラメル・クリーム, 30
均質化処理, 28
クロテッドクリーム, 28, 29
調理, 29
サワークリーム (sour cream), 44, 45, 48, 546
脂肪, 27, 27
卵の鹹乳菌, 84
調理, 29
低温殺菌, 29
作り方, 27
低温殺菌菌, 27
ニオイ, 27
クロテッドクリーム, 611
乳化剤, 610
バター・アンド・ハーブ, 28
パイの材料, 546
パイ作り, 32
発酵クリーム, 43, 44 → 調理項目：サワークリーム
分離, 29
ホイップ・クリーム, 28, 31, 610
ホップ・クリーム, 28, 29, 31
ダイトン・クリーム, 28
生食, 18
ナマコ (Sea Cucumber), 224
ナマズ科 (Sheatfish), 190
鉛 (Lead)
クリスマスカラス, 739
ナミビス, 761
魚, 180
ミルガイ (Geoduck), 221
ナレズシ (Narezushi), 229
軟骨 (Cartilage)
調理, 164
軟質小麦 (Soft wheat), 511
軟体動物 (Mollusc), 217 → 調理項目：アサリ：アワビ：イカ：カキ／牡蠣：タコ：ムール貝：等
ニガキ
選び方, 220
鮮度, 219
プラスチャー, 218
取扱い方, 220
調理, 219
ニガウリ (Gourd/Bitter gourd), 263, 322, 324
予春度分を促つ, 385
においがる/香り/芳香 (Aroma), 264, 376, 376
植物, 263
苦味 (Bitter taste)
ニガヨモギ (Wormwood), 711, 745, 745
肉/獣肉 (Meat), 116, 117
ナステップ, 589
卵, 129, 129, 130

プロイル焼き (broiling), 153
フライパン焼き (frying), 153, 156
風味, 144
バーベキュー (barbecuing), 154
煮込み (stewing), 158, 159
とろ火煮 (simmering), 158
電子レンジ, 161
テクスチャー, 145, 148, 151
たれかけ (basting), 155
ソテー (sautéing), 156
漬け込み溶液, 155
筋ばらまま肉, 144
指示および記述問題, 161
グリル焼き (grilling), 153, 153
串焼き (spit-roasting), 153
加熱前でテクスチャーを調整, 151
加熱温度, 150
温度, 147
オーブンロースト (oven roasting), 154
色, 145, 146, 148, 160
揚げ焼きの油揚げ, 158
湿度, 144
ソーセージ, 165
ソース → 肉料理：ソース
ソテー用の油用, 580
電気方式とガスの差異, 132
出血, 132
也度
ステーキ → 肉料理：ステーキ
ストックの準備, 583
鶏目, 127, 161
煮りもの, 162
水分の保持
白身と赤身, 129, 129
食肉と種類, 122
調味, 125
工場屠畜, 171
工業製品, 174
現代の状況, 125
食肉市場, 125
食卓に出す時, 161
新鮮質感肉, 138
臭氣, 140
ジュース, 146, 147, 149
挿肉り, 133, 134, 135
市販の肉エキスとエキス・ベース, 584
風水塩け, 152
裂いた肉 (pulled meat), 152
小麦粉をまぶす, 598
唱題, 120
コーシャー (Kosher), 140
風味, 131
グラスチャー, 128
色, 129, 130
硬直, 118, 126
鶏挽, 121
鶏挽肉, 171
肉を骨側に添える, 139
家畜, 136
カット (cutting), 141
硬直, 144
バーベキュー, 154
ウェルダン (well-done), 150
薬の繊維, 145, 146, 148, 160

ポーチ (poaching), 158
蒸し煮 (braising), 158, 159
蒸す (steaming), 160
焼き加熱, 150
焼きつけ (searing), 157
休ませる, 切り分ける, 161
ロースト, 153, 154, 155
保存肉 (preserved meat), 168
乾燥肉, 168
肉鮮肉, 174
繊維肉, 171
ジャーキー, 173
塩漬け肉 (salted meat), 169
発酵肉, 172
加熱前でテクスチャーを調整, 151
調理, 145, 148, 151
等級, 133, 134, 135
と畜・解体 (slaughter), 139
内臓骨/雑物 (organ/offal), 162
成分, 162
肉食に対する倫理的議論, 119
肉質の歴史, 120
肉輸歌物, 134
パテとテリーヌ (paté and terrine), 167
煮りもの, 161
揚げ肉
ハラール (halal), 140
安全性, 124, 144, 151
品質変化, 119
風味, 131, 140, 144
薬の繊維, 144
煮りもの, 161
煎銀, 142
ブルー (bleu) , 150
包装, 141
放射線照射, 144
鳥肉
煮りもの, 161
煮ずつ (medium-done), 150
ラーディング (larding), 151
栗らくする, 151
レア (rare), 150
肉葉, 143
肉を切り分ける (Carving of meat), 161
ニゲラ (Nigella), 383, 411
煮込み
シチュー (Stew), 164, 682
煮酒, 158
血, 209
肉, 158, 159
二酸化硫黄 (Sulfur dioxide), 270
二酸化塩素 (Chlorine dioxide)
小麦粉の漂白, 538
二酸化炭素の気泡
牛乳, 510
西インド諸島 (West Indies), 242, 630
ニシクタマリゼーション (Nixtamalization), 464
ニシン
ニシン (Herring), 190, 192, 193, 206
魚卵, 234, 235
牡蠣, 230, 230
風漬け, 226

二糖類 (Disaccharide), 632
ニトロソアミン (Nitrosamine)
肉, 123, 170
ニブ (Nib)
ニベ科, 675
ニベ科魚 (Drum/Croaker), 191
日本 (Japan)
牛肉, 135
米酢, 729, 730
うま味発酵食品, 482, 483, 484, 486
日本酒, 732
麺, 555, 560
日本酒 (Sake), 729
味がわりチャイ, 732
糖類, 731, 732
醸造, 730, 731, 732
醸造, 732
乳化物／エマルション (Emulsion), 576, 605, 788
油と水の傾向, 606
ホランダーズ・ソース, 570, 615
安定性, 608
乳脂肪, 608, 607, 608
使用, 609
乳化剤, 608
ビネグレット, 617, 617
分散相, 607
分離したた乳化液を再乳化, 610
ベアルネーズ・ソース, 615
塩析, 609
ミネストローネ → 項目見出し：ミネストローネ
運搬相, 606
乳化剤 (Emulsifier), 578, 608, 612, 774, 775
乳固形分 (Milk solid)
アイスクリーム, 40, 41
チーズ, 59
乳酸菌 (Lactic acid bacteria), 43, 46, 47, 56
豆の発酵食, 474
乳噴, 483
乳脂肪 (Milk fat)
アイスクリーム, 39, 40, 41, 42
乳清／ホエー (Whey), 10, 19, 19
乳腺 (Mammary gland), 16, 17
乳清タンパク質 (Whey protein), 20, 26
乳タンパク質 (Milk protein), 662
キャンディー, 662
乳糖 (Lactose), 634, 23, 24
乳, 13, 17
甘み, 634
乳糖不耐症 (Lactose intolerance), 14
乳幼児 (Infant)
乳アレルギー, 14
乳児に与えるミネラルや中華, 644
尿 (Urine)
色, ビート, 261
におい, アスパラガス, 304
尿素 (Urea)
麺, 184
ニョッキ (Gnocchi), 559
煮る／ゆでる／茹煮 (Boiling), 757
煮汁
ビール醸造, 720

熱 (Heat)
粘液様成分, 57, 406
粘液様成分／粘着成分 (Mucilage), 251, 306, 326, 469
ネルソン, J. S. (Nelson, J. S.), 192
ネクタラン, 394
熱伝導, 755, 759
放射／放射熱 (Radiation)
ネッビオーロ種 (Nebbiolo), 701
低温長時間の沸点, 762
熱伝導, 759
熱伝導 (Conduction)
熱伝導, 757
対流熱 (Convection)
水による誘導, 768
比熱 (specific heat), 767
放射熱, 755
熱輻射熱, 754
伝導熱, 754
対流熱, 754
タンパク質の変性, 780
脂肪, 773
調理による収縮, 768
運動エネルギーとして, 786
熱 (Heat)
根セロリ (Celery root), 252, 256, 298
ネスレ社 (Nestlé), 24
ネスレ, ヘンリー (Nestlé, Henri), 672
ネスポレ (Nespole), 346
ネクタリン (Nectarine), 349
ネオタメ (Neotame), 638
ネオヘスペリジン・ジヒドロカルコン (Neohesperidin dihydro-chalcone), 638
根 (Root), 290
根類, 256
糠漬け (Nukazuke), 282
ヌガー (Nougat), 667
小麦, 455, 513
ヌート麦, 251
ぬか／ふすま (Bran), 443
ヌーベル・キュイジーヌ (Nouvelle cuisine), 573
ヌーシャテル・チーズ (Neufchâtel cheese), 58
ノラドガーリック (wild garlic), 302
喉頭, 300
口蓋, 302
エレファントガーリック (elephant garlic), 302
ニンニク (Garlic), 251, 256, 264, 271, 299, 385
ノーブ, 395
ノパイス, 401, 402
ニンジンの仲間 (Carrot family)
ピューレ, 603
調理による変色, 537
295, 537
ニンジン (Carrot), 256, 260, 265, 268, 274, 275, 279, 280, 291, 136
乳酸菌用, 136
粘液様い, 72, 136
腱肌層, 772
鶏 (Chicken), 136, 138, 140 → 項目見出し：鶏；鶏肉；卵黄
肉, 158
骨, 209, 210
關節, 158
煮る／とろとろ煮る／とろ火煮 (Simmering), 757
野菜, 276

パイ (Pie)
小麦, 455, 513
穀物, 448
胚/胚芽 (Germ)
パーム核油 (Palm kernel oil), 772
パーム油 (Palm oil), 772
パーム・シロップ (Palm syrup), 647
バーボン (Bourbon), 741
バーベリー (Barberry), 354
起源, 154
バーベキュー (Barbecuing), 154
ハーフ・アンド・ハーフ (Half-and-half), 28, 28
保存, 385
ほかの食材の燻製, 388
風味, 377, 382
マリネと様ざまな方法, 388
風味の出現, 386
風味の消化, 389
ハーブ包み, 388
トロンヴェ, 390
エキス, 388
腐敗, 386
香辛料, 385
自然的な風味, 387
燻す, 386
蒸らして, 384
乾燥, 385
ハーブ (Herb), 241, 265, 390
バーバンク, ルーサー (Burbank, Luther), 348
パータ・ブリゼ (Pâté brisée), 547
パータ・ド・ギモーヴ (Pâté de Guimauve), 667
パータ・シュクレ (Pâté sucrée), 547
パータ・サブレ (Pâté sablée), 547
パータ・ア・シュー (Pâté à choux) → 関連項目: シュー・クリームの
ハーツホーン (Hartshorn), 516
ナイルパーチ (Nile perch), 194
パーチ (Perch), 191
パテ・ア・パテ (Pâté à pâté), 551
パースニップ (Parsnip), 252, 256, 295, 296
ペルシパン (Persipan), 491
ハーシェル, ウィリアム (Herschel, William), 755

【は行】

ノンスティック加工 (Nonstick coating), 762
海苔／ノリ (Nori), 330, 331
ノパル (Nopal), 306
ノコニニア／アイスフィッシュ (Icefish), 192, 195
ノチーノ (Nocino), 492, 744
ノストラダムス (Nostradamus), 286, 346, 653
ノシメマダラメイガ (Indian meal moth), 446
ノガド (Nogado), 492
ノージング (Nosing), 739
ノーウェル, アレクサンダー (Nowell, Alexander), 717
野ウサギ (Hare), 138
工業的酵素, 247
蔬菜の取扱い
蔬菜のほとんどが, 439
蔬菜加工業
工業的酵素, 247
菓子工芸, 246
農業 (Agriculture) → 関連項目: 植物
成分, 162

農産, 545
パイ/パストリー (Pastry), 543
アメリカン・パイ (american pie), 547
甘いペストリー, 547
エリザベス女王時代, 543
構成, 544
起源, 545
材料, 544
シートのパイ (sheet pastry), 549
層状のパイ/折り込みパイ (laminated pastry), 544, 545, 548
シュー・クリーム・パフ (cream puff), 535, 536
パフ・ペストリー (puff pastry), 548
甘いパイ, 548
作り方, 546
粒状のパイ/練り込みパイ (crumbly pastry), 544, 547
デニッシュ, 550
バターなどの掛け方, 544, 550
フレーク状のパイ (flaky pastry), 544, 547
被覆 (Hypocoryl), 256
焙焼/炒る (Roasting), 430, 431
豆, 476
棒棒 (Kilning)
ビール作り, 719
パイナップル (Pineapple), 267, 340, 368, 370
葉菜, 369, 589, 781
にょうい, 344
胚乳, 369, 373
胚乳 (Endosperm)
穀類, 448
チャ, 486
ハイビスカス (Hibiscus), 315
バイン・チャン (Banh trang), 562
ハウチワマメ／ルピナス (Lupin), 479
薄餅／パオビン (Baobing), 530
麦芽 (Malt), 719
キャムス麦芽 (barley malt), 456
起源, 716
特殊麦芽 (specialty malt), 718
パテント・モルト (patent malt), 718
麦芽飲料 (Malt beverage), 727
麦芽エキス (Malt extract), 656, 656
麦芽シロップ (Malt syrup), 656
麦芽酢 (Malt vinegar), 749
麦芽糖 (Maltose), 633, 634
ハクサイ (Napa cabbage), 310, 313
麦汁 (Wort)
ビール醸造, 発酵, 720
ハクスリー, T. H. (Huxley, T. H.), 177
白茶 (White tea), 427
パクチョイ (Bok choy), 310, 313
バクラヴァ (Baklava), 549, 644
パコラ (Pakora), 469, 477
バジル (Basil), 241, 255, 267, 382, 392, 602
タイ・バジル, 392
バス (Bass), 191, 195
パスタ (Pasta), 554 → 関連項目: 麺
エッグ・パスタ, 557
乾燥, 558
乾燥パスタ, プレス, パスタ, 557
手作り, 556
穀源, 545
種類, 558

生パスタ, 557
ゆでカタ, 558
種類, 554, 555, 556
パスタシュッタ (Pastasciutta), 556
パスツール、ルイ (Pasteur, Louis), 12, 22, 25, 516, 692, 700, 747
パスツリゼーション (Pasteurization) → 調理項目：低温殺菌
パスティリ (Pastelli), 644
バスマティ米 (Basmati rice), 459
パセリ (Parsley), 241, 252, 382, 396
パセリの根 (Parsley root), 296
ハタ (Grouper), 182, 191
バター (Butter), 10, 11, 32
　硬さ (consistency), 34
　黒いバター → 調理項目：ブール・ノワール (black butter)
　ケーキ, 537
　構造, 34, 34
　複合バター (composed butter), 35
　乾物用, 772
　種類, 33
　白いバター (white butter) → 調理項目：ブール・ブラン
　スイート・クリーム・バター (sweet cream butter), 33
　精製バター (clarified butter), 35, 36
　ギー, 611
　ソース用として: ブール各種
　調味料として, 35
　特殊バター (specialty butter), 34
　ナッツ・バター (nut butter), 489, 576, 605, 611
　毛バリーム・バター, 33
　練り込みバター (Kneaded butter), 598
　バター, 545
　バター作り, 32
　バターの水分, 546
　バターを使った揚げもの, 35
　バターのヘーゼルナッツ → 調理項目：バターのヘーゼルナッツ (hazelnut butter)
　ピーナッツ・バター (peanut butter), 495
　発酵クリーム・バター (cultured cream butter), 33
　保存, 34
　有塩スイート・クリーム・バター (salted sweet cream butter), 33
　ホイップ・バター (whipped butter), 34, 35, 611
　目：ブール・フウェテ
　ヨーロッパ風バター (European-style butter), 34
　融点, 32
バターナッツ (Butternut), 493
バターミルク (Buttermilk), 11, 44, 45, 49, 508
蜂 (Bee), 641
　蜂の生体構造, 643
　蜂蜜の作られ方, 641
　北米における蜂の養蜂, 642
　蜂の巣穴 (Honeycomb), 643
蜂蜜 (Honey), 242, 641, 671
　加工, 643
　柑橘類の蜂蜜, 641
　クリ蜂蜜, 641
　偽造, 644
　砂糖の代わりとして, 644
　成分, 644
　ソバ蜂蜜, 641
　調理, 644
　作られ方, 641
　転化糖を含む, 662

乳児におけるボツリヌス中毒, 645
　風味, 644
　保存, 643
　発酵蜂蜜酒, 644
蜂蜜酒／ミード (Mead), 641, 644
バチルス菌 (Bacillus)
ハーブ・スパイス, 385
発煙点 (Smoke point)
　焦点, 774
八角 (Star anise), 383, 403, 418
麦角 (Ergot), 457
ハックルベリー (Huckleberry), 351
発酵 (Fermentation)
　アルコール発酵, 691, 692
　梅発酵, 697
　ビール作り, 721, 723
　ワイン作り, 705
　果実・野菜, 282
　酢酸発酵 (acetic Fermentation), 747
　チーズ, 481, 483, 484, 485
　二段階の発酵, 481
　卵, 114
　乳, 43
　生クリーム, 43, 44 → 調理項目：サワークリーム
　パン生地, 522
　マロラクティック発酵, 705
　ヨーグルト作り, 47
発酵野菜／海藻 (Hair vegetable/Hair moss), 331
パッションフルーツ (Passion fruit), 267, 340, 369, 373
パウリン (Paulin), 253
パテ (Paté), 167
　鴨肉, 545
　春のレンツ, 167
ハト (Squab/Dove/Pigeon), 137, 138
ハドック (Haddock)
　繊維, 230
バトラー、サミュエル (Butler, Samuel), 68
花 (Flower), 257, 266
　柑橘類, 265
　食材としての花, 315
　野菜として, 316
パナード (Panade), 110
バナナ (Banana), 242, 261, 265, 266, 269, 340, 342, 369, 537
　調理, 367
　にがい, 344
　花, 315
　ピューレ, 602
　風味, 372
バナナ・クリーム (Banana cream), 97
パニール・チーズ (Paneer cheese), 64
馬乳 (Horse milk), 13
バニラ (Vanilla), 242, 267, 381, 383, 418, 418, 671
　種類, 420
　生産, 419
　バニラ・エキスおよびバニラ香料, 420
　調理, 420
　料理, 420
バニリン (Vanillin), 380, 419
パイタン・チーフェ, 337
米糖, 696

近代時代, 502
ステーンビア, 524
スイート・ブレッド (sweet bread), 528
サワー種パン (sourdough bread), 526
材料, 519, 529
語源, 501
グルテンフリー (gluten-free), 529
クイック・ブレッド (quick bread), 531
キリスト教ヨーロッパ時代, 503
大麦パン, 530
パン (Bread), 501, 518
パルメザン・チーズ (Parmesan cheese), 11, 55, 56, 59, 63, 64, 65
バルサミコ酢 (Balsamic vinegar), 749
春小麦 (Spring wheat), 511
ハルヴァ (Halvah), 644
ハリバット/オヒョウ (Halibut), 197
パル (Walu), 182
バラの花 (Rose Flower), 400
パラディウス (Palladius), 286
バラディ (Baladi), 530
パラシンキ (Palaschinki), 534
パラティニット (Palatinit), 638
パラダイス・グレイン (Grain of paradise), 383, 421
パラケルスス (Paracelsus), 735
パラータ (Paratha), 530
ハヨーテ/ミリトン (Chayote/Mirliton), 322, 324
パルマ (Parma), 170, 170
バイヨンヌ (Bayonne), 170
セラーノ (serrano), 170
塩水漬け (wet-cured), 171
カントリー (country), 170, 172
乾燥熟成け (dry-cured), 170, 171
亜硝酸塩を使わない塩漬けハムの話, 170
ハム (Ham), 170
ハミンダス (Haminadas), 87
ジャマイカ (Jamaica), 315
パペロン (Papelon), 652
パプリカ (Paprika/Pimentón), 321
パエストト・ミリアレト, 451
パフド・ウィート (Puffed wheat)
パパダム (Papadum), 474
パパイン (Papain), 371
胚珠, 373
オランダン, 589
語源, 367
パパイヤ (Papaya), 246, 309, 339, 340, 370
パバ・ガヌーシュ (Baba ghanoush), 321, 489
バノック (Bannock), 530
ペヌーチ (Penuche), 666
パネラ (Panela), 652
語源, 529
パネトーネ (Panettone), 529
パン, 706, 712
ハーブ・シロップ, 647
ビーナッツ, 495
パン, 526
パニラ, 419
パイナップル, 369
チョコレート, 675
米, 460
雑穀, 436

大量生産製品, 526
中世時代, 503
ドーナツとフリッター (doughnut and fritter), 532
パーチメント・ブレッド (parchment bread), 530
パーペイクド (par-baked), 528
パン生地の焼き上げかた, 550
パン生地 → 関連項目: 生地 (硬い生地/柔らかい生地/練り生地)
小麦粉
工業化, 505
大量生産製品, 526
伝統的なパンの製造と流通, 505
パン焼き窯, 522
パンを焼く人, 524
出荷, 527
販路, 526
膨張, 525
フラットブレッド (flatbread), 502, 529, 530
プレッツェル (pretzel), 531
ベーグル (bagel), 531
保存, 525
蒸しパン (steamed bread), 531
焼き上げ, 522
ゆるい生地のパン, 537
ライ麦パン (rye bread), 528
リッチ・ブレッド (rich bread), 528
発酵, 524
パン・ペルデュ (Pain perdu), 526
パンケーキ (Pancake), 534
反芻獣 → 関連項目：ルーミナント
パンダン (Pandan)
パンチ・フォーラン (Panch phoran), 387
パンドーロ (Pandoro), 528
パンプニッケル (Pumpernickel), 528
語源, 529
パン粉, 529
肉, 158
ピーカンナッツ (Pecan), 487, 488, 489, 494, 495
ビー・バーム (Bee balm), 393
肥育鶏 (Capon), 136, 138
ピーター・ダニエル (Peter, Daniel), 672
皮蛋/ピータン (Pidan), 114
ピート (Beet), 251, 252, 255, 256, 261, 266, 274, 275, 291, 298
ピーナッツ/落花生 (Peanut), 487, 489, 495
プレーキー, 442
配糖体, 488
ピーナッツ・バター (Peanut butter), 495
ピーナッツ油 (Peanut oil), 496, 772
ピーマン (Capsicum), 241, 266, 318, 320, 409 → 関連項目：トウガラシ/唐辛子；ニンニクラ
ビーリ (Viili), 48
ビール (Beer), 690, 691, 715
香り, 720
タラ, 723
薪の藁靴, 695
語源, 717
小麦ビール (wheat beer), 726, 727
米のビール (rice), 715
紫緻密製品, 724
雑穀ビール (millet beer), 715
醸造, 720, 722

843

ビタミンD (Vitamin D)
　乳, 23
ビタミンE (Vitamin E), 770
　穀類発芽, 250
　種子, 441
ビタミノイド (Pigweed), 314 → 項目番目：ズベリヒユ
　ヒッコリーの実 (Hickory nut), 492
　羊 (Sheep), 10, 135, 164 → 項目番目：子羊／ラム
ピッツォケリ (Pizzoccheri), 469
ヒト乳, 13
ヒドラジン (Hydrazine)
　植物, 252, 334
ビネグレット (Vinaigrette), 617, 617
　非乳化的, 618
ピノ・ノワール種 (Pinot Noir), 701, 708
ビフィズス菌 (Bifidobacteria), 46
ビブリオ菌 (Vibrio), 181, 200
ピペリン (Piperine), 381
ヒマワリ種子油 (Sunflower seed oil), 499, 772
ヒマワリの種子 (Sunflower seed), 488, 489, 537
ヒメジ (Goatfish), 192
ピメント (Pimento)
　燻香, 744
　ピーマン品種, 321
　ピューレ (Puree), 279, 572, 603
　加熱ピューレ, 603
　語源, 601
　鹿肉の代用品、一角, 541
　ソース → 項目番目：ソース
　ブラウンチャーテを発酵, 602
　果実のピューレ, 602
ヒューロン族 (Huron Indian), 465
ブエンデルフライシュ (Buendnerfleisch), 168
標高／海抜 (Altitude/Elevation)
　沸点で焼くケーキを作る, 542
　水の沸点, 161, 757
ヒョウタン (Bottle gourd), 322, 324
漂白 (Bleaching)
　小麦粉, 513
豹魚皮組織 (Dermal tissue)
　植物, 255, 255
表面張力 (Surface tension)
　乳化剤, 607
ヒヨコマメ (Chickpea), 441, 476, 489
　調理, 475
　粉, 476
ビリンビ (Bilimbi), 368
ビルトン (Biltong), 168
ヒルベ (Hilbeh), 407, 605
ヒレ (Fin), 590
ピロシンジョ (Piloncillo), 652
ビワ (Loquat), 346
瓶 (Bottle)
　流菌菌, 707
ファーマー、ファニー (Farmer, Fannie), 2, 538
ファームヒター乳酸菌 (Lactobacillus fermentum), 46
ファイニング (Fining)
　ワイン, 705
ファッジ (Fudge), 666
ファロ (Farro), 452, 455
ファラデー、マイケル (Faraday, Michael), 784
ファロ (Faro), 728

ピタミンD (Vitamin D)
　乳, 23
　穀類発芽, 250
ビタミン (Vitamin) → 項目番目：各ビタミン
ビタミンA (Vitamin A)
　種子, 441
　果実・野菜, 247, 249, 275
　乳, 17, 23
　果実・野菜, 249
ビタミンC (Vitamin C)
　眼, 260
　果実・野菜, 249
　果実・野菜の変色を防ぐ, 262
　糖絲分解, 250
　小麦粉, 513
ビザ (Pizza), 530
ヒジキ (Hiziki), 330
ビシン (Vicine), 252
ビスキット (Biscuit), 531, 532
　卵のレシピ, 532
ビスコッティ (Biscotti), 531
ピスタチオ (Pistachio), 488, 496
ヒスタミン (Histamine), 66, 181, 314
ヒソップ (Hyssop), 382, 393
ビター/苦味酒類 (Bitters), 745
引き飴／プルドシュガー (Pulled sugar), 666
果実のシロップ, 628, 631
ヒゲ (Beard)
ピザス, 221
卵のシロップ, 21
乳の風味, 21
ビールの風味, 724
ワインの風味, 711
ピカソ、パブロ (Picasso, Pablo), 745
ピカダ・ソース (Picada sauce), 497, 605
ビガ (Biga), 521
ビエール・ド・ギャルド (Bières de garde), 724
若ビール, 723
ラガー (lager), 716, 721, 726
ドイト, 727
マニオク・ビール (manioc beer), 715
キャップ, 716, 720, 720
キップをビールから作る麦芽, 749
保存, 724
ベルジャン・ランビック (Belgian lambic), 726, 728
ベッド, 725
ビールの種類, 725, 726
ビールの原材料, 715, 715
麦芽, 716, 719
ノンアルコール, 727
ドライ, 727
添加剤類, 724
低カロリー, 727
糖類成分, 723
糖から造られるビール, 715
ソルガム・ビール (sorghum beer), 715
スチーム・ビール (steam beer), 718
熟成, 715
マッシング, 721
装置, 723
煮汁の濃縮, 720
添加剤類, 724
低温瀬菌液, 716, 724
酵素, 719, 719
醸造, 723

フォカッチャ (Focaccia), 530
フォアグラ (Foie gras), 163
フェンネルシード (Fennel seed), 383, 404
フェンネル花粉 (Fennel pollen), 404
フェンネル (Fennel), 305, 382, 394, 397, 403
フェルネット・ブランカ (Fernet Branca), 745
種子, 442, 443
小麦, 453
硬質小麦, 250
樽麹, 437
葉として, 384
茎・種菜, 264
多く含まれる食品, 250
フェノール化合物 (Phenolic compound), 380, 380
フェヌグリーク (Fenugreek), 383, 390, 407
フェナラー, 168
フェタ・チーズ (Feta cheese), 59
フエダイ (Snapper), 191, 204
フェセンジャン (Fesenjan), 492
フェイジョア (Feijoa), 367
フェアチャイルド、デーヴィッド (Fairchild, David), 296
ブールハーヴェ、ヘルマン (Boerhaave, Hermann), 746
麩、フー、ブール (Fu-ru), 481
ブール・モンテ (Beurre monté), 612
フール・ミダメス (Ful medames), 476
ブール・マニエ (Beurre manié), 598
ブール・ブラン (Beurre blanc), 35, 611, 612
ブール・パティシエ (Beurre pâtissier), 34
ブール・ノワゼット (Beurre noisette), 35, 611
ブール・ノワール (Beurre noir), 35, 611
ブール・コンサントレ (Beurre concentré), 34
ブール・キュイジニエ (Beurre cuisinier), 34
プーリ (Puri), 530
プード, 778
フェノール化合物, 380, 380
プルメン類, 379, 380
融化, 389
風味, 378
非結合化合物, 381, 381, 384
呼気, 377
プルコール, 693
アジノ酸, 778
風味 (Flavor), 262, 376 → 関連項目：ベース；スパイス
ブーダン・ブラン (Boudin blanc), 166
ブーダン・ノワール (Boudin noir), 166
ブーケガルニ (Bouquet garni), 387
プーアル茶 (Puerh tea), 427
酵素, 549
フィロ (Phyllo), 549
ファイル粉末 (File powder), 390, 398
フィリップ、ジャン＝ピエール (Philippe, Jean-Pierre), 4
フィリ (Firin), 455
ブイヨン (Bouillon), 568, 581
ブイヤベース (Bouillabaisse), 210, 609
フィノッキオ (Finocchio), 305
ファイトケミカル (Phytochemical), 247, 249, 250, 441
フィーヌ・ゼルブ (Fines herbes), 387, 396, 400
ブイイ (Bouilli), 97, 110
ファン・デル・ワールス結合 (van der Waals bond), 770, 778, 785, 785, 786
ファン, H. T. (Huang, H. T.), 728

フクドニク (Chlodnik), 24
フォニオ (Fonio), 449, 468
フォンダン (Fondant), 666
フォンデュ (Fondue), 64
フォンティーナ・チーズ (Fontina cheese), 64
フカヒレ (Shark fin), 590
複素環式アミン／HCA (Heterocyclic amine)、褐変反応でも生じるソース, 586
肉, 122
ブーサンゴー、ジャン＝バティスト (Boussingault, Jean-Baptiste), 524
フザンデージュ (Faisandage), 139
豚、ブタ (Pig), 136, 140 → 関連項目：ベーコン；ハム
豚肉 (Pork), 136, 140 → 関連項目：ベーコン；ハム
春のひつじ, 169
膵臓, 164
腐敗肉, 772
保存, 143
ブタノール (Butanol), 736
プチ・フール (Petit four), 551
二日酔い (Hangover), 695
物質の三態 (States/Phases of matter), 786, 787
多く（の）有機物は相転移を起こさない, 788
腐敗植物, 788
ブッシュ社 (Busch), 718
ブッセル、ヤコブ (Fussell, Jacob), 39
沸点 (Boiling point), 758
ショック, 658
牛肉の褒め煮, 161, 757
ブッカ (Boukha), 741
ブッフ・ア・ラ・モード (Bœuf à la mode), 589
ブドウ (Grape), 340, 352
酒造, 372
ワイン, 701, 703 → 関連項目：ワイン
米ブドウ, 251
破砕, 703
アメリカ種 American, 702
交雑種 hybrid, 702
ノーブル (noble), 701
ブドウ球菌 (Staphylococcus), 46, 253
ブドウ種子油 (Grapeseed oil), 772
ブドウ糖 (Glucose), 633, 775, 776
甘さ, 634
チョコレート, 635
血中ブドウ糖濃度／血糖, 639, 639
ブドウの葉 (Grape leaf), 315
ブドウの種 (Grapevine), 303
フナ (Carp), 229
鮒ずし (Funa-zushi), 229
フムス (Hummus), 489
フモニシン (Fumonisin), 443
フューラー、トーマス (Fuller, Thomas), 717
冬小麦 (Winter wheat), 513
フュメ (Fumet), 209, 585
フライ・アンド・サンズ社 (Fry and Sons), 672
フライドポテト (Fried potato/French fry), 293
フライパン焼き (Pan-frying), 759
ブラジル・ナッツ (Brazil nut), 488, 496, 496
抜歯, 488

プルガー (Bulgur), 455
プルターク (Plutarch), 377
ブルフィ (Burfi), 25
ブルメンタール, ヘストン (Blumenthal, Heston), 2
ブルンシュヴィク, ヒエロニュムス (Brunschwygk, Hieronymus), 734
フレアー杜 (Fleer), 669
フレーズ・ド・ボワ (Fraise de bois), 354
ブレザオラ (Bresaola), 168
プレッツェル (Pretzel), 530, 531
付録, 529
ブレッドフルーツ (Breadfruit), 371
ブレビス菌 (Lactobacillus brevis), 46
プロイル/プロイル加熱法 (Broiling), 757
魚, 183, 207
肉, 153
発酵物質の装壊, 183
プロヴォローネ・チーズ (Provolone cheese), 61
ブローター (Bloater), 285
フローティング・アイランド (Floating Islands), 104
プロシュート (Prosciutto), 170, 170
ブロス (Broth) → 調理項目：ストック
付録, 581
フロスティング (Frosting), 657
プロセスチーズ (Process cheese), 53, 65
ブロッコリー (Broccoli), 242, 245, 256, 257, 259, 267, 310, 312, 315, 317
ブロッコリー・ラーベ (Broccoli rabe), 310, 318
ブロッコリーニ (Broccolini), 310, 318
プロテアーゼ阻害剤 (Protease inhibitor), 252, 442
プロトン/陽子/水素イオン (Proton), 782
プロフィトロール (Profiterole), 535
ブロメライン (Bromelain), 369
バイナップル
ブロモフェノール (Bromophenol)
魚, 188, 188
分散液 (Dispersion), 576, 577
分散相 (Dispersed phase), 575
分子 (Molecule), 782
化学結合, 784
化学作用, 783
極性分子 (polar molecule), 766, 785
形成, 783
原子, 782
非極性分子 (nonpolar molecule), 785
分子図, 5
ブンタン (Pummelo), 363, 364, 364
粉乳 (Dried milk/Powdered milk), 23, 24
分泌組織 (Secretory tissue)
植物, 255
ブンヤード, エドワード (Bunyard, Edward), 344

ペ
ペ・ド・ノンヌ (Pets de nonne), 535
ベアルネーズ・ソース (Béarnaise sauce), 615
ベイ・ローレル (Bay laurel), 382
ペイショーズ・ビターズ (Peychaud's bitter), 745
ベイド・ハミン (Beid hamine), 87
ベーキングパウダー (Baking powder), 517, 517, 518
ケーキ作り, 538
ケーキ, 533
ベークド・アラスカ (Baked Alaska), 107
ベークドマッシュポテト/水餃類, 515
ページェル (Bagel), 531
付録, 529

プラスチック・クリーム (Plastic cream) → 調理項目：プロードクリーム
プラチナ (Platina), 87, 166, 167, 628
ブラックベリー (Blackberry), 340, 349, 350, 372
ブラッドリー, アリス (Bradley, Alice), 672
ブラット, ヒュー (Platt, Hugh), 99
プラトン (Plato), 2
プラム (Plum), 340, 348, 372
プラムコット (Plumcot), 348
プラリネ (Praline), 664
フラン (Flan)
付録, 92
フランクフルター・ソーセージ (Frankfurter), 166
フランジェリコ (Frangelico), 744
フランス (France)
コーヒー, 429
卵料理, 573
肉内電圧, 134
植物性食物, 242
チーズ作り, 53, 54
ソース, 569, 570, 599, 599, 600
バン作り, 699
ブランデード, 226
プランテン/料理用バナナ (Plantain), 278, 330, 330, 369
ブランデー (Brandy), 697, 734, 738, 739, 740
ブランプルベリー (Brambleberry), 350
フランボワーズ (Framboise), 728, 740
フランベ (Flambé), 696
ブリア＝サヴァラン, ジャン (Brillat-Savarin, Jean Anthelme), 2, 3, 53, 131, 139, 176, 572
フリーザー・ジャム (Freezer jam), 288
ブリー・チーズ (Brie cheese), 11, 55, 58
フリーラジカル (Free radical), 249
ブリオッシュ (Brioche), 528
付録, 529
プリオン (Prion), 124
フリカッセ (Fricassée), 586
プリザーブ (Preserve)
母種, 286
ブリス, バロン (Brisse, Baron), 245
フリッケ (Fricke), 455
フリッター (Fritter), 532
フリッタータ (Frittata), 94
ブリットル (Brittle), 664
プリテュール・ノーブル (Pourriture noble), 709
プリニウス (Pliny), 11, 51, 196, 228, 316, 455, 626, 698, 702, 716, 759
ブリニ (Blini), 469, 534
フリホール (Frijol)
付録, 477
ブリンツ (Blintz), 534
ブルー・チーズ (Blue cheese), 58, 61, 66
プルースト, マルセル (Proust, Marcel), 304
フルーツ・カード (Fruit curd), 98
バジル風味, 522
フルーツ粉末料, 738
プルーフ (Proof)
バン, 522
ブルーベリー (Blueberry), 251, 271, 340, 349, 351, 372, 537
ブルーム, オスカー (Bloom, Oscar), 590
フルール・ド・セル (Fleur de sel), 621
プルーン (Prune), 348, 541
プリュネ (Pluot), 348
プルカ (Phulka), 530

ベーコン (Bacon), 165, 171
ベーコン, フランシス (Bacon, Francis), 735
ペースト (Paste)
　アーモンドペースト, 491
　魚のペースト, 227, 228
　瓦ペースト, 485
　チョコレートペースト, 489
　豆類ペースト, 482 → 項目："豆"
ヘーゼルナッツ (Hazelnut), 440, 487, 488, 489, 497, 671
ペクチン (Pectin), 286, 777
ペクチン・野菜, 273, 274, 284, 321, 345, 351, 361
ベジタブル (Vegetable), 663
ベーキー, 541
種物, 251, 258, 258
ペクメズ (Pekmez), 353
ベシャメル・ソース (Béchamel sauce), 570, 571, 573, 599, 600
ペスト (Pesto), 602
ペスト・ジェノベーゼ (Pesto genovese), 392, 602
ペストリー・クリーム (Pastry cream) → 項目："菓子用クリーム"
ベタイン (Betain)
種物, 261, 298, 314, 359
ヘチマ (Luffa gourd), 322, 324
ベッカーリー, ジャンバティスタ (Beccari, Giambatista), 508
ペコリーノ・チーズ (Pecorino cheese), 59, 61, 63, 64
ヘッセ, リナ (Hesse, Lina), 591
ペデルセン, トルバルド (Pedersen, Thorvald), 3
ペニーロイヤル (Pennyroyal), 394
ベニエ (Beignet), 535
紅花油 (Safflower oil), 772
ベネディクティン (Benedictine), 644, 734, 744
ペパーミント (Peppermint), 394
ペパーミント・シュナップス (Peppermint Schnapps), 744
ヘビー・クリーム (Heavy cream), 28, 28, 31, 610
ヘーフェヴァイツェン・ビール (Hefe-weizen beer), 728
ペプチド (Peptide), 777
嘔吐, 778
ペプチド結合 (Peptide bond), 778
ヘミセルロース (Hemicellulose), 777
種物, 251, 258, 273
木材, 436, 436
ヘム鉄 (Heme group), 130
ペラグラ (Pellagra), 441
ヘラチョウザメ類 (Paddlefish), 190
ペリー, チャールズ (Perry, Charles), 315, 317, 456, 548, 549
ベルガモット (Bergamot), 362, 366, 393
ペルシアコムギ (Persian wheat), 453
ペルノ (Pernod), 393, 746
ヴェルバスコース (Verbascose), 775
ベルモット酒 (Vermouth), 711
ベンズアルデヒド (Benzaldehyde), 252, 491, 491
変性 (Denaturation)
タンパク質, 779
扁形動物 (Flatworm)
魚の寄生虫, 183
ベンゾーニ, ジローラモ (Benzoni, Girolamo), 671
ヘンツナー, ポール (Hentzner, Paul), 637
ペントサン (Pentosan), 456, 457, 528
ベントレスカ (Ventresca), 196
ベンポラッド, クラウディオ (Benporad, Claudio), 572
花椒/ホアジャオ/四川山椒 (Sichuan pepper), 383, 416
ホアハウンド (Horehound), 393

ホイ (Poi), 285, 295
ホイシン・ソース/海鮮醬 (Hoisin sauce), 482
ボイセンベリー (Boysenberry), 350, 350
ホイップ・クリーム (Whipped cream/Whipping cream), 28, 29, 30, 31, 31
防かび剤 (Fungicide), 253
膨化 (Leavening), 515
生地, 508
膨脹, 515, 552, 553
ベーキパン, 516
発酵, 505
パンを膨らませる, 504
放射線照射 (Irradiation)
食品, 144, 201, 757
ほうじ茶 (Hoji-cha), 427
膨張 (Rising)
パン生地, 522
ホウボウ (Searobin), 191
ホウレンソウ (Spinach), 252, 313
ほうろう (Enamelware), 762
飽和 (Saturation)
飽和, 771, 771
飽和溶液 (Saturated solution), 660
ホースラディッシュ (Horseradish), 264, 310, 381, 383, 404, 406, 406
ポーター (Porter), 726
ボーデン, ゲイル (Borden, Gail), 23
ポート酒 (Port), 710, 710
ポーピエット (Paupiette), 212
ポーフィリー (Porphyry), 117
ポーランドコムギ (Polish wheat), 453
プーリッシュ (Poolish), 521
ポーロ, マルコ (Polo, Marco), 11, 22, 554
ボキューズ, ポール (Bocuse, Paul), 573
ポケ (Poke), 201, 202
ボザ (Boza/Bouza), 715
ポスカ (Posca), 746
ポスト, C. W. (Post, C. W.), 450, 451
細裂き (Shredding)
肉, 152
ホタテ (Scallop), 181, 182, 218, 222, 222
眼点, 219
ボッカチオ, ジョヴァンニ (Boccaccio, Giovanni), 556
北極ブランブル (Arctic bramble), 350
ホップ (Hop), 303, 411, 716, 720, 720
ポップ・ロック (Pop Rock)
キャンディー, 668
ポップオーバー (Popover), 534
ポップコーン (Popcorn), 464, 464, 465
ポップ用豆 (Popping bean), 477
ボツリヌス菌 (Botulism bacteria)
缶詰, 288
ホブソン, 174
コリアナ, 174
毛の繊維・野菜, 253
繭, 181
亜硝酸塩による燻蒸消毒, 170
蜂蜜, 645
燻煙液, 281, 385, 388
海苔のクロニック, 302
哺乳類 (Mammal), 8
骨 (Bone)
魚, 186, 232

【ま行】
マーカム, ジャーヴァーズ (Markham, Gervase), 543, 548
マーガリン (Margarine), 33, 546, 772
マーシュ (Mâche), 315
マーシュ・マロウ (Marsh mallow), 667
マーマレード (Marmalade), 286, 363
マーマレーダ (Marmalada), 346
マール (Marc), 740, 743
マイクロ波 (Microwave), 755
マイコプロテイン (Mycoprotein), 338
マオダオ／マメドウ ← 園芸目：桜豆 (Mao dou)
マカダミアナッツ (Macadamia nut), 488, 497
マカダム, ジョン (Macadam, John), 497
マカロニ (Macaroni), 556
マカロン (Macaroon), 552
膜 (Skin)
クリーム, 97
乳, 25
豆乳, 480
マグネシウム (Magnesium)
マチン／ナス科ナス属 (Nightshade), 401
マツタケ, 767
マグロ (Tuna), 189, 192, 196, 202, 203, 206, 232
魚卵, 234
マツモタケ (Makomotake), 338

マサ (Masa), 467
マシアロ, フランソワ (Massialot, Francois), 38, 95
マジパン (Marzipan), 490, 491, 668
春のひつじ, 628
マシュマロ (Marshmallow), 667
マジョラム (Marjoram), 393
マス (Trout), 189, 190, 194, 203
魚卵, 234
マスール・ダール (Masoor dal), 478
マスタード／からし (Mustard), 262, 264, 310, 381, 383, 405
エチオピアン・マスタード (Ethiopian mustard), 313
種類, 405
スプラウト, 306
調整と使用法, 405
ローマ帝化, 405
マスタード・グリーン／カラシナ (Mustard green), 310, 312, 313
マスタード種子 (Mustard seed), 242
マスタード油 (Mustard oil), 406
マスチック (Mastic), 383, 412
マスト／ぶどう汁 (Must), 703
マゼラン, フェルディナンド (Magellan, Ferdinand), 242
松 (Pine)
樹脂, 497
にがい, 362, 379, 380, 382, 399, 720
マックルー・ライム (Makrut lime) ← 園芸目：コブミカン
マッシュルーム (Mushroom), 245, 252
マッシング (Mashing)
ビール作り, 720, 721
マッツォア (Matzoh), 530
松の実 (Pine nut), 486, 488, 498
マティーニ (Martini), 735
マデイラ酒 (Madeira), 710
マトウダイ (Dory), 191
マトン肉 (Mutton), 135
マナ (Manna), 626
マニオク／キャッサバ (Manioc), 256, 294, 597
マハレブ (Mahleb), 412
マヒマヒ (Mahimahi) ← 園芸目：シイラ
マフィン (Muffin), 537
インゲンマメ・マフィン, 530
豆／マメ科植物 ← 園芸目：豆
マメ (Bean), 242, 261, 267, 274, 325, 470
アズキマメ／リママメ, 252, 324, 325, 472, 473, 475, 477
アキ, 479
アッズーキ, 306
カキマメ, 242, 673, 674
ガルバンソウ → 園芸目：ヒヨコマメ
乾燥豆, 473
ランベリー・ビーンズ, 473, 477
黒タイズ
発酵, 485
調理器, 477
サヤインゲン, 251, 325, 325
シカクマメ, 325
ヒヨコマメ, 472
脂肪, 444, 475
フラマメ → 園芸目：ソラマメ
ダイズ, 252, 324, 325 → 園芸目：ダイズ／大豆
ツルアズキ, 479

人間
内の謎素, 150
ストッケ作り, 582
真の細菌, 622
骨の微量塩, 15
骨の器量塩, 164
ホフマン, アルベルト (Hofmann, Albert), 457
ポマス (Pomace), 743
ホミニー (Hominy), 465
ポム・ピュレ (Pomme purée), 292
ポム・フリット (Pomme frit/Pommes frites), 293
ホメロス (Homer), 117, 439
ボラ (Mullet), 182, 191
魚卵, 234
調理と使用法, 605
ホロそばれひじて, 605
ローマ帝化, 405
ホラサーン (Khorasan), 453
ポリオール (Polyol), 640
ボリジ (Borage), 382, 400
ポリデキストロース (Polydextrose), 638
ポリリン酸ナトリウム (Sodium polyphosphate)
プロセス・チーズ, 65
ボルネオール (Borneol)
魚のにおい, 188
ホルモン (Hormone)
有肉性薬, 125
ボレック (Borek), 549
ポロ (Polo), 461
ポレンタ (Polenta), 467
ホロホロチョウ (Guinea hen), 138
ポワール・ウィリアムス (Poire Williams), 740
ホワイティング (Whiting), 206
ホワイトビネガー／穀物酢 (White vinegar), 749
ホワイトフィッシュ (Whitefish), 183
魚卵, 234, 235
ボワゼ (Boisés), 697
ポンベ・ヤ・ンジジ (Pombe ya ndizi), 715

カルシウムが溶け出すのを抑える, 248

マイトレンジャー・チェーサー, 671
梁柱, 767
マイスクリーム, 39, 40, 41
pH, 768
水 (Water), 765, 766, 785
ミスタチオ米ギッシャーノ (Cushaw), 322
肉, 145, 146
曲, 204
ミオシン (Myosin)
肉, 129, 131, 145, 146
曲, 184, 189, 196
ミオグロビン (Myoglobin)
面筋／麺筋／ミエン・チャン (Mien chin), 454
ミート・テンダライザー／肉軟化剤 (Meat tenderizer), 152
マントール (Mantou), 626, 638, 640
マニトン (Mannitol), 531
みかん (Mandarin), 364
マンスターチーズ (Munster cheese), 57
マンゴスチン (Mangosteen), 373
果酒, 367
マンゴー (Mango), 267, 339, 340, 371, 372, 602
マロン・グラッセ (Marron glacé), 492
マロラクティック発酵 (Malolactic fermentation), 705
マロソル (Malossol), 334
マルメロ (Quince), 259, 272, 278, 286, 342, 346, 363
マルトデキストリン (Malodextrins), 656
マルチトール (Maltitol), 638
マルチノ・マエストロ (Martino, Maestro), 167
マルサラ・ワイン (Marsala wine), 113
マルグラーフ, アンドレアス (Marggraf, Andreas), 631
マーヤバイス, 388
肉, 151
曲, 232
マリネ液 (Marinade)
マリオンベリー (Marionberry), 350
マラン, フランソワ (Marin, Francois), 569, 569, 574
マラキサシオン (Malaxation), 327
泡沫, 613
不安定ソース, 614
作り方, 614, 614
状態, 607
マヨネーズ (Mayonnaise)
キリソース液, 615
マメ類 (Pea), 266, 267 → 豆類植物／豆
マメの仲間 (Bean family), 324, 440
莢取り豆, 472
発酵させた豆, 473
発酵豆, 446, 473
乾燥豆, 440
穀類豆, 473, 474
殻物, 443, 444, 471, 475
種皮, 471, 472
色, 471
マメ科植物／豆 (Legume), 324, 469 → 豆類／豆目：エンドウ
リョクトウ (緑豆／リョクトウ)
モヤシ, 306, 473, 475
枝豆用豆, 477
胚厚, 446, 473
チタニン, 252
チチキテ, 325, 325
トウマメ, 252
デンタリ・ピーン, 478

電気, 508
帯電, 766, 766
硬水, 767
水, 767
蒸発として, 768
蒸発水, 767
水中のタンパク質, 778
氷水, 767
ソース, 水分子の動きを抑える, 575
枝菜, 757
卵の役立て, 103
乳, 13, 23
ナッツ, 488
茶やコーヒーを入れる水, 423
パイ用脂肪の水分, 546
乳化液、水の割合, 606
パン電気, 519
ビール作り, 721
沸点, 161, 758
水分子, 766
野菜の調理, 271
発酵物質, 767
水ガラス (Waterglass)
野菜用, 113
ミズナ (Mizuna), 310
水に浸けておく (Presoaking)
豆, 474
ミセル (Micelle), 19
味噌 (Miso), 481, 482, 483, 485
ミソ (Tomalley)
ロブスター, 216
蜜 (Nectar), 641
採蜜, 642
蜂蜜に変える, 642
ミツアリ (Sweet ant), 643
密造 (Moonshining)
ウイスキー, 735
ミツバ (Mitsuba), 397
ミドリ (Midori), 744
ミネラル (Mineral)
乳, 13
水, 767
ミブナ (Mibuna), 310
ミューズリー (Muesli), 450
ミュスカデ (Muscadet), 706
ミョウバン (Alum), 284
ミヨー, クリスチャン (Millau, Christian), 573
ミラベル (Mirabelle), 740
ミリスチン (Myristicin), 252
みりん (Mirin), 732
ミルセン (Myrcene), 379
ミルトマテ (Miltomate), 320
ミルフィーユ (Millefeuille), 549
ミルポア (Mirepoix), 305
ミルラ (Myrrh), 745
ミント (Mint), 255, 267
スペアミント, 382
ミントの仲間／シソ科植物 (Mint family), 390, 391, 393
ムース (Mousse)
チョコレート・ムース, 682
炭酸, 107
ムースリーヌ (Mousselin), 211
ムーリ (Murri), 456
ムーレット・ソース (Meurette sauce), 584

モウサカ (Moussaka), 321
蒸し煮 (Braising)
　→ 調理項目：蒸し煮
麦湯 (Barley water), 455
麦芽, 183
品種, 158
麹源, 158
虫歯 (Tooth decay)
チーズで虫歯になりにくい, 66
糖, 637
ムジャダラ (Mujaddarah), 478
蒸す／蒸気 (Steaming), 759
卵, 183, 210
乳, 160
鞣革, 276
ムスコバド糖 (Muscovado sugar), 651
目 (Eye)
無糖練乳／エバミルク (Evaporated milk), 23, 24
米と穀の調製, 263
ビタミンA, 260
メイズ (Maize) → 調理項目：トウモロコシ
麹源, 463
メイヤール, ルイ・カミーユ (Maillard, Louis Camille), 752
メイヤール反応 (Maillard reaction), 752, 753, 753 → 調理項目：餐盗瓦応目
申誉類, 214, 223
魚, 203
ストック, 582
卵, 88
肉, 145
乳, 21, 25
麺 (Mein/Mian/Men), 555, 560
メージュ＝ムーリエ, イポリット (Mège-Mouriès, Hippolyte), 36
メース (Mace), 383, 421
メープル・クリーム (Maple cream), 647
メープル・シロップ (Maple syrup), 646, 646
メカジキ (Swordfish), 180, 196, 204
メカジキキッシュ (Billfish), 192, 196
メキシコパクチー・ソーヤー (Sawleaf herb), 397
メキシコビール (Mezcal), 744
メタノール (Methanol), 736, 738
メチオニン (Methionine)
乳の苦味, 21
メチニコフ, イリヤ (Metchnikoff, Ilya), 46, 46
メチルイソボルネオール (Methylisoborneol)
魚の泥臭さ, 188
メバル (Rockfish), 191, 204
メルルーサ (Hake), 191
メレゲタ・ペッパー (Melegueta pepper) → 調理項目：
メレンゲ (Meringue), 104, 105
イタリアメレンゲ, 106
加熱しないメレンゲ, 105
加熱メレンゲ, 106
種類, 105
生成, 106
スイスメレンゲ, 106
メレンゲ・キュイット (Meringue cuite), 106
メレンゲパウダー (Meringue powder), 103
メロン (Melon), 266, 267, 269, 280, 303, 322, 340, 341, 356, 356,
370
モチキン (winter/wax/fuzzy melon), 324
ピューレ, 602
風味, 357
品種, 357, 357
麺 (Noodle), 554 → 調理項目：パスタ
アジアの麺類類, 560
生地作り, 556
米麺, 462, 562
花粉, 554
アジア麺, 561
めやに, 558
糖尿, 554, 555, 556
くしゃみ, 558
炎症反応 (Inflammatory response)
フィトケミカルの影響, 248
メントール (Menthol), 379, 394
メンブリーヨ (Membrillo), 346
木材 (Wood)
桧質, 436
樺 → 調理項目：樺
木灰 (Wood ash)
軟質炭, 114
木部 (Xylem), 255
モスト・コット (Mosto cotto), 353
餅 (Mochi), 462
モッツァレラ・チーズ (Mozzarella cheese), 9, 56, 63, 64
酵母／もと (Moto), 729
モノグリセリド (Monoglyceride)
乳化剤として, 774
モモ／桃 (Peach), 242, 266, 340, 349, 372, 491
モヤシ／スプラウト (Sprout), 306, 446
モラルアップ, 252
麦芽, 446
麦芽, 446
モルタデラ (Mortadella), 166, 167
モルヒネ, 139, 140
モルネー・ソース (Mornay sauce), 64
モレ・ソース (Mole sauce), 605, 682
モロホベツ, エレーナ (Molokhovets, Elena), 234
モンテーニュ, ミシェル・ド (Montaigne, Michel de), 202

【ヤ行】
山羊 (Goat), 10
山羊乳 (Goat milk), 11, 13, 17, 21, 54
山羊乳のフレッシュ・チーズ, 63
ヤク (Yak), 10
ヤクのチーズ (Goat cheese), 64
ヤクの乳 (Yak milk), 13
野菜 (Vegetable), 289 → 調理項目：植物
色, 250, 259, 260, 261, 270, 272
海藻, 330
下茹でおよび塩漬け, 298
乾燥, 281
再加熱, 288
キノコおよびきのこの栽培, 336, 338
キノコ、トリュフ、およびきのこの類縁物, 333
葉およびその類縁物, 303

葉緑体 (Chloroplast), 254, 256, 259, 270
ヨウ素 (Iodine)
ヨーグルト (Yogurt), 10, 11, 14, 19, 44, 45
　食品, 621, 622
　ソースのトロミづけ, 587
　フローズン・ヨーグルト, 47
ヨーロッパ (Europe)
　ヨーグル作り, 47
　牛肉, 135
　穀類の歴史, 627
　植物性食材, 243
　植物性食材, 242
　ソースの歴史 → 関連項目：ソース
　チョコレート, 670
　ワイン作り, 699
予備発酵種 (Pre-ferment)
　パン, 521

【ら行】

ラ・ヴァレンヌ、フランソワ・ピエール・ド (La Varenne,
　Francois Pierre de), 99, 245, 535, 544, 568
ラ・シャペル、ヴィンセント (La Chapelle, Vincent), 95, 108,
　108
ラーケフィスク (Rakefisk), 229
ラーケレット (Rakørret), 229
ラード／豚脂 (Lard), 165
ラーメン (Ramen), 561
ラ・ミエン／ラー・ミェン (La mian), 560
ライ小麦／ライコムギ (Triticale), 449, 468
ライス・パウダー (Rice powder), 462
ライス・ペーパー (Rice paper/Rice wrapper), 462, 562
ライチ (Lychee), 340, 372, 373
ライチ (Lychee nut), 373
ライム (Lime), 340, 364, 365
フィンガー・ライム／マクルン・フルー (finger lime), 362, 367, 399
　関連, 366
ライム (finger lime), 366
ライ麦／ライ麦粉 (Rye), 440, 442, 447, 456
LSD, 457
関連, 450
関連, 443, 444, 449
世界史事典, 451
微生物, 456
パン, 528
ラウ・ラム／ニオイタデ (Rau ram), 401
ラヴァッシュ (Lavash), 530
ラオ・チャオ (Lao chao), 462
ラガー (Lager), 716, 721, 726
ラキ (Raki), 746
ラク (Camel), 10
ラクのお乳 (Camel milk)
関連, 13
ラクトース (Lactose; 同義：Cypha), 641
ラクチトール (Lactitol), 638
ラクトグロブリン (Lactoglobulin), 20, 47
ラクトコッカス属 (Lactococcus), 47
ラクトバチルス属 (Lactobacillus), 43
酪農 (Dairy/Dairying)
装置, 10
起源, 12
語源, 12
関連, 11, 22

羊乳 (Sheep milk), 11, 13, 17, 18, 21, 54
養殖／養殖業 (Aquaculture), 177, 178, 194, 198
葉状体 (Phylloclade), 303
内膜内, 162
栄養・野菜, 249
葉酸 (Folic acid)
溶液 (Solution), 788
濃いめの生地, 537
濃いめの生地, 533
ゆるい生地で作る食品 (Batter food)
成分, 512
ネーキ → 関連項目：関連
揚げ菓子, 536
ゆるい生地 (Batter), 506
湯葉 (Yuba), 446, 480
野菜・果実, 269
湯通し (Blanching)
肉, 158
卵, 88
魚, 183, 209
語源, 158
ゆでる／ポーチ (Poaching)
湯煎 (Water bath), 94
ユズ (Yuzu), 362, 367
有機農業 (Organic practices), 247
有色体 (Chromoplast), 254, 260
ヤングベリー (Youngberry), 350, 350
ヤング、ウィリアム・G. (Young, William G.), 39
ヤム／ヤマイモ (Yam), 242, 256, 290, 294, 295
山ウズラ (Partridge), 138
ヤパンギーナン (Carrageen), 330
ヤチヤナギ (Bogmyrtle/Sweet gale), 716
野生の風味 (Gaminess), 139
ヤシ類 → 関連項目：ヤシノミ・シロップ
ヤシの新芽 (Heart of palm), 305
ヤシ糖 (Palm sugar), 647
家族関係 (Family relationship), 290
野菜として用いられる果実・果葉 → 関連項目：果実；果葉
燻製, 267
関連, 241, 262, 290
ビューレ, 602
ビタミン, 247, 249
花, 315
発酵食品, 283, 284
発酵, 282
葉, 307
根および塊茎類, 290
にごり, 264, 265, 266
乾燥乾燥, 282
テクスチャー, 257, 258, 274
花弁, 240
穀物, 282
粉挽き・抽出, 278
胚乳, 275
ブランチャー, 273
調理法, 276
染色曲, 275
色, 270, 272
褐変化, 245
遺伝子工学, 246
由来
野菜による褐色, 269
野菜による褐変, 261, 262, 279

リエゾン (Liaison)
584, 692
リースリング種 (Riesling), 701
リービッヒ，ユストゥス・フォン (Liebig, Justus von), 157,
リーキ (Leek), 302
ランビック (Lambic), 726, 728
冷蔵, 81
ポーチドエッグ, 88
加熱, 86
出血, 80
孵化阻害物質, 73
乳化剤として, 613
臭覚, 83
ランパント質, 76
底の平らな卵白, 87
成分, 78
ストックの清澄, 583
鮮度, 81
乾燥卵白, 82, 103
泡立てて, 110
泡立て方, 103
卵白 ← 関連項目：泡；卵白
卵白 (Egg white/Albumen), 76
アレルギー, 79
ランジフィル (Långfil), 48
冷蔵, 81
卵黄とアロマ化合物リリース, 586
春のきざし, 112
位置, 80
繊にぎった卵黄, 87
脂溶成, 73
乳化剤として, 612
臭覚, 83
粉糖と泡立てて帯状に落ちる状態, 93
脂質, 69
構造, 75, 75
形成, 73
色, 87
液, 111
泡, 79
アレルギー, 79
アイスクリーム, 40, 41, 42
卵黄 (Egg yolk), 74
ラルド (Lardo), 165
ラム酒 (Rum), 734, 740, 742
ラム，チャールズ (Lamb, Charles), 369
ラベンダー (Lavender), 252, 382, 394
ラプサン・スーチョン茶 (Lapsang souchong tea), 427
ラフィノース (Raffinose), 775
ラフィー (Roughy), 191, 195
ラバー・ステパス, 388
様をふむ (Rub)
ラプット, 306
語源, 290
ラディッシュ (Radish), 242, 256, 299, 310
ラディッキオ (Radicchio), 263, 308, 309
ラス・エル・ハヌート (Ras el hanout), 387
ラスマライ, 25
加熱, 372
ピューレ, 602
泡立て, 618
ラズベリー (Raspberry), 340, 349, 350
ラサゴラ (Rasagolah), 25
第二次世界大戦, 53

リン脂質 (Phospholipid), 770, 774, 775 ← 関連項目：レシチン
プロテス・チーズ, 65
リン酸ナトリウム (Sodium phosphate)
チーズ, 59
リン酸カルシウム (Calcium phosphate), 749
リンゴ酢 (Cider vinegar), 749
リンゴ酒／シードル (Cider), 345
低温殺菌酒, 254
リンゴ汁 (Cider), 345
リンゴ酒 (シードル) 用品種, 343
リンゴ濃縮果汁ジュース・リンゴ酒 (シードル), 345
苦香, 344
酸味, 344, 345, 372
品種, 345
デザート用 (生食用) 品種, 343
テクスチャー, 344
調理用品種, 344
兼用品種, 344
チーキの材料, 541
リンゴ (Apple), 242, 261, 266, 268, 274, 278, 279, 340, 342, 537
リンゴン類, 561
成分, 475
リンネット, 306, 473, 475
緑豆／リョクトウ (Mung bean), 473, 478
緑茶 (Green tea), 426, 427
リュヌ，ピエール・ド (Lune, Pierre de), 24, 568
卵黄, 87
硫化鉄一緒 (Ferrous sulfide)
卵の におい, 85, 86, 20, 22
硫化水素 (Hydrogen sulfide)
野菜のにおい, 300, 329, 333
リモンチェッロ (Limoncello), 744
リモネン (Limonene), 379
乳化剤として, 613
低濃度
リポタンパク質 (Lipoprotein)
乳, 17, 21
リボフラビン (Riboflavin)
リボース (Ribose), 775
リノレン酸 (Linolenic acid), 493, 773
卵, 77
リノール酸 (Linoleic acid)
リネンズ菌 (Smear bacteria), 57
リッデルヴォルド，アストリ (Riddervold, Astri), 229
リターディング／抑制発酵 (Retarding), 522
パン作り, 522
リターダー (Retarder)
リゾット (Risotto), 461
卵白, 76
リゾチーム (Lysozyme)
ide), 457
リゼルギン酸ジエチルアミド／LSD (Lysergic acid diethylam-
果実・野菜, 253
リステリア菌 (Listeria)
リコリス・キャンディー (Licorice candy), 668
リコペン (Lycopene), 250, 260, 276, 770
リコッタ・チーズ (Ricotta cheese), 20, 63, 64
リグレー社 (Wrigley), 669
リグニン (Lignin), 251, 259, 436, 436
層状に重なる, 744
リキュール (Liqueur), 745
リカール (Ricard), 393
語源, 575

小麦粉, 514
種子, 445
ソース, 608
ソース(作り), 596, 612
卵, 75
乳, 18
リンドト, ルドルフ (Lindt, Rudolphe), 673
リンネ, カール (Linnaeus, Carolus), 673
リンバーガー・チーズ (Limburger cheese), 57
ルー (Roux), 598, 599
春のソレル, 600
ルーテフィスク (Lutefisk), 225
ルートビール (Root beer), 252, 398
ルタバガ (Rutabaga), 305, 310
ルッキ (Lucchi), 530
ルテイン (Lutein), 77, 250, 454
ルバーブ (Rhubarb), 252, 303, 307, 355, 356
ルリジューズ (Religieuse), 65
冷却固定 (Cold stabilization)
ビール醸造, 724
冷却ろ過 (Chill-filtering)
蒸留液, 739
冷水 (Cold water)
果実・野菜、変色を抑える方法, 262
冷水テスト (Coldwater test)
砂糖シロップ, 658
冷蔵 (Refrigeration), 786
果実・野菜, 268
肉, 200
パン, 143
冷凍/冷却 (Cooling/Freezing)
アイスクリーム, 38, 42, 42
アイスクリームの凝固機, 735
果実・野菜, 269
血, 201
クリーム, 111
卵, 81
パン, 503
豆類, 481
モウリーム, 18
肉, 143
水, 767
冷凍・アイス・パイ, 385
冷凍焼け (Freezer burn), 143, 269
レーシング (Lacing)
ビールの泡, 725
レーズン (Raisin), 352
レーテシュ (Retes), 549
レープクーヘン (Lebkuchen), 644
レカード・ロホ (Recado rojo), 387
レクチン (Lectin)
種子, 442
植物, 252
レシチン (Lecithin), 608, 774
パターミルク, 49
チョコレート, 677
マーガリン, 37
卵黄, 75
レスター・チーズ (Leicester cheese), 64
レスベラトロール (Resveratrol), 695
レスリー, エリザ (Leslie, Eliza), 538
レタス (Lettuce), 242, 263, 267, 308
アイスバーグ (iceberg), 250

赤葉 (redleaf), 264
ラムズ・レタス (lamb's lettuce) → 関連項目: マーシュ
ロメイン (romaine), 250
レタスの仲間 (Lettuce family), 308, 308
レフセ (Lefse), 530
レブロース (Levulose) → 関連項目: 単糖と糖
レメリー, ルイ (Lemery, Louis), 304
レモン (Lemon), 340, 364, 366
酸度, 366
風味, 362, 372
プリザーブド・レモン (preserved lemon), 282, 286, 366
マイヤー・レモン (Meyer lemon), 364, 366
レモングラス (Lemongrass), 382, 401
レモンス (Remonce), 550
レモン・バーム (Lemon balm), 394
レモン・バーベナ (Lemon verbena), 382, 401
レンコン (Lotus root), 275, 298
連鎖球菌 (Streptococcus), 46, 637
レンズ豆 (Lentil), 440, 441, 475, 478
連続相 (Continuous phase), 575, 606
レンネット (Rennet)
チーズ, 51, 55, 55, 58, 59, 63, 246
ロイヤル・アイシング (Royal icing), 106
ロイコノストック属/ロイコノストック菌 (Leuconostoc), 45, 48
ローガンベリー (Loganberry), 350, 350
ローザン, ポール (Rozin, Paul), 381
ローズ, V. ジェームス (Rhodes, V. James), 133
ローズマリー (Rosemary), 267, 382, 386, 394, 716
ローゼル (Roselle), 315
ローデン, クラウディア (Roden, Claudia), 85
ローマ時代 (Rome)
植物性食物, 242
ソース, 566
スパイス, 375
香草, 626
パン, 503
マスタード, 405
ワイン, 698
ローレル (Laurel), 386
ローレンス, D. H. (Lawrence, D. H.), 346
ロクム (Lokum) → 関連項目: ターキッシュ・デライト
ロケット (Rocket), 310, 313
ロックス (Lox), 226
ロックフォート・チーズ (Roquefort cheese), 11, 58, 59, 59, 62, 63
ロッゲンビア (Roggenbier), 715
ロブスター (Lobster), 206, 212, 213, 214, 216
魚卵, 235
臓器, 215
ロベージ (Lovage), 382, 397
ロマネスコ (Romanesco), 317
ロミ (Lomi), 202
ロメスコ・ソース (Romesco sauce), 497, 605
ロロット (Lolot), 401

【ワ行】
ワーグナー, ジョン (Wagner, John), 718
ワイン (Wine), 352, 690, 697
樽, 714
アレコール度, 709
色, 273
ヴィンテージ (vintage), 702

バーレー・ワイン (barley wine), 726
穀粒とワインの熟成, 713
穀皮, 708, 711
709
トロッケンベーレンアウスレーゼ (trockenbeerenauslese), 709
ドライ, 709
透明度と色, 713
酸性, 703
ブドウをつぶす, 703
アルコール発酵, 705
発酵, 705
作り方, 703, 704
チーズ・ブッフェ, 65
ソース, 584
スイート・ワイン (sweet wine), 708
渋味, 714
サバイヨーネ, 113
コルク臭, 707
語源, 699
酵母, 695
発泡に関与させる, 713
強化ワイン (fortified wine), 709
加熱処理, 706
香り, 712, 714
醸造法, 641, 644
発泡ワイン (sparkling wine), 707, 708
ブドウ, 701
生育条件, 702
品種, 701, 702
酵母, 711
鑑賞, 698
科学的な取り組み, 700
近代初期, 700
伝統技術と工業生産, 700
ヨーロッパでの普及, 699
レチョート (recioto), 709
ワイン樽, 748
ワインの涙/脚 (tear/leg), 693
ワイン醸造学 (Oenology), 700
ワカメ (Wakame), 330, 331
ワサビ (Wasabi), 381, 383, 404, 406, 406
ワシントン大統領 (Washington, George), 735
ワスレグサの蕾 (Daylily bud), 316
ワックス (Wax), 770
ワッファー (Wafer), 534
ワッフル (Waffle), 534
わらびのシュウ酸, 535
ワンタン (Hundun/Wonton), 555

30ページ Micrographs of whipped cream courtesy of H.D. Goff and A.K. Smith, University of Guelph.

60ページ Diagram of cheesemaking, created by Soyoung Scanlan, Andante Dairy, and reprinted by permission.

75ページ Micrograph of egg yolk from C.M. Chang, W.D. Powrie, and O. Fennema, Microstructure of egg yolk, *Journal of Food Science* 42 (1977): 1193-1200. Reprinted with permission.

112, 567ページ Excerpts from *The Viandier of Taillevent*, translated and edited by Terence Scully, Copyright © 1988 by the University of Ottawa Press (Web site: www.uopress. uottawa.ca). Reprinted with permission.

117ページ "The Rage of Achilles," by Homer, from *The Iliad* by Homer, translated by Robert Fagles, copyright © 1990 by Robert Fagles. Used by permission of Viking Penguin, a division of Penguin Group (USA) Inc.

118, 607ページ Micrographs of meat fibers and oil droplets from Palmer, Helen Hanson; Osman, Elizabeth; Campbell, Ada Marie Bowers, Jane; Drahn, Marcia; Palumbo, Mary; Jacobson, Marion; Charley, Helen G.; Berkeley, Selma; *Food Theory and Applications*, 1st edition, copyright © 1986. Reprinted by permission of Pearson Education, Inc., Upper Saddle River, NJ.

511ページ Micrograph of wheat grain courtesy of Ann Hirsch. Flour micrographs from R.C. Hoseney and P.A. Seib, Structural differences in hard and soft wheats, *Bakers Digest* 47 (1973): 26-28. Reprinted by permission.

520ページ Micrographs of gluten from J.E. Bernardin and D.D. Kasarda, The microstructure of wheat protein fibrils, *Cereal Chemistry* 40 (1973): 735-45. Reprinted by permission.

555ページ Excerpt from "Ode to Bing" from *Pasta: The Story of a Universal Food* by Silvano Serventi and Françoise Sabban, translated by Antony Shugaar, Copyright © 2002 Columbia University Press. Reprinted with permission of the publisher.

566ページ Excerpt from *Mortuum*, translated by E.J. Kenney, Copyright © 1984 E.J. Kenney. Reprinted with permission of Gerald Duckworth and Co., Ltd.

595ページ Micrographs of starch granules from B.S. Miller, R.I. Derby, and H.B. Trimbo, A pictorial explanation for the increase in viscosity of a heated wheat starch-water suspension, *Cereal Chemistry 50* (1973): 271-80. Reprinted by permission.

613ページ Micrograph of oil droplets from C.M. Chang, W.D. Powrie, and O. Fennema, Electron microscopy of mayonnaise, *Canadian Institute of Food Science and Technology Journal 5* (1972): 134-37. Reprinted by permission.

690ページ Excerpt from Hymn to Ninkasi, English translation by Miguel Civil, http://oi.uchicago.edu/OI/IS/CIVIL/NN_FAL91/NN_Fal91_hymn.html. Copyright © 2002 Oriental Institute, University of Chicago. Reprinted courtesy of the Oriental Institute of the University of Chicago.

691ページ Micrograph of yeast courtesy of Alastain Pringle, Research Director, Anheuser Busch Inc.

Memorandum

Memorandum

Memorandum

Memorandum

## 監訳者紹介

**香西 みどり**（こうざい みどり）

1984年お茶の水女子大学医家政学部食物学科卒業了。1995年お茶の水女子大学大学院人間文化研究科博士課程（家政学専攻）修了、博士（学術）。1994年4月お茶の水女子大学食物学科助手、1999年4月同助教授、2006年12月同准教授、2007年お茶の水女子大学大学院人間文化創成科学研究科教授（専門：調理科学）、現在、お茶の水女子大学名誉教授。

## 訳者紹介

**北山 薫**（きたやま かおる）

1983年東北大学農学部卒業。1994年米国インディアナ大学医学院生物物理学科博士課程修了。インディアナ大学医学部講師等を歴任。

**北山 雅彦**（きたやま まさひこ）

1994年米国インディアナ大学医学院生物物理学科博士課程修了。インディアナ大学医学部講師。1982年より日本ケミファ(株)、毛色非晶質固形製剤などを経て、2008年より乗継、京都工芸繊維大学特任教授（専門：分子生物学）、『ジーンアトラス』（編集分子軌跡大学出版会、2004年、共著）などの著書がある。

---

キッチンサイエンス
――食材から食卓まで

原題：On Food and Cooking : The Science and Lore of the Kitchen

2008年10月15日　初版1刷発行
2023年10月15日　初版10刷発行

| | |
|---|---|
| 監訳者 | 香西みどり ©2008 |
| 訳者 | 北山 薫・北山雅彦 |
| 発行者 | 南條光章 |

発行所　**共立出版株式会社**

郵便番号 112-0006
東京都文京区小日向 4-6-19
電話 03-3947-2511（代表）
振替口座 00110-2-57035
URL www.kyoritsu-pub.co.jp

印刷　藤原印刷
製本

一般社団法人
自然科学書協会
会員

検印廃止
NDC 596, 498.5
ISBN 978-4-320-06160-6

Printed in Japan

JCOPY <出版者著作権管理機構 委託出版物>

本書の無断複製は著作権法上での例外を除き禁じられています。複製される場合は，そのつど事前に，出版者著作権管理機構（TEL：03-5244-5088，FAX：03-5244-5089，e-mail：info@jcopy.or.jp）の許諾を得てください。